불지정론(佛智正論)
유식품(唯識品)
1

불지정론(佛智正論)
유식품(唯識品)
1

관음출판사

차례(불지정론1)

4

차례(불지정론2)

2장. 수행품(修行品)

1. 불교(佛教) · 884

※ 일러두기

　내용(內容) 중에는, 지칭(指稱)하는 바 그 뜻과 성품(性品), 또는, 그 실체(實體)를 명확(明確)히 하기 위해, 서로 다른 뜻의 여러 낱말을 한 어휘(語彙)로 묶은, 특정(特定)한 하나의 이름[名], 또는 하나의 성품(性品), 또는 하나의 뜻[意]을 드러내기 위해, 한 묶음으로 이루어진 긴[長] 언어(言語)가, 하나의 명칭(名稱)인 곳이 많습니다. 여러 낱말이 한 묶음으로 이루어져, 하나의 뜻인, 긴[長] 언어(言語)가, 하나의 명칭(名稱)를 이루다 보니, 그 한 어휘(語彙)의 뜻을 이해(理解)하기가 쉽지 않음을 인식(認識)해, 긴[長] 언어(言語)로 된, 한 명칭(名稱) 어휘(語彙)의 이해(理解)를 돕고자, 한 묶음의 어휘(語彙)에 쉼표(,)를 찍어, 그 어휘(語彙) 뜻의 이해(理解)를 쉽게 하였으니, 한 어휘(語彙)에 쉼표(,)가 있어도, 그 어휘(語彙)는, 본래(本來) 쉼표(,)가 없는, 하나의 명칭(名稱)임을 아시기 바랍니다.

※ 예(例)

　총체적(總體的) 유식성품세계(唯識性品世界)는, 일체, 유위무위, 차별차원, 제식성품, 세계(一切, 有爲無爲, 差別次元, 諸識性品, 世界)인 중생제식세계(衆生諸識世界)와 일체, 제식전변, 무위지혜, 차별차원, 성품세계(一切, 諸識轉變, 無爲智慧, 差別次元, 性品世界)인 보살지혜, 차별차원, 성품세계(菩薩智慧, 差別次元, 性品世界)이다. 일체제식, 전변지혜, 무위성품, 차별차원, 지혜상승, 유식세계(一切諸識, 轉變智慧, 無爲性品, 差別次元, 智慧上昇, 唯識世界)는, 성불(成佛)에 이르는 지혜상승과정(智慧上昇過程)의 유식성품세계(唯識性品世界)이므로, 이는 곧, 유식지혜, 상승세계, 차별차원, 성불체계(唯識智慧, 上昇世界, 差別次元, 成佛體系)이다. 그러므로, 일체, 유위무위, 유식성품, 세계(一切, 有爲無爲, 唯識性品, 世界)를 타파(打破)해 벗어나면, 곧, 일체, 유식성품, 세계(一切, 唯識性品, 世界)를 벗어남이므로, 곧, 불지(佛智)에 증입(證入)하게 된다. 그러므로, 불지(佛智)는, 유식성품세계(唯識性品世界)인, 일체, 유위무위, 유식성품, 세계(一切, 有爲無爲, 唯識性品, 世界)를 타파(打破)해 벗어난, 일체초월(一切超越) 절대성(絶對性), 불성(佛性)에 증입(證入)한, 지혜(智慧)이다.

그리고, 이 책(册)의 내용(內容) 중에, 기존유식(既存唯識)이라 함은, 지금(只今)은 보편화(普遍化)된, 일반적(一般的)으로 유식론(唯識論)이라 일컬어지고 있는, 대승유식론(大乘唯識論)이다. 이는, 대승유식론사(大乘唯識論師)들에 의해 성립(成立)되고, 체계화(體系化)된 유식론(唯識論)으로, 무착보살(無着菩薩)과 세친보살(世親菩薩)에 이은, 대승유식론사(大乘唯識論師)들에 의해 성립(成立)된, 대승유식론(大乘唯識論)을 일컬음이다.

그리고, 내용(內容) 중에는, 제8식(第八識)이 2종식(二種識)이 있으니, 하나는, 기존유식론(既存唯識論)인 대승유식론(大乘唯識論)에서, 제식총상,8종식체계(諸識總相,八種識體系) 중, 제8식(第八識)으로 규정(規定)한 함장식(含藏識)이다. 또 하나는, 불지정론(佛智正論)에서, 제식체계(諸識體系)를 10종식(十種識)으로 분류(分類)한, 제식총상,10종식체계(諸識總相,十種識體系) 중, 제8식(第八識)은 능소출입식(能所出入識)이며, 또한, 불지정론(佛智正論)의 제9식(第九識)이 무명함장식(無明含藏識)이다. 내용(內容) 중, 이를 분별(分別)하여 이해(理解)하기를 바랍니다.

그리고, 불지혜(佛智慧)와 3세인연(三世因緣)이 깊어, 유식세계(唯識世界)에 대해 알고 싶어하거나, 또는, 불지(佛智)에 증입(證入)을 위해, 성불(成佛)의 실증지혜과정(實證智慧過程)을 알려거나, 구(求)하거나, 깨닫고자, 무상선근신심(無上善根信心)과 무상지혜공덕심(無上智慧功德心)을 발(發)한, 그 소중(所重)한 도반(道伴)들을 위해, 그 사람[人]이 한국어(韓國語) 영역(領域) 안[內]과 밖[外], 어느 곳에 있는 도반(道伴)이어도, 이 불지정론(佛智正論)이 불연(佛緣)으로 인연(因緣)이 닿아, 이 지혜정론(智慧正論)의 뜻을, 한 글귀[文句]라도 속속들이 자세(仔細)히 이해(理解)를 하시어, 지혜(智慧)가 더욱, 밝아지기를 바라며, 또한, 불지(佛智)에 들기를 바라는 일념(一念)에서, 혹시(或是)나 이해(理解)가 쉽지 않은 한 글귀[文句]라도 있을까봐, 각 글귀[文句]마다 일일(一一)이, 그 글의 뜻을 명확(明確)히 하고자, 한자(漢字)를 더불어 표기(表記)하였습니다. 만약(萬若), 불연(佛緣)으로, 불지정론(佛智正論)을 보게 되는 모든 도반(道伴)들이, 불지혜과정(佛智慧過程)을 따라 깊은 깨달음으로, 불지(佛智)에 들어, 만(萬)중생계(衆生界)를 위하는, 오직, 불일광명(佛日光明)의 삶이시기를, 일심발원(一心發願)합니다.

일념(一念)

    어느 날, 우연(偶然)히, 어떤 매체(媒體)를 통해, 유식론(唯識論)에 대해, 고명(高名)하신 분의 강의(講義)를 듣게 되었다. 유식론(唯識論)이 중요(重要)한 것은, 중생(衆生)의 일체심식(一切心識)인, 무명제식세계(無明諸識世界)뿐만 아니라, 성불(成佛)에 이르는, 총체적(總體的) 지혜과정세계(智慧過程世界)인 보살지혜, 차별차원, 지혜상승, 성불과정(菩薩智慧, 差別次元, 智慧上昇, 成佛過程)의 모두가 곧, 유식성품세계(唯識性品世界)이기 때문이다. 그러므로, 총체적(總體的) 유식성품세계(唯識性品世界)인 일체, 유위유식, 차별차원, 제식성품, 세계(一切, 有爲唯識, 差別次元, 諸識性品, 世界)와 제식전변, 무위지혜, 차별차원, 지혜상승, 차별세계(諸識轉變, 無爲智慧, 差別次元, 智慧上昇, 差別世界)를 실증지혜(實證智慧)로 모두, 명확(明確)히 알면, 이는, 성불(成佛)에 이르는, 유식지혜, 상승세계(唯識智慧, 上昇世界)인 총체적(總體的) 지혜과정(智慧過程)의 일체유식, 성품세계(一切唯識, 性品世界)를 모두, 명확(明確)히 앎이 된다.

    유식성품세계(唯識性品世界)는, 무명제식(無明諸識)으로부터, 불지

(佛智) 증입(證入)까지의 일체무위지혜세계(一切無爲智慧世界) 모두가, 일체유식,성품세계(一切唯識,性品世界)이다. 그러므로, 일체유식세계(一切唯識世界)를 완전(完全)히 타파(打破)해 벗어남이 곧, 불지(佛智) 증입(證入)이다. 그러므로, 완전(完全)히 불지(佛智)에 증입(證入)하지 않았다면, 그 깨달음과 증득(證得)의 지혜(智慧)가 아무리 수승(殊勝)해도, 일체유식,성품세계(一切唯識,性品世界)를 아직, 모두 타파(打破)해 벗어난 것이 아니다. 유식세계(唯識世界)는, 중생제식,전개전변, 상속작용,유식세계(衆生諸識,展開轉變,相續作用,唯識世界)와 제식,전변, 지혜,차별차원,무위성품,보살지혜,유식세계(諸識,轉變智慧,差別次元, 無爲性品,菩薩智慧,唯識世界)가 총체적(總體的) 유식성품세계(唯識性品世界)이다.

그러므로, 유식세계(唯識世界)는, 중생,유위유식,제식전개,상속과정,차별제식,성품세계(衆生,有爲唯識,諸識展開,相續過程,差別諸識,性品世界)와 보살,무위유식,제식전변,지혜상승,차별차원,성품세계(菩薩,無爲唯識,諸識轉變,智慧上昇,差別次元,性品世界)이다. 그러므로, 총체적(總體的) 유식성품세계(唯識性品世界)는, 일체,유위무위,제식성품,차별차원,성품세계(一切,有爲無爲,諸識性品,差別次元,性品世界)이다. 이 유식세계(唯識世界)는, 제식전개,전변상속,중생제식,성품세계(諸識展開,轉變相續,衆生諸識,性品世界)와 제식전변,무위지혜,차별차원,보살성품,차별세계(諸識轉變,無爲智慧,差別次元,菩薩性品,差別世界)이다. 그러므로, 총체적(總體的) 유식세계(唯識世界)는, 중생심식,제식세계(衆生心識,諸識世界)와 보살,무위지혜,차별세계(菩薩,無爲智慧,差別世界)이다. 그러므로, 제식(諸識)을 타파(打破)해, 완전(完全)한 불지(佛智)에 이르기까지 모두가, 일체유식, 성품세계(一切唯識, 性品世界)이다.

　그러므로, 총체적(總體的) 일체유식, 성품세계(一切唯識, 性品世界)를 모두 정의정론(正義正論)하고자 하면, 유식지혜, 상승세계(唯識智慧, 上昇世界)인, 제식(諸識)을 타파(打破)해, 불지(佛智)에 증입(證入)하지 않으면, 총체적(總體的) 일체유식, 성품세계(一切唯識, 性品世界)에 대해 명확(明確)히 정의정론(正義正論)하여 언급(言及)할 수가 없다. 그 까닭[緣由]은, 일체, 유위무위, 차별차원, 제식성품, 세계(一切, 有爲無爲, 差別次元, 諸識性品, 世界)가 곧, 유식성품세계(唯識性品世界)이기 때문이다. 또한, 이 일체, 유위무위, 유식세계(一切, 有爲無爲, 唯識世界)를 타파(打破)해, 불지(佛智)에 증입(證入)하지 않으면, 중생, 제식성품, 세계(衆生, 諸識性品, 世界)로부터 제식전변(諸識轉變) 무위지혜상승(無爲智慧上昇)으로 성불(成佛)에 이르기까지의 총체적(總體的), 전변지혜, 차별차원, 상승과정, 지혜세계(轉變智慧, 差別次元, 上昇過程, 智慧世界)를 알 수가 없다.

　그러므로 만약(萬若), 총체적(總體的) 유식성품세계(唯識性品世界)를 밝게 알지 못하면, 일체, 유위무위, 제식성품, 차별차원, 유식세계(一切, 有爲無爲, 諸識性品, 差別次元, 唯識世界)를 타파(打破)해 증입(證入)한, 불지(佛智)의 실증지혜정안(實證智慧正眼)이 없기 때문이다. 그러므로, 총체적(總體的) 일체유식, 차별차원, 성품세계(一切唯識, 差別次元, 性品世界)는, 보살지혜(菩薩智慧) 속에 있어도, 명확(明確)히 알 수가 없

22

다. 왜냐하면, 일체제식,전변상승,무위지혜,차별차원,지혜세계(一切諸識,轉變上昇,無爲智慧,差別次元,智慧世界)를 모두 타파(打破)해 벗어나, 일체초월(一切超越) 불지(佛智)에 증입(證入)하지 않았기 때문이다. 그러므로, 불가사의(不可思議) 심층보살지혜(深層菩薩智慧) 속에 있어도, 총체적(總體的) 일체유식,성품세계(一切唯識,性品世界)를 명확(明確)히 지혜점검(智慧點檢)할, 실증지혜,불지정안(實證智慧,佛智正眼)을 완전(完全)히 모두 다 갖추지 않았으므로, 일체유식,성품세계(一切唯識,性品世界)에 대해 명확(明確)한 실증지혜(實證智慧)로, 정의정론(正義正論)하여 언급(言及)할 수가 없다.

그러므로, 일체,유위유식,차별차원,중생제식,성품세계(一切,有爲唯識,差別次元,衆生諸識,性品世界)와 제식전변,무위지혜,차별차원,보살지혜,차별성품,일체세계(諸識轉變,無爲智慧,差別次元,菩薩智慧,差別性品,一切世界)를 모두 타파(打破)해 벗어난, 불지증입(佛智證入)의 실증지혜정안(實證智慧正眼)을 갖춘, 일체초월(一切超越) 불(佛)만이 능히, 총체적(總體的) 유위무위,일체유식,차별차원,성품세계(有爲無爲,一切唯識,差別次元,性品世界)에 대해 명확(明確)한 실증지혜정안(實證智慧正眼)으로 정의정론(正義正論)하여, 언급(言及)할 수가 있다. 만약(萬若), 유식지혜,상승세계(唯識智慧,上昇世界)인 성불(成佛)에 이르기까지, 제식전변,지혜과정(諸識轉變,智慧過程)의 총체적(總體的) 일체유식,차별차원,성품세계(一切唯識,差別次元,性品世界)의 모두를 다 밝힌, 유식총체론(唯識總體論)이 아니면, 그 유식론(唯識論)은, 총체적(總體的) 일체,유식성품세계(一切,唯識性品世界)를 모두 밝힌, 유식총론(唯識總論)이 아니다.

　그러므로, 유식지혜,상승세계,차별차원,성불체계(唯識智慧,上昇世界,差別次元,成佛體系)에 이르는 무명,일체제식,전변지혜,일체과정(無明,一切諸識,轉變智慧,一切過程)의 유식지혜,상승세계(唯識智慧,上昇世界)인 유식총체론(唯識總體論)이 아니면, 중생,일체제식,전개상속,유식성품,섭리세계(衆生,一切諸識,展開相續,唯識性品,攝理世界)와 제식전변,보살지혜,차별차원,유식성품,성불과정,지혜세계(諸識轉變,菩薩智慧,差別次元,唯識性品,成佛過程,智慧世界)의 일체(一切)를 가름하거나 알 수가 없다. 유식론(唯識論)의 목적(目的)은, 유식성품세계(唯識性品世界)인 중생(衆生)의 무명제식,성품세계(無明諸識,性品世界)와 유식지혜,상승세계(唯識智慧,上昇世界)인 보살지혜(菩薩智慧)의 제식전변,성품세계(諸識轉變,性品世界)인 일체,무위지혜,차별차원,성품세계(一切,無爲智慧,差別次元,性品世界)를 밝히어, 무명중생(無明衆生)이, 무명제식(無明諸識)을 타파(打破)해 성불(成佛)에 이르는, 유식지혜,상승세계(唯識智慧,上昇世界)의 지혜정안(智慧正眼)을 열어주는, 중생구제(衆生救濟)에 있다.

　이는, 무명심(無明心)으로는 알 수가 없는, 중생,심식계(衆生,心識界)의 일체제식,전개상속,차별성품,세계(一切諸識,展開相續,差別性品,世界)와 무명제식(無明諸識)을 점차(漸次) 타파(打破)한, 유식지혜,상승세계(唯識智慧,上昇世界)인 제식,전변지혜,각력상승(諸識,轉變智慧,覺力上昇)으로 불지(佛智)에 이르는, 지혜전변,차별차원,무상지혜,성

24

품세계(智慧轉變, 差別次元, 無上智慧, 性品世界)로 이끌어, 불지(佛智)에 이르게 함이다. 이는, 일체중생(一切衆生)이 성불(成佛)을 향(向)한 수행차제(修行次第)의 수행정로(修行正路)에 대해, 지혜미완(智慧未完)으로 알 수 없는, 무명제식, 전개섭리, 세계(無明諸識, 展開攝理, 世界)와 일체제식, 전변상승, 지혜과정, 세계(一切諸識, 轉變上昇, 智慧過程, 世界)를 모두 밝혀, 모든 수행자(修行者)가 무명제식(無明諸識)을 모두 타파(打破)하도록, 성불(成佛)의 바른 수행정로(修行正路)로 인도(引導)하는, 유식지혜, 상승과정, 성불체계(唯識智慧, 上昇過程, 成佛體系)의 지혜정안(智慧正眼)을 열어주는 것에, 일체유식론(一切唯識論)의 전개(展開) 목적(目的)이 있다.

그렇지 않아도, 유식론(唯識論)을 선도(先導)했던, 옛 대승유식론사(大乘唯識論師)들의 유식론지론설(唯識論智論說) 중에는 불지(佛智)에 이르기까지, 아직, 총체적(總體的) 유식성품, 실증지혜(唯識性品, 實證智慧)가 없어 지혜미완(智慧未完)으로, 중생제식, 전개과정, 상속세계(衆生諸識, 展開過程, 相續世界)와 그리고, 유식지혜, 상승세계(唯識智慧, 上昇世界)인 제식, 전변지혜, 차별차원, 무위지혜, 상승과정, 차별세계(諸識, 轉變智慧, 差別次元, 無爲智慧, 上昇過程, 差別世界)에 대한 실증지혜정안(實證智慧正眼)이 없어, 지식적(知識的) 논리사유(論理思惟)와 식견(識見)에 의지(依支)한 유추(類推)와 추론(推論)의 논리지혜(論理智慧)로, 유식성품세계(唯識性品世界)를 논(論)한 지견오류(知見誤謬)와 왜곡(歪曲)의 부분(部分)들이 있다. 그러므로, 대승유식론(大乘唯識論)의 논지(論智)는, 총체적(總體的) 일체유식, 성품세계(一切唯識, 性品世

界)를 실증지혜,무상정안(實證智慧,無上正眼)의 불지정안(佛智正眼)으로 정의정립(正義正立)한 실증지혜정안(實證智慧正眼)의 정의정립,정안론설(正義正立,正眼論說)이 아니므로, 실증지혜(實證智慧)가 부족(不足)한 지혜미완(智慧未完)의 논설부분(論說部分)은, 유식성품세계(唯識性品世界)의 실제(實際) 사실(事實)과 다른 지견오류(知見誤謬)에 의해, 사실(事實)이 왜곡(歪曲)된 부분(部分)들이 있다.

사실(事實)이 왜곡(歪曲)된 이러한 오류(誤謬)는, 정법난세(正法亂世)의 이 시대(時代)뿐만 아니라, 미래세(未來世), 후학(後學)들의 구도정법안목(求道正法眼目)을 멀게 하며, 그들의 학구불법지견(學究佛法智見)을 왜곡(歪曲)되게 할 수도 있다. 유식성품세계(唯識性品世界)의 실제(實際) 사실(事實)과 다른, 이러한 지견오류(知見誤謬)에 의한 왜곡(歪曲)의 부분(部分)들은, 어떤 계기(契機)이든, 실증지혜정안(實證智慧正眼)으로 바르게 수정(修正)되고 교정(矯正)이 되어, 왜곡(歪曲)된 오류(誤謬) 없이 정의정립(正義正立)된, 실증지혜정안(實證智慧正眼)에 의한 유식정법,지혜정론(唯識正法,智慧正論)이, 미래세(未來世)의 후학(後學)들에게 전(傳)해지기를 바라는 마음이다.

대승유식론(大乘唯識論)을 개척(開拓)하고 선도(先導)한, 대승유식론사(大乘唯識論師)인 무착보살(無着菩薩)과 세친보살(世親菩薩)의 그 유식맥(唯識脈)을 이어, 더욱 체계화(體系化)하고 성립(成立)한, 대승유식론(大乘唯識論)이 전래(傳來)되어 유통(流通)됨이, 무려(無慮), 천년(千年)의 시간(時間)이 훨씬 넘은, 많은 세월(歲月)이 흘렀다. 그럼에도, 그 유식론(唯識論) 중에는, 아직도, 지견오류(知見誤謬)나 사실왜곡(事實歪曲)의 부분(部分)이, 그 어떤 누구에 의해서든 바르게 교정(矯正)되거나 점검(點檢)되지 않고, 지견오류(知見誤謬)나 사실왜곡(事實歪曲)의 부분(部分)이 그대로, 유식정론(唯識正論)처럼 존중(尊重)받고 수용(受容)하며, 지금(只今)도, 누구 하나 의심(疑心) 없이, 유식세계(唯識世界)의 정지정론정법(正智正論正法)처럼 수용(受容)하고 인식(認識)하며, 또한, 그렇게 교육(敎育)하고, 유포(流布)하며, 유통(流通)되고 있는 작금(昨今)의 유식안목(唯識眼目)과 유식지혜(唯識智慧)의 현실(現實)이다.

이와 같이, 대승유식론(大乘唯識論) 중에, 지견오류(知見誤謬)나, 사실왜곡(事實歪曲)의 부분(部分)이 지금(只今)도 마치, 유식정법(唯識正法)처럼 수용(受容)하고 인식(認識)하며, 또한, 그렇게 교육(敎育)하고, 유포(流布)하기에만 급급(急急)한 현실(現實)이다. 이 지견오류(知見誤謬) 왜곡(歪曲)의 부분(部分)이, 미래세(未來世) 후학(後學)들에까지, 지금(只今)처럼, 사람[人]과 사람[人], 배움[學]과 배움[學]의 학(學)과 학(學)으로 그대로 전(傳)해져, 미래세(未來世) 후학(後學)들의 구도정법안목(求道正法眼目)을 왜곡(歪曲)되게 할 것이다. 그러므로, 사실(事實)과 다른 지견오류(知見誤謬)와 사실왜곡(事實歪曲)의 문제점(問題點)이 우려(憂慮)되는 염려(念慮) 속에서, 어느 날, 우연(偶然)히 어떤 매체(媒體)를 통해, 유식론(唯識論)에 대해 고명(高名)하신 분의 강의(講義)를 듣게 되었다. 그 강의(講義) 중에는, 전래(傳來)된 대승유식론(大乘唯識論)의 부분(部分) 중, 왜곡(歪曲)된 지견오류(知見誤

謬)가 바르게 교정(矯正)이 되거나 점검(點檢)이 되지 않고, 유식(唯識)의 정법정인(正法正印)이며, 지혜정안정론(智慧正眼正論)처럼 존중(尊重)되며, 그대로 교육(教育)됨을 우연(偶然)히 보게 되었다.

이미, 유식정설(唯識正說)로 토착화(土着化)된, 기존유식론(既存唯識論)인 대승유식론(大乘唯識論)은 무려(無慮), 천년(千年)도 훨씬 넘는 많은 세월(歲月)이 흘렀음에도, 지금껏 어느 누구도, 대승유식론(大乘唯識論)의 왜곡(歪曲)된 부분(部分)이나, 지견오류(知見誤謬)를 점검(點檢)하거나 교정(矯正) 없이, 유식(唯識)의 정법정안(正法正眼)이며, 정법정견정론(正法正見正論)처럼 전수(傳授)되어, 의심(疑心) 없이 교육(教育)되고 있다. 대승유식론(大乘唯識論)을 성립(成立)한, 옛 대승유식론사(大乘唯識論師)들이, 일체초월(一切超越) 불지(佛智)에 이르기까지 총체적(總體的) 명확(明確)한 실증지혜(實證智慧)가 없어, 지혜미완(智慧未完)의 지견(知見)에 의해 성립(成立)한, 대승유식론(大乘唯識論)의 논지론설(論智論說) 중, 왜곡(歪曲)된 지견오류(知見誤謬)의 부분(部分)이, 어느 누구도 의심(疑心)이나 점검(點檢) 없이, 유식정법정론(唯識正法正論)으로 지금(只今)도 그대로 수용(受容)하고 있어, 이를 배우는 후학(後學)들과 미래(未來) 정법지혜(正法智慧)를 위해, 대승유식론(大乘唯識論)에 의지(依支)해 지혜정안(智慧正眼)을 열려는 미래세대(未來世代)들을 생각하니, 심히 우려(憂慮)되는 염려(念慮)의 부분(部分)이다.

대승유식론(大乘唯識論)이, 천년(千年)도 넘는 뭇 세대(世代)가 바뀌는 세월(歲月)이 흘렀음에서, 아직도, 지견오류(知見誤謬)의 맥(脈)이 끊어지거나, 사실왜곡(事實歪曲)의 부분(部分)이, 바르게 교정(矯正)이나 점검(點檢) 없이, 그대로 전수(傳授)되어 교육(敎育)됨을 보며, 천년(千年) 세월(歲月)이 훌쩍 넘은 이 세대(世代), 불법(佛法)을 배우려는 순수심(純粹心) 후학(後學)들의 구도신심(求道信心)과 학구정안(學究淨眼)을 왜곡(歪曲)되게 하는 현실(現實)을 보게 되었다. 대승유식론(大乘唯識論)이, 유식성품세계(唯識性品世界)의 실제(實際) 사실(事實)과 다른, 왜곡(歪曲)과 모순(矛盾)된 지견오류(知見誤謬)의 부분(部分)을 그대로 교육(敎育)하고, 그대로 지식(知識)을 전수(傳授)함은, 미래세대(未來世代)에 유식세계(唯識世界)를 왜곡(歪曲)되게 하는, 혹견(惑見)으로 잘못 물들이는 것이다.

　지금(只今), 이 시대(時代)도 정법난세(正法難世)인데, 미래(未來)를 지향(志向)하는 다양(多樣)한 삶의 환경(環境)은 더욱 복잡(複雜)해지고, 더불어 의식(意識)과 정신(精神)은 더 혼탁(混濁)해지며, 무상정안(無上正眼) 불(佛)이 계시지 않는 세상(世上), 정법난세(正法亂世)에, 사법혼란(邪法混亂)은 더욱 가중(加重)되어, 일체초월(一切超越) 불(佛)의 정법정안(正法正眼)이 절실(切實)히 요구(要求)되는 미래세(未來世)에, 불법(佛法)의 바른[正] 지혜정안(智慧正眼)을 배우려는 그 후학(後學)들의 구도신심,학구정안(求道信心,學究正眼)을, 멀게 할 수도 있다는 염려(念慮)가 있었으나, 이미 토착화(土着化)되어, 유식세계(唯識世界)의 기본중심체계(基本中心體系)로 인식화(認識化)된, 대승유식론(大乘唯識論)인 기존유식론(旣存唯識論)에 대해, 무엇 하나 언급(言及)

하려고 생각[認識]지도 않았다. 그러나, 대승유식론(大乘唯識論) 중에, 지혜미완(智慧未完)의 지견오류(知見誤謬)로 사실(事實)이 왜곡(歪曲)되고, 모순(矛盾)된 오류(誤謬)가 있는 부분(部分)의 유식론(唯識論)이, 바른 지혜점검(智慧點檢) 없이, 유식정론(唯識正論)으로 교육(敎育)되는, 이 시대(時代)의 불법현실(佛法現實)을 보며, 지금(只今)이라도 이에 대해 언급(言及)을 해야겠다는 생각[認識]에, 무려(無慮), 천년(千年)의 세월(歲月)이 훌쩍 넘은, 옛 대승유식론사(大乘唯識論師)들의 유식론지(唯識論智) 중에, 지혜미완(智慧未完)으로 잘못된, 왜곡(歪曲)의 지견오류(知見誤謬)와 논지론설(論智論說)의 부분(部分)에 대해, 어떻게든 언급(言及)을 해야겠다는 생각[認識]을 하게 되었다.

그러므로, 이 불지정론(佛智正論)은, 대승유식론(大乘唯識論) 중에, 제식체계(諸識體系)와 제식성품(諸識性品)과 전변지혜(轉變智慧)에 대한 지혜미완(智慧未完)의 오류(誤謬)와 왜곡(歪曲)의 부분(部分)에 대해 중점(重點) 언급(言及)하며, 또한, 일체초월(一切超越) 불지(佛智)에 이르는 유식지혜,상승세계(唯識智慧,上昇世界)인, 총체적(總體的) 일체,무위지혜,차별차원,지혜상승,성불과정,유식체계(一切,無爲智慧,差別次元,智慧上昇,成佛過程,唯識體係) 또한, 유식성품세계(唯識性品世界)이어도, 대승유식론(大乘唯識論)에는, 불지(佛智)에 이르는 유식지혜,상승세계(唯識智慧,上昇世界)인, 일체,무위지혜,차별차원,지혜상승,유식체계(一切,無爲智慧,差別次元,智慧上昇,唯識體系)의 실증지혜,과정세계(實證智慧,過程世界)를 명확(明確)히 언급(言及)하거나, 정의정론정립(正義正論正立)한 유식지혜,상승세계(唯識智慧,上昇世界)인 성불과정, 지혜상승, 차별차원, 성불체계(成佛過程, 智慧上昇, 差別次元, 成佛體系)를 실증지혜, 지혜정안, 정의정립, 정론체계(實證智慧, 智慧正眼, 正義正立, 正論體系)로 밝힌 바가 없다.

그러므로, 대승유식론(大乘唯識論)에서, 명확(明確)히 언급(言及)하거나 밝히지 못한, 유식지혜, 상승세계, 차별차원, 성불과정(唯識智慧, 上昇世界, 差別次元, 成佛過程)인, 무위지혜, 차별차원, 유식성품, 상승세계(無爲智慧, 差別次元, 唯識性品, 上昇世界)의 제식, 전변지혜, 무위상승, 차별차원, 성불과정, 지혜세계(諸識, 轉變智慧, 無爲上昇, 差別次元, 成佛過程, 智慧世界)에 대해, 실증지혜정안(實證智慧正眼)으로 상세(詳細)히 언급(言及)하며, 이에 대해 정의정립정론(正義正立正論)하여 밝히고자 한다. 이는, 유식지혜, 상승세계(唯識智慧, 上昇世界)로, 일체초월(一切超越) 불지(佛智)에 이르는 총체적(總體的) 지혜상승과정(智慧上昇過程)인 제식전변, 유식지혜, 상승세계, 무위차별, 지혜상승, 성불과정, 유식체계(諸識轉變, 唯識智慧, 上昇世界, 無爲差別, 智慧上昇, 成佛過程, 唯識體系)이다.

이는, 오랜 세월(歲月) 동안, 심혈(心血)을 기울이며, 생애(生涯)의 열정(熱情)을 다해, 대승유식세계(大乘唯識世界)를 이끌고 선도(先導)했던, 지난 옛 유식론사(唯識論師)들에 대해, 후학인(後學人)으로서 오만(傲慢)하거나, 교만(驕慢)한 마음을 가짐이 아니다. 이는, 불지(佛智)에 이르는 실증지혜(實證智慧)가 부족(不足)해, 불지과정, 지혜정로(佛智過程, 智慧正路)를 모르는, 정법난세(正法難世)의 현실(現實)인

지금(只今), 미래(未來)가 끊임없는 후학(後學)들의 구도신심(求道信心)과 지혜정안(智慧正眼)을 멀게 하는, 지혜왜곡(智慧歪曲)의 잘못된 오류(誤謬)의 부분(部分)에 대해 언급(言及)함으로, 미미(微微)한 나의 정법수호(正法守護)에 대한 정법일념의지(正法一念意志)와 정성(精誠)이, 다른 이들로 하여금, 유식세계(唯識世界)에 대한 관심(關心)과 인식(認識)의 새로운 동기부여(動機附與)가 되어, 유식세계(唯識世界)와 유식론(唯識論)에 대해, 새로운 시각(視角)을 갖게 되는, 선(善)한 동기(動機)이며, 또한, 정법수호(正法守護)를 생각[認識]하는 불심(佛心)의, 소중(所重)한 계기(契機)가 되기를 바람이다.

　이 작은 동기부여(動機附與)가, 후학(後學)들이, 유식세계(唯識世界)에 대한 깊은 관심(關心) 속에, 유식(唯識)의 지혜안목(智慧眼目)이 더욱 밝아져, 옛 대승유식론사(大乘唯識論師)들의 유식론지(唯識論智) 중에, 지혜(智慧)가 왜곡(歪曲)된 부분(部分)이나, 잘못된 지견오류(知見誤謬)를 바르게 점검(點檢)하는, 선(善)한 불심(佛心)의 동기부여(動機附與)가 되기를 바라는 일념불심(一念佛心)이다. 이는, 왜곡(歪曲)된 지견(知見)의 오류(誤謬)가, 왜곡(歪曲)됨을 모르고, 정법정인(正法正印)의 유식지혜정론(唯識智慧正論)으로 수용(受容)하며, 지금(只今)도 후학(後學)들에게 인식(認識)되고, 유통(流通)되며, 교육(教育)되는, 불법(佛法)의 난제(難題)를 접(接)하는, 이 불법상황현실(佛法狀況現實), 시대변화(時代變化)의 흐름 속에 정법수호일념(正法守護一念)은, 무상지혜(無上智慧)의 불(佛)에게, 일심귀의(一心歸依)한, 세세인연(世世因緣)의 불(佛)을 향(向)해, 일심향(一心香)을 올리는 귀의일심

(歸依一心) 불연생명(佛緣生命)으로서, 미래세(未來世)에 정법혼란(正法混亂) 속에서도, 불지혜(佛智慧)의 무상정법(無上正法)을 갈망(渴望)하고 갈구(渴求)할, 그 후학(後學)들의 지혜정안(智慧正眼)을 위한 구도(求道)의 길을 생각[認識]하고 사유(思惟)하게 된, 인연사(因緣事)의 동기부여(動機附與)이다.

나도 아직, 지혜부족(智慧不足)으로 어려움이 있어도, 불(佛)의 정법(正法)을 정립(正立)하고 옹호(擁護)하고자 하는 불심일념(佛心一念)에는, 오로지, 불(佛)의 무상지혜(無上智慧)에 귀의(歸依)하며, 불(佛)의 청정(淸淨), 무상정법(無上正法) 정립(正立)의 수호일심(守護一心)에는, 오직, 무상각(無上覺), 청정지혜(淸淨智慧)인 불(佛)의 정법(正法)이 쇠퇴(衰退)하거나 소멸(消滅)하지 않고, 무명중생세계(無明衆生世界)에 영원(永遠)하기를 발원(發願)하는, 불법(佛法)을 향(向)한, 일념(一念)이다. 그러므로, 지혜(智慧)의 왜곡(歪曲)과 오류(誤謬)를 바로 잡고자 하는 정법수호일념(正法守護一念)에는, 누구를 점검(點檢)하고, 또한, 논설(論說)을 따라 정(正)과 사(邪), 또는, 시(是)와 비(非)를, 왜곡(歪曲)된 정(情)에 이끌리지 않고 분석(分析)할 뿐, 오직, 불(佛)의 무상지혜(無上智慧), 정법수호(正法守護)의 일념불심(一念佛心)에는, 이에 추호(秋毫)도 사심(邪心)이 없다.

지난 날에, 승(乘)의 차별지혜(差別智慧)에 대한 개념(槪念)이 정립(正立)되어 있지 않아, 경(經)과 여러 자료(資料)를 나름대로 찾아보았으나, 아직도, 승(乘)의 차별지혜(差別智慧)에 대해, 명확(明確)한 정의(正義)의 지혜개념(智慧概念)이 정립(正立)되어 있지 않음을 알고, 승(乘)의 차별지혜세계(差別智慧世界)에 대해, 명확(明確)한 지혜개념(智慧概念)을 정립(正立)해야 되겠다는 생각[認識]을 하게 되었다. 승(乘)의 차별지혜(差別智慧)에 대한 명확(明確)한 지혜개념(智慧概念)을 정립(正立)하려면, 성불(成佛)에 이르기까지의 총체적(總體的) 지혜과정(智慧過程)이며, 불지(佛智)에 이르는, 제식,전변지혜,상승과정(諸識,轉變智慧,上昇過程)인 보살,전변지혜,차별차원,성품세계(菩薩,轉變智慧,差別次元,性品世界)의 총체적(總體的) 성불과정(成佛過程)을, 실증지혜증험(實證智慧證驗)으로 밝게 알아야 한다.

2018년(年), 금강삼매경요해(金剛三昧經了解)의 책(冊)을 출간(出刊)하면서, 금강삼매경(金剛三昧經)의 불설(佛說)의 구절(句節)을 따라, 경(經)을 요해(了解)하며, 수행실증지혜(修行實證智慧)를 바탕[基盤]으로, 성불(成佛)에 이르는 지혜전변,차별차원,성품세계(智慧轉變,差別次元,性品世界)를 따라, 승(乘)의 차별지혜,성품세계(差別智慧,性品世界)인 대승(大乘), 일승(一乘), 일불승(一佛乘), 불승(佛乘), 불(佛)에 이르는, 지혜전변,차별차원,과정세계(智慧轉變,差別次元,過程世界)를 따라, 대승(大乘), 일승(一乘), 일불승(一佛乘), 불승(佛乘), 불(佛)에 이르는, 각각(各各) 승(乘)의 차별차원,지혜성품,세계(差別次元,智慧性品,世界)를 분류(分類)하고, 승(乘)의 지혜성품개념(智慧性品概念)을 정의정립(正義正立)하여, 승(乘)에 대한 각각(各各) 지혜성품,차별세계(智慧性品,差別世界)를 확립(確立)한 개념정립(概念正立)을 하였다.

이 생(生)에서, 언급(言及)하려고 생각[認識]지도 못한, 이 유식성품세계(唯識性品世界)에 대해, 중생제식(衆生諸識)과 성불(成佛)의 지혜과정(智慧過程)인, 일체초월(一切超越) 불지(佛智)에 이르기까지의 지혜상승,유식과정(智慧上昇,唯識過程)을, 실증지혜(實證智慧)로 정의정립(正義正立)한 총체적(總體的) 유식체계(唯識體系)의 유식론(唯識論)을 밝히고자 한다. 이, 총체적(總體的) 유식론(唯識論)은, 유식지혜,상승세계(唯識智慧,上昇世界)인, 제식,전변지혜,성품세계(諸識,轉變智慧,性品世界)를 따라 전개(展開)하여, 총체적(總體的) 일체,유위무위,차별차원,유식성품,섭리체계(一切,有爲無爲,差別次元,唯識性品,攝理體系)를 실증지혜,증입증험,지혜경계(實證智慧,證入證驗,智慧境界)를 바탕[基盤]으로 정의정립정론(正義正立正論)하여, 유식지혜,상승세계,성불체계(唯識智慧,上昇世界,成佛體系)인 지혜전변,무위상승,차별차원,성불과정,유식체계(智慧轉變,無爲上昇,差別次元,成佛過程,唯識體系)를 실증지혜정론(實證智慧正論)으로 확립(確立)하고자 한다.

기존유식론(旣存唯識論)인 대승유식론(大乘唯識論)은, 유식지혜,상승세계,차별차원,성불체계(唯識智慧,上昇世界,差別次元,成佛體系)의 중시(重視)보다, 자아업식작용(自我業識作用)에 치중(置重)하였으므로, 무명심식,업식작용,유식세계(無明心識,業識作用,唯識世界)의 굴레를 탈피(脫皮)해, 초월(超越)하지 못했다. 그러므로, 유식지혜,상승세계(唯識智慧,上昇世界)는, 성불(成佛)의 지혜과정세계(智慧過程世界)이며, 제식,전변지혜,성품세계(諸識,轉變智慧,性品世界)인 무위지혜,차별차원,지혜상승,성불과정,유식체계(無爲智慧,差別次元,智慧上昇,成佛過程,

唯識體系)이다. 이에 대해, 대승유식론(大乘唯識論)에서는, 유식지혜, 상승세계(唯識智慧,上昇世界)인 제식전변,실증지혜,정안(諸識轉變,實證智慧,正眼)으로 실증지혜,상승과정,차별차원,지혜체계(實證智慧,上昇過程,差別次元,智慧體系)를 정의정립정론(正義正立正論)하여, 불지증입,지혜과정,지혜정로(佛智證入,智慧過程,智慧正路)를 명확(明確)히 밝히지를 못했다.

불지정론(佛智正論)에서는, 대승유식론(大乘唯識論)의 자아업식작용(自我業識作用)에 치중(置重)한 기존유식세계(既存唯識世界)의 한계성(限界性)을 벗어나, 성불(成佛)에 이르는 지혜상승과정(智慧上昇過程)인, 일체제식,전변지혜,차별차원,성품세계(一切諸識,轉變智慧,差別次元,性品世界)를 총체적(總體的)으로 정의정립(正義正立)하여 밝히며, 또한, 총체적(總體的) 유식성품세계(唯識性品世界)인 제식전개,기본구성,섭리체계(諸識展開,基本構成,攝理體系)와 제식,전변지혜,차별차원,무위지혜,상승체계(諸識,轉變智慧,差別次元,無爲智慧,上昇體系)를 실증지혜(實證智慧)로 정의정립(正義正立)하여, 총체적(總體的) 유식지혜,상승세계,차별차원,유식체계(唯識智慧,上昇世界,差別次元,唯識體係)를 불지(佛智) 증입(佛智)에까지 정의정립(正義正立) 정론(正論)하여, 성불과정,지혜정로(成佛過程,智慧正路)를 확립(確立)하고자 한다. 이는, 총체적,유위무위,일체유식,성품세계(總體的,有爲無爲,一切唯識,性品世界)의 실증지혜,정의정립(實證智慧,正義正立)이다.

이는, 총체적(總體的) 중생제식,성품세계(衆生諸識,性品世界)와 무명제식, 전변지혜, 각력상승, 차별차원, 무위지혜, 성불과정, 유식체계(無明諸識, 轉變智慧, 覺力上昇, 差別次元, 無爲智慧, 成佛過程, 唯識體系)의 실증과정, 정의정립, 지혜정론(實證過程, 正義正立, 智慧正論)이다. 이는, 총체적(總體的) 유위무위, 유식세계(有爲無爲, 唯識世界)에 대한, 새로운 지혜차원(智慧次元)의 유식시각(唯識視角)인 총체적, 유식개념(總體的, 唯識概念)으로, 무명업식작용(無明業識作用)에만 치중(置重)한, 기존유식론(旣存唯識論)인 대승유식론체계(大乘唯識論體系)의 한계성(限界性)을 벗어나, 유식지혜, 상승세계(唯識智慧, 上昇世界)의 실증지혜과정(實證智慧過程)으로, 불지(佛智)에까지 이르는 성불(成佛)의 지혜과정정로(智慧過程正路)인, 총체적(總體的) 유식성품, 지혜세계(唯識性品, 智慧世界)이다.

자아심식(自我心識)의 업식작용(業識作用)에 대한 것은, 아함경(阿含經)에도, 부처님께서 업식(業識)이 이루어지는 자아업식작용(自我業識作用)에 대해 전체적(全體的)으로, 또는, 부분적(部分的)으로, 또한 간간(間間)이 말씀하시었다. 그러나, 성불(成佛)에 이르기까지의 총체적(總體的) 지혜전변, 전개과정(智慧轉變, 展開過程)인, 총체적, 제식전변, 무위지혜, 차별차원, 지혜상승, 성불과정, 지혜정로, 실증과정, 지혜체계(總體的, 諸識轉變, 無爲智慧, 差別次元, 智慧上昇, 成佛過程, 智慧正路, 實證過程, 智慧體系)에 대해서는 경(經)이든, 논(論)이든, 밀장(密藏)이든, 전수(傳授)된 것을 아직, 보지도 못했고, 알지도 못하고, 듣지도 못했다.

이 총체적,성불체계,유식론(總體的,成佛體系,唯識論)의 정의정립(正義正立)은, 무엇보다 더없이 가치(價値)있는 불사(佛事)이다. 이 불사(佛事)는, 무상불지(無上佛智)를 향(向)한 모두를 위한, 청정일심(淸淨一心)의 발원(發願)과 그리고, 성불(成佛)을 향(向)한 실증지혜과정(實證智慧過程)을 밝히는 세밀(細密)하고 밀밀(密密)한 지혜과정,전변점검(智慧過程,轉變點檢)과 그리고, 총체적(總體的) 지혜요해(智慧了解)의 정성(精誠)에 소홀(疏忽)함이 없는, 지혜총섭총지성(智慧總攝總持性)의 불사(佛事)이다. 이는, 미래(未來)에도 지금(只今)처럼, 무상정안(無上正眼) 불(佛)이 계시지 않는 그 세상(世上)이어도, 무상지혜(無上智慧) 불(佛)의 정법(正法)에 일심귀의(一心歸依)하는, 후학(後學)들에 이르기까지의 모두를 위한 염원(念願)이, 하나의 결정성(結定性)을 이루는, 오직, 무상일향(無相一香) 청정일심(淸淨一心)의 일념정성(一念精誠)인, 청정불심(淸淨佛心)의 불사(佛事)이다.

이 불지정론(佛智正論)의 불사(佛事)는, 총체적(總體的) 유식성품세계(唯識性品世界)로, 무명중생,제식전개,상속과정,구성체계,유식섭리,제식세계(無明衆生,諸識展開,相續過程,構成體系,唯識攝理,諸識世界)와 제식,전변지혜,차별차원,무위상승,성불과정,지혜체계(諸識,轉變智慧,差別次元,無爲上昇,成佛過程,智慧體系)이다. 이는, 유식성품세계(唯識性品世界)의 총체적(總體的) 각각(各各) 성품(性品)의 개념정의(槪念正義)와 유식지혜,상승체계(唯識智慧,上昇體系)의 정립(正立)인 유식성품총섭론(唯識性品總攝論)이다. 이 불지정론(佛智正論)의 유식체계정립(唯識體系正立)은, 무상불지(無上佛智)를 향(向)한 제식,전변지혜,상승세계(諸識,轉變智慧,上昇世界)에 대한 정의정립(正義正立)의 실증지혜정론(實證智慧正論)이니, 불지정론(佛智正論)을 통해, 누구이든, 시야(視野) 밖[外], 무한,실증지혜,세계(無限,實證智慧,世界)를 향(向)해 지혜안목(智慧眼目)이 밝게 열리어, 불지혜(佛智慧)를 향(向)한 심안(心眼)의 무한지혜시선(無限智慧視線)이 확연(確然)히 밝게 열리기를 염원(念願)한다.

그러므로, 이 불지정론(佛智正論)의 유식품(唯識品)이, 성불(成佛)을 향(向)하는 수행자(修行者)에게 불지(佛智)를 완성(完成)하는, 유식정론(唯識正論)의 도반(道伴)인 지혜정안(智慧正眼)이 되어, 이 불지정론(佛智正論)을 보는 누구나, 불지(佛智)에 증입(證入)하는 소중(所重)한 도반인연(道伴因緣)이기를, 청정일념(清淨一念)의 염원(念願)과 불심(佛心)으로 발원(發願) 합니다. 그리고, 불지정론(佛智正論), 많은 분량(分量)의 원고(原稿)를, 소중(所重)한 시간(時間)을 내어, 성심(誠心)과 정성(精誠)으로 교정(校訂)해 주신, 법보종찰(法寶宗刹), 가야산(伽倻山) 해인사(海印寺) 길상암(吉祥庵)에서 염불선(念佛禪)을 하신 명진(明振) 큰스님의 맥(脈)을 계승(繼承)하여, 지금은 자성밀법(自性密法)의 불성광명(佛性光明)을 밝히시며, 길상암(吉祥庵)에서 수행일념(修行一念) 정진(精進)하시는 광해(光海)스님, 그리고, 어릴적, 돌담 하나 사이의 고향(故鄉) 친구(親舊), 평생(平生) 불법(佛法)에 귀의(歸依)하여 불지혜(佛智慧)를 밝히며, 지금은 서각작업(書刻作業)에 혼(魂)의 불심(佛心)과 열정(熱情)을 다하고 있는 혜원(慧圓) 강정철(姜正喆)님, 그리고 이 생(生) 또한, 무상불법(無上佛法)에 청정일심(清淨一心)

으로 귀의(歸依)하여, 불연(佛緣)에 신심(信心)을 다해, 여래장(如來藏) 일각요의설(一覺了義說)인 금강삼매경(金剛三昧經)의 불설(佛說)에 의지(依支)해, 무한궁극지혜(無限窮極智慧)를 밝히려 청정불심(淸淨佛心)을 다하는 명화(明和) 김중희(金重姬)님에게도, 깊은 감사(感謝)를 올립니다.

불국정토(佛國淨土)에서
세웅(世雄) 발원(發願)

1장.

유식품(唯識品)

1. 유식(唯識)

10종식22계(十種識二十二界)						
6종경 六種境	색 色	성 聲	향 香	미 味	촉 觸	법 法
6종근 六種根	안근 眼根	이근 耳根	비근 鼻根	설근 舌根	신근 身根	의근 意根
6종식 六種識	안식 眼識	이식 耳識	비식 鼻識	설식 舌識	신식 身識	의식 意識
제7식(第七識):분별식(分別識):자아의식(自我意識)						
제8식(第八識):출입식(出入識):능소출입식(能所出入識)						
제9식(第九識):함장식(含藏識):무명식(無明識)						
제10식(第十識):본성(本性):불성(佛性)						

전변지혜세계(轉變智慧世界)			
식 識	승 乘	지 智	법계 法界
6종경 六種境	소승 小乘	인과지 因果智	사법계(상법계) 事法界(相法界)
6종근 六種根	소승 小乘	성소작지 成所作智	무아법계 無我法界
6종식 六種識	대승 大乘	묘관찰지 妙觀察智	이법계(공법계) 理法界(空法界)
제7식 第七識	일승 一乘	평등성지 平等性智	이사무애법계 理事無礙法界
제8식 第八識	일불승 一佛乘	대원경지 大圓鏡智	사사원융법계 事事圓融法界
제9식 第九識	불승 佛乘	부동열반지 不動涅槃智	부동열반법계 不動涅槃法界
제10식 第十識	불 佛	법계체성지 法界體性智	청정본성법계 淸淨本性法界

1) 유식(唯識)이란?

유식(唯識)이란? 제식전개,전변세계(諸識展開,轉變世界)이다. 제식 전개,전변세계(諸識展開,轉變世界)는, 일체,유위유식,제식전개,전변 상속,성품세계(一切,有爲唯識,諸識展開,轉變相續,性品世界)와 일체,무위 유식,지혜상승,전변지혜,차별차원,성품세계(一切,無爲唯識,智慧上昇, 轉變智慧,差別次元,性品世界)가 있다.

제식전개,전변세계(諸識展開,轉變世界)에는, 2종전변세계(二種轉變 世界)의 특성(特性)이 있다. ①첫째는, 유위유식,제식전개,전변상속, 과정세계(有爲唯識,諸識展開,轉變相續,過程世界)이다. 이는, 6종경(六種 境) 색성향미촉법(色聲香味觸法)을 받아들이는, 식(識)이 전개(展開)되 는 과정(過程)인, 6종경(六種境)→6종근(六種根)→6종식(六種識)→제7 식(第七識)→제8식(第八識)→제9식(第九識)의 중생제식,전개전변,상 속과정,세계(衆生諸識,展開轉變,相續過程,世界)이다. ②둘째는, 지혜작 용(智慧作用)으로, 6종근(六種根), 6종식(六種識), 제7식(第七識), 제8 식(第八識), 제9식(第九識)이, 점차(漸次) 끊어져 타파(打破)되는 전변 지혜상승세계(轉變智慧上昇世界)인, 무위지혜,차별차원,보살세계(無 爲智慧,差別次元,菩薩世界)이다. 이는, 유식지혜,상승세계,차별차원,

성불체계(唯識智慧, 上昇世界, 差別次元, 成佛體系)로, 무명제식(無明諸識)을 점차(漸次) 타파(打破)해 끊어져, 성불(成佛)을 향(向)해 지혜전변상승(智慧轉變上昇)하는, 무위지혜, 차별차원, 지혜상승, 전변지혜, 보살세계(無爲智慧, 差別次元, 智慧上昇, 轉變智慧, 菩薩世界)이다.

그러므로, 유식성품세계(唯識性品世界)는, 중생, 유위유식, 제식성품, 차별세계(衆生, 有爲唯識, 諸識性品, 差別世界)로부터, 보살, 무위유식, 제식전변, 지혜상승, 차별세계(菩薩, 無爲唯識, 諸識轉變, 智慧上昇, 差別世界)에 이르기까지 모두가, 유식성품세계(唯識性品世界)이다. 그러므로 이는, 유위무위(有爲無爲)의 일체유식, 차별차원, 성품세계(一切唯識, 差別次元, 性品世界)이다. 그러므로, 유식성품세계(唯識性品世界)는, 무명제식(無明諸識)으로부터 성불(成佛)에 이르는 총체적(總體的), 지혜상승과정세계(智慧上昇過程世界)인, 제식전변, 지혜상승, 무위지혜, 차별차원, 보살지혜, 차별세계(諸識轉變, 智慧上昇, 無爲智慧, 差別次元, 菩薩智慧, 差別世界)가 모두, 유식성품세계(唯識性品世界)이다. 그러므로, 유위무위, 일체유식, 성품세계(有爲無爲, 一切唯識, 性品世界)를 모두 타파(打破)해, 유위무위, 일체유식, 성품세계(有爲無爲, 一切唯識, 性品世界)가 타파(打破)되어 끊어지면[滅], 곧, 일체초월(一切超越) 불지(佛智)에 증입(證入)하게 된다.

그러므로, 성불(成佛)의 지혜과정(智慧過程)은, 유위무위, 일체유식, 차별차원, 성품세계(有爲無爲, 一切唯識, 差別次元, 性品世界)를 타파(打破)해 벗어나는, 총체적(總體的) 제식, 전변지혜, 상승과정(諸識, 轉變智

慧,上昇過程)의 세계(世界)이다. 그러므로, 유식성품세계(唯識性品世界)를 논(論)함은, 중생제식,전개상속,과정세계(衆生諸識,展開相續,過程世界)와 유식지혜,상승세계(唯識智慧,上昇世界)인 중생제식,전변지혜,무위유식,차별차원,지혜세계(衆生諸識,轉變智慧,無爲唯識,差別次元,智慧世界)이다. 이는, 중생,무명제식,성품세계(衆生,無明諸識,性品世界)와 이를 점차(漸次) 타파(打破)해 벗어나는 무위지혜,차별차원,보살지혜,성품세계(無爲智慧,差別次元,菩薩智慧,性品世界)의 일체유식,성품세계(一切唯識,性品世界)이다.

식(識)의 세계(世界)인 식계(識界)는, 그것이 상(相)이든, 심(心)이든, 법(法)이든, 지혜(智慧)이든, 유위(有爲)이든, 무위(無爲)이든, 무엇이든, 대(對)의 차별차원,유식성품,차별세계(差別次元,唯識性品,差別世界)이다. 상(相)이란? 일컫는바, 또는, 생각[認識]하는바, 이것[是]이니, 이는, 유형(有形)이든 무형(無形)이든, 물질적(物質的)이든 정신적(精神的)이든, 정(定)해 보는 그것이 무엇이든 곧, 상(相)이다. 왜냐하면, 그것에 의(依)해, 일체분별작용(一切分別作用)인, 심생(心生)의 심식작용(心識作用)이 이루어지기 때문이다. 만약(萬若), 유위견(有爲見)이든 무위견(無爲見)이든 상분별심,제식전개(相分別心,諸識展開)가 끊어지면[滅], 제식전개,상속세계(諸識展開,相續世界)가 타파(打破)되어 멸(滅)해, 일체심생(一切心生)의 제식세계(諸識世界)가 소멸(消滅)한다.

유위,제식전개(有爲,諸識展開)는, 소연6종경(所緣六種境)인 색성향미촉법(色聲香味觸法)을, 안이비설신의근(眼耳鼻舌身意根)인 소연6종근(所緣六種根)으로 받아들이는 수(受)의 작용(作用)으로, 색성향미촉법(色聲香味觸法)의 상(相)이 그대로 거울[鏡]처럼 비치는 안식(眼識), 이식(耳識), 비식(鼻識), 설식(舌識), 신식(身識), 의식(意識)인 소연6종식(所緣六種識)에, 색성향미촉법(色聲香味觸法)의 상(相)이 그대로 비친다. 그리고, 소연6종식(所緣六種識)에 비친 색성향미촉법(色聲香味觸法)의 모습과 형태(形態)를, 능연제7식(能緣第七識)인 자아의식(自我意識)이 이를 인지(認知)하여, 인위적(人爲的), 또는 습관적(習慣的), 또는 무의식중(無意識中)에, 또는 자유의지(自由意志)에 따라, 이를 분별(分別)하고 분석(分析)하며, 판단(判斷)하고 결정(決定)하여, 습관적(習慣的), 또는, 의지(意志)에 따라 결단(決斷)하여, 신구의행(身口意行)이 이루어진다.

그리고, 제8식(第八識) 능소출입식(能所出入識)은 6종근(六種根)과 6종식(六種識)과 제7식(第七識)의 모든 작용(作用)인 일체업(一切業)의 정보(情報)를, 자연,반연반응,작용(自然,攀緣反應,作用)으로 제9식(第九識) 함장식(含藏識)에 저장(貯藏)을 하며, 또한, 제7식(第七識) 자아의식(自我意識)의 작용(作用)에, 제8식(第八識) 능소출입식(能所出入識)이 자연반응,반연작용(自然反應,攀緣作用)으로, 제9식(第九識) 함장식(含藏識)에 저장(貯藏)되어 있는 지난 일체업(一切業)의 정보(情報)를 인출(印出)하여, 제7식(第七識) 자아의식(自我意識)에 반연작용(攀緣作用)으로 비추어 전달(傳達)한다. 그러면, 제7식(第七識) 자아의식(自我意識)은, 반연작용(攀緣作用)으로 비치는 기억작용(記憶作用)의 지난 정보(情報)에 인연(因緣)하여, 맞닥뜨린 당면(當面)한 상황변화(狀況變化)를 분석(分析)하고 판단(判斷)하여, 다음 행위(行爲)를 전개(展開)하게 된다. 이 일체(一切) 식(識)의 작용(作用)이 곧, 제식(諸識)이 연계작용(連繫作用)하는, 제식전개상속행(諸識展開相續行)이며, 제식(諸識)의 전개과정작용(展開過程作用)이다.

제식작용(諸識作用)의 특성(特性)은, ①6종근(六種根)은, 대경(對境)인 색성향미촉법(色聲香味觸法)을 촉(觸)하여 받아들이는 수(受)의 작용(作用)이다. ②6종식(六種識)은, 색성향미촉법(色聲香味觸法)의 상(相)을 그대로 거울[鏡]처럼 비침이다. ③제7식(第七識) 자아의식(自我意識)의 작용(作用)은 6종식(六種識)에 비친 색성향미촉법(色聲香味觸法)을 인지(認知)하여, 분별(分別)하고 행위(行爲)하는, 분별행위식(分別行爲識)이다. ④제8식(第八識) 능소출입식(能所出入識)은, 일체업(一切業)의 작용정보(作用情報)를 제9식(第九識) 함장식(含藏識)에 저장(貯藏)하고, 또한, 제9식(第九識) 함장식(含藏識)에 저장(貯藏)된 업(業)의 정보(情報)를 인출(引出)하는, 정보출입운행식(情報出入運行識)이다. ⑤제9식(第九識) 함장식(含藏識)은, 일체업(一切業)의 정보(情報)를 저장(貯藏)하는 저장식(貯藏識)이다. 각각(各各) 식(識)이, 서로 다른 성질(性質)과 작용(作用)의 특성(特性)을 가진 성품(性品)으로, 서로 성품(性品)의 작용(作用)과 역할(役割)과 차원(次元)이 서로 다른 식(識)으로 연계중첩(連繫重疊)되어, 하나의 심식작용체계(心識作用體系)로 이루어진, 총체성(總體性)이다.

그러므로, 제식(諸識)은, 각각(各各) 그 성품(性品)의 성질(性質)과 작용(作用)과 차원(次元)이 서로 다른 특성(特性)으로 이루어져 있다. 그러므로, 유식지혜,상승지혜(唯識智慧,上昇智慧)로 제식(諸識)을 점차(漸次) 타파(打破)해, 전변지혜(轉變智慧)에 드는 깨달음의 과정(過程)도, 각각(各各) 식(識)의 차원층(次元層)이 서로 달라, 한목에 제식(諸識)이 타파(打破)되지 않는다. 그러므로, 지혜각력상승력(智慧覺力上昇力)에 따라, 제식(諸識)을 점차(漸次) 타파(打破)해, 제식전변,지혜상승(諸識轉變,智慧上昇)으로, 차별차원(差別次元) 점차(漸次)의 깨달음인 지혜상승과정(智慧上昇過程)이 있다. 이는, 제식(諸識)의 차원(次元)이 서로 달라, 수행지혜(修行智慧)가 차별차원(差別次元) 속에서 이루어지므로, 제식타파(諸識打破)가 한꺼번에 이루어지지 않음이다. 그러므로, 성불(成佛)의 지혜과정(智慧過程)은, 지혜각력,상승차원(智慧覺力,上昇次元)에 따라, 그에 상응(相應)한 차원(次元)의 식(識)이 점차(漸次) 타파(打破)되는, 제식,전변지혜,상승과정(諸識,轉變智慧,上昇過程)을 거치게 된다.

제식(諸識)의 전개(展開)는, 대경(對境)인 색성향미촉법(色聲香味觸法)의 6종경(六種境)으로부터→6종근(六種根)→6종식(六種識)→제7식(第七識)→제8식(第八識)→제9식(第九識)으로 전개전변상속(展開轉變相續)한다. 이 제식(諸識)의 전개작용(展開作用)에는, 6종경(六種境)→6종근(六種根)→6종식(六種識)→제7식(第七識)→제8식(第八識)→제9식(第九識)으로, 대경(對境)에서 입행(入行)인, 소연입행,전개상속,작용(所緣入行,展開相續,作用)과 제9식(第九識)→제8식(第八識)→제7식(第七

識)→제6식(第六識)→제6근(第六根)→6종경(六種境)으로, 제9식(第九
識) 함장식(含藏識)으로부터의 출행(出行)인 능식출행,전개상속작용
(能識出行,展開相續,作用)이, 서로 출입원융,쌍쌍작용(出入圓融,雙雙作
用)이 걸림 없이, 원융무애작용(圓融無礙作用)이 이루어진다.

식(識)이란? 곧, 앎[知]이다. 앎[知]이란? 곧, 분별(分別)이다. 분별
(分別)이란? 곧, 대(對)의 인식작용(認識作用)이다. 대(對)의 인식(認
識)은, 무엇이든, 차별인식(差別認識)이다. 그 대(對)가 무엇이며, 어
떤 것이든, 분별(分別)이 생(生)하니, 그 대(對)는 곧, 분별(分別)의 대
상(對相)이다. 그 대상(對相)이 유형(有形)이든 무형(無形)이든, 물질
(物質)이든 정신(精神)이든, 유위(有爲)이든 무위(無爲)이든, 추상(抽
象)이든 현상(現象)이든, 물질계(物質界)에 속한 것이든 정신계(精神
界)에 속한 것이든, 그 유추(類推)와 분별(分別)의 대상(對相)이 있음
이 곧, 상(相)이다. 다만, 대상(對相)의 성질(性質)과 성격(性格)과 인
식(認識)과 관념적(觀念的) 그 특성(特性)만 다를 뿐이다. 그러므로,
대상(對相), 그것이 유형(有形)이든 무형(無形)이든, 결정성(決定性)이
든 비결정성(非決定性)이든, 유추(類推), 또는, 분별(分別), 또는, 관
념(觀念), 그것이 있음이 곧, 대상(對相)이다. 그러므로, 대상(對相)이
란, 곧, 인지(認知) 또는, 인식(認識) 되는 것이다.

그러므로, 대상(對相)인 상(相)이란, 현상(現象), 또는, 물질(物質),
또는, 유(有)만이 상(相)이 아니다. 대상(對相)인 상(相)의 인식(認識)
과 개념(槪念)도, 관념(觀念)에 따라, 또는, 정신차원(精神次元)에 따

라, 또는, 지혜차원(智慧次元)에 따라 차별(差別)이 있으며, 다양(多樣)한 차별차원(差別次元)이 있다. 대상(對相)인 상(相)이란? 물질(物質)이든 비물질(非物質)이든, 형체(形體)가 있든 형체(形體)가 없든, 촉각적(觸覺的)이든 비촉각적(非觸覺的)이든, 유위(有爲)이든 무위(無爲)이든, 공(空)이든 무(無)이든, 인식적(認識的)이든 비인식적(非認識的)이든, 관념적(觀念的)이든 추상적(抽象的)이든, 감성적(感性的)이든 감각적(感覺的)이든, 정신세계(精神世界)이든 지혜세계(智慧世界)이든, 인지(認知)와 인식(認識)과 의미(意味)와 견(見)의 대상(對相)이 곧, 대상(對相)인 상(相)이다.

대상(對相)인 상(相)은, 사상(思想)과 철학(哲學), 종교(宗敎)와 이념(理念) 등(等), 일체(一切)가 상(相)이다. 왜냐하면, 인지(認知)와 인식(認識)의 대상(對相)이기 때문이다. 다만, 대상(對相)의 특성(特性)이 차별(差別)이 있으며, 다를 뿐이다. 언어(言語)와 이름[名]이 있음이 곧, 대상(對相)이다. 그리고, 심식작용(心識作用)의 그 대상(對相)과 심식작용(心識作用) 자체(自體)가 곧, 상(相)이며, 상분별(相分別)이다. 그러므로, 그것이 무엇이건 심식작용(心識作用)을 일어나게 하는 대(對), 그것이 곧, 상(相)이다. 그러므로, 상(相)이란? 일체대(一切對)가 끊어진 일체초월,절대성(一切超越,絶對性) 그 외(外), 일체(一切) 관념(觀念)과 인식(認識)의 그 일체(一切)가 곧, 상(相)이다. 그러므로, 의식중(意識中), 또는, 무의식중(無意識中) 일어나는 한 생각[念]이 곧, 상(相)이다. 왜냐하면, 의식중(意識中), 또는, 무의식중(無意識中), 무엇에 반연(攀緣), 또는, 반응(反應)하여 일어나는 심생(心生)이기 때문이다. 그러므로, 상(相) 아닌 것은, 일체대(一切對)가 끊어진 일체초월,절대성(一切超越,絶對性) 본성(本性)인 불성(佛性)뿐이다. 그러므로, 일체초월,절대성(一切超越,絶對性) 본성(本性)인 불성(佛性)을 일컬어, 그 어떤 무엇에도 이끌림 없는 절대성(絶對性)으로, 절대중도(絶對中道)의 성품(性品)이라고 한다. 그러므로, 일체초월,절대성(一切超越,絶對性) 본성(本性)은 곧, 불성(佛性)에 증입(證入)해야만, 절대성(絶對性) 절대중도(絶對中道)의 절대중(絶對中)을 실증(實證)하게 된다.

식(識)이란? 곧, 앎[知]이다. 앎[知]은? 인지(認知), 인식(認識), 지식(知識), 분별(分別) 등(等)의 일체의식작용(一切意識作用)이다. 앎[知]은, 곧, 분별(分別)이다. 분별(分別)의 대상(對相)에 따라 물질적(物質的) 색계(色界)와 정신적(精神的) 심계(心界)와 또는, 외연(外緣)과 내연(內緣)에 따라, 능(能)과 소(所)의 분별세계(分別世界)가 달라진다. 능(能)은, 외연(外緣)이 아닌, 내연(內緣)의 심계(心界)에 의한 분별작용(分別作用)이다. 소(所)는, 내연(內緣)이 아닌, 외연(外緣)의 대상(對相)에 의한 분별작용(分別作用)이다. 또는, 분별대상(分別對相)은 소(所)이며, 분별주체(分別主體)는 능(能)이다. 분별(分別)의 작용(作用)에는, 6종근(六種根), 6종식(六種識), 제7식(第七識), 제8식(第八識), 제9식(第九識)이 연계중첩,원융작용(連繫重疊,圓融作用) 속에 이루어진다. 또한, 분별(分別)의 대상(對相)이 상(相), 심(心), 견(見), 법(法), 지혜(智慧), 유위(有爲), 무위(無爲), 의식계(意識界), 무의식계(無意識界) 등(等)에 따라, 분별세계(分別世界)가 달라진다. 6종경(六種境), 6

종근(六種根), 6종식(六種識), 제7식(第七識), 제8식(第八識), 제9식(第九識)이 중첩(重疊)으로 연계(連繫)되어 작용(作用)하지 않으면, 식(識)의 전개작용(展開作用)이 끊어져 멸(滅)한다. 그 분별(分別)의 대상(對相)이 무엇이든, 중첩(重疊)한 제식(諸識)의 연계작용(連繫作用)이 출입, 원융무애, 전개상속(出入, 圓融無礙, 展開相續)함으로, 식(識)의 작용(作用)이 이루어진다.

색성향미촉법(色聲香味觸法)의 분별(分別)이 이루어짐은, 경·근·식(境·根·識) 제식전개, 자연섭리, 상속작용(諸識展開, 自然攝理, 相續作用)이 이루어지기 때문이다. 이는, 상(相)의 실상(實相)을 모르는 상분별, 식심작용(相分別, 識心作用)의 세계(世界)이다. 식(識)은 상분별(相分別)이니, 식심(識心)은 상분별심(相分別心)이며, 식심상(識心相)은 상분별심상(相分別心相)이다. 상분별(相分別)에는, 물질대상(物質對相)과 정신대상(精神對相)이 있다. 물질대상(物質對相)은 소연경(所緣境)인 색성향미촉법(色聲香味觸法)의 세계(世界)이며, 정신대상(精神對相)은, 일체의식작용(一切意識作用)과 일체의식작용(一切意識作用)의 대상(對相)인 유형적(有形的), 무형적(無形的), 일체인식(一切認識)과 일체사고(一切思考)와 일체상념(一切想念)의 세계(世界)이다. 식(識)이 있음은, 상분별(相分別)이 있기 때문이며, 식심작용(識心作用)이 있음은, 상분별, 제식전개, 작용세계(相分別, 諸識展開, 作用世界)가 있기 때문이다. 만약(萬若), 식(識)의 전개(展開)가 끊어지면[滅], 제식(諸識)의 작용(作用)도 끊어져 멸(滅)한다.

식(識)의 전변(轉變)에는, ①식(識)의 상속작용(相續作用)인, 무명제식(無明諸識)의 전개과정(展開過程)으로 제식전개,상속세계(諸識展開, 相續世界)가 있으며, ②전변지혜작용(轉變智慧作用)으로 식(識)이 타파(打破)되어 끊어져 멸(滅)하는, 제식,전변지혜,상승과정세계(諸識, 轉變智慧,上昇過程世界)가 있다. 식(識)의 전개과정(展開過程)인 제식전개,상속세계(諸識展開,相續世界)는 곧, 무명제식(無明諸識)의 전개상속세계(展開相續世界)이다. 식(識)이 타파(打破)되어 끊어지는 전변지혜세계(轉變智慧世界)는, 지혜작용(智慧作用)으로 식(識)이 타파(打破)되어 끊어져 멸(滅)해, 무위지혜상승(無爲智慧上昇)에 드는 유식지혜,상승세계(唯識智慧,上昇世界)로, 제식타파,전변지혜,차별차원,지혜상승,성불과정,지혜세계(諸識打破,轉變智慧,差別次元,智慧上昇,成佛過程,智慧世界)이다. 식(識)의 전개상속세계(展開相續世界)는, 6종경(六種境)→6종근(六種根)→6종식(六種識)→제7식(第七識)→제8식(第八識)→제9식(第九識)으로 식(識)의 전개상속(展開相續)이 이루어지는, 제식전개,상속세계(諸識展開,相續世界)이다.

지혜작용(智慧作用)으로 식(識)이 타파(打破)되어 멸(滅)해, 무위지혜상승(無爲智慧上昇)에 드는 유식지혜,상승세계(唯識智慧,上昇世界)인, 제식,전변지혜,상승세계(諸識,轉變智慧,上昇世界)는, 지혜상승작용(智慧上昇作用)으로 식(識)이 타파(打破)되어 끊어져 멸(滅)한 전변, 무위지혜,성품세계(轉變,無爲智慧,性品世界)에 듦[入]이다. 이는, ①지혜상승작용(智慧上昇作用)으로 안이비설신의근(眼耳鼻舌身意根)인 6종근(六種根)이 타파(打破)되어 멸(滅)한 전변지혜(轉變智慧)는, 성소작

지(成所作智)인 색무아지(色無我智)에 듦[入]이다. ②또한, 지혜상승
작용(智慧上昇作用)으로 안이비설신의식(眼耳鼻舌身意識)인 6종식(六種
識)이 타파(打破)되어 멸(滅)한 전변지혜(轉變智慧)는, 대승(大乘)의 묘
관찰지(妙觀察智)인 상공성지(相空性智)에 듦[入]이다. ③또한, 지혜
상승작용(智慧上昇作用)으로 제7식(第七識) 자아의식(自我意識)이 타파
(打破)되어 멸(滅)한 전변지혜(轉變智慧)는, 일승(一乘)의 평등성지(平
等性智)인 무염진여성지(無染眞如性智)에 듦[入]이다. ④또한, 지혜상
승작용(智慧上昇作用)으로 제8식(第八識) 능소출입식(能所出入識)이 타
파(打破)되어 멸(滅)한 전변지혜(轉變智慧)는, 일불승(一佛乘)의 대원
경지(大圓鏡智)인 원융각명성지(圓融覺明性智)에 듦[入]이다. ⑤또한,
지혜상승작용(智慧上昇作用)으로 제9식(第九識) 함장식(含藏識)이 타
파(打破)되어 멸(滅)한 전변지혜(轉變智慧)는, 불승(佛乘)의 심부동, 대
열반성지(心不動, 大涅槃性智)인 무위부동, 대열반성(無爲不動, 大涅槃性)
에 듦[入]이다. ⑥또한, 지혜상승작용(智慧上昇作用)으로 심부동, 대
열반성지(心不動, 大涅槃性智)를 타파(打破)하여, 무위부동, 대열반성
(無爲不動, 大涅槃性)도 끊어져 멸(滅)하면, 불지(佛智)인 불성(佛性)에
증입(證入)함이다. 이것이, 지혜작용(智慧作用)으로, 식(識)이 타파(打
破)되어 식(識)이 끊어져 멸(滅)한, 제식, 전변지혜, 상승세계(諸識, 轉
變智慧, 上昇世界)인, 유식지혜, 상승과정, 차별차원, 성불체계(唯識智慧,
上昇過程, 差別次元, 成佛體系)이다.

유식성품세계(唯識性品世界)는, 제상분별, 심식세계(諸相分別, 心識世
界)인 제식, 전개상속, 유위유식, 차별성품, 세계(諸識, 展開相續, 有爲唯

識,差別性品,世界)와 제식타파,전변지혜,무위유식,차별차원,성품세
계(諸識打破,轉變智慧,無爲唯識,差別次元,性品世界)인 유식지혜,상승과
정,성불체계(唯識智慧,上昇過程,成佛體系)가 있다. 제식,전개상속,유
위유식,차별성품,세계(諸識,展開相續,有爲唯識,差別性品,世界)는, 마음
밖의 소연경(所緣境) 대상(對相)인 색성향미촉법(色聲香味觸法)의 상
(相)을 인연(因緣)하여 일어나는, 상분별식(相分別識)인 소연식계(所緣
識界)와 마음 안[內]에서 일으키거나 일어나는 분별(分別)의 심식작
용(心識作用)인, 능연식계(能緣識界)가 있다.

소연식계(所緣識界)는, 인식(認識)의 대상(對相)인 색성향미촉법(色
聲香味觸法)을, 안이비설신의근(眼耳鼻舌身意根)인 6종근(六種根)으로
받아들인 색성향미촉법(色聲香味觸法)의 모습이, 그대로 거울[鏡]처
럼 비치는 안이비설신의식(眼耳鼻舌身意識)인 6종식(六種識)에, 색성
향미촉법(色聲香味觸法)의 상(相)이 그대로 비치는, 소연경·근·식·18
경계체계(所緣境·根·識·十八境界體系)의 일체작용세계(一切作用世界)가
곧, 소연식계(所緣識界)이다. 능연식계(能緣識界)의 작용(作用)은, 업
력(業力)의 습관(習慣)과 훈습(薰習), 그리고, 의식적(意識的), 또는,
무의식중(無意識中), 그리고 또는, 인위적(人爲的), 또는, 의지(意志)
등(等)에 의한 일체심식작용(一切心識作用)인, 제7식(第七識) 자아의
식(自我意識)과 제8식(第八識) 능소출입식(能所出入識)과 제9식(第九識)
무명함장식(無明含藏識)의 작용(作用)이 곧, 능연식계(能緣識界)이다.

심식(心識)의 대상(對相)인 색성향미촉법(色聲香味觸法)을 분별(分別)

하는 것만 상분별(相分別)이 아니다. 마음속에 일어나는 일체분별(一切分別)인 상념작용(想念作用)의 심분별(心分別) 또한, 상심(相心)이니, 상분별(相分別)이다. 그러므로, 그것이 무엇이든, 분별(分別)할 것이 있거나, 분별(分別)할 것이 없어도, 분별(分別)함이 곧, 상(相)이다. 분별(分別)의 그것이, 같지 않거나 같거나, 다르거나 다르지 않거나, 차별(差別)이 있거나 차별(差別)이 없거나, 대상(對相)이거나 대상(對相)이 아니거나, 이 일체(一切)가 상(相)이며, 상분별(相分別)이다. 그것이 색계(色界)이든, 심계(心界)이든, 법(法)이든, 지혜(智慧)이든, 성품(性品)이든, 유위(有爲)이든, 무위(無爲)이든, 깨달음이든, 증득(證得)이든, 분별심(分別心)인 식(識)이 일어남[生]은 다를 바가 없다.

식(識)이란, 곧, 앎[知]이며, 인지(認知)이니, 식(識)인, 앎[知]은 곧, 분별(分別)이므로, 식(識)의 작용(作用)이 있음은, 분별심(分別心)이 있음이다. 분별(分別)의 전제(前提)와 대상(對相)이 무엇이냐에 따라, 분별(分別)의 다양(多樣)한 차별세계(差別世界)와 다양(多樣)한 정신차원(精神次元)의 세계(世界)로 벌어진다. 그 분별(分別)의 전제(前提)와 대상(對相)이 색성향미촉법(色聲香味觸法)의 소연경(所緣境)인 물질대상(物質對相)에 속한 것일 수도 있고, 심식세계(心識世界)의 정신대상(精神對相)에 속한 것일 수도 있고, 지혜세계(智慧世界)에 속한 것일 수도 있고, 유위세계(有爲世界)에 속한 것일 수도 있고, 무위세계(無爲世界)에 속한 것일 수도 있고, 또한, 다양(多樣)한 정신작용세계(精神作用世界)에 속한 것일 수도 있다. 이 모두가 상(相)이 있건 없건,

식(識)이 생(生)한 분별(分別)의 대상(對相)이므로, 심(心)의 인식(認識)과 작용(作用)에는, 무엇이든 그것을 정(定)해 봄이 있어, 상(相)이 된다.

유식작용(唯識作用)에서의 상(相)의 개념(概念)은, 식(識)의 작용(作用)을 일어나게 하는 그것이 무엇이든, 곧, 상(相)이다. 왜냐하면, 그것이 인(因)이 되어, 식(識)이 생기(生起)하기 때문이다. 그러므로, 무엇이든, 식(識)을 생(生)하게 하는, 정(定)해 보는 그것이 무엇이든 곧, 식(識)이 생기(生起)하는 대상(對相)인 법(法)이 되며, 법(法)을 정(定)해 봄으로, 식(識)이 생기(生起)하는 대상(對相)인 상(相)이 된다. 그러므로, 상(相)이란, 존재(存在)하든 존재(存在)하지 않든, 대상(對相)이든 대상(對相)이 아니든, 소연경(所緣境)이든 능연경(能緣境)이든, 마음 밖[外]이든 마음 안[內]이든, 물질적(物質的)이든 심리적(心理的)이든, 식(識)의 생기(生起)에는 반드시, 그 인(因)이 되는 그것이 곧, 식(識)이 생기(生起)하는 대상(對相)인 법(法)이 되며, 그 법(法)이 유형(有形)이든 무형(無形)이든, 존재(存在)이든 비존재(非存在)이든, 사실(事實)이든 추상(推想)이든, 식(識)이 생기(生起)하는 대상(對相)인 인(因)이므로, 곧, 식(識)이 생기(生起)하는 대상(對相)인 법(法)이며, 이 법(法)을 인연(因緣)하여, 제식(諸識)의 작용(作用)이 이루어진다.

심식작용(心識作用)에서 상(相)이란? 식(識)의 작용(作用)을 생(生)하게 하는 그것이, 심(心)의 작용(作用)인 관념(觀念)에는 대(對)의 형성(形成)이며 성립(成立)이니, 곧, 상(相)이다. 그리고, 작용(作用)하는 식(識), 그 자체(自體)도, 심생(心生)에 의한 유(有)이며, 유위(有爲)인 생멸(生滅)의 것이니 곧, 상(相)이다. 그러므로, 식(識)을 일어나게 하는 대상(對相)이 곧, 대(對)의 상(相)인, 소연상(所緣相)이니 소상(所相)이며, 대상(對相)인, 대(對)의 상(相)에 의해 일어나는 분별(分別), 심생(心生)인 상념(想念) 또한, 상(相)이니, 이는, 대상(對相)인, 소연상(所緣相)에 의해 일어나는 내심작용(內心作用)인 대심분별작용(對心分別作用)이니, 능연상(能緣相)이 된다.

상(相)을 분별(分別)하는 심식(心識)의 작용(作用)은, 의식적(意識的), 무의식적(無意識的), 유위·무위(有爲·無爲)의 일체심식,유식작용(一切心識,唯識作用)이다. 이는, 상분별세계(相分別世界)인 일체(一切) 심식작용(心識作用)이다. 분별(分別)에도, 의식세계(意識世界)와 정신세계(精神世界)의 상황(狀況)과 차원(次元)에 따라, 다양(多樣)한 차원(次元)의 분별(分別)이 있겠으나, 불법(佛法)에는, 분별(分別)이라는 이 언어(言語)가, 두[二] 종류(種類)의 속성(屬性)이 있다. 이는, 무명(無明)과 지혜(智慧)의 두[二] 종류(種類)인, 무명심분별(無明心分別)과 불지혜정견(佛智慧正見)이다. 무명심분별(無明心分別)은, 일체상(一切相)과 일체심(一切心)의 실상(實相)과 본성(本性)을 보지 못함에 의한, 일체(一切) 무명심식작용(無明心識作用)이다. 이는 곧, 상(相)과 미혹(迷惑)에 이끌린 일체중생심(一切衆生心)인 전도몽상(顚倒夢想)이다. 또, 하나는, 무명심(無明心)이 없는 불지혜(佛智慧)의 작용(作用)으로, 일체(一切)의 실상(實相)과 본성(本性)을 밝게 봄이며, 또한, 모든 것에 인(因)과 연(緣), 정인(正因)과 정과(正果), 허(虛)와 실(實), 정(正)

과 사(邪) 등(等)을, 명확(明確)히 밝게 요별(了別)하는 지혜작용(智慧作用)을 일러, 분별(分別), 또는, 분별지(分別智)라고 한다.

유식(唯識)은, 일체상(一切相)의 실상(實相)을 모르는 무명자아의식(無明自我意識)의 일체심식작용(一切心識作用)이다. 이는, 본성(本性)과 실상(實相)을 모르는, 상(相)에 얽매이거나 이끌린 분별심(分別心)인, 자아의식(自我意識)의 일체(一切) 사량(思量)과 분별(分別)의 심식작용(心識作用)이다. 이 식심(識心)의 일체(一切)가 곧, 유식세계(唯識世界)이다. 이는 곧, 심생기작용(心生起作用)의 일체(一切)이다. 그리고 또한, 유식지혜,상승세계(唯識智慧,上昇世界)가 있으니, 이는, 제식전변,무위지혜,차별차원,지혜상승,성불과정,지혜세계(諸識轉變,無爲智慧,差別次元,智慧上昇,成佛過程,智慧世界)이다.

유식(唯識)의 식(識)이란, 상분별식계(相分別識界)이니, 곧, 일체(一切) 중생심식(衆生心識)과 일체(一切) 차별지혜세계(差別智慧世界)이다. 유식(唯識)의 유(唯)는 오직이니, 이는, 식계(識界)임을 일컬음이다. 이는, 일체(一切)가 상분별식계(相分別識界)임을 일컬음이다. 이는 곧, 일체(一切) 그 자체(自體)가 상분별,전개식계(相分別,展開識界)임을 일컬음이다. 유식(唯識)의 세계(世界), 일체(一切)를 일컬어, 한 글자로 말하면 곧, 법(法)이다. 법(法)이란, 본성(本性)과 실상(實相)을 벗어난 분별(分別)이니, 즉(即), 이것이라 일컫거나, 일컬을 것 있음이 곧, 법(法)이다. 그러므로, 법(法)이란, 그것이 무엇이든, 대(對)인, 일체상(一切相)과 일체심(一切心)의 세계(世界)이다. 이는 곧,

대(對)인, 물질(物質)과 심(心)의 일체세계(一切世界)이다. 법(法)은 곧, 상(相)을 유발(誘發)하며, 상심(相心)을 일어나게[生] 하는 바로, 그것이다.

법(法)과 상(相)의 차별(差別)은, 그것이 무엇이든, 심(心)을 생기(生起)하는, 일컬을 것 있는 그것이 곧, 법(法)이다. 상(相)은, 일컬을 것 있는 그것을 정(定)해 봄[見:決定]이 곧, 상(相)이다. 이는, 본성(本性)을 벗어난 일체제식작용(一切諸識作用)의 세계(世界)이다. 상(相)은, 이것이라고 할 바를 정(定)해 봄이 곧, 상(相)이다. 상(相)이란, 일체물질세계(一切物質世界)와 일체식심세계(一切識心世界)의 일체(一切)이다. 그러므로, 법(法)과 상(相)이란, 본성(本性)을 벗어난, 모든 심식작용(心識作用)의 세계(世界)이다. 이는 곧, 그것이 무엇이건, 이것이라 일컫거나, 일컬을 것 있는 그것이 곧, 법(法)이다. 그리고 또한, 이것이라 일컫거나, 일컬을 것 있음을 정(定)해 봄이 곧, 상(相)이다. 법(法)이 있으므로, 법(法)을 정(定)해 보는 상(相)이 생(生)하며, 일컫거나, 일컬을 것 그것이 있어, 상(相)을 생(生)하므로, 그것을 일러, 법상(法相)이라고 한다.

또한, 일체상(一切相)을 일컬어 곧, 법(法)이라고 한다. 왜냐하면, 이것이라 일컫는 것이기 때문이다. 이것이라 일컬을 것이 있기에, 그 법(法)을 정(定)해 봄이 곧, 상심(相心)이 일어남이다. 그러므로, 물(物)에 속한 것이든, 심(心)에 속한 것이든, 유형(有形)이든, 무형(無形)이든, 유위(有爲)에 속한 것이든, 무위(無爲)에 속한 것이든, 불법(佛法)에 속한 것이든, 수행(修行)에 속한 것이든, 깨달음에 속한 것이든, 증득(證得)에 속한 것이든, 학(學)에 속한 것이든, 지혜(智慧)에 속한 것이든, 보살(菩薩)에 속한 것이든, 불(佛)에 속한 것이든, 이 모든 것이 곧, 법상(法相)이다. 일체법상(一切法相)이 끊어지면[滅], 곧, 일체유식,성품세계(一切唯識,性品世界)가 끊어져 멸(滅)하므로, 일체유식계(一切唯識界)가 끊어지면[滅] 곧, 일체초월(一切超越) 불지(佛智)이며, 불성(佛性)에 증입(證入)이다. 그러므로, 일체초월성(一切超越性) 불지(佛智)와 불성(佛性)에 듦[入]이, 일체,유위무위,유식 성품,세계(一切,有爲無爲,唯識性品,世界)가 끊어짐이니, 이는 곧, 일체 법(一切法)과 일체상(一切相)을 초월(超越)함이다.

● 일체유심조(一切唯心造)

  유식(唯識)의 세계(世界)는, 본성(本性)을 벗어난, 일체법(一切法)과 일체상(一切相)의 분별세계(分別世界)이다. 이는, 자아의식(自我意識)의 상심상견(相心相見)에 의한 법(法)과 상(相)의 일체세계(一切世界)이다. 이는 곧, 중생심(衆生心)에 의한, 일체유심조(一切唯心造)의 미망법계(迷妄法界)이다. 일체유심조(一切唯心造)의 법(法)에는, 두[二] 가지의 무상지혜(無上智慧)의 법(法)이 있다. 하나는, 무상지혜(無上智慧)의 심청정법계(心淸淨法界)를 드러내며, 또, 하나는, 중생(衆生) 유식(唯識)의 미망법계(迷妄法界)를 드러냄이다. 무상지혜(無上智慧)에 증입(證入)으로 일체유심조(一切唯心造)의 세계(世界)를 깨달으면,

청정지혜세계(淸淨智慧世界)와 무명미망세계(無明迷妄世界)의 두[二] 법계(法界)를, 한목 더불어 같이 깨닫게 된다.

일체유심조(一切唯心造)는, 깨달음 청정지혜, 무상법계(淸淨智慧, 無上法界)의 법어(法語)이다. 이는, 일체(一切)가, 청정본성법성(淸淨本性法性)의 원융조화세계(圓融造化世界)를 드러냄이다. 이는, 청정법성(淸淨法性)의 무자성원융, 청정법계(無自性圓融, 淸淨法界)를 드러냄이 일체유심조(一切唯心造)이다. 그러므로, 일체(一切)가 그대로, 일체상(一切相)이 없는, 법성원융, 무자성, 청정실상, 본성법계(法性圓融, 無自性, 淸淨實相, 本性法界)이다. 이 청정법계(淸淨法界)를 깨달음으로 또한, 더불어 함께 깨닫게 되는 것은, 일체, 청정실상, 원융법계(一切, 淸淨實相, 圓融法界)를 모르는, 일체상심(一切相心)과 일체상견(一切相見)으로, 일체상(一切相)에 머물러 집착(執着)함이 곧, 무명중생(無明衆生)의 상견유심(相見唯心)이며, 미망심계(迷妄心界)임을 또한, 깨닫게 된다.

이 또한, 일체유심조(一切唯心造)의 중생미망법계(衆生迷妄法界)의 진리(眞理)를 깨닫게 됨이다. 그러므로, 일체유심조(一切唯心造)의 법어(法語)는, 일체상(一切相)의 미망견(迷妄見)을 벗어나, 일체상(一切相)이 청정본성(淸淨本性)의 법성작용(法性作用)임을 통달(通達)해, 일체상(一切相)이 상(相)이 아닌, 일체(一切)가 청정본성(淸淨本性)의 불가사의(不可思議) 법성원융, 청정법계(法性圓融, 淸淨法界)임을 깨달음이다. 그러므로 곧, 일체, 상심상견(一切, 相心相見)으로, 일체상(一

切相)을 집착(執着)함이 곧, 전도몽상(顛倒夢想)인 무명상심미망계(無明相心迷妄界)임을 더불어 함께 깨닫게 된다. 이는, 일체,상심상견,작용세계(一切,相心相見,作用世界)가 곧, 일체유식계(一切唯識界)임을 또한, 깨달음이다.

2) 유식론(唯識論)의 목적(目的)

　유식론(唯識論)의 목적(目的)은, 성불(成佛)에 있다. 그 까닭[緣由]은, 일체유식계(一切唯識界)를 타파(打破)해 벗어남이 곧, 성불(成佛)이기 때문이다. 그러므로, 일체,유위무위,유식세계(一切,有爲無爲,唯識世界)를 논(論)함은, 일체무명,제식세계(一切無明,諸識世界)를 벗어나 곧, 성불(成佛)에 이르는 유식지혜,상승세계(唯識智慧,上昇世界)인 총체적(總體的) 제식전변,유식지혜,상승세계,차별차원,성불체계(諸識轉變,唯識智慧,上昇世界,差別次元,成佛體系)의 실증지혜,과정세계(實證智慧,過程世界)를 정지정립,정의정론(正智正立,正義正論)함이다. 그러므로, 성불(成佛)에 이르는 총체적(總體的) 지혜과정(智慧過程)은, 일체무명제식(一切無明諸識)을 점차(漸次) 타파(打破)해, 제식전변,무위지혜,차별차원,성품세계(諸識轉變,無爲智慧,差別次元,性品世界)에 증입상승(證入上昇)하며, 이를 또한 타파(打破)해, 일체초월(一切超越) 완전(完全)한 불지(佛智)에 이르는, 성불지혜과정(成佛智慧過程)이다. 이는, 유식지혜,상승세계,차별차원,성불체계(唯識智慧,上昇世界,差別次元,成佛體系)로, 무명제식(無明諸識)을 점차(漸次) 타파(打破)한 지혜각력상승(智慧覺力上昇)으로, 일체제식,전변지혜(一切諸識,轉變智慧)인 무위지혜,차별차원,지혜상승,과정세계(無爲智慧,差別次元,智慧上昇,過

程世界)이다. 이는, 성불(成佛)에 이르는 총체적(總體的), 유식지혜, 상승세계, 무위증득, 차별차원, 각력상승, 성불체계(唯識智慧, 上昇世界, 無爲證得, 差別次元, 覺力上昇, 成佛體系)이다.

그러므로, 일체, 유위무위, 제식차별, 성품세계(一切, 有爲無爲, 諸識差別, 性品世界)를 점차(漸次) 타파(打破)해 벗어나는, 지혜상승과정(智慧上昇過程)은, 유식지혜, 상승세계(唯識智慧, 上昇世界)로 성불(成佛)에 이르는 총체적(總體的) 지혜전변, 상승과정(智慧轉變, 上昇過程)이다. 만약(萬若), 깨달음을 얻고, 지혜(智慧)를 증득(證得)하였어도, 일체, 제식전변, 무위지혜, 차별차원, 성품세계(一切, 諸識轉變, 無爲智慧, 差別次元, 性品世界)를 모르면, 그 지혜(智慧)는 일체초월(一切超越) 불지(佛智)가 아니다. 그 까닭[緣由]은, 성불(成佛)의 지혜과정(智慧過程)은, 중생제식계(衆生諸識界)를 타파(打破)해 벗어나는 지혜과정(智慧過程)이기 때문이다. 이는 곧, 일체, 제식전변, 무위지혜, 차별차원, 성품세계(一切, 諸識轉變, 無爲智慧, 差別次元, 性品世界)까지 모두 다 타파(打破)해 벗어나는, 제식전변, 지혜실증, 상승과정, 성불체계(諸識轉變, 智慧實證, 上昇過程, 成佛體系)이기 때문이다. 이는, 무위보살, 일체지혜, 차별차원, 성품세계(無爲菩薩, 一切智慧, 差別次元, 性品世界)까지 점차(漸次) 지혜실증(智慧實證)으로 타파(打破)해 모두 다 벗어나, 일체초월(一切超越) 불지(佛智)에 이르는 성불지혜과정(成佛智慧過程)이다.

총체적(總體的) 일체유식세계(一切唯識世界)는, 일체초월(一切超越) 불지(佛智)에 증입(證入)하지 않으면, 알 수가 없다. 왜냐하면, 일체유식, 성품세계(一切唯識, 性品世界)를 타파(打破)해 벗어남이 곧, 일체초월(一切超越) 불지(佛智)이기 때문이다. 그러므로, 누구나, 어떤 수행(修行)을 하든, 일체초월(一切超越) 불지(佛智)에 증입(證入)하는 제식전변, 지혜과정(諸識轉變, 智慧過程) 속에, 일체, 유위무위, 유식성품, 차별차원, 총체세계(一切, 有爲無爲, 唯識性品, 差別次元, 總體世界)를 실증지혜(實證智慧)로 타파(打破)해 벗어나므로, 일체초월성(一切超越性) 불지(佛智)에 증입(證入)하면, 일체유식, 성품세계(一切唯識, 性品世界)를 모를 수가 없다. 왜냐하면, 성불(成佛)을 위해 어떤 수행(修行)을 하든, 수행방법(修行方法)의 특성(特性)에 따라, 수행, 차별특성, 경계(修行, 差別特性, 境界)는 다를 수가 있으나, 수행(修行)으로 각각(各各) 식(識)이 타파(打破)되어 끊어져 멸(滅)하는, 제식(諸識) 타파(打破)의 전변지혜, 성품세계(轉變智慧, 性品世界)는 다를 수가 없기 때문이다.

성불(成佛)을 향(向)한 총체적(總體的) 그 지혜과정(智慧過程)의 수행정로(修行正路)는, 유식지혜, 상승세계, 차별차원, 성불체계(唯識智慧, 上昇世界, 差別次元, 成佛體系)인 일체, 차별차원, 유위무위, 성품세계(一切, 差別次元, 有爲無爲, 性品世界)를 모두 다 타파(打破)해 벗어남으로, 알 수가 있다. 왜냐하면, 성불(成佛)의 지혜과정(智慧過程)은, 무명, 일체차별차원, 중생제식계(無明, 一切差別次元, 衆生諸識界)를 타파(打破)해 전변(轉變)한, 일체, 무위지혜, 차별차원, 보살지혜, 차별세계(一切, 無爲智慧, 差別次元, 菩薩智慧, 差別世界)까지 모두 다 벗어나, 일체초월(一切超越) 무상불지(無上佛智)에 이르는, 이 모든 지혜상승과정(智慧上昇過程)이, 유식지혜, 상승세계, 성불체계(唯識智慧, 上昇世界, 成佛體

系)인 일체, 유위무위유식, 전변지혜세계(一切, 有爲無爲唯識, 轉變智慧世界)의 과정(過程)이기 때문이다.

무상불지(無上佛智)에 이르는, 모든 총제적(總體的) 지혜과정(智慧過程)이, 무명제식(無明諸識)을 벗어나는 유식지혜, 상승세계(唯識智慧, 上昇世界)인 전변지혜, 과정세계(轉變智慧, 過程世界)이다. 그러므로, 일체제식(一切諸識)의 성품(性品)과 일체제식(一切諸識)의 전변지혜, 차별차원, 성품세계(轉變智慧, 差別次元, 性品世界)인, 유식지혜, 상승과정, 성불체계(唯識智慧, 上昇過程, 成佛體系)를 명확(明確)히, 바르게 알지 못하면, 무상불지(無上佛智)에 이를 수가 없다. 왜냐하면, 무상불지(無上佛智)에 이르는 모든 지혜과정(智慧過程)이 곧, 일체제식(一切諸識)을 타파(打破)해 벗어나는, 제식, 전변지혜, 상승과정, 유식체계(諸識, 轉變智慧, 上昇過程, 唯識體系)이기 때문이다.

유식(唯識)의 성품세계(性品世界)는, 중생, 무명제식, 차별차원, 제식세계(衆生, 無明諸識, 差別次元, 諸識世界)와 이 모든 무명제식(無明諸識)을 점차(漸次) 타파(打破)해 전변(轉變)하는, 보살지혜, 일체무위, 차별차원, 지혜상승, 과정세계(菩薩智慧, 一切無爲, 差別次元, 智慧上昇, 過程世界)이다. 이를 또한, 지혜각력상승(智慧覺力上昇)으로, 모두 다 타파(打破)해 벗어나, 무상불지(無上佛智)에 이르는, 이 모든 지혜과정(智慧過程)이 곧, 일체, 유식성품, 전변지혜, 각력상승, 성불과정, 유식체계(一切, 唯識性品, 轉變智慧, 覺力上昇, 成佛過程, 唯識體系)이다. 그러므로, 무상불지(無上佛智)에 이르려는 수행자(修行者)가, 일체제식, 성품세계

(一切諸識, 性品世界)와 제식, 전변지혜, 차별차원, 과정세계(諸識, 轉變智慧, 差別次元, 過程世界)의 총체적(總體的) 실증지혜, 상승과정, 유식체계(實證智慧, 上昇過程, 唯識體系)를 모르면, 일체초월(一切超越) 무상불지(無上佛智)에 이를 수가 없다.

무상불지(無上佛智)에 이르려는 수행자(修行者)가, 무상불지(無上佛智)에 이르는, 총제적(總體的) 지혜상승과정(智慧上昇過程)을 모름은, 성불(成佛)을 목표(目標)로 정(定)했으나, 어떻게, 어디를 향(向)해야 하는지, 그 수행정로(修行正路)를 모름이다. 성불(成佛)의 길[道]은, 형상(形象)이 없어, 눈[眼]으로도 볼 수 없고, 헤아려 알 수도 없는 일체초월(一切超越) 무상지혜(無上智慧)의 길이다. 그러므로, 수행(修行)이 점차(漸次) 깊어질수록 그 길을 알고자, 모든 경전(經典)과 선지식(善知識)의 어록(語錄)을 밤낮으로 뒤적여도, 명확(明確)하지 않아 막연(漠然)할 뿐, 만족(滿足)하지를 못해, 오직, 그 길을 알려고, 만나는 사람마다 물어보아도, 그 사람 역시(亦是), 성불(成佛)의 지혜과정(智慧過程)을 실증체달(實證體達)하여, 무상불지(無上佛智)를 완성(完成)한 불(佛)이 아니니, 만나는 사람은 많아도, 만족(滿足)한 답(答)을 얻기가 쉽지 않다. 그리고 또한, 성불(成佛)의 지혜실증과정(智慧實證過程)을 명확(明確)히 알고자, 만나는 사람마다 물어보아도, 서로 견해(見解)가 다르니, 어떤 사람의 말이 옳음을 종잡을 수가 없어, 어느 한 사람의 말에도 쉽게, 믿음[信]을 일으킬 수가 없다.

유식론(唯識論)은, 무명제식, 전개상속, 차별성품, 유식세계(無明諸

識,展開相續,差別性品,唯識世界)와 그 무명제식(無明諸識)을 전변(轉變)하여, 무상불지(無上佛智)에 이르는, 전변지혜,상승과정,성불세계(轉變智慧,上昇過程,成佛世界)의 일체유식성품세계(一切唯識性品世界)를 밝힌 것이다. 그러므로, 유식론(唯識論)은, 중생무명심계(衆生無明心界)인 제식,전개상속,차별차원,유위유식,성품세계(諸識,展開相續,差別次元,有爲唯識,性品世界)와 보살지혜세계(菩薩智慧世界)인 무위지혜, 차별차원,지혜상승,성품세계(無爲智慧,差別次元,智慧上昇,性品世界)에 대해, 총제적(總體的) 일체,유위무위,유식성품,세계(一切,有爲無爲,唯識性品,世界)를, 실증지혜(實證智慧)로 정의(正義)하고, 제식개념(諸識概念)과 전변지혜세계(轉變智慧世界)를 정립(正立)하여, 실증지혜정안(實證智慧正眼)으로 정의정론(正義正論)하여 밝힌 것이, 유식론(唯識論)이다.

그러므로, 유식성품세계(唯識性品世界)를 논(論)함에는, 무명유위식계(無明有爲識界)와 지혜무위식계(智慧無爲識界)인 성불(成佛)에 이르는 총체적(總體的) 일체유식,성품세계(一切唯識,性品世界)를, 실증지혜정안(實證智慧正眼)으로 정의정론정립(正義正論正立)하여 개념정의(概念正義)하고, 지혜정안(智慧正眼)으로 일체유식,성품세계(一切唯識,性品世界)를 정의정립정론(正義正立正論)하여 밝힘이다. 그러므로, 이에 대해 명확(明確)한 실증지혜(實證智慧)가 없이는, 이 유식,총체적,차별차원,성품세계(唯識,總體的,差別次元,性品世界)에 대해 언급(言及)할 수가 없다. 그러므로, 이에 대한 실증지혜(實證智慧)가 없으면, 그 어떤 분별(分別)과 사량(思量)과 유추(類推)와 추론(推論)으로도, 총체적(總體的) 유식성품세계(唯識性品世界)인 무명제식세계(無明諸識世界)와 제식(諸識)을 타파(打破)한 제식전변,실증지혜,성불과정,지혜체계(諸識轉變,實證智慧,成佛過程,智慧體系)를 알 수가 없다.

그러므로, 일체유식세계(一切唯識世界)는, 명확(明確)한 실증지혜정안(實證智慧正眼)을 바탕[基盤]으로, 그에 대해, 실제(實際) 사실(事實)을 논증(論證)하고 증명(證明)하며, 정의(正義)하여 명확(明確)히 밝힘이다. 이는, 총체적(總體的) 유식성품개념(唯識性品槪念)과 제식성품체계(諸識性品體系)를, 실증지혜정안(實證智慧正眼)으로 정의정립정론(正義正立正論)하여, 밝힘이다. 그러므로, 유식론(唯識論)은, 총체적(總體的) 유식성품세계(唯識性品世界)의 실증지혜(實證智慧)가 없는 지견(知見)의 유추(類推)와 추정(推定)으로 건립(建立)하고, 가정(假定)과 설정(設定)에 의한 추정론(推定論)이 아닌, 명확(明確)한 사실(事實)인 실증지혜(實證智慧)에 의한, 실증정안,정의정립,증명론(實證正眼,正義正立,證明論)이어야 한다.

일체유식,성품세계(一切唯識,性品世界)를 밝힌 유식론(唯識論)은, 무명중생식계(無明衆生識界)와 무명제식(無明諸識)을 타파(打破)한 전변지혜(轉變智慧)인, 무위지혜,차별차원,보살지혜,성품세계(無爲智慧,差別次元,菩薩智慧,性品世界)를 총제적(總體的)으로 밝힘이다. 그러므로, 유식론(唯識論)의 특성(特性)은, 성불(成佛)에 이르는 유식지혜,상승세계,차별차원,성불체계(唯識智慧,上昇世界,差別次元,成佛體系)인 총체적(總體的) 일체유식,성품세계(一切唯識,性品世界)를 밝힌 것이다. 이는, 일체,유위무위,유식성품,세계(一切,有爲無爲,唯識性品,世界)를 실증(實證)한, 제식타파,지혜상승,전변지혜,차별차원,성품세계(諸識打破,智慧上昇,轉變智慧,差別次元,性品世界)에 대한 명확(明確)한 실증지혜(實證智慧)가 없으면, 제식타파,지혜상승(諸識打破,智慧上昇)으로 일체초월(一切超越) 무상불지(無上佛智)에 이르는, 일체유식,전변지혜,성품세계(一切唯識,轉變智慧,性品世界)에 대한 실증지혜정안(實證智慧正眼)이 없어, 이에 대한 일체유식,성품세계(一切唯識,性品世界)를 명확(明確)히, 정의정립정론(正義正立正論)할 수가 없다. 유식론(唯識論)은, 성불(成佛)에 이르는 총체적(總體的) 지혜과정(智慧過程)인, 일체제식,전변상승,무위지혜,상승작용(一切諸識,轉變上昇,無爲智慧,上昇作用)으로 일체무명제식(一切無明諸識)을 벗어나, 일체초월(一切超越) 불지(佛智)에 이르는, 전변지혜,상승과정,유식세계(轉變智慧,上昇過程,唯識世界)이다.

그러나, 만약(萬若), 성불(成佛)의 총제적(總體的) 지혜과정(智慧過程)인, 제식전변,지혜상승,차별차원,과정세계(諸識轉變,智慧上昇,差別次元,過程世界)인 일체,무위지혜,차별차원,성품세계(一切,無爲智慧,差別次元,性品世界)를 알지 못해도, 혹시(或是), 무상불지(無上佛智)에 이르렀다면, 이 지혜자(智慧者)는, 이 유식(唯識)의 총제적(總體的) 지혜과정(智慧過程)을 실증증험(實證證驗)하였을 것이다. 만약(萬若), 제식,전변지혜,성품세계(諸識,轉變智慧,性品世界)를 실증증험(實證證驗)하지 않았다면, 그 지혜(智慧)는 아직, 일체초월(一切超越) 불지(佛智)가 아니다. 그러므로 만약(萬若), 일체초월성(一切超越性) 불성(佛性)

에 증입(證入)한 불지혜(佛智慧)이면, 성불(成佛)에 이르는 총제적(總體的) 지혜과정(智慧過程)인, 일체,유위무위,유식성품,차별세계(一切, 有爲無爲,唯識性品,差別世界)를 명료(明了)히 밝게 알고 있음이다.

이것이, 제불(諸佛)의 도종지(道種智)인 여래5종지(如來五種智)이다. 여래6종지(如來六種智)는, 불지정론(佛智正論)에서, 불지(佛智)에 이르는 제식전변,지혜과정(諸識轉變,智慧過程)에서 제식타파(諸識打破)의 실증세계(實證世界)로 성불(成佛)에 이르게 되는, 지혜성품,차별차원,지혜상승,섭리체계(智慧性品,差別次元,智慧上昇,攝理體系)를 따라, 지혜종성,차별성품,증입체계(智慧種性,差別性品,證入體系)를 6종성품세계(六種性品世界)로 정의정립(正義正立)하여 분류(分類)한 것이다. 그리고 또, 불지(佛智)에 이르면, 또한, 이 6종지혜(六種智慧)를 두루 갖추기 때문이다. 6종지혜(六種智慧)인 여래6종지(如來六種智)는, ① 첫째는, 6종근(六種根)이 타파(打破)되어 멸(滅)한 지혜성품(智慧性品)으로, 색성향미촉법(色聲香味觸法)의 무아성지(無我性智)가 열린 성소작지(成所作智)이다. ②둘째는, 6종식(六種識)이 타파(打破)되어 멸(滅)한 지혜성품(智慧性品)으로, 색성향미촉법(色聲香味觸法)의 공성지혜(空性智慧)가 열린 묘관찰지(妙觀察智)이다. ③셋째는, 제7식(第七識) 말나식(末那識)인 자아의식(自我意識)이 타파(打破)되어 멸(滅)한 지혜성품(智慧性品)으로, 이사무애(理事無礙)의 무염진여성품(無染眞如性品)이 열린 평등성지(平等性智)이다. ④넷째는, 제8식(第八識) 능소출입식(能所出入識)이 타파(打破)되어 멸(滅)한 지혜성품(智慧性品)으로, 원융각명성품(圓融覺明性品)이 열린 대원경지(大圓鏡智)이다.

⑤다섯째는, 제9식(第九識) 아뢰야식(阿賴耶識)인 무명함장식(無明含藏識)이 타파(打破)되어 멸(滅)한 지혜성품(智慧性品)으로, 부동대열반성품(不動大涅槃性品)이 열린 심부동, 대열반성지(心不動, 大涅槃性智)이다. ⑥여섯째는, 제10식(第十識)인 일체증득, 무위지혜(一切證得, 無爲智慧)까지 타파(打破)되어, 일체초월(一切超越) 청정본성, 불성불지(清淨本性, 佛性佛智)가 열린 법계체성지(法界體性智)이다. 이것이 여래6지(如來六智)이다. 여래6지(如來六智)는, 여래5지(如來五智)에서, 성불지혜과정(成佛智慧過程)인 제식전변섭리체계(諸識轉變攝理體系)를 따라, 부동대열반지(不動大涅槃智)가 첨가(添加)된 것이다. 여래6지(如來六智)는, 6종지(六種智)가 차별(差別) 없는 일불성지(一佛性智)이다. 그러므로, 여래6지(如來六智)는 다만, 여래불성일지(如來佛性一智)를 제식전변, 지혜성품, 차별세계(諸識轉變, 智慧性品, 差別世界)를 따라, 여래원융일지(如來圓融一智)를 차별화(差別化)하였을 뿐이다.

제불(諸佛)의 도종지(道種智)는, 일체제식, 전변지혜, 무위성품, 차별세계(一切諸識, 轉變智慧, 無爲性品, 差別世界)까지 모두 다 벗어났다. 그러므로 불지(佛智)이며, 제불(諸佛)의 도종지(道種智)이다. 성불(成佛)을 위해, 제불(諸佛)에게 무상도(無上道)의 길을 구(求)하는 것은, 일체유식, 성품세계(一切唯識, 性品世界)를 타파(打破)해 벗어나기 위함이다. 이는, 무명제식, 전개상속, 유식세계(無明諸識, 展開相續, 唯識世界)와 제식전변, 무위지혜, 차별차원, 성품세계(諸識轉變, 無爲智慧, 差別次元, 性品世界)까지 벗어나기 위함이다. 제식, 전변지혜, 차별세계(諸識, 轉變智慧, 差別世界)는 제식전변, 무위지혜, 차별세계(諸識轉變, 無爲智慧,

差別世界)이며, 이는 곧, 무위보살,차별차원,전변지혜,세계(無爲菩薩,差別次元,轉變智慧,世界)이다. 그러므로, 무위지혜,차별차원,보살지혜,차별세계(無爲智慧,差別次元,菩薩智慧,差別世界)를 모두 다 타파(打破)해 벗어남이 곧, 무상불지(無上佛智)이다. 이 총체적(總體的) 모든 과정(過程)이 곧, 일체유식,성품세계(一切唯識,性品世界)이다.

그러므로, 제식전변지혜(諸識轉變智慧)인 무위지혜,각력상승(無爲智慧,覺力上昇)으로, 일체,무명제식계(一切,無明諸識界)를 타파(打破)한 최상승지(最上昇智)인 무위지혜,최상지(無爲智慧,最上智)까지 타파(打破)해 벗어나야, 비로소 무상불지(無上佛智)에 이르게 된다. 무명제식(無明諸識)을 타파(打破)하고, 전변무위지혜,최상보살지(轉變無爲智慧,最上菩薩智)까지 타파(打破)해 벗어나는, 일체제식,전변지혜,상승과정(一切諸識,轉變智慧,上昇過程)은, 본래(本來) 원만구족(圓滿具足)한 본성(本性)을 장애(障礙)하는, 일체,무명상견,제식장애,중생식(一切,無明相見,諸識障礙,衆生識)과 일체,지혜장애,청정공성,무위지혜,보살세계(一切,智慧障礙,清淨空性,無爲智慧,菩薩世界)까지 모두 타파(打破)해 멸(滅)해야, 본래(本來), 일체장애(一切障礙) 없는, 무연청정본성(無然清淨本性)을 실증(實證)하게 된다. 청정본연본성(清淨本然本性)을 장애(障礙)하는, 무명제식(無明諸識)을 타파(打破)해 벗어나는 제식전변, 지혜과정(諸識轉變,智慧過程)을 무시(無視)하거나 배제(排除)한, 또 다른 성불(成佛)에 이르는 길은 없다. 그러므로, 각각(各各) 수행법(修行法)이 달라도, 각각(各各) 무명제식(無明諸識)을 타파(打破)하는, 수행방법론(修行方法論)이 다를 뿐이다. 왜냐하면, 무명중생,제식세계

(無明衆生, 諸識世界)를 타파(打破)해 벗어남이 곧, 성불(成佛)이기 때문이다.

그러므로, 무상불지(無上佛智)에 이르는, 점차(漸次)의 모든 깨달음을 위한 지혜세계(智慧世界)는 곧, 제식, 전변지혜, 차별차원, 과정세계(諸識, 轉變智慧, 差別次元, 過程世界)이다. 5온개공(五蘊皆空)인 반야바라밀다(般若波羅密多)로 구경열반(究竟涅槃)에 들며, 아뇩다라삼먁삼보리(阿耨多羅三邈三菩提)를 성취(成就)하는, 이 모든 지혜과정(智慧過程)들이 곧, 제식전변, 지혜과정, 성품세계(諸識轉變, 智慧過程, 性品世界)이다. 제식전변지혜(諸識轉變智慧)를 이름[名]하여, 깨달음[證得]의 지혜(智慧)라고 한다. 깨달음[證得]의 지혜(智慧)가, 완전(完全)한 무상불지(無上佛智)가 아니면, 그 깨달음[證得]은, 지혜전변점차(智慧轉變漸次)의 제식전변, 차별차원, 지혜성품, 과정세계(諸識轉變, 差別次元, 智慧性品, 過程世界)이다. 그러므로, 일체제식, 전변지혜, 차별차원, 세계(一切諸識, 轉變智慧, 差別次元, 世界)를 완전(完全)히 벗어남으로 곧, 무상불지(無上佛智)에 이르게 된다.

유식론(唯識論)의 목적(目的)은, 단순(單純), 유식세계(唯識世界)를 아는 것이, 유식론(唯識論)의 목적(目的)이 아니다. 지식(知識)은, 언어(言語)에 의지(依支)한 사량(思量)과 유추(類推)만 할 뿐, 성품(性品)을 아는 것이 아니다. 유식(唯識)을 논(論)함은, 성불(成佛)을 전제(前提)로, 무명제식(無明諸識)을 벗어나 성불(成佛)에 이르는, 총체적(總體的) 지혜과정(智慧過程)을 명확(明確)히 그리고, 바르게 깨닫는 것에, 총체적(總體的) 유식성품세계(唯識性品世界)를 논(論)하는, 근본(根本) 까닭[緣由]인 의미(意味)와 목적(目的)이 있다. 그 이유(理由)는, 유식론(唯識論)은, 중생제식(衆生諸識)과 이 제식(諸識)을 점차(漸次) 타파(打破)해 끊어져, 지혜상승(智慧上昇)하는 일체, 보살지혜, 차별차원, 성품세계(一切, 菩薩智慧, 差別次元, 性品世界)의 실증지혜, 차별세계(實證智慧, 差別世界)를, 실증지혜정론(實證智慧正論)으로 밝힌 것이기 때문이다. 이는, 유식지혜, 상승세계(唯識智慧, 上昇世界)로, 성불(成佛)에 이르는 총체적(總體的) 지혜안목(智慧眼目)을 열어주는, 실증지혜세계(實證智慧世界)이다. 그러므로 이는, 제식전변, 실증지혜, 유식정안, 정의정립, 지혜과정, 성불체계(諸識轉變, 實證智慧, 唯識正眼, 正義正立, 智慧過程, 成佛體系)이다. 그러므로, 일체초월(一切超越) 불지(佛智)가 아니면, 성불(成佛)에 이르는 총체적(總體的) 유식성품, 차별차원, 유위무위, 차별성품, 일체세계(唯識性品, 差別次元, 有爲無爲, 差別性品, 一切世界)를 명확(明確)한 실증지혜정안(實證智慧正眼)으로 정의(正義)하여 언급(言及)하거나, 개념정의정립(槪念正義正立)하여 정론(正論)할 수가 없다.

3) 유식(唯識)에 대한 고찰(考察)

유식세계(唯識世界)의 총체적(總體的) 제식성품구성(諸識性品構成)과 각각(各各) 차별차원, 성품특성(差別次元, 性品特性)을 모두 알려거나, 깨우치려면, 일체, 유위무위, 유식성품, 세계(一切, 有爲無爲, 唯識性品, 世界)를 모두 지혜(智慧)로 실증(實證)하여 증험(證驗)해야만 알 수가 있다. 그래야만, 유식세계(唯識世界)의 제식, 전개상속, 섭리체계(諸識, 展開相續, 攝理體系)의 제식성품구성(諸識性品構成)과 각각(各各) 차별제식, 성품특성(差別諸識, 性品特性)과 그리고, 불지정론(佛智正論)에서 논(論)하는, 유식총상(唯識總相) 10종식(十種識)이, 서로 성품(性品)이 상응(相應)하는 관계성(關係性)과 제식전변, 무위지혜, 차별차원, 성품세계(諸識轉變, 無爲智慧, 差別次元, 性品世界)에 이르기까지, 모두를 명확(明確)히 알 수가 있다. 왜냐하면, 유식세계(唯識世界)의 총체적(總體的) 일체, 유위무위, 성품세계(一切, 有爲無爲, 性品世界)에 이르기까지, 모두를 실증지혜(實證智慧)로 증험(證驗)하지 않으면, 유위무위, 유식세계(有爲無爲, 唯識世界)의 제식성품(諸識性品)에 대한 차별차원특성(差別次元特性)을, 명확(明確)히 밝게 모두를 다 알 수가 없기 때문이다.

이 뜻은, 일체(一切), 유식성품세계(唯識性品世界)를 지혜(智慧)로 실증(實證)하여, 유식세계(唯識世界)의 각각(各各), 차별성품특성(差別性品特性)를 모두 실증증험(實證證驗)하지 않으면, 그 어떤 지식적(知識的) 추측(推測)과 분별(分別)로도, 일체, 유위무위, 유식세계(一切, 有爲無爲, 唯識世界)를 모두 다 알 수가 없기 때문이다. 그러므로, 일체유식계(一切唯識界)의 유위제식, 성품세계(有爲諸識, 性品世界)와 제식전변, 무위지혜, 차별차원, 성품세계(諸識轉變, 無爲智慧, 差別次元, 性品世界)를 모두 실증(實證)하여, 완전(完全)한 일체초월성(一切超越性) 불지(佛智)에 이르러야만, 총체적(總體的) 일체, 차별차원, 유식성품, 세계(一切, 差別次元, 唯識性品, 世界)를 명확(明確)한 실증지혜(實證智慧)로 언급(言及)할 수가 있다.

그러므로, 유식세계(唯識世界)의 일체, 유위무위, 차별성품, 유식세계(一切, 有爲無爲, 差別性品, 唯識世界)를 모두 타파(打破)해 벗어나지 않으면, 유위무위, 일체유식, 차별차원, 성품세계(有爲無爲, 一切唯識, 差別次元, 性品世界)의 모두를, 밝게 다 알 수가 없다. 유식성품(唯識性品)의 세계(世界)는, 각각(各各) 제식성품성질(諸識性品性質)과 제식작용특성(諸識作用特性)과 제식차별차원(諸識差別次元)과 그리고, 제식성품세계(諸識性品世界)을 점차(漸次) 타파(打破)해, 제식전변, 지혜세계(諸識轉變, 智慧世界)인 일체, 무위지혜, 차별차원, 성품세계(一切, 無爲智慧, 差別次元, 性品世界)를 완전(完全)히 벗어나므로, 유위무위, 일체유식, 성품세계(有爲無爲, 一切唯識, 性品世界)를 명확(明確)히, 그리고 확연(確然)히 알 수가 있다.

그러므로, 총체적(總體的) 유식성품세계(唯識性品世界)인 유위무위(有爲無爲)의 일체유식, 성품세계(一切唯識, 性品世界)를 실증(實證)하지 않으면, 유식세계(唯識世界)의 각각(各各), 모든 차별차원, 성품세계(差別次元, 性品世界)를 알 수가 없다. 유식성품세계(唯識性品世界)는, 유위성품차원(有爲性品次元)이 점차(漸次) 깊어지는 제식성품, 차별차원, 성품세계(諸識性品, 差別次元, 性品世界)가 있으며, 또한, 유식지혜, 상승세계(唯識智慧, 上昇世界)인, 유위제식성품(有爲諸識性品)을 점차(漸次) 타파(打破)한 전변지혜세계(轉變智慧世界)인, 무위지혜, 차별차원, 성품세계(無爲智慧, 差別次元, 性品世界)가 점차(漸次) 깊어지는, 무위지혜, 차별차원, 각력상승, 지혜성품, 차별세계(無爲智慧, 差別次元, 覺力上昇, 智慧性品, 差別世界)가 있다. 그러므로, 유위제식, 성품세계(有爲諸識, 性品世界)와 제식전변, 무위지혜, 차별차원, 성품세계(諸識轉變, 無爲智慧, 差別次元, 性品世界)를 모두 타파(打破)해, 완전(完全)한 일체초월성(一切超越性) 불지(佛智)에 증입(證入)함으로, 총체적(總體的) 일체, 유위무위, 유식성품, 차별차원, 세계(一切, 有爲無爲, 唯識性品, 差別次元, 世界)에 대해 명확(明確)히 알 수가 있다.

　그러므로 만약(萬若), 보살지혜(菩薩智慧) 속에 있어도, 일체초월성(一切超越性) 불지(佛智)가 아니므로, 이 유식(唯識)의 성품세계(性品世界)를, 모두를 다 알 수가 없다. 왜냐하면, 보살(菩薩)의 지혜성품(智慧性品)은, 제식전변, 무위지혜, 차별차원, 성품세계(諸識轉變, 無爲智慧, 差別次元, 性品世界) 속에 있기 때문이다. 그 까닭[緣由]은 아직, 제식전변, 무위유식(諸識轉變, 無爲唯識)의 성품세계(性品世界)를 모두, 타파(打破)해 벗어나지 못했기 때문이다. 그러므로, 깊은 보살지혜(菩薩智慧) 속에 있어도, 유식(唯識)의 심층세계(深層世界) 모두를 다 알 수는 없다. 그러므로, 일체,유위무위,유식성품,세계(一切,有爲無爲,唯識性品,世界)를 타파(打破)해, 일체초월(一切超越) 완전(完全)한 불지(佛智)에 증입(證入)함으로, 유식(唯識)의 총체적(總體的) 일체,유위무위,차별차원,성품세계(一切,有爲無爲,差別次元,性品世界)를, 모두 다, 밝게 알 수가 있다.

일체초월(一切超越) 불지(佛智)에 증입(證入)의 지혜과정(智慧過程)이, 일체,유위무위,유식성품,세계(一切,有爲無爲,唯識性品,世界)를 모두 타파(打破)해 벗어남이, 곧, 일체초월,절대성(一切超越,絕對性) 불지(佛智) 증입(證入)의 지혜과정(智慧過程)이다. 그러므로 만약(萬若), 일체,유위무위,유식성품,세계(一切,有爲無爲,唯識性品,世界)를 일체초월(一切超越)한 완전(完全)한 절대성(絕對性) 불지(佛智)에 들지 않았다면, 유식성품세계(唯識性品世界)를 논(論)하여도, 일체,유위무위,유식성품,세계(一切,有爲無爲,唯識性品,世界)를 총체적(總體的)으로 정의(正義)하여 밝히며 언급(言及)할 수가 없다. 그러므로, 모든 유식성품세계(唯識性品世界)를 실증(實證)으로 증험(證驗)하며, 또한, 일체유식,성품세계(一切唯識,性品世界)를 타파(打破)해 벗어나, 일체초월(一切超越) 완전(完全)한 절대성(絕對性) 불지(佛智)에 증입(證入)해야만, 유식(唯識)의 유위제식,전개상속,차별세계(有爲諸識,展開相續,差別世界)와 제식전변,무위지혜,차별차원,성품세계(諸識轉變,無爲智慧,差別次元,性品世界)를 모두 다 밝게 알아, 이에 대한 실증지혜정안(實

證智慧正眼)으로 밝게 정의정립,정론정설(正義正立,正論正說)할 수가 있다.

그러므로, 일체초월성(一切超越性) 불지(佛智)가 아니면, 유식(唯識)의 총체적(總體的) 일체,유위제식,전개상속,과정세계(一切,有爲諸識,展開相續,過程世界)와 제식타파,전변지혜,무위성품,차별차원,상승과정,지혜세계(諸識打破,轉變智慧,無爲性品,差別次元,上昇過程,智慧世界)를 모두 총체적(總體的)으로 알 수가 없다. 일체초월성(一切超越性) 완전(完全)한 불지(佛智)에 이르는 지혜과정(智慧過程) 그 자체(自體)가 곧, 일체유식,성품세계(一切唯識,性品世界)를 타파(打破)해 벗어나는, 유식지혜,차별차원,상승과정(唯識智慧,差別次元,上昇過程)인 지혜전변, 상승과정(智慧轉變,上昇過程)이다. 그러므로, 일체초월,절대성(一切超越,絕對性) 완전(完全)한 불지(佛智)에 증입(證入)해야만, 제식전변지혜(諸識轉變智慧)의 각각(各各) 차별차원,지혜성품,과정세계(差別次元,智慧性品,過程世界)를 모두 실증증험(實證證驗)하여, 유위제식,전개상속,차별성품,세계(有爲諸識,展開相續,差別性品,世界)와 제식,전변지혜,성품세계(諸識,轉變智慧,性品世界)인 무위지혜,차별차원,성품세계(無爲智慧,差別次元,性品世界)에 대한 총체적(總體的) 유식성품세계(唯識性品世界)를 실증지혜정안(實證智慧正眼)으로 정의정립정론(正義正立正論)하여 명확(明確)히, 언급(言及)할 수가 있다.

그러므로, 무명제식(無明諸識)을 점차(漸次) 타파(打破)해, 무위지혜,차별차원,성품세계(無爲智慧,差別次元,性品世界)까지 모두 벗어나,

완전(完全)한 일체초월성(一切超越性) 불지(佛智)에 이르면, 일체유식,성품세계(一切唯識,性品世界)인 유위무위,유식성품,일체차별,성품세계(有爲無爲,唯識性品,一切差別,性品世界)를 모두, 다 밝게 아는, 무상지혜정안(無上智慧正眼)의 안목(眼目)을 두루 갖추게 된다. 그러므로, 무명성품세계(無明性品世界)인 제식전개,상속성품,섭리세계(諸識展開,相續性品,攝理世界)와 유식지혜,상승세계(唯識智慧,上昇世界)인 제식전변,무위지혜,차별차원,성품세계(諸識轉變,無爲智慧,差別次元,性品世界)를, 모두 총체적(總體的)으로 밝게 가름하게 된다. 그러면, 유식세계(唯識世界)의 각각(各各) 무명제식,전개과정(無明諸識,展開過程)과 제식성품구성(諸識性品構成)과 각각(各各) 성품차별특성(性品差別特性)과 무위지혜,차별차원,성품세계(無爲智慧,差別次元,性品世界)인 지혜전변,상승과정(智慧轉變,上昇過程)에 이르기까지, 모든 총체적(總體的) 유식성품세계(唯識性品世界)를 모두, 다 밝게 알 수가 있다.

유식(唯識)의 심층세계(深層世界)를 밝게 실견(實見)함은, 곧, 12인연(十二因緣)의 근본(根本), 무명성품(無明性品)과 무명성품(無明性品)까지 타파(打破)하는, 제식전변,무위지혜,성품세계(諸識轉變,無爲智慧,性品世界)에 이르기까지 밝게 실견(實見)함이다. 그러므로, 불(佛)께서는, 무명제식,성품세계(無明諸識,性品世界)와 제식전변,무위지혜,차별차원,성품세계(諸識轉變,無爲智慧,差別次元,性品世界)를 모두 타파(打破)해 벗어나, 완전(完全)한 불지(佛智)에 증입(證入)한 불지혜(佛智慧)로, 무명(無明)으로부터, 12인연(十二因緣)의 순(順)과 역(逆)의 일체(一切)를, 걸림 없이 관(觀)하는, 부사의12인연관(不思議十二

因緣觀)에 증입(證入)하게 된다. 그러므로, 일체중생(一切衆生)이 생사윤회(生死輪廻)의 무명세계(無明世界)를 벗어나도록, 무명중생식계(無明衆生識界)인, 12인연법(十二因緣法)의 인과세계(因果世界)를, 밝게 설(說)하게 된 것이다.

대반열반경(大般涅槃經), 제25권 사자후보살품(師子吼菩薩品) 구절(句節)의 말씀이다.

"선남자여! 12인연을 관(觀)하는 지혜(智慧)에, 네[四] 종류의 지혜(智慧)가 있으니, 하나는 하(下)요, 둘[二]은 중(中)이요, 셋[三]은 상(上)이요, 넷[四]은 상상(上上)이니라. 하(下)의 지혜(智慧)로 관(觀)하는 자(者)는, 불성(佛性)을 보지 못하나니, 보지 못하는 연고(緣故)로 성문(聲聞)의 도(道)를 얻고, 중(中)의 지혜(智慧)로 관(觀)하는 자(者)도, 불성(佛性)을 보지 못하나니, 보지 못하는 연고(緣故)로 연각(緣覺)의 도(道)를 얻고, 상(上)의 지혜(智慧)로 관(觀)하는 자(者)는, 보아도, 분명(分明)치 못하나니, 분명(分明)치 못하므로 10주지(十住地)에 머물고, 상상(上上)의 지혜(智慧)로 관(觀)하는 자(者)는, 불성(佛性)을 명확(明確)히 보는 까닭[緣由]으로, 아뇩다라삼먁삼보리(阿耨多羅三邈三菩提)의 도(道)를 얻느니라. 이런 뜻[義]의 까닭[緣由]에, 12인연(十二因緣)을 일컬음이 불성(佛性)이니라. 불성(佛性)이 곧, 제일의공(第一義空)이며, 제일의공(第一義空)을 이름[名]함이 중도(中道)이며, 중도(中道)를 곧, 일컬어 불(佛)이라 하며, 불(佛)을 일컬어 열반

(涅槃)이라 하니라."

"善男子！ 觀十二緣智凡有四種 一者下 二者中 三者上 四者上上。下智觀者 不見佛性 以不見故 得聲聞道。中智觀者 不見佛性 以不見故 得緣覺道。上智觀者 見不了了 不了了故·住十住地。上上智觀者 見了了故 得阿耨多羅三藐三菩提道。以是義故 十二因緣名爲佛性。佛性者 卽第一義空 第一義空 名爲中道 中道者 卽名爲佛 佛者 名爲涅槃。"

대반열반경(大般涅槃經), 제25권 사자후보살품(師子吼菩薩品) 구절(句節)의 말씀이다.

"12인연(十二因緣)은 그 뜻이 매우 깊어서, 알 수도 없고, 볼 수도 없고, 생각[思惟]할 수도 없으므로, 모든 부처님[諸佛]과 보살(菩薩)의 경계(境界)이니, 모든 성문(聲聞)이나 연각(緣覺)으로는 미칠 바가 아니니라."

"十二因緣 其義甚深 無知無見 不可思惟 乃是諸佛菩薩境界 非諸聲聞 緣覺所及。"

"모든 중생(衆生)들은 12인연(十二因緣)과 함께 행(行)하면서도 보지 못하고, 알지 못하며, 보지도 알지도 못하므로, 끝[終:無明의 끝]과 시작[始:無明의 시작]이 있음을 모르느니라. 10주(十住:十地) 보살(菩薩)은 오직, 그 끝[終:無明의 끝]만 보고 시작[始:無明의 시작]을 보지 못하거니와 제불(諸佛) 세존(世尊)은, 처음[始:無明의 시작]도 보고, 끝[終:無明의 끝]도 보나니, 이러한 뜻[義]의 까닭[緣由]에, 모든 부처 님[諸佛]께서는 분명(分明)하고 명확(明確)히 불성(佛性)을 본다 하느 니라."

"一切衆生 雖與十二因緣共行 而不見知 不見知故 無有終始。十住 菩薩 唯見其終 不見其始 諸佛世尊見始見終。以是義故 諸佛了了得見 佛性。"

위의 경설(經說)에 의하면, 능히, 불지(佛智)에 증입(證入)해야만 이, 불성(佛性)을 명확(明確)히 보며, 또한, 무명(無明)으로부터 비롯 되는, 12인연(十二因緣)의 순관(順觀)과 역관(逆觀)과 순역쌍관(順逆雙 觀)을 능히, 할 수가 있다 함이다. 만약(萬若), 무명(無明) 성품(性品) 을 보지 못하면, 12인연(十二因緣)의 순역(順逆) 정관(正觀)을 할 수가 없다. 불(佛)께서, 불지혜(佛智慧)에 들어, 12인연(十二因緣)의 순관 (順觀)과 역관(逆觀)과 순역쌍관(順逆雙觀)의 부사의(不思議) 인연관(因 緣觀)에 들고, 또한, 부사의(不思議) 자성관(自性觀)에 들어, 중생성품 (衆生性品)의 시(始)와 종(終)을, 불지혜(佛智慧)로 두루 관(觀)하였다.

유식(唯識)의 심층세계(深層世界)는, 유위제식,성품세계(有爲諸識,性 品世界)를 벗어나, 불지(佛智)에 이르는 총체적(總體的) 지혜과정(智慧 過程)인, 무위차별,심층지혜,성품세계(無爲差別,深層智慧,性品世界)에 까지 이르므로, 자아식심(自我識心)과 상견상심(相見相心)의 분별(分

別)과 유추(類推)에 의한, 밝은 지혜(智慧)와 명석(明晳)한 지견(知見)으로도, 알 수가 없다. 왜냐하면, 유식(唯識)의 심층지혜세계(深層智慧世界)는, 제7식(第七識) 자아의식(自我意識)의 상견상심(相見相心)의 분별(分別)과 유추(類推)로는 전혀 알 수 없는, 유위무위,차별차원,성품세계(有爲無爲,差別次元,性品世界)이며, 또한, 유식지혜,전변상승,제식타파,차별차원,성불과정,지혜세계(唯識智慧,轉變上昇,諸識打破,差別次元,成佛過程,智慧世界)이기 때문이다.

그리고, 유식지혜,전변상승,무위지혜,성품세계(唯識智慧,轉變上昇,無爲智慧,性品世界)인 이 무위성품세계(無爲性品世界)는 곧, 보살지혜,차별차원,성품세계(菩薩智慧,差別次元,性品世界)이므로, 이 부사의(不思議) 무위지혜,차별차원,성품세계(無爲智慧,差別次元,性品世界)를 밝게 깨닫고 점검(點檢)하려면, 일체,유위무위,유식성품,세계(一切,有爲無爲,唯識性品,世界)를 모두 타파(打破)해 벗어나, 불지혜(佛智慧)에 증입(證入)해야 한다. 그러면, 총체적(總體的) 일체,유위무위,차별차원,유식성품,차별세계(一切,有爲無爲,差別次元,唯識性品,差別世界)를 모두, 두루 밝은 실증지혜정안(實證智慧正眼)으로 명확(明確)히 지혜점검(智慧點檢)을 하게 된다.

만약(萬若), 일체초월(一切超越) 완전(完全)한 불지(佛智)에 이르지 않았다면, 무명제식,전개상속,성품세계(無明諸識,展開相續,性品世界)뿐만 아니라, 제식전변,무위지혜,차별차원,성품세계(諸識轉變,無爲智慧,差別次元,性品世界)에까지 모두 다 알 수가 없다. 그러므로, 일체, 유위무위, 유식성품, 일체세계(一切, 有爲無爲, 唯識性品, 一切世界)를 타파(打破)해 벗어난, 불지(佛智)가 아니면, 유식세계(唯識世界)을 논(論)한다 하여도, 총체적(總體的) 일체, 유위무위, 유식성품, 세계(一切, 有爲無爲, 唯識性品, 世界)에 대해, 실증지혜정안(實證智慧正眼)이 없어, 명확(明確)히 언급(言及)할 수가 없다.

만약(萬若), 총체적(總體的) 일체유식, 성품세계(一切唯識, 性品世界)에 대한 실증지혜(實證智慧)가 없이, 유식성품세계(唯識性品世界)에 대해 언급(言及)하거나 논(論)하여도, 총체적(總體的) 일체, 유위무위, 유식성품, 세계(一切, 有爲無爲, 唯識性品, 世界)에 대한 실증지혜(實證智慧)가 없어, 총체적(總體的) 일체유식, 성품세계(一切唯識, 性品世界)에 대해, 실증정지, 정의정립(實證正智, 正義正立)하여 밝게 논(論)할 수가 없다. 또한 만약(萬若), 유식성품세계(唯識性品世界)를 논(論)하여도, 실증지혜(實證智慧)가 없는 그 유식론(唯識論)은, 유식지혜(唯識智慧)의 한계성(限界性)이 있어, 총체적(總體的) 일체, 유위무위, 일체유식, 총지총론(一切, 有爲無爲, 一切唯識, 總智總論)이 될 수가 없다. 그리고 또한, 유식세계(唯識世界)를 논(論)하여도 실증지혜(實證智慧)가 없으면, 지혜미완(智慧未完)의 유추(類推)와 추론(推論)에 의한 자기지견(自己知見)의 편중견해(偏重見解)가, 그 논지(論智)에 자연(自然)히 개입(介入)하게 되므로, 사실(事實)과 다른 지견(知見)의 왜곡(歪曲)과 모순(矛盾)된 견해(見解)의 오류(誤謬)를 범(犯)할 수가 있다.

● 원측(圓測)스님 제8식(第八識)의 견해(見解)

이 일례(一例)는, 해심밀경소(解深密經疏)를 저술(著述)하신 원측(圓測:613~696)스님께서, 제8식(第八識) 전변지혜(轉變智慧)의 대원경지(大圓鏡智)와 불지(佛智)의 대원경지(大圓鏡智)를 동일성품(同一性品)으로 인지(認知)하여 논설(論說)한 것은, 이에 대해 실증지혜(實證智慧)가 없어, 자기(自己)도 본의(本意) 아니게, 사실왜곡(事實歪曲)과 지혜모순(智慧矛盾)과 논지오류(論智誤謬)의 잘못을 범(犯)하였다. 그러므로 만약(萬若), 유식세계(唯識世界)의 총체적(總體的) 실증지혜(實證智慧)가 없으면, 유식세계(唯識世界)을 논(論)하여도, 자기(自己) 앞의 지견(知見)에 의한 유추(類推)와 추론(推論)에 의거(依據)한 논지론설(論智論說)이 되므로, 그 논설(論說)에는, 실증지혜(實證智慧) 없어, 자기(自己) 지견오류(知見誤謬)의 잘못을 인지(認知)하지 못하는 지혜(智慧)의 부족(不足)으로, 자기(自己)의 뜻과 달리, 사실(事實)을 왜곡(歪曲)하여 실제(實際)와 다른, 모순(矛盾)된 논지론설(論智論說)이 될 수가 있다.

그리고, 대승유식론(大乘唯識論)을 개척(開拓)하고 선도(先導)했던, 유식론사(唯識論師)인 무착보살(無着菩薩)과 세친보살(世親菩薩), 그리고, 그 유식이론(唯識理論)과 유식체계(唯識體系)를 이은, 후대(後代) 진제삼장(眞諦三藏:499~569)과 원측(圓測:613~696)스님 등(等)의 유식론지(唯識論智)를 살펴보면, 대승유식론(大乘唯識論)의 제식총상(諸識總相) 8종식(八種識)에서, 제8식(第八識) 아뢰야식(阿賴耶識)인 함장식(含藏識)과 그 전변지혜세계(轉變智慧世界)에 대한 실증지혜(實證智慧)가 없어, 제8식(第八識) 아뢰야식(阿賴耶識)인 함장식(含藏識)의 성품(性品)에 대해, 지혜미완(智慧未完)으로 사량(思量)하고 유추(類推)함으로, 사실(事實)과 다른 왜곡(歪曲)된 유식견해(唯識見解)의 오류(誤謬)를 보게 된다.

설사(設使), 제8식, 전변지혜, 성품세계(第八識, 轉變智慧, 性品世界)에 들었다 하여도, 자기가 증입(證入)한, 그 지혜성품(智慧性品)을, 밝게 요별(了別)하거나, 바르게 점검(點檢)할 수가 없다. 왜냐하면, 자기가 증입(證入)한, 그 지혜성품(智慧性品)을 밝게 점검(點檢)할, 상지실증지혜(上智實證智慧)가 없기 때문이다. 그리고 또한. 총체적(總體的) 유식지혜, 상승세계(唯識智慧, 上昇世界)에까지 확연(確然)히 지혜점검(智慧點檢)할 실증지혜정안(實證智慧正眼)을 갖춘, 일체초월(一切超越) 불지(佛智)가 아니기 때문이다. 대승유식론(大乘唯識論)에서 제8식(第八識)을 함장식(含藏識)으로 규정(規定)하였으며, 또한, 함장식(含藏識)의 전변지혜(轉變智慧)를 대원경지(大圓鏡智)로 규정(規定)하고 정의(定義)하였다. 제8식, 전변지혜, 성품세계(第八識, 轉變智慧, 性品世界)인 대원경지(大圓鏡智)에 증입(證入)하면, 온[全] 우주(宇宙)가 곧, 원융각명, 지혜성품(圓融覺明, 智慧性品)이니, 그 부사의(不思議) 무위, 원융각명, 성품세계(無爲, 圓融覺明, 性品世界)를 처음[初] 증입(證入)해 증험(證驗)하므로, 이 성품경계(性品境界)를 지혜점검(智慧點檢)할 상지실증, 지혜정안(上智實證, 智慧正眼)이 없어, 그 성품(性品)에 예속(隷屬)되거나 머무르게 된다. 또한, 그 쌍차쌍조, 원융각명, 성품(雙遮雙照,

圓融覺明,性品) 속에 있으므로, 그 성품(性品)을 벗어나거나, 객관화(客觀化)할 수가 없다.

　그러므로 만약(萬若), 대원경지(大圓鏡智)에 증입(證入)해도, 그 지혜경계(智慧境界)의 성품세계(性品世界)를 바르게 지혜점검(智慧點檢)할 수 있는, 상지실증,지혜정안(上智實證智慧正眼)이 없어, 그 성품(性品)의 실증지혜세계(實證智慧世界)를 불지(佛智)로 오인(誤認)하기도 하며, 또한, 여기에서 어떻게 해야 할 바를 모르므로, 그 지혜성품경계(智慧性品境界)에 머무르게 된다. 그러나, 일체,무위지혜,차별차원,성품세계(一切,無爲智慧,差別次元,性品世界)를 모두 완전(完全)히 타파(打破)해 벗어나, 일체초월성(一切超越性) 불지(佛智)에 증입(證入)하면, 일체무위지혜(一切無爲智慧)의 차별차원,성품세계(差別次元,性品世界)의 일체(一切)는, 지혜각력상승(智慧覺力上昇)으로 모두 타파(打破)해 벗어나야 할, 무위지혜,성품세계(無爲智慧,性品世界)임을 깨닫게 된다. 그러므로, 일체초월(一切超越) 불지(佛智)에 증입(證入)하면, 일체유식,차별차원,성품세계(一切唯識,差別次元,性品世界)를 타파(打破)해 벗어났음으로, 총체적(總體的) 제식전개,성품세계(諸識展開,性品世界)와 제식전변,무위지혜,차별차원,상승과정,일체세계(諸識轉變,無爲智慧,差別次元,上昇過程,一切世界)를, 명확(明確)하고 밝게 요별(了別)하여, 실증지혜정안(實證智慧正眼)으로 확연(確然)히 지혜점검(智慧點檢)을 하게 된다.

　진제삼장(眞諦三藏)스님은, 원측(圓測)스님보다 시대적(時代的)으로

100년 남짓 앞서 사신 분이시다. 진제삼장(眞諦三藏)스님과 원측(圓測)스님, 두[二] 유식론사(唯識論師)의 차별견해(差別見解)인 유식론지(唯識論智)를 살펴보면, 진제삼장(眞諦三藏)스님은, 제8식(第八識)의 정분(淨分)과 염분(染分)의 식종(識種)을 분리(分離)하여, 제8식(第八識)의 염분(染分)을 제8식(第八識) 함장식(含藏識)으로 하고, 제8식(第八識)의 정분(淨分)은, 청정식(清淨識)인 아마라식(阿摩羅識)이며, 무구식(無垢識)이므로, 제9식(第九識)으로 식종(識種)을 분리(分離)하여 규정(規定)하였다.

그러나, 원측(圓測)스님은, 제8식(第八識)의 정분(淨分)을, 제8식(第八識)에서 분리(分離)하여, 제9식(第九識)으로 분류(分類)하는 것에 대해, 부당(否當)함을 논설(論說) 하였다. 그 까닭[緣由]은, 제8식(第八識) 함장식(含藏識)의 염분(染分)이 전변(轉變)하면 대원경지(大圓鏡智)이므로, 이 전변(轉變)한 대원경지(大圓鏡智)의 성품(性品)이 곧, 아마라식(阿摩羅識)인 여래(如來)의 성품(性品)인 무구식(無垢識)이니, 이는 곧, 제8식(第八識)의 정분(淨分)이기 때문이라고 했다. 이에 관(關)한 것은, 원측(圓測)스님이 저술(著述)하신, 해심밀경소(解深密經疏)의 심의식상품(心意識相品)에 있다. 여기에서, 원측(圓測)스님께서는, 제8식(第八識) 염분(染分)의 전변지혜(轉變智慧)가 대원경지(大圓鏡智)이며, 이 대원경지(大圓鏡智)의 성품(性品)이 곧, 제8식(第八識)의 정분(淨分)이니, 이 제8식(第八識)의 정분(淨分)이 곧, 아마라식(阿摩羅識)인 여래(如來)의 성품(性品)인 무구식(無垢識)임을, 여래공덕장엄경(如來功德莊嚴經)의 대원경지(大圓鏡智)에 대한 구절(句節)로써, 이를 증명(證明)하고 있다.

　원측(圓測)스님은, 해심밀경소(解深密經疏)의 심의식상품(心意識相品)에서, 아마라식(阿摩羅識)은 무구식(無垢識)이니, 무구식(無垢識)은 묘각위(妙覺位)의 대원경지(大圓鏡智)와 상응(相應)하는 심체(心體)로서, 제8식(第八識)의 정분(淨分)이라고 하였다. 그리고, 이 정분(淨分)은, 여래(如來)의 불성(佛性)인 무구식(無垢識)과 동일성품(同一性品)으로 보며, 그 증명(證明)의 예(例)로써, 여래공덕장엄경(如來功德莊嚴經)의 구절(句節)로 설명(說明)하고 있다. 원측(圓測)스님께서, 해심밀경소(解深密經疏)의 심의식상품(心意識相品)에서 언급(言及)한, 이 경(經)의 구절(句節)은, "여래(如來)의 무구식(無垢識)은 청정(淸淨) 무루계(無漏界)이며, 일체장애(一切障礙)를 해탈(解脫)한 대원경지(大圓鏡智)와 상응(相應)한다."이다.

　원측(圓測)스님은, 진제삼장(眞諦三藏)스님께서, 제8식(第八識)의 정분(淨分)이 청정식(淸淨識)인 아마라식(阿摩羅識)이며, 무구식(無垢識)이므로, 제9식(第九識)으로 분류(分類)한 것에 대해, 옳지 않음을 논(論)하였다. 그러나, 이 여래공덕장엄경(如來功德莊嚴經)의 경구(經句)를 증거(證據)로, 자기견해(自己見解)의 정당(正當)함을 입증(立證)해도, 이 또한, 이에 대한 실증지혜(實證智慧)가 없는 지혜미완(智慧未完)에 의한 분별(分別)과 유추(類推)의 자기지견(自己知見)이므로, 이는, 왜곡(歪曲)된 유추(類推)와 추론(推論)인, 지혜미완(智慧未完)의 지견오류(知見誤謬)임을, 원측(圓測)스님 자기(自己)는 모른다.

왜냐하면, 원측(圓測)스님은, 제8식(第八識) 염분(染分)과 정분(淨分)의 성품(性品)에 대한 실증지혜(實證智慧)가 없었고, 또한, 제8식(第八識)을 전변(轉變)한 대원경지(大圓鏡智)에 들지 않았으므로, 대원경지(大圓鏡智)에 대한 실증지혜경계(實證智慧境界)도 없었으며, 또한, 일체초월(一切超越) 불지(佛智)에 증입(證入)하지 않았으므로, 일체초월성(一切超越性) 불성(佛性)에 대한 실증지혜(實證智慧)도 없어, 제8식(第八識) 정분(淨分)의 성품(性品)과 제8식(第八識)을 전변(轉變)한 대원경지(大圓鏡智)의 성품(性品)과 일체초월성(一切超越性) 불성(佛性)의 성품(性品)이, 각각(各各) 어떤 차별특성(差別特性)이 있음을 몰랐기 때문이다. 단순(單純), 제8식(第八識) 정분(淨分)과 제8식(第八識)을 전변(轉變)한 대원경지(大圓鏡智)의 성품(性品)과 일체초월성(一切超越性) 불성(佛性)이 같은 성품(性品)임을 유추(類推)하여, 경(經)에, 여래(如來)의 무구식(無垢識)은 대원경지(大圓鏡智)의 성품(性品)과 상응(相應)한다는 이 근거(根據)로, 제8식(第八識) 정분(淨分)의 성품(性品)과 제8식(第八識)을 전변(轉變)한 대원경지(大圓鏡智)의 성품(性品)과 일체초월성(一切超越性) 불성(佛性)의 성품(性品)이, 같은 동일성품(同一性品)임을 논거(論據)하였다.

그러나, 실제(實際), 일체초월성(一切超越性) 불지(佛智)에 증입(證入)하지 않으면, 이 부분(部分)의 명확(明確)한 지혜점검(智慧點檢)과 해결(解決)이 되지 않으므로, 일체초월(一切超越) 불지(佛智)가 아니면, 이에 대한 점검(點檢)은 불가능(不可能)하다. 실제(實際) 대원경지(大圓鏡智)에 증입(證入)해도, 이에 대한, 명확(明確)한 점검(點檢)은 되지 않는다. 왜냐하면, 대원경지(大圓鏡智)에 증입(證入)해도, 아직, 일체초월(一切超越) 불지(佛智)가 아니므로, 제식(諸識)의 장애(障礙)를 모두 타파(打破)해 벗어나, 일체초월성(一切超越性) 불지(佛智)에 증입(證入)한 것이 아니므로, 대원경지(大圓鏡智)의 성품(性品)과 일체초월성(一切超越性) 불성(佛性)의 성품(性品)이 같고 다름을 점검(點檢)할 수 있는, 실증지혜정안(實證智慧正眼)을 아직, 갖추지 못했기 때문이다.

대승유식론(大乘唯識論)의 제8식(第八識) 속에 염분(染分)과 정분(淨分)을 함께 묶은 정분(淨分)을, 대승유식론사(大乘唯識論師)들은 본성(本性)으로 규정(規定)하였으며, 또한, 제8식(第八識)을 전변(轉變)한 대원경지(大圓鏡智)의 성품(性品)을, 불성(佛性)으로 정의(定義)하고, 그렇게, 이해(理解)하고 있다. 대승유식론사(大乘唯識論師)들은, 일체초월(一切超越) 불성(佛性)에 증입(證入)한 불지(佛智)가 아니므로, 대원경지(大圓鏡智)와 불성(佛性)인 본성(本性)에 대해, 실증지혜(實證智慧)가 없어, 제8식(第八識) 전변지혜(轉變智慧)인 대원경지(大圓鏡智)와 일체초월(一切超越) 본성(本性)에 대해 서로, 같고 다름의 차별성(差別性)을 가름할 실증지혜(實證智慧)가 없어, 대승유식론(大乘唯識論) 제8식(第八識) 논리(論理)의 체계(體系)에 대해, 옳고 그름을 지혜점검(智慧點檢)하고 확인(確認)할, 실증지혜정안(實證智慧正眼)의 점검지혜(點檢智慧)를 스스로 갖고 있지를 않다. 대승유식론(大乘唯識論) 제8식(第八識)의 염분(染分)과 정분(淨分), 그리고, 제8식(第八識) 전변지혜(轉變智慧)인 대원경지(大圓鏡智)와 그리고, 일체초월(一切超越)

불성(佛性)의 관계(關係), 그리고, 이를, 총체적(總體的)으로 밝게 지혜점검(智慧點檢)하려면, 제식전변,일체차별차원,무위지혜세계(諸識轉變,一切差別次元,無爲智慧世界)를 타파(打破)해 벗어난, 일체초월(一切超越) 완전(完全)한 불지(佛智)이어야 한다.

그러나, 대승유식론(大乘唯識論)을 성립(成立)한 대승유식론사(大乘唯識論師)들은, 총체적(總體的) 유식성품세계(唯識性品世界)를 정의정립(正義正立)하고, 각각(各各) 차별차원(差別次元) 유식성품세계(唯識性品世界)를 지혜점검(智慧點檢)할, 일체초월(一切超越) 불지(佛智)가 아니었으므로, 제8식(第八識) 염분(染分)과 정분(淨分), 그리고, 제8식(第八識) 전변지혜(轉變智慧)인 대원경지(大圓鏡智)와 또한, 대원경지(大圓鏡智)의 성품(性品)을 불성(佛性)으로 인지(認知)하는, 이 모두가, 이에 대한 실증지혜(實證智慧)가 없는 지견오류(知見誤謬)로, 실제사실(實際事實)과 다른 왜곡(歪曲)의 부분(部分)이다. 대승유식론사(大乘唯識論師)들은 대승유식론(大乘唯識論)을 성립(成立)하였어도, 이에 대한 실증지혜(實證智慧)가 없는 논리적(論理的) 유추(類推)와 유식지견(唯識知見)의 추정(推定)에 의해 설정(設定)하고, 추정건립(推定建立)한 논리체계(論理體系)이다. 그러므로, 사실(事實), 이에 대한 실증지혜(實證智慧)가 없는 대승유식론사(大乘唯識論師)들은, 지식(知識)과 지견(知見)의 논리적(論理的) 사유(思惟)로 추정(推定)하고 유추(類推)하여 건립(建立)한 논리체계(論理體系)이어서, 사실(事實)과 다른, 모순(矛盾)된 지견오류(知見誤謬)의 왜곡부분(歪曲部分)이 있는, 논리체계(論理體系)이다.

대승유식론사(大乘唯識論師)들은, 총체적(總體的) 유식성품세계(唯識性品世界)인 무명제식(無明諸識)과 무명제식(無明諸識)을 지혜전변(智慧轉變)하여, 모두 타파(打破)해 벗어나, 불성(佛性)에 증입(證入)한 일체초월(一切超越) 불지(佛智)가 아니었으므로, 일체초월성(一切超越性) 불성(佛性)인 본성(本性)이 어떤 성품(性品)인가를 실증체달(實證體達)한 실증지혜(實證智慧)가 없었다. 그러므로, 총체적(總體的) 유식성품, 차별차원, 성품세계(唯識性品, 差別次元, 性品世界)와 제식전변, 무위지혜, 차별특성(諸識轉變, 無爲智慧, 差別特性)과 일체초월성(一切超越性) 불성불지(佛性佛智)에 대해 실증지혜(實證智慧)가 없어, 전변지혜(轉變智慧)인 대원경지(大圓鏡智)의 성품(性品)과 일체초월(一切超越) 본성(本性)인 불성(佛性)의 성품(性品)이, 어떻게 같고 다름을 명확(明確)히 점검(點檢)할, 이에 대한 실증지혜(實證智慧)가 없어, 대승유식론설(大乘唯識論說) 중에는 본의(本意)아니게, 지혜미완(智慧未完)에 의한 지견오류(知見誤謬)의 논리모순(論理矛盾)과 자기(自己)도 인지(認知)하지 못한 사실왜곡(事實歪曲)의 부분(部分)들이 있다.

그러므로 실제(實際), 대승유식론, 제식체계(大乘唯識論, 諸識體系)인 제8식(第八識)의 정분(淨分)은, 이에 대한 실증지혜(實證智慧)가 없어, 본성(本性)임을 유추(類推)한 추정성품(推定性品)으로, 대승유식론(大乘唯識論)의 제8식(第八識) 속에 있는, 설정(設定)된 정분(淨分)은, 실증지혜정안(實證智慧正眼)에 의한 정의정립, 실제본성(正義正立, 實際本性)이 아닌, 추정(推定)과 추론(推論)에 의한 논리체계성립(論理體系成立)의 유추본성(類推本性)이며, 논리사고전개(論理思考展開)에 의해 추종성립(追從成立)된, 추정설정본성(推定設定本性)이다. 왜냐하면, 대승유식론(大乘唯識論)에서는, 제8식(第八識) 염분(染分)인 함장식(含藏識)을 전변(轉變)하면 곧, 본성(本性)인 제8식(第八識) 정분(淨分)이 되며, 제8식(第八識) 함장식(含藏識)을 전변(轉變)하면, 대원경지(大圓鏡智)라고 정의(定義)하고 있으나, 이는, 이에 대한 실증지혜(實證智慧)가 없었고, 그리고, 함장식(含藏識)의 전변지혜(轉變智慧)가 대원경지(大圓鏡智)가 아닌 사실(事實)을 몰랐으며, 그리고 또한, 대승유식론사(大乘唯識論師)들은, 전변지혜(轉變智慧)인 대원경지(大圓鏡智)가, 본성(本性)인 불성(佛性)이 아님을 모르고 있음은, 이에 대해 실증지혜정안(實證智慧正眼)이 없었으며, 또한, 이 지견오류(知見誤謬)를 당연(當然)히, 그리고, 확연(確然)히 지혜점검(智慧點檢)할, 일체초월(一切超越) 불지(佛智)가 아니었기 때문이다.

사실(事實), 전변지혜(轉變智慧)인 대원경지(大圓鏡智)는, 일체초월(一切超越) 불성(佛性)이 아닌, 능소출입식(能所出入識)이 타파(打破)되어 끊어져 멸(滅)한, 능소(能所) 없는 쌍차쌍조행(雙遮雙照行)이 이루어지는 원융각명,지혜성품(圓融覺明,智慧性品)인 무위지혜성품(無爲智慧性品)이다. 그러나, 불성(佛性)은 일체,무위지혜,성품(一切,無爲智慧,性品)도 벗어난, 일체초월성(一切超越性) 무생결정성(無生結定性)이다. 그리고, 함장식(含藏識)의 전변지혜(轉變智慧)는 대원경지(大圓鏡智)가 아닌, 심부동,대열반성지(心不動,大涅槃性智)이다. 이러한 지견오류(知見誤謬)가 발생(發生)하게 된 것은, 대승유식론(大乘唯識論)의 제식체계(諸識體系)를 성립(成立)한 대승유식론사(大乘唯識論師)들은 아직, 일체초월성(一切超越性) 불성(佛性)에 증입(證入)한, 일체초월(一切超越) 불지(佛智)가 아니었으므로, 총체적(總體的) 일체유식,성품세계(一切唯識,性品世界)를 명확(明確)히 지혜점검(智慧點檢)할, 실증지혜정안(實證智慧正眼)이 열린, 일체초월(一切超越) 불지(佛智)가 아니었기 때문이다.

그러므로, 대승유식론사(大乘唯識論師)들은, 대승유식론(大乘唯識論)의 제8식(第八識) 함장식(含藏識)과 그리고, 제8식(第八識)의 염분(染分)과 정분(淨分)의 관계(關係)와 그리고, 제8식(第八識) 전변지혜(轉變智慧)와 본성(本性)의 차별성(差別性)에 대해, 명확(明確)히 지혜점검(智慧點檢)을 하고, 그리고 또한, 이에 대해 확연(確然)한 지혜정론(智慧正論)으로 분별언급(分別言及)할 실증지혜(實證智慧)가 없어, 대승유식론(大乘唯識論)에 이에 대한 지견오류(知見誤謬)가 있음은, 이에 대한 확연(確然)한 실증지혜정안(實證智慧正眼)이 없었기 때문이다. 그러므로, 대승유식론(大乘唯識論)의 제8식(第八識)이 사실(事實)은, 제식전개체계(諸識展開體系)에서 능소출입식(能所出入識)임에도, 능소출입식(能所出入識)의 존재(存在)를 인지(認知)하지 못해, 함장식(含藏識)을 제8식(第八識)으로 규정(規定)하고 정의(定義)한 것과 또한, 제8식(第八識)의 염분(染分)과 정분(淨分)에 대한 실증지혜(實證智慧)가 없어, 유추(類推)와 추정(推定)으로, 제식체계(諸識體系)를 설정(設定)한, 제8식(第八識)의 정분(淨分)인 본성(本性)은, 유추(類推)에 의한 추정가정,가립본성(推定假定,假立本性)일 수밖에 없다.

해심밀경소(解深密經疏)에서 원측(圓測)스님은, 제8식(第八識)의 정분(淨分)과 제8식(第八識)을 전변(轉變)한 대원경지(大圓鏡智)의 성품(性品)과 불성(佛性)에 대한, 이 3종성품(三種性品)에 대해 실증지혜정안(實證智慧正眼)이 없어, 이 3종성품(三種性品)이 또한, 어떻게 같거나 다름을 명확(明確)히 밝힌, 각각(各各) 성품(性品)의 특성(特性)과 각각(各各) 성품실증경계(性品實證境界)를 드러내지는 않았다. 제8식(第八識) 정분(淨分)의 실증성품경계(實證性品境界)가 어떠하며, 또한, 대원경지(大圓鏡智)의 실증성품경계(實證性品境界)가 어떠하며, 또한, 불성(佛性)의 실증성품경계(實證性品境界)가 어떠한가를 명확(明確)히 밝혀, 이 3종성품(三種性品)의 관계(關係)에 대해 어떻게, 같고 다름의 성품특성(性品特性)을 정의정립(正義正立)하여 밝혀, 제8식(第八識) 정분(淨分)의 성품(性品)과 제8식(第八識) 전변지혜(轉變智慧)인 대원경지(大圓鏡智)의 성품(性品)과 불성(佛性)이 같거나 다른, 그 성품(性品)의 특성(特性)을 실증지혜,성품경계(實證智慧,性品境界)로 규명(糾明)하고, 증명(證明)해야 한다.

그러나, 각각(各各) 실증경계성품(實證境界性品)의 특성(特性)에 대한 것은 밝히지 않고, 단순(單純), 3종성품(三種性品)이 같은 성품(性品)이라고 유추(類推)하는, 실증지혜,정의정립(實證智慧,正義正立)의 실제사실,규명정론(實際事實,糾明正論)이 아닌, 추정견해(推定見解)의 지견론리(知見論理)로써, 경구(經句)에 의지(依支)해, 자기견해(自己見解)를 정당화(正當化)하고 합리화(合理化)만 했을 뿐이다. 그러므로, 그 유추(類推)의 추론(推論)이 사실(事實), 실증지혜(實證智慧)가 없는 지견오류(知見誤謬)이며, 성품왜곡(性品歪曲)이다. 그리고, 3종성품(三種性品)이 사실(事實), 같은 성품(性品)이 아니므로, 사실(事實)과 다른 모순(矛盾)된 자기지견오류(自己知見誤謬)의 논지론설론리(論知論說論理)임을, 원측(圓測)스님께서는 이를, 알 수가 없고, 또한, 깨닫지를 못했다.

그 까닭[緣由]은, 실제(實際), 대승유식론(大乘唯識論) 제8식(第八識)의 정분(淨分)은, 대승유식론사(大乘唯識論師)들의 논리성립(論理成立) 견해(見解)의 의도(意圖)와는 달리, 본성(本性)이 아니기 때문이다. 이 제8식(第八識)의 정분(淨分)은, 일체(一切) 선(善)과 악(惡)에 물듦 없는 무기성품(無記性品)으로, 일체선악(一切善惡)과 일체유무상(一切有無相)과 일체제식심(一切諸識心)과 일체지견심(一切知見心)의 그 무엇에도 물듦[染]이나 이끌림이 없는, 성품(性品)이 무기성(無記性)인 무명함장식(無明含藏識)이며, 이 성품(性品)의 특성(特性)은, 부동대열반,무기성품(不動大涅槃,無記性品)이다. 또한, 대승유식론(大乘唯識論)의 제8식(第八識)을 전변(轉變)한 대원경지(大圓鏡智)라고 정의(定義)한 성품(性品)은 무위지혜,원융각명,쌍차쌍조,원융성품(無爲智慧,圓融覺明,雙遮雙照,圓融性品)이며, 불성(佛性)의 성품(性品)은, 무위성품(無爲性品)도 초월(超越)한, 무생결정성(無生結定性)인 무생청정,본연,무연중,절대성품(無生淸淨,本然,無然中,絕對性品)이다. 그리고, 사실(事實)은, 대승유식론(大乘唯識論)의 제식체계(諸識體系)를, 8종식체계(八種識體系)로 규정(規定)하고 정의(定義)하였으므로, 대승유식론(大乘唯識論)의 제8식(第八識)에는, 능소출입식(能所出入識)과 무명함장식(無明含藏識)의 두[二] 성품(性品)이 제8식(第八識) 속에 함께 있음을, 대승유식론사(大乘唯識論師)들은 몰랐으며, 또한, 이에 대해 언급(言及)하거나, 밝히지를 못했다.

그러므로, 대승유식론(大乘唯識論)의 8종식체계(八種識體系)의 제8식(第八識)에는 사실(事實), 불지정론(佛智正論)에서 밝힌, 제식성품총상(諸識性品總相) 10종식체계(十種識體系)에서, 제8식(第八識)이며 동식(動識)인 능소출입식(能所出入識)과 제9식(第九識)이며 부동함장무기식(不動含藏無記識)인 무명함장식(無明含藏識)이 같이 있게 되었다. 그 중, 대원경지(大圓鏡智)에 드는 전변식(轉變識)은, 제8식(第八識) 동식(動識)인 능소출입식(能所出入識)이며, 대승유식론(大乘唯識論)의 8종식체계(八種識體系)의 제8식(第八識) 함장식(含藏識)이 타파(打破)되어 전변(轉變)하면, 사실(事實) 대원경지(大圓鏡智)가 아닌, 심부동,대열반성지(心不動,大涅槃性智)이다.

그러므로, 대승유식론(大乘唯識論)의 8종식체계(八種識體系)의 제8식(第八識)을 아뢰야식(阿賴耶識)인 함장식(含藏識)이라고 규정(規定)하며, 제8식(第八識) 함장식(含藏識)을 전변(轉變)하면, 대원경지(大圓鏡智)라는 이 논리체계성립(論理體系成立)은, 이에 대한 실증지혜(實證智慧)가 없는 지혜미완(智慧未完)의 추정건립성립(推定建立成立)된 유식체계(唯識體係)이므로, 사실(事實)과 다른 왜곡(歪曲)된, 지견오류(知見誤謬)의 모순(矛盾)이다. 그러므로, 대승유식론(大乘唯識論)의 8종식체계(八種識體系)의 제8식(第八識) 아뢰야식(阿賴耶識)인 함장식

(含藏識)의 논리체계(論理體系)는, 이에 대한 실증지혜정안(實證智慧正眼)으로 정의정립(正義正立)한 실증정립체계(實證正立體係)가 아니므로, 이 논리체계(論理體系)가 실제사실(實際事實)과 다르다. 그러므로 이는, 실증지혜(實證智慧)가 없는 지혜미완(智慧未完)의 추정(推定)과 유추(類推)에 의해 설정건립(設定建立)된, 추정설정,유식체계(推定設定,唯識體係)이므로, 대승유식론(大乘唯識論) 제8식(第八識) 함장식(含藏識)의 논리체계(論理體系)는, 실제(實際) 사실(事實)과 다른 지견오류(知見誤謬)의 왜곡(歪曲)이 있는, 유식체계(唯識體係)이다.

대승유식론사(大乘唯識論師)들이, 대승유식론(大乘唯識論)의 제식총상(諸識總相) 8종식체계(八種識體系)의 제8식(第八識)의 정분(淨分)과 제8식(第八識) 함장식(含藏識)이 전변(轉變)한 대원경지(大圓鏡智)와 일체초월성(一切超越性) 불성(佛性)의 차별특성(差別特性)을 명확(明確)히 밝게 가름하는, 실증지혜정안(實證智慧正眼)을 가진 일체초월(一切超越) 불지(佛智)가 아니었으므로, 대승유식론사(大乘唯識論師)들은, 제8식(第八識) 함장식(含藏識)을 전변(轉變)한 대원경지(大圓鏡智)의 원융무위,각명성품(圓融無爲,覺明性品)을, 여래(如來)의 불성(佛性)과 동일성품(同一性品)으로 논설(論說)한 것은, 이에 대한 실증지혜(實證智慧)가 없는, 지혜미완(智慧未完)에 의한 지견오류(知見誤謬)이며, 사실(事實)이 왜곡(歪曲)된 왜곡론설(歪曲論說)이므로, 논리모순(論理矛盾)이 있다.

대승유식론(大乘唯識論), 8종식체계(八種識體系)의 제8식(第八識) 정분(淨分)은, 대승유식론(大乘唯識論)에서는 본성(本性)으로 설정(設定) 규정(規定)하여 성립(成立)하였어도, 사실(事實) 대승유식론(大乘唯識論)의 논리성립(論理成立)의 의도(意圖)인 본의(本意)와는 달리, 실제사실(實際事實) 제8식(第八識)의 정분(淨分)은 본성(本性)이 아니므로, 여래(如來)의 무구식(無垢識)인 불성(佛性)이 아니다. 그리고 또한, 제8식(第八識)의 전변지혜(轉變智慧)인 대원경지(大圓鏡智)의 성품(性品) 또한, 여래(如來)의 무구식(無垢識)인 불성(佛性)이 아니다. 대승유식론(大乘唯識論)에서 제8식(第八識)의 정분(淨分)을 본성(本性)으로 설정(設定)한 것은, 사실(事實) 추정설정,가정본성(推定設定,假定本性)이다. 그리고, 전변지혜(轉變智慧)인 대원경지(大圓鏡智)의 성품(性品)과 불성(佛性)인 본성(本性)의 성품(性品)에 대해, 실증성품경계(實證性品境界)의 차별특성(差別特性)을 증험(證驗)하지 않으면, 이 두[二] 성품(性品)이, 엄연(儼然)히 서로 다른, 차별차원성품(差別次元性品)인 사실(事實)을 알 수가 없다.

　　원측(圓測)스님께서, 이렇게 인식(認識)하거나 이해(理解)하게 된 것에는, 대승유식체계(大乘唯識體系)에서 최종식(最終識)인 제8식(第八識)의 전변지혜(轉變智慧)인 대원경지(大圓鏡智)와 불성(佛性)에 대해, 실증지혜(實證智慧)가 없어, 이에 대한 명확(明確)한 실증개념정립(實證概念正立)이 확립(確立)되지 않았기 때문이다. 그러므로, 제8식(第八識)의 전변지혜성품(轉變智慧性品)인 대원경지(大圓鏡智)를 실증(實證)하고, 이를 또한, 벗어나 일체초월(一切超越) 불지(佛智)에 증입(證入)한 실증지혜(實證智慧)가 없으면, 대승유식체계(大乘唯識體系)

에서 최종식(最終識)인 제8식(第八識)의 성품개념(性品概念)과 제8식(第八識)의 전변지혜성품세계(轉變智慧性品世界)에 대해, 명확(明確)한 지혜점검(智慧點檢)과 실제사실(實際事實)을 명확(明確)히 정론(正論)하여 언급(言及)할 수가 없다.

그리고 또한, 일체초월(一切超越) 불지(佛智)가 아니면, 대승유식론(大乘唯識論)의 제8식(第八識)이 함장식(含藏識)이라 규정(規定)한 것과 또한, 함장식(含藏識)의 전변지혜(轉變智慧)가 대원경지(大圓鏡智)라고 정의(定義)한 것과 그리고 또한, 제8식(第八識)의 염분(染分)은 함장식(含藏識)이며, 정분(淨分)은 본성(本性)이라고 설정성립(設定成立)한 이 성품개념(性品概念)이 잘못되었음을 알 수가 없다. 이는, 제8식(第八識)은 아뢰야식(阿賴耶識)인 함장식(含藏識)이며, 함장식(含藏識)의 전변지혜(轉變智慧)가 대원경지(大圓鏡智)라는 이 제8식(第八識)의 유식개념성립(唯識概念成立)은, 이에 대한 총체적(總體的) 실증지혜(實證智慧)가 없어, 유추(類推)와 추정(推定)에 의해 설정성립(設定成立)한 논리체계(論理體系)이므로, 이는, 지혜미완(智慧未完)의 지견오류(知見誤謬)에 의해, 실제사실(實際事實)이 왜곡(歪曲)된 논리체계(論理體系)이다. 이는, 실증지혜(實證智慧)가 없어, 지혜미완(智慧未完)에 의해 추정유추,설정성립(推定類推,設定成立)한 유식론(唯識論)이므로, 지혜미완(智慧未完)의 지견오류(知見誤謬)가 있는 잘못된, 유식체계(唯識體係)이다.

대승유식론사(大乘唯識論師)들이, 대승유식론(大乘唯識論)의 지견오류(知見誤謬)에 대해, 명확(明確)히 인지(認知)하지 못했던 것은, 이에 대한 실증지혜(實證智慧)가 없었기 때문이다. 유식총상(唯識總相) 제식종(諸識種)을 8종식(八種識)으로, 대승유식론(大乘唯識論)을 체계화(體系化)하고, 대승유식론(大乘唯識論)을 선도(先導)했던 옛 대승유식론사(大乘唯識論師)인 무착보살(無着菩薩)로부터 세친보살(世親菩薩) 등(等), 지금(只今)에 이르기까지 이어온 모든 대승유식론사(大乘唯識論師)들이, 대승유식론,제식체계(大乘唯識論,諸識體系) 중, 제8식(第八識) 정분(淨分)으로 가정(假定)한 추정본성(推定本性)과 제8식(第八識) 전변지혜(轉變智慧)인 대원경지(大圓鏡智)의 성품(性品)과 불성(佛性)의 무생결정성(無生結定性)인, 이 3종성품(三種性品)의 차별특성(差別特性)에 대해 실증지혜(實證智慧)가 없었기 때문이다. 그리고 또한, 중요(重要)한 것은, 모든 대승유식론사(大乘唯識論師)들이, 총체적(總體的) 유식성품세계(唯識性品世界)인 일체제식,전개상속,제식체계(一切諸識,展開相續,諸識體系)와 제식전변,무위지혜,차별차원,성품세계(諸識轉變,無爲智慧,差別次元,性品世界)와 불성불지(佛性佛智)에 대한 총체적(總體的) 확연(確然)한 실증지혜(實證智慧)가 열린, 일체초월(一切超越) 불지(佛智)가 아니었기 때문이다.

그러므로, 이러한 왜곡(歪曲)된 지견오류(知見誤謬)의 유식부분(唯識部分)이, 바르게 지혜점검(智慧點檢)되거나 교정(矯正)되지 않고, 지금(只今)에 이르기까지 유식정안,정지정론(唯識正眼,正智正論)으로 인식(認識)하고 수용(受容)하며, 사람[人]과 사람[人], 배움[學]과 배움(學)으로 전래(傳來)되어, 오늘에까지 이르게 되었다. 이는, 무명함장식(無明含藏識)에 이르기까지 제식실증,성품경계(諸識實證,性品境界)와 제식전변,무위지혜,성품세계(諸識轉變,無爲智慧,性品世界)와 그리고, 일체,유위무위,유식성품,세계(一切,有爲無爲,唯識性品,世界)를 또한, 타파(打破)해 벗어난 불지(佛智)에 이르기까지, 총체적(總體的) 실증지혜(實證智慧)가 없었으므로, 대승유식론체계(大乘唯識論體系)에 대해, 지혜정안(智慧正眼)으로 지견오류(知見誤謬)의 부분(部分)을, 총체적(總體的)으로 지혜점검(智慧點檢)할 수가 없었다. 그러므로, 대승유식론(大乘唯識論)의 8종식체계(八種識體系)의 제8식(第八識)에는, 동식(動識)인 능소출입식(能所出入識)과 부동무기성품(不動無記性品)인 함장식(含藏識)의 두[二] 차별차원성품(差別次元性品)이 함께 있음을 깨닫지 못했다.

대승유식론사(大乘唯識論師)들은, 제식성품세계(諸識性品世界)에 대한 실증지혜(實證智慧)가 없었으므로, 제7식(第七識) 말나식(末那識)인 자아의식(自我意識), 다음 제8식(第八識)이 능소출입식(能所出入識)이어도, 능소출입식(能所出入識)의 존재(存在)를 인지(認知)하지 못해, 대승유식론(大乘唯識論)의 제식전개체계(諸識展開體系)에서 능소출입식(能所出入識)을 빠뜨리고, 유식론리,전개체계(唯識論理,展開體系)에 의해, 능소출입식(能所出入識) 다음 식(識)인, 아뢰야식(阿賴耶識)인 함장식(含藏識)을 제8식(第八識)으로 규정(規定)하였다. 아뢰야식(阿賴耶識)인 함장식(含藏識)은, 제식성품세계(諸識性品世界)에 대한 실증지혜(實證智慧)가 없어도, 제식전개체계(諸識展開體系)의 최종식(最終識)으로 설정성립(設定成立)이 가능(可能)한 것은, 아뢰야식(阿賴

耶識)인 함장식(含藏識)은, 3세업식(三世業識)을 저장(貯藏)한 저장식(貯藏識)이므로, 유식,전개체계,사고(唯識,展開體系,思考)에 의해, 당연(當然)히 함장식(含藏識)이, 제식전개체계(諸識展開體系)에 최종식(最終識)임을 가름할 수가 있기 때문이다.

실제(實際), 제7식(第七識) 말나식(末那識)인 자아의식(自我意識) 다음, 제8식(第八識)이 능소출입식(能所出入識)이며, 제9식(第九識)이 아뢰야식(阿賴耶識)인 함장식(含藏識)이어도, 대승유식론사(大乘唯識論師)들이 제식전개체계(諸識展開體系)에 대한 실증지혜(實證智慧)가 없었으므로, 능소출입식(能所出入識)의 존재(存在)를 인지(認知)하지 못해, 대승유식론(大乘唯識論)의 제식전개체계(諸識展開體系)에서 능소출입식(能所出入識)을 빠뜨리고, 제8식(第八識)을 아뢰야식(阿賴耶識)인 함장식(含藏識)으로 규정(規定)하였다. 그러나, 대승유식론(大乘唯識論)의 제식전개체계(諸識展開體系)에서 능소출입식(能所出入識)을 빠뜨렸어도, 실제(實際) 제식전개체계(諸識展開體系)의 실제작용(實際作用)에는, 능소출입식(能所出入識)이 빠지거나 제거(除去)되지 않고 실제작용(實際作用)하므로, 대승유식론사(大乘唯識論師)들은 능소출입식(能所出入識)의 존재(存在)를 인지(認知)하지 못했어도, 능소출입식(能所出入識)은 사실(事實), 제식전개체계(諸識展開體系)의 실제작용(實際作用)에는 제거(除去)되지 않고, 제식체계(諸識體系)에서 실제작용(實際作用)을 하고 있다.

그러므로, 대승유식론사(大乘唯識論師)들은 이 사실(事實)을 몰라도, 제8식(第八識)을 함장식(含藏識)으로 규정(規定)한 제8식(第八識) 속에는, 사실(事實), 대승유식론사(大乘唯識論師)들이 인지(認知)하지 못한 능소출입식(能所出入識)과 함장식(含藏識)이 함께 있는 결론(決論)이다. 그리고, 대승유식론(大乘唯識論)의 제8식(第八識)에, 함장식(含藏識)을 제8식(第八識)의 염분(染分)으로, 또한, 본성(本性)을 제8식(第八識)의 정분(淨分)으로 설정(設定)하여, 제8식(第八識)에는, 함장식(含藏識)과 본성(本性)이 함께 있는 것으로, 대승유식론(大乘唯識論)에서 규정(規定)하였으니, 사실(事實), 제8식(第八識)에는, 대승유식론사(大乘唯識論師)들이 빠뜨린 능소출입식(能所出入識)과 대승유식론(大乘唯識論)에서 설정규정(設定規定)한 함장식(含藏識)과 본성(本性)이 함께 있는, 3종식(三種識)이 중첩(重疊)된 혼합복합식(混合複合識)이 되었다.

그러나, 대승유식론(大乘唯識論) 8종식체계(八種識體系)의 제8식(第八識) 성품(性品)에 대해, 서로 다른 두[二] 차별차원성품(差別次元性品)인 능소출입식(能所出入識)과 함장식(含藏識)에 대해 언급(言及)함이 없었고, 단지(但只), 제8식(第八識)이 함장식(含藏識)이라고 규정(規定)하며, 제8식(第八識)의 함장식(含藏識)에는, 함장식(含藏識)을 염분(染分)으로, 본성(本性)을 정분(淨分)으로, 설정규정(設定規定)하였다. 그리고, 함장식(含藏識)의 전변지혜(轉變智慧)가 대원경지(大圓鏡智)라고 하였어도, 사실(事實), 대원경지(大圓鏡智)에 든[入] 전변(轉變)한 식(識)은 함장식(含藏識)이 아니라, 능소출입식(能所出入識)이다. 그리고, 함장식(含藏識)의 전변지혜(轉變智慧)는, 대원경지(大圓

鏡智)가 아니라, 대원경지(大圓鏡智)보다 더 깊은 지혜(智慧)인 심부동, 대열반성지(心不動, 大涅槃性智)이다. 그럼에도, 대승유식론(大乘唯識論)에서는 제8식(第八識) 함장식(含藏識)의 전변지혜(轉變智慧)가 대원경지(大圓鏡智)라고 규정(規定)하고, 정의(定義)하고 있다. 그러므로 대승유식론(大乘唯識論)이 제식전개체계(諸識展開體系)에서 실제사실(實際事實)과 다른, 능소출입식(能所出入識)을 빠뜨린 모순(矛盾)된 제식, 전개상속, 구성체계(諸識, 展開相續, 構成體係)의 오류(誤謬)와 함장식(含藏識)의 전변지혜(轉變智慧)가 심부동, 대열반성지(心不動, 大涅槃性智)임에도, 대원경지(大圓鏡智)라고 규정(規定)하고 정의(定義)한 것은, 제식, 전변지혜, 섭리체계(諸識, 轉變智慧, 攝理體系)를 왜곡(歪曲)한 지견오류(知見誤謬)를, 대승유식론사(大乘唯識論師)들이, 범(犯)하였다.

그리고, 대승유식론(大乘唯識論)의 8종식체계(八種識體系)를 성립(成立)한 대승유식론사(大乘唯識論師)들은, 무명제식(無明諸識)을 점차(漸次) 타파(打破)해 전변(轉變)하는, 유식지혜, 상승세계, 차별차원, 성불과정(唯識智慧, 上昇世界, 差別次元, 成佛過程)인, 일체, 무위지혜, 차별차원, 유식전변, 상승세계, 성불과정, 유식체계(一切, 無爲智慧, 差別次元, 唯識轉變, 上昇世界, 成佛過程, 唯識體係)에 대해 실증지혜(實證智慧)가 없으므로, 유식성품세계(唯識性品世界)를 논(論)함에, 자아심식작용(自我心識作用)인 자아업식, 작용세계(自我業識, 作用世界)에만 치중(置重)하여, 중점적(重點的)으로 논(論)했을 뿐, 성불(成佛)에 이르는 총체적(總體的) 유식전변, 지혜상승, 과정(唯識轉變, 智慧上昇, 過程)인, 무위지혜, 차별차원, 지혜상승, 성불과정, 유식체계(無爲智慧, 差別次元, 智慧上昇, 成佛過程, 唯識體系)에 대해, 실증지혜정안(實證智慧正眼)으로 명확(明確)히 정의정립정론(正義正立正論)하지 못했다. 이는, 불지(佛智)에 이르는, 총체적(總體的) 유식지혜, 상승세계, 성불체계(唯識智慧, 上昇世界, 成佛體系)인, 일체, 유위무위, 유식성품, 차별차원, 점차타파, 지혜상승, 성불과정(一切, 有爲無爲, 唯識性品, 差別次元, 漸次打破, 智慧上昇, 成佛過程)에 대한, 총체적(總體的) 실증지혜정안(實證智慧正眼)이 없었기 때문이다. 그리고, 무위지혜, 차별차원, 지혜상승, 불지증입, 과정체계(無爲智慧, 差別次元, 智慧上昇, 佛智證入, 過程體係)를 실증지혜(實證智慧)로 정의정립(正義正立)하려면, 일체초월(一切超越) 불지(佛智)에 증입(證入)해야 한다.

그러므로, 대승유식론(大乘唯識論)을 성립(成立)한 대승유식론사(大乘唯識論師)들이, 불지증입(佛智證入)의 실증지혜정안(實證智慧正眼)이 없었으므로, 대승유식론(大乘唯識論)에서는 유식지혜, 상승세계, 성불과정, 실증체계(唯識智慧, 上昇世界, 成佛過程, 實證體系)인 무위지혜, 차별차원, 지혜상승, 성불과정, 유식체계(無爲智慧, 差別次元, 智慧上昇, 成佛過程, 唯識體系)에 대해, 실증지혜정안(實證智慧正眼)으로 정의정립, 정지정론(正義正立, 正智正論)하지 못했음을 가름하고, 유추(類推)하게 된다.

유식성품세계(唯識性品世界)의 범위(範圍)는, 무명제식(無明諸識)으로부터, 성불(成佛)에 이르는 총체적(總體的) 유위무위, 유식성품, 차별차원, 일체세계(有爲無爲, 唯識性品, 差別次元, 一切世界)가 곧, 유식성품세계(唯識性品世界)이다. 그러므로, 일체무명제식, 중생유식세계(一切無明諸識, 衆生唯識世界)와 일체무위지혜, 보살유식세계(一切無爲智慧, 菩薩唯識世界)인 일체유식, 성품세계(一切唯識, 性品世界)를 타파(打破)해 벗어나면, 곧, 일체초월(一切超越) 불지(佛智)이다. 이 결론(結論)은, 본성(本性)인 불성(佛性)을 벗어난 일체(一切)가 곧, 유식성품, 차별차원, 세계(唯識性品, 差別次元, 世界)란 뜻이다. 그러므로, 일체초월(一切超越) 절대성(絶對性) 불성(佛性)을 벗어난 일체(一切)가 곧, 유식성품, 차별차원, 세계(唯識性品, 差別次元, 世界) 속에 있음이다. 이는, 일체초월(一切超越) 절대성(絶對性) 불성(佛性)이 아닌, 곧, 대(對)의 분별무명2견심(分別無明二見心)과 일체차별지혜(一切差別智慧) 속에 있음이다. 이 성품세계(性品世界)는, 상심상견(相心相見)의 무명제식, 성품세계(無明諸識, 性品世界)인 중생심식세계(衆生心識世界)와 무위지혜, 성품세계(無爲智慧, 性品世界)인 보살지혜세계(菩薩智慧世界)가 있다.

대승유식세계(大乘唯識世界)에서, 제식종(諸識種)을 8종식(八種識)으로 체계화(體系化)하여, 제8식(第八識) 속에 함장식(含藏識)인 염분(染分)과 본성추정(本性推定) 정분(淨分)의 성품(性品)을 함께 묶었어도, 이 성품세계(性品世界)에 대한 실증지혜(實證智慧)가 없었으므로, 제8식(第八識)의 성품특성(性品特性)에 대한 명확(明確)한 개념정의(概念正義)가 되지 않았다. 또한, 제8식(第八識) 속에, 서로 다른 염분(染分)과 정분(淨分)을 함께 묶음으로, 이러한 혼란(混亂)의 문제점(問題點) 원인(原因)으로 인(因)하여, 중국(中國) 유식종(唯識宗)의 역사(歷

史) 속에, 서로 견해(見解)가 달라, 유식종(唯識宗)과 유식학파(唯識學派)를 달리하는, 이견(異見)이 있었으며, 또한, 옛 유식론사(唯識論師)들 간[間]에도 이에 대한 이견(異見)이 분분(紛紛)하였다. 진제삼장(眞諦三藏)스님과 원측(圓測)스님 또한, 서로 견해(見解)를 달리하는 부분(部分)도, 제8식(第八識)의 염분(染分)과 정분(淨分)에 대한 이견(異見)이다. 그리고, 대승유식론(大乘唯識論)에서 제식종(諸識種)을 8종식체계(八種識體系)로 건립(建立)하였으므로, 최종식(最終識)인 제8식(第八識) 성품(性品)에는, 서로 다른 차별식종(差別識種)의 성품(性品)이 함께 묶여 있어도, 이에 대한 실증지혜(實證智慧)가 없으면, 제8식(第八識) 안[內]에 중첩(重疊)된 차별식종(差別識種)의 차별특성(差別特性)에 대해, 명확(明確)히 언급(言及)할 수가 없다.

대승유식론(大乘唯識論) 제식체계(諸識體系)의 제8식(第八識) 성품(性品)이 왜곡(歪曲)된 것은, 대승유식론(大乘唯識論)에서, 제8식(第八識)을 아뢰야식(阿賴耶識)인 함장식(含藏識)으로 정의(定義)하고 규정(規定)하며 주장(主張)한 것이, 사실(事實)은, 제8식(第八識)이 아뢰야식(阿賴耶識)인 함장식(含藏識)이 아니라는 점(點)이다. 그리고 또한, 사실(事實)은, 함장식(含藏識)을 전변(轉變)하면, 그 전변지혜(轉變智慧)가 대원경지(大圓鏡智)가 아니라는 점(點)이다. 이것은, 이에 대한 명확(明確)한 실증지혜(實證智慧)가 없으면, 알 수 없는 유식심층지혜(唯識深層智慧)의 실증지혜세계(實證智慧世界)이다. 그리고 또한, 최종식(最終識)인 제8식(第八識)의 성품(性品) 특성(特性)에 대해 명확(明確)히 알려면, 총체적(總體的) 일체유식,성품세계(一切唯識,性品世界)

를 타파(打破)해 벗어나, 이에 대한 명확(明確)한 실증지혜(實證智慧)를 가진, 일체초월(一切超越) 불지(佛智)이어야만, 이에 대한 확연(確然)한 지혜점검(智慧點檢)이 가능(可能)하다.

왜냐하면, 본성(本性)인 불성(佛性)에 이르기까지, 이에 대한 총체적(總體的) 실증지혜(實證智慧)가 없으면, 대승유식론(大乘唯識論)의 제8식(第八識) 함장식(含藏識)은, 제7식(第七識) 자아의식(自我意識)으로는 알 수 없는 성품(性品)이며, 또한, 능소출입식(能所出入識)과 함장식(含藏識)은, 제식성품(諸識性品) 중, 유식심층성품(唯識深層性品)이며, 그리고 또한, 본성추정(本性推定) 정분(淨分)은, 유추(類推)와 추론(推論)으로는 알 수 없는 성품(性品)이기 때문이다. 만약(萬若), 총체적(總體的) 일체유식,성품세계(一切唯識,性品世界)에 대한 실증성품경계(實證性品境界)를 증험(證驗)한 실증지혜(實證智慧)가 없으면, 대승유식체계(大乘唯識體系)의 최종식(最終識)인 제8식(第八識) 함장식(含藏識)과 함장식(含藏識) 전변지혜성품세계(轉變智慧性品世界)에 대해, 명확(明確)히 언급(言及)할 수가 없다. 왜냐하면, 대승유식체계(大乘唯識體系)의 최종식(最終識)인 제8식(第八識)의 함장식(含藏識)과 또한, 함장식(含藏識)의 전변지혜성품세계(轉變智慧性品世界)에 대해, 명확(明確)한 실증지혜(實證智慧)가 없으면, 이를, 제7식(第七識) 자의의식(自我意識) 분별심(分別心)으로, 아무리 유추(類推)하고 추정(推定)하여도 알 수가 없기 때문이다.

이 제8식(第八識)의 성품(性品)에 대한 것은, 유식경(唯識經)인 해심밀경소(解深密經疏)를 저술(著述)한 유식대가(唯識大家)이신 원측(圓測) 스님께서도, 제8식(第八識)의 성품(性品)에 대해 실증지혜(實證智慧)가 없어, 제8식(第八識) 정분(淨分)의 성품(性品)과 제8식(第八識) 전변지혜(轉變智慧)인 대원경지(大圓鏡智)의 성품(性品)과 불성(佛性)의 성품(性品)을 동일성품(同一性品)으로 규정(規定)하였다. 이는, 사실(事實), 지혜미완(智慧未完)의 왜곡(歪曲)된 지견오류(知見誤謬)로, 각각(各各) 성품(性品)이 서로 다른 차별차원성품(差別次元性品)임에도, 같은 성품(性品)으로 인지(認知)하고 유추(類推)함이다. 이는, 이에 대한 실증지혜(實證智慧)가 없는 왜곡(歪曲)된 지견오류(知見誤謬)이며, 유추(類推)와 추론(推論)에 의지(依支)한, 왜곡오류론설(歪曲誤謬論說)이다. 이에 대한 것은, 원측(圓測)스님이 해설(解說)한, 해심밀경소(解深密經疏)의 심의식품(心意識品)에 실려 있다.

그러므로, 실증지혜(實證智慧)가 없이는, 총체적(總體的) 유식성품세계(唯識性品世界)에 대해 명확(明確)히 언급(言及)할 수가 없다. 또한, 실증지혜(實證智慧)가 없는 식견(識見)의 유추(類推)와 추론적(推論的) 분별(分別)로는, 일체유식,차별차원,성품세계(一切唯識,差別次元,性品世界)의 특성(特性)을 알 수가 없다. 또한, 제식,전변지혜,성품세계(諸識,轉變智慧,性品世界)는, 성불(成佛)에 이르는 전변지혜,상승과정(轉變智慧,上昇過程)인 무위지혜,차별차원,성품세계(無爲智慧,差別次元,性品世界)이므로, 이에 대한 실증지혜(實證智慧)가 없으면, 이에 대해 언급(言及)할 수가 없다. 그리고 또한, 일체초월(一切超越) 불지(佛智)가 아니면, 총체적(總體的) 이에 대해, 바르게 지혜점검(智

慧點檢)할 수가 없다. 그리고, 대승유식론(大乘唯識論)에서, 자아업식작용(自我業識作用)의 유식성품세계(唯識性品世界)에 치중(置重)해 논(論)하였어도, 만약(萬若), 총체적(總體的) 제식전변, 성불과정, 지혜체계(諸識轉變, 成佛過程, 智慧體系)인 제식전변, 무위지혜, 차별차원, 상승과정, 지혜성품, 유식체계(諸識轉變, 無爲智慧, 差別次元, 上昇過程, 智慧性品, 唯識體系)를 정의정립(正義正立)하여 밝히지 않으면, 성불목적, 지향성(成佛目的, 志向性)의 불법세계(佛法世界)에서, 유식론(唯識論)의 불법적(佛法的) 특별(特別)한 존중(尊重)의 가치(價値)를 상실(喪失)하게 된다.

여래(如來)의 청정무구(淸淨無垢) 아마라식(阿摩羅識)인 불성(佛性)은, 전변지혜(轉變智慧)인 대원경지(大圓鏡智)의 지혜성품(智慧性品)과 같지 않으며, 또한, 일체초월성(一切超越性) 여래(如來)의 무생불성, 대원경지(無生佛性, 大圓鏡智)의 성품(性品)과 전변지혜(轉變智慧)의 무위성품, 대원경지(無爲性品, 大圓鏡智)는 서로 다른 차원(次元)의 성품(性品)이다. 이에 대한 실증지혜(實證智慧)가 없으면, 이에 대해 언급(言及)함이 곧, 성품왜곡(性品歪曲)일 수가 있다.

불성(佛性)인 일체초월성(一切超越性) 여래(如來)의 대원경지(大圓鏡智)와 전변지혜(轉變智慧)인 무위성품지혜(無爲性品智慧)의 대원경지(大圓鏡智)가 서로, 성품(性品)의 차원(次元)이 다름을 모름은, 이는, 제식, 전변지혜, 성품세계(諸識, 轉變智慧, 性品世界)와 불성(佛性)에 대한 실증지혜(實證智慧)가 없기 때문이다. 이는, 제8식, 전변지혜, 대원경지(第八識, 轉變智慧, 大圓鏡智)의 성품(性品)과 일체초월(一切超越) 무생본연, 원만불성, 대원경지(無生本然, 圓滿佛性, 大圓鏡智)의 성품(性品)이, 서로 같은 차원(次元)의 성품(性品)이 아님을 모르기 때문이다. 또한, 이 두[二] 성품(性品)이, 서로 다른 차별차원성품(差別次元性品)임에도, 이 두[二] 성품(性品)이 동일성품(同一性品)이라는 논리(論理)는, 아직, 12인연(十二因緣)의 무명(無明)이 끊어지지 않은 전변, 무위지혜, 보살대원경지(轉變, 無爲智慧, 菩薩大圓鏡智)와 일체초월, 절대성(一切超越, 絶對性) 불성, 여래대원경지(佛性, 如來大圓鏡智)의 두[二] 지혜성품세계(智慧性品世界)가 다름에 대해 모르는, 지혜미완(智慧未完)에 의한 지견(知見)의 오류(誤謬)이며, 이에 대한 실증지혜(實證智慧)가 없는 지혜부족(智慧不足)에 의한 지견(知見)의 유추(類推)와 추정(推定)의 견해(見解)임을 알 수가 있다.

그리고, 대승유식론(大乘唯識論) 제8식(第八識)의 염분(染分)과 정분(淨分)의 성품(性品)을 밝게 보지 못함은, 아직, 이에 대한 실증지혜(實證智慧)가 없기 때문이다. 그러므로, 이에 대해, 명확(明確)히 논증(論證)하려면, 이를 실증(實證)하고, 이를 또한, 타파(打破)해 벗어난, 일체초월(一切超越) 불지(佛智)이어야 한다. 만약(萬若), 일체초월(一切超越) 불지(佛智)가 아니면, 이에 대해 명확(明確)히 실증지혜정안(實證智慧正眼)으로 밝게 논증(論證)할 수가 없다. 왜냐하면, 제8식(第八識) 염분(染分)인 함장식(含藏識)과 정분(淨分)인 추정설정본성(推定設定本性)의 실체(實體)와 제8식(第八識) 전변지혜(轉變智慧)인 대원경지(大圓鏡智)와 불성(佛性)인 일체초월성(一切超越性), 여래성품(如來

性品)과의 차별특성(差別特性)을 분별(分別)할, 실증지혜정안(實證智慧正眼)이 없기 때문이다.

그리고, 대승유식론(大乘唯識論)에는 제식종(諸識種)을 8종식(八種識)으로만 분류(分類)하였으니, 최종식(最終識)이 제8식(第八識)이므로, 최종식(最終識)인 제8식(第八識)의 성품(性品) 속에는, 여러 식종(識種)의 성품(性品)이 함께 중첩(重疊)되어 있다. 그러므로, 제8식(第八識)에 대해, 이러한 서로 다른 분분(紛紛)한 차별견해(差別見解)를 가짐은, 그 원인(原因)이, 이에 대한 총체적(總體的) 실증지혜정안(實證智慧正眼)으로 제식체계(諸識體系)를 정의정립(正義正立)하여, 차별식종(差別識種)에 따라 명확(明確)히 분류(分類)하지 못했기 때문이다. 그러므로, 제식종(諸識種)을 8종식(八種識)으로 분류(分類)한, 대승유식론체계(大乘唯識論體系)에 문제점(問題點)이 있음이니, 어쩌면, 이러한 이견(異見)을 초래(招來)한 것은, 당연(當然)한 것일 수가 있다. 그러므로, 제8식(第八識)에 대해, 서로 견해(見解)를 달리하는 옛 중국(中國)의 유식학파(唯識學派) 중에는, 원측(圓測)스님처럼 제식종(諸識種)을 8종식(八種識)을 주장(主張)하는 학파(學派)도 있었으며, 또한, 진제삼장(眞諦三藏)스님처럼 9종식(九種識)을 주장(主張)한 학파(學派)도 있었음을 알 수가 있다.

대승유식론(大乘唯識論)의 제식종체계(諸識種體系)를, 최종식(最終識)인 제8식(第八識)의 염분(染分)과 정분(淨分)의 성품(性品)에까지, 제식종체계(諸識種體系)를 갖추었으나, 대승유식론(大乘唯識論)의 제식분류(諸識分類)인 8종식체계(八種識體系)의 한계성(限界性)으로는, 제8식(第八識) 염분(染分)과 정분(淨分)의 성품(性品)에 대해, 명확(明確)히 밝게 가름할 수가 없다. 왜냐하면, 서로 다른 차별차원(差別次元)의 식종(識種)을, 최종식(最終識)인 제8식(第八識)의 한 식종(識種)에다 겹쳐[重疊] 묶어 놓았기 때문이다. 그러므로, 이에 대한 실증지혜(實證智慧)가 없으면, 제8식(第八識)의 성품특성(性品特性)에 대해, 명확(明確)히 분별(分別)하여 가름할 수가 없다. 제8식(第八識)의 염분(染分)과 정분(淨分)에 대해 밝게 가름하려면, 일체초월(一切超越)의 최종식(最終識)인 제8식(第八識)의 성품세계(性品世界)를 타파(打破)해 벗어난, 총체적(總體的) 유식성품,실증지혜(唯識性品,實證智慧)를 가진, 일체초월(一切超越) 불지(佛智)이어야 한다. 제8식(第八識)의 염분(染分)과 정분(淨分)에 대해 실증지혜(實證智慧) 없이 논(論)하는 것은 오히려, 제8식(第八識)에 대해, 지혜미혹(智慧迷惑)을 덧붙이는 오류(誤謬)와 왜곡(歪曲)의 논설(論說)이 될 수가 있다.

그리고 또한, 청정식(淸淨識)을 아마라식(阿摩羅識), 또는 암마라식(菴摩羅識)이라고 하며, 이를 무구식(無垢識)이라 하여 이름[名]이 같아도, 제8식(第八識) 정분(淨分)의 무구식(無垢識)과 여래(如來)의 무구식(無垢識)이, 지혜성품차원(智慧性品次元)이 서로 달라, 두[二] 성품(性品)이 같은 성품(性品)이 아니다. 제8식(第八識) 정분(淨分)의 무구식(無垢識)과 여래(如來)의 무구식(無垢識)이 같은 차원(次元)의 성품(性品)이 아닌 차별성품(差別性品)이어도, 서로 같은 성품(性品)으로 인식(認識)하게 된 까닭[緣由]은, 이에 대한 명확(明確)히 가름할,

불지정안(佛智正眼)의 실증지혜(實證智慧)가 없었기 때문이다. 그리고 또한, 무구식(無垢識)이 곧, 여래(如來)의 성품(性品)이라는 일관(一貫)된 인식(認識)과 관념(觀念)을 가지고 있기 때문이다. 무엇이든 실증지혜(實證智慧)가 없으면, 언어(言語)로만 법(法)의 세계(世界)를 이해(理解)하는 것에는, 자기견해(自己見解)를 벗어나지 못하는 한계점(限界點)이 있어, 지견(知見)의 오류(誤謬)를 범(犯)할 수가 있다.

그러므로, 무위지혜, 성품세계(無爲智慧, 性品世界)와 일체초월(一切超越) 불성불지(佛性佛智)에 대한 실증지혜(實證智慧)가 없으면, 무위무구식(無爲無垢識)과 일체초월성(一切超越性) 불성(佛性) 무구식(無垢識)의 차별특성(差別特性)을 가름할 수가 없다. 무위성품(無爲性品)의 무구식(無垢識)과 불성(佛性) 무구식(無垢識)의 차별특성(差別特性)을 명확(明確)히 지혜점검(智慧點檢)으로 가름하려면, 일체초월(一切超越) 불지정안(佛智正眼)이어야 한다. 만약(萬若), 이에 대한 실증지혜(實證智慧)가 없으면, 대승유식론(大乘唯識論)의 최종식(最終識)인 제8식(第八識)의 성품(性品)에 대해, 명확(明確)히 알 수 없을 뿐만 아니라, 대승유식론(大乘唯識論) 제8식(第八識)의 성품세계(性品世界)에 대해, 명확(明確)한 성품개념정립(性品概念正立)이 되지 않는다.

그러므로, 대승유식론(大乘唯識論)의 제식체계(諸識體系) 중, 최종식(最終識)인 제8식(第八識)이 아뢰야식(阿賴耶識)인 함장식(含藏識)이며, 이 함장식(含藏識)을 전변(轉變)하면 심부동, 대열반성지(心不動, 大涅槃性智)가 아닌, 대원경지(大圓鏡智)라고 정의(定義)한, 이 왜곡

(歪曲)된 오류(誤謬)의 개념정의(概念定義)는, 제식전변섭리체계(諸識轉變攝理體系)의 질서(秩序)를 왜곡(歪曲)하고 파괴(破壞)함이다. 제8식(第八識) 함장식(含藏識)의 전변지혜(轉變智慧)가 대원경지(大圓鏡智)라고 함은, 이에 대한 실증지혜(實證智慧)가 없어, 지혜미완(智慧未完)의 유추(類推)와 추정론(推定論)으로 설정(設定)된, 제8식(第八識) 추정론리체계(推定論理體系)이다. 왜냐하면, 대승유식론(大乘唯識論)의 제8식(第八識)에는, 능소출입식(能所出入識)과 함장식(含藏識)이 서로 혼재(混在)되어 있어, 제8식(第八識)의 이름[名]은, 함장식(含藏識)이라고 규정(規定)하여도, 그 전변지혜(轉變智慧)를 대원경지(大圓鏡智)라고 함은, 대원경지(大圓鏡智)는, 능소출입식(能所出入識)의 전변지혜성품(轉變智慧性品)이니, 이 정의(定義)는, 제식전변,지혜성품,법리체계(諸識轉變,智慧性品,法理體系)와 어긋나기 때문이다. 그리고 또한 이는, 제식전변,섭리체계(諸識轉變,攝理體系)를 왜곡(歪曲)하는, 지견오류(知見誤謬)이기 때문이다. 그리고 또한, 제7식(第七識) 다음 작용순위식(作用順位識)은 능소출입식(能所出入識)임에도, 능소출입식(能所出入識)을 인지(認知)하지 못해, 제7식(第七識) 다음 식(識)을 알 수가 없어, 제8식(第八識)을 최종식(最終識)으로 인식(認識)하여, 3세인과,윤회유식,전개론리(三世因果,輪廻唯識,展開論理)로, 최종식(最終識)을 제8식(第八識) 함장식(含藏識)으로 설정(設定)하여 규정(規定)하였다.

그리고, 제8식(第八識)의 명칭(名稱)을 함장식(含藏識)으로 규정(規定)하며, 함장식(含藏識)을 제8식(第八識)의 염분(染分)으로 설정(設定)

하고, 제8식(第八識)의 정분(淨分)으로 본성(本性)을 설정(設定)하여, 중생(衆生)의 근원(根源)인 무명식(無明識)과 일체초월(一切超越) 청정본성(清淨本性)이며 청정불성(清淨佛性)인 제불성품(諸佛性品)을, 제8식(第八識)의 성품(性品) 속에 한 식종(識種)으로 함께 묶음은, 제식체계유식론,기본정신(諸識體系唯識論,基本精神)인 제식분류,기본개념(諸識分類,基本概念)과 제식분류,기본상식(諸識分類,基本常識)을 벗어난, 비정상적(非正常的)이며, 비상식적(非常識的)인 제식분류체계(諸識分類體系)가 되었다. 이는, 제식종,분류체계(諸識種,分類體系)의 기본상식(基本常識)과 기본개념(基本概念)을 무시(無視)한 유식체계(唯識體系)이다.

왜냐하면, 대승유식론(大乘唯識論)에서, 중생제식종(衆生諸識種)인 전5식(前五識)과 제6의식(第六意識)과 제7식(第七識)과 제8식(第八識)은, 제식체계(諸識體系)에서 무명중생식종(無明衆生識種)이어도 각각(各各) 성품(性品)이 차별(差別)이 있어 분류(分類)하면서, 중생(衆生)의 근본(根本) 함장식(含藏識)과 일체초월성(一切超越性)인 청정본성(清淨本性)이며 청정불성(清淨佛性)을, 중생식(衆生識)인 함장식(含藏識)의 제8식(第八識) 속에 함께 묶은 것은, 제식종,분류체계(諸識種,分類體系)의 기본개념(基本概念)과 기본상식(基本常識)을 벗어난 제식분류체계(諸識分類體系)이기 때문이다. 이는, 중생(衆生)의 무명성품(無明性品)인 함장식(含藏識)과 일체초월(一切超越)의 청정본성(清淨本性)인 청정불성(清淨佛性)을, 중생식(衆生識)인 제8식(第八識) 속에, 한 식종(識種)으로 묶어, 제8식(第八識)의 성품으로 규정(規定)하였기 때문이다. 이것 때문에, 대승유식론(大乘唯識論)의 제8식(第八識)의 이견(異見)에 따라, 옛 중국(中國)에서는 유식종(唯識宗)과 유식학파(唯識學派)를 달리하는, 서로 다른 이견(異見)이 있었으며, 또는, 대승유식론사(大乘唯識論師)들의 견해(見解) 또한, 이 모순점(矛盾點) 때문에, 서로 이견(異見)이 있었음을 살펴볼 수가 있다.

이에 대한 것은, 진제삼장(眞諦三藏)스님과 원측(圓測)스님 또한, 마찬가지로, 서로 견해(見解)가 다르다. 이는, 대승유식론(大乘唯識論)의 제8식(第八識) 함장식(含藏識) 속에, 함장식(含藏識)을 제8식(第八識)의 염분(染分)으로, 본성(本性)인 불성(佛性)을 제8식(第八識)의 정분(淨分)으로, 서로 성품특성(性品特性)과 성품차원(性品次元)이, 극(極)과 극(極)으로 다른 두(二) 성품(性品)을 함께 묶어, 제8식(第八識)의 한 식종(識種)으로 규정(規定)한 문제점(問題點)과 모순점(矛盾點) 때문에, 유식론사(唯識論師)들도 서로 견해(見解)가 달라, 유식학파(唯識學派)를 달리하였음을 알 수가 있다.

대승유식론(大乘唯識論)의 무명제식종,분류체계(無明諸識種,分類體系)에, 최종식(最終識)으로 규정(規定)한 제8식(第八識) 함장식(含藏識)에, 불성(佛性)인 본성(本性)까지 넣게 된 까닭을 유추(類推)해 보면, 함장식(含藏識)이 중생식(衆生識)이어도, 본성(本性)을 벗어나 따로 존재(存在)하는 것은 아니기 때문이며, 또한, 대승유식론(大乘唯識論)의 제식체계(諸識體系)에 본성(本性)까지 갖춤으로 인(因)해서, 모든 식종(識種)을 다 갖춘, 완전(完全)한 완성(完成)된, 대승유식론(大

乘唯識論)의 제식종체계(諸識種體系)가 되기 때문이다. 설사(設使) 그럴지라도, 불성(佛性)인 본성(本性)을, 함장식(含藏識)과 식종(識種)을 달리하여, 함장식(含藏識)을 벗어난 다음 식종(識種)인 제9식(第九識)으로 분류(分類)하지 않고, 식명(識名)을 함장식(含藏識)으로 규정(規定)한 제8식(第八識) 속에, 함장식(含藏識)과 본성(本性)을 단지(但只), 차별화(差別化)하기 위해, 염분(染分)과 정분(淨分)으로, 성품(性品)을 설정(設定) 분류(分類)하여, 무명성품(無明性品)인 제8식(第八識) 함장식(含藏識) 속에, 본성(本性)을 함장식(含藏識)과 식종(識種)을 함께 묶은 것은, 제식종,분류체계(諸識種,分類體系)의 유식체계,기본개념(唯識體係,基本概念)과 제식종,분류체계,기본상식(諸識種,分類體系,基本常識)을 파괴(破壞)하는, 비정상적(非正常的)이며, 비상식적(非常識的)인 왜곡(歪曲)된 오류(誤謬)의 발상(發想)이며, 모순(矛盾)된 유식개념사고(唯識概念思考)이다.

그러므로, 제식분류체계(諸識分類體系)에서, 서로 식종(識種)이, 무명함장식(無明含藏識)과 일체초월불성(一切超越佛性)으로 극(極)과 극(極)으로 다른, 함장식(含藏識)과 본성(本性)을, 한 식종(識種)으로 묶는 것은, 식종체계(識種體系)를 분류(分類)하는 제식체계,기본개념상식(諸識體系,基本概念常識)을 가진 유식론사(唯識論師)로서는, 범(犯)하지 말아야 할, 유식기본개념(唯識基本概念)이며, 유식기본상식(唯識基本常識)이다. 대승유식론(大乘唯識論)의 제식체계분류(諸識體系分類)가 혼란(混亂)스러운 까닭[緣由]은, 왜냐하면, 제8식(第八識) 이전(以前)의 중생식(衆生識)인, 제6식(第六識)과 제7식(第七識)은 식종(識

種)이 서로 달라, 분류(分類)하면서, 무명식(無明識)인 함장식(含藏識)과 일체초월(一切超越) 본성(本性)인 불성(佛性)을, 함장식(含藏識) 속에 한 식종(識種)으로 함께 묶은 것은, 어떻게 변명(辨明)하고, 또한, 어떻게 해명(解明)하여도, 부당(否當)한 것은 부당(否當)하다. 왜냐하면, 제8식(第八識)이 함장식(含藏識)이라고 명칭(名稱)한 그 자체(自體)가 곧, 서로 성질(性質)과 작용(作用)과 전개순위(展開順位)가 다른 식종(識種)임을 분류(分類)하고, 차별화(差別化)하는, 식종분류체계(識種分類體系)이기 때문이다. 그리고, 대승유식론(大乘唯識論)의 제8식(第八識) 함장식(含藏識)은, 12인연법(十二因緣法) 중생식(衆生識)의 근본(根本) 성품(性品)인, 무명(無明)이기 때문이다.

그리고, 대승유식론(大乘唯識論)의 제식전변, 지혜체계(諸識轉變, 智慧體系) 또한, 지견오류(知見誤謬)와 사실왜곡(事實歪曲)이 있다. 이는, 제8식(第八識) 함장식(含藏識)의 전변지혜(轉變智慧)가 심부동, 대열반성지(心不動, 大涅槃性智)임에도 대원경지(大圓鏡智)라고 규정(規定)하였으니, 이는, 실제(實際) 사실(事實)과 달라, 전변식(轉變識)인 함장식(含藏識)과 전변지혜(轉變智慧)인 대원경지(大圓鏡智)는, 서로 성품전변, 섭리체계(性品轉變, 攝理體系)가 어긋나는, 왜곡(歪曲)된 성품섭리오류(性品攝理誤謬)이며, 모순(矛盾)된 논지론설체계(論智論說體系)이다. 그러므로, 이 논리지견(論理知見)과 논리체계(論理體系)는, 실증지혜정안(實證智慧正眼)으로 정의정립(正義正立)한 실증정안, 정립체계(實證正眼, 正立體系)가 아닌, 이에 대한 실증지혜(實證智慧)가 없는, 지혜미완(智慧未完)의 유추(類推)에 의한 지견론리체계(知見

論理體系)로, 이에 대해 실증지혜(實證智慧)가 없는 추정설정,유추성립,유식체계(推定設定,類推成立,唯識體係)이다.

그리고, 제식전개체계(諸識展開體系)에, 제8식(第八識)을 함장식(含藏識)으로 규정(規定)하고, 제8식(第八識)이, 대승유식론(大乘唯識論)의 최종식(最終識)이므로, 최종식(最終識)인 제8식(第八識)에다, 일체초월(一切超越) 본성(本性)까지 넣어, 함장식(含藏識)은 제8식(第八識)의 염분(染分)으로, 본성(本性)은 제8식(第八識)의 정분(淨分)으로 설정(設定)하여 규정정의(規定定義)한 것은, 이에 대한 실증지혜(實證智慧)가 없었으므로, 염분설정(染分設定)의 함장식(含藏識)은, 추정설정성립(推定設定成立)에 의한, 추정유추함장식(推定類推含藏識)이며, 정분설정(淨分設定)의 본성(本性)은, 추정유추본성(推定類推本性)이다. 그러므로, 대승유식론(大乘唯識論)의 제식체계(諸識體系)는, 실증지혜정안(實證智慧正眼)의 실증정립정론(實證正立正論)이 아닌, 지견유추(知見類推)에 의해, 추론설정성립(推論設定成立)한 추정설정,유식론리체계(推定設定,唯識論理體系)이다.

그 이유(理由)는, 대승유식론(大乘唯識論)의 제식체계(諸識體系)를 성립(成立)한 대승유식론사(大乘唯識論師)들은, 제식전개체계(諸識展開體系)에 대해 실증지혜(實證智慧)가 없었으므로, 제7식(第七識) 다음 전개순위식(展開順位識)인, 능소출입식(能所出入識)이 있음을 인지(認知)하지 못해, 제식전개체계(諸識展開體系)에 능소출입식(能所出入識)의 존재(存在)를 빠뜨렸다. 그러므로, 대승유식론(大乘唯識論)의 제식전개체계(諸識展開體系)에, 제8식(第八識)을 함장식(含藏識)으로 규정(規定)하였어도, 제7식(第七識) 다음 제8식(第八識)은, 사실(事實)은 함장식(含藏識)이 아니라, 능소출입식(能所出入識)이다. 그리고, 능소출입식(能所出入識), 다음 식(識)이 곧, 함장식(含藏識)이다.

그러므로, 대승유식론(大乘唯識論)의 제식전개체계(諸識展開體系)에 능소출입식(能所出入識)을 **빠뜨렸**어도, 실제(實際) 제식전개작용(諸識展開作用)에는, 능소출입식(能所出入識)이 제거(除去)되는 것이 아니므로, 대승유식론사(大乘唯識論師)들은 인지(認知)하지 못했어도, 대승유식론(大乘唯識論)의 실제(實際) 제8식(第八識) 성품(性品)에는, 능소출입식(能所出入識)과 함장식(含藏識)이 같이 있는, 혼합식(混合識)의 결과(結果)를 초래(招來)하게 되었다. 대승유식론(大乘唯識論)의 제식전개체계(諸識展開體系)에 제8식(第八識)이, 능소출입식(能所出入識)과 함장식(含藏識)이 함께하는 혼합식(混合識)이 되었어도, 대승유식론사(大乘唯識論師)들은, 능소출입식(能所出入識)의 존재(存在)를 인지(認知)하지 못했으므로, 제8식(第八識)에는, 능소출입식(能所出入識)과 함장식(含藏識)이 같이 있는 혼합식(混合識)임을 알 수가 없다.

그리고, 대승유식론사(大乘唯識論師)들이, 제8식(第八識)에 일체초월성(一切超越性)인 본성(本性)까지 넣으므로써, 실제(實際) 제8식(第八識)에는, 능소출입식(能所出入識)과 함장식(含藏識)과 일체초월(一切超越) 본성(本性)이 함께 있는, 중첩복합식(重疊複合識)이 된 것이다. 그러나, 대승유식론사(大乘唯識論師)들은, 총체적(總體的) 유식성품체계(唯識性品體系)에 대한 실증지혜정안(實證智慧正眼)을 갖춘 일체초월(一切超越) 불지(佛智)가 아니므로, 자기(自己)들이 성립(成立)한 제식체계(諸識體系)에, 어떤 문제점(問題點)이 있는가를 점검(點檢)할, 총체적(總體的) 실증지혜정안(實證智慧正眼)이 없었다. 그러므로, 대승유식론(大乘唯識論)의 제식체계(諸識體系)에 어떤 지견오류(知見誤謬)와 사실왜곡(事實歪曲)이 있는지를 알 까닭[緣由]이 없다. 왜냐하면, 대승유식론(大乘唯識論)의 제식전개체계(諸識展開體系)는, 총체적(總體的) 실증지혜,불지정안(實證智慧,佛智正眼)으로 정지정립정의(正智正立正義)한 불지혜,정립체계(佛智慧,正立體系)가 아니기 때문이다.

그 이유(理由)는, 중생식(衆生識)인 제6식(第六識)과 제7식(第七識)은, 중생식(衆生識)이어도 식종(識種)이 달라, 식종(識種)을 분류(分類)하면서, 식종차별성(識種差別性)을 분류(分類)하여, 제8식(第八識)을 함장식(含藏識)이라고 명칭(名稱)한 제8식(第八識) 속에, 함장식(含藏識)과는 식종성(識種性)이 완전(完全)히 다른, 무명중생식(無明衆生識)을 벗어난, 일체초월(一切超越) 본성(本性)인 불성(佛性)을, 제8식(第八識)인 함장식(含藏識)에 식종(識種)을 함께 묶었기 때문이다. 그리고 또한, 제식전개체계(諸識展開體系)에 대한, 실증지혜(實證智慧)가 없어, 능소출입식(能所出入識)의 존재(存在)도 몰라, 제식전개체계(諸識展開體系)에 제8식(第八識)이 능소출입식(能所出入識)임에도, 능소출입식(能所出入識)을 빠뜨리고, 제8식(第八識)을 함장식(含藏識)으로 규정(規定)한 것을 보면, 대승유식론(大乘唯識論)의 제식체계(諸識體系)를 설정건립(設定建立)한, 대승유식론사(大乘唯識論師)들이, 제식전개체계(諸識展開體系)에 대한 실증지혜(實證智慧)가 없었음을 가름하고, 유추(類推)할 수가 있다.

그리고, 대승유식론(大乘唯識論)의 제식체계(諸識體系)인 제8식(第八識) 함장식(含藏識) 속에, 본성(本性)을 정분(淨分)으로 하여 함께 넣음으로, 실제(實際) 제8식(第八識)에는, 능소출입식(能所出入識)과 함장식(含藏識)과 일체초월(一切超越) 본성(本性)이 함께 있는, 중첩복합식(重疊複合識)이 된 것이다. 그러므로, 대승유식론사(大乘唯識論師)들은, 제8식(第八識) 속에 능소출입식(能所出入識)이 있음을 몰라, 단지(但只), 함장식(含藏識)을 전변(轉變)하면, 대원경지(大圓鏡智)라고 규정(規定)하였어도, 실제사실(實際事實)은 함장식(含藏識)이 전변(轉變)하면 대원경지(大圓鏡智)가 아닌, 대원경지(大圓鏡智)보다 더 깊은, 심부동,대열반성지(心不動,大涅槃性智)이다. 그리고, 대승유식론사(大乘唯識論師)들이 인지(認知)하지 못해 빠뜨린, 능소출입식(能所出入識)이 전변(轉變)해야만, 대원경지(大圓鏡智)에 증입(證入)하게 된다. 대승유식론사(大乘唯識論師)들은, 이에 대해 무엇이, 어떻게, 잘못 되었는지를 모른다. 왜냐하면, 이에 대한 실증지혜(實證智慧)가 없었기 때문이다. 그러므로, 대승유식론사(大乘唯識論師)들은, 제식전변지혜세계(諸識轉變智慧世界)에 대한 실증지혜(實證智慧)가 없었으므로, 단지(但只), 함장식(含藏識)을 전변(轉變)하면, 그 전변지혜(轉變智慧)가 대원경지(大圓鏡智)일 것이라는 지견오류(知見誤謬)의 추정론(推定論)일 뿐이다.

왜냐하면, 사실(事實), 함장식(含藏識)이 타파(打破)되어 멸(滅)한 전변지혜(轉變智慧)는, 대원경지(大圓鏡智)가 아닌, 심부동,대열반성지(心不動,大涅槃性智)이기 때문이다. 대원경지(大圓鏡智)에 든[入] 전변식(轉變識)은, 함장식(含藏識)이 아니라, 대승유식론사(大乘唯識論師)들이 빠뜨린, 능소출입식(能所出入識)이다. 그러므로, 능소출입식(能所出入識)이 타파(打破)되어 멸(滅)한 전변지혜(轉變智慧)가 곧, 대원경지(大圓鏡智)이다. 만약(萬若), 함장식(含藏識)이 전변(轉變)하면, 대원경지(大圓鏡智)가 아닌, 대원경지(大圓鏡智)보다 더 깊은 지혜성품(智慧性品)인, 심부동,대열반성지(心不動,大涅槃性智)에 증입(證入)하게 된다. 왜냐하면, 동식(動識)이 끊어진 전변지혜(轉變智慧)는 무위동각,지혜성품(無爲動覺,智慧性品)에 증입(證入)하며, 그리고 만약(萬若), 동(動)함이 없는 부동식(不動識)이 타파(打破)되어 끊어진 전변지혜(轉變智慧)는, 무위부동,대열반성(無爲不動,大涅槃性)에 증입(證入)하기 때문이다.

그러면, 능소출입식(能所出入識)이, 왜? 동식(動識)이며, 함장식(含藏識)이, 왜? 부동식(不動識)이냐 하면, 12인연법(十二因緣法)의 ①무명(無明)은 함장식(含藏識)이며, ②행(行)은 능소출입식(能所出入識)이며, ③식(識)은, 제7식(第七識) 말나식(末那識)인 자아의식(自我意識)이기 때문이다. 그러므로, 함장식(含藏識)은 무명무기성품(無明無記性品)으로 부동식(不動識)이며, 능소출입식(能所出入識)은 능소출입작용(能所出入作用)을 하는 동식(動識)이다.

불(佛)께서 아함경(阿含經)에 설(說)한 제식체계(諸識體系)는, 2종제식체계(二種諸識體系)가 있다. 이 2종제식체계(二種諸識體系)는, 소연입식, 전개체계(所緣入識, 展開體系)와 능연출식, 전개체계(能緣出識, 展開體系)이다. 소연입식, 전개체계(所緣入識, 展開體系)는, 경·근·식(境·根·識) 18경계체계(十八境界體系)이며, 능연출식, 전개체계(能緣出識, 展開體系)는, 12인연법(十二因緣法)이다. 2종제식체계(二種諸識體系)인 18경계체계(十八境界體系)는, 소연경·근·식·전개섭리, 입식체계(所緣境·根·識·展開攝理, 入識體系)이며, 12인연법(十二因緣法)은, 무명, 능연출식, 전개섭리, 출식체계(無明, 能緣出識, 展開攝理, 出識體系)이다.

불지혜(佛智慧)의 제식실관, 실증지혜(諸識實觀, 實證智慧)로 정립정의(正立正義)한 여래정론(如來正論)인 여래제식체계(如來諸識體系)가, 소연입식, 전개체계(所緣入識, 展開體系)와 능연출식, 전개체계(能緣出識, 展開體系)로 나뉘어진 까닭[緣由]은, 불지혜(佛智慧)로, 식(識)의 발생(發生) 인연전개섭리(因緣展開攝理)에 의해, 소연입식, 전개체계(所緣入識, 展開體系)와 능연출식, 전개체계(能緣出識, 展開體系)를 따라, 불지혜(佛智慧)의 제식실관, 실증관행, 제식체계(諸識實觀, 實證觀行, 諸識體系)이었기 때문이다. 그리고, 불(佛)이 계실 당시(當時)에는, 당장(當場), 맞닥뜨린 당면(當面)한 일체고(一切苦)와 무명미혹(無明迷惑)을 벗어나는, 해탈수행, 중심시대(解脫修行, 中心時代)였으므로, 소연입식, 전개체계(所緣入識, 展開體系)인 18경계체계(十八境界體系)와 능연출식, 전개체계(能緣出識, 展開體系)인 12인연법(十二因緣法)이, 지금처럼 불법(佛法)의 학적(學的), 논적(論的), 유식체계(唯識體系)가 아닌, 그 당시(當時)에는 일체고(一切苦)와 무명미혹(無明迷惑)을 벗어나는 수행실관체계(修行實觀體系)이었기 때문이다. 12인연법(十二因緣法)의 관행(觀行)은, 경(經)에도 설(說)해져 있다.

불지혜(佛智慧), 여래정론정립(如來正論正立)의 2종제식체계(二種諸識體系)인 18경계체계(十八境界體系)와 12인연법(十二因緣法)은, 일체고(一切苦)와 무명미혹(無明迷惑)을 벗어나는 법(法)을 바로 직시(直視)하는 해탈수행(解脫修行)의 관행지혜체계(觀行智慧體系)이다. 그러므로, 경·근·식(境·根·識) 18경계체계(十八境界體系)는 소연입식,전개관행체계(所緣入識,展開觀行體系)이며, 12인연법(十二因緣法)은 능연출식,전개관행체계(能緣出識,展開觀行體系)이다. 그러므로, 소연입식,전개관행체계(所緣入識,展開觀行體系)인 18경계체계(十八境界體系)와 능연출식,전개관행체계(能緣出識,展開觀行體系)인 12인연법(十二因緣法)은, 식(識)의 발생인연섭리(發生因緣攝理)의 근원(根源)에 따라 실관실증(實觀實證)하는, 소연입식전개체계(所緣入識展開體系)와 능연출식전개체계(能緣出識展開體系)이다. 이는, 식(識)의 생성전개과정(生成展開過程)이 입식체계(入識體系)와 출식체계(出識體系)로 서로 달라, 제식전개체계(諸識展開體系)의 관행법(觀行法)이 소연입식전개(所緣入識展開)와 무명출식전개(無明出識展開)의 차별(差別)이 있어, 2종제식,관행체계(二種諸識,觀行體系)로 이루어져 있다.

그러므로, 18경계체계(十八境界體系)와 12인연법(十二因緣法)은, 논리체계(論理體系)가 아닌, 불지관행지혜(佛智觀行智慧)에 의한, 불지실관, 실증지혜, 정립제식, 전개체계(佛智實觀, 實證智慧, 正立諸識, 展開體系)이다. 그러므로, 경·근·식(境·根·識) 18경계체계(十八境界體系)는, 소연입식, 전개체계, 관행실증, 정립체계(所緣入識, 展開體系, 觀行實證, 正立體系)이며, 12인연법(十二因緣法)은, 능연출식, 전개체계, 관행실증, 정립체계(能緣出識, 展開體系, 觀行實證, 正立體系)이다. 그러므로 이는, 제식전개체계(諸識展開體系) 중, 제식, 입식전개체계(諸識, 入識展開體系)와 제식, 출식전개체계(諸識, 出識展開體系)로 다른, 소연입식, 전개체계(所緣入識, 展開體系)와 능연출식, 전개체계(能緣出識, 展開體系)의 2종관행, 차별제식, 전개체계(二種觀行, 差別諸識, 展開體系)로 이루어져 있다. 그러므로, 경·근·식(境·根·識) 18경계체계(十八境界體系)와 12인연법(十二因緣法)은, 여래관행, 입식출식, 실증실관, 정립체계(如來觀行, 入識出識, 實證實觀, 正立體系)이다.

대승유식론(大乘唯識論)에서, 제8식(第八識)의 식명(識名)을 함장식(含藏識)이라고 규정(規定)하며, 제8식(第八識)에 함장식(含藏識)과 본성(本性)을, 염분(染分)과 정분(淨分)으로 설정(設定)하여, 제8식(第八識)에는 염분(染分)인 함장식(含藏識)과 정분(淨分)인 본성(本性)만 있는 것 같아도, 사실(事實)은 그렇지가 않다. 왜냐하면, 대승유식론사(大乘唯識論師)들이 제7식(第七識) 다음에 능소출입식(能所出入識)의 존재(存在)를 인지(認知)하지 못해, 대승유식론(大乘唯識論)의 제식전개체계(諸識展開體系)에서, 능소출입식(能所出入識)을 빠뜨리고, 제8식(第八識)이 능소출입식(能所出入識)이 아닌, 그 다음 식(識)인, 함장식(含藏識)을 제8식(第八識)으로 규정(規定)하였어도, 실제(實際) 제식전개체계작용(諸識展開體系作用)에는, 능소출입식(能所出入識)이 제거(除去)되거나, 없어진 것이 아니므로, 실제(實際), 제8식(第八識)에는, 염분(染分)인 함장식(含藏識)과 정분(淨分)인 본성(本性), 이외(以外)에 또한, 능소출입식(能所出入識)도 함께 있는, 3종성품(三種性品) 중첩복합식(重疊複合識)이다.

그러므로, 대승유식론(大乘唯識論)에서, 함장식(含藏識)을 전변(轉變)한 전변지혜(轉變智慧)가 대원경지(大圓鏡智)라고 규정(規定)하고 정의(定義)하였어도, 이는, 실제(實際) 사실(事實)과 다르다. 그러므로, 함장식(含藏識)이 타파(打破)된 전변지혜(轉變智慧)는 대원경지(大圓鏡智)가 아닌, 심부동,대열반성지(心不動,大涅槃性智)이다. 그리고, 능소출입식(能所出入識)이 타파(打破)되어 멸(滅)한 전변지혜(轉變智慧)가 곧, 대원경지(大圓鏡智)이다. 어떻게 하여, 함장식(含藏識)을 전변(轉變)한 전변지혜(轉變智慧)가, 심부동,대열반성지(心不動,大涅槃性智)가 아닌, 대원경지(大圓鏡智)라고 한 그 까닭[緣由]인 근원(根源)의 이유(理由), 그 요인(要因)을, 지금(只今)은 확인(確認)할 길[方法]이 없다.

그러나, 실제(實際), 제식성품세계(諸識性品世界)를 깨달은 전변실증,지혜정안(轉變實證,智慧正眼)으로, 대승유식론(大乘唯識論)의 제식체계(諸識體系)를 지혜점검(智慧點檢)을 하면, 대승유식론(大乘唯識論)은 실증지혜,정지정립(實證智慧,正智正立)의 실증정안,유식론(實證正眼,唯識論)이 아니므로, 지혜미완(智慧未完)의 지견오류(知見誤謬)가 있어, 사실왜곡(事實歪曲)이 있는 부분(部分)이 있다. 그러므로, 대승유식론(大乘唯識論)의 논리체계(論理體系)가 지견오류(知見誤謬)의 왜곡(歪曲)이 있어, 대승유식론(大乘唯識論)의 제식전개체계(諸識展開體系)와 제식전개이치(諸識展開理致)가 실제사실(實際事實)과 다른 부분(部分)이 있다. 그러므로, 대승유식론(大乘唯識論)의 제식체계(諸識體系) 중, 지견오류(知見誤謬)와 사실왜곡(事實歪曲)의 부분(部分)은, 지금(只今)으로서는 어떻게 교정(矯正)하거나 개선(改善)할 수가 없어, 혼란(混亂)스럽기만 하다. 그러다 보니, 불지정론(佛智正論)의 논해(論解)가, 많은 부분(部分)이, 대승유식론(大乘唯識論)의 오류(誤謬)와 왜곡(歪曲)된 부분(部分)을, 후학(後學)들에게 일깨우고자, 불지정론(佛智正論)의 많은 부분(部分)을 할애(割愛)하며, 요해명제(了解命題)에 따라, 그 이해(理解)를 명확(明確)히 하고자, 중복해설(重複解說)이 거듭[反復]되는 부분(部分)이 있다.

그러나, 이를 소홀(疏忽)히 할 수 없는 것은, 대승유식론(大乘唯識論)의 지견오류(知見誤謬)와 사실왜곡(事實歪曲)의 맥(脈)이, 천년(千年)을 넘게, 사람[人]과 사람[人], 배움[學]과 배움[學], 학(學)과 학(學)으로 이어져 왔어도, 누구나 배우고자[學] 또, 전(傳)하려는 마음만 급급(急急)했을 뿐, 그 누구 한 사람도, 이 지견오류(知見誤謬)를 의심(疑心)하거나, 또한, 점검(點檢)에도 관심(關心)이 없었다. 그리고, 천년(千年)을 넘게, 사람[人]과 사람[人], 배움[學]과 배움[學]의 세대(世代)와 세대(世代)의 맥(脈)으로 이어져 내려오는 지견오류(知見誤謬)와 사실왜곡(事實歪曲)의 맥(脈)을, 무상지혜(無上智慧) 불(佛)이 계시지 않은 지금(只今), 미래세(未來世)의 후학(後學)들을 위해 단연(斷然)히, 이 오류(誤謬)를 맥(脈)을 끊고자, 청정일념,불심의지(淸淨一念,佛心意志)와 정법수호,일념단심(正法守護,一念丹心)의 지혜정안(智慧正眼)을 가진 자(者)는, 찾기가 쉽지 않다. 이는 오직, 불지혜(佛智慧)의 정견정법정지혜(正見正法正智慧)가 이 세상(世上)에 쇠퇴(衰頹)하지 않기를 바라는, 세세연연(世世緣緣) 불(佛)에 귀의(歸依)하며, 불지혜(佛智慧)의 정견정법정지혜(正見正法正智慧)를 존중(尊重)하고, 소중(所重)하게 인식(認識)하는, 일념청정,귀의불심(一念淸淨,歸依佛心)이다.

　대승유식론(大乘唯識論)의 지견오류(知見誤謬)와 사실왜곡(事實歪曲)의 명(命)이, 지금(至今)에까지 살아 있는 것은, 홀연(忽然)히 일념불심(一念佛心)으로, 사량(思量)과 분별(分別) 없이, 불(佛)의 정견정법정지혜(正見正法正智慧)를 지키겠다는 정법수호일념(正法守護一念)으로 선뜻[斷然] 나서는, 그 누구, 한 사람도 없었기 때문이다. 그러므로, 천년(千年)이 넘도록, 지견오류(知見誤謬)와 사실왜곡(事實歪曲)의 맥(脈)이 끊기지 않고, 사람[人]과 사람[人], 배움[學]과 배움[學], 학(學)과 학(學)으로 지금(至今)에 까지, 정법정인(正法正印)으로 후학(後學)들에게 존중(尊重)받으며, 누구나 배우고자(學) 또, 전(傳)하고자 다(多) 모두들 급급(急急)하다. 지금(只今)도, 천년(千年) 세월(歲月)이 넘은 오류(誤謬)와 왜곡(歪曲)의 맥(脈)을 끊고자, 단연(斷然)히 나서는 누구도, 없다. 이 오류(誤謬)와 왜곡(歪曲)의 맥(脈)을 끊지 않으면, 지금(只今) 사람[人]들뿐만 아니라, 미래세(未來世) 후학(後學)들의 청정안목(淸淨眼目)까지 왜곡(歪曲)되게 할 것이다. 오직, 미래세

(未來世)의 후학(後學)들을 생각[思惟]함이 선연(鮮然)한, 선(善)한 불심(佛心)은, 불(佛)의 무상정법(無上正法)이 쇠멸(衰滅)하지 않고, 영원(永遠)하기를 바라는 불심(佛心)의 일념(一念)은, 불(佛)의 바른[正] 지혜(智慧)의 숨결[命]을 물[水]에도, 허공(虛空)에도 각인(刻印)하여, 영원(永遠)하기를 바라는, 세세연연(世世緣緣), 무상각(無上覺) 불(佛)에 귀의(歸依)한, 정명일념(正命一念)이다.

그리고, 대승유식론(大乘唯識論)의 제8식(第八識)이, 대승유식론사(大乘唯識論師)들의 성립본의(成立本意)와 달리, 대승유식론(大乘唯識論)의 제8식(第八識)에는, 사실(事實), 능소출입식(能所出入識)과 함장식(含藏識), 그리고, 본성(本性)까지 더불어 함께 있는, 중첩복합식(重疊複合識)이다. 그리고, 대승유식론(大乘唯識論)의 제식전변체계(諸識轉變體系)와 달리, 함장식(含藏識)의 전변지혜(轉變智慧)는 대원경지(大圓鏡智)가 아니라, 사실(事實), 심부동,대열반성지(心不動,大涅槃性智)이다. 그리고, 능소출입식(能所出入識)의 전변지혜(轉變智慧)가 대원경지(大圓鏡智)이다. 그러므로, 대승유식체계(大乘唯識體系)에서 제7식(第七識)을 자아의식(自我意識)인 말나식(末那識), 그 다음 식(識)인, 제8식(第八識)을 아뢰야식(阿賴耶識)인 함장식(含藏識)으로 규정(規定)하고 정의(定義)한 것은, 제식전개상속,자연섭리체계(諸識展開相續,自然攝理體系)에서, 제7식(第七識) 다음 식(識)이 능소출입식(能所出入識)임을, 이에 대한 실증지혜(實證智慧)가 없어, 애초[始初]부터 몰랐음이다.

제7식(第七識)의 작용(作用)은, 함장식(含藏識)에 의지(依支)함이 아니라, 제7식(第七識) 다음 식(識)인, 능소출입식(能所出入識)에 의지(依支)한다. 제8식(第八識)인 능소출입식(能所出入識)은, 함장식(含藏識)에 저장(貯藏)되어 있는 기억(記憶)과 업(業)의 정보(情報)들을, 제7식(第七識) 자아의식(自我意識)의 작용(作用)에 자연반응,반연작용(自然反應,攀緣作用)으로 인출(印出)하여, 반연작용(攀緣作用)으로 일체기억정보(一切記憶情報)들을 제7식(第七識)에 비추며, 또한, 제7식(第七識) 자아의식(自我意識)의 작용(作用), 일체업(一切業)의 정보(情報)를, 함장식(含藏識)에 자연반연,반응작용(自然攀緣,反應作用)으로 저장(貯藏)을 한다. 함장식(含藏識)은 12인연법(十二因緣法)의 무명(無明)이므로, 3세(三世) 모든 업(業)의 정보(情報)를 저장(貯藏)하고 있는, 부동함장무기식(不動含藏無記識)이다.

그러므로, 함장식(含藏識)은 동식(動識)이 아닌 부동무기성품식(不動無記性品識)이므로, 식(識)의 성품(性品)이, 일체선악(一切善惡)과 일체유무상(一切有無相)과 일체제식심(一切諸識心)과 일체지견심(一切知見心), 그 무엇에도 이끌림이나 물듦[染] 없는, 부동대열반,무기성품(不動大涅槃,無記性品)이다. 능소출입식(能所出入識)은 12인연법(十二因緣法)에서, ①무명(無明) 다음 ②행(行)이다. 이는, 모든 업(業)의 정보(情報)를 무명함장식(無明含藏識)에 저장(貯藏)을 하며, 또한, 저장(貯藏)되어 있는 3세(三世) 모든 업(業)의 정보(情報)를, 제7식(第七識)의 작용(作用)이 원활(圓滑)하도록, 끊임없이 자연반응,반연작용(自然反應,攀緣作用)으로 함장식(含藏識)에 저장(貯藏)되어 있는 업(業)

의 기억정보(記憶情報)들을 인출(引出)하는, 정보인자,출입운행식(情報因子,出入運行識)이다. 제7식(第七識)은 12인연법(十二因緣法)에서, ②행(行) 다음 ③식(識)이다. 그러므로, 12인연법(十二因緣法)에서 ①무명(無明)은 제9식(第九識) 함장식(含藏識)이며, ②행(行)은 제8식(第八識) 능소출입식(能所出入識)이며, ③식(識)은, 제7식(第七識) 말나식(末那識)인 자아의식(自我意識)이다.

제식(諸識)의 체계(體系)는, 각각(各各) 작용역할(作用役割)과 성품차원(性品次元)이 서로 다른 식(識)들이, 연계(連繫)되어 전개작용(展開作用)하는 관계체계(關係體系)이다. 전개작용(展開作用)과 관계체계(關係體系)란, 전식(前識)의 정보(情報)를 후식(後識)에게 전달상속(傳達相續)하며, 전식(前識)의 작용(作用)에 의해 후식(後識)이 작용(作用)하는 연계작용관계(連繫作用關係)이다. 제식전개상속순위(諸識展開相續順位)에 전식(前識)과 후식(後識)의 관계(關係)는, 소연입식,전개체계(所緣入識,展開體系)인 18경계,전개섭리체계(十八境界,展開攝理體系)와 능연출식,전개체계(能緣出識,展開體系)인 12인연법,전개섭리체계(十二因緣法,展開攝理體系)에 따라, 입식전개체계(入識展開體系)와 출식전개체계(出識展開體系)의 연계작용관계성(連繫作用關係性) 속에, 전식(前識)과 후식(後識)의 순위체계(順位體系)가 다르다.

이를 예(例)를 들면, 소연입식,전개체계(所緣入識,展開體系)의 전후식관계(前後識關係)는, 6종경(六種境)→6종근(六種根)→6종식(六種識)→제7식(第七識) 자아의식(自我意識)→제8식(第八識) 능소출입식(能

所出入識)→제9식(第九識) 함장식(含藏識)의 전개상속체계(展開相續體系)인, 전후식관계(前後識關係)이다. 그리고, 능연출식,전개체계(能緣出識,展開體系)인 12인연법(十二因緣法)은, ①무명(無明)인 제9식(第九識) 함장식(含藏識)→②행(行)인 제8식(第八識) 능소출입식(能所出入識)→③식(識)인 제7식(第七識) 자아의식(自我意識)→④명색(名色)→⑤6입(六入)인 6종식(六種識), 6종근(六種根)→⑥촉(觸)→⑦수(受)→⑧애(愛)→⑨취(取)→⑩유(有)→⑪생(生)→⑫노사(老死)의 12인연법,연계작용(十二因緣法,連繫作用) 전개상속체계(展開相續體系)인, 전후식관계(前後識關係)이다. 제식전개작용(諸識展開作用)의 실제(實際)에 있어서는, 소연입식,전개체계(所緣入識,展開體系)와 능연출식,전개체계(能緣出識,展開體系)가 서로 융화조도(融和助道) 원융작용(圓融作用)이 이루어진다.

　　대승유식론(大乘唯識論)의 유식체계(唯識體系)에서, 제7식(第七識) 말나식(末那識)인 자아의식(自我意識) 다음 식(識)인 제8식(第八識)을, 능소출입식(能所出入識)으로 정의(正義)하지 않고, 함장식(含藏識)으로 규정(規定)한 것은, 능소출입식(能所出入識)의 존재(存在)를 인지(認知)하지 못해 빠뜨린, 제식전개,순위체계(諸識展開,順位體系)의 오류(誤謬)이다. 그러므로, 대승유식론(大乘唯識論)의 제식체계(諸識體系)에서, 제7식(第七識) 자아의식(自我意識), 다음 식(識)인 능소출입식(能所出入識)에 대해 실증지혜(實證智慧)가 없어, 인지(認知)하지 못해, 능소출입식(能所出入識)이 있음을 몰랐었기 때문에, 능소출입식(能所出入識)을 빠뜨리고, 제7식(第七識) 다음 제8식(第八識)을, 함장식(含藏識)으로 규정(規定)하고 정의(定義)한 것이다.

　대승유식론(大乘唯識論)의 유식체계(唯識體系)에서, 능소출입식(能所出入識)은, 대승유식론사(大乘唯識論師)들이 이 성품(性品)이 있음을 처음[始初]부터 몰라, 대승유식론(大乘唯識論)의 제식체계(諸識體系)에서, 능소출입식(能所出入識)을 빠뜨린 것이지만, 그것보다 더 큰 왜곡(歪曲)과 오류(誤謬)는, 제8식(第八識) 함장식(含藏識)의 전변지혜(轉變智慧)를 대원경지(大圓鏡智)로 규정(規定)하고 정의(定義)한 것이다. 왜냐하면, 제식전변,섭리체계(諸識轉變,攝理體系)에서, 능소출입식(能所出入識)이 타파(打破)되어 끊어지면[滅], 능소출입식(能所出入識)이 끊어져 멸(滅)한 전변지혜(轉變智慧)인 대원경지(大圓鏡智)에 들기 때문이다. 그 까닭[緣由]은, 능소출입식(能所出入識)이 타파(打破)되면, 능소(能所)가 끊어져 멸(滅)해, 능소(能所) 없는 원융각명,지혜성품,작용(圓融覺明,智慧性品,作用)인, 대원경지(大圓鏡智)의 쌍차쌍조행(雙遮雙照行)이 이루어기 때문이다. 그런데, 대승유식론(大乘唯識論)의 제식체계(諸識體系)에서는, 제8식(第八識)이 함장식(含藏識)이며, 함장식(含藏識)의 전변지혜(轉變智慧)가 대원경지(大圓鏡智)라고 규정(規定)함은, 이는, 제식,전변지혜,섭리체계(諸識,轉變智慧,攝理體系)와 어긋나 모순(矛盾)된, 전변지혜,섭리체계,오류(轉變智慧,攝理體系,誤謬)의 왜곡론(歪曲論)이다. 그러므로 이는, 제식,전변지혜,섭리체계(諸識,轉變智慧,攝理體系)의 사실(事實)과 다른, 지견오류(智見誤謬)이며, 사실(事實)이 왜곡(歪曲)된, 모순론리(矛盾論理)이다.

왜냐하면, 함장식(含藏識)인 무명성품(無明性品)이 부동열반, 무기성품(不動涅槃, 無記性品)인데, 무명성품(無明性品)이 끊어져 멸(滅)한 전변지혜(轉變智慧)가 심부동, 대열반성지(心不動, 大涅槃性智)가 아니고, 오히려, 무명성품(無明性品) 아직, 멸(滅)하지 않은 지혜퇴행(智慧退行)한, 무위동각, 지혜성품(無爲動覺, 智慧性品)인 대원경지(大圓鏡智)로 되돌아간다는 것은, 제식, 전변지혜.섭리체계상(諸識, 轉變智慧, 攝理體系上) 있을 수 없는, 지혜역류(智慧逆流)의 모순(矛盾)된 왜곡(歪曲)이며, 실제사실(實際事實)과 다른 왜곡론리(歪曲論理)인, 지혜퇴행, 역류체계(智慧退行, 逆流體系)이기 때문이다. 왜냐하면, 12인연법(十二因緣法)에서 ①무명(無明)인 함장식(含藏識)이 타파(打破)되어 끊어져 멸(滅)한 전변지혜(轉變智慧)는 심부동, 대열반성지(心不動, 大涅槃性智)이며, ②행(行)인 능소출입식(能所出入識)이 타파(打破)되어 끊어져 멸(滅)한 전변지혜(轉變智慧)는 대원경지(大圓鏡智)이며, ③식(識)인 자아의식(自我意識)이 타파(打破)되어 끊어져 멸(滅)한 전변지혜(轉變智慧)는 평등성지(平等性智)이기 때문이다.

그러므로, 12인연법(十二因緣法)에서 ①무명(無明)→②행(行)→③식(識) 중에서, ①무명성품(無明性品)인 함장식(含藏識)이 타파(打破)되어 끊어져 멸(滅)한 전변지혜(轉變智慧)인 지혜각력상승(智慧覺力上昇)이 오히려, 무명성품(無明性品)이 아직, 타파(打破)되지 못한, ②행(行)의 능소출입식(能所出入識) 전변지혜(轉變智慧)인 대원경지(大圓鏡智)라고 규정(規定)하니, 이는, 지혜각력상승(智慧覺力上昇)이 아닌, 오히려, 지혜하락퇴보(智慧下落退步)한 결과(結果)이다. 그러므로 이

는, 제식,전변지혜,섭리체계상(諸識,轉變智慧,攝理體系上) 있을 수 없
는, 유식체계,전변질서,지견오류,론리(唯識體係,轉變秩序,智見誤謬,論
理)이며, 유식체계,전변섭리,사실왜곡,역류(唯識體係,轉變攝理,事實歪
曲,逆流)이다. 이렇게 된 까닭[緣由]은, 대승유식론체계(大乘唯識論體
系)를 성립(成立)한 대승유식론사(大乘唯識論師)들이, 제식전변,지혜
성품,섭리체계(諸識轉變,智慧性品,攝理體系)에 대해, 완전(完全)한 실증
지혜(實證智慧)가 없었기 때문이다. 그리고 또한, 총체적(總體的) 성
불지혜과정(成佛智慧過程)인, 유식지혜,상승과정,무위지혜,차별차
원,전변상승,성불과정,유식체계(唯識智慧,上昇過程,無爲智慧,差別次元,
轉變上昇,成佛過程,唯識體系)에 대해, 명확(明確)히 지혜점검(智慧點檢)
할 실증지혜정안(實證智慧正眼)인, 불지혜(佛智慧)가 없었기 때문이
다.

그러므로, 함장식(含藏識)의 전변지혜(轉變智慧)가 대원경지(大圓鏡
智)라 함은, 제식,전변지혜,성품체계(諸識,轉變智慧,性品體系)를 역류
(逆流)한 왜곡(歪曲)이므로, 이는, 이에 대한 실증지혜(實證智慧)가 없
는, 지혜미완(智慧未完)에 의한 사실왜곡,망견론리체계(事實歪曲,妄見
論理體系)이다. 이를, 불지정론(佛智正論) 제식10종식체계(諸識十種識
體系)로 말하면, 제9식(第九識) 함장식(含藏識)을 타파(打破)해 끊어져
멸(滅)한 전변지혜(轉變智慧)가, 불승(佛乘)의 심부동,대열반성지(心不
動,大涅槃性智)가 아닌, 제9식,전변지혜(第九識,轉變智慧)가 오히려 지
혜(智慧)가 퇴보(退步)한, 제8식(第八識) 능소출입식(能所出入識)이 끊
어져 멸(滅)한, 일불승(一佛乘)의 대원경지(大圓鏡智)로 지혜하락퇴보

(智慧下落退步)한 것이다.

이는, 일체유식,제식성품세계(一切唯識,諸識性品世界)인 일체,유위무위,총체적,유식성품체계(一切,有爲無爲,總體的,唯識性品體系)에 대한 실증지혜(實證智慧)가 없어, 지혜미완(智慧未完)의 사량(思量)과 유추(類推)에 의한 지견오류(知見誤謬)로 왜곡(歪曲)된, 전변지혜,성품세계(轉變智慧,性品世界)이다. 그러므로 이는, 제식,전변지혜,섭리체계(諸識,轉變智慧,攝理體系)의 실제(實際) 사실(事實)과 다르다. 그러므로, 대승유식론(大乘唯識論)의 제8식(第八識)과 제8식(第八識)의 전변지혜,성품세계(轉變智慧,性品世界)는, 실증지혜정안(實證智慧正眼)으로 정의정립(正義正立)한 실증지혜,정의정립,지혜정론(實證智慧,正義正立,智慧正論)이 아닌, 실증지혜(實證智慧)가 없는 지혜미완(智慧未完)의 추론적(推論的) 추정(推定)의 견해(見解)로, 추정설정성립(推定設定成立)한 추정설정,유식체계론(推定設定,唯識體係論)이다. 이렇게 된 까닭[緣由]은, 실증지혜정안(實證智慧正眼)으로 정지정립정의(正智正立正義)한 유식체계(唯識體係)가 아니므로, 이 지혜체계(智慧體系)와 지견오류(知見誤謬)를 지혜점검(智慧點檢)할, 일체초월(一切超越) 불지정안유식견(佛智正眼唯識見)이 없었기 때문이다. 대승유식론사(大乘唯識論師)들이, 생애(生涯)의 열정(熱情)을 다하는, 지혜(智慧)의 심혈(心血)을 기울였어도, 이에 대한 총체적(總體的) 실증지혜정안(實證智慧正眼)을 가진 일체초월(一切超越) 불지정안(佛智正眼)이 아니었으므로, 사실(事實)과 다른 지견오류(知見誤謬)의 왜곡(歪曲)된 부분(部分)이 있어, 대승유식론(大乘唯識論)은 완전(完全)하지 못해 모순(矛盾)됨이 있는, 지혜미완(智慧未完)의 유식체계(唯識體系)가 되었다.

이는, 유식지혜,상승세계(唯識智慧,上昇世界)인, 전변지혜,상승세계,무위지혜,차별차원,성불과정,유식체계(轉變智慧,上昇世界,無爲智慧,差別次元,成佛過程,唯識體系)에 대한, 총체적(總體的) 실증지혜(實證智慧)인, 일체초월성(一切超越性) 불지(佛智)를 갖추지 못한, 지혜미완(智慧未完)의 한계성(限界性) 때문이다. 대승유식론체계(大乘唯識論體系)를 성립(成立)한 무착보살(無着菩薩)과 세친보살(世親菩薩) 등(等)이, 지혜(智慧)와 원력(願力)과 열정(熱情)과 신심(信心)의 생애(生涯)를 다 바쳤어도, 완전(完全)하지 못한 지견오류(知見誤謬)와 왜곡(歪曲)의 부분(部分)이 있음은, 이에 대한 명확(明確)한 총체적(總體的) 실증지혜(實證智慧)가 없었고, 또한, 일체초월(一切超越) 불지(佛智)가 아니므로, 자기(自己)의 식견(識見)과 지견(智見)에 의지(依支)한 유추(類推)와 추론적(推論的) 추정(推定)에 의해 성립(成立)된, 유식체계(唯識體系)이기 때문이다. 그러므로, 무명제식,전개상속,구성체계(無明諸識,展開相續,構成體系)와 제식,전변지혜,차별차원,지혜상승,무위차별,성품세계(諸識,轉變智慧,差別次元,智慧上昇,無爲差別,性品世界)는, 일체초월(一切超越) 불지증입(佛智證入)의 실증지혜정안(實證智慧正眼)이 아니면, 그 어떤 지식(知識)과 식견(識見)의 유추(類推)로도 알 수 없는, 유식성품세계(唯識性品世界)이다.

제식,전변지혜,성품세계(諸識,轉變智慧,性品世界)는 무위지혜,차별차원,보살지혜,차별세계(無爲智慧,差別次元,菩薩智慧,差別世界)이므로,

이는, 보살지혜(菩薩智慧) 속에 있어도 알 수 없는, 불가사의(不可思議) 무위지혜,차별차원,보살지혜,전변상승,차별세계(無爲智慧,差別次元,菩薩智慧,轉變上昇,差別世界)이다. 이는 오직, 일체초월(一切超越) 불지증입(佛智證入)의 실증지혜정안(實證智慧正眼)으로만 알 수가 있음이니, 만약(萬若), 일체초월성(一切超越性)에 증입(證入)한 불지(佛智)가 아니면, 이를 바르게 지혜점검(智慧點檢)할 수가 없다. 왜냐하면, 제식,전변지혜,상승세계(諸識,轉變智慧,上昇世界)인, 보살지혜,전변상승,무위지혜,차별차원,지혜전변,각성세계(菩薩智慧,轉變上昇,無爲智慧,差別次元,智慧轉變,覺性世界)이기 때문이다. 그러므로 이는, 어떤 지식(知識)과 어떤 지견(知見)에 의지(依支)해 추정(推定) 또는, 유추(類推)하여 알 수 있는, 성품세계(性品世界)가 아니다.

만약(萬若), 어떤 경(經)에서, 함장식(含藏識)이 타파(打破)되어 멸(滅)한 전변지혜(轉變智慧)가 대원경지(大圓鏡智)라고 하면, 이는, 대승유식론(大乘唯識論)의 전변지혜체계(轉變智慧體系)를 그대로 수용(受容)한 것이므로, 만약(萬若), 이것이 그 경(經)의 내용(內容) 중, 불설(佛說)이라 하여도, 이는, 잘못된 지견오류(知見誤謬)의 왜곡(歪曲)이다. 왜냐하면, 불설(佛說)인 아함경(阿含經) 등(等), 소승경(小乘經)에는 함장식(含藏識)의 전변지혜(轉變智慧)가 대원경지(大圓鏡智)라는 설(說)이 없으며, 그리고, 제8식(第八識) 함장식(含藏識)의 전변지혜(轉變智慧)가 대원경지(大圓鏡智)로 규정(規定)한 논리(論理)는, 대승유식론(大乘唯識論) 지혜미완(智慧未完)의 논리체계(論理體系)를 그대로 수용(受容)한, 논리체계(論理體系), 또는, 설(說)이기 때문이다.

그러므로, 함장식(含藏識)의 전변지혜(轉變智慧)가 심부동, 대열반성지(心不動, 大涅槃性智)가 아닌, 대원경지(大圓鏡智)가 됨은, 이는, 전변지혜, 각력상승(轉變智慧, 覺力上昇)이 도리어, 지혜(智慧)가 하락(下落)하고 퇴보(退步)한 것이다. 그러므로 이는, 지혜상승(智慧上昇)이 오히려, 더욱, 미혹식계(迷惑識界)로 떨어짐이니, 이는, 전변지혜상승(轉變智慧上昇)이, 도리어 지혜퇴보(智慧退步)한 결과(結果)이므로, 이는, 전변지혜, 성품체계(轉變智慧, 性品體系)와 어긋나는 지견오류(知見誤謬)의 사실왜곡론(事實歪曲論)이다. 혹시(或是), 이에 대해 명확(明確)히 알고 싶거나, 또한, 제식, 전변지혜, 섭리체계(諸識, 轉變智慧, 攝理體系)를 지식(知識)이 아닌, 실증지혜(實證智慧)로 명확(明確)히 확인(確認)하려면, 유식지혜, 상승세계(唯識智慧, 上昇世界)인, 유식지혜, 전변상승, 무위지혜, 차별차원, 일체성품, 전변세계(唯識智慧, 轉變上昇, 無爲智慧, 差別次元, 一切性品, 轉變世界)를 타파(打破)해 벗어나, 일체초월(一切超越) 불지(佛智)에 증입(證入)하면 된다.

그러므로, 불지(佛智)에 증입(證入)한 실증지혜(實證智慧) 없이, 앎[識見]의 지견(知見)으로 추정(推定), 또는, 유추(類推)에 의한 자기확신(自己確信)의 논리(論理)이어도, 총체적(總體的) 일체, 유위무위, 유식성품, 세계(一切, 有爲無爲, 唯識性品, 世界)에 대해서는 명확(明確)히 알 수가 없다. 그러므로, 실증지혜(實證智慧) 없이, 논리적(論理的) 유추(類推)와 추론적(推論的) 단정(斷定)의 추측성(推測性) 논리론설(論理論說)은, 실증지혜(實證智慧)로만 알 수 있는, 유식성품세계(唯識性品世界)에서는, 총체적(總體的), 이를 명확(明確)히 점검(點檢)할, 실증점검,지혜정안(實證點檢,智慧正眼)이 없어, 왜곡(歪曲)될 수밖에 없다. 왜냐하면, 제식전변,무위지혜,차별차원,성품세계(諸識轉變,無爲智慧, 差別次元,性品世界)는, 이에 대한 실증지혜(實證智慧)가 없이, 지식(知識)과 지견(知見)으로 유추(類推)하여 알 수 있는, 성품세계(性品世界)가 아니기 때문이다. 이는, 성불(成佛)에 이르는 총체적(總體的) 제식전변,무위지혜,차별차원,지혜상승,과정세계(諸識轉變,無爲智慧,差別次元,智慧上昇,過程世界)인 성불수행,지혜정로,과정체계(成佛修行,智慧正路,過程體系)이다. 그러므로, 이를 실증(實證)한 일체초월(一切超越) 불지(佛智)가 아니면 알 수 없는, 제식전변,무위지혜,차별차원, 성품세계(諸識轉變,無爲智慧,差別次元,性品世界)이며, 이는, 실증지혜, 상승과정,지혜정로,성불체계(實證智慧,上昇過程,智慧正路,成佛體系)이다.

대승유식론(大乘唯識論)에서, 제식전개,자연섭리,순위체계(諸識展開,自然攝理,順位體系)에서, 제7식(第七識) 다음, 제8식(第八識)이 능소출입식(能所出入識)이 아닌, 함장식(含藏識)으로 규정(規定)한 것은, 제식(諸識)의 전개상속,섭리체계(展開相續,攝理體系)에 대해 실증지혜(實證智慧)가 없어, 제식,전개섭리,구성체계(諸識,展開攝理,構成體系)에 대한, 지혜미완(智慧未完)의 지견오류(知見誤謬)이다. 그 뿐만 아니라, 제8식(第八識)의 염분(染分)인 함장식(含藏識)과 정분(淨分)인 본성(本性)을 함께 묶지 않았다면, 후대(後代)에 대승유식론(大乘唯識論)을 계승(繼承)한 유식종(唯識宗)과 유식학파(唯識學派)와 유식론사(唯識論師) 간(間)에도, 제8식(第八識)에 대해, 서로 다른 이견(異見)이 없었을 것이다. 그러므로, 이에 대한 이견(異見)으로, 유식론사(唯識論師)인 진제삼장(眞諦三藏)스님과 원측(圓測)스님 또한, 제8식(第八識)의 염분(染分)과 정분(淨分)에 대한 식종분류체계(識種分類體係)의 이견(異見)으로, 서로 견해(見解)를 달리하였다. 이러한 분분(紛紛)한 이견(異見)으로, 중국(中國)의 옛 유식학파(唯識學派) 간(間)에는, 제8식(第八識)의 염분(染分)인 함장식(含藏識)과 정분(淨分)인 본성(本性)의 식종분류(識種分類)를, 원측(圓測)스님처럼 그대로 제식종(諸識種)을 8종식화(八種識化)를 주장(主張)하기도 하였으며, 또는, 제8식(第八識)의 염분(染分)인 함장식(含藏識)과 정분(淨分)인 본성(本性)의 식종(識種)을 분류(分類)하여, 진제삼장(眞諦三藏)스님처럼, 제식종(諸識種)을 9종식화(九種識化)를 주장(主張)하는, 서로 견해(見解)가 달랐음을 알 수가 있다.

이러한 문제점(問題點)은, 제식전개,성품체계(諸識展開,性品體系)와 제식,전변지혜,성품체계(諸識,轉變智慧,性品體系)에 대해 아직, 실증지혜(實證智慧)가 없어, 이에 대한 총체적(總體的) 유식성품세계(唯識性品世界)에 대한 명확(明確)한 실증지혜정안(實證智慧正眼)으로, 일체,차별차원,성품개념,지혜확립(一切,差別次元,性品槪念,智慧確立)이 되지 않았기 때문이다. 그리고, 이에 대한 것은, 어느 누구나, 제식,성품개념,지혜확립,정의정론(諸識,性品槪念,智慧確立,正義正論)을 하고 싶다고, 할 수 있는 것이 아니다. 왜냐하면, 총체적(總體的) 일체,유위무위,차별차원,성품세계(一切,有爲無爲,差別次元,性品世界)에 대한 명확(明確)한 실증지혜정안(實證智慧正眼)이 있어야 하기 때문이다. 이는 곧, 총체적(總體的) 일체,유위무위,차별차원,유식성품, 세계(一切,有爲無爲,差別次元,唯識性品,世界)를 타파(打破)해 벗어난, 일체초월(一切超越) 불지(佛智)이어야만 가능(可能)하다.

　그러므로, 총체적(總體的) 유위무위,유식성품,차별세계(有爲無爲, 唯識性品,差別世界)에 대한 실증지혜(實證智慧)가 없었으므로, 대승유식론(大乘唯識論)의 제식,성품개념,지혜확립(諸識,性品槪念,智慧確立)이 명확(明確)히 되지 않았으므로, 지금(只今)도, 제식성품,개념정의(諸識性品,槪念正義)가 명확(明確)히 해결(解決)되지 않은, 모호(模糊)한 부분(部分)들이 있다. 이러한 유식세계(唯識世界)의 모든 문제점(問題點)은, 대승유식사상체계(大乘唯識思想體系)를 이룬 대승유식론사(大乘唯識論師)인 무착보살(無着菩薩)과 세친보살(世親菩薩)의 유식론지론설(唯識論智論說)에 이어, 후대(後代)를 이은 여러 유식론사(唯識論師)들이 있었어도, 그 모두가 일체,유위무위,차별차원,성품세계(一切,有爲無爲,差別次元,性品世界)를 밝게 지혜점검(智慧點檢)할, 총체적(總體的) 실증지혜정안(實證智慧正眼)인, 일체초월(一切超越) 불지(佛智)가 없었기 때문이다. 또한, 그 유식론사(唯識論師)들이, 총체적(總體的) 일체,유위무위,차별차원,성품세계(一切,有爲無爲,差別次元,性品世界)를 지혜점검(智慧點檢)할 불지(佛智)가 아니었으므로, 그들의 유식론지론설(唯識論智論說)의 부분(部分)에는, 사실(事實)과 다른 지견오류(知見誤謬)와 성품왜곡(性品歪曲)의 부분(部分)이 있을 수밖에 없다. 지금(只今)도, 그 잘못된 지견오류(知見誤謬)와 사실왜곡(事實歪曲)의 논지부분(論智部分)이 교정(矯正)되거나 개선(改善)되지 않고, 천년(千年) 세월(歲月)이 훌쩍 넘은 지금(只今)도, 그대로 유식정법정론(唯識正法正論)처럼 전래계승(傳來繼承)되고 있다.

　　대원경지(大圓鏡智)가, 일체초월성(一切超越性) 여래(如來)의 대원경지(大圓鏡智)와 제8식(第八識) 전변지혜성품(轉變智慧性品)의 대원경지(大圓鏡智)가, 서로 이름[名]은 같으나, 여래(如來)의 대원경지(大圓鏡智)와 제8식(第八識) 전변지혜(轉變智慧)의 대원경지(大圓鏡智)가 각각(各各), 그 지혜성품차원(智慧性品次元)이 서로 다르다. 그 까닭[緣由]은, 여래(如來)의 대원경지(大圓鏡智)는, 일체초월(一切超越) 6지원융, 본성지혜(六智圓融, 本性智慧)인 불성불지, 대원경지(佛性佛智, 大圓鏡智)이다. 그러나, 제8식, 전변지혜(第八識, 轉變智慧)의 대원경지(大圓鏡智)는, 제8식, 전변증득, 지혜성품(第八識, 轉變證得, 智慧性品)인 무위보살, 대원경지(無爲菩薩, 大圓鏡智)이다. 그러므로, 전변지혜(轉變智慧)로 대원경지(大圓鏡智)에 증입(證入)하였으나 아직, 무명성품장애(無明性品障礙)를 완전(完全)히 타파(打破)해 벗어나지 못해, 무위원융, 각명성품(無爲圓融, 覺明性品)에 증입(證入)해 있으므로, 불성지혜(佛性智慧)에 아직, 증입(證入)하지 못해, 일체초월(一切超越) 불성6지원융, 대원경지(佛性六智圓融, 大圓鏡智)에는 증입(證入)하지 못했다.

　　제8식(第八識) 전변지혜성품(轉變智慧性品)인 대원경지(大圓鏡智)는, 아직, 제식(諸識)의 장애(障礙)를 완전(完全)히 타파(打破)해 벗어나지 못했으므로, 전변지혜성품(轉變智慧性品)인 대원경지(大圓鏡智)의 무위, 원융각명, 성품(無爲, 圓融覺明, 性品)인 일불승(一佛乘)의 능소(能所)

없는 쌍차쌍조, 원융각명, 지혜성품(雙遮雙照, 圓融覺明, 智慧性品)을 수순(隨順)하고 있다. 대원경지(大圓鏡智)는, 제8식전변, 무위원융, 각명지혜, 성품작용(第八識轉變, 無爲圓融, 覺明智慧, 性品作用) 속에 있으므로, 아직까지 무위지혜, 보살증득, 전변차별, 성품세계(無爲智慧, 菩薩證得, 轉變差別, 性品世界)를 완전(完全)히 벗어나지 못했다. 그러므로, 무위증득, 대원경지, 원융각명, 수순행(無爲證得, 大圓鏡智, 圓融覺明, 隨順行) 속에 있으므로, 아직, 불지(佛智)에 증입(證入)하지 못해, 일체초월(一切超越) 불지대원경지(佛智大圓鏡智)에는 아직, 이르지 못했다. 그러므로, 제8식(第八識) 전변지혜(轉變智慧)인 대원경지(大圓鏡智)는, 여래(如來)의 일체초월(一切超越) 청정불성(淸淨佛性)의 불지성품(佛智性品)이 아니다. 일체, 제식전변, 무위지혜, 성품세계(一切, 諸識轉變, 無爲智慧, 性品世界)가 타파(打破)되어 끊어지면[滅], 일체초월성(一切超越性) 불지(佛智)에 증입(證入)하게 된다. 일체초월성(一切超越性) 불지(佛智)에 증입(證入)하면, 제8식(第八識) 전변지혜(轉變智慧)의 대원경지성품(大圓鏡智性品)과 여래(如來)의 일체초월(一切超越) 절대성(絕對性), 청정불성(淸淨佛性)의 대원경지성품(大圓鏡智性品)이, 서로 다른 차별차원(差別次元)의 성품(性品)임을 확연(確然)히 깨닫게 된다.

6종지(六種智)란, ①색성향미촉법(色聲香味觸法)의 색계청정, 무아성지(色界淸淨, 無我性智)가 열린 성소작지(成所作智)와 ②색성향미촉법(色聲香味觸法)의 제상청정, 공성지(諸相淸淨, 空性智)가 열린 묘관찰지(妙觀察智)와 ③이사무애(理事無礙)의 무염청정, 진여성지(無染淸淨, 眞如性智)가 열린 평등성지(平等性智)와 ④쌍차쌍조, 원융각명지(雙遮

雙照,圓融覺明智)가 열린 대원경지(大圓鏡智)와 ⑤부동대열반성품(不動大涅槃性品)이 열린 심부동,대열반성지(心不動,大涅槃性智)와 ⑥일체초월(一切超越) 청정본성(淸淨本性) 불성(佛性)이 열린 법계체성지(法界體性智)이다. 이것이, 불성6지(佛性六智)이다. 불성6지(佛性六智)는, 전변지혜,증득지(轉變智慧,證得智)가 아닌, 일체초월(一切超越) 불성원융일지(佛性圓融一智)이어도, 제식전변,성품체계(諸識轉變,性品體系)를 따라, 불성일각,원융일지(佛性一覺,圓融一智)를 드러내었을 뿐이다.

　대승유식론(大乘唯識論)의 유식체계(唯識體系)에서는, 제8식(第八識)을 함장식(含藏識)이라고 정의(定義)하며, 제8식(第八識)을 전변(轉變)하면, 그 전변지혜(轉變智慧)가 대원경지(大圓鏡智)라고 규정(規定)한 것은, 유식,전변성품,섭리체계(唯識,轉變性品,攝理體系)를, 지견오류(知見誤謬)로 왜곡(歪曲)한 것이다. 왜냐하면, 동식(動識)이 끊어져 멸(滅)한 전변지혜(轉變智慧)는, 그 동식차원성품(動識次元性品)이 멸(滅)한 무위동각,지혜성품(無爲動覺,智慧性品)에 증입(證入)하게 되며, 또한, 부동식(不動識)이 끊어져 멸(滅)한 전변지혜(轉變智慧)는, 그 부동식(不動識)이 멸(滅)한 부동식,차원성품(不動識,次元性品)이 멸(滅)한 무위부동,열반성품(無爲不動,涅槃性品)에 증입(證入)하게 된다. 그러므로, 함장식(含藏識)이 전변(轉變)하면, 함장식(含藏識)은 부동열반,무기성품(不動涅槃,無記性品)이므로, 무위동각(無爲動覺)인 대원경지(大圓鏡智)로 지혜추락(智慧墜落)하지 않고, 일체무위,동각지(一切無爲,動覺智)가 끊어져 멸(滅)한, 심부동,대열반성지(心不動,大涅槃性智)

에 증입(證入)하게 된다. 이는, 일체동각지(一切動覺智)가 타파(打破)되어 끊어져 멸(滅)한, 불승(佛乘)의 지혜성품(智慧性品)이다.

일체초월(一切超越) 불지(佛智)에 증입(證入)의 실증지혜(實證智慧)가 없으면, 무명(無明)인 함장식(含藏識)이 타파(打破)되어 끊어지면[滅], 바로 불지(佛智)에 증입(證入)하지 않고, 불승(佛乘)의 지혜성품(智慧性品)인 심부동,대열반성지(心不動,大涅槃性智)에 증입(證入)하게 되는 까닭을 알 수가 없다. 어떤 깨달음과 제식전변(諸識轉變)에 의한 증득지(證得智)로는, 바로 본성(本性)인 불성(佛性)에 증입(證入)할 수가 없다. 왜냐하면, 일체증득지(一切證得智)로는 본래(本來) 본성(本性)이 아닌, 전변지혜(轉變智慧)에 의한 증득지(證得智)이므로, 일체(一切) 깨달음과 증득지(證得智)를 또한, 타파(打破)해, 완전(完全)히 초월(超越)해 벗어나야, 본래(本來) 무생본성(無生本性)인 불성불지(佛性佛智)에 증입(證入)하게 된다.

그러므로, 일체(一切) 깨달음과 제식전변(諸識轉變)에 의한 지혜세계(智慧世界)는 무위성품세계(無爲性品世界)이므로, 이는, 보살지(菩薩智)인 무위지혜,성품세계(無爲智慧,性品世界)이다. 그러므로, 이 무위지혜,차별차원,성품세계(無爲智慧,差別次元,性品世界)를 또한, 완전(完全)히 타파(打破)해, 일체초월,절대성(一切超越,絶對性)에 증입(證入)해야만, 불성불지(佛性佛智)에 이르게 된다. 일체(一切) 깨달음과 제식전변(諸識轉變)에 의한 일체증득지(一切證得智)는, 청정본연,무연중,절대성(淸淨本然,無然中,絶對性)인 일체초월,청정불성(一切超越,

淸淨佛性)을 벗어나, 제식, 전변지혜, 무위증득, 차별차원(諸識, 轉變智慧, 無爲證得, 差別次元)에 치우친 성품(性品)이다. 그러므로, 일체무위지혜(一切無爲智慧)는 제식전변(諸識轉變)의 깨달음과 지혜증득(智慧證得)의 무위지혜상(無爲智慧相)과 지혜상견(智慧相見)이 있다. 이를 또한, 모두, 타파(打破)해 벗어나야, 일체증득지혜(一切證得智慧)까지 완전(完全)히 타파(打破)해 초월(超越)한, 일체초월성(一切超越性) 불지(佛智)에 증입(證入)하게 된다.

불지정론(佛智正論)의 10종식, 분류체계(十種識, 分類體系)에, 제8식(第八識) 능소출입식(能所出入識)이 전변(轉變)한 대원경지(大圓鏡智)까지는 무위동각지(無爲動覺智)이며, 제9식(第九識) 무명함장식(無明含藏識)이 전변(轉變)한 심부동, 대열반성지(心不動, 大涅槃性智)는 일체, 무위동각지(一切, 無爲動覺智)까지 끊어져 멸(滅)한, 심부동, 대열반성지(心不動, 大涅槃性智)이다. 제식(諸識) 중, 부동식(不動識)은 12인연법(十二因緣法)의 무명성품(無明性品)뿐이다. 이는, 유식성품(唯識性品) 중, 함장식(含藏識)이다. 무명성품(無明性品)이 함장식(含藏識)이므로, 제식(諸識) 중, 부동식(不動識)은 무명함장식(無明含藏識)뿐이다. 그리고, 제식전변지혜(諸識轉變智慧) 중, 부동지(不動智)는, 제9식(第九識) 무명함장식(無明含藏識)이 타파(打破)되어 끊어져 멸(滅)한, 불승(佛乘)의 심부동, 대열반성지(心不動, 大涅槃性智)뿐이다. 불성(佛性)은, 부동열반지(不動涅槃智)까지 초월(超越)한, 일체초월, 절대성(一切超越, 絕對性)이다.

그러므로, 제9식(第九識) 무명함장식(無明含藏識)이 타파(打破)되어 끊어져 멸(滅)한, 불승(佛乘)의 심부동, 대열반성지(心不動, 大涅槃性智)에 들기 이전(以前)의 일체(一切) 깨달음과 전변지혜(轉變智慧)는, 그 일체(一切)가 무위동각, 지혜성품(無爲動覺, 智慧性品)이다. 불승(佛乘)의 심부동, 대열반성지(心不動, 大涅槃性智)는 무위부동, 열반성(無爲不動, 涅槃性)이다. 불성(佛性)은, 일체동각, 지혜성품(一切動覺, 智慧性品)과 일체부동, 지혜성품(一切不動, 智慧性品)을 모두 벗어난, 일체초월, 절대성(一切超越, 絶對性)이다. 그러므로, 일체초월성(一切超越性) 불성(佛性)은 동성(動性)도 아니며, 부동성(不動性)도 아닌, 일체초월, 절대성(一切超越, 絶對性)이다. 그러므로, 일체초월성(一切超越性) 불성(佛性)에 증입(證入)한 불지(佛智)는, 동각지(動覺智)인 보리각명지(菩提覺明智)와 부동지(不動智)인 열반부동지(涅槃不動智)까지, 일체지(一切智)와 일체성품(一切性品)을 초월(超越)한 절대성(絶對性)인, 일체초월성(一切超越性) 절대중(絶對中)에 증입(證入)하게 된다.

무위동각지(無爲動覺智)란, 제식전변지혜(諸識轉變智慧)로 무위지혜성품(無爲智慧性品)에 들었으나, 아직, 무위지혜, 작용성품(無爲智慧, 作用性品)인 동각(動覺)의 지혜성품(智慧性品), 지혜작용(智慧作用) 속에 머물러 있는 승(乘)의 지혜성품세계(智慧性品世界)를 일러, 무위동각지(無爲動覺智)라고 한다. 이는, 동식(動識)이 타파(打破)되어 끊어져 멸(滅)한 전변지혜, 무위성품, 세계(轉變智慧, 無爲性品, 世界)이다. 무위동각지(無爲動覺智)는, ①6종식(六種識)이 타파(打破)되어 끊어져 멸(滅)해, 색성향미촉법(色聲香味觸法)의 상(相)이 공(空)한 대승공성지(大乘空性智)와 ②제7식(第七識) 자아의식(自我意識)이 타파(打破)되어 끊어져 멸(滅)해, 상(相)과 공(空)을 둘[二] 다 벗어난 이사무애지(理事無礙智)인 일승,무염진여성지(一乘,無染眞如性智)와 ③제8식(第八識) 능소출입식(能所出入識)이 타파(打破)되어 끊어져 멸(滅)해, 능소(能所) 없는 쌍차쌍조,원융각명,대원경지(雙遮雙照,圓融覺明,大圓鏡智)인 일불승,대원융각명성지(一佛乘,大圓融覺明性智)가 무위동각지(無爲動覺智)이다.

무위동각지(無爲動覺智)는, 전변지혜성품(轉變智慧性品)이 무위성품,동성지혜,성품수순행(無爲性品,動性智慧,性品隨順行) 속에 있음이다. 그러므로, 12인연(十二因緣)의 무명성품(無明性品)인 함장식(含藏識)은 부동열반,무기성품(不動涅槃,無記性品)이므로, 이 무기함장식(無記含藏識)을 타파(打破)해 전변(轉變)하면, 그 전변지혜(轉變智慧)가 무위동각,지혜성품(無爲動覺,智慧性品)인 대원경지(大圓鏡智)로 지혜퇴행(智慧退行)을 하지 않고, 무명함장성품(無明含藏性品)인 부동,대열반,무기성품(不動,大涅槃,無記性品)을 타파(打破)한 전변지혜(轉變智慧)인, 불승(佛乘)의 무위,대열반성품(無爲,大涅槃性品)인 심부동,대열반성지(心不動,大涅槃性智)에 증입(證入)하게 된다. 그러므로, 전변지혜(轉變智慧)인 대원경지(大圓鏡智)는, 아직, 무명함장식(無明含藏識)을 타파(打破)하지 못한, 일불승,지혜성품(一佛乘,智慧性品)이다. 일불승(一佛乘)에서 승(乘)의 성품(性品)이 일(一)이 끊어져 멸(滅)한 불승(佛乘)이 된 것은, 이사무애,원지작용(理事無礙,圓智作用)인 무위동각지(無爲動覺智)가 타파(打破)되어 끊어져 멸(滅)해, 승(乘)의 성품(性

品)이 일불승(一佛乘)에서, 일(一)의 무애동각, 지혜작용(無礙動覺, 智慧作用)도 끊어져 멸(滅)한, 불승지(佛乘智)에 증입(證入)한 것이다. 불승지(佛乘智)의 성품(性品)은, 무명함장식(無明含藏識)이 타파(打破)되어 멸(滅)한, 심부동, 대열반성지(心不動, 大涅槃性智)이다.

그러므로, 대승유식론(大乘唯識論)에서 제8식(第八識)을, 아뢰야식(阿賴耶識)인 함장식(含藏識)으로 규정(規定)하며, 제8식(第八識) 아뢰야식(阿賴耶識)인 함장식(含藏識)을 전변(轉變)하면 대원경지(大圓鏡智)에 증입(證入)하게 된다는, 지혜역류(智慧逆流)의 이 지견론리(知見論理)와 정의(定義)는, 이에 대한 실증지혜(實證智慧)가 없는 지혜미완(智慧未完)에 의한 지견오류(知見誤謬)이며, 지혜부족(智慧不足)에 의해 전변지혜, 섭리체계(轉變智慧, 攝理體系)를 왜곡(歪曲)한 것이다. 왜냐하면, 부동열반, 무기성품(不動涅槃, 無記性品)인 함장식(含藏識)이 타파(打破)되어 전변(轉變)한 전변지혜상승(轉變智慧上昇)이, 당연(當然)히, 일체무위, 동각지(一切無爲, 動覺智)가 타파(打破)되어 끊어져 멸(滅)한 심부동, 대열반성지(心不動, 大涅槃性智)에 증입(證入)하지 않고, 오히려, 지혜퇴보(智慧退步)하여, 무명함장식(無明含藏識)이 아직, 타파(打破)되지 않은, 무위동각지(無爲動覺智)인 대원경지(大圓鏡智)로 지혜퇴보(智慧退步)하는 것은, 전변지혜, 섭리체계(轉變智慧, 攝理體系)의 법리상(法理上) 모순(矛盾)되어 어긋남으로, 그 지견론리(知見論理)와 정의(定義)가 왜곡(歪曲)되어, 맞지를 않기 때문이다. 그리고, 대원경지(大圓鏡智)는, 불지정론(佛智正論)의 제8식(第八識) 능소출입식(能所出入識)이 타파(打破)되어 끊어져 멸(滅)한, 전변지혜성품(轉變智

慧性品)이다.

　　그리고, 함장식(含藏識)은, 불지정론(佛智正論) 10종식체계(十種識體系) 중, 제9식(第九識)이며, 함장식(含藏識)을 타파(打破)한 전변지혜(轉變智慧)는 일체동각지혜(一切動覺智慧)를 타파(打破)해 벗어난 심부동,대열반성지(心不動,大涅槃性智)이다. 그러므로, 대승유식론(大乘唯識論)에서 제8식(第八識) 아뢰야식(阿賴耶識)인 함장식(含藏識)을 전변(轉變)하면 대원경지(大圓鏡智)라고 함은, 이는, 전변지혜,섭리체계(轉變智慧,攝理體系)와 어긋나는 지견오류(知見誤謬)이며, 전변지혜(轉變智慧)의 실제사실(實際事實)과 다른 지혜미완(智慧未完)의 왜곡견(歪曲見)이다. 이는, 이에 대해 실증지혜(實證智慧)가 없는 추정(推定)과 유추(類推)에 의한 지견오류(知見誤謬)로, 실제사실(實際事實)과 다른, 모순(矛盾)된 왜곡론리(歪曲論理)이다. 이는, 총체적(總體的) 유식성품세계(唯識性品世界)의 실증지혜정안(實證智慧正眼)이 완전(完全)히 열린, 일체초월(一切超越) 불지(佛智)가 아니므로, 유식지혜정안(唯識智慧正眼)이 아닌, 완전(完全)하지 못한 지혜미완(智慧未完)의 유추(類推)와 추정(推定)에 의해 성립(成立)된, 완전(完全)하지 못한, 지견오류(知見誤謬)의 유식론리체계(唯識論理體系)이다.

　　금강삼매경(金剛三昧經)에서는, 일천제(一闡提)가 여래실상(如來實相)에 이르는 다섯[五] 단계(段階) 중에, 네[四] 번(番)째인 행위(行爲)가 곧, 함장식(含藏識)이 끊어져 멸(滅)한 전변지혜(轉變智慧)의 불승(佛乘)이다. 다섯[五] 번(番)째는 사위(捨位)이며, 이는 곧, 불지(佛智)

3) 유식(唯識)에 대한 고찰(考察)　159

이다. 금강삼매경(金剛三昧經)에서는, 함장식(含藏識)이 멸(滅)한 행위(行爲)인 불승(佛乘)에 이르면, 모든 수행지[修行地:動覺地]를 벗어나, 부동심(不動心) 여(如)의 성품 결정실성(決定實性)인 대반열반(大般涅槃)으로 오직, 성품(性品)이 공(空)한 무한(無限)이라고 하였다.

대승유식론(大乘唯識論)의 유식체계(唯識體系)에서는, 제식종(諸識種)을 8종식체계(八種識體系)로 분류(分類)하였으니, 최종식(最終識)이 제8식(第八識)이며, 최종식(最終識)인 제8식(第八識) 함장식(含藏識)이 전변(轉變)하면, 그 전변지혜(轉變智慧)가 대원경지(大圓鏡智)라고 규정(規定)하였으나, 이는, 사실(事實), 이에 대한 실증지혜(實證智慧)가 없는, 지혜미완(智慧未完)에 의해 성립(成立)된 유식체계(唯識體系)로, 실제(實際) 사실(事實)과 다른, 오류(誤謬)의 부분(部分)이 있어, 아직, 완전(完全)하지 못한, 지혜미완(智慧未完)의 유식체계(唯識體系)이다. 대승유식론(大乘唯識論)은, 제식전개,순위체계(諸識展開,順位體系)와 제식,전변지혜,성품체계(諸識,轉變智慧,性品體系)가 실제(實際) 사실(事實)과 달라, 지견오류(知見誤謬)가 있는 지혜미완(智慧未完)의 유식론(唯識論)이다.

대승유식론(大乘唯識論)의 유식체계(唯識體系) 중, 특히, 지견오류(知見誤謬)가 있는 부분(部分)이, 여래정론(如來正論)인 경·근·식(境·根·識) 18경계체계(十八境界體系)를 왜곡변형(歪曲變形)하여, 제6의식(第六意識)이 전5식계(前五識界)를 관장(管掌)하고 주관(主管)하는 전5식체계(前五識體系)와 제식,전개순위,체계분류(諸識,展開順位,體系分類)

에 제8식(第八識)이 능소출입식(能所出入識)임에도, 능소출입식(能所出入識)의 존재(存在)를 인지(認知)하지 못해, 능소출입식(能所出入識)을 빠뜨려고, 제8식(第八識)을 함장식(含藏識)으로 규정(規定)한 지견오류(知見誤謬)와 그리고, 함장식(含藏識)의 전변지혜(轉變智慧)가, 심부동,대열반성지(心不動,大涅槃性智)가 아닌, 능소출입식(能所出入識)의 전변지혜(轉變智慧)인 대원경지(大圓鏡智)라고 규정(規定)한 지견오류부분(知見誤謬部分)이다. 그리고, 제8식(第八識) 속에, 함장식(含藏識)과 본성(本性)을 함께 묶은 것이, 제식분류체계(諸識分類體系)의 기본상식(基本常識)을 벗어나 또한, 문제점(問題點)이 된다. 이 대승유식론(大乘唯識論)의 제8식(第八識) 함장식(含藏識)은, 식(識)의 심층세계(深層世界)이므로, 대승유식론(大乘唯識論)의 제8식(第八識)의 함장식(含藏識)과 제8식(第八識) 함장식(含藏識)의 전변지혜(轉變智慧)를 대원경지(大圓鏡智)라고 규정(規定)하고 정의(定義)한, 지견오류(知見誤謬)의 부분(部分)을 명확(明確)히 지혜점검(智慧點檢)하려면, 총체적(總體的) 유식성품세계(唯識性品世界)에 대해, 실증지혜(實證智慧)가 완전(完全)히 열린, 일체초월(一切超越) 불지(佛智)가 아니면, 이에 대해, 밝게 지혜점검(智慧點檢)을 할 수가 없다.

그러므로, 아직, 일체,유위무위,유식성품,세계(一切,有爲無爲,唯識性品,世界)를 타파(打破)해 벗어난, 일체초월성(一切超越性) 불지(佛智)가 아니면, 능소출입식(能所出入識)과 함장식(含藏識)과 본성(本性)의 차별특성(差別特性)과 그리고, 능소출입식(能所出入識)의 전변지혜(轉變智慧)인 무위,원융각명,성품세계(無爲,圓融覺明,性品世界)와 함장식

(含藏識)의 전변지혜(轉變智慧)인 심부동, 대열반, 성품세계(心不動, 大涅槃, 性品世界)와 일체초월(一切超越) 본성(本性)의 성품특성(性品特性)에 대해, 명확(明確)히 지혜점검(智慧點檢)하거나, 또는, 실증정지, 정의정립(實證正智, 正義正立)하여 명확(明確)히 밝힌다는 것은, 불가능(不可能)하다. 총체적(總體的), 일체, 유위무위, 유식성품, 세계(一切, 有爲無爲, 唯識性品, 世界)를 실증지혜정안(實證智慧正眼)으로 명확(明確)히 지혜점검(智慧點檢)할 일체초월(一切超越) 불지(佛智)가 아니면, 이에 대해 논(論)하여 언급(言及)하는 것이, 오히려, 지견오류(知見誤謬)와 유식세계왜곡(唯識世界歪曲)을 더하게 된다.

대승유식론(大乘唯識論)에서는, 대승유식론, 제식체계(大乘唯識論, 諸識體系) 중, 제8식(第八識) 함장식(含藏識)의 성품(性品)에 대해, 밝게 지혜점검(智慧點檢)할 실증지혜(實證智慧)가 없어, 제8식(第八識)으로 규정(規定)한 함장식(含藏識) 속에는, 성품차원(性品次元)이 서로 다른 차별성품(差別性品)인 능소출입식(能所出入識)과 함장식(含藏識)이 중첩(重疊)되어 있음을 언급(言及)함이 없다. 그러므로, 제8식(第八識)의 성품(性品) 속에는, 성품차원(性品次元)이 서로 다른 차별성품(差別性品)인 능소출입식(能所出入識)과 함장식(含藏識)과 본성(本性)이 서로 중첩(重疊)되어 있는 성품특성(性品特性)에 대해, 지금까지도 성품개념정립(性品概念正立)이 되지 않고 있다. 제식성품체계(諸識性品體系)와 제식성품, 개념정립(諸識性品, 槪念正立)이 완전(完全)하지 못한, 대승유식론(大乘唯識論)의 유식성품체계(唯識性品體系)가, 실제사실(實際事實)과 다른, 왜곡(歪曲)된 오류(誤謬)의 부분(部分)은, 천년세월(千年歲月)이 흘렀어도, 어떻게든 하루빨리 수정(修正)되고, 개선(改善)이 되어야 할 부분(部分)이다. 이는 또한, 대승유식론(大乘唯識論) 유식성품세계(唯識性品世界)의 총체적(總體的), 제식개념정립(諸識概念正立)이 필요(必要)한 상황(狀況)이다.

진제삼장(眞諦三藏)스님이나, 원측(圓測)스님의 유식론지(唯識論智)는 지혜미완(智慧未完)의 유추(類推)와 추론(推論)에 의한, 유식론지(唯識論智)이다. 진제삼장(眞諦三藏)스님도, 제8식(第八識) 염분(染分)과 정분(淨分)의 두[二] 성품 중, 정분(淨分)을 제9식(第九識) 아마라식(阿摩羅識)인 무구식(無垢識)으로 분류(分類)하였으나, 그 성품실증경계(性品實證境界)를 명확(明確)히 밝히지는 않았다. 만약(萬若), 일체초월(一切超越) 불지(佛智)에 이르지 않았고, 또한, 일체초월성(一切超越性) 불성(佛性)에 대한 실증지혜(實證智慧)가 없으면, 유추(類推)와 추론(推論)으로, 제8식(第八識) 속에 추정가립본성(推定假立本性)인 정분(淨分)이 곧, 본성(本性)인 불성(佛性)이라는 동일견해(同一見解)를 가지거나, 그렇게 유추(類推)할 뿐, 제8식(第八識)의 정분(淨分)과 여래(如來)의 무구식(無垢識)인 불성(佛性)이, 어떤 차별(差別)의 특성(特性)이 있는가를 가름하거나, 명확(明確)히 알 수가 없다.

제8식(第八識) 정분(淨分)과 불성(佛性)이, 아마라식(阿摩羅識) 또는, 암마라식(菴摩羅識)이란 무구식(無垢識)의 이름은 같아도, 제8식(第八識)의 정분(淨分)인 무구식(無垢識)은, 염분(染分)과 대(對)의 성품(性品)이며, 또한, 염분(染分)인 함장식(含藏識)을 전변(轉變)한 성품(性

品)이니, 이는, 무위부동,대열반성품(無爲不動,大涅槃性品)이다. 그러나, 여래(如來)의 무구식(無垢識)은, 일체무위성품(一切無爲性品)과 일체전변증득지(一切轉變證得智)를 초월(超越)한 절대성(絶對性)이며, 무생결정성(無生結定性)인 본연청정불성(本然淸淨佛性)이다. 대승유식론(大乘唯識論)의 유식체계,성립견해(唯識體系,成立見解)에서, 만약(萬若), 최종식(最終識)을 제8식(第八識)으로 규정(規定)하며, 제8식(第八識)의 염분(染分)을 함장식(含藏識)으로, 정분(淨分)을 함장식(含藏識)을 전변(轉變)한 대원경지(大圓鏡智)의 성품(性品)이라고 하거나, 또는, 본성(本性)이나 불성(佛性)으로 인식(認識)하고 규정(規定)하며, 그렇게 이해(理解)하였어도, 만약(萬若), 이에 대해 실증지혜(實證智慧) 없는 논리체계(論理體系)이면, 이는, 실제사실(實際事實)을 스스로 확인(確認)하고, 증험(證驗)하며, 실증(實證)하고, 증입(證入)하지 않았으니, 이는 다만, 추정가립(推定假立)과 유추설정(類推設定)의 논리체계(論理體系)일 뿐, 실증지혜사실론(實證智慧事實論)이 아니다. 그러므로, 대승유식론(大乘唯識論)의 유식체계(唯識體系) 중, 제8식(第八識)의 개념(槪念)이, 명확(明確)한 실증지혜정안(實證智慧正眼)에 의거(依據)한 정의정립정론(正義正立正論)이 아니므로, 대승유식론(大乘唯識論)의 유식체계(唯識體系)가 실제사실(實際事實)과 다른, 지견오류(知見誤謬)의 부분(部分)이 있어, 이를 개선(改善)하고, 수정보완(修正補完)해야 하는 문제점(問題點)이 있다.

제8식(第八識)의 염분(染分)과 정분(淨分)의 성품특성(性品特性), 그리고, 정분(淨分)과 불성(佛性)이 같거나 다름의 차별특성(差別特性)

을 명확(明確)히 알려면, 일체초월(一切超越) 불지(佛智)에 증입(證入)해야 한다. 왜냐하면, 그래야만, 제8식(第八識) 염분(染分)과 정분(淨分)의 성품(性品)을 실증(實證)하고, 또한, 이를 타파(打破)해 벗어나, 일체초월성(一切超越性) 불지(佛智)에 증입(證入)함으로, 각각(各各) 성품실증지혜(性品實證智慧)인 불성(佛性)에 이르기까지, 일체초월(一切超越) 불지(佛智)로, 대승유식론(大乘唯識論) 제8식(第八識)의 염분(染分)과 정분(淨分), 그리고, 제8식(第八識)의 정분(淨分)과 불성(佛性)의 차별특성(差別特性)을 명확(明確)히 지혜점검(智慧點檢)할 수가 있기 때문이다. 원측(圓測)스님은, 제8식(第八識) 정분(淨分)은, 염분(染分)인 함장식(含藏識)을 전변(轉變)한 대원경지(大圓鏡智)의 성품(性品)이며, 이 대원경지(大圓鏡智)의 성품(性品)인 정분(淨分)은, 곧, 여래(如來)의 대원경지(大圓鏡智)의 무구식(無垢識)과 동일성품(同一性品)임을 여래공덕장엄경(如來功德莊嚴經)의 구절(句節)로 증명(證明)하며, 이 제8식(第八識) 정분(淨分)이 곧, 여래(如來)의 대원경지(大圓鏡智)의 성품(性品)임을, 여래공덕장엄경(如來功德莊嚴經)의 구절(句節)로, 입증(立證)하여 밝히고 있다.

그러나, 원측(圓測)스님 역시(亦是), 이에 대한 실증지혜(實證智慧)가 없어, 제8식(第八識)의 정분(淨分)과 여래(如來)의 무구식(無垢識)과 대원경지(大圓鏡智)의 지혜성품(智慧性品)이, 서로, 어떻게 같거나 어떻게 다름을, 실증지혜(實證智慧)로 각각(各各), 실증성품,지혜경계(實證性品,智慧境界)를 명확(明確)히 밝히지는 못했다. 다만, 제8식(第八識)의 정분(淨分)이 곧, 염분(染分)인 함장식(含藏識)의 전변지혜성품(轉變智慧性品)인 대원경지(大圓鏡智)의 성품(性品)이며, 이 대원경지(大圓鏡智)의 성품(性品)인 정분(淨分)은, 곧, 여래(如來)의 대원경지(大圓鏡智)의 성품(性品)인 무구식(無垢識)과 동일성품(同一性品)이라는 자기견해(自己見解)를 단순(單純), 이론적(理論的) 유추(類推)와 추정(推定)의 논설(論說)을 통해, 밝혔을 뿐이다. 원측(圓測)스님께서, 만약(萬若), 이에 대한 실증지혜(實證智慧)가 있었다면, 경(經)의 구절(句節)에 의지(依支)하지 않고도, 각각(各各), 그 성품(性品) 실증경계(實證境界)를 따라, 서로 같고 다름이 명확(明確)한 성품(性品)의 특성(特性)인 차별차원경계(差別次元境界)를, 실증지혜(實證智慧)로 상세(詳細)히 드러내어 증명(證明)하고, 밝혔을 것이다.

누구이든, 이 제8식(第八識)의 염분(染分)과 정분(淨分), 그리고, 대원경지(大圓鏡智)와 불성(佛性)의 성품(性品)에 대해, 서로 같고 다름을 명확(明確)히 알고자 하거나, 또한, 분명(分明)히 밝히려면, 일체, 유위무위, 유식성품, 차별세계(一切, 有爲無爲, 唯識性品, 差別世界)를 완전(完全)히 타파(打破)해 벗어난, 일체초월(一切超越) 불지(佛智)에 증입(證入)하면 된다. 왜냐하면, 총체적(總體的), 일체유식, 성품세계(一切唯識, 性品世界)를 타파(打破)해 벗어난 실증지혜(實證智慧)로, 일체초월성(一切超越性) 불지(佛智)에까지 완전(完全)히 증입(證入)해야만, 총체적(總體的) 실증지혜, 정안불지(實證智慧, 正眼佛智)로 함장식(含藏識)과 함장식(含藏識)의 전변지혜(轉變智慧)와 그리고, 대원경지(大圓鏡智)와 본성(本性)과 불성(佛性)에 대해, 명확(明確)한 차별특성(差別特性)의 성품분별(性品分別)이 가능(可能)하기 때문이다. 그러므로, 지혜미완(智慧未完)의 추론적(推論的) 견해(見解)에 의지(依支)해, 유식성품세계(唯識性品世界)를 논(論)하는 것은, 후학(後學)들에게, 왜곡(歪曲)된 지혜오류(智慧誤謬)의 왜곡지식(歪曲知識)을 심어줄 수가 있다.

이는, 앞 못 보는 맹인(盲人)이, 직접(直接) 눈[眼]으로 코끼리[象]를 보지도 않았고, 직접(直接) 손[手]으로 만져보지도 못한 코끼리[象]를 상상(想像)하여, 진실(眞實)인 양, 이야기하는 것과도 같다. 코끼리[象]를 눈[眼]으로 보지도 않았고, 손으로 만져보지도 못한 맹인(盲人)이, 자기(自己)가 상상(想像)하고 생각[認識]하는 코끼리[象]에 대해 장광설(長廣舌)을 하면, 또한, 눈[眼]을 뜨고 있어도, 코끼리[象]에 대해, 듣지도 보지도 못한 사람들은, 맹인(盲人)의 코끼리[象]에 대한 장광설(長廣舌)에, 눈[眼]과 귀[耳]가 솔깃해, 정신(精神)이 빼앗겨, 혼(魂)이 빠져 있어도, 코끼리[象] 100마리를 키우는 사람은, 맹인(盲人)의 장광설(長廣舌)에, 가타부타[曰可曰否]하지 않고, 그냥, 자비안(慈悲眼)으로 지켜볼 뿐이다. 왜냐하면, 부모(父母)의 진실(眞實)한 말이어도, 자식(子息)인들 믿음[信]이 없다면, 무슨 소용(所用)이 있겠으며, 맹인(盲人)에게 코끼리[象]에 대해 자세(仔細)히 일러주면, 자기(自己)가 상상(想像)하고 생각[認識]하는 코끼리[象]와는 너무나 달라, 오히려 의아(疑訝)해할 뿐, 귀[耳]를 기울이거나 믿으려 하지 않기 때문이다. 왜냐하면, 마음 속에는, 자기(自己)가 상상(想像)하는 코끼리[象]의 모습이, 자기(自己)의 상상(想像) 속에, 나름대로 모습이 결정(決定)이 되어 있기 때문이다. 코끼리[象]를 말하는 자(者)나, 그 말을 듣는 자(者)의, 상상(想像) 속의 코끼리[象]

는, 코끼리[象]도 아니며, 코끼리[象]와 닮지도 않았으며, 또한 코끼리[象]와 관계(關係)도 없는, 그들이 상상(想像)하는 코끼리[象]는, 뿔[角]이 여섯[六] 개(個)가 달린 소[牛]이기 때문이다. 왜냐하면, 아는 것이, 덩치 큰 동물(動物)은 소[牛]뿐이며, 코끼리[象]는 소[牛]와는 모습이 다르다는 것만 인식(認識)하고 있기 때문이다.

유식(唯識)의 일체,유위무위,제식성품,세계(一切,有爲無爲,諸識性品,世界)는, 그 어떤 지식(知識)과 그 어떤 앎의 유추(類推)와 추론(推論)의 분별(分別)로도 알 수 없는, 성불(成佛)에 이르는 총체적(總體的)지혜과정(智慧過程) 속에 실증(實證)하게 되는, 제식전변,무위지혜,차별차원,지혜상승,과정세계(諸識轉變,無爲智慧,差別次元,智慧上昇,過程世界)이다. 그러므로, 일체유식,성품세계(一切唯識,性品世界)를 유추(類推)하고 분별(分別)하는 그 추정(推定)은, 실증지혜(實證智慧)가 아니므로, 혹시(或是), 논리(論理)나 사리분별(事理分別)로 분명(分明)하며 확연(確然)히 옳다고 단정(斷定)해도, 그 식견(識見)이 왜곡(歪曲)일 수가 있다. 대승유식론(大乘唯識論)의 유식체계(唯識體系)인 최종식(最終識) 제8식(第八識)에는, 서로 다른 식종(識種)인 능소출입식(能所出入識)과 무명함장식(無明含藏識)과 본성(本性)인 3종식(三種識)이, 제8식(第八識)의 한 성품(性品) 속에 연계중첩(連繫重疊)되어 있다. 불지정론(佛智正論)에서는, 제8식(第八識) 속에 중첩(重疊)되어 있는 식(識)의 성품(性品), 식종차별특성(識種差別特性)에 따라 차별식종(差別識種)을 분류(分類)하여, 제식총상(諸識總相) 10종식체계(十種識體系)로 식종(識種)을 분류(分類)하였다. 그러므로 이에, 제8식(第八識)

인 능소출입식(能所出入識)과 제9식(第九識)인 무명함장식(無明含藏識)과 제10식(第十識)의 본성(本性)을, 각각(各各) 서로 다른 차별차원(差別次元)의 식종(識種)으로 분류(分類)하여, 제식10종식체계(諸識十種識體系)로 차별화(差別化)하였다. 그러므로, 불지정론(佛智正論)에서는, 제식분류체계(諸識分類體系)를 10종식(十種識)의 식종차별특성(識種差別特性)에 따라, 식종체계(識種體系)로 분류(分類)하였다.

그러므로, 대승유식론(大乘唯識論)의 제식, 식종분류, 체계(諸識, 識種分類, 體系)인 제8식(第八識) 속에는, 능소출입식(能所出入識)과 부동열반, 무기성품(不動涅槃, 無記性品)인 함장식(含藏識)과 청정본성(淸淨本性)이 함께 묶여 있다. 그리고 또한, 불지정론(佛智正論) 10종식(十種識)의 식종분류체계(識種分類體系)에서 논(論)한, 제8식(第八識) 능소출입식(能所出入識)의 전변지혜(轉變智慧)인, 일불승(一佛乘)의 대원경지(大圓鏡智)와 그리고, 제9식(第九識) 함장식(含藏識)의 전변지혜(轉變智慧)인, 불승(佛乘)의 무위부동, 대열반성지(無爲不動, 大涅槃性智)와 그리고, 불성(佛性)인 여래결정성(如來結定性)이 또한, 대승유식론체계(大乘唯識論體系)의 제8식(第八識) 속에 더불어 중첩(重疊)되어 있다.

왜냐하면, 대승유식론(大乘唯識論)의 제8식(第八識)이 최종식(最終識)이며, 또한, 제8식(第八識)에는 함장식(含藏識)뿐만 아니라, 정분(淨分)인 본성(本性)까지 설정(設定)하고 규정(規定)하였기에, 능소출입식(能所出入識)과 함장식(含藏識)과 능소출입식(能所出入識)의 전변지혜(轉變智慧)인 대원경지(大圓鏡智)와 함장식(含藏識)의 전변지혜(轉變智慧)인 심부동, 대열반성지(心不動, 大涅槃性智)까지 모두가, 본성(本性)의 하위성품세계(下位性品世界)이기 때문이다. 그러므로, 대승유식론(大乘唯識論)의 제8식(第八識) 속에는, 이 성품(性品)들이 다[總] 함께 종속(從屬)되고, 예속(隷屬)되어 있다. 만약(萬若), 대승유식론(大乘唯識論)의 유식총상(唯識總相) 8종식(八種識)에서, 최종식(最終識)인 제8식(第八識) 속에 전변지혜, 무위증득, 차별차원, 성품세계(轉變智慧, 無爲證得, 差別次元, 性品世界)까지 연계중첩, 성품세계(連繫重疊, 性品世界)를 명확(明確)히 세분(細分)하여 밝게 가름하려면, 일체, 유위무위, 제식성품, 세계(一切, 有爲無爲, 諸識性品, 世界)를 모두 타파(打破)해 벗어난, 일체초월(一切超越) 불지(佛智)가 아니면, 대승유식론(大乘唯識論)의 제8식(第八識) 성품(性品) 속에, 서로 다른 차별차원, 중첩성품, 식종세계(差別次元, 重疊性品, 識種世界)를 밝게 가름하지 못한다.

  유식성품(唯識性品)의 전변지혜, 심층성품, 세계(轉變智慧, 深層性品, 世界)는, 보살지(菩薩智)의 깊은 무위, 심층지혜, 성품세계(無爲, 深層智慧, 性品世界)이다. 이는, 제8식(第八識)인 능소출입식(能所出入識)이 타파(打破)된 보살, 무위지혜, 원융각명, 대원경지(菩薩, 無爲智慧, 圓融覺明, 大圓鏡智)로부터, 유식세계(唯識世界)의 심층, 전변지혜, 성품세계(深層, 轉變智慧, 性品世界)라고 할 수가 있다. 왜냐하면, 능소(能所)가 끊어졌으므로, 능소(能所) 없는 무위지혜, 성품세계(無爲智慧, 性品世界)이기 때문이다. 그러므로, 제7식타파(第七識打破)에 의한, 제7

식, 전변지혜, 성품세계(第七識, 轉變智慧, 性品世界)인 이사무애, 평등성지(理事無礙, 平等性智)의 일승(一乘)인, 무염진여, 지혜성품세계(無染眞如, 智慧性品世界)에 들었어도, 유식전변, 지혜세계(唯識轉變, 智慧世界)에서는, 무위, 심층지혜, 성품세계(無爲, 深層智慧, 性品世界)라고는 할 수가 없다.

제식전변지혜(諸識轉變智慧)의 부사의(不思議), 심층지혜세계(深層智慧世界)는, 승(乘)의 이름[名]에 불성작용(佛性作用)을 뜻하는, 불(佛)이 들어간 일불승(一佛乘)과 불승(佛乘)의 지혜성품(智慧性品)이다. 그러므로, 제8식(第八識) 능소출입식타파(能所出入識打破)의 전변지혜성품(轉變智慧性品)인, 원융각명, 대원경지(圓融覺明, 大圓鏡智)의 지혜성품(智慧性品)부터, 전변지혜(轉變智慧)의 부사의(不思議) 심층지혜, 성품세계(深層智慧, 性品世界)라고 할 수가 있다. 왜냐하면, 하위지혜(下位智慧)는 아직, 능소(能所)가 타파(打破)되지 않았기 때문이다. 근본(根本) 무명식(無明識)인, 불지정론(佛智正論)의 제식총상(諸識總相) 10종식(十種識) 중, 제9식(第九識)인 무명부동함장식(無明不動含藏識)이 타파(打破)되어 멸(滅)한 무위법계체성지(無爲法界體性智)는, 불승(佛乘)의 지혜성품(智慧性品)인 심, 청정부동, 대열반성지(心, 淸淨不動, 大涅槃性智)에 들었어도, 아직, 불지(佛智)에 이르지는 못했다.

그러므로, 12인연(十二因緣)의 무명(無明)이 타파(打破)되었어도, 완전(完全)한 일체초월(一切超越) 불지(佛智)에 증입(證入)하는 것은 아니다. 그 까닭[緣由]은, 중생(衆生)의 근본(根本)인 무명식(無明識)

이 타파(打破)된 불승지(佛乘智)이어도, 무명식(無明識)이 끊어져 멸(滅)한 무위부동, 대열반성지(無爲不動, 大涅槃性智)의 불승지혜수순행(佛乘智慧隨順行)이 이루어지고 있기 때문이다. 그러므로, 무위증득, 심층지혜, 성품세계(無爲證得, 深層智慧, 性品世界)를 완전(完全)히 타파(打破)해 벗어나야만, 일체초월(一切超越) 완전(完全)한 불지(佛智)에 증입(證入)하게 된다. 이 총체적(總體的) 지혜전변, 상승세계, 과정(智慧轉變, 上昇世界, 過程)이 일체, 유위무위, 차별차원, 전변지혜, 유식성품, 상승세계(一切, 有爲無爲, 差別次元, 轉變智慧, 唯識性品, 上昇世界)이다. 이는 곧, 불지(佛智)에 이르는, 총체적(總體的) 실증지혜, 상승증험(實證智慧, 上昇證驗)의 성불지혜과정(成佛智慧過程)이다.

일체초월(一切超越) 불지(佛智)에 증입(證入)하지 않으면, 이 부사의(不思議) 유식성품, 지혜세계(唯識性品, 智慧世界)인 제식타파(諸識打破)에 의한 무위심층, 차별차원, 지혜성품, 상승세계(無爲深層, 差別次元, 智慧性品, 上昇世界)의 밀밀(密密)하고 섬세(纖細)한, 무위지혜, 차별차원, 성불과정, 유식체계(無爲智慧, 差別次元, 成佛過程, 唯識體係)를 총체적(總體的)으로 모두를 다 언급(言及)하거나, 논거(論據)하지 못한다. 제식전변, 차별지혜, 성품세계(諸識轉變, 差別智慧, 性品世界)인, 무위보살, 차별차원, 지혜성품, 상승세계(無爲菩薩, 差別次元, 智慧性品, 上昇世界)를 모두 완전(完全)히 타파(打破)해 벗어나야만, 곧, 완전(完全)한 일체초월(一切超越) 불지(佛智)에 증입(證入)하여, 총체적(總體的) 유식성품세계(唯識性品世界)인 중생(衆生)의 무명제식, 전개상속, 제식구성, 섭리체계(無明諸識, 展開相續, 諸識構成, 攝理體系)와 일체, 제식전변, 무위지혜, 차별차원, 성품세계(一切, 諸識轉變, 無爲智慧, 差別次元, 性品世界)와 일체초월(一切超越) 절대성(絶對性), 불성(佛性)의 성품세계(性品世界)인, 여래6지, 일각일성, 원융세계(如來六智, 一覺一性, 圓融世界)를 밝게 가름하게 된다. 그리고, 일체초월, 절대성(一切超越, 絶對性) 여래6지, 일각일성, 절대성(如來六智, 一覺一性, 絶對性)에 증입(證入)하면, 법보화신(法報化身) 3신불성(三身佛性)이 차별(差別) 없는, 본연무연, 절대성(本然無然, 絶對性)에 듦[入]으로, 3신불(三身佛)이 차별(差別) 없는 무연일각일성(無然一覺一性) 속에, 일신(一身) 중에, 홀연(忽然)히 3신불행(三身佛行)이 시현(示顯)이 된다.

대반열반경(大般涅槃經)에, 불(佛)은, 불성(佛性)을 밝게 보며, 10지보살(十地菩薩)의 지혜(智慧)로는, 불성(佛性)을 명확(明確)히 보지 못함을, 설(說)한, 말씀이 있다. 이 내용의 경설(經說) 중에, 보살지(菩薩地)의 10주(十住)와 10지(十地)의 용어(用語)를, 같은 내용(內容)의 구절(句節)에서, 같이 혼용(混用)하여 사용(使用)하고 있다. 경설(經說)의 내용(內容)에는, 10주(十住)나 10지(十地)를 일컫는 지혜(智慧)가, 모든 바라밀행(波羅蜜行)이 구족(具足)한 보살지위(菩薩地位)임을 드러내고 있다. 그러므로, 이 내용(內容) 중에는, 10주(十住)라 말해도, 그 10주(十住)가 곧, 10지(十地)의 보살지(菩薩地)임을 알 수가 있다.

대반열반경(大般涅槃經), 제8권 문자품(文字品) 구절(句節)의 말씀이다.

　"무량(無量)한 보살(菩薩)들이, 모든 바라밀(波羅蜜)과 내지 10주(十住:十地)를 구족(具足)하게 행(行)하더라도, 가히, 불성(佛性)이 있음을 능히, 보지 못하느니라."

　"無量菩薩雖具足行諸波羅蜜 乃至十住 猶未能見所有佛性"

　(해설: 불성(佛性)을 모름은, 아직, 일체초월(一切超越) 불지(佛智)에 이르지 못한, 수행품(修行品) 속에 있기 때문이다. 수행(修行)의 지혜(智慧)가 10지(十地) 보살(菩薩)의 무위지혜행(無爲智慧行)의 심층세계(深層世界), 모든 바라밀행(波羅蜜行)이 구족(具足)한, 보살지혜(菩薩智慧)의 지극(至極)함에 도달(到達)하였어도, 지혜증득(智慧證得)의 수행지견(修行智見)인, 무위지혜성품(無爲智慧性品)이 아직, 불성(佛性)을 장애(障礙)함이 있기 때문이다. 그러므로, 무위지혜(無爲智慧)가 지극(至極)하여도, 오히려, 그 증득(證得)의 불가사의(不可思議) 무위지혜(無爲智慧)의 무위성품, 수순행(無爲性品, 隨順行)인 무위지혜상(無爲智慧相)과 무위지혜견(無爲智慧見)이 있음이, 아직, 일체초월(一切超越) 불성(佛性)을 장애(障礙)하기 때문이다.)

　"선남자여! 이와 같이, 보살(菩薩)의 지위(地位)가 10지(十地)에 올랐어도, 아직도, 불성(佛性)을 명확(明確)히 보지도, 알지도 못하거늘, 하물며, 성문(聲聞)과 연각(緣覺)들이 어떻게 능히 볼 수 있겠느냐."

　"善男子 如是菩薩位階十地 尚不明了知見佛性 何況聲聞 緣覺之人

能得見耶"

(해설: 보살(菩薩)은, 무위증득지혜(無爲證得智慧)와 무위증득성품(無爲證得性品)의 증득지혜(證得智慧)가, 일체초월성(一切超越性) 불성(佛性)을 장애(障礙)하고, 그리고, 성문(聲聞)과 연각(緣覺)은, 상견(相見)과 그리고, 공견(空見)과 또한, 열반(涅槃)을 집착(執着)함이, 일체초월성(一切超越性) 불성(佛性)을 장애(障礙)하기 때문이다. 일체초월성(一切超越性) 불성(佛性)을 보려면, 상(相), 공(空), 열반(涅槃), 무위(無爲)를 모두 다 벗어나야 한다. 왜냐하면, 불성(佛性)은 상(相), 공(空), 열반(涅槃), 무위(無爲)의 성품(性品)이 아닌, 이 일체초월성(一切超越性)이기 때문이다.)

"선남자여! 마치 허공(虛空)에 기러기[鵝鴈]를 쳐다볼 적에, 허공(虛空)인지 기러기[鵝鴈]인지 모르다가, 자세하게 살피고서야 어렴풋이 보이듯이, 10주(十住) 보살(菩薩)이 여래(如來)의 성품(性品)을 조금만 보는 것도 역시(亦是), 이와 같거늘, 하물며 성문(聲聞)과 연각(緣覺)들이 볼 수 있겠느냐. 선남자여! 술[酒]에 취(醉)한 사람이, 먼 길을 떠나려 할 적에, 어렴풋이 길을 짐작할 수 있듯이, 10주(十住) 보살(菩薩)이 여래(如來)의 성품(性品)을 조금만 보는 것도 역시(亦是), 이와 같으니라. 선남자여! 목마른 사람이 넓은 벌판에 여행(旅行)할 적에, 목마름이 급하여 물[水]을 찾다가, 나무[木] 숲에 흰 학(鶴)이 있는 것을 보았으나, 이 사람이 정신(精神)이 나가, 나무[木]인지 물[水]인지를 분별하지 못하고, 자세히 보고서야 흰 학(鶴)과 나무[木] 숲을 알아보듯이, 선남자여! 10주(十住) 보살(菩薩)이 여래(如來)의 성품(性品)을 조금만 보는 것도 그와 같으니라.

"善男子 譬如仰觀虛空鵝鴈 爲是虛空 爲是鵝鴈 諦觀不已 髣髴見之 十住菩薩於如來性知見少分亦復如是 況復聲聞 緣覺之人而能知見 善男子 譬如醉人欲涉遠路 矇矓見道 十住菩薩於如來性知見少分亦復如是 善男子 譬如渴人行於壙野 是人渴逼 遍行求水 見有叢樹樹有白鶴 是人迷悶 不能分別是樹是水 諦觀不已 乃見白鶴及以叢樹 善男子 十住菩薩 於如來性知見少分亦復如是"

(해설: 10지(十地)의 모든 바라밀행(波羅蜜行)이 구족(具足)한 상지보살(上智菩薩)이어도, 일체초월성(一切超越性) 불성(佛性)을 명확(明確)하게 보지 못함은, 부사의(不思議) 증득지(證得智)인, 무위보살지(無爲菩薩智)의 지혜성품(智慧性品) 속에서 아직, 벗어나지 못해, 머물러 있기 때문이다. 10지(十地) 보살(菩薩)의 지혜력(智慧力)으로, 일체초월성(一切超越性) 불성(佛性)을 가름하고 자세(仔細)히 살피어도, 그 지혜력(智慧力)으로는, 일체초월성(一切超越性) 불성(佛性)을 명확(明確)히 보지 못한다. 또한, 대반열반(大般涅槃)과 아뇩다라삼먁삼보리(阿耨多羅三邈三菩提) 속에 있어도, 일체초월성(一切超越性) 불성(佛性)을 봄이 명확(明確)하지 못하다. 10지(十地) 보살(菩薩)이, 불성(佛性)을 보기를, 10분(十分)의 1분(一分) 정도(程度)만 볼 수 있다고, 설(說)하고 있다. 그러므로, 10지(十地) 보살(菩薩)이, 불성(佛性)을 보아도, 명확(明確)하지 않음이니, 제불(諸佛)이 설(說)한, 모든 바라밀행(波羅蜜行)이 구족(具足)한 10지(十地) 보살(菩薩)이 만약(萬若), 일체초월성(一切超越性) 불성(佛性)을 논(論)해도, 그 불성(佛性)은, 일체초월성(一切超越性) 불성(佛性)이 아니라, 환각(幻覺)이다.

그러므로, 10지(十地) 보살(菩薩)이 불성(佛性)을 봄이, 명확(明確)하지 않아 환각(幻覺)이며, 착각(錯覺)이다. 왜냐하면, 아직, 지혜(智慧)가, 일체초월성(一切超越性) 불성(佛性)을 보지 못하는 보살지(菩薩智)이기 때문이다. 보살지(菩薩智)란, 아직, 일체초월성(一切超越性) 불성(佛性)을 명확(明確)히 보지 못해, 지혜성품(智慧性品)이 보살지(菩薩智)에 머물러 있다. 일체초월성(一切超越性) 불성(佛性)을 명확(明確)히 봄을 곧, 일체초월(一切超越) 불지(佛智)라고 한다. 보살(菩薩)이 아직, 일체초월(一切超越) 불지(佛智)에 들지 못하고 있음은, 무위성품지혜(無爲性品智慧)를 벗어나지 못하고 있기 때문이다. 만약(萬若), 무위보살지(無爲菩薩智)의 대반열반(大般涅槃)과 아뇩다라삼먁삼보리(阿耨多羅三邈三菩提)를 벗어나, 일체초월(一切超越) 불성불지(佛性佛智)인 여래결정성(如來結定性)에 증입(證入)하면, 무위지혜보살(無爲智慧菩薩)이, 일체초월성(一切超越性) 불성(佛性)을 보지 못하는 스스로의 허물[過失]이 무엇이었는지를 명확(明確)히 깨닫게 된다. 그러하기 이전(以前)에는, 10지(十地)의 지혜(智慧)를 증득(證得)한, 상지보살(上智菩薩)이, 육체(肉體)의 눈[眼]이 밝아, 세상의 모습 모두를 다 세세(細細)히 보고, 지혜(智慧)의 눈[眼]까지 밝아, 6바라밀행(六波羅蜜行)이 구족(具足)하여도, 일체초월성(一切超越性) 불성(佛性)을 보지 못하는, 자기(自己) 지혜(智慧)의 허물[過失]이 무엇인지를 알 수가 없다. 보살(菩薩)의 심층지혜(深層智慧)의 성품세계(性品世界)를 벗어남으로, 자기(自己)의 무위심층지혜(無爲深層智慧)가 불가사의(不可思議)하여도, 그것이 곧, 벗어나야 할, 증득지(證得智)인 무위지혜성품(無爲智慧性品)임을 비로소, 깨닫는다. 이는, 여래결정성(如來結定

性)에 든, 일체초월(一切超越) 불지(佛智)가 아니면, 그 무위지혜,성
품세계(無爲智慧,性品世界)가 곧, 타파(打破)해 벗어나야할, 지혜(智慧)
의 허물임을 알 수가 없다. 10지(十地) 보살(菩薩)의 지혜(智慧)는, 깊
은, 부사의(不思議) 무위심층지혜(無爲深層智慧)이어도, 이 자증지견
상(自證智見相)을 타파(打破)해, 무위지혜,성품세계(無爲智慧,性品世界)
를 벗어나야만, 지혜(智慧)에, 일체식(一切識)의 장애(障礙)가 끊어져
멸(滅)해, 일체초월성(一切超越性) 불성(佛性)을 봄에, 일체장애(一切障
礙)가 없어, 완전(完全)한 일체초월(一切超越) 불성(佛性)을 보게 된다.
이는, 유위일체상(有爲一切相)과 무위일체,지혜성품(無爲一切,智慧性
品)을 벗어난, 일체초월(一切超越) 불지(佛智)이며, 불안(佛眼)이 열렸
기 때문이다. 이는, 무상보리(無上菩提)와 무염진여(無染眞如)와 부동
열반(不動涅槃)까지 완전(完全)히 타파(打破)해 벗어난, 일체초월(一切
超越) 불가사의(不可思議) 여래결정성(如來結定性)인, 불지(佛智)이기
때문이다.)

"선남자여! 비유(譬喻)하여, 어떤 사람이, 무량한 백천 유순쯤 먼
큰 바다 가운데 있으면서, 멀리 큰 배의 망루[樓櫓]의 집을 바라보
고, 망루[樓櫓]인가 허공(虛空)인가 의심(疑心)하다가, 오래오래 보고
서야 비로소 결정한 마음이 생기어, 망루인 줄을 알듯이, 10주(十
住) 보살(菩薩)이 자기의 몸 가운데 여래(如來)의 성품(性品)을 보는
것도 또한, 이와 같으니라. 선남자여! 어떤 왕자(王子)가, 몹시 허약
한 몸으로, 밤이 새도록 놀다가, 이튿날 새벽에 모든 것을 보아도
분명하지 못하듯이, 10주(十住) 보살(菩薩)이 자기의 몸[身]에서 여래

(如來)의 성품(性品)을 보는 것도 역시, 이와 같아서, 명확(明確)하고 분명(分明)하지 못하니라."

"善男子 譬如有人在大海中 乃至無量百千由旬 遠望大舶樓櫓堂閣 卽作是念 彼是樓櫓 爲是虛空 久視乃生必定之心 知是樓櫓 十住菩薩 於自身中見如來性亦復如是 善男子 譬如王子身極懦弱 通夜遊戲至 明 淸旦目視一切 悉不明了 十住菩薩雖於己身見如來性亦復如是 不 大明了"

"선남자여! 마치, 벼슬하는 신하가, 나랏 일에 골몰하다가, 밤이 되어 집에 돌아올 적에, 번갯빛이 잠깐 번쩍 할 적에 소의 떼를 보고, 소[牛]의 떼인지 구름[雲]인지 집[舍]인지 망설이다가, 오랫동안 보고서야 소[牛]인 줄을 짐작하나, 오히려 분명히 결정하지 못하듯이, 10주(十住) 보살(菩薩)이, 자기(自己)의 몸[身]에서 여래(如來)의 성품(性品)을 보면서도, 분명하게 결정하지 못하는 것도 역시, 이와 같으니라."

"善男子 譬如臣吏王事所拘 逼夜還家 電明蹔發 因見牛聚 卽作是 念 爲是牛群 爲雲爲舍 是人久視 雖生牛想 猶不審定 十住菩薩雖於 己身見如來性 未能審定亦復如是"

"선남자여! 계(戒)를 가진 비구(比丘)가, 벌레 없는 물을 보면서도, 벌레 비슷한 모양을 보고, 꾸물 꾸물하는 것이 벌레인가 티끌인가 흙인가 망설이다가, 오래오래 보고서야 비록, 티끌인 줄을 짐작하지만, 오히려 분명하지 못하듯이, 10주(十住) 보살(菩薩)이 자기

(自己)의 몸 가운데 여래(如來)의 성품(性品)을 보는 것도, 또한 역시, 이와 같아서, 분명하지 못하니라."

"善男子 如持戒比丘觀無虫水而見虫相 卽作是念此中動者爲是虫耶 是塵土耶 久視不已 雖知是塵 亦不明了 十住菩薩 於己身中 見如來性 亦復如是 不大明了"

"선남자여! 어떤 사람이 어스름한 밤에, 멀리 있는 어린 아이[小兒]를 보고, 소[牛]인지 사람[人]인지 새[鳥]인지 망설이다가, 오래오래 보고는, 어린 아이[小兒]인 줄을 짐작하지만, 오히려 분명하지 못하듯이, 10주(十住) 보살(菩薩)이 자기의 몸 가운데, 여래(如來)의 성품(性品)을 보는 것도 또한 역시, 그와 같아서, 분명하지 못하니라."

"善男子 譬如有人於陰闇中遠見小兒 卽作是念 彼爲是牛 爲人爲鳥耶 久觀不已 雖見小兒 猶不明了 十住菩薩於己身中見如來性亦復如是 不大明了"

"선남자여! 어떤 사람이 어스름한 밤에, 보살(菩薩)의 화상[畫]을 보고, 보살(菩薩)의 화상[畫]인가 자재천(自在天)의 화상[畫]인가 대범천(大梵天)의 화상[畫]으로서 옷[衣]이 퇴색되었는가 생각하다가, 오래오래 보고는 비록, 보살(菩薩)의 화상[畫]인 줄 짐작하지만, 그래도 분명하지 못하듯이, 10주(十住) 보살(菩薩)이 자기의 몸 가운데, 여래(如來)의 성품(性品)을 보는 것도 또한 역시, 이와 같아서, 그리 분명하지 못하느니라. 선남자여! 불성(佛性)이, 이와 같이 깊고 아득하여, 보기도, 알기도, 얻기도 어려운 것이니, 오직, 부처님[佛]만이 능히 앎이니, 모든 성문(聲聞)이나 연각(緣覺)으로는 미칠 수가 없느니라. 선남자여! 지혜(智慧)로운 자는 당연(當然)히, 이와 같이 분별(分別)하여, 여래(如來)의 성품(性品)을 알지니라."

"善男子 譬如有人於夜闇中見畵菩薩 卽作是念 是菩薩像 自在天像 大梵天像 成染衣耶 是人久觀 雖復意謂是菩薩像 亦不明了 十住菩薩 於己身中見如來性亦復如是 不大明了 善男子 所有佛性如是甚深 難得知見唯佛能知 非諸聲聞 緣覺所及 善男子 智者應作如是分別 知如來性"

대반열반경(大般涅槃經), 제16권 범행품(梵行品) 구절(句節)의 말씀이다.

"선남자여! 모든 세간(世間:衆生界)은, 불성(佛性)을 깨닫지 못하고, 보지도 못하며, 알지 못하나니, 만약(萬若), 불성(佛性)을 깨닫고, 보며, 아는 자(者)가 있다면, 세간(世間:衆生)이라 이름하지 아니하고, 보살(菩薩)이라 이름하느니라. 세간(世間)의 사람들은 또한, 12부경(十二部經)과 12인연(十二因緣)과 네 가지 뒤바뀜[四顚倒]과 4제(四諦)와 37품(三十七品)과 아뇩다라삼먁삼보리(阿耨多羅三邈三菩提)와 대반열반(大般涅槃)을 역시, 깨닫지도 못하고, 보지도 못하며, 알지도 못하나니, 만약(萬若), 깨닫고, 보며, 아는 자는, 세간(世間)이라 이름하지 아니하고, 당연히, 보살(菩薩)이라 이름하느니라.

"善男子 一切世間不知不見不覺佛性 若有知見覺佛性者 不名世間 名爲菩薩 世間之人 亦復不知不見不覺十二部經 十二因緣 四倒 四諦 三十七品 阿耨多羅三藐三菩提 大般涅槃 若知見覺者 不名世間 當名 菩薩"

(해설: 일체초월성(一切超越性) 불성(佛性)을 깨닫고, 보며, 아는 자(者)가 있다면, 세간(世間:衆生)이라 이름하지 아니하고, 보살(菩薩)이라 이름하는 까닭[緣由]은, 아직, 완전(完全)한 일체초월성(一切超越性) 불성(佛性)을 명확(明確)히 깨닫고, 보지 못하기 때문이며, 또한, 아직, 증득지(證得智)를 벗어나지 못하였기 때문이다. 또한, 불성(佛性)을 깨닫고, 보며, 알아도, 이는 아직, 보살지혜안(菩薩智慧眼)이니, 일체초월(一切超越) 불안(佛眼)이 아니므로 일체초월성(一切超越性) 불성(佛性)을 봄이, 명확(明確)하지 않다. 그리고, 아눅다라삼먁삼보리(阿耨多羅三藐三菩提)와 대반열반(大般涅槃)을 만약(萬若), 능히 깨닫고, 보며, 아는 자(者)를 일러, 일체초월(一切超越) 불(佛)이라 하지 않고, 보살(菩薩)이라 이름하는 까닭[緣由]은, 아눅다라삼먁삼보리(阿耨多羅三藐三菩提)와 대반열반(大般涅槃)을 능히 깨달아, 불성(佛性)을 능히 보며, 또한, 바르게 알아도, 이는, 아직, 완전(完全)한 일체초월성(一切超越性) 불성(佛性)에 증입(證入)하지 못했기 때문이다. 왜냐하면 이는, 증득지(證得智)이기 때문이다. 만약(萬若), 깨달은 바가 있고, 깨달은 지혜(智慧)가 있으며, 깨달음 증득(證得)의 지혜작용(智慧作用)인 각명각조행(覺明覺照行)이 이루어지고 있으면, 아직, 일체초월성(一切超越性) 불성(佛性)을 보지 못한 것이므로, 일체초월(一切超越) 불지(佛智)가 아니니, 완전(完全)한 일체초월성(一切

超越性) 불성(佛性)을 깨달은 것이 아니다. 왜냐하면 그것은, 벗어나야 할 증득지(證得智)인 지증상(智證相)이 있기 때문이다.

보살지(菩薩智)이어도, 아직, 일체초월성(一切超越性) 불성(佛性)을 보지 못하는 까닭[緣由]이, 지혜미혹상(智慧迷惑相)인 지증4상심(智證四相心)과 지혜2견상(智慧二見相)을 벗어나지 못했기 때문이다. ① 지증4상심(智證四相心)은 깨달음의 지견4상심(智見四相心)이다. 지증아상(智證我相)은, 깨달았음이 지견아상(智見我相)이다. 왜냐하면, 깨달은 나[我]가 있어, 아직, 나[我]를 벗어나지 못했기 때문이다. 지증인상(智證人相)은, 깨달음 증득(證得)이 있음이 지견인상(智見人相)이다. 왜냐하면, 깨달음으로 증득(證得)한 공(空)과 무위법(無爲法)이 있어, 아직, 이를 벗어나지 못하는, 내[我]가 있기 때문이다. 지증중생상(智證衆生相)은, 깨달은 바를 벗어나지 못하고 머무르며 집착(執着)함이 지견중생상(智見衆生相)이다. 왜냐하면, 아직, 깨달은 바에 머무르며, 지혜지견상(智慧智見相)을 벗어나지 못하고 있는, 내[我]가 있기 때문이다. 지증수자상(智證壽者相)은, 깨달음의 증득지혜(證得智慧)로, 경계(境界)를 두루 관조(觀照)하고, 각조(覺照)하여 비추어보는 것이 지견수자상(智見壽者相)이다.

왜냐하면, 아직, 깨달음의 증득지혜(證得智慧)를 벗어나지 못하고, 그 깨달음의 지혜작용(智慧作用)을 하는, 내[我]가 있기 때문이다. 그러나, 일체초월(一切超越) 불지(佛智)와 불성(佛性)에는 지증4상심(智證四相心)이 끊어졌다. ②지혜2견상(智慧二見相)은, 유위(有爲)

와 무위(無爲), 상(相)과 공(空), 정(定)과 혜(慧), 체(體)와 용(用), 시각(始覺)과 본각(本覺), 열반(涅槃)과 보리(菩提), 중생(衆生)과 불(佛), 각(覺)과 불각(不覺), 증득(證得)과 지혜(智慧), 능(能)과 소(所), 각아(覺我)와 각식(覺識) 등(等)이다. 일체초월(一切超越) 불지(佛智)와 불성(佛性)에는 지혜2견상(智慧二見相)이 끊어졌다. 지증4상심(智證四相心)과 지혜2견상(智慧二見相)이 있으면, 그 지혜(智慧)는 아직, 깨달음과 증득(證得)의 차별지혜(差別智慧)를 벗어나지 못했다. 그러므로 아직, 완전(完全)한 일체초월(一切超越) 본성(本性)인, 절대성(絕對性)을 보지 못했으니, 그 깨달음과 증득(證得)의 지혜(智慧)는 공(空), 무위(無爲), 진여(眞如), 열반(涅槃), 보리(菩提) 등(等), 차별지혜,성품세계(差別智慧,性品世界)를 아직, 벗어나지 못했으므로, 일체초월(一切超越) 불지(佛智)가 아니니, 아직도, 완전(完全)한 일체초월성(一切超越性), 불성(佛性)을 보지 못했다.

일체바라밀행(一切波羅蜜行)이 구족(具足)한 보살10지(菩薩十地)이어도, 일체초월성(一切超越性) 불성(佛性)을 보지 못하는 까닭[緣由]이, 깨달음의 지혜상(智慧相)을 벗어나지 못하는 지혜장애(智慧障礙)가 있기 때문이다. 일체(一切) 깨달음의 지혜(智慧)는 청정본연,무연중,절대성(淸淨本然,無然中,絕對性)을 벗어나, 깨달음과 증득(證得)의 지혜상견(智慧相見)에 치우친, 절대중(絕對中)를 벗어난 증득지혜,차별차원,성품세계(證得智慧,差別次元,性品世界)에 치우쳐 있기 때문이다. 그러므로, 아뇩다라삼먁삼보리(阿耨多羅三邈三菩提)와 대반열반(大般涅槃) 속에 있어도, 아직, 완전(完全)한 일체초월(一切超越) 불지

(佛智)가 아니며, 완전(完全)한 일체초월성(一切超越性) 불성(佛性)을 보지 못한다. 그러나, 경(經)에 따라서는, 아뇩다라삼먁삼보리(阿耨多羅三邈三菩提)와 대반열반(大般涅槃)이 불지(佛智)와 불성(佛性)임을 설(說)한 것은, 여래(如來)의 중생구제(衆生救濟) 대자비무상문(大慈悲無上門)인 여래비밀심(如來秘密心)의 성불선교방편문(成佛善巧方便門)이다. 일체초월(一切超越) 불지(佛智)와 불성(佛性)에 들면, 제경,제불일체설(諸經,諸佛一切說)이 여래대자비,비밀심,선교방편문(如來大慈悲,秘密心,善巧方便門)임을 깨닫게 된다. 이 제불지혜(諸佛智慧)의 비밀심(秘密心), 선교방편문(善巧方便門)을 통해 일체중생(一切衆生)이 깨달음을 얻고, 불가사의(不可思議) 무상지혜(無上智慧)인 불(佛)을 성취(成就)하게 된다.

아뇩다라삼먁삼보리(阿耨多羅三邈三菩提)와 대반열반(大般涅槃)에 들어, 아뇩다라삼먁삼보리(阿耨多羅三邈三菩提)와 대반열반(大般涅槃)의 성품(性品)을 능히 깨달아, 그 지혜(智慧)로 불성(佛性)을 명확(明確)히 보며, 또한, 불성(佛性)을 능히 알아도, 보살(菩薩)이라 이름[名]하는 그 까닭을, 명확(明確)한 실증지혜(實證智慧)로 안다면, 이는, 제식전변지혜(諸識轉變智慧)인 무위심층,지혜세계(無爲深層,智慧世界)까지 능히, 모두를 다 벗어나, 이미, 일체초월(一切超越) 불지(佛智)에 든, 사람이다. 왜냐하면, 제식전변지혜(諸識轉變智慧)의 심층지혜,성품세계(深層智慧,性品世界)를 모두 다 알려면, 아뇩다라삼먁삼보리(阿耨多羅三邈三菩提)와 대반열반(大般涅槃)을 능히 깨닫고, 그 성품(性品)과 지혜(智慧)를 또한, 벗어나, 완전(完全)한 일체초월

성(一切超越性) 불지(佛智)에 증입(證入)해야만, 무위, 심층지혜, 성품
세계(無爲,深層智慧,性品世界)를 명확(明確)한 실증지혜(實證智慧)로 능
히, 섬세(纖細)히 분별(分別)하며, 또한, 지혜점검(智慧點檢)할 수가
있기 때문이다. 일체초월(一切超越) 불지(佛智)에 증입(證入)하면, 일
체, 유위무위, 유식성품, 세계(一切,有爲無爲,唯識性品,世界)의 총체적(總
體的) 제식, 전변지혜, 차별세계(諸識,轉變智慧,差別世界)를 실증지혜(實
證智慧)로 능히, 분별(分別)하고, 그 전변지혜, 성품세계(轉變智慧,性品
世界)를 섬세(纖細)히 알 수가 있다. 그러하기 이전(以前)에는, 제식
전변, 유식성품, 차별세계(諸識轉變,唯識性品,差別世界)인 무위, 심층지
혜, 차별차원, 성품세계(無爲,深層智慧,差別次元,性品世界)에까지, 자세
(仔細)히 능히, 모두를 다 알 수가 없다.

　아뇩다라삼먁삼보리(阿耨多羅三邈三菩提)와 대반열반(大般涅槃)의
지혜성품세계(智慧性品世界)는, 제식전변지혜(諸識轉變智慧)의 무위,
심층지혜, 성품세계(無爲,深層智慧,性品世界)이므로, 이는, 무위보살지
(無爲菩薩智)의 심층지혜, 성품세계(深層智慧,性品世界)이다. 이 무위,
심층증득지(無爲,深層證得智)인 보살최상지(菩薩最上智)에 이르고, 이
증득지(證得智)를 또한, 타파(打破)하여, 일체초월(一切超越) 무상각
(無上覺)인 여래결정성(如來結定性)의 불지(佛智)에 이르지 않으면, 아
뇩다라삼먁삼보리(阿耨多羅三邈三菩提)와 대반열반(大般涅槃)의 무위,
심층지혜, 차별성품, 세계(無爲,深層智慧,差別性品,世界)를, 명확(明確)한
실증지혜정안(實證智慧正眼)으로, 확연(確然)히 점검(點檢)할 수가 없
다. 아뇩다라삼먁삼보리(阿耨多羅三邈三菩提)와 대반열반(大般涅槃)을

능히 깨달아, 아뇩다라삼먁삼보리(阿耨多羅三邈三菩提)와 대반열반(大般涅槃)의 그 성품(性品)과 지혜(智慧)를 능히 보며, 또한, 바르게 알아도, 이름[名]하여 보살(菩薩)이라 이름[名]하는, 이 까닭을 명확(明確)히 알지 못하면, 아직, 완전(完全)한 깨달음의 완성(完成)인, 일체초월성(一切超越性) 불지(佛智)에 이른 것이 아니다.

불지혜(佛智慧)의 부사의(不思議) 2종비밀장(二種秘密藏)이 있으니, 선교방편장(善巧方便藏)과 불성장(佛性藏)이다. 선교방편장(善巧方便藏)은, 중생구제(衆生救濟)를 위한 제불일체설(諸佛一切說)이다. 불성장(佛性藏)은, 일체초월성(一切超越性) 불가사의(不可思議) 불가득(不可得), 제불장엄,불성장(諸佛莊嚴,佛性藏)이다. 일체불법(一切佛法)은 제불대자비심(諸佛大慈悲心)의 선교방편장(善巧方便藏)이다.

아뇩다라삼먁삼보리(阿耨多羅三邈三菩提)는, 일체초월성(一切超越性) 불성(佛性)도 아니며, 또한, 일체초월(一切超越) 불지(佛智)도 아니다. 그리고, 대반열반(大般涅槃) 또한, 일체초월성(一切超越性) 불성(佛性)도 아니며, 일체초월(一切超越) 불지(佛智)도 아니다. 왜냐하면, 일체초월성(一切超越性) 불성(佛性)에는, 아뇩다라삼먁삼보리(阿耨多羅三邈三菩提)뿐만 아니라, 대반열반(大般涅槃)도 없다. 그리고, 일체초월(一切超越) 불지(佛智)에도 또한, 아뇩다라삼먁삼보리(阿耨多羅三邈三菩提)도 없고, 대반열반(大般涅槃)도 없다. 그러므로, 아뇩다라삼먁삼보리(阿耨多羅三邈三菩提)뿐만 아니라, 대반열반(大般涅槃)도 없는 일체초월,절대성(一切超越,絕對性), 이것이 곧, 무생무연, 일

체초월성(無生無然,一切超越性) 불성(佛性)이며, 불지(佛智)이다. 그리
고, 아뇩다라삼먁삼보리(阿耨多羅三邈三菩提)에는 아뇩다라삼먁삼보
리(阿耨多羅三邈三菩提)가 없다. 왜냐하면, 그것이 곧, 아뇩다라삼먁
삼보리(阿耨多羅三邈三菩提)의 실체(實體)이며, 실상(實相)이기 때문이
다. 그리고 또한, 대반열반(大般涅槃)에는 대반열반(大般涅槃)이 없
다. 왜냐하면, 그것이 곧, 대반열반(大般涅槃)의 실체(實體)이며, 실
상(實相)이기 때문이다.

　혹시(或是) 만약(萬若), 아뇩다라삼먁삼보리(阿耨多羅三邈三菩提)와
대반열반(大般涅槃)을 증득(證得)하였거나 증입(證入)하였다면, 그것
은, 일체초월(一切超越) 불지(佛智)도 아니며, 일체초월성(一切超越性)
불성(佛性)도 아니다. 왜냐하면, 아뇩다라삼먁삼보리(阿耨多羅三邈
三菩提)와 대반열반(大般涅槃)은 증득(證得)할 수도, 증입(證入)할 수
도 없는 성품(性品)이기 때문이다. 그 까닭[緣由]은, 그 성품(性品)은
실체(實體)가 없으며, 또한, 무생성품(無生性品)이기 때문이다. 만약
(萬若), 아뇩다라삼먁삼보리(阿耨多羅三邈三菩提)를 증득(證得)하였거
나 또한, 아뇩다라삼먁삼보리(阿耨多羅三邈三菩提)에 증입(證入)하였
다면, 그것은, 아뇩다라삼먁삼보리(阿耨多羅三邈三菩提)도 아니다.
그리고 만약(萬若), 대반열반(大般涅槃)을 증득(證得)하였거나 또한,
대반열반(大般涅槃)에 증입(證入)하였다면, 그것은, 대반열반(大般涅
槃)이 아니다. 그러나, 경(經)에 따라서는, 아뇩다라삼먁삼보리(阿
耨多羅三邈三菩提)와 대반열반(大般涅槃)을 증득(證得)하여, 불성(佛性)
과 불지(佛智)에 들라고 한다. 이는, 제식(諸識)이 멸(滅)한 절대성

(絕對性)인 무생결정성(無生結定性)을 드러냄이니, 이는, 중생구제(衆生救濟)를 위한 불지혜,비밀장(佛智慧,秘密藏)의 선교방편문(善巧方便門)이다.

　금강삼매경(金剛三昧經)에는, 아뇩다라삼먁삼보리(阿耨多羅三邈三菩提)와 대반열반(大般涅槃)을 구(求)하려 하지도, 증득(證得)하려 하지도 않는다고 한다. 일체경(一切經)이, 불(佛)의 대비심(大悲心) 중생구제(衆生救濟)의 선교방편문(善巧方便門)이니, 경(經)이 달라, 말씀이 다른 것이 아니다. 경(經)의 지혜성품(智慧性品)이 달라, 말씀이 다를 뿐이다. 아뇩다라삼먁삼보리(阿耨多羅三邈三菩提)와 대반열반(大般涅槃)이 곧, 불성(佛性)이며 불지(佛智)이니, 깨닫고 증득(證得)하여, 불성(佛性)과 불지(佛智)에 들라고 하는 까닭[緣由]이 있다. 또한, 아뇩다라삼먁삼보리(阿耨多羅三邈三菩提)와 대반열반(大般涅槃)을 구(求)하거나 증득(證得)하려 하지 않는 까닭[緣由]이 있다. 이 두[二] 지혜경계(智慧境界)를, 실증지혜(實證智慧)로 밝게 알면, 아뇩다라삼먁삼보리(阿耨多羅三邈三菩提)와 대반열반(大般涅槃)과 일체초월(一切超越) 불성(佛性)과 불지(佛智)를 일관(一貫)한, 무생일각요의(無生一覺了義)의 불지혜(佛智慧)가 열린 것이다. 그러하지 못하면, 아직, 제식전변,일체무위지혜,차별성품세계(諸識轉變,一切無爲智慧,差別性品世界)를 아직, 타파(打破)해 벗어나지 못했음이다.

　아뇩다라삼먁삼보리(阿耨多羅三邈三菩提)와 대반열반(大般涅槃)의 2종지혜성품(二種智慧性品)의 특성(特性)은, 아뇩다라삼먁삼보리(阿耨

多羅三邈三菩提)는 무상보리각명성(無上菩提覺明性)이며, 대반열반(大般涅槃)은 무상열반부동성(無上涅槃不動性)이다. 이 2종지혜성품(二種智慧性品)은 정(定)과 혜(慧)의 최상수순,지혜성품(最上隨順,智慧性品)이다. 중생심(衆生心)에 무명2종심(無明二種心)이 있으니, 동(動)과 정(靜)이다. 이는, 본성(本性)을 벗어나므로 무명심(無明心)이 일어나는, 의식적(意識的), 또는, 무의식중(無意識中) 상심(相心)이며, 머무름[住]이며, 집착(執着)이다. 중생(衆生)의 무명2종심(無明二種心)인 동(動)과 정(靜)은, 생(生)과 멸(滅), 유(有)와 무(無)이다. 보살(菩薩)의 무명2종심(無明二種心)인 동(動)과 정(靜)은, 정(定)과 혜(慧), 열반(涅槃)과 보리(菩提), 체(體)와 용(用), 시각(始覺)과 본각(本覺)이다.

본래(本性) 본성(本性)은, 청정본연,무연중,절대성(淸淨本然,無然中,絕對性)이므로, 동(動)과 정(靜), 정(定)과 혜(慧), 열반(涅槃)과 보리(菩提), 체(體)와 용(用), 시각(始覺)과 본각(本覺)의 대(對)의 2성(二性)이 없는, 일체초월(一切超越) 절대성(絕對性)이다. 무연절대본성(無然絕對本性)을 벗어나므로, 무연청정성품(無然淸淨性品) 속에 동(動)과 정(靜), 2성(二性)이 생(生)하니, 중생심(衆生心)은, 상(相)의 생(生)과 멸(滅), 유(有)와 무(無)의 동정2심(動靜二心)인 유무대상,별상심(有無對相,別相心)이다. 그리고, 보살심(菩薩心)은, 공성(空性)의 정(定)과 혜(慧), 열반(涅槃)과 보리(菩提), 체(體)와 용(用), 시각(始覺)과 본각(本覺)의 동정대상,별2심(動靜對相,別二心)인 공성대별,정혜심(空性對別,定慧心)이다. 그리고, 불(佛)은, 동정2심(動靜二心)인 상(相)의 생(生)과 멸(滅), 유(有)와 무(無), 그리고, 공성(空性)의 정(定)과 혜(慧), 열반(涅槃)과 보리(菩提), 체(體)와 용(用), 시각(始覺)과 본각(本覺)의 2성심(二性心)과 2견심(二見心)이 끊어진, 일체초월(一切超越) 절대성(絶對性) 무생불성(無生佛性)이며, 무생불심(無生佛心)이다.

동정2심(動靜二心)인 무명중생심(無明衆生心)을 정혜2종법(定慧二種法)으로 본성(本性)에 증입(證入)하게 함은, 청정성품(淸淨性品)이 미혹(迷惑)으로 혼란(混亂)한 까닭[緣由]에는, 두[二] 가지의 특성(特性)이 있기 때문이다. 하나는 심생(心生)이며, 또 하나는 상주심(相住心)이다. 이 두[二] 가지가 끊어지면[滅], 그대로 본래(本來) 청정성품(淸淨性品)이다. 정법(定法)은, 심생(心生)을 멸(滅)해 청정본성(淸淨本性)에 증입(證入)하게 하고, 혜법(慧法)은, 상(相)의 성품(性品)이 공(空)한 실상(實相)을 깨닫는 견성(見性)을 통해, 상(相)에 머무르는 상심(相心)이 끊어져 멸(滅)해, 청정본성(淸淨本性)에 증입(證入)하게 한다. 정법(定法)은, 심생(心生)이 멸(滅)한 부동대열반성(不動大涅槃性)으로, 청정본성(淸淨本性)에 증입(證入)하게 하고, 혜법(慧法)은, 실상지혜(實相智慧)로 일체상(一切相)에 머무른 상심(相心)이 끊어져 멸(滅)해, 일체상(一切相)에 걸림 없는 원융각명, 보리심(圓融覺明, 菩提心)으로, 청정본성(淸淨本性)에 증입(證入)하게 한다.

그러나, 정(定)과 혜(慧), 두[二] 지혜(智慧)의 수행(修行) 속에, 정법수순지혜(定法隨順智慧)가 깊어져, 심생(心生) 없는 적멸열반심(寂滅涅槃心)에 들고, 또한, 혜법수순지혜(慧法隨順智慧)가 깊어져, 상(相)에 머무름 없는 공성각명심(空性覺明心)에 들었어도, 본성(本性)에 들지 못함은, 본래(本來) 본성(本性)은 정(定)과 혜(慧), 열반(涅槃)과 보리(菩提), 체(體)와 용(用), 시각(始覺)과 본각(本覺)의 대별2성(對別二性)도 초월(超越)한, 완전(完全)한 무생무연절대중(無生無然絶對中)인 일체초월(一切超越), 절대성(絶對性)이기 때문이다. 그러므로, 생(生)이 끊어져 멸(滅)한 무생적멸,열반성(無生寂滅,涅槃性)과 상(相)이 끊어져 멸(滅)한 공성각명,보리성(空性覺明,菩提性)에 증입(證入)했어도 아직, 본래(本來) 본성(本性)인 불성(佛性)에 들지 못하고 있음은, 이 지혜(智慧)와 성품(性品)과 지견(智見)이 아직, 절대본성(絶對本性)을 벗어난, 동(動)과 정(靜)의 대별2성(對別二性)에 치우친, 정(定)과 혜(慧)인, 적정열반(寂靜涅槃)과 각명보리(覺明菩提)에 치우친, 지혜성품(智慧性品)이기 때문이다. 그러므로, 정(定)과 혜(慧), 열반(涅槃)과 보리(菩提), 체(體)와 용(用), 시각(始覺)과 본각(本覺)의 동정2성(動靜二性)이 끊어져 멸(滅)한, 완전(完全)한 무생무연,절대중(無生無然,絶對中)이며, 절대성(絶對性)인 본성(本性)에는 이르지 못하고 있다.

그러므로, 무상열반(無上涅槃)인 대반열반(大般涅槃)과 무상보리(無上菩提)인 아뇩다라삼먁삼보리(阿耨多羅三邈三菩提)를 증득(證得)해, 무상열반(無上涅槃)의 성품(性品)과 무상보리(無上菩提)의 성품(性品)에 들었어도, 아직, 지혜2극성(智慧二極性)인 정혜2성(定慧二性)을 벗어나지 못해, 그 무위지혜성품(無爲智慧性品)을 이름[名]하여, 보살(菩薩)이라고 한다. 아뇩다라삼먁삼보리(阿耨多羅三邈三菩提)와 대반열반(大般涅槃)은, 지혜(智慧)의 대(對)인, 정(定)과 혜(慧), 열반(涅槃)과 보리(菩提)의 동(動)과 정(靜)의 2극성(二極性)의 성품(性品)이다.

그러므로, 이 두[二] 지혜성품(智慧性品)을 벗어나기 전(前)에는, 동(動)과 정(靜), 정(定)과 혜(慧), 보리(菩提)와 열반(涅槃), 시각(始覺)과 본각(本覺), 용성(用性)과 체성(體性)의 두[二] 성품(性品)이 없는, 일체초월(一切超越) 본성(本性)인 불성(佛性)과 본래(本來) 본성지(本性智)인 절대성(絶對性) 불지(佛智)를 알 수가 없다. 왜냐하면, 지혜(智慧)가 정(定)과 혜(慧)의 수승(殊勝)함에 이르렀어도, 대반열반(大般涅槃)과 아뇩다라삼먁삼보리(阿耨多羅三邈三菩提)인 대별지혜심(對別智慧心)인 지혜2극성(智慧二極性)을 아직, 벗어나지 못하고 있기 때문이다. 그러므로, 일체(一切) 동(動)과 정(靜), 정(定)과 혜(慧), 열반(涅槃)과 보리(菩提)의 2성(二性)이 멸(滅)한 절대성(絶對性)인, 불가사의(不可思議) 일체초월(一切超越) 무생불성(無生佛性)과 무생불지(無生佛智)는, 정혜2성(定慧二性)의 수승(殊勝)한 무위지혜(無爲智慧) 속에 있는 보살지(菩薩智)로도 알 수가 없다.

그러나, 부처님께서, 아뇩다라삼먁삼보리(阿耨多羅三邈三菩提)가 곧, 불성(佛性)이며 불지(佛智)이니, 깨닫고 증득(證得)하여, 불성(佛性)과 불지(佛智)에 들라고 하시며, 또한, 대반열반(大般涅槃)이 곧, 불성(佛性)이며 불지(佛智)이니, 깨닫고 증득(證得)하여, 불성(佛性)과 불지(佛智)에 들라고 하심은, 선교방편장(善巧方便藏)이며, 또한, 차별(差別) 속에 차별(差別) 없는 불성(佛性)과 불지(佛智)의 실상(實相)을 그대로 드러내는 여래(如來)의 비밀심(秘密心) 무상자비설(無上慈悲說)이다. 그러나, 아직, 지혜(智慧)가, 이 말씀 불지혜(佛智慧), 여래(如來)의 비밀심(秘密心)의 뜻을 알지 못하기에, 언어(言語)에 법상

(法相)과 지혜상(智慧相)을 일으켜, 보리(菩提)와 열반(涅槃)의 지견상(智見相)을 일으키게 된다.

그러므로 이는 또한, 여래(如來)의 비밀심(秘密心)인 방편지혜(方便智慧)가 아닌, 여래(如來)의 거짓 없는 진실(眞實)을 모두 드러낸, 실상설(實相說)이다. 그러므로, 아뇩다라삼먁삼보리(阿耨多羅三邈三菩提)도 불성(佛性)과 불지(佛智)의 아뇩다라삼먁삼보리(阿耨多羅三邈三菩提)가 있으며, 무위증득보살지(無爲證得菩薩智)의 아뇩다라삼먁삼보리(阿耨多羅三邈三菩提)가 있다. 또한, 대반열반(大般涅槃)도 불성(佛性)과 불지(佛智)의 대반열반(大般涅槃)이 있으며, 무위증득보살지(無爲證得菩薩智)의 대반열반(大般涅槃)이 있다. 불성(佛性)과 불지(佛智)는 일체상(一切相)에 머무름이 없고, 지혜상(智慧相)에도 머무름이 없는 일체초월(一切超越) 무생각명(無生覺明)이니, 이를 일러, 아뇩다라삼먁삼보리(阿耨多羅三邈三菩提)라 하니, 이는 곧, 본성무생각명(本性無生覺明)이다.

그러나, 보살(菩薩)의 아뇩다라삼먁삼보리(阿耨多羅三邈三菩提)는, 견성지혜(見性智慧)로 상심(相心)이 멸(滅)한, 무위증득각명(無爲證得覺明)이니, 이는, 무생본성(無生本性)이 아닌, 무위증득지혜상(無爲證得智慧相)이다. 그러나, 불성(佛性)의 아뇩다라삼먁삼보리(阿耨多羅三邈三菩提)에는, 아뇩다라삼먁삼보리(阿耨多羅三邈三菩提)가 없다. 그것이 곧, 일체초월(一切超越) 무생각명(無生覺明)의 실체(實體)이다. 그러나, 보살(菩薩)의 아뇩다라삼먁삼보리(阿耨多羅三邈三菩提)에는,

일체초월(一切超越) 무생(無生)이 아닌 무위성품(無爲性品)의 증득(證得)과 지혜(智慧)와 법(法)과 심(心)과 깨달음과 성품수순행(性品隨順行)과 성품수순심(性品隨順心)인 승(乘)의 보살행(菩薩行)이 있다. 그러므로, 보살(菩薩) 무위지혜(無爲智慧)의 아뇩다라삼먁삼보리(阿耨多羅三邈三菩提)로는, 불(佛)의 무생아뇩다라삼먁삼보리(無生阿耨多羅三邈三菩提)인 일체초월(一切超越) 불성(佛性)과 불지(佛智)를 알지 못한다.

또한, 대반열반(大般涅槃)도 곧, 불성(佛性)이며 불지(佛智)이니, 깨닫고 증득(證得)하여, 불성(佛性)과 불지(佛智)에 들라고 함은, 본성(本性)은 일체초월(一切超越) 무생성품(無生性品)이므로, 생(生)이 본래(本來) 없어, 생(生)을 멸(滅)한 대반열반(大般涅槃)이 아니라, 본래(本來) 일체초월(一切超越) 무생대반열반(無生大般涅槃)이다. 그러므로, 일체초월(一切超越) 대반열반(大般涅槃)은 곧, 일체초월성(一切超越性) 불성(佛性)이며 불지(佛智)이다. 그러므로, 깨닫고 증득(證得)하여, 불성(佛性)과 불지(佛智)에 들라고 한다. 그러나, 보살(菩薩)의 대반열반(大般涅槃)은, 중생심(衆生心)을 멸(滅)한 대반열반(大般涅槃)이므로, 이는, 일체초월(一切超越) 무생(無生)이 아닌, 상심(相心)과 상견(相見)이 멸(滅)한 무위성품(無爲性品)이므로, 이는, 증득(證得)과 지혜(智慧)와 법(法)과 심(心)과 깨달음과 성품수순행(性品隨順行)과 성품수순심(性品隨順心)인 승(乘)의 보살행(菩薩行)이 있다. 그러므로, 보살(菩薩) 무위지혜(無爲智慧)의 대반열반(大般涅槃)으로는, 불(佛)의 일체초월(一切超越) 무생대반열반(無生大般涅槃)인 불성(佛性)과 불지

(佛智)를 알지 못한다.

그리고, 무상보리(無上菩提)를 초월(超越)한 불성(佛性)은, 무상보리(無上菩提)도 끊어진 불가사의(不可思議) 일체초월성(一切超越性) 무생평등각(無生平等覺)이다. 또한, 무상열반(無上涅槃)을 초월(超越)한 불성(佛性)은, 무상열반(無上涅槃)도 끊어진 불가사의(不可思議) 일체초월성(一切超越性) 무생평등성(無生平等性)이다. 이를 구(求)하려거나, 증득(證得)하려거나 하지 않음은, 그 자체(自體)가 곧, 나[自]의 성품(性品), 실체(實體)이며, 실상(實相)이기 때문이다. 그러므로, 내[我]가 나[自]를 구(求)할 수 없어, 구(求)하려 하지 않고, 내[我]가 나[自]를 증득(證得)할 수가 없어, 증득(證得)하려 하지 않으며, 또한, 내[我]가 나[自]에게 머무를 수가 없어, 아뇩다라삼먁삼보리(阿耨多羅三邈三菩提)와 대반열반(大般涅槃)에 머무르려고도 하지 않는다. 이것이 곧, 일체초월(一切超越) 무생자성,아뇩다라삼먁삼보리(無生自性,阿耨多羅三邈三菩提)와 일체초월(一切超越) 무생자성,대반열반(無生自性,大般涅槃)인, 일체초월성(一切超越性) 무생불성(無生佛性)과 일체초월성(一切超越性) 무생불지(無生佛智)이다.

무생자성(無生自性)을 벗어난 아뇩다라삼먁삼보리(阿耨多羅三邈三菩提)와 대반열반(大般涅槃)이 없으니, 만약(萬若), 아뇩다라삼먁삼보리(阿耨多羅三邈三菩提)와 대반열반(大般涅槃)을 구(求)하려 하거나, 증득(證得)하려 하거나, 증입(證入)하려 하거나, 머무르려 하거나, 아니면, 아뇩다라삼먁삼보리(阿耨多羅三邈三菩提)와 대반열반(大般涅

槃)을 구(求)하였거나, 증득(證得)하였거나, 증입(證入)하였거나, 머물러 있다면, 이는 곧, 자신(自身)의 실상(實相)과 대(對)의 차별성품(差別性品) 속에 있는 2상(二相)과 2견(二見)의 무명미혹상심(無明迷惑相心)이다. 그러므로, 아직, 불지(佛智)의 일체초월성(一切超越性)인, 일체대(一切對)가 끊어져 멸(滅)한 무생무연본연자성(無生無然本然自性)인 아뇩다라삼먁삼보리(阿耨多羅三邈三菩提)와 대반열반(大般涅槃)을 모를 뿐만 아니라, 보살(菩薩)의 아뇩다라삼먁삼보리(阿耨多羅三邈三菩提)와 대반열반(大般涅槃)도 아직, 모르고 있음이다. 왜냐하면, 보살(菩薩)이 아뇩다라삼먁삼보리(阿耨多羅三邈三菩提)와 대반열반(大般涅槃)에 들면, 그 성품(性品)이 곧, 자기(自己)의 본래성품(本來性品)임을 명확(明確)히 깨달아, 알기 때문이다.

그러나, 이 또한, 무위증득지(無爲證得智)인 무위지혜성품(無爲智慧性品)이기에, 지혜각력상승(智慧覺力上昇)으로 이 지혜(智慧)를 또한, 타파(打破)해 벗어나, 완전(完全)한 일체초월(一切超越) 청정무생본성(淸淨無生本性)에 들면, 보살지(菩薩智)의 아뇩다라삼먁삼보리(阿耨多羅三邈三菩提)와 대반열반(大般涅槃)이, 일체초월(一切超越) 불성(佛性) 불지(佛智)의 아뇩다라삼먁삼보리(阿耨多羅三邈三菩提)와 대반열반(大般涅槃)이 아님을 명확(明確)히 깨닫게 된다. 그러므로, 보살지(菩薩智)의 무상정혜지(無上定慧智)와 일체초월(一切超越) 불지(佛智), 불성(佛性)의 성품(性品)이 차원(次元)이 다르며, 또한, 보살지(菩薩智)와 일체초월(一切超越) 불지(佛智)의 성품(性品)이 어떻게 다른가를 명확(明確)히 깨닫게 된다. 그러므로, 일체초월성(一切超越

性) 불지(佛智)에 증입(證入)하기 전(前)에는, 불가사의(不可思議) 무상보살지(無上菩薩智)인, 아뇩다라삼먁삼보리(阿耨多羅三邈三菩提)와 대반열반(大般涅槃)을 성취(成就)하였어도, 일체초월성(一切超越性) 불성(佛性)이 무엇이며, 일체초월(一切超越) 불지(佛智)가 무엇인지를, 불가사의(不可思議) 수승(殊勝)한 보살지혜(菩薩智慧)로도, 도무지 알 수가 없다. 왜냐하면, 아직, 일체초월성(一切超越性) 불성(佛性)을 모르는 보살지(菩薩智)의 차별지혜세계(差別智慧世界)인, 무위지혜,성품세계(無爲智慧,性品世界)를 완전(完全)히 타파(打破)해, 벗어나지 못했기 때문이다.

　무상보리(無上菩提)이든, 무상열반(無上涅槃)이든, 일체보살지(一切菩薩智)는, 깨달음과 증득(證得)과 식멸(識滅)에 의한, 제식전변,무위지혜(諸識轉變,無爲智慧)이다. 무위지혜성품(無爲智慧性品)인 아뇩다라삼먁삼보리(阿耨多羅三邈三菩提)는 제8식(第八識)이 끊어져 멸(滅)한, 8식전변,지혜성품(八識轉變,智慧性品)인 일불승(一佛乘)의 대원경지(大圓鏡智)이며, 대반열반(大般涅槃)은 함장무명식(含藏無明識)인 제9식(第九識)이 끊어져 멸(滅)한, 제9식전변,지혜성품(第九識轉變,智慧性品)인 불승(佛乘)의 무위부동심,대열반성지(無爲不動心,大涅槃性智)이다. 제8식전변,지혜성품(第八識轉,變智慧性品)인 일불승(一佛乘)의 대원경지(大圓鏡智)와 함장무명식(含藏無明識)인 제9식(第九識)이 멸(滅)한, 제9식전변,지혜성품(第九識轉變,智慧性品)인 불승(佛乘)의 무위부동심,대열반성지(無爲不動心,大涅槃性智)를 또한, 타파(打破)해, 여래결정성(如來結定性)인 일체초월(一切超越) 무생무상불각(無生無上佛覺)

에 증입(證入)해야만, 일체유식, 성품세계(一切唯識, 性品世界)의 총체적(總體的) 제식전변, 지혜성품, 차별차원, 상승세계(諸識轉變, 智慧性品, 差別次元, 上昇世界)를, 실증지혜(實證智慧)로 명확(明確)히 지혜점검(智慧點檢)할 수가 있다. 일체초월성(一切超越性) 불지(佛智)에 들면, 비로소, 아뇩다라삼먁삼보리(阿耨多羅三邈三菩提)와 대반열반(大般涅槃)이, 부사의(不思議) 무위심층, 지혜성품, 세계(無爲深層, 智慧性品, 世界)인 무위보살지혜(無爲菩薩智慧)로, 일체초월(一切超越) 절대본성(絕對本性)을 벗어나, 정혜2극성(定慧二極性)의 지혜상(智慧相)에 치우친, 보리(菩提)와 열반(涅槃)의 2종성품, 보살정혜, 무위지혜, 성품세계(二種性品, 菩薩定慧, 無爲智慧, 性品世界)임을 알 수가 있다.

전변지혜(轉變智慧)의 각력상승(覺力上昇)으로 아뇩다라삼먁삼보리(阿耨多羅三邈三菩提)와 대반열반(大般涅槃)의 지혜(智慧)를 증득(證得)하였어도, 스스로, 자기(自己) 지혜성품(智慧性品)에 대해 점검(點檢)할 수가 없다. 왜냐하면, 아뇩다라삼먁삼보리(阿耨多羅三邈三菩提)와 대반열반(大般涅槃)의 성품(性品)에 들면, 온[全] 우주(宇宙)가, 이 불가사의(不可思議) 지혜성품(智慧性品) 속에 있으므로, 이 성품(性品)을 또한, 지혜각력상승(智慧覺力上昇)으로 벗어나야 함을 아는, 상지실증, 지혜정안(上智實證, 智慧正眼)이 열리지 않았기 때문이다. 이 지혜성품(智慧性品)에 증입(證入)하면, 온[全] 우주(宇宙)가 이 성품(性品) 속에 있으므로, 이 성품(性品)은 파괴(破壞)되지도 않으며, 파괴(破壞)할 수도 없는, 천지(天地)의 근원(根源)인, 무시무종(無始無終)의 근본성품(根本性品)으로 인식(認識)하게 된다. 그러므로, 일불승

(一佛乘)의 원융각명, 대원경지(圓融覺明, 大圓鏡智)의 성품(性品)과 불승(佛乘)의 심부동, 대열반성지(心不動, 大涅槃性智)의 성품(性品)이 곧, 파괴(破壞)되지 않는 본성(本城)이며, 불성(佛性)으로 인식(認識)하게 된다. 그러므로, 일불승지(一佛乘智)인 대원경지(大圓鏡智)와 불승지(佛乘智)인 심부동, 대열반성지(心不動, 大涅槃性智)에 들면, 아뇩다라삼먁삼보리(阿耨多羅三邈三菩提)와 대반열반(大般涅槃)의 성품(性品)에 들었어도, 이 불가사의(不可思議) 성품(性品)을 또한, 벗어나야 하는 무위지혜상(無爲智慧相)임을, 그 증득자(證得者)의 지혜(智慧)로는 알지도 못하며, 또한, 자각(自覺)하지도 못한다.

그 까닭[緣由]은, 일불승(一佛乘)의 대원경지(大圓鏡智)인 아뇩다라삼먁삼보리(阿耨多羅三邈三菩提)와 불승(佛乘)의 심부동, 대열반성지(心不動, 大涅槃性智)인 대반열반성(大般涅槃性)에 들었어도, 일체초월성(一切超越性) 불성(佛性)과 일체초월지(一切超越智) 불지(佛智)가 어떤 성품(性品)인가를 모르기 때문이며, 또한, 일체초월, 무상각(一切超越, 無上覺) 성불(成佛)에 이르는 총체적(總體的) 실증지혜과정(實證智慧過程)을 알 수 없기 때문이다. 또한, 자기(自己)가 증득(證得)한 이 불가사의(不可思議) 지혜성품세계(智慧性品世界)가, 태초(太初)의 성품(性品)인, 무시무종(無始無終)의 근본성품세계(根本性品世界)임을 인식(認識)하므로, 영원(永遠)히 파괴(破壞)되지 않는 성품(性品)이며, 곧, 불성(佛性)으로 인식(認識)하게 된다.

그리고 또한, 처음 겪는 이 불가사의(不可思議) 원융각명지(圓融覺

明智)와 부동열반지(不動涅槃智)의 성품세계(性品世界)를 지혜성품(智慧性品)으로 감당(堪當)하고, 자세(仔細)히 지혜(智慧)로 살피고 느끼며, 자각(自覺)할 뿐, 이 부사의(不思議) 지혜성품세계(智慧性品世界)가, 성불(成佛)의 지혜과정(智慧過程) 중, 어디쯤에 속한 지혜성품세계(智慧性品世界)인지, 이 지혜성품(智慧性品)에 든[入] 증득자(證得者)의 증득지혜(證得智慧)로는 알 수가 없다. 이 성품(性品)은, 불가사의(不可思議)한 제식전변지혜(諸識轉變智慧)의 무위,심층지혜,보살성품,세계(無爲,深層智慧,菩薩性品,世界)이니, 지혜상승각력(智慧上昇覺力)으로 이를 또한, 타파(打破)해, 아뇩다라삼먁삼보리(阿耨多羅三邈三菩提)와 대반열반(大般涅槃)의 무위,심층지혜,성품세계(無爲,深層智慧,性品世界)를 또한, 일체초월(一切超越)한, 여래결정성(如來結定性)인 일체초월성(一切超越性) 불지(佛智)에 증입(證入)하면, 이 불가사의(不可思議) 무위,심층지혜,성품세계(無爲,深層智慧,性品世界)가 곧, 벗어나야 할, 무위증득,심층지혜,성품세계(無爲證得,深層智慧,性品世界)이며, 또한, 타파(打破)해 벗어나야 할, 무위지혜,미망환각(無爲智慧,迷妄幻覺)이었음을, 비로소 깨닫게 된다.

● **선문정로**(禪門正路) **열반경**(涅槃經)

해인총림(海印叢林), 1981년 10월 15일 발행(發行), 성철(性徹)스님, 선문정로(禪門正路) 58페이지, 그리고, 장경각(藏經閣) 1987년 12월 15일 발행(發行), 선문정로(禪門正路) 61페이지, 그리고, 장경각(藏經

閣) 발행(發行), 성철(性徹)스님 평석, 선문정로(禪門正路) 95~96페이지에, 성철(性徹)스님께서, 대반열반경(大般涅槃經)의 이 구절(句節)에 대해, 평(評)을 하신 말씀이 있다.

선문정로(禪門正路)에서(59 또는, 61페이지),
"阿耨多羅三邈三菩提와 大般涅槃을 若知見覺하면 當名菩薩이니라. (大涅槃經 十六)"

"阿耨菩提와 大般涅槃을 만약에 了知明見正覺하면, 마땅히 菩薩이라 이름하느니라."

"無上正覺인 阿耨菩提와 大般涅槃을 知見하면 佛智如來이니, 菩薩이라 名稱함은 大力權現의 果後菩薩임은 의심할 수 없다."

선문정로(禪門正路) 평석에는(95~96페이지)
[4-19]
"아뇩보리(阿耨菩提)와 대반열반(大般涅槃)을 만약에 요지명견정각(了知明見正覺)하면, 마땅히 보살이라 이름하느니라."

"阿耨多羅三邈三菩提와 大般涅槃을 若知見覺하면 當名菩薩이니라.
『大涅槃經』16(大正藏12, p.708c)"

"무상정각(無上正覺)인 아눅보리(阿耨菩提)와 제불심정(諸佛深定)인 대열반(大涅槃)을 지견(知見)하면 불지여래(佛智如來)이니, 보살(菩薩)이라 명칭함은 대력권현(大力權現)의 과후보살(果後菩薩)임은 의심할 수 없다."

　성철(性徹)스님께서, 대반열반경(大般涅槃經)의 이 구절(句節), "아눅다라삼먁삼보리(阿耨多羅三藐三菩提)와 대반열반(大般涅槃)을 만약(萬若), 깨닫고, 보며, 아는 자(者)는, 세간(世間)이라 이름하지 아니하고, 당연(當然)히, 보살(菩薩)이라 이름하느니라." 이 구절(句節)의 지혜성품(性品)을, 아직, 불지(佛智)에 증입(證入)하지 못한, 무위보살지(無爲菩薩智)로 보지 않고, 이미, 성불(成佛)하여, 중생구제(衆生救濟)를 위해 보살신(菩薩身)으로 나투는, 대력권현(大力權現)의 과후보살(果後菩薩)로 보시어, 평(評)하신 것은, 경(經)의 지혜(智慧), 본(本) 뜻[義]과는 다르다.

　그러나, 제식전변,무위심층지혜,성품세계(諸識轉變,無爲深層智慧,性品世界)를 실증(實證)하여, 이를 또한, 벗어나 일체초월(一切超越) 불지(佛智)에 들면, 보살지(菩薩智)로부터 불지(佛智)에 이르는, 총체적(總體的) 지혜전변과정(智慧轉變過程)을 알 수가 있다. 그러면, 대반열반경(大般涅槃經)에서, 아눅다라삼먁삼보리(阿耨多羅三藐三菩提)와 대반열반(大般涅槃)을, 만약(萬若), 깨닫고, 보며, 아는 자(者)는, 세간(世間)이라 이름하지 아니하고, 당연(當然)히, 보살(菩薩)이라 이름하는, 그 까닭[緣由]을, 제식전변,실증지혜(諸識轉變,實證智慧)까지 벗어난 일체초월(一切超越) 불지(佛智)로, 명확(明確)히, 그리고 확연(確然)히 점검(點檢)하며, 그 까닭[緣由]을 알 수가 있다.

　모든 보살지(菩薩智)로부터, 일체초월(一切超越) 불지혜(佛智慧)까지 이르는, 총체적(總體的) 성불도(成佛道)의 지혜과정(智慧過程)을 모두, 밝게 앎이 곧, 유식지혜,상승세계,차별차원,성불체계(唯識智慧,上昇世界,差別次元,成佛體系)이니, 이는, 일체,유위무위,유식성품,차별세계(一切,有爲無爲,唯識性品,差別世界)를 밝게 앎이다. 일체유식계(一切唯識界)를 앎은, 유위제식,전개상속,성품세계(有爲諸識,展開相續,性品世界)로부터, 제식전변,유식지혜,상승세계(諸識轉變,唯識智慧,上昇世界)인 무위,보살지혜,차별차원,성품세계(無爲,菩薩智慧,差別次元,性品世界)에 이르기까지, 실증지혜(實證智慧)로 밝게 앎이다. 이는, 일체초월(一切超越) 성불(成佛)에 이르는 지혜과정(智慧過程)인, 일체,유위무위,제식전변,지혜성품,차별차원,유식세계(一切,有爲無爲,諸識轉變,智慧性品,差別次元,唯識世界)인 총체적(總體的) 지혜전변과정(智慧轉變過程)이다. 이 총체적(總體的) 일체유식,성품세계(一切唯識,性品世界)를 앎이 곧, 성불(成佛)에 이르는 총체적(總體的) 지혜과정(智慧過程)을 앎이다. 이는, 유위유식계(有爲唯識界)인 일체제식,전개상속,유위유식계(一切諸識,展開相續,有爲唯識界)와 무위유식계(無爲唯識界)인 제식전변,무위지혜,차별차원,성품세계(諸識轉變,無爲智慧,差別次元,性品世界)를 모두 다[總], 밝게 앎이다. 이는 곧, 총체적(總體的) 유식계(唯識界)인 일체,유위무위,차별성품,유식세계(一切,有爲無爲,差別性品,唯識世界)이다.

대반열반경(大般涅槃經), 제25권 사자후보살품(師子吼菩薩品) 구절(句節)의 말씀이다.

"선남자여! 마치, 색법(色法)이 비록 푸르고 누르고 붉고 흰 것이 다르고, 길고 짧은 모양이 있지만, 맹인(盲人)은 보지 못하는 것이며, 맹인(盲人)이 보지 못한다 하여서, 푸르고 누르고 붉고 희고 길고 짧은 모양이 없다고, 말할 수 없는 것과 같으니라. 왜냐하면, 맹인(盲人)은 비록 보지 못하나, 눈[眼]이 밝은 이는 보는 까닭[緣由]이니, 불성(佛性)도 그와 같아서, 중생(衆生)들은 보지 못하나, 10주(十住:十地) 보살(菩薩)은 일부분(一部分)을 보고, 여래(如來)는 전부(全部)를 보나니, 10주(十住) 보살(菩薩)이 불성(佛性)을 보는 것은, 밤[夜]에 빛깔을 보는 것과 같고, 여래(如來)가 보는 것은, 낮[晝]에 빛깔을 보는 것과 같으니라. 선남자여! 마치 애꾸눈이 물체를 분명하게 보지 못하지만, 용한 양의(良醫)가 눈병을 치료하면, 약(藥)의 효력으로 분명하게 보게 되듯이, 10주(十住) 보살(菩薩)도 그와 같아서, 불성(佛性)을 보더라도 분명치 못하지만, 수릉엄삼매(首楞嚴三昧)의 힘으로 분명하게 볼 수 있느니라."

"善男子 譬如色法 雖有靑黃赤白之異 長短質像 盲者不見 雖復不見 亦不得言 無靑黃赤白 長短質像 何以故 盲雖不見 有目見故 佛性亦爾 一切衆生雖不能見 十住菩薩見少分故 如來全見 十住菩薩所見佛性 如夜見色 如來所見 如晝見色 善男子 譬如瞎者見色不了 有善良醫而爲治目 以藥力故 得了了見 十住菩薩亦復如是 雖見佛性 不能明了 以首楞嚴三昧力故 能得明了"

"10주(十住) 보살(菩薩)은, 일체 법(法)을 보되, 항상함이 없고[無常], 내가 없고[無我], 즐거움이 없고[無樂], 깨끗함이 없으며[無淨], 일체 법(法)이 아닌 것은, 상(常), 락(樂), 아(我), 정(淨)을 부분적(部分的)으로 봄이니, 이러한 뜻(義)의 연유(緣由)는, 10분(十分) 중에 1분(一分)을 보는 것을 얻었기 때문이니라. 제불(諸佛) 세존(世尊)은, 일체(一切) 법(法)은, 항상함이 없고[無常], 내가 없고[無我], 즐거움이 없고[無樂], 깨끗함이 없음[無淨]을 보며, 일체(一切) 법(法)이 아닌 것은, 상(常), 락(樂), 아(我), 정(淨)임을 보느니라. 이러한 뜻(義) 연유(緣由)는, 불성(佛性)을 보기를 손바닥에 있는 아마륵 열매를 보듯 하기 때문이니라."

"十住菩薩 見一切法 無常 無我 無樂 無淨 非一切法分見常樂我淨 以是義故 十分之中 得見一分 諸佛世尊 見一切法 無常 無我 無樂 無淨 非一切法見常樂我淨 以是義故 見於佛性 如觀掌中阿摩勒菓"

(해설: 상(常), 락(樂), 아(我), 정(淨)은, 네[四] 종류(種類)의 성품(性品)이 아니다. 이는 곧, 청정본성(淸淨本性)인, 불성(佛性)의 성품(性品), 특성(特性)을 네[四] 가지로 드러냄이다. 그러므로, 상(常)이 곧, 락(樂)이며, 아(我)이며, 정(淨)이다. 또한, 락(樂)이, 상(常)이며, 아(我)이며, 정(淨)이다. 또한, 아(我)가, 상(常)이며, 락(樂)이며, 정(淨)이다. 또한, 정(淨)이, 상(常)이며, 락(樂)이며, 아(我)이다. 이는 곧, 청정불성(淸淨佛性)을 드러냄이며, 생멸(生滅) 없는 청정본성(淸淨本性)의 특성(特性)을 드러냄이다. 이 구절(句節)에서 말한, 일체법(一切法)이란, 일체생멸(一切生滅)의 5온(五蘊)이며, 일체법(一切法)이 아닌 것은, 일체생멸(一切生滅)의 5온(五蘊)이 멸(滅)한 성품(性品), 청정

본성(淸淨本性)이다. 상(常)이란, 일체생멸(一切生滅)의 5온(五蘊)이 멸(滅)한 성품(性品)임을 일컬음이다. 락(樂)이란, 일체고(一切苦)가 멸(滅)한 성품(性品)임을 일컬음이다. 아(我)란, 일체생사(一切生死)의 아(我)가 멸(滅)한 성품(性品), 진성실체(眞性實體)인 청정본성(淸淨本性)을 일컬음이다. 정(淨)은, 일체생멸(一切生滅)과 일체생사(一切生死)와 5온세계(五蘊世界)의 그 무엇에도 물듦 없는, 청정본성(淸淨本性)을 일컬음이다. 이, 상(常), 락(樂), 아(我), 정(淨)의 4종특성(四種特性)은, 청정본성(淸淨本性)이 가진, 불가사의(不可思議) 공덕성(功德性)이다. 본래(本來) 본성(本性)은, 생사생멸(生死生滅)을 초월(超越)한 절대성(絶對性)이니 상(常)이며, 일체고(一切苦)를 초월(超越)한 절대성(絶對性)이니 락(樂)이며, 일체분별(一切分別)과 일체생사생멸(一切生死生滅)을 초월(超越)한 절대성(絶對性)이 진성실제(眞性實際) 아(我)이며, 일체상(一切相)과 일체식심(一切識心)의 그 무엇에도 물듦 없는 절대성(絶對性)이니 정(淨)이다. 이는 곧, 나의 본래(本來)의 성품(性品), 청정불성(淸淨佛性)이다. 이는 곧, 여래장(如來藏) 무생공능공덕성(無生功能功德性)이다.)

"선남자여! 그대가 묻기를, 10주(十住) 보살(菩薩)은 무슨 눈[眼]이길래, 불성(佛性)을 보더라도 분명(分明)치 못하고, 제불(諸佛) 세존(世尊)께서는 무슨 눈[眼]이길래 불성(佛性)을 보기를 밝고 분명(分明)한가 하였나니, 선남자여! 혜안(慧眼)으로 보는 까닭[緣由]으로 분명(分明)하지 못하고, 불안(佛眼)으로 보는 까닭[緣由]으로 분명(分明)하며, 보리행(菩提行)을 하는 까닭[緣由]으로 분명(分明)하지 못하고, 행(行)이 없는 까닭[緣由]으로 오직, 밝고 분명(分明)하며, 10주(十住)에 머무른 까닭[緣由]으로 보는데도 분명(分明)하지 못하고, 머물지도 않고 가지도 않으므로 밝고 분명(分明)하니라. 보살마하살(菩薩摩訶薩)의 지혜(智慧)는 인(因:證因:作)에 의한 까닭[緣由]으로, 분명(分明)하게 보지 못하고, 제불(諸佛) 세존(世尊)께서는, 인과(因果)가 끊어졌으므로, 분명(分明)하게 보느니라. 일체(一切) 깨달음은, 불성(佛性)을 이름함이니, 10주(十住) 보살(菩薩)은, 남김없이[一切] 깨달았다 이름할 수 없으므로, 비록 보더라도 분명(分明)하지 못하니라."

"善男子 如汝所問 十住菩薩以何眼故 雖見佛性,而不了了 諸佛世尊以何眼故 見於佛性 而得了了 善男子 慧眼見故 不得明了 佛眼見故 故得明了 爲菩提行故 則不了了 若無行故 則得了了 住十住故 雖見不了 不住不去 故得了了 菩薩摩訶薩智慧因故 見不了了 諸佛世尊斷因果故 見則了了 一切覺者 名爲佛性 十住菩薩不得名爲一切覺故 是故雖見 而不明了"

"선남자여! 보는 것에는, 두[二] 종류(種類)가 있으니, 하나[一]는 눈[眼]으로 보는 것이요, 둘[二]은 들어서[聞] 보는 것이니라. 제불(諸佛) 세존(世尊)은 눈[眼]으로 불성(佛性)을 봄으로, 손바닥에 있는 아마륵 열매를 보듯 하고, 10주(十住) 보살(菩薩)은 불성(佛性)을 듣고서[聞] 봄으로, 분명(分明)하지 못하니라. 10주(十住) 보살(菩薩)은 오직, 선정(禪定) 속에서, 아뇩다라삼먁삼보리(阿搙多羅三邈三菩提)를 얻어, 능히 자기(自己)는 알지만, 모든 중생(衆生)들이, 다 불성(佛性)

이 있음을 능히, 알지는 못하느니라."

"善男子 見有二種 一者 眼見 二者 聞見 諸佛世尊眼見佛性 如於掌中觀阿摩勒 十住菩薩聞見佛性 故不了了 十住菩薩唯能自知定得阿耨多羅三藐三菩提 而不能知一切衆生悉有佛性"

(해설: 일체(一切) 중생(衆生)이 모두, 제불여래(諸佛如來)와 조금도 다름없이, 원만구족(圓滿具足)한 충만불성(充滿佛性)을 지니고 있음을, 명료(明了)히 밝게 깨닫는 것은, 완전(完全)한 일체초월(一切超越) 불지(佛智)에 증입(證入)한, 바로 그 순간(瞬間), 찰나(刹那)이다. 완전(完全)한 일체초월(一切超越) 불지(佛智)에 증입(證入)하기 이전(以前)에는, 일체상(一切相)의 차별심(差別心)인 상심상견(相心相見)의 차별상(差別相)을 벗어나지 못해, 일체(一切) 중생(衆生)이 모두, 제불여래(諸佛如來)와 다름없는 불성(佛性)과 제불여래(諸佛如來)와 조금도 다를바 없는 불성공덕(佛性功德)을 지니고 있음을 알 수가 없다.

왜냐하면, 완전(完全)한 일체초월(一切超越) 불지(佛智)에 증입(證入)하기 전(前)에는, 자기(自己)도, 일체초월(一切超越) 불성(佛性)을 알지도, 보지도, 깨닫지도 못하므로, 자기(自己)에게도 불성(佛性)이 있음을 알지도 못하는데, 타(他)인 일체중생(一切衆生)이, 일체초월성(一切超越性) 불성(佛性)이 있음을 어떻게 알겠는가! 불성(佛性)을 완전(完全)히 깨달아, 바로, 여래결정성(如來結定性)인 일체초월(一切超越) 불지(佛智)에 증입(證入)한 그 순간(瞬間) 찰나(刹那)에, 땅[地]에 기어다니는 벌레[蟲]뿐만 아니라, 물[水] 속에 살거나, 땅[地] 속에 살거나, 허공(虛空) 속에 살거나, 눈[眼]에 보이거나 보이지 않는 일체중생(一切衆生)이 모두, 제불여래(諸佛如來)와 조금도 차별(差別) 없고, 다를 바 없는, 원만구족(圓滿具足)한 일체초월성(一切超越性) 충만불성(充滿佛性)을 지니고 있음을, 명확(明確)히 깨닫는다. 그러므로, 벌레[蟲]가 땅에 기어다니고, 아이가 울며, 사람이 말을 하고, 개와 닭과 고양이가 움직이고, 행동(行動)하며, 소리를 냄을 보며, 제불여래(諸佛如來)와 조금도 다를 바 없는, 무량무한무변공덕(無量無限無邊功德)의 일체초월성(一切超越性) 불성(佛性)을 지니고 있음을, 일체초월(一切超越) 불성지혜(佛性智慧)로 명백(明白)히 확인(確認)하게 된다. 그리고 또한, 불성(佛性)의 작용(作用)을, 일체초월(一切超越) 불지혜(佛智慧)의 눈[眼]으로 명확(明確)히 확인(確認)하게 된다. 왜냐하면, 작은 벌레[蟲]가 땅[地]에 기어다니고, 모든 사람이 보고, 듣고, 말하는 이것이 곧, 일체초월성(一切超越性) 불성(佛性)의 원융원만,공덕작용(圓融圓滿,功德作用)임을, 여실(如實)히 실증(實證)하기 때문이다.

심(心)의 작용(作用)을 벗어나, 불성(佛性)이란 없으니, 일체(一切) 생명작용(生命作用)이 곧, 불성(佛性)의 작용(作用)임을, 일체초월(一切超越) 불지(佛智)에 증입(證入)함으로, 비로소, 깨닫게 된다. 그러므로, 일체초월성(一切超越性) 불성(佛性)을 깨달아, 일체초월(一切超越) 불지(佛智)에 들면, 불(佛)의 일체초월성(一切超越性) 일체무상,평등성품(一切無上,平等性品)에 증입(證入)함으로, 일체(一切)가, 불성무한,평등성품(佛性無限,平等性品)의 세계(世界)임을 실증(實證)하게 된다. 어떤 차별(差別)의 중생(衆生)을 보든, 그 작용(作用)이 곧, 불성

(佛性)의 원만지혜작용(圓滿智慧作用)임을 깨달으며, 그 불성(佛性)의 무상평등성품(無上平等性品)을 차별(差別) 없이 수용(受容)한다. 그러나, 완전(完全)한 일체초월(一切超越) 불지(佛智)에 이르지 못하면, 이러한 무상무한,불성공덕심(無上無限,佛性功德心)을 갖지 못한다. 왜냐하면, 자기(自己)의 모든 지견(知見)과 견해(見解)가 곧, 상심상견(相心相見)의 차별상(差別相)에 의한 분별심(分別心)이기 때문이다. 이것이, 불성(佛性)에 미혹(迷惑)한 상심(相心)인, 중생심(衆生心)이다. 그러므로, 일체초월(一切超越) 불지(佛智)에 증입(證入)하지 못하면, 일체(一切)가 차별심(差別心)이며 차별견(差別見)이므로, 일체(一切)를 보고 들음에, 차별심(差別心)과 차별견(差別見)으로 보고 들음으로, 상심상견(相心相見)의 장애(障礙) 때문에, 일체중생(一切衆生)의 작용(作用)이 곧, 불성(佛性)의 작용(作用)임을 깨닫지 못한다. 왜냐하면, 일체초월,절대성(一切超越,絶對性) 불성(佛性)이, 어떤 성품(性品)인가를 알지 못하기 때문이다. 그러나, 일체(一切) 차별심(差別心)과 차별견(差別見)을 벗어나, 일체초월,절대성(一切超越,絶對性) 불성(佛性)에 증입(證入)하면, 일체중생(一切衆生)이 제불(諸佛)과 조금도 다를 바 없는, 불성공덕(佛性功德)을 그대로 지니고 있음을, 명확(明確)히 깨닫고, 또한, 일체초월(一切超越) 불지(佛智)로 그 사실(事實)을, 지혜정안(智慧正眼)으로 분명(分明)하고 명확(明確)히 확인(確認)하게 된다.

무위보살지(無爲菩薩智)의 부사의(不思議) 깊은 심층지혜(深層智慧)인, 일불승(一佛乘)의 원융각명,대원경지(圓融覺明,大圓鏡智)나, 불승

(佛乘)의 심부동, 대반열반성지(心不動, 大般涅槃性智) 속에 있어도, 일체중생(一切衆生)이 모두, 제불여래(諸佛如來)와 조금도 차별(差別) 없는, 원만구족(圓滿具足)한 불성(佛性)을 지니고 있음을 모름은, 일불승(一佛乘)과 불승(佛乘)의 지혜성품(智慧性品)은, 증득지(證得智)이므로, 완전(完全)한 일체초월(一切超越) 무생무상, 평등지(無生無上, 平等智)인 불지(佛智)에 이르지 못해, 일체(一切) 차별중생(差別衆生)이나, 타인(他人)을 볼 때에, 아직, 지혜(智慧)를 증득(證得)하지 못한, 차별중생(差別衆生)으로만 볼 뿐, 일체(一切) 중생(衆生)이 모두, 원만구족(圓滿具足)한 제불여래(諸佛如來)와 티끌만큼도 다를 바 없는, 원만불성(圓滿佛性)을 지니고 있음을, 알지 못한다. 그 까닭[緣由]은, 아직, 지혜성품(智慧性品)이 대(對)를 벗어나지 못한, 차별성품지혜(差別性品智慧) 속에 있기 때문이다.

그러나, 지혜각력상승(智慧覺力上昇)으로, 지혜각명, 원융성(智慧覺明, 圓融性)인 쌍차쌍조행(雙遮雙照行)의 대원경지(大圓鏡智)도 타파(打破)해 벗어나고, 불생불멸부동, 대열반성(不生不滅不動, 大涅槃性)인 무위열반, 체성지(無爲涅槃, 體性智)도 타파(打破)해 벗어나, 일체초월, 절대성(一切超越, 絕對性) 본성(本性)인 무생결정성(無生結定性)에 들면, 일체초월(一切超越) 절대성(絕對性) 무상대평등각(無上大平等覺)인 여래결정성(如來結定性)이므로, 불성, 일체평등각(佛性, 一切平等覺) 속에, 일체중생(一切衆生)이 제불여래(諸佛如來)와 조금도 다를 바 없는, 무상원만구족(無上圓滿具足)한 원융원만, 무상평등, 충만불성(圓融圓滿, 無上平等, 充滿佛性)을 지니고 있음을 깨닫게 된다. 아뇩다라삼먁삼보리(阿耨多羅三邈三菩提)는 무위각명최상지(無爲覺明最上智)이며, 대반열반(大般涅槃)은, 무위열반최상지(無爲涅槃最上智)이다. 그러나, 이는, 무위각명(無爲覺明)과 무위열반(無爲涅槃)의 최상지(最上智)이므로, 무생법인(無生法忍)의 일체지혜(一切智慧)를 타파(打破)해 벗어날 때에, 무위(無爲)의 최상(最上)이어도, 증득(證得)에 의한 지혜상(智慧相)인 미망환각(迷妄幻覺)이므로, 흔적(痕迹) 없이 타파(打破)되어 멸(滅)한다.

그러므로, 일체증득, 무위지혜성품(一切證得, 無爲智慧性品)을 모두 벗어남으로, 여래결정성(如來結定性)인 완전(完全)한 일체초월(一切超越) 절대성(絕對性), 일체평등, 여래지(一切平等, 如來智)에 증입(證入)하게 된다. 이는, 참으로 부사의(不思議)며, 불가사의(不可思議) 성품(性品)이다. 이 무명, 제식타파(無明, 諸識打破)의 일체전변지혜(一切轉變智慧)인, 총체적(總體的) 일체, 무위지혜, 과정(一切, 無爲智慧, 過程)의 모두를 다 타파(打破)해 벗어나지 않으면, 유식(唯識)의 일체, 차별차원, 성품세계(一切, 差別次元, 性品世界)를 모를 뿐만 아니라, 성불(成佛)의 총체적(總體的) 지혜과정(智慧過程)을 또한, 알 수가 없다. 그러므로, 유식(唯識)의 심층지혜, 성품세계(深層智慧, 性品世界)를 모두, 명확(明確)히 알려면, 일체, 유위무위, 유식성품, 차별세계(一切, 有爲無爲, 唯識性品, 差別世界)를 타파(打破)해 벗어난, 일체초월(一切超越) 여래결정성(如來結定性)인, 여래불성(如來佛性)에 들어야 한다. 그러면, 유식(唯識)의 제식전개, 상속성품, 섭리세계(諸識展開, 相續性品, 攝理世界)와 일체, 무위지혜, 차별차원, 지혜상승, 차별성품, 지혜세계(一切, 無爲

智慧, 差別次元, 智慧上昇, 差別性品, 智慧世界)를 실증지혜(實證智慧)로 명확(明確)히 알게 된다. 이는 곧, 성불(成佛)의 총체적(總體的) 지혜전변, 상승과정(智慧轉變, 上昇過程)을, 불지정안정지(佛智正眼正智)로 명확(明確)히, 앎이다.)

　대반열반경(大般涅槃經), 제26권 사자후보살품제2(師子吼菩薩品之二) 구절(句節)의 말씀이다.

　"선남자여! 또, 눈[眼]으로 봄[見]이 있으니, 제불(諸佛) 여래(如來)와 10주(十住:十地) 보살은, 불성(佛性)을 눈[眼]으로 보느니라. 또, 듣고서, 보려함이 있으니, 모든 중생(衆生)과 내지, 9지(九地) 보살(菩薩)은 듣고서[聞], 불성(佛性)을 보려 하니라. 보살(菩薩)이 만약(萬若), 모든 중생(衆生)에게 불성(佛性)이 다 있다 함을 듣고, 마음에 믿음을 일으키지 않으면, 이름[名:佛性]만 들었을 뿐, 보려고 하지 않을 것이니라."

　"善男子 復有眼見 諸佛如來 十住菩薩眼見佛性 復有聞見 一切衆生乃至九地聞見佛性 菩薩若聞一切衆生悉有佛性 心不生信 不名聞見"

　(해설: 일체(一切) 중생(衆生)뿐만 아니라, 자기(自己)에게도 불성(佛性)이 있음을 듣고서도, 믿음[信]을 일으켜 불성(佛性)을 깨달으려고 하지 않음은, 전생(前生)부터 성불(成佛)을 위해, 불법수행(佛法修行)을 닦은 바가 없었거나, 아니면, 선근(善根)이 부족(不足)하거나,

세세생생(世世生生), 중생(衆生)의 훈습(薰習)된 습기(習氣)가 짙기 때문이다. 자기(自己)에게 불성(佛性)이 있음을 듣고, 믿음[信]을 일으킴은, 세세생생(世世生生), 성불(成佛)의 원력(願力)으로 불법수행(佛法修行)을 닦은 바 인연(因緣)이 있었기 때문이다. 그리고 또한, 세세생생(世世生生), 불법선근(佛法善根)의 씨앗[因]을 심은 인연(因緣)이 있었기 때문이다. 그러므로, 자기(自己)에게 불성(佛性)이 있다는, 이 무상공덕(無上功德)의 말[言] 한 마디를 듣고, 믿음[信]을 일으킴도, 불가사의(不可思議)하고 희유(稀有)한 불법인연,공덕심(佛法因緣,功德心)이다. 또한, 불성(佛性)에 증입(證入)하려고 노력(努力)함은, 이 윤회(輪廻)의 중생세계(衆生世界)에, 성불(成佛)을 향(向)한, 불가사의(不可思議) 무량무한무변(無量無限無邊)의 최상공덕심(最上功德心)을 발(發)함이니, 이는, 미래불(未來佛) 성취(成就)의 인연(因緣)이 있음이다.)

대반열반경(大般涅槃經), 제28권 사자후보살품4(師子吼菩薩品之四) 구절(句節)의 말씀이다.

"보살(菩薩)도 또한, 만약(萬若), 삼매(三昧)가 많은 자는 곧, 지혜(智慧)를 닦고 익혀야 하며, 만약(萬若), 지혜(智慧)가 많은 자는 곧, 삼매(三昧)를 닦고 익혀야 하느니라. 삼매(三昧)와 지혜(智慧)가 평등(平等)하면, 곧, 이름[名]함이 버림[捨]이라 하느니라."
"菩薩亦爾 若三昧多者 則修習慧 若慧多者 則修習三昧 三昧慧等

則名爲捨"

(해설: 불성(佛性)은, 청정본연,무연중,절대성(淸淨本然, 無然中, 絕對性)인 일체초월(一切超越) 절대성(絕對性)이므로, 불성(佛性)은, 일체상(一切相)의 대(對)인, 유(有)와 무(無), 색(色)과 공(空), 유위(有爲)와 무위(無爲)를 초월(超越)했고, 일체지혜(一切智慧)의 대(對)인, 정(定)과 혜(慧), 열반(涅槃)과 보리(菩提), 시각(始覺)과 본각(本覺)도 끊어졌고, 일체작용(一切作用)의 대(對)인, 동(動)과 정(靜), 체(體)와 용(用)도 끊어졌고, 성품(性品)의 대(對)인, 염(染)과 정(淨), 망(妄)과 진(眞), 무명(無明)과 각명(覺明)도 끊어졌다. 그러므로, 불성(佛性)을 깨달으려면, 일체상(一切相)의 대(對)인, 유(有)와 무(無), 색(色)과 공(空), 유위(有爲)와 무위(無爲), 그리고 일체지혜(一切智慧)의 대(對)인, 정(定)과 혜(慧), 열반(涅槃)과 보리(菩提), 시각(始覺)과 본각(本覺), 그리고 일체작용(一切作用)의 대(對)인, 동(動)과 정(靜), 체(體)와 용(用), 그리고 성품(性品)의 대(對)인, 염(染)과 정(淨), 망(妄)과 진(眞), 무명(無明)과 각명(覺明)의 일체대(一切對)를 벗어나야 한다.)

그러므로, 불성(佛性)에 들면, 일체(一切) 상(相), 견(見), 지혜(智慧), 성품(性品) 등(等), 일체차별(一切差別)과 일체대(一切對)가 끊어져 멸(滅)한, 완전(完全)한 일체초월(一切超越) 절대중(絕對中)이며 절대성(絕對性)이다. 만약(萬若), 삼매(三昧)를 집착(執着)하면, 일체초월(一切超越) 절대성(絕對性)을 벗어나 삼매(三昧)에 치우침이니, 대(對)가 끊어져 멸(滅)한 일체초월(一切超越) 절대중(絕對中) 불성(佛性)에 들지 못한다. 또한, 지혜(智慧)를 집착(執着)하면, 일체초월(一切

超越) 절대성(絶對性)을 벗어나 지혜(智慧)에 치우침이니, 일체초월(一切超越) 절대중(絶對中) 불성(佛性)에 들지 못한다.

그러면, 위 경설(經說)에서, "만약(萬若), 삼매(三昧)가 많은 자(者)는 곧, 지혜(智慧)를 닦고 익혀야 하며, 만약(萬若), 지혜(智慧)가 많은 자(者)는 곧, 삼매(三昧)를 닦고 익혀야 하느니라. 삼매(三昧)와 지혜(智慧)가 평등(平等)하면, 곧, 이름함이 버림[捨]이라 하느니라." 하였다. 만약(萬若), 일체초월(一切超越) 불지(佛智)가 아니면, 경(經)의 이 구절(句節)의 뜻을, 명확(明確)히 이해(理解)할 수가 없다. 왜냐하면, 닦을 삼매(三昧)가 있고, 닦을 지혜(智慧)가 있다고 생각[認識]하기 때문이다. 그리고, 삼매(三昧)와 지혜(智慧)가 평등(平等)한, 사(捨)에 대해, 알 수가 없기 때문이다. 사(捨)는 곧, 삼매(三昧)도 지혜(智慧)도 둘[二] 다 초월(超越)한, 일체초월(一切超越) 절대중(絶對中) 절대성(絶對性)이며, 곧, 불성(佛性)이다. 위의 말씀은, 지혜성품(智慧性品)인 정(定)과 혜(慧)의 2극성(二極性)에 치우침을 타파(打破)하여, 일체대(一切對)가 끊어져 멸(滅)한 일체초월(一切超越) 절대중(絶對中), 절대성(絶對性) 불성(佛性)에 증입(證入)하게 하기 위함이다.

만약(萬若), 일체초월(一切超越) 절대중(絶對中) 절대성(絶對性)을 벗어나, 삼매(三昧)에 치우쳐 있거나, 지혜(智慧)에 치우쳐 있으면, 삼매(三昧)와 지혜(智慧)가, 둘[二] 다 없는, 일체초월(一切超越) 절대중(絶對中) 불성(佛性)을 설(說)하여도, 삼매(三昧)와 지혜(智慧)가 둘[二] 다 없는 그 성품(性品)을 명확(明確)히 인지(認知)할, 일체초월(一切超

越) 절대중(絶對中), 무생결정성(無生結定性)인 무생지혜(無生智慧)가 없으므로, 만약(萬若), 삼매(三昧)와 지혜(智慧)를 둘[二] 다 벗어난, 절대중(絶對中)인 절대성(絶對性)이며, 무생본성(無生本性)이며, 무생결정성(無生結定性)인 불성(佛性)에 들어야 한다고 하면, 그 말이 뜻[義]하는 성품(性品)인, 삼매(三昧)도 지혜(智慧)도 둘[二] 다 없는, 절대중(絶對中)의 성품(性品)인 불성(佛性)을 이해(理解)할 수가 없다. 그러므로, 불(佛)께옵서, 절대중(絶對中)의 불성(佛性)으로 이끎인 방편지혜(方便智慧)로, 삼매(三昧)에 치우친 자(者)에게는 지혜(智慧)로 삼매(三昧)에 치우침을 벗어나게 하고, 또한, 지혜(智慧)에 치우친 자(者)에게는 삼매(三昧)로 지혜(智慧)에 치우침을 벗어나오게 하는, 여래대비심(如來大悲心)의 선교방편설(善巧方便說)이다.

왜냐하면, 일체초월(一切超越) 절대성(絶對性)이며, 본성(本性)인 불성(佛性)을 벗어나, 지혜성품(智慧性品)이 삼매(三昧)와 지혜(智慧)의 차별성품(差別性品)에 치우쳐 있기 때문이다. 무명중생(無明衆生)은 일체상(一切相) 유위(有爲)의 유무,상심상견(有無,相心相見)에 치우쳐 있다. 일체해탈(一切解脫)을 위한 수행자(修行者)는, 정(定)과 혜(慧)에 속한, 삼매(三昧)와 지혜(智慧), 열반(涅槃)과 보리(菩提)의 두[二] 가지를 구(求)하는 수행(修行)을 함이다. 유위상견(有爲相見)이 타파(打破)되어 무위지혜(無爲智慧)에 들어도, 정(定)과 혜(慧)의 지혜(智慧)가 깊어질 뿐, 정(定)과 혜(慧)의 속성(屬性)을 벗어나지 않는다. 정(定)의 최상정(最上定)이 구경열반(究竟涅槃)인 대반열반(大般涅槃)이며, 혜(慧)의 최상각(最上覺)이 아뇩다라삼먁삼보리(阿耨多羅三邈三

菩提)이다.

　　정(定)의 지(智)는 부동열반지(不動涅槃智)이며, 혜(慧)의 지(智)는 원융보리,각명지(圓融菩提,覺明智)이다. 전변지혜성품(轉變智慧性品) 중에, 부동지(不動智)는, 제9식(第九識) 무명함장식(無明含藏識)이 타파(打破)되어 멸(滅)한 불승(佛乘)의 심부동,대열반성지(心不動,大涅槃性智)이다. 전변지혜성품(轉變智慧性品) 중에, 무위동각최상지(無爲動覺最上智)는, 제8식(第八識) 능소출입식(能所出入識)이 타파(打破)되어 멸(滅)한 일불승(一佛乘)의 원융각명,대원경지(圓融覺明,大圓鏡智)이다. 일불승(一佛乘)과 불승(佛乘)이 아직, 불지(佛智)에 들지 못하고 있는 까닭[緣由]이, 일체초월(一切超越) 절대중(絕對中) 절대성(絕對性)의 본성(本性)을 벗어난 무위부동열반성(無爲不動涅槃性)과 무위각명보리성(無爲覺明菩提性)에 치우쳐 있기 때문이다.

　　만약(萬若), 일불승(一佛乘)과 불승(佛乘)에게, 열반(涅槃)과 보리(菩提)를 둘[二] 다 초월(超越)한 것이 불성(佛性)이라고 하면, 일불승(一佛乘)과 불승(佛乘)은, 열반(涅槃)과 보리(菩提)를 둘[二] 다 초월(超越)한 불성(佛性)이 어떤 성품(性品)인지도 모르며, 또한, 열반(涅槃)과 보리(菩提)를 둘[二] 다 초월(超越)하려면, 어떻게 해야 하는지 알 수가 없다. 왜냐하면, 증득(證得)과 취사(取捨)에 의한 지혜(智慧)만 알고 있을 뿐, 증득(證得)과 취사(取捨)도 끊어졌고, 열반(涅槃)과 보리(菩提)도 끊어져 멸(滅)한 초월성(超越性)과 또한, 열반(涅槃)과 보리(菩提)의 대(對)도 끊어져 멸(滅)한 절대성(絕對性)과 그리고, 열반(涅

槃)과 보리(菩提)에도 치우침이 없는 절대중(絶對中)이란 성품(性品)을, 일불승(一佛乘)과 불승(佛乘)의 지혜(智慧)로는 알 수가 없다. 왜냐하면, 자기(自己) 증득지혜(證得智慧)의 한계성(限界性)을 벗어난 뜻[義]의 언어(言語)이며, 자기(自己) 증득지혜(證得智慧)로는 알 수 없는, 초월(超越)의 성품(性品)이기 때문이다.

그러면, 무엇에도 치우침 없는 일체초월(一切超越) 본성(本性)을 벗어나, 열반(涅槃)과 보리(菩提)에 치우쳐, 아직, 불성(佛性)을 보지 못하는, 일불승(一佛乘)과 불승(佛乘)에게, 열반(涅槃)과 보리(菩提)도 초월(超越)해, 열반(涅槃)과 보리(菩提)에도 치우침 없는 불성(佛性)을, 어떻게 깨우치도록 해야 할까? 원융각명보리(圓融覺明菩提)에 치우친 일불승(一佛乘)에게는, 원융각명보리(圓融覺明菩提)도 타파(打破)해 멸(滅)한 무생열반(無生涅槃)에 증입(證入)하게 하고, 부동대열반성(不動大涅槃性)에 치우친 불승(佛乘)에게는, 부동대열반성(不動大涅槃性)도 타파(打破)해 멸(滅)한 무생보리(無生菩提)에 증입(證入)하게 해야 할 것이다. 왜냐하면, 열반(涅槃)과 보리(菩提)에 치우쳐 있으니, 자기(自己)가 치우친 열반(涅槃)을 보리(菩提)로 벗어나게 하고, 보리(菩提)를 열반(涅槃)으로 벗어나도록 해야할 것이다.

그러면, 열반(涅槃)에 치우친 열반(涅槃)을 벗어나는 보리(菩提)의 법(法)은 어떤 것이며, 또한, 보리(菩提)에 치우친 보리(菩提)를 벗어나는 열반(涅槃)의 법(法)은 어떤 것일까? 이것에는, 다양(多樣)한 지혜(智慧)와 다양(多樣)한 수행법(修行法)이 있을 수가 있다. 다양(多

樣)한 지혜(智慧)와 다양(多樣)한 수행법(修行法)이 곧, 치우친 열반 (涅槃)을 타파(打破)해 열반(涅槃)을 벗어나게 하고, 치우친 보리(菩提)를 타파(打破)해 보리(菩提)를 벗어나게 하는, 일체초월(一切超越)의 지혜수행법(智慧修行法)이다. 적멸부동지(寂滅不動智)인 열반성(涅槃性)에 증입(證入)한 수행자(修行者)에게는, 일체(一切)가 멸(滅)한 열반성(涅槃性)이 곧, 멸(滅)한 멸상(滅相)이 없음을 여실관(如實觀)으로 깨닫게 하여, 열반(涅槃)이 타파(打破)되어 벗어나, 일체초월(一切超越) 본성(本性)을 깨달아 불성(佛性)에 증입(證入)하게 하며, 그리고 또한, 각성각명(覺性覺明)의 보리성(菩提性)에 증입(證入)한 수행자(修行者)에게는, 일체(一切)가 원융(圓融)한 원융각명보리성(圓融覺明菩提性)이, 원융각명(圓融覺明)의 지혜상(智慧相)이 없음을 여실관(如實觀)으로 무생(無生)임을 깨닫게 하여, 보리(菩提)가 타파(打破)되어 벗어나, 일체초월(一切超越) 본성(本性)을 깨달아 불성(佛性)에 증입(證入)하게 해야 한다.

왜냐하면, 일불승(一佛乘)과 불승(佛乘)의 지혜(智慧)는, 이미, 유위(有爲)의 생멸상(生滅相)을 벗어났어도, 무위지혜상(無爲智慧相)인 열반(涅槃)에 치우친 지혜(智慧)의 견(見)과 상(相)과 그리고, 보리(菩提)에 치우친 지혜(智慧)의 견(見)과 상(相)이 있기 때문이다. 그러므로, 일체초월(一切超越) 절대성(絶對性) 불성불지(佛性佛智)에 증입(證入)하기 전(前)에는, 일체지혜(一切智慧)가 유위상견(有爲相見)과 또는, 무위지혜견(無爲智慧見)에 치우침이 있다. 일체(一切) 치우침을 벗어난 일체초월지혜(一切超越智慧)가 곧, 불성(佛性)에 증입(證入)한 불지(佛

智)이다. 그러므로, 일체초월(一切超越) 불지(佛智)에 증입(證入)하기 전(前)에는, 일체초월,절대성(一切超越,絕對性) 본성(本性)인 불성(佛性)을 알 수가 없다. 일체초월성(一切超越性) 불성(佛性)을 보지도, 알지도 못하는 2종성(二種性)이 있으니, 무명중생종성(無明衆生種性)과 무위보살종성(無爲菩薩種性)이다. 제불(諸佛)은, 불성여래종성(佛性如來種性)이다.

그리고, 공성지혜(空性智慧)의 무위보살(無爲菩薩)은, 유위(有爲)를 벗어난 무위(無爲)의 차별성품(差別性品)에 치우쳐 있으므로, 유위(有爲)의 일체상(一切相)과 무위(無爲)의 일체차별지혜(一切差別智慧)도 타파(打破)되어 멸(滅)한 절대중(絕對中)인 절대성(絕對性)이며, 불성(佛性)인 무생본성(無生本性)을 알 수가 없다. 삼매(三昧)와 지혜(智慧), 이 또한, 불성(佛性)인 절대성(絕對性)을 벗어나, 삼매(三昧)와 지혜(智慧)의 두[二] 성품(性品)에 치우친 것이므로, 삼매(三昧) 속에 있거나, 지혜(智慧) 속에 있으면, 삼매(三昧)와 지혜(智慧)가 둘[二] 다 끊어져 없는 절대성(絕對性)인 불성(佛性)이, 어떤 성품(性品)인지를 알 수가 없다.

왜냐하면, 식(識)과 심(心)과 견(見)과 지혜(智慧)와 또한, 수행심(修行心)이 유위(有爲) 또는, 무위(無爲)의 차별지견상(差別知見相)에 치우쳐 있기 때문이다. 그리고, 유무상심상견(有無相心相見)에 의지(依支)해 기생(寄生)함이 중생심식세계(衆生心識世界)이며, 무위공심무위견(無爲空心無爲見)에 의지(依支)해 기생(寄生)함이 보살무위세계(菩薩

無爲世界)이다. 그러므로, 일체유무, 상심상견(一切有無, 相心相見)이 타파(打破)되어 끊어지면[滅], 일체유무, 상심상견(一切有無, 相心相見)에 의지(依支)해 기생(寄生)하던, 중생제식심(衆生諸識心)이 끊어져, 흔적(痕迹) 없이 멸(滅)한다. 그리고 또한, 일체무위, 공심무위견(一切無爲, 空心無爲見)이 타파(打破)되어 끊어지면[滅], 일체무위, 공심무위견(一切無爲, 空心無爲見)에 의지(依支)해 기생(寄生)하던, 보살일체, 무위지혜, 차별심(菩薩一切, 無爲智慧, 差別心)이 끊어져, 흔적(痕迹) 없이 멸(滅)한다.

왜냐하면, 무명중생심(無明衆生心)과 무위보살지혜(無爲菩薩智慧)가, 일체초월, 절대성(一切超越, 絕對性) 본성(本性)을 벗어나, 상(相)과 견(見)과 지혜(智慧)에 치우침으로 생기(生起)한 환식차별세계(幻識差別世界)이기 때문이다. 그러므로, 일체중생심(一切衆生心)은, 일체유무, 상심상견(一切有無, 相心相見)에 의지(依支)해 기생(寄生)하는 식심(識心)이며, 그리고 또한, 일체보살, 지혜견(一切菩薩, 智慧見)은 일체무위, 공심무위견(一切無爲, 空心無爲見)에 의지(依支)해 기생(寄生)하는 지혜심(智慧心)이다. 그러므로 만약, 일체초월, 절대성(一切超越, 絕對性) 불성(佛性)에 증입(證入)하면, 상(相)과 견(見)과 지혜(智慧)의 일체(一切)에 치우침이 끊어져 멸(滅)해, 무명중생, 일체제식(無明衆生, 一切諸識)과 보살전변, 일체차별, 무위지혜(菩薩轉變, 一切差別, 無爲智慧)가 끊어져, 흔적(痕迹) 없이 타파(打破)되어 멸(滅)한다. 그러므로, 일체초월(一切超越) 불지(佛智)에 증입(證入)하면, 일체초월, 절대성(一切超越, 絕對性)이며, 일체초월, 절대중(一切超越, 絕對中)의 불성(佛性)을 명확(明確)히, 명료(明了)하게 확연(確然)히, 확인(確認)하게 된다.

유위심(有爲心)만 상견상심(相見相心)이 아니다. 무위심(無爲心)도 무위상견상심(無爲相見相心)이다. 그러므로, 유위(有爲)와 무위(無爲)가 둘[二] 다 끊어져 멸(滅)해야, 일체초월(一切超越) 절대중(絶對中), 절대성(絶對性)인 불성(佛性)을 깨닫게 된다. 그러므로, 공성지혜(空性智慧) 속에 있는 보살(菩薩)도, 유위(有爲)와 무위(無爲)가 둘[二] 다 타파(打破)되어 멸(滅)한 절대성(絶對性)인 불성(佛性)을 깨닫지 못하므로, 일체초월성(一切超越性) 불성(佛性)에 증입(證入)하지 못해, 무위공성,차별지혜(無爲空性,差別智慧)인 무위보살지(無爲菩薩智)에 머물러 있다. 일체초월성(一切超越性) 불성(佛性)을 깨닫지 못해, 일체초월(一切超越) 불지(佛智)에 증입(證入)하지 못한 수행자(修行者)나 지혜자(智慧者)는, 무위(無爲)를 불성(佛性)인 줄 알고 있는 사람도 있다.

이는, 아직, 일체초월(一切超越) 불성(佛性)을 깨닫지 못한 지혜미완(智慧未完)으로, 불성(佛性)에 대해 유추(類推)와 추정(推定)에 의한, 미혹(迷惑)의 왜곡지견(歪曲知見)이다. 무위(無爲)와 일체초월(一切超越) 불성(佛性)의 차별(差別)을 명확(明確)히 알려면, 일체초월성(一切超越性) 불성(佛性)을 깨달아, 일체초월(一切超越) 불지(佛智)에 증입(證入)해야만 무위(無爲)와 일체초월(一切超越) 불성(佛性)의 차별성(差別性)을 명확(明確)히 알게 된다. 무위(無爲)는, 유위상견(有爲相見)이 타파(打破)된 공성지혜(空性智慧)이며, 일체초월(一切超越) 불성(佛性)

은 무위공성(無爲空性)도 타파(打破)되어 멸(滅)한, 일체초월(一切超越) 절대성(絕對性)이다. 아직, 일체초월성(一切超越性) 불성(佛性)을 깨닫지 못해, 무위공성(無爲空性)의 차별차원지혜(差別次元智慧)의 수순행(隨順行) 속에 머물러 있음이 보살지(菩薩智)이며, 일체무위지혜(一切無爲智慧)도 타파(打破)해 벗어나, 일체초월(一切超越) 불성(佛性)에 증입(證入)함으로, 불지(佛智)에 증입(證入)하게 된다.

만약(萬若), 무위(無爲)와 일체초월(一切超越) 불성(佛性)의 차별성(差別性)을 깨닫지 못하거나, 명확(明確)히 밝게 가름하지 못함은, 아직, 유위차별,상심상견(有爲差別,相心相見)이나 무위,차별지혜,상견(無爲,差別智慧,相見) 속에 있기 때문이다. 일체유위,상심상견(一切有爲,相心相見)은 생멸유무,상심상견(生滅有無,相心相見)이며, 일체, 무위지혜,상견(一切,無爲智慧,相見)은 일체,무위지혜(一切,無爲智慧)인 공(空), 무아(無我), 무상(無相), 무주(無住), 열반(涅槃), 진여(眞如), 보리(菩提) 등(等)의 무생법인지(無生法忍智)의 무위지혜,차별세계(無爲智慧,差別世界)이다. 그러나, 어떤 경우(境遇)에는 불성(佛性)을, 무위(無爲)라고도 설(說)함은, 중생의식계(衆生意識界)를 수용(受容)한, 무명중생구제(無明衆生救濟)를 위한 여래대비(如來大悲)의 밀장비밀심(密藏秘密心)인, 선교방편설(善巧方便說)이다. 그리고 또한, 여실불성(如實佛性)을 무위(無爲)라고 할 때에는, 유위(有爲)의 대(對)인 무위(無爲)가 아닌, 유위(有爲)와 무위(無爲)를 둘(二) 다 초월(超越)한, 무생본연결정성(無生本然結定性)을 일컬음이다. 이는 곧, 일체초월(一切超越) 절대성(絕對性)이며, 여래성(如來性)인 불성인(佛

性印)이다.

　왜냐하면, 유위(有爲)와 무위(無爲)는 대(對)의 차별2법(差別二法)이며, 유위(有爲)를 벗어나 무위(無爲)에 듦[入]은, 취사(取捨)와 증득(證得)의 세계(世界)이기 때문이다. 그러나, 일체초월(一切超越) 불성(佛性)은, 일체(一切) 상(相)와 공(空), 유위(有爲)와 무위(無爲)의 일체2법(一切二法)과 일체취사(一切取捨)와 일체증득(一切證得)이 끊어져 멸(滅)한, 일체초월(一切超越) 절대중(絕對中)이며 절대성(絕對性)이기 때문이다. 절대중(絕對中)은 곧, 절대성(絕對性)이며, 절대성(絕對性)은 곧, 절대중(絕對中)이다. 이는 곧, 일체초월(一切超越) 본성(本性)이며, 불성(佛性)이다. 무위(無爲)는, 일체초월(一切超越) 절대중(絕對中)인 절대성(絕對性)을 벗어나 무위공성(無爲空性)에 치우쳐 있으므로, 무위(無爲)를 일컬으려면, 유위(有爲)를 일컫게 된다.

　왜냐하면, 무위(無爲)는 유위(有爲)와 대(對)를 이루고 있기 때문이다. 무엇이든, 대(對) 속에 있는 것은, 일체초월(一切超越) 절대중(絕對中)인 절대성(絕對性)을 벗어난 치우침이다. 대(對)를 비유(譬喩)하면, 만약(萬若), 선(善)을 일컬으려면, 악(惡)을 일컫게 됨은, 선(善)과 악(惡)은 대(對)를 이루고 있기 때문이다. 또한, 밝음을 일컬으려면, 어둠을 일컬어야 됨은, 밝음과 어둠은 대(對)를 이루고 있기 때문이다. 그러나, 불성(佛性)은 유위(有爲)와 무위(無爲)를 둘[二] 다 벗어난 일체초월성(一切超越性), 절대중(絕對中) 절대성(絕對性)이므로, 불성(佛性)은, 유위(有爲)도 초월(超越)했고 또한, 무위(無爲)도 초월(超越)하여, 일체대(一切對)를 벗어난 일체초월(一切超越) 절대중(絶對中)의 성품(性品)이며, 절대성(絶對性)의 성품(性品)이다.

●6조단경(六祖壇經)의 중도(中道)

6조단경(六祖壇經)에 "만약(萬若), 어떤 사람이 너에게 법(法)의 뜻을 묻되, 유(有)를 물으면 무(無)로써 대답(對答)하고, 범(凡)을 물으면 성(聖)으로 대답(對答)하고, 성(聖)을 물으면 범(凡)으로 대답(對答)하여, 두(二) 도(道)가 서로 인(因)하여 중도(中道)의 뜻이 살아나게 하라. 너희가 한번 물음에 한번 답(答)하되, 다른 물음에도 한결같이 이와같이 하면 곧, 법리(法理)를 잃지 않으리라. 혹, 어떤 사람이 묻기를, '무엇이 어두운 것이냐?' 하면 답하기를, '밝음은 바로 인(因)이며, 어둠은 바로 연(緣)이니 밝음이 없어진 것이 곧, 어둠이라고 하라.' 이는 밝음으로써 어둠을 나타내며, 어둠으로써 밝음을 나타내는 것이니, 오고 감이 서로 인(因)하여 중도(中道)의 뜻을 이루나니, 다른 물음에 대해서도 모두 이와같이 하라. 너희들이 다음에 법(法)을 전할 때에 마땅히 이와같이 서로 가르쳐 전하여 종지(宗旨)를 잃지 않도록 하라." 이 법(法)은, 2견심(二見心)이며 2견법(二見法)인 대(對)의 차별법(差別法)일 뿐, 불법(佛法)의 일체초월(一切超越) 불성중도(佛性中道)가 아니다. 그리고 이는, 불성(佛性)도, 불지(佛智)도 아니다. 왜냐하면, 아직, 대(對)의 차별심(差別心)이 타파(打破)되어 멸(滅)한, 일체초월(一切超越) 절대성(絶對性) 불성불지(佛性佛

智)가 아니기 때문이다.

　만약, 유(有)를 물으면 무(無)로써 대답(對答)하고, 범(凡)을 물으면 성(聖)으로 대답(對答)하고, 성(聖)을 물으면 범(凡)으로 대답(對答)하여도, 유무(有無)가 둘[二] 다 멸(滅)한 불성(佛性)을 알 수가 없고, 또한, 범(凡)과 성(聖)을 둘[二] 다 벗어난 불성(佛性)과 불지(佛智)를 알 수가 없다. 왜냐하면, 일체초월(一切超越) 절대중도(絕對中道)는, 유(有)와 무(無)를 둘[二] 다 초월(超越)했고, 또한, 범(凡)과 성(聖)을 둘[二] 다 초월(超越)했기 때문이다. 그리고 또한, 어둠[暗]도 상견(相見)이며, 밝음[明]도 상견(相見)이니, 어둠[暗]과 밝음[明]의 2견상(二見相)을 벗어나야, 어둠[暗]과 밝음[明]에도 걸림 없고, 물듦 없는, 일체초월(一切超越) 절대성(絕對性), 절대중(絕對中)의 청정불성(淸淨佛性)을 알 수가 있다. 그러므로, 유(有)와 무(無)를 둘[二] 다 밝게 알아도, 절대중(絕對中)의 불성(佛性)을 알 수가 없고, 또한, 어둠[暗]과 밝음[明]을 둘[二] 다 밝게 알아도 절대중(絕對中)의 불성(佛性)을 알 수가 없다. 그리고, 범(凡)과 성(聖)을 둘[二] 다 밝게 알아도, 절대중(絕對中)인 불성(佛性)을 알 수가 없다. 왜냐하면, 절대중(絕對中)인 불성(佛性)은, 유(有)와 무(無), 어둠[暗]과 밝음[明], 범(凡)과 성(聖)의 대(對)인, 둘[二] 다 끊어져 멸(滅)한, 일체초월,절대성(一切超越,絕對性)이기 때문이다. 그러므로, 2견2심(二見二心)의 사량분별(思量分別)로는, 일체초월(一切超越) 절대중(絕對中)의 불성(佛性)을 알 수가 없고, 또한, 일체초월(一切超越) 절대중도지(絕對中道智)인 불지(佛智)가 무엇인지를 알 수가 없다. 왜냐하면, 아직, 무명2견2심(無明

二見二心)을 벗어나지 못했기 때문이다. 만약(萬若), 분별(分別)할 것이 있거나, 증득(證得)한 지혜(智慧)가 있거나, 정(定)과 혜(慧)가 있거나, 시각(始覺)과 본각(本覺)이 있거나, 열반(涅槃)과 보리(菩提)가 있다면, 그 지혜(智慧)로는 절대중(絕對中)인 불성(佛性)을 알 수가 없다. 왜냐하면, 아직, 지혜상(智慧相)인, 대(對)의 분별2견2심(分別二見二心)을 벗어나지 못했기 때문이다.

일체초월(一切超越) 절대성(絕對性), 불성불지(佛性佛智)에는 범(凡)과 성(聖)이 둘[二] 다 끊어졌다. 그러므로, 일체초월(一切超越) 절대성(絕對性), 불성불지(佛性佛智)이다. 범(凡)과 성(聖)은 둘[二]이니, 범(凡)을 벗어난 성(聖), 또한, 초월(超越)해야, 일체초월(一切超越) 절대성(絕對性), 불성불지(佛性佛智)의 절대중(絕對中)을 깨닫게 된다. 일체초월(一切超越) 절대성(絕對性), 불성(佛性)과 불지(佛智), 이는, 범(凡)뿐만 아니라, 성(聖)도 끊어져 멸(滅)해, 초월(超越)했다. 그러므로, 범(凡)을 초월(超越)한 성(聖) 또한, 초월(超越)해야, 일체초월(一切超越) 절대성(絕對性), 불성(佛性)을 깨달으며, 또한, 일체초월(一切超越) 불지(佛智)가 무엇인지 확연(確然)히 알게 된다.

● 달마대사(達磨大師)의 실무공덕(實無功德)

양무제(梁武帝)와 달마대사(達磨大師)의 일화(逸話)에서, 양무제(梁武帝)가 일생(一生) 동안 절[寺]을 짓고, 공양(供養) 올리고 널리 보시

(布施)하며, 재(齋)를 베풀었는데 어떤 공덕(功德)이 있느냐의 물음에, 달마대사(達磨大師)는, 실무공덕(實無功德)이라고 했다. 6조단경(六祖壇經)에서 6조대사(六祖大師)는, 달마대사(達磨大師)의 실무공덕(實無功德)의 뜻을 말하되, 복(福)을 짓는 것과 성품(性品)을 보는 공덕(功德)은 다르다고, 복(福)과 공덕(功德)의 차별성(差別性)을 분별(分別)하였다. 달마대사(達磨大師)의 실무공덕(實無功德)의 뜻은, 복(福)이 많고 적음과 아무런 상관(相關)도 없고, 또한, 복(福)과 공덕(功德)이 같고 다름과 아무런 상관(相關)도 없는, 단지(但只), 복(福)의 성품(性品)이 이름[名]할 바 상(相)이 없는 청정실상(淸淨實相)인 중도실상(中道實相)의 불법지혜(佛法智慧)를 드러낸 것이다. 양무제(梁武帝)는 실무공덕(實無功德)을 상심(相心)으로 받아들여, 자기(自己)가 지은 복(福)이 하나도 없다는 뜻으로 해석(解釋)하였으며, 6조대사(六祖大師)는, 달마대사(達磨大師)의 뜻과 달리, 법(法)의 실상(實相)을 벗어난, 복(福)과 공덕(功德)이 다름을 분별(分別)하였다.

●6조단경(六祖壇經)의 정혜일체품(定慧一體品)

6조단경(六祖壇經)의 정혜일체품(定慧一體品)에, "정(定)은 혜(慧)의 체(體)이며, 혜(慧)는 정(定)의 용(用)이므로, 정(定)과 혜(慧)는 불이(不二)이니, 혜(慧)에 즉(卽)할 때에 정(定)이 혜(慧)에 있고, 정(定)에 즉(卽)할 때에 혜(慧)가 정(定)에 있다."고 한 것은, 아직, 정(定)과 혜(慧)가 둘[二] 다 끊어져 초월(超越)한 불지(佛智)가 아니다. 왜냐하면, 불성(佛性)은 대(對)의 성품(性品)인 정(定)과 혜(慧), 열반(涅槃)과 보리(菩提)도 끊어진 일체초월성(一切超越性)이기 때문이다. 6조단경(六祖壇經)의 정혜일체(定慧一體)와 정혜불이(定慧不二)의 지혜경계(智慧境界)는, 제8식(第八識) 능소출입식(能所出入識)이 타파(打破)되어 끊어져 멸(滅)한 전변지혜(轉變智慧)인 대원경지(大圓鏡智)이다. 대원경지(大圓鏡智)에 증입(證入)하면, 정(定)은 혜(慧)의 체(體)이며, 혜(慧)는 정(定)의 용(用)인 정혜불이(定慧不二)임을, 쌍차쌍조, 원융각명, 성품지혜(雙遮雙照, 圓融覺明, 性品智慧)로 정혜불이(定慧不二)의 여실성(如實性)을 깨닫게 된다.

그리고 또한, 6조단경(六祖壇經)의 내외명철(內外明徹)은, 무위동각(無爲動覺) 중에, 제8식(第八識) 능소출입식(能所出入識)이 타파(打破)되어 멸(滅)해, 능소(能所)가 없어, 안(內:能緣)과 밖(外:所緣) 없이 두루 밝은 원융각명, 대원경지(圓融覺明, 大圓鏡智)의 성품(性品)이다. 이 지혜성품(智慧性品)이 곧, 정혜불이(定慧不二)의 성품(性品)이다. 그러나, 일체초월(一切超越) 불지(佛智)에 증입(證入)하면, 내외명철(內外明徹)과 정혜불이(定慧不二)도 타파(打破)되어 초월(超越)하게 된다. 왜냐하면, 내외명철(內外明徹)은, 제8식(第八識) 능소출입식(能所出入識)이 끊어져 멸(滅)한, 능소(能所) 없는 대원각명, 지혜성품(大圓覺明, 智慧性品)인 무위동각지(無爲動覺智)이므로, 제9식(第九識) 무명함장식(無明含藏識)이 타파(打破)된 불승(佛乘)의 심부동, 대열반성지(心不動, 大涅槃性智)에 증입(證入)해도, 원융각명각성(圓融覺明覺性)인 내외명철(內外明徹)은 타파(打破)되어 초월(超越)하며, 또한, 일체초월, 절대성(一切超越,絕對性) 불지(佛智)에 증입(證入)하면, 내외명철(內外明徹)의 지혜(智慧)까지, 흔적(痕迹) 없이 끊어져 사라진다. 그리고, 정(定)은 혜(慧)의 체(體)이며, 혜(慧)는 정(定)의 용(用)인 정혜불이(定慧不二)는, 제8식(第八識) 능소출입식(能所出入識)이 타파(打破)되어 끊어져 멸(滅)한 전변지혜(轉變智慧)인 대원경지(大圓鏡智)의 정혜일체성품(定慧一體性品)이므로, 일체초월성(一切超越性) 불지(佛智)에 증입(證入)하면, 대원경지(大圓鏡智)의 정혜일체,지혜성품(定慧一體,智慧性品)과 내외명철(內外明徹)의 무위원융,각명성품(無爲圓融,覺明性品)이 타파(打破)되어 흔적(痕迹) 없이 사라진다.

그러므로, 내외명철(內外明徹)과 정혜불이일체(定慧不二一體)는, 제8식(第八識) 능소출입식(能所出入識)이 타파(打破)되어, 능소(能所)가 끊어진 대원경지(大圓鏡智)의 원융각명,각성지혜,성품세계(圓融覺明,覺性智慧,性品世界)이므로, 이는, 일체초월(一切超越) 절대성(絕對性) 불성(佛性)을 벗어나, 무위원융각성(無爲圓融覺性)에 치우친, 무위성품지혜(無爲性品智慧)이다. 6조단경(六祖壇經)의 전체(全體) 설(說)이 아직, 무위정혜2성(無爲定慧二性)을 벗어나지 못해, 일체초월성(一切超越性)인 불지일각(佛智一覺)을 드러내지 못했다. 이는, 좌선법(坐禪法)에도, 선(禪)은 안[內]과 밖[外]이 없음에도 선(禪)의 성품(性品)을 분별(分別)했다. 선(禪)의 성품(性品)은 선정(禪定)이 아니다. 선(禪)의 성품(性品)에는 선(禪)도 없고 정(定)도 없다. 왜냐하면, 선정(禪定)은 수행성품(修行性品)이기 때문이다. 그러므로, 본성(本性)과 불성(佛性)에는 선(禪)도 끊어졌고, 정(定)도 끊어졌다. 본성(本性)에는 선

(禪)도 끊어져 멸(滅)한 것이 본성정(本性定)이며, 정(定)도 끊어져 멸(滅)한 청정성품(淸淨性品)인 본성(本性)의 성품(性品)을 일러 선(禪)의 성품(性品)이라고 한다.

그러므로, 본성(本性)의 성품(性品)을 일러, 선(禪)의 성품(性品)이라 하여도, 본성(本性)에는 선(禪)의 성품(性品)도 끊어졌다. 선(禪)의 성품(性品)을 규정(規定)하면, 선(禪)이 아니다. 선(禪)은, 일체차별(一切差別)이 끊어져 멸(滅)해, 이(二)도, 그리고 일(一)도, 그리고 공(空)도 끊어진 일체초월(一切超越)의 성품(性品)이다. 만약(萬若), 이(二)나, 일(一)이나, 공(空)이 있으면, 그것은, 선(禪)의 성품(性品)을 벗어난 분별(分別)이 있음이니, 그 망심(妄心)을 일러 선(禪)이라 하지 않는다. 선(禪)은 공(空)도 끊어졌다. 그러므로, 본성(本性)의 성품(性品)을 일러, 선(禪)의 성품(性品)이라고 한다. 무엇이든 의지(依支)한 바인 머무름이나 바탕이 있으면 치우침이니, 선(禪)이 아니다. 그러므로, 불성(佛性)에 증입(證入)하지 않으면, 대(對)의 분별2견심(分別二見心)을 벗어나지 못함이니, 선(禪)의 성품(性品)은, 일체(一切) 분별(分別)의 머무름[住]인, 상(相)과 심(心)과 지혜(智慧)와 성품(性品)의 일체(一切) 대(對)의 분별2견심(分別二見心)인 이(二)도, 그리고, 이(二) 없는 일(一)도, 그리고, 일(一) 없는 공(空)도 끊어졌다.

금강삼매경(金剛三昧經)에 선(禪)의 성품(性品)에 대한 구절(句節)이 있어, 소개(紹介)하고자 한다.

금강삼매경요해(金剛三昧經了解)의 126구절(句節)

心王菩薩言 禪能攝動 定諸幻亂 云何不禪

심왕보살언 선능섭동 정제환란 운하불선

심왕보살이 말씀 사뢰오며 여쭈옵기를, 선(禪)은, 능히 동(動)함을 다스리며, 모든[諸:五陰諸識] 환란(幻亂)을 고요하게 함이온데, 어찌하여, 선(禪)도 아니라고 하시옵니까?

금강삼매경요해(金剛三昧經了解)의 127구절(句節)

佛言 菩薩 禪卽是動 不動不禪 是無生禪

불언 보살 선즉시동 부동불선 시무생선

부처님께옵서 말씀하옵기를, 보살이여! 선(禪)이 곧, 그러함은 동(動)이니라. 동(動)이 없어, 선(禪)도 없는 이것이, 무생선(無生禪)이니라.

금강삼매경요해(金剛三昧經了解)의 128구절(句節)

禪性無生 離生禪相 禪性無住 離住禪動 若知禪性

선성무생 이생선상 선성무주 이주선동 약지선성

無有動靜 卽得無生

무유동정 즉득무생

선(禪)의 성품(性品)이 무생(無生)이므로, 선(禪)의 모습이나, 생(生)함을 벗어나야, 선(禪)의 성품인, 머무름이 없음이니라. 선(禪)이, 동(動)함이나 머무름을 벗어나 만약(萬若), 선(禪)의 성품(性品)을 깨달으면, 움직임[動]도, 고요함[靜]도 멸(滅)해 곧, 무생(無生)을 얻느니라.

금강삼매경요해(金剛三昧經了解)의 129구절(句節)

無生般若 亦不依住 心亦不動 以是智故 故得無生般若波羅蜜

무생반야 역불의주 심역부동 이시지고 고득무생반야바라밀

무생(無生) 반야(般若) 또한, 무엇에 의지(依支)하거나 머무름이 없으므로, 마음이 역시(亦是), 동(動)함이 없어, 이러한 지혜(智慧)인 까닭[緣由]에 그러므로, 무생(無生)인 반야바라밀(般若波羅蜜)을 얻느니라.

금강삼매경요해(金剛三昧經了解)의 130구절(句節)

心王菩薩言 尊者 無生般若 於一切處無住 於一切處無離

심왕보살언 존자 무생반야 어일체처무주 어일체처무리

心無住處 無處住心

심무주처 무처주심

심왕보살이 말씀 사뢰옵기를, 세존이시여! 무생(無生) 반야(般若)는, 일체처(一切處)에 머묾이 멸(滅)해, 일체처(一切處)를 벗어남도 없고, 마음이 머무른 곳도 없어, 어느 곳에 머무를 마음도 끊어졌사옵니다.

금강삼매경요해(金剛三昧經了解)의 131구절(句節)

無住無心 心無生住 如此住心 卽無生住

무주무심 심무생주 여차주심 즉무생주

머무름도 끊어지고, 마음[受想行識]도 없으니, 마음을 일으키거나 머묾도 없사옵니다. 이렇게 머무른 마음, 여(如)이니 곧, 생(生)도, 머무름도 없사옵니다.

●5분법신향(五分法身香)

　5분법신향(五分法身香)은 ①계향(戒香), ②정향(定香), ③혜향(慧香), ④해탈향(解脫香), ⑤해탈지견향(解脫知見香)이다. 5분법신향(五分法身香)은 청정본성5분향(淸淨本性五分香)이니, 5분법신향(五分法身香)은 청정,본성수순,해탈5분향(淸淨,本性隨順,解脫五分香)이다. ①계향(戒香)은, 청정본성수순행(淸淨本性隨順行)이다. ②정향(定香)은, 청정본성수순정(淸淨本性隨順定)이다. ③혜향(慧香)은, 청정본성수순지혜(淸淨本性隨順智慧)이다. ④해탈향(解脫香)은, 청정본성수순해탈심(淸淨本性隨順解脫心)이다. ⑤해탈지견향(解脫知見香)은, 청정본성수순해탈지(淸淨本性隨順解脫智)이다. 이는, 청정법신(淸淨法身)인 청정본성수순(淸淨本性隨順)의 행(行), 정(定), 혜(慧), 해탈심(解脫心), 해탈지(解脫智)의 청정,본성수순,5법향(淸淨,本性隨順,五法香)이다. 향(香)이란, 청정본성수순(淸淨本性隨順)의 청정법향(淸淨法香)이다. 이는, 청정법신5분향(淸淨法身五分香)으로 곧, 청정,법신여래장,무생공덕,수순행(淸淨,法身如來藏,無生功德,隨順行)인, 청정여래심(淸淨如來心)이며 청정여래향(淸淨如來香)이다. 청정법신(淸淨法身)은 일체무명악근(一切無明惡根)이 없어, 청정법신행(淸淨法身行)은 일체,불성공덕(一切,佛性功德)을 유발(誘發)함으로, 청정법신행(淸淨法身行)이 곧, 청정법신, 청정법향(淸淨法身,淸淨法香)이다.

　그러므로 향(香)이란, 청정불성(淸淨佛性)을 수순(隨順)하는 일체무생공덕행(一切無生功德行)이 곧, 향(香)이다. 만약(萬若), 5종법신향

(五種法身香)이 법신일향(法身一香)이 아니면, 5분(五分) 법신향(法身香)이 차별심(差別心)에 떨어진다. ①계향(戒香)은, 일체행(一切行)이 무주행(無住行)으로, 청정본성(清淨本性) 수순(隨順)의 자성행(自性行)이 계향(戒香)이다. ②정향(定香)은, 일체심(一切心)이 무생심(無生心)으로, 청정본성(清淨本性) 수순(隨順)의 자성정(自性定)이 정향(定香)이다. ③혜향(慧香)은, 일체견(一切見)이 무상심(無相心)으로, 청정본성(清淨本性) 수순(隨順)의 자성지혜(自性智慧)가 혜향(慧香)이다. ④해탈향(解脫香)은, 일체심(一切心)이 해탈심(解脫心)으로, 청정본성(清淨本性) 수순(隨順)의 해탈자성심(解脫自性心)이 해탈향(解脫香)이다. ⑤해탈지견향(解脫知見香)은, 일체지견(一切知見)이 해탈견(解脫見)으로, 청정본성(清淨本性) 수순(隨順)의 자성지견(自性智見)이 해탈지견향(解脫知見香)이다. 5분법신향(五分法身香)은, 불법총지(佛法總持)의 청정본성,수순지혜(清淨本性,隨順智慧)로 곧, 본성청정수순(本性清淨隨順)의 무생일심일행법(無生一心一行法)이다. 왜냐하면, 심(心)은, 5분(五分)할 수 없는 무생일심(無生一心)이니, 일심청정,원만해탈(一心清淨,圓滿解脫香)을 위해, 5분(五分)하여, 무생일심청정(無生一心清淨)의 법신향(法身香)을 설(說)했기 때문이다.

　앞에서 말한, 대반열반경(大般涅槃經)의 구절(句節)에서, 삼매(三昧)가 많은 자(者)는 곧, 지혜(智慧)를 닦게 하고, 만약(萬若), 지혜(智慧)가 많은 자(者)는 삼매(三昧)를 닦게 하여, 삼매(三昧)와 지혜(智慧)가 평등(平等)한 성품(性品)에 증입(證入)하게 함은, 만약(萬若), 무생본성(無生本性) 절대성(絕對性)을 벗어나, 삼매(三昧)와 지혜(智慧)에 치우쳐 있으면, 삼매(三昧)와 지혜(智慧)가 둘[二] 다 없는, 절대중(絕對中)이며 절대본성(絕對本性)인, 불성(佛性)을 알지 못하므로, 여래(如來)께옵서, 절대성(絕對性)을 벗어나, 삼매(三昧)에 치우친 자(者)에게는, 지혜(智慧)로 삼매(三昧)에 치우침을 벗어나 절대성(絕對性)인 불성(佛性)에 증입(證入)하게 하며, 또한, 절대본성(絕對本性)을 벗어나 지혜(智慧)에 치우친 자(者)에게는, 삼매(三昧)로 지혜(智慧)를 벗어나 절대본성(絕對本性)인 불성(佛性)에 증입(證入)하게 함이다. 여래(如來)께옵서, 그렇게 밖에 말할 수 없음은, 삼매(三昧)나 지혜(智慧)에 치우친 자(者)는, 일체초월(一切超越) 절대본성(絕對本性)을 벗어난 취사(取捨)와 증득(證得)의 차별성품(差別性品)과 차별지혜(差別智慧) 속에 있기 때문에, 삼매(三昧)도 지혜(智慧)도 둘[二] 다 끊어져 초월(超越)한, 일체초월(一切超越) 절대중(絕對中)이며 절대본성(絕對本性)인, 무생불성(無生佛性)의 성품(性品)을 알 수가 없기 때문이다.

이는, 삼매(三昧)에 치우쳐, 일체초월(一切超越) 절대본성(絕對本性)을 벗어나 있으므로, 지혜(智慧)로 삼매(三昧)에 치우침을 벗어나게 하고, 또한, 지혜(智慧)에 치우쳐, 일체초월(一切超越) 절대본성(絕對本性)을 벗어나 있으므로, 삼매(三昧)로 지혜(智慧)에 치우침을 벗어나게 한다. 만약(萬若), 절대본성(絕對本性)을 벗어나 그 어떤 지혜(智慧)에 머물러 있든, 삼매(三昧)와 지혜(智慧)가 둘[二] 다 끊어져 멸(滅)한, 일체초월(一切超越) 절대본성(絕對本性)인, 불가사의(不可思議) 여래장(如來藏), 무생공능성품(無生功能性品)인 불성(佛性)을 알 수가 없다. 그러므로, 삼매(三昧)와 지혜(智慧)가 둘[二] 다 끊어져 멸(滅)한, 일체초월(一切超越) 절대중(絕對中)의 불성(佛性)을, 어쩔 수 없이, 삼매(三昧)에도 지혜(智慧)에도 치우침 없는 성품(性品)인, 절대평등(絕對平等)이라고만 말할 수밖엔 없다. 삼매(三昧)와 지혜(智慧)가 평등(平等)함을 일러, 곧, 이름함이 버림[捨]이라고 함은, 버림[捨]이란, 곧, 삼매(三昧)와 지혜(智慧), 둘[二] 다 타파(打破)되어 초월(超越)해, 벗어남이다. 이는 일체초월(一切超越) 절대중(絕對中)인 불성(佛性)의 성품(性品)으로, 삼매(三昧)와 지혜(智慧), 그 무엇에도 치우침이 없는 일체초월(一切超越) 절대성(絕對性)을 일컬음이다.

지금(只今)도, 모든 수행자(修行者)들이, 지혜(智慧)의 2극성(二極性)인 정(定)과 혜(慧)의 수행(修行) 중, 수행심(修行心)에 따라, 또는, 수행인연사(修行因緣事)에 따라, 어느 것을 우선(于先) 선택(選擇)하게 된다. 하나는, 선정해탈법(禪定解脫法)인 삼매법(三昧法)이며, 또, 하나는, 견성해탈(見性解脫)의 지혜법(智慧法)이다. 이는 곧, 정(定)과 혜(慧)에 의지(依支)하거나 치우친, 지혜성품(智慧性品)의 2극성수행(二極性修行)이다. 불법수행(佛法修行)에 정(定)과 혜(慧), 2성법(二性法)으로, 수행(修行)에 증입(證入)하게 함은, 심(心)이 생(生)으로 산란(散亂)하고 혼란(混亂)하여, 일체초월(一切超越) 절대중(絕對中) 불성(佛性)을 벗어나, 무명중생고해(無明衆生苦海)에 듦[入]으로, 심(心)의 생(生)을 멸(滅)하고자, 삼매(三昧)와 열반(涅槃)의 정법(定法)으로, 심생(心生)을 멸(滅)한, 일체초월(一切超越) 절대중(絕對中) 불성(佛性)에 증입(證入)하게 한다. 그리고 또한, 심(心)이 상(相)에 머물러[住], 상심상견(相心相見)의 집착(執着)에서 벗어나지 못해, 일체초월(一切超越) 절대중(絶對中) 불성(佛性)을 벗어나 무명중생고해(無明衆生苦海)에 듦[入]으로, 일체상(一切相)의 실상(實相)인, 제법공성(諸法空性)을 깨닫는 견성지혜법(見性智慧法)으로, 일체상(一切相)이 공(空)한 실상(實相)을 깨달아, 상(相)에 머무름[住]의 집착(執着)인 상심상견(相心相見)을 벗어나, 일체초월(一切超越) 절대중(絶對中) 불성(佛性)에 이르게 한다.

그러므로, 정(定)과 혜(慧)의 2성법(二性法)인, 심생(心生)을 멸(滅)하는 부동열반법(不動涅槃法)과 상심(相心)을 벗어나는, 상(相)의 실상지혜(實相智慧)인 각성보리법(覺性菩提法)으로, 일체중생심(一切衆生心)을 벗어나는 수행법(修行法)의 근본(根本) 기틀[基本]을 건립(建立)한 것이다. 그러므로, 정(定)과 혜(慧), 열반(涅槃)과 보리(菩提) 등(等)의 일체수행법(一切修行法)은, 일체초월(一切超越) 절대중(絶對中) 절대성(絶對性)의 불성(佛性)을 벗어난 무명(無明)의 일체심생(一切心生)과 일체상(一切相)에 머무름[住]의 미혹(迷惑)인 일체상심(一切相心)을 멸(滅)하는, 지혜방편법(智慧方便法)이다. 그러나, 삼매(三昧)가 지극(至極)하여도 일체초월(一切超越) 절대중(絶對中) 불성(佛性)에 들지 못해, 삼매(三昧)에 치우치면 곧, 지혜(智慧)를 닦게 하여, 삼매(三昧)에 치우침을 벗어나게 하고, 그리고 또한, 지혜(智慧)가 지극(至極)하여도 일체초월(一切超越) 절대중(絶對中)에 들지 못해, 지혜(智慧)에 치우치면 곧, 삼매(三昧)를 닦게 하여, 지혜(智慧)에 치우침을 벗어나게 한다.

그리하여, 삼매(三昧)와 지혜(智慧)가 둘[二] 다 끊어져 벗어난 일체초월(一切超越) 절대성(絶對性), 절대중(絶對中) 본성(本性)인 청정절대성(淸淨絶對性)에 듦[入]으로, 이는, 일체상(一切相)과 일체견(一切見)과 일체심(一切心)과 일체삼매(一切三昧)와 일체지혜(一切智慧)를 모두, 초월(超越)해 벗어남으로, 이것을 이름[名]하여 버림[捨]이라 한다. 그러므로, 일체(一切)를 벗어난 일체초월(一切超越) 절대성(絶對性) 절대중(絶對中)에 듦[入]이 곧, 사(捨)이다. 사(捨)는 곧, 일체초월(一切超越) 본성(本性)인 불성(佛性)에 듦[入]으로, 일체(一切)가 끊어져 초월(超越)해 벗어남이다. 그러므로, 삼매(三昧)와 지혜(智慧)가 평등(平等)한 사(捨)는, 삼매(三昧)와 지혜(智慧)가 둘[二] 다 끊어져 초월(超越)한, 일체초월(一切超越) 본성(本性)인 불성(佛性)에 듦[入]이다. 그러므로, 삼매(三昧)와 지혜(智慧)가 평등(平等)한 사(捨)에는, 삼매(三昧)도 초월(超越)해 삼매(三昧)도 없고, 그리고 또한, 지혜(智慧)도 초월(超越)해 지혜(智慧)도 없다. 왜냐하면, 삼매(三昧)와 지혜(智慧)를 둘[二] 다 초월(超越)한, 일체초월(一切超越) 불성(佛性)인 절대성(絶對性)에 듦[入]이기 때문이다. 불법(佛法)의 지혜(智慧)는 정(定)과 혜(慧), 열반(涅槃)과 보리(菩提)도 아닌, 일체초월(一切超越) 절대성(絶對性), 곧, 불성(佛性)의 지혜(智慧)인, 불지(佛智)이다.

만약(萬若), 삼매(三昧)와 지혜(智慧)에 치우친, 법상견(法相見)이 있으면, 삼매(三昧)와 지혜(智慧)가 평등(平等)하다 하니, 이를, 삼매

(三昧)와 지혜(智慧)의 균등(均等)함을 생각[認識]할 수가 있다. 그러나 이는, 상심(相心)의 분별(分別)인 법상(法相)을 벗어나지 못한, 미혹상심상견(迷惑相心相見)일 뿐이니, 이는, 삼매(三昧)와 지혜(智慧)가 둘 다 끊어져 무생불이(無生不二)인, 일체초월(一切超越) 절대성(絕對性) 본연성품(本然性品)인, 무연절대본성,무상무생평등성(無然絕對本性,無相無生平等性)의 절대중(絕對中)을 모르기 때문이다. 상심(相心)과 법상(法相)을 벗어나지 못해, 삼매(三昧)와 지혜(智慧)에 치우치면, 삼매(三昧)와 지혜(智慧)가 둘[二] 다 끊어져 벗어난 일체초월(一切超越) 절대중(絕對中)인 절대성(絕對性)을 모르기에, 삼매(三昧)에 치우친 자(者)에게는, 삼매(三昧)에 치우친 성품(性品)을 벗어나게 하고자, 지혜(智慧)로 삼매(三昧)를 벗어난 사(捨)에 증입(證入)하게 하며, 또한, 지혜(智慧)에 치우친 자(者)에게는, 지혜(智慧)에 치우친 성품(性品)을 벗어나게 하고자, 삼매(三昧)로 지혜(智慧)를 벗어난 사(捨)에 증입(證入)하게 함이다.

일체(一切)를 벗어난 버림인 사(捨)란, 일체(一切)가 끊어져 멸(滅)한 성품(性品), 일체초월(一切超越) 절대중(絕對中)인 절대성(絕對性)에 듦[入]이다. 이는, 삼매(三昧)와 지혜(智慧)의 균등(均等)이 아니라, 삼매(三昧)와 지혜(智慧)가 둘[二] 다 끊어져 초월(超越)한, 일체초월(一切超越) 절대성(絕對性) 청정본연본성(淸淨本然本性)이며, 청정본연불성(淸淨本然佛性)이다. 무엇에도 치우침 없는 일체초월(一切超越) 절대중(絕對中)인 본성(本性)을 일러, 삼매(三昧)와 지혜(智慧)가 평등(平等)한 성품(性品)이라고 함은, 이는 곧, 본연성품(本然性品)인 절대성(絕對性)이며, 일체초월,무생본성(一切超越,無生本性)을 일컬음이다. 이는, 삼매(三昧) 중, 일체차별삼매(一切差別三昧)가 끊어져 멸(滅)한 절대성,무상삼매(絕對性,無上三昧)인 본연,무생부동,대열반성(本然,無生不動,大涅槃性)이다. 또한, 본연성품,절대성(本然性品,絕對性)은 무생본성(無生本性)이니, 일체상(一切相)에 머묾이 없어, 지혜(智慧) 중, 일체차별지혜(一切差別智慧)가 끊어져 멸(滅)한 절대성, 무상지혜(絕對性,無上智慧)인 본연,무생각명,보리성(本然,無生覺明,菩提性)이다. 그러나, 청정본연성품(淸淨本然性品)인 절대성(絕對性)은, 일체삼매(一切三昧)와 일체지혜(一切智慧)가 모두, 끊어져 벗어난, 일체초월(一切超越) 무생결정성(無生結定性)이므로, 일체초월(一切超越) 절대중(絕對中), 일체초월성(一切超越性)이니, 곧, 사(捨)라고 함이다.

절대중(絕對中)인 본성(本性)에는, 삼매(三昧)가 있어, 삼매평등(三昧平等)이 아니며, 지혜(智慧)가 있어, 지혜평등(智慧平等)이 아니다. 또한, 삼매(三昧)와 지혜(智慧)가 둘[二] 다 있어, 삼매(三昧)와 지혜(智慧)가 평등(平等)한 것이 아니다. 삼매(三昧)도 끊어져 멸(滅)한 절대성(絕對性), 그 성품(性品)이 곧, 삼매(三昧)의 무생본연실상(無生本然實相)이며, 지혜(智慧)가 멸(滅)한 절대성(絕對性), 그 성품(性品)이 곧, 지혜(智慧)의 무생본연실상(無生本然實相)이다. 그러므로, 일체초월(一切超越) 절대성(絕對性) 절대중(絕對中)에는, 삼매(三昧)와 지혜(智慧)가 둘[二] 다 끊어져 멸(滅)한 성품(性品)인, 일체초월(一切超越) 절대성(絕對性)이 곧, 일체삼매(一切三昧)의 무생본연실상(無生本

然實相)이며, 일체지혜(一切智慧)의 무생본연실상(無生本然實相)이다. 그러므로, 일체초월(一切超越) 절대성(絕對性), 절대중(絕對中)의 불성(佛性)에는, 삼매(三昧)와 지혜(智慧)가 둘[二] 다 끊어져 멸(滅)해, 삼매(三昧)와 지혜(智慧)가 하나인, 평등(平等)도 멸(滅)한 절대성(絕對性)이다. 이것이, 삼매(三昧)와 지혜(智慧)가 무상평등(無上平等)인 절대성(絕對性)이며, 절대중(絕對中)이다. 그러므로, 이 일체초월(一切超越) 절대성(絕對性)은, 일체중생(一切衆生)도 알 수가 없고, 일체보살(一切菩薩)도 알 수가 없는, 일체초월(一切超越) 성품(性品)인, 불가사의(不可思議) 여래성품(如來性品)인 불성(佛性)이다. 이는, 일체(一切)를 벗어난 일체초월성(一切超越性)이므로, 이것을 이름[名]하여, 일체(一切)를 벗어났으므로, 일체(一切)가 끊어져 벗어난 사(捨)라고 한다. 사(捨)는 곧, 삼매(三昧)와 지혜(智慧)를 둘[二] 다 초월(超越)한, 일체초월(一切超越) 불성(佛性)이다.

대반열반경(大般涅槃經), 제28권 사자후보살품4(師子吼菩薩品之四) 구절(句節)의 말씀이다.

"선남자여! 10주(十住:十地) 보살은 지혜(智慧)의 힘이 많고 삼매(三昧)의 힘이 적으므로, 이런 까닭[緣由]에, 불성(佛性)을 분명(分明)하게 보지 못하고, 성문(聲聞)과 연각(緣覺)은 삼매(三昧)의 힘은 많고 지혜(智慧)의 힘은 적으므로, 이 인연(因緣)으로, 불성(佛性)을 보지 못하고, 제불(諸佛) 세존(世尊)은 정(定)과 혜(慧)가 평등(平等)한 까닭

[緣由]으로, 명확(明確)히 불성(佛性)을 봄이 걸림 없음이, 마치 손바닥에 있는 아마륵 열매를 봄과 같으므로, 불성(佛性)을 보는 것이, 상(相)을 버림[捨]이라 이름하느니라."

"善男子 十住菩薩 智慧力多 三昧力少 是故不得明見佛性 聲聞緣覺 三昧力多 智慧力少 以是因緣 不見佛性 諸佛世尊 定慧等故 明見佛性 了了無导 如觀掌中菴摩勒果 見佛性者 名爲捨相"

정(定)도, 혜(慧)도 끊어진, 절대(絕對) 불이성(不二性)이어야, 일체초월(一切超越) 불성(佛性)을 깨닫게 된다. 왜냐하면, 불성(佛性)은, 일체초월(一切超越) 절대중(絕對中)인 정혜불이성(定慧不二性)이기 때문이다. 정(定)의 수행(修行)은, 심생(心生)을 멸(滅)해, 일체초월(一切超越) 절대중(絕對中), 불성(佛性)에 들기 위함이며, 또한, 혜(慧)의 수행은, 상(相)에 머무름[住]의 미혹(迷惑)을 벗어나, 일체초월(一切超越) 절대중(絕對中), 불성(佛性)에 들기 위함이다. 정혜(定慧)는 수행2문(修行二門)이니, 정문(定門)은 심생(心生)을 멸(滅)한 열반부동성(涅槃不動性)으로, 절대중(絕對中)의 불성(佛性)에 드는 선정법(禪定法)이며, 혜문(慧門)은 5온(五蘊)의 실상(實相)을 깨달아, 상(相)에 머묾 없는 청정자성지혜(淸淨自性智慧)로, 절대중도(絕對中道)의 불성(佛性)에 드는 견성법(見性法)이다.

그러나, 열반선정법(涅槃禪定法)과 자성견성법(自性見性法)이, 심생(心生)과 상심(相心)의 미혹(迷惑)을 멸(滅)하는 수행(修行)일 뿐, 그 자체(自體)가, 일체초월성(一切超越性) 본성(本性)에 증입(證入)하는 지혜(智慧)는 아니다. 그러므로, 본성(本性)인 불성(佛性)에 증입(證入)할 때에는, 수행지혜(修行智慧)의 대(對)의 2극성(二極性)인, 정(定)과 혜(慧)를 둘[二] 다 초월(超越)한 절대성(絕對性)인, 정혜불이(定慧不二)의 절대중(絕對中)에 듦[入]으로, 일체초월(一切超越) 본성(本性)인 불성(佛性)에 증입(證入)하게 된다. 정혜불이성(定慧不二性)은, 정(定)과 혜(慧)에 치우침을 초월(超越)해, 정(定)과 혜(慧)가 둘[二] 다 타파(打破)되어 끊어져 멸(滅)한, 일체초월(一切超越) 불이성(不二性)이다. 이는 곧, 정혜(定慧)를 초월(超越)한, 일체초월(一切超越) 절대성(絕對性) 절대중(絕對中)이며, 이는 곧, 청정불성(淸淨佛性)이다. 보살(菩薩)은, 지혜(智慧)의 미혹(迷惑)을 벗어나기 위해, 실상지혜법(實相智慧法)을 닦아, 지혜상승원만지(智慧上昇圓滿智)인 원융각명대각(圓融覺明大覺)에 머무르고, 성문(聲聞)과 연각(緣覺)은, 윤회업(輪廻業)과 생사심(生死心)을 멸(滅)하고자, 심생멸(心生滅)이 없는, 열반(涅槃)을 집착(執着)하므로, 윤회심(輪廻心)과 생멸심(生滅心)이 없는, 열반성(涅槃性)에 머무르게 된다.

그러나, 지혜상승원만지(智慧上昇圓滿智)인 원융각명대각(圓融覺明大覺)에 든[入] 보살(菩薩)이어도, 그 증득지(證得智)가, 일체초월(一切超越) 절대성(絕對性) 절대중(絕對中)을 벗어나, 지혜상(智慧相)에 치우쳐 있으므로, 일체초월(一切超越) 본성(本性)인 절대중(絕對中) 불성(佛性)을 깨닫지도, 그리고 보지도, 그리고 증입(證入)하지도 못한다. 또한, 성문(聲聞)과 연각(緣覺)은 삼매(三昧)와 열반(涅槃)을 집착(執着)해 머무름[住]으로, 그 삼매(三昧)와 열반(涅槃)의 성품(性品)이,

일체초월(一切超越) 절대성(絶對性) 절대중(絶對中)을 벗어나, 삼매(三昧)와 열반(涅槃)에 치우쳐 있으므로, 일체초월(一切超越) 본성(本性)인 절대중(絶對中) 불성(佛性)을 깨닫지도, 그리고 보지도, 그리고 증입(證入)하지도 못한다.

그러나, 제불(諸佛)은, 정(定)과 혜(慧), 열반(涅槃)과 보리(菩提)를 둘[二] 다 초월(超越)한, 일체초월(一切超越) 절대중(絶對中) 성품(性品)인, 청정본연,무연중,절대성(清淨本然,無然中,絶對性)인 까닭[緣由]으로, 불성(佛性)을 봄이 일체장애(一切障礙)가 없어, 마치 손바닥에 있는 아마륵 열매를 봄과 같다. 그러므로, 불(佛)이, 일체초월(一切超越) 불성(佛性)을 명확(明確)히 보는 까닭[緣由]은, 일체상(一切相)과 일체견(一切見)과 일체증득(一切證得)과 일체삼매(一切三昧)와 일체지혜(一切智慧)와 일체법(一切法) 그 무엇에도 치우침이 끊어져 멸(滅)한, 일체초월성(一切超越性)이기 때문이다. 그러므로, 일체초월(一切超越) 불성(佛性)은 곧, 일체(一切)를 초월(超越)한 절대성(絶對性)이므로, 불성(佛性)을 실견(實見)함은 곧, 일체(一切)를 초월(超越)하였음이다. 그러므로, 불성(佛性)을 봄을 이름[名]하여, 일체(一切) 상(相), 견(見), 깨달음, 증득(證得), 지혜(智慧), 열반(涅槃) 등(等)을 벗어남인, 버림[捨]이라고 한다. 사(捨)란, 곧, 취사(取捨) 중, 버림[捨]이 아니라, 취(取)와 사(捨)가 둘[二] 다 끊어져 초월(超越)한 일체초월성(一切超越性), 그 자체(自體)를 일컬음이다. 이는 곧, 일체초월(一切超越) 절대성(絶對性) 본성(本性)이며, 불성(佛性)이다. 불법(佛法)에서 지혜(智慧)는 곧, 불성(佛性)을 지혜(智慧)라 하며, 불성(佛性)에 증입

(證入)한 지혜(智慧)의 이름[名]이 불지(佛智)이다. 불지(佛智) 이외(以外)는, 일체(一切)가 차별지(差別智)이다. 그러므로, 불지(佛智)는 일체(一切) 차별지(差別智)를 벗어났으므로, 불지(佛智)를 일러, 일체초월(一切超越) 무상지혜(無上智慧)라고 한다.

그러므로, 일체초월(一切超越) 청정불성(淸淨佛性)은, 일체상견상심(一切相見相心)과 일체증득지혜심(一切證得智慧心)으로는 알 수가 없다. 왜냐하면, 청정불성(淸淨佛性)을 보지 못하는, 그 자체(自體)가 곧, 일체상견상심(一切相見相心)이며, 일체증득지혜심(一切證得智慧心)이기 때문이다. 그러므로, 그 어떤 깨달음과 증득(證得)의 불가사의(不可思議) 지혜(智慧)이어도, 그 자체(自體)가, 자(自)를 벗어나지 못해, 아(我)와 견(見)을 바탕하므로, 증득(證得)과 그 지혜(智慧)에는 자기(自己)가 있음이다. 자(自)를 완전(完全)히 벗어나야, 그 어떤 법(法)과 심(心)과 지혜(智慧)에도 머무름이 없어, 일체초월(一切超越) 절대성(絕對性) 청정불성(淸淨佛性)을 깨달을 수가 있다. 왜냐하면, 자(自)가 완전(完全)히 타파(打破)되어 멸(滅)한 무생본성(無生本性)이 곧, 청정불성(淸淨佛性)이기 때문이다. 이는, 지식(知識)과 이해(理解)로 해결(解決)되지 않는다. 왜냐하면, 자(自)가 완전(完全)히 타파(打破)되어 멸(滅)한 일체초월(一切超越) 무생본성(無生本性)은, 지식(知識)과 이해(理解)를 벗어난 일체초월성품(一切超越性品)이기 때문이다. 여기에서 말하는 자(自)는, 제7식(第七識) 자아의식(自我意識)이 아닌, 일체지혜,증득지견(一切智慧,證得智見)인 지혜견심(智慧見心)이다.

청정불성(淸淨佛性)의 청정(淸淨)이란, 자(自)가 끊어져 멸(滅)한 성품(性品)이 청정(淸淨)이며, 상(相)이 끊어져 멸(滅)한 성품(性品)이 청정(淸淨)이며, 공(空)이 끊어져 멸(滅)한 성품(性品)이 청정(淸淨)이며, 법(法)이 끊어져 멸(滅)한 성품(性品)이 청정(淸淨)이며, 유위(有爲)가 끊어져 멸(滅)한 성품(性品)이 청정(淸淨)이며, 무위(無爲)가 끊어져 멸(滅)한 성품(性品)이 청정(淸淨)이며, 증득(證得)이 끊어져 멸(滅)한 성품(性品)이 청정(淸淨)이며, 지혜(智慧)가 끊어져 멸(滅)한 성품(性品)이 청정(淸淨)이며, 진여(眞如)가 끊어져 멸(滅)한 성품(性品)이 청정(淸淨)이며, 열반(涅槃)이 끊어져 멸(滅)한 성품(性品)이 청정(淸淨)이며, 보리(菩提)가 끊어져 멸(滅)한 성품(性品)이 청정(淸淨)이다. 그러므로, 청정(淸淨) 즉(卽) 무생실상(無生實相)이니, 일체초월(一切超越) 무생결정성(無生結定性)이 청정(淸淨)이며, 불성(佛性)이 곧, 청정(淸淨)이다. 만약(萬若), 일체초월(一切超越) 불성(佛性)이 아님에도 청정(淸淨)이라 하면, 그 청정(淸淨)은 곧, 일체초월(一切超越) 불성청정(佛性淸淨)이 아니다. 그러므로, 이 일체초월(一切超越) 절대성(絕對性) 청정(淸淨)은, 곧, 불성(佛性)을 일컬음이니, 일체초월청정(一切超越淸淨)은 곧, 일체초월(一切超越) 불(佛)이어야만 능히, 밝게 깨닫고, 또한 능히, 명확(明確)히 보며, 그리고, 일체초월(一切超越) 불(佛)만이 항상, 그 성품(性品)을 벗어나지 않는 까닭[緣由]에, 이 성품(性品)을 일러 불성(佛性)이라고 한다.

2. 유식종성(唯識種性)

유식(唯識)의 성품세계(性品世界)는, 2종차원(二種次元)의 유식성품세계(唯識性品世界)가 있다. 이는, 중생종성,유식성품,세계(衆生種性, 唯識性品,世界)와 보살종성,유식성품,세계(菩薩種性,唯識性品,世界)이다. 유식(唯識)을 논(論)함에, 중생성품(衆生性品)을 벗어난, 보살성품(菩薩性品)을 왜, 일컫는가 하면, 보살지(菩薩智)의 성품세계(性品世界)는, 유식지혜,상승세계(唯識智慧,上昇世界)로, 중생유식성품(衆生唯識性品)을 타파(打破)해 전변(轉變)한 전변지혜(轉變智慧)인, 무위지혜,차별성품,세계(無爲智慧,差別性品,世界)에 증입(證入)해 있어도, 그 지혜(智慧) 또한, 무위유식,차별차원,성품세계(無爲唯識,差別次元,性品世界)를 벗어나지 못했기 때문이다. 유식지혜,상승세계(唯識智慧,上昇世界)인 보살지혜세계(菩薩智慧世界)는, 무위유식,차별지혜,성품세계(無爲唯識,差別智慧,性品世界)에 머물러 있으므로, 보살지혜(菩薩智慧)에 머물러 있는 이 성품(性品)이 곧, 보살종성,유식성품,상승세계(菩薩種性,唯識性品,上昇世界)이다.

그러므로, 유위무위(有爲無爲)의 일체유식,성품세계(一切唯識,性品世界)를 완전(完全)히 벗어남으로, 무상불지(無上佛智)에 증입(證入)

하게 된다. 그러므로, 중생일체,유위유식,성품세계(衆生一切,有爲唯識,性品世界)와 보살일체,무위유식,성품세계(菩薩一切,無爲唯識,性品世界)의 일체유식,2종성(一切唯識,二種性)을, 모두 완전(完全)히 타파(打破)해 벗어나는 과정(過程)이, 유식지혜,차별차원,상승과정,성불체계(唯識智慧,差別次元,上昇過程,成佛體系)이며, 이 유식,전변지혜,과정(唯識,轉變智慧,過程)에 의해, 일체초월(一切超越) 무상불지(無上佛智)에 이르게 된다. 왜냐하면, 불(佛)의 성품(性品)인 일체초월성(一切超越性) 불성(佛性)과 불(佛)의 성품(性品) 지혜(智慧)인 일체초월(一切超越) 불지(佛智)에 이르는 과정(過程)은, 중생일체,유위유식,성품세계(衆生一切,有爲唯識,性品世界)뿐만 아니라, 보살일체,무위유식,성품세계(菩薩一切,無爲唯識,性品世界)까지 일체타파(一切打破)해 벗어나는 지혜과정(智慧過程)이기 때문이다. 그러므로, 일체유식,성품세계(一切唯識,性品世界)는, 중생심식,유위유식,성품세계(衆生心識,有爲唯識,性品世界)와 유식지혜,상승세계(唯識智慧,上昇世界)인 제식전변,보살지혜,무위유식,성품세계(諸識轉變,菩薩智慧,無爲唯識,性品世界)인 유위무위(有爲無爲)의 2종유식,차별차원,성품세계(二種唯識,差別次元,性品世界)가 있다.

중생유식(衆生唯識)의 제식전개,성품구성(諸識展開,性品構成)에 있어서, 경·근·식(境·根·識) 18경계,제식전개,섭리체계(十八境界,諸識展開,攝理體系)는, 마음 인식(認識)의 대상(對相)인 색성향미촉법(色聲香味觸法)의 6종경(六種境)과 색성향미촉법(色聲香味觸法)을 받아들이는 안이비설신의근(眼耳鼻舌身意根)인 6종근(六種根)과 6종근(六種根)이 받아들인 색성향미촉법(色聲香味觸法)의 현상(現象)이 그대로 거울[鏡]처럼 비치는 안이비설신의식(眼耳鼻舌身意識)인 6종식(六種識)이, 경·근·식(境·根·識)의 18경계체계(十八境界體系)인 제식전개, 기본구성, 섭리구조(諸識展開, 基本構成, 攝理構造)의 제식전개, 기본체계(諸識展開, 基本體系)이다.

그러므로, 18경계(十八境界)는, 경·근·식(境·根·識) 제식전개, 기본구성, 섭리체계(諸識展開, 基本構成, 攝理體系)인 6종경(六種境)과 6종근(六種根)과 6종식(六種識)의 18경계(十八境界)의 제식전개, 기본구성, 전개상속, 섭리체계(諸識展開, 基本構成, 展開相續, 攝理體系)이다. 18경계(十八境界)는 제식전개, 구성체계(諸識展開, 構成體系)를 바탕[基盤]으로, 일체(一切) 심식작용(心識作用)이 이루어지는, 제식전개, 기본구성, 자연섭리, 체계(諸識展開, 基本構成, 自然攝理, 體系)이다. 그리고, 제7식(第七識) 말나식(末那識)인 자아의식(自我意識)과 제8식(第八識) 능소출입식(能所出入識)과 제9식(第九識) 아뢰야식(阿賴耶識)인 무명함장식(無明含藏識)과 제10식(第十識)인 본성(本性)은, 18경계(十八境界)의 체계구성(體系構成)에는 드러나지 않아도, 경·근·식(境·根·識) 18경계(十八境界)의 전개작용(展開作用) 속에 더불어 같이 연계중첩(連繫重疊)하여, 한 체계(體系)의 제식작용(諸識作用)이 이루어지고 있다.

경·근·식(境·根·識) 18경계(十八境界)인, 제식전개, 기본구성, 섭리체계(諸識展開, 基本構成, 攝理體系)는, 소연경(所緣境)에 의한 경·근·식(境·根·識)의 소연식체계(所緣識體系)이므로, 제식(諸識)을 다, 드러내지 않았어도, 18경계(十八境界)의 제식전개,구성체계(諸識展開,構成體系)에는 제7식(第七識)과 제8식(第八識)과 제9식(第九識)과 제10식(第十識)이 따로 있지 않고, 18경계(十八境界)의 제식전개,기본섭리,체계(諸識展開,基本攝理,體系)의 작용(作用) 속에, 제7식(第七識)과 제8식(第八識)과 제9식(第九識)과 제10식(第十識)이 함께 연계중첩(連繫重疊)하여, 18경계,제식전개,섭리체계(十八境界,諸識展開,攝理體系)가 운용(運用)되고 있다. 만약(萬若), 18경계(十八境界)의 제식전개작용(諸識展開作用) 속에, 제7식(第七識)과 제8식(第八識)과 제9식(第九識)과 제10식(第十識)이 더불어 같이, 연계중첩작용(連繫重疊作用)을 하지 않으면, 18경계(十八境界)의 제식전개,기본섭리,체계(諸識展開,基本攝理,體系)의 작용(作用)이 이루어질 수가 없다. 그러므로, 18경계(十八境界)에는, 제7식(第七識)과 제8식(第八識)과 제9식(第九識)과 제10식(第十識)이 함께, 하나로 연계중첩작용(連繫重疊作用)을 하는 제식작용,자연섭리,전개체계(諸識作用,自然攝理,展開體系)가 되어, 제식전개작용(諸識展開作用)이 이루어진다.

그러므로, 18경계(十八境界)에서 한 생각[念]이 일어나면, 6종근(六種根), 6종식(六種識), 제7식(第七識), 제8식(第八識), 제9식(第九識), 제10식(第十識)이 연계중첩총섭(連繫重疊總攝)한, 제식전개,차별차원,총섭인연(諸識展開,差別次元,總攝因緣)의 제식연계작용(諸識連繫作用)이 이루어진다. 6종근(六種根), 6종식(六種識), 제7식(第七識), 제8식(第八識), 제9식(第九識), 제10식(第十識)은, 서로 성품(性品)이 차원(次元)이 달라, 서로 성품(性品)의 작용(作用)과 영역(領域)이 같지 않으므로, 서로 성품(性品)이 연계중첩(連繫重疊)해 있어도 섞이지 않으며, 그렇다고 또한, 각각(各各) 제식(諸識)이 서로 떨어져 작용(作用)하는 것이 아니다. 제식(諸識)의 작용(作用)은, 서로 작용차원(作用次元)을 달리해, 중첩(重疊)으로 서로 연계(連繫)하여 제식작용(諸識作用)의 한[一] 체계(體系)를 이루고 있음이다.

그러므로, 서로 성품(性品)이 간섭(干涉)되지 않으므로, 서로 성품(性品)이 연계(連繫)된, 성품작용(性品作用)의 차원(次元)이 서로 달라, 더불어 함께 총섭(總攝)으로 중첩,연계인연,자연섭리,상속작용(重疊,連繫因緣,自然攝理,相續作用)을 하여도 혼란(混亂)하거나, 서로 성품(性品)이 섞이어, 혼잡(混雜)하지를 않다. 왜냐하면, 제식(諸識)이 서로 각각(各各), 성품차원(性品次元)과 작용영역(作用領域)과 작용역할(作用役割)이 다르기 때문이다. 그러므로, 깨달음 과정(過程)에, 어느 식(識)이 타파(打破)되어 전변작용(轉變作用)이 이루어질 때에, 다른 차원(次元)의 식(識)의 성품(性品)은, 타파(打破)되지 않는다. 왜냐하면, 각각(各各) 식(識)의 성품차원(性品次元)이 서로 다르므로, 각각(各各), 서로 성품작용(性品作用)의 차원(次元)과 역할(役割)과 작용특성(作用特性)이 차별화(差別化)되어 있기 때문이다.

이를 비유(比喩)하면, 눈[眼]이 사물(事物)을 보고, 귀[耳]가 소리[聲]를 듣고, 코[鼻]가 냄새와 향(香)을 맡고, 혀[舌]가 맛[味]을 보아도, 눈[眼]과 귀[耳]와 코[鼻]와 혀[舌]의 기능(機能)이 서로 섞이거나 혼란(混亂)한 것도 아니며, 또한, 사물(事物)과 소리[聲]와 향(香)과 맛[味]이 서로 섞이거나 혼란(混亂)한 것도 아니다. 왜냐하면, 서로 함께 연계중첩(連繫重疊)되어 같이 작용(作用)을 해도, 눈[眼], 귀[耳], 코[鼻], 혀[舌]의 감각기능작용(感覺機能作用)의 특성(特性)과 대상(對相)의 성질(性質)이 서로 다르기 때문이다.

그리고 또한, 눈[眼]의 이상(異常)으로 사물(事物)을 못 본다 하여, 귀[耳]가 소리[聲]를 못 듣는 것이 아니며, 또한, 귀[耳]의 이상(異常)으로 소리[聲]를 못 듣는다 하여, 코[鼻]가 냄새[香]를 못 맡는 것이 아니며, 또한, 코[鼻]의 이상(異常)으로 냄새[香]를 못 맡는다 하여, 혀[舌]가 맛[味]을 못 보는 것이 아니며, 또한, 혀[舌]의 이상(異常)으로 맛[味]을 못 본다 하여, 눈[眼]이 사물(事物)을 못 보는 것이 아님과도 같다. 그 까닭[緣由]은, 소연경(所緣境)의 대상(對相)인 색성향미촉법(色聲香味觸法)을 받아들이는, 안이비설신의(眼耳鼻舌身意)의 각각(各各) 작용(作用)의 근(根)의 역할(役割)이 서로 다르기 때문이다. 그러므로, 서로 작용(作用)이 연계중첩(連繫重疊)하여도 서로 간섭(干涉)하거나, 작용(作用)의 영역(領域)을 서로 침범(侵犯)하지 않음은, 서로 작용근(作用根)의 자연섭리, 구성체계, 작용역할(自然攝理, 構成體系, 作用役割)이 서로 다르기에, 서로 간섭(干涉)하거나 침범(侵犯)할 수가 없기 때문이다.

그러나, 식(識)이나, 성품(性品)의 차원(次元)이 같은 것은, 깨달음에 의해, 어느 식(識)이 타파(打破)될 때에, 그 식(識)이 타파(打破)되는, 같은 차원(次元)의 식(識)과 같은 차원(次元)의 성품(性品)은, 더불어 같이 타파(打破) 되어 끊어져 소멸(消滅)한다. 왜냐하면, 깨달음의 각력(覺力)이, 그 식(識)과 그 성품(性品)의 차원(次元)을 타파(打破)해 벗어나기 때문이다. 밖의 대경(對境)을 받아들이는 수(受)의 작용(作用)을 하는 안근(眼根), 이근(耳根), 비근(鼻根), 설근(舌根), 신근(身根), 의근(意根)인 6종근(六種根)은, 같은 차원(次元)의 성품(性品)이므로, 성소작지(成所作智)에 증입(證入)할 때에는 함께 타파(打破)되어 끊어지므로, 색성향미촉법(色聲香味觸法)의 무아성(無我性)의 지혜(智慧)가 열리어, 성소작지(成所作智)에 증입(證入)하게 된다. 그리고, 6종근(六種根)으로 받아들인 색성향미촉법(色聲香味觸法)이 그대로 거울[鏡]처럼 비치는 안식(眼識), 이식(耳識), 비식(鼻識), 설식(舌識), 신식(身識), 의식(意識)인 6종식(六種識)은, 같은 차원(次元)의 성품(性品)이므로, 묘관찰지(妙觀察智)에 증입(證入)할 때에는 함께 타파(打破)되어 끊어지므로, 색성향미촉법(色聲香味觸法)의 상(相)이 공(空)한 공성지(空性智)가 열리어, 반야지(般若智)인 묘관찰지(妙觀察智)에 증입(證入)하게 된다.

안이비설신의식(眼耳鼻舌身意識)의 6종식(六種識)은, 같은 차원(次元)의 식종(識種)이다. 6종식(六種識)은, 밖의 대상(對相)인 색성향미촉법(色聲香味觸法)을 6종근(六種根)으로 받아들인 그 모습과 형태(形態)를, 그대로 거울[鏡]처럼 비치는 상(相)의 식(識)이다. 이는 곧, 5온(五蘊) 중에는 상(想)이다. 이것은, 마음에 비치는 상(相)이니, 6종식(六種識)에 비친, 색성향미촉법(色聲香味觸法)의 모습이다. 색성향미촉법(色聲香味觸法)은 소연경(所緣境)으로, 마음 인식(認識)의 대상

(對相)이며, 6종근(六種根)인 안이비설신의근(眼耳鼻舌身意根)은, 촉
(觸)에 의해 인지(認知)의 대상(對相)을 받아들이는 수용근(受容根)이
다. 이는, 안이비설신의근(眼耳鼻舌身意根)이 각각(各各), 대상(對相)
의 성질(性質)이 다른 색성향미촉법(色聲香味觸法)을 받아들이는, 카
메라(Camera)의 렌즈(Lens)와 같은 역할(役割)을 한다.

6종식(六種識)은, 렌즈(Lens)의 역할(役割)을 하는, 6종근(六種根)
으로 받아들인 각각(各各) 다른 색성향미촉법(色聲香味觸法)의 현상
(現象)이 그대로 거울[鏡]처럼 비치는, 안식(眼識), 이식(耳識), 비식
(鼻識), 설식(舌識), 신식(身識), 의식(意識)에 그대로 비치어 나타나
는 현상(現象)의 모습이다. 이는, 5온(五蘊)에는, 마음에 비치는 상
(相)이므로, 글자[文字]의 모양과 같이, 마음[心]에 모양[相]이 그대
로 비침으로, 상(想)이라고 한다. 이 상(想)이란 뜻이, 5온(五蘊)과 6
종식(六種識)에서는, 각종(各種) 생각[思考]이나, 상념(想念)이나, 상
상(想像)이 아니라, 마음에 색성향미촉법(色聲香味觸法)의 대경(對境)
이 단순(單純), 거울[鏡]과 같이 비치는 현상(現象)으로, 색성향미촉
법(色聲香味觸法)이 마음에 비치는 모습일 뿐이다. 그러므로, 수(受)
의 작용(作用)을 하는, 안이비설신의근(眼耳鼻舌身意根)인 6종근(六種
根)과 6종근(六種根)으로 받아들인 색성향미촉법(色聲香味觸法)이 그
대로 거울[鏡]처럼 마음에 비치는 상(相)의 작용(作用)인, 안이비설
신의식(眼耳鼻舌身意識)인 6종식(六種識)은, 자유의지(自由意志)나 또
는, 인위적(人爲的)으로 바꾸거나 변형(變形)할 수 있는 조작식(造作
識)이 아니므로, 인위적(人爲的)으로 조작(造作)하거나 왜곡(歪曲)할

수가 없다.

그러므로, 백(百) 사람, 천(千) 사람이, 앞에 놓여 있는 하나의 사과(沙果)를 보면, 백(百) 사람, 천(千) 사람이 보아도, 그 사과(沙果)가, 포도(葡萄)나 토마토(Tomato), 또는, 돌멩이[石]나 개구리나 참새나 달걀이나 고구마로 보이지 않고, 똑 같이, 사과(沙果)임을 인식(認識)하게 된다. 이것은, 안근(眼根), 이근(耳根), 비근(鼻根), 설근(舌根), 신근(身根), 의근(意根)인 6종근(六種根)과 안식(眼識), 이식(耳識), 비식(鼻識), 설식(舌識), 신식(身識), 의식(意識)인 6종식(六種識)은, 인위적(人爲的)으로 조작(造作)하거나, 왜곡(歪曲)할 수가 없기 때문이다.

수(受)의 작용(作用)을 하는 6종근(六種根)인, 안이비설신의근(眼耳鼻舌身意根)은, 같은 차원(次元)의 식(識)과 같은 차원(次元)의 성품(性品)이므로, 지혜작용(智慧作用)으로, 색성향미촉법(色聲香味觸法)의 수(受)의 작용(作用)을 하는 6종근(六種根)이 타파(打破)될 때에, 색(色), 성(聲), 향(香), 미(味), 촉(觸), 법(法)의 수(受)의 작용(作用)이 한꺼번에 타파(打破)되어 끊어져 멸(滅)한다. 이것이, 안이비설신의근(眼耳鼻舌身意根)인 6종근(六種根)이 끊어져 멸(滅)한, 전변지혜(轉變智慧)인 색무아지(色無我智)이며, 성소작지(成所作智)이다. 6종근(六種根)이 끊어져 멸(滅)해도, 더 깊은 다음 차원(次元)의 식(識)인, 안이비설신의식(眼耳鼻舌身意識)인 6종식(六種識)은 멸(滅)하지 않는다. 그러므로, 성소작지(成所作智)에서는 색성향미촉법(色聲香味觸法)이 각각(各各), 무아성(無我性)임을 알아도, 색성향미촉법(色聲香味觸法)의 차별상(差別相)은 멸(滅)하지 않는다. 색성향미촉법(色聲香味觸法)의 차별상(差別相)은, 6종식(六種識)이 타파(打破)되어 멸(滅)해야, 색성향미촉법(色聲香味觸法)의 차별상(差別相)이 끊어져 멸(滅)해, 색성향미촉법(色聲香味觸法)이 차별(差別) 없는, 소연6종경(所緣六種境)의 공성(空性)에 증입(證入)하게 된다.

그러므로, 색무아지(色無我智)에 들어도, 6종식(六種識)이 멸(滅)하지 않아, 색성향미촉법(色聲香味觸法)의 상(相)이 공(空)한, 6종식(六種識)이 끊어져 멸(滅)한 공성(空性)에는 들지 못한다. 그러나, 색무아지(色無我智)가 더 깊어진 지혜작용(智慧作用)으로, 안이비설신의식(眼耳鼻舌身意識)의 6종식(六種識)이 타파(打破)되어 끊어지면[滅], 안식(眼識), 이식(耳識), 비식(鼻識), 설식(舌識), 신식(身識), 의식(意識)은, 같은 차원(次元)의 식(識)이며 성품(性品)이므로, 한꺼번에 색성향미촉법(色聲香味觸法)의 상(相)이 타파(打破)되어 끊어져 멸(滅)한다. 6종식(六種識)이 타파(打破)되어 멸(滅)한 이것이 곧, 안식(眼識), 이식(耳識), 비식(鼻識), 설식(舌識), 신식(身識), 의식(意識)에 비친 소연6종경(所緣六種境)인 색성향미촉법(色聲香味觸法)의 상(相)이 타파(打破)되어 끊어짐이다. 이는, 5온(五蘊) 중, 상(想)이 끊어짐이다. 그러므로, 색성향미촉법(色聲香味觸法)의 상(相)이 타파(打破)되어 멸(滅)해, 색성향미촉법(色聲香味觸法)이 공(空)한 상공성(相空性)에 증입(證入)하게 된다. 이것이, 색성향미촉법(色聲香味觸法)의 상(相)이 공(空)한, 상공성지(相空性智)인 묘관찰지(妙觀察智)이다.

안이비설신의식(眼耳鼻舌身意識)인 6종식(六種識)이 타파(打破)되어 멸(滅)해도, 제7식(第七識)이 타파(打破)되어 멸(滅)하지 않음은, 6종식(六種識)과 제7식(第七識)의 성품(性品)이 서로 차원(次元)이 다르기 때문이다. 6종식(六種識)이 타파(打破)되어 멸(滅)한, 상공성지(相空性智)인 묘관찰지(妙觀察智)의 공성지혜(空性智慧)가 깊어져, 지혜각력상승(智慧覺力上昇)으로 제7식(第七識) 자아의식(自我意識)이 타파(打破)되어 끊어지면[滅], 제7식(第七識) 전변지혜성품(轉變智慧性品)인 평등성지(平等性智)에 증입(證入)하게 된다. 제7식(第七識)은, 말나식(末那識)인 일체분별(一切分別)의 자아의식(自我意識)이니, 제7식(第七識)이 타파(打破)되어 자아의식(自我意識)이 끊어지면[滅], 자아(自我) 없는, 일체(一切) 무자성(無自性)인 평등성지(平等性智)에 증입(證入)하게 된다. 제7식(第七識)이 타파(打破)되어 멸(滅)한, 평등성지(平等性智)는 곧, 일체분별(一切分別)의 자아의식(自我意識)이 끊어져 멸(滅)해, 상(相)과 공(空), 그 무엇에도 물듦 없는 이사무애법계(理事無礙法界)인, 무염진여성지(無染眞如性智)이다. 자아의식(自我意識)이 없는 평등성지(平等性智)인 무염진여지(無染眞如智)에 들면, 불법(佛法) 중, 물듦 없는 진여성(眞如性)이, 어떤 성품(性品)인가를 실증(實證)하며, 이를 증험(證驗)하게 된다.

제7식(第七識)이 타파(打破)되어 멸(滅)해도, 제8식(第八識)이 타파(打破)되어 멸(滅)하지 않음은, 제7식(第七識)과 제8식(第八識)이 서로 성품차원(性品次元)이 다르기 때문이다. 제7식(第七識)이 타파(打破)되어 멸(滅)한 무염진여성지(無染眞如性智)인 평등성지(平等性智)가 깊어져, 지혜각력상승(智慧覺力上昇)으로, 제8식(第八識) 능소출입식(能所出入識)이 타파(打破)되어 끊어지면[滅], 제8식(第八識)이 끊어져 멸(滅)한 지혜성품세계(智慧性品世界)에 증입(證入)하게 된다. 이는, 능소(能所)가 없어 원융각명,쌍차쌍조행(圓融覺明,雙遮雙照行)이 이루어지는 사사원융법계(事事圓融法界)인, 대원경지(大圓鏡智)이다. 대원경지(大圓鏡智)는 능소(能所) 없는 원융각명성지(圓融覺明性智)이며, 이는, 원융각명보리(圓融覺明菩提)의 성품(性品)이다. 대원경지(大圓鏡智)에 들면, 불성(佛性)의 원융작용(圓融作用)과 보리(菩提)인 각명성품(覺明性品)을 실증(實證)하게 된다.

그러나, 제8식(第八識)이 전변(轉變)한 대원경지(大圓鏡智)는, 식(識)의 일체장애(一切障礙)가 없는, 불성(佛性)의 완전(完全)한 일체초월(一切超越) 원융각(圓融覺)이 아니다. 그러므로, 제8식(第八識)이 전변(轉變)한 대원경지(大圓鏡智)는, 식(識)의 일체장애(一切障礙) 없는, 완전(完全)한 본성(本性)을 회복(回復)하지 못했으므로, 대원경지(大圓鏡智)가 원융보리,각명성품(圓融菩提,覺明性品)이어도, 아직, 무위유식(無爲有識)의 성품세계(性品世界)를 모두 다 벗어나지 못했다. 그러므로, 대원경지(大圓鏡智)의 지혜작용(智慧作用)이어도, 이는, 무위,원융각명,지혜성품(無爲,圓融覺明,智慧性品)이므로, 일체초월(一切超越) 불성(佛性)에는 증입(證入)하지 못해, 식(識)의 장애(障礙)가 있어, 불(佛)처럼, 일체초월성(一切超越性) 불성,대원융각명(佛性,大圓融覺明)에는 이르지 못했다.

제8식(第八識)이 타파(打破)되어 끊어져 멸(滅)한, 지혜성품(智慧性品)인 대원경지(大圓鏡智)의 원융보리각명(圓融菩提覺明)이어도, 제9식(第九識) 무명함장식(無明含藏識)이 타파(打破)되지 않음은, 제8식(第八識)과 제9식(第九識)의 성품차원(性品次元)이 서로 다르기 때문이다. 제8식(第八識)이 멸(滅)한 대원경지(大圓鏡智)가 깊어진 지혜각력상승(智慧覺力上昇)으로, 제9식(第九識) 무명함장식(無明含藏識)이 타파(打破)되면, 제9식(第九識) 전변지혜성품(轉變智慧性品)인 심부동, 대열반성지(心不動,大涅槃性智)에 증입(證入)하게 된다. 제9식(第九識) 무명함장식(無明含藏識)이 곧, 12인연(十二因緣)의 무명(無明)이다. 무명(無明)이 타파(打破)된 전변지혜성품(轉變智慧性品)이 청정부동, 대열반성지(清淨不動,大涅槃性智)이며, 이는, 보살지(菩薩智)의 최상지(最上智)에 증입(證入)함이다.

그러므로, 여기에까지 증입(證入)의 지혜과정(智慧過程)이, ①6종근(六種根)이 타파(打破)되어 끊어져 멸(滅)해 색무아지(色無我智)인 성소작지(成所作智)에도 들었으며, ②또한, 6종식(六種識)이 타파(打破)되어 끊어져 멸(滅)해 상공성지(相空性智)인 묘관찰지(妙觀察智)에도 들었으며, ③또한, 제7식(第七識) 자아의식(自我意識)이 타파(打破)되어 끊어져 멸(滅)해 무염진여성지(無染眞如性智)인 평등성지(平等性智)에도 들었으며, ④또한, 제8식(第八識) 능소출입식(能所出入識)이 타파(打破)되어 끊어져 멸(滅)해 원융각명성지(圓融覺明性智)인 대원경지(大圓鏡智)에도 들었으며, ⑤또한, 제9식(第九識) 중생(衆生)의 근본(根本) 무명(無明)을 타파(打破)해, 보살최상지(菩薩最上智)인,

청정부동, 대열반성지(淸淨不動, 大涅槃性智)에 들었다. 그러므로, ① 색무아성(色無我性)을 벗어나고, ②상공성(相空性)을 벗어나고, ③진여성(眞如性)을 벗어나고, ④보리성(菩提性)을 벗어나고, ⑤무명함장식(無明含藏識)이 끊어져 멸(滅)한 열반성(涅槃性)에 들었어도, 일체초월(一切超越) 불(佛)이 아님은, 아직, 무위유식, 성품세계(無爲唯識, 性品世界)를 완전(完全)히 다 타파(打破)해 벗어나지 못했기 때문이다.

　무위유식, 성품세계(無爲唯識, 性品世界)를 다 벗어나지 못하면, 일체초월(一切超越) 불성(佛性)에 증입(證入)하지 못해, 지혜(智慧)가 불(佛)처럼, 일체초월성(一切超越性)으로 완전(完全)하지 못하므로, 아직, 벗어나지 못한 유식성품(唯識性品)의 장애(障礙)가 있다. 그러나, 여기에 증입(證入)한 보살(菩薩)도, 자기(自己)의 지혜(智慧)에 장애(障礙)가 있음을 모른다. 왜냐하면, 불가사의(不可思議)한 심부동, 대열반성지(心不動, 大涅槃性智)이기 때문이며, 또한, 이 지혜성품(智慧性品)이 곧, 불성(佛性)이라고 인식(認識)하기 때문이다. 그리고 또한, 자기(自己)의 지혜(智慧)를 점검(點檢)할, 그 이상차원(以上次元)의 상지실증지혜(上智實證智慧)가 없기 때문이다. 그러므로, 증득(證得)한 불가사의(不可思議) 심부동, 대열반성지(心不動, 大涅槃性智)의 지혜성품(智慧性品)을, 청정불성(淸淨佛性)으로 인식(認識)하며, 착각(錯覺)하게 된다. 그리고, 자기(自己)가 증입(證入)한, 청정부동, 대열반성지(淸淨不動, 大涅槃性智)가 파괴(破壞)되는 무위열반성품(無爲涅槃性品)임을 깨닫지를 못한다. 왜냐하면, 중생(衆生)의 무명함장식(無明含

藏識)을 타파(打破)한 무위심층지혜(無爲深層智慧)인, 부동대열반성품(不動大涅槃性品)이기 때문이다. 그리고, 온[全] 우주(宇宙)가 파괴(破壞)되어도, 파괴(破壞)되지 않은 불가사의(不可思議) 청정부동, 대열반성품(淸淨不動, 大涅槃性品) 속에 있기 때문이다.

불승(佛乘) 스스로는, 무명함장식(無明含藏識)을 타파(打破)한 전변지혜성품(轉變智慧性品)임을 아직, 모른다. 그것은, 일불승(一佛乘)도, 일승(一乘)도, 대승(大乘)도 마찬가지이다. 왜냐하면, 지혜과정(智慧過程) 속에서는, 그 이상(以上)의 총체적(總體的) 상지실증지혜(上智實證智慧)가 없어, 자기지혜(自己智慧)를 점검(點檢)할 수도 없고, 또한, 불지(佛智)에 이르는 총체적(總體的) 지혜과정(智慧過程)과 그 실증과정경계(實證過程境界)를 모르기 때문에, 스스로 증득(證得)한 지혜경계(智慧境界)를 점검(點檢)할 수가 없기 때문이다, 그러므로, 자기(自己)의 지혜(智慧)가 성불(成佛)을 향(向)한 지혜상승과정(智慧上昇過程) 중에, 어디쯤에 이르렀는지 알 수가 없다. 왜냐하면, 모든 지혜실증(智慧實證)의 과정(過程)이, 처음 증험(證驗)하는 지혜상황(智慧狀況)들이기 때문이다. 그리고, 차별지혜(差別智慧) 속에 있으므로 또한, 자기지혜(自己智慧)를 점검(點檢)할, 그 이상차원(以上次元)의 상지실증지혜(上智實證智慧)를 갖고 있지 않기 때문이다. 그러나, 최종(最終) 일체초월성(一切超越性) 불지(佛智)에 증입(證入)함으로, 지난 모든 실증지혜과정(實證智慧過程)인, 유식지혜, 상승세계, 무위성품, 차별차원, 제식전변, 성불과정, 지혜상승, 유식체계(唯識智慧, 上昇世界, 無爲性品, 差別次元, 諸識轉變, 成佛過程, 智慧上昇, 唯識體系)를 세밀(細密)히 두루 밝게, 실증지혜,불지정안(實證智慧,佛智正眼)으로 명확(明確)히, 지혜점검(智慧點檢)을 하게 된다.

무명함장식(無明含藏識)을 타파(打破)해, 심부동,대열반성지(心不動,大涅槃性智)에 증입(證入)한 불승(佛乘)의 지혜(智慧)가 깊어져, 지혜각력상승(智慧覺力上昇)으로 불가사의(不可思議) 초월각력기연(超越覺力機緣)으로 심부동,대열반성지(心不動,大涅槃性智)를 또한, 타파(打破)해 벗어나면, 일체초월성(一切超越性) 불성(佛性)에 증입(證入)함으로 곧, 무상불지(無上佛智)이다. 일체초월성(一切超越性) 불성(佛性)에 증입(證入)하는 그 순간(瞬間), 찰나(刹那)에 깨닫게 되는 것은, 불성(佛性)인줄 알았던, 무한무변,불가사의(無限無邊,不可思議) 청정부동,대열반성지,성품(淸淨不動,大涅槃性智,性品)이 파괴(破壞)되는 성품(性品)임을 깨닫고, 비로소, 그 적멸부동,대열반성지,성품(寂滅不動,大涅槃性智,性品)이 곧, 타파(打破)해 벗어나야 할, 무명무기성품(無明無記性品)을 타파(打破)한, 무명부동,적멸체성지(無明不動,寂滅體性智)인 무위대열반성품(無爲大涅槃性品)이었음을 자각(自覺)하게 된다. 완전(完全)한 일체초월(一切超越) 불지(佛智)에 증입(證入)함으로, 청정부동,대열반성지,성품(淸淨不動,大涅槃性智,性品)에 들어 있는 그것이 곧, 무위열반지혜상(無爲涅槃智慧相)이므로, 타파(打破)해 벗어나야 할, 무위부동,대열반성지,성품(無爲不動,大涅槃性智,性品)이었다는 사실(事實)과 그 청정부동,대열반성지,성품(淸淨不動,大涅槃性智,性品)이 파괴(破壞)되는 기이(奇異)한 사실(事實)에, 놀라게 된다. 그리고, 또, 무명(無明)을 타파(打破)하여, 청정부동,대열반성지(淸淨不動,大涅槃性

智)에 든, 그 무위심층,보살지혜,성품(無爲深層,菩薩智慧,性品)이 곧, 자기(自己)의 본성(本性)을 장애(障礙)하는, 지혜성품(智慧性品)이었음을, 더불어 깨닫게 된다.

그리고, 완전(完全)한 일체초월성(一切超越性) 불지(佛智)에 증입(證入)함으로, 일체,유위유식,차별성품,세계(一切,有爲唯識,差別性品,世界)뿐만 아니라, 일체,무위유식,차별차원,지혜성품,세계(一切,無爲唯識,差別次元,智慧性品,世界)의 일체(一切)가, 일체유식,성품세계(一切唯識,性品世界)임을 알게 된다. 이 일체(一切)가 곧, 깨달음 시각(始覺)의 지혜상승,과정세계(智慧上昇,過程世界)임을 깨닫게 된다. 또한, 유위무위,일체유식,성품세계(有爲無爲,一切唯識,性品世界)를 타파(打破)해, 일체초월성(一切超越性) 불성(佛性)에 증입(證入)함으로, 성불(成佛)에 이르는 총체적(總體的) 실증지혜과정(實證智慧過程)을 섬세(纖細)히, 그리고 확연(確然)히 알게 된다.

앞에서, 12인연(十二因緣)의 무명함장식(無明含藏識)을 타파(打破)하였는데, 불지(佛智)에 들지 못한 까닭[緣由]을, 지식(知識)으로는 이해(理解)하지 못할 수도 있다. 왜냐하면, 제식,전변지혜,차별차원,상승과정,섭리체계(諸識,轉變智慧,差別次元,上昇過程,攝理體系)의 실증과정(實證過程)에 대해 증험(證驗)이 없어, 이에 대한 지혜과정세계(智慧過程世界)를 모르기 때문이다. 12인연(十二因緣)의 무명(無明)이 타파(打破)되어도, 바로 불지(佛智)에 증입(證入)하지 못하는 것은, 제식체계(諸識體系)는, 차별차원(差別次元)으로 연계중첩(連繫重疊)되어 있기 때문이다. 그러므로, 어느 한 차원(次元)의 식(識)이 타파(打破)되어 끊어지면[滅], 그 식(識)이 타파(打破)된 그 차원(次元)의 지혜성품(智慧性品)이 열리어, 수행자(修行者)는 그 열린 전변지혜,성품차원(轉變智慧,性品次元)의 지혜성품세계(智慧性品世界)를 수순(隨順)하는, 지혜성품수순행(智慧性品隨順行)인, 지혜차별차원(智慧差別次元) 보살승(菩薩乘)의 지혜수순행(智慧隨順行)이 이루어진다. 이것이, 제식,전변지혜,성품세계(諸識,轉變智慧,性品世界)인, 각각(各各) 보살차별승(菩薩差別乘)의 보살차별지혜,무위성품,차별세계(菩薩差別智慧,無爲性品,差別世界)이다.

이 각각(各各) 승(乘)의 차별지혜,성품세계(差別智慧,性品世界)는, ① 6종식(六種識)이 타파(打破)되어 멸(滅)한 대승(大乘)의 공성지혜,성품세계(空性智慧,性品世界)와 ②제7식(第七識) 자아의식(自我意識)이 타파(打破)되어 멸(滅)한 일승(一乘)의 무염진여,지혜성품,세계(無染眞如,智慧性品,世界)와 ③제8식(第八識) 능소출입식(能所出入識)이 타파(打破)되어 멸(滅)한 일불승(一佛乘)의 원융각명,지혜성품,세계(圓融覺明,智慧性品,世界)와 ④제9식(第九識) 무명함장식(無明含藏識)이 타파(打破)되어 멸(滅)한 불승(佛乘)의 심부동,대열반,지혜성품,세계(心不動,大涅槃,智慧性品,世界)와 ⑤제식타파,일체초월성(諸識打破,一切超越性) 불지(佛智)의 불성원만,지혜성품,세계(佛性圓滿,智慧性品,世界)가 있다.

그리고, 제식(諸識)을 단(單) 한번에 타파(打破)해, 일체초월(一切超

越) 불지(佛智)에 증입(證入)하지 못하는 까닭[緣由]은, 제식(諸識)은, 각각(各各) 서로 다른 차별차원(差別次元)의 식(識)의 층(層)으로 연계중첩(連繫重疊)하여 이루어져 있기 때문이다. 그러므로, 제식타파, 전변지혜, 상승과정(諸識打破, 轉變智慧, 上昇過程)에서, 수행지혜, 성품공력(修行智慧, 性品功力)이 무한차원(無限次元)의 한계성(限界性)을 초월(超越)할 무한초월공력(無限超越功力)을 갖고 있지 않기 때문이다. 왜냐하면, 수행지혜성품(修行智慧性品)인 정신지혜작용(精神智慧作用)이 이루어지는 지혜상응력(智慧相應力) 그 자체(自體)가, 심상응, 지혜공력(心相應, 智慧功力)의 한계성(限界性)이, 자기지혜, 상응차원(自己智慧, 相應次元)을 초월(超越)하지 못하고, 자기정신, 지혜작용, 차별차원(自己精神, 智慧作用, 差別次元)의 한계성(限界性)에 묶여 있기 때문이다. 그러므로, 자기수행력, 지혜공력작용(自己修行力, 智慧功力作用)이, 제식(諸識)의 장애(障礙)가 이루어지고 있는 그 장애력(障礙力)을, 어느 차원장애(次元障礙)까지 지혜각력상승(智慧覺力上昇)으로 타파(打破)해, 제거(除去)하느냐가 관건(關鍵)이다.

수행지혜, 작용성품(修行智慧, 作用性品)이 상응작용(相應作用)하는 자기지혜차원(自己智慧次元)의 한계성(限界性)을 벗어나기는 쉽지 않다. 왜냐하면, 수행지혜, 상응작용(修行智慧, 相應作用)이, 스스로 자기지혜(自己智慧)의 한계성(限界性)을 타파(打破)해 초월(超越)하거나 벗어나, 지혜작용(智慧作用)이 이루어질 수가 없기 때문이다. 그러므로, 일체초월(一切超越) 불지(佛智)에 증입(證入)하기 전(前)에는, 일체, 차별지혜(一切, 差別智慧) 속에 있으므로, 각각(各各) 지혜(智慧)가,

식(識)의 장애(障礙)가 있어, 각각(各各) 그 지혜작용(智慧作用)이, 지혜(智慧)가 열린 한계성(限界性)을 초월(超越)하지 못해, 자기지혜(自己智慧)의 한계성(限界性) 차원(次元)에 묶여 있다. 그러므로, 자기지혜(自己智慧)의 한계성(限界性)을 벗어나는 것이 쉽지 않다. 이를 비유(譬喩)하면, 일반의식(一般意識)으로 평생(平生) 삶을 살되, 의식(意識)의 삶이 이루어지는 그 세계(世界)와 영역차원(領域次元)을 평생(平生) 벗어난적이 없음과도 같다. 그리고, 삶의 세계(世界)를 벗어나, 의식차원(意識次元)이 다른 상승차원,의식세계(上昇次元,意識世界)에 증입(證入)하는 것은, 어떤 특별(特別)한 기연(機緣)의 계기(契機)가 아니면, 이루어질 수가 없다.

왜냐하면, 자기(自己)가, 자기(自己)의 의식차원(意識次元)을 타파(打破)해 초월(超越)하거나 벗어날 수가 없고, 또한, 자기의식(自己意識)을 초월(超越)해, 다른 상승차원(上昇次元)의 정신의식(精神意識)으로 전변(轉變)하고자 하여도 전변(轉變)할 수 없음은, 다른 상승차원(上昇次元)의 그 의식(意識)이 어떤 것이며, 무엇인지를 알 수가 없고, 또한, 모르기 때문이다. 그러므로, 지혜성품(智慧性品)이 다른 상승차원(上昇次元)으로 전변(轉變)한다는 것은, 불가사의(不可思議)한 어떤 기연작용(機緣作用)이 있어야만, 의식전변(意識轉變)이 이루어진다. 그러므로, 업장소멸(業障消滅)과 참회(懺悔)로 성불(成佛)하는 것과 제식(諸識)이 점차(漸次) 타파(打破)되어 끊어져 멸(滅)하는 전변지혜(轉變智慧)로 성불(成佛)하는 것은, 차원(次元)이 다르다. 업장소멸(業障消滅)과 참회(懺悔)는 자기의식,한계성,차원작용(自己意

識,限界性,次元作用)이며, 전변지혜(轉變智慧)는 자기의식,한계성,차원(自己意識,限界性,次元)을 타파(打破)해 초월(超越)함으로 벗어나는 것이기 때문이다.

업장소멸(業障消滅)과 참회(懺悔)를 하여도, 제식(諸識)이 타파(打破)되는 전변지혜과정(轉變智慧過程)이 없으면, 성불(成佛)할 수가 없다. 왜냐하면, **성불(成佛)은, 일체제식,전변과정**(一切諸識,轉變過程)**을 통해 이루어지기 때문이다.** 그러므로, 업장소멸(業障消滅)과 참회(懺悔)로 얼음[氷]이 녹아 물[水]이 되듯, 또한, 나무[木]를 불[火]로 태워 나무[木]가 불[火]에 태워져 사라지듯한 이러한 업장소멸(業障消滅)과 참회(懺悔)로는, 제식(諸識)이 타파(打破)되어 끊어져 멸(滅)하는 수행법(修行法)이 아니므로, 성불(成佛)이 불가능(不可能)할 수도 있다. 왜냐하면, 제9식(第九識) 무명(無明)까지 타파(打破)되는, 제식(諸識)이 끊어져 멸(滅)하는 특성(特性)을 가진 수행법(修行法)이나, 자성수순지혜법(自性隨順智慧法)이 아니기 때문이다. 그러나, 상(相)에 의지(依支)하지 않은 자성수순지혜법(自性隨順智慧法)으로 수행지혜성품(修行智慧性品)이 깊어지면, 지혜각력,상승공력(智慧覺力,上昇功力)이 자기,지혜작용,성품세계(自己,智慧作用,性品世界)를 타파(打破)해 초월(超越)함으로, 지혜전변상승(智慧轉變上昇)하게 된다.

그러므로, 제식(諸識)이 점차(漸次) 타파(打破)되는 지혜각력,상승력(智慧覺力,上昇力)으로 일체초월성(一切超越性) 불지(佛智)에까지 증입(證入)하게 된다. 그 지혜과정(智慧過程)이 유식지혜,상승세계,차별차원, 성불체계(唯識智慧, 上昇世界, 差別次元, 成佛體系)인 제식전변, 차별차원, 무위지혜, 상승과정(諸識轉變, 差別次元, 無爲智慧, 上昇過程)이다. 의식중(意識中) 또는, 무의식중(無意識中)에도 6종근(六種根), 6종식(六種識), 제7식(第七識), 제8식(第八識), 제9식(第九識), 제10식(第十識)의 작용(作用)은 항상 이루어지고 있다.

①6종근(六種根)이 지혜작용(智慧作用)으로 타파(打破)되어 끊어져 멸(滅)해도, 6종식(六種識)까지 타파(打破)되지 않음은, 6종근(六種根)이 타파(打破)되어 멸(滅)하는 지혜상승공력(智慧上昇功力)으로는, 더 깊은 차원(次元)인 6종식(六種識)까지 타파(打破)할 수가 없기 때문이다. 그러므로 만약(萬若), 6종근(六種根)이 타파(打破)되어 끊어져 멸(滅)하면, 색성향미촉법(色聲香味觸法)의 무아성지(無我性智)인 성소작지(成所作智)에 머무르게 된다.

②6종식(六種識)이 지혜작용(智慧作用)으로 타파(打破)되어 끊어져 멸(滅)해도, 제7식(第七識) 자아의식(自我意識)까지 타파(打破)되지 않음은, 6종식(六種識)이 타파(打破)되어 멸(滅)하는 지혜상승공력(智慧上昇功力)으로는, 더 깊은 차원(次元)인 제7식(第七識)까지 타파(打破)할 수가 없기 때문이다. 그러므로 만약(萬若), 6종식(六種識)이 타파(打破)되어 끊어져 멸(滅)하면, 색성향미촉법(色聲香味觸法)의 상(相)이 공(空)한 공성지(空性智)가 열린, 대승(大乘)의 지혜성품(智慧性品)으로, 공성수순행지(空性隨順行智)에 머무르게 된다.

③제7식(第七識) 자아의식(自我意識)이 지혜작용(智慧作用)으로 타파(打破)되어 끊어져 멸(滅)해도, 제8식(第八識) 능소출입식(能所出入識)까지 타파(打破)되지 않음은, 제7식(第七識)이 타파(打破)되어 멸(滅)하는 지혜상승공력(智慧上昇功力)으로는, 더 깊은 차원(次元)인 제8식(第八識)까지 타파(打破)할 수가 없기 때문이다. 그러므로 만약(萬若), 제7식(第七識) 자아의식(自我意識)이 타파(打破)되어 끊어져 멸(滅)하면, 무염진여성지(無染眞如性智)가 열린, 일승(一乘)의 지혜성품(智慧性品)으로, 상(相)과 공(空)을 초월(超越)한, 이사무애법계(理事無礙法界)의 무자성환지세계(無自性幻智世界)이며, 무염진여수순행지(無染眞如隨順行智)에 머무르게 된다.

④제8식(第八識) 능소출입식(能所出入識)이 지혜작용(智慧作用)으로 타파(打破)되어 끊어져 멸(滅)해도, 제9식(第九識) 무명함장식(無明含藏識)까지 타파(打破)되어 멸(滅)하지 않음은, 제8식(第八識)이 타파(打破)되어 멸(滅)하는 지혜상승공력(智慧上昇功力)으로는, 더 깊은 차원(次元)인 제9식(第九識)까지 타파(打破)할 수가 없기 때문이다. 그러므로 만약(萬若), 제8식(第八識) 능소출입식(能所出入識)이 타파(打破)되어 끊어져 멸(滅)하면, 원융각명, 대원경지(圓融覺明, 大圓鏡智)가 열린 일불승(一佛乘)의 지혜성품(智慧性品)인, 사사무애법계(事事無礙法界)의 쌍차쌍조, 원융각명, 수순행지(雙遮雙照, 圓融覺明, 隨順行智)에 머무르게 된다.

⑤제9식(第九識) 무명함장식(無明含藏識)이 지혜작용(智慧作用)으

로 타파(打破)되어 끊어져 멸(滅)해도, 제10식(第十識) 본성(本性)에까지 증입(證入)하지 못함은, 제9식(第九識)이 타파(打破)되어 멸(滅)하는 지혜상승공력(智慧上昇功力)으로는, 더 깊은 차원(次元)인 제10식(第十識) 본성(本性)에까지 증입(證入)할 수가 없기 때문이다. 그러므로 만약(萬若), 제9식(第九識) 무명함장식(無明含藏識)이 타파(打破)되어 끊어져 멸(滅)하면, 심부동,대열반성지(心不動,大涅槃性智)가 열린 불승(佛乘)의 지혜성품(智慧性品)인, 심청정부동,대열반성지(心淸淨不動,大涅槃性智)에 머무르게 된다.

⑥일체증득지(一切證得智)인, 제식전변(諸識轉變)의 일체,무위지혜,성품세계(一切,無爲智慧,性品世界)가 지혜작용(智慧作用)으로 일체타파(一切打破)되어 멸(滅)하면, 불승(佛乘)의 심부동,대열반성지(心不動,大涅槃性智)까지 타파(打破)되어 끊어져[滅], 일체초월성(一切超越性) 불성(佛性)에 증입(證入)해, 불지(佛智)를 이루게 된다.

무명함장식(無明含藏識)을, 12인연(十二因緣)에서는 무명(無明)이라고 하며, 유식(唯識)에서는 아뢰야식(阿賴耶識)인 함장식(含藏識)이라고 한다. 왜냐하면, 12인연(十二因緣)에서는, 중생(衆生)의 근본식(根本識)이며, 3세윤회(三世輪廻)의 근본(根本)이니, 무명(無明)이라고 한다. 유식(唯識)에서는, 아뢰야식(阿賴耶識)인 함장식(含藏識)이라고 함은, 윤회(輪廻)의 과거생(過去生)과 현생(現生)에 지은 모든 업(業)의 정보(情報)를 저장(貯藏)하고 있으므로, 함장식(含藏識)이라고 한다. 그리고 또한, 유식성품(唯識性品)은, 식(識)의 작용(作用)이 이루어지고 있는 동식성품세계(動識性品世界)이므로, 아뢰야식(阿賴耶識)인 무명(無明)은, 동(動)함이 없는 부동무기식(不動無記識)이니, 동식(動識)의 작용(作用)으로는, 아뢰야식(阿賴耶識)인 부동무명식(不動無明識)을 알 수가 없어, 인식(認識)할 수도 없고, 드러나지 않아 감추어져 있는 식(識)이므로, 함장식(含藏識)이라 하기도 한다.

12인연(十二因緣)과 유식성품세계(唯識性品世界)의 아뢰야식(阿賴耶識)인 무명함장식(無明含藏識)의 성품(性品)이, 청정부동, 대열반무기성(淸淨不動,大涅槃無記性)이다. 그러므로, 지혜작용(智慧作用)으로 제9식(第九識) 무명함장식(無明含藏識)을 타파(打破)할 때에, 청정부동, 대열반무기성(淸淨不動,大涅槃無記性)이 타파(打破)되므로, 무명함장식(無明含藏識)이 끊어져 멸(滅)한 제9식, 전변지혜성품(第九識,轉變智慧性品)인, 심청정부동, 대열반성지(心淸淨不動,大涅槃性智)에 증입(證入)하게 된다. 이 성품(性品)이 곧, 무위법계체성지(無爲法界體性智)이다. 이는, 일체초월(一切超越) 여래(如來)의 불성법계, 체성지(佛性法界,體性智)가 아니다. 무위법계, 체성지(無爲法界,體性智)는 곧, 보살, 무위법계, 체성지(菩薩,無爲法界,體性智)이므로, 아직, 무위지혜, 성품세계(無爲智慧,性品世界)를 완전(完全)히 벗어나지 못했다.

그러므로, 무위법계, 체성지(無爲法界,體性智)는, 6지원융지(六智圓融智)인 불성법계, 체성지(佛性法界,體性智)처럼, 일체초월지혜(一切超越智慧)가 아니므로, 지혜(智慧)가 제식(諸識)을 벗어난 일체초월(一切超越) 불지(佛智)처럼, 완전(完全)하지를 못하다. 무위법계, 체성지(無

爲法界,體性智)는, 무위유식,지혜성품,세계(無爲唯識,智慧性品,世界)를 완전(完全)히 벗어나지 못했으므로, 무위법계,체성지(無爲法界體,性智)이어도, 식(識)의 장애(障礙)가 있다. 식(識)의 최종장애(最終障礙)는, 자기(自己)가 증입(證入)한 보살최상지(菩薩最上智)의 지혜성품(智慧性品)인, 심청정부동,대열반성(心淸淨不動,大涅槃性)에 머물러, 아직, 벗어나지 못하고 있음이다.

앞에서, 같은 차원(次元)의 식(識)이며, 같은 차원(次元)의 성품(性品)이라는 말에, 식(識)과 성품(性品)의 관계(關係)에 대해, 이해(理解)가 쉽지 않을 수도 있다. 식(識)이란, 분별작용(分別作用)이며, 성품(性品)은, 그 작용(作用)을 하게 하는 바탕[基盤] 차원성품(次元性品)이다. 그러므로, 6종근(六種根), 6종식(六種識), 제7식(第七識), 제8식(第八識), 제9식(第九識), 제10식(第十識)이, 서로 다른 차원(次元)의 성품(性品)이며, 식(識)이다. 그러므로, 그 성품차원(性品次元) 속에는 그 성품차원(性品次元)의 식(識)의 작용(作用)이 이루어지므로, 각각(各各) 식(識)의 성품차원(性品次元)에 따라, 각각(各各) 식(識)의 작용(作用)도 차별(差別)이 있다. 또한, 제식전변지혜(諸識轉變智慧)에 있어서, 그 성품차원(性品次元)을 벗어나기 전(前)에는, 그 성품작용(性品作用)의 식계(識界)를 벗어날 수가 없다. 그러므로, 제식(諸識)을 점차(漸次) 타파(打破)해 벗어나는 과정(過程)의 단계(段階)가 있다. 그러므로, 각각(各各) 점차(漸次) 제식타파(諸識打破)에 의해, 각각(各各) 차별차원(差別次元)의 전변성품세계(轉變性品世界)인 전변지혜세계(轉變智慧世界)가 있다. 그러므로, 각각 차별차원(差別次元)의 제식전변성품(諸識轉變性品) 속에는, 그 성품차원(性品次元)에 의한 지혜작용(智慧作用)이 이루어진다.

1) 대승유식론(大乘唯識論)의 변형(變形)

제식전개(諸識展開)의 기본구성구조(基本構成構造)의 체계(體系)를 알려면, 제식(諸識)의 전개상속, 섭리체계(展開相續, 攝理體系)인 경·근·식(境·根·識) 18경계(十八境界)의 유식성품체계(唯識性品體系)에 대해, 명확(明確)히 알아야 한다. 중생, 제식전개(衆生, 諸識展開)의 유식성품구성(唯識性品構成)에 있어서, 중생, 유식전개(衆生, 唯識展開)인 제식전개, 기본구성, 구조(諸識展開, 基本構成, 構造)의 제식전개, 기본체계(諸識展開, 基本體系)는, 경·근·식(境·根·識) 18경계(十八境界)의 체계(體系)이다. 만약(萬若), 유식세계(唯識世界)의 제식, 전개상속, 섭리체계(諸識, 展開相續, 攝理體系)를 알려면, 경·근·식(境·根·識) 18경계(十八境界)의 제식전개, 기본구성, 섭리체계(諸識展開, 基本構成, 攝理體系)와 제7식(第七識) 자아의식(自我意識), 제8식(第八識) 능소출입식(能所出入識), 제9식(第九識) 무명함장식(無明含藏識), 제10식(第十識)인 본성(本性)에 이르기까지, 각각(各各) 성품개념(性品槪念)과 그 차별특성(差別特性)에 대해, 명확(明確)한 제식성품, 개념정립(諸識性品, 槪念正立)이 되어야 한다.

18경계(十八境界)의 제식전개, 기본구성, 섭리체계(諸識展開, 基本構

成,攝理體系)와 제10식(第十識)에 이르기까지, 각각(各各) 제식(諸識)에 대한 성품특성(性品特性)과 성품차별개념(性品差別槪念)이 명확(明確)히 정립(正立)되지 않으면, 총체적(總體的) 유식성품세계(唯識性品世界)의 기본체계(基本體系)인, 제식전개,기본구성,구조섭리,유식체계(諸識展開,基本構成,構造攝理,唯識體系)의 각각(各各) 성품작용(性品作用)과 성품차별특성(性品差別特性)에 대한 이해(理解)와 인식(認識)이 왜곡(歪曲)될 수가 있다. 왜냐하면, 18경계(十八境界)는, 경·근·식(境·根·識) 제식,전개상속,섭리작용(諸識,展開相續,攝理作用)이 이루어지는, 제식전개,기본구성,구조섭리(諸識展開,基本構成,構造攝理)의 자연섭리,유식체계(自然攝理,唯識體系)이기 때문이다. 그리고, 유식지혜,상승세계(唯識智慧,上昇世界)인 제식,전변지혜,성품세계(諸識,轉變智慧,性品世界)는, 무위지혜,상승세계,차별차원,성불체계(無爲智慧,上昇世界,差別次元,成佛體系)이니, 일체,무위지혜,각력상승,차별차원,성품세계(一切,無爲智慧,覺力上昇,差別次元,性品世界)에 이르기까지, 제식전변,무위지혜,차별차원,성품체계(諸識轉變,無爲智慧,差別次元,性品體系)를 또한, 명확(明確)히 알아야 한다.

그런데, 무착보살(無着菩薩)과 세친보살(世親菩薩) 등(等)에 이은, 옛 대승유식론사(大乘唯識論師)들에 의한 대승유식론(大乘唯識論)에서는, 유식세계(唯識世界)의 제식전개,기본구성,구조(諸識展開,基本構成,構造)의 자연섭리체계(自然攝理體系)인 경·근·식(境·根·識) 18경계(十八境界)의 제식전개,기본섭리,구성체계(諸識展開,基本攝理,構成體系)를 왜곡변형(歪曲變形)한, 대승유식론(大乘唯識論)의 유식체계(唯識體係)

는, 제6의식(第六意識)이, 제7식(第七識) 자아의식(自我意識)의 작용(作用)을 겸(兼)한, 자아업식작용(自我業識作用)의 관점(觀點)에서, 대승유식론(大乘唯識論)의 전5식체계(前五識體系)를 성립(成立)하였다. 그리고, 성불(成佛)에 이르는 유식지혜, 상승세계, 성불체계(唯識智慧, 上昇世界, 成佛體系)인, 제식전변, 무위지혜, 차별차원, 성품세계(諸識轉變, 無爲智慧, 差別次元, 性品世界)에 대한 것은, 성불(成佛)에 이르는 제식전변지혜(諸識轉變智慧)의 총체적(總體的) 실증지혜(實證智慧)가 없어, 대승유식론(大乘唯識論)에서는 이에 대한 제식전변, 실증지혜, 상승과정, 유식체계(諸識轉變, 實證智慧, 上昇過程, 唯識體系)에 대해, 그 무위지혜, 상승과정, 실증지혜, 차별차원, 전변상승, 지혜과정, 유식체계(無爲智慧, 上昇過程, 實證智慧, 差別次元, 轉變上昇, 智慧過程, 唯識體系)가, 명확(明確)히 정의정립(正義正立)되지를 않았다.

유식세계(唯識世界)를 논(論)하는 것은, 중생제식, 전개상속, 섭리세계(衆生諸識, 展開相續, 攝理世界)도 중요(重要)하겠으나, 그보다, 중생(衆生)이 무명제식(無明諸識)을 벗어나야 하는, 성불전제(成佛前提)의 불법차원(佛法次元)에서는, 유식지혜, 상승세계(唯識智慧, 上昇世界)인, 제식전변(諸識轉變) 실증지혜상승(實證智慧上昇)으로 성불(成佛)에 이르는 총체적(總體的) 지혜과정(智慧過程)인, 제식전변, 지혜상승, 차별차원, 성불과정, 유식체계(諸識轉變, 智慧上昇, 差別次元, 成佛過程, 唯識體系)가 무엇보다 중요(重要)하다. 왜냐하면, 제식전변, 무위지혜, 차별차원, 지혜전변, 성불과정, 유식체계(諸識轉變, 無爲智慧, 差別次元, 智慧轉變, 成佛過程, 唯識體系)를 통해, 성불(成佛)에 이르는 지혜과정세계(智

慧過程世界)를 밝게 알 수가 있기 때문이다.

　대승유식론(大乘唯識論)의 유식체계(唯識體系)에서는, 제식전변, 무위지혜, 차별차원, 지혜상승, 성불과정, 유식체계(諸識轉變, 無爲智慧, 差別次元, 智慧上昇, 成佛過程, 唯識體系)인 성불과정, 실증경계, 유식전변, 지혜체계(成佛過程, 實證境界, 唯識轉變, 智慧體係)를, 실증지혜(實證智慧)로 명확(明確)히 언급(言及)하여, 정의정론(正義正論)함이 없다. 그리고, 대승유식론(大乘唯識論)은, 제식전개, 성품체계(諸識展開, 性品體系)와 관점(觀點)은, 제6의식(第六意識)이 제7식(第七識) 자아의식(自我意識)의 작용(作用)을 겸(兼)한, 자아업식작용(自我業識作用)의 관점(觀點)과 시각(視角)과 견해(見解)에서, 제식전개세계(諸識展開世界)를 인식(認識)하다 보니, 총체적(總體的) 일체, 유위무위, 유식성품, 세계(一切, 有爲無爲, 唯識性品, 世界)를 수용(受容)하는, 광의적유식(廣義的唯識)의 총체적, 관점(總體的, 觀點)과 유식성품세계(唯識性品世界)의 총체적, 유식시각(總體的, 唯識視角)을 가지지를 못했다. 대승유식론(大乘唯識論)은, 제식전개, 상속섭리, 구성체계(諸識展開, 相續攝理, 構成體系)인 경·근·식(境·根·識) 18경계, 유식체계(十八境界, 唯識體系)와 5온제식, 전개과정(五蘊諸識, 展開過程)을 벗어나, 유식체계(唯識體係)가 제6의식(第六意識)이 제7식(第七識) 자아의식(自我意識)의 작용(作用)을 겸(兼)한, 제7식(第七識) 자아의식(自我意識)의 분권식(分權識)으로 변형(變形)된, 자아업식작용(自我業識作用)에 치중(置重)한, 유식론체계(唯識論體系)이다. 제6의식(第六意識)이 분권식(分權識)이란, 제7식(第七識) 자아의식(自我意識)의 역할(役割)과 작용(作用)을 부여(附與) 받거나, 나누어 가진 식(識)이란 뜻이다.

대승유식론(大乘唯識論)의 제식전개체계(諸識展開體系)는, 제식, 전개상속, 기본구성, 섭리체계(諸識, 展開相續, 基本構成, 攝理體系)인 여래정론(如來正論), 경·근·식(境·根·識) 18경계(十八境界)의 유식체계(唯識體系)를 벗어나, 18경계체계(十八境界體系)를 전5식체계(前五識體系)로 왜곡변형(歪曲變形)한 유식체계(唯識體系)로, 제6의식(第六意識)이, 제7식(第七識) 자아의식(自我意識)의 작용(作用)을 겸(兼)한, 제6의식작용(第六意識作用)의 주체적(主體的) 유식사고(唯識思考)로 변형(變形)된 유식체계(唯識體系)이다. 제식전개체계(諸識展開體系)에 대해 이해(理解)하려면, 3종제식, 전개체계(三種諸識, 展開體系)에 대해 우선(于先), 이해(理解)할 필요(必要)가 있다.

●3종제식전개체계(三種諸識展開體系)

3종제식전개체계(三種諸識展開體系)는, ①아함경(阿含經) 여래정론(如來正論) 제식전개체계(諸識展開體系)와 ②대승유식론(大乘唯識論) 제식전개체계(諸識展開體系)와 ③불지정론(佛智正論) 제식전개체계(諸識展開體系)이다.

①아함경(阿含經) 여래정론(如來正論) 제식전개체계(諸識展開體系)는, 2종제식, 전개체계(二種諸識, 展開體系)가 있다. 이는, 소연입식, 전

개체계(所緣入識,展開體系)와 능연출식,전개체계(能緣出識,展開體系)이다. 소연입식,전개체계(所緣入識,展開體系)는, 식(識)의 발생(發生) 원인(原因)이, 소연경(所緣境)인 색성향미촉법(色聲香味觸法)을 받아들이는, 소연경·근·식·전개섭리,입식체계(所緣境·根·識·展開攝理,入識體系)인 18경계체계(十八境界體系)이다. 그리고, 능연출식,전개체계(能緣出識,展開體系)는, 식(識)의 발생(發生) 원인(原因)이, 무명(無明)에 의해 발생(發生)하는 능연출식전개(能緣出識展開)로, 무명,능연출식,전개섭리체계(無明,能緣出識,展開攝理體系)인 12인연법(十二因緣法)이다.

여래정론,실관실증,정지정립,제식체계(如來正論,實觀實證,正智正立,諸識體系) 중, 소연입식,전개체계(所緣入識,展開體系)인 18경계(十八境界)의 소연경·근·식·섭리체계(所緣境·根·識·攝理體系)는, 6종경(六種境)인 색·성·향·미·촉·법(色·聲·香·味·觸·法)과 6종근(六種根)인 안근·이근·비근·설근·신근·의근(眼根·耳根·鼻根·舌根·身根·意根)과 6종식(六種識)인 안식·이식·비식·설식·신식·의식(眼識·耳識·鼻識·舌識·身識·意識)이 연계중첩작용(連繫重疊作用)하는, 자연,반연작용,전개상속,섭리체계(自然,攀緣作用,展開相續,攝理體系)인 소연,18경계체계(所緣,十八境界體系)이다. 6종경(六種境)인 색성향미촉법(色聲香味觸法)은, 심식작용(心識作用)의 대상(對相)인 6종차별대상(六種差別對相)이다. 6종근(六種根)인 안이비설신의근(眼耳鼻舌身意根)은, 소연경(所緣境)인 색성향미촉법(色聲香味觸法)의 6종차별대상(六種差別對相)을, 각각(各各) 촉(觸)하여 받아들이는, 여섯[六] 감각소연근(感覺所緣根)이다.

6종식(六種識)인 안식·이식·비식·설식·신식·의식(眼識·耳識·鼻識·舌識·身識·意識)은, 6종근(六種根)이 받아들인 6종차별대상(六種差別對相)인 색성향미촉법(色聲香味觸法)을, 그대로 거울[鏡]처럼 비치는, 여섯[六] 종류(種類)의 차별소연식(差別所緣識)이다. 아함경(阿含經) 여래정론(如來正論), 실증실관, 정지정립(實證實觀, 正智正立)의 제식전개체계(諸識展開體系)인 경·근·식(境·根·識) 18경계체계(十八境界體系)는, 소연경·근·식·섭리체계(所緣境·根·識·攝理體系)이어도, 경·근·식(境·根·識) 18경계체계(十八境界體系)에는, 대승유식론(大乘唯識論)의 제7식(第七識) 말나식(末那識)인 자아의식(自我意識)과 제8식(第八識) 아뢰야식(阿賴耶識)인 함장식(含藏識)과 그리고, 불지정론(佛智正論)의 제7식(第七識) 말나식(末那識)인 자아의식(自我意識)과 제8식(第八識)인 능소출입식(能所出入識)과 제9식(第九識)인 아뢰야식(阿賴耶識)인 무명함장식(無明含藏識)과 제10식(第十識)인 본성(本性)이 더불어 함께, 중첩(重疊)되어 있다.

왜냐하면, 경·근·식(境·根·識) 18경계체계(十八境界體系)에는, 대승유식론(大乘唯識論)의 제식(諸識)과 그리고, 불지정론(佛智正論) 제7식(第七識), 제8식(第八識), 제9식(第九識), 제10식(第十識)을 모두 드러내지 않은, 소연경·근·식(所緣境·根·識) 18경계체계(十八境界體系)이어도, 이 체계(體系)에는, 더불어 제7식(第七識), 제8식(第八識), 제9식(第九識), 제10식(第十識)이 함께, 연계중첩작용(連繫重疊作用)함으로, 경·근·식(境·根·識) 18경계체계(十八境界體系)의 작용(作用)이 이루어지기 때문이다. 그러므로 만약, 경·근·식(境·根·識) 18경계체계(十八境界

體系) 속에, 대승유식론(大乘唯識論)의 제식(諸識)과 그리고, 불지정론(佛智正論)의 제7식(第七識), 제8식(第八識), 제9식(第九識), 제10식(第十識)이 더불어 함께 중첩작용(重疊作用)하지 않으면, 경·근·식(境·根·識) 18경계체계(十八境界體系)의 작용(作用)은 이루어질 수가 없다. 그러므로, 경·근·식(境·根·識) 18경계체계(十八境界體系)에는, 6종근(六種根)과 6종식(六種識)과 제7식(第七識)과 제8식(第八識)과 제9식(第九識)과 제10식(第十識)이 더불어 함께, 연계중첩작용(連繫重疊作用)하는 제식전개체계(諸識展開體系)이므로, 소연경·근·식·섭리체계(所緣境·根·識·攝理體系)인 18경계체계(十八境界體系)를, 제식전개, 유식체계(諸識展開, 唯識體系)라고 한다.

그리고, 여래정론, 실관실증, 정지정립, 제식체계(如來正論, 實觀實證, 正智正立, 諸識體系) 중, 능연출식, 전개체계(能緣出識, 展開體系)인, 12인연법(十二因緣法)의 무명, 능연출식, 전개섭리체계(無明, 能緣出識, 展開攝理體系)는, 소연입식, 전개체계(所緣入識, 展開體系)인 경·근·식(境·根·識) 18경계체계(十八境界體系)와 달리, 무명(無明)으로부터 전개출식(展開出識)되는, 무명, 능연출식, 전개섭리체계(無明, 能緣出識, 展開攝理體系)이다. 여래정론, 정지정립, 제식체계(如來正論, 正智正立, 諸識體系)가 2종제식, 전개체계(二種諸識, 展開體系)로, 소연입식, 전개체계(所緣入識, 展開體系)인 18경계체계(十八境界體系)와 능연출식, 전개체계(能緣出識, 展開體系)인 12인연법(十二因緣法)으로, 2종제식, 전개체계(二種諸識, 展開體系)로 나뉘게 된 것은, 여래정론, 정지정립, 제식체계(如來正論, 正智正立, 諸識體系)는, 유식론체계(唯識論體系)가 아닌, 불지혜, 제식관행

(佛智慧,諸識觀行)인 제식전개,실관실증,정의정립,체계(諸識展開,實觀實證,正義正立,體系)이기 때문이다.

불(佛)이 계실 당시(當時)에는, 수행중심시대(修行中心時代)이었으므로, 소연입식,전개체계(所緣入識,展開體系)인 18경계(十八境界)와 능연출식,전개체계(能緣出識,展開體系)인 12인연법(十二因緣法)은, 일체고(一切苦)와 무명미혹(無明迷惑)을 벗어나는 여래실증,정지정립,여래정론(如來實證,正智正立,如來正論)으로, 제식작용,실관실증,지혜수행,관행체계(諸識作用,實觀實證,智慧修行,觀行體系)이다. 그러므로, 소연입식,전개체계(所緣入識,展開體系)인 18경계체계(十八境界體系)와 능연출식,전개체계(能緣出識,展開體系)인 12인연법(十二因緣法)은, 여래(如來)의 제식관행,실증지혜(諸識觀行,實證智慧)에 의한, 여래정론,정지정립,실관실증,제식체계(如來正論,正智正立,實觀實證,諸識體系)이다.

그러므로, 제식전개,실관실증,수행체계(諸識展開,實觀實證,修行體系)이기에, 제식전개근원(諸識展開根源)이 소연경(所緣境)을 인연(因緣)하여, 소연입식전개작용(所緣入識展開作用)으로 이루어지는 소연입식,전개체계(所緣入識,展開體系)와 그리고, 제식전개근원(諸識展開根源)이 무명(無明)을 인연(因緣)하여, 능연출식,전개작용(能緣出識,展開作用)으로 이루어지는 능연출식,전개체계(能緣出識,展開體系)가 있어, 여래정론,실관실증,정지정립,제식체계(如來正論,實觀實證,正智正立,諸識體系)는, 제식전개근원(諸識展開根源)이 소연경(所緣境)에 의

한 소연입식, 전개작용(所緣入識, 展開作用)과 무명(無明)에 의한 능연출식, 전개작용(能緣出識, 展開作用)에 따라, 소연경인연, 입식전개체계(所緣境因緣, 入識展開體系)와 무명인연, 능연출식전개체계(無明因緣, 能緣出識展開體系)의 2종제식전개체계(二種諸識展開體系)가 있다.

소연경(所緣境)에 의해 이루어지는 제식관행지혜(諸識觀行智慧)는, 경·근·식(境·根·識) 18경계체계(十八境界體系)로 소연입식, 전개체계(所緣入識, 展開體系)인 소연입식, 실관체계(所緣入識, 實觀體系)이며, 그리고, 무명(無明)으로부터 전개(展開)되는 제식관행지혜(諸識觀行智慧)는, 무명(無明)이 전개(展開)되는 무명, 능연출식, 전개섭리체계(無明, 能緣出識, 展開攝理體系)인 12인연법(十二因緣法)의, 능연출식, 실관체계(能緣出識, 實觀體系)이다. 여래정론, 정지정립, 제식체계(如來正論, 正智正立, 諸識體系)가 소연입식, 전개체계(所緣入識, 展開體系)와 능연출식, 전개체계(能緣出識, 展開體系)의 2종제식체계(二種諸識體系)가 있는 것은, 제식(諸識)의 발생(發生)과 전개(展開)가, 소연경(所緣境)으로부터 인연발생(因緣發生)하여 전개(展開)되는, 소연입식, 전개체계(所緣入識, 展開體系)와 그리고, 무명(無明)으로부터 인연발생(因緣發生)하여 전개(展開)되는 능연출식, 전개체계(能緣出識, 展開體系)가 다르기 때문이다.

그러므로, 여래정론, 실관실증, 정지정립, 여래정의, 제식체계(如來正論, 實觀實證, 正智正立, 如來正義, 諸識體系)는 소연입식, 관행체계(所緣入識, 觀行體系)와 무명출식, 관행체계(無明出識, 觀行體系)의 제식관행, 실관지혜, 체계(諸識觀行, 實觀智慧, 體系)이므로, 소연입식, 전개체계(所緣入識, 展開體系)와 무명출식, 전개체계(無明出識, 展開體系)의 2종제식, 관행체계(二種諸識, 觀行體系)로 정의정립, 분리체계화(正義正立, 分離體系化)하였다. 그러므로, 여래실관, 정지정립, 여래정론, 제식체계(如來實觀, 正智正立, 如來正論, 諸識體系)는, 소연입식, 전개체계(所緣入識, 展開體系)인 경·근·식(境·根·識) 18경계체계(十八境界體系)와 능연출식, 전개체계(能緣出識, 展開體系)인 12인연법체계(十二因緣法體系)의, 2종제식, 전개체계(二種諸識, 展開體系)로 정의정립(正義正立)하게 되었다.

여래정론, 정지정립, 여래실증, 제식체계(如來正論, 正智正立, 如來實證, 諸識體系) 중, 소연입식, 전개체계(所緣入識, 展開體系)인 경·근·식(境·根·識) 18경계(十八境界)와 무명출식, 전개체계(無明出識, 展開體系)인 12인연법(十二因緣法)이, 소연입식, 전개체계(所緣入識, 展開體系)와 능연출식, 전개체계(能緣出識, 展開體系)로, 소연입식전개(所緣入識展開)와 능연출식전개(能緣出識展開)의 제식전개, 과정체계(諸識展開, 過程體系)가 달라, 여래정론, 실관실증, 정지정립, 제식체계(如來正論, 實觀實證, 正智正立, 諸識體系)를 소연입식, 전개체계(所緣入識, 展開體系)와 무명출식, 전개체계(無明出識, 展開體系)의 2종제식, 전개체계(二種諸識, 展開體系)로 정의정립(正義正立)하게 되었다. 그러므로, 소연경·근·식·전개섭리, 입식체계(所緣境·根·識·展開攝理, 入識體系)인 18경계체계(十八境界體系)와 무명, 능연출식, 전개섭리체계(無明, 能緣出識, 展開攝理體系)인 12인연법(十二因緣法)은, 여래실관, 정지정립, 여래정론, 제식전개, 유식체계(如來實觀, 正智正立, 如來正論, 諸識展開, 唯識體系)이다. 그러므로, 아함경(阿含經)의 여래정론, 정지정립, 제식체계(如來正論, 正智正立, 諸識體系)는, 단순(單純) 유식론리체계(唯識論理體系)가 아닌, 여래실관, 정지정립, 여래정론, 제식체계(如來實觀, 正智正立, 如來正論, 諸識體系)로, 제식전개, 실관실행, 실증정립, 여래정론, 유식체계(諸識展開, 實觀實行, 實證正立, 如來正論, 唯識體系)이다.

여래정론(如來正論), 무명, 능연출식, 전개섭리체계(無明, 能緣出識, 展開攝理體系)인 12인연법(十二因緣法)은, ①무명(無明)→②행(行)→③식(識)→④명색(名色)→⑤6입(六入)→⑥촉(觸)→⑦수(受)→⑧애(愛)→⑨취(取)→⑩유(有)→⑪생(生)→⑫노사(老死)이다. ①무명(無明)은, 제9식(第九識) 함장식(含藏識)이다. ②행(行)은, 제8식(第八識) 능소출입식(能所出入識)이다. ③식(識)은, 제7식(第七識) 말나식(末那識)인 자아의식(自我意識)이다. 이 식(識)은, 곧, 3세윤회, 유식체계(三世輪廻, 唯識體係)의 입태식(入胎識)이다. ④명색(名色)은, 자아의식(自我意識)과 부모(父母)의 혈육(血肉)이 결합(結合)함이다. ⑤6입(六入)은, 6종근(六種根)과 6종식(六種識)이 갖추어짐이다. ⑥촉(觸)은, 안근(眼根), 이근(耳根), 비근(鼻根), 설근(舌根), 신근(身根), 의근(意根)인 6종근(六種根)이, 소연경(所緣境) 대상(對相)인 색성향미촉법(色聲香味觸法)을 접촉(接觸)함이다. ⑦수(受)는, 근수(根受)와 식수(識受)의 2종수(二種受)가 있다. 근수(根受)는 6종근수(六種根受)이며, 식수(識受)는 6종식수(六種識受)이다. 6종근수(六種根受)는, 6종근(六種根)이 색성향미촉법(色聲香味觸法)을 받아들임이다. 6종식수(六種識受)는, 6종근(六種根)이 받아들인 색성향미촉법(色聲香味觸法)을, 그대로 6종식

(六種識)이 거울[鏡]처럼 비치는, 6종식(六種識)의 작용(作用)이다. ⑧
애(愛)는, 제7식(第七識)인 자아의식(自我意識)이, 안식(眼識), 이식(耳
識), 비식(鼻識), 설식(舌識), 신식(身識), 의식(意識)인 6종식(六種識)
에 비친 색성향미촉법(色聲香味觸法)을 좋아함이다. ⑨취(取)는, 제7
식(第七識) 자아의식(自我意識)이 좋아하는 색성향미촉법(色聲香味觸
法)을 취(取)함이다. ⑩유(有)는, 제7식(第七識) 자아의식(自我意識)이
좋아하는 색성향미촉법(色聲香味觸法)을 취(取)하는 집착심(執着心)과
인연과보(因緣果報)의 업(業)이 생성(生成)됨이다. ⑪생(生)은, 인연
과보(因緣果報)의 업(業)의 생(生)으로, 제7식(第七識) 자아의식(自我意
識)이, 좋아하는 색성향미촉법(色聲香味觸法)을 취(取)하는, 업(業)의
집착심(執着心)이 끊임없는, 인연과보(因緣果報)인 인연생(因緣生)의
삶이다. ⑫노사(老死)은, 제7식(第七識) 말나식(末那識)인 자아의식
(自我意識)이, 색성향미촉법(色聲香味觸法)을 취(取)하는 업(業)의 집
착심(執着心)이 끊임없는, 생(生)의 삶 속에 늙고[老], 병(病)들며, 죽
음[死]이다.

②대승유식론(大乘唯識論)의 제식전개체계(諸識展開體系)는, 아함경
(阿含經) 여래정론(如來正論) 제식전개체계(諸識展開體系) 중, 소연입
식,전개체계(所緣入識,展開體系)인 경·근·식(境·根·識) 18경계체계(十八
境界體系)를, 무착보살(無着菩薩)이 자의적(自意的) 유식지견(唯識知見)
에 따라 변형(變形)한 유식체계(唯識體係)이다. 대승유식론(大乘唯識
論)의 제식체계(諸識體系)의 특성(特性)은, 경·근·식(境·根·識) 18경계체
계(十八境界體系)에서, 제6의식(第六意識)에 연계(連繫)된 전식(前識)인

의근(意根)과 의근(意根)이 받아들이는 법(法)을, 경·근·식(境·根·識) 18 경계체계(十八境界體系)에서 따로 분리(分離)하여, 18경계체계(十八境界體系)를, 경·근·식(境·根·識) 15경계체계(十五境界體系)인 전5식체계(前五識體系)로 변형(變形)하였다.

그리고 또한, 소연경·근·식·섭리체계(所緣境·根·識·攝理體系)인 18경계(十八境界)의 제식체계(諸識體系)에서, 더욱 제식세분확장(諸識細分擴張)의 시각관점(視角觀點)에서, 능연식(能緣識)인 제7식(第七識) 말나식(末那識)인 자아의식(自我意識)과 제8식(第八識) 아뢰야식(阿賴耶識)인 함장식(含藏識)을, 소연입식, 전개체계(所緣入識, 展開體系)인 18경계체계(十八境界體系)에서 더 첨가(添加)하여, 대승유식론(大乘唯識論) 제식체계(諸識體系)를 8종식체계(八種識體系)로 확장확립(擴張確立)하였다.

대승유식론(大乘唯識論)의 제식체계(諸識體系) 중, 전5식체계(前五識體系)는, 여래실관, 정지정립, 여래정론, 제식체계(如來實觀, 正智正立, 如來正論, 諸識體系)인 소연입식, 전개체계(所緣入識, 展開體系)의 6종경(六種境)과 6종근(六種根)과 6종식(六種識)이 연계(連繫)된 18경계체계(十八境界體系)에서, 법(法)과 의근(意根)과 의식(意識)이, 18경계체계(十八境界體系)의 본래(本來) 역할(役割)을, 왜곡(歪曲) 변형(變形)한 전5식체계(前五識體系)로, 색성향미촉(色聲香味觸)의 5종경(五種境)과 안이비설신근(眼耳鼻舌身根)인 5종근(五種根)과 안이비설신식(眼耳鼻舌身識)인 15경계체계(十五境界體系)로, 18경계체계(十八境界體系)를 전5

식체계(前五識體系)로 변형(變形)하였다.

　그리고, 제6의식(第六意識)이, 18경계체계(十八境界體系)와 달리, 전5식체계(前五識體系)를 주관(主管)하고 관장(管掌)함이, 대승유식론(大乘唯識論)의 유식체계(唯識體係)이다. 그리고, 능연식(能緣識)인 제7식(第七識)이며 말나식(末那識)인 자아의식(自我意識)과 그리고, 제8식(第八識)이며 아뢰야식(阿賴耶識)인 함장식(含藏識)이, 18경계체계(十八境界體系)에서 더 첨가(添加)한, 대승유식론(大乘唯識論)의 제식체계(諸識體系)이다. 이는, 18경계체계(十八境界體系)에서, 6종경(六種境) 중, 법(法)과 6종근(六種根) 중, 법(法)을 받아들이는 의근(意根)과 6종식(六種識) 중, 의근(意根)이 받아들인 법(法)을, 그대로 거울[鏡]처럼 비치는 의식(意識)의 역할(役割)인 18경계체계(十八境界體系)와 달리, 전5식체계(前五識體系)인 15경계,변형체계(十五境界,變形體系)이며, 이는, 제6의식(第六意識)이 분별(分別)하고 주관(主管)하는 유식체계(唯識體係)로, 경·근·식(境·根·識) 18경계체계(十八境界體系)를 왜곡변형(歪曲變形)한 유식체계(唯識體系)이다.

　③불지정론(佛智正論)의 제식전개체계(諸識展開體系)는, 소연경·근·식·섭리체계(所緣境·根·識·攝理體系)인 18경계체계(十八境界體系)에서, 무명(無明)과 본성(本性)에 이르기까지 총체적(總體的) 제식전개상속(諸識展開相續)의 연계중첩,제식체계(連繫重疊,諸識體系)를 실증지혜정안(實證智慧正眼)으로 정의정립(正義正立)한, 실증지혜,정의정립,제식체계(實證智慧,正義正立,諸識體系)이다. 그런데, 대승유식론(大乘唯

識論)의 제식체계(諸識體系)와 불지정론(佛智正論)의 제식체계(諸識體系)가 차이(差異)가 있어 다른 것은, 대승유식론사(大乘唯識論師)들이 총체적(總體的) 제식체계(諸識體系)에 대한 실증지혜(實證智慧)의 부족(不足)으로, 제식,전개상속,순위체계(諸識,展開相續,順位體系) 중에, 전개식(展開識)을 빠뜨린 부분(部分)이 있어, 대승유식론(大乘唯識論)의 제식체계(諸識體系)에 없는, 제7식(第七識) 자아의식(自我意識) 다음 식(識)인, 능소출입식(能所出入識)이, 불지정론(佛智正論) 제식체계(諸識體系)에는 있다.

그러므로, 대승유식론(大乘唯識論)의 제식체계(諸識體系)와 불지정론(佛智正論)의 제식체계(諸識體系)는, 서로 제식전개,순위체계(諸識展開,順位體系)와 제식순위(諸識順位)의 식명(識名)이 다른 까닭[緣由]이 있다. 그리고, 대승유식론(大乘唯識論)과 불지정론(佛智正論)의 총체적(總體的) 유식성품세계(唯識性品世界)의 유식체계,범위규정(唯識體系,範圍規定)에 대한 개념정의(概念正義)의 기본(基本)이 다르다. 대승유식론(大乘唯識論)은, 유식체계,범위규정(唯識體系,範圍規定)에 대한 명확(明確)한 정의(正義)가 없다. 그러나, 불지정론(佛智正論)에서는, 무명제식계(無明諸識界)로부터, 일체초월(一切超越) 불지(佛智)에 이르기까지의 일체무위식계(一切無爲識界)가 유식세계(唯識世界)임을 정의(正義)하고 있다.

그러므로, 중생제식(衆生諸識)뿐만 아니라, 제식전변,보살지혜,무위상승,차별차원,일체세계(諸識轉變,菩薩智慧,無爲上昇,差別次元,一切世

界)까지, 유식성품세계(唯識性品世界)로 정의(正義)하고 있다. 왜냐하면, 제식전변,무위지혜,보살세계(諸識轉變, 無爲智慧, 菩薩世界) 또한, 유식지혜,상승세계(唯識智慧, 上昇世界)인 제식전변,지혜상승,무위성품,차별차원,무위유식,차별세계(諸識轉變, 智慧上昇, 無爲性品, 差別次元, 無爲唯識, 差別世界)이기 때문이다. 그러므로, 총체적(總體的) 유식성품세계(唯識性品世界)는, 중생제식세계(衆生諸識世界)뿐만 아니라, 제식전변,지혜상승,무위보살,차별차원,성불과정(諸識轉變, 智慧上昇, 無爲菩薩, 差別次元, 成佛過程)의 일체(一切)가 곧, 유식지혜,상승세계,차별차원,유식성품,차별세계(唯識智慧, 上昇世界, 差別次元, 唯識性品, 差別世界)이다. 그러므로, 성불과정,제식전변,일체지혜,차별차원,상승세계(成佛過程, 諸識轉變, 一切智慧, 差別次元, 上昇世界)가 곧, 유식성품세계(唯識性品世界)이다. 그러므로, 총체적(總體的) 유식성품세계(唯識性品世界)는, 중생제식세계(衆生諸識世界)와 성불(成佛)에 이르는 제식전변,무위보살,지혜상승,성불과정,지혜세계(諸識轉變, 無爲菩薩, 智慧上昇, 成佛過程, 智慧世界)의 일체(一切)이다. 그러므로, 총체적(總體的) 유식성품세계(唯識性品世界)를 초월(超越)해 벗어남이 곧, 일체초월(一切超越) 불성증입(佛性證入) 불지(佛智)이다.

대승유식론(大乘唯識論)의 제식체계(諸識體系)는, 여래정론(如來正論) 18경계체계(十八境界體系)에서 변형(變形)된, 제7식(第七識)의 분권식(分權識)인, 제6의식작용(第六意識作用)에 의한 제식작용개념(諸識作用槪念)을 가지므로, 경·근·식(境·根·識) 제식,전개상속,기본섭리,

구성체계(諸識, 展開相續, 基本攝理, 構成體系)인 18경계체계(十八境界體系)를, 제6의식작용(第六意識作用)의 주관적(主觀的) 관점(觀點)에서 이해(理解)하고 인식(認識)한다. 그러므로, 총체적(總體的) 제식, 전개 상속, 기본섭리, 구성체계(諸識, 展開相續, 基本攝理, 構成體系)인 18경계 (十八境界)를, 경·근·식(境·根·識) 제식전개, 자연섭리, 상속체계(諸識展開, 自然攝理, 相續體系)의 섭리작용(攝理作用)으로 수용(受容)하여 인식 (認識)하지 못하고, 경·근·식(境·根·識) 18경계체계(十八境界體系)를, 자의적(自意的) 판단(判斷)의 유식관점(唯識觀點)과 견해(見解)에 의해, 인위적(人爲的)으로 18경계, 섭리체계(十八境界, 攝理體系)를 조작(造作) 하여, 변형(變形)시켰다. 이는, 무착보살(無着菩薩)이, 여래정론(如來正論)인 소연입식, 전개체계(所緣入識, 展開體系)인 경·근·식(境·根·識) 18 경계체계(十八境界體系)의 여래실관, 정지정립, 여래정론(如來實觀, 正智正立, 如來正論)인 18경계(十八境界)의 개념정의(概念正義)에 대해, 그 정론개념(正論槪念)과 개념지혜체계(槪念智慧體系)에 대해, 그 논지 (論智)를, 명확(明確)히 이해(理解)하지 못했기 때문이다.

그러므로, 대승유식론(大乘唯識論)은, 여래정론(如來正論)의 소연 입식, 전개체계(所緣入識, 展開體系)인 제식전개, 기본구성, 섭리체계(諸識展開, 基本構成, 攝理體系)의 경·근·식(境·根·識) 18경계체계(十八境界體系)에 대한 유식개념정의(唯識槪念正義)와 18경계, 여래정립체계(十八境界, 如來正立體系)의 논지(論智)를 벗어났다. 그러므로, 대승유식론(大乘唯識論)의 유식체계(唯識體系)는, 제식전개, 자연섭리, 상속체계(諸識展開, 自然攝理, 相續體系)인 경·근·식(境·根·識) 18경계체계(十八

境界體系)의 왜곡변형체계(歪曲變形體系)이므로, 여래정론(如來正論)의 경·근·식(境·根·識) 18경계체계(十八境界體系)와는 다르다. 그러므로, 대승유식론(大乘唯識論)은, 경·근·식(境·根·識) 18경계체계(十八境界體系)의 인식(認識)과 이해(理解)에도, 제식전개, 자연섭리, 기본구성, 구조체계(諸識展開, 自然攝理, 基本構成, 構造體系)로 보지 않고, 18경계체계(十八境界體系)를 벗어나, 제6의식(第六意識)이 제7식(第七識)의 작용(作用)을 겸(兼)하여, 제6의식(第六意識)이, 전5식계(前五識界)를 분별(分別)하고 관장(管掌)하는, 제6의식(第六意識)의 주관적(主觀的) 시각(視角)에서, 유식세계(唯識世界)를 인지(認知)하고 이해(理解)하려 했다.

대승유식론(大乘唯識論)은, 제식전개, 자연섭리, 상속체계(諸識展開, 自然攝理, 相續體系)인 18경계(十八境界)를 인식(認識)하는 기본관점(基本觀點)이, 18경계체계(十八境界體系)와는 다르다. 대승유식론(大乘唯識論)이, 경·근·식(境·根·識) 18경계(十八境界)의 제식전개, 기본섭리, 상속체계(諸識展開, 基本攝理, 相續體系)를 벗어나게 된 까닭[緣由]은, 18경계, 제식전개, 기본섭리, 구성체계(十八境界, 諸識展開, 基本攝理, 構成體系)의 이해(理解)와 인식(認識)에, 세[三] 가지를 왜곡인식변경(歪曲認識變更)한, 지견오류(知見誤謬)의 원인(原因) 때문이다. 이 세[三] 가지의 왜곡원인(歪曲原因) 때문에, 제식전개, 자연섭리, 상속체계(諸識展開, 自然攝理, 相續體系)의 여래정론(如來正論)인, 경·근·식(境·根·識) 18경계체계(十八境界體系)를 무시(無視)한, 무착보살(無着菩薩)의 자의적(自意的) 판단(判斷)의 유식사고(唯識思考)로, 경·근·식(境·根·識) 18경계체계(十八境界體系)를, 전5식체계(前五識體系)로 왜곡변형(歪曲變形)하여, 여래정론(如來正論)의 18경계체계(十八境界體系)를 파괴(破壞)하는, 제식체계(諸識體系)의 오류(誤謬)와 왜곡(歪曲)의 결과(結果)를 초래(招來)하게 되었다.

대승유식론(大乘唯識論)에서, 여래정론(如來正論) 소연입식, 전개체계(所緣入識, 展開體系)의 제식전개, 자연섭리, 상속체계(諸識展開, 自然攝理, 相續體系)인 경·근·식(境·根·識) 18경계체계(十八境界體系)를 왜곡(歪曲) 변형(變形)시킨 것은, ①첫째는, 안근(眼根), 이근(耳根), 비근(鼻根), 설근(舌根), 신근(身根), 의근(意根)인 6종근(六種根) 중에, 의근(意根)의 경·근·식(境·根·識) 전개체계(展開體系)인 자연, 섭리작용(自然, 攝理作用)의 본래(本來) 역할(役割)을 변형상실(變形喪失)하게 한, 유식체계(唯識體係)의 인위적(人爲的) 변형왜곡(變形歪曲)이다. ②둘째는, 안식(眼識), 이식(耳識), 비식(鼻識), 설식(舌識), 신식(身識), 의식(意識)인 6종식(六種識) 중에, 의식(意識)의 경·근·식(境·根·識) 전개체계(展開體系)인 자연, 섭리작용(自然, 攝理作用)의 본래(本來) 역할(役割)을 변형상실(變形喪失)하게 한, 유식체계(唯識體係)의 인위적(人爲的) 변형왜곡(變形歪曲)이다. ③셋째는, 소연경(所緣境)인 색성향미촉법(色聲香味觸法)의 6종경(六種境) 중에, 법(法)의 특정(特定)한 역할(役割)인, 차별특성역할(差別特性役割)을 왜곡변형(歪曲變形)하여, 법(法)의 특정(特定)한 특성(特性)의 본래(本來) 역할(役割)을 상실(喪失)하게 한, 유식체계(唯識體係)의 인위적(人爲的) 변형왜곡(變形歪曲)이다.

① 의근(意根)의 변형(變形)

대승유식론(大乘唯識論)에서, 여래정론(如來正論) 소연입식,전개체계(所緣入識,展開體系)인 경·근·식(境·根·識) 18경계체계(十八境界體系)를 왜곡(歪曲) 변형(變形)시킨 첫[一]째는, 6종근(六種根)인 안근·이근·비근·설근·신근·의근(眼根·耳根·鼻根·舌根·身根·意根) 중, 의근(意根)이다. 대승유식론사(大乘唯識論師)인 무착보살(無着菩薩)이, 경·근·식(境·根·識) 18경계체계(十八境界體系)에서, 의근(意根)을 제7식(第七識)으로 변경이관(變更移管)한 의근(意根)은, 18경계체계(十八境界體系)에는 의식(意識)의 전식(前識)이며, 의근(意根)에 의해 의식작용(意識作用)이 이루어지므로, 만약(萬若), 어떤 상황(狀況)에 사람이 잠시(暫時), 정신(精神)을 잃거나 의식(意識)을 잃을 경우(境遇), 만약(萬若), 의근(意根)의 지속성(持續性)이 끊어지면[滅], 의식(意識)이 다시 회복(回復)할 수가 없으며, 또한, 경우(境遇)에 따라 정신(精神)을 잃었다 다시, 정신(精神)이 깨어나 의식(意識)을 회복(回復)하는 경우(境遇)도 있다. 그리고 또한, 의식(意識)이 끊임없이 이어지는 3세윤회(三世輪廻)의 삶이 이어지려면, 의근(意根)에 의해 의식작용(意識作用)이 이루어지므로, 3세윤회(三世輪廻)의 삶이 지속(持續)되는 3세윤회,유식체계론적(三世輪廻,唯識體係論的) 사고(思考)로는, 의근(意根)이 끊어지거나 멸(滅)하지 않고, 의근(意根)의 지속성(持續性)이 유지(維持)되어야만 하는, 필연성(必然性)을 생각[認知]하게 되었다. 무착보살(無着菩薩)이, 제7식(第七識)은 멸(滅)하지 않고, 지속성(持續性)이 유지(維持)되는 식(識)으로 생각[認知]하여, 의근(意根)의 지속성(持續性)을 유지(維持)하고자, 의식(意識)의 전식(前識)인 의근(意根)을, 의식(意識)의 후식(後識)인 제7식(第七識)으로, 의근(意根)을 변경이관(變更移管)하게 되었다. 이것이, 여래정론(如來正論)인 경·근·식(境·根·識) 18경계체계(十八境界體系)의 섭리체계(攝理體系)와 섭리질서(攝理秩序)를 파괴(破壞)시키는 요인(要因)이 되었다.

그러므로, 경·근·식(境·根·識) 18경계체계(十八境界體系)에서, 6종근(六種根) 중에, 무의식중(無意識中) 자연,반연반응,작용(自然,攀緣反應,作用)으로 법(法)을 받아들이는 의근(意根)의 자연,섭리작용,역할(自然,攝理作用,役割)을, 인위적(人爲的)으로 제7식(第七識)으로 변형이관(變形移管)함으로, 법(法)을 받아들이는 의근(意根)의 본래(本來) 역할(役割)이 상실(喪失)되었다. 그러므로, 경·근·식(境·根·識) 18경계체계(十八境界體系)에서 의근(意根)이, 대경(對境)의 색성향미촉법(色聲香味觸法) 중에, 정신작용(精神作用)이 근(根)이 되어, 대상(對相)을 받아들이는 의(意)의 근(根)인 의근(意根)으로, 대상(對相)인 법(法)을 받아들이는 특정(特定)한 특성(特性)이 상실제거(喪失除去)됨으로, 경·근·식(境·根·識) 18경계체계(十八境界體系)에서 의근(意根)의 본래(本來) 특정역할(特定役割)이 제거(除去)되어, 여래정론(如來正論)인 경·근·식(境·根·識) 18경계체계(十八境界體系)가 왜곡변형상실(歪曲變形喪失)이 되었다.

경·근·식(境·根·識) 18경계(十八境界)의 유식체계(唯識體係)에서, 소

연경(所緣境)의 대상(對相)인 색성향미촉법(色聲香味觸法) 중에, 법(法)을, 의근(意根)의 수(受)의 작용(作用)으로, 받아들인 법(法)이, 제6의식(第六意識)에 그대로 거울[鏡]처럼 비치게 된다. 그러나, 대승유식론(大乘唯識論)은, 경·근·식(境·根·識) 18경계,제식전개,섭리체계(十八境界,諸識展開,攝理體系)에서 제6의식(第六意識)의 전식(前識)인 의근(意根)을, 무착보살(無着菩薩)이 자의적(自意的) 판단(判斷)에 따라, 인위적(人爲的)으로, 의식(意識)의 전식(前識)인 의근(意根)을, 의식(意識)의 후식(後識)인 제7식(第七識)으로 왜곡변형(歪曲變形)하였다. 그러므로, 대승유식론(大乘唯識論)은, 여래정론(如來正論)의 경·근·식(境·根·識) 18경계체계(十八境界體系)와 달리, 의식(意識)의 전식(前識)인 의근(意根)이, 의식(意識)의 후식(後識)인 제7식(第七識)으로, 의근(意根)이 이관변경(移管變更)이 되었다.

그러므로, 의근(意根)에 의지(依支)해, 제6의식(第六意識)이 작용(作用)하므로, 제6의식(第六意識)이, 의근(意根)이 받아들인 법(法)을 그대로 거울[鏡]처럼 비치는, 경·근·식(境·根·識) 18경계체계(十八境界體系)의 본래(本來)의 자기역할(自己役割)을 벗어나, 의근(意根)이 제7식(第七識)이 됨으로, 제7식(第七識) 의근(意根)에 의해, 제6의식(第六意識)의 작용(作用)이 이루어지니, 제6의식(第六意識)이 제7식(第七識)의 작용(作用)을 겸(兼)한, 제7식(第七識) 자아의식(自我意識)의 분권식(分權識)으로 변형(變形)이 되었다. 그러므로, 제6의식(第六意識)이, 자아의식(自我意識)의 분권식(分權識)으로 자유의지식(自由意志識)이 되어, 전5식계(前五識界)를 주관(主管)하고 관장(管掌)하게 됨으로, 의

근(意根)뿐만 아니라, 의식(意識)까지, 경·근·식(境·根·識) 18경계체계(十八境界體系)에서, 자기(自己)의 본래역할(本來役割)과는 전혀 다른, 역할(役割)로 왜곡변형(歪曲變形)이 되었다.

그런데, 여기에서, 대승유식론(大乘唯識論)의 제식,전개체계(諸識, 展開體系)의 개념의식(槪念意識)이, 모순(矛盾)과 오류적(誤謬的) 문제점(問題點)이 있다. 여래정론(如來正論)의 18경계체계(十八境界體系)에서는, 경·근·식(境·根·識) 전개체계(展開體系)가, 의식(意識)의 전식(前識)이 의근(意根)이므로, 소연경(所緣境)인 법(法)을 받아들이는 의근(意根)에 의해, 의식(意識)의 작용(意識)이 이루어진다. 그런데, 의식(意識)의 전식(前識)인 의근(意根)을, 대승유식론(大乘唯識論)에서는 무착보살(無着菩薩)이, 의식(意識)의 후식(後識)인 제7식(第七識)으로, 의근(意根)을 이관변경(移管變更)하였다. 그러면, 의근(意根)에 의해, 의식(意識)의 작용(作用)이 이루어지니, 의근(意根)이 제7식(第七識)이므로, 제7식(第七識) 의근(意根)에 의해, 다음 전개작용(展開作用)이 이루어지는 의식(意識)을, 제6식(第六識)이 아닌, 제8식(第八識)이라고 해야 한다.

그러나, 의근(意根)에 의해, 전개작용(展開作用)이 이루어지는 의식(意識)을, 제6의식(第六意識)이라고 함은, 제식전개작용,순리체계상(諸識展開作用,順理體系上), 이는, 제식,전개작용,섭리체계(諸識, 展開作用, 攝理體系)나 제식,전개작용,순리체계(諸識, 展開作用, 順理體系)에 옳지도 않고, 맞지를 않다. 왜냐하면, 제6식(第六識), 제7식(第七

識), 제8식(第八識) 등(等)의 식(識)의 순위(順位)는, 식(識)이 전개(展開)되는 연계상속, 순서순위(連繫相續, 順序順位)이기 때문에, 제7식(第七識) 의근(意根)에 의해, 제6식(第六識)인 의식(意識)의 작용(作用)이 이루어질 수가 없기 때문이다. 왜냐하면, 식(識)의 전개상속, 순위체계(展開相續, 順位體系)의 역행(逆行)이기 때문이다. 그리고, 제6식(第六識)은 소연경(所緣境)에 인연(因緣)하여 작용(作用)하는 소연식(所緣識)이며, 제7식(第七識)은 능연식(能緣識)이므로, 제7식(第七識)이 소연경(所緣境)을 받아들이는 근식(根識)이라고 함은, 경·근·식(境·根·識) 18경계, 자연섭리, 유식체계(十八境界, 自然攝理, 唯識體系)를 완전(完全)히 무너뜨리고 파괴(破壞)하는 것이다.

그러므로, 이는, 지혜미완(智慧未完)에 의한 왜곡(歪曲)된 모순(矛盾)의 발상(發想)으로, 경·근·식(境·根·識) 18경계, 섭리체계(十八境界, 攝理體系)에는 있을 수가 없는, 황당(荒唐)한 무질서체계(無秩序體系)로, 자연섭리, 질서체계(自然攝理, 秩序體系)가 파괴(破壞)되어 왜곡(歪曲)됨이다. 이는, 제식, 섭리작용, 체계질서(諸識, 攝理作用, 體系秩序)를 파괴(破壞)하는, 있을 수 없는 모순(矛盾)된, 비상식적(非常識的)이며, 섭리질서체계(攝理體系秩序)가 없는 무질서(無秩序)한, 엉뚱한 왜곡발상(歪曲發想)이다. 그러므로, 소연입식, 전개체계(所緣入識, 展開體系)에서, 제7식(第七識) 의근(意根)에 의해, 제6의식(第六意識)의 작용(作用)이 이루어진다 함은, 사실(事實), 제식전개, 자연섭리, 질서체계(諸識展開, 自然攝理, 秩序體系)에는 있을 수 없는, 허황(虛荒)된 허구론리(虛構論理)이다. 왜냐하면, 제6의식(第六意識)은 소연경(所緣境) 대상(對

相)인 법(法)을 받아들이는 소연경식(所緣境識)이므로, 제7식(第七識) 능연식(能緣識)의 작용(作用)을 받아들임은, 소연경식(所緣境識)이 아니기 때문이다. 이를 비유(比喩)하면, 눈[眼]은, 항상(恒常), 밖으로 향(向)해 있어, 밖의 대상(對相)인 일체사물(一切事物)을 인지(認知)하는 역할(役割)만 할 뿐, 자기(自己) 몸[身] 안[內]의 내부장기(內部臟器)를 보는 역할(役割)과 그런 능력(能力)이 없는 것과도 같다. 그러므로, 6종근(六種根)과 6종식(六種識)은, 소연경(所緣境)의 대상(對相)인 색성향미촉법(色聲香味觸法)을 인지(認知)하고 받아들이는 소연6종근(所緣六種根)과 소연6종식(所緣六種識)이다. 이것이, 여래정론(如來正論)인 경·근·식(境·根·識) 18경계체계(十八境界體系)의 개념정의정립(槪念正義正立)이다.

그러므로, 대승유식론(大乘唯識論)의 제식전개,작용체계(諸識展開,作用體系)는, 제식전개,작용섭리,체계질서(諸識展開,作用攝理,體系秩序)의 원칙(原則)도 없고, 법칙(法則)도 없다. 그러므로, 제식전개작용(諸識展開作用秩序)에 있어서, 작용개념(作用概念)인 어떤 섭리(攝理)도, 어떤 원리(原理)도, 어떤 이치(理致)도, 어떤 작용법칙(作用法則)도 없어, 문란(紊亂)하고 무질서(無秩序)하여, 이는, 자연섭리,체계질서(自然攝理,體系秩序)와 제식작용,연계성립,상속원리(諸識作用,連繫成立,相續原理)도 없는, 황당(荒唐)한 허구론설(虛構論說)이므로, 참으로 이해(理解)할 수가 없어, 이해(理解)하려 할수록, 원리원칙(原理原則)이 무너진 왜곡논설(歪曲論說)이라, 혼란(混亂)스럽기만 하다. 이러한 지혜미완(智慧未完)의 지견오류(知見誤謬)와 허구(虛構)로 모순

(矛盾)된 왜곡론리체계(歪曲論理體系)가, 천년(千年)도 넘게, 사람[人]과 사람[人], 배움[學]과 배움[學]의 유식지혜법(唯識智慧法)으로, 배움이 간절(懇切)한 지난 모든 후학(後學)들에게 존중(尊重)받으며, 그 많은 세월(歲月)을 이어져 왔다는 사실(事實), 그 자체(自體)가, 참으로 의아(疑訝)하고, 황당(荒唐)할 뿐이다.

왜냐하면, 소연입식,제식체계(所緣入識,諸識體系)의 순위(順位)는, 제식,전개작용,연계순위,상속관계(諸識,展開作用,連繫順位,相續關係)이므로, 제7식(第七識) 의근(意根)에 의해, 제6의식(第六意識)이 작용(作用)할 수가 없다. 왜냐하면, 제7식(第七識)은, 제6의식작용(第六意識作用)의 전식(前識)이 아니기 때문이다. 왜냐하면, 제7식(第七識)은, 제6의식작용(第六意識作用)의 후식(後識)이기 때문이다. 그러므로, 경·근·식(境·根·識) 18경계체계(十八境界體系)에서, 제7식(第七識)이 제6의식작용(第六意識作用)의 전식(前識)이 되어, 후식(後識)인 제6의식(第六意識)의 작용(作用)이 이루어진다 함은, 이는, 생태학적(生態學的)으로, 부모(父母)가 자식(子息)을 생산(生産)하는 생태섭리순리(生態攝理順理)가 아니라, 자식(子息)이 부모(父母)를 생산(生産)하는, 생태역행(生態逆行)과 같으므로, 이는, 존재생태,자연섭리,원리(存在生態,自然攝理,原理)에는 성립(成立)하거나 존재(存在)할 수가 없는, 비정상적(非正常的)인 황당(荒唐)하고 허황(虛荒)한 허구론리(虛構論理)이다. 왜냐하면, 대승유식론(大乘唯識論)의 제식전개체계(諸識展開體系)는, 소연경(所緣境)인 색성향미촉법(色聲香味觸法)을 받아들이는, 제식전개,상속체계(諸識展開,相續體系)이므로, 이는, 소연입식,전개체계(所緣入識,展開體系)이기 때문이다. 그러므로, 제7식(第七識)인 의근(意根)에 의해, 제6의식(第六意識)의 작용(作用)이 이루어진다면, 소연입식,전개체계(所緣入識,展開體系)에서는 있을 수가 없는, 제식전개,순리체계작용(諸識展開,順理體系作用)이 파괴(破壞)되는 역행(逆行)이기 때문이다. 허황(虛荒)하고 황당(荒唐)한 까닭[緣由]이라 함은, 소연입식,전개체계(所緣入識,展開體系)에는 제6의식(第六意識)의 작용(作用)이 이루어지기 전(前)에는, 제7식(第七識)의 작용(作用)은 이루어지지 않기 때문이다. 그러므로, 제7식(第七識) 의근(意根)에 의해, 제6의식(第六意識)의 작용이 이루어진다 함은, 황당(荒唐)하고 허황(虛荒)한 괴변(怪變)의 논리(論理)이다. 왜냐하면, 제6의식(第六意識)의 작용(作用)에 의해, 제7식(第七識)의 작용(作用)이 이루어지기 때문이다. 이것은, 제식전개,상속작용,자연섭리,전개질서(諸識展開,相續作用,自然攝理,展開秩序)이다. 제식전개,상속작용,자연섭리,전개질서(諸識展開,相續作用,自然攝理,展開秩序)에 따라, 제식(諸識)의 전개작용,순위체계(展開作用,順位體系)의 식명(識名)이 결정(決定)된다. 그러므로, 제식전개,순위체계(諸識展開,順位體系)는, 6종근(六種根)→6종식(六種識)→제7식(第七識)→제8식(第八識)→제9식(第九識)의 순(順)으로 이루어진다.

왜냐하면, 제6식(第六識), 제7식(第七識), 제8식(第八識) 등(等)의 순서(順序)는, 제식작용(諸識作用)이 이루어지는, 제식전개,순위체계(諸識展開,順位體系)의 순서(順序)이기 때문이다. 그리고 또한, 대승유식론(大乘唯識論)의 제식전개체계(諸識展開體系)는 소연입식,전개체계

(所緣入識, 展開體系)이므로, 소연입식, 전개순위(所緣入識, 展開順位)에 따라, 제식(諸識)의 순위체계(順位體系)가 이루어지기 때문이다. 만약(萬若), 제식전개, 순위체계(諸識展開, 順位體系)를 따를 것 같으면, 제7식(第七識) 의근(意根)에 의해 작용(作用)이 이루어지는 의식(意識)은, 제6의식(第六意識)이라 하지 않고, 당연(當然)히 제8식(第八識)이라고 해야 한다. 그래야만, 제식전개, 순위체계(諸識展開, 順位體系)의 섭리(攝理)와 원칙(原則)과 법칙(法則)에 따라 작용(作用)하는, 제식작용체계(諸識作用體系)의 대승유식론(大乘唯識論)이 된다. 그러나, 이 또한, 옳지 않음은, 여래정론(如來正論)인 경·근·식(境·根·識)의 18경계, 체계질서(十八境界, 體系秩序)를 벗어난 제6의식(第六意識)의 변형작용체계(變形作用體系)이기 때문이다. 이는, 18경계체계(十八境界體系)를 왜곡변형(歪曲變形)하여, 제6의식(第六意識)이 전5식계(前五識界)를 분별(分別)하고 주관(主管)하는, 왜곡(歪曲)된 비정상적(非正常的)인 전5식체계(前五識體系)이므로, 이 부당(否當)함을 인정(認定)하고, 또한, 깨달아서, 본래(本來)의 여래정론(如來正論)인 경·근·식(境·根·識) 18경계체계(十八境界體系)를 회복(回復)시키는 길뿐이다.

그리고, 중요(重要)한 사실(事實)은, 그 어떤 경우(境遇)에 육체적(肉體的) 작용(作用) 중, 의근(意根)이 단절(斷絶)되어도, 의근(意根)은 잠식(潛識)될 뿐, 의근(意根)은 멸(滅)하지 않는다. 의근(意根)이 끊어지면[滅] 의식(意識)이 단절(斷絶)된다는 견해(見解)는, 아직, 제식세계(諸識世界)에 대한 실증지혜(實證智慧)가 없음과 그리고, 제식(諸識)의 연계작용세계(連繫作用世界)를 밝게 깨닫지 못했기 때문이다. 그리고 또한, 제식성품세계(諸識性品世界)를 밝게 아는, 제식타파,전변지혜,상승세계(諸識打破,轉變智慧,上昇世界)에 대한 실증지혜(實證智慧)가 없기 때문이다. 그러므로, 의근(意根)이 멸(滅)한 것 같이 잠식(潛識)되어도, 의근(意根)이 상황(狀況)의 인연(因緣)에 따라 생기(生起)하여 작용(作用)하게 된다. 가령(假令), 깊은 수면(睡眠) 중에, 의근(意根)의 작용(作用)이 멸(滅)한 것 같아도, 이는, 의근(意根)의 작용(作用)이 잠식(潛識)되었을 뿐, 의근(意根)이 끊어지거나, 단절(斷切)되거나, 멸(滅)한 것이 아니다.

그러므로, 깊은 수면(睡眠)에서 깨어나면, 잠식(潛識)되었던 의근(意根)의 작용(作用)이 이루어진다. 그리고, 어떤 상황(狀況) 중에, 병원(病院)에서 마취수술(痲醉手術)을 할 시(時)에 의근(意根)의 작용(作用)은 멸(滅)해도, 다시, 마취회복(痲醉回復)이 되면, 잠식(潛識)되었던 의근(意根)의 작용(作用)이 다시금 이루어지게 된다. 총체적(總體的) 제식작용연계성(諸識作用連繫性)에는, 의근(意根)이 잠식(潛識)될 뿐, 끊어지지 않고 되살아나 작용(作用)함은, 근본무명식(根本無明識)이 타파(打破)되지 않고 있기 때문이다. 그리고, 어떤 상황(狀況) 속에도 의근(意根)은 잠식(潛識)될 뿐, 끊어지지 않음은, 의근(意根)이 끊어지는 것은, 지혜작용(智慧作用)에 의해서만, 의근(意根)이 타파되어 끊어질 수가 있다. 만약(萬若), 의근(意根)이 끊어지면, 기절(氣絶)을 하거나 의식(意識)을 잃는 것이 아니라, 의근(意根)이 타파(打破)되어 끊어짐으로, 성소작지(成所作智)에 증입(證入)하게 된다.

대승유식론(大乘唯識論)을 개척(開拓)하고 선도(先導)했던 무착보살(無着菩薩)이, 의식작용(意識作用)이 멸(滅)하는 것을 우려(憂慮)해, 의근(意根)이 단절(斷絕)되지 않는 지속성(持續性)을 유지(維持)하고자, 의근(意根)을 제7식(第七識)으로 이관변경(移管變更)한 것은, 총체적(總體的) 유식세계(唯識世界)와 제식작용, 연계섭리, 구성체계(諸識作用, 連繫攝理, 構成體系)에 대한 실증지혜(實證智慧)가 없었기 때문이다. 제식(諸識)인 6종근(六種根), 6종식(六種識), 제7식(第七識)인 자아의식(自我意識), 제8식(第八識)인 능소출입식(能所出入識), 제9식(第九識)인 무명함장식(無明含藏識)은, 인연(因緣)을 따라 머무름 없이 연계상속(連繫相續)할 뿐, 잠시(暫時)도 멸(滅)하지 않는 항상(恒常)한 식(識)은 없다. 항상(恒常)하는 성품(性品)은 오직, 본성(本性)인 불성(佛性)뿐이다. 왜냐하면, 일체초월(一切超越) 절대성(絕對性)이기 때문이며, 무생결정성(無生結定性)이기 때문이다. 그러나, 제식(諸識)은 인연(因緣)을 따라 연계상속(連繫相續)할 뿐, 항상(恒常) 존재(存在)하는 식(識)은 없다. 제식(諸識)이 인연(因緣)을 따라 연계상속(連繫相續)하는 것은, 무의식계(無意識界)인 제8식(第八識) 능소출입식(能所出入識)과 제9식(第九識) 무명함장식(無明含藏識) 또한, 마찬가지이다. 죽음[死]이 있어도, 영식(靈識)의 작용(作用)이 이루어지는 것은, 본성(本性)은 무생성품(無生性品)이며, 일체초월성(一切超越性)이므로, 인연(因緣)을 따라 제식(諸識)의 연계상속작용(連繫相續作用)이 이루어지기 때문이다.

소연식(所緣識)인 의근(意根)과 의식(意識)은, 인연상황(因緣狀況)에 따라 잠식(潛識)될 뿐, 멸(滅)하지 않는다. 그러므로, 잠식(潛識)된 의근(意根)과 의식(意識) 또한, 인연상황(因緣狀況)에 따라 또다시, 생기(生起)하여 작용(作用)하게 된다. 의근(意根)과 의식(意識)뿐만 아니라, 제7식(第七識) 자아의식(自我意識)과 제8식(第八識) 능소출입식(能所出入識)과 제9식(第九識) 무명함장식(無明含藏識)이 멸(滅)하는 것은, 오직, 한가지 연유(緣由)에 의(依)함이니, 제식타파(諸識打破)의 전변지혜(轉變智慧)에 의해서이다. 그리고, 제식(諸識)이 끊어져 멸(滅)하는 것은, 일체초월(一切超越) 불성불지(佛性佛智)에 의(依)해서이다. 식(識)이 끊어져 멸(滅)하는 것을, 육체적(肉體的) 작용(作用)으로 판단(判斷)해서는 안 된다. 의근(意根)이 잠식(潛識)될 뿐, 의근(意根)이 멸(滅)하지 않는 연유(緣由)는, 아직, 12인연(十二因緣)의 무명(無明)이 타파(打破)되어 멸(滅)하지 않았기 때문이다.

의근(意根)이 끊어지므로, 의식(意識)이 되살아나지 않을 것을 우려(憂慮)한 것은, 아직, 총체적(總體的) 일체,유위무위,유식성품,세계(一切,有爲無爲,唯識性品,世界)를 실증(實證)하지 않았기 때문이며, 또한, 실증지혜(實證智慧)가, 일체,유위무위,유식세계(一切,有爲無爲,唯識世界)를 벗어나, 일체초월(一切超越) 본성(本性)인 불성(佛性)에 증입(證入)하지 못했기 때문이다. 무착보살(無着菩薩)이, 경·근·식(境·根·識) 18경계체계(十八境界體系)에서 만약(萬若), 의근(意根)이 끊어지면, 의식작용(意識作用)이 되살아나지 않을 것을 우려(憂慮)한 것은, 여래정론,정지정립,여래실증,제식체계(如來正論,正智正立,如來實證,諸識體系)의 소연입식,전개체계(所緣入識,展開體系)인 경·근·식(境·根·識)

18경계체계(十八境界體系)의 개념정의정립(槪念正義正立)을 이해(理解)할, 총체적(總體的) 유식실증지혜(唯識實證智慧)가 없었기 때문이다. 그리고, 여래실관, 정지정립, 여래정론, 제식체계(如來實觀, 正智正立, 如來正論, 諸識體系)의 능연출식, 전개체계(能緣出識, 展開體系)인 12인연법(十二因緣法)의 유식체계, 정립지혜(唯識體係, 正立智慧)를 두루 살피고 이해(理解)할, 총체적(總體的) 유식실증지혜(唯識實證智慧)가 없었기 때문이다. 여래정론, 정지정립, 제식체계(如來正論, 正智正立, 諸識體系)의 소연입식, 전개체계(所緣入識, 展開體系)인 경·근·식(境·根·識) 18경계체계(十八境界體系)와 능연출식, 전개체계(能緣出識, 展開體系)인 12인연법(十二因緣法)을 두루 일관일관(一貫一觀)의 여실실관, 실증지혜(如實實觀, 實證智慧)로 살피지 못한 것은, 총제적(總體的) 제식체계(諸識體系)에 대한 실증지혜(實證智慧)가 없었기 때문이다.

그 까닭[緣由]은, 소연경·근·식·전개섭리, 입식체계(所緣境·根·識·展開攝理, 入識體系)인 18경계체계(十八境界體系)는, 소연입식, 전개체계(所緣入識, 展開體系)이므로, 6근감각, 인지작용(六根感覺, 認知作用) 속에 이루어지므로, 제식전개체계(諸識展開體系)로 인지(認知)할 수 있으나, 능연출식, 전개체계(能緣出識, 展開體系)인 12인연법(十二因緣法)은, 무명, 능연출식, 전개섭리, 제식체계(無明, 能緣出識, 展開攝理, 諸識體系)이므로, 만약(萬若), 제식전변지혜(諸識轉變智慧)로 무명(無明)을 실관(實觀)할 수 있는 실증지혜(實證智慧)가 없으면, 12인연법(十二因緣法)의 이해(理解)와 관행(觀行)이어도, 12인연법(十二因緣法)을, 무명(無明)의 삶으로만 이해(理解)하거나, 또는 관(觀)이어도 추정설정, 가립관(推定設定, 假立觀)이 됨으로, 무명, 능연출식, 제식전개, 섭리체계(無明, 能緣出識, 諸識展開, 攝理體系)임을 인지(認知)하기가 쉽지 않다.

　그러므로, 여래실관, 정지정립, 여래정론, 제식체계(如來實觀, 正智正立, 如來正論, 諸識體系)의 개념정의(槪念正義)를, 명확(明確)하고 확연(確然)히 알려면, 소연입식, 전개체계(所緣入識, 展開體系)인 경·근·식(境·根·識) 18경계체계(十八境界體系)의 소연경·근·식·전개섭리, 입식체계(所緣境·根·識·展開攝理, 入識體系)와 능연출식, 전개체계(能緣出識, 展開體系)인 12인연법(十二因緣法)의 무명, 능연출식, 전개섭리체계(無明, 能緣出識, 展開攝理體系)를 두루 살펴, 여래정론, 정지정립, 여래실증, 제식체계(如來正論, 正智正立, 如來實證, 諸識體系)의 개념정의, 정립체계(槪念正義, 正立體系)의 논지정의(論智正義)를 밝게 알아야 한다. 그래야만, 제식전개체계(諸識展開體系)의 전개근원(展開根源)이 소연(所然)과 능연(能緣)으로 서로 다른, 소연입식, 전개체계(所緣入識, 展開體系)와 능연출식, 전개체계(能緣出識, 展開體系)를 함께, 한목 밝게, 소연전개, 입식체계(所緣展開, 入識體系)와 능연전개, 출식체계(能緣展開, 出識體系)의 개념정의(槪念正義)를 두루 밝게, 총체적(總體的)으로 총괄(總括)하여 알게 된다. 그리고, 총체적(總體的) 유위무위, 유식성품, 제식세계(有爲無爲, 唯識性品, 諸識世界)에 대한 실증지혜정안(實證智慧正眼)이 열리면, 여래정론, 정지정립, 여래실증, 제식체계(如來正論, 正智正立, 如來實證, 諸識體系)인 소연입식, 전개체계(所緣入識, 展開體系)와 능연출식, 전개체계(能緣出識, 展開體系)의 제식전개, 개념정의, 정립정론, 불지혜(諸識展開, 槪念正義, 正立正論, 佛智慧)에 대해, 두루 밝게 정의정립, 정해정론(正義正立, 正解正論)하게 된다.

대승유식론(大乘唯識論)에서 또한, 소연경(所緣境)인 대경(對境)의 성질(性質)이 서로 다른, 특성(特性)을 가진 색성향미촉법(色聲香味觸法) 중에, 의근(意根)이 받아들이는 법(法)이, 의근(意根)이 제7식(第七識)으로 변형이관(變形移管)이 됨으로, 법(法)을 받아들이는 의근(意根)의 본래(本來) 자기역할(自己役割)이 상실(喪失)됨으로, 색성향미촉(色聲香味觸)과는 성질(性質)이 다른, 법(法)이 또한, 본래(本來), 자기(自己)만의 특별(特別)한 역할(役割)과 특성(特性)까지 상실(喪失)하게 되었다. 그러므로, 색성향미촉법(色聲香味觸法) 중에, 법(法)이, 자기(自己)만의 역할(役割)이었던 특별(特別)한 특성(特性)의 의미(意味)도, 대승유식론(大乘唯識論)의 전5식, 변형체계(前五識, 變形體系)에서는 완전(完全)히 상실(喪失)이 되었다. 그러므로, 색성향미촉법(色聲香味觸法) 중에, 법(法)이, 대승유식론(大乘唯識論)에서는, 경·근·식(境·根·識) 18경계, 전개구성, 섭리체계(十八境界, 展開構成, 攝理體系)를 전5식체계(前五識體系)로 왜곡변형(歪曲變形)하였으므로, 법(法)이, 자기(自己)만의 특정(特定)한 역할(役割)도 없는, 단지(但只), 전5식계(前五識界)의 대상(對相)인 색성향미촉(色聲香味觸)을 지칭(指稱)하는 지시대명사(指示代名詞)이므로, 법(法)이, 18경계, 섭리체계(十八境界, 攝理體系)를 벗어나, 단순(單純), 일반관념(一般觀念)의 법(法)으로, 하락(下落)하고, 천락(踐落)하였다.

대승유식론사(大乘唯識論師)인 무착보살(無着菩薩)이, 제식전개, 자연섭리, 상속체계(諸識展開, 自然攝理, 相續體系)인 경·근·식(境·根·識) 18경계(十八境界)에서, 색성향미촉(色聲香味觸), 외(外)의 물질적(物質的) 정신적(精神的) 일체, 무한차별차원, 무한차별세계, 일체(一切, 無限差別次元, 無限差別世界, 一切)의 불가사의(不可思議)에 이르기까지, 일체법(一切法)을 지칭(指稱)하고 총섭(總攝)하는, 법(法)을 받아들이는 의근(意根)의 본래(本來) 자기(自己)의 특정역할(特定役割)이 변형(變形)이 되어, 상실(喪失)함으로, 법(法) 또한, 그 특별(特別)한 자기의미(自己意味)와 특정역할(特定役割)을 상실(喪失)하게 되었다. 그리고, 경·근·식(境·根·識) 18경계, 제식전개, 자연섭리, 상속체계(十八境界, 諸識展開, 自然攝理, 相續體系)에서 법(法)과 의근(意根)이, 본래(本來) 자기(自己)의 특정역할(特定役割)을 상실(喪失)하므로, 색성향미촉법(色聲香味觸法) 중, 법(法)을 의근(意根)이 받아들인 그대로 거울[鏡]처럼 비치는 제6의식(第六意識) 또한, 18경계체계(十八境界體系)를 벗어나, 그 역할(役割)이 왜곡변형(歪曲變形)이 되었다.

제식전개, 자연섭리, 상속체계(諸識展開, 自然攝理, 相續體系)인 경·근·식(境·根·識) 18경계체계(十八境界體系)에서, 제6의식(第六意識)의 전식(前識)인 의근(意根)을, 제6의식(第六意識)의 후식(後識)인 제7식(第七識)으로 변형이관(變形移管)시킴으로, 의근(意根)의 본래(本來) 자기역할(自己役割)을 상실(喪失)하여, 18경계체계(十八境界體系)의 경·근·식(境·根·識) 제식전개, 자연섭리, 상속체계(諸識展開, 自然攝理, 相續體系)가 파괴(破壞)되고, 상실(喪失)하게 되었다. 대승유식론(大乘唯識論)에서 경·근·식(境·根·識) 18경계체계(十八境界體系)를 변형(變形)한 것은, 소연경·근·식·섭리체계(所緣境·根·識·攝理體系)는, 무의식중(無意識中) 이루어지는, 자연, 반연작용, 섭리체계(自然, 攀緣作用, 攝理體系)이므로, 경·근·식(境·根·識), 18경계체계(十八境界體系)의 기본개념, 정의정립(基本概念, 正義正立)에 대한 명확(明確)한 이해(理解)와 인식(認識)이, 지혜미완(智慧未完)으로 부족(不足)했다. 그러므로, 이에 대한 명확(明確)한 개념정립(概念正立)을 이해(理解)하지 못한 무착보살(無着菩薩)이, 자의적(自意的) 판단(判斷)의 왜곡지견(歪曲知見)으로, 여래정론(如來正論)인 경·근·식(境·根·識) 18경계체계(十八境界體系)를, 제6의식(第六意識)이 주관(主管)하는 전5식체계(前五識體系)로, 자의적(自意的) 판단(判斷)에 따라 개조변형(改造變形)을 했다. 그리고, 제7식(第七識) 말나식(末那識)인 자아의식(自我意識)과 제8식(第八識) 아뢰야식(阿賴耶識)인 함장식(含藏識)을, 소연입식, 전개체계(所緣入識, 展開體系)에 더 첨가(添加)하여, 대승유식론(大乘唯識論)의 제식체계(諸識體系)를 완성(完成)하였다.

무착보살(無着菩薩)이, 제식전개, 자연섭리, 상속체계(諸識展開, 自然攝理, 相續體系)인 경·근·식(境·根·識) 18경계(十八境界)에서, 법(法)을 촉(觸)하여 받아들이는 의근(意根)인, 제6의식(第六意識)의 전식(前識)인 의근(意根)을, 제6의식(第六意識)의 후식(後識)인 제7식(第七識)으로 변경이관(變更移管)한 것은, 경·근·식(境·根·識) 제식전개, 18경계체계(諸識展開, 十八境界體系)는, 무의식중(無意識中) 자연, 반연반응, 작용(自然, 攀緣反應, 作用)으로 이루어지는 자연섭리, 전개작용, 구성체계(自然攝理, 展開作用, 構成體系)이므로, 인위적(人爲的)으로 조작(造作)하거나 변경(變更)할 수 없는, 경·근·식(境·根·識) 자연섭리체계(自然攝理體系)로 보지 않았기 때문이다. 이는, 지혜미완(智慧未完)으로, 경·근·식(境·根·識) 18경계체계(十八境界體系)의 개념정의(概念正義)를 명확(明確)히, 심도(深度) 있게 이해(理解)하지 못했기 때문이다. 그리고, 제식체계(諸識體系)에 대한 실증지혜정안(實證智慧正眼)이 없었으므로, 여래정론(如來正論)인 18경계체계(十八境界體系)가 아직, 논리체계(論理體系)가 미숙(未熟)하거나, 부족(不足)함이 있는 이론체계(理論體系)나 논리(論理)로만 보았기 때문이다.

만약(萬若), 18경계체계(十八境界體系)를 인위적(人爲的)으로 조작(造作)할 수 없는, 무의식중(無意識中) 자연,반연반응,작용(自然,攀緣反應,作用)으로 이루어지는 제식전개,자연섭리,구성체계(諸識展開,自然攝理,構成體系)로 보았다면, 18경계(十八境界)의 유식체계(唯識體係)를 자의적(自意的) 견해(見解)의 이해(理解)와 해석(解釋)에 따라, 인위적(人爲的)으로 변형(變形)시킬 수가 없다. 18경계체계(十八境界體系)를 왜곡변형(歪曲變形)시킬 수 있었던 것은, 이에 대한 바른 이해(理解)의 개념정의정립(概念正義正立)이 되지 않았고, 또한, 이에 대한 이해부족(理解不足)과 실증지혜부족(實證智慧不足)으로, 경·근·식(境·根·識) 18경계체계(十八境界體系)에 대해, 자기지견(自己知見)의 관점(觀點)과 견해(見解)의 자의적(自意的) 판단(判斷)에 따라, 여래정론(如來正論)인 소연입식,전개체계(所緣入識,展開體系)의 경·근·식(境·根·識) 18경계체계(十八境界體系)를, 제6의식(第六意識)이 주관(主管)하는 전5식체계(前五識體系)로, 왜곡(歪曲) 변형(變形)시켰다. 이는, 무착보살(無着菩薩)이, 제식작용체계(諸識作用體系)에 대한 실증지혜미완(實證智慧未完)으로, 여래정론(如來正論)인 경·근·식(境·根·識) 18경계체계(十八境界體系)에서의 법(法)과 의근(意根)과 의식(意識)의 여래정립, 개념정의(如來正立, 槪念正義)에 대해, 명확(明確)히 이해(理解)하지 못했기 때문이다.

　그리고, 무착보살(無着菩薩)은, 총체적(總體的) 유식성품세계(唯識性品世界)인 일체, 유위무위, 차별차원, 유식성품, 세계(一切, 有爲無爲, 差別次元, 唯識性品, 世界)를 실증(實證)한, 일체초월(一切超越) 불지(佛智)가 아니었으므로, 유식지혜, 상승세계(唯識智慧, 上昇世界)인 제식전변, 무위지혜, 차별차원, 지혜상승, 성불과정, 유식체계(諸識轉變, 無爲智慧, 差別次元, 智慧上昇, 成佛過程, 唯識體係)에 대한 실증지혜(實證智慧)가 없어, 6종근(六種根)과 6종식(六種識)과 제7식(第七識)이, 서로 다른 차별차원(差別次元)의 성품(性品)임을 깨닫지 못해, 6근식(六根識) 중, 의근(意根)이, 제7식(第七識)의 성품차원(性品次元)으로 순위체계이동(順位體系移動)이나, 또는, 변형(變形)이나, 또는, 변경(變更)될 수 없음에도, 제6의식(第六意識)의 전식(前識)인 의근(意根)을, 제7식(第七識)으로 변형(變形)시켰다.

　6종근(六種根) 중에 의근(意根)과 제7식(第七識)은, 서로 다른 차별차원(差別次元)의 성품(性品)이므로, 제6의식(第六意識)의 전식(前識)인 의근(意根)을, 대승유식론(大乘唯識論)에서 제7식(第七識)으로 변경이관(變更移管)한다는 것은, 의근(意根)의 성품차원(性品次元)이 바

꿰는 것이므로, 의식(意識)의 전식(前識)인 의근(意根)을, 제7식(第七識)으로 이관(移管)이나 변경(變更)은, 사실(事實), 불가능(不可能)하다. 그러나, 대승유식론사(大乘唯識論師)인 무착보살(無着菩薩)이, 법(法)을 받아들이는 의근(意根) 역할(役割)의 개념정의(概念正義)를 명확(明確)히 이해(理解)하지 못해, 법(法)을 받아들이는 소연근(所緣根)인 의근(意根)을, 제6의식(第六意識)의 후식(後識)인 능연제7식(能緣第七識)으로 변경이관(變更移管)하였다. 이는, 각각(各各) 제식(諸識)이 서로 성품차원(性品次元)이 다른, 차별차원(差別次元)의 성품(性品)임을 깨닫지 못한, 지혜미완(智慧未完)에 의한 왜곡모순(歪曲矛盾)된 지견오류(智見誤謬)의 발상(發想)이다. 이는, 서로 성품차원(性品次元)이 다른 소연근(所緣根)인 의근(意根)을, 제7식(第七識)인 능연식(能緣識)으로 이관(移管) 변형(變形)한 것은, 제식성품(諸識性品)이 서로 작용(作用)과 차원(次元)이 다름을 깨달은, 제식타파, 전변지혜(諸識打破, 轉變智慧)인 지혜점차, 차별차원, 상승과정, 실증지혜, 제식정안(智慧漸次, 差別次元, 上昇過程, 實證智慧, 諸識正眼)이 없었기 때문이다.

그러므로, 의식(意識)의 전식(前識)이며, 소연근(所緣根)인 의근(意根)을, 의식(意識)의 후식(後識), 능연식(能緣識)인 제7식(第七識)으로 의근(意根)을 이관변형(移管變形)하는 것은, 여래정론(如來正論)인 경·근·식(境·根·識) 제식전개, 자연섭리, 구성체계(諸識展開, 自然攝理, 構成體系)와 제식전개, 자연섭리, 연계질서(諸識展開, 自然攝理, 連繫秩序)와 제식성품, 차별차원, 특정역할(諸識性品, 差別次元, 特定役割)을 무시(無視)한, 지혜미완(智慧未完)에 의한 지견오류(知見誤謬)의 왜곡발상(歪曲

發想)이며, 제식체계,자연섭리,질서왜곡(諸識體系,自然攝理,秩序歪曲)
이다. 각각(各各) 제식(諸識)은, 제식성품,연계차원(諸識性品,連繫次元)
과 제식성품,연계작용(諸識性品,連繫作用)과 제식성품,연계역할(諸識
性品,連繫役割)과 제식성품,연계순위체계(諸識性品,連繫順位體系)가 다
르므로, 인위적(人爲的)이나, 또는, 제식체계론리적(諸識體系論理的)
으로도, 체계변동(體系變動)이 불가능(不可能)하다. 그리고, 경·근·식
(境·根·識) 18경계체계(十八境界體系)는, 무의식중(無意識中) 자연,반연
반응,작용(自然,攀緣反應,作用)으로 이루어지는, 제식전개,자연섭리,
질서체계(諸識展開,自然攝理,秩序體系)이므로, 인위적(人爲的) 조작(造
作)이나 변형(變形)이 불가능(不可能)하다.

그러나, 무착보살(無着菩薩)이, 여래정론(如來正論)인 경·근·식(境·
根·識) 18경계체계(十八境界體系)의 여래실증,정의정립(如來實證,正義
正立)의 개념정의(槪念正義)를 그대로 수용(受容)할 실증지혜정안(實
證智慧正眼)이 없어, 이에 대해, 심도(深度) 있는 이해(理解)와 인지(認
知)가 부족(不足)했다. 그러므로, 경·근·식(境·根·識) 18경계체계(十八
境界體系)를, 자의정의적(自意正義的) 판단(判斷)과 견해(見解)에 따
라, 인위적(人爲的)으로 조작(造作)하여, 경·근·식(境·根·識) 18경계체
계(十八境界體系)를, 전5식체계(前五識體系)로 변형왜곡(變形歪曲)시켰
다. 여래정론(如來正論)인 경·근·식(境·根·識) 18경계체계(十八境界體系)
는, 자연섭리,질서체계(自然攝理,秩序體系)로 무의식중(無意識中) 자
연,반연반응,작용(自然,攀緣反應,作用)의 소연경·근·식·체계(所緣境·根·
識·體系)이므로, 소연경(所緣境)인 색성향미촉법(色聲香味觸法)에 소연

근(所緣根)과 소연식(所緣識)이 무의식중(無意識中) 자연, 반연반응, 작용체계(自然, 攀緣反應, 作用體系)이다. 그러므로 이는, 인위적(人爲的) 조작(造作)이 불가능(不可能)한 것임을, 무착보살(無着菩薩)은 깨닫지 못했다.

이렇게 된 까닭[緣由]은, 무착보살(無着菩薩)이, 총체적(總體的) 유식성품세계(唯識性品世界)와 그리고, 각각(各各) 제식(諸識)의, 연계상속, 중첩작용, 성품체계(連繫相續, 重疊作用, 性品體系)에 대해, 이를 밝게 아는 실증지혜(實證智慧)가 없었기 때문이다. 이를 밝게 알려면, 불지(佛智)에 이르는, 총체적(總體的) 유식지혜, 상승세계(唯識智慧, 上昇世界)인, 제식전변, 차별차원, 상승과정, 유식체계(諸識轉變, 差別次元, 上昇過程, 唯識體系)를 실증(實證)해야만, 제식성품(諸識性品)의 차별차원(差別次元)에 대해, 명확(明確)히 밝게 알 수가 있다. 그리고, 소연경·근·식·체계(所緣境·根·識·體系)인 18경계체계(十八境界體系)에 대한 불지혜(佛智慧)의 여래실관, 정지정립, 여래정론, 제식체계(如來實觀, 正智正立, 如來正論, 諸識體系)의 개념정의정립(槪念正義正立)을 그대로 이해(理解)하고 수용(受容)할, 실증지혜(實證智慧)가 없었기 때문이다. 무엇이든, 지식(知識)으로 이해(理解)하는 것과 실증세계(實證世界)는 다르다. 이해(理解)는 자기안목견해(自己眼目見解)의 분별작용(分別作用)이며, 실증세계(實證世界)는, 자기분별(自己分別) 없는 사실확인(事實確認)의 실증사실(實證事實) 그 자체(自體)이다.

경·근·식(境·根·識) 18경계체계(十八境界體系)는, 무의식중(無意識中)

자연, 반연반응, 작용(自然, 攀緣反應, 作用)으로 이루어지는, 소연경·근·식·체계(所緣境·根·識·體系)이므로, 인위적(人爲的)으로 조작(造作)하거나 변경(變更)이 불가능(不可能)하다. 왜냐하면, 이는, 제7식(第七識) 자아의식(自我意識) 이전(以前), 무의식중(無意識中)에 이루어지는, 경·근·식(境·根·識), 자연, 반연반응, 작용체계(自然, 攀緣反應, 作用體系)이기 때문이다. 이 소연경·근·식·체계(所緣境·根·識·體系)는, 소연경(所緣境)인 색(色), 성(聲), 향(香), 미(味), 촉(觸), 법(法)을, 소연근(所緣根)인 안근(眼根), 이근(耳根), 비근(鼻根), 설근(舌根), 신근(身根), 의근(意根)으로 받아들이는 색·성·향·미·촉·법(色·聲·香·味·觸·法)이, 그대로 거울[鏡]처럼 비치는, 소연식(所緣識)인 안식(眼識), 이식(耳識), 비식(鼻識), 설식(舌識), 신식(身識), 의식(意識)에, 색·성·향·미·촉·법(色·聲·香·味·觸·法)의 모습과 형태(形態)가 그대로 비치어 드러난다. 여기까지는, 소연6종경(所緣六種境)과 소연6종근(所緣六種根)과 소연6종식(所緣六種識)이 무의식중(無意識中) 자연, 반연반응, 작용(自然, 攀緣反應, 作用)으로 이루어지는, 경·근·식(境·根·識) 18경계, 자연섭리, 연계작용, 구성체계(十八境界, 自然攝理, 連繫作用, 構成體系)이므로, 이를, 인위적(人爲的)으로도, 또는, 체계적(體系的)으로도, 또는, 논리적(論理的)으로도 어떻게, 조작(造作)하거나 또는, 변경(變更)할 수가 없다.

왜냐하면, 소연6종경(所緣六種境)인 색성향미촉법(色聲香味觸法)을 무의식중(無意識中) 자연, 반연반응, 작용(自然, 攀緣反應, 作用)으로 소연6종근(所緣六種根)이 받아들여, 그대로 거울[鏡]처럼, 소연6종식(所

緣六種識)에 그대로 비치므로, 이것은, 경·근·식(境·根·識) 자연,반연 반응,작용(自然,攀緣反應,作用)에 의해, 제7식(第七識) 자아의식(自我意識)이 인식(認識)하기도 전(前)에 무의식중(無意識中) 이루어지므로, 경·근·식(境·根·識) 18경계체계(十八境界體系)를 인위적(人爲的)으로 조작(造作)한다는 것은, 불가능(不可能)하기 때문이다. 그러므로, 경·근·식(境·根·識) 18경계체계(十八境界體系)는, 무의식중(無意識中) 자연, 반연반응,작용(自然,攀緣反應,作用)으로 이루어지는, 소연경·근·식·자연섭리체계(所緣境·根·識·自然攝理體系)이다.

이 사실(事實)을 예(例)를 들 것 같으면, 제7식(第七識) 자아의식(自我意識)이, 눈[眼]으로 대상(對相)의 사물(事物)을 보는 것이 아니라, 무의식중(無意識中)에 이루어지는, 경·근·식(境·根·識) 자연섭리작용(自然攝理作用)인 18경계체계(十八境界體系)에 의해, 무의식중(無意識中) 대상(對相)의 사물(事物)을, 안근(眼根)이 받아들여, 안식(眼識)에 비치는, 대상(對相)의 사물(事物)을, 제7식(第七識) 자아의식(自我意識)이 이를, 인지(認知)하여 인식분별(認識分別)하게 된다. 이를 이해(理解)하기 쉽게 말하면, 우리[我等]는, 눈[眼]으로 직접(直接) 대상(對相)의 사물(事物)을 보는 것이 아니고, 내[我]가 인식(認識)하기도 전(前)에, 무의식중(無意識中) 눈[眼]에 비치는 대상(對相)의 사물(事物)을, 내[我]가 인지(認知)하여 인식분별(認識分別)하는 것이다. 그러므로, 모든 대상(對相)의 사물(事物)은, 내[我]가 인식(認識)하기도 전(前)에, 무의식중(無意識中), 경·근·식(境·根·識) 18경계체계(十八境界體系)의 자연섭리작용(自然攝理作用)에 의해, ①무의식중(無意識中)

눈[眼]에 비치는 대상(對相)의 사물(事物)을, 제7식(第七識)인 자아의식(自我意識)이 인지(認知)하여, 인식분별(認識分別)하며, ②또한, 무의식중(無意識中) 귀[耳]에 비치는 대상(對相)의 소리[聲]를, 제7식(第七識) 자아의식(自我意識)이 인지(認知)하여 인식분별(認識分別)하며, ③또한, 무의식중(無意識中) 코[鼻]에 비치는 향(香)을, 제7식(第七識) 자아의식(自我意識)이 인지(認知)하여 인식분별(認識分別)하며, ④또한, 무의식중(無意識中) 혀[舌]에 비치는 맛[味]을, 제7식(第七識)인 자아의식(自我意識)이 인지(認知)하여, 인식분별(認識分別)하며, ⑤또한, 무의식중(無意識中) 몸[身]에 비치는 촉(觸)을, 제7식(第七識)인 자아의식(自我意識)이 인지(認知)하여, 인식분별(認識分別)하며, ⑥또한, 무의식중(無意識中) 의식(意識)에 비치는 대상(對相)의 법(法)을, 제7식(第七識)인 자아의식(自我意識)이 인지(認知)하여, 인식분별(認識分別)하게 된다.

이는, 무의식중(無意識中) 이루어지는 자연섭리작용(自然攝理作用)으로, 경·근·식(境·根·識) 18경계체계(十八境界體系)에 의해, 무의식중(無意識中) 자연,반연반응,작용(自然,攀緣反應,作用)의 섭리작용세계(攝理作用世界)이다. 이는, ①무의식중(無意識中) 소연경(所緣境)의 대상(對相)을 받아들이는 소연근(所緣根)인 안근(眼根)이 받아들인 색(色)이, 소연식(所緣識)인 안식(眼識)에 그대로 거울[鏡]처럼 비치는 색(色)을, 능연식(能緣識)인 제7식(第七識) 자아의식(自我意識)이, 소연안식(所緣眼識)에 비친 색(色)을 인지(認知)하여, 분별(分別)한다.
②또한, 경·근·식(境·根·識) 18경계체계(十八境界體系)의 자연,반연

반응,작용(自然,攀緣反應,作用)으로, 무의식중(無意識中) 소연경(所緣境)의 대상(對相)을 받아들이는 소연근(所緣根)인 이근(耳根)이 받아들인 소리[聲]가, 소연식(所緣識)인 이식(耳識)에 그대로 거울[鏡]처럼 비치는 소리[聲]를, 능연식(能緣識)인 제7식(第七識) 자아의식(自我意識)이, 소연이식(所緣耳識)에 비친 소리[聲]를 인지(認知)하여, 분별(分別)한다.

③또한, 경·근·식(境·根·識) 18경계체계(十八境界體系)의 자연,반연반응,작용(自然,攀緣反應,作用)으로, 무의식중(無意識中) 소연경(所緣境)의 대상(對相)을 받아들이는 소연근(所緣根)인 비근(鼻根)이 받아들인 냄새와 향(香)을, 소연식(所緣識)인 비식(鼻識)에 그대로 거울[鏡]처럼 비치는 냄새와 향(香)을, 능연식(能緣識)인 제7식(第七識) 자아의식(自我意識)이 이를 인지(認知)하여, 분별(分別)한다.

④또한, 경·근·식(境·根·識) 18경계체계(十八境界體系)의 자연,반연반응,작용(自然,攀緣反應,作用)으로, 무의식중(無意識中) 소연경(所緣境)의 대상(對相)을 받아들이는 소연근(所緣根)인 설근(舌根)이 받아들인 맛[味]이, 소연식(所緣識)인 설식(舌識)에 그대로 거울[鏡]처럼 비치는 맛[味]을, 능연식(能緣識)인 제7식(第七識) 자아의식(自我意識)이 이를 인지(認知)하여, 분별(分別)한다.

⑤또한, 경·근·식(境·根·識) 18경계체계(十八境界體系)의 자연,반연반응,작용(自然,攀緣反應,作用)으로, 무의식중(無意識中) 소연경(所緣境)의 대상(對相)을 받아들이는 소연근(所緣根)인 신근(身根)이 받아들인 촉(觸)이, 소연식(所緣識)인 신식(身識)에 그대로 거울[鏡]처럼 비치는 촉(觸)을, 능연식(能緣識)인 제7식(第七識) 자아의식(自我意識)

이 이를 인지(認知)하여, 분별(分別)한다.

⑥또한, 경·근·식(境·根·識) 18경계체계(十八境界體系)의 자연,반연반응,작용(自然,攀緣反應,作用)으로, 무의식중(無意識中) 소연경(所緣境)의 대상(對相)을 받아들이는 소연근(所緣根)인 의근(意根)으로 받아들인 법(法)이, 소연식(所緣識)인 의식(意識)에 그대로 거울[鏡]처럼 비치는 법(法)을, 능연식(能緣識)인 제7식(第七識) 자아의식(自我意識)이 이를 인지(認知)하여, 분별(分別)한다.

경·근·식(境·根·識) 18경계체계(十八境界體系)에서의 의근(意根)은, 소연6종경(所緣六種境)인 색성향미촉법(色聲香味觸法) 중에, 안이비설신(眼耳鼻舌身)이 받아들이는 색성향미촉(色聲香味觸) 외(外)에, 정신작용(精神作用)이 대상(對相)을 받아들이는 근(根)의 작용(作用) 의근(意根)이 되어, 대상(對相)인 법(法)을 받아들이는 것으로, 소연6종근(所緣六種根)인 안이비설신의근(眼耳鼻舌身意根) 중, 하나이다. 법(法)을 받아들이는 정신작용(精神作用)인 의근(意根)은, 의식(意識)의 전식(前識)이며, 의근(意根)에 의해 의식(意識)의 작용(作用)이 이루어진다. 그러므로, 제식,전개순위,차원(諸識,展開順位,次元)에 있어서, 소연근(所緣根)인 의근(意根)과 소연식(所緣識)인 의식(意識), 그리고, 능연식(能緣識)인 제7식(第七識) 자아의식(自我意識)은, 서로 성품차원(性品次元)이 다르며, 또한, 제식전개,연계상속,순위체계(諸識展開,連繫相續,順位體系)가 소연경(所緣境)인 법(法)→의근(意根)→제6의식(第六意識)→제7자아의식(第七自我意識)의 제식전개,연계상속,순위체계(諸識展開,連繫相續,順位體系)대로 제식작용(諸識作用)이 이루어지므로,

제식작용, 연계순서(諸識作用, 連繫順序)가 의근(意根)에 의해 의식(意識)의 작용(作用)이 이루어지며, 또한, 의식(意識)에 비친 대상(對相)인 법(法)을, 제7식(第七識)인 자아의식(自我意識)이 이를 인지(認知)하여 분별(分別)함으로, 법(法)을 받아들이는 소연근(所緣根)인 의근(意根)을, 의식(意識)에 비친 법(法)을 인지(認知)하여 분별(分別)하는 능연식(能緣識)인 제7식(第七識) 자아의식(自我意識)으로 변경이관(變更移管), 또는, 역할변경(役割變更)을 할 수가 없다.

그리고, 6종경(六種境)과 6종근(六種根)과 6종식(六種識)의 연계작용(連繫作用)인 경·근·식(境·根·識) 18경계체계(十八境界體系)는, 무의식중(無意識中)에 이루어지는 제식전개, 자연섭리, 순리체계(諸識展開, 自然攝理, 順理體系)이므로, 제식연계순서(諸識連繫順序)가 바뀌거나, 또는, 조작(造作)하여 바꿀 수가 없다. 그리고, 의근(意根)을, 제7식(第七識)으로 변경이관(變更移管)할 수가 없음은, 의근(意根)과 의식(意識)과 제7식(第七識)이, 서로 성품차원(性品次元)이 다르기 때문이다. 그리고, 의근(意根)과 의식(意識)과 제7식(第七識)이 성품차원(性品次元)이 다름을 알 수 있음은, 의근(意根)과 의식(意識)과 제7식(第七識)의 전변지혜, 성품세계(轉變智慧, 性品世界)의 차원(次元)이 다르기 때문이다.

①의근(意根)이 타파(打破)된 전변지혜(轉變智慧)는, 색성향미촉법(色聲香味觸法)의 무아성지(無我性智)인 성소작지(成所作智)이다. ②의식(意識)이 타파(打破)된 전변지혜(轉變智慧)는, 색성향미촉법(色聲香

味觸法)이 공(空)한 이법계(理法界)인 묘관찰지(妙觀察智)이다. ③제7 식(第七識) 자아의식(自我意識)이 타파(打破)된 전변지혜(轉變智慧)는, 이사무애법계(理事無礙法界)인 평등성지(平等性智)이다. 의근(意根)과 의식(意識)과 제7식(第七識)이 타파(打破)된 전변지혜(轉變智慧)가 다름은, 의근(意根)과 의식(意識)과 제7식(第七識)이, 서로 성품차원(性品次元)이 다르기 때문이다. 그러므로, 법(法)을 받아들이는 의근(意根)을, 의식(意識)의 후식(後識)인 제7식(第七識) 자아의식(自我意識)으로 이동(移動)이나, 변경(變更)은 불가능(不可能)하다.

그럼에도, 대승유식론사(大乘唯識論師)인 무착보살(無着菩薩)은, 의식(意識)의 전식(前識)인 의근(意根)을, 의식(意識)의 후식(後識)인 제7식(第七識) 자아의식(自我意識)의 차원식(次元識)으로 이동변경(移動變更)을 하였다. 이는, 제식체계(諸識體系)의 자연섭리질서(自然攝理秩序)를 파괴(破壞)하며, 왜곡변형(歪曲變形)한 것이므로, 제식전개작용(諸識展開作用)이 자연섭리질서(自然攝理秩序)대로 정상적(正常的)으로 이루어질 수가 없다. 그리고, 법(法)을 받아들이는 소연근(所緣根)인 의근(意根)을, 일체분별,자아능연식(一切分別,自我能緣識)인 제7식(第七識)의 차원(次元)으로 이관변경(移管變更)한 것은, 각각(各各), 제식(諸識)이, 자연섭리,전개질서(自然攝理,展開秩序)에 의해 성품차원(性品次元)이 다름에 대한, 전변실증지혜(轉變實證智慧)가 없었기 때문이다.

그러면, 여기에서 제7식(第七識)에 대한, 대승유식론(大乘唯識論)의 명확(明確)한 개념정의(槪念正義)가 되지 않으면, 해결(解決)되지 않는 부분(部分)이 있다. 그것은, 대승유식론(大乘唯識論)에서 무착보살(無着菩薩)이, 의근(意根)을 제7식(第七識)으로 변경(變更)하였으니, ① 의근(意根)이 곧, 자아의식(自我意識)인지? ②만약(萬若) 또한, 의근(意根)이 자아의식(自我意識)이 아니면, 제7식(第七識)인 의근(意根)은 그 작용역할(作用役割)이 무엇인지? ③그리고, 제7식(第七識) 의근(意根)과 제7식(第七識) 자아의식(自我意識)의 차별특성(差別特性)과 차별역할(差別役割)은 무엇인지? ④그리고, 제7식(第七識)의 의근(意根)과 자아의식(自我意識)을 어떻게 구분(區分)해야 하는지? 그러나, 이에 대한 것은, 대승유식론(大乘唯識論)에서, 제7식(第七識)인 의근(意根)과 자아의식(自我意識)에 대한 개념정의(槪念正義)가 되어 있지 않아, 이 부분(部分)에 대한 명확(明確)한 개념정립(槪念正立)의 규명(糾明)도, 의혹(疑惑)도 해결(解決)이 되지 않고 있다.

그리고, 무착보살(無着菩薩)이, 의식(意識)의 전식(前識)인 의근(意根)을, 의식(意識)의 후식(後識)인 제7식(第七識)으로, 의근(意根)을 이동변경(移動變更)한 원인(原因)이, 만약(萬若), 어떤 상황(狀況)에 사람[人]이 기절(氣絶)을 하거나 의식불명(意識不明)이 되었을 때[時], 혹시(或是) 의근(意根)이 단절(斷絶)되면, 의근(意根)에 의해 의식작용(意識作用)이 이루어지므로, 의근(意根)이 단절(斷絶)되지 않아야만, 기절(氣絶)하거나 의식불명(意識不明)이 되었다가도, 의식(意識)을 회복(回復)하며, 또한, 의식작용(意識作用)이 이루어지는 삶의 연속(連續)이 단절(斷絶)되지 않고 지속성(持續性)을 가지기 때문이다. 그러므로, 제7식(第七識)은 어떤 상황(狀況)에도 단절(斷絶)되지 않는, 지속성(持續性)을 유지(維持)하는 것으로 인식(認識)하여, 의근(意根)을 제7식(第七識)으로 이동변경(移動變更)하였다.

이는, 의식(意識)의 작용(作用)은, 의근(意根)에 의해 이루어지므로, 의식(意識)의 작용(作用)이 끊임이 없도록 하고자, 의근(意根)이 멸(滅)하지 않는 지속성(持續性)을 위해, 의근(意根)을 제7식(第七識)으로 변경(變更)하였다. 그러므로, 제6의식작용(第六意識作用)이 이루어지는 전식(前識)인 의근(意根)이, 제6의식(第六意識)의 끊임없는 작용(作用)을 위해, 제6의식(第六意識)의 후식(後識)인 제7식(第七識)으로, 의근(意根)을 이관변경(移管變更)하였다. 무착보살(無着菩薩)의 의도(意圖)는, 의식(意識)이 제6식(第六識)이어도, 단절(斷切) 없이 항상(恒常)하는 제7식(第七識)의 의근(意根)에 의해, 제6의식(第六意識)의 작용(作用)이 이루어지도록, 의근(意根)과 의식(意識)의 전개상속체계(展開相續體系)를 역발상(逆發想)하여, 의근(意根)과 의식(意識)의 전개체계(展開體系)를 변경(變更)하였다.

이것은, 여래정론(如來正論) 소연입식, 전개체계(所緣入識, 展開體系)인 경·근·식(境·根·識) 18경계체계(十八境界體系)의 여래정립, 개념정의(如來正立, 槪念正義)에 대해, 이에 대한 실증지혜(實證智慧)가 없어, 여래정립, 개념정의, 18경계(如來正立, 槪念正義, 十八境界)를, 심도(深度)있게 이해(理解)를 하지 못했기 때문이다. 그것은, 의근(意根)의 개념인식(槪念認識)을, 소연경(所緣境)의 색성향미촉법(色聲香味觸法) 중에, 법(法)을 받아들이는, 소연근(所緣根)으로 보지 않았다. 그 이유(理由)는, 대승유식론(大乘唯識論)에서는, 소연경(所緣境)인 색성향미촉법(色聲香味觸法) 중에, 법(法)이 무엇을 지칭(指稱)하며, 어떤 것을 일러, 색성향미촉법(色聲香味觸法) 중, 법(法)을 일컫는지, 그 명확(明確)한 개념정의정립(槪念正義正立)에 대해, 이해(理解)를 하지 못했기 때문이다. 그러므로, 대승유식론(大乘唯識論)에는, 경·근·식(境·根·識) 18경계체계(十八境界體系)에 의근(意根)의 대상(對相)인 소연경(所緣境)의 법(法)에 대해, 명확(明確)한 개념정의(槪念正義)와 또한, 이에 대해 명확(明確)히 정의정론(正義正論)하지 못했다.

이는, 대승유식론(大乘唯識論)를 성립(成立)한 대승유식론사(大乘唯識論師)인 무착보살(無着菩薩)과 세친보살(世親菩薩) 등(等), 또한, 그 후대(後代)를 이은 대승유식론사(大乘唯識論師)들이, 여래정론(如來正論) 소연입식,전개체계(所緣入識,展開體系)인, 경·근·식(境·根·識) 18경계체계(十八境界體系)의 소연6종경(所緣六種境)인 색성향미촉법(色聲香味觸法) 중, 법(法)의 여래정립,개념정의(如來正立,槪念正義)에 대해, 언급(言及)하였거나, 이 법(法)의 명확(明確)한 개념정의(槪念正義)를 이해(理解)하는 사람이 없었다. 왜냐하면, 무착보살(無着菩薩)과 세친보살(世親菩薩)도, 소연경(所緣境)인 색성향미촉법(色聲香味觸法) 중, 법(法)에 대한 여래정립(如來正立)의 개념정의정립(槪念正義正立)을 명확(明確)히 이해(理解)하지 못해, 이에 대해 언급(言及)함이 없었다. 여래(如來)께서는 6종경(六種境) 중, 법(法)을 중시(重視)해, 소연경(所緣境)인 색성향미촉법(色聲香味觸法) 중에, 법(法)을 정립(正立)

한, 그 개념정의(槪念正義)를, 무착보살(無着菩薩)도, 명확(明確)히 인지(認知)하거나 이해(理解)를 하지 못했다.

그러므로, 무착보살(無着菩薩)이, 법(法)의 중요성(重要性)을 인지(認知)하지 못해, 경·근·식(境·根·識) 18경계체계(十八境界體系)를 무시(無視)하고, 법(法)을 받아들이는 의근(意根)을, 제7식(第七識)으로 왜곡(歪曲) 변경(變更)하였다. 그리고 또한, 여래정론(如來正論)인 소연입식,전개체계(所緣入識,展開體系)의 경·근·식(境·根·識), 6종경(六種境)과 6종근(六種根)과 6종식(六種識)의 18경계체계(十八境界體系)를, 색성향미촉(色聲香味觸)의 5종경(五種境)과 안이비설신근(眼耳鼻舌身根)의 5종근(五種根)과 안이비설신식(眼耳鼻舌身識)의 5종식(五種識)인, 경·근·식(境·根·識)이 15경계체계(十五境界體系)인 전5식체계(前五識體系)로, 18경계체계(十八境界體系)를 파괴(破壞)하며, 왜곡(歪曲) 변형(變形)하였다.

그러므로, 소연경(所緣境)인 색성향미촉법(色聲香味觸法) 중, 법(法)과 법(法)을 받아들이는 의근(意根)과 의근(意根)이 받아들인 법(法)을, 그대로 거울[鏡]처럼 비치는 의식(意識)의 본래(本來) 역할(役割)이 파괴(破壞)되어 변형(變形)된, 전5식체계(前五識體系)때문에, 법(法)과 의근(意根)과 의식(意識)의 여래정론(如來正論) 개념정의정립(槪念正義正立)이 상실(喪失)이 되었다. 왜냐하면, 소연입식,전개체계(所緣入識,展開體系)인 18경계(十八境界)의 6종경(六種境)과 6종근(六種根)과 6종식(六種識)의 경·근·식(境·根·識) 18경계체계(十八境界體系)를,

대승유식론(大乘唯識論)에서, 법(法)과 의근(意根)과 의식(意識)의 본래역할(本來役割)이 상실(喪失)된, 5종경(五種境)과 5종근(五種根)과 5종식(五種識)인 전5식체계(前五識體系)로, 왜곡변경(歪曲變更)하였기 때문이다.

그리고, 그보다 더욱, 중요(重要)한 사실(事實)은, 제식,전개순위,체계(諸識,展開順位,體系)와 제식성품차원(諸識性品次元)은, 인위적(人爲的) 조작(造作)으로 논리체계(論理體系)만 변경(變更)한다고 하여, 실제(實際)의 성품(性品)이, 그 변형론리(變形論理)대로 변경(變更)이나, 변동(變動)이나, 이관(移管)이 되지 않는다는 사실(事實)이다. 왜냐하면, 제식전개,자연섭리,연계작용,상속체계,전개질서(諸識展開, 自然攝理,連繫作用,相續體系,展開秩序)는 인위적(人爲的)으로 조작변경(造作變更)할 수가 없는, 자연섭리,작용질서,구성체계(自然攝理,作用秩序,構成體系)이기 때문이다.

그러므로, 제식체계(諸識體系)는 실증지혜(實證智慧)로 명확(明確)히 깨달아야 할, 자연섭리체계(自然攝理體系)일 뿐, 누구나, 자기견해(自己見解)에 따라, 인위적(人爲的)으로 조작(造作)하거나 변경(變更)할 수 있는, 조작(造作)과 변경(變更)이 가능(可能)한 제식체계질서(諸識體系秩序)가 아니다. 그러므로 이는, 실증지혜(實證智慧)로 명확(明確)히 깨달아야 할, 자연섭리,제식전개,질서체계(自然攝理,諸識展開,秩序體系)이다. 불지혜(佛智慧)의 여래실관,정지정립,여래정론,제식체계(如來實觀,正智正立,如來正論,諸識體系)로 밝힌, 경·근·식(境·根·識) 18경계체계(十八境界體系)인, 제식전개,자연섭리,구성체계(諸識展開, 自然攝理,構成體系)의 제식전개,여래정론,정의정립(諸識展開,如來正論,正義正立)의 개념정의(概念正義)를 심도(深度) 있게 궁리(窮理)하여 이해(理解)하고, 여래정론(如來正論)의 제식전개,정의정립,18경계(諸識展開,正義正立,十八境界)에 대해, 실관실증지혜(實觀實證智慧)로 명확(明確)히 확인(確認)하고, 증험(證驗)하며, 이에 대한 명확(明確)한 개념정립(概念正立)이, 확립(確立)되어야 한다.

왜냐하면, 유식성품세계(唯識性品世界)를 총체적(總體的)으로 명확(明確)히 앎이, 유식지혜세계(唯識智慧世界)이며, 유식지혜,상승세계(唯識智慧,上昇世界)는 곧, 총체적(總體的) 성불과정,유위무위,차별차원,지혜상승,유식체계(成佛過程,有爲無爲,差別次元,智慧上昇,唯識體系)이기 때문이다. 그리고 또한, 불지혜(佛智慧)의 제식전개,실관실증,여래정론(諸識展開,實觀實證,如來正論)이며, 여래정안,정의정립,실증체계(如來正眼,正義正立,實證體系)인, 경·근·식(境·根·識) 18경계체계(十八境界體系)의 개념정의(概念正義)와 제식전개체계(諸識展開體系)의 기본개념인식(基本概念認識)이 명확(明確)히 정립(正立)이 되어야 한다.

경·근·식(境·根·識) 18경계체계(十八境界體系)는, 제식전개,자연섭리,구성체계(諸識展開,自然攝理,構成體系)이므로, 인위적(人爲的)으로 조작변경(造作變更)할 수가 없다. 그러므로, 제식체계(諸識體系)를 조작(造作) 또는, 변경(變更)하여도, 그 논리(論理)대로, 제식체계(諸識

體系)가 조작(造作)이 되거나, 변경(變更)이 되거나, 바뀌지를 않는 자연섭리체계(自然攝理體系)이므로, 명확(明確)한 실증지혜(實證智慧)로 이를 깨달아야 할, 제식작용,자연섭리,질서체계(諸識作用,自然攝理,秩序體系)의 유식세계(唯識世界)이다. 경·근·식(境·根·識) 18경계체계(十八境界體系)의 자연섭리(自然攝理)는, 논리(論理)를 벗어난 실제섭리,전개작용,제식세계(實際攝理,展開作用,諸識世界)이다. 그러므로 만약, 논리(論理)가 실제(實際)와 어긋난다면, 그 논리(論理)는, 사실(事實)과 다른 왜곡모순(歪曲矛盾)된 논리(論理)이므로, 논리(論理)의 명제(命題)와 명분(名分)의 가치(價値)를 상실(喪失)하게 된다.

대경(對境)을 받아들이는 소연근(所緣根)인 의근(意根)이, 능연식(能緣識)인 제7식(第七識)의 차원(次元)으로 이동(移動)하거나 변경(變更)하는 것은, 불가능(不可能)하다. 왜냐하면, 경·근·식(境·根·識) 18경계(十八境界)는, 무의식중(無意識中)에 이루어지는 자연,반연반응,작용(自然,攀緣反應,作用)의 자연섭리체계(自然攝理體系)이므로, 인위적(人爲的)으로 어떻게 할 수가 없기 때문이다. 그리고 또한, 의근(意根)의 작용(作用)은, 제7식(第七識) 전식(前識)인 제6의식(第六意識) 이전(以前)에, 소연경(所緣境) 대상(對相)의 법(法)을 받아들이는 의근(意根)이므로, 의근(意根)과 제7식(第七識)은, 서로 성품차원(性品次元)과 또한, 작용역할(作用役割)이 서로 달라, 의근(意根)은 법(法)을 받아들이는 소연작용근(所緣作用根)이므로, 능연제7식차원(能緣第七識次元)으로, 변경(變更)이나 이관(移管)할 수가 없다.

그리고, 경·근·식(境·根·識) 제식전개, 자연섭리, 구성체계(諸識展開, 自然攝理, 構成體系)에서, 소연경(所緣境)의 대상(對相)인 법(法)을 촉(觸)하여 받아들이는 의근(意根)이, 법(法)을 촉(觸)하는 근(根)도 아닌, 일체분별, 능연식(一切分別, 能緣識)인 제7식(第七識) 자아의식(自我意識)으로 변경(變更)하는 것은, 경·근·식(境·根·識) 전개체계(展開體系)의 제식전개, 자연섭리, 구성체계, 작용질서(諸識展開, 自然攝理, 構成體系, 作用秩序)를 파괴(破壞)하는 것이다. 그러므로 만약(萬若), 경·근·식(境·根·識)의 제식전개, 자연섭리, 질서체계(諸識展開, 自然攝理, 秩序體係)가 파괴(破壞)되면, 제식전개(諸識展開)의 섭리질서(攝理秩序) 자체(自體)가 존재(存在)할 수가 없다. 왜냐하면, 대경(對境)을 촉(觸)하는 작용근(作用根)이 없으면, 근(根)에 의해 전개(展開)되는 연계상속작용식(連繫相續作用識)이 없기 때문이다. 이는, 사물(事物)을 받아들이는 안근(眼根)이 없으면, 사물(事物)을 거울[鏡]처럼 비치는 안식(眼識)의 작용(作用)이 없음으로, 사물(事物)을 볼 수가 없다. 그리고 또한, 소리[聲]를 받아들이는 이근(耳根)이 없으면, 소리[聲]를 거울[鏡]처럼 비치는, 이식(耳識)의 작용(作用)이 없음으로, 소리[聲]를 들을 수 없음과도 같다.

　대경(對境)의 법(法)을 받아들이는 제6의식(第六意識)의 전식(前識)인 의근(意根)을, 제6의식(第六意識)의 후식(後識)인 제7식(第七識)으로 변형규정(變形規定)하는 것은, 제식전개, 작용체계(諸識展開, 作用體系)인 경·근·식(境·根·識) 18경계체계(十八境界體系)의 자연섭리, 전개체계(自然攝理, 展開體系)를 파괴(破壞)하는 것이다. 그러므로, 대승유식론(大乘唯識論)에서, 소연6종경(所緣六種境) 중, 법(法)을 받아들이는 소연의근(所緣意根)을, 제7능연식(第七能緣識)으로 변형(變形)한 것은, 이에 대해 실관실증, 지혜정안(實觀實證, 智慧正眼)이 없었기 때문이다. 이는, 지혜미완(智慧未完)의 지견오류(知見誤謬)로, 대승유식론, 제식전개체계(大乘唯識論, 諸識展開體係)의 성립견해(成立見解) 자체(自體)가, 이에 대한 실증지혜(實證智慧)가 없는 미혹견(迷惑見)으로, 경·근·식(境·根·識) 18경계, 자연섭리체계(十八境界, 自然攝理體系)를 전5식체계(前五識體系)로 변형(變形)함으로 파괴(破壞)되어, 의근(意根)이 받아들이는 소연6종경(所緣六種境) 중, 법(法)과 그리고, 의근(意根)으로 받아들인 법(法)이, 그대로 거울[鏡]처럼 비치는 의식(意識) 또한, 경·근·식(境·根·識) 18경계체계(十八境界體系)의 본래(本來) 자기역할(自己役割)이 변형상실(變形喪失) 되었다.

이는, 불지, 실관실증, 여래정론(佛智, 實觀實證, 如來正論)인 자연섭리, 구성체계(自然攝理, 構成體系)의 경·근·식(境·根·識), 18경계, 섭리체계(十八境界, 攝理體系)의 개념정의정립(槪念正義正立)에 대해, 밝게 깨닫지 못했기 때문이다. 이는, 이에 대한 명확(明確)한 제식실관(諸識實觀)과 그리고, 실증지혜(實證智慧)가 없는, 지혜미완(智慧未完)의 한계성(限界性) 때문에, 제식전개, 자연섭리, 구성체계(諸識展開, 自然攝理, 構成體系)인 18경계, 섭리체계(十八境界, 攝理體系)의 개념정의(槪念正義)를, 지혜정안(智慧正眼)으로 수용(受容)하거나 인지(認知)할 수가 없었다.

그리고 만약(萬若), 무착보살(無着菩薩)이, 일체, 유위무위, 유식성품, 제식세계(一切, 有爲無爲, 唯識性品, 諸識世界)에 대한 총체적(總體的) 실증지혜(實證智慧)를 두루 갖추었더라면, 여래실증, 정의정립(如來實證, 正義正立) 18경계체계(十八境界體系)를 계승(繼承)해, 더욱 승화(昇華)된 유식체계(唯識體系)로, 발전(發展)시켰을 것이다. 그러나, 무착보살(無着菩薩)이, 여래정론(如來正論)인 18경계체계(十八境界體系)의 불지개념정의(佛智概念正義)를 명확(明確)히 깨닫지 못해, 자연섭리체계(自然攝理體系)인 18경계체계(十八境界體系)를 무시(無視)하고, 자의적(自意的) 분석(分析)과 판단(判斷)에 따라, 18경계체계(十八境界體系)를 변형(變形)한, 제6의식(第六意識)이 주관(主管)하는 대승유식론(大乘唯識論)의 전5식체계(前五識體系)인, 색성향미촉(色聲香味觸)의 5종경(五種境)과 안이비설신근(眼耳鼻舌身根)인 5종근(五種根)과 안이비설신식(眼耳鼻舌身識)인 5종식(五種識)의 경·근·식(境·根·識) 15경계체계(十五境界)인, 전5식체계(前五識體系)로 왜곡변형(歪曲變形)하였다.

대승유식론(大乘唯識論)이, 여래정론(如來正論)인 소승유식론(小乘唯識論)의 유식체계(唯識體係)가 완전(完全)하지 않거나, 부족(不足)한 부분(部分)을 보완(補完)하고, 더욱 발전(發展)하여 체계화(體系化)한 유식론(唯識論)이라고 생각[認知]하여도, 사실(事實), 그렇게만 평가(評價)할 수는 없다. 왜냐하면, 대승유식론사(大乘唯識論師)들은, 여래정론, 제식전개, 실관실증, 불지정립, 유식체계(如來正論, 諸識展開, 實觀實證, 佛智正立, 唯識體系)인 소연입식, 전개체계(所緣入識, 展開體系)의

18경계체계(十八境界體系)와 능연출식,전개체계(能緣出識,展開體系)인 12인연법(十二因緣法)에 대해, 제식전개차원(諸識展開次元)에서 실증지혜(實證智慧)로 분석(分析)하거나 깨닫지를 못했다. 그리고, 소승유식체계(小乘唯識體系)의 최종식(最終識)인 제6식(第六識) 의식(意識)에서, 대승유식론(大乘唯識論)에서, 제7식(第七識) 말나식(末那識)인 자아의식(自我意識)과 제8식(第八識) 아뢰야식(阿賴耶識)인 함장식(含藏識)을 더 첨가(添加)하여, 소승유식체계(小乘唯識體系)를 더욱 발전(發展)시킨 것 같아도, 사실(事實)은 그렇지가 않다.

왜냐하면, 여래정론,제식체계(如來正論,諸識體系) 중, 소연입식,전개체계(所緣入識,展開體系)인 18경계체계(十八境界體系)와 능연출식, 전개체계(能緣出識,展開體系)인 12인연법(十二因緣法)을 살펴보면, 여래정론,제식체계(如來正論,諸識體系)가 대승유식론(大乘唯識論)보다도, 제식전개체계(諸識展開體系)를 더욱 깊고, 명확(明確)히 실관실증(實觀實證)하였음을 알 수가 있다. 그리고, 여래정론,제식체계(如來正論,諸識體系) 중, 능연출식,전개체계(能緣出識,展開體系)인 12인연법(十二因緣法)의 제식전개(諸識展開)를 살펴보면, 대승유식론사(大乘唯識論師)들이 제식전개체계(諸識展開體系)에 대해, 실증지혜(實證智慧)가 없었음을 알 수가 있다. 왜냐하면, 능연출식,전개체계(能緣出識,展開體系)인 12인연법(十二因緣法)의 ①무명(無明)이, 제9식(第九識) 함장식(含藏識)이며, ②행(行)이, 제8식(第八識) 능소출입식(能所出入識)이며, ③식(識)이, 제7식(第七識) 말나식(末那識)인 자아의식(自我意識)이기 때문이다.

그러므로, 대승유식론사(大乘唯識論師)들이 제식전개, 섭리체계(諸識展開, 攝理體系)에 대한 실증지혜(實證智慧)가 없어, 제식전개, 순위체계(諸識展開, 順位體系)에, 제8식(第八識) 능소출입식(能所出入識)이 있음을 인지(認知)하지 못해, 제8식(第八識) 능소출입식(能所出入識)을 빠뜨리고, 제9식(第九識) 함장식(含藏識)을, 제8식(第八識)으로 규정(規定)한 지견오류(知見誤謬)를, 12인연법(十二因緣法)에 의거(依據)해 점검(點檢)할 수가 있다. 그러므로, 대승유식론(大乘唯識論)에서는 실증지혜(實證智慧) 없는 지혜미완(智慧未完)으로, 제8식(第八識) 능소출입식(能所出入識)을 빠뜨리고, 제8식(第八識)을 함장식(含藏識)으로 규정(規定)하였다. 그리고, 대승유식론사(大乘唯識論師)들이 대승유식론(大乘唯識論)의 제8식(第八識) 함장식(含藏識)의 전변지혜(轉變智慧)가 심부동, 대열반성지(心不動, 大涅槃性智)가 아닌, 실증지혜(實證智慧)가 없어 빠뜨린, 제8식(第八識) 능소출입식(能所出入識)의 전변지혜(轉變智慧)인 대원경지(大圓鏡智)라고 정의(定義)함은, 사실(事實)과 다른 왜곡론설(歪曲論說)이다. 실제(實際), 함장식(含藏識)의 전변지혜(轉變智慧)는 심부동, 대열반성지(心不動, 大涅槃性智)이어도, 능소출입식(能所出入識)의 전변지혜(轉變智慧)인 대원경지(大圓鏡智)로 규정(規定)하고, 논설(論說)하는 것은, 전변지혜, 섭리체계(轉變智慧, 攝理體系)를 모르는 지혜미완(智慧未完)의 지견오류(知見誤謬)로, 사실(事實)이 왜곡(歪曲)되었다.

그리고, 무착보살(無着菩薩) 및 대승유식론사(大乘唯識論師)들은, 제식전개, 유식체계(諸識展開, 唯識體係)에 대한 실증지혜(實證智慧)가 없어, 여래정론,제식체계(如來正論,諸識體系) 중, 소연입식,전개체계(所緣入識,展開體系)인, 경·근·식(境·根·識) 18경계체계(十八境界體系)의 불지정립,개념정의(佛智正立,槪念正義)를 바르게 이해(理解)하지 못해, 여래정론(如來正論)의 경·근·식(境·根·識) 18경계체계(十八境界體系)를, 지혜미완(智慧未完)의 자의적(自意的) 지견(知見)으로, 왜곡변경(歪曲變更)하여, 여래정론(如來正論)인 경·근·식(境·根·識) 18경계체계(十八境界體系)를 훼손(毁損)하고 파괴(破壞)하였다. 그리고, 무착보살(無着菩薩) 및 세친보살(世親菩薩) 등(等), 대승유식론사(大乘唯識論師)들이, 총체적(總體的) 유식지혜,상승세계(唯識智慧,上昇世界)인 일체, 유위무위,차별차원,유식성품,차별세계(一切,有爲無爲,差別次元,唯識性品,差別世界)에 대한 실증지혜(實證智慧)가 없어, 대승유식론(大乘唯識論)의 논지론설(論知論說)에는, 지견오류(知見誤謬)로 사실왜곡(事實歪曲)의 부분(部分)들이 있다.

그리고, 대승유식론(大乘唯識論)에는, 총체적(總體的) 유식지혜,상승세계(唯識智慧,上昇世界)에 대한 실증지혜(實證智慧)가 없어, 유식지혜,상승세계,제식전변,차별차원,지혜전변,성불과정,유식체계(唯識智慧,上昇世界,諸識轉變,差別次元,智慧轉變,成佛過程,唯識體系)를 정의정립정론(正義正立正論)함이 없다. 그러므로, 대승유식론(大乘唯識論)에는 불지증입,지혜체계(佛智證入,智慧體系)인 지혜상승,성불과정,유식체계(智慧上昇,成佛過程,唯識體係)가 없다. 그리고, 소승유식체계(小乘唯識體系)보다, 대승유식론(大乘唯識論)이나 대승유식체계(大乘唯識體系)가 더욱 발전(發展)하고 체계화(體系化) 되었다고 하나, 유식지혜,

상승세계(唯識智慧, 上昇世界)에 대한 제식전변, 성불과정, 지혜전변, 실증체계(諸識轉變, 成佛過程, 智慧轉變, 實證體系)가 없어, 자아업식작용(自我業識作用)에만 치중(置重)한 부분(部分)이 있다. 그러므로, 대승유식론(大乘唯識論)에는, 성불(成佛)에 이르는 성불과정, 지혜상승, 유식체계(成佛過程, 智慧上昇, 唯識體系)인, 제식전변, 차별차원, 지혜과정(諸識轉變, 差別次元, 智慧過程)을 명확(明確)히 밝힌 지혜실증, 정립체계(智慧實證, 正立體系)가 없다. 그러므로, 성불수행, 지혜차원(成佛修行, 智慧次元)에서는, 대승유식론(大乘唯識論)이 소승유식론(小乘唯識論)보다 어떤, 진보(進步)된 우월(優越)한 가치(價値)를 특정(特定)해, 명확(明確)히 언급(言及)하거나, 드러낼 수가 없다. 왜냐하면, 성불(成佛)을 위한 전변지혜, 상승과정(轉變智慧, 上昇過程)에는, 제식전변, 무위지혜, 전변상승, 차별차원, 실증과정, 성불체계(諸識轉變, 無爲智慧, 轉變上昇, 差別次元, 實證過程, 成佛體系)가 참으로 절실(切實)하고 요긴(要緊)할 뿐, 대승유식론사(大乘唯識論師)들이 치중(置重)한 자아, 업식작용, 유식세계(自我, 業識作用, 唯識世界)는, 제식전변, 지혜상승, 초월과정(諸識轉變, 智慧上昇, 超越過程)에는, 그 어떤 유식적(唯識的) 가치(價値)도, 의미(意味)도 없기 때문이다.

대승유식론사(大乘唯識論師)인 무착보살(無着菩薩)과 세친보살(世親菩薩), 그리고, 그 뒤를 이은 대승유식론사(大乘唯識論師)들이, 대승유식세계(大乘唯識世界)에 대해 많은 업적(業績)의 유식론(唯識論)을 체계화(體系化)하였어도, 총체적(總體的) 유식성품세계(唯識性品世界)에 대한 실증지혜(實證智慧)가 없어, 지혜미완(智慧未完)으로 무명제식, 전개체계(無明諸識, 展開體系)와 제식전변, 지혜체계(諸識轉變, 智慧體系)에 대한 지견오류(知見誤謬)로, 사실(事實)과 다른 왜곡(歪曲)의 부분(部分)이 있다. 이러한 발생(發生)의 원인(原因)은, 유식지혜, 상승세계(唯識智慧, 上昇世界)인 성불(成佛)에 이르는 일체제식, 전변지혜, 각력상승, 차별차원, 무위지혜, 성불체계(一切諸識, 轉變智慧, 覺力上昇, 差別次元, 無爲智慧, 成佛體系)에 대해, 총체적(總體的) 명확(明確)한 실증지혜(實證智慧)가 없었기 때문이다.

왜냐하면, 유식지혜, 상승과정, 제식전변, 차별차원, 지혜상승, 불지증입, 유식과정(唯識智慧, 上昇過程, 諸識轉變, 差別次元, 智慧上昇, 佛智證入, 唯識過程) 속에, 무명제식, 전개체계(無明諸識, 展開體系)와 유식지혜, 전변상승, 성불과정, 유식체계(唯識智慧, 轉變上昇, 成佛過程, 唯識體系)와 제식전변, 무위지혜, 차별차원, 지혜상승, 차별세계, 실증과정, 상승체계(諸識轉變, 無爲智慧, 差別次元, 智慧上昇, 差別世界, 實證過程, 上昇體系)를 실증지혜과정(實證智慧過程) 속에 명확(明確)히 깨닫기 때문이다. 그러므로, 무명제식, 전개체계(無明諸識, 展開體系)와 유식지혜, 상승세계, 제식전변, 차별차원, 성불체계(唯識智慧, 上昇世界, 諸識轉變, 差別次元, 成佛體系)에 대해, 실증지혜(實證智慧)로 밝게 앎으로, 제식성품(諸識性品)이 각각(各各) 성품차원(性品次元)이 다름을, 실증지혜과정(實證智慧過程) 속에 명확(明確)히 깨닫게 된다. 그러므로, 각각(各各) 제식체계(諸識體系)와 제식성품(諸識性品)을, 실증지혜(實證智慧)로 명확(明確)히 깨달아 앎으로, 어떤, 자의적(自意的)으로, 제식성품(諸識性品)을 서로 이관(移管), 또는, 변경(變更)할 수가 없음을 또한, 명확

(明確)히 깨닫게 된다.

　그러므로, 무착보살(無着菩薩)이 경·근·식(境·根·識) 18경계(十八境界)의 제식전개체계(諸識展開體系) 중, 의근(意根)과 의식(意識)의 본래역할(本來役割)을 변형(變形)한 것, 그 자체(自體)가 곧, 유식지혜, 상승세계, 제식전변, 차별차원, 성불과정, 유식체계(唯識智慧, 上昇世界, 諸識轉變, 差別次元, 成佛過程, 唯識體系)에 대한, 실증지혜(實證智慧)를 갖추지 못했음이 드러남이다. 그러므로, 유식지혜, 상승세계, 제식전변, 차별차원, 무위실증, 지혜상승, 성불과정, 유식체계(唯識智慧, 上昇世界, 諸識轉變, 差別次元, 無爲實證, 智慧上昇, 成佛過程, 唯識體系)에 대해서는, 그 실증, 지혜과정, 상승경계(實證, 智慧過程, 上昇境界)를 명확(明確)히 밝히거나 언급(言及)하지 못했다. 총체적(總體的), 유식성품, 차별차원, 성불과정, 지혜체계(唯識性品, 差別次元, 成佛過程, 智慧體系)를 실증지혜정안(實證智慧正眼)으로 밝히어야만, 총체적(總體的) 유식성품세계(唯識性品世界)의 지혜(智慧)를 갖추었다고 할 수가 있다. 그래야만, 총체적(總體的) 일체유식, 성품체계(一切唯識, 性品體系)를 명확(明確)히 아는, 실증지혜정안(實證智慧正眼)을 갖춘, 불지(佛智)에 증입(證入)했다고 할 수가 있다.

　그러므로, 만약, 총체적(總體的) 일체유식, 성품체계(一切唯識, 性品體系)를 명확(明確)히 지혜점검(智慧點檢)하는, 실증지혜(實證智慧)를 갖춘, 일체초월(一切超越) 불지(佛智)가 아니면, 총체적(總體的) 일체유식, 성품체계(一切唯識, 性品體系)를 명확(明確)히 아는, 일체초월성

(一切超越性) 불지(佛智)가 아니므로, 실증지혜(實證智慧)가 없는 지혜미완(智慧未完)의 지견(知見)으로 유식성품세계(唯識性品世界)를 언급(言及)해도, 그 논지론설(論智論說)에는, 총체적(總體的) 유식성품, 실증지혜(唯識性品, 實證智慧)를 갖추지 못한 지견(知見)의 오류(誤謬)와 왜곡(歪曲)이 있을 수밖에 없다. 왜냐하면, 총체적(總體的) 일체, 유위무위, 유식성품, 차별차원, 상승과정, 지혜체계(一切, 有爲無爲, 唯識性品, 差別次元, 上昇過程, 智慧體系)를 밝게 아는, 실증지혜(實證智慧)를 갖추지 못했기 때문이다. 그러므로, 아함경(阿含經) 여래정론(如來正論)인 경·근·식(境·根·識) 18경계체계(十八境界體系)의 불지정립, 개념정의(佛智正立, 槪念正義)를 지혜정안(智慧正眼)으로 명확(明確)히 수용(受容)하고 이해(理解)하지 못해, 이를 무시(無視)하고, 대승유식론사(大乘唯識論師)인 무착보살(無着菩薩)이, 여래정론(如來正論)인 경·근·식(境·根·識) 18경계체계(十八境界體系)를 파괴(破壞)하며, 전5식체계(前五識體系)로 왜곡변형(歪曲變形)하였다.

무착보살(無着菩薩)이, 경·근·식(境·根·識) 18경계체계(十八境界體系)에서 법(法)을 받아들이는 의근(意根)을, 제6의식(第六意識)의 전식(前識)에서, 제6의식(第六意識)의 후식(後識)인 제7식(第七識)으로 변형(變形)시킨 까닭[緣由]은, 의근(意根)에 의해, 제6의식(第六意識)의 작용(作用)이 이루어지므로, 만약(萬若), 어떤 상황(狀況)에, 사람이 정신(精神)을 잃거나, 기절(氣絶)을 하거나, 의식불명(意識不明)이 될 때에는, 의근(意根)의 지속성(持續性)이 끊어지면[滅], 의식(意識)이 되살아나지 않음으로, 사람이 다시 의식(意識)을 회복(回復)하려면,

의근(意根)의 지속성(持續性)이 필요(必要)했기 때문이다. 그리고, 제7식(第七識)은, 어떤 상황(狀況)에서도 항상(恒常)하는 식(識)으로 인식(認識)했기 때문에, 의식작용(意識作用)이 이루어지게 하는 의근(意根)의 지속성(持續性)을 위해, 의근(意根)을 제7식(第七識)으로 규정(規定)하여, 의근(意根)의 지속성(持續性)을 회복(回復)하려한 것이다.

그리고 또한, 의근(意根)의 지속성(持續性)이 끊어지면[斷切], 의식(意識)이 되살아나지 않고, 또한, 의근(意根)의 지속성(持續性)이 끊어지면[斷切], 끊임없는 3세윤회(三世輪廻)의 유식전개(唯識展開)도 끊어지게 되므로, 끊임없는 3세윤회(三世輪廻)의 지속성(持續性)에는, 의근(意根)의 지속성(持續性)이 있어야만, 3세윤회(三世輪廻)가 멸(滅)하지 않는 지속성(持續性)을 가지므로, 의근(意根)의 지속성(持續性)의 유지(維持)를 위해, 제7식(第七識)은 항상(恒常)하는 지속성(持續性)을 가진 식(識)이라고 생각[認知]해, 제6의식(第六意識)의 전식(前識)인 의근(意根)을, 제6의식(第六意識)의 후식(後識)인 제7식(第七識)으로 변경이관(變更移管)한 것이다. 그러므로, 사람이 기절(氣絕)을 하거나, 의식불명(意識不明)이 되어도, 다시 깨어나 의식작용(意識作用)이 이루어질 뿐만 아니라, 또한, 생사(生死)로, 생(生)이 단절(斷絕)되어도, 의근(意根)의 지속성(持續性)을 가지게 되므로, 3세윤회(三世輪廻)도 단절(斷絕)되지 않고, 또한, 유식체계론적(唯識體系論的)으로는, 의식(意識)이 작용(作用)하는 전식(前識)인, 의근(意根)의 지속적(持續的) 유지(維持)의 안정성(安定性)을 회복(回復)할 수가 있기 때문이다. 무착보살(無着菩薩)이, 의근(意根)을 제7식(第七識)으로 이관(移管)한 것은, 이러한 이유(理由) 때문이다.

　그러나, 무착보살(無着菩薩)이, 의근(意根)을 제7식(第七識)으로 변형(變形)한 것은, 제식성품(諸識性品)에 대해 실증지혜(實證智慧)가 없었기 때문이다. 모든 식(識)은, 찰나(刹那)에도 머무름 없는, 무자성(無自性) 공성(空性)인 환성(幻性)이다. 그러므로, 단지(但只), 제식(諸識)은, 인연전개(因緣展開)를 따라 무자성(無自性) 상속(相續) 전개전변(展開轉變)할 뿐, 지속성(持續性)을 가지는 식(識)은 없다. 식(識)의 지속성(持續性)을 생각[思惟]하는 것은 상견(常見)으로, 제식성품(諸識性品)의 실상(實相)을 모르는 상견상심(相見相心)이다. 머무름이 없는 무자성(無自性)인 법성작용(法性作用)에 의해, 공성(空性)인 법성(法性)이, 머무름 없는 인연(因緣)을 따라 생기(生起)하는 색경(色境)에, 안근(眼根)의 촉(觸)으로 안식(眼識)이 생기(生起)하며, 또한, 머무름 없는 인연(因緣)을 따라 생기(生起)하는 소리[聲]에, 이근(耳根)의 촉(觸)으로 이식(耳識)이 생기(生起)하듯, 의근(意根) 또한, 머무름 없는 인연(因緣)을 따라 생기(生起)하는 대상(對相)인 법(法)에 의근(意根)이 촉(觸)하여, 생기(生起)하는 것이 의식(意識)이다.

　의근(意根)의 지속성(持續性)은 본래(本來) 없다. 그리고, 의근(意根)은 항상(恒常)하는 식(識)이 아니다. 그리고, 제식(諸識) 또한, 항상(恒常)하는 식(識)이 없다. 그리고, 우주만물(宇宙萬物) 또한, 항상(恒常)하는 존재(存在)는 없다. 단지(但只), 본성(本性)의 성품(性品)은 생멸(生滅) 없는 무생절대성(無生絕對性)이니, 법성작용(法性作用)이 끊임없이 인연(因緣)을 따라 흐르는, 무자성(無自性) 공성인연(空性因緣)의 머무름 없는 색성향미촉법(色聲香味觸法)의 대경(對境)에, 안근(眼根), 이근(耳根), 비근(鼻根), 설근(舌根), 신근(身根), 의근(意根)이, 제식전개, 섭리체계(諸識展開, 攝理體系)를 따라, 무의식중(無意識中) 자연, 반연반응, 작용(自然, 攀緣反應, 作用)으로 전개상속(展開相續)하며, 찰나(刹那)에도 머무름 없는 자연반연작용(自然攀緣作用)인 수(受)의 자연섭리작용(自然攝理作用)으로, 색성향미촉법(色聲香味觸法)이 그대로 거울[鏡]처럼 비치는 안식(眼識), 이식(耳識), 비식(鼻識), 설식(舌識), 신식(身識), 의식(意識)이 또한, 6종근(六種根)이 받아들인 색성향미촉법(色聲香味觸法)을, 자연, 반연반응, 작용(自然, 攀緣反應, 作用)으로 그대로 비치어 드러낸다.

그리고, 제7식(第七識) 자아의식(自我意識)은, 6종근(六種根)이 받아들인 색성향미촉법(色聲香味觸法)이 그대로 거울[鏡]처럼 비치는 안식(眼識), 이식(耳識), 비식(鼻識), 설식(舌識), 신식(身識), 의식(意識)에 나타난 색성향미촉법(色聲香味觸法)을, 그대로 인지(認知)하여 분별(分別)하고, 자기(自己)의 뜻에 따라, 판단(判斷) 행위(行爲)하는 자아의식(自我意識)이다. 그러므로, 대경(對境)인 색성향미촉법(色聲香味觸法)을 받아들이는 소연6종근(所緣六種根) 중, 의근(意根)과 6종식(六種識)에 비친 색성향미촉법(色聲香味觸法)을, 분별(分別)하는 제7식(第七識) 자아의식(自我意識)은, 본래(本來) 식(識)의 성품작용(性品作用)과 성품차원(性品次元)이 다르므로, 소연근(所緣根)인 의근(意根)을, 능연식(能緣識)인 제7식(第七識)으로, 인위적(人爲的)으로 전환(轉

換), 또는 변경(變更), 또는 이관(移管)할 수가 없다. 또한, 경·근·식 (境·根·識)의 체계(體系)에서는, 경·근·식(境·根·識) 연계작용(連繫作用) 이 무의식중(無意識中) 자연,반연반응,작용(自然, 攀緣反應, 作用)으로 이루어지는 연계작용,순위체계(連繫作用,順位體系)이므로, 소연경(所 緣境)을 받아들이는 의근(意根)을, 능연분별자아식(能緣分別自我識)인 제7식(第七識) 차원(次元)으로 전환(轉換), 또는 변경(變更)할 수가 없 다. 왜냐하면, 의근(意根)이 제7식(第七識)으로 전환(轉換), 또는 변경 (變更)하면, 제식전개,자연섭리,연계체계(諸識展開,自然攝理,連繫體系) 인 경·근·식체계(境·根·識體係)의 제식전개,작용섭리,연계질서(展開展 開,作用攝理,連繫秩序)가 파괴(破壞)되기 때문이다.

그리고, 중요(重要)한 것은, 제식전개,자연섭리,작용체계(諸識展 開,自然攝理,作用體系)는 실관실증지혜(實觀實證智慧)로 깨달아야 할 자연섭리(自然攝理)일 뿐, 제식전개,자연섭리,구성체계(諸識展開,自 然攝理,構成體系)인 경·근·식(境·根·識) 18경계,제식전개,구성체계(十八 境界,諸識展開,構成體系)에서, 의근(意根)을 제7식(第七識)으로, 인위적 (人爲的)으로 논리체계(論理體系)를 변형(變形)시키거나, 변경(變更)한 다고, 대경(對境)을 받아들이는 경·근·식(境·根·識)의 제식전개,자연 섭리,구성체계(諸識展開,自然攝理,構成體系)가 바뀌어지거나, 그 논리 체계(論理體系)를 따라, 의근(意根)이 제7식(第七識)으로 변형(變形)되 는 것이 아니라는 사실(事實)이다.

이것은, 제식전개,자연섭리,질서체계(諸識展開,自然攝理,秩序體系)

를 명확(明確)히 깨닫지는 못하고, 제식전개,자연섭리,체계구조(諸識展開,自然攝理,體系構造) 중, 제6의식(第六意識)의 전식(前識)인 의근(意根)을, 자의적(自意的)으로, 제6의식(第六意識)의 후식(後識)인 제7식(第七識)으로, 논리체계(論理體系)만 인위적(人爲的)으로 변경(變更), 또는, 이동(移動)하여 바꾼다고, 경·근·식(境·根·識) 제식전개,자연섭리,질서체계(諸識展開,自然攝理,秩序體系)가, 논리체계변형(論理體系變形)을 따라 바뀌어지는 것은 아니다. 제식전개,자연섭리,체계질서(諸識展開,自然攝理,體系秩序)는 실증지혜(實證智慧)로 명확(明確)히, 그리고, 확연(確然)히 깨달아야 할 대상(對相)일 뿐, 인위적(人爲的), 또는, 자의적(自意的)인 뜻에 따라, 조작(造作)할 수 있는 섭리체계(攝理體系)가 아니다. 그리고, 경·근·식(境·根·識) 18경계체계(十八境界體系)는, 무의식중(無意識中) 자연,반연반응,작용(自然,攀緣反應,作用)이 이루어지는 자연섭리,전개질서,연계체계(自然攝理,展開秩序,連繫體系)이므로, 서로 전개순위(展開順位)가 바뀌거나 이동(移動)할 수 없는, 자연섭리,연계체계(自然攝理,連繫體系)이다. 그러므로, 이 연계섭리, 전개체계(連繫攝理,展開體系)와 섭리질서(攝理秩序)와 작용섭리,제식체계(作用攝理,諸識體系)는, 실증지혜(實證智慧)로 확연(確然)히 깨달아야 할, 실증지혜세계(實證智慧世界)이다.

대승유식론사(大乘唯識論師)인 무착보살(無着菩薩)은, 총체적(總體的) 유식성품세계(唯識性品世界)에 대한 실증지혜(實證智慧)가 없어, 불지실증,정의정립,여래정론(佛智實證,正義正立,如來正論)인 소연입식,전개체계(所緣入識,展開體系)의 경·근·식(境·根·識) 18경계, 제식전개,자연섭리,구성체계(十八境界,諸識展開,自然攝理,構成體系)는, 인위적(人爲的)으로 변형(變形)하거나 바꿀 수가 없는, 제식전개,자연섭리,연계구성,전개체계(諸識展開,自然攝理,連繫構成,展開體系)임을 깨닫지 못했다. 그러므로, 경·근·식(境·根·識) 18경계체계(十八境界體系)를 아직, 사리(事理)에 합당(合當)하지 않은 모순(矛盾)이 있거나, 또는, 미숙(未熟)한 미완(未完)의 논리체계(論理體系)로 보았기에, 이에 대해, 실증지혜(實證智慧)가 없는 지혜미완(智慧未完)인 자기지견(自己知見)의 부족(不足)함은 모르고, 경·근·식(境·根·識) 18경계체계(十八境界體系)가, 무의식중(無意識中) 자연,반연반응,작용(自然,攀緣反應,作用)으로 이루어지는 제식전개,자연섭리,구성체계(諸識展開,自然攝理,構成體系)임을 깨닫지 못해, 자의적(自意的) 이해(理解)와 자의적(自意的) 판단(判斷)에 따라, 18경계체계(十八境界體系)를, 인위적(人爲的)으로, 대승유식론(大乘唯識論)의 전5식체계(前五識體系)로 왜곡변형(歪曲變形)하였다.

그리고, 무착보살(無着菩薩)이, 의근(意根)에 의해, 의식(意識)이 작용(作用)함으로, 의근(意根)의 지속성(持續性)을 유지(維持)하고자, 의근(意根)을 제7식(第七識)으로 이관변경(移管變更)한 것을 보면, 아직, 제식전개체계(諸識展開體系)와 제식(諸識)의 관계성(關係性)과 제식,차별차원,성품세계(諸識,差別次元,性品世界)에 대한, 실증지혜(實證智慧)가 없었기 때문이다. 그리고 의근(意根)이 잠식(潛識)되어 단절(斷切)되어도, 의근(意根)이 완전(完全)히 끊어져 소멸(消滅)되지 않고, 인연(因緣)과 상황(狀況)에 따라 다시 되살아나 회복(回復)됨은, 아직, 12인연(十二因緣)의 무명(無明)이 소멸(無明)되지 않았기 때문이다. 그러므로, 의근(意根)이 잠식(潛識)되어 단절(斷切)되어도, 12인연(十二因緣)의 무의식계(無意識界)인 무명의식(無明意識)은 끊임없이 흐르고 있기 때문에, 의근(意根)이 잠식(潛識)되어 단절(斷切)되어도, 인연(因緣)과 상황(狀況)에 따라, 다시 생기회복(生起回復)되어, 의근(意根)에 의한 의식(意識)의 작용(作用)이 이루어진다.

무착보살(無着菩薩)은 제식체계(諸識體系)에 대한 실증지혜(實證智慧)가 없었으므로, 총체적(總體的) 제식작용체계(諸識作用體系)에 대한 실증지혜(實證智慧)가 없어, 무의식계(無意識界)의 무명성품(無明性品)과 제식(諸識)과의 연계작용관계성(連繫作用關係性)에 대한 실증지혜(實證智慧)가 없어, 지혜미완(智慧未完)의 지견오류(知見誤謬)를 범(犯)하게 된 것이다. 그리고, 무착보살(無着菩薩) 및 대승유식론사(大乘唯識論師)들은, 총체적(總體的) 유식성품(唯識性品)에 대한 실증지혜(實證智慧)가 없었고, 또한, 제식전변,지혜세계(諸識轉變,智慧世界)인 무위차별,지혜세계(無爲差別,智慧世界)에 대한 실증지혜(實證智慧)도 없었으며, 또한, 총체적(總體的) 유식성품세계(唯識性品世界)를 실증지혜(實證智慧)로 벗어난 일체초월(一切超越) 불지(佛智)도 아니였으므로, 대승유식론(大乘唯識論)의 제8식(第八識) 아뢰야식(阿賴耶識)인 함장식(含藏識)이, 12인연법(十二因緣法)의 무명(無明)임을 깨닫지 못했다.

그러므로, 아뢰야식(阿賴耶識)인 함장식(含藏識)이, 12인연법(十二

因緣法)의 무명(無明)임을 실증(實證)한, 실증지혜(實證智慧)가 없어, 대승유식론(大乘唯識論)의 제8식(第八識) 아뢰야식(阿賴耶識)인 함장식(含藏識)이, 12인연법(十二因緣法)의 무명(無明)임을, 대승유식론(大乘唯識論)에서는 실증지혜(實證智慧)로 정의정립정론(正義正立正論)하지를 못했다. 그러므로, 대승유식론(大乘唯識論)에서는, 12인연법(十二因緣法)의 무명(無明)이, 대승유식론(大乘唯識論)의 제8식(第八識) 아뢰야식(阿賴耶識)인 함장식(含藏識)임을 깨닫지 못했기 때문에, 12인연법(十二因緣法)이, 아뢰야식(阿賴耶識)인 함장식(含藏識)으로부터, 제식출식체계(諸識出識體系)가 이루어지는, 유식체계(唯識體係)임을 정의정립정론(正義正立正論)하지를 못했다. 그러므로, 대승유식론(大乘唯識論)에서는, 소연입식,전개체계(所緣入識,展開體系)인 경·근·식(境·根·識) 18경계체계(十八境界體系)와 능연출식,전개체계(能緣出識,展開體系)인 12인연법(十二因緣法)과의 유식체계관계성(唯識體係關係性)에 대해서도, 실증지혜(實證智慧)로 정의정립정론(正義正立正論)하거나, 2종유식체계(二種唯識體係)에 대해서도, 실증지혜(實證智慧)로 명확(明確)히, 그리고 자세(仔細)히 언급(言及)하거나 밝히지를 못했다.

그리고, 무착보살(無着菩薩)이, 총체적(總體的) 유식성품세계(唯識性品世界)를 실증지혜(實證智慧)로 타파(打破)해 벗어나, 일체초월(一切超越) 불지(佛智)에 증입(證入)하지 못했으므로, 불성(佛性)인 본성(本性)을 깨닫지 못해, 경·근·식(境·根·識) 18경계체계(十八境界體系)의 의근(意根)을, 식(識)의 근본성품(根本性品)으로 인식(認識)하였을 수도 있다. 그러므로, 의근(意根)이 끊어지지 않고, 항상(恒常)하는 지속성(持續性)을 유지(維持)하려 한 것이, 경·근·식(境·根·識) 제식체계작용(諸識體系作用)의 연계작용(連繫作用)으로 보지 않고, 경·근·식(境·根·識) 18경계체계(十八境界體系)에 있는 의근(意根)을, 근본성품(根本性品)으로 인지(認知)했음으로, 의근(意根)의 지속성(持續性)이 유지(維持)되어야만, 끊임없는 의식(意識)의 작용(作用)이 이루어질 수가 있다는 결론(結論)에서, 의근(意根)의 지속성(持續性)을 유지(維持)하려고, 제7식(第七識)은 지속성(持續性)을 가진 항상(恒常)하는 식(識)으로 인지(認知)하여, 경·근·식(境·根·識) 18경계체계(十八境界體系)까지 왜곡변형(歪曲變形)하며, 의근(意根)의 지속성(持續性)을 유지(維持)하고자, 18경계체계(十八境界體系)에 대한 깊은 고뇌(苦惱)를 거듭한, 최종결론(最終結論)의 결단(決斷)으로, 제7식(第七識)으로 이관변경(移管變更)했을 수도 있다.

그러나, 경·근·식(境·根·識) 18경계체계(十八境界體系)는 그냥, 단순(單純)한 유식체계(唯識體系)가 아니라, 무의식중(無意識中) 이루어지는, 경·근·식(境·根·識) 자연섭리체계(自然攝理體系)이므로, 그 누구이든, 또는, 불(佛)이어도, 조작(造作)이 불가능(不可能)한, 무의식중(無意識中) 자연,반연반응,작용(自然,攀緣反應,作用)으로 이루어지는 소연입식,전개구조,구성체계(所緣入識,展開構造,構成體系)인, 제식전개, 자연섭리,순리체계(諸識展開,自然攝理,順理體系)이다. 그리고, 바로 즉시(卽時), 해결(解決)해야 할, 당면(當面) 과제(課題)의 경계상황(境界狀況)을, 직접(直接) 맞닥뜨려 보지 않으면, 몇 날 며칠 날밤을 지새움을 잊고, 진리궁극궁구(眞理窮極窮究)에 대한 진실(眞實)한, 깊은 고뇌(苦惱)를 겪어보지 않으면, 무착보살(無着菩薩)이, 여래정론(如來正論)을 왜곡(歪曲)할 수밖에 없었던, 그 깊은 고고뇌(苦苦惱)를, 아무도, 이해(理解)할 수가 없다.

이 우주(宇宙)에, 무상지혜(無上智慧)를 가지신, 오직, 여래(如來)만이, 이 의심(疑心)의 물음(問)에, 명확(明確)한, 바른[正] 지혜(智慧)의 답(答)을 줄 수 있으나, 여래(如來) 없는 그 세상(世上), 무착보살(無着菩薩)이 맞닥뜨린 당면(當面)한 그 고뇌(苦惱)를, 아는 사람은, 아무도 없었을 것이다. 왜냐하면, 그 길[旅程]을 먼저 가신, 오직, 여래(如來)만이, 해결(解決)되지 않는 그 의문(疑問)의 고뇌(苦惱) 때문에, 몇 날 며칠 날밤을 지새우는, 무착보살(無着菩薩)의 그 고뇌(苦惱)를, 이해(理解)할 수가 있기 때문이다. 만약, 여래(如來)가 이 세상(世上)에 계셨더라면, 당연(當然)히 물어보았을 것이다. 그러나, 무착보살(無着菩薩)이 맞닥뜨린 당면(當面)한 그 깊은 고뇌(苦惱)를 이해(理解)하거나, 바른[正] 답(答)을 줄 사람은, 주위(周圍)에 아무도 없었을 것이다.

왜냐하면, 이 우주(宇宙), 오직, 일체초월(一切超越) 무상불지혜(無上佛智慧)이신 여래(如來)만이, 자기(自己)의 깊은 의심(疑心)과 고뇌(苦惱)의 물음[問]에 대한, 명확(明確)하고 확연(確然)한 바른[正] 답(答)을 줄 수가 있기 때문이다. 일체초월(一切超越) 무상각(無上覺) 지혜(智慧)의 불(佛)이 계시지 않은 그 세상(世上), 그 누구도 명확(明確)히 해결(解決)해 줄 수 없는 물음[問]을 가진 자(者)의 고뇌(苦惱)

는, 동병상련(同病相憐)과 역지사지(易地思之)와 이심전심(以心傳心)이 아니면, 그 고뇌(苦惱)를 이해(理解)할 수가 없다. 또한, 불(佛)이 계시지 않는 그 세상(世上), 그 고뇌(苦惱)가 해결(解決)될 때까지, 생(生)이 다[終]해도, 내려놓을 수가 없다. 왜냐하면, 생사(生死)보다, 그 물음[問]을 해결(解決)하는 것이, 더 시급(時急)하기 때문이다. 불지정론(佛智正論)의 요해(了解) 과정(過程) 중에, 무착보살(無着菩薩)에게, 어떤 말[言]을 하고, 이렇다저렇다 어떤 소리[言說]를 해도, 무착보살(無着菩薩)을, 조금도 경시(輕視)하거나 무시(無視)함이 아니다. 단지(但只), 지혜(智慧)에는 지혜(智慧)뿐, 추호(秋毫)도, 사견(邪見)과 사심(邪心)의 티끌[塵]이 없다.

상황(狀況)에 따라, 의근(意根)이 단절(斷切)되거나 멸(滅)해도, 이것은, 육체적(肉體的) 상황(狀況)일 뿐, 의근(意根)은 잠식(潛識)됨이므로, 의근(意根)은 소멸(消滅)하지 않는다. 왜냐하면, 의근(意根)이 소멸(消滅)하는 것은, 오직, 전변지혜(轉變智慧)에 의해서만이 가능(可能)하기 때문이다. 그리고, 의근(意根)이 잠식(潛識)되면, 인연(因緣)에 따라 또다시, 깨어나게 된다. 왜냐하면, 깊은 무의식(無意識)인, 제9식(第九識) 무명식(無明識)이 아직, 타파(打破)되어 멸(滅)하지 않았기 때문이다.

그리고 또한, 상황(狀況)에 따라, 의근(意根)이 잠식(潛識) 되어도, 의식(意識)의 작용(作用)은 멸(滅)하지 않는다. 제6의식(第六意識)이 멸(滅)하는 것은, 이는, 육체적(肉體的) 상황(狀況)일 뿐, 의식(意識)은 멸(滅)하지 않고, 잠식(潛識)될 뿐이다. 왜냐하면, 의식(意識)이 끊어져 멸(滅)하는 것은, 오직, 전변지혜(轉變智慧)에 의해서만이 가능(可能)하기 때문이다. 그리고, 의식(意識)이 잠식(潛識)되면, 인연(因緣)에 따라 또다시, 깨어나게 된다. 왜냐하면, 깊은 무의식(無意識)인, 제9식(第九識) 무명식(無明識)이 아직, 타파(打破)되어 멸(滅)하지 않았기 때문이다.

그리고, 상황(狀況)에 따라, 제7식(第七識) 자아의식(自我意識)의 작용(作用)이 멸(滅)해도, 이는, 육체적(肉體的) 상황(狀況)일 뿐, 제7식(第七識) 자아의식(自我意識)은 잠식(潛識)될 뿐이므로, 멸(滅)하지 않는다. 왜냐하면, 제7식(第七識) 자아의식(自我意識)이 끊어져 멸(滅)하는 것은, 오직, 전변지혜(轉變智慧)에 의해서만이 가능(可能)하기 때문이다. 그리고, 제7식(第七識) 자아의식(自我意識)이 잠식(潛識)되면, 인연(因緣)에 따라 또다시, 깨어나게 된다. 왜냐하면, 깊은 무의식(無意識)인, 제9식(第九識) 무명식(無明識)이 타파(打破)되어 멸(滅)하지 않았기 때문이다. 그리고, 제7식(第七識) 자아의식(自我意識)은, 소연식(所緣識)이 아닌, 능연식(能緣識)이므로, 육체(肉體)를 벗어나서도 존재작용(存在作用)하며, 또한, 윤회식(輪廻識)이므로, 생사(生死)에 관계(關係) 없이 존재작용(存在作用)하게 된다.

만약, 지혜작용(智慧作用)에 의해, 제식(諸識)인 6종근(六種根), 6종식(六種識), 제7식(第七識) 자아의식(自我意識), 제8식(第八識) 능소출입식(能所出入識), 제9식(第九識) 무명함장식(無明含藏識)이 끊어져 멸

(滅)해도, 보고[見] 듣는[覺] 그 성품(性品)은, 멸(滅)하지 않는다. 왜냐하면, 일체초월,절대성(一切超越,絶對性) 본성(本性)은, 멸(滅)하지 않기 때문이다. 왜냐하면, 본성(本性)은 생사(生死)와 생멸(生滅)을 초월(超越)한 절대성(絶對性)이기 때문이다. 그리고, 제식(諸識)인 6종근(六種根), 6종식(六種識), 제7식(第七識) 자아의식(自我意識), 제8식(第八識) 능소출입식(能所出入識), 제9식(第九識) 무명함장식(無明含藏識)이 멸(滅)해도, 보고[見] 들음[覺]은, 보고[見] 듣는[覺] 그것은, 육체(肉體)도 아니며, 또한, 제식(諸識)인 6종근(六種根), 6종식(六種識), 제7식(第七識) 자아의식(自我意識), 제8식(第八識) 능소출입식(能所出入識), 제9식(第九識) 무명함장식(無明含藏識)도 아닌, 일체초월, 절대성(一切超越,絶對性) 무한무변,무한성(無限無邊,無限性)으로, 밝게 깨어 있는 본성(本性)이기 때문이다.

단지(但只), 제식(諸識)은, 무한무변,무한성(無限無邊,無限性)으로 밝게 깨어 있는 청정본성(清淨本性)에 비치는 일체상(一切相)을, 무명제식작용(無明諸識作用)인 상심상견(相心相見)으로 분별(分別)할 뿐이다. 만약(萬若), 제식(諸識)인 6종근(六種根), 6종식(六種識), 제7식(第七識) 자아의식(自我意識), 제8식(第八識) 능소출입식(能所出入識), 제9식(第九識) 무명함장식(無明含藏識)이, 지혜작용(智慧作用)으로 타파(打破)되어 소멸(消滅)하면, 식(識)의 작용(作用)에 말미암지 않고, 바로, 생멸(生滅) 없는 일체초월(一切超越) 청정성품(清淨性品)인 청정본성지(清淨本性智)이며, 일체초월성(一切超越性) 본지(本智)이며, 일체초월,절대성(一切超越,絶對性) 불성불지행(佛性佛智行)을, 바로 하게 된다. 이것이, 여래장,무생공능,심행(如來藏,無生功能,心行)이다. 그리고 이는, 금강삼매경(金剛三昧經)에서 설(說)한 무생심행(無生心行)인, 일각요의(一覺了義)의 일미진실(一味眞實), 무상무생(無相無生), 결정실제(結定實際), 본각리행(本覺利行)이다. 이는, 법신불성품(法身佛性品)과 보신불성품(報身佛性品)과 응화신불성품(應化身佛性品)과 일신(一身)이 차별(差別) 없는, 무생일각,청정불성(無生一覺,淸淨佛性)인 여래장,무생공능행(如來藏,無生功能行)이다.

●보고[見] 들음[覺]의 차별성품세계(差別性品世界)

보고[見] 들음[覺]이, 식(識)이냐, 성품(性品)이냐, 또는, 일체초월, 절대성(一切超越,絶對性) 무생불성(無生佛性)이냐에 따라, 지혜경계(智慧境界)가 다르다. 만약, 보고[見] 들음[覺]이 곧, 나(我)이면, 근(根)에 의지(依支)한 식(識)이니, 이는 곧, 능소분별심(能所分別心)인 자아의식(自我意識)으로 보고[見], 들음[覺]이다. 그리고, 보고[見] 들음[覺]이 분별식(分別識)이 아닌, 성품(性品)이면, 그 보고[見] 듣는[覺], 성품(性品)의 차별성(差別性)에 따라, 지혜(智慧)가 열린 성품경계(性品境界)가 다르다.

①만약(萬若), 보고[見] 듣는[覺] 그 성품(性品)이, 이 육신(肉身)이 아닌 곧, 청정공성(淸淨空性)이면, 공성(空性)이 열린 지혜성품(智慧性品)이니, 이는, 6종식(六種識)이 타파(打破)되어 끊어졌거나, 아니

면, 6종식(六種識)이 아직, 타파(打破)되어 멸(滅)하지 않았어도, 6종식(六種識)이 잠식(潛識)된 경험(經驗)을 한 사람이다. 만약(萬若), 홀연(忽然)히 허공성(虛空性)이 타파(打破)되어 멸(滅)해, 무한허공(無限虛空)이 사라진 곳에, 청정자성(淸淨自性)인 무한무변,청정공성(無限無邊,淸淨空性)이 열리며, 나[我]의 생사생멸(生死生滅)이 없는 자성청정공성(自性淸淨空性)이 있음을 깨달았거나, 그리고, 항상(恒常) 무한허공성(無限虛空性)도 끊어져 멸(滅)한, 청정공성(淸淨空性)인 청정자성(淸淨自性)이므로, 어디를 가[去]도 감[去]이 없고, 어디에서 와[來]도 옴[來]이 없으며, 또한, 어디를 가[去]도 가[去]는 자(者)가 없고, 또한, 어디에서 와[來]도 오[來]는 자(者)가 없으며, 그리고, 어디를 가[去]고 움직여도, 멀고[遠] 가까움[近]이 없거나, 그리고 또한, 항상(恒常) 무한무변,청정공성(無限無邊,淸淨空性)인 청정자성(淸淨自性)이 보고[見] 들으며[覺], 그리고 또한, 색성향미촉법(色聲香味觸法)과 삼라만상(森羅萬象)이 일체(一切)가 차별상(差別相)이어도, 그 성품(性品)이 차별상(差別相) 없는 청정일공성(淸淨一空性)이면, 이 수행자(修行者)는, 6종식(六種識)이 끊어져 멸(滅)한, 대승(大乘)의 지혜성품(智慧性品)이 열린, 사람이라고 할 수가 있다.

②만약(萬若), 보고[見] 듣는[覺] 그 성품(性品)이 자아의식(自我意識)이 아닌 곧, 일체상(一切相)과 일체공(一切空)의 그 무엇에도 물듦 없는 무염진여성(無染眞如性)이면, 진여성품(眞如性品)이 열린 지혜성품(智慧性品)이니, 이는, 제7식(第七識) 자아의식(自我意識)이 끊어졌거나, 아니면, 자아의식(自我意識)이 아직, 타파(打破)되어 멸(滅)

하지 않았어도, 자아의식(自我意識)이 잠식(潛識)된 경험(經驗)을 한 사람이다. 만약(萬若), 홀연(忽然)히 자아의식(自我意識)이 타파(打破)되어 끊어져 멸(滅)해, 상심상견(相心相見)도 벗어나고, 공심공성(空心空性)도 벗어나, 자아의식(自我意識)이 없어, 이사(理事)에 걸림 없는, 이사무애성품(理事無礙性品)이 열리며, 상(相)과 공(空)에 물듦 없는 이사무애법계성(理事無礙法界性)인 무염진여성(無染眞如性)에 듦[入]으로, 자아(自我)가 없고, 나[我]의 형체(形體)가 없어, 홀연(忽然)듯, 맑디맑아 티[塵] 없는 거울[鏡] 속에 든[入] 것과도 같거나, 그리고, 자아의식(自我意識)이 끊어져, 무엇에도 물듦[染]이 없고, 삼라만상만물(森羅萬象萬物)과 촉각(觸覺)하는 일체물(一切物)이, 그 실체(實體)가 없는 무자성(無自性)이므로, 일체만상(一切萬相)이 그대로 실체(實體) 없는 무자성(無自性)인 환(幻)의 세계(世界)이거나, 그리고, 일체만상(一切萬相)이 실체(實體) 없는 부사의(不思議) 생(生)이어도, 그 자체(自體)가 실체(實體)가 없어 머무름[住]이 없으니, 삼라만상만물(森羅萬象萬物)과 촉각(觸覺)하는 일체물(一切物)에 머무를 수도 없고, 집착(執着)할 수도 없거나, 그리고, 자아(自我)가 없어, 내[我] 몸[身] 또한, 그 실체(實體) 없는 무자성(無自性)인 환(幻)이며, 온[全] 세상(世上) 만물(萬物)이 그대로, 실체(實體) 없는 무자성(無自性)인 환(幻)이거나, 또한, 나[我]도, 실체(實體) 없는 무자성(無自性)인 환(幻)이며, 일체대상(一切對相) 또한, 실체(實體) 없는 무자성(無自性)인 환(幻)이거나, 그리고, 나[我]와 일체대상(一切對相)이 그대로, 실체(實體) 없는, 청정진여성(淸淨眞如性)이며, 무자성(無自性)인 환(幻)이거나, 그리고, 자아(自我)도 없어, 일체유(一切有)와 일체상(一切相)과 일체공성(一切空性)과 깨달음인 공성지혜(空性智慧)에도 머무름이 없어, 무엇에도 물들[染] 나[我], 자아(自我)가 없거나, 그리고 또한, 실체(實體) 없는 무자성(無自性)인, 일체환지세계(一切幻智世界)가, 온[全] 우주(宇宙) 무한청정무한성(無限淸淨無限性)이 열린, 그 청정무염,진여성품(淸淨無染,眞如性品)이, 일체(一切)를 그대로 보고[見] 듣는[覺] 성품(性品)이면, 7식(第七識) 자아의식(自我意識)이 타파(打破)되어 끊어져 멸(滅)해, 이사무애법계(理事無礙法界)의 무염진여성(無染眞如性)이 열린, 일승(一乘)의 무염진여,지혜성품,세계(無染眞如,智慧性品,世界)라고 할 수가 있다.

③만약(萬若), 보고[見] 듣는[覺] 그 성품(性品)이, 상(相)과 공(空)도 벗어난, 이사무애법계성품(理事無礙法界性品)인 무염진여성(無染眞如性)도 아닌, 곧, 능소(能所)가 타파(打破)되어 끊어져 멸(滅)해, 쌍차쌍조행(雙遮雙照行)이 이루어지는 원융각명성(圓融覺明性)이면, 원융보리성품(圓融菩提性品)이 열린 지혜성품(智慧性品)이니, 이는 곧, 제8식(第八識) 능소출입식(能所出入識)이 끊어졌거나, 아니면, 능소출입식(能所出入識)이 아직, 타파(打破)되어 멸(滅)하지 않았어도, 능소출입식(能所出入識)이 잠식(潛識)된 경험(經驗)을 한 사람이다. 만약(萬若), 홀연(忽然)히 시방(十方)이 타파(打破)되어 멸(滅)해, 그 순간(瞬間) 찰나(刹那)에, 온[全] 우주(宇宙) 두루 무한무변충만성품(無限無邊充滿性品)인 무한무변,무한원융성(無限無邊,無限圓融性)이 열리어, 비로소, 원융(圓融)과 원융성(圓融性)이 무엇인지를 실증(實證)하며, 원융(圓融)이란 법어(法語)의 실체(實體)와 실상(實相)을 깨달았

거나, 그리고, 무한무변충만성(無限無邊充滿性)인 무한원융성(無限圓融性)이 열리어, 부사의(不思議)하고 불가사의(不可思議)한, 태고(太古)의 신비(神秘)로운, 적멸적적, 청정부동, 대열반성품(寂滅寂寂, 淸淨不動, 大涅槃性品)을, 원융각명, 지혜작용(圓融覺明, 智慧作用)으로 여실(如實)히 보며, 그리고, 천지우주, 만물만상(天地宇宙, 萬物萬象)이, 적멸적적, 청정부동, 대열반성품(寂滅寂寂, 淸淨不動, 大涅槃性品) 속에 잠겨[潛] 있음을 여실(如實)히 깨닫거나, 그리고, 원융각명, 쌍차쌍조행(圓融覺明, 雙遮雙照行)이 이루어지는 원융각명, 지혜작용(圓融覺明, 智慧作用)이 곧, 적멸적적, 청정부동, 대열반체성(寂滅寂寂, 淸淨不動, 大涅槃體性)에 의한, 불가사의작용(不可思議作用)임을 깨닫고 있거나, 그리고, 적멸적적, 청정부동, 대열반성품(寂滅寂寂, 淸淨不動, 大涅槃性品)이 곧, 우주(宇宙)와 천지(天地)의 근원성품(根源性品)으로, 영원(永遠)히 파괴(破壞)되지 않으며, 생사생멸(生死生滅)이 없는, 무시무종성(無始無終性)임을 깨닫고 있거나, 그리고, 원융각명, 지혜작용(圓融覺明, 智慧作用)으로, 원융지혜작용(圓融智慧作用)의 부사의(不思議) 체성(體性)인, 적멸적적, 청정부동, 대열반체성(寂滅寂寂, 淸淨不動, 大涅槃體性)이 참으로, 불가사의(不可思議)하고 불가사의(不可思議)하며, 신비(神秘)롭고 신비(神秘)로우며, 영원(永遠)히 파괴(破壞)되거나 멸(滅)하지 않는 그 부동열반성품(不動涅槃性品)이 곧, 부동본성(不動本性)이며, 또한, 일체초월(一切超越) 청정불성(淸淨佛性)임을 인식(認識)하고 있거나, 그리고, 원융각명, 지혜작용(圓融覺明, 智慧作用)의 체성(體性)인, 불가사의(不可思議) 적멸적적, 청정부동, 대열반성품(寂滅寂寂, 淸淨不動, 大涅槃性品)과 그 용성(用性)인 원융각명, 지혜작용(圓融覺明, 智慧作用)을 함께 보는 것은, 능소(能所)가 타파(打破)되어 멸(滅)해, 능소(能所) 없는, 원융각명, 지혜성품(圓融覺明, 智慧性品)에 듦[入]으로, 지혜(智慧)의 체성(體性)과 지혜(智慧)의 용성(用性)을 함께 보게 됨임을, 확연(確然)히 깨닫고 있거나, 그리고 만약(萬若), 일체(一切)를 보고[見] 듣는[覺] 성품(性品)이, 적멸적적, 청정부동, 대열반체성(寂滅寂寂, 淸淨不動, 大涅槃體性)의 용성작용행(用性作用行)인 쌍차쌍조행(雙遮雙照行)의 원융각명성품(圓融覺明性品)이면, 제8식(第八識) 능소출입식(能所出入識)이 타파(打破)되어 끊어져 멸(滅)한, 대원경지(大圓鏡智)의 원융각명, 보리성품(圓融覺明, 菩提性品)에 증입(證入)한, 일불승(一佛乘)의 지혜성품(智慧性品)이 열린 사람이라고 할 수가 있다.

④만약(萬若), 보고[見] 듣는[覺] 그 성품(性品)이, 원융각명, 지혜작용(圓融覺明, 智慧作用)도 멸(滅)한, 적멸, 청정부동, 대열반성(寂滅, 淸淨不動, 大涅槃性)이며, 이 부동성품(不動性品)은, 일체심동(一切心動)과 무위공성(無爲空性)과 무염진여성(無染眞如性)과 원융각명성(圓融覺明性)도 타파(打破)되어 끊어져 멸(滅)한, 부동적멸심(不動寂滅心)으로, 그대로, 천지우주, 적멸적적성(天地宇宙, 寂滅寂寂性)이며, 무생무멸, 무시무종, 적멸성(無生無滅, 無始無終, 寂滅性) 그대로이면, 곧, 제9식(第九識) 무명함장식(無明含藏識)이 타파(打破)되어 끊어졌거나, 아니면, 무명함장식(無明含藏識)이 아직, 멸(滅)하지 않았어도, 무명함장식(無明含藏識)이 잠식(潛識)된 경험(經驗)을 한 사람이다. 만약(萬若), 심부동, 적멸청정성(心不動, 寂滅淸淨性)이 만약(萬若), 상견상심(相見相心)

이 타파(打破)되어 공성(空性)을 깨달은 공성자성청정성(空性自性清淨性)도 초월(超越)했고, 또한, 자아의식(自我意識)이 타파(打破)되어 멸(滅)해 무엇에도 물듦 없는 무염진여청정성(無染眞如清淨性)도 초월(超越)했고, 또한, 능소(能所)가 타파(打破)되어 멸(滅)해, 체용불이, 원융각명, 청정성(體用不二,圓融覺明,清淨性)도 초월(超越)했고, 또한, 일체무명, 제식작용(一切無明,諸識作用)과 일체무위, 동각지혜작용(一切無爲,動覺智慧作用)까지 끊어져 멸(滅)한, 심부동, 대열반적멸성(心不動,大涅槃寂滅性)이 그대로, 일체(一切)를 보고[見] 듣는[覺] 성품(性品)이면, 제9식(第九識) 무명함장식(無明含藏識)이 타파(打破)되어 멸(滅)한, 불승(佛乘)의 심부동, 대열반성지(心不動,大涅槃性智)에 증입(證入)하여, 무위부동열반, 지혜성품(無爲不動涅槃,智慧性品)이 열린, 사람이라고 할 수가 있다.

⑤만약(萬若), 보고[見] 듣는[覺] 그 성품(性品)이, 제식전변(諸識轉變) 무위증득지(無爲證得智)를, 일체(一切) 타파(打破)해 초월(超越)한 무생결정성(無生結定性)이며, 일체초월, 절대성(一切超越,絕對性) 청정본성(清淨本性)이며, 불성(佛性)이면, 곧, 일체, 무명제식(一切,無明諸識)과 일체, 무위지혜, 성품세계(一切,無爲智慧,性品世界)를 타파(打破)해 벗어난, 불지(佛智)에 증입(證入)한 사람이라고 할 수가 있다. 지혜상승, 전변지혜, 차별성품(智慧上昇,轉變智慧,差別性品)에 따라, 보고[見] 듣는[覺], 바로 그 성품차원(性品次元)이 다르다. 왜냐하면, 지혜(智慧)가 상승(上昇)하며, 제식(諸識)이 점차(漸次) 타파(打破)되어, 지혜전변, 차별차원, 상승세계(智慧轉變,差別次元,上昇世界)에 따라, 지

혜성품세계(智慧性品世界)인 지혜성품차원(智慧性品次元)이 다르기 때문이다. 그러나, 일체초월,절대성(一切超越,絶對性)이며, 청정본성(淸淨本性)인 불성(佛性)에 증입(證入)할 때에는, 일체중생심식(一切衆生心識)과 일체무명,차별제식(一切無明,差別諸識)과 일체제식,전변지혜,세계(一切諸識,轉變智慧,世界)와 일체증득,무위차별,지혜세계(一切證得,無爲差別,智慧世界)와 일체(一切) 깨달음의 지혜세계(智慧世界)가 일체타파(一切打破)되어 끊어져 멸(滅)해, 일체초월,절대성(一切超越,絶對性)이며, 청정본성(淸淨本性)인 불성(佛性)에 증입(證入)하게 된다. 만약(萬若), 일체(一切) 깨달음과 증득(證得)의 일체지혜세계(一切智慧世界)를 또다시, 완전(完全)히 타파(打破)해 벗어나지 못하면, 일체초월,절대성(一切超越,絶對性)이며, 청정본성(淸淨本性)인 불성(佛性)에는 증입(證入)할 수가 없다. 왜냐하면, 일체초월,절대성(一切超越,絶對性)이며, 청정본성(淸淨本性)인 불성(佛性)에 증입(證入)하려면, 그 어떤 일체(一切) 깨달음과 그 어떤 제식전변지혜(諸識轉變智慧)와 그 어떤 무위증득,보살지혜(無爲證得,菩薩智慧)로도, 일체초월,절대성(一切超越,絶對性)이며, 청정본성(淸淨本性)인 불성(佛性)에는 증입(證入)할 수가 없다. 왜냐하면, 일체초월,절대성(一切超越,絶對性)이며, 청정본성(淸淨本性)인 불성(佛性), 이외(以外)는, 그 어떤 깨달음과 증득지혜(證得智慧)이어도, 그 지혜(智慧)는 일체초월,절대성(一切超越,絶對性)이 아니므로, 청정본성(淸淨本性)인 불성(佛性)이 아니기 때문이다. 그러므로, 불성(佛性)에 증입(證入)하지 못한 그 어떤 깨달음과 증득지혜(證得智慧)이어도, 이는, 청정본성(淸淨本性)인 불성(佛性)을 벗어난, 일체,차별지혜,성품세계(一切,差別智慧,性品世界)이다. 그러므로, 일체초월,절대성(一切超越,絶對性)이며, 청정본성(淸淨本性)인 불성(佛性)에 증입(證入)할 때에는, 일체(一切) 깨달음과 제식전변지혜(諸識轉變智慧)와 무위증득지혜(無爲證得智慧)는, 일체초월,절대성(一切超越,絶對性)이 아니므로, 일체초월(一切超越) 청정본성(淸淨本性)인 불성(佛性)에 증입(證入)할 때에는, 그 일체(一切)가 흔적(痕迹) 없이 타파(打破)되어 소멸(消滅)한다. 그러므로, 일체초월성(一切超越性) 청정본성(淸淨本性)인 불성(佛性)에 증입(證入)하려면, 일체(一切) 깨달음과 제식전변지혜(諸識轉變智慧)와 무위증득, 일체보살지혜(無爲證得,一切菩薩智慧)까지, 완전(完全)히 타파(打破)해 소멸(消滅)해야만, 일체초월(一切超越) 청정본성(淸淨本性)인 불성(佛性)에 증입(證入)할 수가 있다. 그러므로, 일체초월,절대성(一切超越,絶對性)이 아니면, 청정본성(淸淨本性)인 불성(佛性)에는 증입(證入)할 수가 없다. 왜냐하면, 일체차별,성품세계(一切差別,性品世界)를 완전(完全)히 타파(打破)해 벗어난 일체초월(一切超越) 무생결정성(無生結定性)인, 여래결정성(如來結定性)에 이르지 못했기 때문이다. 그러므로, 일체초월,절대성(一切超越,絶對性)이며, 청정본성(淸淨本性)인 불성(佛性)에 증입(證入)하면, 홀연(忽然)히, 무생결정성(無生結定性)이 열리어, 청정법신불성(淸淨法身佛性)과 원만보신불성(圓滿報身佛性)과 응화신불성(應化身佛性)과 수연일신(隨緣一身)이 차별(差別) 없는, 일체초월(一切超越) 여래결정,무생무연,초연일각,불성지(如來結定,無生無然,超然一覺,佛性智)에서, 일신(一身) 중에, 홀연(忽然)히 3신불행(三身佛行)이 시현(示顯)이 된다. 그러면, 보고[見] 듣는[覺] 그 성품(性品)이 곧, 일체초월,절대성(一切超越,絶對性) 청정본성(淸淨本性)이며, 불성(佛

性)임을 여실(如實)히 깨닫게 된다.

　여래정론(如來正論), 소연입식,전개체계(所緣入識,展開體系)인 경·근·식(境·根·識) 18경계체계(十八境界體系)에서, 무착보살(無着菩薩)이, 혹시(或是)나 끊어질까 봐, 염려(念慮)했던 의근(意根)은, 본성(本性)이 아닌, 색성향미촉법(色聲香味觸法) 중, 정신작용(精神作用)이 근(根)이 되어 대상(對相)인 법(法)을 받아들이는 정신작용(精神作用)인 의(意)의 근(根)이다. 그리고, 경·근·식(境·根·識) 18경계체계(十八境界體系)의 의식(意識)은, 제7식(第七識) 자아의식(自我意識)인 능연의식(能緣意識)이 아닌, 경·근·식(境·根·識) 18경계체계(十八境界體系)에서, 소연경(所緣境)인 색성향미촉법(色聲香味觸法) 중에, 의근(意根)이 받아들인 법(法)을, 그대로 거울[鏡]처럼 비치는 소연의식(所緣意識)인 제6의식(第六意識)이다. 제식전개체계(諸識展開體系)에는, 의식(意識)이 2종의식(二種意識)이 있으니, 제6의식(第六意識)과 제7식(第七識) 자아의식(自我意識)이다. 소연의식(所緣意識)인 제6의식(第六意識)은, 의근(意根)이 받아들인 법(法)을 거울[鏡]처럼 비치는 상식(相識)으로, 의근(意根)이 받아들인 법(法)을, 마음 인지(認知)의 심상(心相)으로 전환(轉換)하여, 거울[鏡]처럼 비치는 심상식(心相識)이다. 그리고, 제7식(第七識) 자아의식(自我意識)은, 일체(一切)를 분별(分別)하는 분별자아식(分別自我識)으로, 이는, 능연의식(能緣意識)인 제7식(第七識) 자아의식(自我意識)이다. 이 둘[二]은, 소연제6의식(所緣第六意識)과 능연제7자아의식(能緣第七自我意識)으로, 서로 성품차원(性

品次元)과 작용역할(作用役割)이 다르므로, 같은 의식(意識)으로 인식(認識)해서는 안 된다.

그리고, 대승불교연구원 오형근(吳亨根)박사님 저서(著書) '도서출판 대승' 2006년 3월 25일 2쇄 발행 '신편 유식학입문'에 관심(關心)이 가고, 주목(注目)이 되는 부분(部分)이 있다. 원시불교(原始佛敎)에서도, 심·의·식(心·意·識)의 체(體)를 각각(各各) 구분(區分)하여 설(說)했다는 부분(部分)이다. 그러나 또한, 잡아함경(雜阿含經)에서는 심·의·식(心·意·識)을 각각(各各) 구분(區分)하지 않고 있다는 말씀이다. 이는, 설(說)의 명제(命題)의 특성(特性)에 따라, 심·의·식(心·意·識)을 구분(區分)하여 설(說)하기도 하였으며, 또한, 설(說)의 관점(觀點)에 따라, 심·의·식(心·意·識)을 특별(特別)히 구분(區分)하지 않고, 설(說)의 관념특성(關念特性)에 따라, 구분(區分)하지 않았다는 뜻이다. 이 의미(意味)는, 18경계(十八境界)의 의식(意識)에는, 의식(意識)보다 더 깊은 식(識)이 중첩(重疊)되어 있음을 뜻[意味]하며, 또한, 원시불교(原始佛敎)에서도 의식(意識)보다 더 깊은 차원(次元)의 식(識)의 세계(世界)에 대해, 언급(言及)했음을 뜻[意味]한다.

대승유식론(大乘唯識論)에서는, 경·근·식(境·根·識) 18경계체계(十八境界體系)를 왜곡변형(歪曲變形)한 전5식체계(前五識體系)는, 18경계체계(十八境界體系)에서 의근(意根)에 의해 의식작용(意識作用)이 이루어지는 소연제6의식(所緣第六意識)이, 전5식계(前五識界)를 관장(管掌)하고 주관(主管)하는, 제7식(第七識) 자아의식(自我意識)의 분권식(分權

識) 역할(役割)을 함으로, 이는, 소연제6의식(所緣第六意識)이, 경·근·식(境·根·識) 18경계체계(十八境界體系)를 벗어난, 변형왜곡견(變形歪曲見)이다. 그러므로, 대승유식론(大乘唯識論)에서는, 소연제6의식(所緣第六意識)이, 제7식(第七識) 자아의식(自我意識)의 역할작용(役割作用)을 겸(兼)한 부분(部分)이 있다. 이러한 대승유식론(大乘唯識論)의 악영향(惡影響) 때문에, 제7식(第七識) 자아의식(自我意識)의 무용론(無用論)이나, 제7식(第七識)의 존재(存在)를 부정(否定)하는 사람들도 있다.

여래정론(如來正論) 18경계체계(十八境界體系)를, 대승유식론(大乘唯識論)에서 전5식체계(前五識體系)로 왜곡변형(歪曲變形)함으로, 경·근·식(境·根·識) 18경계체계(十八境界體系)에서, 소연경(所緣境)인 색성향미촉법(色聲香味觸法) 중, 법(法)과 법(法)을 받아들이는 의근(意根)과 의근(意根)이 받아들인 법(法)을, 그대로 거울[鏡]처럼 비치는 의식(意識)의 특정역할(特定役割)이, 대승유식론,제식체계(大乘唯識論, 諸識體系)에서는 상실(喪失)이 되었다. 의근(意根)이 받아들이는 법(法)은, 안이비설신(眼耳鼻舌身)으로 받아들이는 색성향미촉(色聲香味觸) 이외(以外)에, 정신작용(精神作用)이 근(根)이 되어, 대상(對相)을 받아들이는 의(意)의 근(根)인, 의근(意根)으로 인식(認識)하고 받아들이는 일체법(一切法)인, 물질적(物質的), 정신적(精神的) 일체,무한차별차원,무한차별세계,일체(一切,無限差別次元,無限差別世界,一切)를 총섭(總攝)하고 총칭(總稱)하는 것이 법(法)이다.

이는, 육체(肉體)의 감각기능(感覺機能)이 아닌, 정신작용(精神作用)으로만 인식(認識)하고 받아들이는 일체대상(一切對相)의 법(法)이다. 그러므로, 대승유식론(大乘唯識論)에는, 경·근·식(境·根·識) 18경계체계(十八境界體系)에서의 의근(意根)을, 제7식(第七識)으로 변경(變更)함으로, 소연경(所緣境)인 색성향미촉법(色聲香味觸法) 중에서, 법(法)의 특정역할(特定役割)이 상실(喪失)되었다. 소연경(所緣境)인 색성향미촉법(色聲香味觸法) 중에서 법(法)은, 의근(意根)만이 받아들일 수 있는 일체대상(一切對相)인 물질적(物質的), 정신적(精神的) 일체, 무한차별차원, 무한차별세계, 일체(一切, 無限差別次元, 無限差別世界, 一切)의 법(法)이다. 그리고, 의근(意根)에 의해 받아들인 법(法)을, 그대로 거울[鏡]처럼 비치는 의식(意識)의 본래(本來) 역할(役割)이 또한, 상실(喪失)이 되었다. 그러므로, 대승유식론(大乘唯識論)의 제식체계(諸識體系)에는, 색성향미촉법(色聲香味觸法)을 각각(各各) 받아들이는, 경·근·식(境·根·識)의 제식전개체계(諸識展開體系)인 18경계, 자연섭리, 구성체계(十八境界, 自然攝理, 構成體系)에서, 법(法)과 의근(意根)과 의식(意識)이, 자기(自己) 본래(本來)의 특별(特別)한, 특성(特性)의 역할(役割)이 상실(喪失)되었다.

여래정론(如來正論)인, 경·근·식(境·根·識) 제식전개, 자연섭리, 구성체계(諸識展開, 自然攝理, 構成體系)인 18경계, 섭리체계(十八境界, 攝理體系)에 대해, 대승유식론사(大乘唯識論師)인 무착보살(無着菩薩)은, 18경계체계(十八境界體系)의 불지실관, 여래정립, 개념정의(佛智實觀, 如來正立, 槪念正義)에 대해, 명확(明確)한 여래정론, 개념정의(如來正論, 槪念

正義)를 이해(理解)하지 못했다. 무착보살(無着菩薩)은 이에 대해 실증지혜(實證智慧)가 없어, 지혜미완(智慧未完)의 자기지견(自己知見)에 의해, 여래정론(如來正論)인, 경·근·식(境·根·識) 18경계,자연섭리,연계작용,제식체계(十八境界,自然攝理,連繫作用,諸識體系)를, 자의적(自意的) 판단(判斷)에 따라 조작변경(造作變更)함으로, 이는, 경·근·식(境·根·識) 18경계,자연섭리,구성체계(十八境界,自然攝理,構成體系)를 파괴(破壞)하는 결과(結果)가 되었다.

그러므로, 경·근·식(境·根·識) 18경계,자연섭리,구성체계(十八境界,自然攝理,構成體系)에서, 대경(對境)의 법(法)을 받아들이는 제6의식(第六意識)의 전식(前識)인 의근(意根)을, 제6의식(第六意識)의 후식(後識)인 제7식(第七識)으로, 의근(意根)을 이관변형(移管變形)시킴으로써, 18경계,섭리체계(十八境界,攝理體係)를 파괴(破壞)한, 이러한 유식오류(唯識誤謬)를 범(犯)한 것은, 소연경·근·식·섭리체계(所緣境·根·識·攝理體系)인 여래정론,정지정립,개념정의(如來正論,正智正立,概念正義)를 밝게 볼 수 있는, 총체적(總體的) 제식전개,실증지혜(諸識展開,實證智慧)가 없었기 때문이다. 대승유식론(大乘唯識論)이, 경·근·식(境·根·識) 18경계체계(十八境界體系)의 자연섭리체계(自然攝理體系)를 왜곡변형(歪曲變形)한 지견오류(知見誤謬)를, 천년(千年) 세월(歲月)이 훌쩍 넘어버린 지금(只今)에 이르기까지, 대승유식론(大乘唯識論)을 배우고, 이해(理解)하며, 전(傳)하기에만 급급(急急)했을 뿐, 어느 누구도, 이 모순(矛盾)된 왜곡(歪曲)의 부분(部分)을, 지혜정안(智慧正眼)으로 점검(點檢)하고 교정(矯正)하여, 왜곡(歪曲)된 유식체계(唯識體係)

의 부분(部分)을 바르게 정립(正立)하고자, 하지 않았다.

② 의식(意識)의 변형(變形)

대승유식론(大乘唯識論)에서, 여래정론(如來正論) 소연입식,전개체계(所緣入識,展開體系)인 경·근·식(境·根·識) 18경계체계(十八境界體系)를 왜곡(歪曲) 변형(變形)시킨 둘[二]째는, 소연6종식(所緣六種識)인 안이비설신의식(眼耳鼻舌身意識) 중, 의식(意識)이다. 그러므로, 대승유식론(大乘唯識論)에는, 18경계(十八境界)의 경·근·식(境·根·識) 유식체계(唯識體係)에서, 법(法)을 받아들이는 의근(意根)의 역할상실(役割喪失)로, 안식(眼識), 이식(耳識), 비식(鼻識), 설식(舌識), 신식(身識), 의식(意識)인 6종식(六種識) 중에, 의식(意識)의 변형적(變形的) 역할(役割)로, 경·근·식(境·根·識) 18경계(十八境界)의 제식전개,자연섭리,구성체계(諸識展開,自然攝理,構成體係)가 왜곡변형(歪曲變形)이 되어, 경·근·식(境·根·識) 18경계(十八境界)의 제식전개,자연섭리,구성체계(諸識展開,自然攝理,構成體係)의 질서(秩序)가 파괴(破壞)되었다.

그러므로, 대승유식론(大乘唯識論)의 제식체계(諸識體係)는, 경·근·식(境·根·識) 18경계체계(十八境界體係)에서 의근(意根)이, 제7식(第七識)으로 이관(移管)되어 변형(變形)됨으로, 의근(意根)에 의지(依支)해 작용(作用)하는, 제6의식(第六意識)의 작용(作用)이 또한, 변형(變形)이 되어, 경·근·식(境·根·識) 18경계,구성체계(十八境界,構成體系)가 축소(縮小)되고, 제식전개,기본체계(諸識展開,基本體系)인 경·근·식(境·根·識) 체계(體系)의 섭리질서(攝理秩序)가 파괴(破壞)되어, 제식체계질서(諸識體系秩序)가 혼란(混亂)스럽다. 그 까닭[緣由]은, 경·근·식(境·根·識) 18경계(十八境界)의 제식전개,섭리체계(諸識展開,攝理體係)에서, 의식(意識)의 역할(役割)은, 대경(對境)인 색성향미촉법(色聲香味觸法) 중, 육체(肉體)의 감각기관(感覺器官)인 안이비설신(眼耳鼻舌身)으로 받아들이는 색성향미촉(色聲香味觸), 외(外)에 일체(一切)가, 법(法)이다. 그러므로, 법(法)은, 오직, 정신작용(精神作用)이 대상(對相)을 받아들이는 의(意)가 근(根)이 되어, 의근(意根)으로만 받아들일 수 있는 물질적(物質的), 정신적(精神的) 대상(對相)인, 일체(一切)가 곧, 법(法)에 속한다. 그리고, 의근(意根)으로 받아들인 법(法)의 형태(形態)가 그대로 거울[鏡]처럼 비치는 단순(單純), 거울작용[鏡作用]을 하는 식(識)이 곧, 의식(意識)이다.

그러나, 대승유식론(大乘唯識論)에서는 경·근·식(境·根·識) 18경계체계(十八境界體系)의 의식(意識)을, 제7식(第七識) 자아의식(自我意識)처럼, 자유의지(自由意志)로 대상(對相)을 분별(分別)하는 분별식(分別識)으로, 인위적(人爲的)으로 왜곡변형(歪曲變形)하였다. 이는, 제6의식(第六意識)의 전식(前識)인 의근(意根)을, 제6의식(第六意識)의 후식(後識)인 제7식(第七識)으로 변형(變形)시킴으로써, 본래(本來), 의근(意根)에 의(依)해, 무의식중(無意識中) 자연,반연반응,작용(自然,攀緣反

應,作用)으로 법(法)의 형태(形態)를 그대로 거울[鏡]처럼 비치는, 단순작용(單純作用)의 의식(意識)이었으나, 의근(意根)이 제7식(第七識)으로 변형(變形)이 됨으로써, 의근(意根)에 의해 의식작용(意識作用)이 이루어지니, 제6의식(第六意識)이, 의근(意根)이 받아들인 법(法)을 그대로 비치는 단순작용(單純作用)이 아닌, 의근(意根)이 제7식(第七識)이니, 제6의식(第六意識)이 제7식(第七識) 자아의식(自我意識)의 작용(作用)을 겸(兼)하여, 제7식(第七識) 자아의식(自我意識)의 분권식(分權識)으로 변형(變形)이 되어, 제7식(第七識)처럼, 인위적(人爲的) 자유의지(自由意志)에 따라, 색성향미촉(色聲香味觸)의 전5식계(前五識界)를 분별(分別)하고 관장(管掌)하는, 제7식(第七識) 자아의식(自我意識)의 작용(作用)을 겸(兼)한, 자유의지(自由意志)대로 행(行)하는 분별식(分別識)으로 변형(變形)이 되었다.

그러므로, 대승유식론(大乘唯識論)에서는 제6의식(第六意識)이, 제7식(第七識) 자아의식(自我意識)의 작용(作用)을 겸(兼)하게 됨으로, 자아의식(自我意識)처럼 자유의지(自由意志)대로, 대경(對境)인 색성향미촉(色聲香味觸)을 분별(分別)하는 분별식(分別識)이 되었다. 이는, 의식(意識)의 본래(本來)의 역할(役割)이 상실(喪失)된 변형식(變形識)이 되어, 제7식(第七識) 자아의식(自我意識)의 분권식(分權識)이 되었다. 그러므로, 대승유식론(大乘唯識論)에서, 18경계(十八境界)의 경·근·식(境·根·識) 제식전개,자연섭리,구성체계(諸識展開,自然攝理,構成體系)를 왜곡변형(歪曲變形)함으로, 의식(意識)이 제7식(第七識) 자아의식(自我意識)의 분권식(分權識)으로 변형(變形)된 까닭[緣由], 그 원인

(原因)은, 본래(本來) 의근(意根)이 제6의식(第六意識)의 전식(前識)으로, 법(法)을 받아들이는 의근(意根)을, 대승유식론(大乘唯識論)에서는, 제6의식(第六意識)의 후식(後識)인, 제7식(第七識)으로 변형이관(變形移管)시킨 것이, 그 근본(根本) 원인(原因)이다.

그러므로, 의근(意根)은, 제6의식(第六意識)의 전식(前識)으로, 대경(對境)의 법(法)을 촉(觸)하여 받아들이는 의근(意根)을, 대승유식론사(大乘唯識論師)인 무착보살(無着菩薩)이, 의근(意根)을 제6의식(第六意識)의 후식(後識)인, 제7식(第七識)으로 변형이관(變形移管)하여, 의근(意根)을 제7식(第七識)으로 규정(規定)함으로, 제6의식(第六意識)은 의근(意根)에 의지(依支)해 작용(作用)이 이루어지므로, 의근(意根)이 제7식(第七識)인 변형식(變形識)이니, 제6의식(第六意識)이, 제7식(第七識) 자아의식(自我意識)의 분권식(分權識)으로 변형(變形)이 되어, 제7식(第七識) 자아의식(自我意識)의 작용(作用)을 겸(兼)하게 되었다. 제6의식(第六意識)이, 제7식(第七識) 자아의식(自我意識)의 분권식(分權識)이란, 제7식(第七識) 자아의식(自我意識)의 역할(役割)과 작용(作用)을 부여(附與) 받거나, 또는, 나누어 가진 식(識)이란 뜻이다. 그러므로, 본래(本來) 경·근·식(境·根·識)의 체계(體系)에서는 제6의식(第六意識)은 소연6종식(所緣六種識) 중, 하나이며, 제7식(第七識)은 능연제7식(能緣第七識)인 자아의식(自我意識)이므로, 제6의식(第六意識)과 제7식(第七識)은, 서로 성품차원(性品次元)이 달라, 서로 작용(作用)이 겹치거나 겸(兼)할 수 없으나, 대승유식론(大乘唯識論)에서, 제6의식(第六意識)이 제7식(第七識) 자아의식(自我意識)의 분권식(分權識)으로 변형(變形)이 됨으로, 제6의식(第六意識)과 제7식(第七識) 자아의식(自我意識)이 서로의 역할(役割)과 서로 다른 차별차원특성(差別次元特性)이 불분명(不分明)하여, 서로의 성품영역(性品領域)과 작용특성(作用特性)이 혼재(混在)되어 있다.

그 결과(結果), 제6의식(第六意識)과 제7식(第七識) 자아의식(自我意識)의 성품작용영역(性品作用領域)이 서로 겹치어, 제6의식(第六意識)과 제7식(第七識) 자아의식(自我意識)이 서로의 역할(役割)과 작용영역(作用領域)이 명확(明確)히 차별(差別)됨이 없어, 대승유식론(大乘唯識論)에는, 제6의식(第六意識)과 제7식(第七識) 자아의식(自我意識)의 작용영역(作用領域)이 불분명(不分明)한 유식론체계(唯識論體系)의 혼선(混線)의 결과(結果)를 초래(招來)하게 되었다. 그러므로, 대승유식론(大乘唯識論)에서는, 제6의식(第六意識)이, 제7식(第七識) 자아의식(自我意識)의 작용(作用)을 겸(兼)하고, 또한, 제7식(第七識) 자아의식(自我意識)의 작용역할(作用役割)을 대신(代身)하는 부분(部分)이 있으므로, 이러한 혼선(混線)의 결과(結果)로, 제7식(第七識) 자아의식(自我意識)의 역할작용(役割作用)이 모호(模糊)해지게 되었다. 그러므로, 그 모순(矛盾)된 결과(結果)로, 대승유식론(大乘唯識論)의 왜곡(歪曲)된 악영향(惡影響)으로, 어떤 사람은, 제7식(第七識)의 무용론(無用論)으로, 제7식(第七識)의 존재(存在)를 부정(否定)하기에까지 이르게 되었다. 그 일례(一例)는, 장경각(藏經閣) 출판(2015년 10월 05일), 성철(性徹)스님 평석, 선문정로(禪門正路) 내용(內容) 중에, 제7식(第七識)의 존재(存在)를 인정(認定)하지 않고 부정(否定)하며, 제6의식(第六意

識)과 제8식(第八識)의 존재(存在)만을 인정(認定)하는, 성철(性徹)스님의 말씀, 내용(內容)이 있다.

그러므로, 대승유식론(大乘唯識論)의 유식체계(唯識體系)에는, 제6의식(第六意識)의 역할(役割)이, 제7식(第七識) 자아의식(自我意識)의 분권식(分權識)으로, 제7식(第七識) 자아의식(自我意識)의 영역역할(領域役割)까지 하게 되었다. 경·근·식(境·根·識) 18경계체계(十八境界體系)는, 무의식중(無意識中) 자연,반연반응,작용(自然,攀緣反應,作用)이 이루어지는 제식전개,자연섭리,구성체계(諸識展開,自然攝理,構成體系)이므로, 자의적(自意的) 또는, 인위적(人爲的)으로, 18경계체계(十八境界體系)를 변경(變更), 또는, 조작(造作)할 수가 없는, 소연경·근·식·반연작용(所緣境·根·識·攀緣作用)의 자연섭리,순리체계(自然攝理,順理體系)이다.

그러나, 대승유식론사(大乘唯識論師)인 무착보살(無着菩薩)은, 18경계체계(十八境界體系)를, 자의적(自意的) 지견(知見)과 판단(判斷)에 따라, 인위적(人爲的)으로 조작(造作)하여, 18경계체계(十八境界體系)를 전5식체계(前五識體系)와 제6의식,변형체계(第六意識,變形體系)로 왜곡변형(歪曲變形)시킴으로써, 대승유식론(大乘唯識論)의 유식체계(唯識體系)에서는, 제6의식(第六意識)이, 제7식(第七識) 자아의식(自我意識)의 작용(作用)을 겸(兼)한, 제7식(第七識) 자아의식(自我意識)의 분권식(分權識)이 됨으로, 제6의식(第六意識)과 제7식(第七識) 자아의식(自我意識)의 성품작용특성(性品作用特性)과 성품작용경계(性品作用境

界)가 모호(模糊)하여 불분명(不分明)하다. 그리고 또한, 제6의식(第六意識)과 제7식(第七識) 자아의식(自我意識), 두[二] 식종(識種)의 작용영역(作用領域)이 서로 겸(兼)하여 간섭(干涉)하고 겹치게 된다. 그러므로, 대승유식론(大乘唯識論)에는 제6의식(第六意識)이, 제7식(第七識) 자아의식(自我意識)의 역할(役割)까지 겸(兼)하고 있다. 이는, 대승유식론사(大乘唯識論師)인 무착보살(無着菩薩)이, 대승유식론(大乘唯識論)에서, 경·근·식(境·根·識) 18경계체계(十八境界體系)를, 전5식체계(前五識體系)와 제6의식계(第六意識界)를 분리(分離)하여, 왜곡변형(歪曲變形)시킨 악영향(惡影響)으로, 사람에 따라, 제7식(第七識)의 존재(存在)를 부정(否定)하는 상황(狀況)에 까지에 이르게 되었다.

● 선문정로(禪門正路) 제7식(第七識)

장경각(藏經閣) 출판(2015년 10월 05일), 성철(性徹)스님 평석, 선문정로(禪門正路) 내용(內容) 중에, 제7식(第七識)의 존재(存在)를 인정(認定)하지 않고 부정(否定)하며, 성철(性徹)스님께서, 중국(中國) 명(明)나라 4대(四大) 고승(高僧) 중 한 분이신 감산덕청대사(憨山德淸大師:1546~1623)께서도, "제7식(第七識)의 본체(本體)가 없다."고 한 말씀이 있다.

이는, 대승유식론사(大乘唯識論師)인 무착보살(無着菩薩)이, 아함경(阿含經) 여래정론(如來正論) 제식전개체계(諸識展開體系)인, 경·근·식

(境·根·識) 18경계(十八境界)의 제식전개,자연섭리,구성체계(諸識展開, 自然攝理,構成體系)의 개념정의정립(槪念正義正立)에 대해, 심도(深度) 있게 깊이, 명확(明確)히 이해(理解)하지 못해, 경·근·식(境·根·識) 18 경계체계(十八境界體系)를, 왜곡변형(歪曲變形)했기 때문이다. 이렇게 된 까닭[緣由]은, 무착보살(無着菩薩)이, 총체적(總體的) 제식전개, 차별차원,성품세계(諸識展開,差別次元,性品世界)에 대한, 명확(明確)한 실증지혜(實證智慧)가 없었기 때문이다. 그러므로, 경·근·식(境·根·識) 제식전개,자연섭리,구성체계(諸識展開,自然攝理,構成體系)인 18 경계체계(十八境界體系)를, 완전(完全)하지 못하거나, 부족(不足)함이 있는 미숙(未熟)한 유식체계(唯識體係)로 인식(認識)하여, 경·근·식(境·根·識) 18경계,제식전개,자연섭리,순리체계(十八境界,諸識展開,自然攝理,順理體系)를, 자의적(自意的) 견해(見解)와 판단(判斷)에 따라, 경·근·식(境·根·識) 18경계,자연섭리,구성체계(十八境界,自然攝理,構成體系)를 인위적(人爲的)으로 조작(造作)하여, 왜곡변형(歪曲變形)함으로, 경·근·식(境·根·識) 18경계,제식전개,자연섭리,순리체계(十八境界,諸識展開,自然攝理,順理體系)의 섭리질서(攝理秩序)가 파괴(破壞)되었다. 그 결과(結果), 의근(意根)은 제7식(第七識)이 되고, 전5식,변형체계(前五識,變形體系)로, 의근(意根)에 의해 작용(作用)하는 제6의식(第六意識)은, 제7식(第七識) 자아의식(自我意識)의 작용(作用)을 겸(兼)한, 제7식(第七識) 자아의식(自我意識)의 분권식(分權識)이 되어, 전5식계(前五識界)를 분별(分別)하고 주관(主管)하며 관장(管掌)하므로, 대승유식론(大乘唯識論)의 제식체계(諸識體系)는, 의근(意根)과 제6의식(第六意識)과 제7식(第七識) 자아의식(自我意識)의 역할경계(役割境界)

가 무너져 혼란(混亂)하며, 제6의식(第六意識)이, 제7식(第七識) 자아의식(自我意識)의 작용(作用)을 겸(兼)한, 제7식(第七識) 자아의식(自我意識) 역할(役割)의 분권식(分權識)이 되어 있다. 이는, 18경계체계(十八境界體系)를, 제6의식(第六意識)과 분리(分離)한 전5식체계(前五識體系)의 비정상적(非正常的)인 왜곡변형(歪曲變形)으로, 유식체계혼란(唯識體係混亂)의 원인(原因)이 되어, 제7식(第七識)의 무용론(無用論)과 부정적(否定的) 악영향(惡影響)의 결과(結果)를, 초래(招來)하게 되었다.

③ 법(法)의 변형(變形)

　대승유식론(大乘唯識論)에서, 여래정론(如來正論) 소연입식,전개체계(所緣入識,展開體系)인 경·근·식(境·根·識) 18경계체계(十八境界體系)를 왜곡(歪曲) 변형(變形)시킨 셋[三]째는, 소연6종경(所緣六種境)인 색성향미촉법(色聲香味觸法) 중, 법(法)이다. 그러므로, 18경계(十八境界)의 유식체계(唯識體係)에서, 6종경(六種境) 중에, 법(法)의 변형적(變形的) 역할상실(役割喪失)로, 경·근·식(境·根·識) 18경계,구성체계(十八境界,構成體系)에서 법(法)의 특성(特性)이 완전(完全)히 제거(除去)되었다. 이는, 6종경(六種境)인 색성향미촉법(色聲香味觸法) 중, 법(法)의 특별(特別)한 자기(自己)만의 특성(特性)을, 대승유식론사(大乘唯識

論師)인 무착보살(無着菩薩)이, 소연6종경(所緣六種境) 중, 법(法)의 개념정의특성(槪念正義特性)을 깊이 인식(認識)하지 못해, 대승유식론(大乘唯識論)에서, 법(法)을 촉(觸)하여 받아들이는 의근(意根)을 제7식(第七識)으로 변형(變形)시킴으로, 색성향미촉법(色聲香味觸法) 중, 몸[身]의 감각기능(感覺機能)인 안이비설신근(眼耳鼻舌身根)으로는 인지(認知)할 수 없는, 오직, 정신작용(精神作用)이 대상(對相)을 받아들이는 근(根)인, 의근(意根)으로 인식(認識)하고 받아들이는, 물질적(物質的) 정신적(精神的) 일체, 무한차별차원, 무한차별세계, 일체(一切, 無限差別次元, 無限差別世界, 一切)를 지칭(指稱)하고 총칭(總稱)하는, 법(法)의 특정(特定)한 특성(特性)이, 완전(完全)히 제거(除去)되어, 상실(喪失)되었다.

그러면, 경·근·식(境·根·識) 제식전개, 자연섭리, 구성체계(諸識展開, 自然攝理, 構成體系)인 18경계(十八境界)의 개념정의(槪念正義)에서, 소연경(所緣境) 대상(對相)인 색·성·향·미·촉·법(色·聲·香·味·觸·法)의 6종경(六種境)은 무엇일까? 물질적(物質的), 정신적(精神的), 일체, 무한차별차원, 무한차별세계, 일체(一切, 無限差別次元, 無限差別世界, 一切)의 유형무형(有形無形)의 일체(一切)를, 불지혜(佛智慧)로 색·성·향·미·촉·법(色·聲·香·味·觸·法)의 6종(六種)의 차별특성(差別特性)인, 6종경(六種境)으로 분류(分類)하였다. 일체, 무한차별차원, 무한차별세계, 일체(一切, 無限差別次元, 無限差別世界, 一切)를, 색성향미촉법(色聲香味觸法)의 여섯[六] 종류(種類)의 차별특성(差別特性)인 6종경(六種境)으로 분류(分類)한 까닭[緣由]은, 물질적(物質的), 정신적(精神的), 일체대상

(一切對相)을 받아들이는 몸[身]의 감각기능(感覺機能)인 안·이·비·설·신(眼·耳·鼻·舌·身)의 5종근(五種根)과 정신작용(精神作用)이 대상(對相)을 받아들이는 근(根)인 의근(意根)을 더한, 6종차별근(六種差別根)을 기본(基本) 바탕[基礎]하여, 물질대상(物質對相)과 정신대상(精神對相)의 일체,유형무형,차별대상(一切,有形無形,差別對相)을 색성향미촉법(色聲香味觸法)인 6종차별특성(六種差別特性)으로 정의(正義)하여, 일체,인식대상,체계(一切,認識對相,體系)를 6종경(六種境)으로 분류(分類)하였다.

일체,무한차별차원,무한차별세계,일체(一切,無限差別次元,無限差別世界,一切)의 그 어떤 차별(差別)의 육체감각,인식대상(肉體感覺,認識對相)이든 정신작용,인식대상(精神作用,認識對相)이든, 유형(有形)이든 무형(無形)이든, 물질적(物質的)이든 정신적(精神的)이든, 또한, 어떤 다양(多樣)한 차별차원세계(差別次元世界)의 것이든, 그 다양(多樣)한 무한,불가사의,일체대상(無限,不可思議,一切對相)을, 색·성·향·미·촉·법(色·聲·香·味·觸·法)의 6종차별특성(六種差別特性)으로 정의정립(正義正立)하였다. 이 불가사의세계,일체무한특성(不可思議世界,一切無限特性)을 6종경(六種境)으로 그 차별특성(差別特性)을 요약(要約)하고, 체계화(體系化)한 것은, 참으로, 희유(稀有)하고 놀라운 지혜(智慧)이며, 이는, 물적(物的), 심적(心的), 일체(一切)를 수용(受容)하는 탁월(卓越)하고 기발(奇拔)한 착상(着想)이다. 그리고 이는, 법계법상(法界法相)의 일체(一切)를 포용(包容)하는 탁월(卓越)한 지혜(智慧)이다.

그리고 이는, 유형무형(有形無形)의 일체, 차별차원, 일체대상(一切, 差別次元, 一切對相)인 물질적(物質的), 정신적(精神的), 다양(多樣)한 무한, 불가사의, 일체대상(無限, 不可思議, 一切對相)의 종류(種類)를, 색·성·향·미·촉·법(色·聲·香·味·觸·法)의 소연6종경(所緣六種境)으로 체계화(體系化)하여 개념정의(槪念正義)하며, 그 각각(各各) 특성(特性)을 구분(區分)하고, 체계화(體系化)함에 있어서, 6종근(六種根)인 안근(眼根), 이근(耳根), 비근(鼻根), 설근(舌根), 신근(身根), 의근(意根)을 바탕하고, 근거(根據)하였다는, 이 지혜(智慧) 또한, 참으로 희유(稀有)하고 놀라운 지혜(智慧)이다. 이는, 아무나, 그리고, 누구나 할 수 있는 안목(眼目)과 지혜(智慧)가 아니다. 이는, 물적(物的), 심적(心的), 무한차별상(無限差別相)을 가름할 수 없는 불가사의(不可思議) 무한세계일체(無限世界一切)를 총섭(總攝)하고 총지(總持)함은, 참으로 탁월(卓越)한 무한(無限) 열린 지혜(智慧)의 착상(着想)이며, 놀라운 지혜사실(智慧事實)이다.

왜냐하면, 일체, 무한차별차원, 무한차별세계, 일체(一切, 無限差別次元, 無限差別世界, 一切)의 물질성(物質性)과 정신성(精神性)의 모두를, 색·성·향·미·촉·법(色·聲·香·味·觸·法)의 6종대상(六種對相)으로 요약분류(要約分類)하여 정의정립(正義正立)하고, 체계화(體系化) 하였기 때문이다. 그 모양(模樣), 형태(形態), 성질(性質), 색체(色滯), 작용(作用) 등(等), 형체(形體)가 있든 형체(形體)가 없든, 보이든 보이지 않든, 눈[眼]에 의한 인식(認識)과 분별(分別)의 대상(對相)이면, 그것을 색(色)이라고 함이다. 여기에서 색(色)이란, 세[三] 가지의 개념(槪念)

이 있음이니, 물질(物質), 형태(形態), 색상(色相)이다. 물질(物質)이란, 정신계(精神界)가 아닌, 물질계(物質界)란 뜻이다. 성·향·미·촉(聲·香·味·觸) 또한, 물질계(物質界)이므로, 색·성·향·미·촉(色·聲·香·味·觸)의 물질계(物質界)를 일축(一縮)하고 축약(縮約)하여, 색(色)이라 할 때에도 있다.

그리고, 물질계(物質界)와 정신계(精神界)를 일컬을 때에도, 색계(色界)와 심계(心界)로 표현(表現)할 때도 있다. 색·성·향·미·촉·법(色·聲·香·味·觸·法) 중, 색(色)의 개념(概念)인 물질(物質), 형태(形態), 색상(色相) 중에서 형태(形態)는, 대부분(大部分)의 물질(物質)은, 그 물질특성(物質特性)의 형태(形態)를 지니고 있다. 물질(物質) 중에는 어떤 형태(形態)가 없는 무형(無形)의 것도 있다. 무형(無形)의 물질(物質)이어도 그것은, 색·성·향·미·촉·법(色·聲·香·味·觸·法) 중, 색(色)에 속한 물질(物質)이다. 왜냐하면, 눈[眼]의 인식(認識)과 분별(分別)의 물질대상(物質對相)이기 때문이다, 색·성·향·미·촉·법(色·聲·香·味·觸·法) 중, 색(色)의 개념(概念)인 물질(物質), 형태(形態), 색상(色相) 중에, 색상(色相)은, 대부분(大部分)의 물질(物質)은, 그 물질특성(物質特性)의 색상(色相)을 지니고 있다. 그러나, 물질(物質) 중에는, 색상(色相)이 없는 물질(物質)도 있다. 색상(色相)이 없어도, 색·성·향·미·촉·법(色·聲·香·味·觸·法) 중에 색(色)에 속함은, 색상(色相)이 있든 없든 그 물질(物質)은, 눈[眼]에 의한 인식(認識)과 분별(分別)의 대상(對相)이기 때문이다. 색·성·향·미·촉·법(色·聲·香·味·觸·法) 중에 색(色)은, 물질(物質)의 것으로, 형태(形態)가 있든 없든, 또한, 색상(色相)이 있든 없든,

눈[眼]에 의한 인식(認識)과 분별(分別)의 대상(對相)을 일러, 색(色)이라고 한다. 그러므로, 밝음과 어둠, 허공(虛空)과 빈[空] 것 또한, 눈[眼]에 의한 인식(認識)과 분별(分別)의 대상(對相)이니 색(色)이다.

색·성·향·미·촉·법(色·聲·香·味·觸·法) 중, 성(聲)은, 귀[耳]에 의한 인식(認識)과 분별(分別)의 대상(對相)이다. 색·성·향·미·촉·법(色·聲·香·味·觸·法) 중, 향(香)은, 코[鼻]에 의한 인식(認識)과 분별(分別)의 대상(對相)이다. 색·성·향·미·촉·법(色·聲·香·味·觸·法) 중, 미(味)는, 혀[舌]에 의한 인식(認識)과 분별(分別)의 대상(對相)이다. 색·성·향·미·촉·법(色·聲·香·味·觸·法) 중, 촉(觸)은, 몸[身]에 의한 인식(認識)과 분별(分別)의 대상(對相)이다. 색·성·향·미·촉·법(色·聲·香·味·觸·法) 중, 법(法)은, 정신작용(精神作用)이 대상(對相)을 받아들이는 근(根)인 의(意)에 의한 인식(認識)과 분별(分別)의 대상(對相)이다.

일체, 무한차별차원, 무한차별세계, 일체(一切, 無限差別次元, 無限差別世界, 一切)를 색·성·향·미·촉·법(色·聲·香·味·觸·法)의 6종차별, 대상세계(六種差別, 對相世界)인 6종경(六種境)으로 정의정립(正義正立)하여 체계화(體系化)한 것은, 이에 대해 사유(思惟)와 관행(觀行)이 깊어질수록, 일체무한, 차별차원, 일체(一切無限, 差別次元, 一切)를, 포괄·포섭·포용(包括·包攝·包容) 총지·총섭(總持·總攝)하는 참으로, 희유(稀有)한 지혜(智慧)이다. 이는, 일체무한, 불가사의, 일체차별, 대상일체(一切無限, 不可思議, 一切差別, 對相一切)을 이렇게, 간단명료(簡單明瞭)하고, 명확(明確)히 요약(要約)하여, 개념정의(概念正義)한다는 것은, 불가사의지혜(不可思議智慧)이다. 이는, 무한(無限) 총체적(總體的), 불가사의(不可思議) 무한일체(無限一切)를, 색성향미촉법(色聲香味觸法)의 6종차별개념(六種差別概念)인 6종경(六種境)으로 간단명료(簡單明瞭)한 요약정의(要約正義)는, 아무나 할 수 있는 예사로운 지혜(智慧)가 아니다. 눈[眼]의 인지(認知) 대상(對相)인 물질(物質), 형태(形態)와 색상(色相)의 차별세계(差別世界)도 무량무한(無量無限)이며, 또한, 귀[耳]의 인지(認知) 대상(對相)인 각종(各種) 소리[聲]의 차별세계(差別世界)도 무량무한(無量無限)이며, 또한, 코[鼻]의 인지(認知) 대상(對相)인 각종(各種) 냄새와 향[香]의 차별세계(差別世界)도 무량무한(無量無限)이며, 또한, 혀[舌]의 인지(認知) 대상(對相)인 각종(各種) 맛[味]의 차별세계(差別世界)도 무량무한(無量無限)이며, 또한, 몸[身]의 인지(認知) 대상(對相)인 각종(各種) 촉각[觸覺]의 차별세계(差別世界)도 무량무한(無量無限)이며, 또한, 정신작용(精神作用)인 뜻[意]의 인지(認知) 대상(對相)인 각종(各種) 법(法)의 차별세계(差別世界)도 무량무한(無量無限)이다.

이 불가사의(不可思議) 무한일체물질계(無限一切物質界)와 무한일체정신계(無限一切精神界)의 일체무한차별차원,무한차별세계일체(一切無限差別次元,無限差別世界一切)를, 무한통찰,정지정안(無限通察,正智正眼)인 불지혜(佛智慧)로, 색·성·향·미·촉·법(色·聲·香·味·觸·法)의 6종경(六種境) 차별개념(差別概念)으로 정의정립(正義正立)하여, 그 개념정의(概念正義)를 체계화(體系化)함이, 예사롭지 않은 희유(稀有)한 지혜(智慧)임을 자각(自覺)하게 된다. 경·근·식(境·根·識) 18경계체계(十八境界體系)의 개념정의, 정립지혜(槪念正義, 正立智慧)를 분석(分析)하고, 사유(思惟)하며 살피고, 18경계체계(十八境界體系)의 정립지혜(正立智慧)를 깊이 관행사유(觀行思惟)를 할수록, 참으로 불가사의지혜(不可思議智慧)임을 감탄(感歎)하게 된다. 그 중, 놀랍고, 중요(重要)하게 느끼게 되는 특성(特性)은, 6종경(六種境)인 색·성·향·미·촉·법(色·聲·香·味·觸·法) 중, 법(法)으로, 정신적(精神的) 일체대상(一切對相) 일체, 무한차별차원, 무한차별세계, 일체(一切, 無限差別次元, 無限差別世界, 一切)를 단(單), 법(法), 이 하나로, 요약정의(要約正義)한 법(法)의 개념특성(槪念特性)의 정의정립(正義正立)이다.

소연6종경(所緣六種境)인 색성향미촉법(色聲香味觸法) 중, ①색(色)은, 눈[眼]으로 촉(觸)하여 받아들이는 사물(事物)의 일체무한, 차별세계, 대상일체(一切無限, 差別世界, 對相一切)이다. ②성(聲)은, 귀[耳]로 촉(觸)하여 받아들이는 소리[聲]의 일체무한, 차별세계, 대상일체(一切無限, 差別世界, 對相一切)이다. ③향(香)은, 코[鼻]로 촉(觸)하여 받아들이는 냄새와 향(香)의 일체무한, 차별세계, 대상일체(一切無限, 差別世界, 對相一切)이다. ④미(味)는, 혀[舌]로 촉(觸)하여 받아들이는 맛[味]의 일체무한, 차별세계, 대상일체(一切無限, 差別世界, 對相一切)이다. ⑤촉(觸)은, 몸[身]으로 촉(觸)하여 받아들이는 감각(感覺)의 일체무한, 차별세계, 대상일체(一切無限, 差別世界, 對相一切)이다. ⑥법(法)은, 안이비설신(眼耳鼻舌身)으로는 인지(認知)할 수도 없고, 또한, 받아들이지 못하는 대상(對相)으로, 오직, 정신작용(精神作用)이 대상(對相)을 받아들이는 근(根)인, 의근(意根)으로만 촉(觸)하여 받아들이는 대상(對相)으로, 물질적(物質的) 정신적(精神的) 일체,무한차별차원, 무한차별세계,일체(一切,無限差別次元,無限差別世界,一切)를 총섭(總攝) 하고 총칭(總稱)하는, 일체무한,차별세계,대상일체(一切無限,差別世界,對相一切)이다.

그럼, 안이비설신(眼耳鼻舌身)으로 촉(觸)하여 받아들이는 색성향미촉(色聲香味觸), 이외(以外)에 정신작용(精神作用)이 대상(對相)을 받아들이는 근(根)인, 의근(意根)으로 촉(觸)하여 인지(認知)하고 받아들이는 법(法)이란 무엇일까? 정신작용(精神作用)에 의해 인지(認知)하는 것으로, 그것이 무엇이든 외부세계(外部世界)의 인지대상일체(認知對相一切)와 그리고, 마음 심식세계(心識世界)의 인지대상일체(認知對相一切)와 내면정신세계(內面精神世界)의 인지대상일체(認知對相一切) 등(等)이다. 이것은, 정신작용(精神作用)의 일체(一切) 생각[念]과 사고(思考), 그리고, 유추(類推)와 상상(想像)하는 일체(一切) 상념작용세계(想念作用世界)와 기억(記憶)과 추상(追想) 등(等), 색성향미촉법(色聲香味觸法)의 상념현상세계(想念現象世界)와 그 정신작용세계(精神作用世界), 그리고, 꿈(夢) 속에서 일어나는 일체(一切) 색성향미촉법(色聲香味觸法)의 현상세계(現象世界)와 그 정신작용세계(精神作用世界), 그리고, 영적(靈的) 일체(一切) 불가사의현상세계(不可思議現象世界)와 그 정신작용세계(精神作用世界), 그리고, 선정(禪定)과 삼매(三昧), 각종(各種) 깨달음 세계와 제식,전변지혜,차별차원,세계(諸識,轉變智慧,差別次元,世界)의 일체(一切) 색성향미촉법(色聲香味觸法)의 현상세계(現象世界)와 그 정신작용세계(精神作用

世界), 그리고, 밀밀(密密)한 수행경계(修行境界)에서 맞닥뜨리고 당면(當面)하는 일체(一切) 색성향미촉법(色聲香味觸法)의 현상세계(現象世界)와 정신작용세계(精神作用世界), 그리고, 초월,정신작용세계(超越,精神作用世界)인 공성(空性), 진여(眞如), 보리(菩提), 열반(涅槃), 불성(佛性)의 공능(功能) 일체현상세계(一切現象世界) 등(等)이, 이 법(法)에 총섭(總攝)된다.

그리고, 각종(各種) 생각[念]과 사고(思考), 감정(感情) 등(等)에서 느끼게 되는 정신작용세계(精神作用世界)의 현상(現象), 그리고, 감정(感情)에 속한 사랑, 기쁨, 행복, 슬픔, 괴로움, 아픔 등(等), 그리고, 의식작용(意識作用)에 의한 이해(理解)의 세계(世界), 그리고, 다양(多樣)한 언어(言語)의 뜻과 이해세계(理解世界), 그리고, 삶의 각종(各種) 규범(規範) 등(等), 다양(多樣)한 사회법(社會法)과 선악(善惡), 이치(理致), 개념(概念), 진리(眞理), 사상(思想), 이념(理念), 예법(禮法), 종교(宗敎), 각종(各種) 문화(文化) 등(等), 삶의 각종(各種) 정신작용세계(精神作用世界), 그리고, 각종(各種) 수행(修行)과 정신적(精神的) 차별세계(差別世界)의 경험(經驗)과 현상세계(現象世界), 그리고 각종(各種) 다양(多樣)한 정신작용(精神作用) 이해(理解)의 세계(世界) 등(等), 정신작용(精神作用)이 인지(認知)의 근(根)이 되어, 인지(認知)하고, 이해(理解)하며, 느끼고, 판단(判斷)하며, 자각(自覺)하는, 각종(各種) 정신상황(精神狀況)의 일체(一切) 모두이다.

그러므로, 몸[身]의 안이비설신근(眼耳鼻舌身根)으로 촉(觸)하여 받아들이는 현상(現象)인 색성향미촉(色聲香味觸)의 물질세계(物質世界)보다, 정신작용(精神作用)이 대상(對相)을 인지(認知)하고, 인식(認識)하며, 이해(理解)하고, 받아들이는 근(根)인, 의근(意根)으로 촉(觸)하여 받아들이는 법(法) 속의 현상세계(現象世界)인 물질적(物質的), 정신적(精神的) 무한차별차원(無限差別次元)에 이르기까지, 무한일체(無限一切)의 다양(多樣)한 포괄성(包括性)이 있어, 몸[身]의 기능(機能) 감각적(感覺的) 범위(範圍)인, 색성향미촉(色聲香味觸)의 세계(世界)보다도, 법(法)의 세계(世界)는, 정신작용(精神作用)의 일체무한, 차별차원, 일체대상(一切無限, 差別次元, 一切對相)인 물질적(物質的), 정신적(精神的), 불가사의(不可思議) 무한, 차별차원, 세계(無限, 差別次元, 世界)의 일체(一切)의 법(法)의 세계(世界)가 더욱, 불가사의(不可思議) 무한광범위(無限廣範圍)하다.

여래정론(如來正論), 소연입식, 전개체계(所緣入識, 展開體系)인 18경계(十八境界)의 제식체계(諸識體係)에서, 경·근·식(境·根·識) 섭리체계(攝理體系)인, 색성향미촉법(色聲香味觸法)의 6종경(六種境)과 이를 촉(觸)하여 받아들이는 안이비설신의근(眼耳鼻舌身意根)의 6종근(六種根)과 6종근(六種根)으로 받아들인 색성향미촉법(色聲香味觸法)을 그대로 거울[鏡]처럼 비치는, 안이비설신의식(眼耳鼻舌身意識)인 6종식(六種識)의 제식전개섭리체계(諸識展開攝理體系)인, 경·근·식(境·根·識) 18경계(十八境界)의 제식전개, 자연섭리, 구성체계(諸識展開, 自然攝理, 構成體系)에서, 6종경(六種境)인 색성향미촉법(色聲香味觸法)의 대경(對境) 중에, 안이비설신근(眼耳鼻舌身根)으로 촉(觸)하여 받아들이는 색(色), 성(聲), 향(香), 미(味), 촉(觸)의 세계(世界)도 아닌, 정신작용(精神作用)이 근(根)인, 의근(意根)으로만 촉(觸)하여 받아들이는, 일체무한,차별차원,일체대상(一切無限,差別次元,一切對相)인 물질적(物質的), 정신적(精神的) 다양(多樣)한 의근(意根)의 대상(對相)인, 불가사의(不可思議) 차별차원세계(差別次元世界)의 유형무형(有形無形) 무한차별특성(無限差別特性)을 가진 법(法)의 특성(特性)이, 대승유식론(大乘唯識論)에서는, 경·근·식(境·根·識) 18경계체계(十八境界體系)를, 전5식체계(前五識體系)로 왜곡변경(歪曲變更)함으로, 법(法)의 특정(特定)한 본래(本來)의 특성(特性)과 그 본래(本來)의 역할(役割)이 제거(除去)되어, 상실(喪失)되었다.

그 원인(原因)은, 대승유식론(大乘唯識論)에서는, 법(法)을 받아들이는 의근(意根)이, 제7식(第七識)으로 변형이관(變形移管)이 되어, 대승유식론체계(大乘唯識論體系)에서는, 의근(意根)의 본래(本來) 역할(役割)이 제거(除去)되어 상실(喪失)이 되었기 때문이다. 그러므로, 경·근·식(境·根·識) 18경계체계(十八境界體系)의 색성향미촉법(色聲香味觸法) 중, 색성향미촉(色聲香味觸)과는 달리, 특정역할(特定役割)을 하는 법(法)이, 대승유식론(大乘唯識論)에서는, 앞의 색성향미촉(色聲香味觸)을 지칭(指稱)하는, 단순(單純), 일반관념(一般觀念)의 법(法)의 역할(役割)로 변형(變形)이 됨으로, 여래정론(如來正論)인 경·근·식(境·根·識) 18경계체계(十八境界體系)에서의 색성향미촉법(色聲香味觸法) 중에, 법(法)의 개념정의정립(概念正義正立)의 여래정의(如來正義)가 파괴(破壞)되고 상실(喪失)이 되어, 여래정론(如來正論)인 18경계체계

(十八境界體系)의 법(法)의 자기(自己) 본래(本來)의 특정역할(特定役割)이 파괴(破壞)되어 상실(喪失)되었다.

　이렇게 된 것에는, 무착보살(無着菩薩)이, 자기지견(自己知見) 속에, 의근(意根)의 중요성(重要性)만 알았지, 18경계체계(十八境界體系)에서, 왜? 법(法)을 건립(建立)한 개념(概念)이 중요(重要)한 줄, 그 법(法)의 여래정론(如來正論), 정지정립(正智正立)의 개념정의(概念正義)를, 깨닫지 못했기 때문이다. 무착보살(無着菩薩)은, 색성향미촉법(色聲香味觸法) 중, 법(法)의 개념특성(概念特性)이 얼마나 중요(重要)한가에 대해, 명확(明確)히 깨닫지를 못했으므로, 경·근·식(境·根·識) 18경계체계(十八境界體系)를, 법(法)을 무시(無視)한 전5식체계(前五識體系)로 왜곡변형(歪曲變形)하였다. 이는, 법(法)이 중요(重要)하고 특별(特別)한, 법(法)의 개념정의정립(概念正義正立)에 대해, 여래지견(如來智見)과 여래지혜의지(如來智慧意志)를 깊이, 깨닫지 못했기 때문이다. 그러므로, 법(法)의 본래(本來) 특성(特性)이, 대승유식론,제식체계(大乘唯識論,諸識體系)에서는, 상실(喪失)되어 제거(除去)되었다. 실제(實際), 법(法)을 받아들이는 의근(意根)의 특정역할(特定役割)이 아니면, 의근(意根)의 의미(意味)가 그렇게 중요(重要)하지 않다. 그것뿐만 아니라, 법(法)의 개념정의(概念正義)가 상실(喪失)되면, 앞의 색성향미촉(色聲香味觸) 또한, 그 의미(意味)가 상실(喪失)된다.

　왜냐하면, 실제(實際) 삶에는, 법(法)의 개념정의(概念正義)가 상실

(喪失)되지 않고, 살아 있음으로써, 법(法)의 중요(重要)한 가치(價値) 속에, 앞의 색성향미촉(色聲香味觸)도, 그 속에 수용(受容)하며, 중요(重要)한 의미(意味)와 가치(價値)를 가지기 때문이다. 색성향미촉법(色聲香味觸法) 중, 법(法)이 상실(喪失)된 삶에는, 색성향미촉(色聲香味觸)도, 그 참[眞] 의미(意味)가 없다. 정신작용(精神作用)이 근(根)인 의근(意根)으로 받아들이는 법(法)의 세계(世界)가 있기에, 삶 또한, 의미(意味)가 있음이다. 색성향미촉법(色聲香味觸法) 중, 법(法)을 잃은 삶은, 생(生)의 삶, 그 자체(自體)가 의미(意味)가 없다. 사람이 꿈의 이상(理想)을 가지며, 행복(幸福)을 위하는 삶의 추구(推究)도, 색성향미촉법(色聲香味觸法) 중, 색성향미촉(色聲香味觸), 때문이 아니라, 법(法), 그 자체(自體)가 있기에, 삶의 행복(幸福)을 향(向)한, 이상(理想)의 꿈을 가지고, 삶을 살아 가는 것이다. 무착보살(無着菩薩)은, 경·근·식(境·根·識) 18경계체계(十八境界體系)에서, 6종경(六種境)인 색성향미촉법(色聲香味觸法) 중, 법(法)의 개념정의정립(槪念正義正立)에 대해, 여래지견(如來智見)과 여래지혜의지(如來智慧意志)를 명확(明確)히 인식(認識)을 하지 못해, 이 법(法)의 중요성(重要性)을 깨닫지 못했다. 삶의 꿈[理想]과 행복(幸福)은, 색성향미촉(色聲香味觸)에 있지 않고, 법(法)의 특성(特性)에 있다. 삶의 목적(目的)과 의미(意味)에는, 색성향미촉(色聲香味觸)은 단지(但只), 법(法)의 보조적(補助的) 수단(手段)일 뿐이다.

본래(本來), 의근(意根)의 역할(役割)은, 안이비설신(眼耳鼻舌身)인 전5근(前五根)으로는 인지(認知)하거나 받아들이지 못하는, 색성향미촉(色聲香味觸) 이외(以外)의 물질성(物質性)과 정신성(精神性)의 일체,무한차별차원,무한차별세계,일체(一切,無限差別次元,無限差別世界,一切)의 법(法)을 받아들이는, 정신작용(精神作用)에 의한 일체세계대상(一切世界對相)이다. 이 대상(對相)인 법(法)은, 안이비설신(眼耳鼻舌身)이 인식(認識)하는 색성향미촉(色聲香味觸) 이외(以外)에, 정신작용(精神作用)으로 인지(認知)하는 심적(心的) 일체무한,차별차원,일체대상(一切無限,差別次元,一切對相)으로, 의근(意根)에 의한 인지(認知)의 물질적(物質的), 정신적(精神的) 다양(多樣)한 일체,무한차별차원,무한차별세계,일체(一切,無限差別次元,無限差別世界,一切)가, 색성향미촉법(色聲香味觸法) 중, 법(法)에 속한 영역(領域)이다. 그러나, 대승유식론,제식체계(大乘唯識論,諸識體系)에서는, 이 법(法)의 개념정의(概念正義)가 상실(喪失)이 되어, 법(法)의 역할(役割)이, 단순(單純), 안이비설신(眼耳鼻舌身)의 전5근(前五根)의 인식대상(認識對相)인 색성향미촉(色聲香味觸)을 일컫고 지칭(指稱)하는, 일반관념(一般觀念)의 역할(役割)이므로, 본래(本來) 법(法)의 역할(役割)은, 색성향미촉(色聲香味觸)과는 다른 대상(對相)이었어도, 경·근·식(境·根·識) 18경계체계(十八境界體系)를 전5식체계(前五識體系)로 왜곡변형(歪曲變形)함으로, 법(法)의 특성(特性)이, 완전(完全)히 상실(喪失)되어, 제거(除去)되었다.

18경계(十八境界)의 경·근·식(境·根·識) 유식체계(唯識體系)에서, 대경(對境)의 일체(一切) 차별특성(差別特性)을 색성향미촉법(色聲香味觸法)으로 개념정의정립(槪念正義正立)한 것은, 색(色), 성(聲), 향(香),

미(味), 촉(觸), 법(法)이, 각각(各各) 서로 다른 성질(性質)의 차별특성(差別特性)을 가진 6종차별특성(六種差別特性)이므로, 각각(各各) 색성향미촉법(色聲香味觸法)을 촉(觸)하여 받아들이는 각각(各各) 근(根)이 서로 다르다. 그러므로, ①색(色)은, 안근(眼根)으로 받아들이는 일체대상(一切對相)이다. ②성(聲)은, 이근(耳根)으로 받아들이는 일체대상(一切對相)이다. ③향(香)은, 비근(鼻根)으로 받아들이는 일체대상(一切對相)이다. ④미(味)는, 설근(舌根)으로 받아들이는 일체대상(一切對相)이다. ⑤촉(觸)은, 신근(身根)으로 받아들이는 일체대상(一切對相)이다. ⑥법(法)은, 의근(意根)으로 받아들이는 일체대상(一切對相)이다.

이는, 색성향미촉법(色聲香味觸法)의 성질(性質)과 특성(特性)이 서로 다르므로, 각각(各各) 색성향미촉법(色聲香味觸法)의 대경(對境)을 받아들이는 근(根)이 서로 다르다. 그러므로, 색성향미촉법(色聲香味觸法)의 6종대경(六種對境)을 받아들이는 안근(眼根), 이근(耳根), 비근(鼻根), 설근(舌根), 신근(身根), 의근(意根)의 6종차별근(六種差別根)에 따라, 경·근·식(境·根·識) 제식전개, 자연섭리(諸識展開, 自然攝理)인 18경계, 자연섭리, 제식전개, 구성구조, 순리체계(十八境界, 自然攝理, 諸識展開, 構成構造, 順理體系)가 갖추어진 것이다. 그러므로, 법(法)은, 앞의 색성향미촉(色聲香味觸)과는 전혀 다른 성질(性質)의 대상(對相)이다. 색성향미촉법(色聲香味觸法) 중에 법(法)은, 안이비설신의근(眼耳鼻舌身意根)인 6종근(六種根) 중, 정신작용(精神作用)이 대상(對相)을 인지(認知)하여 받아들이는 근(根)인, 의근(意根)만이 받아들일 수 있는, 특성(特性)을 가진 일체대상대경(一切對相對境)이다.

　이 대경(對境), 의근(意根)의 대상(對相)인 법(法)은, 몸[身]의 안이비설신(眼耳鼻舌身)의 감각기능(感覺機能)으로 받아들이는 색(色)도 아니며, 성(聲)도 아니며, 향(香)도 아니며, 미(味)도 아니며, 촉(觸)도 아닌, 안이비설신근(眼耳鼻舌身根)으로는 촉(觸)하지도 못하고, 인지(認知)하지도 못하고, 받아들일 수도 없는, 오직, 정신작용(精神作用)이 대상(對相)을 인지(認知)하여 받아들이는 근(根)인, 의근(意根)의 대상(對相)인 물질적(物質的), 정신적(精神的) 일체대상대경(一切對相對境)이다. 이를 예(例)를 들면, 현상(現象)인 색(色), 성(聲), 향(香), 미(味), 촉(觸)은, 안이비설신(眼耳鼻舌身)으로 인지(認知)하여 받아들일 수가 있다. 그러나, 기억(記憶)되어져 있는 색(色), 성(聲), 향(香), 미(味), 촉(觸)의 세계(世界)와 지난 꿈[夢] 속의 세계(世界)나, 사고(思考)나 상념세계(想念世界)의 것은, 안이비설신(眼耳鼻舌身)으로 인지(認知)하여 받아들이 수 있는 실질적(實質的) 현상(現象)이 아니므로, 안이비설신(眼耳鼻舌身)이 있어도, 안·이·비·설·신(眼·耳·鼻·舌·身)의 근(根)으로는, 인지(認知)하거나 받아들일 수가 없다. 그것은 오직, 정신작용(精神作用)만이 대상(對相)을 받아들이는 근(根)인 의근(意根)에 의해, 인지(認知)하여 받아들일 수 있는 대상(對相)인 법(法)이다. 그리고 이는, 18경계(十八境界)의 색·성·향·미·촉·법(色·聲·香·味·觸·法)인 6종경(六種境) 중, 법(法)의 세계(世界)이다.

　그러므로, 안이비설신(眼耳鼻舌身)이 있어도, 인지(認知)하거나 받아들일 수 없는, 오직, 정신작용(精神作用)만이 대상(對相)을 받아들이는 근(根)인, 의근(意根)에 의해 인지(認知)하여 받아들일 수 있는 대상(對相)인, 물질적(物質的) 정신적(精神的) 그 법(法)의 범위(範圍)는, 안이비설신(眼耳鼻舌身)으로 받아들이는 색성향미촉(色聲香味觸)의 세계(世界)보다, 더욱 무량무한차원(無量無限次元)으로 광범위(廣範圍)하여, 일체,무한차별차원,무한차별세계,일체(一切,無限差別次元,無限差別世界,一切)에 이르기까지, 안이비설신(眼耳鼻舌身)으로 인지(認知)하는 색성향미촉(色聲香味觸) 외(外)의 일체(一切)를, 총지총섭(總持總攝)한다. 이는, 무한,차별차원존재,일체세계(無限,差別次元存在,一切世界)의 물질적(物質的), 정신적(精神的) 일체사고(一切思考)와 일체인지대상(一切認知對相)을 일컫고, 지칭(指稱)하는, 정신작용(精神作用)에 의한 인지세계(認知世界)의 불가사의(不可思議) 일체(一切) 대상(對相)이다.

색성향미촉법(色聲香味觸法)이 각각(各各), 차별특성(差別特性)을 가진, 경·근·식(境·根·識) 18경계,섭리체계(十八境界,攝理體系)의 특성(特性)를 변형왜곡(變形歪曲)한, 무착보살(無着菩薩)과 세친보살(世親菩薩) 등(等), 그 이론(理論)과 사고(思考)의 맥(脈)을 이은, 옛 대승유식론사(大乘唯識論師)들의 유식사고(唯識思考)에 의해 성립(成立)된, 대승유식론(大乘唯識論)의 왜곡변형적(歪曲變形的) 이론(理論)과 사고(思考)는, 18경계,제식전개,자연섭리,구성체계(十八境界,諸識展開,自然攝理,構成體系)를 무시(無視)하고 파괴(破壞)하는 결과(結果)를 초래(招來)하였다. 이는, 대승유식론(大乘唯識論)이, 색성향미촉법(色聲香味觸

法) 중에, 법(法)의 특성(特性)에 대한 명확(明確)한 개념정의정립(槪念正義正立)의 여래정지정안(如來正智正眼)에 대해 깨닫지를 못해, 이에 대한 이해(理解)가 부족(不足)했기 때문이다. 그러므로, 색성향미촉법(色聲香味觸法) 중에 법(法)이, 여래정의,정립체계(如來正義,正立體系)인 본래(本來) 개념정의정립(槪念正義正立)의 특성(特性)을 벗어나, 일반개념(一般槪念)의 인식(認識)인 단순(單純), 몸[身]의 감각기능(感覺機能)으로 인지(認知)하는, 전5식체계(前五識體系)인 색성향미촉(色聲香味觸)의 색계(色界)를 지칭(指稱)하고 일컫는 것으로 인지(認知)하고 규정(規定)함으로써, 대승유식론,제식체계(大乘唯識論,諸識體系)가 색성향미촉(色聲香味觸)의 육체감각기능(肉體感覺機能)의 대상(對相)인, 색계(色界)에 치중(置重)한 자아업식작용(自我業識作用)의 한계성(限界性)을 벗어나지 못하고 있다.

대경(對境)의 일체(一切) 차별특성(差別特性)을 가진 색성향미촉법(色聲香味觸法) 중에, 색성향미촉(色聲香味觸) 외(外)에, 법(法)의 특정개념정의(特定槪念正義)가 하나 더 첨가(添加)됨으로, 안이비설신(眼耳鼻舌身)으로는 인식(認識)할 수도 없고, 받아들일 수도 없는 다양(多樣)한 심식작용세계(心識作用世界)와 그리고 또한, 일체,무한차별차원,무한차별세계,일체(一切,無限差別次元,無限差別世界,一切)의 물질(物質)과 정신(精神)의 세계(世界)인, 무한우주,무한법계,차별차원,일체세계(無限宇宙,無限法界,差別次元,一切世界)에 이르기까지, 그 무엇, 하나도 빠짐이 없는, 불가사의(不可思議) 일체(一切)를 섭수(攝受)하는, 총섭총지(總攝總持)의 무한(無限) 포괄성(包括性)을 가지게 되었다.

　대승유식론(大乘唯識論)을 성립(成立)한 대승유식론사(大乘唯識論師)인 무착보살(無着菩薩)과 세친보살(世親菩薩) 등(等), 그리고, 그 이론(理論)과 사고(思考)를 이어 후대(後代)에 대승유식론(大乘唯識論)에 관여(關與)한 대승유식론사(大乘唯識論師)들이, 총체적(總體的) 유식성품세계(唯識性品世界)인 유위제식(有爲諸識)뿐만 아니라, 제식전변, 무위지혜, 차별차원, 지혜상승, 성불과정, 일체세계(諸識轉變, 無爲智慧, 差別次元, 智慧上昇, 成佛過程, 一切世界)에 이르기까지, 이에 대한 총체적(總體的) 유위무위, 일체유식, 성품세계(有爲無爲, 一切唯識, 性品世界)에 대한 실증지혜(實證智慧)가 없어, 실증(實證) 없는 지혜미완(智慧未完)의 사량(思量)과 유추(類推)와 추론(推論)에 의해, 유식성품세계(唯識性品世界)에 대해 논(論)하였어도, 자기지혜(自己智慧)의 한계성(限界性)을 벗어나지 못해, 성불(成佛)에 이르는 유식지혜, 상승세계(唯識智慧, 上昇世界)인, 총체적(總體的) 지혜과정(智慧過程)의 제식전변, 무위지혜, 차별차원, 지혜상승, 실증과정, 성불체계(諸識轉變, 無爲智慧, 差別次元, 智慧上昇, 實證過程, 成佛體系)에 대해, 실증지혜과정(實證智慧過程)의 지혜상승, 차별차원, 지혜특성, 증득경계(智慧上昇, 差別次元, 智慧特性, 證得境界)를 밝히거나, 언급(言及)하지를 못했다.

　그리고 또한, 대승유식론사(大乘唯識論師)들의 유식견해(唯識見解)의 이론(理論)과 사고(思考)가 대부분(大部分), 자아업식작용(自我業識作用)에 치우친, 중생심계(衆生心界)의 한계성(限界性)을 벗어나지 못해, 무명제식(無明諸識)을 타파(打破)해 벗어나는 유식지혜,상승세계,차별차원,성불과정,유식체계(唯識智慧,上昇世界,差別次元,成佛過程,唯識體系)에 대해선 명확(明確)히 정의정립정론(正義正立正論)하지를 못했다. 그러므로, 대승유식론(大乘唯識論)은, 자아업식작용(自我業識作用)에 치중(置重)한 유식체계(唯識體系)가 되었다. 중생제식세계(衆生諸識世界)에 치중(置重)하여 분별(分別)하고 분석(分析)하며, 아무리 세밀(細密)히 논(論)하여도, 중생제식계(衆生諸識界)를 초월(超越)해 벗어나는, 제식전변,무위지혜,차별차원,지혜상승,성불과정,실증체계(諸識轉變,無爲智慧,差別次元,智慧上昇,成佛過程,實證體系)의 성불수행(成佛修行)에는, 별(別) 의미(意味)가 없다. 그러므로, 대승유식론(大乘唯識論)은 자아업식작용(自我業識作用)에 치우쳐, 무명미혹(無明迷惑)의 중생계(衆生界)를 벗어나는, 성불(成佛)이 목적(目的)인 불법세계(佛法世界)에, 성불과정(成佛過程)인 제식전변,무위지혜,차별차원,지혜상승,성불과정,유식체계(諸識轉變,無爲智慧,差別次元,智慧上昇,成佛過程,唯識體系)에 대한 그 실증지혜,과정체계(實證智慧,過程體系)를 명확(明確)히 언급(言及)함이 없어, 미래세(未來世)가 끝없는 중생(衆生)들이, 성불지향불법(成佛志向佛法)의 성불수행,지혜세계(成佛修行,智慧世界)에, 대승유식론(大乘唯識論)이 공헌(貢獻)하는 바, 그 실증적(實證的) 가치(價値)와 평가(評價)를 진지(眞摯)하게 돌이켜 보아야 한다.

그리고, 정법정견,혼란시대(正法正見,混亂時代)인 이 시점(時點)에, 대승유식론(大乘唯識論)이 혹시(或是), 미래세(未來世) 중생(衆生)들의 정법지견(正法智見)과 정법지혜(正法智慧)를 왜곡(歪曲)되게 하는 점(點)이 없는가를 생각[思惟]하고 살펴볼 필요가 있다. 왜냐하면, 지금(只今)도 불법(佛法)을 배우고 익히는 불법행자(佛法行者)들이, 유식세계(唯識世界)를 알기 위해, 전래(傳來)되어온 대승유식론(大乘唯識論)을 배우고 이해(理解)하며, 전(傳)하는 것을 답습(踏襲)하는 것에만, 급급(急急)한 현실(現實)이기 대문이다.

경·근·식(境·根·識) 제식전개, 자연섭리, 구성체계(諸識展開, 自然攝理, 構成體系)인 18경계, 유식체계(十八境界, 唯識體系)를 이해(理解)하고 인식(認識)함에, 대승유식론사(大乘唯識論師)들이, 실증지혜(實證智慧) 없는 지혜미완(智慧未完)의 왜곡(歪曲)된 유식견해(唯識見解)로, 여래정론(如來正論)인 경·근·식(境·根·識) 18경계(十八境界)의 제식전개, 자연섭리, 구성체계(諸識展開, 自然攝理, 構成體系)를, 본의(本意) 아니게, 왜곡변형(歪曲變形)하여 파괴(破壞)하는 결과(結果)를 초래(招來)하게 되었다. 이는, 제식전개, 섭리체계(諸識展開, 攝理體系)인 경·근·식(境·根·識) 18경계체계(十八境界體系)의 여래정론(如來正論) 개념정의정립(概念正義正立)을 깊이 깨닫고, 심도(深度) 있게 이해(理解) 하지 못한 결과(結果)이다. 그러므로, 경·근·식(境·根·識) 18경계(十八境界)의 제식전개, 자연섭리, 정지정립, 여래정론, 제식체계(諸識展開, 自然攝理, 正智正立, 如來正論, 諸識體系)를, 전5식체계(前五識體系)로 왜곡변경(歪曲變更)하는, 오류(誤謬)를 범(犯)하게 되었다.

경·근·식(境·根·識) 18경계, 제식체계(十八境界, 諸識體系)를, 대승유식론(大乘唯識論)의 전5식체계(前五識體系)로 왜곡변형(歪曲變形)함으로, 6종경(六種境)인 색성향미촉법(色聲香味觸法) 중에, 법(法)의 특성(特性) 상실(喪失)과 6종근(六種根) 중에, 법(法)을 받아들이는 의근(意根)의 특성(特性) 상실(喪失)과 6종식(六種識) 중에, 의식(意識)의 특성(特性)을 상실(喪失)한, 이 세[三] 가지의 원인(原因) 때문에, 경·근·식(境·根·識) 총체적,제식전개,섭리체계(總體的,諸識展開,攝理體係)인 18경계(十八境界)의 소연입식,전개체계(所緣入識,展開體系)를 파괴(破壞)한, 전5식체계(前五識體系)로 왜곡변형(歪曲變形)을 하였다.

그러므로, 대승유식론(大乘唯識論)은, 경·근·식(境·根·識) 18경계체계(十八境界體系)를 벗어나, 몸[身]의 감각기능(感覺機能)에 의한 색성향미촉(色聲香味觸)의 색계(色界)에 치우쳐, 제6의식(第六意識)이 전5식계(前五識界)를 주관(主管)하고 관장(管掌)하는, 대승유식론체계(大乘唯識論體系)로 왜곡변형(歪曲變形)이 되었다. 이것이, 무착보살(無着菩薩)과 세친보살(世親菩薩)에 이어온, 대승유식론(大乘唯識論)의 유식체계(唯識體系)가, 경·근·식(境·根·識) 18경계(十八境界)의 유식체계(唯識體係)와 다른, 색성향미촉(色聲香味觸)의 5종경(五種境)과 안이비설신근(眼耳鼻舌身根)의 5종근(五種根)과 안이비설신식(眼耳鼻舌身識)의 5종식(五種識)인, 경·근·식(境·根·識)이 15경계체계(十五境界)로, 비정상적(非正常的)인 전5식체계(前五識體系)로 왜곡변형(歪曲變形)이 되었다.

경·근·식(境·根·識) 18경계(十八境界)의 제식전개체계(諸識展開體係)

에서, 6종경(六種境)인 색성향미촉법(色聲香味觸法) 중에 법(法)은, 6종근(六種根) 중에 안근(眼根), 이근(耳根), 비근(鼻根), 설근(舌根), 신근(身根)으로는 인지(認知)할 수도 없는 성질(性質)의 대상(對相)인 법경(法境)이므로, 오로지 의근(意根)의 정신작용(精神作用)으로만 인지(認知)하고 받아들일 수 있는, 특정(特定)한 특성(特性)을 가진 법(法)이다. 그러나, 대승유식론(大乘唯識論)에는, 이 법(法)의 특정(特定)한 여래정립(如來正立) 개념정의정립(槪念正義正立)을 명확(明確)히 깨닫지 못해, 경·근·식(境·根·識) 18경계체계(十八境界體系)를, 경·근·식(境·根·識) 15경계체계(十五境界體系)인 전5식체계(前五識體系)로 왜곡변형(歪曲變形)함으로, 법(法)과 의근(意根)과 의식(意識)이, 18경계체계(十八境界體系)에서의 본래(本來)의 역할(役割)이 상실(喪失)이 되었다.

그러므로, 법(法)의 특정역할(特定役割)이 상실제거(喪失除去)된 법(法)은, 자기(自己)의 본래(本來) 특정역할(特定役割)이 없이, 앞의 전5식체계(前五識體系)의 색성향미촉(色聲香味觸)을 일컫고 지칭(指稱)하는, 단순(單純) 일반인식(一般認識)의 법(法)으로 왜곡변형(歪曲變形)이 되었다. 그러므로, 18경계(十八境界)인 경·근·식(境·根·識)의 체계(體系) 속에 있는 법(法)은, 정신작용(精神作用)인 의근(意根)만이 인식(認識)하고, 받아들일 수 있는 일체무한,차별차원,대상일체(一切無限,差別次元,對相一切)를 총섭(總攝)하고 총칭(總稱)하는, 색성향미촉(色聲香味觸) 이외(以外)에, 의근(意根)만이 인지(認知)하여 받아들이는 특정(特定)한 법(法)이었으나, 대승유식론(大乘唯識論)에서 정의(定義)하고 규정(規定)한, 색성향미촉법(色聲香味觸法) 중에 법(法)은,

일반(一般) 인식(認識)의 대상(對相)인, 색성향미촉(色聲香味觸)을 일 컫는, 보편적(普遍的)인 법(法)으로, 색성향미촉(色聲香味觸)과는 다 른, 본래(本來), 자기(自己)의 역할(役割)인, 그 특별(特別)한 특성(特 性)과 의미(意味)는, 대승유식론(大乘唯識論) 체계(體系)에서는 상실 (喪失)이 되었다.

여래정론(如來正論)인 경·근·식(境·根·識) 18경계체계(十八境界體系) 와 대승유식론(大乘唯識論)의 제식체계(諸識體系)가, 이러한 제식전개 (諸識展開) 이견(異見)의 문제점(問題點)도 있겠으나, 유식론(唯識論)에 서 무엇보다 더욱 중요(重要)한 것은, 유식지혜,상승세계,성불체계 (唯識智慧,上昇世界,成佛體系)인 제식전변,무위지혜,차별차원,지혜상 승,성불과정,유식체계(諸識轉變,無爲智慧,差別次元,智慧上昇,成佛過程, 唯識體系)이며, 이는, 성불(成佛)에 이르는 총체적(總體的) 지혜상승, 전변지혜,실증과정,유식체계(智慧上昇,轉變智慧,實證過程,唯識體系)이 다. 이는, 성불(成佛)에 이르는 실증지혜과정(實證智慧過程)을 명확 (明確)히, 그 제식전변,차별차원,무위지혜,상승과정,성불체계,유식 과정(諸識轉變,差別次元,無爲智慧,上昇過程,成佛體系,唯識過程)을 밝히는, 총체적(總體的) 유식지혜,상승과정,지혜체계(唯識智慧,上昇過程,智慧 體系)이다. 이는, 성불과정,제식전변,유식지혜,상승체계(成佛過程,諸 識轉變,唯識智慧,上昇體系)이다. 대승유식론사(大乘唯識論師)들이 제식 전개,기본구성,섭리체계(諸識展開,基本構成,攝理體系)인 18경계(十八境 界)의 경·근·식(境·根·識) 제식섭리체계(諸識攝理體係)의 유식체계(唯識 體係)를 왜곡변형(歪曲變形)하였으나, 유식론차원(唯識論次元)에서 더욱 중요(重要)하고, 절실(切實)하며, 요긴(要緊)한 것은, 성불(成佛)에 이르는 유식지혜, 상승과정(唯識智慧, 上昇過程)인, 제식전변, 무위지혜, 차별차원, 지혜상승, 성불과정, 유식체계(諸識轉變, 無爲智慧, 差別次元, 智慧上昇, 成佛過程, 唯識體系)이다.

그러나, 대승유식론(大乘唯識論)은, 성불(成佛)에 이르는 총체적(總體的) 유식지혜, 상승과정(唯識智慧, 上昇過程)인, 제식전변, 무위지혜, 차별차원, 지혜상승, 성불과정, 유식체계(諸識轉變, 無爲智慧, 差別次元, 智慧上昇, 成佛過程, 唯識體係)에 대해서는, 이에 대한 총체적(總體的) 명확(明確)한 실증지혜(實證智慧)가 없어, 유식과정, 성불체계(唯識過程, 成佛體系)인 지혜전변, 무위지혜, 차별차원, 성불과정, 유식체계(智慧轉變, 無爲智慧, 差別次元, 成佛過程, 唯識體系)에 대해, 실증지혜(實證智慧)로 정의정립정론(正義正立正論)하거나 언급(言及)하지 못했다. 유식지혜, 상승세계(唯識智慧, 上昇世界)는, 제식전변, 차별차원, 지혜상승, 성불과정, 유식체계(諸識轉變, 差別次元, 智慧上昇, 成佛過程, 唯識體系)이니, 이를 명확(明確)히, 그 실증지혜, 상승과정, 차별차원, 지혜경계(實證智慧, 上昇過程, 差別次元, 智慧境界)를 따라, 성불체계(成佛體系)를 명확(明確)히 실증지혜(實證智慧)로 정의정립정론(正義正立正論)하여, 실증지혜, 과정체계(實證智慧, 過程體系)를 밝혀야 한다. 이것이, 유식론(唯識論)의 총체적(總體的) 최종지혜(最終智慧)의 목적(目的)이다.

그러나, 대승유식론(大乘唯識論)에서는, 제식전변, 유식지혜, 상승세계, 무위지혜, 차별차원, 성불체계(諸識轉變, 唯識智慧, 上昇世界, 無爲

智慧,差別次元,成佛體系)에 대해서는 그 실증과정(實證過程)을 지혜정안(智慧正眼)으로 정의정립(正義正立)하지 않았으며, 또한, 이에 대한 유식지혜,상승체계,차별차원,실증과정,지혜경계(唯識智慧,上昇體系,差別次元,實證過程,智慧境界)에 대해서도 또한, 언급(言及)하지 않았다. 금강경(金剛經), 제7(第七) 무득무설분(無得無說分)에, "일체(一切)현성(賢聖)이 무위법(無爲法)에서 모두 차별(差別)이 있다."는 이 말씀이, 성불(成佛)에 이르는 제식전변(諸識轉變) 무위지혜(無爲智慧)가 점차(漸次) 깊어지는, 각력상승지혜(覺力上昇智慧)의 차별세계(差別世界)이며, 이는 곧, 제식전변,무위지혜,차별차원,지혜전변,성불과정(諸識轉變,無爲智慧,差別次元,智慧轉變,成佛過程)이다.

그러므로, 전변지혜,상승과정,성불체계(轉變智慧,上昇過程,成佛體系)에 대해, 명확(明確)한 실증지혜,정지정안(實證智慧,正智正眼)으로 정의정립(正義正立)하여, 유식지혜,상승세계(唯識智慧,上昇世界)의 제식전변,실증지혜,상승과정,차별차원,성불체계,유식과정(諸識轉變,實證智慧,上昇過程,差別次元,成佛體系,唯識過程)을, 명확(明確)한 실증지혜정안(實證智慧正眼)으로 정의정립정론(正義正立正論)하여 밝혀야 한다. 그러나, 대승유식론(大乘唯識論)에서는, 이에 대해 명확(明確)한 실증지혜,정의정립(實證智慧,正義正立)의 성불과정,유식체계(成佛過程,唯識體係)를, 정의정립(正義正立)하여 언급(言及)하거나, 밝히지를 못했다. 그러므로, 대승유식론(大乘唯識論)은, 유식지혜,상승세계,차별차원,성불체계(唯識智慧,上昇世界,差別次元,成佛體系)인 제식전변,성불체계,유식총론(諸識轉變,成佛體系,唯識總論)의 면(面)에서는 아직, 실증지혜정안(實證智慧正眼)으로 지혜정립보완(智慧正立補完)해야 할, 부분(部分)이 있는 유식론(唯識論)이다. 그러므로, 대승유식론세계(大乘唯識論世界)는, 자아업식작용(自我業識作用)에 치중(置重)한 유식성품체계(唯識性品體系)인, 자아업행유식론(自我業行唯識論)의 한계성(限界性)을 벗어나지 못했다.

대승유식론(大乘唯識論)은, 경·근·식(境·根·識) 18경계, 섭리체계(十八境界, 攝理體系)를 총체적(總體的), 제식전개, 자연섭리, 기본체계(諸識展開, 自然攝理, 基本體系)로 수용(受容)하지 않고, 자아업식작용(自我業識作用)의 체계(體系)로 수용(受容)하므로, 경·근·식(境·根·識) 총체적(總體的), 제식전개, 자연섭리, 구성체계(諸識展開, 自然攝理, 構成體系)인 18경계(十八境界)가, 대승유식론, 제식체계(大乘唯識論, 諸識體系)에서는, 몸[身]의 감각기능(感覺機能)에 의한 전5식체계(前五識體系)인, 색성향미촉(色聲香味觸)의 5종경(五種境)과 안이비설신근(眼耳鼻舌身根)인 5종근(五種根)과 안이비설신식(眼耳鼻舌身識)의 5종식(五種識)인, 경·근·식(境·根·識) 15경계체계(十五境界)로, 제6의식(第六意識)이, 전5식계(前五識界)를 분별(分別)하고 주관(主管)하는, 제6의식(第六意識) 중심(中心)의 유식체계(唯識體係)가 되었다.

그러므로, 전5식체계(前五識體系)는, 제6의식(第六意識)이 주체식(主體識)이 되어, 제6의식(第六意識)이, 제7식(第七識) 자아의식(自我意識)의 작용(作用)을 겸(兼)한, 제7식(第七識)의 분권식(分權識)으로 변형(變形)한 유식체계(唯識體係)이다. 그러므로, 제6의식(第六意識)

이, 색성향미촉(色聲香味觸)의 전5식계(前五識界)의 일체(一切)를 관장(管掌)하고 주관(主管)하는, 전5식기본체계(前五識基本體系)이다. 이는, 제6의식(第六意識)이 전5식계(前五識界)를 관장(管掌)하고 주관(主管)하는, 제6의식(第六意識)의 주체의식체계(主體意識體系)로, 이는, 18경계체계(十八境界體系)를 전5식체계(前五識體系)로 왜곡변형(歪曲變形)하여, 제6의식(第六意識)이, 18경계체계(十八境界體系)를 왜곡변형(歪曲變形)한, 전5식계(前五識界)를 총괄(總括)한다.

그러므로, 경·근·식(境·根·識) 18경계(十八境界)의 제식전개,자연섭리,구성체계(諸識展開,自然攝理,構成體系)가, 대승유식론(大乘唯識論)에서는, 5종경(五種境)과 5종근(五種根)과 5종식(五種識)이 기본체계(基本體系)인 전5식체계(前五識體系)이다. 그러므로, 대승유식론(大乘唯識論)은, 경·근·식(境·根·識)이 15경계체계(十五境界)인 전5식체계(前五識體系)로 변형(變形)이 되었으며, 이 전5식계(前五識界)를, 제6의식(第六意識)이 관장(管掌)하는 주체식(主體識)이 되어, 색성향미촉(色聲香味觸)의 전5식세계(前五識世界)를 총괄(總括)하는, 전5식기본체계(前五識基本體系)이다.

그러므로, 색성향미촉(色聲香味觸)의 5종경(五種境)과 안이비설신근(眼耳鼻舌身根)인 5종근(五種根)과 안이비설신식(眼耳鼻舌身識)의 5종식(五種識)인, 경·근·식(境·根·識)이 15경계체계(十五境界)로 변형(變形)이 되어, 제6의식(第六意識)이 이를 총괄(總括)하는, 자아업식작용(自我業識作用)의 기본체계(基本體系)이며, 여기에 제7식(第七識) 말나식(末那識)인 자아의식(自我意識)과 제8식(第八識) 아뢰야식(阿賴耶識)인 함장식(含藏識)이 첨가(添加)된 유식체계(唯識體系)가, 대승유식론,제식체계(大乘唯識論,諸識體系)이다. 여래,실관실증,정지정립,소연입식,전개체계(如來,實觀實證,正智正立,所緣入識,展開體系)인, 경·근·식(境·根·識) 18경계체계(十八境界體系)의 제식전개,자연섭리,구성체계(諸識展開,自然攝理,構成體系)가, 대승유식론사(大乘唯識論師)인 무착보살(無着菩薩)이, 왜곡변형(歪曲變形)한 것에는, 18경계(十八境界)의 경·근·식(境·根·識) 유식체계(唯識體系)의 개념정의(槪念正義)를 수용(受容)하고 이해(理解)함에, 명확(明確)히 18경계(十八境界)의 여래정론(如來正論) 정지정립,개념정의(正智正立,槪念正義)를 이해(理解)하지 못했기 때문이다. 그러므로, 전5식체계(前五識體系)로 왜곡변형(歪曲變形)한 것은, 경·근·식(境·根·識) 18경계체계(十八境界體系)에 대한 총체적(總體的) 유식안목(唯識眼目)을 갖지 못한 지혜미완(智慧未完)이 원인(原因)이다. 그러므로, 경·근·식(境·根·識) 18경계체계(十八境界體系)를 왜곡변형(歪曲變形)시킨 것에는, 여래정론(如來正論) 18경계(十八境界) 개념정의정립(槪念正義正立)의 법(法)과 의근(意根)과 의식(意識)의 세[三] 가지를 바로 보지 못한, 근본(根本) 원인(原因) 때문이다.

①첫째는, 의근(意根)이다.

대승유식론사(大乘唯識論師)들이, 경·근·식(境·根·識) 18경계체계

(十八境界體系)에서 세[三] 가지를 바로 보지 못한, 근본(根本) 원인(原因) 중, ①첫째는, 의근(意根)이다. ②둘째는, 법(法)이다. ③셋째는, 의식(意識)이다. 18경계(十八境界)에서의 의근(意根)은, 법(法)을 촉(觸)하여 받아들이는 근(根)이므로, 제7식(第七識)으로 변형(變形)시키거나, 전환(轉換)하거나 변경(變更)시킬 수가 없다. 왜냐하면, 의근(意根)은, 법(法)을 촉(觸)하는 소연근(所緣根)이기 때문이다. 그리고 또한, 의근(意根)과 제7식(第七識)은 성품차원(性品次元)이 다르므로, 의근(意根)을 제7식(第七識)으로 전환(轉換) 또는, 변경(變更)할 수가 없다. 그러나, 대승유식론(大乘唯識論)에서 의근(意根)을 제7식(第七識)으로 변경(變更)하므로, 경·근·식(境·根·識) 18경계체계(十八境界體系)의 섭리질서(攝理秩序)가 상실(喪失)된, 근본(根本) 원인(原因)이 되었다.

의근(意根)과 제7식(第七識)이 서로 성품차원(性品次元)이 소연근(所緣根)과 능연7식(能緣七識)으로 다르며, 또한, 의근(意根)은 소연근(所緣根)이므로, 의근(意根)의 전변지혜(轉變智慧)는 무아성지(無我性智)인 성소작지(成所作智)이다. 그리고, 제7식(第七識) 자아의식(自我意識)의 전변지혜(轉變智慧)는, 상(相)과 공(空)을 둘[二] 다 벗어난 이사무애법계성(理事無礙法界性)으로 무염진여성지(無染眞如性智)인 평등성지(平等性智)이다. 이와 같이, 의근(意根)과 제7식(第七識)의 전변지혜(轉變智慧)가 다름은, 의근(意根)과 제7식(第七識)의 성품차원(性品次元)이 다르기 때문이다. 그러므로, 의근(意根)은, 법(法)을 촉(觸)하여 받아들이는 소연근(所緣根)이므로, 제6의식(第六意識)의 전식(前

識)이다.

　대승유식론사(大乘唯識論師)인 무착보살(無着菩薩)이, 의근(意根)을
제7식(第七識)으로 변형(變形), 전환(轉換)하여 변경(變更)시킴으로,
경·근·식(境·根·識) 제식전개, 자연섭리, 구성체계(諸識展開, 自然攝理, 構
成體系)인 18경계체계(十八境界體系)의 제식전개질서(諸識展開秩序)가
파괴(破壞)되고, 18경계, 자연섭리, 구성체계(十八境界, 自然攝理, 構成體
系)가 변형상실(變形喪失)되었다. 그러므로, 경·근·식(境·根·識) 제식
전개, 자연섭리, 기본체계(諸識展開, 自然攝理, 基本體系)인 18경계체계
(十八境界體系)가 대승유식론(大乘唯識論)에서는, 색성향미촉(色聲香
味觸)의 5종경(五種境)과 안이비설신근(眼耳鼻舌身根)인 5종근(五種根)
과 안이비설신식(眼耳鼻舌身識)인 5종식(五種識)으로, 경·근·식(境·根·
識)이 15경계체계(十五境界)인, 전5식체계(前五識體系)로 변형(變形)이
되었다. 전5식체계(前五識體系)에서는, 제6의식(第六意識)을 경·근·식
(境·根·識) 18경계체계(十八境界體系)에서 분리(分離)하여, 제6의식(第
六意識)이 제7식(第七識)의 작용(作用)을 겸(兼)한, 제7식(第七識) 자아
의식(自我意識)의 분권식(分權識)으로 변형(變形)이 되어, 전5식계(前
五識界)를 분별(分別)하며 총괄(總括)하게 된다. 이는, 의근(意根)을
제7식(第七識)으로 변경(變更)시키므로, 의근(意根)에 의해 제6의식
(第六意識)의 작용(作用)이 이루어지므로, 의근(意根)이 제7식(第七識)
이니, 제6의식(第六意識)이 제7식(第七識) 자아의식(自我意識)의 분권
식(分權識)으로 변형(變形)이 되어, 전5식체계(前五識體系)를 총괄(總
括)하게 되었다.

그러나, 이것 또한, 논리체계(論理體系)가 맞지 않음은, 의근(意根)을 제7식(第七識)으로 변경(變更)하였으니, 제7식(第七識)인 의근(意根)에 의해 의식(意識)의 작용(作用)이 이루어지면, 의근(意根)이 제7식(第七識)이니, 의식(意識)은, 제6의식(第六意識)이 아닌, 제8식(第八識)이 되어야 한다. 그러나, 대승유식론(大乘唯識論)에서는 제8식(第八識)을 함장식(含藏識)으로 정의(定義)하고 있다. 그러나, 대승유식론(大乘唯識論)에서, 제6의식(第六意識)의 전식(前識)인 의근(意根)을, 제6의식(第六意識)의 후식(後識)인 제7식(第七識)으로 변경(變更)하여 의근(意根)이 제7식(第七識)이어도, 제7식(第七識)인 의근(意根)에 의해 제6의식(第六意識)이 작용(作用)한다고 하니, 이 또한, 제식전개, 순위체계(諸識展開,順位體系)의 역행(逆行)이므로, 제식전개질서,론리적(諸識展開秩序,論理的)으로나, 제식전개순위,섭리체계(諸識展開順位,攝理體系)로나, 이치상(理致上) 맞지를 않다. 왜냐하면, 소연입식,전개체계(所緣入識,展開體系)는 경(境)→근(根)→식(識)으로 이루어지는 제식전개체계(諸識展開體系)이기 대문이다.

그리고 또한, 경·근·식(境·根·識) 18경계체계(十八境界體系)를, 전5식체계(前五識體系)로 변형(變形)하여, 전5식체계(前五識體系) 다음의 의식(意識)을, 제6의식(第六意識)이라고 규정(規定)하고 정의(定義)하면서, 제7식(第七識)으로 변경(變更)한 의근(意根)에 의해, 제6의식(第六意識)이 작용(作用)한다고 하며, 그리고 또한, 제7식(第七識)의 이름[名]이, 의근(意根)이 아닌, 말나식(末那識)인 자아의식(自我意識)이라고 하니, 이것 또한, 제7식(第七識)이, 의근(意根)과 말나식(末那識)인 자아의식(自我意識)이 중첩(重疊)되어, 제식, 전개순서, 체계론적(諸識, 展開順序, 體系論的)으로도 맞지가 않다. 그리고 이는, 제식전개순서 (諸識展開順序)의 원리(原理)와 이치(理致)와 도리(道理)에도 맞지를 않아, 대승유식론(大乘唯識論)의 제7식(第七識)에 대한 개념정의(槪念正義)가 명확(明確)히 정리(整理)되지 않고 있다. 그러므로, 대승유식론(大乘唯識論)의 제식체계(諸識體系)의 질서(秩序)와 이치(理致)가, 일관성(一貫性)이 없어 무질서(無秩序)해, 혼란(混亂)스럽기만 하다.

왜냐하면, 제7식(第七識)으로 변경(變更)한 의근(意根)에 의해, 제 6의식(第六意識)의 작용(作用)이 이루어진다고 하니, 이는, 경·근·식 (境·根·識) 18경계체계(十八境界體系)에서는, 제6의식(第六意識)의 전식 (前識)으로, 법(法)을 받아들이는 의근(意根)에 의해, 제6의식(第六意識)의 작용(作用)이 이루어지는데, 대승유식론(大乘唯識論)에서는, 의근(意根)을 제6의식(第六意識)의 후식(後識)인 제7식(第七識)으로 변경(變更)하고서도, 전개순위상(展開順位上) 제6의식(第六意識)의 후식(後識)인 제7식(第七識) 의근(意根)에 의해, 전식(前識)인, 제6의식(第六意識)의 작용(作用)이 이루어진다고 하니, 이는, 제식, 전개섭리, 질서(諸識, 展開攝理, 秩序)가 역행(逆行)으로 무질서(無秩序)하여, 이 논리(論理) 자체(自體)가, 이치(理致)에도 맞지를 않기 때문이다. 왜냐하면, 제6의식(第六意識)과 제7식(第七識)의 식명(識名)에 있어서, 제6(第六)과 제7(第七)의 뜻과 관계(關係)는, 소연입식, 전개체계(所緣入識, 展開體系)에서 식(識)의 작용(作用)이 이루어지는 전개순서체계(展開順序體系)의 순위식명(順位識名)이므로, 제6식(第六識) 다음에 제7식(第七

識)의 작용(作用)이 이루어지므로, 제6식(第六識) 다음 작용식(作用識)을 제7식(第七識)이라고 하기 때문이다. 그러므로, 소연입식,전개체계(所緣入識,展開體系)인 경·근·식(境·根·識) 18경계체계(十八境界體系)에서는, 제7식(第七識)에 의해 제6의식(第六意識)의 작용(作用)이 이루어지는 것이 아니다. 그러므로, 대승유식론(大乘唯識論)에서, 제6의식(第六意識)의 전식(前識)인 의근(意根)을, 제6의식(第六意識)의 후식(後識)인 제7식(第七識)의 의근(意根)으로 변경(變更)해 놓고, 제7식(第七識) 의근(意根)에 의해, 제6의식(第六意識)의 작용(作用)이 이루어진다는 것은, 소연입식,전개체계(所緣入識,展開體系)의 이치(理致)에도 맞지를 않다.

그리고 또, 제7식(第七識)의 이름[名]이 의근(意根)이 아닌, 말나식(末那識)인 자아의식(自我意識)이라고 하니, 제7식(第七識)이 의근(意根)인지, 아니면, 말나식(末那識)인 자아의식(自我意識)인지, 아니면, 의근(意根)이 곧, 말나식(末那識)인 자아의식(自我意識)인지, 아니면, 제7식(第七識)에, 서로 다른 식(識)인, 의근(意根)과 말나식(末那識)인 자아의식(自我意識)이, 같이 함께 있다는 것인지, 제7식(第七識)에 대한 개념정립(概念正立)이 되지 않아, 혼란(混亂)스럽다. 그러므로 또한, 제7식(第七識)이 말나식(末那識)인 자아의식(自我意識)이라고 규정(規定)하여도, 이 제7식(第七識)에는 또한, 의근(意根)이 함께 있음이니, 대승유식론(大乘唯識論)의 제7식(第七識)이, 의근(意根)과 말나식(末那識)인 자아의식(自我意識)이 함께 있는 식(識)이므로, 제7식(第七識)에 대한 명확(明確)한 개념정립(概念正立)이 되지를 않는다. 그러므로, 대승유식론(大乘唯識論)에서, 제7식(第七識)의 개념정의(概念正義)에 대해, 이 또한, 혼란(混亂)스러움을 명확(明確)히, 해결(解決)해야 할 부분(部分)이다.

대승유식론(大乘唯識論)이, 경·근·식(境·根·識) 제식전개,자연섭리,구성체계(諸識展開,自然攝理,構成體系)인 18경계체계(十八境界體系)를 무시(無視)하고, 파괴(破壞)하게 된 근본(根本) 원인(原因)은, 대경(對境)의 법(法)을 받아들이는 의근(意根)을, 제7식(第七識)으로 변경이관(變更移管)한 것이다. 이는, 소연근(所緣根)인 의근(意根)과 능연식(能緣識)인 제7식(第七識)은, 서로 성품차원(性品次元)이 달라 불가능(不可能)한 것이어도, 무착보살(無着菩薩)이, 의근(意根)의 지속성(持續性)을 유지(維持)시키고자, 제7식(第七識)으로 변경(變更)하였다. 그러므로, 경·근·식(境·根·識) 제식전개,자연섭리,기본체계(諸識展開,自然攝理,基本體系)인 18경계체계(十八境界體系)가 파괴(破壞)되어, 18경계체계(十八境界體系)를 전5식체계(前五識體系)로 왜곡변형(歪曲變形)하여, 제6의식(第六意識)이, 경·근·식(境·根·識) 전개체계(展開體系)를 벗어나, 전5식세계(前五識世界)를 관장(管掌)하는, 비정상적(非正常的)인 유식체계(唯識體係)가 되었다. 이것이, 대승유식론,제식체계(大乘唯識論,諸識體系)의 왜곡부분(歪曲部分)이다.

②둘째는, 법(法)이다.

대승유식론사(大乘唯識論師)들이, 경·근·식(境·根·識) 18경계체계 (十八境界體系)에서 세[三] 가지를 바로 보지 못한, 근본(根本) 원인(原因) 중, ①첫째는, 의근(意根)이다. ②둘째는, 법(法)이다. ③셋째는, 의식(意識)이다. 18경계(十八境界)에서 의근(意根)이 받아들이는 법 (法)은, 몸[身]의 감각기능(感覺機能)인 안이비설신(眼耳鼻舌身)으로 촉 (觸)하여 받아들이는 색성향미촉(色聲香味觸) 이외(以外)의 일체(一切) 물질대상(物質對相)과 정신대상(精神對相)인, 다양(多樣)한 일체, 무한 차별차원, 무한차별세계, 일체(一切, 無限差別次元, 無限差別世界, 一切)를 총섭(總攝)하고 총칭(總稱)함이다.

어찌하여, 법(法)이, 안·이·비·설·신(眼·耳·鼻·舌·身)으로 촉(觸)하여 받아들이는 색·성·향·미·촉(色·聲·香·味·觸) 이외(以外)에, 안·이·비·설· 신(眼·耳·鼻·舌·身)으로는 인지(認知)할 수도, 받아들일 수도 없는, 오 직, 정신작용(精神作用)이 근(根)인 의근(意根)만으로 인식(認識)하 고 받아들일 수 있는 법(法)이, 일체, 무한차별차원, 무한차별세계, 일체(一切, 無限差別次元, 無限差別世界, 一切)의 물질적(物質的), 정신적 (精神的) 무한일체대상(無限一切對相)이냐 하면, 여래정론, 제식전개, 실관실증, 불지정립, 유식체계(如來正論, 諸識展開, 實觀實證, 佛智正立, 唯 識體系)인 소연입식, 전개체계(所緣入識, 展開體系)의 경·근·식(境·根·識) 18경계체계(十八境界體系)에서, 대경(對境)인 색·성·향·미·촉·법(色· 聲·香·味·觸·法)의 여래정론(如來正論) 6종경(六種境)의 개념정의(槪念

正義)는, 몸[身]의 감각기능(感覺機能)인 안·이·비·설·신(眼·耳·鼻·舌·身)의 인식계(認識界)를 색·성·향·미·촉(色·聲·香·味·觸)으로 개념정의(槪念正義)하고, 그리고 또한, 일체정신작용(一切精神作用)의 대상(對相)인, 무한일체,차별차원,무한세계,일체(無限一切,差別次元,無限世界,一切)에 이르기까지, 그 무한일체(無限一切)를 법(法)으로 개념정의(槪念正義)하여, 색·성·향·미·촉·법(色·聲·香·味·觸·法)의 여섯[六] 종류(種類) 대경(對境)인, 6종경(六種境)의 차별특성(差別特性)으로, 일체인식대상(一切認識對相)의 개념(槪念)을 정의정립(正義正立)하여 분류(分類)하고, 체계화(體系化)하였기 때문이다. 그러므로, 물질(物質)과 정신(精神)의 일체무한세계(一切無限世界)의 일체대상존재(一切對相存在)를, 색·성·향·미·촉·법(色·聲·香·味·觸·法)의 6종경(六種境)의 대상(對相)으로 정의정립(正義正立)하여, 일체,무한차별차원,무한차별세계,일체(一切,無限差別次元,無限差別世界,一切)를, 색·성·향·미·촉·법(色·聲·香·味·觸·法)의 6종경체계(六種境體系)로 개념정립(槪念正立)하여 체계화(體系化)하였다. 그러므로, 물질적(物質的), 정신적(精神的) 대상(對相)인 일체,무한차별차원,무한차별세계,일체(一切,無限差別次元,無限差別世界,一切)가, 색·성·향·미·촉·법(色·聲·香·味·觸·法)의 6종경(六種境)인, 여래정론,개념정의(如來正論,槪念正義)의 특성(特性) 속에 일괄총섭(一括總攝)하고, 포괄수용(包括受容)하였기 때문이다.

그러므로, 안이비설신(眼耳鼻舌身)으로 촉(觸)하여 인식(認識)하는 색성향미촉(色聲香味觸) 이외(以外)에, 물질적(物質的), 정신적(精神的), 일체,무한차별차원,무한차별세계,일체(一切,無限差別次元,無限差

別世界, 一切)를 일괄총섭(一括總攝)하고, 포괄수용(包括受容)하며, 감당(堪當)하는 당체(當體)가 곧, 18경계체계(十八境界體系)의 6종경(六種境) 중에, 색(色)도 아니며, 성(聲)도 아니며, 향(香)도 아니며, 미(味)도 아니며, 촉(觸)도 아닌, 곧, 이 법(法)의 정립(正立)이다. 이 법(法)은, 색성향미촉(色聲香味觸) 이외(以外)에, 불가사의(不可思議) 일체, 무한차별차원, 무한차별세계, 일체(一切, 無限差別次元, 無限差別世界, 一切)를 총칭(總稱)하고, 총괄(總括)하는 법체(法體)이며, 실체(實體)이다.

그러므로, 이 법(法)은, 그것이 무엇이든, 안이비설신(眼耳鼻舌身)으로 촉(觸)하여 인식(認識)하는 색성향미촉(色聲香味觸) 이외(以外)에, 상념세계(想念世界)와 일체정신작용세계(一切精神作用世界)의 무한차별차원(無限差別次元) 일체색성향미촉법(一切色聲香味觸法)과 그리고, 몽중(夢中) 일체정신작용(一切精神作用)의 일체색성향미촉법(一切色聲香味觸法)과 그리고, 영적(靈的) 일체현상(一切現相)인 일체정신작용(一切精神作用)의 일체색성향미촉법(一切色聲香味觸法)과 그리고, 수행중(修行中) 일체정신작용(一切精神作用)의 일체색성향미촉법(一切色聲香味觸法)과 그리고, 깨달음 일체정신작용(一切精神作用)의 일체색성향미촉법(一切色聲香味觸法)과 그리고, 제식, 전변지혜, 차별세계(諸識, 轉變智慧, 差別世界)인 일체정신작용(一切精神作用)의 일체색성향미촉법(一切色聲香味觸法)과 그리고, 일체초월세계(一切超越世界)인 일체정신작용(一切精神作用)의 일체색성향미촉법(一切色聲香味觸法)과 그리고, 일체무한, 차별차원, 무한세계(一切無限, 差別次元, 無限世界)의 물질적(物質的), 정신적(精神的) 일체정신작용(一切精神作用)의 일체색성향미촉법(一切色聲香味觸法) 등(等)이다. 그러므로, 무엇을 상상(想像)하고, 무엇을 생각[念]하든, 그 어떤 물질적(物質的), 정신적(精神的) 상념작용(想念作用)과 경험(經驗)과 기억(記憶)이든, 이 법(法) 속에 모두 다 총섭(總攝)되고 포괄수용(包括受容)된다.

③셋째는, 의식(意識)이다.

대승유식론사(大乘唯識論師)들이, 경·근·식(境·根·識) 18경계체계(十八境界體系)에서 세[三] 가지를 바로 보지 못한, 근본(根本) 원인(原因) 중, ①첫째는, 의근(意根)이다. ②둘째는, 법(法)이다. ③셋째는, 의식(意識)이다. 18경계(十八境界)에서 의식(意識)은, 법(法)을 촉(觸)하여 받아들이는 의근(意根)에 의해, 법(法)의 형태(形態)가 그대로 거울[鏡]처럼 비치는 식(識)이 곧, 제6의식(第六意識)이다. 제6의식(第六意識)은, 의근(意根)이 받아들인 법(法)을, 그대로 거울[鏡]처럼 비치는 단순(單純), 거울작용[鏡作用]을 하는 식(識)일 뿐, 제7식(第七識) 자아의식(自我意識)처럼, 인위적(人爲的)으로 분별(分別)하고 작용(作用)하는 식(識)이 아니다. 그러므로, 제6의식(第六意識)은, 인위적(人爲的)으로 조작(造作)하거나 변경(變更)할 수가 없다. 왜냐하면, 제6의식(第六意識)은, 의근(意根)이 받아들인 법(法)을, 무의식중(無意識中) 자연,반연반응,작용(自然,攀緣反應,作用)으로 법(法)을 그대로 거울[鏡]처럼 비치는 식(識)이기 때문이다.

그런데, 대승유식론(大乘唯識論)에는, 이 제6의식(第六意識)이, 의근(意根)이 받아들인 법(法)의 형태(形態)를 그대로 거울[鏡]처럼 비치는 식(識)이 아닌, 제7식(第七識)의 작용(作用)을 겸(兼)한, 제7식(第七識) 자아의식(自我意識)의 분권식(分權識)으로 변형(變形)이 되어, 색성향미촉(色聲香味觸)의 전5식계(前五識界)를 분별(分別)하고, 관장(管掌)하며 주관(主管)하는, 심작용(心作用)의 주체식(主體識)으로 변경(變更)이 되었다. 대승유식론(大乘唯識論)에서, 제6의식(第六意識)을 제7식(第七識) 자아의식(自我意識)의 작용(作用)을 겸(兼)한, 제7식(第七識)의 분권식(分權識)으로 변형(變形)된 까닭[緣由]은, 경·근·식(境·根·識) 18경계체계(十八境界體系)인 제식전개,자연섭리,구성체계(諸識展開,自然攝理,構成體系)에서는, 제6의식(第六意識)의 전식(前識)인 의근(意根)에 의해 작용(作用)하는 식(識)이어도, 대승유식론(大乘唯識論)에서 의근(意根)을, 제6의식(第六意識)의 후식(後識)인 제7식(第七識)으로 변경(變更)하였으므로, 제6의식(第六意識)은 의근(意根)에 의해 작용(作用)하는 식(識)이니, 의근(意根)이 제7식(第七識)이 됨으로써, 의근(意根)에 의해 작용(作用)하는 제6의식(第六意識)이, 자연스레 제7식(第七識)의 작용(作用)을 겸(兼)한, 제7식(第七識) 자아의식(自我意識)의 분권식(分權識)으로 왜곡변형(歪曲變形)이 되었다. 그리고, 제6의식(第六意識)은, 전5식계(前五識界)의 색성향미촉(色聲香味觸)을 분별(分別)하고, 관장(管掌)하며 주관(主管)하는, 주체식(主體識)으로 변형(變形)이 되었다.

그러므로, 경·근·식(境·根·識) 제식전개,자연섭리,구성체계(諸識展

開, 自然攝理, 構成體系)인 6종경(六種境)과 6종근(六種根)과 6종식(六種識)의 18경계체계(十八境界體系)가, 대승유식론(大乘唯識論)에는 제6의식(第六意識)이, 경·근·식(境·根·識) 18경계체계(十八境界體系)를 벗어나, 제7식(第七識)의 작용(作用)을 겸(兼)한 제7식(第七識) 자아의식(自我意識)의 분권식(分權識)으로 변형(變形)이 되어, 전5식계(前五識界)를 관장(管掌)하는, 주관의식(主管意識)이 되었다. 그리고, 18경계체계(十八境界體系)가 대승유식론(大乘唯識論)에서는, 색성향미촉(色聲香味觸)의 5종경(五種境)과 안이비설신근(眼耳鼻舌身根)인 5종근(五種根)과 안이비설신식(眼耳鼻舌身識)의 5종식(五種識)인, 경·근·식(境·根·識)이 15경계체계(十五境界)인 전5식체계(前五識體系)로 왜곡변형(歪曲變形)이 되었다. 여래정론(如來正論) 소연입식, 전개체계(所緣入識, 展開體系)인 경·근·식(境·根·識)의 제식전개, 자연섭리, 구성체계(諸識展開, 自然攝理, 構成體系)인 18경계체계(十八境界體系)에서는, 제6의식(第六意識)이 18경계체계(十八境界體系)의 6종식(六種識) 중에, 단순(單純) 한[一] 식(識)의 역할(役割)일 뿐, 전5식계(前五識界)를 인위적(人爲的)으로 관장(管掌)하고 주관(主管)하는, 자유의지의식(自由意志意識)이 아니다.

그러나, 대승유식론(大乘唯識論)에서, 경·근·식(境·根·識)의 18경계체계(十八境界體系) 중, 법(法)과 의근(意根)과 의식(意識)이, 본래(本來) 자기역할(自己役割)이 변형상실(變形喪失)이 되어, 색성향미촉(色聲香味觸)의 5종경(五種根)과 안이비설신근(眼耳鼻舌身根)인 5종근(五種根)과 안이비설신식(眼耳鼻舌身識)인 5종식(五種識)의 15경계체계

(十五境界體系)인, 전5식체계(前五識體系)로 왜곡변경(歪曲變更)이 되어, 제6의식(第六意識)이 경·근·식(境·根·識) 체계(體系)를 벗어나, 색성향미촉(色聲香味觸)의 전5식계(前五識界)를 분별(分別)하고, 관장(管掌)하며 주관(主管)하는, 제6의식(第六意識)으로 왜곡변형(歪曲變形)이 되었다. 이는, 여래정론(如來正論)의 소연입식, 전개체계(所緣入識, 展開體系)인 18경계체계(十八境界體系)의, 경·근·식(境·根·識) 제식전개, 자연섭리, 구성체계(諸識展開, 自然攝理, 構成體系)를 벗어난, 왜곡변형(歪曲變形)된 비정상적(非正常的)인 유식체계(唯識體係)이다. 이는, 대승유식론사(大乘唯識論師)인 무착보살(無着菩薩)이, 이에 대한 실증지혜(實證智慧)가 없는 지혜미완(智慧未完)의 식견오류(識見誤謬)로, 18경계체계(十八境界體系)를, 자기(自己) 판단(判斷)과 자의적정의(自意的正義)에 따라, 18경계체계(十八境界體系)를 왜곡변형(歪曲變形)하여, 비정상적, 유식체계(非正常的, 唯識體係)인 대승유식론(大乘唯識論)의 전5식체계(前五識體系)를 성립(成立)하였다.

무착보살(無着菩薩)이, 법(法)을 받아들이는 의근(意根)을, 제6의식(第六意識)의 전식(前識)에서, 후식(後識)인 제7식(第七識)으로 변경(變更)함으로, 제6의식(第六意識)이 제7식(第七識) 자아의식(自我意識)의 작용(作用)을 겸(兼)한, 제7식(第七識) 자아의식(自我意識)의 분권식(分權識)이 되어, 색성향미촉(色聲香味觸)의 5종경(五種境)과 안이비설신근(眼耳鼻舌身根)인 5종근(五種根)과 안이비설신식(眼耳鼻舌身識)의 5종식(五種識)인, 경·근·식(境·根·識) 15경계체계(十五境界體系)인 전5식세계(前五識世界)를, 제6의식(第六意識)이 분별(分別)하고, 관장

(管掌)하며 주관(主管)하게 되므로, 18경계(十八境界)의 섭리체계(攝理體系)에서는 있을 수 없는, 경·근·식(境·根·識) 제식전개, 섭리체계(諸識展開, 攝理體系)가 왜곡변형(歪曲變形)된, 비정상적(非正常的)인 전5식체계(前五識體系)의 대승유식론체계(大乘唯識論體系)가 성립(成立)되었다.

이 비정상적(非正常的)인 왜곡변형(歪曲變形)된 유식체계(唯識體系)의 오류(誤謬)를, 누구 하나 지혜정안(智慧正眼)으로 바르게 점검(點檢)하지 못하고, 무착보살(無着菩薩)이 총체적(總體的) 유식성품세계(唯識性品世界)에 대한 실증지혜(實證智慧) 없는 지혜미완(智慧未完)의 지견오류(知見誤謬)를 답습(踏襲)하는, 동생[弟]인 세친보살(世親菩薩) 등(等), 역대(歷代)에 이어온 대승유식론사(大乘唯識論師)들이, 불지혜(佛智慧)의 실관실증, 여래정론, 정의정립(實觀實證, 如來正論, 正義正立)한 소연입식, 전개체계(所緣入識, 展開體系)인, 경·근·식(境·根·識) 18경계체계(十八境界體系)를 파괴(破壞)하는 왜곡(歪曲)된, 이 대승유식론(大乘唯識論)의 전5식체계(前五識體系)를, 그대로 의심(疑心) 없이 수용(受容)하고 배우며, 18경계체계(十八境界體系)를 왜곡변형(歪曲變形)한 전5식체계(前五識體系)와 그리고, 지견오류(知見誤謬)에 의한 제식전개, 8종식체계(諸識展開, 八種識體系)와 그리고, 제8식(第八識) 함장식(含藏識)의 전변지혜(轉變智慧)를 심부동, 대열반성지(心不動, 大涅槃性智)가 아닌, 대원경지(大圓鏡智)라고 정의(定義)하는, 실제사실(實際事實)과 다른 제식전변, 지혜체계(諸識轉變, 智慧體系)의 대승유식론(大乘唯識論)을, 지금(只今)도, 배우고 익히며, 전(傳)하기에만 급급(急急)할 뿐이다. 이는, 미래(未來)의 후학(後學)들에 이르기까지, 불법(佛法)에 귀의(歸依)하는, 청정불심(淸淨佛心)의 그 안목(眼目)을 왜곡(歪曲)하는 지견오류(知見誤謬)가, 세세(世世)의 세대(世代)로 천년(千年)을 넘게 전(傳)해 온, 이 왜곡론(歪曲論)의 맥(脈)을 끊지[斷] 못하고, 천년(千年)의 세월(歲月)이 훌쩍 넘어버린 지금(只今)에 이르기까지, 모두가 이 물결[波:風]에 휩쓸려 동조(同調)할 뿐, 어느 누구도, 정법수호일념(正法守護一念)으로, 후학(後學)들의 지혜정안(智慧正眼)을 미혹(迷惑)하게 하는, 이 오류(誤謬)와 왜곡(歪曲)의 맥(脈)을 끊고자, 단연(斷然)한 불심(佛心)을, 누구도 토(吐)하지 않았다.

이 불지정론(佛智正論)은, 새로운 유식론(唯識論)이 아니다. 대승유식론(大乘唯識論)의 잘못된 왜곡(歪曲)과 오류(誤謬)의 부분(部分)을 바로잡아, 여래정론(如來正論) 지혜정안, 개념정의정립(智慧正眼, 槪念正義正立)의 소연입식, 전개체계(所緣入識, 展開體系)인, 경·근·식(境·根·識) 18경계체계(十八境界體系)를, 여래정론정립(如來正論正立)의 본래(本來)대로 회복(回復)시키고자 함이다. 그리고, 총체적(總體的) 유식성품세계(唯識性品世界)의 범위(範圍)는, 제식전개, 섭리체계(諸識展開, 攝理體系)인 중생제식(衆生諸識)의 근본(根本) 무명(無明)에 이르기까지의 일체, 유위유식, 성품세계(一切, 有爲唯識, 性品世界)와 그리고, 제식, 전변지혜, 차별차원, 무위성품, 보살세계(諸識, 轉變智慧, 差別次元, 無爲性品, 菩薩世界)에 이르기까지 모두가, 총체적(總體的) 유식성품세계(唯識性品世界)이다. 이는, 성불(成佛)에 이르는 유식지혜, 상승세계(唯識智慧, 上昇世界)인, 일체, 유위무위, 유식성품, 세계(一切, 有爲無爲, 唯識性

品,世界)가 곧, 총체적(總體的) 유식성품세계(唯識性品世界)이다.

그러므로, 유식성품세계(唯識性品世界)는, 중생제식계(衆生諸識界)로부터 성불(成佛)에 이르는 제식전변,무위지혜,차별차원,보살지혜,상승과정(諸識轉變,無爲智慧,差別次元,菩薩智慧,上昇過程)의 일체(一切)가 곧, 총체적(總體的) 유식성품세계(唯識性品世界)에 속한다. 그러므로, 불지정론(佛智正論)에서는, 대승유식론(大乘唯識論)에서 언급(言及)하지 못한, 성불(成佛)에 이르는 제식전변,무위지혜,차별차원,지혜상승,전변과정,성불체계(諸識轉變,無爲智慧,差別次元,智慧上昇,轉變過程,成佛體系)에 이르기까지, 총체적(總體的) 일체,유위무위,유식성품,세계(一切,有爲無爲,唯識性品,世界)를 상세(詳細)히, 실증지혜(實證智慧)로 정의정립(正義正立)하여 밝히며, 총체적,유식성품,세계(總體的,唯識性品,世界)의 유식개념(唯識槪念)을 명확(明確)히 정의정립(正義正立)하여, 아직, 명확(明確)히 확립(確立)되어 있지 않은, 유식지혜,상승과정,성불체계(唯識智慧,上昇過程,成佛體係)를 총체적(總體的)으로 정의정립(正義正立)하여, 성불과정,유식체계(成佛過程,唯識體系)를 확립(確立)하고자 한다.

● **성불과정유식체계**(成佛過程唯識體系)

성불(成佛)에 이르는 수행체계(修行體系) 중, 10신(十信), 10주(十住), 10행(十行), 10회향(十廻向), 10지(十地), 등각(等覺), 묘각(妙覺)

과 그리고, 자량위(資糧位), 가행위(加行位), 통달위(通達位), 수습위(修習位), 구경위(究竟位), 그리고, 37조도품(三十七助道品) 등(等)은, 유식전변지혜체계(唯識轉變智慧體系)가 아니다. 왜냐하면, 이 수행과정(修行過程) 속에, 제식(諸識)이 점차(漸次) 멸(滅)하는 전변지혜(轉變智慧)의 실증세계(實證世界)가 있을지라도, 이 모두가, 성불과정, 유식체계(成佛過程, 唯識體系)가 아님은, 이 지혜과정체계(智慧過程體系)가, 제식전변, 차별차원, 무위지혜, 상승과정, 유식체계(諸識轉變, 差別次元, 無爲智慧, 上昇過程, 唯識體系)가 아니기 때문이다.

그리고, 위의 모든 지혜세계(智慧世界)가, 제식전변, 지혜실증, 차별차원, 불지증입, 과정세계(諸識轉變, 智慧實證, 差別次元, 佛智證入, 過程世界)에 대해, 명확(明確)한 실증지혜, 상승과정, 차별차원, 지혜증입, 성불체계(實證智慧, 上昇過程, 差別次元, 智慧證入, 成佛體系)를 언급(言及)하거나, 드러내지 못했기 때문이다. 그러므로, 위의 모든 지혜세계(智慧世界)는, 지혜경계(智慧境界)가 제식전변, 지혜과정, 차별차원, 증입체계(諸識轉變, 智慧過程, 差別次元, 證入體系)처럼 지혜실증경계(智慧實證境界)가 분명(分明)하거나, 확연(確然)히 명확(明確)하지 못해, 그 실증과정, 지혜경계(實證過程, 智慧境界)를 명확(明確)히 종잡을 수가 없다. 이것이, 제식전변, 지혜과정, 유식체계(諸識轉變, 智慧過程, 唯識體系)인 제식전변, 지혜상승, 성불과정, 유식체계(諸識轉變, 智慧上昇, 成佛過程, 唯識體系)가 아님이 드러남이다. 신심(信心)과 선근(善根)을 쌓고, 업력(業力)을 무르녹이며, 일체(一切) 바라밀행(波羅蜜行)을 하는 것은, 수행자(修行者)의 지혜만행세계(智慧萬行世界)일 뿐, 그 자체(自

體)가 성불과정,제식전변,지혜상승,성불체계(成佛過程,諸識轉變,智慧上昇,成佛體系)는 아니다.

위의 지혜세계(智慧世界)는, 지혜실증과정(智慧實證過程)인 제식전변,차별차원,지혜상승,성불과정,실증체계(諸識轉變,差別次元,智慧上昇,成佛過程,實證體係)가 없어, 지혜경계(智慧境界)가 단순(單純)하고, 실증지혜경계(實證智慧境界)가 명확(明確)하지 못해 우유부단(優柔不斷)하며, 지혜실증체계(智慧實證體系)가 없는 성불론리체계(成佛論理體系)이다. 이는, 제식전변,성불과정,지혜상승,전변실증,유식체계(諸識轉變,成佛過程,智慧上昇,轉變實證,唯識體系)가 아니므로, 그 지혜과정,실증세계(智慧過程,實證世界)를 명확(明確)히 알 수가 없다. 그러므로, 그 지혜과정(智慧過程)이 불분명(不分明)하여 모호(模糊)하다. 제식전변,지혜상승,실증과정,지혜경계(諸識轉變,智慧上昇,實證過程,智慧境界)가 없는 성불론리체계(成佛論理體系)는, 불지증입(佛智證入)의 제식전변,지혜상승,실증과정,지혜경계(諸識轉變,智慧上昇,實證過程,智慧境界)가 없어, 성불지혜과정(成佛智慧過程)의 유추(類推)와 추정(推定)과 사유(思惟)가 모호(模糊)한 논리체계(論理體系)이다. 그러므로, 제식전변체계(諸識轉變體系)가 없는 성불론리체계(成佛論理體系)는, 그 성불과정(成佛過程)의 제식전변,지혜상승,차별차원,실증지혜,성불과정(諸識轉變,智慧上昇,差別次元,實證智慧,成佛過程)이 없어, 성불지혜체계(成佛智慧體系)의 그 지혜과정,수행상승,지혜체계(智慧過程,修行上昇,智慧體系)를 명확(明確)히 알기가 막연(漠然)하고, 성불지혜,과정체계(成佛智慧,過程體系)가 명확(明確)하지 못해, 단지(但只), 논리(論

理)에 지나칠 뿐이니, 성불수행, 지혜과정, 실증지혜(成佛修行, 智慧過程, 實證智慧)에는 실질적(實質的) 도움이 되지 않는다.

　성불과정, 지혜체계(成佛過程, 智慧體系)는, 제식전변, 성불과정, 지혜상승, 과정경계(諸識轉變, 成佛過程, 智慧上昇, 過程境界)를 실증지혜정안(實證智慧正眼)으로 명확(明確)히 정의정립(正義正立)하여 밝게 드러냄으로, 지혜상승, 과정경계(智慧上昇, 過程境界)를, 누구나 명확(明確)히 알 수가 있다. 그래야만, 성불(成佛)을 향(向)한 모든 수행자(修行者)가, 그 지혜과정(智慧過程) 정로(正路)에 의지(依支)해, 바른 깨달음의 불지불과(佛智佛果)를 성취(成就)할 수가 있다. 제식전변, 지혜과정, 성불체계(諸識轉變, 智慧過程, 成佛體系)의 명확(明確)한 실증과정, 정의정립(實證過程, 正義正立)이 중요(重要)함은, 성불과정, 지혜체계(成佛過程, 智慧體系)는, 중생심(衆生心)을 다스리는 중생심식수행법(衆生心識修行法)이 아닌, 일체중생식(一切衆生識)을 타파(打破)해 초월(超越)하는, 제식전변, 지혜상승, 전변체계(諸識轉變, 智慧上昇, 轉變體系)이기 때문이다. 일체중생식(一切衆生識)을 타파(打破)하는 제식전변, 성불과정, 지혜체계(諸識轉變, 成佛過程, 智慧體系)는, 제식타파, 전변지혜, 과정세계(諸識打破, 轉變智慧, 過程世界)가 무엇보다 지혜실증, 상승과정, 증입체계(智慧實證, 上昇過程, 證入體系)가 명확(明確)하고, 그 전변지혜, 차별차원, 과정경계(轉變智慧, 差別次元, 過程境界)가 제식점차타파(諸識漸次打破)로 전변상승행(轉變上昇行)이 무엇보다 분명(分明)하며, 전변지혜, 상승과정, 실증경계(轉變智慧, 上昇過程, 實證境界)가 제식초월, 지혜과정(諸識超越, 智慧過程)이 명확(明確)하고 확연확실(確然確實)하다.

그러므로, 실증지혜, 과정체계(實證智慧, 過程體系)가 없는 단순(單純), 성불론리(成佛論理)는, 그 과정수행, 지혜상승, 차별경계(過程修行, 智慧上昇, 差別境界)를 알기가 막연(漠然)해도, 제식전변, 지혜상승, 성불과정, 실증경계(諸識轉變, 智慧上昇, 成佛過程, 實證境界)를 명확(明確)히 드러내는, 제식타파, 전변지혜, 성불과정, 지혜체계(諸識打破, 轉變智慧, 成佛過程, 智慧體系)는, 총체적(總體的) 성불과정, 지혜상승, 과정체계(成佛過程, 智慧上昇, 過程體系)를 명확(明確)히, 그리고, 확연(確然)히, 누구나 알 수 있도록, 실증정의정립(實證正義正立)하여, 지혜과정경계(智慧過程境界)를 명확(明確)히 밝히고, 그 지혜경계(智慧境界)를 확연(確然)히, 분명(分明)하게 드러낸다.

제식전변, 성불과정, 지혜체계(諸識轉變, 成佛過程, 智慧體系)는, 무명제식(無明諸識)이 점차(漸次) 타파(打破)되어 끊어져 멸(滅)하는, 제식타파, 전변지혜, 무위상승, 차별차원, 성불과정, 지혜체계(諸識打破, 轉變智慧, 無爲上昇, 差別次元, 成佛過程, 智慧體系)이며, 이는, 제식전변, 지혜종성, 차별차원, 과정세계(諸識轉變, 智慧種性, 差別次元, 過程世界)이다. 이는, 제식전변, 5종지혜, 종성세계(諸識轉變, 五種智慧, 種性世界)이다. 이는, 제식(諸識)이 타파(打破)되어 끊어져 멸(滅)하는 차별차원, 종성세계(差別次元, 種性世界)이다. 이것이 곧, 제식전변, 지혜상승, 차별차원, 유식체계(諸識轉變, 智慧上昇, 差別次元, 唯識體系)이다. 이는, 오직, 제식전변, 성불과정, 유식체계(諸識轉變, 成佛過程, 唯識體係)이므로, 중생심(衆生心)을 다스리는 중생심식법(衆生心識法)에 속한, 모든 수행체계(修行體系)와는 다르다. 이 제식타파, 전변지혜, 유식체계(諸識打

破,轉變智慧,唯識體系)는, 금강삼매경(金剛三昧經)에서, 불(佛)께서, 일천제(一闡提)로부터 여래실상(如來實相)에 이르기까지의 지혜체계(智慧體系)를 밝히신, 제식전변,5등급,지혜과정,실증체계(諸識轉變,五等級,智慧過程,實證體系)이다.

①제1지(第一智)는, 안이비설신의(眼耳鼻舌身意)의 6종식(六種識)이 타파(打破)되어 끊어져 멸(滅)한, 대승(大乘)의 공성지혜세계(空性智慧世界)이다. 이는, 색성향미촉법(色聲香味觸法)이 공(空)한 청정공성행(淸淨空性行)이 이루어지는 이법계(理法界)인, 공성지(空性智)에 증입지혜(證入智慧)이다.

②제2지(第二智)는, 제7식(第七識) 말나식(末那識)인 자아의식(自我意識)이 타파(打破)되어 끊어져 멸(滅)한, 일승(一乘)의 무염진여,성품세계(無染眞如,性品世界)이다. 이는, 상(相)과 공(空)을 둘[二] 다 벗어나, 상(相)과 공(空)에도 물듦 없는 무애행(無礙行)이 이루어지는 이사무애법계(理事無礙法界)인, 평등성지(平等性智)에 증입지혜(證入智慧)이다.

③제3지(第三智)는, 제8식(第八識) 능소출입식(能所出入識)이 타파(打破)되어 끊어져 멸(滅)한, 일불승(一佛乘)의 능소(能所) 없는 쌍차쌍조,원융각명행(雙遮雙照,圓融覺明行)이 이루어지는 원융각명지혜,성품세계(圓融覺明智慧,性品世界)이다. 이는, 사사원융법계(事事圓融法界)인, 대원경지(大圓鏡智)에 증입지혜(證入智慧)이다.

④제4지(第四智)는, 제9식(第九識) 무명함장식(無明含藏識)이 타파(打破)되어 끊어져 멸(滅)한, 불승(佛乘)의 부동,대열반,성품세계(不動,大涅槃,性品世界)이다. 이는, 일체무위동각,지혜성품행(一切無爲動覺,智慧性品行)이 타파(打破)되어 멸(滅)한 부동대열반법계(不動大涅槃法界)인, 심부동,대열반성지(心不動,大涅槃性智)에 증입지혜(證入智慧)이다.

⑤제5지(第五智)는, 제10식(第十識) 일체전변,무위지혜(一切轉變,無爲智慧)가 타파(打破)되어 끊어져 멸(滅)한, 불(佛)의 일체초월,절대성(一切超越,絶對性) 불성불지(佛性佛智)이다. 이는, 일신(一身) 중, 3신불행(三身佛行)이 시현(示顯)되는, 여래장,무생공능,총지법계(如來藏,無生功能,總持法界)이며, 여래결정성(如來結定性)인 불성불지(佛性佛智)에 증입지혜(證入智慧)이다.

여래정론(如來正論) 소연입식,전개체계(所緣入識,展開體系)인, 경·근·식(境·根·識) 18경계체계(十八境界體系)에서의 색·성·향·미·촉·법(色·聲·香·味·觸·法) 중에, 법(法)은, 안이비설신(眼耳鼻舌身)이 인지(認知)하여 받아들이는 색성향미촉계(色聲香味觸界)를 제외(除外)한, 정신작용(精神作用)이 근(根)이 되어 대상(對相)을 인지(認知)하는 근(根)인, 의근(意根)으로만 인지(認知)하는, 온[全] 우주(宇宙) 무한,차별차원,무한세계(無限,差別次元,無限世界)의 물질,무한차별,일체세계(物質,無限差別,一切世界)와 정신,무한차별,일체세계(精神,無限差別,一切世界)를 총섭(總攝)하며 총괄(總括)하는, 18경계체계(十八境界體系)의 법(法)과는 달리, 대승유식론(大乘唯識論)의 전5식체계(前五識體系)에서는, 색·성·향·미·촉·법(色·聲·香·味·觸·法) 중, 법(法)은, 경·근·식·체계(境·根·識·體系)에서 제외(除外)되어, 단지(但只), 앞의 색성향미촉(色聲香味觸)을 지칭(指稱)하는 것으로, 자기(自己)의 특정역할(特定役割)이 제거(除去)된, 무의미(無意味)한 존재(存在)가 되었다.

이는, 6종근(六種根) 중, 의근(意根)의 대상(對相)인 법(法)이, 의근(意根)이 제7식(第七識)으로 변경이관(變更移管)이 되고, 제6의식(第六意識)이 제7식(第七識)의 작용(作用)을 겸(兼)한, 제7식(第七識) 자아의식(自我意識)의 분권식(分權識)으로 변형(變形)이 됨으로, 법(法)은 본래(本來)의 자기역할(自己役割)이 상실(喪失)되어, 단지(但只), 앞의 색성향미촉(色聲香味觸)을 일컫는, 명칭(名稱)일 뿐이다. 이는, 18경계체계(十八境界體系)에서, 색성향미촉(色聲香味觸) 이외(以外)에, 정신작용(精神作用)으로 받아들이는 일체,무한차별차원,무한차별세계,일체(一切,無限差別次元,無限差別世界,一切)를 총섭(總攝)하고 총칭(總稱)하는, 특별(特別)한 자기역할(自己役割)의 법(法)이 아니다.

이는, 무착보살(無着菩薩)이, 경·근·식(境·根·識) 제식전개,자연섭리,구성체계(諸識展開,自然攝理,構成體系)를 전5식체계(前五識體系)로 왜곡변형(歪曲變形)함으로, 법(法)이, 본래(本來)의 자기역할(自己役割)을 상실(喪失)한, 일반적(一般的)인 색성향미촉(色聲香味觸)의 무엇이든 일컫는 법(法)으로 하락(下落)하고, 천락(踐落)하였다. 왜냐하면, 여래정론(如來正論)인 경·근·식(境·根·識) 18경계체계(十八境界體系)에서의 법(法)은, 일반적(一般的) 색성향미촉(色聲香味觸)의 대상(對相), 일체(一切)를 일컫는 법(法)이 아닌, 안이비설신(眼耳鼻舌身)으로 인식(認識)하는 색성향미촉(色聲香味觸) 이외(以外)에, 정신작용(精神作用)이 근(根)인 의근(意根)으로만 인지(認知)하는, 물질(物質)과 정신(精神)의 일체대상(一切對相)을 총칭(總稱)하는, 일체, 무한차별차원, 무한차별세계, 일체(一切, 無限差別次元, 無限差別世界, 一切)인 무한영역대상(無限領域對相)을 총섭(總攝)하는, 법(法)이기 때문이다.

18경계(十八境界)의 제식전개체계(諸識展開體系)가 왜곡변경(歪曲變更)된 전5식체계(前五識體系)의 대승유식론(大乘唯識論)은, 색성향미촉(色聲香味觸)인 5종경(五種境)과 안이비설신근(眼耳鼻舌身根)인 5종근(五種根)과 안이비설신식(眼耳鼻舌身識)인 5종식(五種識)이 연계(連繫)된, 경·근·식(境·根·識) 15경계체계(十五境界)에서, 제6의식(第六意識)이 제7식(第七識)의 작용(作用)을 겸(兼)한, 제7식(第七識) 자아의식(自我意識)의 분권식(分權識)으로 변형(變形)이 되어, 색성향미촉(色聲香味觸)을 관장(管掌)하는 전5식체계(前五識體系)로는, 일체유식세계(一切唯識世界)를 총체적(總體的)으로 드러내기에는, 유식체계영역(唯識體系領域)이 전5식체계(前五識體系)에 묶인 한계성(限界性)이 있어, 유식세계영역(唯識世界領域)이 편협(偏狹)하고, 부족(不足)함이 있다.

그러므로, 대승유식체계(大乘唯識體系)가 일체, 유식성품, 영역세계(一切, 唯識性品, 領域世界)를 모두, 그리고 무한세계(無限世界)를 다 수용(受容)하지 못하는 부족(不足)함이 있어, 완전(完全)한 유식체계(唯識體系)가 되지 못하므로, 대승유식론(大乘唯識論)에서는 별종(別種)의 유식개념(唯識槪念)을 창안(創案)하여 덧붙이게 된다. 그것이, 제6의식(第六意識)이, 전5식세계(前五識世界)의 체계(體系)를 벗어나, 색성향미촉(色聲香味觸) 이외(以外)에, 다른 작용(作用)의 별행(別行)을 겸(兼)하게 하는 것이다. 그것이 곧, 제6의식(第六意識)이, 전5식체계(前五識體系)를 벗어난, 별행(別行)이다. 이것이 곧, 광연의식작용(廣緣意識作用), 분별의식작용(分別意識作用), 독두의식작용(獨頭意識作用), 몽중의식작용(夢中意識作用), 독산의식작용(獨散意識作用), 정중의식작용(定中意識作用), 번뇌의식작용(煩惱意識作用) 등(等)이다. "(대승불교연구원 오형근(吳亨根)박사님 저서(著書) '도서출판 대승' 2006년 3월 25일 2쇄 발행 '신편 유식학입문' 참고.)"

그러나, 이 제6의식(第六意識)의 별행(別行)이, 완전(完全)하지 못한 대승유식론(大乘唯識論)의 15경계체계(十五境界體系)인 전5식체계(前五識體系)에 덧붙임이, 가령(假令), 무한(無限)하여도, 제식전개, 자연섭리, 구성체계(諸識展開, 自然攝理, 構成體系)인 18경계체계(十八境界體系)에서, 안이비설신(眼耳鼻舌身)이 접촉(接觸)하고 인식(認識)하는 색성향미촉(色聲香味觸) 외(外)의 일체(一切), 물질적(物質的), 정신적(精神的) 무한, 차별차원, 무한세계(無限, 差別次元, 無限世界)를 감당(堪當)하고, 총섭(總攝)하며 총괄(總括)하는, 법(法) 하나를, 본래(本來)대로 회복(回復)시키는 것만 못하다. 그리고, 대승유식론(大乘唯識論)에서, 제6의식(第六意識)이 색성향미촉(色聲香味觸)을 분별(分別)하고 관장(管掌)하는 전5식체계(前五識體系)에서, 제6의식(第六意識)의 별행(別行)은, 대승유식론(大乘唯識論)의 15경계(十五境界)인 전5식체계(前五識體系)를 또한, 벗어난 것이다. 그러므로 이는, 대승유식론(大乘唯識論)이 총체적(總體的) 유식세계(唯識世界)를 총섭(總攝)하지 못하는, 몸[身]의 감각기능(感覺機能)인 색성향미촉(色聲香味觸)에 치우친, 편협(偏狹)한 논리체계(論理體系)의 한계성(限界性)을 벗어나지 못하기 때문이다.

완전(完全)하지 못한, 대승유식론체계(大乘唯識論體係)를 보완(補完)하기 위한 제6의식(第六意識)의 별행(別行)은, 전5식체계(前五識體系)가 일체유식세계(一切唯識世界)를 총체적(總體的)으로, 모두 다 수용(受容)하지 못하는 편협(偏狹)한 한계성(限界性) 때문에, 전5식체계(前五識體系)를 무시(無視)하면서까지, 격외(格外)의 다양(多樣)한 비정상적(非正常的)인 방법론(方法論)으로, 미숙(未熟)하고 부족(不足)한, 대승유식론체계(大乘唯識論體係)인, 전5식체계(前五識體系)의 보완(補完)을 위해, 제6의식(第六意識)의 다양(多樣)한 별행(別行)을 덧붙여도, 유식세계(唯識世界)를 총체적(總體的)으로 모두 다 드러내지 못하는 한계성(限界性)이 있어, 물질계(物質界)인 색성향미촉(色聲香味觸)의 편협(偏狹)한 한계성(限界性)에 묶인, 전5식체계(前五識體系)로는, 일체,유식성품,무한세계(一切,唯識性品,無限世界)를 모두 다 수용(受容)하는, 완전(完全)한 유식체계(唯識體係)가 될 수가 없다.

그러므로, 제6의식(第六意識)의 다양(多樣)한 별행(別行)은, 대승유식론(大乘唯識論)이, 여래정론(如來正論)인 경·근·식(境·根·識) 18경계체계(十八境界體系)를, 전5식체계(前五識體系)로 왜곡변형(歪曲變形)하였어도, 제6의식(第六意識)이 대승유식론(大乘唯識論)의 전5식체계(前五識體系)까지 벗어나, 비정상적(非正常的)인 격외법(格外法)으로, 제6의식(第六意識)의 다양(多樣)한 별행(別行)을 연구(研究)하여, 부족(不足)한 전5식체계(前五識體系)에 덧붙이게 된다. 정인정과(正因正果)는 당연(當然)하다. 첫걸음의 방향(方向)이 어긋나거나, 옷[衣服]의 첫단추를 잘못 끼우면, 전체(全體)가 어긋나게 된다. 그러면, 어긋나기 전(前)의 본래(本來)대로 되돌릴 수밖에 없다. 만약(萬若), 본래(本來)대로 되돌리지 못하면, 제6의식(第六意識)의 별행(別行)을 무한(無限) 덧붙여도, 오히려 제6의식(第六意識) 별행(別行)이, 전5식체계(前五識體系)를 벗어난 왜곡(歪曲)이며, 변형(變形)이니, 오히려, 완전(完全)하지 못한 전5식체계(前五識體系)로는 만족(滿足)할 수 없는, 지적(智的) 혼란(混亂)만 거듭[繼續] 더할 뿐이다.

그러므로, 대승유식론(大乘唯識論)의 전5식체계(前五識體系)에, 제6의식(第六意識)의 다양(多樣)한 별행(別行)을 덧붙여도, 여래정론(如來正論)인 경·근·식(境·根·識) 18경계(十八境界)의 제식전개,자연섭리,구성체계(諸識展開,自然攝理,構成體系)로 다시, 되돌리기 전(前)에는, 제6의식(第六意識)이 주관(主管)하는, 대승유식론(大乘唯識論)의 전5식체계(前五識體系)로는, 일체유식,성품세계(一切唯識,性品世界)를 완전(完全)히 수용(受容)하는, 완전(完全)한 유식체계(唯識體系)가 될 수가 없다. 왜냐하면, 대승유식론(大乘唯識論)의 전5식체계(前五識體系)에는, 법(法)과 의근(意根)과 의식(意識)의 본래(本來) 역할(役割)이 제거 (除去)되어, 상실(喪失)되었기 때문이다.

  법(法)이라 함도, 법(法)을 일컫는 논(論)의 속성(屬性)이나, 논(論) 의 의지(意志)에 따라, 법(法)이라 하여도, 그 일컫는 법(法)이, 서로 다른 특성(特性)의 차별성(差別性)이 있다. 일체(一切)를 일컬어 법 (法)이라고 할 때에는, 일체(一切)를 하나로 보거나 하나로 묶는, 총 체성(總體性)을 일컬음이다. 이는, 일체(一切)를 총괄(總括)하여 일컫 는, 심외무법(心外無法)과 같다. 그러나, 각각(各各) 별상(別相)으로 는, 눈[眼]으로 인지(認知)하는 법(法)이 다르고, 귀[耳]로 인지(認知) 하는 법(法)이 다르고, 코[鼻]로 인지(認知)하는 법(法)이 다르고, 혀 [舌]로 인지(認知)하는 법(法)이 다르고, 피부(皮膚)로 인지(認知)하는 법(法)이 다르다. 그리고, 눈[眼]으로 보아도, 산(山)과 바다[海]와 하 늘[天]과 꽃[花]과 나비[蝶]와 나무[木] 등(等)이, 법(法)이 다르다. 그 리고, 산(山)이어도 동산(東山)이 다르고, 서산(西山)이 다르며, 남산 (南山)이 다르고 북산(北山)이 다르다. 이는, 눈[眼], 귀[耳], 코[鼻], 혀[舌], 몸[身]으로 받아들이는, 일체(一切) 각각(各各) 그 별상(別相) 이 차별(差別)이 있으며, 같지를 않기 때문이다.

  색성향미촉법(色聲香味觸法)인, 물질적(物質的), 정신적(精神的), 일 체대경(一切對境)의 특성(特性)을 총괄(總括)하여, 그 차별특성(差別特 性)에 따라 개념정의(槪念正義)하여 분별(分別)한, 색성향미촉법(色聲 香味觸法)인 6종경(六種境) 중에 법(法)은, 안이비설신(眼耳鼻舌身)으로 인지(認知)하고 받아들이는 색성향미촉(色聲香味觸)과는 다른, 특별(特別)한 의미(意味)와 뜻을 부여(附與)하고 있다. 색성향미촉법(色聲香味觸法) 중의 법(法)은, 안이비설신(眼耳鼻舌身)으로는 인지(認知)할 수 없는 것으로, 오직, 정신작용(精神作用)이 대상(對相)을 인지(認知)하는 근(根)인, 의근(意根)으로만 인지(認知)하고 받아들이는, 물질(物質)과 정신(精神)의 다양(多樣)한 차별차원(差別次元)의 일체대상(一切對相)이다. 이는, 여래정론(如來正論)인 18경계체계(十八境界體系)에서, 소연경(所緣境)인 색성향미촉법(色聲香味觸法) 6종경(六種境)을, 불지혜(佛智慧)로 정의정립(正義正立)하고 체계화(體系化)한, 법(法)의 개념정의(概念正義)이며, 법(法)의 개념특성(概念特性)이다.

그러나, 대승유식론(大乘唯識論)의 전5식체계(前五識體系)에서는, 색성향미촉법(色聲香味觸法) 중에, 법(法)을, 몸[身]의 감각기관(感覺器官)인 안이비설신(眼耳鼻舌身)으로 인지(認知)하고 받아들이는, 색성향미촉(色聲香味觸)의 일체(一切)를 일컫는, 일반적(一般的) 감각대상(感覺對相)을 일컫는 법(法)으로 규정(規定)하고 정의(定義)하였다. 이는, 경·근·식(境·根·識) 18경계체계(十八境界體系)의 일체유식,성품세계(一切唯識,性品世界)를 받아들이는, 제식전개,자연섭리,구성체계(諸識展開,自然攝理,構成體系)의 제식전개특성(諸識展開特性)을 상실(喪失)한 것이다. 색성향미촉법(色聲香味觸法) 중에 법(法)은, 안이비설신(眼耳鼻舌身)으로 인지(認知)하는 색성향미촉(色聲香味觸) 외(外)에, 정신작용(精神作用)으로만 대상(對相)을 인지(認知)하는 근(根)인, 의근(意根)으로 인지(認知)하고 받아들이는 일체정신작용대상(一切精神

作用對相)의 법(法)이다. 그러므로, 이 법(法)을, 색성향미촉법(色聲香味觸法) 중에, 안이비설신(眼耳鼻舌身)으로 받아들이는 앞의 색성향미촉(色聲香味觸)을 일컫는 것으로 규정(規定)하고 정의(定義)함은, 색성향미촉법(色聲香味觸法) 중에, 법(法)의 특정(特定)한 특성(特性)의 개념정의,정립체계(槪念正義,正立體系)를, 왜곡변형(歪曲變形)하여 파괴(破壞)한 결과(結果)가 된다.

그러므로, 대승유식론(大乘唯識論)의 전5식체계(前五識體系)는, 색성향미촉법(色聲香味觸法) 중, 여래정론(如來正論)의 법(法)의 정립(正立), 개념정의정립(槪念正義正立)의 특정역할(特定役割)이 파괴(破壞)되고 제거(除去)되어 상실(喪失)된, 비정상적(非正常的)인 유식체계(唯識體係)이다. 이는, 색성향미촉법(色聲香味觸法) 중, 법(法)의 개념(槪念)과 정의(正義)가 파괴(破壞)되어, 불지혜(佛智慧)의 여래정론(如來正論)인, 제식전개,자연섭리,구성체계(諸識展開,自然攝理,構成體系)의 경·근·식(境·根·識), 18경계,전개체계(十八境界,展開體系)의 정의정립체계(正義正立體系)를 파괴(破壞)함이다. 그러므로, 대승유식론체계(大乘唯識論體係)의 왜곡변형(歪曲變形)된 전5식체계(前五識體系)는, 경·근·식(境·根·識) 18경계체계(十八境界體系)를 파괴(破壞)한, 왜곡변형,론리체계(歪曲變形,論理體系)이다. 이는, 불지혜(佛智慧)의 제식실관,개념정의정립(諸識實觀,槪念正義正立)의 경·근·식(境·根·識) 18경계, 제식전개,자연섭리,구성체계(十八境界,諸識展開,自然攝理,構成體系)를, 비정상적(非正常的)인 전5식체계(前五識體系)로 왜곡변형(歪曲變形)한, 제식전개,왜곡변형론(諸識展開,歪曲變形論)이다.

색성향미촉법(色聲香味觸法) 중에, 색성향미촉(色聲香味觸)은, 몸[身]의 감각기능(感覺機能)인 안이비설신(眼耳鼻舌身)이 촉(觸)하여 받아들이는 인식대상(認識對相)이며, 색성향미촉(色聲香味觸)이 아닌, 법(法)은, 안이비설신(眼耳鼻舌身)으로 인지(認知)할 수도 없고, 받아들일 수도 없는, 심(心)의 대상(對相)으로, 심(心)의 작용(作用)인 의근(意根)만으로 인지(認知)하고 받아들일 수 있는, 일체상념(一切想念)과 인식(認識)의 대상(對相)인 법(法)이다. 그러므로, 색성향미촉법(色聲香味觸法) 중에 법(法)은, 몸[身]의 감각기능(感覺機能)인 안(眼), 이(耳), 비(鼻), 설(舌), 신(身)으로는 촉(觸)할 수도 없고, 인지(認知)할 수도 없으며, 받아 들일 수도 없는 일체물질대상(一切物質對相)과 일체정신대상(一切精神對相)이다. 그러므로, 이 법(法)은, 몸[身]의 감각기능(感覺機能)으로 인지(認知)할 수 있는 색성향미촉계(色聲香味觸界)가 아닌, 몸[身]의 감각기능(感覺機能) 외(外)에, 정신작용(精神作用)이 근(根)인, 의근(意根)만이 인지(認知)할 수 있는 것이므로, 몸[身]의 감각기능(感覺機能)으로 인지(認知)하는 색성향미촉(色聲香味觸)과 함께, 의근(意根)만이 인식(認識)하는 일체대경대상(一切對境對相)의 법(法)을 함께 넣어, 물질적(物質的) 정신적(精神的) 일체대경대상(一切對境對相)을, 색성향미촉법(色聲香味觸法)의 6종경(六種境)으로, 그 개념(槪念)을 정의정립(正義正立)하고, 체계화(體系化)하여, 소연입식,전개체계(所緣入識,展開體系)인 경·근·식(境·根·識) 18경계체계(十八境界體系)를, 여래실증(如來實證)으로 개념정의,정립정론(槪念正義,正立正論)하였다. 그러므로, 일체(一切) 모든 차별대상,무한일체(差別對相,無限一切)를, 색성향미촉법(色聲香味觸法)의 6종경체계(六種

境體系)로 규정(規定)하여, 정의정립(正義正立)하고, 개념화(概念化)한 것이다.

그러므로, 이 색성향미촉법(色聲香味觸法)의 6종경(六種境)은, 각각(各各) 대상(對相)의 성질(性質)이 다르다. 그러므로, 6종경(六種境)은, 서로 다른 차별성질대상(差別性質對相)이다. 그러므로, 각각(各各) 서로 다른 성질(性質)의 특성(特性)을 가진, 색성향미촉법(色聲香味觸法)의 6종경(六種境)을, 촉(觸)하여 받아들이는 촉근(觸根)이 각각(各各) 다르다. 그러므로, 각각(各各) 6종경(六種境)을 받아들이는 근(根)이 곧, 6종근(六種根)이다. 이 6종경(六種境)을, 각각(各各) 근(根)으로 받아들인 6종경(六種境)의 형태(形態)가, 그대로 거울[鏡]처럼 비치어 나타나는 차별식(差別識)이 곧, 6종식(六種識)이다. 이것이, 경·근·식(境·根·識) 18경계, 제식전개, 자연섭리, 구성체계(十八境界, 諸識展開, 自然攝理, 構成體系)이다. 그러므로, 18경계, 제식전개, 구성체계(十八境界, 諸識展開, 構成體系)는, 무의식중(無意識中) 자연, 반연반응, 작용(自然, 攀緣反應, 作用)으로 이루어지는, 제식전개, 자연순리, 섭리체계(諸識展開, 自然順理, 攝理體系)이며, 제식전개, 자연섭리, 반연작용, 순리체계(諸識展開, 自然攝理, 攀緣作用, 順理體系)이며, 제식전개, 기본구성, 구조섭리, 유식체계(諸識展開, 基本構成, 構造攝理, 唯識體系)이다.

그러므로, 18경계, 제식전개, 자연섭리, 구성체계(十八境界, 諸識展開, 自然攝理, 構成體系)인 6종경(六種境)과 6종근(六種根)과 6종식(六種識)인, 경·근·식(境·根·識) 18경계(十八境界)의 유식체계(唯識體系)는, 제

식전개, 기본구성, 구조섭리, 유식체계(諸識展開, 基本構成, 構造攝理, 唯識體系)이며, 제식전개, 자연순리, 섭리체계(諸識展開, 自然順理, 攝理體系)이다. 이 소연경·근·식·섭리체계(所緣境·根·識·攝理體系)인 18경계체계(十八境界體系)의 제식전개과정(諸識展開過程)은, 무의식중(無意識中) 자연, 반연반응, 작용(自然, 攀緣反應, 作用)으로 이루어지므로, 인위적(人爲的) 조작(造作)이나 변형(變形)이 불가능(不可能)하다. 그러므로, 안이비설신의근(眼耳鼻舌身意根)으로 소연경(所緣境)의 대상(對相)을, 인위적(人爲的)으로 받아들이는 것이 아니다. 이는, 색성향미촉법(色聲香味觸法)을, 6종근(六種根)이 무의식중(無意識中) 자연, 반연반응, 작용(自然, 攀緣反應, 作用)으로 받아들인 색성향미촉법(色聲香味觸法)을, 또한, 6종식(六種識)이 자연, 반연반응, 작용(自然, 攀緣反應, 作用)으로 그대로, 거울[鏡]처럼 비치어, 안이비설신의식(眼耳鼻舌身意識)에 나타난, 색성향미촉법(色聲香味觸法)을, 제7식(第七識) 자아의식(自我意識)이, 그대로 인지(認知)하여, 제7식(第七識) 자아의식(自我意識)은, 분별(分別)과 판단(判斷)과 뜻에 따라, 취사작용(取捨作用)의 다양(多樣)한 행위(行爲)를 하게 된다.

그러므로, 경·근·식(境·根·識) 18경계체계(十八境界體系)는, 소연경(所緣境)에 의한 소연식계(所緣識界)의 작용(作用)으로, 무의식중(無意識中) 자연, 반연반응, 작용(自然, 攀緣反應, 作用)으로 이루어지는, 자연섭리, 순리체계(自然攝理, 順理體系)이다. 그러므로, 경·근·식(境·根·識) 18경계체계(十八境界體系)는, 자연, 반연반응, 작용(自然, 攀緣反應, 作用)으로 이루어지는, 자연순리, 전개섭리, 구성체계(自然順理, 展開攝理, 構

成體系)이다. 그러므로, 경·근·식(境·根·識) 18경계체계(十八境界體系)는, 인위적(人爲的) 조작(造作)이나, 변형(變形)이 불가능(不可能)한, 제식전개,자연섭리,반연작용,소연식계(諸識展開,自然攝理,攀緣作用,所緣識界)이다. 경·근·식(境·根·識) 18경계체계(十八境界體系)는, 불지혜(佛智慧)로 제식전개체계(諸識展開體系)를 실증지혜정안(實證智慧正眼)으로 정의정립정론(正義正立正論)하여 밝힌 여래정론(如來正論)인, 제식전개,자연섭리,구성체계(諸識展開,自然攝理,構成體系)이다. 경·근·식(境·根·識) 18경계체계(十八境界體系)는, 여래실증,정지정립(如來實證,正智正立) 자연섭리,제식전개,순리체계(自然攝理,諸識展開,順理體系)로, 여래정립,정의정론(如來正立,正義正論)이다.

　　경·근·식(境·根·識) 18경계체계(十八境界體系)에서, 색성향미촉법(色聲香味觸法) 중, ①색(色)은, 안근(眼根)이 무의식중(無意識中) 자연,반연반응,작용(自然,攀緣反應,作用)으로 색(色)을 받아들이며, 안근(眼根)이 받아들인 색(色)이, 그대로 거울[鏡]에 비치듯, 무의식중(無意識中) 자연,반연반응,작용(自然,攀緣反應,作用)으로 비치는 식(識)이 곧, 안식(眼識)이다. ②성(聲)은, 이근(耳根)이 무의식중(無意識中) 자연,반연반응,작용(自然,攀緣反應,作用)으로 성(聲)을 받아들이며, 이근(耳根)이 받아들인 성(聲)이, 그대로 거울[鏡]에 비치듯, 무의식중(無意識中) 자연,반연반응,작용(自然,攀緣反應,作用)으로 비치는 식(識)이 곧, 이식(耳識)이다. ③향(香)은, 비근(鼻根)이 무의식중(無意識中) 자연,반연반응,작용(自然,攀緣反應,作用)으로 향(香)을 받아들이며, 비근(鼻根)이 받아들인 향(香)이, 그대로 거울[鏡]에 비치듯, 무의식중(無意識中) 자연,반연반응,작용(自然,攀緣反應,作用)으로 비치는 식(識)이 곧, 비식(鼻識)이다. ④미(味)는, 설근(舌根)이 무의식중(無意識中) 자연,반연반응,작용(自然,攀緣反應,作用)으로 미(味)를 받아들이며, 설근(舌根)이 받아들인 미(味)가, 그대로 거울[鏡]에 비치듯, 무의식중(無意識中) 자연,반연반응,작용(自然,攀緣反應,作用)으로 비치는 식(識)이 곧, 비식(鼻識)이다. ⑤촉(觸)은, 신근(身根)이 무의식중(無意識中) 자연,반연반응,작용(自然,攀緣反應,作用)으로 촉(觸)을 받아들이며, 신근(身根)이 받아들인 촉(觸)이, 그대로 거울[鏡]에 비치듯, 무의식중(無意識中) 자연,반연반응,작용(自然,攀緣反應,作用)으로 비치는 식(識)이 곧, 신식(身識)이다. ⑥법(法)은, 의근(意根)이 무의식중(無意識中) 자연,반연반응,작용(自然,攀緣反應,作用)으로 법(法)을 받아들이며, 의근(意根)이 받아들인 법(法)이, 그대로 거울[鏡]에 비치듯, 무의식중(無意識中) 자연,반연반응,작용(自然,攀緣反應,作用)으로 비치는 식(識)이 곧, 의식(意識)이다. 그러므로, 6종근(六種根)은, 6종식(六種識)에 비치는 대상(對相)을 받아들이는 작용식(作用識)이며, 6종식(六種識)에 거울[鏡]처럼 비치는 일체대상(一切對相)은, 제7식(第七識) 자아의식(自我意識)이 인지(認知)하는, 색성향미촉법(色聲香味觸法)의 일체소연상(一切所緣相)이다.

이것이, 색성향미촉법(色聲香味觸法)인 6종경(六種境)과 안이비설신의근(眼耳鼻舌身意根)인 6종근(六種根)과 안이비설신의식(眼耳鼻舌身意識)인 6종식(六種識)이, 무의식중(無意識中) 자연,반연반응,작용(自然,攀緣反應,作用)에 의한 자연섭리체계(自然攝理體系)인, 경·근·식

(境·根·識), 18경계, 제식전개, 작용체계(十八境界, 諸識展開, 作用體系)이다. 이는, 제식전개, 자연섭리, 구성체계(諸識展開, 自然攝理, 構成體系)로, 무의식중(無意識中) 자연, 반연반응, 작용(自然, 攀緣反應, 作用)으로 이루어지는, 경·근·식(境·根·識) 18경계, 제식전개, 자연섭리, 구성체계(十八境界, 諸識展開, 自然攝理, 構成體系)이다. 그리고, 이 경·근·식(境·根·識), 18경계체계(十八境界體系)의 소연경(所緣境)에 의한 소연식계(所緣識界)의 섭리작용(攝理作用)에는, 더불어 연계중첩(連繫重疊)한 제7식(第七識) 말나식(末那識)인 자아의식(自我意識)과 제8식(第八識) 능소출입식(能所出入識)과 제9식(第九識) 아뢰야식(阿賴耶識)인 함장식(含藏識)과 제10식(第十識) 본성(本性)이 더불어 함께 연계중첩작용(連繫重疊作用)함으로, 경·근·식(境·根·識) 18경계, 제식전개(十八境界, 諸識展開)의 자연섭리작용(自然攝理作用)이 이루어짐이다.

그러므로, 18경계체계(十八境界體系)에는, 제7식(第七識) 말나식(末那識)인 자아의식(自我意識)과 제8식(第八識) 능소출입식(能所出入識)과 제9식(第九識) 아뢰야식(阿賴耶識)인 함장식(含藏識)과 제10식(第十識) 본성(本性)이, 18경계체계(十八境界體系)에 연계(連繫)된, 총체적(總體的) 제식중첩작용체계(諸識重疊作用體系)로 이루어져 있다. 그러므로, 18경계체계(十八境界體系)에는, 소연6종경(所緣六種境)인 색성향미촉법(色聲香味觸法)에 의한 소연근·식·체계(所緣根·識·體系)이므로, 제7식(第七識), 제8식(第八識), 제9식(第九識), 제10식(第十識)을 드러내지 않았어도, 18경계, 제식전개(十八境界, 諸識展開)가 이루어짐이 곧, 일체제식(一切諸識)이 연계(連繫)되어, 더불어 중첩(重疊)으로 연계작용(連繫作用)이 이루어지고 있음이다.

그러므로, 18경계체계(十八境界體系)는, 소연경·근·식·섭리체계(所緣境·根·識·攝理體系)로, 제7식(第七識), 제8식(第八識), 제9식(第九識), 제10식(第十識)을 드러내지 않았어도, 제식(諸識)이 모두, 연계중첩작용(連繫重疊作用)이 이루어짐으로, 18경계체계(十八境界體系)를, 제식전개,작용체계(諸識展開,作用體系)라고 한다. 뿐만 아니라, 이 우주(宇宙) 일체무한,차별차원,불가사의,일체세계(一切無限,差別次元,不可思議,一切世界)가 곧, 18경계(十八境界) 속에, 모두 다 총섭(總攝)해 있다. 왜냐하면, 일체,무한차별차원,무한차별세계,일체(一切,無限差別次元,無限差別世界,一切)를, 불지혜(佛智慧)로 정의정립(正義正立)한 것이 곧, 6종차별특성(六種特性差別) 소연6종경(所緣六種境)인 색·성·향·미·촉·법(色·聲·香·味·觸·法)이기 때문이다. 그것은, 5온(五蘊)도 또한, 마찬가지이다.

왜냐하면, 어떤 주제(主題)나 논설(論說)에 있어서, 그 상황(狀況)에 당연(當然)한 개념(槪念)과 정의(正義)을 위해, 그 논지(論旨)에 합당(合當)한, 다양(多樣)한 이해(理解)와 실제(實際)를 반영(反映)하거나 드러내는, 논리체계적(論理體系的) 구조(構造)를 대입(代入)해, 논의(論義)와 논지(論旨)의 뜻[義]을 명확(明確)히 하며, 또한, 논(論)의 목적(目的) 개념(槪念)과 정의(正義)를 명확(明確)하고 분명(分明)하게 한다. 그러므로, 어떤 주제(主題)나 논설(論說)의 상황(狀況)에 있어서, 법(法)을 18경계(十八境界)로도, 또는, 5온(五蘊)으로도 드러내기도 한다. 이 우주(宇宙) 무한,차별차원,불가사의,일체세계(無限,差別次元,不可思議,一切世界)를 드러낼 때에, 그 주제(主題)나 논설(論說)의 상황(狀況)에 따라 18경계(十八境界)로도, 또는, 5온(五蘊)으로도, 또는, 12인연법(十二因緣法)으로도, 또는, 법(法), 일구(一句)로도, 또는, 심(心), 이 하나의 법어(法語)로써, 이 우주(宇宙) 무한,차별차원,불가사의,일체세계(無限,差別次元,不可思議,一切世界)를 정립(正立)하고 함축(含蓄)해, 그 요지(要旨)를 명확(明確)히, 정의정론(正義正論)하며, 그 명제(命題)의 뜻[義]을 명확(明確)히 드러낸다.

그러나, 18경계(十八境界)와 5온(五蘊)을 달리하는 차별경계(差別境界)가 있음은, 18경계(十八境界)는, 소연경(所緣境)인 대경,차별세계,일체(對境,差別世界,一切)로부터 각각(各各) 경·근·식(境·根·識)이 나뉘이는 소연입식,전개과정,차별세계(所緣入識,展開過程,差別世界)를 드러내며, 그리고, 5온(五蘊)은, 대경차별,세계일체(對境差別,世界一切)를 단지(但只), 심식(心識)의 대상(對相)을 하나로 일축(一縮)한 색(色)으로, 대경,차별세계,일체(對境,差別世界,一切)를 함축(含蓄)해 드러낸다. 그리고 또한, 대경일체(對境一切)의 대상(對相)을 받아들이는 소연식(所緣識)과 능연식,심식작용,과정세계(能緣識,心識作用,過程世界)를, 수·상·행·식(受·想·行·識)의 전개과정(展開過程)으로 분류(分類)하여 드러낸다. 그러므로, 18경계(十八境界)는, 소연경·근·식(所緣境·根·識)의 각각(各各) 경(境)과 근(根)과 식(識)의 전개차별과정(展開差別過程)를 중시(重視)해, 소연경·근·식(所緣境·根·識) 전개체계(展開體系)를, 불지혜(佛智慧)로 정의정립(正義正立)하여 드러내었다. 그러므로, 경·

근·식(境·根·識) 18경계체계(十八境界體系)는, 소연6종경(所緣六種境)인 색·성·향·미·촉·법(色·聲·香·味·觸·法)을 받아들이는 각각(各各) 소연6종근(所緣六種根)과 소연6종식(所緣六種識)의 제식전개,차별과정(諸識展開,差別過程)을 불지혜(佛智慧)로 정의정립(正義正立)하여 여래정론(如來正論)으로 드러내었다. 그리고, 5온(五蘊)은, 소연경,6종차별특성(所緣境,六種差別特性)인 색·성·향·미·촉·법(色·聲·香·味·觸·法)보다, 심식작용(心識作用)이 이루어지는 전개과정(展開過程)인 수·상·행·식(受·想·行·識)을 중시(重視)하여, 불지혜(佛智慧)로 정의정립(正義正立)한 여래정론(如來正論)이다.

  그러므로, 5온(五蘊)의 ①색(色)은, 6종경,차별특성(六種境,差別特性)인, 색·성·향·미·촉·법(色·聲·香·味·觸·法)의 일체(一切)를 축약(縮約)함이다. ②수(受)는, 6종경(六種境)인 안·이·비·설·신·의근(眼·耳·鼻·舌·身·意根)이 무의식중(無意識中) 자연,반연반응,작용(自然,攀緣反應,作用)으로, 색·성·향·미·촉·법(色·聲·香·味·觸·法)을 받아들이는 6종근·수작용(六種根·受作用)이다. ③상(想)은, 6종근(六種根)이 받아들인, 색·성·향·미·촉·법(色·聲·香·味·觸·法)을 그대로 거울[鏡]처럼 비치는, 6종식(六種識)인 안식·이식·비식·설식·신식·의식(眼識·耳識·鼻識·舌識·身識·意識)이, 무의식중(無意識中) 자연,반연반응,작용(自然,攀緣反應,作用)으로 거울[鏡]처럼 비치어 나타나는 색·성·향·미·촉·법(色·聲·香·味·觸·法)의 현상(現象)이다. 이는, 6종식(六種識)에 비친, 색·성·향·미·촉·법(色·聲·香·味·觸·法)의 상(相)이다. ④행(行)은, 6종식(六種識)에, 무의식중(無意識中) 자연,반연반응,작용(自然,攀緣反應,作用)으로, 그대로 거울[鏡]처럼 비치는 색성향미촉법(色聲香味觸法)의 상(相)을, 인지(認知)하여 분별(分別)하고, 판단(判斷)에 따라 행위(行爲)하는, 제7식(第七識) 자아의식(自我意識)의 행(行)이다. ⑤식(識)은, 앎[知]이다. 5온(五蘊)의, 이 식(識)에는, 제8식(第八識) 능소출입식(能所出入識)과 제9식(第九識) 아뢰야식(阿賴耶識)인 함장식(含藏識)이 더불어 함께한 식(識)이다.

　5온(五蘊)에도, 2종차별관점(二種差別觀點)이 있다. 총체적관점(總體的觀點)과 자아업식관점(自我業識觀點)이다. 총체적관점(總體的觀點)은, 경·근·식(境·根·識) 18경계(十八境界)의 제식전개,작용관점(諸識展開,作用觀點)이다. 자아업식관점(自我業識觀點)은, 제7식(第七識) 말나식(末那識)인 자아의식업행(自我意識業行)이다. 자아의식업행(自我意識業行)인, 자아업식관점(自我業識觀點)의 5온(五蘊)은, ①색(色)은, 자아심식작용(自我心識作用)의 대상일체(對相一切)인 색성향미촉법(色聲香味觸法)이다. ②수(受)는, 대상(對相)을 받아들이는 자아의식업행(自我意識業行)으로, 좋아함[好]과 싫어함[惡]과 좋지도 싫지도 않은 평등무심(平等無心)이다. 그러므로, 자아의식업행(自我意識業行)의 수(受)는 곧, 취사심(取捨心)을 불러 일으키는 호·오·평등(好·惡·平等)의 작용심(作用心)이다. ③상(想)은, 자아의식업행(自我意識業行)으로 일어나는 각종(各種), 분별심(分別心)의 일체상념작용(一切想念作用)이다. ④행(行)은, 자아의식업행(自我意識業行)이 일어나는 다양(多樣)한 선별(選別)과 취사심(取捨心)과 판단(判斷)과 각종(各種) 분별(分別)의 일체심식행(一切心識行)이다. ⑤식(識)은, 일체(一切) 앎[知]의 세계(世界)이다. 이는, 자아의식업행(自我意識業行)의 5온(五蘊)에서도, 능소출입식(能所出入識)과 아뢰야식(阿賴耶識)인 함장식(含藏識)의 작용(作用)이다.

   5온(五蘊) 중, 총체적5온(總體的五蘊)과 자아업식5온(自我業識五蘊)의 차이점(差異點)은, 총체적5온(總體的五蘊)은, 6종경(六種境), 6종근(六種根), 6종식(六種識), 제7식(第七識), 제8식(第八識), 제9식(第九識)의 전개작용(展開作用)인 경·근·식(境·根·識) 18경계(十八境界)의 제식전개작용체계(諸識展開作用體系)이다. 그러나, 자아업식5온(自我業識五蘊)은 단지(但只), 제7식(第七識) 자아의식(自我意識)인 분별업심(分別業心) 속에서 이루어지는, 일체심식작용세계(一切心識作用世界)인 색수상행식(色受想行識)이다. 그러므로, 총체적5온(總體的五蘊)에서는, ①색(色)은, 6종경(六種境)이며, ②수(受)는, 6종근(六種根)의 작용(作用)이며, ③상(想)은, 6종식(六種識)의 작용(作用)이며, ④행(行)은, 제7식(第七識)의 작용(作用)이며, ⑤식(識)은, 앎[知]인 기억작용(記憶作用)인 제8식(第八識)과 제9식(第九識)의 작용(作用)이다. 그러므로, 총체적5온(總體的五蘊)에서의 수(受)는, 아직, 제7식(第七識) 자아의식(自我意識)이, 6종식(六種識)에 비친 색성향미촉법(色聲香味觸法)을 인지(認知)하기 전(前)이므로, 자아업식5온(自我業識五蘊)처럼, 호·오·평등(好·惡·平等)의 분별심(分別心)이 일어나기 이전(以前)이다. 그러므로, 총체적5온(總體的五蘊)의 수(受)는, 6종근(六種境)이 대경(對境)인 색성향미촉법(色聲香味觸法)을 받아들이는 작용(作用)이므로, 아직, 6종식(六種識)에, 색성향미촉법(色聲香味觸法)의 현상(現象)

이 비치지도 않았으므로, 호·오·평등(好·惡·平等)의 분별심(分別心)의 업행(業行) 이전(以前)이다.

　그리고 또한, 총체적5온(總體的五蘊)의 상(想)은, 6종경(六種境)을, 6종근(六種根)이 받아들인 형태(形態)가 그대로 거울[鏡]에 비치듯 6종식(六種識)에 비치는 색성향미촉법(色聲香味觸法)의 모습이다. 그러므로, 총체적5온(總體的五蘊)의 상(想)은, 자아업식5온(自我業識五蘊)의 상(想)처럼, 일체분별심(一切分別心)의 상념작용(想念作用)이 이루어지기 이전(以前)이다. 그러므로, 총체적5온(總體的五蘊)의 상(想)에는, 자아업식5온(自我業識五蘊)처럼, 일체분별심(一切分別心)의 상념작용(想念作用)이 아직, 없다. 총체적5온(總體的五蘊)의 행(行)이 곧, 제7식(第七識) 자아의식(自我意識)이, 색성향미촉법(色聲香味觸法)을 인지(認知)하여 분별(分別)하는, 분별심작용(分別心作用)이다.

　그러므로, 자아업식5온(自我業識五蘊)인 색수상행식(色受想行識) 모두가, 총체적5온(總體的五蘊)의 행(行)인, 제7식(第七識) 자아업식행(自我業識行)의 분별심(分別心) 속에서 이루어지는, 5온심(五蘊心)인 분별심,작용세계(分別心,作用世界)이다. 그러므로, 5온(五蘊)이어도, 경·근·식(境·根·識)의 제식전개작용(諸識展開作用)인 총체적5온(總體的五蘊)과 경·근·식(境·根·識)의 제식전개작용(諸識展開作用)이 아닌, 제7식(第七識) 자아업식행(自我業識行)의 분별심작용(分別心作用)인 5온심세계(五蘊心世界)로, 색심분별심(色心分別心), 수심분별심(受心分別心), 상심분별심(想心分別心), 행심분별심(行心分別心), 식심분별심(識心分

別心)의 5온심세계(五蘊心世界)이다.

총체적5온(總體的五蘊)과 자아업식5온(自我業識五蘊)은 서로 다른 유식시각(唯識視角)의 관점(觀點)이다. 그러므로, 총체적5온(總體的五蘊)을, 자아업식5온(自我業識五蘊)으로 이해(理解)하거나 해석(解釋)하려면 맞지를 않다. 그리고, 자아업식5온(自我業識五蘊)을, 총체적5온(總體的五蘊)으로 이해(理解)하거나 해석(解釋)하려 해도 맞지를 않다. 그러므로, 자아업식,작용세계(自我業識,作用世界)를 논(論)할 때에는, 자아업식작용(自我業識作用)의 관점(觀點)에서, 5온세계(五蘊世界)를 논(論)해야 한다. 그리고 또한, 경·근·식(境·根·識) 제식전개작용(諸識展開作用)인 제식(諸識)의 섭리체계(攝理體系)의 논(論)할 때에는, 경·근·식(境·根·識) 총체적5온(總體的五蘊)의 관점(觀點)에서, 논(論)해야 한다. 그러므로, 총체적5온(總體的五蘊)과 자아업식5온(自我業識五蘊)의 차별성(差別性)은, 총체적5온(總體的五蘊)은 경·근·식(境·根·識) 제식전개전체(諸識展開全體)를 드러내며, 자아업식5온(自我業識五蘊)은, 단지(但只), 제7식(第七識) 자아의식(自我意識) 속에서 이루어지는, 5온심(五蘊心) 차별심(差別心)의 작용(作用)이다.

그러므로, 자아업식5온(自我業識五蘊)의 수(受), 상(想), 행(行), 식(識)이, 같은 차원(次元)의 자아업식(自我業識)의 차별심(差別心)이므로, 각각(各各) 전변(轉變)이 되지 않는다. 왜냐하면, 제7식(第七識) 자아의식작용(自我意識作用)인 자아업식작용(自我業識作用)의 차별심(差別心)이기 때문이다. 그러나, 총체적5온(總體的五蘊)의 수(受), 상

(想), 행(行), 식(識)은, 자아의식작용(自我意識作用)인 제7식(第七識) 자아업식작용(自我業識作用)이 아니기 때문에, 수(受), 상(想), 행(行), 식(識)이 곧, 경·근·식(境·根·識) 제식전개작용(諸識展開作用)이므로, 각각(各各) 성품차원(性品次元)이 서로 달라, 각각(各各) 전변(轉變)이 따로 이루어진다.

그러므로, 총체적5온(總體的五蘊)의 ①수(受)는, 6종근(六種根)의 작용(作用)이므로, 수(受)의 전변지혜(轉變智慧)는, 색성향미촉법(色聲香味觸法)의 무아성지(無我性智)인 성소작지(成所作智)이다. ②상(想)은, 6종식(六種識)의 작용(作用)이므로, 상(想)의 전변지혜(轉變智慧)는, 색성향미촉법(色聲香味觸法)의 상(想)이 공(空)한 대승,공성지(大乘,空性智)인 묘관찰지(妙觀察智)이다. ③행(行)은, 제7식(第七識) 자아의식(自我意識)의 작용(作用)이므로, 행(行)의 전변지혜(轉變智慧)는, 상(相)인 사(事)와 공(空)인 이(理)를 둘[二] 다 벗어난, 일승,무염진여지(一乘,無染眞如智)인 평등성지(平等性智)이다. ④식(識)은, 제8식(第八識) 능소출입식(能所出入識)과 제9식(第九識) 함장식(含藏識)의 작용(作用)이다. 그러므로, 식(識) 중, 제8식(第八識) 능소출입식(能所出入識)이 전변(轉變)하면, 전변지혜(轉變智慧)는 일불승,원융각명성지(一佛乘,圓融覺明性智)인 대원경지(大圓鏡智)이다. 만약(萬若), 제9식(第九識) 함장식(含藏識)이 전변(轉變)하면, 전변지혜(轉變智慧)는 불승,부동성지(佛乘,不動性智)인 심부동,대열반성지(心不動,大涅槃性智)이다. 그러므로, 총체적5온(總體的五蘊)의 5온성품(五蘊性品)과 자아업식5온(自我業識五蘊)의 5온성품(五蘊性品)은, 색수상행식(色受想行識)

의 성품차원(性品次元)이 서로 다르다.

그리고, 대승유식론(大乘唯識論)에서는, 경·근·식(境·根·識) 제식전개작용(諸識展開作用)인 18경계, 제식전개, 구성체계(十八境界, 諸識展開, 構成體系)를 벗어나, 색성향미촉법(色聲香味觸法) 중, 법(法)을, 색성향미촉(色聲香味觸)과 다른 특정(特定)한 별법(別法)이 아닌, 앞의 색성향미촉(色聲香味觸)을 일컫는 단순(單純), 지칭(指稱)의 일반적(一般的)인 법(法)으로 규정(規定)하여 정의(定義)하였다. 또한, 법(法)을 받아들이는 제6의식(第六意識)의 전식(前識)인 의근(意根)을, 제6의식(第六意識)의 후식(後識)인 제7식(第七識)으로 왜곡변형(歪曲變形)하여, 제7식(第七識)으로 규정(規定)하여 정의(定義)하였다. 또한, 법(法)을 받아들이는 의근(意根)에 의해, 법(法)이, 거울[鏡]처럼 비치는 단순작용(單純作用)을 하는 의식(意識)을, 제7식(第七識)의 작용(作用)을 겸(兼)한, 제7식(第七識) 자아의식(自我意識)의 분권식(分權識)으로 변형(變形)시킴으로, 경·근·식(境·根·識) 18경계, 제식전개, 자연섭리, 구성체계(十八境界, 諸識展開, 自然攝理, 構成體系)가, 색성향미촉(色聲香味觸)의 5종경(五種境)과 안이비설신근(眼耳鼻舌身根)인 5종근(五種根)과 안이비설신식(眼耳鼻舌身識)의 5종식(五種識)인, 15경계체계(十五境界)로 변형(變形)이 되어, 대승유식론(大乘唯識論)의 전5식체계(前五識體系)로 왜곡변형(歪曲變形)하였다.

대승유식론(大乘唯識論)은, 제6의식(第六意識)이 제7식(第七識)의 작용(作用)을 겸(兼)한, 제7식(第七識) 자아의식(自我意識)의 분권식(分權

識)으로 변형(變形)이 되어, 전5식계(前五識界)를 관장(管掌)하고 총괄(總括)하는 주체식(主體識)으로 규정(規定)하여 정의(定義)하므로, 제6의식(第六意識)이 전5식계(前五識界)를 관장(管掌)하는, 제6의식(第六意識) 주관의식체계(主管意識體系)로, 경·근·식(境·根·識) 18경계체계(十八境界體系)가 왜곡변형(歪曲變形)되었다. 그러므로, 제6의식(第六意識) 중심(中心)의 대승유식론(大乘唯識論)의 전5식체계(前五識體系)는, 경·근·식(境·根·識) 18경계체계(十八境界體系)와는 서로 다른 유식체계(唯識體係)의 형태(形態)와 구조(構造)이므로, 18경계체계(十八境界體系)와 전5식체계(前五識體系)는, 서로 제식전개,구성구조,체계(諸識展開,構成構造,體系)가 같지를 않다. 그러므로, 18경계체계(十八境界體系)와 전5식체계(前五識體系)는 유식전개체계(唯識展開體系)가 서로 동일체계(同一體系)가 아니므로, 18경계체계(十八境界體系)와 전5식체계(前五識體系)인 두[二] 유식체계(唯識體系)가 합일(合一)될 수가 없다. 이는, 서로 다른 유식체계(唯識體係)이므로, 제식전개구조(諸識展開構造)가 같지를 않아, 18경계,제식전개체계(十八境界,諸識展開體系)와 제6의식(第六意識) 주관중심(主管中心)의 전5식체계(前五識體系)인 대승유식론체계(大乘唯識論體系)와는, 유식체계,섭리구조상(唯識體係,攝理構造上), 서로 같은 유식체계(唯識體係)가 아니다.

대승유식론(大乘唯識論)에서, 경·근·식(境·根·識) 총체적(總體的) 제식전개작용(諸識展開作用)인, 18경계,제식전개,자연섭리,구성체계(十八境界,諸識展開,自然攝理,構成體系)에 대한, 기본개념인식(基本概念認識)과 이해(理解)가 잘못되어, 대승유식론,제식체계(大乘唯識論,諸識體

系)에서 경·근·식(境·根·識) 18경계체계(十八境界體系)를, 제6의식(第六意識)이 관장(管掌)하는, 전5식체계(前五識體系)로 왜곡변형(歪曲變形)하였다. 이렇게 된 까닭[緣由]은, 제식(諸識)의 총체적(總體的) 제식전개,섭리체계(諸識展開,攝理體系)를 실관실증(實觀實證)한, 명확(明確)한 실증지혜(實證智慧)로, 여래정론(如來正論) 제식,전개과정,섭리체계(諸識,展開過程,攝理體系)인 18경계체계(十八境界體系)를 명료(明了)히 꿰뚫어, 제식(諸識)이 전개(展開)되는 제식,전개섭리,구성체계(諸識,展開攝理,構成體系)에 대해, 명확(明確)한 개념정의정립(槪念正義正立)이 되지 않았기 때문이다.

그러므로, 무착보살(無着菩薩)은, 자기지견(自己知見)의 유식사고(唯識思考)와 판단(判斷)에 치우쳐, 경·근·식(境·根·識) 18경계,제식전개,자연섭리,구성체계(十八境界,諸識展開,自然攝理,構成體系)인, 여래정론(如來正論) 18경계체계(十八境界體系)의 개념정의정립(槪念正義正立)에 대해, 심도(深度) 있게 이해(理解)하지 못하고, 오히려, 18경계체계(十八境界體系)를, 미완(未完)이나, 부족(不足)함이 있는 논리체계(論理體系)로 왜곡(歪曲) 인식(認識)하여, 경·근·식(境·根·識) 18경계,섭리체계(十八境界,攝理體系)를, 전5식체계(前五識體系)로 왜곡변형(歪曲變形)하는, 오류(誤謬)를 범(犯)하게 되었다. 만약(萬若), 제식전개,실관정지(諸識展開,實觀正智)와 제식전변,실증지혜(諸識轉變,實證智慧)에 의해, 각각(各各) 식(識)의 성품특성(性品特性)을 요별(了別)하고, 경·근·식(境·根·識) 제식전개,섭리체계(諸識展開,攝理體系)에 대한 정지실관,실증지혜(正智實觀,實證智慧)가 열렸다면, 경·근·식(境·根·識) 18경계,여래정론,전개체계(十八境界,如來正論,展開體系)의 개념정의정립(槪念正義正立)과 자연섭리체계(自然攝理體系)의 이치(理致)를 왜곡(歪曲)하거나, 변형(變形)하지는 않았을 것이다. 그러나, 대승유식론(大乘唯識論)에서는, 경·근·식(境·根·識) 18경계, 섭리체계(十八境界, 攝理體系)를 왜곡변형(歪曲變形)한 전5식체계(前五識體系)이므로, 이는, 제식전개, 구성체계, 실제사실(諸識展開, 構成體系, 實際事實)과 달라, 지혜미완(智慧未完)에 의한 지견오류(知見誤謬)의 유식체계(唯識體系)이다.

대승유식론(大乘唯識論)에서 제식성품개념(諸識性品槪念)이 잘못된 것은, 제식(諸識)의 각각(各各) 성품차원, 차별개념(性品次元, 差別槪念)과 성품작용, 차별개념(性品作用, 差別槪念)이 명확(明確)히 정립(正立)되지 않았고, 또한, 분류(分類)가 되지 않았다. 경·근·식(境·根·識) 제식전개체계(諸識展開體系)는, 6종경(六種境)인 색성향미촉법(色聲香味觸法)에 인연(因緣)한 6종근(六種根)과 6종식(六種識)과 그리고, 제7식(第七識), 제8식(第八識), 제9식(第九識)으로, 각각(各各) 식(識)의 전개(展開)가, 다음의 식(識)으로 상속전개(相續展開)되는, 연계작용, 전개상속, 과정(連繫作用, 展開相續, 過程)이다. 그리고, 제식전개작용(諸識展開作用)의 식종(識種)을 분류(分類)함은, 제식(諸識)이 각각(各各) 전개과정순위(展開過程順位)에 따라, 성품차원(性品次元)과 작용특성(作用特性)이 각각(各各) 다른, 차별차원식종(差別次元識種)이기 때문이다.

그러므로, 제식(諸識)은, 전개순위(展開順位)와 성품차원(性品次元)과 작용특성(作用特性)이 각각(各各) 서로 달라, 각각(各各) 식(識)의 전개순위(展開順位)가 변경(變更)되거나, 서로 다른 순위차원(順位次元)의 성품(性品)끼리 간섭(干涉)하거나, 충돌(衝突)하지 않는다. 왜냐하면, 6종근(六種根)과 6종식(六種識)과 제7식(第七識)과 제8식(第八識)과 제9식(第九識)은, 전개순위(展開順位)와 성품차원(性品次元)과 작용특성(作用特性)이 서로 달라, 서로 간섭(干涉)하거나, 서로 작용영역(作用領域)을 침범(侵犯)할 수도 없고, 또한, 서로 전개순위,상속관계(展開順位,相續關係)이므로, 서로 성품(性品)이 다른 성품(性品)의 역할(役割)이나, 또한, 다른 성품(性品)의 작용(作用)을 겸(兼)할 수가 없다. 그 까닭[緣由]은, 전개순위(展開順位)와 성품차원(性品次元)과 작용특성(作用特性)이 서로 다르기 때문이다.

그러나, 대승유식론(大乘唯識論)에서는, 서로 성품(性品)이 다른 차원(次元)임에도, 같은 동일차원성품(同一次元性品)처럼, 제식전개,자연섭리,구성체계(諸識展開,自然攝理,構成體系)의 성품(性品)을, 인위적(人爲的)으로 자기(自己)의 뜻에 따라 전개순위체계(展開順位體系)를 조작(造作)하여 변경(變更)하며, 제식전개순위(諸識展開順位)와 성품차원(性品次元)과 작용특성(作用特性)이 서로 다름에도, 전개순위(展開順位)와 성품차원(性品次元)과 성품작용특성(性品作用特性)을, 지혜미완(智慧未完)의 왜곡(歪曲)된 자의적(自意的) 견해(見解)와 판단(判斷)에 따라, 불지혜설(佛智慧說)이며, 여래정론(如來正論)인 18경계,제식전개,자연섭리,구성체계(十八境界,諸識展開,自然攝理,構成體系)를 왜곡변경(歪曲變更)하여 파괴(破壞)하고, 자의적(自意的) 판단(判斷)에 따라 인위적(人爲的)으로, 조작변경(造作變更)하였다.

대승유식론(大乘唯識論)이, 각각(各各) 제식성품(諸識性品)과 제식 전개섭리체계(諸識展開攝理體系)에 대해, 개념정의(槪念正義)가 잘못 된 것은, 각각(各各) 성품(性品)의 확실(確實)한 요별지혜(了別智慧)와 총체적(總體的) 제식, 전변지혜, 차별차원, 성품세계(諸識, 轉變智慧, 差別 次元, 性品世界)에 대한 실증지혜(實證智慧)가 없었기 때문이다. 그러 므로, 대승유식론(大乘唯識論)의 제식, 전개작용, 섭리체계(諸識, 展開 作用, 攝理體系)와 각각(各各) 제식성품(諸識性品)에 대한 개념(槪念)이, 사실(事實)과 다른 오류(誤謬)와 왜곡(歪曲)된 부분(部分)이 있다. 총 체적(總體的) 유식성품세계(唯識性品世界)는, 이에 대한 명확(明確)한 실증지혜(實證智慧)가 없으면, 알 수가 없으므로, 대승유식론(大乘唯 識論)의, 제식성품세계(諸識性品世界)에 대한 정의(定義)가, 사실(事實) 과 다른 왜곡(歪曲)된 논지오류(論智誤謬)의 부분(部分)은, 어떻게든 수정보완(修正補完)이 되어야 할 부분(部分)이다.

그리고 또한, 대승유식론(大乘唯識論)은, 총체적(總體的) 유식성품 세계(唯識性品世界)인, 일체, 유위무위, 유식성품, 세계(一切, 有爲無爲, 唯 識性品, 世界)를 모두 다 밝히지 못하였으며, 또한, 유식지혜, 상승세 계, 차별차원, 성불과정, 유식체계(唯識智慧, 上昇世界, 差別次元, 成佛過程, 唯識體系)를 실증지혜정안(實證智慧正眼)으로 정의정립(正義正立)하여 밝히지 못하였다. 이는, 총체적(總體的) 유식성품세계(唯識性品世界) 에 대한 실증지혜(實證智慧)가 없었기 때문이다. 총체적(總體的) 유위 무위, 유식성품, 차별차원, 지혜세계(有爲無爲, 唯識性品, 差別次元, 智慧世 界)에 대한 실증지혜(實證智慧)를 갖춘 불지(佛智)가 아니면, 유식성품세계(唯識性品世界)를 논(論)하여도, 실증지혜, 정지정안(實證智慧, 正智正眼)이 아니므로, 자기(自己)의 논지론설(論智論說)을 지혜점검(智慧點檢)할, 실증지혜(實證智慧)가 없으면, 지견(知見)의 오류(誤謬)와 왜곡(歪曲)의 부분(部分)이 있을 수도 있다. 왜냐하면, 이에 대한 총체적(總體的) 유위무위, 일체유식, 차별차원, 성품세계(有爲無爲, 一切唯識, 差別次元, 性品世界)에 대한 실증지혜정안(實證智慧正眼)을 갖추지 못했기 때문이다.

　일체초월(一切超越) 불지(佛智)가 아니면, 총체적(總體的) 유식성품세계(唯識性品世界)를 명확(明確)히 알 수가 없다. 무착보살(無着菩薩)이, 신통력(神通力)으로 도솔천(兜率天)에 올라가, 미륵보살(彌勒菩薩)에게 유식세계(唯識世界)에 대한 법문(法門)을 듣고, 유식지혜(唯識智慧)를 두루 밝게 통(通)하였다고 한다. 그러나, 총체적(總體的) 유식지혜(唯識智慧)는, 일체초월(一切超越) 불(佛)이 아니면 알 수 없음이니, 미륵보살(彌勒菩薩)이어도, 총체적(總體的) 일체유식, 성품세계(一切唯識, 性品世界)를 모두 다 알 수가 없다. 왜냐하면, 총체적(總體的) 일체유식, 성품세계(一切唯識, 性品世界)는, 보살지혜(菩薩智慧)로도 모두 다 알 수가 없기 때문이다. 일체초월성(一切超越性) 불성(佛性)에 증입(證入)한 불(佛)이어야만 총체적(總體的) 일체유식, 성품세계(一切唯識, 性品世界)를 모두 다 알 수 있는 까닭[緣由]은, 일체초월(一切超越) 불지(佛智)에 증입(證入)이 곧, 총체적(總體的) 일체, 유위무위, 차별차원, 일체유식, 차별세계(一切, 有爲無爲, 差別次元, 一切唯識, 差別世界)를 모두 타파(打破)해 벗어난, 일체초월(一切超越) 불성증입지혜(佛性

證入智慧)이기 때문이다.

　그러므로 아직, 일체유식, 성품세계(一切唯識, 性品世界)를 타파(打破)해 벗어나, 일체초월성(一切超越性) 불성(佛性)에 증입(證入)한 일체초월(一切超越) 불지(佛智)가 아니므로, 그 지혜자(智慧者)의 이름[名]이 곧, 보살(菩薩)이며, 그 지혜(智慧)가 곧, 무위보살지(無爲菩薩智)이다. 그러므로, 일체초월(一切超越) 불지(佛智)가 아니면, 총체적(總體的) 일체유식, 성품세계(一切唯識, 性品世界)를 알 수가 없다. 그러므로, 일체초월(一切超越) 불지(佛智)가 아니면, 제식전개, 자연섭리, 구성구조, 전개과정, 유식체계(諸識展開, 自然攝理, 構成構造, 展開過程, 唯識體系)와 유식지혜, 상승세계(唯識智慧, 上昇世界)인 제식전변, 지혜상승, 차별차원, 무위지혜, 전변과정, 성불체계(諸識轉變, 智慧上昇, 差別次元, 無爲智慧, 轉變過程, 成佛體系)를 알 수가 없다.

　지식(知識)과 식견(識見)으로, 앎이 명확(明確)하고 확실(確實)해도, 그것은, 식(識)의 분별(分別)일 뿐, 실증지혜(實證智慧)가 아니므로, 지식(知識)과 식견(識見)을 벗어나, 초월(超越)을 향(向)해 지혜(智慧)가 상승(上昇)할수록, 어제는 옳았어도, 오늘은, 어제의 옳음[正]이 옳음[正]이 아니었음을 깨달으며, 또한, 10년(十年) 전(前)에는 그것이 옳았어[正]도, 10년(十年) 후(後)인 지금은, 10년(十年) 전(前)의 그 옳음[正]이, 옳음[正]이 아님을 깨닫는다. 이것이, 제식전변, 지혜상승, 과정체계(諸識轉變, 智慧上昇, 過程體系)이다. 그러므로, 범부(凡夫)의 옳음[正]이 곧, 대승(大乘)의 옳음[正]이 아니며, 또한, 대승

(大乘)의 옳음[正]이 곧, 일승(一乘)의 옳음[正]이 아니며, 또한, 일승(一乘)의 옳음[正]이 곧, 일불승(一佛乘)의 옳음[正]이 아니며, 또한, 일불승(一佛乘)의 옳음[正]이 곧, 불승(佛乘)의 옳음[正]이 아니며, 또한, 불승(佛乘)의 옳음[正]이 곧, 불(佛)의 옳음[正]이 아니다.

● 대승유식론(大乘唯識論)의 문제점(問題點)

대승유식론(大乘唯識論)은, 경·근·식(境·根·識) 18경계체계(十八境界體系)에서, ①색성향미촉법(色聲香味觸法) 6종경(六種境) 중, 법(法)의 특성변형,왜곡상실(特性變形,歪曲喪失)과 ②안이비설신의근(眼耳鼻舌身意根) 중, 의근(意根)을 제7식변경이관(第七識變更移管)으로, 의근(意根)의 특성변형,왜곡상실(特性變形,歪曲喪失)과 ③안이비설신의식(眼耳鼻舌身意識) 중, 의식(意識)을, 제7식(第七識)의 작용(作用)을 겸(兼)한, 제7식(第七識) 자아의식(自我意識)의 분권식(分權識)으로 의식왜곡변형(意識歪曲變形)한 것과 ④제7식(第七識) 자아의식(自我意識)의 작용특성(作用特性) 개념상실(槪念喪失)과 ⑤제8식(第八識)이 제식전개순리상(諸識展開順理上) 능소출입식(能所出入識)이어도, 함장식(含藏識)으로 규정(規定)한, 제식전개,순리체계오류(諸識展開,順理體系誤謬)와 ⑥함장식(含藏識) 전변지혜(轉變智慧)가 심부동,대열반성지(心不動,大涅槃性智)임에도, 능소출입식(能所出入識)의 전변지혜(轉變智慧)인 대원경지(大圓鏡智)로 규정(規定)하여 정의(定義)한 전변지혜,섭리체계오류(轉變智慧,攝理體系誤謬)와 ⑦대승유식론(大乘唯識論)이 자아업식작용(自我業識作用)에 치우쳐, 총체적(總體的) 일체유식,성품세계(一切唯識,性品世界)인 유위무위,차별차원,유식성품,차별세계(有爲無爲,差別次元,唯識性品,差別世界)를 정의정립(正義正立)하지 못했다. ⑧ 대승유식론(大乘唯識論)은, 유식지혜,상승세계(唯識智慧,上昇世界)이며, 당연(當然)한 성불과정,유식체계(成佛過程,唯識體系)인, 제식전변,지혜상승,무위지혜,차별차원,성불과정,유식체계(諸識轉變,智慧上昇,無爲智慧,差別次元,成佛過程,唯識體係)를, 실증지혜(實證智慧)로 명확(明確)히 정의정립정론(正義正立正論)하지 못했다. 유식론(唯識論)과 유식지혜(唯識智慧)의 목적(目的)은, 당연(當然)히, 제식전변,유식지혜,상승세계(諸識轉變,唯識智慧,上昇世界)의 성불체계(成佛體系)인, 지혜전변,성불과정,유식체계,정의정립,실증정론(智慧轉變,成佛過程,唯識體係,正義正立,實證正論)에 있다. 그러나, 대승유식론(大乘唯識論)에서는, 유식지혜,상승세계,성불체계(唯識智慧,上昇世界,成佛體系)에 대해, 실증지혜과정(實證智慧過程)을 정의정립(正義正立)을 하지 못해, 성불과정,지혜상승,유식체계(成佛過程,智慧上昇,唯識體係)를 알 수가 없다.

그리고, 유식성품세계(唯識性品世界)에서, 제식종(諸識種)을 분류(分類)하여 차별화(差別化)함은, 제식(諸識)이 각각(各各) 전개순위(展開順位)와 성품차원(性品次元)과 작용역할(作用役割)의 제식성품특성(諸識性品特性)이 다르기 때문이다. 그러므로, 전개순위(展開順位)와 성품차원(性品次元)과 작용역할(作用役割)이 다른 식(識)은, 서로 성품작용영역(性品作用領域)이 다르므로, 서로 성품작용영역(性品作用領域)이 겹치어 침범(侵犯)하거나, 서로의 성품영역(性品領域)을 간섭

(干涉)하거나, 서로 작용(作用)을 겸(兼)할 수가 없다. 그러나, 대승유식론(大乘唯識論)에서는, 각각(各各) 제식(諸識)의 전개순위(展開順位)와 성품차원(性品次元)과 작용역할(作用役割)이 다름에도, 제식종, 섭리체계(諸識種, 攝理體系)를 무시(無視)하고, 전개순위(展開順位)의 왜곡이동(歪曲移動)과 성품차원(性品次元)의 왜곡변형(歪曲變形)과 작용역할(作用役割)의 왜곡변경(歪曲變更)으로, 제식종특성(諸識種特性)과 제식종섭리체계(諸識種攝理體系)가, 본래(本來)의 제식전개,자연섭리,구성체계(諸識展開, 自然攝理, 構成體系)를 벗어나, 왜곡(歪曲), 또는, 변경(變更)하여, 여래정론(如來正論)의 제식체계(諸識體系)를 변형(變形)하고, 파괴(破壞)하였다.

제식종,섭리체계(諸識種, 攝理體系)인 18경계체계(十八境界體系)에서, 의식(意識)의 전식(前識)인 의근(意根)을, 의식(意識)의 후식(後識)인 제7식(第七識)으로, 의근(意根)을 변경이관(變更移管)함으로, 의식(意識)은 의근(意根)에 의해 작용(作用)이 이루어지므로, 의근(意根)이 제7식(第七識)이니, 제6의식(第六意識)이 제7식(第七識)의 작용(作用)을 겸(兼)한, 제7식(第七識) 자아의식(自我意識)의 분권식(分權識)이 되므로, 경·근·식(境·根·識) 18경계(十八境界)의 제식체계(諸識體系)가 왜곡변형(歪曲變形)이 되었다. 제식종,섭리체계(諸識種, 攝理體系)는, 제6의식(第六意識)과 제7식(第七識)이, 서로 전개순위(展開順位)와 성품차원(性品次元)과 작용역할(作用役割)의 특성(特性)이 서로 다르므로, 서로 작용(作用)을 겸(兼)하지 못한다.

그러나, 대승유식론(大乘唯識論)에서는, 제6의식(第六意識)과 제7식(第七識)의 두[二] 성품(性品)의 차원(次元)과 작용(作用)과 영역(領域)이 겸(兼)하는 부분(部分)이 있어, 서로의 역할(役割)이 불분명(不分明)하여, 서로 성품작용영역(性品作用領域)을 간섭(干涉)하고, 그 작용역할(作用役割)이 중복(重複)되며, 또한, 서로 성품영역(性品領域)을 침범(侵犯)한다. 이것은, 서로 전개순위(展開順位)와 성품차원(性品次元)과 작용역할(作用役割)이 다름을 살피지 못한, 유식지혜미혹(唯識智慧迷惑)이다. 이는, 제식종,섭리체계(諸識種,攝理體系)의 기본구성구조(基本構成構造)의 섭리체계(攝理體系)인, 제식,차별차원,성품세계(諸識,差別次元,性品世界)를 명확(明確)히 깨닫지 못했기 때문이다. 그러므로, 대승유식론,제식체계(大乘唯識論,諸識體系)에는, 각각(各各) 제식성품(諸識性品)의 차별특성(差別特性)과 제식전개,섭리체계(諸識展開,攝理體系)의 상속관계(相續關係)를 명확(明確)히 실증확인(實證確認)한, 실증지혜정안(實證智慧正眼)이 없어, 실증지혜(實證智慧)로 정의정립(正義正立)한, 제식종,섭리체계(諸識種,攝理體系)가 아니니, 이에 대한 명확(明確)한 실증지혜(實證智慧)가 없는, 지혜미완(智慧未完)에 의한 지견(知見)의 유추(類推)와 추론적(推論的) 추정(推定)에 의해 설정성립(設定成立)한, 유추추정론(類推推定論)임을, 인정(認定)할 수밖에 없다.

제식종성품(諸識種性品)과 제식종,섭리체계(諸識種,攝理體系)의 차별특성(差別特性)을 명확(明確)히 알려면, 이에 대한 제식실관,실증지혜(諸識實觀,實證智慧)와 제식전변,실증지혜(諸識轉變,實證智慧)가 있어야 한다. 그 까닭[緣由]은, 그래야만, 제식종,전개상속,구성세계 (諸識種,展開相續,構成世界)와 제식종,차별차원,성품세계(諸識種,差別次元,性品世界)를 명확(明確)히 알 수가 있다. 제6의식(第六意識)과 제7식(第七識) 자아의식(自我意識)의 성품차원(性品次元)과 성품작용특성 (性品作用特性)이 다르다. 그러므로, 6종식(六種識) 중, 제6의식(第六意識)은, 의근(意根)이 대경(對境)의 법(法)을 받아들이는 수(受)의 작용(作用)에 의해, 법상(法相)이 그대로 거울[鏡]처럼 비치는 상식(相識)이므로, 제6의식(第六意識)이 전변(轉變)하면, 색성향미촉법(色聲香味觸法)의 상(相)이 타파(打破)되어 공성지혜(空性智慧)에 증입(證入)하게 된다. 이것은, ①사법계(事法界), ②이법계(理法界), ③이사무애법계(理事無礙法界), ④사사원융법계(事事圓融法界), ⑤부동열반법계(不動涅槃法界), ⑥청정본성법계(淸淨本性法界)인 6법계(六法界) 중에, 공성법계(空性法界)인 이법계(理法界)이며, 대승공성지(大乘空性智)가 열림이다.

제7식(第七識) 자아의식(自我意識)은, 6종근(六種根)의 수(受)의 작용(作用)으로 6종식(六種識)에 그대로 거울[鏡]처럼 비치는 색성향미촉법(色聲香味觸法)을 인지(認知)하여 분별(分別)하는, 자아의식(自我意識)인 분별식(分別識)이므로, 제7식(第七識)이 타파(打破)되어 전변(轉變)하면, 자아의식(自我意識)이 끊어져 멸(滅)한, 무염진여성지(無染眞如性智)에 증입(證入)하게 된다. 이는, 6법계(六法界) 중, 사법계(事法界)인 현상계(現象界)와 공성법계(空性法界)인 이법계(理法界)를 둘[二] 다 벗어난, 이사무애법계(理事無礙法界)이다. 이는, 상(相)과 공(空)을 둘[二] 다 벗어난, 일승,무염진여지(一乘,無染眞如智)이다. 그러므로, 제6의식(第六意識)은 소연작용식(所緣作用識)이며, 제7식(第七識)은 능연작용식(能緣作用識)이므로, 서로 성품차원(性品次元)이 다른 성품(性品)이다. 그러므로, 제6의식(第六意識)이, 제7식(第七識)의 작용(作用)을 겸(兼)할 수가 없다. 그 까닭[緣由]은, 소연작용식(所緣作用識)인 제6의식(第六意識)과 능연작용식(能緣作用識)인 제7식(第七識) 자아의식(自我意識)은, 성품차원(性品次元)이 서로 다르며, 또한, 서로 성품작용(性品作用)의 섭리역할(攝理役割)이 다르기 때문이다. 그러므로, 제6의식(第六意識)과 제7식(第七識)은 서로 연계중첩(連繫重疊)해 있어도, 서로 성품차원(性品次元)이 다르므로, 성품작용(性品作用)이 서로 겹치거나, 겸(兼)하거나, 중복(重複)될 수가 없다.

그리고, 대승유식론,제식체계(大乘唯識論,諸識體系)에, 각각(各各) 제식성품,개념정립(諸識性品,槪念正立)이 사실(事實)과 다른 오류(誤謬)의 부분(部分)과 그리고, 제식전개,섭리체계(諸識展開,攝理體系)의 오류(誤謬)의 부분(部分)과 그리고, 제식전변,지혜섭리,체계(諸識轉變,智慧攝理,體系)가 사실(事實)과 다른 왜곡(歪曲)의 부분(部分)을 보며, 대승유식론사(大乘唯識論師)들의 제식실관지(諸識實觀智)나, 제식전변,차별차원,무위지혜,상승체계(諸識轉變,差別次元,無爲智慧,上昇體系)에 대한 실증지혜(實證智慧)가 없었음을 확인(確認)하게 된다. 총체적(總體的) 일체,유위무위,차별차원,성품체계(一切,有爲無爲,差別次元,性品體系)를 알려면, 일체초월(一切超越) 불지혜(佛智慧)이어야 가능(可能)하다. 왜냐하면, 일체초월(一切超越) 불지(佛智)에 증입(證入)

함이 곧, 총체적(總體的) 유식성품세계(唯識性品世界)의 일체,유위무위,유식성품,차별차원,유식세계(一切,有爲無爲,唯識性品,差別次元,唯識世界)를 모두 타파(打破)해 벗어나, 일체초월성(一切超越性) 불성불지(佛性佛智)에 증입(證入)하기 때문이다. 그러므로, 총체적(總體的) 일체,유위무위,유식성품,차별세계(一切,有爲無爲,唯識性品,差別世界)를 타파(打破)해 벗어나, 일체초월성(一切超越性) 불성불지(佛性佛智)에 증입하기 전(前)에는, 총체적(總體的) 일체유식,성품세계(一切唯識,性品世界)를 알 수가 없다. 그리고 또한, 일체유식,성품세계(一切唯識,性品世界)를 벗어나기 전(前)에는, 일체초월성(一切超越性) 불성(佛性)을 깨달을 수도 없고, 일체초월(一切超越) 불지(佛智)에 증입(證入)할 수도 없다.

그리고, 대승유식론(大乘唯識論)에서, 제7식(第七識) 다음 식(識)이 제8식(第八識)이며, 제8식(第八識)을 최종식(最終識)으로 규정(規定)하여, 제8식(第八識)을 아뢰야식(阿賴耶識)인 함장식(含藏識)이라 이름[名]하여도, 제8식(第八識)의 성품(性品)에는, 성품차원(性品次元)이 서로 다른 식종(識種)인 함장식(含藏識)과 본성(本性)이 함께 있음을 규정(規定)하였으므로, 한 성품 특성(特性)을 지칭(指稱)하는 이름[名]인, 아뢰야식(阿賴耶識)인 함장식(含藏識)이라 하는 것은, 제8식(第八識) 성품(性品)의 식종차별,제식분류,유식체계,개념정의(識種差別,諸識分類,唯識體系,概念正義)에는 옳지 않으며, 당연(當然)히 문제점(問題點)이 있다.

대승유식론(大乘唯識論)의 제8식(第八識)에는, 사실(事實), 3종차별식종(三種差別識種)이 함께 있는 중첩복합식(重疊複合識)이다. 3종차별성품(三種差別性品)은, 능소출입식(能所出入識)과 함장식(含藏識)과 본성(本性)이다. 대승유식론(大乘唯識論)의 제8식(第八識)에, 3종차별식종(三種差別識種)이 함께 있게 된 까닭[緣由]은, 제7식(第七識) 다음 제8식(第八識)이 능소출입식(能所出入識)이어도, 대승유식론사(大乘唯識論師)들이, 이에 대한 실증지혜(實證智慧)가 없어, 능소출입식(能所出入識)의 존재(存在)를 인지(認知)하지 못해, 능소출입식(能所出入識)을 빠뜨리고, 능소출입식(能所出入識)의 다음 식(識)인 함장식(含藏識)을, 제8식(第八識)으로 규정(規定)하였다. 그러므로, 대승유식론(大乘唯識論)의 제식체계(諸識體系)에는, 능소출입식(能所出入識)이 빠졌어도, 실제(實際) 제식전개작용(諸識展開作用)에는, 능소출입식(能所出入識)이 제거(除去)되거나 상실(喪失)된 것이 아니므로, 대승유식론사(大乘唯識論師)들은 능소출입식(能所出入識)을 인지(認知)하지 못하였어도, 사실(事實)은 능소출입식(能所出入識)이 제거(除去)되지 않으므로, 대승유식론사(大乘唯識論師)들은 이 사실(事實)을 몰라도, 제7식(第七識) 다음 작용식(作用識)이 능소출입식(能所出入識)이므로, 자연(自然)히 대승유식론(大乘唯識論)의 제8식(第八識) 속에는, 대승유식론사(大乘唯識論師)들이 빠뜨린, 능소출입식(能所出入識)이 상실(喪失)되지 않고, 제8식(第八識) 속에 함께 있음이다.

그리고, 제8식(第八識)이 함장식(含藏識)이라고, 대승유식론(大乘唯識論)에서 규정(規定)하였으므로, 제8식(第八識)에는 능소출입식(能所

出入識)과 더불어 함장식(含藏識)이 함께 있음이다. 그리고, 대승유식론(大乘唯識論)의 최종식(最終識)인 제8식(第八識)에, 본성(本性)을 함께 넣어, 함장식(含藏識)은 제8식(第八識)의 염분성품(染分性品)으로, 본성(本性)을 제8식(第八識)의 정분성품(淨分性品)으로 규정(規定)하여, 대승유식론(大乘唯識論)에서, 제8식(第八識) 속에, 함장식(含藏識)과 본성(本性)을, 염분(染分)과 정분(淨分)으로 설정(設定)하여, 제8식(第八識) 속에 염분(染分)과 정분(淨分)이 함께 있는 성품(性品)으로 규정(規定)하였다. 그러므로, 대승유식론(大乘唯識論)의 제8식(第八識)에는, 염분(染分)인 함장식(含藏識)과 정분(淨分)인 본성(本性)의 두[二] 성품(性品)만 있는 것이 아니라, 사실(事實)은, 대승유식론사(大乘唯識論師)들이 빠뜨린 능소출입식(能所出入識)까지, 논(論)의 성립본의(成立本意)와 달리, 3종차별식종(三種差別識種)이 함께 있는 중첩복합식(重疊複合識)이 되었다.

대승유식론(大乘唯識論), 제8식(第八識)의 당연(當然)한 오류(誤謬)의 문제점(問題點)은, 만약(萬若), 대승유식론사(大乘唯識論師)들이 능소출입식(能所出入識)의 존재(存在)를 알았다면, 제7식(第七識) 다음 제8식(第八識)이 능소출입식(能所出入識)이며, 제9식(第九識)이 함장식(含藏識)이 되었을 것이다. 그러나, 대승유식론사(大乘唯識論師)들이, 능소출입식(能所出入識)의 존재(存在)를 인지(認知)하지 못해, 제7식(第七識) 다음, 제8식(第八識)인 능소출입식(能所出入識)을 빠뜨리고, 제8식(第八識)을 함장식(含藏識)으로 규정(規定)하였다. 제8식(第八識)이라고 명칭(名稱)함은, 제식전개순서(諸識展開順序)가 여덟[八]

번(番)째임을 지칭(指稱)함이다. 그러므로, 제식전개순서(諸識展開順序)를 따라, 제6식(第六識)과 제7식(第七識)도, 제8식(第八識)과 식종(識種)이 다르므로, 제6식(第六識)과 제7식(第七識)으로 식종체계분류(識種體系分類)를 서로 따로 분리(分離)하였음이다.

그런데, 함장식(含藏識)은 중생무명식(衆生無明識)이며, 본성(本性)은 중생식(衆生識)이 아닌, 일체초월,절대성(一切超越,絕對性) 불성(佛性)이므로, 중생식(衆生識)인 제8식(第八識)의 성품(性品)으로, 함장식(含藏識)과 본성(本性)을 함께 묶는 것은, 당연(當然)히 제식종,분류체계(諸識種,分類體系)의 오류(誤謬)이며, 모순(矛盾)된 문제점(問題點)이다. 왜냐하면, 중생식종(衆生識種)인 제6식(第六識)과 제7식(第七識)도 식종(識種)이 달라, 서로 식종(識種)을 따로 분류(分類)하여 분리(分離)하면서, 중생무명식(衆生無明識)인 함장식(含藏識)과 일체초월,절대성(一切超越,絕對性)이며, 청정본성(淸淨本性)인 불성(佛性)을, 식종(識種)을 따로 분류(分類)하지 않고, 함장식(含藏識)과 함께, 제8식(第八識)의 성품(性品)으로 규정(規定)한 것은, 당연(當然)히 제식종,분류체계(諸識種,分類體系)의 오류(誤謬)이며, 모순(矛盾)됨이 있는 문제점(問題點)이다.

그리고, 제8식(第八識)의 명칭(名稱)을 함장식(含藏識)이라고 규정(規定)하면서, 그 제8식(第八識) 속에, 본성(本性)을 함께 제8식(第八識)의 식종(識種)으로 묶는 것은, 제식종(諸識種)을 분류(分類)하는 유식체계(唯識體系)의 당연(當然)한 지견오류(知見誤謬)이며, 잘못된 모순점(矛盾點)이다. 그리고, 또, 제8식(第八識)을 함장식(含藏識)이라고 규정(規定)하면서, 제8식(第八識) 함장식(含藏識)을 전변(轉變)한 전변지혜(轉變智慧)를 대원경지(大圓鏡智)라고 정의(定義)하였다. 사실(事實), 이 대원경지(大圓鏡智)는, 대승유식론사(大乘唯識論師)들이 빠뜨린, 능소출입식(能所出入識)의 전변지혜(轉變智慧)이다. 함장식(含藏識)의 전변지혜(轉變智慧)는 대원경지(大圓鏡智)가 아니라, 대원경지(大圓鏡智)보다 더 깊은 심부동,대열반성지(心不動,大涅槃性智)이다.

대승유식론사(大乘唯識論師)들이, 능소출입식(能所出入識)의 존재(存在)가 있음을 인지(認知)하지 못해 빠뜨려 놓고, 함장식(含藏識)의 전변지혜(轉變智慧)를 심부동,대열반성지(心不動,大涅槃性智)라 하지 않고, 능소출입식(能所出入識)의 전변지혜(轉變智慧)인 대원경지(大圓鏡智)라고 하니, 이는, 대승유식론사(大乘唯識論師)들이 이에 대해, 실증지혜(實證智慧)가 없어, 지견오류(知見誤謬)의 왜곡(歪曲)을 범(犯)한 것이다. 그러므로, 실증지혜정안(實證智慧正眼)으로, 대승유식론(大乘唯識論) 제8식(第八識)의 논리체계(論理體系)에 대해 살펴보면, 실증지혜(實證智慧)로 정의정립(正義正立)한 실증지혜,정립체계(實證智慧,正立體系)가 아니므로, 논리체계(論理體系)가 실제사실(實際事實)과 다른 지견오류(知見誤謬)로 왜곡(歪曲)됨이 있어, 대승유식론(大乘唯識論)의 제식론리체계(諸識論理體系)가 무질서(無秩序)하고, 혼란(混亂)스럽다.

제8식(第八識) 속에 있는, 염분(染分)과 정분(淨分)으로 규정(規定)

한 성품개념특성(性品槪念特性)과 각각(各各) 성품차별차원(性品差別次元)에 대해, 대승유식론(大乘唯識論)에서는, 명확(明確)한 실증지혜(實證智慧)에 의한 개념정의(槪念正義)를 하지 않았다. 그리고 또한, 제8식(第八識)의 염분(染分)과 정분(淨分)의 성품특성(性品特性)에 대한, 명확(明確)한 개념정의정립(槪念正義正立)이 되지 않았다. 제8식(第八識)의 성품(性品)에 대해, 명확(明確)히 꿰뚫으려면, 일체초월(一切超越) 불지(佛智)에 증입(證入)해야 한다. 그러므로, 실증지혜정안(實證智慧正眼)으로, 제8식(第八識) 속에, 서로 다른 차원(次元)의 성품(性品)이 함께 있는, 차별성품특성(差別性品特性)을 섬세(纖細)히 밝혀야 한다.

왜냐하면, 대승유식론(大乘唯識論) 제8식(第八識)의 성품(性品)은, 최종식(最終識)으로, 일체초월(一切超越) 불지(佛智)에 증입(證入)한 실증지혜(實證智慧)가 아니면 알 수가 없는, 유식(唯識)의 불가사의(不可思議) 심층성품세계(深層性品世界)이기 때문이다. 대승유식론(大乘唯識論)에서 규정(規定)한 제8식(第八識) 성품(性品) 속에는, 서로 다른 차원(次元)의 성품(性品)이 함께 중첩(重疊)되어 있는, 중첩복합식(重疊複合識)이므로, 일체초월(一切超越) 불지(佛智)가 아니면, 제8식(第八識)의 성품세계(性品世界)에 대해, 명확(明確)히 알 수가 없다. 그러므로, 대승유식론(大乘唯識論) 제8식(第八識)의 성품(性品)은, 어떤 유추(類推)와 추론(推論)으로도 알 수가 없는 난해(難解)한 성품(性品)이다. 이를 달리 표현(表現)하면, 미세혈관(微細血管)과 미세신경조직(微細神經組織)이 서로 얽혀있는, 뇌(腦)의 섬세(纖細)한

구조(構造)와도 같다.

　제8식(第八識)의 성품(性品) 속에는, 능소출입식(能所出入識)과 무명부동함장식(無明不動含藏識)과 법계체성(法界體性)인 본성(本性)과 일불승(一佛乘)의 대원경지(大圓鏡智)인 원융각명성품(圓融覺明性品)과 불승(佛乘)의 청정부동,대열반성(淸淨不動,大涅槃性)이, 더불어 함께, 중첩(重疊)해 있어도, 각각(各各) 성품차원(性品次元)이 서로 달라, 서로 간섭(干涉)하거나, 장애(障礙)하거나, 부딪침이 없다. 대승유식론(大乘唯識論)의 제8식(第八識) 속에, 이 모든 성품(性品)이 함께 있는 까닭[緣由]은, 대승유식론(大乘唯識論)의 제8식(第八識)은, 대승유식론(大乘唯識論)의 최종식(最終識)이므로, 제8식(第八識) 속에 정분(淨分)을 본성(本性)으로 규정(規定)하였으므로, 제7식(第七識)인 말나식(末那識) 다음이 제8식(第八識)이니, 제8식(第八識) 속에는, 제7식(第七識)인 말나식(末那識)이 제외(除外)된, 본성(本性)의 하위개념식(下位槪念識)이 모두 함께 중첩(重疊)해 있는 특성(特性)을 가진 식(識)이기 때문이다. 그러므로, 제8식(第八識) 속에는, 본성(本性)의 하위개념식(下位槪念識)으로는, 제7식(第七識)인 말나식(末那識) 다음 식(識)인, 대승유식론(大乘唯識論)에서 빠뜨린 능소출입식(能所出入識)과 함장식(含藏識)과 능소출입식(能所出入識)의 전변지혜(轉變智慧)인 원융각명,대원경지(圓融覺明,大圓鏡智)와 함장식(含藏識)의 전변지혜(轉變智慧)인 심부동,대열반성품(心不動,大涅槃性品)과 그리고, 본성(本性)까지, 서로 다른 차원성품(次元性品)이 함께 중첩(重疊)되어 있는 중첩복합식(重疊複合識)이다.

대승유식론(大乘唯識論)에서는, 총체적(總體的) 유식지혜(唯識智慧)가, 일체초월(一切超越) 불지(佛智)에까지 증입(證入)하지 못했으므로, 유식(唯識)을 논(論)하여도, 무명중생(無明衆生)이 성불(成佛)에 이르는, 당연(當然)한, 총체적(總體的) 유식지혜,상승과정(唯識智慧,上昇過程)인, 제식전변,실증지혜,차별차원,무위상승,보살지혜,성불과정,유식체계(諸識轉變,實證智慧,差別次元,無爲上昇,菩薩智慧,成佛過程,唯識體係)에 대해 실증과정,정의정립,유식지혜,상승체계(實證過程,正義正立,唯識智慧,上昇體系)를 명확(明確)히 정의정론(正義正論)하여 언급(言及)하거나, 밝히지를 못하였다. 성불(成佛)에 이르는 총체적(總體的), 제식,전변지혜,성불과정,유식체계(諸識,轉變智慧,成佛過程,唯識體係)는, 유식론(唯識論)의 당연(當然)한 유식지혜,상승세계(唯識智慧,上昇世界)로써, 유식론(唯識論)의 당연(當然)한 섭리체계(攝理體系)이며, 유식론(唯識論)의 당연(當然)한 논지이유(論旨理由)이며, 유식론(唯識論)의 당연(當然)한 존립목적(存立目的)이다.

　그러므로, 당연(當然)한 유식지혜,상승체계(唯識智慧,上昇體系)인, 유식지혜,상승세계,차별차원,성불과정,유식체계(唯識智慧,上昇世界,差別次元,成佛過程,唯識體系)를 밝히지 못한 유식론(唯識論)은, 총체적(總體的) 유식성품세계(唯識性品世界)인, 일체,유위무위,유식성품,차별차원,세계(一切,有爲無爲,唯識性品,差別次元,世界)를 정의정립(正義正立)한, 유식총체론(唯識總體論)이 아니다. 왜냐하면, 일체초월(一切超越) 무상불지(無上佛智)에 이르는 모든 지혜과정(智慧過程)이 곧, 유식지혜,전변상승,차별차원,지혜과정,성불세계(唯識智慧,轉變上

昇,差別次元,智慧過程,成佛世界)이기 때문이다. 그러므로, 성불(成佛)에 이르는, 총체적(總體的) 일체유위무위(一切有爲無爲)의 제식성품, 차별차원, 지혜상승, 차별세계(諸識性品, 差別次元, 智慧上昇, 差別世界)의 유식과정(唯識過程)을, 명확(明確)히 정의정립정론(正義正立正論)함이 곧, 총체적(總體的) 일체유식총론(一切唯識總論)이라 할 수가 있다.

성불(成佛)에 이르는 유식지혜, 상승세계(唯識智慧, 上昇世界)인, 제식전변, 지혜상승, 유식체계(諸識轉變, 智慧上昇, 唯識體系)를 명확(明確)히 실증지혜정안(實證智慧正眼)으로, 정지정의정립(正智正義正立)하여 정의정명정론(正義正明正論)하지 않으면, 유식론(唯識論)의 당연(當然)한 섭리체계(攝理體系)와 유식론(唯識論)의 당연(當然)한 논지이유(論旨理由)와 유식론(唯識論)의 당연(當然)한 존립목적(存立目的)을 상실(喪失)하게 된다. 왜냐하면, 유식론(唯識論)의 기본목적(基本目的)이, 성불과정, 제식전변, 지혜상승, 유식체계, 정의정립(成佛過程, 諸識轉變, 智慧上昇, 唯識體系, 正義正立)에 있기 때문이다. 유식론(唯識論)의 논지목적론설(論旨目的論說)이, 성불유식체계(成佛唯識體系)가 아니면, 유식론(唯識論)의 기본목적(基本目的)인 정명(正命)을 상실(喪失)한 것이다. 그러므로, 성불유식체계(成佛唯識體系)가 곧, 유식지혜, 상승과정(唯識智慧, 上昇過程)이다. 그러므로, 성불과정, 지혜전변, 유식체계(成佛過程, 智慧轉變, 唯識體系)를 정의정립정론(正義正立正論)하지 못한 유식론(唯識論)은, 유식론지론설(唯識論智論說)의 당연(當然)한 기본목적(基本目的)인, 정명(正命)을 상실(喪失)한 것이다.

만약(萬若), 일체초월(一切超越) 불지(佛智)에 증입(證入)하지 않았다면, 아직, 총체적(總體的) 제식전변,무위지혜,차별차원,성품세계(諸識轉變,無爲智慧,差別次元,性品世界)를 타파(打破)해 벗어나지 못했다. 일체,유위무위,유식성품,세계(一切,有爲無爲,唯識性品,世界)를 타파(打破)해 벗어나, 일체초월(一切超越) 불지(佛智)에 증입(證入)하지 않았다면, 총체적(總體的) 유식지혜,상승세계(唯識智慧,上昇世界)인 일체유식,성품세계(一切唯識,性品世界)의 실증지혜(實證智慧)가 없어, 일체유식,전변지혜,차별차원,성불과정,유식체계(一切唯識,轉變智慧,差別次元,成佛過程,唯識體系)를 알 수가 없으므로, 성불(成佛)에 이르는 총체적(總體的) 제식전변,유위무위,차별차원,지혜상승,유식체계(諸識轉變,有爲無爲,差別次元,智慧上昇,唯識體系)에 대해, 정의정립(正義正立)하여 정지정론(正智正論)할 수가 없다. 그러므로, 총체적(總體的) 제식세계(諸識世界)의 각각(各各) 차별성품세계(差別性品世界)와 유식지혜,전변실증,차별차원,무위보살,지혜상승,성불과정,지혜체계(唯識智慧,轉變實證,差別次元,無爲菩薩,智慧上昇,成佛過程,智慧體系)에 대해, 알 수가 없다. 그러므로, 이에 대한 실증지혜(實證智慧)가 없으면, 성불과정(成佛過程)의 지혜상승,유식체계(智慧上昇,唯識體系)에 대해, 밀밀(密密)하고 자세(仔細)한, 실증지혜,차별차원(實證智慧,差別次元)의 각각지혜성품(各各智慧性品)에 대해, 명확(明確)한 실증지혜,차별세계(實證智慧,差別世界)를 언급(言及)할 수가 없다.

그러므로, 유식세계(唯識世界)를 논(論)하여도, 성불과정,지혜상승,유식체계(成佛過程,智慧上昇,唯識體系)에 대한 실증지혜(實證智慧)

가 없어, 지혜미완(智慧未完)에 의한 한계성(限界性)으로, 자연(自然)히 유추(類推)의 사량(思量)과 추론(推論)에 의지(依支)하게 된다. 이러한 유식론(唯識論)에는, 일체초월(一切超越) 불지(佛智)의 실증지혜정안(實證智慧正眼)을 갖추지 못해, 알지 못하는 것에 대해, 예측(豫測)하고, 사량(思量)하며, 유추(類推)한 추론(推論)에 의한 사고(思考)로, 제식성품(諸識性品)과 제식전개, 섭리체계(諸識展開, 攝理體系)와 총체적(總體的) 유식지혜, 상승세계(唯識智慧, 上昇世界)인 성불과정, 지혜상승, 유식체계(成佛過程, 智慧上昇, 唯識體係)에 대해 예측(豫測)하고, 예단(豫斷)하는, 자의적(自意的) 논지론리(論智論理)인 자기지견(自己知見)이 자연스레 개입(介入)하게 됨으로, 지혜(智慧)의 왜곡(歪曲)과 추론적(推論的) 가정(假定)의 오류(誤謬)가 발생(發生)하게 된다. 왜냐하면, 일체초월(一切超越) 불지(佛智)에 증입(證入)하지 않았으므로, 실증지혜, 정지정안(實證智慧, 正智正眼)이 없어, 지혜미완(智慧未完)의 사량(思量)과 유추(類推)에 의지(依支)해, 자기사유(自己思惟)의 논리(論理)와 자기확신(自己確信)의 인정(認定)과 자의적정의(自意的正義)의 사고(思考)와 자기단정(自己斷定)의 결론(決論)이, 논지론설(論智論說)에 자연(自然)히 개입(介入)하기 때문이다.

　총체적(總體的) 제식성품세계(諸識性品世界)인 유위무위, 일체유식, 성품세계(有爲無爲, 一切唯識, 性品世界)에 대한 실증지혜(實證智慧)가 없고, 또한, 일체유식, 성품세계(一切唯識, 性品世界)를 타파(打破)해 벗어나, 일체초월(一切超越) 불지(佛智)에 증입(證入)하지 않았다면, 유식세계(唯識世界)를 논(論)하여도, 이에 대한 총체적(總體的) 실증지혜증험(實證智慧證驗)이 없어, 자기지견(自己知見)에 의(依)한 지혜미완(智慧未完)의 유추(類推)와 추론적(推論的) 사고(思考)에 의지(依支)한 유식론(唯識論)이 될 수밖에 없다. 총체적(總體的) 유식성품세계(唯識性品世界)에 대한 실증지혜(實證智慧)를 갖추지 못해, 오직, 진심(眞心)과 열정(熱情)을 다하고, 심혈(心血)을 기울이며, 깊은 사유(思惟)의 유추(類推)와 추론(推論)에 의한, 옛 대승유식론사(大乘唯識論師)들의 노고(勞苦)로, 대승유식론(大乘唯識論)의 체계화(體系化)가 성립(成立)되었어도, 그 유식론(唯識論) 속에는, 본의(本意) 아니게, 실증지혜(實證智慧)가 없는 지혜미완(智慧未完)으로, 사실(事實)과 다른 왜곡(歪曲)과 오류(誤謬)의 부분(部分)이 있다.

대승유식론(大乘唯識論)을 성립(成立)한 옛 대승유식론사(大乘唯識論師)인 무착보살(無着菩薩)과 세친보살(世親菩薩) 및, 그 맥(脈)을 계승(繼承)한 유식론사(唯識論師) 등(等)의 유식론(唯識論)이 무려(無慮), 천년(千年)의 세월(歲月)이 훨씬 지난, 이 시대(時代)에까지 전래(傳來)되어, 지금(只今), 이 시대(時代)에도 역시(亦是), 변함없이, 그 대승유식론(大乘唯識論)의 기본체계(基本體系) 속에, 후학(後學)들의 유식교육(唯識敎育)이 이루어지고 있다. 그러나, 이 유식론(唯識論)이, 천년세월(千年歲月)이 훌쩍 넘었는데도, 어느 누구도 그 유식론(唯識論) 속에, 어떤 오류(誤謬)나 왜곡(歪曲)된 부분(部分)을 지혜점검(智慧點檢) 없이, 지금(只今)도 모두가, 그 유식론(唯識論)에 의지(依支)해, 유식세계(唯識世界)의 유식지혜(唯識智慧)를 배우려 노력(努力)하고 있다.

무려(無慮), 천년세월(千年歲月)이 훌쩍 넘게, 그 유식론(唯識論)을 계승(繼承)하며, 그 논지론설(論智論說)에 자기견해(自己見解)를 더하며, 대승유식론(大乘唯識論)의 맥(脈)을 이어온 대승유식론사(大乘唯識論師)들이 많았어도, 그 유식론(唯識論) 중에, 왜곡(歪曲)된 부분(部分)이나 오류(誤謬)의 부분(部分)을 그 누구도, 한번 의심(疑心)하거나, 점검(點檢) 없이 흘러왔으니, 이를 지혜점검(智慧點檢)하지 못한, 지난 천년세월(千年歲月)이 훌쩍 넘었어도, 이 대승유식론(大乘唯識論)을 접(接)한 수많은 지혜자(智慧者)들의 그 지혜(智慧)에 대해, 의아(疑訝)한 사유(思惟)를 하게 된다. 지금(只今) 이 시대(時代)에도, 무상지혜(無上智慧) 불(佛)의 정법(正法)이 간절(懇切)한, 정법난세(正法亂世)인 법(法)의 혼란시대(混亂時代)에, 유식(唯識)에 대한 기본개념(基本槪念)을 바로잡고, 유식오류(唯識誤謬)의 왜곡(歪曲)된 부분(部分)을 점검(點檢)하며, 유식체계(唯識體系)에 대한 유식기본개념(唯識基本槪念)을, 정법수호의지(正法守護意志)의 불심일념(佛心一念)으로, 유식기본체계(唯識基本體系)의 오류(誤謬)와 왜곡(歪曲)된 부분(部分)을, 바로 정립(正立)하고자 한다.

여기에서 말하는, 유식론(唯識論)과 유식론체계(唯識論體系)는, 대승유식론(大乘唯識論)이다. 이는, 옛 대승유식론사(大乘唯識論師)인 무착보살(無着菩薩)과 세친보살(世親菩薩), 그리고, 대승유식론(大乘唯識論)의 맥(脈)을 이은 대승유식론사(大乘唯識論師)들의 유식론(唯識論)에 의한 유식개념(唯識槪念)이다. 불법(佛法)의 지론(智論)은, 끝없는 지극(至極)한 신심(信心)과 궁극(窮極)을 향(向)한 지혜(智慧)와 무한무변(無限無邊) 대원력(大願力)의 정신(精神)이 기본(基本) 바탕이 되어 논지론설(論智論說)해도, 만약(萬若), 총체적(總體的) 실증지혜정안(實證智慧正眼)을 갖추지 못했거나, 지혜(智慧)가 부족(不足)하면, 자기지견(自己知見)의 사량(思量)과 유추(類推)가, 그 논지(論智)에 자연스레 개입(介入)하게 되므로, 자기(自己)도 모르게, 불법(佛法)을 왜곡(歪曲)하는 오류(誤謬)를 범(犯)하게 된다. 그 까닭[緣由]은, 총체적(總體的) 실증지혜(實證智慧)가 부족(不足)한 지혜미완(智慧未完)과 그리고 아직, 유식성품세계(唯識性品世界)를 모두 타파(打破)해 벗어난, 완전(完全)한 일체초월(一切超越) 불지(佛智)가 아니기 때문이다. 그러므로, 이러한 지혜오류(智慧誤謬)는, 자기(自己)도 모르게, 후학(後學)의 안목(眼目)을 왜곡(歪曲)하는, 과실(過失)을 범(犯)하게 된다. 지혜(智慧)는 무엇이든, 바로 보는 정안(正眼)일 뿐, 분별(分別)과 사량(思量)과 유추(類推)가 있을 수가 없다. 왜냐하면, 지혜(智慧)는, 어떤 식(識)의 장애(障礙)도 없이, 성품(性品)을 명확(明確)히 밝게 보는 정안(正眼)일 뿐, 그 어떤 사량(思量)의 분별(分別)도 없기 때문이다. 그 어떤 사량(思量)과 유추(類推)이든, 그것은, 일체초월(一切超越) 불지(佛智)가 아닌, 식(識)의 장애(障礙)에 의한 각종(各種) 헤아림인, 미혹(迷惑)이다.

그러므로, 대승유식론(大乘唯識論)인 기존유식개념(既存唯識概念)에 치우친 언어(言語)와 지식(知識)으로, 이 불지정론(佛智正論)에서 논(論)하는, 유식론(唯識論)의 언어(言語)를 동일시(同一視)하면, 어떤 부분(部分)에서는, 대승유식론(大乘唯識論)과 불지정론(佛智正論)이,

서로 뜻이 달라, 이해(理解)가 어려울 수도 있다. 왜냐하면, 언어(言語)는 같아도, 그 언어(言語)로 드러내는 성품(性品)과 뜻하는 바가, 다를 수가 있기 때문이다. 이 불지정론(佛智正論)에서 논(論)하는 유식론(唯識論)은, 대승유식론(大乘唯識論)인 기존유식개념(旣存唯識概念)의 틀을, 벗어난 불지정론(佛智正論)이다. 그러므로, 불지정론(佛智正論)과 대승유식론(大乘唯識論)이 언어(言語)는 같아도, 어떤 언어(言語)의 뜻은, 대승유식론(大乘唯識論)과 다른 언어(言語)의 뜻일 수가 있으니, 이 논(論)의 언어(言語)의 뜻을, 불지정론(佛智正論) 요해(了解)의 내용(內容) 중에서 그 뜻을 잘 살피고, 사유(思惟)해야 할 것이다.

2) 18경계(十八境界)

18경계(十八境界)						
6종경 六種境	색 色	성 聲	향 香	미 味	촉 觸	법 法
6종근 六種根	안근 眼根	이근 耳根	비근 鼻根	설근 舌根	신근 身根	의근 意根
6종식 六種識	안식 眼識	이식 耳識	비식 鼻識	설식 舌識	신식 身識	의식 意識

10종식22계(十種識二十二界)						
6종경 六種境	색 色	성 聲	향 香	미 味	촉 觸	법 法
6종근 六種根	안근 眼根	이근 耳根	비근 鼻根	설근 舌根	신근 身根	의근 意根
6종식 六種識	안식 眼識	이식 耳識	비식 鼻識	설식 舌識	신식 身識	의식 意識
제7식(第七識):분별식(分別識):자아의식(自我意識)						
제8식(第八識):출입식(出入識):능소(能所)출입식						
제9식(第九識):함장식(含藏識):무명식(無明識)						
10식(十識):본성(本性):불성(佛性)						

① 제식(諸識)의 기본구조(基本構造) 구성체계(構成體系)의 정립(正立)

제식(諸識)의 기본구조(基本構造), 구성체계(構成體系)의 정립(正立)은, 제식(諸識)이 전개(展開)되는, 제식전개,전변상속(諸識展開,轉變相續)의 체계(體系)와 그 구조(構造) 구성(構成)의 실체(實體)를 명확(明確)히 확립(確立)하여, 총체적(總體的) 제식체계(諸識體系)를 정립(正立)하고, 일체제식전개(一切諸識展開)의 실상정론(實相正論)을 구축(構築)함에 있다. 이는, 제식전개(諸識展開)의 전개상속,구성구조(展開相續,構成構造)와 제식전개,섭리체계,실상(諸識展開,攝理體系,實相)을 정립(正立)하고, 구축(構築)함이다. 이는, 유식성품(唯識性品) 제식전개(諸識展開)의 차별식종(差別識種)과 그 성품(性品) 차별차원(差別次元)에 따른, 제식,차별성품,작용(諸識,差別性品,作用)과 제식전개,섭리과정(諸識展開,攝理過程)의 실상(實相)을, 명백(明白)히 실증확립(實證確立)하여, 총체적(總體的) 제식작용(諸識作用)의 실상세계(實相世界)를 체계화(體系化)하며, 각각(各各) 제식성품(諸識性品)의 제식개념(諸識概念)을 정의정립(正義正立)하므로, 총체적(總體的) 제식섭리체계(諸識攝理體系)의 실상정론(實相正論)의 정립(正立)과 구축(構築)함이다.

제식전개(諸識展開)의 기본섭리구조(基本攝理構造)와 구성체계(構成體系)의 기본(基本)이며 바탕[基盤]은, 여래정론(如來正論)의 제식전개,자연섭리,상속체계(諸識展開,自然攝理,相續體系)인, 경·근·식(境·根·

識) 18경계체계(十八境界體系)이다. 18경계(十八境界)는, 심신(心身)의 인식대상(認識對相), ①6종경(六種境)인 색(色), 성(聲), 향(香), 미(味), 촉(觸), 법(法)과 색성향미촉법(色聲香味觸法)을 받아들이는 수(受)의 작용(作用)을 하는 ②6종근(六種根)인 안근(眼根), 이근(耳根), 비근(鼻根), 설근(舌根), 신근(身根), 의근(意根)과 안이비설신의근(眼耳鼻舌身意根)으로 받아들인 색성향미촉법(色聲香味觸法)이 그대로, 거울[鏡]처럼 비치는, ③6종식(六種識)인 안식(眼識), 이식(耳識), 비식(鼻識), 설식(舌識), 신식(身識), 의식(意識)이다.

이는, 6종경(六種境), 6종근(六種根), 6종식(六種識)의 소연경(所緣境)에 인연(因緣)한, 소연경근식,작용세계(所緣境根識,作用世界)이다. 이는, 소연경(所緣境)에 무의식중(無意識中) 자연,반연반응,작용(自然,攀緣反應,作用)이 이루어지는 소연근식,전개상속,인연관계(所緣根識,展開相續,因緣關係)이다. 이는, 경·근·식(境·根·識) 소연근식,전개섭리,체계(所緣根識,展開攝理,體系)로 곧, 18경계,섭리체계(十八境界,攝理體系)이다. 이는, 유식성품(唯識性品)의 제식전개,기본구성,구조(諸識展開,基本構成,構造)인 자연섭리체계(自然攝理體系)이며, 제식전개,상속과정(諸識展開,相續過程)인 제식,기본구성,섭리체계(諸識,基本構成,攝理體系)이다.

여래정론(如來正論)인 18경계(十八境界)는, 그것이 무엇이든, 물질적(物質的), 정신적(精神的), 일체대경(一切對境)의 일체,차별대상(一切,差別對相)을 인지(認知)하고 받아들이는, 안이비설신의근(眼耳鼻舌

身意根)인 6종근(六種根)의 차별특성(差別特性)에 따라, 대경(對境)의 일체차별대상세계(一切差別對相世界)를, 색성향미촉법(色聲香味觸法)의 6종, 차별대상(六種, 差別對相)인 6종경(六種境)으로 개념(概念)을 정의정립(正義正立)하여 체계화(體系化)하고, 그 차별성질(差別性質)의 특성(特性)에 따라, 각각(各各) 대상(對相)을 정의정립(正義正立)하여 구체화(具體化)로 차별화(差別化) 하였다. 그리고, 각각(各各) 차별대상(差別對相)인 색성향미촉법(色聲香味觸法)의 6종, 차별대상(六種, 差別對相)에, 무의식중(無意識中), 자연, 반연반응, 섭리작용(自然, 攀緣反應, 攝理作用)으로 식(識)의 작용(作用)이 전개(展開)되는, 제식전개, 섭리작용(諸識展開, 攝理作用)인, 경·근·식(境·根·識) 제식전개, 자연섭리, 구성구조, 상속체계(諸識展開, 自然攝理, 構成構造, 相續體系)를 정의정립(正義正立)한 것이, 18경계체계(十八境界體系)이다.

  보편적(普遍的)으로, 유식(唯識)이라는 뜻을 이해(理解)하고 설명(說明)함이, 마음 밖의 존재(存在)를 인정(認定)하지 않고, 일체(一切)가 오직, 식(識)뿐이라는 뜻으로, 대부분(大部分) 이렇게 이해(理解)하고, 설명(說明)하고 있다. 이는, 유식(唯識)에 대한 바른 이해(理解)와 인식(認識)이 아니다. 왜냐하면, 대경(對境)을 인연(因緣)하여 생기(生起)하는 것이 식(識)이기 때문이다. 유식(唯識)이란 뜻[義]은, 일체(一切)가 분별(分別)에 의한, 상(相)의 세계(世界)란 뜻이다. 왜냐하면, 식(識)이 곧, 어떤 무엇인, 그것에 의한 분별(分別)이기 때문이다. 만약(萬若), 일체(一切)가 식(識)뿐이라면, 유식세계(唯識世界)는 존재(存在)할 수가 없다. 왜냐하면, 경·근·식(境·根·識) 제식전개, 섭리체계,18경계(諸識展開, 攝理體系, 十八境界)에서 보듯이, 6종경(六種境)인 색성향미촉법(色聲香味觸法)의 소연경(所緣境)이 없다면, 6종근(六種根)의 수(受)의 작용(作用)인 안근(眼根), 이근(耳根), 비근(鼻根), 설근(舌根), 신근(身根), 의근(意根)의 작용(作用) 발생(發生)인 자연,반연반응,섭리작용(自然, 攀緣反應, 攝理作用)이 일어날 수가 없다. 또한, 6종근(六種根)의 자연,반연반응,섭리작용(自然, 攀緣反應, 攝理作用)인 수(受)의 작용(作用)에 의해, 색성향미촉법(色聲香味觸法)의 상(相)이, 그대로 거울[鏡]처럼 비치는, 자연,반연반응,섭리작용(自然, 攀緣反應, 攝理作用)의 6종식(六種識)인 안식(眼識), 이식(耳識), 비식(鼻識), 설식(舌識), 신식(身識), 의식(意識)의 현상(現象)이 생성(生成)될 수가 없다.

그리고, 만약(萬若), 일체(一切)가 식(識)뿐이라면, 소연경(所緣境)을 받아들이는 18경계(十八境界)의 제식전개세계(諸識展開世界)가 존재(存在)할 수가 없다. 만약(萬若), 한 그루의 나무[木]가 있음을 본다면, 한 사람이 보아도, 그것이 나무[木]로 보이고, 천(千) 사람이 보아도 나무[木]로 보이고, 만(萬) 사람이 보아도 나무[木]로 보이고, 중생(衆生)이 보아도 나무[木]로 보이고, 보살(菩薩)이 보아도 나무[木]로 보이고, 불(佛)이 보아도 나무[木]로 보이며, 또한, 만져보아도 나무[木]인 것은, 그 나무[木]가 식(識)이 아닌, 대경(對境)의 형태(形態)를 그대로 비추는, 경·근·식(境·根·識) 인연작용(因緣作用)으로 인지(認知)되는, 실재(實在) 현상(現象)의 나무[木]이기 때문이며, 또한, 그 나무[木]가 실제(實際), 없지 않은 것이기 때문이다. 이는, 존재(存在)의 실상(實相)에 대해 논(論)하는 것이 아니다. 대상(對相)을 받아들이는 식(識)이 생기(生起)하는, 현상(現象)의 인연사(因緣事)에 대해 논(論)함이다.

식(識)의 발생(發生)은, 대상(對相)을 인연(因緣)한 능소(能所)의 작용(作用)일 뿐, 대상(對相)이나 원인(原因) 없이, 발생(發生)하는 것이 아니다. 그리고, 만약(萬若), 식(識)뿐이라면, 우리[我等]는 모든 것을 인지(認知)하거나 대(對)할 수가 없고, 또한, 서로를 인지(認知)할 수도 없다. 왜냐하면, 일체(一切)가 식(識)뿐이라면, 대상(對相)에 반연작용(攀緣作用)하는 식(識)이, 존재(存在)할 수가 없기 때문이다. 일체식(一切識)은 분별(分別)할 대상(對相)이 있으므로, 그것에 무의식중(無意識中) 자연,반연반응,작용(自然,攀緣反應,作用)하는 섭리체계(攝理體系)인, 경·근·식(境·根·識) 18경계체계(十八境界體系)의 제식전개작용(諸識展開作用)이 이루어진다. 만약(萬若), 분별(分別)할 대상(對相)이 없다면, 대상(對相)을 인연(因緣)한 식(識)의 작용(作用)이 생기(生起)하지 않는다. 다만, 실상지혜(實相智慧)가 점차(漸次) 열림으로, 대상(對相)인 제상(諸相)이 실체(實體) 없는 무자성(無自性)임을 깨달으며, 또한, 본성(本性)의 지혜(智慧)가 점차(漸次) 열림으로, 대(對)에 의한 식(識)의 반연작용(攀緣作用)으로 대상(對相)을 인지(認知)함이 아니라, 대(對)가 끊어져 멸(滅)한 성품(性品)에서, 바로 일체(一切)를, 무자성(無自性) 청정법성작용(淸淨法性作用)으로 수용(受容)하는, 법성지혜(法性智慧)가 열리는 깊이의 차별차원(差別次元)에 따라 다를 뿐이다.

그러므로, 식(識)은 곧, 일체대상(一切對相)에 반연반응작용(攀緣反應作用)으로 생기(生起)한 분별심(分別心)이다. 만약(萬若), 분별(分別)할 대상(對相)이 없다면, 대상(對相)을 받아들이는 유식세계(唯識世界)는 존재(存在)할 수가 없으므로, 사회공동생활(社會共同生活)은 존재(存在)할 수 없으며, 또한, 사회공동생활(社會共同生活)이 불가능(不可能)하다. 그 뿐만 아니라 또한, 부모(父母)의 존재(存在)와 부모(父母)에 의해 존재(存在)하는, 자기(自己)의 존재(存在)까지 부정(否定)하게 된다. 그러므로, 대상(對相)이 없으면, 대상(對相)을 인연(因緣)한 식계(識界)도 존재(存在)할 수가 없다. 그러므로, 유식무경(唯識無境)이란, 미혹견(迷惑見)이며, 미혹설(迷惑說)이다. 왜냐하면, 대상(對相)에 없으면, 대상(對相)을 인연(因緣)하여 생기(生起)하는 식(識)도 있을 수가 없기 때문이다. 그러므로, 유식무경(唯識無境)을 인정(認定)하면, 그 결과(結果)는, 일체대상(一切對相)을 부정(否定)함이니, 이는, 일체대상(一切對相)을 인연(因緣)하여 일어나는 식(識)의 생기(生起)와 존재(存在)까지 모순론(矛盾論)이 됨으로, 식(識)을 일어나게 하는 대상(對相)에 대한 부정론자(否定論者)의 그 결과(結果)는, 식(識)의 생기(生起)까지 부정(否定)하게 되는 무식무경(無識無境)의 극단론자(極端論者)인 단멸론자(斷滅論者)가 된다.

여래정론(如來正論), 경·근·식(境·根·識) 18경계(十八境界)의 제식전개, 섭리작용(諸識展開, 攝理作用)을 살펴보면, 일체대상(一切對相)인 색성향미촉법(色聲香味觸法)의 6종경(六種境)이 없으면, 그것에 인연작용(因緣作用)하는 자연, 반연작용, 소연근(自然, 攀緣作用, 所緣根)인, 안이비설신의근(眼耳鼻舌身意根)의 6종근, 반연(六種根, 攀緣)의 수(受)의 작용(作用)이 있을 수가 없다. 만약(萬若), 6종근, 반연(六種根, 攀緣)의 수(受)의 작용(作用)이 없으면, 자연반연, 섭리작용(自然攀緣, 攝理作用)으로 안이비설신의식(眼耳鼻舌身意識)의 6종식(六種識)에, 색성향미촉법(色聲香味觸法)이 그대로 거울[鏡]처럼 비치는, 자연반연, 섭리작용(自然攀緣, 攝理作用)이 있을 수가 없다. 만약(萬若), 6종식(六種識)의 자연반연, 섭리작용(自然攀緣, 攝理作用)이 없으면, 색성향미촉법(色聲香味觸法)을 인지(認知)하여 분별(分別)하는, 제7식(第七識) 자아의식(自我意識)의 분별작용(分別作用)도 없다. 만약(萬若), 제7식(第七識)의 분별작용(分別作用)도 없으면, 제7식(第七識) 자아의식(自我意識)에 자연반응작용식(自然反應作用識)인, 제8식(第八識) 능소출입식(能所出入識)의 작용(作用)도 없다. 만약(萬若), 제8식(第八識) 능소출입식(能所出入識)의 작용(作用)이 없으면, 제9식(第九識) 함장식(含藏識)의 역할(役割)도 상실(喪失)하게 된다.

법성작용(法性作用)으로, 일체인지대상(一切認知對相)인 색성향미촉법(色聲香味觸法)이 있음으로, 이에 무의식중(無意識中) 자연반연, 섭리작용(自然攀緣, 攝理作用)인 일체제식, 전개작용(一切諸識, 展開作用)이 생기(生起)하게 된다. 일체(一切)가 오직, 식(識)일 뿐, 일체인식대상(一切認識對相)인 색성향미촉법(色聲香味觸法)이 없다는 유식무경(唯識無境)은, 법성작용(法性作用)이 끊어진 무견(無見)과 단견(斷見)이니, 이는, 법성작용(法性作用)의 인연생기(因緣生起)를 부정(否定)하는 사견(邪見)이며, 외도견(外道見)이다. 그러므로, 일체인지대상(一切認知

對相)이 없는 것을, 꿈[夢]꾸듯 환(幻)과 같이 식(識)이 조작(造作)하여 만들어 내는 것은 아니다. 그 증거(證據)는, 보고 듣는 일체현상(一切現象)의 인지(認知)가, 없는 것을 식(識)이 조작(造作)하여 만든 환(幻)이 아니므로, 일체인지대상(一切認知對相)의 현상(現象)을 인식(認識)함이 서로 같아, 사회적(社會的) 공동체(共同體)의 생활(生活)이 가능(可能)한 것이다.

그리고, 불(佛)께서도, 인지(認知)의 대상(對相)인, 색·성·향·미·촉·법(色·聲·香·味·觸·法)의 존재(存在)를 부정(否定)하지 않았으므로, 여래정론(如來正論)인 경·근·식(境·根·識) 18경계계(十八境界)를, 실관실증지혜(實觀實證智慧)로 정의정립(正義正立)하여, 경·근·식(境·根·識) 18경계(十八境界)를 체계화(體系化)하였다. 그러므로, 유식무경(唯識無境)의 논리(論理)와 견해(見解)는, 불법지견(佛法智見)이 아니므로, 유식무경(唯識無境)의 논리(論理)와 견해(見解)는, 경·근·식(境·根·識) 18경계체계(十八境界體系)를 부정(否定)하는 외도견(外道見)이며, 외도론(外道論)이다.

일체인지대상(一切認知對相)인 색성향미촉법(色聲香味觸法)의 일체상(一切相)은, 무자성(無自性) 법성(法性)이, 머무름 없는 인연(因緣)을 따르는 수연상(隨緣相)인, 머무름 없는 공성인연(空性因緣)의 무자성,법성세계(無自性,法性世界)일 뿐, 상(相)이 없는, 무존재(無存在)를 일컫는 것이 아니다. 무자성,공성세계(無自性,空性世界)와 유식세계(唯識世界)는, 단지(但只), 상(相)을 부정(否定)하거나, 상(相)의 실존(實存)을 일컫는 것이 아니다. 일체상(一切相)은, 무자성공성(無自性空性)인 법성(法性)이, 인연작용(因緣作用)을 따르는, 실체(實體) 없는 법성작용(法性作用)의 흐름에, 경·근·식(境·根·識) 18경계(十八境界)의 자연섭리체계(自然攝理體系)를 따라, 무의식중(無意識中) 자연, 반연반응,작용(自然,攀緣反應,作用)하는 제식작용(諸識作用)이 이루어질 뿐이다.

만약(萬若), 일체인지대상(一切認知對相)인 색성향미촉법(色聲香味觸法)의 현상(現象)과 존재(存在)를 부정(否定)하면, 이는, 법성작용(法性作用)을 부정(否定)하는 단멸견(斷滅見)이며, 외도견(外道見)이다. 만약(萬若), 또한, 일체인식대상(一切認識對相)이 항상(恒常)한다는 유위견(有爲見)을 가지면, 이 또한, 법성작용(法性作用)이 끊어져 멸(滅)한 단멸견(斷滅見)이며, 외도견(外道見)이다. 단멸견(斷滅見)이란, 법성작용(法性作用)이 끊어져 멸(滅)한 견(見)이란 뜻이니, 이는, 법성정견(法性正見)이 아닌, 사견(邪見)이란 뜻이다. 외도견(外道見)이란, 법성(法性)의 실상(實相)을 벗어난 견(見)이란 뜻이니, 이는, 법성(法性)에 대한 미혹견(迷惑見)이다. 그러므로, 단멸견(斷滅見)과 외도견(外道見)은, 법성(法性)을 벗어난 견(見)이므로, 불법(佛法)이 아니며, 또한, 불지혜견(佛智慧見)이 아니다. 그러므로, 단멸견(斷滅見)과 외도견(外道見)은, 3법인(三法印)인 제행무상인(諸行無常印)과 제법무아인(諸法無我印)과 열반적정인(涅槃寂靜印)의 법성작용(法性作用)을 벗어난 견(見)이란 뜻이다.

앞에서 말한, 유위견(有爲見)이 왜? 단멸견(斷滅見)인가 하면, 무자성(無自性) 공성(空性)의 법성작용(法性作用)이 끊어졌기 때문이다. 유위견(有爲見)에는, 무자성(無自性) 공성(空性)의 일체상(一切相)이 존재(存在)할 수가 없기 때문이다. 그러므로, 일체상(一切相)이 없다고 하면, 무견(無見)의 단멸견(斷滅見)이므로, 법성(法性)의 작용(作用)이 끊어져 멸(滅)해, 일체상(一切相)이 존재(存在)할 수가 없다. 또한, 일체상(一切相)이 있다고 하면, 상견(相見)의 단멸견(斷滅見)이므로, 법성(法性)의 작용(作用)이 끊어져 멸(滅)해, 일체상(一切相)이 존재(存在)할 수가 없다. 왜냐하면, 일체상(一切相)은 무자성(無自性) 공성(空性)이 인연(因緣)을 따라 흐르는, 머무름 없는 흐름의 인연상(因緣相)이어도, 머무름이 없어 실체(實體) 없는 생(生)이며, 실체(實體) 없는 흐름의 상(相)이기 때문이다.

일체존재(一切存在)는 머무름이 있으며, 항상(恒常)하는 유위상(有爲相)으로 존재(存在)하는 것이 아니다. 단지(但只), 무자성(無自性) 공성인연(空性因緣)을 따라 존재(存在)하는 것이다. 이 뜻은, 일체존재(一切存在)가 실체(實體) 없는 법성인연,수연상(法性因緣,隨緣相)인 무자성공상(無自性空相)이란 뜻이다. 일체상(一切相)은, 무자성(無自性) 공성(空性)이, 인연(因緣)을 따르는 머무름 없는 흐름의 생(生)이며, 실체(實體) 없는 무자성(無自性) 인연상(因緣相)이다. 이는, 무자성(無自性) 공성(空性)이, 머무름 없는 흐름의 인연(因緣)을 따라 일체상(一切相)이 생(生)이어도, 그 생(生)이 머무름 없는 흐름의 생(生)이므로 머무름이 없어, 그 생(生)의 실체(實體)가 없으며, 또한, 상

(相)이 생(生)하여도, 그 상(相)이 머무름 없는 흐름의 상(相)이므로, 그 상(相)이 실체(實體)가 없는, 머무름 없는 무자성(無自性) 흐름의 상(相)이다. 일체생(一切生)과 일체상(一切相)이, 무자성(無自性) 공성(空性)이 인연(因緣)을 따르는 흐름의 생(生)이며 흐름의 상(相)이니, 생(生)과 상(相)이 머무름이 없어, 생(生)이 생(生)이 아니며, 상(相)이 상(相)이 아닌, 머무름 없는 흐름의 실체(實體) 없는 공성(空性)의 생(生)이며, 머무름 없는 흐름의 실체(實體) 없는 공성(空性)의 상(相)이다.

그러므로, 일체상(一切相)이, 머무름 없는 흐름 찰나(刹那)의 인연상(因緣相)일 뿐, 그 실체(實體)가 없는 공성(空性)이다. 공성(空性)이란, 무자성(無自性)을 일컬을 뿐, 상(相)을 부정(否定)하거나, 유무(有無)의 무견(無見)이 아니다. 그러므로, 공성(空性)은, 상(相)의 실체(實體), 무자성(無自性)을 일컬을 뿐, 상(相)을 부정(否定)하거나, 또는, 실유(實有)의 긍정(肯定)이 아니다. 상(相)의 부정(否定)과 긍정(肯定)은, 상(相)의 분별(分別)이니, 무자성(無自性)의 공성지혜(空性智慧)는, 단지(但只), 상(相)이 실체(實體) 없는, 무자성(無自性) 공성(空性)임을 알 뿐, 극단적(極端的) 긍정(肯定)과 부정(否定)을 둘[二] 다 벗어났다. 왜냐하면, 긍정(肯定)도 상(相)에 의지(依支)한 분별견(分別見)이며, 부정(否定)도 또한, 상(相)에 의지(依支)한 분별견(分別見)이기 때문이다. 만약(萬若), 상(相) 그대로, 무자성(無自性) 공성(空性)임을 깨달으면, 일체상(一切相)이 무자성(無自性) 공성(空性)인, 법성실상(法性實相)의 청정공성(淸淨空性)인 중도실상(中道實相)을 깨달게 된다.

그러므로, 일체상(一切相)이 실체(實體)가 없어도, 없지 않음은, 무자성(無自性) 청정법성공성(淸淨法性空性)이 머무름 없는 인연(因緣)의 흐름을 따르는, 실체(實體)가 없는 무자성(無自性) 공성(空性)의 인연상(因緣相)으로, 실체(實體) 없는 무자성(無自性)의 환(幻)이, 인연(因緣) 따라 생기(生起)하기 때문이다. 단지(但只), 이를, 상견(相見)에 치우친 상심(相心)으로, 무자성(無自性) 환(幻)의 공성(空性)을 이해(理解)하려 하니, 유(有)와 무(無)의 2견심(二見心)으로, 무자성(無自性) 공성(空性)을 이해(理解)하려 한다. 유무견(有無見)으로는, 무자성(無自性) 공성(空性)을 이해(理解)할 수 없으니, 단지(但只), 유무(有無)의 상견(相見)을 벗어나, 생(生)이 생(生)이 아닌, 무자성(無自性) 공성(空性)이며, 멸(滅)이 멸(滅)이 아닌, 무자성(無自性) 공성(空性)임을 깨달아야 한다.

무자성(無自性) 공성(空性)이, 머무름 없는 인연생기(因緣生起)의 흐름을 따라, 홀연(忽然)히 실체(實體) 없는 환(幻)이 생(生)하여도, 그 생(生)이 생(生)이 아닌, 무자성(無自性) 공성(空性)이며, 무자성(無自性) 공성(空性)이, 머무름 없는 흐름의 인연(因緣)을 따라, 무자성(無自性) 환(幻)이, 홀연(忽然) 듯 멸(滅)해도, 그 멸(滅)이 멸(滅)이 아닌, 실체(實體) 없는 무자성(無自性) 공성(空性)의 흐름임을 깨달아야 한다. 무자성(無自性) 공성(空性)이 머무름 없는 인연(因緣)을 따라, 머무름 없이 흐르는 흐름 속에, 흐르는 인연(因緣)을 따라 홀연(忽然)

히 무자성(無自性) 상(相)이 생(生)하여도, 그 생(生)이 찰나(刹那)에도 머무름 없는 흐름의 인연상(因緣相)이어서, 뿌리[根]도 실체(實體)도 없이 흐르는 무자성(無自性) 공성(空性)의 환(幻)이므로, 공성(空性)의 흐름 속에 홀연(忽然) 듯 찰나(刹那) 전(前)의 생(生)이, 찰나(刹那) 후(後)에 흔적(痕迹)이 없어, 그 공성(空性)의 환(幻)이 간 곳이 없으므로, 뿌리[根]도 실체(實體)도 없는 무자성(無自性) 공성(空性)의 환(幻)이다. 무자성(無自性) 공성(空性)의 환(幻)이란, 유무견(有無見)에서 생각[認知]하는, 유무2견(有無二見)에 의한 분별심(分別心)의 환(幻)이 아니다. 단지(但只), 유무2견(有無二見)이 없는, 제상(諸相)의 실체(實體)를 드러냄이다.

그러나, 식(識)의 작용(作用)이 있음은, 분별(分別)할 대상(對相)이 또한, 없지 않기 때문이다. 그러므로, 유식법(唯識法)은, 무자성(無自性) 법성대상(法性對相)의 인연상(因緣相)을 따라, 자연반연,섭리작용(自然攀緣,攝理作用)으로 자연반연식(自然攀緣識)이 생기(生起)하고, 자연반연식(自然攀緣識)의 작용(作用)으로, 법성(法性)이 인연(因緣)을 따르는 일체차별대상(一切差別對相)을 인식(認識)하고 분별(對相)한다. 그러므로 만약(萬若), 분별(分別)할 일체차별대상(一切差別對相)이 없으면, 그에 인연(因緣)하여 일어나는 자연반연식(自然攀緣識)이 생기(生起)하지도 않고, 또한, 자연반연식(自然攀緣識)이 생기(生起)하지 않음은, 반연(攀緣)할 일체차별대상(一切差別對相)이 없기 때문이다. 그러므로 만약(萬若), 반연(攀緣)할 대상(對相)이 없으면, 대상(對相)에 인연(因緣)하여 일어나는 자연반연식(自然攀緣識)은 생기(生起)

하지 않는다.

　그러므로, 유식(唯識)의 뜻이, 마음 밖, 대상(對相)은 없고, 오직, 일체(一切)가 식(識)이란, 유식무경(唯識無境)의 뜻으로 이해(理解)하면, 유식(唯識)을 바르게 이해(理解)하는 것이 아니다. 유식(唯識)은, 대상(對相)을 반연(攀緣)하여 생기(生起)하는 심식작용(心識作用)이다. 거울[鏡]이 스스로 상(相)을 만들지 않아도, 삼라만상만물(森羅萬象萬物)이 있으니, 거울[鏡]에 그대로 비치듯, 일체차별대상(一切差別對相)인 색성향미촉법(色聲香味觸法)이 있으니, 청정심(淸淨心) 마음거울[心鏡]에 비치어, 무심(無心)한 마음이 업력(業力)을 따라 자연상응(自然相應)하여, 자연,반연반응,섭리작용(自然,攀緣反應,攝理作用)이 일어난다. 이 자연,반연반응,섭리작용(自然,攀緣反應,攝理作用)이 곧, 유식세계(唯識世界)이다. 거울[鏡]은 상(相)만 비출 줄 알았지, 마음처럼 심작용(心作用)이 없어, 신령(神靈)하지 못하며, 또한, 마음처럼 색성향미촉법(色聲香味觸法)의 모든 것을 다 비추지 못한다. 마음은 신령(神靈)하여, 상(相)뿐만 아니라, 소리[聲]와 향(香)과 맛[味]과 촉각(觸覺)과 일체(一切) 생각[念]과 상념작용(想念作用)과 꿈[夢] 속에 일체(一切) 것까지 모두 다 비춘다. 그리고, 이에 반연작용심(攀緣作用心)의 다양(多樣)한 분별작용(分別作用)을 하게 된다.

　일체유식(一切唯識)이란, 일체(一切)가 상분별세계(相分別世界)란 뜻이다. 만약(萬若), 일체(一切)가 있다[有] 하여도, 상견단멸론자(相見

斷滅論者)이며, 일체(一切)가 없다[無] 하여도, 무견단멸론자(無見斷滅論者)이다. 일체(一切)가 오직, 식(識)뿐이라고 하여도, 환(幻)의 미혹(迷惑)을 좇는 상견단멸론자(相見斷滅論者)이다. 왜냐하면, 실체(實體) 없는 식(識)에 의존(依存)하여 분별(分別)하는, 상견상심(相心相見)이기 때문이다. 무견(無見)과 유견(有見)은 둘[二] 다 상견(相見)이므로, 둘[二] 다 단멸론(斷滅論)이다. 무견(無見)은, 무견단멸론(無見斷滅論)이므로 일체상(一切相)이 존재(存在)할 수가 없다. 유견(有見) 또한, 유견단멸론(有見斷滅論)이므로, 일체상(一切相)이 존재(存在)할 수가 없다. 왜냐하면, 무견(無見)과 유견(有見), 둘[二] 다 법성작용(法性作用)이 끊어졌기 때문이다. 그럼 공견(空見)은 단멸론(斷滅論)이 아닐까? 공견(空見)에도, ①분별사공(分別邪空)이 있으며, ②단멸공견(斷滅空見)이 있으며, ③무견공견(無見空見)이 있으며, ④허공공견(虛空空見)이 있으며, ⑤무심공견(無心空見)이 있으며, ⑥무기공견(無記空見)이 있으며, ⑦인연공견(因緣空見)이 있으며, ⑧분석공견(分析空見)이 있으며, ⑨제상공견(諸相空見)이 있으며, ⑩공심공견(空心空見)이 있으며, ⑪불성공견(佛性空見)이 있다.

●공견(空見)의 차별세계(差別世界)

①분별사공(分別邪空)은, 무엇을 유추(類推)하고, 사량(思量)하며 분별(分別)하여, 공(空)이라고 인지(認知)하는 외도견(外道見)이다. 왜냐하면, 분별(分別) 그 자체(自體)가, 상(相)에 의존(依存)한 분별상견

(分別相見)이기 때문이다.

②단멸공견(斷滅空見)은, 무엇이든 단멸(斷滅)하여 멸(滅)한 것이 공(空)이라고 인지(認知)하는 외도견(外道見)이다. 왜냐하면, 단멸(斷滅) 그 자체(自體)가, 상(相)에 의존(依存)한 단멸상견(斷滅相見)이기 때문이다.

③무견공견(無見空見)은, 무엇이든 없는 것이 공(空)이라고 인지(認知)하는 외도견(外道見)이다. 왜냐하면, 무견(無見) 그 자체(自體)가, 상(相)에 의존(依存)한 무견상견(無見相見)이기 때문이다.

④허공공견(虛空空見)은, 허공(虛空)과 같이 텅 빈[空] 것이 공(空)이라고 인지(認知)하는 외도견(外道見)이다. 왜냐하면, 허공상(虛空相)을 가지는 그 자체(自體)가, 상(相)에 의존(依存)한 허공상견(虛空相見)이기 때문이다.

⑤무심공견(無心空見)은, 마음을 텅 비운 것이 공(空)이라고 인지(認知)하는 외도견(外道見)이다. 왜냐하면, 무심(無心) 그 자체(自體)가, 상(相)에 의존(依存)한 무심상견(無心相見)이기 때문이다.

⑥무기공견(無記空見)은, 무엇도 생각하지 않는 무심(無心)인, 무기(無記)가 공(空)이라고 인지(認知)하는 외도견(外道見)이다. 왜냐하면, 무기(無記) 그 자체(自體)가, 상(相)에 의존(依存)한 무기상견(無記

相見)이기 때문이다.

⑦인연공견(因緣空見)은, 모든 것이 인연(因緣)으로 가화합(假和合)하여 있으므로, 공(空)이라고 인지(認知)하는 외도견(外道見)이다. 이는, 실상공(實相空)이 아닌, 상견(相見)을 타파(打破)하기 위해 설(說)한 불(佛)의 방편공(方便空)이다. 이를, 외도견(外道見)이라고 함은, 이는, 상(相)의 실상(實相)을 보는 실상지혜(實相智慧)가 아니며, 또한, 무자성(無自性) 실상(實相) 법성작용(法性作用)이 아닌, 화합(化合)의 인연상(因緣相)임을 정(定)해 보는 상견(相見)이며, 또한, 가화합(假和合) 상견(相見)을 정(定)해 봄을 벗어나지 못한, 외도견(外道見)이기 때문이다.

⑧분석공견(分析空見)은, 물질상(物質相)을 쪼개고[分析] 또, 쪼개어[分析] 극미(極微)에 이르면, 그 극미(極微)를 쪼개면[分析] 존재(存在)의 실체(實體)가 없는 공(空)이라고 인지(認知)하는 외도견(外道見)이다. 분석공(分析空)이 왜? 외도견(外道見)인가 하면, 공(空)은 쪼개어 분석(分析)할 수가 없기 때문이다. 그리고, 일체상(一切相) 그대로 공(空)이기 때문이다. 그리고, 물질(物質)을 쪼개어 분석(分析)할 수 있는 것이 있어도, 쪼개어 분석(分析)할 수 없는 물질(物質)도 있다. 물질(物質)인 색성향미촉법(色聲香味觸法) 중에, 눈[眼]에 보이는 색(色) 중에, 허공(虛空), 밝음[明], 어둠[暗]은 쪼개어 분석(分析)할 수가 없다. 허공(虛空), 밝음[明], 어둠[暗]이 공(空)함은, 그 실체(實體)가 무자성(無自性)이므로 그 실체(實體)가 없어 공(空)이다. 특

히, 허공(虛空)의 실체(實體)인 무자성(無自性)과 텅 빈 허공(虛空)은 다르다. 허공(虛空)은 텅 비었어도, 그 실체(實體) 무자성(無自性)은 텅 빈 허공(虛空)이 아니다. 그러므로, 허공(虛空)과 허공성(虛空性)은 다르다. 허공(虛空)은 텅 빈 것이며, 허공성(虛空性)은 텅 빈 허공(虛空)이 끊어졌다. 그러므로, 허공(虛空)의 실체(實體)가 없다. 이는, 허공(虛空)이 텅 빈 것이어서, 실체(實體)가 없는 것이 아니다. 허공(虛空) 그 자체(自體)가 무자성(無自性)이므로 실체(實體)가 없음이다. 그러므로, 허공(虛空)은, 눈[眼]이 있는 자(者)는, 누구나 볼 수가 있다. 그러나, 허공(虛空)의 실체(實體)인 무자성(無自性)인 허공성(虛空性)은, 보이는 대상(對相)인 허공상(虛空相)이 아니다. 그러므로, 허공상견(虛空相見)이 타파(打破)되어 허공상(虛空相)이 멸(滅)해야, 허공상(虛空相)이 없는 허공(虛空)의 무자성(無自性) 실체(實體)를 알 수가 있다. 허공(虛空), 밝음[明], 어둠[暗]뿐만 아니라, 또한, 성(聲)도, 향(香)도, 미(味)도, 촉(觸)도, 법(法)도 쪼개어 분석(分析)할 수 없다. 그리고 또한, 5온개공(五蘊皆空)의 제식작용(諸識作用)인 수(受)도, 상(想)도, 행(行)도, 식(識)도 쪼개어 분석(分析)할 수 없다. 제법공상(諸法空相)이며 5온개공(五蘊皆空)이니, 분석공견(分析空見)은 외도견(外道見)이다. 그러나, 경(經)에는, 지수화풍(地水火風) 4대(四大)와 색수상행식(色受想行識) 5온(五蘊) 등(等), 분석공(分析空)을 설(說)하는 경우(境遇)가 있음은, 이는 다만, 상견(相見)과 상(相)의 집착(執着)을 제거(除去)하기 위한 방편공(方便空)인 방편설(方便說)이므로, 무자성(無自性) 법성(法性)의 실공(實空)이 아니다. 왜냐하면, 분석(分析)할 것 있는 그 자체(自體)가 곧, 공(空)이 아닌 상

(相)이며, 상견(相見)이기 때문이다.

　⑨제상공견(諸相空見)은, 소연상(所緣相)인 색성향미촉법(色聲香味觸法)과 수상행식(受想行識)의 제상(諸相)이 공(空)함을 깨달아, 공(空)을 증득(證得)한 공견상(空見相)에 듦[入]이다. 이는, 소연공(所緣空)과 심식공(心識空)이 있다. 소연공(所緣空)은 소연상공(所緣相空)으로, 6종경(六種境)인 색성향미촉법(色聲香味觸法)이 공(空)한 지혜(智慧)이며, 심식공(心識空)은 수상행식(受想行識)이 공(空)함을 깨달은 지혜(智慧)이다. 만약(萬若), 소연공(所緣空)인, 색성향미촉법(色聲香味觸法)이 완전(完全)히 공(空)함을 깨달아, 6종식(六種識)까지 타파(打破)되어 끊어졌다면, 이는, 대승(大乘)의 공성지혜(空性智慧)를 얻었음이다. 그러나, 만약(萬若), 허공천(虛空天)까지 완전(完全)히 타파(打破)되어, 허공천(虛空天)이 멸(滅)하지 않았다면, 아직, 6종식(六種識)이 타파(打破)된 것이 아니다. 왜냐하면, 허공천(虛空天)도 안근(眼根)의 대상(對相)인 색(色)이기 때문에, 6종식(六種識)이 타파(打破)되어 멸(滅)할 때에, 더불어 허공천(虛空天)도 타파(打破)되어 끊어져 멸(滅)한다. 그리고, 허공천(虛空天)이 타파(打破)되어 끊어지면[滅], 온[全] 우주법계(宇宙法界)에, 생사(生死) 없는 초월성(超越性)인 무한무변,자성청정,충만공성(無限無邊,自性淸淨,充滿空性)이 드러난다. 그러나 이는, 색성향미촉법(色聲香味觸法)이 공(空)한 소연공(所緣空)에 들었을 뿐, 아직, 제7식(第七識) 자아의식(自我意識)이 타파(打破)되어 멸(滅)하지 않아, 공성(空性)을 깨달은 증득상(證得相)인, 공견상(空見相)을 일으키게 된다. 이 역시(亦是) 공견상(空見相)이다. 이는, 소연

경(所緣境)인 색성향미촉법(色聲香味觸法)이 공(空)한 깨달음을 얻었으나, 아직, 제7식(第七識) 자아의식(自我意識)이 끊어져 멸(滅)하지 않아, 공견상(空見相)을 벗어나지 못한 공상견(空相見)이다. 이는, 6종식(六種識)이 멸(滅)한 대승공성지(大乘空性智)이다. 그리고, 식공(識空)인, 수상행식(受想行識)과 제7식(第七識) 자아의식(自我意識), 제8식(第八識) 능소출입식(能所出入識), 제9식(第九識) 함장식(含藏識)이 끊어져 멸(滅)하는 공성지혜(空性智慧)의 깊이에 따라, 승(乘)의 차별지혜(差別智慧)가 있다. 이는, 공심공견(空心空見)의 지혜상승, 차별차원, 각성지혜, 차별세계(智慧上昇, 差別次元, 覺性智慧, 差別世界)이다.

⑩공심공견(空心空見)은, 공(空)을 깨달은 공심공견상(空心空見相)을 가짐을, 공심공견(空心空見)이라고 한다. 그러나, 여기에서 일컫는 공심공견(空心空見)은, 그것과 달리, 제식(諸識) 중, 능연심(能緣心)이 타파(打破)되어, 공(空)을 깨달은 그 공심(空心)도 또한, 공(空)함을 깨달은, 공심공견(空心空見)에 든[入] 지혜성품세계(智慧性品)이다. 이는, 능연제식(能緣諸識)이 타파(打破)되는 전변지혜(轉變智慧)의 깊이에 따라, 공성지혜(空性智慧)의 깊이가 다르다. 공(空)을 깨달은, 그 공성(空性)도, 공(空)을 깨달은 지혜(智慧)의 차별차원(差別次元) 깊이에 따라, 그 공성지혜(空性智慧)의 깊이도 다르다. 그러므로, 공(空)이란 언어(言語)는 같아도, 지혜(智慧)의 깊이에 따라, 그 공(空)을 일컫는, 그 공(空)의 성품차원(性品次元)이 다르다.

공(空)을 정의(正義)하거나, 공(空)을 설(說)하는 법(法)의 차원(次元)이나, 공(空)을 논거(論據)하는 차별지혜(差別智慧)나, 공(空)을 전개

(展開)하는 방편특성(方便特性) 등(等)에 따라, 공(空)의 실체(實體)를 다양(多樣)한 언어(言語)로 구사(構思)하며, 그 언어(言語)에 의지(依支)해, 그 상황(狀況)에 합당(合當)하고 적절(適切)한 이해(理解)와 논의(論義)의 정의(正義)를 도출(導出)해 낸다. 공(空)을 드러내는 언어(言語)는, 공(空), 공성(空性), 무아(無我), 무상(無相), 무자성(無自性), 청정(淸淨), 무위(無爲), 무상(無常), 무생(無生), 실상(實相), 실제(實際), 실체(實體), 법성(法性), 법인(法印), 결정성(結定性), 적멸(寂滅), 부동(不動), 진여(眞如), 열반(涅槃), 보리(菩提), 초월(超越), 절대성(絕對性), 반야(般若), 지혜(智慧), 구경열반(究竟涅槃), 구경각(究竟覺), 반야바라밀다(般若波羅密多), 아뇩다라삼먁삼보리(阿搙多羅三邈三菩提), 무유정법(無有定法) 등(等)이다.

공(空)도 지혜(智慧)의 깊이에 따라, 서로 다른 5종공성지혜(五種空性智慧)의 차별차원(差別次元) 차별공성(差別空性)이 있다. 이는, ①첫째, 상(相)이 공(空)함을 깨달은 대승(大乘)의 공(空)이다. ②둘째, 상(相)이 공(空)함을 깨달은, 그 대승(大乘) 공(空)이 또한, 공(空)한 일승(一乘)의 공(空)이다. ③셋째, 대승(大乘) 공(空)을 타파(打破)한, 일승(一乘)의 공(空)이 또한, 공(空)한, 일불승(一佛乘)의 공(空)이다. ④넷째, 대승(大乘) 공(空)도 타파(打破)하고, 일승(一乘)의 공(空)도 타파(打破)한, 일불승(一佛乘)의 공(空)이 또한, 공(空)한 불승(佛乘)의 공(空)이다. ⑤다섯째, 대승(大乘) 공(空)도 타파(打破)하고, 일승(一乘)의 공(空)도 타파(打破)하고, 일불승(一佛乘)의 공(空)도 타파(打破)한, 불승(佛乘)의 공(空), 또한, 공(空)한 불(佛)의 공성(空性), 일체초월(一切超越) 불성(佛性)이다. 그러므로, 공(空)도, 지혜(智慧)가 열린

차별차원(差別次元)의 각력상승(覺力上昇)에 따라, 공(空)의 언어(言語)는 같아도, 공(空)의 지혜성품차원(智慧性品次元)이 서로 다르다.

그러므로, 불성(佛性)의 일체초월(一切超越) 절대성(絶對性) 무생무연,실상공(無生無然,實相空)이 아니면, 그 공(空)은, 지혜(智慧)가 상승(上昇)하면, 타파(打破)되어 파괴(破壞)됨으로, 완전(完全)한 지혜(智慧)의 일체초월(一切超越) 절대성(絶對性), 무상절대,무유정법(無上絶對,無有定法) 불성(佛性)의 여래결정성(如來結定性)이 아니다. 그러면, 깨달은 공성(空性)이 파괴(破壞)되고, 또, 깨달은 공성(空性)이 파괴(破壞)되며, 또, 공성(空性)을 깨달아도 파괴(破壞)되는 까닭[緣由]은, 깨달은 그 공(空)이, 파괴(破壞)되지 않는 완전(完全)한 일체초월(一切超越) 절대성(絶對性) 절대공(絶對空)이 아닌, 지혜상승과정(智慧上昇過程)의 차별차원지혜(差別次元智慧)의 차별공성(差別空性)이기 때문이다.

이렇게 되는 까닭[緣由]은, 지혜(智慧)가 상승(上昇)해도, 상승(上昇)한 그 지혜(智慧)가, 무명제식(無明諸識)의 장애(障礙) 속에 있는 차별지혜(差別智慧)이므로, 지혜(智慧)가 상승(上昇)하였어도 아직, 완전(完全)히 무명제식(無明諸識)의 장애(障礙)를 모두 다 타파(打破)해, 벗어나지 못했기 때문이다. 그러므로, 무명제식(無明諸識)의 장애(障礙)를 완전(完全)히 모두 다 벗어나면, 파괴(破壞)되지 않는 일체초월(一切超越) 절대공성지혜(絶對空性智慧)에 증입(證入)하게 됨이니, 이 공성(空性)이 곧, 일체초월(一切超越) 절대성(絶對性) 불성(佛性)이다.

그러면, 깨달은 공성(空性)이 파괴(破壞)되고, 또, 깨달은 공성(空性)이 파괴(破壞)되며, 또, 공성(空性)을 깨달아도 파괴(破壞)되는 그

과정(過程) 속에, 수행지혜(修行智慧)와 수행성품(修行性品)이 어떻게 바뀌어 전변(轉變)하는가 하면, 공(空)을 깨달아도, 또한, 지혜(智慧)가 더 깊어지면, 깨달은 공(空)이, 일체초월(一切超越) 완전(完全)한 공성(空性)이 아닌 차별차원공성(差別次元空性)이므로 또, 파괴(破壞)되며, 또한, 더 깊은 공(空)을 깨달았어도, 또, 더 지혜(智慧)가 더 차원(次元)이 상승(上昇)하여 깊어지면, 깨달은 그 깊은 공(空)이 또, 파괴(破壞)되는 그것이 곧, 무명제식,전변지혜,상승과정(無明諸識, 轉變智慧,上昇過程)이다. 공(空)을 타파(打破)하고, 또, 깨달은 공(空)을 타파(打破)하며, 점차(漸次) 공(空)의 지혜(智慧)가 차원(次元)이 상승(上昇)하여 깊어질수록, 수행지혜(修行智慧)와 수행성품(修行性品)은, 무명제식(無明諸識)의 장애(障礙)를 점차(漸次) 벗어남으로, 수행지혜(修行智慧)와 수행성품(修行性品)은 점점(漸漸) 공성지혜(空性智慧)가 더욱 깊어지며, 더욱더, 공성지혜(空性智慧)가 청정(淸淨), 무염(無染), 원융(圓融), 부동(不動)으로 섬세(纖細)하고 밀밀(密密)한 수행지혜(修行智慧)와 수행성품(修行性品) 차원(次元)이 깊어진다. 그 지혜과정(智慧過程)이, ①6종식(六種識)이 끊어져, 색성향미촉법(色聲香味觸法)의 상(相)이 타파(打破)되어 청정공성지혜(淸淨空性智慧)가 열리고, ②그 다음, 제7식(第七識) 자아의식(自我意識)이 끊어져, 무애성(無礙性)의 청정무염,진여지혜(淸淨無染,眞如智慧)가 열리며, ③그 다음, 제8식(第八識) 능소출입식(能所出入識)이 끊어져, 원융성(圓融性)의 원융각명,대원경지혜(圓融覺明,大圓鏡智慧)가 열리고, ④그 다음, 제9식(第九識) 무명함장식(無明含藏識)이 끊어져, 부동성(不動性)의 심부동,대열반성지혜(心不動,大涅槃性智慧)가 열리며, ⑤그 다음, 무위일체증득지(無爲一切證得智)가 끊어져 초월(超越)해, 일체초월성(一切超越性) 청정본연,무연중,절대성(淸淨本然,無然中,絶對性)인 불성지혜성품(佛性智慧性品)이 열린다.

이것이, 유식지혜,상승세계,성불과정(唯識智慧,上昇世界,成佛過程)이며, 제식전변,상승과정,유식지혜,차별차원,지혜상승,성불과정,유식체계(諸識轉變,上昇過程,唯識智慧,差別次元,智慧上昇,成佛過程,唯識體系)이다. 유식지혜,상승과정(唯識智慧,上昇過程)인 제식전변,지혜상승,유식체계(諸識轉變,智慧上昇,唯識體系)는, ①6종식(六種識)이 타파(打破)되어 끊어지면[滅], 색성향미촉법(色聲香味觸法)이 공(空)한, 대승(大乘)의 공성지혜(空性智慧)가 열린다. ②제7식(第七識) 말나식(末那識)인 자아의식(自我意識)이 타파(打破)되어 끊어지면[滅], 일승(一乘)의 무염진여성품(無染眞如性品)이 열린다. ③제8식(第八識) 능소출입식(能所出入識)이 타파(打破)되어 끊어지면[滅], 일불승(一佛乘)의 능소(能所) 없는 원융각명,쌍차쌍조,대원경지(圓融覺明,雙遮雙照,大圓鏡智)가 열린다. ④제9식(第九識) 무명함장식(無明含藏識)이 타파(打破)되어 끊어지면[滅], 불승(佛乘)의 심부동,대열반성지(心不動,大涅槃性智)가 열린다. ⑤일체증득,무위지혜,성품세계(一切證得,無爲智慧,性品世界)가 모두 타파(打破)되어, 시각(始覺)과 본각(本覺)이 둘[二] 다 끊어지면[滅], 바로, 불성불지(佛性佛智)이며, 이는, 일체초월(一切超越) 여래성품(如來性品)인, 과거·현재·미래·3세(過去·現在·未來·三世)가 끊어져 멸(滅)한, 불성세계(佛性世界)이다.

⑪불성공견(佛性空見)은, 일체초월(一切超越) 무생실공(無生實空)으

로, 청정본연,무연중,절대성(清淨本然,無然中,絕對性)인 불성공(佛性空)이다. 이는, 무생결정성(無生結定性)이며, 여래장(如來藏) 무생성품(無生性品)이다. 이는 곧, 여래(如來)의 실상(實相) 결정성(結定性)이며, 제불(諸佛)의 실상(實相)이다. 이는, 법신불(法身佛)의 체성(體性)으로, 무생실상공(無生實相空)이다. 일체초월,절대성(一切超越,絕對性), 절대중(絕對中)의 불성공견(佛性空見)에 들지 못하면, 완전(完全)한 지혜(智慧)의 공(空)이 아니다. 이는, 일체초월(一切超越) 절대성(絕對性)이며, 절대중(絕對中)으로, 일체초월(一切超越) 불지(佛智)에 증입(證入)하면 깨닫는, 일체초월성(一切超越性) 불성(佛性)의 성품(性品)인, 절대성(絕對性)이다. 이 공(空)은, 일체초월(一切超越) 절대성(絕對性)이므로, 공(空)이라 하지 않고, 무생결정성(無生結定性)이며, 불인(佛印)이라고 한다. 왜냐하면, 일체공(一切空)도 초월(超越)한, 무생절대성(無生絕對性)이기 때문이다.

   만약(萬若), 유식(唯識)을, 일체(一切)가 상분별세계(相分別世界)임을 이해(理解)하지 않고, 일체대경(一切對境)인 색성향미촉법(色聲香味觸法)은 없고, 일체(一切)가 식(識)이란, 유식무경(唯識無境)의 뜻으로 이해(理解)하면, 부처님[佛] 시절(時節), 부처님[佛]의 존재(存在) 자체(自體)도 부정(否定)해야 하며, 그 제자(弟子) 천이백오십인(千二百五十人)의 존재(存在)도, 부정(否定)해야 하며, 불법승(佛法僧) 3보(三寶)와 불법불교(佛法佛敎)의 존재(存在)도 부정(否定)해야 한다. 그리고, 내[我] 몸[身]과 인지(認知)되는 대상(對相) 일체(一切)의 존재

(存在)를 부정(否定)해야 한다. 사실(事實)의 실상(實相)을 보는 것과 사실(事實)을 왜곡(歪曲)하는 것은 다르다. 이 몸[身]도 식(識)의 대상 (對相)이니, 자신(自身)이 존재(存在)하며, 자신(自身)의 눈[眼]으로 보면서도 없다 하면, 자신(自身)는 사람[人]도 아닌, 허깨비[妄幻]이다. 눈[眼]에 보이는 일체(一切)가 실체(實體)가 없는 공성(空性)임을 명확 (明確)히 앎은, 지혜(智慧)이다. 만약(萬若), 삶이, 실체(實體) 없는 그 공성(空性) 속의 삶이면, 보살(菩薩)의 삶이다. 그러나, 있는 대상(對相)의 존재(存在)를 부정(否定)하여 없다 하면, 이는 곧, 법성작용(法性作用)과 일체존재(一切存在)를 부정(否定)하는 외도악견(外道惡見)이며, 단멸론자(斷滅論者)이니, 이는 곧, 무지(無智)의 악견사론(惡見邪論)이다.

실상(實相)에서 보면, 마음 밖[外]의 대상(對相)도, 그리고, 대상(對相)을 인연(因緣)하여 일어나는 식(識)도, 무자성(無自性)이므로 그 실체(實體)가 없다. 이는, 없어서 없다함이 아니다. 왜냐하면, 일체(一切)가 인연(因緣)을 따라 흐르는 머무름이 없는 무자성(無自性), 법성(法性) 흐름의 현상(現象)이므로, 잠시(暫時)도 머무름 없는 생(生)이며, 상(相)이니, 그 실체(實體)가 없기 때문이다. 그러면, 존재(存在)로 인식(認識)하는 마음 밖[外]의 대상(對相)은 무엇이며, 그 대상(對相)을 인연(因緣)하여 일어나는 마음작용[心識作用]인 식(識)의 존재(存在)는 무엇인가? 이 일체세계(一切世界)를 유식세계(唯識世界)라 한다. 유식(唯識)은, 그것이 무엇이든 곧, 일체(一切)을 분별(分別)하는 상분별세계(相分別世界)인, 식(識)의 전개상속세계(展開相續世界)

란 뜻이다. 식(識)의 전개(展開)란, 식(識)이 대상(對相)에 인연(因緣)하여, 자연,반연반응,작용(自然,攀緣反應,作用)으로 대상(對相)을 분별(分別)하는, 심식작용전개(心識作用展開)이다.

식(識)의 생기(生起)는, 청정(淸淨)한 마음 성품(性品)에 비치는, 자연,반연반응,작용(自然,攀緣反應,作用)의 대상(對相)이 있기 때문이다. 이 자연,반연반응,작용(自然,攀緣反應,作用)하는 분별(分別)의 인지대상(認知對相)이 무엇이든, 6종경(六種境)인 색성향미촉법(色聲香味觸法)에 속(屬)하며, 또한, 일체,차별차원,무한세계,일체(一切,差別次元,無限世界,一切)의 그 어떤 무엇이든, 색성향미촉법(色聲香味觸法)에 섭수(攝受)되고 수용(受容)된다. 식(識)의 전개(展開)란, 식(識)이 생기(生起)하여 진행(進行)되는 전개과정(展開過程)을 말한다. 식(識)의 전개과정(展開過程)이란, 식(識)이 다음 과정(過程)의 식(識)으로 전개상속(展開相續)됨을 뜻한다. 식(識)의 상속(相續)이란, 전식(前識)의 작용(作用)이, 그 다음 후식(後識)을 생기(生起)하여, 식(識)의 작용(作用)이 이어지는 상속(相續) 전개(展開)를 일컬음이다. 이는, 6종경(六種境)인 색성향미촉법(色聲香味觸法)에 자연,반연반응,작용(自然,攀緣反應,作用)하는 소연근(所緣根)인 6종근(六種根)에서→6종식(六種識)으로→제7식(第七識)으로→제8식(第八識)으로→제9식(第九識)으로 끊임없이, 전개상속(展開相續)됨을 말한다.

●색성향미촉법(色聲香味觸法)의 분류체계(分類體系)

　여래정론(如來正論), 제식전개(諸識展開)의 기본구조,구성체계(基本構造,構成體系)인 경·근·식(境·根·識) 18경계체계(十八境界體系)에서는, 무엇이든, 인지(認知)하고 받아들이는 수(受)의 대상(對相)인 일체,무한차별차원,무한차별세계,일체(一切,無限差別次元,無限差別世界,一切) 모든 존재(存在)가, 유형성(有形性)이든, 무형성(無形性)이든, 물질성(物質性)이든, 정신성(精神性)이든, 그것이 무엇이든, 그것을 받아들이는 안이비설신의근(眼耳鼻舌身意根)인 6종근(六種根)의 차별특성(差別特性)에 따라, 색·성·향·미·촉·법(色·聲·香·味·觸·法)의 6종경(六種境)으로, 정의정립(正義正立)하였다. 이는, 물질계(物質界)와 정신계(精神界)의 총체적(總體的) 일체무한,차별대상(一切無限,差別對相)의 각각(各各) 그 차별성질특성(差別性質特性)의 종류(種類)를 분류(分類)하고 차별화(差別化)하여, 이를, 색·성·향·미·촉·법(色·聲·香·味·觸·法)의 6종차별,특성세계(六種差別,特性世界)로 개념(概念)을 정의정립(正義正立)하여 체계화(體系化)를 하였다. 그러므로, 일체,무한차별차원,무한차별세계,일체(一切,無限差別次元,無限差別世界,一切) 대상(對相)인, 유형계(有形界), 무형계(無形界), 물질계(物質界), 비물질계(非物質界), 의식계(意識界), 무의식계(無意識界), 정신계(精神界) 등(等), 일체(一切)가, 6종차별특성(六種差別特性)인 색성향미촉법(色聲香味觸法)에 일체총섭(一切總攝)되고 일체섭수(一切攝受)되며, 또한, 색성향미촉법(色聲香味觸法) 6종경(六種境)에, 일체,무한무변,차별대상,일체(一切,無限無邊,差別對相,一切)가 수용(受容)된다.

①첫째, 경·근·식(境·根·識) 제식전개(諸識展開)의 기본구성, 섭리체계(基本構成, 攝理體系)인 18경계, 섭리체계(十八境界, 攝理體系)에, 각종(各種) 물질(物質)의 형태(形態)인 색종성(色種性)을 건립(建立)함은, 일체(一切) 존재(存在) 중에, 눈[眼]으로 그 대상(對相)을 인지(認知)할 수 있는, 유형(有形), 무형(無形) 등(等)의 각종(各種) 물질형태(物質形態)의 색종성(色種性)이 있기 때문이다. 이는, 눈[眼]에 보이는 천지만물(天地萬物)과 각종(各種) 유형(有形), 무형(無形) 등(等)의 형태(形態)와 모습[相]이 존재(存在)하기 때문이다. 그러므로, 제식전개(諸識展開)의 경·근·식(境·根·識) 기본구성, 섭리체계(基本構成, 攝理體系)인 18경계, 섭리체계(十八境界, 攝理體系)에, 색종성(色種性)의 개념체계(概念體系)를 정립(正立)한 것이다.

②둘째, 경·근·식(境·根·識) 제식전개(諸識展開)의 기본구성, 섭리체계(基本構成, 攝理體系)인 18경계, 섭리체계(十八境界, 攝理體系)에, 각종(各種) 소리[聲]인 성종성(聲種性)을 건립(建立)함은, 일체(一切) 존재(存在) 중에, 눈[眼]으로는 대상(對相)의 존재(存在)를 인지(認知)하지 못해도, 오직, 귀[耳]로만 그 대상(對相)의 존재(存在)를 인지(認知)하는, 소리[聲]에 속(屬)한, 각종(各種) 성종성(聲種性)이 있기 때문이다. 그러므로, 제식전개(諸識展開)의 경·근·식(境·根·識) 기본구성, 섭리체계(基本構成, 攝理體系)인 18경계(十八境界)에, 성종성(聲種性)의 개념체계(概念體系)를 정립(正立)한 것이다.

③셋째, 경·근·식(境·根·識) 제식전개(諸識展開)의 기본구성, 섭리체

계(基本構成, 攝理體系)인 18경계, 섭리체계(十八境界, 攝理體系)에, 각종(各種) 냄새와 향(香)인 향종성(香種性)을 건립(建立)함은, 일체(一切) 존재(存在) 중에, 눈[眼]으로도 그 대상(對相)의 존재(存在)를 인지(認知)할 수 없고, 또한, 귀[耳]로도 그 대상(對相)의 존재(存在)를 인지(認知)할 수 없어도, 오직, 코[鼻]로만 그 대상(對相)의 존재(存在)를 인지(認知)할 수 있는, 각종(各種) 향종성(香種性)이 있기 때문이다. 그러므로, 제식전개(諸識展開)의 경·근·식(境·根·識) 기본구성, 섭리체계(基本構成, 攝理體系)인 18경계, 섭리체계(十八境界, 攝理體系)에, 향종성(香種性)의 개념체계(槪念體系)를 정립(正立)한 것이다.

④넷째, 경·근·식(境·根·識) 제식전개(諸識展開)의 기본구성, 섭리체계(基本構成, 攝理體系)인 18경계, 섭리체계(十八境界, 攝理體系)에, 각종(各種) 맛[味]인 미종성(味種性)을 건립(建立)함은, 일체(一切) 존재(存在) 중에, 눈[眼]으로도 그 대상(對相)의 존재(存在)를 인지(認知)할 수 없고, 또한, 귀[耳]로도 그 대상(對相)의 존재(存在)를 인지(認知)할 수 없고, 또한, 코[鼻]로도 그 대상(對相)의 존재(存在)를 인지(認知)할 수 없어도, 오직, 혀[舌]로만 그 대상(對相)의 존재(存在)를 인지(認知)할 수 있는, 각종(各種) 미종성(味種性)이 있기 때문이다. 그러므로, 제식전개(諸識展開)의 경·근·식(境·根·識) 기본구성, 섭리체계(基本構成, 攝理體系)인 18경계, 섭리체계(十八境界, 攝理體系)에, 미종성(味種性)의 개념체계(槪念體系)를 정립(正立)한 것이다.

⑤다섯째, 경·근·식(境·根·識) 제식전개(諸識展開)의 기본구성, 섭리

체계(基本構成, 攝理體系)인 18경계, 섭리체계(十八境界, 攝理體系)에, 몸[身]의 각종(各種) 촉(觸)의 감각(感覺)인 촉종성(觸種性)을 건립(建立)함은, 일체(一切) 존재(存在) 중에, 눈[眼]으로도 그 대상(對相)의 존재(存在)를 인지(認知)할 수 없고, 또한, 귀[耳]로도 그 대상(對相)의 존재(存在)를 인지(認知)할 수 없고, 또한, 코[鼻]로도 그 대상(對相)의 존재(存在)를 인지(認知)할 수 없고, 또한, 혀[舌]로도 그 대상(對相)의 존재(存在)를 인지(認知)할 수 없어도, 오직, 몸[身]의 촉각(觸覺)으로만 그 대상(對相)의 존재(存在)를 인지(認知)할 수 있는, 각종(各種) 촉종성(觸種性)이 있기 때문이다. 그러므로, 제식전개(諸識展開)의 경·근·식(境·根·識) 기본구성, 섭리체계(基本構成, 攝理體系)인 18경계, 섭리체계(十八境界, 攝理體系)에, 촉종성(觸種性)의 개념체계(槪念體系)를 정립(正立)한 것이다.

⑥여섯째, 경·근·식(境·根·識) 제식전개(諸識展開)의 기본구성, 섭리체계(基本構成, 攝理體系)인 18경계, 섭리체계(十八境界, 攝理體系)에, 안이비설신(眼耳鼻舌身)으로 인지(認知)할 수 있는 색(色)도 아니며, 성(聲)도 아니며, 향(香)도 아니며, 미(味)도 아니며, 촉(觸)도 아닌, 이 이외(以外)의 각종(各種) 법(法)인 법종성(法種性)을 건립(建立)함은, 일체(一切) 존재(存在) 중에, 눈[眼]으로도 그 대상(對相)의 존재(存在)를 인지(認知)할 수 없고, 또한, 귀[耳]로도 그 대상(對相)의 존재(存在)를 인지(認知)할 수 없고, 또한, 코[鼻]로도 그 대상(對相)의 존재(存在)를 인지(認知)할 수 없고, 또한, 혀[舌]로도 그 대상(對相)의 존재(存在)를 인지(認知)할 수 없고, 또한, 몸[身]의 촉각(觸覺)으로도

그 대상(對相)의 존재(存在)를 인지(認知)할 수 없어도, 오직, 정신작용(精神作用)으로 대상(對相)을 인지(認知)하여 받아들이는 근(根)인, 의근(意根)으로만 일체상념(一切想念)과 일체인식(一切認識)의 그 대상(對相)의 존재(存在)를 인지(認知)할 수가 있는, 일체, 차별차원, 무한세계, 일체(一切, 差別次元, 無限世界, 一切)의 다양(多樣)한 정신대상(精神對相)인 물질적(物質的), 또는, 인식(認識)과 상념(想念), 그리고, 기억(記憶)과 분별세계(分別世界) 사고(思考)의 정신적(精神的), 일체차별차원(一切差別次元)의 대상(對相)인 법(法)이 있기 때문이다. 그러므로, 제식전개(諸識展開)의 경·근·식(境·根·識) 기본구성, 섭리체계(基本構成, 攝理體系)인 18경계, 섭리체계(十八境界, 攝理體系)에, 법종성(法種性)의 개념체계(槪念體系)를 정립(正立)한 것이다.

소연대상(所緣對相)의 6종경(六種境)인 색성향미촉법(色聲香味觸法) 중에, 안근(眼根), 이근(耳根), 비근(鼻根), 설근(舌根), 신근(身根)을 제외(除外)한, 의근(意根)의 인식대상(認識對相)인 법(法)에 대해, 대승유식론(大乘唯識論)을 성립(成立)한 대승유식론사(大乘唯識論師)들은, 18경계(十八境界)의 유식섭리체계(唯識攝理體係)에서, 의근(意根)의 인식대상(認識對相)인 법(法)에 대해, 명확(明確)한 개념정의(槪念正義)를 확립(確立)하지 않고, 경·근·식(境·根·識) 18경계체계(十八境界體系)를, 색성향미촉(色聲香味觸)의 5종경(五種境)과 안이비설신근(眼耳鼻舌身根)의 5종근(五種根)과 안이비설신식(眼耳鼻舌身識)의 5종식(五種識)인, 경·근·식(境·根·識)이 15경계체계(十五境界)인 전5식체계(前五識體系)로 왜곡변형(歪曲變形)하여, 6종경(六種境)인 색성향미촉법(色聲香味觸法) 중에, 법(法)을, 안근(眼根), 이근(耳根), 비근(鼻根), 설근(舌根), 신근(身根)이 받아들이는, 색성향미촉(色聲香味觸)을 지칭(指稱)하고 일컫는, 일반적(一般的) 인식(認識)의 법(法)으로 규정(規定)하여, 정의(定義)하였다.

이는, 법(法)에 대한 일반론(一般論)으로, 경·근·식(境·根·識) 제식전개, 기본섭리, 구성구조(諸識展開, 基本攝理, 構成構造)인 18경계(十八境界)의 특성체계(特性體系)에서 보면, 6종경(六種境) 중에, 정신작용(精神作用)이 근(根)이 되어, 대상(對相)을 인지(認知)하고 받아들이는 의근(意根)만이, 색성향미촉(色聲香味觸) 이외(以外)에, 정신작용(精神作用)의 인지대상(認知對相)인, 특정(特定)한 법(法)의 특성(特性)을, 단지(但只), 눈[眼], 귀[耳], 코[鼻], 혀[舌], 몸[身]의 인식대상(認識對相)인 색성향미촉(色聲香味觸)을 일컫는, 일반인식론(一般認識論)으로 규정(規定)함은, 18경계체계(十八境界體系)의 법(法)의 개념특성(概念特性)을 왜곡변형(歪曲變形)함이다. 그러므로, 경·근·식(境·根·識) 18경계체계(十八境界體系)의 제식전개, 자연섭리, 기본체계(諸識展開, 自然攝理, 基本體系)에서의, 색성향미촉법(色聲香味觸法) 중에, 오직, 의근(意根)만의 인식대상(認識對相)인 일체, 차별차원, 무한세계, 일체(一切, 差別次元, 無限世界, 一切)의 정신작용(精神作用)에 의한 인식(認識)과 사고(思考)와 이해(理解)와 견해(見解)와 상념세계(想念世界)의 법(法)의 개념특성(概念特性)이, 대승유식론(大乘唯識論)의 유식체계(唯識體系)에서는 그 특정개념역할(特定概念役割)이 변형(變形)되어 상실(喪失)되었다.

대승유식론(大乘唯識論)에서, 색성향미촉법(色聲香味觸法) 중에, 의근(意根)의 인식대상(認識對相)인 법(法)의 특성(特性)이 상실(喪失)되게 된 것은, 18경계체계(十八境界體系)에서, 6종경(六種境) 중, 색성향미촉(色聲香味觸) 이외(以外)에, 정신작용(精神作用)의 인지(認知) 대상(對相)인 법(法)을 받아들이는 의근(意根)을, 제7식(第七識)으로 변경이관(變更移管)하여, 의근(意根)을 제7식(第七識)으로 변형(變形)하였기 때문이다. 그러므로, 경·근·식(境·根·識) 18경계체계(十八境界體系)에서, 정신작용(精神作用)이 근(根)이 되어, 의근(意根)이 받아들이는 일체대상(一切對相)인, 일체,무한차별차원,무한차별대상(一切, 無限差別次元, 無限差別對相)인 법경(法境)이 상실(喪失)되어, 법경(法境)을 총칭(總稱)하는 법(法)이, 단지(但只), 안근(眼根), 이근(耳根), 비근(鼻根), 설근(舌根), 신근(身根)이 받아들이는, 색·성·향·미·촉(色·聲·香·味·觸)을 일컫는 것으로 가변(假變)이 되어, 변형(變形)이 되었다.

그러므로, 색성향미촉법(色聲香味觸法)의 6종경(六種境) 중에, 법(法)과 법(法)을 받아들이는 의근(意根)의 역할(役割)이, 경·근·식(境·根·識) 18경계(十八境界)의 제식전개,자연섭리,기본체계(諸識展開, 自然攝理, 基本體系)에서와 달리, 대승유식론,제식체계(大乘唯識論, 諸識體系)에서는 변형상실(變形喪失)이 되었다. 이렇게 된 까닭[緣由]은, 대승유식론(大乘唯識論)을 성립(成立)한 유식대론사(唯識大論師)인, 무착보살[無着菩薩: 불멸후(佛滅後) 900년경 인도스님, 세친보살(世親菩薩)의 형(兄)]과 세친보살(世親菩薩)에 이르기까지, 그 근원적(根源的) 그 원인(原因)을 사유(思惟)하고 살펴야 한다.

경·근·식(境·根·識) 18경계체계(十八境界體系)에서의 의근(意根)은, 의식작용(意識作用)이 이루어지기 전(前)의 식(識)이다. 그러므로, 의근(意根)에 의해 의식작용(意識作用)이 이루어지므로, 의근(意根)은, 의식(意識)이 의지(依支)하는 식(識)이다. 그런데, 무착보살(無着菩薩)이, 만약(萬若), 사람이 기절(氣絶)을 하거나, 어떤 상황(狀況) 중에 잠시(暫時) 의식불명(意識不明)이나, 정신작용(精神作用)이 단절상태(斷絶狀態)가 되면, 의근(意根) 또한, 단절(斷絶)이 된다고 인식(認識)했다. 또한, 어떤 상황(狀況) 중에, 사람이 잠시(暫時) 기절(氣絶)을 하여 의식불명(意識不明)이나, 정신작용(精神作用)이 정지(停止)되어, 의식(意識)이 단절상태(斷絶狀態)였다가도, 깨어나는 경우도 있다. 무착보살(無着菩薩)의 견해(見解)는, 의근(意根)에 의해 의식(意識)이 작용(作用)함으로, 만약(萬若), 의근(意根)이 단절(斷絶)되면, 의식(意識)이 깨어날 수 없으므로, 의근(意根)이 단절(斷絶)되지 않아야만 의식(意識)이 다시 깨어날 수 있다고 인식(認識)했다. 그리고, 의식(意識)이, 과거생(過去生), 현재생(現在生), 미래생(未來生)의 끊임없는 3세(三世)로 이어지는, 3세유식체계적(三世唯識體係的) 지속성(持續性)을 가지려면, 의근(意根)이 단절(斷絶)되지 않고, 의근(意根)의 지속적(持續的) 항상성(恒常性)을 가져야 한다고 인식(認識)했다.

그러므로, 3세윤회(三世輪廻)가 끊임없는 유식체계적(唯識體系的) 논리사고(論理思考)로는, 3세(三世)가 끊임없는 삶의 지속성(持續性)을 가지려면, 의근(意根)이 끊임없는, 지속적(持續的) 항상성(恒常性)이어야 하며, 이에, 의근(意根)이 단절(斷絶)되지 않는 항상(恒常)하는 존재성(存在性)이어야만 했다. 그러므로, 제7식(第七識)의 심체(心體)는 항상(恒常)한다고 인식(認識)했으며, 제7식(第七識)이 의근(意根)이어야 한다고 인식(認識)했다. 그러므로, 의식(意識)의 전식(前識)인 의근(意根)을, 제6의식(第六意識)의 후식(後識)인 제7식(第七識)으로, 의근(意根)을 이관변경(移管變更)하여, 인위적(人爲的)으로 제식체계(諸識體系)를 변형(變形)시켰다. 이는, 제7식(第七識)의 심체(心體)는 항상(恒常)한다고 보았기 때문이다. 그러므로, 의근(意根)이 3세(三世)에 항상(恒常) 존재(存在)하는 제7식(第七識)의 심체(心體)로 변형(變形)하여, 의근(意根)의 지속성(持續性)을 위해, 의근(意根)이 제7식(第七識)인 유식체계(唯識體系)로 변형(變形)시켰다. 이것은, 여래정론(如來正論)인 경·근·식(境·根·識) 18경계체계(十八境界體系)의 개념정의(槪念正義)를 바르게 인지(認知)하지 못했으며, 또한, 제식전변, 차별특성(諸識轉變, 差別特性)에 대한 실증지혜(實證智慧)가 없었기 때문이다.

그러므로, 제6의식(第六意識) 작용(作用)의 전식(前識)이며, 제6식의식(第六意識)의 의지처(依支處)인 의근(意根)이, 대승유식론(大乘唯識論)에서는, 제7식(第七識)으로 가변(假變)이 되었다. 제6의식(第六意識)의 의지처(依支處)인 의근(意根)이, 제7식(第七識)으로 가변(假變)하여 변형(變形)이 됨으로, 제8식(第八識) 아뢰야식(阿賴耶識)인 함장식(含藏識)에, 윤회(輪廻)의 3세업(三世業)이 저장(貯藏)되어 있어, 3세윤회유식작용(三世輪廻唯識作用)이 끊임없는, 의근(意根)이 단절(斷絕)되지 않고, 지속성(持續性)을 가지는, 3세윤회(三世輪廻)의 유식체계

(唯識體系)를 갖추려 했다.

그러므로, 경·근·식(境·根·識) 18경계체계(十八境界體系)의 의근개념
(意根槪念)이, 대승유식론체계(大乘唯識論體係)에서는 왜곡변형(歪曲變
形)이 되어, 그 개념특성(槪念特性)이 변형상실(變形喪失)되었다. 이
는 또한, 경·근·식(境·根·識) 18경계,제식전개,구성체계(十八境界,諸識
展開,構成體係)를, 대승유식론(大乘唯識論)에서 왜곡변형(歪曲變形)한,
색성향미촉(色聲香味觸)의 전5식체계(前五識體系)의 성립(成立)과 그
리고, 의근(意根)이 제7식(第七識)으로 가변(假變)됨으로, 의근(意根)
에 의해, 의식작용(意識作用)이 이루어지니, 제6의식(第六意識)이, 제
7식(第七識)의 작용(作用)을 겸(兼)한, 제7식(第七識) 자아의식(自我意
識)의 분권식(分權識)으로 변형(變形)이 되어, 제6의식(第六意識)이,
전5식세계(前五識世界)를 주관(主管)하고 다스리는, 전5식세계(前五識
世界)의 주관의식(主管意識)으로 변형(變形)이 되었다. 그리고, 제7식
(第七識) 말나식(末那識)인 자아의식(自我意識)과 또한, 3세인과(三世因
果)의 유식체계(唯識體係)에서는 없어서는 안 되는, 3세일체업(三世
一切業)의 정보인자(情報因子)를 담고 있는 저장식(貯藏識)인, 제8식
(第八識) 함장식체계(含藏識體系)를 갖추어 대승유식론,제식체계(大乘
唯識論,諸識體係)인, 8종식체계(八種識體系)를 성립(成立)하였다.

여래정론(如來正論)인 경·근·식(境·根·識) 18경계체계(十八境界體系)
를 벗어나, 대승유식론(大乘唯識論)의 유식론지(唯識論智)의 전개사
고(展開思考)인 제식개념,전개체계(諸識槪念,展開體系)와 제식전변,지

혜성품체계(諸識轉變, 智慧性品體系)를 보며, 무착보살(無着菩薩)이, 총체적(總體的) 유식성품(唯識性品)에 대한 실증지혜(實證智慧)가 없었음을 알 수가 있다. 이는, 제식개념인식(諸識槪念認識)이 실제(實際) 사실(事實)과 다른 부분(部分)이 있기 때문이다. 대승유식론(大乘唯識論)의 전5식체계(前五識體系)는, 불지혜(佛智慧) 여래정론(如來正論)의 제식전개, 자연섭리, 구성체계(諸識展開, 自然攝理, 構成體系)인, 경·근·식(境·根·識) 18경계체계(十八境界體系)를 왜곡변형(歪曲變形)한 것이다. 대승유식론(大乘唯識論)이 경·근·식(境·根·識) 18경계체계(十八境界體系)를 왜곡변형(歪曲變形)한 전5식체계(前五識體系)의 오류(誤謬)로, 경·근·식(境·根·識) 제식전개, 기본구성, 자연섭리, 체계(諸識展開, 基本構成, 自然攝理, 體系)인 18경계(十八境界)의 섭리질서(攝理秩序)가 파괴(破壞)되었다. 그리고, 왜곡변형(歪曲變形)한 전5식체계(前五識體系)의 전5식계(前五識界)를, 제6의식(第六意識)이 이를 분별주관(分別主管)하는 것은, 대승유식론(大乘唯識論)이, 여래정론(如來正論)인 경·근·식(境·根·識) 18경계(十八境界)의 기본섭리질서(唯識體係, 基本攝理秩序)를 왜곡변형(歪曲變形) 파괴(破壞)한, 지견오류(知見誤謬)이다.

여기에서, 무착보살(無着菩薩)의 견해(見解)와 지혜(智慧)에 대해, 살펴야 할 것은, 제6의식(第六意識)의 전개(展開) 이전식(以前識)인 의근(意根)을 보는 견해(見解)와 시각(視角)이, ①논리체계(論理體系)로 보았으냐? ②아니면, 섭리체계(攝理體系)로 보았느냐? ③아니면, 식(識)으로 보았느냐? ④아니면, 성품작용(性品作用)으로 보았느냐? 하는 것을 살펴볼 필요(必要)가 있다.

①만약(萬若), 의근(意根)의 전개순위(展開順位)를, 제식,전개작용(諸識,展開作用)의 논리체계(論理體系)로만 보았다면, 논리(論理)는 실제(實際)가 아니므로, 그에 합당(合當)한 어떤 상황(狀況)과 어떤 원인(原因)에 따라, 변형(變形)시킬 수가 있다. 그러나, 논리(論理)가 실제(實際)와 다르다면, 그 논리(論理)는 실제(實際)를 왜곡(歪曲)함이 된다. 왜냐하면, 논리전개(論理展開)가 실제(實際), 사실(事實)을 밝히고 정의(正義)하는 사실론리(事實論理)이면, 그 논리(論理)는, 실제(實際)인 사실(事實)과 어긋나거나 벗어나면 안 된다. 왜냐하면, 논리(論理) 자체(自體)가, 실제(實際)인 사실(事實)을 밝히는 정의(正義)의 정립론리(正立論理)이므로, 논리(論理)가 실제(實際)인 사실(事實)과 다르다면, 그 논리(論理)는 사실왜곡(事實歪曲)이며, 지견오류(知見誤謬)이므로, 논리(論理) 자체(自體)의 당연(當然)한 사실정의(事實正義)를 상실(喪失)했기 때문이다.

②만약(萬若), 의근(意根)의 제식전개순위(諸識展開順位)인 위치(位置)를, 섭리체계(攝理體系)로 보았다면, 섭리체계(攝理體系)는 인위적(人爲的)으로 조작(造作)할 수가 없으므로, 의근(意根)의 전개순위(展開順位)인 작용위치(作用位置)를 변형(變形)이나 이관(移管)시키지 않고, 18경계체계(十八境界體系)의 정의(正義)와 의근개념(意根槪念)을 이해(理解)하려고 지혜(智慧)를 도모(圖謀)하며, 노력(努力)하였을 것이다. 그러나, 이에 대한 허실(虛實)은, 실증지혜(實證智慧)가 없는, 자기(自己) 지혜(智慧)의 한계성(限界性)을 벗어날 수 없음이, 또한, 문제점(問題點)이 될 수도 있다.

③만약(萬若), 의근(意根)의 전개순위(展開順位)의 위치(位置)를, 식(識)으로 보았다면, 식(識)의 전개(展開)는, 전후(前後)의 연계상속,섭리질서(連繫相續,攝理秩序)가 있으므로, 전후연계상속,점차전개순위, 자연섭리질서체계(前後連繫相續,漸次展開順位,自然攝理秩序體系)를 인위적(人爲的)으로 바꿀 수가 없다. 가령, 어떤 생각[思考]을 하고, 어떤 상념작용(想念作用)의 상상(想像)을 하든, 그것에는 반드시, 생각[念]이 전개(展開)되는 자연적(自然的) 전개진행,상속질서(展開進行,相續秩序)가 있기 마련이다. 만약(萬若), 생각[念]의 전개진행,상속순위,질서체계(展開進行,相續順位,秩序體系)가 없다면, 생각[念]이 전개(展開)되지 않으며, 또한, 전개질서(展開秩序)가 파괴(破壞)된다.

왜냐하면, 생각[念]이 전개(展開)되는 자연적,연계질서(自然的,連繫秩序)가 흐트러지기 때문이다. 어떤 생각[念]을 하며, 어떤 사고(思考)를 하든, 거기에는 반드시, 자연적(自然的) 전개순위질서(展開順位秩序)가 있기 마련이다. 왜냐하면, 생각[念]의 전개(展開)가 펼쳐지는 전후질서(前後秩序)의 이어짐이 곧, 시간(時間)이 흐르는 전개질서(展開秩序)이며, 생각[念]이 연계(連繫)되어 이어지는 구성전개(構成展開)가 곧, 시간전개,상속질서(時間展開,相續秩序)이기 때문이다. 그리고 또한, 생각[念]이 전개상속전개(展開相續展開)하며 흐르는, 자연적(自然的) 흐름이 곧, 전개질서체계(展開秩序體系)이기 때문이다.

그러므로, 시간(時間)의 전후(前後)가 이어져 상속(相續)해 흐름이 곧, 생각[念]의 연계상속(連繫相續)이 이어짐이다. 생각[念]도 상념(想念)의 존재(存在)이므로, 존재(存在)가 인연(因緣)을 따라 연계상속변화(連繫相續變化)하는 흐름이 곧, 시간(時間)이다. 존재(存在) 흐름의 변화(變化)가 곧, 시간(時間)이니, 존재(存在)의 흐름이 없으면 시간(時間)도 곧, 끊어진다. 그러므로, 생각[念]과 시간(時間)의 흐름은 둘[二]이 아니다. 시간(時間) 속에 생각[念]이 있음이 아니고, 생각[念]이 시간(時間)의 흐름을 생성(生成)한다. 그러므로, 생각[念]이 있음이 곧, 식(識)의 자연적(自然的) 전개섭리질서(展開攝理秩序)를 생성(生成)한다.

이처럼 제식(諸識)의 전개(展開)도, 전후(前後)의 식(識)의 진행순서(進行順序)인 제식전개, 기본구성, 자연섭리, 체계(諸識展開, 基本構成, 自然攝理, 體系)에 의한 제식전개, 진행순위, 차별차원, 자연섭리, 체계질서(諸識展開, 進行順位, 差別次元, 自然攝理, 體系秩序)가 있으므로, 전후식(前後識)을 인위적(人爲的)으로 변형(變形)시키면, 제식전개, 상속체계(諸識展開, 相續體系)인 전개상속연계체계(展開相續連繫體系)가 멸(滅)해, 제식전개(諸識展開)가 끊어지게 된다.

④만약(萬若), 의근(意根)을, 성품작용(性品作用)으로 보았다면, 굳이, 의식(意識)의 전식(前識)인 의근(意根)을, 의식(意識)의 후식(後識)인 제7식(第七識)으로 의근(意根)의 위치(位置)를 변경(變更)할 필요(必要)가 없다. 무착보살(無着菩薩)이, 의식(意識)의 전식(前識)인 의근(意根)을, 의식(意識)의 후식(後識)인 제7식(第七識)으로, 의근(意根)의 위치(位置)를 변경(變更)한 것을 보면, 무착보살(無着菩薩)은, 본성(本性)을 깨달은 실증지혜(實證智慧)가 없었음이 명확(明確)하다. 그리고, 대승유식체계(大乘唯識體系)를 보면, 성품(性品)의 지혜(智慧)가 아닌, 식견(識見)의 분별심(分別心)에 의(依)해 성립(成立)되었음을 알 수가

있다.

왜냐하면, 대승유식론(大乘唯識論)의 각각(各各) 제식(諸識)의 개념(槪念)이 실제(實際)와 다른, 왜곡(歪曲)된 부분(部分)이 있기 때문이다. 그중, 제7식(第七識) 말나식(末那識)인 자아의식(自我意識) 다음 순위식(順位識)인, 제8식(第八識)이 능소출입식(能所出入識)임에도, 이에 대한 실증지혜(實證智慧)가 없어 능소출입식(能所出入識)의 존재(存在)를 인지(認知)하지 못해, 능소출입식(能所出入識)을 빠뜨리고, 능소출입식(能所出入識)의 다음 순위식(順位識)인, 함장식(含藏識)을 제8식(第八識)으로 규정(規定)하고 정의(定義)하였다.

또한, 제식전변지혜(諸識轉變智慧)에 대한 실증지혜(實證智慧)가 없어, 성불(成佛)에 이르는 총체적(總體的) 유식지혜,상승세계(唯識智慧,上昇世界)인 제식전변,무위지혜,차별차원,성불과정,유식체계(諸識轉變,無爲智慧,差別次元,成佛過程,唯識體系)에 대해, 실증지혜정안(實證智慧正眼)으로 정의정립(正義正立)하거나, 실증,지혜경계(實證,智慧境界)로 규명(糾明) 또는, 언급(言及)한, 실증경계,제식전변,무위지혜,차별차원,정립정론,성불체계,유식과정(實證境界,諸識轉變,無爲智慧,差別次元,正立正論,成佛體系,唯識過程)이 없다.

그리고, 유식지혜,상승세계(唯識智慧,上昇世界)인 제식,전변지혜,차별차원,지혜상승,과정세계(諸識,轉變智慧,差別次元,智慧上昇,過程世界)에 대한 실증지혜(實證智慧)가 없어, 함장식(含藏識)의 전변지혜(轉變智慧)가 심부동,대열반성지(心不動,大涅槃性智)이어도, 대승유식론(大乘唯識論)의 제식전개체계(諸識展開體系)에서 빠뜨린, 능소출입식(能所出入識)의 전변지혜(轉變智慧)인 대원경지(大圓鏡智)라고 했다.

대원경지(大圓鏡智)에 든[入] 전변식(轉變識)은, 함장식(含藏識)이 아닌, 능소출입식(能所出入識)이다.

그리고, 경·근·식(境·根·識) 18경계체계(十八境界體系)에서, 의근(意根)의 전개작용위치(展開作用位置)를, 경·근·식(境·根·識) 제식,전개순위,체계(諸識,展開順位,體系)를 왜곡변형(歪曲變形)하여, 제7식(第七識)으로 이관(移管)하려는 그 생각[思考], 발상(發想) 자체(自體)가, 이에 대한 실증지혜(實證智慧)가 없는 미혹(迷惑)의 미망견(迷妄見)이며, 무명사견(無明邪見)이다. 왜냐하면, 의근(意根)과 제7식(第七識)은 성품(性品)의 차원(次元)이 서로 달라, 동일차원성품(同一次元性品)이 아니므로, 의근(意根)이 제7식(第七識)으로 이관(移管)이나 변경(變更)이 불가능(不可能)하기 때문이다.

또한, 의근(意根)은, 제식전개,순위체계(諸識展開,順位體系)를 따라 무의식중(無意識中) 자연,반연반응,작용(自然,攀緣反應,作用)하는 소연근(所緣根)일 뿐, 자의(自意)에 따라 옮길 수 있는 상(相)이 아니기 때문이다. 그리고, 의근(意根)은, 인식대상(認識對相)인 법(法)에 자연반연생기(自然攀緣生起)하는 식(識)이므로, 찰나(刹那)에도 머무름이 없는 인연생기식(因緣生起識)이다.

그러면, 의근(意根)이 어떻게 자연반연생기(自然攀緣生起)하는가 하면, 본성(本性)은 생멸(生滅) 없는 무생절대성(無生絕對性)이어도, 무명제식(無明諸識)은 훈습(薰習)과 상(相)에 의지(依支)한 습기(習氣)의 인연(因緣)을 따라 자연반연,생기작용(自然攀緣,生起作用)을 하며, 의근(意根)은 찰나(刹那)에도 머무름 없이 인연(因緣)을 따라, 무의식중(無意識中) 자연,반연반응,섭리작용(自然,攀緣反應,攝理作用)으로 법경

(法境)에 상응(相應)하여 생기작용(生起作用)을 한다. 그리고, 의근(意根)이 인연상황(因緣狀況)에 따라 작용(作用)이 그치어 잠식(潛識)되어도, 의근(意根)이 의지(依支)한 바인 12인연법(十二因緣法)의 근본무명성품(根本無明性品)이 아직, 타파(打破)되어 멸(滅)하지 않고 있으므로, 인연상황(因緣狀況)에 따라 잠식(潛識)되었던 의근(意根)이, 또다시, 무명제식(無明諸識)의 훈습(薰習)과 상(相)에 의지(依支)한 습기(習氣)의 인연(因緣)으로, 무의식중(無意識中) 법경(法境)에 상응(相應)하는 자연, 반연반응, 섭리작용(自然, 攀緣反應, 攝理作用)으로 생기작용(生起作用)을 한다. 이 근원(根源)에는 제식(諸識)이 무명성품(無明性品)에 의지(依支)해 있기 때문이다.

그리고, 본성(本性)은 무생절대성(無生絶對性)이므로, 생멸(生滅)과 생사(生死) 없이, 청정부동, 무생절대, 무연성품(清淨不動, 無生絶對, 無然性品)으로 멸(滅)하지 않고, 성품(性品)이, 온[全] 시방우주(十方宇宙) 일체무한무변일체(一切無限無邊一切)에 두루 밝게 깨어 있으므로, 제식(諸識)의 근본(根本)인 무명근본성품(無明根本性品)이, 본성(本性)의 공능(功能)으로, 실체(實體) 없는 각종(各種) 제식(諸識)이, 머무름[住] 없는 인연상황(因緣狀況)을 따라, 끊임없이 자연, 반연반응, 작용(自然, 攀緣反應, 作用)으로 생기(生起)하여도, 그 실체(實體)는 없다.

제식(諸識)이 실체(實體)가 없어도 인연생기(因緣生起)의 작용(作用)이 끊임없음은, 제식(諸識)의 근본(根本)인 무명성품(無明性品)이, 무생절대성(無生絶對性)인 본성(本性)의 공능력(功能力) 때문이다. 그리고, 의근(意根) 또한, 무명제식(無明諸識)의 훈습(薰習)과 상(相)에 의지(依支)한 습기(習氣)의 인연(因緣)으로, 무의식중(無意識中) 인연상황(因緣狀況)에 따라, 자연,반연반응,섭리작용(自然,攀緣反應,攝理作用)으로 생기작용(生起作用)을 한다. 그러므로, 무명성품(無明性品)으로부터 제식(諸識)은 그 실체(實體)가 없으며, 단지(但只), 무명성품(無明性品)의 훈습(薰習)과 상(相)에 의지(依支)한 습기(習氣)의 인연(因緣)으로, 인연상황(因緣狀況)에 따라 생기작용(生起作用)을 한다.

그러므로, 청정부동,무생절대,무연성품(淸淨不動,無生絕對,無然性品)인 본성(本性)이며, 일체초월(一切超越) 불성불지(佛性佛智)에 증입(證入)하기 전(前)에는, 무명성품제식(無明性品諸識)이 완전(完全)히 타파(打破)되어 멸(滅)하지 않는다. 만약(萬若), 무명제식(無明諸識)이 타파(打破)되어 끊어지면[滅], 여래장(如來藏) 무생공능총지성(無生功能總持性)인 불성작용,공능만행(佛性作用,功能萬行)이 이루어진다.

무착보살(無着菩薩)이, 의식(意識)의 전식(前識)인 의근(意根)을, 의식(意識)의 후식(後識)인 제7식(第七識)으로 변형이관(變形移管)한 까닭[緣由]은, 의근(意根)이 있어야만 의식(意識)이 작용(作用)한다고 인식(認識)했기 때문이다. 이는 아직, 이에 대한 실증지혜(實證智慧) 없는, 식견오류(識見誤謬)의 분별심(分別心)이다. 의근(意根)이 있음으로 의식작용(意識作用)이 이루어지는 것이 아니라, 본성(本性)이 있으므로 의식(意識)이 생기(生起)한다. 단지(但只), 의근(意根)에 의해 의식작용(意識作用)이 이루어지는 것은, 6종경(六種境) 중, 법(法)을 받아들이는 제식전개체계(諸識展開體系)일 뿐이다.

그러나, 깨닫고 보면, 단지(但只), 식(識)은 분별(分別)일 뿐, 일체초월(一切超越) 청정본성(淸淨本性)이 만법(萬法)을 그대로 수용(受容)한다. 단지(但只), 일체초월(一切超越) 본성(本性)을 보지 못하므로, 식(識)에 의지(依支)한 분별심(分別心)을 일으키므로, 청정본성(淸淨本性)이 만법(萬法)을 그대로 수용(受容)함을 깨닫지를 못한다. 일체식(一切識)은 무자성(無自性)이니, 인연(因緣)을 따라 작용(作用)은 있으나, 그 실체(實體)가 없다. 그러므로, 무착보살(無着菩薩)이, 제7식(第七識)은 지속성(持續性)을 가진 항상(恒常)하는 식(識)이라고 인식(認識)한 그 생각[思考], 자체(自體)가 곧, 상심상견(相心相見)을 벗어나지 못한 미망견(迷妄見)이다.

제식전개(諸識展開)는 무명(無明)에 의한 중생식(衆生識)이므로, 일체초월(一切超越) 불지(佛智)에 증입(證入)하면, 일체제식(一切諸識)이 타파(打破)되어 흔적(痕迹) 없이 끊어져 멸(滅)한다. 왜냐하면, 인연(因緣) 따라 일어난 무자성(無自性) 환식(幻識)이므로, 본래(本來), 실체(實體)가 없는, 무명환식(無明幻識)이기 때문이다. 만약, 일체초월성(一切超越性) 불성(佛性)에 들면, 의근(意根)과 의식(意識)에 의지(依支)하지 않고, 바로 일체초월성(一切超越性) 본성(本性)이며 불성(佛性)이, 일체(一切)를 바로 알고, 바로 봄을 깨닫게 된다. 이것이, 여래성품(如來性品)인 본지작용(本智作用)이며, 부사의(不思議) 여래장공능(如來藏功能)인 법신작용(法身作用)이다.

그리고, 의근(意根)을 제7식(第七識)으로 이관(移管)할 수 없는 것은, 의근(意根)과 제7식(第七識)은, 서로 성품차원(性品次元)이 다르기 때문이다. 그리고 또한, 성품차원(性品次元)이 같아도, 이관(移管)할 수 없음은, 소연경(所緣境)인 대상(對相)에 의해, 식(識)이 연계상속작용(連繫相續作用)하는 자연섭리체계(自然攝理體系)인, 경·근·식(境·根·識) 18경계, 구성체계(十八境界, 構成體系)가 자연섭리, 구성원리(自然攝理, 構成原理)에 의한 자연섭리, 구성체계(自然攝理, 構成體系)의 특성(特性)으로, 자연섭리, 결정체계(自然攝理, 結定體系)로 이루어져 있기 때문이다.

그러므로, ①색(色)은, 안근(眼根)만이 인지(認知)할 수 있으며, 안근(眼根)이 받아들인 색(色)은, 안식(眼識)만이 거울[鏡]처럼, 색(色)을 비칠 수가 있다.

②또한, 성(聲)은, 이근(耳根)만이 인지(認知)할 수 있으며, 이근(耳根)이 받아들인 성(聲)은, 이식(耳識)만이 거울[鏡]처럼, 성(聲)을 비칠 수가 있다.

③또한, 향(香)은, 비근(鼻根)만이 인지(認知)할 수 있으며, 비근(鼻根)이 받아들인 향(香)은, 비식(鼻識)만이 거울[鏡]처럼, 향(香)을 비칠 수가 있다.

④또한, 미(味)는, 설근(舌根)만이 인지(認知)할 수 있으며, 설근(舌根)이 받아들인 미(味)는, 설식(舌識)만이 거울[鏡]처럼, 미(味)를 비칠 수가 있다.

⑤또한, 촉(觸)은, 신근(身根)만이 인지(認知)할 수 있으며, 신근(身根)이 받아들인 촉(觸)은, 신식(身識)만이 거울[鏡]처럼, 촉(觸)을 비칠 수가 있다.

⑥또한, 법(法)은, 의근(意根)만이 인지(認知)할 수 있으며, 의근(意根)이 받아들인 법(法)은, 의식(意識)만이 거울[鏡]처럼, 법(法)을 비칠 수가 있다.

그러므로, 같은 성품차원(性品次元)의 식종(識種)이어도, 서로 차별근(差別根)과 차별식(差別識)이므로 이관(移管)할 수가 없음은, 자연섭리,구성체계(自然攝理,構成體系)인 경·근·식(境·根·識) 18경계체계(十八境界體系)는, 자연섭리,구성구조,연계원리,전개상속,섭리체계(自然攝理,構成構造,連繫原理,展開相續,攝理體系)이므로, 이는, 실증지혜정안(實證智慧正眼)으로 명확(明確)히 깨달아야 할 자연섭리체계(自然攝理體系)일 뿐, 인위적(人爲的)으로 어떻게 조작(造作)하거나 변경(變更)할 수 없는 자연결정(自然結定)된, 자연섭리,소연경근식,전개구성,구조체계(自然攝理,所緣境根識,展開構成,構造體系)이다. 이 자연섭리체계(自然攝理體系)를 조작(造作) 변경(變更)한 것이, 무착보살(無着菩薩)이 의근(意根)의 제7식화,변경(第七識化,變更)이다. 그리고, 경·근·식(境·根·識) 18경계체계(十八境界體系)를 왜곡변형(歪曲變形)한, 대승유식론(大乘唯識論), 전5식체계(前五識體系)이다. 전5식체계(前五識體系)는, 색성향미촉(色聲香味觸)의 5종경(五種境)과 안이비설신근(眼耳鼻舌身根)인 5종근(五種根)과 안이비설신식(眼耳鼻舌身識)의 5종식(五種識)인, 경·근·식(境·根·識)이 15경계체계(十五境界)이다.

그리고, 같은 성품차원(性品次元)의 식(識)의 작용근(作用根)은, 6종근(六種根)인 ①안근(眼根), ②이근(耳根), ③비근(鼻根), ④설근(舌根),

⑤신근(身根), ⑥의근(意根)이다. 이는, 서로 성품차원(性品次元)이 같아도, ①안근(眼根)은, 색(色)만 인지(認知)하여 받아들이며, ②이근(耳根)은 성(聲)만 인지(認知)하여 받아들이며, ③비근(鼻根)은 향(香)만 인지(認知)하여 받아들이며, ④설근(舌根)은 미(味)만 인지(認知)하여 받아들이며, ⑤신근(身根)은 촉(觸)만 인지(認知)하여 받아들이며, ⑥의근(意根)은 법(法)만 인지(認知)하여 받아들이므로, 6종근(六種根)은 성품차원(性品次元)이 같다고 하여, 다른 근(根)으로 이관(移管)할 수가 없다.

그리고, 같은 성품차원(性品次元)의 식(識)의 작용식(作用識)은, 6종식(六種識)인 ①안식(眼識), ②이식(耳識), ③비식(鼻識), ④설식(舌識), ⑤신식(身識), ⑥의식(意識)이다. 이는, 서로 성품차원(性品次元)이 같아도, ①안식(眼識)은, 안근(眼根)이 받아들인 색(色)만, 거울[鏡]처럼 비치는 작용(作用)을 하며, ②이식(耳識)은, 이근(耳根)이 받아들인 성(聲)만, 거울[鏡]처럼 비치는 작용(作用)을 하며, ③비식(鼻識)은, 비근(鼻根)이 받아들인 향(香)만, 거울[鏡]처럼 비치는 작용(作用)을 하며, ④설식(舌識)은, 설근(舌根)이 받아들인 미(味)만, 거울[鏡]처럼 비치는 작용(作用)을 하며, ⑤신식(身識)은, 신근(身根)이 받아들인 촉(觸)만, 거울[鏡]처럼 비치는 작용(作用)을 하며, ⑥의식(意識)은, 의근(意根)이 받아들인 법(法)만, 거울[鏡]처럼 비치는 작용(作用)만 하므로, 6종식(六種識)은, 성품차원(性品次元)이 같다고 하여, 다른 식(識)으로 이관(移管)할 수가 없다.

무착보살(無着菩薩)이, 경·근·식(境·根·識) 18경계체계(十八境界體系)인 제식전개, 자연섭리, 기본체계(諸識展開, 自然攝理, 基本體系)를 왜곡변형(歪曲變形)한 지견오류(知見誤謬)를 범(犯)하게 된 까닭[緣由]은, 총체적(總體的) 유식성품세계(唯識性品世界)의 제식차별차원(諸識差別次元)에 대한 실증지혜(實證智慧)가 없어, 지혜미완(智慧未完)의 유추(類推)와 추정적(推定的) 사고(思考)에 기인(基因)했기 때문이다. 그 까닭[緣由]은, ①첫째, 본성(本性)을 깨닫지 못해, 일체초월(一切超越) 불지(佛智)가 아니므로, 과오(過誤)를 범(犯)하게 되었다. 왜냐하면, 일체초월성(一切超越性) 불지(佛智)에 증입(證入)하면, 일체초월(一切超越) 불지(佛智)에 이르는 지혜과정(智慧過程) 속에, 제식(諸識)의 차별성품세계(差別性品世界)를 타파(打破)해, 제식전변, 무위지혜, 차별차원, 일체세계(諸識轉變, 無爲智慧, 差別次元, 一切世界)를 증득(證得)하고, 또한, 증득(證得)한 일체, 전변지혜, 차별성품, 무위세계(一切, 轉變智慧, 差別性品, 無爲世界)를 일체타파(一切打破)해 벗어나, 일체초월(一切超越) 불지(佛智)에 증입(證入)함으로, 일체제식(一切諸識)과 제식, 전변지혜, 성품세계(諸識, 轉變智慧, 性品世界)를 밝게 지혜점검(智慧點檢)하기 때문이다. ②둘째, 제식(諸識)의 성품(性品)을 명확(明確)히 깨달은, 실증지혜(實證智慧)가 없었기 때문이다. ③셋째, 유식(唯識)의 제식전개, 자연섭리, 상속체계(諸識展開, 自然攝理, 相續體系)를 명확(明確)히 볼, 제식, 총체적, 관행지(諸識, 總體的, 觀行智)를 완성(完成)하지 못했기 때문이다. 이는 아직, 일체초월(一切超越) 불지(佛智)에 증입(證入)하지 못했다는 뜻이다.

만약(萬若), 무착보살(無着菩薩)이, 의근(意根)을, 식(識)이 아닌, 성품작용(性品作用)임을 깨달았다면, 상견상심(相見相心)의 분별심(分別心)에 얽매여, 경·근·식(境·根·識) 제식전개, 자연섭리, 구성체계(諸識展開, 自然攝理, 構成體系)인 18경계체계(十八境界體系)를 왜곡변형(歪曲變形)하거나 파괴(破壞)하지는 않았을 것이다. 왜냐하면, 성품(性品)은 생멸(生滅) 없는 무생성품(無生性品)이므로, 인연(因緣)을 따라, 식(識)이 생기(生起)하여도, 그 성품(性品)은 무생(無生)이므로, 굳이, 의식(意識) 이전식(以前識)인 의근(意根)을, 의식(意識) 이후식(以後識)으로 가변(假變)이나 변형(變形)시킬 필요(必要)가 없기 때문이다. 또한, 제7식(第七識)이 항상(恒常)한다는 인식(認識)은, 아직, 식(識)의 특성(特性)에 대해 모르고 있기 때문이다. 어떤 식(識)이든, 어떤 상(相)이든, 어떤 존재(存在)이든 항상(恒常)한다는 견해(見解)는, 3법인(三法印)의 법성지혜(法性智慧)를 벗어난, 상심상견(相心相見)이며, 유심유견(有心有見)이다. 어떤 식(識)이든, 일체(一切)가 무자성(無自性)이므로, 그 실체(實體)가 없고, 모든 식(識)은, 무명심(無明心)의 인연(因緣)에 따라 생기(生起)하며, 찰나(刹那)에도 머무름이 없고, 항상(恒常)하지 않는다. 단지(但只), 이를 모르는 무명심(無明心)과 상심상견(相心相見)을 벗어나지 못하면, 식(識)뿐만 아니라, 자기(自己)가 있다는 상심유견(相心有見)를 벗어날 수가 없다.

무착보살(無着菩薩)이, 의식(意識)의 전식(前識)인 의근(意根)을, 의식(意識)의 후식(後識)인 제7식(第七識)으로 변경(變更)한 것을 보면, 6종경(六種境)인 색성향미촉법(色聲香味觸法)과 6종근(六種根)인 안이비설신의근(眼耳鼻舌身意根)과 6종식(六種識)인 안이비설신의식(眼耳鼻舌身意識)의 관계(關係)인, 경·근·식(境·根·識) 제식전개,자연섭리,구성체계(諸識展開, 自然攝理, 構成體系)인, 18경계,전개체계(十八境界,展開體系)를 제식전개,자연섭리,구성체계(諸識展開, 自然攝理, 構成體系)의 자연섭리(自然攝理)와 원리체계(原理體系)로 수용(受容)하지 않았다. 단지(但只), 유식론리체계(唯識論理體系)로만 인식(認識)하므로, 이에 대한 실증지혜(實證智慧)가 없어, 자기견해(自己見解)의 한계성(限界性)을 벗어나지 못해, 경·근·식(境·根·識) 18경계체계(十八境界體系)가 혹시(或是), 현실적(現實的) 어떤 상황(狀況)에 따라, 의식작용(意識作用)이 의지(依支)하는 의근(意根)의 지속성(持續性)이 끊어질 수 있겠다는 염려(念慮)에, 제식전개,자연섭리,구성체계(諸識展開, 自然攝理, 構成體系)의 여래정론(如來正論)인, 경·근·식(境·根·識) 자연섭리(自然攝理)와 원리체계(原理體系)의 개념정의정립(槪念正義正立)에 대해, 깊게 사유(思惟)하지 않고, 단지(但只), 그 논리(論理)로는 의근(意根)이 끊어지거나 멸(滅)하면, 삶과 3세(三世)의 지속성(持續性)이 단절(斷絕)될 수가 있음을 염려(念慮)해, 그 논리(論理)로는 삶과 3세(三世)의 지속성(持續性)이 완전(完全)하지 못한 논리체계(論理體系)로 인식(認識)하였으므로, 18경계(十八境界)의 정의정립체계(正義正立體系)가 완전(完全)하지 못한 미숙(未熟)한 모순점(矛盾點)을 해결(解決)한 것이, 의근(意根)을, 의식(意識)의 이후식(以後識)인 제7식(第七識)으로 변경이관(變更移管)시킨 것이다. 그리고, 제7식(第七識) 말라식(末那識)인 자아의식(自我意識)과 제8식(第八識) 아뢰야식(阿賴耶識)인 함장식(含藏識)을 첨가(添加)하여, 소승유식체계(小乘唯識體系)의 부족(不足)함을 더욱 보완(補完)하고, 개선(改善)하여 발전(發展)시킨 것이, 대승유식체계(大乘唯識體系)라고 인식(認識)하고 있다.

대승유식체계(大乘唯識體系)가, 지금(只今)은 일반화(一般化)된 유식체계(唯識體系)로, 여래정론(如來正論)의 소연입식,전개체계(所緣入識,展開體系)인 6종경(六種境)과 6종근(六種根)과 6종식(六種識)의 경·근·식(境·根·識) 18경계,제식전개,섭리체계(十八境界,諸識展開,攝理體系)가 아닌, 전5식체계(前五識體系)로, 색성향미촉(色聲香味觸)의 5종경(五種境)과 안이비설신근(眼耳鼻舌身根)인 5종근(五種根)과 안이비설신식(眼耳鼻舌身識)의 5종식(五種識)으로, 경·근·식(境·根·識) 15경계체계(十五境界)인 전5식체계(前五識體系)의 색성향미촉(色聲香味觸)을 주관(主管)하는 제6의식(第六意識)과 의근(意根)이 제7식(第七識)이며, 또한, 제7식(第七識)이 말나식(末那識)인 자아의식(自我意識)과 그리고, 제8식(第八識) 아뢰야식(阿賴耶識)인 함장식(含藏識)의 체계(體系)로 이루어져 있다. 이것이, 무착보살(無着菩薩)로부터, 이 시대(時代)에까지 전래(傳來)되어 보편화(普遍化)된, 대승유식론(大乘唯識論)의 제식체계(諸識體系)이다. 대승유식론(大乘唯識論)의 유식체계(唯識體係)가, 무착보살(無着菩薩)과 세친보살(世親菩薩) 등(等)에 이은 현장삼장(玄奘三藏), 진제삼장(眞諦三藏), 원측(圓測)스님 등(等), 옛 유식론사(唯識論師)들에 의해 연구(研究)되고 계승(繼承)한 대승유식론,제식체계(大乘唯識論,諸識體系)이다.

대승유식대론사(大乘唯識大論師)인 무착보살(無着菩薩) 및 세친보살

(世親菩薩), 그리고, 그 뒤를 이은 대승유식,추종론사(大乘唯識,追從論師)들이, 대승유식론(大乘唯識論) 중, 제식체계(諸識體系)의 각각(各各) 성품개념(性品概念)이나, 제식전개,섭리체계(諸識展開,攝理體系)가 사실(事實)과 달리 왜곡(歪曲)되었어도, 이 지견오류(知見誤謬)를 지혜점검(智慧點檢)으로 개선(改善)하고, 사실왜곡(事實歪曲)의 유식체계(唯識體系)를 바로 잡아[訂正] 정립(正立)하지 못한 것은, 아직, 대승유식론사(大乘唯識論師)들이, 총체적(總體的) 제식체계(諸識體系)에 대한 실증지혜(實證智慧)가 없었고, 또한, 유식지혜,상승세계(唯識智慧,上昇世界)인, 제식전변,무위지혜,차별차원,성불과정,유식체계(諸識轉變,無爲智慧,差別次元,成佛過程,唯識體系)에 대한 실증지혜(實證智慧)가 없었기 때문이다. 그리고 또한, 총체적(總體的) 일체유식,성품세계(一切唯識,性品世界)를 밝게 지혜점검(智慧點檢)할, 완전(完全)한 유식실증,지혜정안(唯識實證,智慧正眼)인, 일체초월(一切超越) 불지(佛智)에 증입(證入)하지 못했기 때문이다.

그러므로, 대승유식론(大乘唯識論)의 각각(各各) 제식개념(諸識概念)의 오류(誤謬)와 경·근·식(境·根·識) 제식전개,자연섭리,구성체계(諸識展開,自然攝理,構成體系)인 18경계,제식전개,섭리체계(十八境界,諸識展開,攝理體系)의 왜곡(歪曲)과 제식타파(諸識打破)에 의한 제식전변,지혜성품,섭리체계(諸識轉變,智慧性品,攝理體系)의 오류(誤謬) 등(等)을, 교정(矯正)하지 못했음은, 일체,유위무위,유식성품,세계(一切,有爲無爲,唯識性品,世界)에 대한 총체적(總體的) 실증지혜정안(實證智慧正眼)이 없었기 때문이다. 그러므로, 대승유식론(大乘唯識論)은 유식지혜, 상승세계, 차별차원, 성불과정, 유식체계(唯識智慧, 上昇世界, 差別次元, 成佛過程, 唯識體系)에 대한, 총체적(總體的) 실증지혜정안(實證智慧正眼)으로, 정의정립정론(正義正立正論)하지를 못했다.

   대승유식론(大乘唯識論)에서, 제식성품(諸識性品)과 제식전개체계(諸識展開體系)와 제식, 전변지혜, 성품체계(諸識, 轉變智慧, 性品體系)가 사실(事實)과 다른 지견오류(知見誤謬)나 왜곡(歪曲)이 있음은, 이에 대한 실증지혜(實證智慧)가 없었음이 명확(明確)하다. 일체, 유위무위, 유식성품, 세계(一切, 有爲無爲, 唯識性品, 世界)는, 눈에 보이는 상(相)의 세계(世界)가 아니므로, 오직, 실증지혜정안(實證智慧正眼)으로만 명확(明確)히 깨달을 수 있는, 실증실관, 지혜증입, 유위무위, 차별차원, 유식성품, 차별세계(實證實觀, 智慧證入, 有爲無爲, 差別次元, 唯識性品, 差別世界)이다. 그러므로 만약(萬若), 이에 대한 실증지혜, 증입정안(實證智慧, 證入正眼)이 없으면, 이를, 사유(思惟)하고 유추(類推)한다고 알 수 있는 성품세계(性品世界)가 아니다. 유식성품세계(唯識性品世界)는 일체, 유위무위, 차별차원, 유식성품, 차별세계(一切, 有爲無爲, 差別次元, 唯識性品, 差別世界)이므로, 이에 대한 실증지혜(實證智慧)가 없으면, 유추(類推)나 추정(推定)으로 알 수 있는 성품세계(性品世界)가 아니다. 그러므로, 총체적(總體的) 일체유식, 성품세계(一切唯識, 性品世界)는, 일체초월(一切超越) 불지(佛智)에 증입(證入)해야만, 총체적(總體的) 일체유식, 성품세계(一切唯識, 性品世界)를 실증지혜정안(實證智慧正眼)으로, 명확(明確)히 지혜점검(智慧點檢)할 수가 있다.

유식성품세계(唯識性品世界)는, 중생유식계(衆生唯識界)로부터 제식, 전변지혜, 차별세계(諸識, 轉變智慧, 差別世界)인 일체, 무위보살, 지혜상승, 차별차원, 성불과정(一切, 無爲菩薩, 智慧上昇, 差別次元, 成佛過程)에 이르기까지, 일체(一切)가 유식성품세계(唯識性品世界)이다. 그러므로, 유식성품세계(唯識性品世界)는, 중생제식세계(衆生諸識世界)로부터, 유식지혜, 상승세계(唯識智慧, 上昇世界)인 성불(成佛)에 이르는 일체, 지혜세계, 총체과정(一切, 智慧世界, 總體過程)이 곧, 유식성품세계(唯識性品世界)이다. 그러므로, 일체유식, 성품세계(一切唯識, 性品世界)를 타파(打破)해 벗어남이 곧, 일체초월(一切超越) 성불(成佛)이며, 일체초월(一切超越) 불지(佛智)이다. 그러므로, 무위보살, 심층지혜, 성품세계(無爲菩薩, 深層智慧, 性品世界) 속에 있어도, 일체초월성(一切超越性) 불성(佛性)을 알 수가 없다. 대반열반경(大般涅槃經), 제8권 문자품(文字品)에, "무량(無量)한 보살(菩薩)들이, 모든 바라밀(波羅蜜)과 내지 10주(十住:十地)를 구족(具足)하게 행(行)하더라도, 가히, 불성(佛性)이 있음을 능히, 보지 못한다." 그리고, 대반열반경(大般涅槃經) 제16권 범행품(梵行品)에, "아뇩다라삼먁삼보리(阿耨多羅三邈三菩提)와 대반열반(大般涅槃)을 만약(萬若), 깨닫고, 보며, 아는 자(者)는, 보살(菩薩)이라 이름한다." 라고 설(說)하셨다.

무착보살(無着菩薩)은, 만약(萬若), 어떤 상황(狀況)에 의근(意根)이 끊어지면[滅], 의식(意識)이 다시 되살아날 수가 없음을 인식(認識)해, 제7식(第七識)의 법체(法體)는 항상(恒常)한다는 인식(認識)에서, 의식(意識)의 전식(前識)인 의근(意根)을, 의식(意識)의 후식(後識)인 제7식(第七識)으로 의근(意根)을 변경(變更)하여, 의근(意根)의 지속성(持續性)을 유지(維持)하고자 하였다. 그러나, 일체초월(一切超越) 본성(本性)인 일체초월성(一切超越性) 불성(佛性) 외(外)는, 어떤 식(識)이든, 지속적(持續的)이고 항상(恒常)하는 식(識)은 없다. 왜냐하면, 일체초월성(一切超越性) 본성(本性)을 제외(除外)한 일체식(一切識)은, 일체초월(一切超越) 절대성(絕對性)이 아니므로, 인연(因緣)을 따르는 자연,반연반응,작용(自然,攀緣反應,作用)으로, 머무름 없는 작용(作用)의 인연식(因緣識)이므로, 찰나(刹那)에도 머무름 없는 무자성(無自性)의 인연상(因緣相)인, 제식,전개상속,차별차원,전개식(諸識,展開相續,差別次元,展開識)이기 때문이다.

그러므로, 어떤 식(識)이 멸(滅)한다고, 일체초월(一切超越) 본성(本性)이 멸(滅)하는 것은 아니다. 또한, 육체적(肉體的) 어떤 상황(狀況)으로, 기절(氣絶)하거나 의식불명(意識不明)이어서, 육체적(肉體的)인 의식(意識)의 반응(反應)이 끊어져도, 일체초월성(一切超越性) 본성(本性)은 멸(滅)하지 않는다. 그리고, 제7식(第七識) 자아의식(自我意識), 제8식(第八識) 능소출입식(能所出入識), 제9식(第九識) 함장식(含藏識)은, 제식타파,전변지혜(諸識打破,轉變智慧)나 또는, 완전(完全)한 일체초월(一切超越) 불지(佛智)에 증입(證入)하기 전(前)에는, 무명상속식(無明相續識)이어서, 상황(狀況)에 따라 잠시(暫時) 작용(作用)이 잠식(潛識)될 뿐, 완전(完全)히 전개작용(展開作用)이 끊어져 멸(滅)하지 않는다. 만약(萬若), 어떤 상황(狀況)이든, 식(識)이 끊어져 멸(滅)한다면, 그 식(識)이 끊어져 멸(滅)한 깨달음의 지혜(智慧)를 얻게 된다.

이를 예(例)를 들어 비유(比喩)하면, 일상사(日常事)에 지금(只今), 성 냄[火:怒]이 없다고, 성냄[火:怒]이 완전(完全)히 없어졌거나 끊어진 것이 아니다. 지금(只今)은 성냄[火:怒]이 생겨나지도 않고, 일어나 지 않아도, 어떤 계기(契機)로 인연사(因緣事)에 따라, 없었던 성냄 [火:怒]이 다시 또, 생기(生起)할 수가 있다.

그러므로, 식(識)이 완전(完全)히 멸(滅)하는 것은, 오직, 무명(無 明)이 끊어져 멸(滅)해, 일체초월(一切超越) 본성(本性)인 불성(佛性)에 증입(證入)해야만 무명제식(無明諸識)이 타파(打破)되어 끊어질 수가 있다. 왜냐하면, 식(識)은, 상(相), 견(見), 아(我), 유(有), 무(無), 분 별(分別) 등(等)에 의지(依支)해 일어나는 식심(識心)이므로, 일체초 월(一切超越) 불지(佛智)에 증입(證入)하지 않으면, 상(相), 견(見), 아 (我), 유(有), 무(無), 분별(分別) 등(等)이 끊어져 멸(滅)하지 않으므 로, 식(識)의 전개작용(展開作用)이 멸(滅)하지 않는다. 식(識)이 분 별심(分別心)인 자아의식작용(自我意識作用)처럼, 인식(認識)되는 식 (識)도 있으나, 인식(認識)하지 못하는 무의식계(無意識界)인, 더 깊 은 무명식(無明識)은 폭류(瀑流)처럼 끊임이 없다. 그것을 증명(證明) 하자면, 허공(虛空)이 변함없이 그대로 있음이, 아직, 식(識)이 끊 어져 멸(滅)하지 않고 있음이다. 만약(萬若), 식(識)이 끊어지면[滅], 과거·현재·미래(過去·現在·未來)에 변함없이, 항상(恒常) 텅 비어 있는 허공(虛空)도 타파(打破)되어 멸(滅)한다. 그러면, 일체초월성(一切超 越性) 불지(佛智)에 증입(證入)하면, 허공(虛空)도 멸(滅)해 사라지면, 어떻게 생활(生活)을 할까 인식(認識)할 수도 있다. 일체초월성(一切

超越性) 불지(佛智)에 증입(證入)하면, 허공(虛空)이 타파(打破)된 깨달음 속에는, 허공(虛空)을 그대로 자기성품(自己性品)으로 수용(受容)하게 된다. 왜냐하면, 자기성품(自己性品)이 곧, 온[全] 우주시방(宇宙十方), 무한무변일체(無限無邊一切)에 두루 밝게 깨어 있는 성품(性品)이기 때문이다.

식(識)은, 눈[眼]으로 인지(認知)할 수 있는 것이 아니므로, 무명의 식작용(無明意識作用)이 끊임없으므로, 제식작용(諸識作用)은 끊임없이 상속전개(相續展開)한다. 어떤 상황(狀況) 속에서는 식(識)이 끊어지거나 멈춘 것 같아도, 제7자아의식(第七自我意識)이 인지(認知)하지 못하는 깊은 무의식세계(無意識世界)는 끊임없이 밀밀(密密)히 작용(作用)을 한다. 그러므로 만약(萬若), 어떤 상황(狀況)으로 병원(病院)에서, 전신마취(全身痲醉)를 하고 수술(手術)을 할 때에, 육체적(肉體的)인 의식반응(意識反應)은 없어도, 제7식(第七識)과 제8식(第八識)과 제9식(第九識)의 작용(作用)은 끊임이 없으므로, 수술중(手術中)에도, 자아의식(自我意識)의 작용(作用)은, 육체적(肉體的) 의식반응(意識反應)과 관계(關係)없이, 자아의식(自我意識)의 작용(作用)은 끊임없이, 어떤 작용(作用)이든 이루어진다.

또한, 어떤 상황(狀況)에 따라, 사람이 기절(氣絶)을 하거나, 육체적(肉體的) 의식불명(意識不明)이나 정신작용(精神作用)이 끊어지거나, 또는, 육체적(肉體的) 의식(意識)이 사라진 죽음[死]에 이르러도, 제7식(第七識) 자아의식(自我意識), 제8식(第八識) 능소출입식(能所出

入識), 제9식(第九識) 함장식(含藏識)의 작용(作用)은 끊임이 없다. 왜냐하면, 아직, 무명식(無明識)이 타파(打破)되어 멸(滅)하지 않았으므로, 제7식(第七識) 자아의식(自我意識), 제8식(第八識) 능소출입식(能所出入識), 제9식(第九識) 함장식(含藏識)은 능연식(能緣識)이므로, 소연식(所緣識)의 작용(作用)이 없어도, 능연식(能緣識)의 작용(作用)은 멸(滅)하지 않는다. 이것은, 12인연법(十二因緣法)으로도 알 수가 있다. 그러므로, 어떤 상황(狀況)에 만약(萬若), 사람이 기절(氣絶)을 하거나, 육체적(肉體的)인 의식불명(意識不明)이나 정신작용(精神作用)이 멸(滅)해도, 또다시, 의식(意識)이 깨어나면, 끊임없는 의식작용(意識作用)은 이루어진다.

그러므로, 12인연법(十二因緣法)에서, 이 생(生)의 몸[身]을 받기 전(前)에, 제9식(第九識) 함장식(含藏識)인 무명(無明)과 제8식(第八識) 능소출입식(能所出入識)인 무명(無明)에 의한 행(行)과 제7식(第七識) 자아의식(自我意識)인 식(識)은, 끊임없이, 무의식중(無意識中)에도 상속전개작용(相續展開作用)을 하며, 심식작용(心識作用)의 식(識)으로 상속존재(相續存在)한다. 그러므로, 죽음[死]으로 육체(肉體)가 없는, 영혼(靈魂)이, 자아의식(自我意識)의 행(行)을 하게 된다. 영체(靈體)는, 제9식(第九識) 무명(無明)과 제8식(第八識) 능소출입식(能所出入識)과 제7식(第七識) 자아의식(自我意識)이, 하나의 중첩체(重疊體)가 되어, 영식(靈識)의 작용(作用)을 한다. 그리고, 제7식(第七識) 자아의식(自我意識)의 상념상(想念相)에 따라, 이 생(生)에 살아있을 때의 모습[相]으로도 투영(投影)이 되기도 한다.

식(識)의 면(面)에서는, 식(識)이 멸(滅)하는 것과 식(識)이 잠식(潛識)되는 것은 다르다. 그러므로, 식(識)이 잠식(潛識)되는 것을, 식(識)이 멸(滅)하는 것으로 인식(認識)할 수가 있다. 깊은 수면(睡眠) 중에도, 식(識)이 멸(滅)한 것처럼 식(識)이 잠식(潛識)되어도, 인식(認識)하지 못하는 무의식(無意識)의 심층의식(深層意識)은 끊임없는 작용(作用)이 이어지고 있다. 그러므로, 의식(意識)이 다시, 깨어나면, 또, 식(識)의 작용(作用)은 계속(繼續)된다. 식(識)이 잠식(潛識)되는 경우(境遇)는, 무기(無記)나 혼침(昏沈), 또는, 수면(睡眠) 등(等)으로 식(識)의 작용(作用)이 둔(鈍)해지거나 잠기[潛]는 것이다. 식(識)의 작용(作用)이 둔(鈍)해지는 정도(程度)에 따라, 의식작용(意識作用)이 깨어있음과 의식작용(意識作用)을 인식(認識)하지 못하는 잠식(潛識)의 차이(差異)가 있다. 또한, 수행몰입(修行沒入)으로, 정신(精神)이 맑아지며, 전개의식(展開意識)이 잠시(暫時) 잠식(潛識)될 때가 있다. 이 때에, 식(識)이 잠식(潛識)되는 깊이에 따라, 어떤 수행적(修行的) 정신작용(精神作用)의 깨달음이나, 수행적(修行的) 색(色)다른 정신경계(精神境界)에 진입(進入)하기도 한다. 그러나, 이때에도, 식(識)이 잠시(暫時) 잠식(潛識)의 상태(狀態)일 뿐, 식(識)이 끊어져 멸(滅)한 것이 아니므로, 그 정신경계(精神境界)를 벗어나면, 잠식(潛識)된 식(識)이 또, 깨어나, 동일의식(同一意識)의 작용(作用)이 계속(繼續)된다.

만약(萬若), 어느 차원(次元)의 식(識)이 끊어져 멸(滅)해도, 일체초월(一切超越) 본성(本性)의 성품(性品)이 멸(滅)하는 것이 아니므로, 식

(識)이 멸(滅)하는 깊이의 차원(次元)에 따라, 깨달음의 차원(次元)이 차별(差別)이 있다. 그러므로, 식(識)이 멸(滅)하는 것과 식(識)이 잠식(潛識)되는 것을 동일시(同一視)하면 안 된다. 모든 깨달음은, 수행(修行)으로 수행정신(修行精神)이 깊어지며, 식(識)이 깊이 잠식(潛識)되거나, 식(識)이 끊어지므로, 깨달음의 지혜(智慧)를 얻게 된다. 그러므로, 기절(氣絶)을 하거나, 육체적(肉體的) 의식불명(意識不明)이나 정신작용(精神作用)이 끊어져 멸(滅)해도, 중생식(衆生識)이 끊어져 멸(滅)하는 것이 아니므로, 그것으로는 깨달음의 지혜(智慧)를 얻지 못한다. 깨달음을 얻으려는 모든 수행(修行)은, 중생식(衆生識)이 타파(打破)되어 끊어져 멸(滅)함으로, 깨달음을 얻게 된다. 제식(諸識)의 작용(作用)은, 곧, 본성(本性)을 장애(障礙)하는 장애식(障礙識)이다. 그러므로, 중생식(衆生識)인 무명제식(無明諸識)이 모두 끊어져 멸(滅)하지 않으면, 일체초월성(一切超越性) 본성(本性)을 깨달을 수 없으며, 또한, 일체초월성(一切超越性) 불지(佛智)에 증입(證入)할 수가 없다. 중생(衆生)의 제식(諸識)을 끊는 것이 성불법(成佛法)이며, 이는, 일체,유위무위,유식세계(一切,有爲無爲,唯識世界)를 벗어나는 성불과정(成佛過程)이다.

그러므로, 성불(成佛)은, 무명제식(無明諸識)을 벗어나는 것이며, 무명제식(無明諸識)을 벗어나는 것이 곧, 제식,전변지혜,상승세계(諸識,轉變智慧,上昇世界)이다. 제식,전변지혜,상승세계(諸識,轉變智慧,上昇世界)가 곧, 유식지혜,상승과정,세계(唯識智慧,上昇過程,世界)이며, 유식지혜,상승과정(唯識智慧,上昇過程)이 곧, 제식전변,지혜상승,성불과정,유식체계(諸識轉變,智慧上昇,成佛過程,唯識體系)이다. 그러므로, 총체적(總體的) 유식지혜,상승세계,총체과정(唯識智慧,上昇世界,總體過程)이 곧, 성불과정세계(成佛過程世界)이므로, 총체적(總體的) 일체유식,성품세계(一切唯識,性品世界)를 실증지혜(實證智慧)로 명확(明確)히 알려면, 일체,유위무위,유식성품세계(一切,有爲無爲,唯識性品世界)를 벗어난, 일체초월성(一切超越性) 불지(佛智)에 증입(證入)해야 한다.

그러므로, 일체초월성(一切超越性) 불지(佛智)에 증입(證入)하지 않으면, 총체적(總體的) 일체유식,성품세계(一切唯識,性品世界)를 알 수가 없다. 일체초월성(一切超越性) 불지(佛智)에 증입(證入)해야만, 무명제식,전개성품,세계(無明諸識,展開性品,世界)와 유식지혜,상승과정,세계(唯識智慧,上昇過程,世界)인 지혜전변,성불과정,유식체계(智慧轉變,成佛過程,唯識體系)를 실증지혜정안(實證智慧正眼)으로 명확(明確)히, 정의정립,정안정론(正義正立,正眼正論)할 수가 있다. 그러므로, 제식(諸識)이 점차(漸次) 멸(滅)해, 일체유식계(一切唯識界)를 벗어나는 과정(過程)이 곧, 유식지혜,상승과정,세계(唯識智慧,上昇過程,世界)이며, 이는 또한, 일체초월(一切超越) 성불(成佛)에 이르는 지혜상승,과정체계(智慧上昇,過程體系)이다.

그리고, 수행(修行) 중(中), 또는, 일상시(日常時)에도 식(識)이 잠식(潛識)되는 것과 식(識)이 끊어져 멸(滅)하는 것은 다르다. 그러므로, 식(識)이 지혜작용(智慧作用)으로 타파(打破)되어 끊어져 멸(滅)하는, 깊이의 지혜차원(智慧次元)에 따라, 깨달음 지혜(智慧)의 깊이가 달라진다. ①만약(萬若), 안이비설신의근(眼耳鼻舌身意根)인 6종근(六種根)이 타파(打破)되어 끊어지면[滅], 색성향미촉법(色聲香味觸法)의 무아지혜(無我智慧)가 열리어, 성소작지(成所作智)의 깨달음에 든다. ②만약(萬若), 안이비설신의식(眼耳鼻舌身意識)인 6종식(六種識)이 타파(打破)되어 끊어지면[滅], 색성향미촉법(色聲香味觸法)의 상(相)이 끊어져 멸(滅)해, 색성향미촉법(色聲香味觸法)이 공(空)한 공성지혜(空性智慧)가 열리어, 묘관찰지(妙觀察智)인 대승지혜(大乘智慧)에 든다. ③만약(萬若), 제7식(第七識) 말나식(末那識)인 자아의식(自我意識)이 타파(打破)되어 끊어지면[滅], 무염진여성(無染眞如性)이 열리어, 이사무애지(理事無礙智)인 일승지혜(一乘智慧)에 든다. ④만약(萬若), 제8식(第八識)인 능소출입식(能所出入識)이 타파(打破)되어 끊어지면[滅], 원융각명, 쌍차쌍조, 대원경지(圓融覺明, 雙遮雙照, 大圓鏡智)인 사사원융, 각명지(事事圓融, 覺明智)가 열리어, 일불승지혜(一佛乘智慧)에 든다. ⑤만약(萬若), 제9식(第九識) 아뢰야식(阿賴耶識)인 무명함장식(無明含藏識)이 타파(打破)되어 끊어지면[滅], 심부동, 대반열반성지(心不動, 大般涅槃性智)가 열리어, 불승지혜(佛乘智慧)에 든다. ⑥만약(萬若), 불승(佛乘)의 지혜성품(智慧性品)인 심부동, 대반열반성지(心不動, 大般涅槃性智)까지 타파(打破)되어 끊어지면[滅], 일체초월성(一切超越性) 불성(佛性)이 열리어, 일체초월(一切超越) 불지(佛智)에 증입(證入)한다.

제식전개(諸識展開) 기본구성구조(基本構成構造)인, 경·근·식·체계

(境·根·識·體系)의 18경계(十八境界)는, 6종경(六種境)인 색성향미촉법(色聲香味觸法)과 6종근(六種根)인 안이비설신의근(眼耳鼻舌身意根)과 6종식(六種識)인 안이비설신의식(眼耳鼻舌身意識)의 18경계(十八境界)의 연계상속작용체계(連繫相續作用體系)에는 제7식(第七識)과 제8식(第八識)과 제9식(第九識)과 제10식(第十識)이 연계중첩(連繫重疊)된 제식전개, 자연섭리, 구성체계(諸識展開, 自然攝理, 構成體系)이다. 경·근·식(境·根·識) 18경계, 제식전개, 자연섭리, 구성체계(十八境界, 諸識展開, 自然攝理, 構成體系)의 의근(意根)을, 제7식(第七識)으로 변형(變形)한, 대승유식론(大乘唯識論)의 변형체계(變形體係)인 색성향미촉(色聲香味觸)의 전5식체계(前五識體系)에서는, 제6의식(第六意識)이 전5식계(前五識界)를 수용(受容)하여 분별(分別)하며 총괄(總括)하므로, 색성향미촉(色聲香味觸)을 받아들이는 안식(眼識), 이식(耳識), 비식(鼻識), 설식(舌識), 신식(身識)을, 제6의식(第六意識)이 관장(管掌)하는 체계(體系)이다. 그러므로, 전5식체계(前五識體系)의 유식개념(唯識概念)은, 6종식(六種識)인 안이비설신의식(眼耳鼻舌身意識) 중, 의식(意識)이, 전5식계(前五識界)를 주관(主管)하는, 경·근·식(境·根·識) 18경계체계(十八境界體系)가 변형왜곡(變形歪曲)된 대승유식론체계(大乘唯識論體系)이다.

제6의식(第六意識)의 역할(役割)이, 경·근·식(境·根·識) 18경계, 섭리체계(十八境界, 攝理體系)와 대승유식론(大乘唯識論)의 경·근·식(境·根·識) 전5식(前五識)의 15경계체계(十五境界體系)가, 서로 다른 차이점(差異點)은, 여래정론(如來正論)인 18경계체계(十八境界體系)에서는, 법(法)

을 받아들인 의근(意根)에 의해, 법(法)을 그대로 거울[鏡]처럼 비치는 식(識)이 의식(意識)이다. 그러나, 대승유식론(大乘唯識論)은, 의근(意根)에 의해 의식(意識)의 작용(作用)이 이루어지는 의근(意根)을 제7식(第七識)으로 이관(移管)하였으므로, 제6의식(第六意識)이 제7식(第七識) 자아의식(自我意識)의 작용(作用)을 겸(兼)한, 제7식(第七識) 자아의식(自我意識)의 분권식(分權識)으로 변형식(變形識)이 되어, 제6의식(第六意識)이 전5식계(前五識界)를, 자아의식(自我意識)처럼 자유의지(自由意志)에 따라 분별(分別)하고 판단(判斷)하며 행위(行爲)하는, 자아행위식(自我行爲識)으로 변형(變形)이 되었다. 이는, 제6의식(第六意識)이 제7식(第七識)의 작용(作用)을 겸(兼)하게 되므로, 세친보살(世親菩薩)은 유식30송(唯識三十頌)에서, 제7식(第七識) 말나식(末那識)인 자아의식(自我意識)을 다만, 아치(我痴), 아견(我見), 아만(我慢), 아애(我愛)의 식(識)으로만 규정(規定)하였다.

제식전개(諸識展開)의 기본구성구조(基本構成構造)의 자연섭리체계(自然攝理體系)인 18경계,유식체계(十八境界,唯識體係)와 대승유식론(大乘唯識論)의 전5식(前五識) 15경계,유식체계(十五境界,唯識體系)가 다름은, 18경계(十八境界)에서 6종경(六種境) 중에 법(法)과 그리고, 6종근(六種根) 중에 의근(意根)과 그리고, 6종식(六種識) 중에 의식(意識)이, 대승유식론(大乘唯識論)의 전5식체계(前五識體系)에서의 본래역할(本來役割)이 왜곡변형(歪曲變形)된 때문이다. 18경계(十八境界)에서의 법(法)은, 안근(眼根), 이근(耳根), 비근(鼻根), 설근(舌根), 신근(身根)이 있어도, 법(法)을 인지(認知)하거나 받아들일 수 없는 대상

(對相)이므로, 의근(意根)만이 유일(唯一)하게 법(法)을 인식(認識)하고 받아들일 수 있다. 그리고, 의근(意根)이 받아들인 법(法)의 모습이 그대로 거울[鏡]처럼 비치는 식(識)은, 안식(眼識), 이식(耳識), 비식(鼻識), 설식(舌識), 신식(身識)이 있어도, 의식(意識)만이 법(法)의 모습과 형태(形態)를, 거울[鏡]처럼 그대로 비치며, 드러낼 수가 있다. 이를 예(例)를 들면, 어떤 기억(記憶)이나 옛 추억(追憶)들의 상념(想念)은, 안근(眼根), 이근(耳根), 비근(鼻根), 설근(舌根), 신근(身根)이 있어도 인지(認知)할 수 없고, 또한, 안식(眼識), 이식(耳識), 비식(鼻識), 설식(舌識), 신식(身識)이 있어도, 그 기억(記憶)과 옛 추억(追憶)들의 상념(想念)은, 거울[鏡]처럼 비칠 수가 없다. 왜냐하면, 기억(記憶)이나 옛 추억(追憶)들의 상념(想念)은, 안근(眼根), 이근(耳根), 비근(鼻根), 설근(舌根), 신근(身根)의 감각대상(感覺對相)이 아니며, 또한, 안식(眼識), 이식(耳識), 비식(鼻識), 설식(舌識), 신식(身識)으로 드러낼 수 있는, 인식대상(認識對相)이 아니기 때문이다. 그러므로, 기억(記憶)이나 옛 추억(追憶)들의 상념(想念)은, 정신작용(精神作用)이 근(根)인, 의근(意根)에 의해서만 인지(認知)할 수 있고, 또한, 정신작용(精神作用)인 의식(意識)에 의해서만, 거울[鏡]처럼 비칠 수가 있다. 왜냐하면, 어떤 기억(記憶)이나 옛 추억(追憶)들의 상념(想念)은, 안근(眼根), 이근(耳根), 비근(鼻根), 설근(舌根), 신근(身根)이 있어도 인지(認知)할 수 없는 법(法)이며, 또한, 안식(眼識), 이식(耳識), 비식(鼻識), 설식(舌識), 신식(身識)이 있어도 비칠 수 없는, 오직, 정신작용(精神作用)이 근(根)인, 의근(意根)에 의해서만 인지(認知)할 수 있고, 또한, 정신작용(精神作用)인, 의식작용(意識作用)에 의해서만

명확(明確)히 비칠 수 있는, 정신작용(精神作用)의 인지대상(認知對相)인, 법(法)이기 때문이다.

눈[眼]으로 인지(認知)하고, 보는[見] 일체(一切)는 색(色)이다. 그러나, 기억(記憶) 또는, 옛 추억(追憶) 속의 상념(想念)인 색(色)은, 안근(眼根)이 있어도 인지(認知)할 수 없고, 또한, 안식(眼識)이 있어도 비칠 수가 없는 법(法)이다. 왜냐하면, 기억(記憶)이나 옛 추억(追憶) 속의 상념(想念)인 색(色)은, 오직, 정신작용(精神作用)이 근(根)인, 의근(意根)에 의해서만 인지(認知)할 수 있고, 또한, 정신작용(精神作用)인 의식작용(意識作用)에 의해서만 명확(明確)히 비칠 수 있는, 정신작용(精神作用)의 대상(對相)인 법(法)이기 때문이다.

그리고, 귀[耳]로 인지(認知)하고, 듣는[聽] 일체(一切)는 소리[聲]이다. 그러나, 기억(記憶)이나 옛 추억(追憶) 속의 상념(想念)인 소리[聲]은, 이근(耳根)이 있어도 인지(認知)할 수 없고, 또한, 이식(耳識)이 있어도 비칠 수가 없는 법(法)이다. 왜냐하면, 기억(記憶) 또는, 옛 추억(追憶) 속의 상념(想念)인 소리[聲]는, 오직, 정신작용(精神作用)이 근(根)인, 의근작용(意根作用)에 의해서만 명확(明確)히 인지(認知)할 수 있고, 또한, 정신작용(精神作用)인 의식작용(意識作用)에 의해서만 명확(明確)히 비칠 수 있는, 정신작용(精神作用)의 대상(對相)인 법(法)이기 때문이다.

그리고, 코[鼻]로 인지(認知)하고, 맡을 수 있는 일체(一切)는 냄새인 향(香)이다. 그러나, 기억(記憶) 또는, 옛 추억(追憶) 속의 상념(想念)인 향(香)은, 비근(鼻根)이 있어도 인지(認知)할 수 없고, 또한, 비식(鼻識)이 있어도 비칠 수가 없는 법(法)이다. 왜냐하면, 기억(記憶) 또는, 옛 추억(追憶) 속의 상념(想念)인 냄새와 향(香)은, 오직, 정신작용(精神作用)이 근(根)인, 의근작용(意根作用)에 의해서만 명확(明確)히 인지(認知)할 수 있고, 또한, 정신작용(精神作用)인 의식작용(意識作用)에 의해서만 명확(明確)히 비칠 수 있는, 정신작용(精神作用)의 대상(對相)인 법(法)이기 때문이다.

그리고, 혀[舌]으로 인지(認知)하고, 맛보는 일체(一切)는 맛[味]이다. 그러나, 기억(記憶) 또는, 옛 추억(追憶) 속의 상념(想念)인 맛[味]은, 이근(耳根)이 있어도 인지(認知)할 수 없고, 또한, 이식(耳識)이 있어도 비칠 수가 없는 법(法)이다. 왜냐하면, 기억(記憶) 또는, 옛 추억(追憶) 속의 상념(想念)인 맛[味]은, 오직, 정신작용(精神作用)이 근(根)인, 의근작용(意根作用)에 의해서만 명확(明確)히 인지(認知)할 수 있고, 또한, 정신작용(精神作用)인 의식작용(意識作用)에 의해서만 명확(明確)히 비칠 수 있는, 정신작용(精神作用)의 대상(對相)인 법(法)이기 때문이다.

그리고, 몸[身]으로 인지(認知)하고, 느끼는[感] 일체(一切)는 촉[聲]이다. 그러나, 기억(記憶) 또는, 옛 추억(追憶) 속의 상념(想念)인 촉(觸)은, 신근(身根)이 있어도 인지(認知)할 수 없고, 또한, 신식(身識)이 있어도 비칠 수가 없는 법(法)이다. 왜냐하면, 기억(記憶) 또는,

옛 추억(追憶) 속의 상념(想念)인 촉(觸)은, 오직, 정신작용(精神作用)이 근(根)인, 의근작용(意根作用)에 의해서만 명확(明確)히 인지(認知)할 수 있고, 또한, 정신작용(精神作用)인 의식작용(意識作用)에 의해서만 명확(明確)히 비칠 수 있는, 정신작용(精神作用)의 대상(對相)인 법(法)이기 때문이다.

그러나, 대승유식론(大乘唯識論)의 전5식체계(前五識體系)에서는, 법(法)의 역할(役割)은, 앞의 색성향미촉(色聲香味觸)을 지칭(指稱)하는 것으로 변형(變形)하였으며, 또한, 제6의식(第六意識)은, 전5식계(前五識界)를 주관(主管)하는, 제7식(第七識) 자아의식(自我意識)의 작용(作用)을 겸(兼)한, 제7식(第七識)의 분권식(分權識)으로, 유식체계(唯識體係)가 왜곡변형(歪曲變形)이 되었다. 대승유식론(大乘唯識論)에서는, 18경계체계(十八境界體系)를 전5식체계(前五識體系)로 변형(變形)하였어도, 18경계,유식체계(十八境界,唯識體係)와 대승유식론(大乘唯識論)의 전5식체계(前五識體系)는, 제식전개,섭리체계(諸識展開,攝理體系)가 서로 달라, 18경계체계(十八境界體系)와 전5식체계(前五識體系)인 15경계체계(十五境界體系)의 2종(二種) 유식체계(唯識體系)는, 서로 같은 유식체계(唯識體系)가 아니다. 그러므로, 18경계체계(十八境界體系)와 대승유식론(大乘唯識論)의 15경계체계(十五境界體系)의 전5식체계(前五識體系)는, 서로 다른 유식체계(唯識體系)이므로, 대승유식론(大乘唯識論)은, 무착보살(無着菩薩)에 의해 18경계체계(十八境界體系)를 왜곡변형(歪曲變形)한, 무착보살(無着菩薩)에 의해 변형(變形)된, 별종(別種)의 유식체계(唯識體系)이다.

대승유식론(大乘唯識論)의 경·근·식(境·根·識) 제식전개체계(諸識展開體系)는, 15경계체계(十五境界體系)인 전5식체계(前五識體系)가 기본(基本)이므로, 전5식체계(前五識體系)는, 몸[身]의 감각기능(感覺機能)이 인지(認知)하는 대경(對境)인, 색성향미촉(色聲香味觸)의 물질계(物質界)뿐이므로, 그 외(外), 정신작용(精神作用)으로 대상(對相)을 인지(認知)하여 받아들이는 근(根)인, 의근(意根)이 받아들이는 물질적(物質的), 정신적(精神的), 다양(多樣)한 무한,차별차원,무한세계(無限,差別次元,無限世界)의 일체(一切)를 수용(受容)할, 18경계체계(十八境界體系)처럼, 완전(完全)한 유식론체계(唯識論體系)가 못 된다. 그러므로, 대승유식론(大乘唯識論)의 전5식체계(前五識體系)에서는, 색성향미촉(色聲香味觸)의 전5식체계(前五識體系)를 벗어나, 자기역할(自己役割)이 상실(喪失)된, 법(法)에 대한, 별종(別種)의 다양(多樣)한 제6의식(第六意識)의 별행(別行)을, 전5식체계(前五識體系) 외(外)에 첨가(添加)하여, 부족(不足)한 유식체계(唯識體系)를 보완(補完)하고, 제6의식(第六意識)의 별행(別行)을 부여(附與)하게 된다. 이러한 제6의식(第六意識)의 별법(別法)과 별행(別行)으로, 색성향미촉(色聲香味觸)의 전5식체계(前五識體系)에 덧붙임은, 대승유식론(大乘唯識論)의 색성향미촉(色聲香味觸)의 전5식체계(前五識體系)로는, 물질적(物質的) 정신적(精神的) 다양(多樣)한 차별차원(差別次元)의 총체적(總體的), 일체,차별차원,무한세계,일체(一切,差別次元,無限世界,一切) 세계(世界)의 모두를 수용(受容)한, 여래정론(如來正論)의 경·근·식(境·根·識) 18경계체계(十八境界體系)처럼, 완전(完全)한 유식체계(唯識體系)가 되지 못하기 때문이다.

대승유식론(大乘唯識論)인, 색성향미촉(色聲香味觸)의 전5식체계(前五識體系)로는, 일체,차별차원,영역세계(一切,差別次元,領域世界)의 일체다양성(一切多樣性)을 수용(受容)하는, 완전(完全)한 유식체계(唯識體系)가 되지 못하므로, 전5식체계(前五識體系) 외(外)에 다양(多樣)한 별법(別法)과 제6의식(第六意識)의 별행(別行)이, 전5식체계(前五識體系)를 벗어난 광연작용(廣緣作用)과 분별작용(分別作用)과 독두작용(獨頭作用)과 몽중작용(夢中作用)과 독산작용(獨散作用)과 정중작용(定中作用)과 번뇌작용(煩惱作用) 등 다양(多樣)한 별행(別行)을 첨가(添加)하여 덧붙이게 된다. 이는, 대승유식론(大乘唯識論)의 전5식체계(前五識體系)에서, 총체적(總體的) 유식세계(唯識世界)를 수용(受容)하지 못하여, 완전(完全)하지 못한 전5식체계(前五識體系)의 부족(不足)한 부분(部分)를 첨가(添加)하고 보완(補完)하는, 보조역할(補助役割)밖에 되지 않는다. 그러므로, 대승유식론(大乘唯識論)의 전5식체계(前五識體系)의 부족(不足)한 부분(部分)을 보완(補完)하고자, 색성향미촉(色聲香味觸) 외(外)에 법(法)의 무량별법(無量別法)을 덧붙이고, 또한, 그것도 부족(不足)해 제6의식(第六意識)의 무량별행(無量別行)을 덧붙여 보완(補完)하여도, 대승유식론(大乘唯識論)의 전5식체계(前五識體系)의 한계성(限界性)으로는, 완전(完全)한 유식론체계(唯識論體系)가 될 수가 없다. 왜냐하면, 전5식체계(前五識體系)는, 경·근·식(境·根·識) 18경계체계(十八境界體系)를 벗어나, 제식전개,기본구성,체계(諸識展開,基本構成,體系)의 기본개념정의(基本概念正義)가, 잘못되었기 때문이다.

①대승유식론(大乘唯識論)에서, 여래정론(如來正論)인 18경계체계(十八境界體系)를 전5식체계(前五識體系)로 왜곡변형(歪曲變形)하므로, 제식전개,구성체계(諸識展開,構成體系)의 기본개념정의(基本概念正義)가 잘못된 첫[一]째는, 6종경(六種境)인 색성향미촉법(色聲香味觸法) 중에, 법(法)의 개념정의(概念正義)를, 실증지혜(實證智慧) 없는 지혜미완(智慧未完)으로 왜곡변형(歪曲變形)한 지견오류(知見誤謬) 때문이다. 대승유식론(大乘唯識論)에서는, 색성향미촉법(色聲香味觸法)의 6종경(六種境) 중에 법(法)은, 전5식체계(前五識體系)의 색성향미촉(色聲香味觸)을 지칭(指稱)하고 일컫는 물질적(物質的)인 법(法)이다.

그러나, 경·근·식(境·根·識) 18경계체계(十八境界體系)에서의 색성향미촉법(色聲香味觸法)의 개념정의(概念正義)는, 물질적(物質的) 정신적(精神的) 다양(多樣)한 일체,무한차별차원,무한차별세계,일체(一切,無限差別次元,無限差別世界,一切)의 대상대경(對相對境)을 색성향미촉법(色聲香味觸法)의 6종차별특성(六種差別特性)으로 특정(特定)하여, 개념(概念)을 정의정립(正義正立)하고, 물질계(物質界)와 정신계(精神界)의 일체대상(一切對相)을, 색성향미촉법(色聲香味觸法)의 6종경(六種境)으로 분류(分類)하여 체계화(體系化)하였다.

그중, 색성향미촉(色聲香味觸)은, 안이비설신(眼耳鼻舌身)으로 감각(感覺)하는 일체물질,차별대상(一切物質,差別對相)이다. 그러나, 법(法)은, 안이비설신(眼耳鼻舌身)으로 인지(認知)하거나 감각(感覺)하지 못하고, 정신작용(精神作用)이 근(根)인, 의근(意根)으로만 인지(認知)하고 받아들이는 일체,차별차원,무한세계,일체(一切,差別次元,無限世界,一切)의 물질적(物質的) 정신적(精神的) 다양(多樣)한 일체대상(一切

對相)을 총섭(總攝)하고, 총칭(總稱)함이다.

이는, 일반적(一般的), 그리고 일상적(日常的) 안이비설신(眼耳鼻舌身)의 감각기능(感覺機能)을 벗어난, 일체정신작용(一切精神作用)으로 접(接)하는 일체물질, 영역세계(一切物質, 領域世界)와 일체정신, 영역세계(一切精神, 領域世界)이다. 이 법(法)은, 일체상념, 작용세계(一切想念, 作用世界)와 일체사고, 정신인식, 세계(一切思考, 精神認識, 世界)와 일체, 수행차원, 감각인지, 세계(一切, 修行次元, 感覺認知, 世界)와 깨달음의 일체, 정신작용, 세계(一切, 精神作用, 世界) 등(等), 일체세계(一切世界)가, 법(法), 이 하나의 개념정의(概念正義) 속에 일체(一切)가 총섭수용(總攝受容)된다.

그러므로, 대승유식론(大乘唯識論)의 전5식체계(前五識體系)로는, 유식성품세계(唯識性品世界)를 모두 포괄적(包括的)으로 수용(受容)하지 못하는 부족(不足)한 부분(部分)을 보완(補完)하고자, 제6의식(第六意識)의 별행(別行)으로, 색성향미촉(色聲香味觸)의 전5식체계(前五識體系)를 벗어나, 제6의식(第六意識)의 다양(多樣)한 무량별법(無量別法)과 무량별행(無量別行)을 전5식체계(前五識體系)를 벗어나, 별도(別途)로 창안(創案)하고 건립(建立)하여, 전5식체계(前五識體系)의 부족분(不足分)을 덧붙이게 된다.

그러므로, 대승유식론(大乘唯識論)의 전5식체계(前五識體系)에서 부족(不足)한 부분(部分)을 보완(補完)하려는 제6의식(第六意識)의 무량별법(無量別法)과 무량별행(無量別行)을 덧붙여도, 18경계체계(十八境界體系)에서 안이비설신(眼耳鼻舌身)으로 인식(認識)하는 색성향미촉계(色聲香味觸界) 외(外)에, 정신작용(精神作用)인 의근(意根)이 인식(認識)하여 받아들이는 본래(本來) 법(法)의 영역(領域)인, 일체, 무한차별차원, 무한차별세계, 일체(一切, 無限差別次元, 無限差別世界, 一切)에 비교(比較)하면, 제6의식(第六意識)의 무량별법(無量別法)과 무량별행(無量別行)은, 티끌[塵] 같은 일부(一部)일 뿐이다.

그러하기에, 대승유식론(大乘唯識論)에서, 색성향미촉법(色聲香味觸法) 중, 법(法)을, 안이비설신(眼耳鼻舌身)으로 감각(感覺)하는 색성향미촉(色聲香味觸)을 일컫는 것으로 규정(規定)하고 정의(定義)한 것은, 본래(本來) 법(法)의 개념정의(概念正義)를 상실(喪失)한 것이다.

그러므로, 대승유식론(大乘唯識論)에서는, 본래(本來) 의근(意根)이 받아들이는, 법(法)의 역할(役割)인, 일체, 무한차별차원, 무한차별세계, 일체(一切, 無限差別次元, 無限差別世界, 一切)의 물질적(物質的) 정신적(精神的) 일체(一切)를 총괄(總括)하는, 법(法)의 특성(特性), 개념정의(概念正義)가 상실(喪失)되므로, 대승유식론(大乘唯識論)의 제식체계, 유식영역(諸識體系, 唯識領域)이, 전5식체계(前五識體系)와 제6의식(第六意識)의 별법(別法)과 별행(別行)을 덧붙여도, 전5식체계(前五識體系)와 제6의식(第六意識)의 별행(別行)의 한계성(限界性)을 벗어나지 못해, 대승유식론, 제식체계(大乘唯識論, 諸識體系)가, 편협(偏狹)한 유식체계(唯識體係)가 되었다.

②대승유식론(大乘唯識論)에서, 18경계체계(十八境界體系)를 전5식체계(前五識體系)로 왜곡변형(歪曲變形)함으로, 제식전개, 구성체계(諸識展開, 構成體系)의 기본개념정의(基本概念正義)가 잘못된 둘[二]째는, 6종근(六種根) 중에, 의근(意根)의 개념정의(概念正義)를, 실증지혜(實

證智慧) 없는 지혜미완(智慧未完)으로 왜곡변형(歪曲變形)한 지견오류(知見誤謬) 때문이다. 의근(意根)은, 안이비설신(眼耳鼻舌身)의 감각기능(感覺機能)으로 받아들이는 색성향미촉(色聲香味觸) 이외(以外)에, 일체,무한차별차원,무한차별세계,일체(一切,無限差別次元,無限差別世界,一切)의 다양(多樣)한 물질적(物質的), 정신적(精神的) 대상(對相)을 인지(認知)하며, 받아들이는 작용(作用)을 한다.

그러나, 대승유식론(大乘唯識論)에서는, 의식(意識)의 전식(前識)인 의근(意根)을, 의식(意識)의 후식(後識)인 제7식(第七識)으로 변경이관(變更移管)하여, 제7식(第七識)으로 규정(規定)하므로, 정신작용(精神作用)이 근(根)인 의근(意根)으로 인지(認知)하여 받아들이는, 일체, 무한차별차원,무한세계,일체(一切,無限差別次元,無限世界,一切)의 다양(多樣)한 물질적(物質的), 정신적(精神的) 대상(對相)을, 상실(喪失)하게 되었다. 그러므로, 대승유식론(大乘唯識論)에서는, 안이비설신(眼耳鼻舌身)의 몸[身]의 감각기능(感覺機能) 이외(以外)에, 정신작용(精神作用)이 근(根)인 의근(意根)으로 받아들이는 일체,무한차별차원,무한세계(一切,無限差別次元,無限世界)의 다양(多樣)한 물질적(物質的), 정신적(精神的) 대상(對相)을 인지(認知)하며 받아들이는, 의근(意根)의 특성(特性) 개념정의(槪念正義)가, 왜곡변형(歪曲變形)으로 상실(喪失)이 되었다.

③대승유식론(大乘唯識論)에서, 18경계체계(十八境界體系)를 전5식체계(前五識體系)로 왜곡변형(歪曲變形)하므로, 제식전개,구성체계(諸識展開,構成體系)의 기본개념정의(基本槪念正義)가 잘못된 셋[三]째는,

6종식(六種識) 중에, 의식(意識)의 개념정의(概念正義)를, 실증지혜(實證智慧) 없는 지혜미완(智慧未完)으로 왜곡변형(歪曲變形)한 지견오류(知見誤謬) 때문이다. 의식(意識)은, 의근(意根)이 받아들인 대상(對相)의 법(法)인, 일체,무한차별차원,무한차별세계,일체(一切,無限差別次元,無限差別世界,一切)의 다양(多樣)한 물질적(物質的), 정신적(精神的) 대상(對相)을 그대로 거울[鏡]처럼 비치는, 의식작용(意識作用)이다.

그러나, 대승유식론(大乘唯識論)에서는, 의근(意根)을 제7식(第七識)으로 변경이관(變更移管)하므로, 의근(意根)에 의해 의식(意識)의 작용(作用)이 이루어짐으로, 의근(意根)이 제7식(第七識)이 되므로, 제6의식(第六意識)을 제7식(第七識)의 작용(作用)을 겸(兼)한, 제7식(第七識) 자아의식(自我意識)의 분권식(分權識)으로 변형(變形)하여, 전5식계(前五識界)를 분별(分別)하여 주관(主管)하고 관장(管掌)하는, 주체의식(主體意識)이 되었다.

그러므로, 의식(意識)의 본래작용(本來作用)을 상실(喪失)하여, 전5식체계(前五識體系)의 색성향미촉(色聲香味觸)을 주관(主管)하는 식(識)으로 왜곡변형(歪曲變形)한 것은, 경·근·식(境·根·識) 18경계체계(十八境界體系)를 변형파괴(變形破壞)한 것이다. 대승유식론(大乘唯識論)에서 전5식체계(前五識體系)는, 제식전개(諸識展開)의 기본유식체계(基本唯識體系)이다. 그러므로 이는, 18경계체계(十八境界體系)에서, 의근(意根)이 받아들인, 일체,무한차별차원,무한세계,일체(一切,無限差別次元,無限世界,一切)의 다양(多樣)한 물질적(物質的), 정신적(精神的)인 대상(對相)을 그대로 거울[鏡]처럼 비치는, 의식(意識)의 본래(本來) 특성(特性)인, 개념정의(概念正義)가 왜곡변형(歪曲變形)으로 상실

(喪失)이 되었다.

　여래정론(如來正論) 유식(唯識)의 기본구성구조(基本構成構造)의 체계(體系)인 제식전개, 상속체계, 18경계(諸識展開, 相續體系, 十八境界)에서, 의근(意根)의 인식대상(認識對相)인 법(法)은, 눈[眼]으로 받아들이는 각종(各種) 물질(物質)과 귀[耳]로 받아들이는 각종(各種) 소리[聲]와 코[鼻]로 받아들이는 각종(各種) 냄새인 향(香)과 혀[舌]로 받아들이는 각종(各種) 맛[味]과 몸[身]으로 받아들이는 각종(各種) 촉각(觸覺)을 제외(除外)한, 정신작용(精神作用)이 근(根)인 의근(意根)으로 받아들이는 인식(認識)과 이해(理解)와 현상(現象) 등(等), 일체, 무한차별세계, 일체(一切, 無限差別世界, 一切)의 다양(多樣)한 모든 것이, 법(法)의 정립(正立) 개념정의(槪念正義)에 총섭수용(總攝受容)된다. 그러므로, 법(法)은, 안이비설신(眼耳鼻舌身)으로 받아들이는 색성향미촉(色聲香味觸) 이외(以外)에, 정신작용(精神作用)으로 받아들이는 일체다양(一切多樣)한 물질적(物質的), 정신적(精神的) 대상(對相)으로, 그것이 무엇이든, 그 일체(一切)가 법(法)에 속(屬)한다. 그러므로, 법(法)은, 일체, 차별차원, 무한세계, 일체(一切, 差別次元, 無限世界, 一切)의 다양(多樣)한 물질적(物質的), 정신적(精神的), 무량무한, 일체불가사의, 무한세계, 일체(無量無限, 一切不可思議, 無限世界, 一切)의 정신작용(精神作用) 일체대상(一切對相)이다.

　그러므로, 색성향미촉법(色聲香味觸法) 중에, 법(法)에 속한 것은, 눈[眼], 귀[耳], 코[鼻], 혀[舌], 몸[身]으로는 인지(認知)하지도 못하고, 받아들일 수도 없는 물질적(物質的), 정신적(精神的), 유형적(有形的), 무형적(無形的) 일체(一切)이다. 이는, 물질(物質)에 속한 것이든 정신(精神)에 속한 것이든, 상(相)이든 상(相)이 아니든, 유(有)에 속한 것이든 무(無)에 속한 것이든, 유위(有爲)에 속한 것이든 무위(無爲)에 속한 것이든, 감정(感情)에 속한 것이든 상념(想念)에 속한 것이든, 사고(思考)에 속한 것이든 감성(感性)에 속한 것이든, 이념(理念)에 속한 것이든 사상(思想)에 속한 것이든, 철학(哲學)에 속한 것이든 진리(眞理)에 속한 것이든, 언어(言語)의 이해(理解)에 속한 것이든 행위(行爲)의 이해(理解)에 속한 것이든, 사회법(社會法)에 속한 것이든 자연법(自然法)에 속한 것이든, 개념(槪念)에 속한 것이든 지혜(智慧)에 속한 것이든, 현실(現實)에 속한 것이든 초현실(超現實)에 속한 것이든, 수행(修行)에 속한 것이든 정신문화(精神文化)에 속한 것이든, 이 모든 것이, 정신작용(精神作用)이 근(根)인 의근(意根)의 인지(認知) 대상(對相)인 법(法)이며, 또한, 의근(意根)만이 받아들이는 일체대상(一切對相)인 법경(法境)이다.

그러므로, 여래정론(如來正論) 유식(唯識)의 제식전개,기본구성,구조(諸識展開,基本構成,構造)의 섭리체계(攝理體系)인 18경계체계(十八境界體系)에서, 오직, 의근(意根)의 인지대상(認知對相)인 법(法)은, 색성향미촉(色聲香味觸)의 세계(世界)보다, 더욱 다양(多樣)하고 광범위(廣範圍)하여 포괄적(包括的)이며, 다양(多樣)한 차별차원세계(差別次元世界)가 세밀(細密)하고 깊으며, 그 끝[終]이 없는 무한불가사의(無限不可思議) 영역(領域)과 무한차원(無限次元)에 이르기까지, 법(法)의 개념정의(槪念正義)가 총괄총섭(總括總攝)한다. 이 법(法)의 무한영역(無限領域)은 한계성(限界性)이 없다. 그러므로, 이 법(法)은 실제적(實際的)이고, 그 대상(對相)이 광범위(廣範圍)를 초월(超越)한, 끝없는 무한차별차원세계(無限差別次元世界)이므로, 대승유식론(大乘唯識論)에서, 전5식체계(前五識體系)의 부족(不足)한 부분(部分)을 보완(補完)하고자, 색성향미촉(色聲香味觸) 외(外)에 제6의식(第六意識)의 무량별법(無量別法)을 덧붙이고, 또한, 6의식(第六意識)의 무량별행(無量別行)으로 보완(補完)하여도, 오직, 법(法), 이 하나의 본래(本來) 개념정의(槪念正義)를 정립(正立)하여, 바로 세우는 것만 못하다.

그리고, 여래정론(如來正論) 제식전개,자연섭리,구성체계(諸識展開,自然攝理,構成體系)인 경·근·식(境·根·識) 18경계(十八境界)에서, 6종경(六種境)인 색성향미촉법(色聲香味觸法)과 6종근(六種根)인 안이비설신의근(眼耳鼻舌身意根)과 6종식(六種識)인 안이비설신의식(眼耳鼻舌身意識)은, 무의식중(無意識中) 자연,반연반응,작용(自然,攀緣反應,作用)으로 이루어지는, 소연경(所緣境)에 의한 소연근·식·작용세계(所緣根·識·作用世界)이므로, 인위적(人爲的)으로 조작(造作)하거나 변경(變更)할 수 있는 것이 아니다. 그러므로, 6종근(六種根)은 무의식중(無意識中) 자연,반연반응,섭리작용(自然,攀緣反應,攝理作用)으로 6종경(六種境)을 받아들이는 수(受)의 작용(作用)을 하며, 6종식(六種識)은, 6종근(六種根)이 받아들인 색성향미촉법(色聲香味觸法)의 형태(形態)가 그대로 거울[鏡]에 비치듯, 무의식중(無意識中) 자연,반연반응,섭리작용(自然,攀緣反應,攝理作用)으로 그 모습을 그대로 비치어 상

(相)을 드러내며, 제7식(第七識) 말나식(末那識)인 자아의식(自我意識)은, 6종식(六種識)에 비친 색성향미촉법(色聲香味觸法)을 인식(認識)하여 분별(分別)하고, 업력(業力)과 자유의지(自由意志)에 따라 결정(決定)하여, 그 다음의 행위(行爲)를 한다.

●18경계(十八境界)의 6종경(六種境)

유식(唯識)의 제식전개, 기본구성, 구조(諸識展開, 基本構成, 構造)의 섭리체계(攝理體系)인, 경·근·식(境·根·識) 18경계(十八境界)의 제식전개, 자연섭리, 구성체계(諸識展開, 自然攝理, 構成體系)에, 일체(一切)의 대상(對相)을 받아들이는, 6종차별대상(六種差別對相)인 6종경(六種境)은, 색성향미촉법(色聲香味觸法)이다. 6종차별대상(六種差別對相) 중,

①첫째 순위(順位)가 색(色)임은, 색성향미촉법(色聲香味觸法)의 인식계(認識界) 중에, 눈[眼]의 감각기능(感覺機能)으로 인지(認知)하는 색계(色界)가, 제1(第一) 광범위(廣範圍)하고, 그 수(數)가 무한(無限)하며, 그 물질(物質)의 상(相)과 형태(形態)가 무량무한(無量無限)으로, 그 색계(色界)의 범위(範圍)가 불가사의(不可思議) 무한(無限)이기 때문이다.

②둘째 순위(順位)가 성(聲)임은, 색성향미촉법(色聲香味觸法)의 인식계(認識界) 중에, 귀[耳]의 감각기능(感覺機能)으로 인지(認知)하는 소리[聲]의 종류(種類)가, 제2(第二) 광범위(廣範圍)하고, 그 수(數)가 무량(無量)하며, 그 소리[聲]의 형태(形態)가 무량무한(無量無限)으로,

그 성계(聲界)의 범위(範圍)가 무한(無限)이기 때문이다.

③셋째 순위(順位)가 향(香)임은, 색성향미촉법(色聲香味觸法)의 인식계(認識界) 중에, 코[鼻]의 감각기능(感覺機能)으로 인지(認知)하는 냄새와 향(香)의 종류(種類)가, 제3(第三) 광범위(廣範圍)하고, 그 수(數)가 무량(無量)하며, 그 냄새와 향(香)의 형태(形態)가 무량무한(無量無限)으로, 그 향계(香界)의 범위(範圍)가 무한(無限)이기 때문이다.

④넷째 순위(順位)가 미(味)임은, 색성향미촉법(色聲香味觸法)의 인식계(認識界) 중에, 혀[舌]의 감각기능(感覺機能)으로 인지(認知)하는 미(味)의 종류(種類)가, 제4(第四) 광범위(廣範圍)하고, 그 수(數)가 무량(無量)하며, 그 맛[味]의 형태(形態)가 무량무한(無量無限)으로, 그 미계(味界)의 범위(範圍)가 무한(無限)이기 때문이다.

⑤다섯째 순위(順位)가 촉(觸)임은, 색성향미촉법(色聲香味觸法)의 인식계(認識界) 중에, 몸[身]의 감각기능(感覺機能)으로 인지(認知)하는 촉각(觸覺)의 종류(種類)가, 제5(第五) 광범위(廣範圍)하고, 그 수(數)가 무량(無量)하며, 그 촉각(觸覺)의 형태(形態)가 무량무한(無量無限)으로, 그 촉계(觸界)의 범위(範圍)가 무한(無限)이기 때문이다.

⑥여섯째 순위(順位)가 법(法)임은, 정신작용(精神作用)인 의(意)로 받아들이는 법(法)은, 몸[身]의 감각기능(感覺機能)인 안이비설신(眼耳鼻舌身)이 인지(認知)하지 못하고, 받아들이지 못하는, 다양(多樣)한 무한차별차원(無限差別次元)의 색성향미촉법(色聲香味觸法)의 일체(一切)를 총섭(總攝)하기도 하고, 또한, 색성향미촉계(色聲香味觸界)를 초월(超越)한 정신세계(精神世界)와 비물질계(非物質界)와 비정신계(非精神界)에 이르기까지 일체(一切)를 총섭(總攝)함으로, 일체법계

(一切法界)의 일체, 차별대상, 무한차별세계, 일체(一切, 差別對相, 無限差別世界, 一切)를 두루 총괄(總括)는 법(法)으로 하여금, 소연경체계(所緣境體系)의 6종차별대상(六種差別對相)인 6종근(六種根)으로 정의정립(正義正立)하여 분류(分類)하고, 체계화(體系化) 하였다.

●18경계(十八境界)의 6종근(六種根)

유식(唯識)의 제식전개, 기본구성, 구조(諸識展開, 基本構成, 構造)의 섭리체계(攝理體系)인 경·근·식(境·根·識) 18경계(十八境界)의 제식전개, 자연섭리, 구성체계(諸識展開, 自然攝理, 構成體系)에, 일체인지(一切認知)의 6종차별대상(六種差別對相) 6종경(六種境)인, 색성향미촉법(色聲香味觸法)을 받아들이는 수(受)의 6종차별근(六種差別根)인 6종근(六種根)은, 안근(眼根), 이근(耳根), 비근(鼻根), 설근(舌根), 신근(身根), 의근(意根)이다. 그중, 안이비설신근(眼耳鼻舌身根)은, 몸[身]으로 대경(對境)의 대상(對相)을 받아들이는 인지근(認知根)인 안(眼), 이(耳), 비(鼻), 설(舌), 신(身)이다. 그리고, 의근(意根)은, 정신작용(精神作用)으로 대경(對境)의 대상(對相)을 받아들이는 인지근(認知根)인 의근(意根)이다. 그러므로, 몸[身]으로 대경(對境)을 받아들이는 인지근(認知根)과 정신작용(精神作用)으로 대경(對境)을 받아들이는 인지근(認知根)을 각각(各各) 분류(分類)하여, 안근(眼根), 이근(耳根), 비근(鼻根), 설근(舌根), 신근(身根), 의근(意根)인 6종차별근(六種差別根)으로, 정의정립(正義正立)하여 분류(分類)하고, 체계화(體系化) 하였다.

만약(萬若), 몸[身]의 안이비설신(眼耳鼻舌身)이, 외부(外部)의 대상(對相)인 색성향미촉(色聲香味觸)을 받아들인다면, 만약(萬若), 사람이 죽어[死]도, 몸[身]의 안이비설신(眼耳鼻舌身)이 있으므로, 외부(外部)의 대상(對相)인 색성향미촉(色聲香味觸)을 받아들여야 할 것이다. 그러나 만약(萬若), 사람이 죽으[死]면, 몸[身]의 안이비설신(眼耳鼻舌身)이 있어도, 외부(外部)의 대상(對相)인 색성향미촉(色聲香味觸)을 받아들이지 못하는 것은, 안이비설신(眼耳鼻舌身)에 의지(依支)해 작용(作用)하는 앎[識]인, 식(識)의 작용(作用)이 없기 때문이다. 식(識)이란, 곧, 인지(認知)이며, 식(識)의 작용(作用)은, 인지(認知)의 분별(分別)이다. 그러므로, 사람이 죽으[死]면, 몸[身]의 안이비설신(眼耳鼻舌身)이 있어도, 그 근(根)에 의(依)해 작용(作用)하는 식(識)이 없으므로, 만약(萬若), 사람이 죽으[死]면, 몸[身]의 안이비설신(眼耳鼻舌身)이 있어도, 외부(外部)의 대상(對相)인 색성향미촉(色聲香味觸)을 받아들이지 못한다.

그러므로, 외부(外部)의 대상(對相)인 색성향미촉법(色聲香味觸法)을 받아들이는 안이비설신의근(眼耳鼻舌身意根)은, 육체(肉體)의 안이비설신(眼耳鼻舌身)과 그리고, 정신작용(精神作用)을 하는 의(意)를 각각(各各), 구분(區分)하고 분류(分類)하여, 안근(眼根), 이근(耳根), 비근(鼻根), 설근(舌根), 신근(身根), 의근(意根)이라고 한 것은 아니다. 그러므로, 안근(眼根), 이근(耳根), 비근(鼻根), 설근(舌根), 신근(身根), 의근(意根)의 근(根)은, 몸[根]이나 또는, 안이비설신의(眼耳鼻舌身意)를 지칭(指稱)하는 뜻이 아니다. 근(根)이라 함은, 외부(外部)의 대상

(對相)인 색성향미촉법(色聲香味觸法)을 받아들이는 뿌리[根]이므로, 근(根)이라고 한다. 그러므로, 안근(眼根), 이근(耳根), 비근(鼻根), 설근(舌根), 신근(身根), 의근(意根)의 근(根)은, 몸[身]이나 또는, 안이비설신의(眼耳鼻舌身意)가 아니라, 외부(外部)의 대상(對相)인 색성향미촉법(色聲香味觸法)을 인지(認知)하여 받아들이는 안(眼), 이(耳), 비(鼻), 설(舌), 신(身), 의(意)에 작용(作用)하는 앎[認知]의 식(識)을 일컬음이다. 몸[身]이 근(根)이 아니므로, 의(意) 또한, 근(根)이라 함이다. 그러므로, 안근(眼根), 이근(耳根), 비근(鼻根), 설근(舌根), 신근(身根), 의근(意根)의 근(根)은, 안(眼), 이(耳), 비(鼻), 설(舌), 신(身), 의(意)에 작용(作用)하여, 외부(外部)의 대상(對相)인 색성향미촉법(色聲香味觸法)을 받아들이는 뿌리[根]인, 식(識)의 작용(作用)이 이루어지는, 식체(識體)를 일컬음이다.

①안근(眼根)이라 함은, 눈[眼]에 의(依)한 앎[認知]의 식(識)이 작용(作用)하여, 눈[眼]에 의(依)한 인지대상(認知對相)인 색(色)에 자연,반연반응,섭리작용(自然,攀緣反應,攝理作用)으로, 외부(外部)의 인지대상(認知對相) 중, 다양(多樣)한 색(色)의 현상(現象)을 받아들이는 뿌리[根]인, 눈[眼]에 의(依)한 수(受)의 작용식(作用識)을, 안근(眼根)이라고 함이다.

②이근(耳根)이라 함은, 귀[耳]에 의(依)한 앎[認知]의 식(識)이 작용(作用)하여, 귀[耳]에 의(依)한 인지대상(認知對相)인 소리[聲]에 자연, 반연반응,섭리작용(自然,攀緣反應,攝理作用)으로, 외부(外部)의 인지대상(認知對相) 중, 다양(多樣)한 소리[聲]의 현상(現象)을 받아들이는 뿌

리[根]인, 귀[耳]에 의(依)한 수(受)의 작용식(作用識)을, 이근(耳根)이라고 함이다.

③비근(鼻根)이라 함은, 코[鼻]에 의(依)한 앎[認知]의 식(識)이 작용(作用)하여, 코[鼻]에 의(依)한 인지대상(認知對相)인 냄새와 향(香)에 자연,반연반응,섭리작용(自然,攀緣反應,攝理作用)으로, 외부(外部)의 인지대상(認知對相) 중, 다양(多樣)한 냄새와 향(香)의 현상(現象)을 받아들이는 뿌리[根]인, 코[鼻]에 의(依)한 수(受)의 작용식(作用識)을, 비근(鼻根)이라고 함이다.

④설근(舌根)이라 함은, 혀[舌]에 의(依)한 앎[認知]의 식(識)이 작용(作用)하여, 혀[舌]에 의(依)한 인지대상(認知對相)인 맛[味]에 자연, 반연반응,섭리작용(自然,攀緣反應,攝理作用)으로, 외부(外部)의 인지대상(認知對相) 중, 다양(多樣)한 맛[味]의 현상(現象)을 받아들이는 뿌리[根]인, 혀[舌]에 의(依)한 수(受)의 작용식(作用識)을, 설근(舌根)이라고 함이다.

⑤신근(身根)이라 함은, 몸[身]에 의(依)한 앎[認知]의 식(識)이 작용(作用)하여, 몸[身]에 의(依)한 인지대상(認知對相)인 촉각(觸覺)에 자연,반연반응,섭리작용(自然,攀緣反應,攝理作用)으로, 외부(外部)의 인지대상(認知對相) 중, 다양(多樣)한 촉각(觸覺)의 현상(現象)을 받아들이는 뿌리[根]인, 몸[身]에 의(依)한 수(受)의 작용식(作用識)을, 신근(身根)이라고 함이다.

⑥의근(意根)이라 함은, 정신작용(精神作用)에 의(依)한 앎[認知]의 식(識)이 작용(作用)하여, 정신작용(精神作用)의 인지대상(認知對相)인 법(法)에 자연,반연반응,작용(自然,攀緣反應,作用)으로, 외부(外部)의

다양(多樣)한 현상(現象)을 받아들이는 뿌리[根]인, 의(意)에 의(依)한 수(受)의 작용식(作用識)을, 의근(意根)이라고 함이다.

　의근(意根)에 있어서 의(意), 또는, 뜻[意]이란, 무의식중(無意識中) 반응(反應)으로, 정신작용(精神作用)이 향(向)하는 인지작용(認知作用) 인, 의각(意覺)이다. 이는, 무의식중(無意識中) 인지대상(認知對相)인 법(法)의 상황(狀況), 또는, 현상작용(現象作用)에, 자연,반연반응,작용(自然,攀緣反應,作用)으로 즉각적(卽刻的), 또는, 찰나적(刹那的) 촉발(觸發)하는 반응작용(反應作用)이다. 이는, 제7식(第七識) 자아의식(自我意識)이 인식(認識) 또는, 결정(決定)하기도 전(前)에, 인식대상(認識對相)에 무의식적(無意識的) 정신작용(精神作用)의 촉발(觸發)에 의(依)해 자연반응,반연작용(自然反應,攀緣作用)하는, 반응적(反應的) 정신작용(精神作用)인 의촉(意觸)이며, 의각(意覺)이다. 예(例)를 들면, 누가 나의 이름[名]을 부르면, 제7식(第七識) 자아의식(自我意識)의 분별심(分別心)이 일어나기 전(前)에, 무의식적(無意識的), 또는, 반응적(反應的) 정신작용(精神作用)인 촉(觸)의 의근(意根)으로 받아들인 것이 의식(意識)에 비치어, 반응적(反應的)으로 어떤 인식(認識)도 없이, 머리를 그쪽으로 돌림과 같다.

　이는, 맞닥뜨린 당면(當面)한 어떤 상황(狀況)에, 그에 무의식적(無意識的) 자연,반연반응,작용(自然,攀緣反應,作用)하는 정신작용(精神作用)의 촉발의촉(觸發意觸)이다. 이것은, 어떤 대상(對相)이든, 맞닥뜨리어 당면(當面)하는 그 순간(瞬間)에 촉발(觸發)하는, 정신작용(精神

作用)으로, 제7식(第七識) 자아의식(自我意識)의 분별심(分別心)이 일어나기 전(前)에, 인지대상(認知對相)에 자연반응적(自然反應的)으로 일어나는 의근작용(意根作用)이다. 또한, 길을 가다가, 맞닥뜨린 당면(當面)한 상점(商店)의 간판(看板)에 쓰인 상호명(商號名)들을, 의미(意味) 없이 무의식적(無意識的)으로, 그리고, 어떤 까닭[緣由]이나, 이유(理由) 없이, 그냥 읽게 되는 것 또한, 마찬가지의 의근촉발(意根觸發)로 받아들인 것이 의식(意識)에 비치어, 반응(反應)하는 정신작용(精神作用)이다. 이것은, 의식(意識)에 비치는 일체(一切) 것이, 무의식적(無意識的) 자연,반연반응,작용(自然,攀緣反應,作用)으로 반응적(反應的), 무의식중(無意識中) 정신작용(精神作用)의 의근촉발(意根觸發)이다. 그리고, 길을 걷거나, 차(車)를 운행(運行)하며, 맞닥뜨린 당면(當面)한 신호등(信號燈)이 지시(指示)하는 색깔[色], 또는, 방향지시신호등(方向指示信號燈)에 따라, 의식(意識)에 비치며, 결정(決定)하고 판단(判斷)하기도 전(前)에, 찰나상황(刹那狀況)에 맞닥뜨린 당면(當面)한 자연,반연반응,작용(自然,攀緣反應,作用)인 정신작용(精神作用)의 의근촉발(意根觸發)에, 신호등(信號燈)에 따라 멈추거나, 또는, 앞으로 직진(直進)하거나, 또는, 좌회전(坐回轉)하거나, 또는, 우회전(右回轉)하게 된다. 이러한 행위(行爲)는, 어떤 결정(決定)과 판단(判斷)에 앞서, 맞닥뜨린 당면(當面)한 상황(狀況)에, 무의식적(無意識的), 또는, 습관적(習慣的), 또는, 반응적(反應的) 자연,반연반응,작용(自然,攀緣反應,作用)의 정신작용(精神作用)에 의한, 무의식적(無意識的) 의근촉발행(意根觸發行)이다.

의근(意根)은, 무의식적(無意識的), 또는, 자연반응적(自然反應的), 정신작용(精神作用)으로 받아들이는 근(根)이다. 의근(意根)의 작용(作用)은, 의식적(意識的)이든 또는, 무의식적(無意識的)이든, 습관적(習慣的)이든, 정신작용(精神作用)인 무의식적(無意識的) 의(意)에 의해 일어나는 자연반연작용(自然,攀緣反應,作用)의 무의식적(無意識的) 의근촉발행(意根觸發行)이며, 무의식적(無意識的) 의각작용(意覺作用)이다. 이는, 어떤 맞닥뜨린 당면(當面)한 상황(狀況)에 무의식중(無意識中), 또는, 무의식적(無爲識的), 또는, 의식적(意識的), 또는, 습관적(習慣的), 또는, 반응적(反應的) 자연,반연반응,작용(自然,攀緣反應,作用)으로 촉발(觸發)하거나, 반응(反應)하는 정신작용(精神作用)이다.

이는, 대상(對相)을 맞닥뜨림으로, 제7식(第七識) 자아의식(自我意識)의 분별심(分別心)이 일어나기 전(前)에, 무의식적(無意識的) 정신작용(精神作用)인 의근(意根)이 촉발(觸發)하여 일어나는 정신의식작용(精神意識作用)이다. 의근(意根)의 대상(對相)인 법(法)에는, 능(能)과 소(所)의 2종대상(二種對相)이 있다. 외부(外部)의 소연경(所緣境)에 맞닥뜨린 당면(當面)한 상황(狀況)에 촉발(觸發)하여 일어나는 정신작용(精神作用)과 그리고, 능연경(能緣境)인, 마음 속에서 홀연(忽然)히 일어나는 상념(想念) 또는, 생각[念]에 맞닥뜨림으로 촉발(觸發)하여 일어나는 정신작용(精神作用) 등(等)이다.

마음 밖[外] 소연경(所緣境) 또는, 마음 안[內] 능연경(能緣境)에 맞닥뜨린 당면(當面)한 상황(狀況)에, 무의식적(無意識的) 자연,반연반응,작용(自然,攀緣反應,作用)으로 촉발(觸發)하는 정신작용(精神作用)이 근(根)인 의근(意根)으로 받아들인 대상(對相)인 법(法)이, 그대로 거울[鏡]처럼 의식(意識)에 비치면, 이를, 제7식(第七識)인 자아의식(自我意識)이 인식(認識)하여, 분별(分別)하고 판단(判斷)하여, 그 뜻에 따라 행위(行爲)하게 된다

몸[身]의 감각기능(感覺機能)은 외부(外部), 또는, 대상(對相)으로 향(向)해 있어도, 의근(意根)은 형체(形體)가 없어, 안[內]과 밖[外]이 없으므로, 소연경(所緣境)과 능연경(能緣境)의 경계(境界)를 가리지 않고, 정신작용(精神作用)이 근(根)인 의근(意根)을 촉발(觸發)하는 맞닥뜨린 그 상황(狀況)이나 대상(對相)이 곧, 의근(意根)의 대상(對相)인 법(法)이다. 의근(意根)의 대상(對相)인 법(法)은, 심식(心識) 안[內]과 밖[外], 일체,무한차별차원,무한차별세계,일체(一切,無限差別次元,無限差別世界,一切)이다.

의근(意根)으로 인지(認知)되는 법(法)인, 물질적(物質的) 정신적(精神的) 색성향미촉법(色聲香味觸法)이란, 안이비설신(眼耳鼻舌身)이 있어도 인지(認知)할 수 없는 기억(記憶)과 상념상(想念相)의 일체세계(一切世界)와 일체정신작용(一切精神作用)에 의한 인식(認識)의 세계(世界)와 수면(睡眠) 중 꿈[夢] 속에 일어나는 각종(各種) 현상세계(現象世界)와 각종(各種) 정신작용세계(精神作用世界) 등(等), 그리고, 각종(各種) 감정(感情)과 각종(各種) 정신작용(精神作用)에 의한 인식(認識)과 이해(理解)의 세계(世界) 등(等)이, 의근(意根)의 작용(作用)에 의(依)함이다. 그리고, 의근(意根)에 의해 의식(意識)에 비친 상념세계(想念世界)를, 제7식(第七識) 자아의식(自我意識)은 이를 분별(分別)한다.

그리고, 먹는 음식(飮食)을 보면, 안근(眼根)과 안식(眼識)만 촉발

(觸發)하는 것이 아니다. 더불어, 음식(飮食)의 냄새[香] 때문에, 비
근(鼻根)과 비식(鼻識)도 촉발(觸發)하고, 또한, 신근(身根)과 신식(身
識)도 촉발(觸發)한다. 그리고 또한, 음식(飮食)에 자연,반연반응,작
용(自然,攀緣反應,作用)으로 무의식중(無意識中) 습관적(習慣的)으로 먹
고 싶다는 뜻[意]의 정신작용(精神作用)이 근(根)인 의근(意根)의 촉
발(觸發)로, 의식(意識)이 연계작용(連繫作用)하며, 이 일체(一切)가
연계(連繫)된, 제7식(第七識) 자아의식(自我意識)의 각종(各種) 분별
심(分別心)과 더불어 제8식(第八識) 능소출입식(能所出入識)의 기억정
보,반연작용(記憶情報,攀緣作用)에 의한 상황분별(狀況分別)과 상황판
단(狀況判斷)에 의한 각종(各種) 행위(行爲)들이 연계(連繫)되어 이루
어진다.

  그리고 또한, 아름다운 꽃[花]을 보게 되면, 안근(眼根)과 안식(眼
識)만 촉발(觸發)하는 것이 아니다. 꽃[花]의 향기(香氣)를 받아들이
는 비근(鼻根)과 비식(鼻識)도 촉발(觸發)하게 된다. 또한, 그리고, 맞
닥뜨린 당면(當面)한 꽃[花]을 보며, 무의식중(無意識中) 습관적(習慣
的) 좋아하는 심리작용(心理作用)과 정신작용(精神作用)을 촉발(觸發)
하여 일어나는 의근(意根)과 의식(意識)이 더불어 연계(連繫)되어 작
용(作用)하게 된다. 그러므로, 색성향미촉(色聲香味觸)과 각종(各種)
의 안이비설신(眼耳鼻舌身)의 작용(作用)에는, 제7식(第七識) 자아의
식(自我意識)의 다양(多樣)한 분별심(分別心)과 더불어 제8식(第八識)
능소출입식(能所出入識)이 연계(連繫)된, 기억정보,반연작용(記憶情
報,攀緣作用)에 의한 다양(多樣)한 무의식중(無意識中) 습관적(習慣的)

심리작용(心理作用)과 좋아하고 싫어함의 감성(感性)과 감정(感情)이 더불어 연계(連繫)된 정신작용(精神作用)으로, 의근(意根)과 의식(意識)의 연계작용(連繫作用)이 이루어진다. 왜냐하면, 각종(各種) 맞닥뜨린 당면(當面)한 상황(狀況) 속에 일어나는 다양(多樣)한 감성(感性)과 감정(感情) 등(等)은, 색성향미촉법(色聲香味觸法)과 안이비설신의(眼耳鼻舌身意)와 제7식(第七識) 자아의식(自我意識)과 제8식(第八識) 능소출입식(能所出入識)의 기억정보,반연작용(記億情報,攀緣作用)의 각종(各種) 상황(狀況)에 정신작용(精神作用)이 근(根)인 의근(意根)과 의식(意識)이 연계(連繫)된 작용(作用)이 이루어지는 상황(狀況)들이기 때문이다.

소연경·근·식·섭리작용(所緣境·根·識·攝理作用)으로, 안이비설신의식(眼耳鼻舌身意識)인 6종식(六種識)에 비친, 색성향미촉법(色聲香味觸法)을 인지(認知)한 제7식(第七識) 자아의식(自我意識)이, 이를 분별(分別), 판단(判斷), 결정(決定)하는 행위(行爲)에는, 제8식(第八識) 능소출입식(能所出入識)의 기억정보,반연작용(記億情報,攀緣作用)이 더불어, 연계작용(連繫作用)을 하게 된다. 그러면, 어찌하여, 제7식(第七識) 자아의식(自我意識)이 인지(認知)하기도 전(前)에, 무의식중(無意識中) 자연,반연반응,작용(自然,攀緣反應,作用)으로 좋아하거나 싫어하는 등(等)의 감성(感性), 감정(感情)이 연계(連繫)되느냐 하면, 6종근(六種根)→6종식(六種識)→제7식(第七識)→제8식(第八識)→제9식(第九識)의 입행(入行)과 그리고 또한, 지난 무수업(無數業)이 훈습(薰習)된 정보(情報)와 무의식적(無意識的) 습관화(習慣化)된 심리작용(心理作用)

등(等), 업행(業行)의 출행(出行)이 제9식(第九識)→제8식(第八識)→제7식(第七識)→6종식(六種識)→6종근(六種根)으로, 입행(入行)과 출행(出行)이 서로 걸림 없는 원융작용(圓融作用)이, 물질(物質)인 빛보다 더 빠르게 작용(作用)이 이루어지기 때문이다.

그리고, 6종근(六種根)과 6종식(六種識)의 작용(作用)에는 반드시, 제7식(第七識), 제8식(第八識), 제9식(第九識)이 연계(連繫)되어, 하나의 심식작용(心識作用) 이루어진다. 왜냐하면, 제식(諸識)은, 연계중첩(連繫重疊)하여 하나의 연계심식작용(連繫心識作用)이 이루어지기 때문이다. 그러므로, 제식(諸識)의 작용섭리세계(作用攝理世界)를, 논리체계(論理體系)에 의지(依支)해 이해(理解)시키고자, 밖[外]에서 안[內]으로 입행(入行)인 6종근(六種根)→6종식(六種識)→제7식(第七識)→제8식(第八識)→제9식(第九識)의 입행(入行)과 그리고 또한, 안[內]에서 밖[外]으로의 출행(出行)인 제9식(第九識)→제8식(第八識)→제7식(第七識)→6종식(六種識)→6종근(六種根)의 출행(出行)은, 논리체계(論理體系)에 의해 제식작용세계(諸識作用世界)의 이해(理解)를 도울 뿐, 실제(實際)는, 입행(入行)과 출행(出行)이 쌍차쌍조원융무애(雙遮雙照圓融無礙)하여, 걸림 없는 원융작용(圓融作用)을 한다.

왜냐하면, 제식연계중첩작용(諸識連繫重疊作用)은 서로 걸림이 없기 때문이다. 그리고, 제식연계중첩작용(諸識連繫重疊作用)은 하나의 중첩연계작용체(重疊連繫作用體)이기 때문이다. 이 뜻은, 한 식(識)의 작용(作用)에 제식연계중첩작용(諸識連繫重疊作用)이 이루어진

다는 뜻이다. 그러므로, 6종근작용(六種根作用)에는 6종식(六種識),
제7식(第七識), 제8식(第八識), 제9식(第九識)의 작용(作用)이 함께 하
며, 또한, 6종식작용(六種識作用)에는 6종근(六種根), 제7식(第七識),
제8식(第八識), 제9식(第九識)의 작용(作用)이 함께 하며, 또한, 제7
식작용(第七識作用)에는 6종근(六種根), 6종식(六種識), 제7식(第七識),
제8식(第八識), 제9식(第九識)의 작용(作用)이 함께 하며, 또한, 제8
식작용(第八識作用)에는 6종근(六種根), 6종식(六種識), 제7식(第七識),
제9식(第九識)의 작용(作用)이 함께 하며, 또한, 제9식작용(第九識作
用)에는 6종근(六種根), 6종식(六種識), 제7식(第七識), 제8식(第八識)
의 작용(作用)이 함께 한다. 왜냐하면, 제식(諸識)의 입행(入行)과 출
행(出行), 그리고, 순행(順行)과 역행(逆行)은 서로 한 체계(體系)의
제식연계중첩작용(諸識連繫重疊作用)이며, 식(識)은 유상체(有相體)가
아니므로, 제식연계중첩작용(諸識連繫重疊作用)이 걸림 없이 원융무
애작용(圓融無礙作用)이 이루어지기 때문이다. 만약, 제식연계중첩
작용(諸識連繫重疊作用)이 걸림 없는 원융무애작용(圓融無礙作用)이 이
루어지지 않으면, 한 심식작용체(心識作用體)인 제식연계중첩작용
(諸識連繫重疊作用)이 이루어지지 않는다.

그리고, 일심작용(一心作用)에는, 3세(三世)와 9세(九世)와 10세(十
世)가 걸림 없는, 일심원융작용(一心圓融作用)이 이루어지기 때문이
다. 3세(三世)는, 과거세(過去世), 현재세(現在世), 미래세(未來世)이
다. 그리고, 9세(九世)는, 과거세(過去世) 중, 또, 과거생(過去生), 현
재생(現在生), 미래생(未來生)의 3세(三世)로 분류(分類)한 것이며, 그

리고 또, 현재세(現在世) 중에, 또, 과거생(過去生), 현재생(現在生), 미래생(未來生)의 3세(三世)로 분류(分類)한 것이며, 그리고 또, 미래세(未來世) 중, 또, 과거생(過去生), 현재생(現在生), 미래생(未來生)의 3세(三世)로 분류(分類)한 것이다. 그러므로, 9세(九世)란, 과거세(過去世), 현재세(現在世), 미래세(未來世)를 또한, 3세(三世)로 세분화(細分化)한 것이다. 10세(十世)란, 과거세(過去世), 현재세(現在世), 미래세(未來世)의 9세(九世)에 예속(隷屬)되지 않은 심(心)이어도, 그러나, 과거세(過去世), 현재세(現在世), 미래세(未來世)의 9세(九世)를 하나[一]로 두루 통(通)하는 일심(一心)을, 또한, 일세(一世)로 정의(正義)하여, 과거세(過去世), 현재세(現在世), 미래세(未來世)의 9세(九世)에, 일심(一心)의 일세(一世)을 더하여, 10세(十世)가 됨이다. 일심(一心)의 일세(一世)는, 과거세(過去世), 현재세(現在世), 미래세(未來世)처럼 시(時)나 세(世)의 흐름으로 나뉘는 일세(一世) 가 아니라, 9세(九世)를 하나로 총섭(總攝)하는 일념일세(一念一世)이다. 이는 곧, 법성게(法性偈)의 구세십세호상즉(九世十世互相卽)이다. 그러나, 9세(九世), 10세(十世)가 곧, 일념(一念)이니, 일체초월(一切超越) 절대성(絕對性)인, 무생결정성(無生結定性)이며 여래결정성(如來結定性)인 불성불지(佛性佛智)에는, 9세(九世), 10세(十世)도 환(幻)이니, 9세(九世), 10세(十世)도 끊어졌다. 이는, 불가사의(不可思議), 여래(如來)의 비밀장(秘密藏)이다.

그리고, 단지(但只), 제식(諸識)은, 서로 성품차원(性品次元)이 다르므로, 유식지혜,상승세계,성불과정(唯識智慧,上昇世界,成佛過程)은 곧, 제식전변, 차별차원, 지혜상승, 성불과정(諸識轉變, 差別次元, 智慧上昇, 成佛過程)이다. 제식(諸識)이 차별차원, 성품세계(差別次元, 性品世界)로 이루어져 있으므로, 지혜상승(智慧上昇)의 차원(次元)에 따라, 제식(諸識)의 차별차원(差別次元)이 점차(漸次) 타파(打破)되며, 한꺼번에 타파(打破)되지 않는다. 그러나, 제식연계, 중첩작용(諸識連繫, 重疊作用)은, 하나의 원융작용체(圓融作用體)이므로, 입행(入行)과 출행(出行), 그리고, 순행(順行)과 역행(逆行)이 서로 걸림 없이, 원융작용(圓融作用)이 이루어진다. 그러므로, 입행(入行) 속에 더불어 출행작용(出行作用)이 있으므로, 입행작용(入行作用)이 더불어 이루어지며, 또한, 출행(出行) 속에 더불어 입행작용(入行作用)이 있으므로, 출행작용(出行作用)이 이루어진다. 이는, 여래정론(如來正論) 소연입식, 전개체계(所緣入識, 展開體系)인 경·근·식(境·根·識) 18경계체계(十八境界體系)에, 능연출식, 전개체계(能緣出識, 展開體系)인 12인연법(十二因緣法)이 있으며, 또한, 능연출식, 전개체계(能緣出識, 展開體系)인 12인연법(十二因緣法) 속에, 소연입식, 전개체계(所緣入識, 展開體系)인 경·근·식(境·根·識) 18경계체계(十八境界體系)가 있음을 일컫음이다.

그러므로, 6종근(六種根)과 6종식(六種識)의 작용(作用)에는, 지난 업(業)의 정보(情報)인, 지난 기억정보작용(記憶情報作用)이 더불어 함께 연계(連繫)되어 작용(作用)이 이루어지며, 그리고 또한, 제7식(第七識)과 제8식(第八識)과 제9식(第九識)의 작용(作用)에는 6종근(六種根)과 6종식(六種識)의 작용(作用)이 더불어 연계(連繫)되어 함께 작용(作用)이 이루어진다. 왜냐하면, 하나의 식(識)의 작용(作用)에는,

제식(諸識)이 더불어 연계중첩(連繫重疊)된 한 체계(體系)의 연계작용(連繫作用)이기 때문이다. 그러므로, 제식(諸識)이 연계(連繫)되지 않고, 한 식(識)만 별개(別個)로 작용(作用)할 수가 없다. 왜냐하면, 식(識)의 작용(作用)은 제식연계,전개상속,작용(諸識連繫,展開相續,作用)이 이루어지기 때문이다. 그러므로, 어느 식(識)이든, 모든 식(識)은, 서로 연계(連繫)되지 않고, 독자(獨自) 작용(作用)할 수가 없다. 모든 식(識)은, 서로 연계(連繫)되어 있기에 존재(存在)하고, 연계(連繫) 속에 작용(作用)할 수가 있다. 그러므로, 6종경(六種境)→6종근(六種根)→6종식(六種識)→제7식(第七識)→제8식(第八識)→제9식(第九識), 이는, 소연입식,전개체계(所緣入識,展開體系)인 제식중첩,연계작용,순서(諸識重疊,連繫作用,順序)이다.

제식전개,연계체계,특성(諸識展開,連繫體系,特性)은, ①6종근(六種根)은, 무의식중(無意識中) 자연,반연반응,작용(自然,攀緣反應,作用)으로 6종경(六種境)인 색성향미촉법(色聲香味觸法)을 받아들이며, ②6종식(六種識)은, 6종근(六種根)이 받아들인 색성향미촉법(色聲香味觸法)을, 무의식중(無意識中) 자연,반연반응,작용(自然,攀緣反應,作用)으로 그대로, 거울[鏡]처럼 비치며, ③제7식(第七識) 자아의식(自我意識)은, 6종식(六種識)에 비친 색성향미촉법(色聲香味觸法)을 인지(認知)하여, 제9식(第九識) 함장식(含藏識)에 저장(貯藏)되어 있는 지난 업(業)의 기억정보(記憶情報)를, 제8식(第八識) 능소출입식(能所出入識)이 인출(引出)하여 반연작용(攀緣作用)으로 제7식(第七識)에 비치는 정보(情報)의 기억반연작용(記憶攀緣作用)에 따라, 6종식(六種識)

에 비친 색성향미촉법(色聲香味觸法)을 분별(分別)하고 판단(判斷)하며, 뜻에 따라 결정(決定)하여, 다음 행위(行爲)를 하며, ④제8식(第八識) 능소출입식(能所出入識)은, 정보출입운행식(情報出入運行識)이므로, 일체작용정보업(一切作用情報業)을, 제9식(第九識) 함장식(含藏識)에 저장(貯藏)하며, 또한, 저장(貯藏)되어 있는 지난 업(業)의 기억정보(記憶情報)들을, 제7식(第七識)의 분별작용(分別作用)에 반연작용(攀緣作用)으로 비치며, ⑤제9식(第九識) 함장식(含藏識)은, 지난 세세생생(世世生生)의 일체업(一切業)의 정보(情報)를 무의식(無意識) 심층의 식계(深層意識界)에 저장(貯藏)해 있다. ⑩제10식(第十識)은, 일체초월(一切超越) 절대성(絶對性) 본성(本性)이다.

경·근·식(境·根·識) 18경계체계(十八境界體系)에 6종근(六種根)인, ① 첫째, 안근(眼根)이, 여래정론(如來正論) 소연입식,전개체계(所緣入識, 展開體系)의 기본전개구조(基本展開構造)인, 경·근·식(境·根·識) 18경계(十八境界)의 기본섭리,구성체계(基本攝理,構成體系)에, 안근(眼根)이 있음은, 천지만물(天地萬物)의 다양(多樣)한 물질성질(物質性質)인 색경(色境)의 사물(事物)에, 무의식중(無意識中) 자연반응,섭리작용(自然反應,攝理作用)으로 받아들이는, 안근(眼根)의 작용(作用)이 있기 때문이다. 만약(萬若), 안근(眼根)이 없으면, 천지만물(天地萬物)의 각종(各種) 다양(多樣)한 모든 색계(色界) 사물(事物)의 존재(存在)를 인지(認知)할 수가 없어, 여래정론(如來正論) 제식전개,기본구성,구조(諸識展開,基本構成,構造)의 섭리체계(攝理體系)인, 경·근·식(境·根·識) 18경계체계(十八境界體系)에, 안근(眼根)을 정의정립,체계화(正義正立,體系

化)하였다.

②둘째, 이근(耳根)이, 여래정론(如來正論) 소연입식, 전개체계(所緣入識, 展開體系)의 기본전개구조(基本展開構造)인, 경·근·식(境·根·識) 18경계(十八境界)의 기본섭리, 구성체계(基本攝理, 構成體系)에, 이근(耳根)이 있음은, 다양(多樣)한 물질성질(物質性質)의 각종(各種) 소리[聲]에, 무의식중(無意識中) 자연반응, 섭리작용(自然反應, 攝理作用)으로 받아들이는, 이근(耳根)의 작용(作用)이 있기 때문이다. 만약(萬若), 이근(耳根)이 없으면, 각종(各種) 다양(多樣)한 모든 성계(聲界)의 존재(存在)를 인지(認知)할 수가 없어, 여래정론(如來正論) 제식전개, 기본구성, 구조(諸識展開, 基本構成, 構造)의 섭리체계(攝理體系)인, 경·근·식(境·根·識) 18경계체계(十八境界體系)에, 이근(耳根)을 정의정립, 체계화(正義正立, 體系化)하였다.

③셋째, 비근(鼻根)이, 여래정론(如來正論) 소연입식, 전개체계(所緣入識, 展開體系)의 기본전개구조(基本展開構造)인, 경·근·식(境·根·識) 18경계(十八境界)의 기본섭리, 구성체계(基本攝理, 構成體系)에, 비근(鼻根)이 있음은, 다양(多樣)한 물질성질(物質性質)의 각종(各種) 냄새와 향(香)에, 무의식중(無意識中) 자연반응, 섭리작용(自然反應, 攝理作用)으로 받아들이는, 비근(鼻根)의 작용(作用)이 있기 때문이다. 만약(萬若), 비근(鼻根)이 없으면, 각종(各種) 다양(多樣)한 성질(性質)의 모든 향계(香界)의 존재(存在)를 인지(認知)할 수가 없어, 여래정론(如來正論) 제식전개, 기본구성, 구조(諸識展開, 基本構成, 構造)의 섭리체계(攝理

體系)인, 경·근·식(境·根·識) 18경계체계(十八境界體系)에, 비근(鼻根)을 정의정립,체계화(正義正立,體系化)하였다.

④넷째, 설근(舌根)이, 여래정론(如來正論) 소연입식,전개체계(所緣入識,展開體系)의 기본전개구조(基本展開構造)인, 경·근·식(境·根·識) 18경계(十八境界)의 기본섭리,구성체계(基本攝理,構成體系)에, 설근(舌根)이 있음은, 다양(多樣)한 물질성질(物質性質)의 각종(各種) 맛[味]에, 무의식중(無意識中) 자연반응,섭리작용(自然反應,攝理作用)으로 받아들이는, 설근(舌根)이 있기 때문이다. 만약(萬若), 설근(舌根)이 없으면, 각종(各種) 다양(多樣)한 성질(性質)의 모든 미계(味界)의 존재(存在)를 인지(認知)할 수가 없어, 여래정론(如來正論) 제식전개,기본구성,구조(諸識展開,基本構成,構造)의 섭리체계(攝理體系)인, 경·근·식(境·根·識) 18경계체계(十八境界體系)에, 설근(舌根)을 정의정립,체계화(正義正立,體系化)하였다.

⑤다섯째, 신근(身根)이, 여래정론(如來正論) 소연입식,전개체계(所緣入識,展開體系)의 기본전개구조(基本展開構造)인, 경·근·식(境·根·識) 18경계(十八境界)의 기본섭리,구성체계(基本攝理,構成體系)에, 신근(身根)이 있음은, 다양(多樣)한 물질성질(物質性質)의 각종(各種) 촉감(觸感)에, 무의식중(無意識中) 자연반응,섭리작용(自然反應,攝理作用)으로 받아들이는, 신근(身根)이 있기 때문이다. 만약(萬若), 신근(身根)이 없으면, 각종(各種) 다양(多樣)한 모든 성질(性質)의 촉계(觸界)의 존재(存在)를 인지(認知)할 수가 없어, 여래정론(如來正論) 제

식전개,기본구성,구조(諸識展開,基本構成,構造)의 섭리체계(攝理體系)인, 경·근·식(境·根·識) 18경계체계(十八境界體系)에, 신근(身根)을 정의정립,체계화(正義正立,體系化)하였다.

⑥여섯째, 의근(意根)이, 여래정론(如來正論) 소연입식,전개체계(所緣入識,展開體系)의 기본전개구조(基本展開構造)인, 경·근·식(境·根·識) 18경계(十八境界)의 기본섭리,구성체계(基本攝理,構成體系)에, 의근(意根)이 있음은, 다양(多樣)한 물질(物質)인, 색성향미촉(色聲香味觸)을 받아들이는, 안근(眼根), 이근(耳根), 비근(鼻根), 설근(舌根), 신근(身根)이 있어도, 인지(認知)하거나 받아들이지 못하는, 물질성질(物質性質)과 정신성질(精神性質)과 삶의 각종(各種) 정신작용세계(精神作用世界) 등(等), 다양(多樣)한 일체(一切) 법(法)에, 무의식중(無意識中) 자연반응,섭리작용(自然反應,攝理作用)으로 인지(認知)하여 받아들이는, 의근(意根)이 있기 때문이다. 만약(萬若), 의근(意根)이 없으면, 몸[身]의 감각기능(感覺機能)인 안이비설신근(眼耳鼻舌身根)이 인지(認知)하지도 못하는, 각종(各種) 다양(多樣)한 물질적(物質的), 정신적(精神的), 무한,차별차원,세계(無限,差別次元,世界)의 법(法)을 인지(認知)할 수가 없어, 여래정론(如來正論) 제식전개,기본구성,구조(諸識展開,基本構成,構造)의 섭리체계(攝理體系)인, 경·근·식(境·根·識) 18경계체계(十八境界體系)에, 의근(意根)을 정의정립,체계화(正義正立,體系化)하였다.

●18경계(十八境界)의 6종식(六種識)

 여래정론(如來正論) 소연입식, 전개체계(所緣入識, 展開體系)인 제식 전개, 기본구성, 구조(諸識展開, 基本構成, 構造)의 섭리체계(攝理體系), 경·근·식(境·根·識) 18경계체계(十八境界體系)에, 6종근(六種根)인 안이비설신의근(眼耳鼻舌身意根)이 받아들인 색성향미촉법(色聲香味觸法)에, 무의식중(無意識中) 자연반응, 섭리작용(自然反應, 攝理作用)으로, 색성향미촉법(色聲香味觸法)이 그대로 거울[鏡]처럼 비치는, 안식(眼識), 이식(耳識), 비식(鼻識), 설식(舌識), 신식(身識), 의식(意識)인 6종식(六種識)이 있다.

 ①첫째, 안식(眼識)이, 여래정론(如來正論) 소연입식, 전개체계(所緣入識, 展開體系)의 기본전개구조(基本展開構造)인, 경·근·식(境·根·識) 18경계(十八境界)의 기본섭리, 구성체계(基本攝理, 構成體系)에, 안식(眼識)이 있음은, 안근(眼根)이 받아들인, 각종(各種) 색계(色界) 사물(事物)에, 무의식중(無意識中) 자연반응, 섭리작용(自然反應, 攝理作用)으로, 그대로 거울[鏡]처럼 비치는, 안식(眼識)이 있기 때문이다. 만약(萬若), 안식(眼識)이 없으면, 안근(眼根)이 받아들인 색계(色界)의 각종(各種) 다양(多樣)한 모든 형태(形態)와 사물(事物)을 알 수가 없으므로, 여래정론(如來正論) 제식전개, 기본구성, 구조(諸識展開, 基本構成, 構造)의 섭리체계(攝理體系)인, 경·근·식(境·根·識) 18경계체계(十八境界體系)에, 안식(眼識)을 정의정립, 체계화(正義正立, 體系化)하였다.

②둘째, 이식(耳識)이, 여래정론(如來正論) 소연입식,전개체계(所緣入識,展開體系)의 기본전개구조(基本展開構造)인, 경·근·식(境·根·識) 18경계(十八境界)의 기본섭리,구성체계(基本攝理,構成體系)에, 이식(耳識)이 있음은, 이근(耳根)이 받아들인, 각종(各種) 성계(聲界)에, 무의식중(無意識中) 자연반응,섭리작용(自然反應,攝理作用)으로, 그대로 거울[鏡]처럼 비치는, 이식(耳識)이 있기 때문이다. 만약(萬若), 이식(耳識)이 없으면, 이근(耳根)이 받아들인 각종(各種) 다양(多樣)한 모든 소리[聲]를 알 수가 없으므로, 여래정론(如來正論) 제식전개,기본구성,구조(諸識展開,基本構成,構造)의 섭리체계(攝理體系)인, 경·근·식(境·根·識) 18경계체계(十八境界體系)에, 이식(耳識)을 정의정립,체계화(正義正立,體系化)하였다.

③셋째, 비식(鼻識)이, 여래정론(如來正論) 소연입식,전개체계(所緣入識,展開體系)의 기본전개구조(基本展開構造)인, 경·근·식(境·根·識) 18경계(十八境界)의 기본섭리,구성체계(基本攝理,構成體系)에, 비식(鼻識)이 있음은, 비근(鼻根)이 받아들인, 각종(各種) 향계(香界)의 모든 냄새와 향(香)에, 무의식중(無意識中) 자연반응,섭리작용(自然反應,攝理作用)으로, 그대로 거울[鏡]처럼 비치는, 비식(鼻識)이 있기 때문이다. 만약(萬若), 비식(鼻識)이 없으면, 비근(鼻根)이 받아들인, 각종(各種) 다양(多樣)한 모든 냄새와 향(香)을 알 수가 없으므로, 여래정론(如來正論) 제식전개,기본구성,구조(諸識展開,基本構成,構造)의 섭리체계(攝理體系)인, 경·근·식(境·根·識) 18경계체계(十八境界體系)에, 비식(鼻識)을 정의정립,체계화(正義正立,體系化)하였다.

④넷째, 설식(舌識)이, 여래정론(如來正論) 소연입식, 전개체계(所緣入識, 展開體系)의 기본, 전개구조(基, 本展開構造)인, 경·근·식(境·根·識) 18경계(十八境界)의 기본섭리, 구성체계(基本攝理, 構成體系)에, 설식(舌識)이 있음은, 설근(舌根)이 받아들인 각종(各種) 맛[味]에, 무의식중(無意識中) 자연반응, 섭리작용(自然反應, 攝理作用)으로, 그대로 거울[鏡]처럼 비치는, 설식(舌識)이 있기 때문이다. 만약(萬若), 설식(舌識)이 없으면, 설근(舌根)이 받아들인, 각종(各種) 다양(多樣)한 모든 맛[味]을 알 수가 없으므로, 여래정론(如來正論) 제식전개, 기본구성, 구조(諸識展開, 基本構成, 構造)의 섭리체계(攝理體系)인, 경·근·식(境·根·識) 18경계체계(十八境界體系)에, 설식(舌識)을 정의정립, 체계화(正義正立, 體系化)하였다.

⑤다섯째, 신식(身識)이, 여래정론(如來正論) 소연입식, 전개체계(所緣入識, 展開體系)의 기본전개구조(基本展開構造)인, 경·근·식(境·根·識) 18경계(十八境界)의 기본섭리, 구성체계(基本攝理, 構成體系)에, 신식(身識)이 있음은, 신근(身根)이 받아들인 각종(各種) 형태(形態)의 촉각(觸覺)에, 무의식중(無意識中) 자연반응, 섭리작용(自然反應, 攝理作用)으로, 그대로 거울[鏡]처럼 비치는, 신식(身識)이 있기 때문이다. 만약(萬若), 신식(身識)이 없으면, 각종(各種) 다양(多樣)한 모든 촉각(觸覺)과 감각(感覺)을 알 수가 없으므로, 여래정론(如來正論) 제식전개, 기본구성, 구조(諸識展開, 基本構成, 構造)의 섭리체계(攝理體系)인, 경·근·식(境·根·識) 18경계체계(十八境界體系)에, 신식(身識)을 정의정립, 체계화(正義正立, 體系化)하였다.

⑥여섯째, 의식(意識)이, 여래정론(如來正論) 소연입식,전개체계(所緣入識,展開體系)의 기본전개구조(基本展開構造)인, 경·근·식(境·根·識) 18경계(十八境界)의 기본섭리,구성체계(基本攝理,構成體系)에, 의식(意識)이 있음은, 정신작용(精神作用)이 근(根)인, 의근(意根)으로만 받아들인, 각종(各種) 다양(多樣)한 물질차원(物質次元)과 정신차원(精神次元)의 인지대상(認知對相)인 법(法)에, 무의식중(無意識中) 자연반응, 섭리작용(自然反應,攝理作用)으로, 그대로 거울[鏡]처럼 비치는, 의식(意識)이 있기 때문이다. 의식(意識)이 있으므로, 의근(意根)이 받아들인, 각종(各種) 다양(多樣)한 특성(特性)을 가진 물질(物質)과 정신(精神)에 속한 것이든, 상(相)이 있든 상(相)이 없는 것이든, 유위(有爲)에 속한 것이든 무위(無爲)에 속한 것이든, 감정(感情)에 속한 것이든 사고(思考)에 속한 것이든, 선악(善惡)에 속한 것이든 이념(理念)에 속한 것이든, 사상(思想)에 속한 것이든 철학(哲學)에 속한 것이든, 언어(言語)의 뜻에 속한 것이든 행위(行爲)의 뜻에 속한 것이든, 사회법(社會法)에 속한 것이든 자연법(自然法)에 속한 것이든, 개념(槪念)에 속한 것이든 진리(眞理)에 속한 것이든, 현실(現實)에 속한 것이든 초현실(超現實)에 속한 것이든, 수행(修行)에 속한 것이든 지혜(智慧)에 속한 것이든, 이 모든 무한,차별차원,무한세계(無限,差別次元,無限世界)의 무엇이든, 의근(意根)으로 받아들인 법(法)을, 그대로 거울[鏡]처럼 비치는, 의식(意識)이 있기 때문에 알 수가 있다. 만약(萬若), 의식(意識)이 없으면, 정신작용(精神作用)으로 받아들이는 다양(多樣)한 물질적(物質的) 정신적(精神的) 무한세계(無限世界)의 법(法)을 인지(認知)할 수가 없어, 여래정론(如來正論) 제식

전개, 기본구성, 구조(諸識展開, 基本構成, 構造)의 섭리체계(攝理體系)인, 경·근·식(境·根·識) 18경계체계(十八境界體系)에, 의식(意識)을 정의정립, 체계화(正義正立, 體系化)하였다.

18경계(十八境界)의 유식체계(唯識體系)는, 소연(所緣) 또는, 능연(能緣)의 일체, 무한차별차원, 무한차별세계, 일체(一切, 無限差別次元, 無限差別世界, 一切) 모든 인식대상(認識對相)의 6종경(六種境)인 색성향미촉법(色聲香味觸法)의 다양(多樣)한 세계(世界)와 이를 받아들이는 6종근(六種根)인, 안이비설신의근(眼耳鼻舌身意根)과 6종근(六種根)이 받아들인 일체차별현상(一切差別現象)을 그대로 거울[鏡]처럼 비치는 6종식(六種識)인, 안이비설신의식(眼耳鼻舌身意識)을 기초(基礎)하고, 근거(根據)하며, 바탕[基盤]하여, 제식생기전개(諸識生起展開)의 발생(發生)과 제식전개, 상속작용(諸識展開, 相續作用)의 경·근·식(境·根·識) 18경계체계(十八境界體系)에 대해, 개념(概念)을 정의정립(正義正立)하여 구체화(具體化)하고, 개념정립정론(概念正立正論)으로 체계화(體系化)한, 여래정론(如來正論) 18경계, 제식전개, 자연섭리, 구성체계(十八境界, 諸識展開, 自然攝理, 構成體系)이다. 그러므로, 경·근·식(境·根·識) 18경계, 제식전개, 기본구성, 섭리체계(十八境界, 諸識展開, 基本構成, 攝理體系)는, 6종근(六種根)인 안근(眼根), 이근(耳根), 비근(鼻根), 설근(舌根), 신근(身根), 의근(意根)의 6종근(六種根)으로, 소연(所緣)과 능연(能緣)의 다양(多樣)한 물질적(物質的), 정신적(精神的) 일체(一切) 차별요소(差別要素)들을, 각각(各各) 그 차별성질특성(差別性質特性)에 따라, 색(色), 성(聲), 향(香), 미(味), 촉(觸), 법(法)의 6종차별특성(六種

差別特性)의 일체대상세계(一切對相世界)를 구체화(具體化)로 개념정의
정립(概念正義正立)하여 체계화(體系化)하였다.

　18경계(十八境界)는, 인식세계(認識世界)의 6종차별대상(六種差別對
相) 소연경(所緣境)인 색성향미촉법(色聲香味觸法)과 이를, 받아들이
는 수(受)의 작용(作用)을 하는 소연근(所緣根)인 6종차별근(六種差別
根) 안이비설신의근(眼耳鼻舌身意根)과 6종차별근(六種差別根)이 받아
들인 색성향미촉법(色聲香味觸法)이 그대로 거울[鏡]처럼 비치어 나
타나는 소연식(所緣識)인 안식(眼識), 이식(耳識), 비식(鼻識), 설식(舌
識), 신식(身識), 의식(意識)의 6종차별식(六種差別識)이 연계작용,인
연관계(連繫作用,因緣關係)를 정의정립(正義正立)한, 제식전개,기본
구성,구조(諸識展開,基本構成,構造)의 연계작용,섭리체계(連繫作用,攝
理體系)이다. 6종식(六種識)의 특성(特性)은, ①안식(眼識)은, 각종(各
種) 색(色)의 형태(形態)를, 안근(眼根)으로 받아들인 그대로 거울[鏡]
처럼 비치는 식(識)이 안식(眼識)이다. ②이식(耳識)은, 각종(各種) 소
리[聲]의 형태(形態)를, 이근(耳根)으로 받아들인 그대로 거울[鏡]처
럼 비치는 식(識)이 이식(耳識)이다. ③비식(鼻識)은, 각종(各種) 냄새
와 향(香)의 형태(形態)를, 비근(鼻根)으로 받아들인 그대로 거울[鏡]
처럼 비치는 식(識)이 비식(鼻識)이다. ④설식(舌識)은, 각종(各種) 맛
[味]의 형태(形態)를, 설근(舌根)으로 받아들인 그대로 거울[鏡]처럼
비치는 식(識)이 설식(舌識)이다. ⑤신식(身識)은, 각종(各種) 촉(觸)의
형태(形態)를, 신근(身根)으로 받아들인 그대로 거울[鏡]처럼 비치는
식(識)이 신식(身識)이다. ⑥의식(意識)은, 각종(各種) 법(法)의 형태(形

態)를, 의근(意根)으로 받아들인 그대로 거울[鏡]처럼 비치는 식(識)이 의식(意識)이다.

●경·근·식(境·根·識)의 관계(關係)

색성향미촉법(色聲香味觸法)인 6종경(六種境)과 안이비설신의근(眼耳鼻舌身意根)인 6종근(六種根)과 안이비설신의식(眼耳鼻舌身意識)인 6종식(六種識)의, 경(境)과 근(根)과 식(識)의 관계구조(關係構造)를, 사진기(寫眞機)인 카메라(Camera)에 비유(比喩)하면, ①6종경(六種境)인 색성향미촉법(色聲香味觸法)은, 카메라(Camera) 밖의 대상(對相)인, 서로 다른 성질(性質)의 여섯[六] 종류(種類)의 특성(特性)을 가진, 차별대상(差別對相)이다. ②6종근(六種根)인 안이비설신의근(眼耳鼻舌身意根)의 역할(役割)은, 카메라(Camera) 밖의 각각(各各) 성질(性質)이 다른 여섯[六] 종류(種類)의 차별대상(差別對相)인, 색성향미촉법(色聲香味觸法)의 형태(形態)와 모습을, 그대로 조작(造作) 없이, 대상(對相)을 받아들이는, 수(受)의 작용(作用)을 하는 렌즈(Lens)의 역할(役割)과 같다. ③6종식(六種識)인 안이비설신의식(眼耳鼻舌身意識)의 역할(役割)은, 안근(眼根), 이근(耳根), 비근(鼻根), 설근(舌根), 신근(身根), 의근(意根)인, 각각(各各) 성질(性質)이 다른 여섯[六] 종류(種類)의 차별특성(差別特性)을 가진 렌즈(Lens)를 통해 들어온, 대상(對相) 형태(形態)의 모습이 그대로 거울[鏡]에 비치듯, 그대로 필름(Film)에 현상(現象)이 찍히듯, 또한, 눈[眼]의 수정체(水晶體)를 통해 들어온 현상(現象)이 그대로 눈[眼]의 망막(網膜)에 상(相)이 맺히듯, 그대로 현상(現象)이 비치는 거울[鏡]처럼 눈의 망막(網膜)과 같고, 카메라(Camera)의 필름(Film)과 같은 역할(役割)을 하는 것이 안식(眼識), 이식(耳識), 비식(鼻識), 설식(舌識), 신식(身識), 의식(意識)이다. 그러므로, 6종경(六種境)인 색성향미촉법(色聲香味觸法)은, 외부(外部)의 각종(各種) 차별대상(差別對相)인, 그 형태(形態)와 모습이다. 그리고, 6종근(六種根)인 안이비설신의근(眼耳鼻舌身意根)은, 각각(各各) 성질(性質)이 다른 차별대상(差別對相)을, 그대로 받아들이는 역할(役割)의 기능(器能)이다. 그리고, 6종식(六種識)은, 외부(外部)의 색성향미촉법(色聲香味觸法)의 대상(對相)이 그대로 거울[鏡]에 비치듯, 안이비설신의식(眼耳鼻舌身意識)에 비치어 그대로 나타나는, 마음 인식(認識)의 상(相)으로 전환(轉換)한, 6종식(六種識)의 상(相)이다.

①6종경(六種境)은, 5온(五蘊) 중(中), 색(色)이며, 마음작용[心識作用]의 대상(對相)인 소연경(所緣境)으로, 색성향미촉법(色聲香味觸法)이다. ②6종근(六種根)의 작용(作用)은, 5온(五蘊) 중(中), 수(受)이며, 외부(外部)의 대상(對相)을 받아들이는 작용근(作用根)의 수(受)이다. ③6종식(六種識)은, 5온(五蘊) 중(中), 상(想)이며, 밖[外]의 대상(對相)인 형태(形態)와 모습이 그대로 심상(心相)에 비치어 나타나는, 상(想)이다. ④제7식(第七識) 자아의식(自我意識)의 작용(作用)은, 5온(五蘊) 중(中), 행(行)이며, 이는, 앞의 6종식(六種識)에 비치어 나타난 색성향미촉법(色聲香味觸法)의 현상(現象)을 인지(認知)하여, 분별(分別)하고 판단(判斷)하며, 자기(自己)의 뜻에 따라 결정(決定)하여, 다

음 행(行)을 전개(展開)하는, 역할(役割)을 한다. ⑤제8식(第八識) 능소출입식(能所出入識)과 제9식(第九識) 함장식(含藏識)은, 5온(五蘊) 중(中), 식(識)이며, 이는, 앞의 행(行)에 의해 이루어지는 모든 것을 기억(記憶)하고, 저장(貯藏)하여, 다음 마음작용[心識作用]에, 저장(貯藏)된 지난 정보(情報)의 기억(記憶)들이, 도움 역할(役割)을 하는 식(識)이다.

② 6종경(六種境)

6종경(六種境)은, 소연경(所緣境)의 대경(對境)인 색성향미촉법(色聲香味觸法)이다. 색성향미촉법(色聲香味觸法)을 6경(六境), 또는, 6진(六塵)이라고 한다. 6경(六境)이라고 함은, 마음작용 인지(認知)의 대상(對相)인, 6종대상경계(六種對相境界)이기 때문이다. 또한, 색성향미촉법(色聲香味觸法)을 6진(六塵)이라고 함은, 색성향미촉법(色聲香味觸法)이 티끌[塵]이라는 뜻이다. 이는, 6진(六塵)이, 마음 작용(作用)인, 업(業)의 작용(作用)에 티끌[塵]이 되어, 마음을 혼란(混亂)하게 하고, 마음을 색성향미촉법(色聲香味觸法)에 물들게[染] 하며, 집착심(執着心)을 일어나게 함으로, 본래(本來) 청정(淸淨)한 마음을 장애(障礙)하고 물들게[染] 하는, 업(業)을 생(生)하게 하는 티끌[塵]이기 때문이다.

18경계(十八境界)의 인식(認識)에서, 색성향미촉법(色聲香味觸法)의 6종차별특성(六種差別特性)에 대해, 각각(各各) 개념정의(槪念正義)가 명확(明確)히 정립(正立)이 되어야 한다. 18경계(十八境界)에서, 색성향미촉법(色聲香味觸法)의 6종경(六種境)은, 각각(各各) 그 성질(性質)이 같지 않으며, 서로 다른 성질(性質)의 인식대상(認識對相)이다. 그러므로, 이 6종경(六種境)을 접(接)하는 인지근(認知根)이 서로 다르며, 또한, 이 6종경(六種境)을 받아들이는 근(根)이, 서로 같지를 않다.

①색(色)은, 안근(眼根)만이 인지(認知)할 수 있으며, 안근(眼根)만이 받아들이는 인지대상(認知對相)인, 각종(各種) 모든 형태(形態)와 모양[相]이다. ②성(聲)은, 이근(耳根)만이 인지(認知)할 수 있으며, 이근(耳根)만이 받아들이는 인지대상(認知對相)인, 각종(各種) 모든 소리[聲]이다. ③향(香)은, 비근(鼻根)만이 인지(認知)할 수 있으며, 비근(鼻根)만이 받아들이는 인지대상(認知對相)인, 각종(各種) 모든 냄새와 향(香)이다. ④미(味)는, 설근(舌根)만이 인지(認知)할 수 있으며, 설근(舌根)만이 받아들이는 인지대상(認知對相)인, 각종(各種) 모든 맛[味]이다. ⑤촉(觸)은, 신근(身根)만이 인지(認知)할 수 있으며, 신근(身根)만이 받아들이는 인지대상(認知對相)인, 각종(各種) 모든 촉각(觸覺)이다. ⑥법(法)은, 안근(眼根), 이근(耳根), 비근(鼻根), 설근(舌根), 신근(身根)이 받아들이는 색성향미촉(色聲香味觸), 이외(以外)의 물질적(物質的), 정신적(精神的) 일체대상(一切對相)이다. 이는, 안근(眼根), 이근(耳根), 비근(鼻根), 설근(舌根), 신근(身根)이 있어도,

인지(認知)할 수 없고, 또한, 알 수도 없으며, 그리고 또한, 받아들일 수 없는 성질(性質)의 것으로, 오직, 정신작용(精神作用)이 근(根)인, 의근(意根)이 대상(對相)을 인지(認知)하고 받아들이는 인지대상(認知對相)인, 일체,차별차원,무한세계(一切,差別次元,無限世界)의 일체물질세계(一切物質世界)와 일체정신세계(一切精神世界)의 일체대상(一切對相)이다.

법(法)이라 일컫는 대상(對相)도, 다양(多樣)한 상황(狀況)과 다양(多樣)한 차원(次元)에 따라, 법(法)이라 일컫고 지칭(指稱)하여 드러내는 그 대상(對相)이 같지를 않고, 차별(差別)이 있으며, 또한, 서로 다른 성질(性質)의 것이기도 하다. 법(法)이, 일체총상(一切總相)을 일컬을 때에는, 일체(一切)를 일러, 한 마디로 법(法)으로 규정(規定)한다. 이때의 법(法)은, 심(心)과 물(物)의 일체(一切)를, 법(法)이란 한[一] 언어(言語)로 드러냄이다. 이는, 심외무법(心外無法)이라고 할 때와도 같다. 이 뜻은, 심(心)이 만법(萬法)을 수용(受容)하고 포섭(包攝)한 총상(總相)이기 때문이다.

그러나, 색성향미촉법(色聲香味觸法) 중에 법(法)은, 총체적(總體的) 일체총상(一切總相)을 일컫는 법(法)이 아니다. 이는, 경·근·식(境·根·識) 18경계(十八境界)에서, 색성향미촉법(色聲香味觸法) 중, 법(法)의 특정(特定)한 특별성(特別性)을 가진 개념정의(概念正義)의 별상(別相)을 지칭(指稱)하는 법(法)이다. 이는, 6종경(六種境)의 대상(對相)을 받아들이는 안근(眼根), 이근(耳根), 비근(鼻根), 설근(舌根), 신근(身

根), 의근(意根) 중에, 의근(意根)만이 인지(認知)할 수 있는 특정(特定)한, 별상(別相)의 법(法)을 일컬음이다.

불법(佛法)에서, 총체적(總體的) 일체총상(一切總相)의 법(法)을 둘[二]로 분리(分離)하여 나누면, 색(色)과 심(心)이다. 또한, 법(法)을 다섯[五]으로 분리(分離)하여 나누면, 5온(五蘊)이다. 또한, 법(法)을 18종류(十八種類)로 분리(分離)하여 나누면, 18경계(十八境界)이다. 법(法)을 분리(分離)함이, 색·심(色·心)과 5온(五蘊)과 18경계(十八境界)의 차이점(差異點)은, 색(色)과 심(心)은, 일체(一切)가, 심(心)의 대상(對相)인 색(色)과 그 색(色)을 대(對)하는 심(心)뿐이기 때문이다. 이것이, 제식(諸識)의 작용(作用)이 이루어지는, 제식(諸識) 인연발생(因緣發生)과 전개(展開)의 기본(基本)이다.

5온(五蘊)은, 색성향미촉법(色聲香味觸法)을 총칭(總稱)한 색(色)을 인연(因緣)하여, 심식(心識)의 작용(作用)이 전개(展開)되는 총체계(總體系)를 다섯[五] 과정(過程)으로 나눈 것이다. 18경계(十八境界)는, 5온(五蘊)과 달리, 색(色)을, 색(色)의 성질(性質)에 따라 세분화(細分化)하여 색성향미촉(色聲香味觸)의 5종(五種)으로 나누고, 또한, 안이비설신근(眼耳鼻舌身根)으로는 인식(認識)할 수 없는 색종성(色種性)과 또한, 의근(意根)으로만 인지(認知)할 수 있는 정신인지대상(精神認知對相)을 하나로 묶어 법(法)이라고 하였다. 법(法)은, 색성향미촉(色聲香味觸)과는 다른, 정신작용(精神作用)에 의(依)해 인지(認知)하는 성질(性質)의 요소(要素)로, 정신근(精神根)의 인지대상(認知

對相)을 법경(法境)으로 개념(概念)을 정립(正立)하여, 정의(正義)하였다. 그리하여, 물질적(物質的), 정신적(精神的) 일체존재,차별세계(一切存在,差別世界)를 총체적(總體的)으로 색성향미촉법(色聲香味觸法)의 6종경(六種境)으로 개념(概念)을 분류(分類) 정립(正立)하여, 정의(正義)하였다. 그리고, 색성향미촉법(色聲香味觸法)을 받아들이는 뿌리인 근(根)을, 안근(眼根), 이근(耳根), 비근(鼻根), 설근(舌根), 신근(身根), 의근(意根)의 6종근(六種根)으로 개념(概念)을 분류(分類) 정립(正立)하여, 정의(正義)하였다. 또한, 6종근(六種根)으로 받아들인 6종경(六種境)인, 색성향미촉법(色聲香味觸法)의 모습과 그 형태(形態)를 그대로 거울[鏡]처럼 비치는 심현상식(心現象識)인, 안식(眼識), 이식(耳識), 비식(鼻識), 설식(舌識), 신식(身識), 의식(意識)을, 6종식(六種識)으로 개념(概念)을 분류(分類) 정립(正立)하여, 정의(正義)하였다. 그러므로, 경·근·식(境·根·識) 제식전개,섭리체계(諸識展開,攝理體系)인 소연입식,전개체계(所緣入識,展開體系)를, 18경계,유식체계(十八境界,唯識體係)로 개념(概念)을 정의정립,체계화(正義正立,體系化)하였다.

18경계(十八境界)와 5온(五蘊), 12인연법(十二因緣法)과 다양(多樣)한 제식체계(諸識體系) 등(等)의 차별(差別)은, 논의(論義)의 주제(主題)와 특성(特性), 그리고, 분석적(分析的) 이해(理解)와 논의개념(論義概念) 정의(正義)의 중점(重點)에 따라, 명확(明確)한 개념(概念)과 정의(正義)의 뜻을 드러내고자, 제식전계체계(諸識展開體系)의 논리(論理)와 형태(形態)를, 목적(目的)의 뜻에 맞도록, 다양(多樣)하게 전개(展開)하고 표현(表現)한다. 18경계체계(十八境界體系)는 대경(對境)인 색성향미촉법(色聲香味觸法)에 의한 경·근·식(境·根·識) 제식전개, 기본섭리, 구성체계(諸識展開, 基本攝理, 構成體系)를 정립(正立)하여 정의(正義)하였다. 5온(五蘊)은, 제식, 전개체계(諸識, 展開體系)를 간략(簡略)히 하되, 심식작용, 전개과정(心識作用, 展開過程)에 중점(重點)을 두었다.

①5온(五蘊)의 색(色)은, 18경계(十八境界)의 6종경(六種境)인 색성향미촉법(色聲香味觸法)을 축약(縮約)함이다. ②5온(五蘊)의 수(受)는, 18경계(十八境界)에 안이비설신의근(眼耳鼻舌身意根)인 6종근(六種根)의 수(受)의 작용(作用)이다. ③5온(五蘊)의 상(想)의 뜻은, 마음 위에 상(相)이 비친 모습이다. 이는, 18경계(十八境界)의 안이비설신의식(眼耳鼻舌身意識)인 6종식(六種識)에, 거울[鏡]처럼 비친 색성향미촉법(色聲香味觸法)의 모습이다. 이는, 6종근(六種根)이 받아들인 색성향미촉법(色聲香味觸法)이, 마음 인식(認識)의 상(相)으로 전환(轉換)한 상(相:想)이다. ④5온(五蘊)의 행(行)은, 상(相)의 분별행(分別行)이다. 이는, 앞의 과정(過程)인, 마음에 비친 색성향미촉법(色聲香味觸法)의 상[想:마음 인식(認識)의 전환상(轉換相)]을 분별(分別) 행위(行爲)하는, 제7식(第七識) 자아의식행(自我意識行)이다. 이는, 18경계(十八境界)에는 없는 것이 아니다. 이는, 6종식(六種識)과 함께 7, 8, 9, 제식(諸識)이 함께 연계(連繫)된 중첩작용(重疊作用)이다. ⑤5온(五蘊)의 행(行) 다음 식(識)은, 제8식(第八識) 능소출입식(能所出入識)과 제9식(第九識) 함장식(含藏識)이다. 이는, 제7식(第七識) 행(行)에 의한 앎[認識]과 기억(記憶) 등(等)의 업(業)의 정보(情報)를 저장(貯藏)하고, 또한, 지난 업(業)의 정보(情報)를 인출(引出)하는

제8식(第八識) 능소출입식(能所出入識)과 일체업(一切業)의 정보(情報)를 저장(貯藏)한 제9식(第九識) 함장식(含藏識)이다.

5온(五蘊) 중, 식(識)이, 18경계(十八境界)에는 없는 것이 아니다. 18경계(十八境界)의 작용(作用)에는, 6종식(六種識)과 함께, 7, 8, 9, 제식(諸識)이 더불어 함께, 연계중첩작용(連繫重疊作用)이 이루어진다. 그 까닭[緣由]은, 경·근·식(境·根·識) 18경계체계(十八境界體系)의 작용(作用)이 이루어짐이 곧, 제식(諸識)이 더불어 함께, 연계중첩작용(連繫重疊作用)이 이루어지기 때문이다. 만약, 18경계체계(十八境界體系)에, 6종경(六種境)과 6종근(六種根)과 6종식(六種識)과 제7식(第七識) 자아의식(自我意識)과 제8식(第八識) 능소출입식(能所出入識)과 제9식(第九識) 함장식(含藏識)과 제10식(第十識) 본성(本性)이, 더불어 함께 연계중첩작용(連繫重疊作用)을 하지 않으면, 소연경·근·식·섭리체계(所緣境·根·識·攝理體系)인 18경계체계(十八境界體系)의 작용(作用)이 이루어질 수가 없다.

그러므로, 18경계체계(十八境界體系)는 소연경·근·식·섭리체계(所緣境·根·識·攝理體系)이므로, 제7식(第七識) 자아의식(自我意識)과 제8식(第八識) 능소출입식(能所出入識)과 제9식(第九識) 함장식(含藏識)과 제10식(第十識) 본성(本性)을 드러내지 않았어도, 18경계체계(十八境界體系)에는, 제7식(第七識) 자아의식(自我意識)과 제8식(第八識) 능소출입식(能所出入識)과 제9식(第九識) 함장식(含藏識)과 제10식(第十識) 본성(本性)이 더불어 함께 있음이다. 그 까닭 연유(緣由)는, 소연입식,전계체계(所緣入識,展開體系)인 18경계작용(十八境界作用)에, 능연출식,전개작용(能緣出識,展開作用)인 12인연법(十二因緣法)이, 더불어 같이 원융작용(圓融作用)을 하기 때문이다. 다만, 18경계체계(十八境界體系)는, 소연경·근·식·섭리체계(所緣境·根·識·攝理體系)이므로, 소연경·근·식·섭리체계(所緣境·根·識·攝理體系)를 중시(重視)한 제식전개섭리체계(諸識展開攝理體系)이니, 제7식(第七識)과 제8식(第八識)과 제9식(第九識)과 제10식(第十識)이, 18경계체계(十八境界體系)에 드러나지 않았어도, 18경계체계(十八境界體系)의 작용(作用)이 이루어짐이, 능연작용식(能緣作用識)인 제7식(第七識)과 제8식(第八識)과 제9식(第九識)과 제10식(第十識)이 함께 연계중첩작용(連繫重疊作用)을 하고 있기 때문이다.

그리고, 5온(五蘊) 또한, 이와 마찬가지이다. 5온(五蘊)의 논리체계(論理體系)는, 심식,전개작용,과정(心識,展開作用,過程)을 중시(重視)하였으므로, 심식,전개작용,과정(心識,展開作用,過程)을 수·상·행·식(受·想·行·識), 네[四] 단계(段階)의 심식,전개작용,과정(心識,展開作用,過程)으로 드러내었어도, 심식작용(心識作用)의 인지대상(認知對相)을 축약(縮約)하여 색(色)이라 하였다. 그러나, 이 색(色)에는, 색성향미촉법(色聲香味觸法)의 6종경(六種境)이 더불어 함께 있음이다. 왜냐하면, 5온(五蘊)의 수·상·행·식(受·想·行·識)의 대상(對相)인 색(色)은, 곧, 색성향미촉법(色聲香味觸法)의 6종경(六種境)을 축약(縮約)한 것이기 때문이다. 5온(五蘊), 18경계(十八境界), 12인연법(十二因緣法) 등(等)은, 식(識)의 전개공식(展開公式)이며, 원리(原理)이며, 섭리(攝理)

이며, 법칙(法則)이므로, 식(識)의 공식체계(公式體系)나, 원리체계(原理體系)나, 섭리체계(攝理體系)나, 법칙체계(法則體系)가 무엇을, 중점(重點)으로 하고, 무엇을 중시(重視)하느냐의 논의전개(論義展開) 목적(目的)에 따라, 똑 같은 하나의 과제(課題)이어도, 개념정의(槪念正義)의 다양(多樣)한 관점(觀點)과 개념특성(槪念特性)에 따라, 논점주제(論點主題)와 특성(特性)을 드러내는 논제전개과정(論題展開過程)이 다르다. 그러므로, 개념정의(槪念正義)를 명확(明確)하고 분명(分明)하며, 확실(確實)히 드러내기 위해, 식(識)의 다양(多樣)한 공식체계(公式體系)로, 논의(論義)의 명제(命題)에 따라, 더욱 다양(多樣)한 지혜(智慧)의 분별(分別)로, 그 명제(命題)를 꿰뚫은 확실(確實)한 개념정의(槪念正義)를, 분명(分明)하고 명확(明確)히 하고자, 다양(多樣)한 제식작용(諸識作用)의 공식체계(公式體系)를 도출(導出)하여, 개념정의(槪念正義)에 대한 이해(理解)가 명확(明確)하도록, 그에 충족(充足)하거나 적절(適切)한 지혜(智慧)를 도모(圖謀)하게 된다.

그리고, 색(色)과 심(心)의 총체적(總體的) 총상(總相)을 일러, 한 글자로 법(法)이라고 한다. 이 법(法)을, 색(色)과 심(心)의 이법(二法)으로도 전개(展開)하고, 색(色)과 심(心)의 일체(一切)를, 법(法)의 상황(狀況)과 특성(特性)에 따라, 5온(五蘊)의 체계(體系)로도, 또는, 18경계(十八境界)의 섭리(攝理)로도, 또는, 12인연법(十二因緣法)으로도 전개(展開)하게 된다. 그러므로, ①5온(五蘊)의 색(色)에, 18경계(十八境界)의 색성향미촉법(色聲香味觸法)을 모두 드러내지 않았어도, 5온(五蘊)의 색(色)에는, 색성향미촉법(色聲香味觸法)의 6종경(六種境)이 더불어 함께 있다. 또한, ②5온(五蘊)의 수(受)에, 18경계(十八境界)의 안이비설신의근(眼耳鼻舌身意根)이 없어도, 그 속에는 18경계(十八境界)의 안이비설신의근(眼耳鼻舌身意根)인 6종근(六種根)이 더불어 함께 있다. ③5온(五蘊)의 상(想)에, 18경계(十八境界)의 안이비설신의식(眼耳鼻舌身意識)이 드러나지 않아도, 5온(五蘊)의 상(想)에는, 18경계(十八境界)의 안이비설신의식(眼耳鼻舌身意識)인 6종식(六種識)이 더불어 함께 있다. 왜냐하면, 5온(五蘊), 그 자체(自體)가 곧, 색(色)과 심(心)의 일체법(一切法)의 총체적(總體的) 총상세계(總相世界)이기 때문이다. 그처럼, 18경계(十八境界)에, 5온(五蘊)의 행(行)과 식(識)이 보이지 않아도, 18경계체계(十八境界體系) 속에, 5온(五蘊)의 행(行)과 식(識)이 더불어 함께 있다. 왜냐하면, 18경계체계(十八境界體系), 그 자체(自體)가 곧, 색(色)과 심(心)의 일체법(一切法)의 총체적(總體的) 총상세계(總相世界)이기 때문이다.

그러나, 5온(五蘊)과 18경계(十八境界)가 서로 다른 차이점(差異點)은, 법(法)을 드러내는 특성(特性)의 전개형태(展開形態)가 다를 뿐이다. 그러므로, 법(法)을 드러내는, 전개(展開) 상황(狀況)의 특성(特性)에 따라, 총체적(總體的) 일체총상(一切總相)을 단(但), 한 글자[一句] 법(法)으로, 일체(一切), 총체적(總體的) 총상(總相)을 드러내기도 하며, 또한 상황(狀況)에 따라 색(色)과 심(心)의 둘[二]로 구분(區分)하여 드러내기도 하며, 또는, 총체적(總體的) 총상(總相)을, 5온(五蘊)의 별상(別相)으로 나누어 드러내기도 하고, 또한, 18경계(十八境界)의 경·근·식(境·根·識) 체계(體系)의 각각(各各) 연계별상(連繫別相)으로, 전개체계(展開體系)를 세밀(細密)히 나누어, 전개상속체계(展開相續體系)로 드러내기도 한다. 이렇게 하는 까닭[緣由]은, 논의(論義)의 개념(概念)과 정의(正義)의 차별특성(差別特性)에 따라, 또는, 법(法)의 전개(展開) 상황(狀況)에 따라, 또는, 지혜차별(智慧差別)의 상황(狀況)에 따라, 또는, 법(法)의 분별(分別)의 상황(狀況)에 따라, 또는, 법(法)의 인연(因緣)과 인과(因果)의 상황(狀況)에 따라, 또는, 법(法)을 전개(展開)하는 인연사(因緣事)에 따라, 법(法)을 드러내는 그 상황(狀況)과 인연(因緣)이 차별(差別)이 있고, 또한, 서로 같을 수가 없기 때문이다.

그러므로, 5온(五蘊)은, 심(心)의 작용(作用) 전개과정(展開過程)을 나누어 살폈으며, 그리고, 18경계(十八境界)는, 대경(對境)의 대상(對相)인 색성향미촉법(色聲香味觸法)의 차별성질(差別性質)의 특성(特性)에 따라, 또는, 안이비설신의근(眼耳鼻舌身意根)인 6종근(六種根)의 차별특성(差別特性)에 따라, 또는, 제식(諸識)이 전개(展開)되는 차별성(差別性)의 관계(關係)와 구성체계(構成體系)를 따라 드러냄이다. 그러므로, 경·근·식(境·根·識) 18경계체계(十八境界體系)는, 대경(對境)인 색성향미촉법(色聲香味觸法)과 안이비설신의근(眼耳鼻舌身意根)을 인연(因緣)하여 전개(展開)되는, 경·근·식(境·根·識) 제식전개, 섭리체계, 상속과정(諸識展開, 攝理體系, 相續過程)의 기본구성구조(基本構成構造)의 자연섭리체계(自然攝理體系)를, 여래불지혜(如來佛智慧)로 정립(正立)하여, 18경계체계(十八境界體系)로 정의(正義)한 것이다.

●6종무성(六種無性)

6종경(六種境)에는, 6종무성(六種無性)이 있다. 6종무성(六種無性)을 왜? 언급(言及)하느냐 하면, 6종무성(六種無性)은 지혜(智慧)가 아니기 때문이다. 6종무성(六種無性)은, 유무(有無)에 속한 유위상(有爲相)의 성질(性質)이다. 6종무성(六種無性)은, 색성향미촉법(色聲香味觸法)이 없는, 6종차별무성(六種差別無性)이다.

①안근(眼根)의 인지대상(認知對相)인, 색(色)이 없는 색무성(色無性)은 단지(但只), 유(有)의 색(色)이 없을 뿐, 없는 상태(狀態)가 있으니, 이는, 상(相)이며, 이는, 색견(色見)으로부터 인연(因緣)한 것이므로, 색(色)이 없어도, 이 또한 색견상(色見相)이며, 색무견상(色無見相)이다.

②이근(耳根)의 인지대상(認知對相)인, 소리[聲]가 없는 성무성(聲無性)은 단지(但只), 유(有)의 소리[聲]가 없을 뿐, 없는 상태(狀態)가 있으니, 이는, 상(相)이며, 이는, 성견(聲見)으로부터 인연(因緣)한 것이므로, 성(聲)이 없어도, 이 또한 성견상(聲見相)이며, 성무견상(聲無見相)이다.

③비근(鼻根)의 인지대상(認知對相)인, 향(香)이 없는 향무성(香無性)은 단지(但只), 유(有)의 향(香)이 없을 뿐, 없는 상태(狀態)가 있으니, 이는, 상(相)이며, 이는, 향견(香見)으로부터 인연(因緣)한 것이므로, 향(香)이 없어도, 이 또한 향견상(香見相)이며, 향무견상(香無見相)이다.

④설근(舌根)의 인지대상(認知對相)인, 맛[味]이 없는 미무성(味無

性)은 단지(但只), 유(有)의 미(味)가 없을 뿐, 없는 상태(狀態)가 있으니, 이는, 상(相)이며, 이는, 미견(味見)으로부터 인연(因緣)한 것이므로, 미(味)가 없어도, 이 또한 미견상(味見相)이며, 미무견상(味無見相)이다.

⑤신근(身根)의 인지대상(認知對相)인, 촉(觸)이 없는 촉무성(觸無性)은 단지(但只), 유(有)의 촉(觸)이 없을 뿐, 없는 상태(狀態)가 있으니, 이는, 상(相)이며, 이는, 촉견(觸見)으로부터 인연(因緣)한 것이므로, 촉(觸)이 없어도, 이 또한 촉견상(觸見相)이며, 촉무견상(觸無見相)이다.

⑥의근(意根)의 인지대상(認知對相)인, 법(法)이 없는 법무성(法無性)은 단지(但只), 유(有)의 법(法)이 없을 뿐, 없는 상태(狀態)가 있으니, 이는, 상(相)이며, 이는, 법견(法見)으로부터 인연(因緣)한 것이므로, 법(法)이 없어도, 이 또한 법견상(法見相)이며, 법무견상(法無見相)이다.

이 6종무성(六種無性)은, 무성(無性)의 언어(言語)는 같으나, 무성(無性)의 성질(性質)과 인연상(因緣相)이 각각(各各) 다른, 6종차별무성(六種差別無性)이다. 이 6종무성(六種無性)은, 없는 상태(狀態)이나, 이 없는 상태(狀態)가 진리(眞理)도, 지혜(智慧)도 아닌, 무견상(無見相)이다. 6종무성(六種無性)은 단지(但只), 유무상(有無相)이며, 유무견(有無見)이며, 유무상심상견(有無相心相見)이니, 6종차별무성(六種差別無性)이 끊어져 멸(滅)해야, 지혜(智慧)를 발(發)한다. 진리(眞理)와 지혜(智慧)와 성품(性品)과 본성(本性)과 불성(佛性)은, 유(有)에도 무(無)에도 속한 것이 아니다. 그리고, 유무(有無) 없는 공(空)에도 속한 것이 아니다. 유(有)와 무(無), 그리고, 공(空) 또한, 분별심(分別心)이다. 왜냐하면, 그 또한, 상심(相心)에 의한 상견(相見)이기 때문이다.

③ 6종근(六種根)

6종근(六種根)이란, 일체(一切) 인식(認識)의 대상(對相)인, 색성향미촉법(色聲香味觸法)을 받아들이는 수(受)의 작용근(作用根)으로, ① 각종(各種) 사물(事物)을 받아들이는 수(受)의 작용근(作用根)인 안근(眼根)과 ②각종(各種) 소리[聲]를 받아들이는 수(受)의 작용근(作用根)인 이근(耳根)과 ③각종(各種) 냄새[香]를 받아들이는 수(受)의 작용근(作用根)인 비근(鼻根)과 ④각종(各種) 맛[味]을 받아들이는 수(受)의 작용근(作用根)인 설근(舌根)과 ⑤각종(各種) 촉각(觸覺)을 받아들이는 수(受)의 작용근(作用根)인 신근(身根)과 ⑥각종(各種) 정신인지(精神認知)의 대상(對相)을 받아들이는 수(受)의 작용근(作用根)인 의근(意根)인, 이 모두가, 물질적(物質的) 정신적(精神的), 모든 대상(對相)을 받아들이는, 6종근(六種根)이다.

①안근(眼根)은, 눈[眼]의 인지(認知)의 대상(對相)인, 모든 물질적(物質的) 색깔[色]과 형태(形態)의 대상(對相)을 받아들이는 근(根)으

로, 각종(各種) 색깔[色]과 여러 형태(形態)의 모양과 그리고, 각종 변화(變化)와 작용(作用)과 유무(有無)와 생멸(生滅)의 여러 상황(狀況)과 상태(狀態)를 받아들이는 수(受)의 근(根)이다.

②이근(耳根)은, 귀[耳]의 인지(認知)의 대상(對相)인, 모든 소리[聲]의 형태(形態)를 받아들이는 근(根)으로, 각종(各種) 소리[聲]의 형태(形態)와 각종(各種) 변화(變化)와 작용(作用)과 그리고, 소리[聲]의 유무(有無)와 생멸(生滅)의 여러 상황(狀況)과 상태(狀態)를 받아들이는 수(受)의 근(根)이다.

③비근(鼻根)은, 코[鼻]의 인지(認知)의 대상(對相)인, 모든 냄새와 향(香)을 받아들이는 근(根)으로, 각종(各種) 냄새와 향(香)의 여러 변화(變化)와 작용(作用)과 그리고, 냄새와 향(香)의 유무(有無)와 생멸(生滅) 등(等), 여러 상황(狀況)과 상태(狀態)를 받아들이는 수(受)의 근(根)이다.

④설근(舌根)은, 혀[舌]의 인지(認知)의 대상(對相)인, 모든 맛[味]을 받아들이는 인지근(認知根)으로, 각종(各種) 맛[味]의 여러 형태(形態)의 종류(種類)와 그 변화(變化)와 작용(作用)과 그리고, 맛[味]의 유무(有無)와 생멸(生滅)의 여러 상황(狀況)과 상태(狀態)를 받아들이는 수(受)의 근(根)이다.

⑤신근(身根)은, 몸[身]의 인지(認知)의 대상(對相)인, 각종(各種) 다양(多樣)한, 모든 촉각(觸覺)을 받아들이는 인지근(認知根)으로, 각종(各種) 촉각(觸覺)의 여러 형태(形態)의 종류(種類)와 그 변화(變化)와 작용(作用)과 그리고, 유무(有無)와 생멸(生滅)의 여러 상황(狀況)과 상태(狀態)를 받아들이는 수(受)의 근(根)이다.

⑥의근(意根)은, 정신작용(精神作用)이 근(根)이 되어, 대상(對相)을 인지(認知)하고 받아들이는 수(受)의 근(根)이다. 이는, 안이비설신근(眼耳鼻舌身根)으로는 인지(認知)할 수 없는, 물질적(物質的), 정신적(精神的)인 각종(各種) 다양(多樣)한 차별차원(差別次元) 대상(對相)인 법(法)을 받아들이는 수(受)의 근(根)이다.

이 의근(意根)은, 정신작용(精神作用)이 대상인지(對相認知)의 근(根)이 되어, 다양(多樣)한 인지대상(認知對相)인, 법(法)을 받아들이는, 정신작용(精神作用)이 의근(意根)이다. 의근(意根)의 인지(認知) 대상(對相)인 법(法)에는, 안이비설신(眼耳鼻舌身)으로는 인지(認知)할 수 없는, 정신작용(精神作用)이 근(根)이 되어 인지(認知)하는 물질적(物質的), 정신적(精神的) 일체대상(一切對相)을 받아들이는 근(根)의 정신작용(精神作用)이다. 의근(意根)의 대상(對相)인 물질적대상(物質的對相)이란, 몸[身]의 안이비설신근(眼耳鼻舌身根)으로는 인지(認知)할 수 없는, 오직, 정신작용(精神作用)이 근(根)이 되어 인지(認知)할 수 있는 생각[念], 기억(記憶), 상상(想像), 추억(追憶) 등(等), 일체상념작용(一切想念作用)에 의한 현상(現象)과 꿈[夢]에 의한 일체현상(一切現象)과 정신작용(精神作用)으로 받아들이는 극미세물질성(極微細物質性)과 또한, 관행력(觀行力)으로 알 수 있는 물질성(物質性)과 또한, 수행(修行)에 의해 깨닫는 물질세계(物質世界)와 육안(肉眼)으로는 알 수 없는 영적물질성(靈的物質性)과 수행현상(修行現象)으로 나타나는 각종(各種) 경계현상(境界現象)과 또한, 다른 차별차원(差別次元)을 인식(認識)하는 정신감각(精神感覺)의 초월현상계(超越現象界)

등(等)이다.

또한, 의근(意根)의 인지(認知) 대상(對相)인 법(法) 중에는, 정신작용(精神作用)으로 알 수 있는 정신적대상(精神的對相)이 있다. 이는, 안이비설신근(眼耳鼻舌身根)으로는 알 수 없는 의식작용(意識作用)으로 인지(認知)하는, 각종(各種) 생각[念]과 사고(思考), 감정(感情) 등(等)의 의식작용(意識作用)이다. 그리고, 마음작용의 다양(多樣)한 감정(感情)에 속한 사랑, 기쁨, 행복(幸福), 슬픔, 괴로움, 아픔, 그리움, 연민(憐憫) 등(等)이다.

또한, 의근(意根)의 인지(認知) 대상(對相)인 법(法) 중에는, 정신작용(精神作用)으로 알 수 있는 다양(多樣)한 이해(理解)의 세계(世界)가 있다. 이는, 다양(多樣)한 언어(言語)의 이해(理解), 다양(多樣)한 사회법(社會法), 그리고 각종(各種) 규범(規範) 등(等), 그리고, 선악(善惡)의 세계(世界), 각종(各種) 이치(理致), 다양(多樣)한 개념(槪念), 각종(各種) 진리(眞理), 각종(各種) 다양(多樣)한 사상(思想)과 이념(理念), 그리고, 다양(多樣)한 예법(禮法), 각종(各種) 종교(宗敎), 각종(各種) 삶의 문화(文化) 등(等)이다.

또한, 의근(意根)의 인지(認知) 대상(對相)인 법(法) 중에는, 정신작용(精神作用)으로 알 수 있는 수행(修行)과 지혜(智慧)의 세계(世界), 그리고, 깨달음의 세계(世界), 관행(觀行)의 세계(世界), 지혜세계(智慧世界)인 공(空), 반야(般若), 바라밀(波羅蜜), 진여(眞如), 열반(涅槃),

보리(菩提), 불성(佛性), 다양(多樣)한 각종 수행(修行)과 정신적세계(精神的世界)의 이해(理解) 등(等), 정신작용(精神作用)으로만 인지(認知)하는, 정신적(精神的) 상황(狀況)의 모두를 받아들이는 정신작용(精神作用)이 근(根)인 의근(意根)에 의한 일체(一切) 인식대상(認識對相)이 법(法)이다. 의근(意根)은, 정신작용(精神作用) 자체(自體)가 곧, 대상(對相)을 인지(認知)하는 근(根)이며, 정신작용(精神作用)으로 인지(認知)하는 그것이 무엇이든, 일체(一切)가, 이 법(法)에 속(屬)한다. 의근(意根)은 정신작용(精神作用)이므로, 정신(精神)과 지혜(智慧) 열림의 차별차원(差別次元)에 따라, 의근작용(意根作用)의 차원(次元)이 달라진다.

포괄적(包括的)으로 법(法)이란, 무엇이든 인식(認識)되거나, 지칭(指稱)할 것이 있거나, 무엇이든 지칭(指稱)하는 그 대상(對相)이 곧, 법(法)이다. 이것은 곧, 인지(認知), 또는, 인식(認識)하는 대상(對相)이며, 정(定)해보는 것이 있으며, 또한, 이것에 의해 마음작용[心識作用]이 일어나니, 이것을 일러, 법(法)이라고 한다. 무엇이든, 인식대상(認識對相)을 법(法)이라고 함은, 그것이 유형(有形)이든 무형(無形)이든, 물질적(物質的)이든 정신적(精神的)이든, 그것이라 일컬을 바가 있는 그 자체(自體)가 곧, 법(法)이다. 왜냐하면, 인지(認知)와 인식(認識)의 대상(對相)이기 때문이며, 그것이 마음작용[心識作用]의 원인(原因)이기 때문이다. 실제(實際) 존재(存在)하지 않는 것이어도, 마음작용[心識作用]의 원인(原因)이 되면, 그것으로 인(因)하여 마음작용[心識作用]의 원인(原因)이 됨으로, 그것 또한, 법(法)이다. 그러므로, 마음작용[心識作用]에는, 실제(實際)와 실제(實際) 아님이 차별(差別)이 없다.

　법(法)이라고 함은, 정신(精神)과 의식작용(意識作用)에서는, 무한(無限) 포괄성(包括性)을 가지고 있다. 생각[念]을 일으키게 하는 그 자체(自體)가 무엇이든, 법(法)이다. 왜냐하면 그것은, 어떤 인연(因緣)의 작용(作用)이 일어나는 원인(原因)이기 때문이다. 꿈[夢] 속이든, 기억(記憶)이든, 상념작용(想念作用)이든, 상상(想像)이든, 추상(推想)이든, 그 대상(對相) 일체(一切)가, 실제(實際)가 아니며, 또한, 사실(事實)이 아니어도, 마음작용[心識作用]인 상념(想念)과 정신(精神)과 의식(意識)의 대상(對相)에 속(屬)함으로, 법(法)에 속(屬)한다. 법(法)이란, 물질적(物質的)이든 정신적(精神的)이든, 상념(想念)이든, 상상(想像)이든, 이념(理念)이든 사상(思想)이든, 철학(哲學)이든 관념(觀念)이든, 그것이 무엇이든, 일체(一切)가, 인식(認識)의 대상(對相)이 됨으로, 곧, 법(法)에 속(屬)한다. 그러므로, 색성향미촉법(色聲香味觸法) 중에, 의근(意根)의 인지(認知) 대상(對相)인 법(法)은, 물질적(物質的) 정신적(精神的), 무한세계(無限世界) 무한차원(無限次元)의 무한포괄성(無限包括性)으로, 일체무한세계(一切無限世界)를 총섭총지(總攝總持)한다. 그러므로, 색성향미촉법(色聲香味觸法) 중, 법(法)의 영역(領域)은, 사실(事實) 헤아려 알 수 없는 불가사의,무한세계,무한차원,일체총섭,총지세계(不可思議,無限世界,無限次元,一切總攝,總持世界)이다. 그러므로, 색성향미촉(色聲香味觸)의 세계(世界)보다, 법(法)의 영역(領域)은, 무한포괄성(無限包括性)을 가진, 무한,불가사의,무한차원,무한세계(無限,不可思議,無限次元,無限世界)이다.

그런데, 대승유식론(大乘唯識論)에서는, 색성향미촉법(色聲香味觸法) 중에, 이 법(法)에 대한 개념정의정립(槪念正義正立)과 또한, 의근(意根)과 의식(意識)에 대한 개념정의정립(槪念正義正立)의 여래정립, 정론체계(如來正立,正論體系)에 대한 명확(明確)한 개념정의(槪念正義)를, 심도(深度) 있게 이해(理解)하지를 못하였다. 그러므로, 경·근·식(境·根·識) 18경계체계(十八境界體系)의 개념정의정립(槪念正義正立)을 바르게 이해(理解)하거나 깨닫지 못해, 경·근·식(境·根·識) 18경계체계(十八境界體系)를 왜곡변형파괴(歪曲變形破壞)하여, 대승유식론(大乘唯識論)의 비정상적(非正常的)인 전5식체계(前五識體系)로 왜곡변형(歪曲變形)함으로, 18경계체계(十八境界體系)의 법(法)과 의근(意根)과 의식(意識)의 본래역할(本來役割)이 완전(完全)히 상실(喪失) 되었다.

이는, 여래정의,정립정론(如來正義,正立正論)의 소연입식, 전개체계(所緣入識,展開體系)인, 경·근·식(境·根·識) 18경계체계(十八境界體系)를, 대승유식론사(大乘唯識論師)인 무착보살(無着菩薩)이, 경·근·식(境·根·識) 18경계체계(十八境界體系)를, 대승유식론(大乘唯識論)의 유식체계(唯識體係)인, 전5식체계(前五識體系)로 왜곡변형(歪曲變形)함이 곧, 경·근·식(境·根·識) 18경계체계(十八境界體系)를 변형파괴(變形破壞)하는 결과(結果)가 되었다. 그러므로, 대승유식론사(大乘唯識論師)들은, 경·근·식(境·根·識) 18경계체계(十八境界體系)에서의 법(法)과 의근(意根)과 의식(意識)의 본래역할(本來役割), 그 개념정의(槪念正義)가 무

엇인지를, 명확(明確)히 깨닫지를 못했다. 왜냐하면, 여래정론, 정의
정립(如來正論, 正義正立) 소연입식, 전개체계(所緣入識, 展開體系)인, 경·
근·식(境·根·識) 18경계체계(十八境界體系)의 개념정의정립(概念正義正
立)에 대해, 바른 이해(理解)가 되지 않았기 때문이다.

　대승유식론사(大乘唯識論師)들이, 만약(萬若), 여래정론(如來正論)
경·근·식(境·根·識) 18경계체계(十八境界體系)에 대한, 개념정의정립(概
念正義正立)이 명확(明確)히 되었더라면, 경·근·식(境·根·識) 18경계체
계(十八境界體系)를 더욱, 발전(發展) 시켰을 것이다. 그러나, 대승유
식론사(大乘唯識論師)들은, 여래정론, 정의정립(如來正論, 正義正立) 소
연입식, 전개체계(所緣入識, 展開體系)인 경·근·식(境·根·識) 18경계체계
(十八境界體系)에 대해, 개념정의정립(概念正義正立)을 명확(明確)히 이
해(理解)하지 못해, 18경계체계(十八境界體系)에서 법(法)과 의근(意
根)과 의식(意識)의 본래역할(本來役割)이 왜곡변형(歪曲變形)된, 비정
상적(非正常的)인 전5식체계(前五識體系)로 만들어, 여래정론, 정의정
립(如來正論, 正義正立) 경·근·식(境·根·識) 18경계체계(十八境界體系)를,
왜곡변형파괴(歪曲變形破壞)하였다. 이는, 이에 대한 실증지혜(實證
智慧)가 없는 지혜미완(智慧未完)으로, 여래정론, 정의정립(如來正論,
正義正立) 소연입식, 전개체계(所緣入識, 展開體系)인 경·근·식(境·根·識)
18경계체계(十八境界體系)를, 왜곡변형(歪曲變形)하여 파괴(破壞)하는
과오(過誤)를 범(犯)하였다. 그것 때문에, 대승유식론(大乘唯識論) 중
에, 사실(事實)과 다른 왜곡(歪曲)된 지견오류(知見誤謬)의 부분(部分)
이 있어도, 아직도, 바르게 정정(訂正)이나 개선(改善)이 되지 않고,

천년(千年) 세월(歲月)이 훌쩍 넘은 지금(只今)도, 대승유식론(大乘唯識論)의 오류(誤謬)와 왜곡(歪曲)된 부분(部分)이 있어도, 그 왜곡변형(歪曲變形)된 오류(誤謬)의 유식론(唯識論)에, 의심(疑心) 없는 믿음[信]을 가진 후학(後學)들의 배움[學]의 안목(眼目)과 지혜(智慧)를, 왜곡(歪曲)되게 하고 있다.

④ 6종식(六種識)

6종식(六種識)은, 소연6종경(所緣六種境)인 색성향미촉법(色聲香味觸法)을, 소연6종근(所緣六種根)인 안이비설신의근(眼耳鼻舌身意根)이 받아들인 그대로, 거울[鏡]처럼 비치어 나타난 소연6종식(所緣六種識)인, 안식(眼識), 이식(耳識), 비식(鼻識), 설식(舌識), 신식(身識), 의식(意識)이다.

①안식(眼識)은, 안근(眼根)의 인지(認知) 대상(對相)인 색(色)을 받아들이는 수(受)의 작용(作用)으로, 색(色)이 그대로 거울[鏡]처럼 비치는 식(識)이 안식(眼識)이다. ②이식(耳識)은, 이근(耳根)의 인지(認知) 대상(對相)인 소리[聲]를 받아들이는 수(受)의 작용(作用)으로, 소리[聲]가 그대로 거울[鏡]처럼 비치는 식(識)이 이식(耳識)이다. ③비식(鼻識)은, 비근(鼻根)의 인지(認知) 대상(對相)인 냄새와 향(香)을 받

아들이는 수(受)의 작용(作用)으로, 냄새와 향(香)이 그대로 거울[鏡]처럼 비치는 식(識)이 비식(鼻識)이다. ④설식(舌識)은, 설근(舌根)의 인지(認知) 대상(對相)인 맛[味]을 받아들이는 수(受)의 작용(作用)으로, 맛[味]이 그대로 거울[鏡]처럼 비치는 식(識)이 설식(舌識)이다. ⑤신식(身識)은, 신근(身根)의 인지(認知) 대상(對相)인 촉(觸)을 받아들이는 수(受)의 작용(作用)으로, 촉(觸)이 그대로 거울[鏡]처럼 비치는 식(識)이 신식(身識)이다. ⑥의식(意識)은, 의근(意根)의 인지(認知) 대상(對相)인 법(法)을 받아들이는 수(受)의 작용(作用)으로, 법(法)이 그대로 거울[鏡]처럼 비치는 식(識)이 의식(意識)이다. 그러므로, 6종근(六種根)인, 안근(眼根), 이근(耳根), 비근(鼻根), 설근(舌根), 신근(身根), 의근(意根)은, 6종경(六種境)인 색성향미촉법(色聲香味觸法)을 받아들이는 수(受)의 작용식(作用識)이다. 6종식(六種識)은, 색성향미촉법(色聲香味觸法)을 받아들이는 6종근(六種根)의 수(受)의 작용(作用)으로, 색성향미촉법(色聲香味觸法)의 형태(形態)가 그대로 거울[鏡]처럼, 마음에 비치는, 심현상식(心現象識)이다.

6종식(六種識)의 현상(現象)은, 6종근(六種根)이 받아들인 각각(各各) 성질(性質)이 다른 색성향미촉법(色聲香味觸法)이, 그대로 6종식(六種識)에 비치어 나타나는 현상(現象)이다. 그러므로, 6종식(六種識)은, 6종근(六種根)이 받아들인 색성향미촉법(色聲香味觸法)의 대상(對相)이, 그대로 거울[鏡]처럼 비치는, 마음 인식(認識)의 심상(心相)으로 전환(轉換)된, 색성향미촉법(色聲香味觸法)의 심현상식(心現象識)이다. 이 상태(狀態)를 5온(五蘊)에서는 ①색(色)을 ②수(受)하여, 심

(心)에 상(相)에 비친 현상(現象)이므로, 심(心) 글자 위에 상(相)이 그대로 비친 상태(狀態)인, ③상(想)이다. ④행(行)은, 마음에 비친 색성향미촉법(色聲香味觸法)의 심상(心想)을 인지(認知)하여, 분별(分別)하고 판단(判斷)하며, 다음 행위(行爲)를 결정(決定)하는 말나식(末那識)의 작용(作用)인, 자아의식행(自我意識行)이다. ⑤식(識)은, 앎[知]과 기억(記憶)이다. 이는, 자아의식행(自我意識行)의 일체(一切)를, 능소출입식(能所出入識)이, 이 정보(情報)를 아뢰야식(阿賴耶識)인 함장식(含藏識)에 저장(貯藏)하며, 또한, 다음 행위(行爲)에, 능소출입식(能所出入識)이, 자아의식(自我意識)의 상황(狀況)에 따라, 자연반응, 반연작용(自然反應,攀緣作用)으로 아뢰야식(阿賴耶識)인 함장식(含藏識)에 저장(貯藏)되어 있는, 지난 기억(記憶)의 정보(情報)를 인출(引出)하여, ④행(行)인 자아의식(自我意識)에 반연작용(攀緣作用)으로 비치면, 자아의식(自我意識)은, 반연작용(攀緣作用)에 의한 기억정보작용(記憶情報作用)를 바탕[基盤]으로, 뜻에 따라 원활(圓滑)하게 분별작용(分別作用)을 한다.

그러므로, 소연경(所緣境)인 색성향미촉법(色聲香味觸法)의 대상(對相)을, 6종근(六種根)으로 받아들이는 수(受)의 작용(作)으로, 색성향미촉법(色聲香味觸法)의 모습이 그대로 거울[鏡]처럼 비치는 것이 6종식(六種識)의 상(相)이다. 그러므로, 6종식(六種識)에 비친 색성향미촉법(色聲香味觸法)의 모습과 형태(形態)는, 인위적(人爲的) 조작(造作) 없이, 무의식중(無意識中) 자연,반연반응,작용(自然,攀緣反應,作用)으로 이루어지는, 경·근·식(境·根·識) 18경계,제식전개,자연섭리,연계체계(十八境界, 諸識展開, 自然攝理, 連繫體系)이므로, 이는, 무의식중(無意識中) 전개(展開)되는 자연, 반연작용, 전개섭리, 상속체계(自然, 攀緣作用, 展開攝理, 相續體系)이다.

그러므로, 6종식(六種識)에 비치어 나타난 현상(現象)인 색성향미촉법(色聲香味觸法)의 현상(現象)은, 그 어떤 인위적(人爲的) 조작(造作) 없는, 경·근·식(境·根·識) 18경계, 제식전개, 섭리체계(十八境界, 諸識展開, 攝理體系)의 자연반연, 섭리작용(自然攀緣, 攝理作用)의 현상(現象)이다. 6종식(六種識)은, 6종근(六種根) 수(受)의 작용(作用)으로, 색성향미촉법(色聲香味觸法)의 현상(現象)이 그대로 거울[鏡]처럼 비치는 역할(役割)을 한다. 거울[鏡]처럼 그대로 6종식(六種識)에 비친 색성향미촉법(色聲香味觸法)은, 심(心)의 인식상(認識相)으로 전환(轉換)한 심상(心相)이다. 그러므로 이것을, 5온(五蘊)에서는, 마음에 비친 모습이므로, 상(想)이라고 한다. 상(想)이란, 어떤 생각[念]이나 상념(想念)이 아니라, 글자[文字]의 모양대로, 그 어떤 조작(造作) 없이, 마음 심(心) 위에, 모양 상(相)이 나타난 현상(現象)이다. 이는 인위적(人爲的)이 아닌, 단순(單純), 대상(對相)의 상(相)이 그대로 거울[鏡]처럼 비치어 나타난 모습이다. 그러므로, 안식(眼識), 이식(耳識), 비식(鼻識), 설식(舌識), 신식(身識), 의식(意識)인 6종식(六種識)은, 인위적(人爲的)인 어떤 조작(造作)이 없는, 단순(單純) 마음에, 대상(對相)의 상(相)이 그대로 비친, 식(識)의 현상(現象)이다.

그러므로, 6종식(六種識)에 비친 그 모습과 형태(形態)는, 경·근·식

(境·根·識) 제식전개,18경계,섭리체계(諸識展開,十八境界,攝理體系) 속에, 무의식중(無意識中) 자연,반연반응,작용(自然,攀緣反應,作用)으로 이루어지는, 자연적(自然的) 전개섭리현상(展開攝理現象)이다. 그러므로, 6종근(六種根)인 안근(眼根), 이근(耳根), 비근(鼻根), 설근(舌根), 신근(身根), 의근(意根)과 6종식(六種識)인 안식(眼識), 이식(耳識), 비식(鼻識), 설식(舌識), 신식(身識), 의식(意識)은, 그 어떤 인위적(人爲的) 변형(變形)이나 조작(造作)을 할 수가 없다. 그러므로, 눈[眼]과 귀[耳]가 보고 듣는 것이 아니라, 경·근·식(境·根·識) 자연,반연반응, 작용(自然,攀緣反應,作用)으로 눈[眼]을 통해 그대로 거울[鏡]처럼 비치어 나타난 현상(現象)을, 제7식(第七識) 자아의식(自我意識)이 이를 인지(認知)하여, 분별(分別)한다. 그리고 또한, 경·근·식(境·根·識) 자연,반연반응,작용(自然,攀緣反應,作用)으로 귀[耳]를 통해 그대로 거울[鏡]처럼 비치어 나타난 소리[聲]를, 제7식(第七識) 자아의식(自我意識)이 이를 인지(認知)하여, 분별(分別)할 뿐이다.

그러나, 대승유식론(大乘唯識論)에는, 18경계(十八境界)의 경·근·식(境·根·識)에 있어서, 의식(意識)의 전식(前識)인 의근(意根)을, 의근(意根)의 후식(後識)인 제7식(第七識)으로 의근(意根)을 변경이관(變更移管)하였으며, 그리고, 의근(意根)에 의해 의식(意識)이 작용(作用)함으로, 제6의식(第六意識)이 제7식(第七識)의 작용(作用)을 겸(兼)한, 제7식(第七識) 자아의식(自我意識)의 분권식(分權識)으로, 자아의지(自我意志)에 따라, 인위적(人爲的)으로 분별(分別)하고 작용(作用)하는 식(識)으로 왜곡변형(歪曲變形)하였다. 제6의식(第六意識)과 제7식(第七

識)은 서로 성품(性品)의 차원(次元)이 달라, 서로 작용영역(作用領域)이 겸(兼)하거나 겹치지 않음에도, 대승유식론(大乘唯識論)에는, 제6의식(第六意識)과 제7식(第七識) 자아의식(自我意識)이, 서로 작용(作用)의 영역(領域)이 겹치거나, 중복(重複)이 되어, 제6의식(第六意識)과 제7식(第七識) 자아의식(自我意識)의 작용영역구분(作用領域區分)이 명확(明確)하지를 않고, 서로 겹치어 중복(重複)됨이 있다.

그리고, 대승유식론(大乘唯識論)에서는 18경계(十八境界)에서, 색성향미촉(色聲香味觸) 외(外)에, 의근(意根)으로 받아들이는 법(法)을 규정(規定)하기를, 앞의 색성향미촉(色聲香味觸)을 지칭(指稱)하는 것으로 변형(變形)이 되었으며, 또한, 의식(意識)의 전식(前識)인 의근(意根)을, 의식(意識)의 후식(後識)인 제7식(第七識)으로 전환(轉換)하여, 제7식(第七識)으로 규정(規定)함으로, 제6의식(第六意識)이 대승유식론(大乘唯識論) 전5식체계(前五識體系)의 색성향미촉(色聲香味觸)을 인식(認識)하고 주관(主管)하는, 전5식계(前五識界)의 주관의식(主管意識)으로 변형(變形)이 되었다. 6종경(六種境), 6종근(六種根), 6종식(六種識)의 여래정론, 정의정립(如來正論, 正義正立) 경·근·식(境·根·識) 제식전개, 구성체계(諸識展開, 構成體系)인 18경계, 제식전개, 자연섭리, 구성체계(十八境界, 諸識展開, 自然攝理, 構成體系)를, 대승유식론(大乘唯識論)에서는 의근(意根)을, 제7식(第七識)으로 변형이관(變形移管)함으로, 대승유식론(大乘唯識論)의 소연경·근·식·섭리체계(所緣境·根·識·攝理體系)는, 색성향미촉(色聲香味觸)의 5종경(五種境)과 안이비설신근(眼耳鼻舌身根)인 5종근(五種根)과 안이비설신식(眼耳鼻舌身識)의 5종식(五

種識)인, 15경계체계(十五境界體系)의 전5식체계(前五識體系)로 변형개조(變形改造)가 되었다.

그리고, 법(法)은, 앞의 전5식계(前五識界)의 색성향미촉(色聲香味觸)을 지칭(指稱)하고 일컫는 법(法)으로 규정(規定)하고, 그리고, 법(法)을 받아들이는 의근(意根)을 제7식(第七識)으로 전환(轉換)함으로, 의식(意識)은 의근(意根)에 의해 작용(作用)이 이루어지니, 제6의식(第六意識)이 제7식(第七識)의 작용(作用)을 겸(兼)하여, 색성향미촉계(色聲香味觸界)를 인지(認知)하고 분별(分別)하며, 주관(主管)하는, 대승유식론(大乘唯識論)의 제식기본체계(諸識基本體系)인 전5식체계(前五識體系)로 왜곡변경(歪曲變更)이 되었다. 그러므로, 대승유식론(大乘唯識論)에서는 18경계, 섭리체계(十八境界, 攝理體系)가 전5식체계(前五識體系)로 왜곡변형(歪曲變形)이 되어, 색성향미촉(色聲香味觸)의 5종경(五種境)과 안이비설신근(眼耳鼻舌身根)인 5종근(五種根)과 안이비설신식(眼耳鼻舌身識)의 5종식(五種識)인, 경·근·식(境·根·識)이 15경계체계(十五境界)인 전5식체계(前五識體系)이다. 그러므로 이는, 경·근·식(境·根·識) 제식전개, 18경계체계(諸識展開, 十八境界體系)를 왜곡변형파괴(歪曲變形破壞)한, 비정상적(非正常的)인 유식체계(唯識體系)이다.

제식전개, 자연섭리, 구성체계(諸識展開, 自然攝理, 構成體系)인 경·근·식(境·根·識), 18경계, 제식전개, 섭리체계(十八境界, 諸識展開, 攝理體系)에서 색성향미촉법(色聲香味觸法)이란, 일체(一切) 인식(認識)의 대상

(對相)인 물질세계(物質世界)와 정신세계(精神世界)와 유형무형(有形無形)의 다양(多樣)한 일체무한,차별차원,무한세계,일체(一切無限,差別次元,無限世界,一切)를 6종차별,특성세계(六種差別,特性世界)로 개념(槪念)을 정의정립(正義正立)하여, 일체,무한세계,일체(一切,無限世界,一切)를 색성향미촉법(色聲香味觸法)의 6종경(六種境)으로 개념정의정립(槪念正義正立)하여 체계화(體系化)하였다. 그러므로, 일체6종,차별세계(一切六種,差別世界)인 색성향미촉법(色聲香味觸法) 중, 법(法)이란, 안이비설신(眼耳鼻舌身)으로 인지(認知)하는 색성향미촉(色聲香味觸), 이외(以外)의 정신작용(精神作用)이 근(根)인 의근(意根)으로만 인지(認知)하여 받아들이는, 일체,무한차별차원,무한차별세계,일체(一切,無限差別次元,無限差別世界,一切)를 일체총섭(一切總攝)하고, 일체총칭(一切總稱)함이다. 이 법(法)을 인지(認知)하여 받아들이는 것은, 몸[身]의 안이비설신근(眼耳鼻舌身根)이 아닌, 정신작용(精神作用)이 근(根)이 되어 대상(對相)을 받아들이는 근(根)인, 의근(意根)이다. 그러므로, 정신(精神)이 열린 정신차원(精神次元)과 지혜(智慧)의 차원(次元)에 따라, 법(法)의 일체,무한차별차원,무한차별세계,일체(一切,無限差別次元,無限差別世界,一切)는 무한무변(無限無邊)으로, 일체관념(一切觀念)과 일체인식(一切認識)의 한계성(限界性)을 초월(超越)한다.

그러나, 대승유식론(大乘唯識論)의 전5식체계(前五識體系)처럼, 일체6종,차별세계(一切六種,差別世界)인 색성향미촉법(色聲香味觸法) 중에, 법(法)이, 의근(意根)이 받아들이는 특정(特定)한 별총상계(別總相界)가 아닌, 앞의 색성향미촉(色聲香味觸)을 지칭(指稱)하는 것으로 변형(變形)이 되면, 제식,전개구성,체계(諸識,展開構成,體系)인 18경계,섭리체계(十八境界,攝理體系)에서, 정신작용(精神作用)이 대상(對相)을 받아들이는 근(根)이 되어, 의근(意根)으로 인식(認識)하고 받아들이는 다양(多樣)한 물질적(物質的), 정신적(精神的) 일체,무한차별차원,무한차별세계,일체(一切,無限差別次元,無限差別世界,一切)가, 대승유식,섭리체계(大乘唯識,攝理體系)인 전5식체계(前五識體系)에서 제거(除去)되어 상실(喪失)이 된다. 대승유식론(大乘唯識論)에서, 18경계체계(十八境界體系)를 인위적(人爲的)으로 변형(變形)한 전5식체계(前五識體系)는, 법(法)과 의근(意根)과 의식(意識)의 본래역할(本來役割)이 변형상실(變形喪失)이 되어, 18경계체계(十八境界體系)보다, 유식체계(唯識體係)의 시각(視角)이, 안이비설신(眼耳鼻舌身)에 의한 인지세계(認知世界)인 색성향미촉(色聲香味觸)의 한계성(限界性)에 묶이어, 유식체계(唯識體係)가 편협(偏狹)해, 다양(多樣)한 일체,무한차별차원,무한차별세계,일체(一切,無限差別次元,無限差別世界,一切)를 수용(受容)하지 못하는, 유식체계(唯識體係)가 되었다.

그러므로, 대승유식론(大乘唯識論)의 전5식체계(前五識體系)는, 있는 그대로의 일체무한법계(一切無限法界)를 그대로 총체적(總體的)으로 수용감당(受容堪當)하지 못하므로, 이 유식개념체계(唯識槪念體系)는, 정신작용(精神作用)이 대상(對相)을 인지(認知)하여 받아들이는 근(根)인, 의근(意根)으로 받아들이는 법(法)의 무한일체세계(無限一切世界)로 수용확장(受容擴張)하지 못해, 18경계체계(十八境界體系)보다 유식개념(唯識槪念)이 편협(偏狹)하고, 완전(完全)하지 못한, 유식체계(唯識體係)이다. 그러므로, 대승유식론(大乘唯識論)의 전5식체계(前五識體系)는, 18경계체계(十八境界體系)처럼, 총체적(總體的) 일체, 무한차별세계, 일체(一切, 無限差別世界, 一切)를 수용(受容)하지 못해, 유식체계(唯識體係)가 색성향미촉(色聲香味觸)의 한계성(限界性)에 얽매여 편협(偏狹)해, 일체무한세계(一切無限世界)로 확장성(擴張性)을 가지지 못한다. 그러므로 오히려, 18경계체계(十八境界體系)처럼, 무한세계(無限世界)를 수용(受容)하지 못해, 18경계체계(十八境界體系)보다 미숙(未熟)하고 퇴보(退步)한 유식체계(唯識體係)이다. 그러므로, 대승유식론(大乘唯識論)은, 전5식체계(前五識體系)의 부족분(不足分)을 보완(補完)하고자, 제6의식(第六意識)이 전5식체계(前五識體系)를 벗어나, 다양(多樣)한 작용(作用)의 별행(別行)을 첨가(添加)하게 된다. 대승유식론(大乘唯識論)이 이렇게 된 까닭[緣由]은, 대승유식론(大乘唯識論)이, 여래정론(如來正論)인 경·근·식(境·根·識) 18경계체계(十八境界體系)를, 전5식체계(前五識體系)로 변형(變形)함으로, 법(法)과 의근(意根)과 의식(意識)의 본래역할(本來役割)이 상실(喪失)되어, 무한, 정신작용, 인식계(無限, 精神作用, 認識界)가 제거(除去)되었기 때문이다.

그러므로, 대승유식론(大乘唯識論)의 전5식체계(前五識體系)는, 안이비설신(眼耳鼻舌身)인 몸[身]의 감각기능(感覺機能)으로, 색성향미촉(色聲香味觸)을 인식(認識)하는, 물질계(物質界) 중심(中心)의 협소(狹小)한 논리체계(論理體系)이다. 그리고 또, 대승유식론(大乘唯識論)은, 유식지혜, 상승세계(唯識智慧, 上昇世界)인, 성불(成佛)에 이르는 제식전변, 무위지혜, 차별차원, 지혜상승, 성불과정, 유식체계(諸識轉變,

無爲智慧, 差別次元, 智慧上昇, 成佛過程, 唯識體系)에 대한 실증지혜(實證智慧)가 없어, 성불과정, 실증체계(成佛過程, 實證體系)에 대해, 명확(明確)히 정의정립정론(正義正立正論)하여 밝히거나, 언급(言及)하지를 못했다. 그러므로, 대승유식론(大乘唯識論)은, 무명업식작용(無明業識作用)에 얽매여, 무명제식(無明諸識)을 타파(打破)해 벗어나는, 유식론지혜(唯識論智慧)의 근본(根本) 목적(目的)인, 유식지혜, 성불과정, 유식체계(唯識智慧, 成佛過程, 唯識體系)인 제식전변, 지혜상승, 무위지혜, 차별차원, 성불과정, 실증지혜, 유식체계(諸識轉變, 智慧上昇, 無爲智慧, 差別次元, 成佛過程, 實證智慧, 唯識體系)에 대해 정의정립정론(正義正立正論)하지를 못했다. 성불과정, 유식체계(成佛過程, 唯識體系)의 정의정립정론(正義正立正論)이 곧, 유식론(唯識論)의 최종목적(最終目的)이며, 이 성불과정, 유식체계(成佛過程, 唯識體系)가 유식지혜, 상승과정, 제식전변, 유식실증, 불지정입, 유식체계(唯識智慧, 上昇過程, 諸識轉變, 唯識實證, 佛智正入, 唯識體系)이다.

그리고, 18경계, 제식전개, 섭리체계(十八境界, 諸識展開, 攝理體系)는, 대승유식론(大乘唯識論)의 전5식체계(前五識體系)와는 달리, 총체적(總體的) 다양(多樣)한 물질적(物質的), 정신적(精神的) 무량무한(無量無限) 일체, 무한차별차원, 무한차별세계, 일체(一切, 無限差別次元, 無限差別世界, 一切)를 총섭(總攝)하고 총지(總持)하는, 일체섭수, 포괄수용(一切攝受, 包括受容)하는, 경·근·식(境·根·識) 제식전개, 기본구성, 섭리체계(諸識展開, 基本構成, 攝理體系)이다. 왜냐하면, 일체무한, 차별차원, 성품세계(一切無限, 差別次元, 性品世界)의 다양성(多樣性) 일체(一切)를,

총체적(總體的), 그리고, 포괄적(包括的)으로 수용(受容)하는 일체총섭세계(一切總攝世界)인 색성향미촉법(色聲香味觸法)의 체계(體系)가, 그대로 상실(喪失)되지 않고, 색성향미촉법(色聲香味觸法) 중, 법(法)의 무한세계(無限世界)를 수용(受容)할 법(法)의 본래(本來) 자기역할(自己役割)이, 그대로 살아 있기 때문이다. 그리고, 일체무한,차별차원,성품세계(一切無限,差別次元,性品世界)의 다양성(多樣性) 일체법(一切法)을, 총체적(總體的), 그리고, 포괄적(包括的)으로 수용(受容)하고 받아들이는 의근(意根)이 또한, 상실(喪失)되지 않고, 의근(意根)의 본래(本來) 자기역할(自己役割)이, 그대로 살아 있기 때문이다. 그리고, 일체무한,차별차원,성품세계(一切無限,差別次元,性品世界)의 다양성(多樣性) 일체(一切)를, 총체적(總體的), 그리고, 포괄적(包括的)으로 그대로 거울[鏡]처럼 비치는 의식(意識)의 본래역할(本來役割)이 또한, 상실(喪失)되지 않고, 의식(意識)의 본래(本來) 자기역할(自己役割)이, 그대로 살아 있기 때문이다.

그리고, 18경계체계(十八境界體系)에 연계중첩(連繫重疊)하여 작용(作用)하는, 제식(諸識)을 전변(轉變)하여, 성불(成佛)에 이르게 되므로, 18경계,제식전개,자연섭리,구성체계(十八境界,諸識展開,自然攝理,構成體系)와 제식전변,무위지혜,차별차원,성불과정,유식체계(諸識轉變,無爲智慧,差別次元,成佛過程,唯識體系)를 명확(明確)히 앎이 곧, 총체적(總體的) 일체유식세계(一切唯識世界)를 앎이다. 일체초월(一切超越) 불지(佛智)에 이르는 지혜과정(智慧過程)이, 18경계(十八境界)에 연계중첩(連繫重疊)하여 작용(作用)하는 제식(諸識)을 모두, 타파(打破)해 불지(佛智)에 증입(證入)하게 된다. 그러므로, 일체초월(一切超越) 불지(佛智)에 증입(證入)하지 않으면, 18경계(十八境界)에 연계중첩(連繫重疊)하여 작용(作用)하는 제식세계(諸識世界)에 대한 실증지혜(實證智慧)가 없어, 명확(明確)히 알 수가 없다.

왜냐하면, 18경계(十八境界)는, 소연경·근·식·섭리체계(所緣境·根·識·攝理體系)이어도, 18경계체계(十八境界體系)에는, 연계중첩(連繫重疊)하여 작용(作用)하는, 일체,제식전개,섭리작용(一切,諸識展開,攝理作用)이 이루어지기 때문이다. 그러므로, 18경계(十八境界)가 무명제식,전개세계(無明諸識,展開世界)이므로, 무명제식(無明諸識)이 완전(完全)히 타파(打破)되기 전(前)에는, 18경계체계(十八境界體系)의 일체, 차별차원,제식성품,작용(一切,差別次元,諸識性品,作用)이 연계중첩(連繫重疊)하여 이루어지는, 그 총체적(總體的) 실체(實體)를 모두 다 알 수가 없다. 그러므로, 18경계체계(十八境界體系)의 제식작용,성품세계(諸識作用,性品世界)를 명확(明確)히 알려면, 일체제식(一切諸識)을 타파(打破)해 벗어난, 일체초월(一切超越) 불지(佛智)이어야 한다. 그래야만, 무명,일체성품,차별차원,전개중첩,제식세계(無明,一切性品,差別次元,展開重疊,諸識世界)를 명확(明確)히 알 수가 있다.

18경계(十八境界)의 경·근·식(境·根·識) 구성체계(構成體系)에는, 몸[身]의 안이비설신(眼耳鼻舌身)으로 색성향미촉(色聲香味觸)을 인식(認識)하듯이, 정신작용(精神作用)이 대상(對相)을 인지(認知)하여 받아들이는 근(根)인, 의근(意根)으로만 받아들일 수 있는, 대상(對相)인 법(法)을 따로 두었다. 왜냐하면, 총체적(總體的) 일체인지(一切認知)의 대상세계(對相世界)에는, 안이비설신근(眼耳鼻舌身根)으로 받아들이는 물질대상세계(物質對相世界)와 정신작용(精神作用)이 근(根)인 의근(意根)으로 받아들이는 정신대상세계(精神對相世界)가 있기 때문이다. 그러므로, 일체대상(一切對相)을 받아들이는 안이비설신의근(眼耳鼻舌身意根)의 특성(特性)에 따라, 일체차별대상세계(一切差別對相世界)를 색(色), 성(聲), 향(香), 미(味), 촉(觸), 법(法)의 6종차별세계(六種差別世界)로, 개념(概念)을 정립정의(正立正義)하여 체계화(體系化)하였다.

그러므로, 색성향미촉법(色聲香味觸法)은, 물질적(物質的), 정신적(精神的) 일체대상(一切對相)을 포괄(包括)한, 총체적(總體的) 일체, 무한차별차원, 무한차별세계, 일체(一切, 無限差別次元, 無限差別世界, 一切)를 총섭(總攝)한 6종차별, 대상세계(六種差別, 對相世界)이다. ①색(色)은, 성향미촉법(聲香味觸法)과 다른 성질(性質)이며, 눈[眼]으로만 인지(認知)하고 받아들이는 사물현상(事物現象)이다. ②성(聲)은, 색향미촉법(色香味觸法)과 다른 성질(性質)이며, 귀[耳]로만 인지(認知)하고 받아들이는 소리[聲]이다. ③향(香)은, 색성미촉법(色聲味觸法)과 다른 성질(性質)이며, 코[鼻]로만 인지(認知)하고 받아들이는 냄새와 향기(香氣)이다. ④미(味)는, 색성향촉법(色聲香觸法)과 다른 성질(性質)이며, 혀[舌]로만 인지(認知)하고 받아들이는 미각(味覺)이다. ⑤촉(觸)은, 색성향미법(色聲香味法)과 다른 성질(性質)이며, 몸[身]으로 인지(認知)하고 받아들이는 촉각(觸覺)이다. ⑥법(法)은, 색성향미촉

(色聲香味觸)과 다른 성질(性質)이며, 정신작용(精神作用)이 대상(對相)을 받아들이는 근(根)인, 의근(意根)으로 인지(認知)하고 받아들이는 물질적(物質的), 정신적(精神的) 일체대상(一切對相)이다.

그러므로, 몸[身]의 안이비설신근(眼耳鼻舌身根)의 대상(對相)인 색성향미촉(色聲香味觸)의 물질(物質) 이외(以外)에, 정신작용(精神作用)이 대상(對相)을 인지(認知)하는 근(根)이 되어, 의근(意根)이 인지(認知)하고 받아들이는 대상(對相)인 법(法)을 첨가(添加)하여, 색성향미촉법(色聲香味觸法)의 6종경(六種境)을 받아들이는 6종근(六種根)과 6종식(六種識)의 경·근·식(境·根·識) 18경계(十八境界)의 제식전개,섭리체계(諸識展開,攝理體系)를 정립정의(正立正義)하여 개념화(概念化)하고, 체계화(體系化)하였다. 그러므로, 경·근·식(境·根·識) 18경계체계(十八境界體系)의 제식전개,섭리체계(諸識展開,攝理體系)는, 물질세계(物質世界)와 정신세계(精神世界)의 일체(一切)를 완전(完全)히 포괄수용(包括受容)하는, 일체무한,총상계(一切無限,總相界)를 정의정립(正義正立)하여 갖추었다. 그러므로, 6종경(六種境)인 색성향미촉법(色聲香味觸法)은, 물질세계(物質世界)와 정신세계(精神世界)의 다양(多樣)한 일체,차별차원,무한총상계(一切,差別次元,無限總相界)를 6종차별특성(六種差別特性)에 따라, 각각(各各) 개념(概念)을 정의정립(正義正立)하여 체계화(體系化)하였으므로, 물질세계(物質世界)와 정신세계(精神世界)의 다양(多樣)한 일체,무한차별차원,무한차별세계,일체(一切,無限差別次元,無限差別世界,一切)의 그 무엇이든, 6종성(六種性)인 색성향미촉법(色聲香味觸法)의 이 개념정의(概念正義) 속에, 일체(一切) 모두를 다 수용(受容)하고 총섭(總攝)한다.

  경·근·식(境·根·識) 18경계체계(十八境界體系)를, 대승유식론(大乘唯識論)에서는, 색성향미촉(色聲香味觸) 5종경(五種境)과 안이비설신근(眼耳鼻舌身根) 5종근(五種根)과 안이비설신식(眼耳鼻舌身識) 5종식(五種識)인 경·근·식(境·根·識)이 15경계체계(十五境界)인, 전5식체계(前五識體系)로 왜곡변형(歪曲變形)하여, 6종경(六種境) 중에 법(法)을, 색성향미촉(色聲香味觸)을 일컫는 것으로 규정(規定)하였다. 그리고, 의근(意根)과 의식(意識)까지 왜곡변형(歪曲變形)하여, 본래(本來)의 역할(役割)을 상실(喪失)하게 하였다. 이는, 제식전개,기본구성,섭리체계(諸識展開,基本構成,攝理體系)인 18경계(十八境界)의 경·근·식(境·根·識), 제식전개,자연섭리,구성체계(諸識展開,自然攝理,構成體系)의 개념정의(槪念正義)를 무시(無視)하고, 왜곡변형(歪曲變形)함으로, 18경계체계(十八境界體系)를 파괴(破壞)한 결과(結果)가 되었다. 그러므로, 18경계체계(十八境界體系)를 전5식체계(前五識體系)로 변형(變形)한 결과(結果)는, 경·근·식(境·根·識) 18경계체계(十八境界體系)의 자연섭리, 전개구성,순리체계(自然攝理,展開構成,順理體系)를 허묾[壞滅]이 된다.

  그리고, 대승유식론(大乘唯識論)은, 물질(物質)과 정신(精神)의 일체,무한차별차원,무한차별세계,일체(一切,無限差別次元,無限差別世界,一切)의 차별특성(差別特性)을, 색성향미촉법(色聲香味觸法)으로 분류(分類)한, 개념정의(槪念正義)를 이해(理解)하거나, 명확(明確)히 인식(認識)하지 못해, 색성향미촉법(色聲香味觸法) 중에 법(法)을 단지(但

只), 앞의 색성향미촉(色聲香味觸)을 지칭(指稱)하는, 일반적(一般的)인 법(法)의 개념(槪念)으로 인식(認識)하고, 그렇게 이해(理解)하며, 또한, 그렇게 규정(規定)하고 있다. 그러므로, 전5식체계(前五識體系)의 유식개념(唯識槪念)은, 몸[身]의 감각대상(感覺對相)인 물질(物質)에만 국한(局限)하므로, 정신작용(精神作用)으로 인지(認知)하는, 다양(多樣)한 일체, 무한차별차원, 무한차별세계, 일체(一切, 無限差別次元, 無限差別世界, 一切)를, 총체적(總體的)으로 포괄(包括)하고 수용(受容)하는 법(法)의 중요(重要)한 역할(役割)이, 대승유식론(大乘唯識論)에서 전5식체계(前五識體系)의 왜곡변형(歪曲變形)으로, 제거(除去)되어 상실(喪失)하게 되었다.

그러므로, 경·근·식(境·根·識) 18경계, 제식전개, 구성체계(十八境界, 諸識展開, 構成體系)를 전5식체계(前五識體系)로 왜곡변형(歪曲變形)한 대승유식론사(大乘唯識論師)들은, 여래정론, 정의정립(如來正論, 正義正立) 소연입식, 전개체계(所緣入識, 展開體系)인 18경계체계(十八境界體系)에서, 6종경(六種境)인 색성향미촉법(色聲香味觸法) 중에, 법(法)의 개념정의(槪念正義)가 무엇인지를 명확(明確)히 이해(理解)하지 못했다. 그리고, 18경계체계(十八境界體系)에서 또한, 의근(意根)과 의식(意識)의 개념정의(槪念正義)도 명확(明確)히 이해(理解)하지를 못했다. 그러므로, 대승유식론(大乘唯識論)에서는, 18경계체계(十八境界體系)를 전5식체계(前五識體系)로 왜곡변형(歪曲變形)함으로, 법(法)과 의근(意根)과 의식(意識)의 본래(本來) 자기(自己) 역할(役割)과 특성(特性)이 제거(除去)되고, 상실(喪失)되었다. 18경계체계(十八境界體系)의 왜곡변형체계(歪曲變形體系)인 전5식체계(前五識體系)는, 대승유식론사(大乘唯識論師)들이 법(法)과 의근(意根)과 의식(意識)의 본래(本來) 역할(役割)이 상실(喪失)된, 색성향미촉(色聲香味觸)의 5종경(五種境)과 안이비설신근(眼耳鼻舌身根)인 5종근(五種根)과 안이비설신식(眼耳鼻舌身識)의 5종식(五種識)인, 경·근·식(境·根·識)이 15경계체계(十五境界體系)로, 제6의식(第六意識)이 전5식계(前五識界)를 인식(認識)하고 분별(分別)하며 주관(主管)하는, 비정상적(非正常的)인 유식체계(唯識體系)로 왜곡변형(歪曲變形) 되었다.

●18경계체계(十八境界體系)의 정립(正立)

경·근·식(境·根·識) 18경계(十八境界)의 제식전개, 기본구성, 섭리체계(諸識展開, 基本構成, 攝理體系)는, 여래정론, 정의정립(如來正論, 正義正立) 소연입식, 전개체계(所緣入識, 展開體系)이다. 18경계체계(十八境界體系)에서, 6종경(六種境)인 색(色), 성(聲), 향(香), 미(味), 촉(觸), 법(法)은, 물질계(物質界)와 정신계(精神界)의 일체, 무한차별차원, 무한차별세계, 일체(一切, 無限差別次元, 無限差別世界, 一切) 대상(對相)을, 6종차별특성(六種差別特性)으로 개념(概念)을 정의정립(正義正立)하여 체계화(體系化)한, 일체소연, 6종경(一切所緣, 六種境)의 여래정립, 정론체계(如來正立, 正論體系)이다. 6종경(六種境)은, 물질(物質)과 심식(心識)의 일체인지, 대상세계(一切認知, 對相世界)의 서로 다른 차별특성(差別特性)의 성질(性質)을 6종경(六種境)으로 정의정립(正義正立)한 6종차별대상(六種差別對相)이다.

6종경(六種境)인 색(色), 성(聲), 향(香), 미(味), 촉(觸), 법(法)은, 서로 대상(對相)의 성질(性質)이 다르므로, 각각(各各), 그 대상(對相)을 받아들이는 근(根)이 서로 다른, 특성(特性)을 가진 안근(眼根), 이근(耳根), 비근(鼻根), 설근(舌根), 신근(身根), 의근(意根)인 6종근(六種根)이다. 6종경(六種境)에서, 색·성·향·미·촉·법(色·聲·香·味·觸·法) 중에 법(法)은, 안이비설신(眼耳鼻舌身)으로 인식(認識)하거나 받아들이는 색(色)도 아니며, 성(聲)도 아니며, 향(香)도 아니며, 미(味)도 아니며, 촉(觸)도 아니다. 법(法)은, 오직, 정신작용(精神作用)이 대상(對相)을 인지(認知)하여 받아들이는 근(根)인, 의근(意根)으로만 인지(認知)하여 받아들일 수 있는 물질적(物質的), 정신적(精神的) 다양(多樣)한 일체대상(一切對相)을 총섭포괄(總攝包括)한, 일체,무한차별차원, 무한차별세계,일체(一切,無限差別次元,無限差別世界,一切)의 정신대상(精神對相) 인지(認知)의 법(法)이다.

그러므로, 법(法)은, 색성향미촉(色聲香味觸)과는 다르므로, 몸[身]의 감각기능(感覺機能)으로 대경(對境)을 받아들이는 색·성·향·미·촉(色·聲·香·味·觸)과 그리고 또한, 정신작용(精神作用)이 근(根)인, 의근(意根)으로만 인지(認知)하여 받아들이는 정신대상(精神對相)의 법(法)을 더하여, 일체대상(一切對相)을 색·성·향·미·촉·법(色·聲·香·味·觸·法)의 6종,차별특성,개념(六種,差別特性,概念)으로 정의정립(正義正立)하였다. 또한, 이를 받아들이는 경·근·식(境·根·識) 18경계체계(十八

境界體系)인 6종경(六種境)과 6종근(六種根)과 6종식(六種識)의 제식전개, 기본구성, 섭리체계(諸識展開, 基本構成, 攝理體系)를 정의정립(正義正立)하여, 소연입식, 전개체계(所緣入識, 展開體系)인 경·근·식(境·根·識) 18경계체계(十八境界體系)를 정의정립(正義正立)하여 체계화(體系化)하였다.

이 경·근·식(境·根·識) 18경계체계(十八境界體系)는, 물질(物質)과 정신(精神)의 일체대상(一切對相)을 색·성·향·미·촉·법(色·聲·香·味·觸·法)의 6종차별대상(六種差別對相)으로 정립(正立)하고, 정의(正義)하여, 경·근·식(境·根·識) 제식전개, 기본구성, 섭리체계(諸識展開, 基本構成, 攝理體系)를 정의정립(正義正立)하여, 체계화(體系化)를 함이다. 그러므로, 일체대상(一切對相)인 색·성·향·미·촉·법(色·聲·香·味·觸·法)을 받아들이는 6종경(六種境) 중, 법(法)을, 대승유식론(大乘唯識論)의 전5식체계(前五識體系)처럼, 만약(萬若), 색·성·향·미·촉(色·聲·香·味·觸)을 지칭(指稱)하는 단순(單純), 법(法)으로, 가변(假變)하거나, 변형(變形)하여 규정(規定)하면, 이것은, 여래정론, 정의정립(如來正論, 正義正立) 소연입식, 전개체계(所緣入識, 展開體系)인, 경·근·식(境·根·識) 18경계체계(十八境界體系)의 개념정의(槪念正義)와 그 지혜정론(智慧正論)의 제식전개, 섭리체계(諸識展開, 攝理體系)의 개념정의정립(槪念正義正立)에 대해, 심도(深度) 있게 이해(理解)하지 못했으며, 또한, 경·근·식(境·根·識) 18경계체계(十八境界體系)의 원리정론(原理正論)의 개념정의(槪念正義)을 깨닫지 못했음이다.

경·근·식(境·根·識), 18경계체계(十八境界體系)를 정립(正立)함에 있어서, 물질세계(物質世界)와 정신세계(精神世界)와 유형세계(有形世界)와 무형세계(無形世界)와 물질적(物質的) 일체다차원세계(一切多次元世界)와 정신적(精神的) 일체다차원세계(一切多次元世界)의 일체무한, 차별차원, 무한세계, 일체(一切無限, 差別次元, 無限世界, 一切)에 이르기까지, 그 일체무한, 불가사의, 차별차원, 총섭세계(一切無限, 不可思議, 差別次元, 總攝世界)를 총체적(總體的)으로, 간단명료(簡單明瞭)하게 색·성·향·미·촉·법(色·聲·香·味·觸·法)의 6종경(六種境)으로 정립(正立)하여 정의(正義)함이, 참으로 놀랍고, 그 지혜(智慧) 또한, 참으로 불가사의(不可思議)하여, 놀라운 희유(稀有)한 지혜(智慧)이다.

이는, 그 누구라도, 아무나 할 수 있는, 정립(正立)과 정의(正義)의 지혜(智慧)가 아니다. 무상지혜(無上智慧)인 여래(如來)이기에 가능(可能)할 뿐이다. 이는, 다양(多樣)한 물질세계(物質世界)와 정신세계(精神世界), 그리고, 일체유한(一切有限)과 일체무한(一切無限)을 총섭(總攝)한, 일체, 무한차별차원, 무한차별세계, 일체(一切, 無限差別次元, 無限差別世界, 一切)를 총괄총섭(總括總攝)한 총체적(總體的) 분별지혜(分別智慧)이다. 그리고, 대경(對境)의 물질계(物質界)와 정신계(精神界)의 일체무한세계(一切無限世界)의 일체(一切)를, 색성향미촉법(色聲香味觸法)의 6종경(六種境)으로, 그 개념(概念)을 정립(正立)하여 정의(正義)한, 그 바탕 기초(基礎)는, 우리[我等]의 몸[身]과 정신(精神)의 감각기관(感覺器官)인, 안·이·비·설·신·의(眼·耳·鼻·舌·身·意)에 의거(依據)한 그 지혜력(智慧力), 또한, 참으로 놀랍고, 놀라운 불가사의(不可思

議)한 지혜총섭안목(智慧總攝眼目)이 열린 혜안(慧眼)이다.

안이비설신의(眼耳鼻舌身意)를 바탕하고, 기초(基礎)하여, 대경일체, 물, 심, 무한차별차원, 불가사의, 일체무한세계, 일체(對境一切, 物, 心, 無限差別次元, 不可思議, 一切無限世界, 一切)를 6종경(六種境)인 색성향미촉법(色聲香味觸法)의 6종차별계(六種差別界)로 정립(正立)하여, 정의(正義)함이, 참으로 놀라운 총섭지혜(總攝智慧)의 혜안(慧眼)이다. 이는, 경·근·식(境·根·識) 18경계체계(十八境界體系)의 개념실체(概念實體)와 개념지혜(概念智慧)와 개념이해(概念理解)와 개념정립(概念正立)과 개념정의(概念正義)와 개념론리(概念論理)와 개념체계(概念體系)를 통(通)해, 찬찬히 이 총섭세계(總攝世界)의 물질계(物質界)와 정신계(精神界)의 무한, 차별차원, 법계(無限, 差別次元, 法界)를 사유(思惟)할수록, 새록새록 감탄(感歎)하고, 그 지혜(智慧)가 열린 혜안(慧眼)에 찬탄(讚嘆)과 놀라움을 느끼게 된다. 이는, 일체무한, 차별차원, 일체물계, 일체심계, 무한법계, 불가사의, 만법만상, 무한차별, 일체(一切無限, 差別次元, 一切物界, 一切心界, 無限法界, 不可思議, 萬法萬相, 無限差別, 一切)를 색·성·향·미·촉·법(色·聲·香·味·觸·法)의 6종차별경(六種差別境)으로, 개념정의정립(概念正義正立)하여 체계화(體系化)함이다. 이는, 항하사(恒河沙) 모든 모래[沙]의 종류(種類)를 분류(分類)하는 것보다, 더 난해(難解)하고 어려운, 불가사의(不可思議)이다.

색·성·향·미·촉·법(色·聲·香·味·觸·法)의 6종차별계(六種差別界)는, ① 눈[眼]이, 다 알 수 없는 인지(認知)의 끝없는 무한대상(無限對相) 차별(差別)도, 무량무한, 차별차원, 불가사의(無量無限, 差別次元, 不可思議)이며, ②귀[耳]가, 다 알 수 없는 인지(認知)의 끝없는 무한대상(無限對相) 차별(差別)도, 무량무한, 차별차원, 불가사의(無量無限, 差別次元, 不可思議)이며, ③코[鼻]가, 다 알 수 없는 인지(認知)의 끝없는 무한대상(無限對相) 차별(差別)도, 무량무한, 차별차원, 불가사의(無量無限, 差別次元, 不可思議)이며, ④혀[舌]가, 다 알 수 없는 인지(認知)의 끝없는 무한대상(無限對相) 차별(差別)도, 무량무한, 차별차원, 불가사의(無量無限, 差別次元, 不可思議)이며, ⑤몸[身]이, 다 알 수 없는 인지(認知)의 끝없는 무한대상(無限對相) 차별(差別)도, 무량무한, 차별차원, 불가사의(無量無限, 差別次元, 不可思議)이며, ⑥의(意)가, 다 알 수 없는 인지(認知)의 끝없는 무한대상(無限對相) 차별(差別)도, 무량무한, 차별차원, 불가사의(無量無限, 差別次元, 不可思議)이다. 경·근·식(境·根·識) 18경계체계(十八境界體系)의 개념정립(概念正立)과 개념정의(概念正義)는, 아무나, 그리고, 누구나 그냥할 수 있는, 정립(正立)과 정의(正義)의 지혜체계(智慧體系)가 아니다.

그러나, 경·근·식(境·根·識) 18경계, 제식전개, 자연섭리, 구성체계(十八境界, 諸識展開, 自然攝理, 構成體系)의 개념(槪念) 정립(正立)과 정의(正義)와 정안(正眼)의 지혜정론(智慧正論)을, 심도(深到) 있게 살피지 못하고, 이를 이해(理解)하지 못한 무착보살(無着菩薩)은, 경·근·식(境·根·識) 18경계체계(十八境界體系)를 아직, 미완(未完)과 미성숙(未成熟)한 논리체계(論理體系)로 인지(認知)하였으므로, 완전(完全)하지 못하다고 결론(決論)하여, 경·근·식(境·根·識)이 무의식중(無意識中) 자연반연,반응작용,제식전개,섭리체계(自然攀緣,反應作用,諸識展開,攝理體系)인, 18경계(十八境界)의 자연섭리,구성구조(自然攝理,構成構造)의 경·근·식·체계(境·根·識·體系) 중, 법(法)과 의근(意根)과 의식(意識)을 왜곡변형(歪曲變形)한 것이, 대승유식론(大乘唯識論)의 전5식체계(前五識體系)이다. 이는, 제6의식(第六意識)이 전5식세계(前五識世界)를 분별관장(分別管掌)하고 주관(主管)하는, 대승유식론(大乘唯識論)의 유식체계(唯識體係)인 전5식체계(前五識體系)로, 여래정론(如來正論)인 경·근·식·18경계체계(境·根·識·十八境界體系)를 왜곡변형개조(歪曲變形改造)를 하였다. 그러므로, 18경계체계(十八境界體系)와 전5식체계(前五識體系)는, 유식체계(唯識體係)의 개념(概念)이, 서로 다른 지혜체계(智慧體系)이며, 서로 다른 유식체계(唯識體系)이다.

대승유식론(大乘唯識論)은, 18경계체계(十八境界體系)에서 6종근(六種根) 중, 의근(意根)이, 제6의식(第六意識)의 전식(前識)에서, 제6의식(第六意識)의 후식(後識)인 제7식(第七識)으로 변경이관(變更移管)하였다. 또, 법(法)을 받아들이는 의근(意根)에 의해, 법(法)의 형태(形態)가 그대로 거울[鏡]처럼 비치는 제6의식(第六意識)을, 의근(意根)이 제7식(第七識)이 되었음으로, 의근(意根)에 의해 제6의식(第六意識)이 작용(作用)하니, 제6의식(第六意識)이 제7식(第七識)의 작용(作用)을 겸(兼)한, 제7식(第七識) 자아의식(自我意識)의 분권식(分權識)이 되어, 제6의식(第六意識)이 색성향미촉(色聲香味觸)의 전5식계(前五識界)를, 분별(分別)하고 주관(主管)하는, 제6의식(第六意識)이 주체(主體)가 되는, 비정상적(非正常的)인 전5식체계(前五識體系)의 대승유식체계(大乘唯識體系)로, 18경계체계(十八境界體系)가 조작변형(造作變形)이 되었다.

제6의식(第六意識)은 소연식(所緣識)이며, 제7식(第七識) 자아의식(自我意識)은 능연식(能緣識)이므로, 서로 성품차원(性品次元)과 성품역할(性品役割)이 달라, 서로 성품(性品)의 영역(領域)을 침범(侵犯)하거나, 또는, 서로 성품작용(性品作用)이 겹치거나 겸(兼)할 수가 없다. 그리고 또한, 서로 성품역할(性品役割)이 달라, 성품역할(性品役割)을 변경(變更)할 수가 없다. 그러나, 대승유식론(大乘唯識論)에서는 제6의식(第六意識)이, 제7식(第七識) 자아의식(自我意識)의 작용(作用)을 겸(兼)하도록 변형(變形)시킴으로써, 제6의식(第六意識)이 자유의지,행위의식(自由意志,行爲意識)으로 가변왜곡(假變歪曲)이 되어, 제7식(第七識) 자아의식(自我意識)과 성품작용(性品作用)의 영역(領域)이 겹치어, 제6의식(第六意識)과 제7식(第七識) 자아의식(自我意識)이, 서로 작용영역(作用領域)이 중복(重複)되고, 또한, 서로 성품작용영역(性品作用領域)을 침범(侵犯)하여, 간섭(干涉)하게 된다.

제6의식(第六意識)과 제7식(第七識)은, 서로 성품차원(性品次元)이 다르고, 또한, 서로 작용차원(作用次元)과 작용역할(作用役割)이 다르므로, 서로 겹칠 수가 없고, 또한, 제6의식(第六意識)이, 제7식(第七識)의 작용영역(作用領域)을 침범(侵犯)할 수가 없다. 제6의식(第六意識)과 제7식(第七識)이 성품차원(性品次元)이 다르므로, 제6의식(第六意識)의 전변지혜(轉變智慧)는, 대승(大乘)의 공성지혜(空性智慧)인 묘관찰지(妙觀察智)이며, 제7식(第七識) 전변지혜(轉變智慧)는, 일승(一乘)의 무염진여지혜(無染眞如智慧)인 일승(一乘)의 평등성지(平等性智)이다. 그러므로, 제6의식(第六意識)과 제7식(第七識)은, 서로 성품차원(性品次元)이 다르므로, 성품작용(性品作用)과 성품역할(性品役割)이 겸(兼)하거나, 서로 성품영역(性品領域)이 겹칠 수가 없다. 그런데, 대승유식론(大乘唯識論)에서는, 제6의식(第六意識)의 전식(前識)인 의근(意根)을, 제7식(第七識)으로 변경이관(變更移管)하여, 제6의식(第六意識)의 작용역할(作用役割)이, 제7식(第七識)의 분권식(分權識)으로, 변경(變更)하였다. 분권식(分權識)이란, 역할(役割)과 작용(作用)을 부여(附與) 받거나, 나누어 가진 식(識)이란 뜻이다. 그러므로, 제6의식(第六意識)이 제7식(第七識)의 분권식(分權識)이란, 제7식(第七識) 자아의식(自我意識)의 역할(役割)과 작용(作用)을 부여(附與) 받거나, 나누어 가진 식(識)이란 뜻이다.

어떤 식(識)이든, 다른 식종(識種)과는 서로 성품작용,영역차원(性品作用,領域次元)이 다르므로, 눈[眼]이, 귀[耳]의 역할(役割)을 할 수가 없고, 또한, 눈[眼]이, 귀[耳]의 작용역할영역(作用役割領域)을 침범(侵犯)할 수 없듯이, 모든 식종(識種)들은, 서로 자기역할(自己役割)의 영역(領域)을 벗어나, 다른 식종(識種)의 작용(作用)을 겸(兼)하거나, 영역(領域)을 침범(侵犯)할 수가 없다. 왜냐하면, 서로 성품(性品)의 특성(特性)과 역할(役割)과 영역(領域)이, 자연섭리체계적(自然攝理體系的)으로 결정(結定)이 되어 서로 다르며, 또한, 차별(差別)이 있기 때문이다. 그러므로, 각각(各各) 식(識)이, 서로 다른 식종(識

種)으로 이관(移管), 또는, 변형(變形)이나, 변경(變更)이 불가능(不可能)하다. 그러므로, 눈[眼]은 사물(事物)만 볼 뿐, 소리[聲]를 들을 수 없고, 귀[耳]는 소리[聲]만 들을 뿐, 사물(事物)을 볼 수가 없으며, 코[鼻]는 향(香)을 맡을 뿐, 혀[舌]처럼 맛[味]을 볼 수가 없고, 혀[舌]는 맛[味]을 볼 뿐, 눈[眼]처럼 사물(事物)을 보거나, 귀[耳]처럼 소리[聲]를 듣거나, 코[鼻]처럼 향(香)을 맡을 수가 없다. 이는, 각각(各各) 식종(識種)이, 자연섭리체계적(自然攝理體系的)으로 결정(結定)이 되어, 서로 역할(役割)과 성품특성(性品特性)이 다르기 때문이다.

그리고, 자연섭리체계적(自然攝理體系的)으로 결정(結定)이 되어 서로 작용영역(作用領域)이나 차원(次元)이 다른 식(識)은, 서로 섞이지 않으며, 겹치거나, 겸(兼)하거나, 서로 간섭(干涉)할 수가 없다. 왜냐하면, 자연섭리체계적(自然攝理體系的)으로 결정(結定)이 되어 서로 다른 차별성품(差別性品)이므로, 눈[眼]과 귀[耳]와 코[鼻]와 혀[舌]가 한 몸[身]에 있으며, 또한, 서로 가까이 붙어 있어도, 서로 무엇을 하는지를 알 수가 없다. 왜냐하면, 눈[眼]은 귀[耳]가 아니기 때문이며, 귀[耳]는 코[鼻]가 아니기 때문이며, 코[鼻]는 혀[舌]가 아니기 때문이며, 혀[舌]는 눈[眼]이 아니기 때문이다. 이것을 총괄(總括)해, 인지(認知)하여 아는 것은, 눈[眼]도 아니며, 귀[耳]도 아니며, 코[鼻]도 아니며, 혀[舌]도 아니며, 몸[身]도 아니며, 의(意)도 아닌, 제7식(第七識) 자아의식(自我意識)이다. 18경계체계(十八境界體系)는 소연경·근·식·섭리체계(所緣境·根·識·攝理體系)이다. 그렇다고, 18경계체계(十八境界體系) 밖[外]에, 제7식(第七識) 자아의식(自我意識)

이 있는 것이 아니다. 왜냐하면, 18경계(十八境界)인 소연경·근·식·작용(所緣境·根·識·作用)이 곧, 제7식(第七識) 자아의식(自我意識)과 제8식(第八識) 능소출입식(能所出入識)과 제9식(第九識) 함장식(含藏識)과 제10식(第十識) 본성(本性)이 더불어 연계중첩(連繫重疊)하여 심식작용(心識作用)이 이루어지는, 경·근·식(境·根·識) 18경계체계(十八境界體系)이기 때문이다. 만약(萬若), 소연경(所緣境)에 의한 소연식체계(所緣識體系)인 18경계체계(十八境界體系)에, 제7식(第七識) 자아의식(自我意識)과 제8식(第八識) 능소출입식(能所出入識)과 제9식(第九識) 함장식(含藏識)과 제10식(第十識) 본성(本性)이 더불어 연계중첩(連繫重疊)되어 작용(作用)하지 않으면, 경·근·식(境·根·識) 18경계체계(十八境界體系)의 작용(作用)이 이루어질 수가 없다.

그리고, 각각(各各) 식(識)이 섭리체계적(攝理體系的)으로 결정(結定)이 되어 서로 다른 성질(性質)의 특성(特性)을 가지고 있으므로, 서로 작용(作用)을 겸(兼)하거나, 작용영역(作用領域)이 겹칠 수가 없다. 그 까닭[緣由]은, 제식(諸識)의 차별특성(差別特性)은, 자연섭리, 전개체계(自然攝理, 展開體系)를 따라, 제식전개, 구성구조, 전개순위, 상속체계(諸識展開, 構成構造, 展開順位, 相續體系)가 결정(結定)이 되어 있기 때문이다. 그 연유(緣由)는, ①안식(眼識)은, 이식(耳識)도 아니며, 비식(鼻識)도 아니며, 설식(舌識)도 아니며, 신식(身識)도 아니며, 의식(意識)도 아니므로, 오직, 안근(眼根)이 받아들인 색(色)을, 거울[鏡]처럼 그대로 색(色)을 비치기만 할 뿐이기 때문이다. 그리고 또한, ②이식(耳識)은, 안식(眼識)도 아니며, 비식(鼻識)도 아니며, 설식(舌識)도 아니며, 신식(身識)도 아니며, 의식(意識)도 아니므로, 오직, 이근(耳根)이 받아들인 성(聲)을, 거울[鏡]처럼 그대로 성(聲)을 비치기만 할 뿐이기 때문이다. 그리고 또한, ③비식(鼻識)은, 안식(眼識)도 아니며, 이식(耳識)도 아니며, 설식(舌識)도 아니며, 신식(身識)도 아니며, 의식(意識)도 아니므로, 오직, 비근(鼻根)이 받아들인 냄새와 향(香)을, 거울[鏡]처럼 그대로 냄새와 향(香)을 비치기만 할 뿐이기 때문이다. 그리고 또한, ④설식(舌識)은, 안식(眼識)도 아니며, 이식(耳識)도 아니며, 비식(鼻識)도 아니며, 신식(身識)도 아니며, 의식(意識)도 아니므로, 오직, 설근(舌根)이 받아들인 미(味)를, 거울[鏡]처럼 그대로 미(味)를 비치기만 할 뿐이기 때문이다. 그리고 또한, ⑤신식(身識)은, 안식(眼識)도 아니며, 이식(耳識)도 아니며, 비식(鼻識)도 아니며, 설식(舌識)도 아니며, 의식(意識)도 아니므로, 오직, 신근(身根)이 받아들인 촉(觸)을, 거울[鏡]처럼 그대로 촉(觸)을 비치기만 할 뿐이기 때문이다. 그리고 또한, ⑥의식(意識)은, 안식(眼識)도 아니며, 이식(耳識)도 아니며, 비식(鼻識)도 아니며, 설식(舌識)도 아니며, 신식(身識)도 아니므로, 오직, 의근(意根)이 받아들인 법(法)을, 거울[鏡]처럼 그대로 법(法)을 비치기만 할 뿐이기 때문이다.

⑦제7식(第七識) 말나식(末那識)인 자아의식(自我意識)은, 6종근(六種根)에 의해, 6종경(六種境)을 받아들인 안식(眼識)에 비친 색(色)과 이식(耳識)에 비친 성(聲)과 비식(鼻識)에 비친 향(香)과 설식(舌識)에 비친 미(味)와 신식(身識)에 비친 촉(觸)과 의식(意識)에 비친 법(法)

을 인지(認知)하여 분별(分別)하고, 판단(判斷)하여, 습관(習慣)과 의지(意志)와 뜻에 따라 결정(決定)하고 결단(決斷)하여, 다음 행위(行爲)를 한다. ⑧제8식(第八識) 능소출입식(能所出入識)은, 이 일체작용업행(一切作用業行)의 정보(情報)를, 자연,반연반응,작용(自然,攀緣反應,作用)으로 제9식(第九識) 아뢰야식(阿賴耶識)인 함장식(含藏識)에 그대로 저장(貯藏)한다. 그리고, 제7식(第七識) 자아의식(自我意識)이, 맞닥뜨린 당면(當面)한 찰나변화(刹那變化)의 상황(狀況) 일체행위(一切行爲)에, 제9식(第九識) 함장식(含藏識)에 저장(貯藏)되어 있는 그에 상응(相應)한 일체기억정보(一切記憶情報)들을, 자연반응, 반연작용(自然反應,攀緣作用)으로 인출(引出)하여, 제7식(第七識) 자아의식(自我意識)에 반연작용(攀緣作用)으로 비추면, 제7식(第七識) 자아의식(自我意識)은 반연작용(攀緣作用)에 의한 지난 기억(記憶)과 앎을 통해, 지금 맞닥뜨린 당면(當面)한 상황변화(狀況變化)의 일체(一切)에 대처(對處)하며, 뜻에 따라 원활(圓滑)하게 작용(作用)한다. ⑨ 제9식(第九識) 함장식(含藏識)은, 지난 과거세(過去世)로부터 지금(只今)에 이르기까지, 모든 업(業)의 정보(情報)를 저장(貯藏)하고 있는, 함장식(含藏識)이다. 이 성품(性品)은, 부동열반,무기성품(不動涅槃,無記性品)으로, 12인연(十二因緣)의 무명성품(無明性品)이다. ⑩제10식(第十識)은, 일체초월(一切超越) 본성(本性)이며, 불성(佛性)이다.

제7식(第七識)인 자아의식(自我意識)의 작용(作用), 이외(以外)의 6종근(六種根), 6종식(六種識), 제8식(第八識) 능소출입식(能所出入識), 제9식(第九識) 함장식(含藏識)은, 인위적(人爲的) 조작(造作) 없이, 무

의식중(無意識中) 제식전개, 자연섭리(諸識展開, 自然攝理)에 따라, 자연반연, 섭리작용(自然攀緣, 攝理作用)으로 이루어진다. 이는, 경·근·식(境·根·識) 제식전개, 구성구조, 자연섭리, 작용체계(諸識展開, 構造構造, 自然攝理, 作用體系) 속에 무의식중(無意識中) 이루어지는, 자연섭리현상(自然攝理現象)인 자연반연, 섭리작용(自然攀緣, 攝理作用)이다. 이는, 자연, 반연반응, 섭리작용(自然, 攀緣反應, 攝理作用)에 의한 식(識)의 작용현상(作用現象)이므로, 이 식계작용(識界作用)은, 분별심(分別心)으로 알 수 있는 세계(世界)가 아니다. 왜냐하면, 무의식중(無意識中) 이루어지는 자연, 반연반응, 섭리작용(自然, 攀緣反應, 攝理作用)이므로, 분별심(分別心)인 제7식(第七識)은, 6종식(六種識)에 비치어 현상(現象)이 나타나야만 인지(認知)할 수 있는 분별식(分別識)이므로, 무의식중(無意識中)에 이루어지는 자연, 반연반응, 작용(自然, 攀緣反應, 作用)은 제7식(第七識) 자아의식(自我意識)으로는 알 수가 없다.

왜냐하면, 제7식(第七識) 자아의식(自我意識)은, 상분별식(相分別識)이므로, 몸[身]의 감각작용(感覺作用)과 분별심(分別心)의 제상(諸相)에 얽매여 있음과 또한, 업력(業力)의 감정(感情)을 수반(隨伴)한 경계심(境界心)이므로, 식(識)의 작용(作用)이 둔(鈍)하고, 작용파장(作用波長)이 느리므로, 자아의식(自我意識)인 제7식(第七識)으로도, 제7식(第七識) 이전(以前)과 이후(以後)의 무의식중(無意識中) 이루어지는 자연, 반연반응, 작용(自然, 攀緣反應, 作用)의 식계(識界)를, 인지(認知)할 수가 없다. 그러므로, ①눈[眼]으로 사물(事物)을 보는 것이 아니라, 안식(眼識)에 무의식중(無意識中) 경·근·식(境·根·識) 자연반연, 섭리작용(自然攀緣, 攝理作用)으로 비치는, 각종(各種) 다양(多樣)한 현상(現象)을 인지(認知)하여, 분별(分別)을 할 뿐이다. 또한, ②귀[耳]로 소리[聲]를 듣는 것이 아니라, 이식(耳識)에 무의식중(無意識中) 경·근·식(境·根·識) 자연반연, 섭리작용(自然攀緣, 攝理作用)으로 비치는 각종(各種) 다양(多樣)한 소리[聲]를 인지(認知)하여, 분별(分別)을 할 뿐이다. 또한, ③코[鼻]로 냄새와 향(香)을 맡는 것이 아니라, 비식(鼻識)에 무의식중(無意識中) 경·근·식(境·根·識) 자연반연, 섭리작용(自然攀緣, 攝理作用)으로 비치는 각종(各種) 다양(多樣)한 냄새와 향(香)을 인지(認知)하여 분별(分別)을 할 뿐이다. 또한, ④혀[舌]로 맛[味]을 보는 것이 아니라, 설식(舌識)에 무의식중(無意識中) 경·근·식(境·根·識) 자연반연, 섭리작용(自然攀緣, 攝理作用)으로 비치는 각종(各種) 다양(多樣)한 맛[味]을 인지(認知)하여 분별(分別)을 할 뿐이다. 또한, ⑤몸[身]으로 촉각(觸覺)을 느끼는 것이 아니라, 신식(身識)에 무의식중(無意識中) 경·근·식(境·根·識) 자연반연, 섭리작용(自然攀緣, 攝理作用)로 비치는 각종(各種) 다양(多樣)한 촉각(觸覺)을 인지(認知)하여 분별(分別)을 할 뿐이다. 또한, ⑥의(意)로 대상(對相)의 법(法)을 느끼는 것이 아니라, 무의식중(無意識中) 경·근·식(境·根·識) 자연반연, 섭리작용(自然攀緣, 攝理作用)으로 의식(意識)에 비치는 각종(各種) 다양(多樣)한 인지대상(認知對相)의 법(法)을 분별(分別)할 뿐이다.

이 경·근·식(境·根·識) 자연섭리작용(自然攝理作用)으로 무의식중(無意識中) 이루어지는 자연, 반연반응, 작용(自然, 攀緣反應, 作用)의 세계

(世界)를 알려면, 깊은 관행지(觀行智)가 있어야 한다. 깊은 관행지(觀行智)로 알 수 있는 식계(識界)는, 제7식(第七識) 이전(以前)의 식계(識界)와 제8식(第八識) 능소출입식(能所出入識)까지이다. 그러나, 제7식(第七識) 이전(以前)의 식계(識界)와 제8식(第八識) 능소출입식(能所出入識)까지 알아도, 이는 작용식(作用識)을 앎이니, 식(識)의 작용(作用)이 없는, 부동열반무기식(不動涅槃無記識)인 제9식(第九識) 함장식(含藏識)과 그리고, 제식,전변지혜,차별성품,무위세계(諸識,轉變智慧,差別性品,無爲世界)는 알 수가 없다. 특히, 제9식(第九識) 함장식(含藏識)은 부동열반무기성품(不動涅槃無記性品)이므로 제7식(第七識) 분별식(分別識)으로는 관(觀)이 되지 않으며, 또한, 무위보살지(無爲菩薩智)에 들어도, 제9식(第九識) 함장식(含藏識)의 부동대열반,무기성품(不動大涅槃,無記性品)을 명확(明確)히 인지(認知)할 수가 없다. 그러나, 일체초월(一切超越) 불지(佛智)에 듦[入]으로, 지난 보살지(菩薩智)에서 증험(證驗)한 그 실증지혜성품(實證智慧性品)이 곧, 제9식(第九識) 무명함장식(無明含藏識)이었음을 깨달을 뿐이다.

그리고, 제식,전변지혜,차별차원,무위성품,차별세계(諸識,轉變智慧,差別次元,無爲性品,差別世界)는 분별심(分別心)의 관(觀)의 대상(對相)이 아닌, 오직, 제식전변,실증지혜(諸識轉變,實證智慧)로만 알 수 있는, 무위지혜,차별성품,세계(無爲智慧,差別性品,世界)이다. 그러므로, 깊은 관행지(觀行智)에 들어 6종근(六種根)과 6종식(六種識)은 알아도, 6종근(六種根)과 6종식(六種識)이 끊어져 멸(滅)한 전변지혜성품(轉變智慧性品)은 알 수가 없다. 깊은 관행지(觀行智) 속에 6종근

(六種根)과 6종식(六種識)을 실관(實觀)함은, 이는, 6종근(六種根)과 6종식(六種識)이 작용식(作用識)이므로, 6종근(六種根)과 6종식(六種識)이 끊어져 멸(滅)한 성품(性品)이 아니기 때문이다. 이는, 분별식관(分別識觀)은 작용동식(作用動識)만 관(觀)할 수 있을 뿐, 작용(作用)이 끊어져 멸(滅)한 전변성품(轉變性品)은, 관(觀)할 수가 없다.

그러므로, 깊은 관행지(觀行智) 속에서, 식(識)을 보는 것과 동(動)함이 없는 제9식(第九識) 함장식(含藏識)인 부동대열반,무기성품(不動大涅槃,無記性品)과 또한, 식(識)이 끊어져 멸(滅)한 전변지혜,무위성품(轉變智慧,無爲性品)을 보는 것은 다르다. 관행(觀行) 자체(自體)가 곧, 대(對)의 분별식관(分別識觀)이므로, 동(動)이 없는 부동식(不動識)과 식(識)이 끊어져 멸(滅)한 전변지혜(轉變智慧)의 무위성품,차별세계(無爲性品,差別世界)는 알 수가 없다. 그러므로, 식(識)이 끊어져 멸(滅)해야만, 그 식(識)이 끊어져 멸(滅)한 성품차원(性品次元)을 알 수가 있다. 사람이 어떤 상황(狀況) 속에 의식(意識)이 없거나, 정신작용(精神作用)이 없어도, 식(識)의 작용(作用)이 잠식(潛識)될 뿐, 식(識)의 작용(作用)이 끊어져 멸(滅)한 것은 아니다.

왜냐하면, 제식(諸識)의 근본(根本)인 무명(無明)을 벗어나지 못했으므로, 육체적(肉體的) 감각기능작용(感覺機能作用)이 잠시(暫時) 멈추어도, 이는, 드러나는 식(識)의 작용(作用)이 잠식(潛識)될 뿐, 무의식,심층식(無意識,深層識)인 함장식(含藏識)과 3세훈습식(三世薰習識)인 능소출입식(能所出入識)과 제7식(第七識)이 연계(連繫)된 영식

(靈識)의 작용(作用)은 끊어져 멸(滅)하지 않는다. 그러므로, 육체적(肉體的)으로 의식(意識)이나 정신작용(精神作用)이 멸(滅)하는 것과 식(識)이 끊어져 멸(滅)하는 것은 차원(次元)이 다르다. 영식(靈識)이란, 몸[身]에 의존(依存)하지 않은, 제9식(第九識) 무명함장식(無明含藏識)과 3세훈습식(三世薰習識)인 제8식(第八識) 능소출입식(能所出入識)과 제7식(第七識) 자아의식(自我意識)이 연계(連繫)된 식(識)을, 영식(靈識)이라고 한다. 영식(靈識)이 몸[身]에 의존(依存)해, 6근(六根) 속에서 작용(作用)할 때에는, 이 영식(靈識)을, 자아의식(自我意識)이라고 한다. 이 영식(靈識)은, 12인연법(十二因緣法)에서, ①무명(無明)과 ②행(行)과 ③식(識)이 결합(結合)한 식체(識體)이다.

만약(萬若), 사람이 죽어도[死] 식(識)의 작용(作用)은 멸(滅)하지 않는다. 만약(萬若), 식(識)의 작용(作用)이 끊어지면[滅], 깨달음을 얻으며, 무위지혜(無爲智慧)를 증득(證得)하게 된다. 만약(萬若) 또한, 일체제식(一切諸識)이 끊어지면[滅], 일체초월성(一切超越性) 불성(佛性)에 증입(證入)하여, 불지혜(佛智慧)를 성취(成就)한 불(佛)이 된다. 그러므로, 육체적(肉體的)으로 의식(意識)과 정신작용(精神作用)이 끊어져도, 이는, 육체적(肉體的)인 상태(狀態)의 관찰(觀察)일 뿐, 식(識)은 육체(肉體)와 중첩(重疊)된 무형적(無形的) 성질(性質)이므로, 육체적(肉體的)으로 의식(意識)과 정신작용(精神作用)이 끊어져도, 육체적(肉體的)인 관찰(觀察)에서, 식(識)의 작용(作用), 유무(有無)를 알 수가 없다.

제식(諸識)은, 전변지혜(轉變智慧)로 식(識)이 점차(漸次) 타파(打破)되어 멸(滅)하는, 지혜상승(智慧上昇) 차별차원(差別次元)에 따라, 식(識)이 점차(漸次) 끊어져 멸(滅)한다. 그러나 오로지, 일체초월(一切超越) 불성(佛性)에 증입(證入)해, 일체초월(一切超越) 절대성(絶對性)에 듦[入]으로, 완전(完全)히 무명식(無明識)과 차별지혜증득상(差別智慧證得相)까지 모두 끊어져 멸(滅)한다. 그러므로, 육체적(肉體的)인 의식작용(意識作用)이 끊어진다고, 식(識)이 멸(滅)하는 것이 아니다. 성불(成佛)의 과정(過程)은, 전변지혜작용(轉變智慧作用)으로, 제식(諸識)이 점차(漸次) 타파(打破)되어 끊어져 멸(滅)하는, 제식전변, 상승세계(諸識轉變,上昇世界)이다. 그러므로, 지혜각력,상승차원(智慧覺力,上昇次元)에 따라 제식(諸識)이 점차(漸次) 끊어져 멸(滅)해, 일체초월(一切超越) 불지(佛智)에 증입(證入)하게 된다. 지혜작용(智慧作用)으로, 제식(諸識)이 점차(漸次) 타파(打破)되어 전변(轉變)하며 식(識)이 끊어져 멸(滅)해도, 몸[身]의 생명(生命)이 죽지[死] 않음은, 식(識)이 생명(生命)을 살아있게 함이 아니고, 성품(性品)이 몸[身]을 살아있게 한다. 이 말[言]의 뜻은, 일체초월성(一切超越性) 본성(本性)인 불성(佛性)의 작용(作用)으로, 이 몸[身]을 살아 있게 한다. 수행지혜상승(修行智慧上昇)으로 점차(漸次) 식(識)이 타파(打破)되어 멸(滅)해도, 성품(性品)이 멸(滅)하지 않음이니, 식(識)이 멸(滅)해도 죽음[死]은 없다. 성품(性品)이 곧, 생명성(生命性)이며, 몸[身]은 업신(業身)이다. 업식성품(業識性品)의 인연(因緣)에 따라, 또는, 몸[身]인 업신(業身)의 인연(因緣)에 따라, 업신(業身)과 업식성품(業識性品)이 분리(分離)되면, 육체적(肉體的)인 죽음[死]은 있으나, 업식성품(業識性品)은 죽음[死]이 없어, 업식성품(業識性品)은, 업식인연(業識因緣)에 따라, 인과윤회(因果輪廻)의 업생인연(業生因緣)의 삶을 살게 된다.

● 업(業)이란?

업(業)이란, 곧, 법(法)의 특성(特性)이다. 여기에서 법(法)이란, 그것이 무엇이든, 정(定)해보는 그것이다. 그러므로, 업(業)은, 그것이 유형(有形)이든 무형(無形)이든, 또한, 그것이 어떤 것이며, 무엇이든, 인지(認知)되거나 인식(認識)하는 존재(存在), 그 자체(自體)를 일컬음이다. 업(業)은, 어떤 작용(作用)을 일어나게 하고, 어떤 결과(結果)의 원인(原因)일 뿐, 업(業)에 대한, 어떤 고정관념(固定觀念)을 가져서는 안 된다. 일체(一切) 유형무형(有形無形)의 모든 존재(存在)는, 그것이 무엇이건, 업성(業性)을 지니고 있다. 그러므로, 유형(有形)으로도, 또한, 무형(無形)으로도 존재(存在)하며, 상(相)이 아닌, 의식(意識)과 인식(認識)의 상념(想念), 인지대상(認知對相)으로도 존재(存在)한다. 무엇이든, 존재(存在) 그 자체(自體)는 곧, 자기(自己) 존재(存在)의 특성(特性)을 지니고 있다. 우리[我等]들이 생각(念)하는, 무수(無數) 생각[念] 중, 그 어떤 한 생각[念], 그 자체(自體)도, 업성(業性)을 지니고 있다. 그 한 생각[念]이 홀연(忽然) 듯, 또한, 불현듯, 금새 일어났다 멸(滅)해도, 그 또한 존재(存在)이므로, 업성(業性)이 있음이다. 왜냐하면, 생(生)이었기 때문이며, 존재(存在)이었기 때문이다. 그러므로, 그것이 무엇이든, 업(業)이 없으면, 존재

(存在)할 수가 없다. 그것이 무엇이든, 존재(存在)이며, 존재(存在)해 있는 것은, 업(業)이 있기 때문이다. 그리고, 모든 존재(存在)는, 업성(業性)을 지니고 있으며, 그 업성(業性)에 의해 존재(存在)한다.

그 어떤, 좋은 원인(原因)이든 결과(結果)이든, 또는, 그 어떤 나쁜 원인(原因)이든 결과(結果)이든, 그 원인(原因)과 결과(結果)에는 반드시, 그 어떤 다양(多樣)한 성질(性質)의 각종(各種) 특성(特性)을 가진, 업(業)의 작용(作用)이 연계(連繫)된 원인(原因)이 있었기 때문이다. 업(業)은 어떤 특성(特性)이 있을 뿐, 좋거나, 나쁜 것만으로 예단(豫斷)할 수가 없다. 그 업(業)이 어떻게 연계(連繫)되어 작용(作用)하느냐에 따라, 그 결과(結果)가 달라진다. 모든 유형(有形)이든 무형(無形)이든, 그 어떤 존재(存在)이든, 업(業)이 없으면, 존재(存在)할 수가 없다. 업(業)은 존재(存在)의 원인(原因)이며, 존재(存在)의 특성(特性)이다. 그러므로, 업(業)이 있으므로, 그 업(業)에 의해, 그것이 무엇이든 존재(存在)할 수가 있다. 업(業)은, 그 어떤 인·연·과(因·緣·果)의 특성작용(特性作用)을 일어나게 함으로, 만물만생(萬物萬生)의 성주괴공(成住壞空)과 생주이멸(生住異滅)과 생로병사(生老病死)가 있다. 업(業)이 작용(作用)함으로, 삶의 희로애락(喜怒哀樂)과 부귀영화(富貴榮華)와 우비고뇌(憂悲苦惱)가 있다. 업인(業因)에 따라, 또는, 업연(業緣)에 따라, 또는, 업력(業力)에 따라, 복(福)이 쇠(衰)하기도 하고, 흥(興)하기도 한다.

업(業)은, 어떤 결과(結果)를 일어나게 하는, 다양(多樣)한 특성(特

性)일 뿐, 나쁜 것이 업(業)이라는 어떤, 고정관념(固定觀念)을 가질 필요(必要)는 없다. 왜냐하면, 선(善)함도, 길(吉)함도, 흥(興)함도, 부유(富有)함도, 복력(福力)도, 일체(一切)가 업(業)이기 때문이다. 어떤 노력(努力)이든, 그 자체(自體)는 곧, 어떤 결과(結果)를 위한 인행(因行)인 업(業)을 지음이므로, 그 업행(業行)의 인연(因緣)으로, 원(願)하는 바의 결과(結果)를 성취(成就)할 수가 있다. 어떤 결과(結果)를 위한 인연(因緣)의 업행(業行)을 지을 때에, 그 인행(因行)의 업행(業行)이, 원(願)하는 결과(結果)의 정인(正因)이냐를 살펴야 한다. 성불(成佛)을 위한 수행(修行) 또한, 성불(成佛)의 결과(結果)를 위한 업(業)의 인행(因行)이므로, 이 또한, 성불업행(成佛業行)을 지음[作]이다. 업(業)을 벗어난 존재(存在)는 없다. 왜냐하면, 존재(存在), 그 자체(自體)가 곧, 업(業)의 원인(原因)에 의한 특성(特性)이며, 성질(性質)이기 때문이다. 업(業)은 존재(存在)의 특성(特性)과 성질(性質)일 뿐, 중생(衆生)의 무명(無明) 업(業)만을 일컫는 것이 아니다. 업(業)은 존재(存在)의 특성(特性)이며, 존재(存在)는, 업(業)에 기인(基因)한 상황현상(狀況現象)이며, 또한, 결과(結果)이다. 해탈(解脫)하여 불(佛)이 되어도, 무명(無明)의 업(業)을 벗어난 것일 뿐, 불성(佛性)의 업(業)을 벗어나는 것이 아니다. 만약(萬若), 업(業)이 없으면, 만물만상(萬物萬象)과 만상만심(萬相萬心) 그것이 무엇이든, 또한, 어떤 존재(存在)이든, 존재(存在)할 수가 없다. 이는, 불(佛) 또한, 마찬가지이다. 왜냐하면, 불(佛)이 되어도, 불(佛)의 존재(存在)인 불성(佛性), 그 자체(自體)를 벗어나는 것이 아니기 때문이다. 그러면, 불(佛)이 되면, 일체업(一切業)을 해탈(解脫)해 벗어난다고 함은, 그 지

칭(指稱)하는 업(業)은, 무명(無明)의 중생업력(衆生業力)일 뿐, 청정
불성업(淸淨佛性業)을 벗어난 것이 아니다. 성품(性品) 속에 있는 모
든 존재(存在)는, 성품(性品) 자체(自體)를 벗어나, 존재(存在)할 수가
없다.

불성(佛性)이 업성(業性)이 있을까? 불성(佛性), 그 자체(自體)가 곧,
일체초월(一切超越) 청정업체(淸淨業體)이다. 왜냐하면, 만약(萬若),
불성(佛性)이 업성(業性)이 없다면, 존재(存在)할 수가 없다. 불성(佛
性)의 업성(業性)은 일체초월성(一切超越性)이며, 절대성(絕對性), 또
는, 여래장(如來藏)이라고 지칭(指稱)하는 그 자체(自體)가 곧, 없지
않기 때문이다. 불성(佛性)이 존재(存在)하고, 또한, 불성(佛性)의 업
성(業性)이 곧, 일체초월성(一切超越性)이며, 절대성(絕對性)이 있으
므로, 이를, 증득(證得)해 불(佛)을 성취(成就)하게 된다. 업(業)의 개
념(概念)이, 존재(存在)의 개념(概念)이 아닌, 무명업(無明業)의 개념
(概念)과 중생업(衆生業)의 개념(概念)에 치우쳐 있으면, 업(業)은 좋
은 것이 아니며, 곧, 벗어나야 할 것으로, 인식(認識)하고, 또한, 그
렇게만 이해(理解)하게 된다. 이는, 업(業)에 대한 잘못된 치우친 편
견관념(偏見觀念)이다. 업(業)은 벗어나야 할 것이며, 또한, 나쁜 것
이라는 편견관념(偏見觀念)은, 무명업(無明業)과 중생업(衆生業)에 치
우친 지식(知識)과 배움[學]에 의해 형성(形性)된, 업(業)에 대한 편견
적(偏見的) 잘못된 고정관념(固定觀念)이다. 중생업(衆生業)을 벗어나,
불(佛)이 되고자 하여도, 청정불성업(淸淨佛性業)을 짓지 않으면, 일
체초월(一切超越) 절대성(絕對性)에 들 수가 없다. 중생업(衆生業)도

업(業)이지만, 무명중생업(無明衆生業)을 벗어나는 것도, 무명중생업(無明衆生業)을 벗어나는 청정불성업행(淸淨佛性業行)의 결과(結果)로, 무명중생업(無明衆生業)이 끊어져 멸(滅)한, 불과(佛果)를 성취(成就)하게 된다.

청정불성업(淸淨佛性業)의 행(行)으로 성불(成佛)하는 법(法)이, 법화경(法華經) 4구게(四句偈)의 설(說)이다. "제법종본래 상자적멸상 불자행도이 내세득작불(諸法從本來 常自寂滅相 佛子行道已 來世得作佛)" 모든 법(法)이 본래(本來)의 성품(性品)을 좇아, 항상(恒常) 자성(自性)이 적멸상(寂滅相)이니, 불자(佛子)의 행(行)이 이 도(道)이므로, 내세(來世)에 불(佛)이 되는, [상자적멸청정업(常自寂滅淸淨業)을] 지음[作]이니라.

불성(佛性)은 일체초월성(一切超越性)이며, 일체초월(一切超越) 절대성(絕對性)이니, 상심(相心)과 상견(相見)으로는 일체초월(一切超越) 절대성(絕對性)에 들 수가 없다. 그러므로, 일체무명업(一切無明業)을 벗어나, 불(佛)이 되려면, 일체무명업(一切無明業)은 상심상견업행(相心相見業行)이니, 일체(一切) 상심상견업행(相心相見業行)을 벗어난, 무생청정심(無生淸淨心)과 무상실상견(無相實相見)의 일체초월,청정업행(一切超越,淸淨業行)이어야 한다. 이 행(行)을, 법성수순행(法性隨順行)이라고 하며, 자성수순행(自性隨順行)이라고 하며, 불성수순행(佛性隨順行)이라고 하며, 반야바라밀다행(般若波羅蜜多行)이라고 하며, 본성수순행(本性隨順行)이라고 하며, 계·정·혜·해탈·해탈지견행

(戒·定·慧·解脫·解脫智見行)인 5분법신행(五分法身行)이라고 하며, 일체
초월(一切超越) 절대성(絕對性), 절대중도무생행(絕對中道無生行)이 곧,
불성업행(佛性業行)이다. 이 수행법(修行法)이 곧, 8정도(八正道)이다.
8정도(八正道)는, 절대중도, 법성수순행(絕對中道, 法性隨順行)이다. 8
정도(八正道)는, 법화경(法華經) 4구게(四句偈), 내세득작불(來世得作
佛)의 불자행도(佛子行道)인 상자적멸, 청정업행(常自寂滅, 淸淨業行)이
다. 8정도(八正道)는 수행품(修行品)으로, 청정법성, 절대중도, 실상수
순, 인행품(淸淨法性, 絕對中道, 實相隨順, 因行品)이다.

  8정도(八正道)인 ①정견(正見)은, 법성실상정견(法性實相正見)으로,
일체상(一切相)이 제행무상(諸行無常)이며, 제법무아(諸法無我)이며,
열반적정(涅槃寂靜)인 법성실상정견(法性實相正見)이다. ②정사유(正
思惟)는, 법성실상, 정사유(法性實相, 正思惟)이니, 일체상(一切相)이 제
행무상(諸行無常)이며, 제법무아(諸法無我)이며, 열반적정(涅槃寂靜)인
법성실상, 정사유(法性實相, 正思惟)이다. ③정어(正語)는, 법성실상, 정
사유(法性實相, 正思惟) 정어(正語)의 삶이니, 일체상(一切相)이 제행무
상(諸行無常)이며, 제법무아(諸法無我)이며, 열반적정(涅槃寂靜)인 법
성실상, 정사유(法性實相, 正思惟)의 정어(正語)의 삶이다. ④정업(正業)
은, 법성실상, 정사유(法性實相, 正思惟) 정업(正業)의 삶이니, 일체상
(一切相)이 제행무상(諸行無常)이며, 제법무아(諸法無我)이며, 열반적
정(涅槃寂靜)인 법성실상, 정사유(法性實相, 正思惟) 정업(正業)의 삶이
다. ⑤정명(正命)은, 법성실상, 정사유(法性實相, 正思惟) 정명(正命)의
삶이니, 일체상(一切相)이 제행무상(諸行無常)이며, 제법무아(諸法無

我)이며, 열반적정(涅槃寂靜)인 법성실상,정사유(法性實相,正思惟) 정명(正命)의 삶이다. ⑥정정진(正精進)은, 법성실상,정사유(法性實相,正思惟) 정정진(正精進)의 삶이니, 일체상(一切相)이 제행무상(諸行無常)이며, 제법무아(諸法無我)이며, 열반적정(涅槃寂靜)인 법성실상,정사유(法性實相,正思惟) 정정진(正精進)의 삶이다. ⑦정념(正念)은, 법성실상,정사유(法性實相,正思惟)의 정념(正念)의 삶이니, 일체상(一切相)이 제행무상(諸行無常)이며, 제법무아(諸法無我)이며, 열반적정(涅槃寂靜)인 법성실상,정사유(法性實相,正思惟) 정념(正念)의 삶이다. ⑧정정(正定)은, 법성실상,정사유(法性實相,正思惟) 정정(正定)의 삶이니, 일체상(一切相)이 제행무상(諸行無常)이며, 제법무아(諸法無我)이며, 열반적정(涅槃寂靜)인 법성실상,정사유(法性實相,正思惟) 정정(正定)의 삶이다. 이것이, 법화경(法華經) 4구게(四句偈)의 법성실상,수순행(法性實相,隨順行)인 "제법종본래(諸法從本來) 상자적멸상(常自寂滅相) 불자행도이(佛子行道已)"인 "내세득작불행(來世得作佛行)"이다. 이것이, 일체초월(一切超越) 청정절대성(淸淨絕對性)을 향(向)한, 청정불성,수순업행(淸淨佛性,隨順業行)인 절대중도, 법성실상,수순수행(絕對中道,法性實相,隨順修行)이다.

업(業)에도, 중생상견,무명업행(衆生相見,無明業行)이 있으며, 보살무위,공성업행(菩薩無爲,空性業行)이 있으며, 여래불성,무생업행(如來佛性,無生業行)이 있다. 중생상견,무명업행(衆生相見,無明業行)은, 상심상견,일체식심,업행(相心相見,一切識心,業行)이다. 보살무위,공성업행(菩薩無爲,空性業行)은, 무위지혜, 일체공성, 차별차원, 공심업행(無爲

智慧, 一切空性, 差別次元, 空心業行)이다. 여래불성, 무생업행(如來佛性, 無生業行)은, 여래장, 무생공능, 총지행(如來藏, 無生功能, 總持行)이다. 중생상견, 무명업행(衆生相見, 無明業行)은, 상심상견, 제식전개, 무명업행(相心相見, 諸識展開, 無明業行)으로 곧, 자아일체, 무명심식행(自我一切, 無明心識行)이다. 보살무위, 공성업행(菩薩無爲, 空性業行)은, 무위지혜, 차별차원, 지혜상승, 공성업행(無爲智慧, 差別次元, 智慧上昇, 空性業行)으로 곧, 보살, 무위지혜, 청정공심행(菩薩, 無爲智慧, 淸淨空心行)이다. 여래불성, 무생업행(如來佛性, 無生業行)은, 여래장, 무생공능, 총지행(如來藏, 無生功能, 總持行)으로 곧, 법·보·응화신(法·報·應化身) 3신불행(三身佛行)이다.

업(業), 그 자체(自體)가 곧, 물(物), 심(心), 성(性), 인(因), 연(緣), 과(果), 념(念), 식(識), 생(生), 멸(滅), 유(有), 무(無), 지(知), 작(作), 행(行), 공(空), 지(智), 명(名), 유형(有形), 무형(無形), 유위(有爲), 무위(無爲) 등(等), 성질(性質)의 특성(特性)이므로, 그것이 무엇이든, 또한, 물질(物質)이든 의식(意識)이든, 업(業)을 벗어나 존재(存在)하는 것은 없다. 그러므로, 그것이 무엇이든, 있음이 곧, 존재(存在)이며, 존재(存在)는 곧, 그 존재(存在)의 특성성질(特性性質)인 업(業)이 있음이다. 꿈[夢] 속의 환(幻)도 업성(業性)을 지니고 있음으로, 의식(意識)과 정신(精神) 속에 작용(作用)하게 된다. 그러므로, 그것이 무엇이든, 인지(認知)함이 있음이 곧, 업(業)이다. 업(業)이란, 어떤 특성(特性)을 지니고 있다. 그러므로, 그것이 무엇이든, 그 업(業)은 어떤 작용(作用)을 일어나게 하며, 또는, 어떤 결과(結果)를 일어나게 한다. 그러므로, 언어(言語)도 업(業)이며, 이름[名]도 업(業)이며, 행위(行爲)도 업(業)이며, 상(相)도 업(業)이며, 상념(想念)도 업(業)이며, 한 생각[念]도 업(業)이며, 실체(實體)가 없어 곧, 사라지는 환(幻)도, 업성(業性)을 지니고 있음이다. 왜냐하면, 그것도 생(生)이며, 존재(存在)였었기 때문이다. 금새 사라지는, 한 찰나(刹那) 중, 한 생각[念]도, 다음 행위(行爲)의 선(善)과 악(惡)의 결과(結果)를 생성(生成)하는 원인(原因)이 됨인데, 꿈[夢] 속에서 일어나는 환영(幻影)이라 하여, 업성(業性)이 없음이 아니다. 그러므로, 꿈[夢] 속의 환(幻)이어도, 의식(意識)과 정신작용(精神作用)에 영향(影響)을 미치게 된다.

업(業)에도, 선(善)과 악(惡)에 속(屬)한 제식심업(諸識心業)과 그리고, 제식심(諸識心)을 벗어난 성업(聖業)이 있다. 또한, 업(業)에도, 중생무명업(衆生無明業)과 보살무위업(菩薩無爲業)과 불성무생업(佛性無生業)이 있다. 불(佛)이 되면, 일체무명업(一切無明業)을 벗어났어도, 불성, 여래장, 공능행(佛性, 如來藏, 功能行)인 불성청정업(佛性淸淨業)을 벗어난 것이 아니다. 불성청정업(佛性淸淨業)이란, 법·보·응화신(法·報·應化身) 3신불, 청정업행(三身佛, 淸淨業行)이다. 이는, 청정불성행(淸淨佛性行)으로 곧, 여래장, 무생공능, 충만지혜, 불성행(如來藏, 無生功能, 充滿智慧, 佛性行)이다. 그중, 일체제불(一切諸佛)의 불설불지경(佛說佛智經)이 곧, 청정불성, 불지행업경(淸淨佛性, 佛智行業經)이다. 무명중생(無明衆生)은 무명중생, 심식업행(無明衆生, 心識業行)을 하며, 무위보살(無爲菩薩)은 무위보살, 공성지혜, 업행(無爲菩薩, 空性智慧,

業行)을 하며, 제불여래(諸佛如來)는 청정불성,여래장,절대성,중도무생,공능업행(清淨佛性,如來藏,絕對性,中道無生,功能業行)을 한다.

그러므로, 그것이 물질(物質)이든, 의식(意識)이든, 유형(有形)이든, 무형(無形)이든, 중생(衆生)이든, 보살(菩薩)이든, 불(佛)이든, 또한, 그 어떤 존재(存在)이든, 곧, 그 존재(存在)가 있음이, 업(業)이며, 업(業)의 특성(特性)을 지니고 있음이다. 그러므로, 일체존재세계(一切存在世界)는 곧, 업성차별세계(業性差別世界)이며, 업성차별존재(業性差別存在)이다. 그러므로, 무엇이든, 업(業)이 없으면 존재(存在)할 수가 없다. 왜냐하면, 존재(存在) 자체(自體)가 곧, 업(業)의 특성(特性)이며 성질(性質)이기 때문이다. 그리고, 본성(本性)인 불성(佛性)이 존재(存在)함이 곧, 자성청정업성(自性清淨業性)인 일체초월,절대성,청정업성(一切超越,絕對性,清淨業性)을 지니고 있음이다. 본성(本性)인 불성(佛性)의 업성(業性)은, 무생절대성(無生絕對性)인 일체초월성(一切超越性)이므로, 일체만물만생(一切萬物萬生)을 절대성(絕對性)의 섭리(攝理)에 따라 창출(創出)하게 된다. 그리고, 일체초월(一切超越) 본성(本性)인 불성(佛性)이 존재(存在)하므로, 그 본성(本性)인 불성(佛性)에 증입(證入)한 청정불성,무생업행(清淨佛性,無生業行)의 제불(諸佛)이 있음이다. 그러므로, 청정제불(清淨諸佛)의 특성(特性)이 곧, 무생절대성(無生絕對性)인 불성(佛性)의 일체초월(一切超越) 절대청정성(絕對清淨性) 속에 있다.

일체,무명중생,업력(一切,無明衆生,業力)을 벗어나, 일체해탈(一切

解脫)의 불(佛)이 되었어도, 불성작용(佛性作用)인 불성,자성청정,본성업(佛性,自性淸淨,本性業)까지 멸(滅)한 것이 아니다. 만약(萬若), 일체업(一切業)을 벗어나, 일체업성(一切業性)이 끊어져 멸(滅)해 없다면, 그것은 곧, 그 존재(存在)의 업성(業性)이 없어, 소멸(消滅)하게 된다. 왜냐하면, 존재(存在)의 인성(因性)인 업성(業性)이 없기 때문이다. 그러므로, 일체초월(一切超越) 불성(佛性) 속에 있음이 곧, 성품(性品)의 절대성(絶對性), 본연,무생청정,업성(本然,無生淸淨,業性) 속에 있음이다. 만약(萬若), 업성(業性)이 완전(完全)히 끊어져 멸(滅)한다면, 일체초월(一切超越) 불성(佛性)도 존재(存在)할 수가 없다. 일체초월성(一切超越性) 불성작용(佛性作用)의 청정성업(淸淨聖業)을 지으면, 성업인행(聖業因行)이 있음으로, 성업과(聖業果) 또한, 있기 마련이다. 왜냐하면, 무엇이든, 행(行) 자체(自體)가 과(果)의 인성(因性)이 되기 때문이다. 불(佛)의 성업(聖業) 또한, 절대성,우주성품,절대중(絶對性,宇宙性品,絶對中)의 인과,섭리세계(因果,攝理世界)를 벗어나, 따로 존재(存在)하는 것이 아니다. 일체제불행(一切諸佛行)이, 일체초월(一切超越) 절대성(絶對性), 불성청정본업행(佛性淸淨本業行)이다. 일체초월(一切超越) 불지혜(佛智慧)는 곧, 일체초월성(一切超越性) 불성본지혜(佛性本智慧)이다.

불(佛)이어도, 불성청정업(佛性淸淨業)인 불성,무생무상,청정본업(佛性,無生無相,淸淨本業) 무한무변,무상공덕(無限無邊,無上功德) 여래장,무생공능(如來藏,無生功能) 속에 상주(常住)함으로, 중생(衆生)이 불법(佛法)을 존중(尊重)하며, 불성청정업(佛性淸淨業)에 증입(證入)하고자, 일체수행자(一切修行者)들이 무명중생업(無明衆生業)을 벗어나는 해탈수행(解脫修行)을 하는 것이다. 만약(萬若), 불(佛)이 되면, 일체업(一切業)을 벗어남이, 자기(自己)의 본성(本性)인, 불성(佛性)까지 소멸(消滅)하는 것이라면, 중생(衆生)을 벗어나 불(佛)을 성취(成就)해야 할 근본의미(根本意味)가 없다. 일체무명업(一切無明業)을 벗어나 불(佛)을 성취(成就)해도, 자기(自己) 존재(存在)의 실상(實相)이며, 일체초월(一切超越) 본성(本性)인 불성(佛性)이 소멸(消滅)하는 것이 아니므로, 자기(自己) 존재(存在)의 더없는 무상무변공덕가치(無相無邊功德價値)인, 성불(成佛) 실현(實現)의 무한가치(無限價値)가 있는 것이다.

불(佛)께서, 성불(成佛)하시고도, 길거리를 걸으시며 탁발(托鉢)하고, 탁발(托鉢)한 음식(飮食)을 드시며, 제자(弟子)들에게 법(法)을 설(說)한 이것이, 지금(只今), 불설경(佛說經)으로, 불(佛)의 성업(聖業)이 전(傳)하여 지고 있음에도, 불(佛)의 신·구·의(身·口·意) 3업(三業)이 없다고 하거나, 불(佛)은, 일체해탈(一切解脫)을 하였으므로, 불(佛)의 청정성업(淸淨聖業)까지 부정(否定)하면, 이는, 업(業)의 관념(觀念)이 중생무명업(衆生無明業)에 얽매인, 편견적(偏見的) 고정관념(固定觀念)을 벗어나지 못한, 악견(惡見)이다. 총체적(總體的)인 업계(業界)는, 무명중생,상심상견,차별업계(無明衆生,相心·相見,差別業界)로부터 보살지혜,무위차별,공성업계(菩薩智慧,無爲差別,空性業界)와 불성,무생청정,본성업계(佛性,無生淸淨,本性業界)에 이르기까지 무한,차별차원,차별업계(無限,差別次元,差別業界)가 있다. 그러므로, 존재(存

在)가 있음은, 존재(存在)의 특성(特性)인 업(業)이 있음이며, 존재(存在)의 작용(作用)과 행위(行爲)가 곧, 업(業)의 작용(作用)과 행위(行爲)이다. 그러므로, 무엇이든 업(業)을 벗어나 존재(存在)할 수가 없으며, 일체존재(一切存在) 그 자체(自體)가 곧, 업(業)의 차별특성(差別特性)이다. 불업(佛業)은 불성청정업(佛性淸淨業)으로 불성, 청정본연, 본업(佛性, 淸淨本然, 本業)이며, 보살업(菩薩業)은 공성지혜, 공성차별업(空性智慧, 空性差別業)으로 무위지혜, 차별차원, 공성공심, 행업(無爲智慧, 差別次元, 空性空心, 行業)이며, 중생업(衆生業)은 무명심식업(無明心識業)으로 상심상견, 차별식심업(相心相見, 差別識心業)이다.

만약(萬若), 업(業)의 인식(認識)이나 관점(觀點)이, 벗어나야 할 나쁜 것이나, 또는, 선(善)과 악(惡)이나, 중생심(衆生心)으로만 인식(認識)하는 것은, 업(業)의 인식(認識)과 관점(觀點)이, 하품하식차원(下品下識次元)의 업견(業見)에 얽매어 머물러 있기 때문이다. 업(業)의 성품차원특성(性品次元特性)은, 하품(下品)과 중품(中品)과 상품(上品)과 상상품(上上品)의 다양(多樣)한 공능차별차원(功能差別次元)의 특성(特性)이 있다. 무엇이든, 존재(存在) 그 자체(自體)가 곧, 업(業)의 특성(特性)이며, 어떤 생각[念]과 행위(行爲)의 작용(作用)이든, 작용(作用) 그 자체(自體)가 업행(業行)이니, 이 업행(業行)은, 다음 어떤 결과(結果)를 일어나게 하는 업(業)의 원인(原因)이 된다. 만약(萬若), 업(業)이 없으면, 존재(存在)와 작용(作用)이 있을 수가 없다. 왜냐하면, 존재(存在)와 작용(作用)이 곧, 업(業)의 존재(存在)의 성질특성(性質特性)이기 때문이다. 그러므로, 만물만상일체(萬物萬象一切)가 업

(業)의 성질(性質) 특성세계(特性世界)이다.

●성품(性品)이란?

업(業)은 곧, 성품(性品)의 특성(特性)이다. 성품(性品)이란, 성(性)과 품(品)이다. 성(性)은, 어떤 작용(作用)을 일어나게 하는, 불가사의(不可思議)한 생(生)의 특성(特性)을 지니고 있다. 이 특성(特性)을 곧, 공능(功能)이라고 한다. 공능(功能)은, 성(性) 자체(自體)가 지니고 있는 특성(特性)이다. 공능(功能)의 공(功)은, 총지성(總持性)을 일컬음이다. 총지성(總持性)이란, 인연(因緣) 따라 무엇이든 생기(生起)하는, 불가사의(不可思議) 능력(能力)을 내재(內在)한 실성(實性)이다. 우리[我等]들이 성품(性品)이라고 함은, 그 성품(性品)이 인연(因緣) 따라, 무엇이든 생기(生起)하는, 불가사의(不可思議) 총지성(總持性)인, 공(功)의 능력(能力)을 지니고 있기 때문이다. 공능(功能)의 능(能)이란, 자재성(自在性)을 일컬음이다. 능(能)인 자재성(自在性)이란, 인연(因緣) 따라 무엇에도 걸림 없이 생기(生起)하며, 창출(創出)하기 때문이다.

그러므로, 능(能)인 자재성(自在性)은, 인연(因緣) 따라 무엇에도 걸림 없이 원융무애자재(圓融無礙自在)로, 불가사의(不可思議) 무한작용(無限作用)을 드러냄이다. 성품(性品)의 품(品)은, 성(性)의 작용(作用) 특성(特性)인, 격(格)을 일컬음이다. 격(格)이란, 성(性)의 작용

(作用) 품(品)이다. 이는, 어떤 인연(因緣)의 품(品)인, 격(格)이 형성(形成)된 상태(狀態), 또는 형태(形態), 또는 모습[相], 또는, 체계(體系), 또는, 구조(構造), 또는, 구성(構成), 또는, 체제(體制), 또는, 체질(體質)이다. 성(性)의 작용(作用)으로 드러나는 품(品)인 격(格)에는, 눈[眼]에 보이거나, 인지(認知)되는 일체차별상(一切差別相)이다. 성품(性品)의 성(性)인, 일체총지성(一切總持性)인 공능작용(功能作用)으로 인연(因緣) 따라 드러나는, 성품(性品)의 품(品)인 격(格)의 상태(狀態), 또는 형태(形態), 또는 모습[相], 또는, 체계(體系), 또는, 구조(構造), 또는, 구성(構成), 또는, 체제(體制), 또는, 체질(體質), 또는, 가치(價値)에는, 진·선·미(眞·善·美), 또는, 상·중·하(上·中·下), 대·중·소(大·中·小) 등(等)의 품(品)인 격(格)이 있다. 또한, 상·중·하(上·中·下)를 9품(九品)의 격(格)으로 나누어, 상품(上品)에도 상상(上上), 상중(上中), 상하(上下)의 품(品)인, 격(格)이 있으며, 또한, 중품(中品)에도 중상(中上), 중중(中中), 중하(中下)의 품(品)인, 격(格)이 있으며, 또한, 하품(下品)에도 하상(下上), 하중(下中), 하하(下下)의 품(品)인, 격(格)이 있다.

그러므로, 지칭(指稱)하는 업(業), 그것이 무엇이든, 곧, 성품(性品)의 특성(特性)이다. 그러므로, 업(業)을 벗어남이 중요(重要)한 것이 아니다. 어떤 업(業)을 벗어났느냐가 중요(重要)하다. 또한, 어떤 업(業)을 벗어났다면, 또한, 어떤 더 나은 차원(次元)의 업성(業性), 또는, 업행(業行)에 증입(證入)했느냐가 중요(重要)하다. 업(業)의 상승(上昇)은, 악업행(惡業行)을 벗어나 선업행(善業行)에 들고, 박복업행

(薄福業行)을 벗어나 복덕업행(福德業行)에 들고, 상심상견업행(相心相見業行)을 벗어나 청정무상심업행(淸淨無相心業行)에 들고, 4상심, 집착업행(四相心, 執着業行)을 벗어나 무4상심, 청정업행(無四相心, 淸淨業行)에 들고, 무명중생, 상견업행(無明衆生, 相見業行)을 벗어나 무위지혜, 보살청정업행(無爲智慧, 菩薩淸淨業行)에 들고, 이를 또한 벗어나, 일체초월(一切超越) 청정불성, 본연본성, 무생업행(淸淨佛性, 本然本性, 無生業行)인 3신불, 무생공능, 공덕충만, 본성업행(三身佛, 無生功能, 功德充滿, 本性業行)인 여래장, 불성공능, 충만공덕, 무상업행(如來藏, 佛性功能, 充滿功德, 無相業行)에 들어야 한다. 존재(存在), 그 자체(自體)는 업(業)의 성품특성(性品特性)이며, 어떤 생각[念]과 작용(作用)과 행위(行爲)이든, 그 자체(自體)가 업행(業行)이므로, 이는, 그 다음 어떤 결과(結果)를 생기(生起)하는, 업인(業因)의 특성(特性)을 지니고 있다. 그러므로, 상심상견업행(相心相見業行)은 자아중생업인행(自我衆生業因行)이며, 무상공성업행(無相空性業行)은 보살무위업인행(菩薩無爲業因行)이며, 무생불성업행(無生佛性業行)은 여래, 불성본연, 초연업행(如來, 佛性本然, 超然業行)이다.

일반적(一般的)으로 의식(意識)이라고 할 때에는, 인지(認知), 인식(認識), 분별(分別), 판단(判斷), 행위(行爲)의 일체(一切) 심식작용(心識作用)인 정신작용(精神作用)의 일체(一切)를 총칭(總稱)하여, 의식(意識)이라고 한다. 그러나, 유식론(唯識論)인 유식체계(唯識體係)에서는, 식(識)의 전개체계특성(展開體系特性)을 세분화(細分化)하여, 각각

(各各) 식(識)을 차별특성(差別特性)에 따라 차별화(差別化)하여, 각각(各各) 식(識)을 지칭(指稱)하는 명칭(名稱)이 다르다. 심식작용(心識作用)의 제식세계(諸識世界)를 세분화(細分化)한, 제식전개,자연섭리,구성체계(諸識展開,自然攝理,構成體系)의 총체적(總體的) 식종체계(識種體系)는 10종식(十種識)이다. 10종식(十種識)의 식종구분(識種區分)이 있음은, 심식작용(心識作用)이 이루어지는, 심식작용과정(心識作用過程)에는, 서로 다른 차별종류(差別種類)의 제식(諸識)이, 연계중첩작용(連繫重疊作用)을 하는 제식전개작용(諸識展開作用)이 이루어지고 있기 때문이다. 식(識)은, 앎[認知]이며, 식(識)의 작용(作用)은, 인지(認知)의 분별작용(分別作用)이다. 일체(一切) 심식작용(心識作用)이 이루어지는 제식전개,자연섭리,구성체계(諸識展開,自然攝理,構成體系)는, 각각(各各) 제식(諸識)의 작용특성(作用特性)과 성품차원(性品次元)이 모두 다르다.

그러므로, 각각(各各) 제식(諸識)의 전개순위(展開順位)와 그 성품차원(性品次元)과 작용특성(作用特性)에 따라, 그 식(識)을 일컫는 명칭(名稱)이 다르다. 제식(諸識)의 전개순위(展開順位)와 성품차원(性品次元)과 작용특성(作用特性)이 서로 다름은, 대상(對相)을 받아들이는 제식작용(諸識作用)이 전개(展開)되는 점차(漸次) 연계순위체계(連繫順位體系)에 따라, 제식작용(諸識作用)의 특성(特性)이 다르기 때문이다. 그러므로, 소연경(所緣境)인 색성향미촉법(色聲香味觸法)의 대상(對相)을 받아들이는 뿌리[根]인, 안근(眼根), 이근(耳根), 비근(鼻根), 설근(舌根), 신근(身根), 의근(意根)을 6종근(六種根)이라 한다. 여기에서 근(根)이라고 함은, 대상(對相)을 받아들이는 식(識)의 작용(作用)을 하는 뿌리[根]이므로, 근(根)이라고 할 뿐, 몸[身]의 형태(形態)인 감각기관(感覺器官) 자체(自體)를 이름[名]하는 것이 아니다. 그러므로, 형태(形態) 없는 정신작용(精神作用)인 의(意) 역시(亦是), 대상(對相)인 법(法)을 받아들이므로, 의(意)를 또한, 근(根)이라고 한다.

그러므로, 근(根)이란, 몸[身]의 형태(形態)인 감각기관(感覺器官) 자체(自體)를 이름[名]함이 아닌, 단지(但只), 대상(對相)을 인지(認知)하여 받아들이는, 식(識)의 작용(作用) 뿌리[根]이므로, 근(根)이라고 한다. 그러므로, 그 근(根)이 어디에서 작용(作用)하는 근(根)이냐에 따라, 그 근(根)을 이름[名稱]함이 다르다. 만약, ①색(色)을 받아들이는 눈[眼]에 작용(作用)하는 근(根)이면 안근(眼根)이라고 하며, 만약, ②소리[聲]를 받아들이는 귀[耳]에 작용(作用)하는 근(根)이면 이근(耳根)이라고 하며, 만약, ③향(香)을 받아들이는 코[鼻]에 작용(作用)하는 근(根)이면 비근(鼻根)이라고 하며, 만약, ④맛[味]을 받아들이는 혀[舌]에 작용(作用)하는 근(根)이면 설근(舌根)이라고 하며, 만약, ⑤촉각(觸覺)을 받아들이는 몸[身]에 작용(作用)하는 근(根)이면 신근(身根)이라고 하며, 만약, ⑥법(法)을 받아들이는 정신작용(精神作用)인 의(意)에 작용(作用)하는 근(根)이면 의근(意根)이라고 한다.

식(識)은 곧, 앎[認知]이니, 식(識)의 작용(作用)은 곧, 앎[認知]의 분별작용(分別作用)이다. 식(識)인 곧, 앎[認知]이 작용(作用)하는 곳에 따라, 식(識)을 이름[名]함이 다르다. 그러므로, 대상(對相)을 인지(認

知)하여 받아들이는 뿌리[根]에 작용(作用)하면, 근(根)이라고 한다. 그러므로, 대상(對相)을 인지(認知)하여 받아들이는 뿌리[根]인, 안근·이근·비근·설근·신근·의근(眼根·耳根·鼻根·舌根·身根·意根)에 식(識)인 앎[認知]이 작용(作用)하면, 그 앎[識:認知]이 작용(作用)하는 곳에 따라, 안근(眼根), 이근(耳根), 비근(鼻根), 설근(舌根), 신근(身根), 의근(意根)이라고 한다. 그러므로, ①안근(眼根)은, 눈[眼]을 일컬음이 아니다. 안근(眼根)은, 눈[眼]의 기능(機能)에 앎[識:認知]이 작용(作用)하여, 색(色)을 받아들이는 눈[眼]에 의한 앎[識:認知]의 인지작용식(認知作用識)이므로, 안근(眼根)이라고 한다. ②이근(耳根)은, 귀[耳]를 일컬음이 아니다. 이근(耳根)은, 귀[耳]의 기능(機能)에 앎[識:認知]이 작용(作用)하여, 소리[聲]를 받아들이는 귀[耳]에 의한 앎[識:認知]의 인지작용식(認知作用識)을 이근(耳根)이라고 한다. ③비근(鼻根)은, 코[鼻]를 일컬음이 아니다. 비근(鼻根)은, 코[鼻]의 기능(機能)에 앎[識:認知]이 작용(作用)하여, 향(香)을 받아들이는 코[鼻]에 의한 앎[識:認知]의 인지작용식(認知作用識)을 비근(鼻根)이라고 한다. ④설근(舌根)은, 혀[舌]를 일컬음이 아니다. 설근(舌根)은, 혀[舌]의 기능(機能)에 앎[識:認知]이 작용(作用)하여, 맛[味]을 받아들이는 혀[舌]에 의한 앎[識:認知]의 인지작용식(認知作用識)을 설근(舌根)이라고 한다. ⑤신근(身根)은, 몸[身]을 일컬음이 아니다. 신근(身根)은, 몸[身]의 기능(機能)에 앎[識:認知]이 작용(作用)하여, 촉(觸)을 받아들이는 몸[身]에 의한 앎[識:認知]의 인지작용식(認知作用識)을 신근(身根)이라고 한다. ⑥의근(意根)은, 의(意)를 일컬음이 아니다. 의근(意根)은, 정신작용(精神作用)인 의(意)의 기능(機能)에 앎[識:認知]이 작용(作用)하여, 법(法)을 받아들이는 의(意)에 의한 앎[識:認知]의 인지작용식(認知作用識)을 의근(意根)이라고 한다.

이 6종근(六種根)이, 소연경(所緣境)인 색성향미촉법(色聲香味觸法)을 받아들인 것을, 그대로 거울[鏡]처럼 비치는 여섯[六] 종류(種類)의 식(識)인 안식(眼識), 이식(耳識), 비식(鼻識), 설식(舌識), 신식(身識), 의식(意識)을 6종식(六種識)이라고 한다. 그러므로, ①안식(眼識)은, 안근(眼根)이 받아들인 색(色)을, 그대로 거울[鏡]처럼 비치는 식(識)이 안식(眼識)이다. ②이식(耳識)은, 이근(耳根)이 받아들인 성(聲)을, 그대로 거울[鏡]처럼 비치는 식(識)이 이식(耳識)이다. ③비식(鼻識)은, 비근(鼻根)이 받아들인 향(香)을, 그대로 거울[鏡]처럼 비치는 식(識)이 비식(鼻識)이다. ④설식(舌識)은, 설근(舌根)이 받아들인 미(味)를, 그대로 거울[鏡]처럼 비치는 식(識)이 설식(舌識)이다. ⑤신식(身識)은, 신근(身根)이 받아들인 촉(觸)을, 그대로 거울[鏡]처럼 비치는 식(識)이 신식(身識)이다. ⑥의식(意識)은, 의근(意根)이 받아들인 법(法)을, 그대로 거울[鏡]처럼 비치는 식(識)이 의식(意識)이다.

그러므로, 18경계(十八境界)의 경·근·식체계(境·根·識體系)에, 근(根)은 경(境)에 의지(依支)해 작용(作用)하며, 식(識)은 근(根)에 의지(依支)해 작용(作用)한다. 18경계(十八境界)의 경·근·식체계(境·根·識體系)의 작용(作用)은 인위적(人爲的) 작용(作用)이 아닌, 무의식중(無意識中) 자연,반연반응,섭리작용(自然,攀緣反應,攝理作用)이므로, 근(根)이 자연,반연반응,작용(自然,攀緣反應,作用)하는 대상(對相)인 경(境)이 없으면, 근(根)의 자연,반연반응,섭리작용(自然,攀緣反應,攝理作用)은 끊어지며, 또한, 근(根)의 자연,반연반응,섭리작용(自然,攀緣反應,攝理作用)이 없으면, 근(根)에 의지(依支)한 식(識)의 자연,반연반응,섭리작용(自然,攀緣反應,攝理作用) 또한, 끊어지게 된다. 왜냐하면, 근(根)은 대상(對相)인 경(境)에 반연(攀緣)하여 생기(生起)하는 자연,반연반응,작용근(自然,攀緣反應,作用根)이기 때문이다. 또한, 식(識)은 근(根)에 반연(攀緣)하여 생기(生起)하는, 자연,반연반응,작용식(自然,攀緣反應,作用識)이기 때문이다.

그리고, ①색(色)에 자연,반연반응,작용(自然,攀緣反應,作用)하는 안(眼)에 의한 근(根)인, 안(眼)의 근(根)이면 안근(眼根)이라고 하며, 또한, 안(眼)의 근(根)에 자연,반연반응,작용(自然,攀緣反應,作用)하는 안(眼)에 의한 식(識)이면, 안식(眼識)이라고 한다. 그리고, ②성(聲)에 자연,반연반응,작용(自然,攀緣反應,作用)하는 이(耳)에 의한 근(根)인, 이(耳)의 근(根)이면 이근(耳根)이라고 하며, 또한, 이(耳)의 근(根)에 자연,반연반응,작용(自然,攀緣反應,作用)하는 이(耳)에 의한 식(識)이면, 이식(耳識)이라고 한다. 그리고, ③향(香)에 자연,반연반응,작용(自然,攀緣反應,作用)하는 비(鼻)에 의한 근(根)인, 비(鼻)의 근(根)이면 비근(鼻根)이라고 하며, 또한, 비(鼻)의 근(根)에 자연,반연반응,작용(自然,攀緣反應,作用)하는 비(鼻)에 의한 식(識)이면, 비식(鼻識)이라고 한다. 그리고, ④미(味)에 자연,반연반응,작용(自然,攀緣反應,作用)하는 설(舌)에 의한 근(根)인, 설(舌)의 근(根)이면 설근(舌根)이라고 하며, 또한, 설(舌)의 근(根)에 자연,반연반응,작용(自然,攀緣反應,作用)

하는 설(舌)에 의한 식(識)이면, 설식(舌識)이라고 한다. 그리고, ⑤ 촉(觸)에 자연,반연반응,작용(自然,攀緣反應,作用)하는 신(身)에 의한 근(根)인, 신(身)의 근(根)이면 신근(身根)이라고 하며, 또한, 신(身)의 근(根)에 자연,반연반응,작용(自然,攀緣反應,作用)하는 신(身)에 의한 식(識)이면, 신식(身識)이라고 한다. 그리고, ⑥법(法)에 자연,반연반응,작용(自然,攀緣反應,作用)하는 의(意)에 의한 근(根)인, 의(意)의 근(根)이면 의근(意根)이라고 하며, 또한, 의(意)의 근(根)에 자연,반연반응,작용(自然,攀緣反應,作用)하는 의(意)에 의한 식(識)이면, 의식(意識)이라고 한다.

　　그리고, 제식체계(諸識體系)에, 식(識)인 앎[認知]이, 제식(諸識)의 전개작용체계(展開作用體系)에서, 어느 연계순위작용차원(連繫順位作用次元)의 식(識)이냐에 따라, 그 식(識)의 이름[名]과 작용역할(作用役割)이 달라진다. 6종식(六種識)에 비친 색성향미촉법(色聲香味觸法)을 인지(認知)하여, 이를, 분별(分別)하고 판단(判斷)하며, 자기(自己)의 뜻[意]에 따라 행위(行爲)하는 식(識)이, 제7식(第七識)이며, 이는, 말나식(末那識)으로 자아의식(自我意識)이라고 한다. 그리고, 모든, 행위업(行爲業)의 기억정보(記憶情報)를, 함장식(含藏識)에 자연,반연반응,작용(自然,攀緣反應,作用)으로 저장(貯藏)하는 식(識)이, 제8식(第八識)이며, 이는, 능소출입식(能所出入識)이라고 한다. 그리고, 일체(一切) 모든 행위(行爲) 업(業)의 정보(情報)를 그대로 저장(貯藏)해 있는 식(識)이, 제9식(第九識)이며, 이는, 아뢰야식(阿賴耶識)인 함장식(含藏識)이라고 한다. 이 일체(一切)를 초월(超越)한, 식(識)의 근본(根本)

본성(本性)을 일러, 제10식(第十識)이라고 한다. 제식(諸識)의 전개작용연계순위(展開作用連繫順位)와 성품작용특성(性品作用特性)에 따라 식(識)을 이름[名]함이 다르다.

①식(識)은, 앎[認知]이니, 만약(萬若), 앎[識:認知]이, 6종근(六種根)에 작용(作用)하는 앎[認知]이면, 대상(對相)을 인지(認知)하는 앎[識:認知]의 작용(作用)으로, 대상(對相)인 색성향미촉법(色聲香味觸法)을 인지(認知)하여 자연,반연반응,작용(自然,攀緣反應,作用)으로 받아들이는, 6종근(六種根)의 수(受)의 작용역할(作用役割)을 한다.

②또한, 앎[識:認知]이, 6종식(六種識)에 작용(作用)하면, 6종근(六種根)이 앎[識:認知]으로 받아들인 대상(對相)인, 색성향미촉법(色聲香味觸法)에 자연,반연반응,작용(自然,攀緣反應,作用)으로, 그대로 거울[鏡]처럼 비치어, 마음 인지(認知)의 심상(心相)으로 전환(轉換)하여, 색성향미촉법(色聲香味觸法)을 그대로 심상(心相)에 비치어 드러나도록 하는, 작용역할(作用役割)을 한다.

③또한, 앎[識:認知]이, 제7식(第七識) 말나식(末那識)인 자아의식(自我意識)에 작용(作用)하면, 6종식(六種識)에 거울[鏡]처럼 비치어 나타난, 심상(心相)으로 전환(轉換)된 색성향미촉법(色聲香味觸法)의 상(相)을 인지(認知)하여, 앎[識:認知]으로 분별(分別)하여 판단(判斷)하며, 뜻[意]에 따라 행위(行爲)하는, 앎[識:認知]의 분별작용역할(分別作用役割)을 한다.

④또한, 앎[識:認知]이, 제8식(第八識) 능소출입식(能所出入識)에 작용(作用)하면, 6종근(六種根), 6종식(六種識), 제7식(第七識)의 일체작

용(一切作用)에, 앎[識:認知]이 자연,반연반응,작용(自然,攀緣反應,作用)으로, 일체업(一切業)의 정보(情報)를, 제9식(第九識) 함장식(含藏識)에 반연작용(攀緣作用)으로 저장(貯藏)하며, 또한, 제8식(第八識) 능소출입식(能所出入識)은, 제7식(第七識) 자아의식(自我意識)의 작용(作用)에 자연반응,반연작용(自然反應,攀緣作用)으로, 함장식(含藏識)에 저장(貯藏)되어 있는 지난 업(業)의 기억정보(記憶情報)들을 인출(引出)하여, 제7식(第七識) 작용(作用)에 반연작용(攀緣作用)으로 비추면, 또한, 제7식(第七識)은 기억반연작용(記憶攀緣作用)의 정보(情報)에 의해, 맞닥뜨린 당면(當面)한 상황(狀況)을, 앎[識:認知]의 기억정보(記憶情報)로 분별(分別)하여 판단(判斷)하고, 뜻[意]에 따라 행위(行爲)하게 된다.

⑤또한, 앎[識:認知]이, 제9식(第九識) 함장식(含藏識)에 작용(作用)하면, 단지(但只), 일체행(一切行)의 업(業)의 정보(情報)를 수용(受容)하고 저장(貯藏)하는, 업총섭,수용공능,공덕작용(業總攝,受容功能,功德作用)을 하는, 부동,무기성품,업식작용(不動,無記性品,業識作用)을 한다.

그런데, 제식전개체계(諸識展開體系)인 경·근·식(境·根·識) 18경계(十八境界)에는, 제식전개,순위차별(諸識展開,順位差別)에 따라 식(識)의 차원(次元)과 작용역할(作用役割)이 서로 다름에도, 대승유식론(大乘唯識論)의 전5식체계(前五識體系)의 영향(影響)으로, 두[二] 식(識)이 서로 작용역할(作用役割)이 유사(類似)하거나 차별(差別)이 없는, 두[二] 식(識)이 있다. 그 두[二] 식(識)은, 제6의식(第六意識)과 제7식(第七識) 자아의식(自我意識)이다. 제6의식(第六意識)은, 의근(意根)으로 받아들인 법경(法境)을 그대로 거울[鏡]처럼 비치는 작용(作用)을 하는 것이 제6의식(第六意識)이다. 제7식(第七識)은, 6종근(六種根)으로 받아들인 색성향미촉법(色聲香味觸法)이, 그대로 거울[鏡]처럼 비치는 6종식(六種識)에 나타난 색성향미촉법(色聲香味觸法)의 현상(現象)을, 인지(認知)하여 분별(分別)하고, 판단(判斷)하며, 뜻(意)에 따라 행위(行爲)하는, 자아의식(自我意識)이다.

제6의식(第六意識)은, 의근(意根)의 수(受)의 작용(作用)으로 법경(法境)을 그대로 거울[鏡]처럼 비치는 거울작용[鏡作用]을 한다. 그러므로, 제6의식(第六意識)은, 그 어떤 변형(變形)이나, 인위적(人爲的) 조작(造作) 없이, 법경(法境)을 그대로 비치는, 거울작용[鏡作用]을 하는 심상전환식(心相轉換識)이다. 제7식(第七識)은 자아의식(自我意識)이므로, 6종식(六種識)인 안식(眼識), 이식(耳識), 비식(鼻識), 설식(舌識), 신식(身識), 의식(意識)에 비치는, 색성향미촉법(色聲香味觸法)을 인지(認知)하여 분별(分別)하고, 분석(分析)하여 판단(判斷)하며, 습관(習慣)과 업력(業力)과 뜻[意]에 따라 결정(決定)하여 다음 행위(行爲)를 하는, 자아의식(自我意識)이다.

그러므로, 제6의식(第六意識)과 제7식(第七識)은, 서로 성품작용특성(性品作用特性)과 성품작용차원(性品作用次元)이 서로 다르다. 그러므로, 제6의식(第六意識)과 제7식(第七識) 자아의식(自我意識)은 성품성질(性品性質)과 성품작용(性品作用)과 성품차원(性品次元)이 서로 다르므로, 서로 성품작용(性品作用)이 겹칠 수도 없고, 또한, 서로 성품작용영역(性品作用領域)이 중복(重複)되지 않으며, 또한, 서로 성품작용역할(性品作用役割)을 간섭(干涉)하거나 겸(兼)할 수가 없다. 그 까닭[緣由]은, 제6의식(第六意識)과 제7식(第七識) 자아의식(自我意識)은, 성품(性品)의 작용(作用)과 차원(次元)이 서로 다른, 차별차원(差別次元) 특성(特性)의 식(識)이기 때문이다.

식(識)은 곧, 앎[認知]이다. 앎[認知]의 작용(作用)은 곧, 분별작용(分別作用)이다. 식(識)의 작용(作用)이 이루어지는 제식작용,전개순위(諸識作用,展開順位) 중에, 식(識)이, 어느 전개순위,연계구성체(展開順位,連繫構成體)로써 작용(作用)하느냐에 따라, 그 식(識)의 성질(性質) 작용특성(作用特性)과 성품차원(性品次元)이 달라진다. 이를, 나무[木]에 비유(比喩)하면, 똑 같은 물[水]이어도, 뿌리[根]에 인연(因緣)한 물[水]은 뿌리[根]에 인연(因緣)한 작용(作用)을 하며, 가지[枝]에 인연(因緣)한 물[水]은 가지[枝]에 인연(因緣)한 작용(作用)을 하며, 잎사귀[葉]에 인연(因緣)한 물[水]은 잎사귀[葉]에 인연(因緣)한 작용(作用)을 하며, 꽃[花]에 인연(因緣)한 물[水]은 꽃[花]에 인연(因緣)한 작용(作用)을 하며, 열매[果]에 인연(因緣)한 물[水]은 열매[果]에 인연(因緣)한 작용(作用)을 한다. 동일(同一)한 물[水]이어도, 그 물[水]이 작용(作用)하는 인연처(因緣處)에 따라, 그 물[水]의 역할(役割)과 작용현상(作用現象)이 서로 차별(差別)이 있으며, 같지 않음과도 같다.

식(識), 또한, 이와 다를 바가 없다. 식(識)은 곧, 앎[認知]이다. 그러나, 식(識)이, 6종근(六種根)에 작용(作用)하면, 색성향미촉법(色聲

香味觸法)을 받아들이는 역할작용(役割作用)을 한다. 6종근(六種根)이어도, ①눈[眼]에 의한 앎[識:認知]으로, 색(色)을 받아들이는 눈[眼]에 의한 앎[識:認知]의 작용근(作用根)이면, 안근(眼根)이라고 한다. 또한, ②귀[耳]에 의한 앎[識:認知]으로, 소리[聲]를 받아들이는 귀[耳]에 의한 앎[識:認知]의 작용근(作用根)이면, 이근(耳根)이라고 한다. 또한, ③코[鼻]에 의한 앎[識:認知]으로, 향(香)을 받아들이는 코[鼻]에 의한 앎[識:認知]의 작용근(作用根)이면, 비근(鼻根)이라고 한다. 또한, ④혀[舌]에 의한 앎[識:認知]으로, 맛[味]을 받아들이는 혀[舌]에 의한 앎[識:認知]의 작용근(作用根)이면, 설근(舌根)이라고 한다. 또한, ⑤몸[身]에 의한 앎[識:認知]으로, 촉각(觸覺)을 받아들이는 몸[身]에 의한 앎[識:認知]의 작용근(作用根)이면, 신근(身根)이라고 한다. 또한, ⑥정신작용(精神作用)에 의한 앎[識:認知]으로, 법(法)을 받아들이는 정신의식(精神意識)에 의한 작용근(作用根)이면, 의근(意根)이라고 한다.

식(識)은 곧, 앎[認知]이다. 그러나, 식(識)이 6종식(六種識)에 작용(作用)하여, 6종근(六種根)이 받아들인 색성향미촉법(色聲香味觸法)을 그대로 거울[鏡]처럼 비치는 거울작용[鏡作用]을 하는 식(識)이 6종식(六種識)이다.

①안(眼)의 근(根)에 의한 앎[識:認知]의 작용(作用)으로 받아들인 색(色)에, 또한, 식(識)인 앎[識:認知]이 자연,반연반응,작용(自然,攀緣反應,作用)으로 그대로, 거울[鏡]처럼 비치는, 색(色)의 심상전환식(心相轉換識)이 곧, 안식(眼識)이다.

②이(耳)의 근(根)에 의한 앎[識:認知]의 작용(作用)으로 받아들인 소리[聲]에, 또한, 식(識)인 앎[識:認知]이 자연반응작용(自然反應作用)으로 그대로, 거울[鏡]처럼 비치는, 소리[聲]의 심상전환식(心相轉換識)이 곧, 이식(耳識)이다.

③비(鼻)의 근(根)에 의한 앎[識:認知]의 작용(作用)으로 받아들인 향(香)에, 또한, 식(識)인 앎[識:認知]이 자연반응작용(自然反應作用)으로 그대로, 거울[鏡]처럼 비치는, 향(香)의 심상전환식(心相轉換識)이 곧, 비식(鼻識)이다.

④설(舌)의 근(根)에 의한 앎[識:認知]의 작용(作用)으로 받아들인 맛[味]을, 또한, 식(識)인 앎[識:認知]이 자연반응작용(自然反應作用)으로 그대로, 거울[鏡]처럼 비치는, 맛[味]의 심상전환식(心相轉換識)이 곧, 설식(舌識)이다.

⑤신(身)의 근(根)에 의한 앎[識:認知]의 작용(作用)으로 받아들인 촉(觸)에, 또한, 식(識)인 앎[識:認知]이 자연반응작용(自然反應作用)으로 그대로, 거울[鏡]처럼 비치는, 촉(觸)의 심상전환식(心相轉換識)이 곧, 신식(身識)이다.

⑥정신작용(精神作用)이 대상(對相)을 받아들이는 근(根)인 의(意)에 의한 앎[識:認知]의 작용(作用)으로 받아들인 법(法)에, 또한, 식(識)인 앎[識:認知]이 자연반응작용(自然反應作用)으로 그대로, 거울[鏡]처럼 비치는, 법(法)의 심상전환식(心相轉換識)이 곧, 의식(意識)이다.

⑦6종식(六種識)에 비치어 나타난 색·성·향·미·촉·법(色·聲·香·味·觸·法)을 인지(認知)하여, 이를 분별(分別)하고 판단(判斷)하며, 자기(自己)의 뜻[意]에 따라 결정(決定)하여 행위(行爲)하는 작용식(作用識)이

곧, 제7식(第七識) 자아의식(自我意識)이다.

⑧안근(眼根), 이근(耳根), 비근(鼻根), 설근(舌根), 신근(身根), 의근(意根)의 6종근(六種根)과 안식(眼識), 이식(耳識), 비식(鼻識), 설식(舌識), 신식(身識), 의식(意識)의 6종식(六種識)과 제7식(第七識) 자아의식(自我意識)의 일체작용(一切作用) 업(業)의 기억정보(記憶情報)를, 자연반응작용(自然反應作用)으로 함장식(含藏識)에 저장(貯藏)을 하며, 또한, 자아의식(自我意識)의 작용(作用)에 따라, 자연반응(自然反應)으로 함장식(含藏識)에 저장(貯藏)되어 있는 기억정보(記憶情報)를 인출(引出)하여, 제7식(第七識) 자아의식(自我意識)에, 반응작용(反應作用)으로 비추어 전달(傳達)하는 기억정보,출입운행식(記憶情報,出入運行識)이, 제8식(第八識) 능소출입식(能所出入識)이다.

⑨지난 세세생생(世世生生) 일체업력정보(一切業力情報)를 저장(貯藏)해 담고 있는 심층무의식계(深層無意識界) 무기부동식(無記不動識)이, 제9식(第九識) 함장식(含藏識)이다.

물[水]이 나무[木]의 뿌리[根]에 인연(因緣)하여 작용(作用)하면, 나무[木]의 뿌리[根]가 성장(成長)하는 작용(作用)을 하고, 물[水]이 나무[木]의 가지[枝]에 인연(因緣)하여 작용(作用)하면, 뿌리[根]와 다른, 나무[木]의 가지[枝]가 성장(成長)하는 작용(作用)을 하고, 물[水]이 나무[木]의 잎사귀[葉]에 인연(因緣)하여 작용(作用)하면, 나무[木]의 뿌리[根]와 가지[枝]와 다른, 나무[木]의 잎사귀[葉]가 성장(成長)하는 작용(作用)을 하며, 물[水]이 나무[木]의 꽃[花]에 인연(因緣)하여 작용(作用)하면, 나무[木]의 뿌리[根]와 가지[枝]와 잎사귀[葉]와도 다른,

나무[木]의 꽃[花]이 활짝 피어나게 하는 작용(作用)을 하며, 또한, 물[水]이 나무[木]의 열매[果]에 인연(因緣)하여 작용(作用)하면, 뿌리[根]와 가지[枝]와 잎사귀[葉]와 꽃[花]과 다른, 열매[果]가 성장(成長)하는 작용(作用)을 한다. 물[水]은 같아도, 나무[木] 전체(全體)의 어느 곳에 인연(因緣)하여 작용(作用)하느냐에 따라, 그 나타나는 현상(現象)과 작용성질(作用性質)이 다르다.

그와 같이, 식(識)이 곧, 앎[識:認知]이어도, 자연반응작용(自然反應作用)하는 인연처(因緣處)에 따라. ①색성향미촉법(色聲香味觸法)을 받아들이는 6종근(六種根)에 앎[識:認知]의 작용식(作用識)으로도, 또는, ②색성향미촉법(色聲香味觸法)을, 그대로 거울[鏡]처럼 비치는 6종식(六種識)에 앎[識:認知]의 작용식(作用識)으로도, 또는, ③6종식(六種識)에 그대로 비치는, 색성향미촉법(色聲香味觸法)을 인지(認知)하여 분별(分別)하고, 판단(判斷)하며, 자기(自己)의 뜻[意]에 따라 결정(決定)하여, 다음 행위(行爲)를 하는 작용식(作用識)인 제7식(第七識) 앎[識:認知]의 자아의식(自我意識)으로도, 또는, ④일체업(一切業)의 정보(情報)를 자연반응작용(自然反應作用)으로 함장식(含藏識)에 저장(貯藏)하고, 또한, 인출(引出)하는 제8식(第八識) 앎[識:認知]의 능소출입식(能所出入識)으로도, 또는, ⑤일체행위정보(一切行爲情報)를 저장(貯藏)해 있는 부동열반무기식(不動涅槃無記識)인 제9식(第九識) 아뢰야식(阿賴耶識)인 함장식(含藏識)으로도, 그 작용인연처(作用因緣處)에 따라, 서로 다른 차별성품작용(差別性品作用)을 한다.

그러므로, 앎[識:認知]인 식(識)이, 제식전개, 연계상속, 차별차원, 구성체계(諸識展開, 連繫相續, 差別次元, 構成體系) 중에, ①6종근(六種根)에 앎[識:認知]으로 작용(作用)하면, 6종근, 성품특성, 작용식(六種根, 性品特性, 作用識)이 되며, 또한, ②6종식(六種識)에 앎[識:認知]으로 작용(作用)하면, 6종식, 성품특성, 작용식(六種識, 性品特性, 作用識)이 되며, 또한, ③제7식(第七識)에 앎[識:認知]으로 작용(作用)하면, 제7식, 성품특성, 작용식(第七識, 性品特性, 作用識)이 되며, 또한, ④제8식(第八識)에 앎[識:認知]으로 작용(作用)하면, 제8식, 성품특성, 작용식(第八識, 性品特性, 作用識)이 되며, 또한, ⑤제9식(第九識)의 성품(性品)으로 작용(作用)하면, 제9식, 성품무기부동, 특성작용식(第九識, 性品無記不動, 特性作用識)이 된다. 그리고 또한, ⑥제10식(第十識) 성품(性品)으로 작용(作用)하면, 제10식(第十識)의 일체초월(一切超越) 절대성(絶對性)인, 본성작용성품(本性作用性品)이 된다.

제식작용, 연계상속, 차별차원, 구성체계(諸識作用, 連繫相續, 差別次元, 構成體系)에서, 6종근(六種根)과 6종식(六種識), 그리고, 제7식(第七識) 말나식(末那識)인 자아의식(自我意識)과 제8식(第八識) 능소출입식(能所出入識)과 제9식(第九識) 아뢰야식(阿賴耶識)인 함장식(含藏識)과 제10식(第十識) 본성(本性) 또한, 제식(諸識)의 연계상속, 전개순위, 차별차원(連繫相續, 展開順位, 差別次元)에 따라, 식(識)의 작용특성(作用特性)의 차별(差別)이 있다.

①식(識:認知)이, 근(根) 중, 안근(眼根)에 작용(作用)하면, 색(色)을 받아들이는 안근(眼根)의 자연반연반응(自然攀緣反應) 수(受)의 작용

(作用)을 하며, 또한, 식(識:認知)이 안식(眼識)에 작용(作用)하면, 식(識:認知)의 자연,반연반응,작용(自然,攀緣反應,作用)으로, 색(色)의 현상(現象)을 그대로 거울[鏡]처럼 비치는, 색현상식(色現象識)이 된다.

②식(識:認知)이, 근(根) 중, 이근(耳根)에 작용(作用)하면, 소리[聲]를 받아들이는 이근(耳根)의 자연반연반응(自然攀緣反應) 수(受)의 작용(作用)을 하며, 또한, 식(識:認知)이 이식(耳識)에 작용(作用)하면, 식(識:認知)의 자연,반연반응,작용(自然,攀緣反應,作用)으로, 소리[聲]의 현상(現象)을 그대로 거울[鏡]처럼 비치는, 성현상식(聲現象識)이 된다.

③식(識:認知)이, 근(根) 중, 비근(鼻根)에 작용(作用)하면, 냄새와 향(香)을 받아들이는 비근(鼻根)의 자연반연반응(自然攀緣反應)의 수(受)의 작용(作用)을 하며, 또한, 식(識:認知)이 비식(鼻識)에 작용(作用)하면, 식(識:認知)의 자연,반연반응,작용(自然,攀緣反應,作用)으로, 냄새와 향(香)의 현상(現象)을 그대로 거울[鏡]처럼 비치는, 향현상식(香現象識)이 된다.

④식(識:認知)이, 근(根) 중, 설근(舌根)에 작용(作用)하면, 맛[味]을 받아들이는 설근(舌根)의 자연반연반응(自然攀緣反應) 수(受)의 작용(作用)을 하며, 또한, 식(識:認知)이 설식(舌識)에 작용(作用)하면, 식(識:認知)의 자연,반연반응,작용(自然,攀緣反應,作用)으로, 맛[味]의 현상(現象)을 그대로 거울[鏡]처럼 비치는, 미현상식(味現象識)이 된다.

⑤식(識:認知)이, 근(根) 중, 신근(身根)에 작용(作用)하면, 촉(觸)을 받아들이는 신근(身根)의 자연반연반응(自然攀緣反應) 수(受)의 작용(作用)을 하며, 또한, 식(識:認知)이 신식(身識)에 작용(作用)하면, 식

(識:認知)의 자연,반연반응,작용(自然,攀緣反應,作用)으로, 촉(觸)의 현상(現象)을 그대로 거울[鏡]처럼 비치는, 촉현상식(觸現象識)이 된다.

⑥식(識:認知)이, 근(根) 중, 의근(意根)에 작용(作用)하면, 법(法)을 받아들이는 의근(意根)의 자연반연반응(自然攀緣反應) 수(受)의 작용(作用)을 하며, 또한, 식(識:認知)이 의식(意識)에 작용(作用)하면, 식(識:認知)의 자연,반연반응,작용(自然,攀緣反應,作用)으로, 법(法)의 현상(現象)을 그대로 거울[鏡]처럼 비치는, 법현상식(法現象識)이 된다.

⑦식(識:認知)이, 제7식(第七識) 자아의식(自我意識)에 작용(作用)하면, 6종식(六種識)에 자연,반연반응,작용(自然,攀緣反應,作用)으로 거울[鏡]처럼 그대로 비치어 나타난 색·성·향·미·촉·법(色·聲·香·味·觸·法)의 현상(現象)을, 자아의식(自我意識)의 앎[識:認知]이 인지(認知)하여 분별(分別)하고, 분석(分析)하여 판단(判斷)하며, 자아의지(自我意志)의 뜻[意]에 따라 결정(決定)하여, 다음 행(行)을 하는, 자아행위식(自我行爲識)이 된다.

⑧식(識:認知)이, 제8식(第八識) 능소출입식(能所出入識)에 작용(作用)하면, 자아의식(自我意識)의 일체업행(一切業行)의 기억정보(記憶情報)를, 심층,무의식계,3세정보,업력인자,저장처(深層,無意識界,三世情報,業力因子,貯藏處)인 함장식(含藏識)에 자연,반연반응,작용(自然,攀緣反應,作用)으로 저장(貯藏)하며, 또한, 자아의식작용(自我意識作用)에 따라, 자연반응,반연작용(自然反應,攀緣作用)으로, 함장식(含藏識)에 저장(貯藏)되어 있는, 기억정보인자(記憶情報因子)를 인출(引出)하여 자아의식작용(自我意識作用)에 반연작용(攀緣作用)으로 비추면, 자아의식(自我意識)은 반연작용(攀緣作用)에 의한, 지난 기억(記憶) 등(等)

에 의지(依支)해, 현재(現在)에 맞닥뜨린 당면(當面)한 상황(狀況)을 인지(認知)하고 판단(判斷)하며, 뜻[意]에 따라 행위(行爲)하게 된다.

⑨식(識:認知)이, 제9식(第九識) 아뢰야식(阿賴耶識)인 함장식(含藏識)에 작용(作用)하면, 제8식(第八識) 일체업력,정보인자,출입운행식(一切業力,情報因子,出入運行識)인 능소출입식(能所出入識)이, 제식작용,정보인자(諸識作用,情報因子)들을, 제9식(第九識) 함장식(含藏識)에 자연,반연반응,작용(自然,攀緣反應,作用)으로 저장(貯藏)하면, 제9식(第九識) 3세,정보인자,저장처(三世,情報因子,貯藏處)인 함장식(含藏識)이 그대로 저장(貯藏)해 보관(保管)한다.

⑩제10식(第十識) 본성(本性)은 일체초월성(一切超越性)이므로, 일체식(一切識)의 작용(作用)이 끊어졌다. 왜냐하면, 본성(本性)은, 무생결정성(無生結定性)이므로, 식(識)이 의지(依支)하거나 기생(寄生)할 수가 없기 때문이다. 그러나, 본성(本性)은, 일체초월(一切超越) 여래장,무생공능,작용(如來藏,無生功能,作用)으로, 일체식계(一切識界)에 분별(分別) 없이, 두루 밝게 비추고 작용(作用)하는 불가사의(不可思議) 무생공능,지혜작용(無生功能,智慧作用)이 있다. 이는, 일체초월(一切超越) 본성(本性)인 여래장,무생공능,총지성(如來藏,無生功能,總持性)의 불가사의(不可思議) 성품작용(性品作用)이다. 그러므로, 제식(諸識)이 타파(打破)되어 멸(滅)해도, 불가사의(不可思議) 일체초월(一切超越) 본성지혜작용(本性智慧作用)이, 제식(諸識)을 초월(超越)해 걸림 없는, 불가사의(不可思議) 청정본성작용(淸淨本性作用)이 바로 이루어진다. 이것이, 제식(諸識)이 타파(打破)되어 멸(滅)한, 불가사의(不可思議) 일체초월,청정불성(一切超越,淸淨佛性)의 3신불행(三身佛行)이다.

제6의식(第六意識)은, 색성향미촉법(色聲香味觸法)의 대경(對境) 중, 의근(意根)이 받아들인 법경(法境)의 현상(現象)이 그대로 심상(心相)으로 전환(轉換)하여, 거울[鏡]처럼 비치어 나타내는, 법현상식(法現象識)이다. 제7식(第七識) 자아의식(自我意識)은, 안이비설신의식(眼耳鼻舌身意識)에 비치어 나타난, 색성향미촉법(色聲香味觸法)을 인지(認知)하여 분별(分別)하며, 판단(判斷)과 결정(決定)으로, 자기(自己)의 뜻(意)에 따라, 자유의지(自由意志)대로 취사행위(取捨行爲)하는 자아의식(自我意識)이다. 그러므로, 제6의식(第六意識)과 제7자아의식(第七自我意識)은, 서로 성품차원(性品次元)과 성품작용(性品作用)이 달라, 성품역할(性品役割)이 같이 겸(兼)하거나 겹치지를 않는다.

제6의식(第六意識)은 대상(對相)인 법경(法境)을 받아들이는 인연작용(因緣作用)에 의한 소연식(所緣識)이며, 제7자아의식(第七自我意識)은 마음에서 일어나는 인연작용(因緣作用)인 능연식(能緣識)이다. 대승유식체계(大乘唯識體系)인 전5식체계(前五識體系)에서는, 제6의식(第六意識)은, 전5식계(前五識界)를 벗어나, 제7자아의식(第七自我意識)처럼, 전5식계(前五識界)를 주관(主管)하며, 분별작용(分別作用)을 겸(兼)한 자유의지작용식(自由意志作用識)으로 규정(規定)하며, 정의(定義)하고 있다.

그러나, 경·근·식(境·根·識) 18경계체계(十八境界體系)에는, 제6의식(第六意識)과 제7자아의식(第七自我意識)은, 서로 성품(性品)의 차원(次元)이 다르므로, 제6의식(第六意識)이 타파(打破)되어 끊어져 멸

(滅)한 전변지혜(轉變智慧)는, 색성향미촉법(色聲香味觸法)이 공(空)한 묘관찰지(妙觀察智)이며, 제7식(第七識)이 타파(打破)되어 끊어져 멸(滅)한 전변지혜(轉變智慧)는, 상(相)의 사법계(事法界)와 공(空)의 이법계(理法界)를 둘[二] 다 벗어난, 이사무애법계(理事無礙法界)의 무염진여성품(無染眞如性品)인 평등성지(平等性智)이다. 이는, 제6의식(第六意識)과 제7자아의식(第七自我意識)의 성품차원(性品次元)이 서로 다르기 때문이다. 제6의식(第六意識)과 제7자아의식(第七自我意識)의 전변지혜(轉變智慧)가 다름은, 서로 식(識)의 특성(特性)인 성품차원(性品次元)과 작용차원영역(作用次元領域)과 성품작용역할(性品作用役割)이 서로 다르기 때문이다. 그러므로, 제6의식(第六意識)과 제7자아의식(第七自我意識)은 서로 성품차원(性品次元)이 다르므로, 서로 성품(性品)의 작용영역(作用領域)이 겹치어 중복(重複)되거나, 또는, 서로 작용(作用)을 간섭(干涉)하거나 침범(侵犯)할 수가 없다. 이는, 성품차원(性品次元)이 서로 다르기 때문이다.

그리고, 제6의식(第六意識)과 함께 동일차원성품(同一次元性品)인 안이비설신의식(眼耳鼻舌身意識)인 6종식(六種識)은, 6종근(六種根)이 받아들인 색성향미촉법(色聲香味觸法)을 인위적(人爲的) 변형(變形)이나 조작(造作) 없이, 무의식중(無意識中) 자연,반연반응,작용(自然,攀緣反應,作用)으로 색성향미촉법(色聲香味觸法)을 그대로, 거울[鏡]처럼 비치는 안이비설신의식(眼耳鼻舌身意識)이다. 그러므로, 6종식(六種識)에 비치는 색성향미촉법(色聲香味觸法)의 현상(現象)은, 인위적(人爲的) 변형(變形)이나 조작(造作)할 수가 없다. 만약(萬若), 6종식(六種

識)에 비치는 색성향미촉법(色聲香味觸法)의 현상(現象)을, 인위적(人爲的)으로 변형(變形)이나 조작(造作)할 수 있다면, 이는, 경·근·식(境·根·識) 18경계(十八境界)의 자연섭리체계(自然攝理體系)를 왜곡(歪曲)함이다. 왜냐하면, 경·근·식(境·根·識) 18경계체계(十八境界體系)는, 무의식중(無意識中) 자연,반연반응,작용(自然,攀緣反應,作用)으로 이루어지는, 제식전개,자연섭리,순리체계(諸識展開,自然攝理,順理體系)이기 때문이다. 그 까닭[緣由]은, 6종식(六種識)은, 6종근(六種根)이 받아들인 색성향미촉법(色聲香味觸法)을, 무의식중(無意識中) 자연,반연반응,작용(自然,攀緣反應,作用)으로 그대로 거울[鏡]처럼 비치므로, 그 어떠한 조작(造作)도 할 수가 없기 때문이다. 그것은, 6종근(六種根) 수(受)의 작용(作用)에, 무의식중(無意識中) 자연,반연반응,작용(自然,攀緣反應,作用)하는 6종식(六種識)인 안식(眼識), 이식(耳識), 비식(鼻識), 설식(舌識), 신식(身識), 의식(意識)은, 자연,반연반응,작용식(自然,攀緣反應,作用識)일 뿐, 인위적(人爲的) 조작(造作)과 작용(作用)의 자유의지식(自由意志識)이 아니기 때문이다.

그러므로, 6종근(六種根)과 6종식(六種識)은 무의식중(無意識中) 18경계체계(十八境界體系)의 자연,반연반응,작용(自然,攀緣反應,作用)하는 소연근(所緣根)과 소연식(所緣識)이므로, 인위적(人爲的) 변형(變形)이나 조작(造作)할 수가 없다. 그리고, 제6의식(第六意識)이 전5식계(前五識界)를 주관(主管)하고 관장(管掌)하는 자아의식행(自我意識行)을 할 수 없음은, 제6의식(第六意識)은, 소연근(所緣根)인 의근(意根)에 의지(依支)한 소연식(所緣識)이며, 또한, 의근(意根)이 받아

.

들인 법(法)을, 무의식중(無意識中) 자연, 반연반응, 작용(自然, 攀緣反應, 作用)으로 그대로 거울[鏡]처럼 비치는 소연작용식(所緣作用識)이기 때문이다. 무의식중(無意識中) 자연, 반연반응, 작용(自然, 攀緣反應, 作用)으로 이루어지는 경·근·식(境·根·識) 18경계체계(十八境界體系)는, 소연경·근·식·체계(所緣境·根·識·體系)이므로, 경·근·식(境·根·識) 18경계(十八境界)인 6종경(六種境)과 6종근(六種根)과 6종식(六種識) 중에는, 제7식(第七識) 자아의식(自我意識)처럼 인위적(人爲的) 분별작용(分別作用)을 하거나, 자아의식(自我意識)의 작용(作)을 대신(代身)할, 자유의지적(自由意志的) 또는, 인위적(人爲的) 작용식(作用識)이 없다. 그러므로, 경·근·식(境·根·識) 18경계(十八境界)에, 연계(連繫)되어 중첩(重疊)해 있는 제7식(第七識) 분별식(分別識)인 말나식(末那識)이 자아의식(自我意識)이며, 또한, 제7식(第七識) 자아의식(自我意識)이 6종식(六種識)에 비치어 나타난 색성향미촉법(色聲香味觸法)을 인지(認知)하여, 인위적(人爲的)으로 분별작용(分別作用)을 한다. 왜냐하면, 경·근·식(境·根·識) 18경계체계(十八境界體系) 자체(自體)는, 무의식중(無意識中) 자연반연작용, 전개순리체계(自然攀緣作用, 展開順理體系)이므로, 제6의식(第六意識) 또한, 무의식중(無意識中) 자연, 반연반응, 작용식(自然, 攀緣反應, 作用識)이므로, 제7식(第七識) 자아의식(自我意識)처럼, 그 어떤 인위적(人爲的) 또는, 자유의지적(自由意志的) 분별(分別)이나 행위(行爲)할 수 있는, 조작식(造作識)이 아니기 때문이다.

제6의식(第六意識)은 6종식(六種識) 중에 하나이며, 6종식(六種識)

의 각각(各各) 역할(役割)은 6종근(六種根)이 받아들인 소연경(所緣境) 대상(對相)을 그대로 거울[鏡]처럼 비치는 동일역할(同一役割)이다. 그러므로, ①눈[眼]의 안근(眼根)이 받아들인 대상(對相)인 색(色)을, 자연,반연반응,작용(自然,攀緣反應,作用)으로 그대로 거울[鏡]처럼 비치는 색현상식(色現象識)이 곧, 안식(眼識)이다. ②귀[耳]의 이근(耳根)이 받아들인 대상(對相)인 성(聲)을, 자연,반연반응,작용(自然,攀緣反應,作用)으로 그대로 거울[鏡]처럼 비치는 성현상식(聲現象識)이 곧, 이식(耳識)이다. ③코[鼻]의 비근(鼻根)이 받아들인 대상(對相)인 향(香)을, 자연,반연반응,작용(自然,攀緣反應,作用)으로 그대로 거울[鏡]처럼 비치는 향현상식(香現象識)이 곧, 비식(鼻識)이다. ④혀[舌]의 설근(舌根)이 받아들인 대상(對相)인 미(味)를, 자연,반연반응,작용(自然,攀緣反應,作用)으로 그대로 거울[鏡]처럼 비치는 미현상식(味現象識)이 곧, 설식(舌識)이다. ⑤몸[身]의 신근(身根)이 받아들인 대상(對相)인 촉(觸)을, 자연,반연반응,작용(自然,攀緣反應,作用)으로 그대로 거울[鏡]처럼 비치는 촉현상식(觸現象識)이 곧, 신식(身識)이다. ⑥정신작용(精神作用)이 근(根)인, 의근(意根)으로 받아들인 대상(對相)인 법(法)을, 자연,반연반응,작용(自然,攀緣反應,作用)으로 그대로 거울[鏡]처럼 비치는 법현상식(法現象識)이 곧, 의식(意識)이다.

이는, 소연경(所緣境)인 색성향미촉법(色聲香味觸法)에 무의식중(無意識中) 자연,반연반응,작용(自然,攀緣反應,作用)하는 소연근·식·작용(所緣根·識·作用)이므로, 이는, 인위적(人爲的) 변형(變形)이나 조작(造作)할 수 없는, 경·근·식(境·根·識) 18경계(十八境界)의 자연섭리체계

(自然攝理體系)이다. 이 경·근·식(境·根·識) 18경계(十八境界)의 작용자체(作用自體)는, 무의식중(無意識中) 이루어지는 자연,반연반응,작용(自然,攀緣反應,作用)이므로, 자아의식(自我意識)의 인위적(人爲的) 작용(作用)이 개입(介入)할 수가 없다. 그러므로, 6종식(六種識) 또한, 6종근(六種根)이 받아들인 색성향미촉법(色聲香味觸法)을 그대로 거울[鏡]처럼 비치는 자연반연작용식(自然攀緣作用識)이므로, 그중, 제6의식(第六意識) 또한, 무엇이든 인위적(人爲的)으로 분별(分別)하는 조작식(造作識)이 될 수가 없다. 그리고, 자기(自己) 뜻에 따라, 인위적(人爲的) 분별작용(分別作用)을 하는 자아의식(自我意識)은, 경·근·식(境·根·識) 18경계(十八境界)의 자연,반연반응,작용(自然,攀緣反應,作用)의 6종식(六種識)에 비치어 나타난 색성향미촉법(色聲香味觸法)을 인지(認知)하여 분별(分別)하는 제7식(第七識)이, 자아의식행(自我意識行)을 한다.

그러므로, 소연경(所緣境)인 색성향미촉법(色聲香味觸法)에 자연반응(自然反應)하는, 무의식중(無意識中) 자연,반연반응,작용(自然,攀緣反應,作用)으로 이루어지는 경·근·식(境·根·識) 18경계(十八境界)에는, 자기(自己)의 뜻에 따라, 인위적(人爲的) 작용(作用)을 하는 제7식(第七識) 자아의식(自我意識)은, 18경계(十八境界)에 연계(連繫)된, 18경계(十八境界)의 후식(後識)이다. 그러므로, 제7식(第七識) 자아의식(自我意識)은, 경·근·식(境·根·識) 18경계(十八境界)의 자연,반연반응,작용(自然,攀緣反應,作用)으로, 6종식(六種識)에 비치어 나타난 색성향미촉법(色聲香味觸法)을 인지(認知)하여, 이를, 분별(分別)하며 주관(主

管)하는 식(識)이다. 그러므로, 대승유식론(大乘唯識論)의 전5식체계(前五識體系)처럼, 제6의식(第六意識)이 색성향미촉(色聲香味觸)의 전5식계(前五識界)를 분별(分別)하고 주관(主管)하는, 전5식체계(前五識體系)는, 경·근·식(境·根·識) 18경계체계(十八境界體系)의 제식전개,섭리체계(諸識展開,攝理體系)를 벗어난, 지혜미혹(智慧迷惑)의 사견(邪見)이며, 왜곡견(歪曲見)이다. 자연,반연반응,섭리작용(自然,攀緣反應,攝理作用)으로 이루어지는 경·근·식(境·根·識) 18경계체계(十八境界體系)는 인위적(人爲的) 조작(造作)이 불가능(不可能)함으로, 경·근·식(境·根·識) 18경계체계(十八境界體系) 속에서 사회적(社會的) 공동생활(共同生活)이 가능(可能)한 것이다.

만약(萬若), 눈[眼] 앞에, 작은 돌[石]이 있다면, 천(千) 사람, 만(萬) 사람이 보아도, 돌[石]로 보일 뿐, 꽃이나, 사람이나, 닭이나, 돼지나, 코끼리로 보지 않고, 돌[石]로 보임은, 안이비설신의근(眼耳鼻舌身意根)으로 색성향미촉법(色聲香味觸法)을 받아들인, 안식(眼識), 이식(耳識), 비식(鼻識), 설식(舌識), 신식(身識), 의식(意識)인 6종식(六種識)은, 인위적(人爲的)으로 조작(造作)할 수가 없기 때문이다. 또한, 무명중생(無明衆生)이 보아도, 돌[石]로 보이고, 무위지혜보살(無爲智慧菩薩)이 보아도, 돌[石]로 보이고, 제불(諸佛)이 보아도, 돌[石]로 보인다. 그 까닭[緣由]은, 대경(對境)인 색성향미촉법(色聲香味觸法)을, 근(根)으로 받아들인 현상(現象)이, 그대로 거울[鏡]처럼 비치는, 6종식(六種識)에 나타난 무의식중(無意識中) 자연,반연반응,작용식(自然,攀緣反應,作用識)의 현상(現象)은, 인위적(人爲的)으로, 또는, 자유의지(自由意志)에 따라 변형(變形)이나, 조작(造作)이 불가능(不可能)하기 때문이다.

그러므로, 6종식(六種識)은, 무의식중(無意識中) 이루어지는 자연, 반연반응, 작용식(自然, 攀緣反應, 作用識)이므로, 조작(造作)할 수 없기에, 경·근·식(境·根·識) 18경계(十八境界)의 제식전개, 자연섭리, 순리체계(諸識展開, 自然攝理, 順理體系)를 정의정립(正義正立)할 수가 있다. 그러므로, 경·근·식(境·根·識) 18경계, 제식전개, 섭리체계(十八境界, 諸識展開, 攝理體系)를 실관실증, 불지혜(實觀實證, 佛智慧)로 정립(正立)하여, 경·근·식(境·根·識) 18경계체계(十八境界體系)가 곧, 제식전개섭리(諸識展開攝理)의 소연입식, 전개체계(所緣入識, 展開體系)임을, 여래정안, 정의정립, 정론(如來正眼, 正義正立, 正論)한 것이다. 그러므로, 안이비설신의근(眼耳鼻舌身意根)인 6종근(六種根)과 안이비설신의식(眼耳鼻舌身意識)인 6종식(六種識)은, 소연6종경(所緣六種境)에 의해, 무의식중(無意識中) 자연, 반연반응작용, 전개섭리, 순리체계(自然, 攀緣反應作用, 展開攝理, 順理體系)이므로, 그 어떤 인위적(人爲的) 조작(造作)이나, 변형(變形)이 불가능(不可能)한 자연섭리, 질서체계(自然攝理, 秩序體系)이다. 그러므로, 자연, 반연반응, 섭리작용(自然, 攀緣反應, 攝理作用)인 경·근·식(境·根·識) 18경계체계(十八境界體系)에 의해, 무의식중(無意識中) 나타난 색성향미촉법(色聲香味觸法)의 현상(現象)에, 제7식(第七識) 자아의식(自我意識)이 이를 인지(認知)하여, 분별(分別)하게 된다.

그러므로, 경·근·식(境·根·識) 18경계체계(十八境界體系)는 자연, 반연반응, 섭리작용(自然, 攀緣反應, 攝理作用)이므로, 한 사물(事物)을, 한 [一] 사람, 또는, 천(千) 사람, 또는, 만(萬) 사람이 보아도, 똑같은 사물(事物)로 인지(認知)하며, 또한, 남녀노소(男女老少)나, 또한, 중생(衆生)이나, 또한, 보살(菩薩)이나, 또한, 불(佛)이 보아도, 대상(對相)이 다를 바가 없어, 차별(差別)이 없음은, 경·근·식(境·根·識) 18경계체계(十八境界體系)는 무의식중(無意識中) 자연, 반연반응, 섭리작용(自然, 攀緣反應, 攝理作用)으로 이루어짐으로, 인위적(人爲的)으로 조작(造作)이나 변경(變更)할 수가 없기 때문이다. 그러므로, 경·근·식(境·根·識) 18경계체계(十八境界體系)의 개념정의정립(槪念正義正立)이 가능(可能)함이다. 경·근·식(境·根·識) 18경계체계(十八境界體系)는 곧, 제식전개, 작용섭리, 구성체계(諸識展開, 作用攝理, 順理體系)임을, 불지혜(佛智慧)로 밝힌 것이다. 경·근·식(境·根·識) 18경계체계(十八境界體系)는, 불(佛)께서 개념정의정립(槪念正義正立)한, 불지혜(佛智慧)의 여래정론(如來正論)인, 제식전개, 자연섭리, 구성체계, 정립정론(諸識展開, 自然攝理, 構成體系, 正立正論)이다.

그러므로, 이 여래지혜, 정립정의(如來智慧, 正立正義)의 정론체계(正論體系)는, 인위적(人爲的) 조작(造作)할 수 없는 무의식중(無意識中) 이루어지는 자연, 반연반응, 섭리작용, 순리체계(自然, 攀緣反應, 攝理作用, 順理體系)이므로, 6종근(六種根)과 6종식(六種識)은 인위적(人爲的)으로 조작(造作)할 수 없기에, 보고 듣는 인지작용(認知作用)이 누구나 동일(同一)하다. 그러므로, 서로 같은 인지작용(認知作用)의 사회공동체(社會共同體) 속에서, 서로 사물(事物)과 이름[名]을 인지(認知)

하는 공감대(共感帶)의 형성(形成) 속에 공동사회생활(共同社會生活)이 가능(可能)하며, 경·근·식(境·根·識) 자연,반연반응,섭리작용(自然, 攀緣反應,攝理作用)의 동일인지(同一認知) 이해(理解) 속에, 사회적(社會的) 공동체(共同體)의 삶이 가능(可能)한 것이다.

그리고 또한, 여래(如來)의 각양각색(各樣各色) 가지가지 설법(說法) 또한, 가능(可能)한 것은, 중생(衆生)이나 불(佛)이, 나무[木]를 돌[石]로 보지 않고, 나무[木]를 나무[木]로 보며, 물[水]을 불[火]로 보지 않고, 물[水]을 물[水]로 보기에, 중생(衆生)이나 불(佛)이, 사물(事物)을 인지(認知)함이 왜곡(歪曲)되지 않음으로, 어떤 사물(事物)과 대상(對相)을 비유(比喩)하거나, 또는, 서로 소통(疏通)하는 언어(言語)로, 설법(說法)을 할 수가 있다. 또한, 경(經)에 색성향미촉법(色聲香味觸法)이라고 하면, 경(經)에 있는 그 언어(言語)를, 다른 것으로 왜곡(歪曲)하지 않고, 색성향미촉법(色聲香味觸法)으로 동일인식(同一認識)하게 된다.

경·근·식(境·根·識) 18경계(十八境界)의 색성향미촉법(色聲香味觸法)의 현상(現象)은, 무의식중(無意識中) 자연,반연반응작용,전개식(自然,攀緣反應作用,展開識)이므로, 경·근·식(境·根·識) 18경계체계(十八境界體系)는, 인위적(人爲的) 조작(造作)이 불가능(不可能)하다. 만약(萬若), 6종근(六種根)이나 6종식(六種識)이 조작식(造作識)이면, 사람마다 대상(對相)을 봄이 달라, 사람[人]을 사람[人]으로 보지 않고, 소[牛]나 돼지[豚]나 나무[木]나 바위[岩]로 볼 수도 있다. 그러나, 6종근(六種根)

과 6종식(六種識)은, 인위적(人爲的)으로 조작(造作)할 수 없기에, 사람[人]을 보면, 사람[人]임을 누구나 똑 같이 인지(認知)하고, 또한, 생활용품(生活用品)과 사물(事物)에 대한 각종(各種) 언어(言語)도, 서로 같은 동일이해(同一理解)의 인식(認識) 속에 소통(疏通)하며, 인간공동사회(人間共同社會)의 삶이 지각적(知覺的) 정신혼란(精神混亂)이 없이, 서로 같이 공유(共有)된 언어의식(言語意識)의 질서(秩序) 속에, 사회적(社會的) 삶이 이루어진다. 6종근(六種根)이나 6종식(六種識), 경·근·식(境·根·識) 18경계체계(十八境界體系)에 속한, 제6의식(第六意識)이, 인위적(人爲的)인 조작식(造作識)이나, 또는, 자유의지,행위의식(自由意志,行爲意識)이라 함은, 자연,반연반응,섭리작용(自然,攀緣反應,攝理作用) 제식전개,자연섭리체계(諸識展開,自然攝理體系)인 경·근·식(境·根·識) 18경계체계(十八境界體系)는, 인위적(人爲的) 조작(造作)이나 변형(變形)할 수 없는, 무의식중(無意識中) 자연,반연반응,섭리작용(自然,攀緣反應,攝理作用)에 의한, 제식전개,섭리체계(諸識展開,攝理體系)임을 깨닫지 못한 것이다. 이는 또한, 경·근·식(境·根·識) 18경계체계(十八境界體系)에 대한 개념정의정립(槪念正義正立)의 불지혜(佛智慧)의 정의(正義)를 아직, 명확(明確)히 이해(理解)하지 못했음이다.

그리고, 제7식(第七識) 자아의식(自我意識)은, 맞닥뜨린 당면(當面)한 상황변화(狀況變化)에 따라 분별심(分別心)이 순간순간(瞬間瞬間), 찰나(刹那)에 끊임없이 변화(變化)하여도, 경·근·식(境·根·識) 18경계체계(十八境界體系)인 6종근(六種根)과 6종식(六種識)과 또한, 제6의식(第六意識)은, 인위적(人爲的)으로 조작(造作)할 수 없기에, 모든 사물

(事物)의 모습을 바로 보며, 사람사람이, 서로서로 모든 대상(對相)에 대한 동일인식(同一認識)을 같이하는, 공동체(共同體)의 삶이 가능(可能)한 것이다. 만약(萬若), 6종근(六種根)이나 6종식(六種識)이나 또는, 제6의식(第六意識)이 조작식(造作識)이면, 천지만물(天地萬物)과 각종(各種) 사물(事物)의 색성향미촉법(色聲香味觸法)을 인지(認知)함이, 사람마다 다 달라, 마치, 술[酒]이 많이 취(醉)해, 의식작용(意識作用)이 비정상적(非正常的)인 사람이, 사물(事物)을 바르게 인식(認識)하지 못하는 상태(狀態)와도 같다.

그러나, 제6의식(第六意識)은 조작(造作)할 수가 없으며, 제7식(第七識)과는 서로 성품차원(性品次元)이 다르므로, 제6의식(第六意識)이, 제7식(第七識)의 작용(作用)을 겸(兼)할 수가 없고, 또한, 제6의식(第六意識)이 제7식(第七識) 자아의식(自我意識)의 영역권(領域權)을 침범(侵犯)할 수가 없다. 이는, 제6의식(第六意識)과 제7식(第七識)이, 성품차원(性品次元)과 작용역할(作用役割)이 다르기 때문이다. 제6의식(第六意識)과 제7식(第七識) 자아의식(自我意識)은, 소연식(所緣識)과 능연식(能緣識)으로 각각(各各) 성품역할(性品役割)과 성품차원(性品次元)이 다르다. 이는, 각각(各各) 제식성품차원(諸識性品次元)이 다르기 때문이다. 제6의식(第六意識)은, 소연경(所緣境)에 의한 자연,반연반응,섭리작용식(自然,攀緣反應,攝理作用識)인 경·근·식(境·根·識) 18경계체계(十八境界體系) 중의 소연식(所緣識)이며, 제7식(第七識) 자아의식(自我意識)은, 소연경(所緣境)에 의해 무의식중(無意識中) 이루어지는 자연,반연반응,섭리작용(自然,攀緣反應,攝理作用)인 경·근·식(境·

根·識) 18경계체계(十八境界體系)에 의해, 6종식(六種識)에 나타난 색
성향미촉법(色聲香味觸法)을 인지(認知)하여 분별(分別)하는 능연식(能
緣識)인, 자유의지(自由意志)의 자아의식(自我意識)이다. 이는, 자연섭
리작용(自然攝理作用)이며, 또한, 제식차별차원(諸識差別次元)에 의한,
성품작용특성(性品作用特性)의 차별원리(差別原理) 때문이다.

그리고, 눈[眼]이 귀[耳]의 역할(役割)이나 영역(領域)을 대신(代身)
하거나, 침범(侵犯)할 수 없고, 또한, 귀[耳]가 눈[眼]의 역할(役割)이
나 영역(領域)을 대신(代身)하거나, 침범(侵犯)할 수 없듯, 제6의식(第
六意識)도 제7식(第七識) 자아의식(自我意識)의 성품작용영역권(性品
作用領域權)을 침범(侵犯)할 수도 없고, 또한, 제7식(第七識) 자아의식
(自我意識)도, 제6의식(第六意識)의 성품작용영역권(性品作用領域權)을
침범(侵犯)할 수 없음은, 서로 성품차원(性品次元)과 성품작용역할(性
品作用役割)의 특성(特性)이 다르기 때문이다. 그러므로, 경·근·식(境·
根·識) 18경계체계(十八境界體系)의 무의식중(無意識中) 자연,반연반
응,섭리작용(自然,攀緣反應,攝理作用)으로 이루어지는 제식전개,섭리
체계(諸識展開,攝理體系)는, 인위적(人爲的) 조작(造作)이 불가능(不可
能)함으로, 여래정안,실관실증,제식전개,개념정의,정립체계,여래정
론(如來正眼,實觀實證,諸識展開,槪念正義,正立體系,如來正論)인, 경·근·식
(境·根·識) 18경계(十八境界)의 제식전개,섭리체계(諸識展開,攝理體系)가
정립(正立)된 것이다.

그러므로, 경·근·식(境·根·識) 18경계체계(十八境界體系)의 제식전

개, 섭리체계(諸識展開, 攝理體系)는, 자연섭리체계(自然攝理體系)이므로, 시대(時代)가 바뀌거나 변(變)하여도, 경·근·식(境·根·識) 18경계체계(十八境界體係)의 제식전개, 자연섭리, 구성구조, 섭리체계(諸識展開, 自然攝理, 構成構造, 攝理體系)는 변(變)하거나 바뀌지를 않는다. 그리고, 경·근·식(境·根·識) 18경계작용(十八境界作用)에 연계중첩(連繫重疊)되어 있는 제식체계(諸識體系)가 바뀌지 않으므로, 유식지혜, 상승세계(唯識智慧, 上昇世界)인 제식전변, 지혜상승, 무위지혜, 차별차원, 성불체계, 유식과정(諸識轉變, 智慧上昇, 無爲智慧, 差別次元, 成佛體系, 唯識過程)이 바뀌지를 않는다. 왜냐하면, 이는, 자연섭리체계(自然攝理體系)인 제식전변, 섭리체계(諸識轉變, 攝理體系)의 차별차원(差別次元)을 따라 타파(打破)해 벗어나는, 지혜전변, 상승과정, 유식체계(智慧轉變, 上昇過程, 唯識體係)이기 때문이다. 모든, 성불지혜과정(成佛智慧過程)은 모두, 무명제식(無明諸識)을 점차(漸次) 타파(打破)해 벗어나는, 제식전변, 지혜상승, 과정세계(諸識轉變, 智慧上昇, 過程世界)이다.

그리고, 대승유식론(大乘唯識論)에는, 제6의식(第六意識)이 제7식(第七識) 자아의식(自我意識)처럼, 자유분별식(自由分別識)이므로, 제6의식(第六意識)과 제7식(第七識) 자아의식(自我意識)의 성품특성, 차별개념(性品特性, 差別概念)이 명확(明確)하지 않아, 성품작용(性品性品)의 영역구분(領域區分)이 명확(明確)하지를 않고 불분명(不分明)하다. 그러므로, 자아의식행(自我意識行)인 제7식(第七識)의 작용(作用)을, 제6의식(第六意識)이 하는 것으로 인식(認識)하거나, 또는, 그렇게 이해(理解)를 하게 된다. 그러므로, 대승유식체계(大乘唯識體係)에서는,

전5식체계(前五識體系)에서 제6의식(第六意識)이 제7식(第七識) 자아의식(自我意識)의 역할(役割)을 대행(代行)하므로, 대승유식체계(大乘唯識體系)에서는 제7식(第七識) 자아의식(自我意識)의 존재역할(存在役割)과 필요성(必要性)을 특별(特別)히 인식(認識)하지 못한다. 그러므로, 대승유식론(大乘唯識論)의 악영향(惡影響)으로, 제7식(第七識)의 역할(役割)과 존재(存在)를 부정(否定)하는 사람도 있다. 6종근(六種根)과 6종식(六種識)과 그중, 제6의식(第六意識)은, 무의식중(無意識中) 자연,반연반응,섭리작용식(自然,攀緣反應,攝理作用識)이므로, 그 어떤 상황(狀況)이든 인위적(人爲的)으로 조작(造作)할 수가 없다. 그러나, 제7식(第七識)은 자아분별행위식(自我分別行爲識)이므로, 일체분별작용(一切分別作用)을 하는 말나식(末那識)인, 자아심행식(自我心行識)이다.

인위적(人爲的)으로 조작(造作)할 수 없는, 6종식(六種識)인 안식(眼識), 이식(耳識), 비식(鼻識), 설식(舌識), 신식(身識), 의식(意識)의 성품(性品)을 살펴보면, 다음과 같다.

①6종식(六種識) 중, 안식(眼識)은, 눈[眼]에 보이는 대경(對境)을, 안근(眼根)으로 받아들인 형태(形態)가 그대로 거울[鏡]처럼 비치는, 색현상식(色現象識)이다. 이는, 다양(多樣)한 물질(物質)의 색깔[色]과 형태(形態)를, 그 모습 그대로 거울[鏡]처럼 비치는 식(識)이 곧, 안식(眼識)이다. 이는, 대경(對境)인 물질(物質)의 형태(形態)가 안근(眼根)을 통해, 마음 인지(認知)의 심상(心相)으로 전환(轉換)한, 눈[眼]으로 받아들인 현상식(現象識)이다. 이는, 물질현상(物質現象)의 모습

과 형태(形態)가, 마음에 비치는 것으로, 이는, 눈[眼]의 안근작용(眼根作用)에 의한 식(識)이니, 안식(眼識)이라고 한다.

②6종식(六種識) 중, 이식(耳識)은, 귀[耳]에 들리는 소리[聲]의 대경(對境)을, 이근(耳根)이 받아들인 현상(現象)이 그대로 거울[鏡]처럼 비치는, 성현상식(聲現象識)이다. 이는, 다양(多樣)한 소리[聲]의 형태(形態)를, 그 모습 그대로 거울[鏡]처럼 비치는 식(識)이 곧, 이식(耳識)이다. 이는, 대상(對相)의 소리[聲]가 이근(耳根)을 통해, 마음인지(認知)의 심상(心相)으로 전환(轉換)한 귀[耳]에 의한 성현상식(聲現象識)이다. 이는, 소리[聲]의 형태(形態)가, 마음에 비치는 것으로 이는, 귀[耳]의 청각작용(聽覺作用)에 의한 식(識)이니, 이식(耳識)이라고 한다.

③6종식(六種識) 중, 비식(鼻識)은, 코[鼻]로 인지(認知)하는 냄새와 향(香)인 대경(對境)을, 비근(鼻根)이 받아들인 현상(現象)이 그대로 거울[鏡]처럼 비치는, 향현상식(香現象識)이다. 이는, 다양(多樣)한 냄새와 향(香)의 형태(形態)를, 그 모습 그대로 거울[鏡]처럼, 마음에 비치는 식(識)이 곧, 비식(鼻識)이다. 이는, 대경(對境)의 냄새와 향(香)이 비근(鼻根)을 통해, 마음 인지(認知)의 심상(心相)으로 전환(轉換)한, 코[鼻]에 의한 향현상식(香現象識)이다. 이는, 다양(多樣)한 냄새와 향(香)이, 마음에 비치는 것이므로 이는, 코[鼻]의 비각작용(鼻覺作用)에 의한 식(識)이니, 비식(鼻識)이라고 한다.

④6종식(六種識) 중, 설식(舌識)은, 혀[舌]에 의해 인지(認知)하는 맛[味]의 대경(對境)을, 설근(舌根)이 받아들인 현상(現象)이 그대로 거울[鏡]처럼 비치는, 미현상식(味現象識)이다. 이는, 다양(多樣)한 맛[味]의 형태(形態)를, 그대로 마음에 거울[鏡]처럼 비치는 식(識)이 곧, 설식(舌識)이다. 이는, 대경(對境)인, 다양(多樣)한 맛[味]의 형태(形態)가, 설근(舌根)을 통해, 마음 인지(認知)의 심상(心相)으로 전환(轉換)한, 혀[舌]에 의한 미현상식(味現象識)이다. 이는, 다양(多樣)한 맛[味]이, 마음에 비치는 것이므로 이는, 혀[舌]의 미각작용(味覺作用)에 의한 식(識)이니, 설식(舌識)이라고 한다.

⑤6종식(六種識) 중, 신식(身識)은, 몸[身]에 의해 인지(認知)하는 촉각(觸覺)인 대경(對境)을, 신근(身根)이 받아들인 현상(現象)이 그대로 거울[鏡]처럼 비치는, 촉현상식(觸現象識)이다. 이는, 다양(多樣)한 촉각(觸覺)의 형태(形態)를, 그대로 마음에 거울[鏡]처럼 비치는 식(識)이 곧, 신식(身識)이다. 이는, 대경(對境)인, 다양(多樣)한 촉각(觸覺)의 형태(形態)가, 신근(身根)을 통해, 마음 인지(認知)의 심상(心相)으로 전환(轉換)한, 몸[身]에 의한 촉현상식(觸現象識)이다. 이는, 다양(多樣)한 촉각(觸覺)이 마음에 비치는 것으로 이는, 몸[身]의 촉각작용(觸覺作用)에 의한 식(識)이니, 신식(身識)이라고 한다.

⑥6종식(六種識) 중, 의식(意識)은, 다양(多樣)한 정신작용(精神作用)이 근(根)인 의근(意根)의 대상(對相)을, 인식(認識)하고 받아들이는 법(法)의 현상(現象)이 그대로 거울[鏡]처럼 비치는, 법현상식(法現象

識)이다. 이는, 다양(多樣)한 의근(意根)의 인지(認知) 대상(對相)인 정신의식(精神意識)에 의해 알 수 있는 의식적대상(意識的對相)으로, 각종(各種) 생각[念]과 사고(思考), 감정(感情)인 사랑, 기쁨, 행복(幸福), 슬픔, 괴로움, 아픔, 그리움, 연민(憐憫) 등(等), 그리고, 정신의식(精神意識)에 의해 알 수 있는 다양(多樣)한 이해(理解)의 세계(世界)인, 다양(多樣)한 언어(言語)의 이해(理解)와 다양(多樣)한 사회법(社會法)과 그리고 각종(各種) 규범(規範) 등(等), 그리고, 선악(善惡)의 세계(世界)와 각종(各種) 이치(理致)와 다양(多樣)한 개념(概念)과 각종(各種) 진리(眞理)와 다양(多樣)한 사상(思想)과 이념(理念) 등(等), 그리고, 각종(各種) 예법(禮法)과 다양(多樣)한 삶의 문화(文化) 등(等), 그리고, 각종(各種) 영적현상(靈的現象)과 그리고, 각종(各種) 수행(修行)과 정신작용(精神作用)의 현상(現象), 그리고, 깨달음세계와 각종(各種) 증득지혜(證得智慧)와 각종(各種) 초월현상(超越現象) 등(等), 마음에 비치는 것으로, 이는, 의근(意根)의 정신작용(精神作用)에 의한 인지(認知)이니, 의식(意識)이라고 한다.

3) 10종식(十種識)의 세계

　제식(諸識)의 성품특성(性品特性)과 성품차별차원(性品差別次元)에 따라, 불지정론(佛智正論)에서는, 제식(諸識)의 식종구분(識種區分)을 10종식체계(十種識體系)로 분류(分類)하였다. 안이비설신의근(眼耳鼻舌身意根)인 6종근(六種根)과 안이비설신의식(眼耳鼻舌身意識)인 6종식(六種識)은, 색성향미촉법(色聲香味觸法)에 인연(因緣)한 근식체계(根識體系)이므로, 6종근(六種根)과 6종식(六種識)의 소연근·식·체계(所緣根·識·體系)로 하였다. 그 다음 전개순위차원식(展開順位次元識)인 제7식(第七識)은, 말나식(末那識)인 자아의식(自我意識)이다. 그리고, 그 다음 전개순위차원식(展開順位次元識)인 제8식(第八識)은, 능소출입식(能所出入識)이다. 그리고, 그 다음 순위차원식(順位次元識)인 제9식(第九識)은, 아뢰야식(阿賴耶識)인 무명함장식(無明含藏識)이다. 그리고, 제10식(第十識)은 본성(本性)이다. 그러므로, 불지정론(佛智正論)에서는, 제식,10종차별,제식성품,체계(諸識,十種差別,諸識性品,體系)로 분류(分類)하였다.

　대승유식론(大乘唯識論)에서는, 제식(諸識)의 식종분류(識種分類)를 8종식(八種識)의 체계(體系)로 분류(分類)하였다. 그 중, 제8식(第八

識)은, 함장식(含藏識)으로 규정(規定)하고 있다. 그러나, 제식전변지혜(諸識轉變智慧)로, 완전(完全)한 불지(佛智)에 이르기까지, 제식(諸識)의 전변지혜(轉變智慧) 차별차원, 지혜상승, 성품세계(差別次元, 智慧上昇, 性品世界)는, 10종식(十種識)에 이르는, 제식전변, 차별차원, 지혜성품, 실증과정(諸識轉變, 差別次元, 智慧性品, 實證過程)을 거치게 된다. 그러므로, 대승유식론(大乘唯識論)의 제식종성(諸識種性) 8종식체계(八種識體系)는, 불지(佛智)에 증입(證入)하는 제식전변(諸識轉變) 실증세계(實證世界)와는 차이(差異)가 있어, 제식전변, 지혜상승, 성불과정, 유식체계(諸識轉變, 智慧上昇, 成佛過程, 唯識體系)로는 맞지를 않다.

불지정론(佛智正論), 10종식체계(十種識體系)에서 9종식(九種識)까지는, 제식전개, 상속세계(諸識展開, 相續世界)인 무명, 차별차원, 성품세계(無明, 差別次元, 性品世界)이며, 마지막 제10식(第十識)은, 일체초월(一切超越) 본성(本性)이다. 그러므로, 제10식(第十識)에 증입(證入)하면, 무명제식, 차별차원, 성품세계(無明諸識, 差別次元, 性品世界)인 9종식(九種識)의 전변지혜성품(轉變智慧性品)까지, 모두 타파(打破)해 벗어나므로 곧, 일체초월성(一切超越性) 불성(佛性)에 증입(證入)한다. 일체초월성(一切超越性) 불성(佛性)에 증입(證入)은 곧, 일체초월(一切超越) 불지(佛智)에 증입(證入)이다. 그러므로, 완전(完全)한 일체초월(一切超越) 불지(佛智)에 증입(證入)할 때에는, 제식전변, 무위지혜, 차별차원, 성품세계(諸識轉變, 無爲智慧, 差別次元, 性品世界)까지 모두, 타파(打破)해 벗어나게 된다. 이는, 유식지혜, 상승세계(唯識智慧, 上昇世界)로, 일체보살승(一切菩薩乘)의 제식전변지혜(諸識轉變智慧)인, 일

체,차별차원,무위지혜,성품세계(一切,差別次元,無爲智慧,性品世界)까지
모두, 타파(打破)해 벗어남이니, 그러므로, 여래결정성(如來結定性)
인, 일체초월(一切超越) 불지(佛智)에 증입(證入)하게 된다.

● 진제삼장(眞諦三藏)과 원측(圓測)스님

 제식종(諸識種)은 10종식(十種識)이므로, 완전(完全)한 일체초월(一
切超越) 불지(佛智)에 이르는, 총체적(總體的) 제식전변,식종체계(諸
識轉變,識種體系)가 10종식(十種識)의 체계(體系)이다. 유식성품(唯識
性品)의 총체적(總體的) 차별성품식종(差別性品識種)이 10종식(十種識)
이어도, 대승유식론(大乘唯識論)에서, 제식(諸識)의 성품분류(性品分
類)를 8종식(八種識)으로 나눔으로 문제점(問題點)은, 서로 다른 식
종(識種)이, 서로 함께 겹쳐있는 부분(部分)이 있어, 옛 중국(中國)
의 유식종(唯識宗)이나, 또는, 유식학파(唯識學派)나, 또는, 유식론
사(唯識論師)들 중에도, 8종식(八種識) 중에, 최종식(最終識)인 제8식
(第八識)에 대해, 서로 다른 차별견해(差別見解)가 있었다. 이 이견(異
見) 중, 일례(一例)는, 대승유식론사(大乘唯識論師)인 진제삼장(眞諦三
藏:499~569)스님과 시대적(時代的) 100년(百年) 후(後)의 대승유식론
사(大乘唯識論師)인 원측(圓測:613~696)스님의 사례(事例)이다. 진제
삼장(眞諦三藏)스님은, 대승유식론(大乘唯識論)의 제8식(第八識) 함장
식(含藏識)의 염분(染分)과 정분(淨分) 중, 정분(淨分)은 무구식(無垢識)
이므로 아마라식(阿摩羅識)이라 하여, 제8식(第八識)의 염분(染分)과

분리(分離)하여, 제9식(第九識)으로 규정(規定)함으로, 제식(諸識)의 식종체계(識種體系)를 9종식(九種識)으로 구분(區分)하였다.

진제삼장(眞諦三藏:499~569)스님과 원측(圓測:613~696)스님은, 시대적(時代的)으로는 100년(百年) 남짓 차이(差異)가 있다. 진제삼장(眞諦三藏)스님은, 인도(印度)의 스님이었으나 중국(中國)에서, 불경(佛經)의 역경(譯經)에 종사(從事)하여, 구마라습(鳩摩羅什:344~413), 현장(玄奘:602~664), 불공(不空:705~774)과 함께 중국(中國) 불교(佛敎)의 4대(四大) 역경사(譯經師) 중, 한 분으로 알려져 있다. 원측(圓測)스님은 신라(新羅)스님이며, 어려서 출가(出家)하여 15세(十五歲)에 중국(中國) 당(唐)나라에 가서 불법(佛法)을 배워, 유식학(唯識學)의 대가(大家)로써, 당대(當代) 최고(最高)의 유식론사(唯識論師)였다. 저서(著書)는 여러 자료(資料)에 의하면, 해심밀경소(解深密經疏) 등(等), 많은 논서(論書)를 저술(著述)하였으나 그러나, 지금까지 전해지는 것은 몇 권이 되지 않으며, 원측(圓測)스님은 제8식(第八識) 아뢰야식(阿賴耶識)에 관해 많은 저술(著述)을 남겼으나, 이를 이해(理解)하지 못한 중국사상가(中國思想家)들에 의해 이단시(異端視)됨으로써, 많은 저술(著述)들이 인멸(湮滅)되었다고 한다.

원측(圓測)스님은, 진제삼장(眞諦三藏)스님이 제8식(第八識)의 염분(染分)인 함장식(含藏識)과 정분(淨分)인 본성(本性) 중, 정분(淨分)을 제8식(第八識)에서 분리(分離)하여, 제9식(第九識)으로 규정(規定)하므로, 제식(諸識)의 식종(識種)을 9종식(九種識)으로 분리(分離)한, 진제삼장(眞諦三藏)스님의 견해(見解)를, 부당(否當)하게 인식(認識)하여, 원측(圓測)스님께서 주석(註釋)하신 해심밀경소(解深密經疏)에, 이에 대한 까닭을 언급(言及)하였다. 원측(圓測)스님의 견해(見解)는, 제8식(第八識) 함장식(含藏識)이 전변(轉變)하면, 곧, 대원경지(大圓鏡智)이며, 대원경지(大圓鏡智)는 곧, 여래무구식(如來無垢識)이므로, 제8식(第八識) 염분(染分)의 전변성품(轉變性品)이 곧, 여래무구식(如來無垢識)인 정분(淨分)이므로, 제8식(第八識)에서 정분(淨分)을 따로 분리(分離)함을 부당(否當)하게 인식(認識)해, 제식종(諸識種)의 분류체계(分類體系)를 8종식(八種識)이 당연(當然)하여 옳음[正]을 주장(主張)하였다. 진제삼장(眞諦三藏)스님과 원측(圓測)스님은, 제8식(第八識) 중, 청정분(清淨分)을 제9식(第九識)으로 규정(規定)함에 있어서, 식종(識種)을 나눔에 대해, 서로 견해차이(見解差異)가 있다.

그러나, 원측(圓測)스님과 진제(眞諦)스님 또한, 유식지혜,상승세계,제식전변,차별차원,실증지혜,성불체계(唯識智慧,上昇世界,諸識轉變,差別次元,實證智慧,成佛體系)인 무위지혜,차별차원,제식전변,성불과정,실증지혜(無爲智慧,差別次元,諸識轉變,成佛過程,實證智慧)가 없어, 두[二] 스님의 유식견(唯識見)은, 성불(成佛)에 이르기까지, 불지증입(佛智證入)의 총체적(總體的), 지혜과정,유식체계(智慧過程,唯識體係)인 제식전변,실증지혜(諸識轉變,實證智慧)에 의한, 불지정안,정의정립,실증지혜,차별차원,성불과정,유식체계(佛智正眼,正義正立,實證智慧,差別次元,成佛過程,唯識體係)에 대해 명료(明了)히 언급(言及)하거나, 그에 대해, 명확(明確)히 정의정립,실증경계(正義正立,實證境界)를 드러내지는 못했다.

또한, 시대적(時代的)으로 앞선 마명보살(馬鳴菩薩)은, 대승기신론(大乘起信論)에서, 대승유식론(大乘唯識論)의 제8식분(第八識分)인 심염분(心染分)과 심정분(心淨分)의 성품특성(性品特性)과 다를 바 없이, 심진여문(心眞如門)과 심생멸문(心生滅門)의 일심2문(一心二門)을 건립(建立)하여, 대승기신론(大乘起信論)의 논지전개, 주체사상(論智展開, 主體思想)으로 하였다. 어떻게 되었거나, 불지(佛智) 증입(證入)의 성불(成佛)에 이르기까지, 총체적, 유식성품, 차별세계(總體的, 唯識性品, 差別世界)인, 10종식(十種識) 체계(體系)의 제식차별, 성품세계(諸識差別, 性品世界)와 제식전변, 무위지혜, 상승차별, 실증지혜, 성불과정, 유식체계(諸識轉變, 無爲智慧, 上昇差別, 實證智慧, 成佛過程, 唯識體係)를 총체적(總體的)으로 완전(完全)히 명료(明了)하게 모두 다 드러내지 못하면, 유식세계(唯識世界)의 총체적(總體的) 일체차별, 성품세계(一切差別, 性品世界)를, 명료(明了)히 다 밝힌 것이 아니다. 왜냐하면, 유식지혜, 상승세계(唯識智慧, 上昇世界)가 곧, 유식지혜, 상승과정, 제식전변, 차별차원, 성불체계(唯識智慧, 上昇過程, 諸識轉變, 差別次元, 成佛體係)이기 때문이다.

유식성품세계(唯識性品世界)는, 유식(唯識)의 심층지혜, 성품세계(深層智慧, 性品世界)를 모두 다, 실증(實證)하여, 일체유식, 유위무위, 차별차원, 성품세계(一切唯識, 有爲無爲, 差別次元, 性品世界)를 모두 밝게 깨달아, 10종식(十種識)의 성품세계(性品世界)와 그 각각(各各), 제식전변지혜(諸識轉變智慧)의 부사의, 차별차원, 성품세계(不思議, 差別次元, 性品世界)를, 모두 다 명료(明了)히, 실증지혜정안(實證智慧正眼)으로 정의정립(正義正立)하여 밝게 드러내어야 한다. 그래야만, 유식성품세계(唯識性品世界)의 모든 일체, 유위무위, 제식성품, 차별세계(一切, 有爲無爲, 諸識性品, 差別世界)를, 총체적(總體的)으로 밝힌, 완전(完全)한 일체, 유식성품, 총체론(一切, 唯識性品, 總體論)인 유식총상, 총체론(唯識總相, 總體論)이 된다.

유식(唯識)의 총체적(總體的), 일체, 유위무위, 성품세계(一切, 有爲無爲, 性品世界)의 각각(各各) 성품구성(性品構成)의 관계(關係)와 각각(各各) 성품, 차별차원, 특성(性品, 差別次元, 特性)에 대해, 모두 밝게 논(論)하려면, 유식(唯識)의 각각(各各) 유위무위, 차별차원, 일체성품, 전개전변, 유식세계, 총체과정(有爲無爲, 差別次元, 一切性品, 展開轉變, 唯識世界, 總體過程)을, 일체초월(一切超越) 불지(佛智)에 이르도록 실증(實證)하여 밝게 알아야 한다. 일체유식, 성품세계(一切唯識, 性品世界)는, 중생무명제식(衆生無明諸識)으로부터 성불(成佛)에 이르기까지의 일체제식, 전변지혜, 차별차원, 무위지혜, 상승세계, 성불과정(一切諸識, 轉變智慧, 差別次元, 無爲智慧, 上昇世界, 成佛過程)이, 총체적(總體的) 유식성품세계(唯識性品世界)이다. 그러므로, 일체유식, 차별차원, 성품세계(一切唯識, 差別次元, 性品世界)를 실증지혜(實證智慧)로, 유위, 차별제식, 전개성품, 세계(有爲, 差別諸識, 展開性品, 世界)와 제식, 전변지혜, 차별차원, 무위지혜, 성품세계(諸識, 轉變智慧, 差別次元, 無爲智慧, 性品世界)를,

실증지혜정안(實證智慧正眼)의 점검지혜(點檢智慧)로 밀밀(密密)히 살피어, 유식(唯識)의 총체적(總體的), 각각(各各) 차별차원,성품세계(差別次元,性品世界)의 특성(特性)을 명료(明了)히 정의정립(正義正立)하여, 실증지혜정안(實證智慧正眼)으로 밝혀야 한다.

이는, 유식(唯識)의 총체적(總體的), 각각(各各), 차별성품세계(差別性品世界)와 제식(諸識)을 타파(打破)한, 전변지혜,성품세계(轉變智慧,性品世界)이다. 이 전변지혜,차별차원,지혜상승,차별세계(轉變智慧,差別次元,智慧上昇,差別世界)가 곧, 보살지혜,차별차원,성품세계(菩薩智慧,差別次元,性品世界)이며, 무위지혜,차별차원,성품세계(無爲智慧,差別次元,性品世界)며, 무생법인,차별차원,성품세계(無生法忍,差別次元,性品世界)이며, 일체제승,차별차원,성품세계(一切諸乘,差別次元,性品世界)이다. 이 일체(一切) 실증지혜(實證智慧) 상승과정(上昇過程)이, 일체유식,지혜상승,차별차원,성불과정,유식체계(一切唯識,智慧上昇,差別次元,成佛過程,唯識體係)이다. 이는, 무명제식,유위유식,성품세계(無明諸識,有爲唯識,性品世界)와 그리고, 무명,제식타파,전변지혜,무위유식,성품세계(無明,諸識打破,轉變智慧,無爲唯識,性品世界)이다. 이 유식지혜,실증과정(唯識智慧,實證過程)에는, 보살최상지(菩薩最上智)에서 어떻게, 그 보살,최상지혜,심층무위성품(菩薩,最上智慧,深層無爲性品)을 타파(打破)해, 일체초월(一切超越) 무상불지(無上佛智)에 증입(證入)하는지, 이 총체적(總體的) 유식성품,지혜상승,성불과정,지혜체계(唯識性品,智慧上昇,成佛過程,智慧體系)를, 실증지혜(實證智慧)로 밝게 알아야, 유식(唯識)의 시(始)와 종(終), 그리고, 일체,유위무위,유식성품, 총체적, 유식체계(一切, 有爲無爲, 唯識性品, 總體的, 唯識體系)를 명료(明了)히 밝게 알게 된다. 그러면, 총체적(總體的) 유식성품세계(唯識性品世界)의 총상총론지혜(總相總論智慧)인, 총체적(總體的) 유식지혜, 실증정안(唯識智慧, 實證正眼)인, 일체초월, 절대성(一切超越, 絕對性) 불지(佛智)를 갖추게 된다.

이 지혜과정(智慧過程)은, 12인연법(十二因緣法)의 무명(無明)이 끊어져 멸(滅)한, 최상보살지(最上菩薩智)의 성품세계(性品世界)와 이를 또한, 지혜각력상승(智慧覺力上昇)으로 타파(打破)해 벗어나, 완전(完全)한 일체초월(一切超越) 무상불지(無上佛智)에 증입(證入)하는 총체적(總體的) 유식성품, 지혜상승, 실증세계(唯識性品, 智慧上昇, 實證世界)이다. 이는, 유식총상, 지혜각력, 실증정안, 과정세계(唯識總相, 智慧覺力, 實證正眼, 過程世界)로, 이 유식과정(唯識過程)을 통해, 일체유식, 차별차원, 성품세계(一切唯識, 差別次元, 性品世界)에 대한 실증지혜(實證智慧)의 명확(明確)한 밝은 지론(智論)과 성불과정(成佛過程)의 총체적, 유식성품, 차별차원세계(總體的, 唯識性品, 差別次元世界)와 유식총론, 실증지혜, 차별차원, 성품체계(唯識總論, 實證智慧, 差別次元, 性品體系)를 명확(明確)하고, 확연(確然)히 깨닫게 된다. 이 유식지혜, 상승과정, 실증지혜, 불지증입(唯識智慧, 上昇過程, 實證智慧, 佛智證入)으로 총체적, 유식체계, 지혜정론, 정의정립, 유식정안(總體的, 唯識體系, 智慧正論, 正義正立, 唯識正眼)을 갖추게 된다.

만약(萬若), 제식전변, 실증지혜, 차별차원, 성품세계(諸識轉變, 實證

智慧,差別次元,性品世界)의 실증지혜정안(實證智慧正眼)이 없으면, 일체유식, 유위무위, 차별차원, 성품세계(一切唯識, 有爲無爲, 差別次元, 性品世界)에 대해 언급(言及)할 수가 없다. 그러므로 만약(萬若), 이 일체유식세계(一切唯識世界)를 타파(打破)해 벗어나, 일체초월(一切超越) 불지(佛智)에 증입(證入)한 실증지혜정안(實證智慧正眼)이 없으면, 지식(知識)과 지견(知見)의 앎 속에, 유식성품세계(唯識性品世界)를 유추(類推)하거나 추론(推論)하여도, 자기(自己) 지견안목(知見眼目)의 한계(限界)를 벗어난, 일체, 유위무위, 차별차원, 유식총상, 차별세계(一切, 有爲無爲, 差別次元, 唯識總相, 差別世界)를 알 수가 없다. 그러므로, 실증지혜(實證智慧) 없는 지혜미완(智慧未完)의 지견(知見)으로 유식성품세계(唯識性品世界)를 논(論)하여도, 일체유식, 유위무위, 제식전개, 전변과정, 유식성품, 차별세계(一切唯識, 有爲無爲, 諸識展開, 轉變過程, 唯識性品, 差別世界)를 모두 총체적(總體的)으로 드러낼 수가 없다. 그러므로, 유추(類推)와 추론(推論)으로는, 총체적(總體的) 유식지혜, 상승세계, 차별차원, 성불과정, 유식체계(唯識智慧, 上昇世界, 差別次元, 成佛過程, 唯識體系)를 알 수가 없다.

유식성품세계(唯識性品世界)는, 중생심식(衆生心識)인 제식전개, 차별성품, 유식세계(諸識展開, 差別性品, 唯識世界)와 그 제식, 전변지혜, 차별세계(諸識, 轉變智慧, 差別世界)인 일체, 무위지혜, 각력상승, 차별차원, 성불과정(一切, 無爲智慧, 覺力上昇, 差別次元, 成佛過程) 모두가, 총체적(總體的) 유식성품세계(唯識性品世界)이다. 그러므로, 일체, 유위무위, 차별차원, 유식성품(一切, 有爲無爲, 差別次元, 唯識性品)을 완전(完全)히 타파(打破)해 벗어남이 곧, 일체초월(一切超越) 무상불지(無上佛智)이다. 그러므로, 무위성품, 심층지혜, 부사의세계(無爲性品, 深層智慧, 不思議世界) 최상보살지(最上菩薩智)에 들었어도, 유식성품세계(唯識性品世界)를 모두 다 벗어난 것이 아니다. 왜냐하면, 보살지혜, 성품세계(菩薩智慧, 性品世界)의 증득지혜(證得智慧)가 곧, 제식성품세계(諸識性品世界)를 점차(漸次) 타파(打破)해 전변(轉變)한 무위지혜, 성품세계(無爲智慧, 性品世界)에 증입(證入)해 있기 때문이다.

그러므로, 완전(完全)한 일체초월(一切超越) 불지(佛智)에 증입(證入)하지 못하면, 유식성품, 차별차원, 성품세계(唯識性品, 差別次元, 性品世界)를 벗어날 수도 없고, 또한, 알 수도 없다. 그러므로, 일체보살(一切菩薩)이, 깨달음으로 보살지(菩薩智)에 들었어도, 그 지혜성품(智慧性品)이 제식전변, 무위지혜, 유식성품, 차별세계(諸識轉變, 無爲智慧, 唯識性品, 差別世界)이다. 그러므로, 보살지혜(菩薩智慧) 속에 있어도, 또한, 지혜각력상승(智慧覺力上昇)으로, 일체무위, 차별차원, 유식성품, 차별세계(一切無爲, 差別次元, 唯識性品, 差別世界)를 모두, 완전(完全)히 타파(打破)해, 일체, 유위무위, 유식성품, 세계(一切, 有爲無爲, 唯識性品, 世界)를 일체초월(一切超越)한, 완전(完全)한 불지(佛智), 일체초월, 절대성(一切超越, 絕對性) 불성(佛性)에 증입(證入)해야 한다.

중생(衆生)은, 일체제식, 유위유식, 성품세계(一切諸識, 有爲唯識, 性品世界)에 머물러 벗어나지 못하고, 보살(菩薩)은 유위제식, 전변지혜, 차별차원, 무위성품, 유식세계(有爲諸識, 轉變智慧, 差別次元, 無爲性品, 唯

識世界)를 벗어나지 못해, 전변지혜,성품세계(轉變智慧,性品世界)인 무위지혜,차별차원,유식성품,차별세계(無爲智慧,差別次元,唯識性品,差別世界)에 머물러 있다. 유식성품세계(唯識性品世界)는, 보살일체,무위지혜,차별차원(菩薩一切,無爲智慧,差別次元)을 완전(完全)히 타파(打破)해 벗어나, 일체초월(一切超越) 불지(佛智)에 증입(證入)함으로, 유위무위,일체유식,성품세계(有爲無爲,一切唯識,性品世界)를 완전(完全)히 벗어나게 된다. 그러하기 이전(以前)에는, 청정본성(淸淨本性)인 일체초월(一切超越) 불성(佛性)을, 명확(明確)히 완전(完全)히 볼 수도, 깨달을 수도, 알 수도 없다. 그 까닭[緣由]은, 일체초월(一切超越) 불지(佛智)가 아니기 때문이다. 불지(佛智)란, 일체초월(一切超越) 불성(佛性)에 증입(證入)한 지혜(智慧)를, 불지(佛智)라고 한다. 그러므로, 일체초월(一切超越) 불지(佛智)란, 일체초월성(一切超越性) 불성(佛性)에 증입(證入)한 불지혜(佛智慧)이다.

만약(萬若), 그 지혜(智慧)와 견해(見解)가, 유위,일체유식,성품세계(有爲,一切唯識,性品世界)와 무위,일체유식,성품세계(無爲,一切唯識,性品世界)에 머물러 있으면, 일체초월(一切超越) 청정본성(淸淨本性)인 불성(佛性)을 보고, 깨닫고, 알고자 해도, 알 수가 없다. 왜냐하면, 자기(自己)가 머물러 있는 유위유식,성품세계(有爲唯識性品世界)이든, 무위,보살지혜,성품세계(無爲,菩薩智慧,性品世界)이든, 자기(自己)가 머무른 그 유식성품세계(唯識性品世界)가 상심상견,차별성품,유위세계(相心相見,差別性品,有爲世界)이거나, 제식전변,무위증득,차별차원,성품세계(諸識轉變,無爲證得,差別次元,性品世界)이기 때문이다. 그러므로, 그 견해(見解)와 심식(心識)의 성품(性品)이, 일체차별상견(一切差別相見)과 일체지혜상견(一切智慧相見)에 치우쳐 있으므로, 이는, 일체초월(一切超越) 절대성(絶對性), 청정본성(淸淨本性)을 장애(障礙)하는, 유위식견상(有爲識見相)과 무위식견상(無爲識見相)이다. 그러므로, 일체초월(一切超越) 청정본성(淸淨本性)인 불성(佛性)을 보려거나 깨닫고자, 아무리 헤아리며 분별(分別)하고, 유추(類推)하며 추론(推論)해도, 이로는, 일체초월(一切超越) 절대성(絶對性) 청정본성(淸淨本性)인, 불성(佛性)을 알 수가 없다.

만약(萬若), 어느 누가 있어, 완전(完全)한 무상불지(無上佛智)에 증입(證入)하지 않고도, 청정본성(淸淨本性)인 불성(佛性)을 안다고 하면, 그 자체(自體)가 곧, 혹견(惑見)이니, 곧, 망심망견(妄心妄見)의 착각(錯覺) 속에 있음이다. 그 명확(明確)한 점검(點檢)은, 자기(自己)가 곧, 무상불지(無上佛智)에 증입(證入)한 일체초월(一切超越) 불지(佛智)가 아니기 때문이다. 일체초월(一切超越) 청정본성(淸淨本性)인 불성(佛性)을 깨달음을 일러, 무상불지(無上佛智)라고 한다. 무상불지(無上佛智)는 곧, 일체초월(一切超越) 불성(佛性)에 증입(證入)해, 일체초월성(一切超越性) 불성(佛性)을 명확(明確)히 보는 지혜(智慧)를 일컬음이다. 왜, 불성(佛性)이라고 하는가 하면, 일체초월(一切超越) 불(佛)만이 능히, 그 성품(性品)을 알 수 있으므로 불성(佛性)이라고 하며, 또한, 일체초월(一切超越) 불(佛)만이 그 성품 속에 있으므로 불성(佛性)이라고 하며, 또한, 불(佛)만이 그 성품(性品)을 벗어나지 않음으로 불성(佛性)이라고 하며, 또한, 그 성품(性品)이 곧, 불(佛)의 성품(性品)이므로 불성(佛性)이라고 한다.

앞에서 밝힌, 대반열반경(大般涅槃經)의 제8권 문자품(文字品)에서, "무량(無量)한 보살(菩薩)들이, 모든 바라밀행(波羅蜜行)과 내지 10주(十住:十地)를 구족(具足)하게 행(行)하더라도, 가히, 불성(佛性)이 있음을 능히, 보지 못하느니라." 하였다. 이 성품(性品)은, 일체초월(一切超越) 불(佛)만이, 능히, 볼 수가 있고, 알 수가 있기 때문이다. 그러므로, 일체초월(一切超越) 무상불지(無上佛智)에 증입(證入)하지 않고서, 청정본성(淸淨本性)이며, 일체초월(一切超越) 절대성(絕對性) 불성(佛性)을 본다 함이, 그 자체(自體)가 곧, 혹견(惑見)이다. 이는 곧, 지혜미완(智慧未完)의 망심환각(妄心幻覺)이며, 망견착각(妄見錯覺)이다. 그러므로, 청정본성(淸淨本性)을 일러, 불성(佛性)이라고 함은, 일체중생(一切衆生)의 본성(本性)이, 청정불성(淸淨佛性)이어도, 일체중생(一切衆生)이 무명심(無明心)의 장애(障礙)로, 불성(佛性)을 보지도, 알지도 못하므로, 완전(完全)히 불지(佛智)에 증입(證入)한, 일체초월(一切超越) 불(佛)만이 능히, 볼 수가 있어, 불성(佛性)이라고 함이다. 그렇다고 해서, 일체중생(一切衆生)에게 없는 성품(性品)이 아니니, 다만, 스스로 제식(諸識)을 타파(打破)해 불성(佛性)을 깨달아야만, 일체초월(一切超越) 자기(自己)의 본성(本性)인, 완전(完全)한 청정불성(淸淨佛性)의 성품(性品)을, 알 수가 있다.

모든, 중생심(衆生心)은, 유무상견,분별심(有無相見,分別心)이며, 모든, 보살심(菩薩心)은, 무위지혜,지견심(無爲智慧,智見心)이다. 일체중생(一切衆生)은, 유무상견(有無相見) 속에 있고, 증득지혜(證得智慧)의 일체보살(一切菩薩)은, 무위지견(無爲智見) 속에 있다. 일체중생(一切衆生)은 상견유식심(相見唯識心)이며, 증득지혜(證得智慧)의 일체보살(一切菩薩)은, 무위지견심(無爲智見心)이다. 그러므로, 중생(衆生)은, 상심상견(相心相見)의 장애(障礙)인 분별심(分別心) 때문에 불성(佛性)을 보지 못하고, 알지도 못한다. 그리고, 성문(聲聞)과 연각(緣覺)은 생멸심(生滅心)을 멸(滅)하고자, 열반(涅槃)을 탐착(貪着)하여 얻으려 하거나, 열반(涅槃)에 머물기를 좋아하는 장애심(障礙心) 때문에, 불성(佛性)을 보지 못하고, 알지도 못한다. 보살(菩薩)은 무위성품지혜(無爲性品智慧)의 지혜지견심(智慧智見心)이 장애(障礙)가 되어, 불성(佛性)을 보지도 못하고, 알지도 못한다.

5온(五蘊)에 머물러 있는 중생(衆生)이, 수행(修行)으로 공성(空性)을 깨달아 증득(證得)하여도, 깨달음을 얻은 그 공성지혜(空性智慧)를 벗어나는 것은, 공성(空性)을 깨닫는 그 과정(過程)보다 어렵고 어렵다. 왜냐하면, 공성(空性)을 깨달으면, 상견(相見)을 타파(打破)하여 증득(證得)한, 그 공성(空性)의 지혜(智慧)에 머무르게 되고, 그 증득(證得)의 공성지혜(空性智慧)가 곧, 바른 정각지혜(正覺智慧)인 것으로 착각(錯覺)하게 된다. 색성향미촉법(色聲香味觸法)의 상공(相空)을 깨달음이, 안이비설신의식(眼耳鼻舌身意識)의 6종식전변지혜(六種識轉變智慧)인 이법계(理法界)이다. 이는, 대승(大乘)의 공성지혜,성품세계(空性智慧,性品世界)이다.

또, 이 공성지혜(空性智慧)에서, 지혜전변상승(智慧轉變上昇)으로 제7식(第七識)이 타파(打破)되면, 무염, 청정진여, 성품세계(無染, 淸淨 眞如, 性品世界)에 증입(證入)하게 된다. 이는, 상(相)과 공(空)을 둘[二] 다 벗어난 이사무애, 법계성품(理事無礙, 法界性品)인, 제7식, 전변지혜, 성품세계(第七識, 轉變智慧, 性品世界)이다. 이는, 평등성지(平等性智) 이며, 일승(一乘)의 무염진여, 지혜성품, 세계(無染眞如, 智慧性品, 世界) 이다.

또, 무염청정, 진여성품, 세계(無染淸淨, 眞如性品, 世界)에서 지혜각 력상승(智慧覺力上昇)으로 제8식(第八識) 능소출입식(能所出入識)이 또한, 타파(打破)되면, 쌍차쌍조, 원융각명, 지혜성품, 세계(雙遮雙照, 圓融 覺明, 智慧性品, 世界)에 증입(證入)하게 된다. 이는, 제8식, 능소출입식, 전변지혜, 성품세계(第八識, 能所出入識, 轉變智慧, 性品世界)이다. 이는, 상(相)과 공성(空性)과 무염진여(無染眞如)를 모두 벗어난, 쌍차쌍조, 사사원융, 법계성품(雙遮雙照, 事事圓融, 法界性品)이다. 이는, 대원경지 (大圓鏡智)이며, 일불승(一佛乘)의 원융각명, 지혜성품, 세계(圓融覺明, 智慧性品, 世界)이다.

또, 지혜각력상승(智慧覺力上昇)으로, 제8식, 능소출입식, 전변지혜, 성품세계(第八識, 能所出入識, 轉變智慧, 性品世界)인 대원경지(大圓鏡 智)를 벗어나 또한, 제9식(第九識) 무명함장식(無明含藏識)을 타파(打破)하면, 청정부동, 대열반성, 부동지세계(淸淨不動, 大涅槃性, 不動智世界)에 증입(證入)하게 된다. 이는, 제9식(第九識) 함장식(含藏識)인 12

인연법(十二因緣法)의 무명성품(無明性品)을 타파(打破)한 부동대열반법계(不動大涅槃法界)이다. 이는, 불승(佛乘)의 대열반, 지혜성품, 세계(大涅槃, 智慧性品, 世界)이다.

또, 불승(佛乘)의 대열반, 지혜성품, 세계(大涅槃, 智慧性品, 世界)를 지혜각력상승(智慧覺力上昇)으로 또한, 타파(打破)해 벗어나면, 일체초월, 절대성(一切超越, 絕對性) 불성(佛性)에 증입(證入)하게 된다. 이는, 청정무상불지(淸淨無上佛智)이며, 여래결정성(如來結定性)인 곧, 일체초월(一切超越) 완전(完全)한 불지(佛智)에 증입(證入)함이다.

6종식, 전변지혜(六種識, 轉變智慧)인, 색성향미촉법(色聲香味觸法)의 상(相)이 타파(打破)되어 열린 그 공성지혜(空性智慧)는, 대승, 공성지혜, 성품(大乘, 空性智慧, 性品)이어도 단지(但只), 무위지혜(無爲智慧)의 초입(初入)이며, 무생법인지(無生法忍智)의 초입(初入)이며, 반야지혜(般若智慧)의 초입(初入)이다. 6종식(六種識)인 안식(眼識), 이식(耳識), 비식(鼻識), 설식(舌識), 신식(身識), 의식(意識)은, 같은 차원(次元)의 성품식종(性品識種)이므로, 어느 한 식(識)이 완전(完全)히 타파(打破)되면, 같은 차원(次元)의 모든 식(識)은, 더불어 같이 한꺼번에 타파(打破)된다. 6종식(六種識)인 안이비설신의식(眼耳鼻舌身意識)이 타파(打破)될 때에, 허공성(虛空性)이 타파(打破)되어, 허공(虛空)이 소멸(消滅)하여, 6종식전변, 공성지혜, 성품세계(六種識轉變, 空性智慧, 性品世界)에 증입(證入)하게 된다. 이는, 무위초입(無爲初入)의 공견(空見)이 열리어도, 이는, 반야지혜(般若智慧)의 초입(初入)일 뿐이다. 그러나,

무위지혜(無爲智慧)의 초입(初入)이며, 반야지혜(般若智慧)의 초입(初入)이어도, 무위지혜(無爲智慧)인 반야지혜(般若智慧)가 열림이다. 그러므로, 반야경(般若經)을 보면, 이제야 그 뜻이 이해(理解)가 되고, 반야(般若)의 구절(句節)과 말씀의 뜻[義]을, 열린 공성(空性)의 지혜(智慧)로 이해(理解)하게 되고, 그 뜻을 바르게 헤아리게 된다.

그러나, 스스로 자기(自己)의 지혜(智慧)를 점검(點檢)하여 돌이켜 보면, 공성(空性)의 깨달음은 얻었어도, 지혜(智慧)가 아직, 원만(圓滿)하지 못하고, 지혜(智慧)가 깊지 못하여, 완전(完全)하지 못함을 스스로 느끼게 된다. 그러므로, 지행(智行)이 공청정(空淸淨)할 뿐, 원융자재(圓融自在)가 되지 않는다. 그러나, 자기(自己) 스스로 그 까닭을 알 수가 없으며, 또한, 자기(自己) 지혜(智慧)에, 어떤 장애(障礙)가 있음을 깨닫지를 못한다. 왜냐하면, 자기지혜(自己智慧)를 점검(點檢)할, 상차원지혜(上次元智慧)를 실증(實證)하지 않았으며, 또한, 상공(相空)까지도 타파(打破)하여 벗어난, 공성초월지혜(空性超越智慧)에 들지 않았기 때문이다.

이는, 색성향미촉법(色聲香味觸法)이 공(空)한, 상공(相空)인 소연공(所緣空)은 깨달았으나, 능연식(能緣識)의 자아(自我)가 멸(滅)하지 않고 자아의식(自我意識)이 작용(作用)하고 있어, 능연식공(能緣識空)에 증입(證入)하지 못해, 자아의식(自我意識)의 작용(作用)이 이루어지고 있기 때문이다. 그러므로, 자아의식(自我意識)의 작용(作用)이 있으므로, 자기(自己)가, 상(相)이 공(空)함을 깨달았다는, 공견상(空見相)

을 일으키며, 그 공견(空見)에 머무르게 된다. 이는, 아직, 능연식공(能緣識空)에 들지 못해, 자아(自我)가 끊어져 멸(滅)하지 않았기 때문이다. 능연식공(能緣識空)도, 불지(佛智)에 이르기까지, 점차(漸次) 제식(諸識)이 타파(打破)되는 지혜상승과정(智慧上昇過程) 속에, 깨달음 무위지혜(無爲智慧)의 각아(覺我)와 각식(覺識)이, 점차(漸次) 성품(性品)이 더욱, 미세(微細)해지며, 단계적(段階的)으로 멸(滅)하는, 차별단계(差別段階)의 지혜상승과정(智慧上昇過程)을 겪게 된다.

이는, 무명제식(無明諸識)의 일체장애(一切障礙)를 점차(漸次) 벗어나므로, 제식작용(諸識作用)인 유식성품, 장애세계(唯識性品, 障礙世界)를 점차(漸次) 벗어나는, 지혜성품, 상승세계(智慧性品, 上昇世界)이다. 이는, 중생제식, 상견상심(衆生諸識, 相見相心)에서, ①6종식(六種識)이 타파(打破)되어 대승지혜, 성품세계(大乘智慧, 性品世界)인 공성(空性)에 증입(證入)하며, 또한, 공성(空性)에서, ②제7식(第七識) 자아의식(自我意識)이 타파(打破)되어 일승지혜, 성품세계(一乘智慧, 性品世界)인 무염진여성(無染眞如性)에 증입(證入)하며, 또한, 무염진여성(無染眞如性)에서, ③제8식(第八識) 능소출입식(能所出入識)이 타파(打破)되어 일불승, 지혜성품세계(一佛乘, 智慧性品世界)인 원융각명성(圓融覺明性)에 증입(證入)하며, 또한, 원융각명성(圓融覺明性)에서, ④제9식(第九識) 함장식(含藏識)이 타파(打破)되어 불승지혜, 성품세계(佛乘智慧, 性品世界)인 심부동, 대열반성지(心不動, 大涅槃性智)에 증입(證入)하며, 또한, ⑤심부동, 대열반성지(心不動, 大涅槃性智)까지 타파(打破)되어 불지(佛智)인 불성(佛性)에 증입(證入)하는, 지혜상승과정(智慧上昇

過程)이다.

그리고, 제식,차별성품,총상(諸識,差別性品,總相) 10종식(十種識)을,
대승유식론(大乘唯識論)에는, 8종식(八種識)으로 체계화(體系化)를 하
다 보니, 각각(各各) 제식(諸識)을 구분(區分)하여 명칭(名稱)하는바,
대승유식론(大乘唯識論)의 제식총상(諸識總相) 8종식,분류체계(八種
識,分類體系)에는, 앞 또는, 뒤의 식(識)의 성품(性品)이, 서로 겹치
는 곳이 있어, 제식(諸識) 분류(分類)의 이름[名]과 성품특성(性品特性)
에, 서로 다른 차별성품(差別性品)이 겹쳐, 중첩혼재(重疊混在)되어
있는 곳이 있다. 그 일례(一例)로는, 대승유식론(大乘唯識論)은 제8식
(第八識)의 이름[名]을 함장식(含藏識)이라 하였어도, 실제(實際), 그
제8식(第八識)에는, 능소출입식(能所出入識)과 함장식(含藏識)이 함께
있다.

왜냐하면, 제7식(第七識) 자아의식(自我意識) 다음, 제8식(第八識)
이 능소출입식(能所出入識)이며, 제9식(第九識)이 함장식(含藏識)이어
도, 대승유식론(大乘唯識論)에서는, 제8식(第八識)을 함장식(含藏識)이
라고 정의(定義)하며, 제8식(第八識)을 최종식(最終識)으로 규정(規定)
함으로, 대승유식론(大乘唯識論)은 제8식(第八識) 능소출입식(能所出
入識)을 빠뜨리고, 함장식(含藏識)을 제8식(第八識)이라고 하여도, 제
8식(第八識) 속에는, 능소출입식(能所出入識)이 상실(喪失)되지 않고,
함장식(含藏識)과 더불어 함께 있는, 중첩복합식(重疊複合識)이 되었
기 때문이다. 왜냐하면, 대승유식론(大乘唯識論)에서 제7식(第七識)

말나식(末那識)인 자아의식(自我意識)의 다음 식(識)이 능소출입식(能所出入識)임에도, 이에 대한 명확(明確)한 실증지혜(實證智慧)가 없어, 지혜미완(智慧未完)으로 능소출입식(能所出入識)의 존재(存在)를 몰라, 능소출입식(能所出入識)을 빠뜨리고, 함장식(含藏識)을 제8식(第八識)으로 정의(定義)하였기 때문이다. 그러나, 실제(實際) 제식전개작용(諸識展開作用)에는, 대승유식론(大乘唯識論)의 논리체계(論理體系)처럼, 능소출입식(能所出入識)이 제거(除去)되거나 빠지지 않고, 제식전개작용(諸識展開作用)이 이루어지기 때문이다.

그러므로, 대승유식론(大乘唯識論)은 제8식(第八識)을 함장식(含藏識)이라고 정의(定義)하였어도, 실제(實際)는, 능소출입식(能所出入識)이 제거(除去)되거나 빠지지 않고, 실제(實際) 제식작용(諸識作用)에는 능소출입식(能所出入識)이 그대로 제식작용(諸識作用)을 함으로, 대승유식론(大乘唯識論)에서 제8식(第八識)을 함장식(含藏識)이라고 규정(規定)하고 정의(定義)하였어도, 실제사실(實際事實)은, 대승유식론(大乘唯識論)의 제8식(第八識)으로 지칭(指稱)하는 함장식(含藏識) 속에는, 능소출입식(能所出入識)이 제거(除去)되지 않고, 함께 있는 결과(結果)가 된 것이다. 그리고, 대승유식론(大乘唯識論)에는 제8식(第八識) 함장식(含藏識)을 전변(轉變)하면 대원경지(大圓鏡智)라고 규정(規定)하고 정의(定義)하여도, 실제(實際)는, 함장식,전변지혜(含藏識,轉變智慧)는 대원경지(大圓鏡智)보다 더 깊은, 심부동,대열반성지(心不動,大涅槃性智)이다. 그리고, 대승유식론(大乘唯識論)이 제식체계(諸識體系)에서 빠뜨린 능소출입식(能所出入識)의 전변지혜(轉變智慧)가 곧, 대원경지(大圓鏡智)이다.

그리고 또, 대승유식론(大乘唯識論)에는 제8식(第八識)이 최종식(最終識)이므로, 제8식(第八識) 속에는 함장식(含藏識)과 본성(本性)의 두[二] 성품(性品)이 있음을 설정(設定)하여 규정(規定)하였다. 왜냐하면, 함장식(含藏識)이어도, 본성(本性)을 벗어나 있지 않기 때문이다. 그러므로, 제8식(第八識)이 최종식(最終識)이니, 제8식(第八識) 속에, 함장식(含藏識)을 제8식(第八識)의 염분성품(染分性品)으로 설정규정(設定規定)하고, 본성(本性)을 제8식(第八識)의 정분성품(淨分性品)으로 설정규정(設定規定)하여, 제8식(第八識)에는 함장식(含藏識)과 본성(本性)이 함께 있음을, 그렇게 정립(定立)하고 규정(規定)하였다. 대승유식론(大乘唯識論)에는, 제8식(第八識)의 염분성품(染分性品)과 정분성품(淨分性品)의 개념(概念)도, 명확(明確)한 실증지혜정안(實證智慧正眼)을 바탕[基盤]으로 정의정립(正義正立)한 것이 아니므로, 제8식(第八識)의 성품세계(性品世界)도, 유추(類推)와 추정(推定)에 의한 설정개념체계(設定概念體系)이므로, 제8식(第八識)에 대한 실증지혜(實證智慧)의 명확(明確)한 성품개념정립(性品概念正立)이 되지 않았다.

그러므로, 대승유식론(大乘唯識論)의 제8식(第八識)에는, 심층차별성품(深層差別性品)인 능소출입식(能所出入識)과 함장식(含藏識)과 본성(本性)이 연계중첩(連繫重疊)되어 있으며, 각각(各各) 그 성품(性品)의 특성(特性)과 그 섬세(纖細)한 차별성품(差別性品)에 대해, 대승유식론(大乘唯識論)에는 그 성품개념정의(性品槪念正義)가 정립(正立)되지 않았다. 그러므로, 대승유식론(大乘唯識論) 제8식(第八識)의 성품(性品) 속에는, 불지정론(佛智正論) 유식총상(唯識總相) 10종식(十種識)으로 분류(分類)한, 제8식(第八識) 능소출입식(能所出入識)과 제9식(第九識) 무명함장식(無明含藏識)과 제10식(第十識) 본성(本性)이, 함께 있는, 중첩복합식(重疊複合識)이다. 대승유식론(大乘唯識論)에서는, 이를 명확(明確)히 요별(了別)할 실증지혜(實證智慧)가 없었으므로, 이에 대한 명확(明確)한 개념정립(槪念正立)이 되어 있지 않다.

대승유식론(大乘唯識論)의 제8식(第八識)에는, 서로 성품특성(性品特性)이 완전(完全)히 다른, 함장식(含藏識)과 본성(本性)을, 염분(染分)과 정분(淨分)으로 설정분류(設定分類)하여, 함장식(含藏識)과 본성(本性)을 함께, 제8식(第八識)의 성품(性品)으로 규정(規定)한 것은, 제식종,분류체계(諸識種,分類體系)의 개념상식오류(槪念常識誤謬)이며, 문제점(問題點)이므로, 이 오류(誤謬)에 대한 명확(明確)한 개념정의(槪念正義)가 확립(確立)되기 전(前)에는, 이에 대한 이견(異見)으로 혼란(混亂)할 수밖에 없다. 이는, 대승유식론(大乘唯識論)의 제식체계(諸識體系)가, 불지실증,지혜정안(佛智實證,智慧正眼)으로 정립(正立)된 지혜정론,제식체계(智慧正論,諸識體系)가 아니므로, 대승유식론(大乘唯識論)의 제식체계(諸識體系)에, 전5식체계(前五識體系)와 그리고 제6의식(第六意識)과 그리고, 제7식(第七識) 자아의식(自我意識)과 그리고, 제8식(第八識) 함장식(含藏識) 등(等), 제식성품,개념인식(諸識性品,槪念認識)이, 사실(事實)과 다른 지견오류(知見誤謬)로 왜곡

(歪曲)됨이 있다.

대승유식론(大乘唯識論)의 최종식(最終識)으로 규정(規定)한 제8식(第八識)에는, 여러 특성(特性)의 섬세(纖細)한 심층차별성품(深層差別性品)이 함께 있다. 이를 밝게 아는 것이 중요(重要)함은, 일체초월(一切超越) 불지(佛智)에 증입(證入)을 위해서는, 제8식(第八識) 속에 함께 있는 차별제식성품(差別諸識性品)을 지혜각력상승(智慧覺力上昇)으로 각각(各各) 타파(打破)해 벗어나야 하기 때문이다. 대승유식론(大乘唯識論)의 제8식(第八識)에는, 불지정론(佛智正論)의 유식총상(唯識總相) 10종식(十種識) 중, 제8식,능소출입식(第八識,能所出入識)과 제9식,무명함장식(第九識,無明含藏識)과 제10식,청정본성(第十識,淸淨本性)이 함께 중첩(重疊)되어 있다. 그리고 또한, 전변지혜성품(轉變智慧性品)인, 제8식,능소출입식(第八識,能所出入識)이 타파(打破)된, 대원경지성품(大圓鏡智性品)과 제9식,무명함장식(第九識,無明含藏識)이 타파(打破)된 청정부동,대열반성품(淸淨不動,大涅槃性品)과 제10식(第十識) 청정불성(淸淨佛性)이 또한, 더불어 함께 중첩(重疊)되어 있다. 왜냐하면, 대승유식론(大乘唯識論)에서 제8식(第八識) 속에, 본성(本性)까지 함께 있는 성품(性品)으로 설정규정(設定規定)하였으므로, 본성(本性)과 그 하위성품(下位性品) 능소출입식(能所出入識)까지, 제8식(第八識) 속에 함께 있는, 중첩복합성품(重疊複合性品)이 되었기 때문이다.

그러므로, 대승유식론(大乘唯識論)의 8종식(八種識) 성품구분(性品

區分)에서, 제8식(第八識)의 성품세계(性品世界)를 면밀(綿密)히 명확(明確)하게 밝게 안다는 것은, 참으로 중요(重要)하다. 그러나, 각각(各各), 이 성품세계(性品世界)에 대한 실증지혜(實證智慧)가 없으면, 지식적(知識的) 이해(理解)에는 한계(限界)가 있다. 그러나, 이 성품차별특성(性品差別特性)에 대한 바른 지식(知識)이, 수행,실증경계, 지혜점검(修行,實證境界,智慧點檢)에서는, 무엇보다 요긴(要緊)할 수가 있다. 대승유식론(大乘唯識論)의 제8식(第八識)에는, 중생(衆生)의 무명심층,차별성품(無明深層,差別性品)과 보살지(菩薩智)의 무위심층, 차별지혜,성품(無爲深層,差別智慧,性品)이, 각각(各各) 성품차원(性品次元)을 달리하여, 더불어 함께 중첩(重疊)해 있다. 왜냐하면, 대승유식론(大乘唯識論)에서는 제8식(第八識)의 성품규정(性品規定)을, 제7식(第七識) 이후식(以後識)부터 본성(本性)에까지 규정(規定)하고 설정(設定)하였기 때문이다.

불지정론(佛智正論)의 제8식(第八識) 능소출입식(能所出入識)을 타파(打破)한 전변지혜(轉變智慧)인 일불승(一佛乘)의 대원경지(大圓鏡智)나, 또는, 제9식(第九識) 무명함장식(無明含藏識)을 타파(打破)한 불승(佛乘)의 심부동,대열반성지(心不動,大涅槃性智)인 보살지혜(菩薩智慧)의 심층지혜(深層智慧) 속에 들었어도, 이 섬세(纖細)한 심층성품세계(深層性品世界)의 밀밀(密密)한, 그 무위지혜,차별차원,성품세계(無爲智慧,差別次元,性品世界)를 명확(明確)히 알 수가 없다. 왜냐하면, 자기지혜(自己智慧)를 아직, 벗어나지 못했기 때문이며, 또한, 무위보살지(無爲菩薩智)의 최상(最上) 밀밀(密密)한 무위심층지혜(無爲深層智

慧)의 부사의,성품세계(不思議,性品世界)는, 일체초월(一切超越) 불지(佛智)에 증입(證入)해야만, 알 수가 있기 때문이다. 그러므로, 이 부사의,무위지혜,성품세계(不思議,無爲智慧,性品世界)를 타파(打破)해 벗어나, 일체초월(一切超越) 불지(佛智)에 증입(證入)함으로, 이 대승유식론(大乘唯識論)의 부사의(不思議) 제8식(第八識) 속에, 차별식종(差別識種)이 서로 혼재(混在)되어 있는 성품세계(性品世界)에 대해, 면밀(綿密)히 밝게 가름하게 된다.

제식(諸識)의 전개식종(展開識種)의 순서(順序)에, 안이비설신의근(眼耳鼻舌身意根)인 6종근(六種根)과 안이비설신의식(眼耳鼻舌身意識)의 6종식(六種識)을, 안이비설신의(眼耳鼻舌身意)의 순위(順位)에 따라, 제1근(第一根), 제2근(第二根), 제3근(第三根), 제4근(第四根), 제5근(第五根), 제6근(第六根), 또는, 제1식(第一識), 제2식(第二識), 제3식(第三識), 제4식(第四識), 제5식(第五識), 제6식(第六識)이라 하지 않고, 한 목 6종근(六種根), 또는, 6종식(六種識)이라고 함은, 6종근(六種根)은 서로 같은 차원(次元)의 근(根)의 성품(性品)이며, 또한, 6종식(六種識)도 서로 같은 차원(次元)의 식(識)의 성품(性品)이기 때문이다. 그러므로, 제식작용(諸識作用)에 있어서, 같은 차원성품(次元性品)은 전개순서(展開順序)가 색성향미촉법(色聲香味觸法) 또는, 안이비설신의(眼耳鼻舌身意)로 전개순서(展開順序)가 정(定)해져 있는 것이 아니다.

다만, 자아의식작용(自我意識作用)의 인연사(因緣事)에 따라, 순서(順序) 없이, 색성향미촉법(色聲香味觸法) 또는, 안이비설신의(眼耳

鼻舌身意)의 어느 것이든 우선(于先)하여 전개(展開)됨으로, 전개순서(展開順序)와 전개순위(展開順位)에 전개서열(展開序列)의 차별(差別)을 두지 않고, 제식전개체계(諸識展開體系)에 순서(順序)나, 또는, 차례(次例)나, 또는, 서열(序列)이 없이, 한목 묶어, 6종경(六種境), 또는, 6종근(六種根), 또는, 6종식(六種識)처럼, 같은 성품차원(性品次元)을 함께 묶어서 이름[名]하게 된다. 그러므로, 색성향미촉법(色聲香味觸法)의 6종경(六種境)과 안이비설신의근(眼耳鼻舌身意根)인 6종근(六種根)과 안이비설신의식(眼耳鼻舌身意識)인 6종식(六種識)은 제식작용(諸識作用)이 이루어지는 논리체계(論理體系)의 전개순위(展開順位)일 뿐, 제식작용, 전개순위, 순서서열(諸識作用, 展開順位, 順序序列)은 아니다.

그러나, 6종경(六種境)과 6종근(六種根)과 6종식(六種識)의 전개(展開)를 색성향미촉법(色聲香味觸法)과 안이비설신의(眼耳鼻舌身意)의 전개순위(展開順位)로 정립(正立)한 까닭[緣由]은, 몸[身]의 감각기관(感覺器官) 인식계(認識界)가 의지(依支)한 범위(範圍)와 공덕차원(功德次元)에 따라, 안이비설신(眼耳鼻舌身)의 각각(各各) 대상(對相)인, 색성향미촉(色聲香味觸)으로 전개(展開)하였으며, 또한, 정신작용(精神作用)에 의한 인식계(認識界)인 법(法)은, 몸[身]의 감각기관(感覺器官) 인식계(認識界)인 색성향미촉(色聲香味觸)의 물질성(物質性)보다, 더 정신차원(精神次元)이 깊고, 섬세(纖細)하므로, 몸[身]의 감각기관(感覺器官) 인식계(認識界)인 색성향미촉(色聲香味觸)보다, 최종순위(最終順位)로 체계화(體系化)하여, 몸[身]과 정신(精神)의 인식체계(認識體

系)를 정립(正立)하여, 마감[終了]하였다.

그리고, 같은 성품차원(性品次元)인 6종근(六種根) 중, 어느 한 근(根)의 성품(性品)이, 지혜작용(智慧作用)으로 완전(完全)히 타파(打破)되어 끊어지면[滅], 더불어 같은 성품차원(性品次元)의 6종근(六種根)이 함께 끊어져 멸(滅)해, 색성향미촉법(色聲香味觸法)의 무아성지(無我性智)인 성소작지(成所作智)에 증입(證入)하게 된다. 또한, 같은 성품차원(性品次元)인 6종식(六種識) 중, 어느 한 식(識)이, 지혜작용(智慧作用)으로 완전(完全)히 타파(打破)되어 끊어지면[滅], 더불어 같은 성품차원(性品次元)의 6종식(六種識)이 함께 끊어져 멸(滅)해, 색성향미촉법(色聲香味觸法)의 상(相)이 공(空)한 묘관찰지(妙觀察智)에 증입(證入)하게 된다. 왜냐하면, 지혜성품(智慧性品)이, 그 식계(識界)의 차원(次元)을 벗어나, 다른 차원(次元)으로 전변상승(轉變上昇)하기 때문이다.

그리고, 제식(諸識)의 전개순위체계(展開順位體系)에 해당(該當)하는, 그 전개순위(展開順位)의 차례(次例)를, 경·근·식(境·根·識) 18경계, 전개체계(十八境界, 展開體系)에 따라, 6종근(六種根), 6종식(六種識), 제7식(第七識), 제8식(第八識), 제9식(第九識)이라고 한다. 그러나, 각각(各各) 6종근(六種根)과 각각(各各) 6종식(六種識)은 전개순위(展開順位)가 정(定)해져 있지 않다. 왜냐하면, 서로 같은 차원(次元)의 동일차원성품(同一次元性品)이므로, 제7식(第七識) 자아의식(自我意識)의 뜻[意]과 의지(意志)와 인위적(人爲的) 분별작용(分別作用)에 따라, 색성향미촉법(色聲香味觸法) 중에, 어느 것이든 차별(差別) 없이 순간순간(瞬間瞬間) 선후(先後)의 차례(次例)가 달라지거나, 또는, 더불어 함께 순서(順序) 없이 중첩연계작용(重疊連繫作用)을 하기 때문에, 각각(各各) 6종근(六種根)과 각각(各各) 6종식(六種識)은 함께 묶어서, 6종근(六種根), 또는, 6종식(六種識)이라고 한다.

그러므로, 색성향미촉법(色聲香味觸法)도 전개순위(展開順位)가 결정(決定)되어 있지 않아, 함께 묶어 6종경(六種境)이라고 하며, 또한, 안이비설신의근(眼耳鼻舌身意根)도 전개순위(展開順位)가 결정(決定)되어 있지 않아, 함께 묶어 6종근(六種根)이라고 하며, 또한, 안이비설신의식(眼耳鼻舌身意識)도 전개순위(展開順位)가 결정(決定)되어 있지 않아, 함께 묶어 6종식(六種識)이라고 한다. 그러므로, 마음작용의 인연(因緣)에 따라, 색성향미촉법(色聲香味觸法) 중, 어느 것이든, 차례(次例)가 정(定)해져 있지 않으며, 또한, 같이 동시(同時)에 쌍(雙)으로, 또는, 쌍쌍(雙雙)으로 순위(順位) 없이 한목에 연계작용(連繫作用)하게 된다. 가령, 음식(飮食)을 먹으면, 눈[眼]으로는 음식대상(飮食對相)을 보며, 코[鼻]로는 음식(飮食)의 냄새와 향(香)을 맡으며, 혀[舌]로는 음식(飮食)의 맛[味]을 보며, 그리고, 자리를 같이한 일행(一行)들과 서로 대화(對話)를 하며, 음식(飮食)을 먹게 된다. 그러므로, 안이비설신의(眼耳鼻舌身識)을 일컬을 때에, 그 순서(順序)를 안이비설신의(眼耳鼻舌身意)라 일컬어도, 식(識)의 작용(作用)이 이루어지는 식(識)의 전개진행순서(展開進行順序)는 아니다.

그리고, 대승유식론(大乘唯識論)에서도, 제6의식(第六意識)의 작용(作用)이 이루어지기 전(前)인, 색성향미촉(色聲香味觸)을 인지(認知)하는, 안이비설신식(眼耳鼻舌身識)을 전5식(前五識)이라고 함도 또한, 이와 같다. 대승유식론(大乘唯識論)은, 18경계,제식섭리,체계(十八境界,諸識攝理,體系)인 경·근·식(境·根·識) 총체론(開總體論)이 아닌, 제6의식(第六意識)이 주관의식(主管意識)인 전5식체계(前五識體系)이므로, 색성향미촉(色聲香味觸)의 5종경(五種境)과 안이비설신근(眼耳鼻舌身根)인 5종근(五種根)과 안이비설신식(眼耳鼻舌身識)의 5종식(五種識)인, 경·근·식(境·根·識) 15경계체계(十五境界)로, 제6의식(第六意識)이, 몸[身]의 감각대상(感覺對相)인 색성향미촉(色聲香味觸)의 물질계(物質界)를 분별(分別)하고 주관(主管)하는, 전5식체계(前五識體系)이다.

그러므로, 전5식체계(前五識體系)는, 몸[身]의 감각기관(感覺器官)의 인식계(認識界)인 색성향미촉(色聲香味觸)의 한계성(限界性)에 치우친, 편협(偏狹)한 유식체계(唯識體系)이다. 이 말의 뜻은, 대승유식론(大乘唯識論)의 전5식체계(前五識體系)는, 제6의식(第六意識)이 주관(主管)하므로, 경·근·식(境·根·識) 18경계체계(十八境界體系)처럼, 몸[身]의 감각기관(感覺器官)과 정신작용세계(精神作用世界)의 총체적,일체유식체계(總體的,一切唯識體系)로, 일체물질계(一切物質界)와 일체정신계(一切精神界)를 총괄(總括)하는 총체적유식체계(總體的唯識體系)가 아닌, 몸[身]의 감각기관(感覺器官)의 인식계(認識界)인, 색성향미촉(色聲香味觸)의 한계성(限界性)에 치우친, 유식체계(唯識體系)이다.

대승유식론(大乘唯識論)에서는, 제6의식(第六意識)이, 경·근·식(境·根·識) 18경계체계(十八境界體系)에서 벗어나, 제7식(第七識)의 작용(作用)을 겸(兼)한, 제7식(第七識) 자아의식(自我意識)의 분권식(分權識)으로 변형(變形)이 되어, 전5식계(前五識界)를 주관(主管)하는 유식체계(唯識體係)이다. 그러므로, 이 전5식체계(前五識體系)의 유식론리(唯識論理)는, 경·근·식(境·根·識) 18경계,유식체계(十八境界,唯識體系)의 개념정립(概念正立)과 개념정의(概念正義)와 개념정론체계(概念正論體系)를 파괴(破壞)한, 비정상적(非正常的)인 왜곡(歪曲)된 유식체계(唯識體係)이다. 그러므로, 대승유식론(大乘唯識論)의 전5식체계(前五識體系)는, 경·근·식(境·根·識) 18경계,제식전개,섭리작용(十八境界,諸識展開,攝理作用)이 이루어질 수 없는, 지혜미완(智慧未完)의 식견(識見)으로, 인위적(人爲的)으로 왜곡변형(歪曲變形)한 유식론리체계(唯識論理體係)이다. 18경계,제식전개,체계(十八境界,諸識展開,體系)는 6종경(六種境)과 6종근(六種根)과 6종식(六種識)의 경·근·식(境·根·識) 자연반연,작용섭리(自然攀緣,作用攝理)의 총체적,유식체계(總體的,唯識體系)이므로, 제6의식(第六意識)은 단지(但只), 18경계체계(十八境界體系)의 의근(意根)에 의한 부분역할(部分役割)일 뿐, 제7식(第七識) 자아의식(自我意識)처럼, 인위적(人爲的)인 분별(分別)의 주관의식(主管意識)이 될 수가 없다.

그러므로, 대승유식론(大乘唯識論)에서는, 18경계체계(十八境界體系)와는 달리, 제6의식(第六意識)이, 제7식(第七識)의 분권식(分權識)으로 자아의식작용(自我意識作用)을 겸(兼)하고 있기 때문에, 대승유식론(大乘唯識論)에서는 제7식(第七識) 자아의식(自我意識)의 작용영역(作用領域)과 역할기능(役割器能)이 상실(喪失)되거나 축소(縮小)되어, 제7식(第七識)인 자아의식(自我意識) 존재(存在)의 의미(意味)와 역할(役割)이 무의미(無意味)하다. 그러므로, 어떤 사람은, 대승유식론(大乘唯識論)의 악영향(惡影響)으로, 제7식(第七識)의 존재(存在)를 부정(否定)하기도 한다. 그 일례(一例)는, 장경각(藏經閣) 출판(2015년 10월 05일), 성철(性徹)스님 평석, 선문정로(禪門正路) 내용(內容) 중에도, 제7식(第七識)의 존재(存在)를 인정(認定)하지 않고 부정(否定)하며, 6종식(六種識)과 제8식(第八識)의 존재(存在)만을 인정(認定)하는 내용(內容)이 있다. 그리고, 세친보살(世親菩薩)의 유식30십송(唯識三十頌)에는, 제7식(第七識)을 아치(我痴), 아견(我見), 아만(我慢), 아애(我愛)의 식(識)으로만 편중(偏重), 왜곡(歪曲)된 견해(見解)로, 규정(規定)하고 있다.

그러므로, 대승유식론(大乘唯識論)의 유식관념(唯識觀念)으로, 이 불지정론(佛智正論)에서 논(論)하는 유식세계(唯識世界)를 이해(理解)하려 하면 안 된다. 왜냐하면, 대승유식론(大乘唯識論)은, 경·근·식(境·根·識) 18경계체계(十八境界體系)와는 달라, 제6의식(第六意識)이 제7식(第七識)의 작용(作)을 겸(兼)한, 제7식(第七識) 자아의식(自我意識)의 분권식(分權識)으로 변형(變形)이 되어, 제6의식(第六意識)과 제7식(第七識) 자아의식(自我意識)의 구분(區分)이 명확(明確)하지 않고, 제6의식(第六意識)이 제7자아의식행(第七自我意識行)을 겸(兼)하고 있는 부분(部分)이 있으므로, 제6의식(第六意識)과 제7식(第七識)

에 대한 개념정의(概念定議)가 바르게 정립(正立)되지 않았다. 그리고 또한, 대승유식론(大乘唯識論)에는 제6의식(第六意識)과 제7식(第七識)에 대한 개념인식(概念認識)이 왜곡(歪曲)되어, 18경계체계(十八境界體系)와는 달리, 제식체계,성품개념(諸識體系,性品槪念)이, 실제사실(實際事實)과 달라, 왜곡(歪曲)이 되어 있다.

그리고 또한, 대승유식론(大乘唯識論)은, 제8식(第八識)에 대한, 실증지혜정안(實證智慧正眼)으로 성품분석(性品分析)이 이루어지지 않아, 제8식(第八識)에 대한 개념인식(概念認識)도, 지견오류(知見誤謬)와 왜곡(歪曲)의 부분(部分)이 있다. 대승유식론(大乘唯識論)의 최종식(最終識)인 제8식(第八識)에 대해, 명확(明確)한 개념정의(概念正義)를 하려면, 제8식(第八識) 속에 있는 차별성품(差別性品)을 모두 타파(打破)해, 일체초월(一切超越) 불지(佛智)에 증입(證入)해야만, ①제8식(第八識) 능소출입식(能所出入識)과 ②제9식(第九識) 무명함장식(無明含藏識)과 ③제8식(第八識) 능소출입식(能所出入識)을 타파(打破)한 대원경지성품(大圓鏡智性品)과 ④제9식(第九識) 무명함장식(無明含藏識)을 타파(打破)한 부동열반성품(不動涅槃性品)과 ⑤일체,유위무위,유식성품,세계(一切,有爲無爲,唯識性品,世界)를 초월(超越)한 청정본성(淸淨本性)을, 명확(明確)히, 그 실증지혜(實證智慧)로 각각(各各), 그 성품특성(性品特性)을 명확(明確)히 요별(了別)하여, 분별(分別)할 수가 있다.

제식전개,자연섭리,구성구조,전개체계(諸識展開,自然攝理,構成構造,

展開體系)인 여래정론(如來正論), 경·근·식(境·根·識) 18경계(十八境界)에서, 6종경(六種境) 색성향미촉법(色聲香味觸法)과 6종근(六種根) 안이비설신의근(眼耳鼻舌身意根)과 6종식(六種識) 안이비설신의식(眼耳鼻舌身意識)의 관계(關係)는, 경·근·식(境·根·識) 자연,반연반응,인연작용,전개체계(自然,攀緣反應,因緣作用,展開體系)이므로, 이는, 제식전개,자연섭리,기본체계(諸識展開,自然攝理,基本體系)이다. 그러므로, 18경계체계(十八境界體系)는, 제식전개,자연섭리(諸識展開,自然攝理) 기본구성구조(基本構成構造)의 경근식체계(境根識體系)로, 이는, 제식작용,유식총상(諸識作用,唯識總相), 10종식(十種識)이 연계(連繫)된, 총체적(總體的) 제식전개,구성구조,자연섭리,기본체계(諸識展開,構成構造,自然攝理,基本體系)이다.

경·근·식(境·根·識) 18경계,섭리체계(十八境界,攝理體係)인 6종경(六種境)과 6종근(六種根)과 6종식(六種識)의 체계(體系)는, 소연경(所緣境) 대상(對相)에 인연(因緣)한, 소연경·근·식·섭리체계(所緣境·根·識·攝理體系)인 자연반연,전개섭리,순리체계(自然攀緣,展開攝理,順理體系)이다. 그러나, 소연식(所緣識) 전개작용(展開作用)에는, 능연식(能緣識)인 제7식(第七識), 제8식(第八識), 제9식(第九識)이 같이 더불어 연계중첩작용(連繫重疊作用)함으로, 소연경(所緣境)의 경·근·식(境·根·識) 자연반연,전개작용(自然攀緣,展開作用)이 이루어진다. 소연경(所緣境)에 자연반연,인연작용(自然攀緣,因緣作用)에, 더불어 연계(連繫)되어 중첩,인연작용(重疊,因緣作用)하는 능연식(能緣識)은, 제7식(第七識) 자아의식(自我意識)과 제8식(第八識) 능소출입식(能所出入識)과 제9식(第九識)

무명함장식(無明含藏識)이다. 그리고, 제10식(第十識)은 본성(本性)이므로, 능소(能所)가 끊어졌다.

그러나, 경·근·식(境·根·識) 전개체계(展開體系)인 18경계,유식체계(十八境界,唯識體係)에는 곧, 제7식(第七識) 자아의식(自我意識)과 제8식(第八識) 능소출입식(能所出入識)과 제9식(第九識) 무명함장식(無明含藏識)과 제10식(第十識)이 더불어 연계(連繫)되어 총섭(總攝)한, 10종식(十種識)의 전개작용체계(展開作用體系)이다. 그리고, 불(佛)께서, 이 세상(世上)에 계실 때에, 제식체계(諸識體系)를 경·근·식(境·根·識) 18경계체계(十八境界體系)까지 설(說)하신 까닭과 불(佛)께서 계시지 않은 시대(時代)에, 대승유식론사(大乘唯識論師)들이, 제식체계(諸識體系)를 더욱 세밀(細密)히 분석(分析)하여, 제7식(第七識) 말나식(末那識)인 자아의식(自我意識)과 제8식(第八識) 함장식(含藏識)을, 여래정론(如來正論) 아함경(阿含經)의 경·근·식(境·根·識) 18경계체계(十八境界體系)의 제식총상(諸識總相) 6종식체계(六種識體系)에, 대승유식론사(大乘唯識論師)들이, 제7식(第七識) 말나식(末那識)인 자아의식(自我意識)과 제8식(第八識) 함장식(含藏識)을 더 첨가(添加)하여 대승유식론(大乘唯識論) 제식체계(諸識體系)를 8종식체계(八種識體系)로 확장(擴張)하였다. 여기에는, 그럴만한 불법상황현실(佛法狀況現實)의 까닭[緣由]이 있다. 그 까닭[緣由]은, 불법상황현실(佛法狀況現實)이, 불(佛)이 계실 때와 불(佛)이 계시지 않은 후대(後代)의 불법상황현실(佛法狀況現實)이 다르기 때문이었다.

불(佛)이, 이 세상(世上)에 계실 당시(當時)에는, 불법적(佛法的) 논리체계(論理體系)보다, 불(佛)의 지혜(智慧)에 의지(依支)한 성문(聲聞)들이, 당면(當面)한 무명미혹(無明迷惑)과 일체고(一切苦)를 벗어나, 일체해탈(一切解脫)과 불법지혜(佛法智慧)를 증득(證得)하고, 성불(成佛)하는 것에 치중(置重)한 시대(時代)였다. 그러나, 불(佛)이 이 세상(世上)에 계시지 않은, 그 후대(後代)에는, 불법지혜(佛法智慧)를 갈구(渴求)하여도, 불(佛)이 계시지 않으니, 자연(自然)히 불설론리(佛說論理)에 의지(依支)할 수밖에 없었다. 그러므로, 불(佛)이 이 세상(世上)에 계시지 않은, 그 후대(後代)에는, 불(佛)이 설(說)하신, 불법지혜(佛法智慧)의 논리체계(論理體系)에 자연스레 의지(依支)하게 되므로, 불(佛)이 계시지 않은, 그 후대(後代)에는, 불설(佛說)에 의한 불법적(佛法的) 논리체계(論理體系)에 치중(置重)하는 불법사상시대(佛法思想時代)가 자연(自然)히 발전(發展)하게 되었다. 그러다 보니, 지금(只今) 이 시대(時代)에는, 불법적(佛法的) 사상(思想)과 경·률·론(經·律·論)의 논리체계(論理體系)가 발전(發展)하다 보니, 무명(無明)을 벗어나 해탈(解脫)하는 성불수행(成佛修行)보다, 지혜(智慧)의 불(佛)이 계시지 않으니, 우선(于先) 앎[知識]을 해결(解決)하려는, 불법적(佛法的) 지식욕구(知識欲求)의 충족(充足)에 치중(置重)하는 경향(傾向)이 있다. 그러다 보니, 불법(佛法)을, 성불수행적(成佛修行的) 차원(次元)보다, 지식욕구(知識欲求)의 충족수단(充足手段)으로 치우치는 경향(傾向)이 많다.

불(佛)이, 이 세상(世上)에 계실 당시(當時)에는, 불(佛)께선, 불법적(佛法的) 논리(論理)보다, 중생(衆生)이 당면(當面)한 무명(無明)을 벗어나, 해탈(解脫) 성불(成佛)하는 것에 치중(置重)할 수밖에 없었다. 왜냐하면, 논리(論理)로, 무명(無明)을 벗어나 성불(成佛)하는 것이 아니기 때문이다. 그리고, 지혜(智慧)의 논리(論理)를 실증(實證)하거나 이해(理解)하는 것에는, 실증지혜(實證智慧)가 바탕이 되어야 하기 때문이다. 그리고, 무명(無明) 중생심(衆生心)을 벗어나 성불(成佛)하는 것은, 불법지혜(佛法智慧)를 증득(證得)하는 깨달음의 실천수행(實踐修行)으로 가능(可能)하기 때문이다. 그러므로, 불(佛)께서는, 제자(弟子)들의 성불수행(成佛修行)에만 치중(置重)할 수밖에 없었으며, 또한, 논리(論理)에 치중(置重)하다 보면, 논리(論理)는 분별세계(分別世界)이므로, 무명(無明) 중생심(衆生心)을 벗어나기 위해서는, 선정수행(禪定修行)과 열반수행(涅槃修行)에 치중(置重)해야 하나, 논리(論理)에 치중(置重)하다 보면, 해탈수행(解脫修行)보다 오히려, 분석(分析)의 분별심(分別心)이 더하여, 오히려 해탈수행(解脫修行)에 방해(妨害)가 되거나, 수행(修行)에 치중(置重)함이, 등한시(等閑視) 될 수도 있기 때문이다.

그러면, 불(佛)께서는, 대승유식론(大乘唯識論)의 제식체계(諸識體系)에 대승유식론사(大乘唯識論師)들이 첨가(參加)한 제7식(第七識) 말나식(末那識)인 자아의식(自我意識)과 그리고, 제8식(第八識)인 함장식(含藏識)을 몰랐을까? 그리고, 그러면, 불설(佛說) 아함경(阿含經)에는, 제7식(第七識) 말나식(末那識)인 자아의식(自我意識)과 그리고, 제8식(第八識)인 함장식(含藏識)의 성품(性品)이 없을까? 아함경(阿含

經)의 여래정론(如來正論) 유식체계(唯識體係)를 살펴보면, 불(佛)께서는, 대승유식론사(大乘唯識論師)들이, 대승유식론(大乘唯識論)의 제7식(第七識) 말나식(末那識)인 자아의식(自我意識)과 제8식(第八識)인 함장식(含藏識)을 첨가(添加)한, 대승유식론(大乘唯識論) 제식총상(諸識總相) 8종식체계(八種識體系)보다, 더욱 섬세(纖細)하고 치밀(緻密)하게, 제식체계(諸識體系)의 전개과정,성품세계(展開過程,性品世界)를 실관실증,지혜점검(實觀實證,智慧點檢)을 하였다. 그러므로, 불(佛)께서는 제7식(第七識) 말나식(末那識)인 자아의식(自我意識)의 성품(性品)과 그리고, 제8식(第八識)인 함장식(含藏識) 성품(性品)을 몰랐던 것은 아니다. 그리고, 불설(佛說) 아함경(阿含經)에도, 제7식(第七識) 말나식(末那識)인 자아의식(自我意識) 성품(性品)과 제8식(第八識)인 함장식(含藏識)의 성품(性品)이 없는 것이 아니다.

단지(但只), 소연입식,전개체계(所緣入識,展開體系)인 18경계(十八境界)의 소연경·근·식·전개섭리, 입식체계(所緣境·根·識·展開攝理, 入識體系)와 능연출식,전개체계(能緣出識,展開體系)인 12인연법(十二因緣法)의 무명,능연출식,전개섭리체계(無明,能緣出識,展開攝理體系)를 달리하여 설(說)했을 뿐이다. 경·근·식(境·根·識) 18경계체계(十八境界體系)는, 소연경(所緣境) 색성향미촉법(色聲香味觸法)을 받아들이는 입(入)의 전개체계(展開體系)인 소연경·근·식·입식전개섭리체계(所緣境·根·識·入識展開攝理體系)이므로, 6종경(六種境)과 6종근(六種根)과 6종식(六種識)의 경·근·식(境·根·識) 18경계체계(十八境界體系)로 설(說)하셨다. 그리고, 능연출식,전개체계(能緣出識,展開體系)인 12인연법(十二因緣法)

의 무명,능연출식,전개섭리체계(無明,能緣出識,展開攝理體系)는, 소연입식,전개체계(所緣入識,展開體系)인 18경계(十八境界)의 소연경·근·식·전개섭리,입식체계(所緣境·根·識·展開攝理,入識體系)와는 따로 설(說)하셨다. 왜냐하면, 식(識)의 발생(發生) 전개체계(展開體系)가, 경·근·식(境·根·識) 입식전개(入識展開)와 무명출식전개(無明出識展開)가, 소연입식(所緣入識)과 능연출식(能緣出識)으로, 식(識)의 발생(發生) 인연 전개체계(因緣展開體系)가 다르기 때문이다.

능연출식,전개체계(能緣出識,展開體系)인 12인연법(十二因緣法)이 곧, 무명,능연출식,전개섭리체계(無明,能緣出識,展開攝理體系)이다. 12인연법(十二因緣法)에는, 대승유식론(大乘唯識論)의 제식체계(諸識體系)에서 첨가(添加)한 제7식(第七識) 말나식(末那識)인 자아의식(自我意識)과 제8식(第八識)인 함장식(含藏識)이 있다. 그리고, 12인연법(十二因緣法)을 살펴보면, 대승유식론(大乘唯識論)의 제식체계(諸識體系)가, 지혜미완(智慧未完)의 오류(誤謬)가 있음을 알 수가 있으며, 또한, 대승유식론(大乘唯識論)의 제식체계(諸識體系)에 제7식(第七識) 자아의식(第七識) 다음, 제8식(第八識)이 능소출입식(能所出入識)이며, 제9식(第九識)이 함장식(含藏識)임을 알 수가 있다. 그리고, 대승유식론(大乘唯識論)의 제식체계(諸識體系)에서, 대승유식론사(大乘唯識論師)들이, 이에 대한 실증지혜(實證智慧)가 없어, 능소출입식(能所出入識)이 있음을 깨닫지 못했음으로, 능소출입식(能所出入識)을, 대승유식론(大乘唯識論)의 제식체계(諸識體系)에서 빠뜨렸음을, 명확(明確)히 확인(確因)하고, 또한, 점검(點檢)하게 된다.

능연출식, 전개체계(能緣出識, 展開體系)인 12인연법(十二因緣法)의 무명, 능연출식, 전개섭리체계(無明, 能緣出識, 展開攝理體系)는, ①무명(無明)→②행(行)→③식(識)→④명색(名色)→⑤6입(六入)→⑥촉(觸)→⑦수(受)→⑧애(愛)→⑨취(取)→⑩유(有)→⑪생(生)→⑫노사(老死)이다. 12인연법(十二因緣法)의 ①무명(無明)이, 제9식(第九識) 함장식(含藏識)이다. ②행(行)이, 제8식(第八識) 능소출입식(能所出入識)이다. ③식(識)이, 제7식(第七識) 말나식(末那識)인 자아의식(自我意識)이다. ③식(識)이 자아의식(自我意識)이며, 곧, 3세윤회, 유식체계(三世輪廻, 唯識體係)에서는 입태식(入胎識)이다. ④명색(名色)의 명(名)은 ③식(識)인 자아의식(自我意識)이며, 색(色)은 몸[身]을 형성(形性)할, 부모(父母) 혈육(血肉)의 염색체(染色體)이다. 명(名)이 ③식(識)인 자아의식(自我意識)임은, 아직, 6종근(六種根)을 갖춘 자아의식(自我意識)이 아니므로, 단지(但只), 일컬어 명(名)이라 이름[名] 할 뿐, 아직, 6근형상(六根形象)이 없기 때문에, 자아의식(自我意識)을 명(名)이라 함이다. 그러므로, 명색(名色)은, 자아의식(自我意識)과 부모(父母)의 혈육(血肉)이 결합(結合)함이다. ⑤6입(六入)은, 6종근(六種根)과 6종식(六種識)이 갖추어짐이다. ⑥촉(觸)은, 6종근(六種根)이 대상(對相)인 색성향미촉법(色聲香味觸法)을 접촉(接觸)함이다. ⑦수(受)는, 근수(根受)와 식수(識受)가 있다. 근수(根受)는 6종근수(六種根受)이며, 식수(識受)는 6종식수(六種識受)이다. 그러므로, 근수(根受)는, 6종근(六種根)이 색성향미촉법(色聲香味觸法)을 자연, 반연반응, 작용(自然, 攀緣反應, 作用)으로 받아들임이며, 또한, 식수(識受)는, 6종근(六種根)이 받아들인 색성향미촉법(色聲香味觸法)을, 6종식(六種識)이 자연, 반연반응,작용(自然,攀緣反應,作用)으로 그대로, 거울[鏡]처럼 비침이다. ⑧ 애(愛)는, 제7식(第七識)인 자아의식(自我意識)이, 6종식(六種識)에 비친 색성향미촉법(色聲香味觸法)을 좋아함이다. ⑨취(取)는, 제7식(第七識) 자아의식(自我意識)이, 좋아하는 색성향미촉법(色聲香味觸法)을 취(取)함이다. ⑩유(有)는, 제7식(第七識) 자아의식(自我意識)이, 좋아하는 색성향미촉법(色聲香味觸法)을 취(取)하는 업력(業力)의 집착심(執着心)이 생성(生成)됨이다. ⑪생(生)은, 제7식(第七識)인 자아의식(自我意識)이, 좋아하는 색성향미촉법(色聲香味觸法)을 취(取)하는 업력(業力)의 집착심(執着心)이 끊임없는 생(生)의 삶이다. ⑫노사(老死)은, 제7식(第七識) 말나식(末那識)인 자아의식(自我意識)이, 좋아하는 색성향미촉법(色聲香味觸法)을 취(取)하는 업력(業力)의 집착심(執着心)이 끊임없는, 생(生)의 삶 속에, 늙고[老] 병(病)들어 죽음[死]이다.

그러므로, 대승유식론(大乘唯識論)의 제식체계(諸識體系)에서, 아함경(阿含經)의 여래정론(如來正論) 제식체계(諸識體系)에, 본래(本來) 없는 제7식(第七識) 말나식(末那識)인 자아의식(自我意識)과 그리고, 제8식(第八識)인 함장식(含藏識)을 개발(開發)하거나 창안(創案)하여 첨가(添加)한 것으로 인식(認識)해도, 사실(事實)은 그렇지가 않다. 아함경(阿含經)의 여래정론(如來正論) 제식전개체계(諸識展開體系)에는, 대승유식론(大乘唯識論)의 제식체계(諸識體系)보다 더욱 세밀(細密)히, 여래정론(如來正論) 제식전개체계(諸識展開體系)를, 소연입식,전개체계(所緣入識,展開體系)와 능연출식,전개체계(能緣出識,展開體系)

로, 제식전개체계(諸識展開體系)를 실증지혜정안(實證智慧正眼)으로 밀밀(密密)히 지혜점검(智慧點檢)을 했었다. 아함경(阿含經) 여래정론(如來正論)의 제식체계(諸識體系)에 소연입식, 전개체계(所緣入識, 展開體系)는, 18경계(十八境界)의 소연경·근·식·전개섭리, 입식체계(所緣境·根·識·展開攝理, 入識體系)이며, 그리고 또한, 능연출식, 전개체계(能緣出識, 展開體系)는, 12인연법(十二因緣法)의 무명, 능연출식, 전개섭리체계(無明, 能緣出識, 展開攝理體系)이다.

아함경(阿含經) 여래정론(如來正論)의 제식체계(諸識體系)는, 중생심(衆生心)인 식(識)의 발생(發生) 원인(原因)인, 제식전개, 섭리체계(諸識展開, 攝理體系)의 특성(特性)에 따라, 소연경(所緣境)인 색성향미촉법(色聲香味觸法)을 인연(因緣)하여 제식전개(諸識展開)가 이루어지는 소연입식, 전개체계(所緣入識, 展開體系)인 18경계(十八境界)의 소연경·근·식·전개섭리, 입식체계(所緣境·根·識·展開攝理, 入識體系)를 정의정립(正義正立)하였으며, 그리고 또한, 무명(無明)으로부터 제식(諸識)이 전개(展開)되는 능연출식, 전개체계(能緣出識, 展開體系)인 12인연법(十二因緣法)의 무명, 능연출식, 전개섭리체계(無明, 能緣出識, 展開攝理體系)를 정의정립(正義正立)하였다. 그러므로, 18경계(十八境界)는 소연입식, 전개과정, 유식체계(所緣入識, 展開過程, 唯識體系)이며, 12인연법(十二因緣法)은 무명출식, 전개과정, 유식체계(無明出識, 展開過程, 唯識體係)이다. 그러므로, 18경계체계(十八境界體系)와 12인연법체계(十二因緣法體系)는, 소연입식, 제식전개, 체계(所緣入識, 諸識展開, 體系)와 무명출식, 제식전개, 체계(無明出識, 諸識展開, 體系)의 차이(差異)일 뿐, 서로 다른 법(法)이 아니다.

　다만, 식(識)의 인연발생(因緣發生) 제식전개과정(諸識展開過程)에 따라, 제식전개, 과정(諸識展開, 過程)을 소연입식, 전개체계(所緣入識, 展開體系)인 18경계체계(十八境界體系)와 그리고, 능연출식, 전개체계(能緣出識, 展開體系)인 12인연법(十二因緣法)을, 달리 설(說)했을 뿐이다. 그러므로, 대승유식론(大乘唯識論)의 8종식(八種識) 제식체계(諸識體系)를, 12인연법(十二因緣法)으로 점검(點檢)해보면, 대승유식론(大乘唯識論)의 제식체계(諸識體系)에, 지혜미완(智慧未完)으로 능소출입식(能所出入識)이 빠졌음을 확인(確因)하고, 점검(點檢)할 수가 있다. 그리고, 제8식(第八識)이 함장식(含藏識)이 아닌, 제7식(第七識) 말나식(末那識)인 자아의식(自我意識) 다음, 제8식(第八識)이 곧, 능소출입식(能所出入識)이며, 제9식(第九識)이 함장식(含藏識)임을, 12인연법(十二因緣法)으로 확인(確因)하고, 점검(點檢)할 수가 있다.

　그리고, 경·근·식(境·根·識) 18경계체계(十八境界體系)는, 소연입식, 전개체계(所緣入識, 展開體系)로 소연경·근·식·전개섭리, 입식체계(所緣境·根·識·展開攝理, 入識體系)이므로, 능연식(能緣識)인, 제7식(第七識), 제8식(第八識), 제9식(第九識)이 드러나지 않아도, 18경계, 제식전개, 섭리작용(十八境界, 諸識展開, 攝理作用)이 있음이, 곧, 제7식(第七識) 자아의식, 분별작용(自我意識, 分別作用)과 제8식(第八識) 능소출입식작용(能所出入識作用)과 제9식(第九識) 무명함장식(無明含藏識)이 연계총섭작용(連繫總攝作用)이 이루어지는, 제식, 전개작용, 체계(諸識, 展開作用,

體系)임을 알 수가 있다. 이는, 소연경(所緣境)을 인식(認識)함이 곧, 능연심(能緣心)의 제식작용(諸識作用)이며, 또한, 능연심(能緣心)의 제식작용(諸識作用)이 이루어짐이 곧, 경·근·식(境·根·識) 소연식(所緣識)의 제식작용(諸識作用)이기 때문이다. 이는, 소(所)는, 능(能)에 의한 대(對)의 소(所)이며, 능(能)은, 소(所)에 의한 대(對)의 능(能)이기 때문이다. 이는, 안[內] 없는 밖[外]은 없으며, 또한, 밖[外] 없는 안[內]은 없기 때문이다. 그러므로, 입식(入識)은 밖[外]에서 안[內]으로 듦[入]이며, 그리고 또한, 출식(出識)은 안[內]에서 밖[外]으로 나옴[出]이다.

그리고, 논지(論智)의 특성(特性)과 목적(目的), 또는, 관행(觀行)의 특성(特性)과 목적(目的)에 따라, 제식전개체계(諸識展開體系)를 18경계(十八境界)의 제식전개체계(諸識展開體系)로도, 또는, 12인연법(十二因緣法)의 제식전개체계(諸識展開體系)로도, 그 특성(特性)과 목적(目的)에 따라, 방법(方法)과 체계(體系)를 달리 한다. 그리고, 소연입식,전개체계(所緣入識,展開體系)에는, 능식(能識)이 연계중첩(連繫重疊)되어 있으며, 그리고 또한, 능연출식,전개체계(能緣出識,展開體系)에는, 소연경(所緣境)과 소연근식(所緣根識)이 연계중첩(連繫重疊)되어 있다. 그러므로 만약(萬若), 경·근·식(境·根·識) 18경계체계(十八境界體系)의 작용(作用)에, 능소인연,제식작용(能所因緣,諸識作用)이 연계(連繫)하지 않으면, 경·근·식(境·根·識) 18경계체계(十八境界體系)의 작용(作用)이 이루어질 수가 없다.

대승유식론(大乘唯識論)의 제식,전개체계(諸識,展開體系)는, 최종식(最終識)이 제8식(第八識)이며, 제8식(第八識)의 식명(識名)이 함장식(含藏識)이다. 그러므로, 대승유식론(大乘唯識論)은, 제8식(第八識)이 최종식(最終識)이므로, 제8식(第八識)에는, 함장식(含藏識)의 성품(性品)인 염분(染分)과 본성(本性)을 일컫는 정분(淨分)이 함께 있는 것으로 설정(設定)하여, 규정(規定)하고 있다. 왜냐하면, 함장식(含藏識)이 본성(本性)을 벗어나 있지 않으며, 또한, 본성(本性)이 제식체계(諸識體系)에 있어야만, 8종식체계(八種識體系)를 갖추어도, 모든 식(識)을 총섭(總攝)한, 완전(完全)한 유식체계(唯識體係)가 성립(成立)되기 때문이다. 그러나, 실제(實際), 중생제식,차별성품(衆生諸識,差別性品)을 타파(打破)해 지혜전변(智慧轉變)하는, 제식전변,지혜과정(諸識轉變,智慧過程)에는, 본성(本性)의 증입(證入)에까지, 유식총상(唯識總相) 10종식(十種識)의 제식전변,실증지혜,과정세계(諸識轉變,實證智慧,過程世界)를 총섭증험(總攝證驗)하게 된다.

그리고, 소연경·근·식·전개섭리,입식체계(所緣境·根·識·展開攝理,入識體系)인 18경계(十八境界)와 무명,능연출식,전개섭리체계(無明,能緣出識,展開攝理體系)인 12인연법(十二因緣法)의 제식전개과정(諸識展開過程)을 살펴보면, 불지정론(佛智正論)의 제식총상(諸識總相) 10종식체계(十種識體系)가, 여래정의정립(如來正義正立)의 개념정의(概念正義)와 동일체계(同一體系)이므로, 불지정론(佛智正論)의 제식체계분류(諸識體系分類)가 유식총섭,제식체계(唯識總攝,諸識體系)로 정당(正當)하고, 당연(當然)함을, 경·근·식(境·根·識) 18경계체계(十八境界體系)와 12

인연법(十二因緣法)으로, 제식총상(諸識總相) 10종식체계(十種識體系)임을 확인(確認)할 수가 있고, 또한, 성불과정체계(成佛過程體系)인 제식전변,지혜과정,성불체계(諸識轉變,智慧過程,成佛體系)도, 불지정론(佛智正論)의 제식총상(諸識總相) 10종식체계(十種識體系)의 과정세계(過程世界)이기 때문이다.

그리고, 불지정론(佛智正論)의 제식,분류체계(諸識,分類體系)는, 경·근·식(境·根·識) 18경계체계(十八境界體系)와 그리고, 대승유식론,분류체계(大乘唯識論,分類體系)와 서로 혼란(混亂)스럽지 않도록, 18경계체계(十八境界體系)와 대승유식론,분류체계(大乘唯識論,分類體系)를 수용(受容)한 편의상(便宜上), 6종근(六種根)과 6종식(六種識)은, 대경(對境)인 색성향미촉법(色聲香味觸法)을 받아들이는, 하나의 구성체계(構成體系)이므로, 안이비설신의(眼耳鼻舌身意)를 6종식(六種識)으로 하며, 제7식(第七識)은 자아의식(自我意識)인 말나식(末那識)이며, 제8식(第八識)은 능소출입식(能所出入識)이며, 제9식(第九識)은 무명함장식(無明含藏識)인 아뢰야식(阿賴耶識)이며, 제10식(第十識)은 본성(本性)으로 정립(正立)하여, 제식체계(諸識體系)를 10종식(十種識)으로 정의정립(正義正立)하였다.

그리고, 제식총상(諸識總相) 10종식체계(十種識體系)로 분류(分類)하였음으로, 중국(中國) 유식전성시대(唯識全盛時代)에, 대승유식론(大乘唯識論)의 제식체계(諸識體系)인 제식총상,8종식,분류체계(諸識總相,八種識,分類體系) 때문에, 유식종(唯識宗)의 유식학파(唯識學派)

를 달리하는 이견(異見)이 생기고, 그리고, 진제삼장(眞諦三藏)스님과 원측(圓測)스님처럼, 유식론사(唯識論師)에 따라 차별이견(差別異見)이 분분(紛紛)한 시비심(是非心)도 끊어지게 하였다. 무엇보다, 불지정론(佛智正論)의 제식총상(諸識總相) 10종식, 분류체계(十種識, 分類體系)가 중요(重要)한 것은, 성불과정세계(成佛過程世界)인 제식전변, 지혜상승, 성불과정, 유식체계(諸識轉變, 智慧上昇, 成佛過程, 唯識體系)와 동일(同一)함으로, 성불과정, 지혜상승, 불지증입, 실증과정, 성품체계(成佛過程, 智慧上昇, 佛智證入, 實證過程, 性品體系)의 그 정립, 유식체계, 사실(正立, 唯識體系, 事實)이, 무엇보다 더 중요(重要)하다. 이는, 유추(類推)나 추정(推定)에 의한 제식분류체계(諸識分類體系)가 아닌, 실증수행, 지혜과정(實證修行, 智慧過程)으로 정의정립(正義正立)한, 불지증입, 실증지혜, 정의정립, 정론체계(佛智證入, 實證智慧, 正義正立, 正論體系)라는 실증실제, 사실과정(實證實際, 事實過程)임이 중요(重要)하다.

제8식(第八識) 능소출입식(能所出入識)과 제9식(第九識) 무명함장식(無明含藏識)은, 대승유식론(大乘唯識論)의 제8식(第八識) 중에, 동(動)과 정(靜)의 두[二] 성품(性品)으로 중첩(重疊)되어 있다. 대승유식론(大乘唯識論)에는, 능소출입식(能所出入識)에 대한 것은 언급(言及)하지 못했다. 왜냐하면, 능소출입식(能所出入識)은, 대승유식론사(大乘唯識論師)들이 이 성품(性品)에 대한 실증지혜(實證智慧)가 없어, 인식(認識)하지 못했기 때문이다. 그러므로, 대승유식론(大乘唯識論)의 제식체계(諸識體系)에는, 능소출입식(能所出入識)에 대해 언급(言及)함이 없다. 그러므로, 대승유식론(大乘唯識論)의 제식체계(諸識體系)에는,

능소출입식(能所出入識)의 개념(槪念)이 빠졌다.

그러므로, 대승유식론(大乘唯識論)의 제식체계(諸識體系)에는, 능소출입식(能所出入識)이 빠짐으로, 이 사실(事實) 때문에, 대승유식론(大乘唯識論)의 제식체계(諸識體系)에 오류(誤謬)가 발생(發生)하게 된다. 이 문제점(問題點)은, 제8식(第八識) 함장식(含藏識)의 전변지혜(轉變智慧)가 대원경지(大圓鏡智)임을 규정(規定)하고 정의(定義)한, 대승유식론(大乘唯識論)의 전변지혜,섭리체계(轉變智慧,攝理體系)가, 실제(實際) 사실(事實)과 다른, 왜곡(歪曲)된, 지견오류(知見誤謬)의 문제점(問題點)을 유발(誘發)하게 된다. 왜냐하면, 대원경지(大圓鏡智)에 드는 전변식(轉變識)은, 함장식(含藏識)이 아닌, 능소출입식(能所出入識)이기 때문이다. 그리고, 함장식(含藏識)의 전변지혜(轉變智慧)는, 일불승(一佛乘)의 대원경지(大圓鏡智)가 아닌, 대원경지(大圓鏡智)보다 더 깊은, 불승(佛乘)의 심부동,대열반성지(心不動,大涅槃性智)이다.

대승유식론(大乘唯識論)의 전변지혜,섭리체계(轉變智慧,攝理體系)의 이 지견오류(知見誤謬)는, 대승유식론사(大乘唯識論師)들이, 제식,전변지혜,섭리체계(諸識,轉變智慧,攝理體系)에 대한 총체적(總體的) 실증지혜(實證智慧)가 없었기 때문이다. 제식,전변지혜,섭리체계(諸識, 轉變智慧,攝理體系)를 명확(明確)히 알려면, 이에 대한 총체적(總體的) 실증지혜(實證智慧)가 있어야 한다. 그리고, 제식전변지혜(諸識轉變智慧)의 과정(過程) 중에는, 총체적(總體的) 제식,전변지혜,섭리체계(諸識,轉變智慧,攝理體系)에 대해 지혜점검(智慧點檢)하거나 정의(正義)

할 수가 없다. 왜냐하면, 일체, 유위무위, 유식성품, 세계(一切, 有爲無爲, 唯識性品, 世界)를 모두 다 타파(打破)해 벗어나, 일체초월(一切超越) 완전(完全)한 불지(佛智)에 증입(證入)해야만, 일체초월성(一切超越性) 불지(佛智)에 이르기까지 증험(證驗)한, 실증지혜(實證智慧)에 의해, 총체적(總體的) 제식전변, 무위지혜, 차별차원, 성품세계(諸識轉變, 無爲智慧, 差別次元, 性品世界)에 대해, 명확(明確)히 요별(了別)하여, 제식전변, 무위지혜, 차별차원, 각력상승, 성불과정, 유식체계(諸識轉變, 無爲智慧, 差別次元, 覺力上昇, 成佛過程, 唯識體系)에 대해 명확(明確)히 정의정립정론(正義正立正論)할 수가 있기 때문이다.

능소출입식(能所出入識)은, 제7식(第七識) 자아의식(自我意識)의 다음 전개순위식(展開順位識)인 제8식(第八識)이다. 그리고, 능소출입식(能所出入識) 다음, 전개순위식(展開順位識)이 함장식(含藏識)이다. 그러므로, 대승유식론(大乘唯識論)에서, 제7식(第七識) 자아의식(自我意識)인 말나식(末那識), 다음에 제8식(第八識)을 함장식(含藏識)으로 규정(規定)하고 정의(定義)함은, 제식, 전개순위, 섭리체계(諸識, 展開順位, 攝理體系)에 대한, 지혜미완(智慧未完)의 지견오류(知見誤謬)이다. 이를, 어떻게 아느냐 하면, 일체초월(一切超越) 불지(佛智)에 증입과정(證入過程)에서 단연(斷然), 제식성품세계(諸識性品世界)와 제식전변, 지혜과정(諸識轉變, 智慧過程)을 확연(確然)히, 증입지혜(證入智慧)로 실증(實證)하기 때문이다. 그리고, 12인연법(十二因緣法)으로도 확인(確認)할 수가 있다. ①무명(無明)→②행(行)→③식(識) 중, ①무명(無明)은, 제9식(第九識) 아뢰야식(阿賴耶識)인 함장식(含藏識)이다. 그리고, ②행(行)은, 제8식(第八識) 능소출입식(能所出入識)이다. 그리고, ③식(識)은, 제7식(第七識) 말나식(末那識)인 자아의식(自我意識)이다.

그러므로, 대승유식론(大乘唯識論)은, 제8식(第八識)인 능소출입식(能所出入識)을 빠뜨리고, 함장식(含藏識)을 제8식(第八識)으로 규정(規定)하였다. 그리고, 함장식(含藏識)의 전변지혜(轉變智慧)가 심부동,대열반성지(心不動,大涅槃性智)임에도, 능소출입식(能所出入識)의 전변지혜(轉變智慧)인 대원경지(大圓鏡智)라고 정의(定義)하였다. 이는, 이에 대한 실증지혜(實證智慧)가 없어, 제식,전변지혜,섭리체계(諸識,轉變智慧,攝理體系)까지 지견오류(知見誤謬)를 범(犯)하게 된 것이다. 그러나, 대승유식론(大乘唯識論)의 제식전개체계(諸識展開體系)에서 능소출입식(能所出入識)을 빠뜨렸어도, 실제(實際)의 제식성품전개(諸識性品展開)에는, 대승유식론(大乘唯識論)에서 빠뜨린, 능소출입식(能所出入識)이 제거(除去)되지 않고 작용(作用)함으로, 대승유식론(大乘唯識論)의 제8식(第八識)에는 사실(事實), 능소출입식(能所出入識)과 함장식(含藏識), 그리고, 본성(本性)이 더불어 함께, 같이 있는, 중첩복합식(重疊複合識)이다. 왜냐하면, 대승유식론(大乘唯識論)의 제8식(第八識)에는, 염분(染分)을 함장식(含藏識)으로, 정분(淨分)을 본성(本性)으로 규정(規定)하고, 함장식(含藏識)과 본성(本性)을, 제8식(第八識)의 성품(性品)으로 정의(定義)하였기 때문이다.

그리고, 대승유식론사(大乘唯識論師)들이 총체적(總體的) 제식,전변지혜,차별차원,성품세계(諸識,轉變智慧,差別次元,性品世界)에 대한 실증지혜(實證智慧)가 없었을 뿐만 아니라, 제식(諸識)을 타파(打破)한, 일체무위,차별차원,지혜성품,세계(一切無爲,差別次元,智慧性品,世界)를 또한, 벗어난 일체초월(一切超越) 불지정안(佛智正眼)이 아니므로, 대승유식론(大乘唯識論)의 제8식(第八識) 개념정의(槪念定義)에, 지혜미완(智慧未完)의 문제점(問題點)인 지견오류(知見誤謬)가 있음을, 대승유식론사(大乘唯識論師)들은 인지(認知)하지 못했다. 제7식(第七識) 자아의식(自我意識)인 말나식(末那識), 다음 식(識)이 제8식(第八識) 능소출입식(能所出入識)임에도, 대승유식론사(大乘唯識論師)들은 능소출입식(能所出入識)에 대한 실증지혜(實證智慧)가 없었으므로, 능소출입식(能所出入識)이 있음을 인지(認知)하지 못해, 제8식(第八識) 능소출입식(能所出入識)을 빠뜨리고, 함장식(含藏識)을 제8식(第八識)으로 규정(規定)하고 정의(定義)하였다.

그러므로, 대승유식론(大乘唯識論)의 제식전개순위(諸識展開順位)인 제8식(第八識)이 능소출입식(能所出入識)이 아닌, 함장식(含藏識)으로 규정(規定)한 전개순위(展開順位)의 오류(誤謬)와 그리고, 제식전변,실증지혜(諸識轉變,實證智慧)가 없었으므로, 제8식(第八識) 함장식(含藏識)의 전변지혜(轉變智慧)가 심부동,대열반성지(心不動,大涅槃性智)임에도, 능소출입식(能所出入識)의 전변지혜(轉變智慧)인 대원경지(大圓鏡智)라고 정의(定義)한, 전변지혜,섭리체계(轉變智慧,攝理體系)의 지견오류(知見誤謬) 등(等), 제8식(第八識)의 개념정의(槪念定義)에 오류(誤謬)가 있음을, 무착보살(無着菩薩)과 세친보살(世親菩薩) 등(等), 지금(只今)에 이르기까지 대승유식론(大乘唯識論)을 계승(繼承)한 대승유식론사(大乘唯識論師)들은, 대승유식론(大乘唯識論)의 이 왜곡(歪曲)된 지견오류(知見誤謬)의 부분(部分)을 알지 못했고, 또한, 인지(認知)하지를 못하고 있다.

　제식전개, 구성체계, 섭리작용(諸識展開, 構成體系, 攝理作用)인 제식, 전개상속, 작용순위(諸識, 展開相續, 作用順位)에는, 전개상속역할(展開相續役割)을 하는, 어느 한 식(識)이라도 상실(喪失)되거나, 제거(除去)되는, 제식, 전개순위, 체계오류(諸識, 展開順位, 體系誤謬)가 있으면 안 된다. 왜냐하면, 제식, 전개순위, 체계(諸識, 展開順位, 體系)는, 제식(諸識)이 다음 순위(順位)의 식(識)으로 전개상속(展開相續)되는 연계순위과정(連繫順位過程)이므로, 만약(萬若), 어느 한 전개식(展開識)이라도 빠지게 되면, 제식전개, 연계상속, 작용(諸識展開, 連繫相續, 作用)이 단절(斷切)되기 때문이다. 만약(萬若), 경·근·식(境·根·識) 제식전개 작용(諸識展開作用)에서, 색(色)인 사물(事物)이 있어도, 대상(對相)을 받아들이는 안근(眼根)이 없으면, 대상(對相)인 색(色)을 받아들일 수가 없어, 안근(眼根)이 받아들인 색(色)을 그대로 거울[鏡]처럼 비치는 안식(眼識)의 작용(作用)이 단절(斷切)된다. 그리고, 대상(對相)인 소리[聲]가 있어도, 대상(對相)인 소리[聲]를 받아들이는 이근(耳根)이 없으면, 대상(對相)인 소리[聲]를 받아들일 수(受)가 없어, 이근(耳根)이 받아들인 소리[聲]를 그대로 거울[鏡]처럼 비치는 이식(耳識)의 작용(作用)이 단절(斷切)된다.

　그리고, 만약(萬若), 색(色)을 받아들이는 안근(眼根)이 있어도, 안식(眼識)이 빠지면, 안근(眼根)이 받아들인 색(色)을 그대로 거울[鏡]처럼 비치는 안식(眼識)이 없어, 밖[外]의 색(色)을, 마음이 인지(認知)할 수 있는 상(相)으로 심상인식, 전환작용(心相認識, 轉換作用)을 하는 안식(眼識)이 없어, 안근(眼根)이 받아들인 색(色)을, 마음 인식(認識)의 전환상(轉換相)으로 전환(轉換)을 하지 못해, 제7식(第七識) 자아의식(自我意識)이 있어도, 안식(眼識)에 비친 색(色)이 없어, 색(色)을 인지(認知)할 수가 없다. 또한, 소리[聲]를 받아들이는 이근(耳根)이 있어도, 이식(耳識)이 빠지면, 이근(耳根)이 받아들인 소리[聲]를 그대로 거울[鏡]처럼 비치는 이식(耳識)이 없어, 밖[外]의 소리[聲]를 마음이 인지(認知)할 수 있는 상(相)으로 심상인식, 전환작용(心相認識, 轉換作用)을 하는 이식(耳識)이 없어, 이근(耳根)이 받아들인 소리[聲]를, 마음 인식(認識)의 전환상(轉換相)으로 전환(轉換)을 하지 못해, 제7식(第七識) 자아의식(自我意識)이 있어도, 이식(耳識)에 비친 소리[聲]가 없어, 소리[聲]를 인지(認知)할 수가 없다.

그리고, 6종식(六種識)에 색성향미촉법(色聲香味觸法)이 그대로 비치어, 마음 인식(認識)의 심상(心相)으로 드러나도, 이를 인지(認知)하여 분별(分別)하는 제7식(第七識)인, 자아의식(自我意識)이 없으면, 제8식(第八識) 일체업력, 정보인자, 출입운행식(一切業力, 情報因子, 出入運行識)인 능소출입식(能所出入識)의 작용(作用)도 단절(斷切)된다. 그리고 또한, 능소출입식(能所出入識)의 작용(作用)이 없으면, 제7식(第七識) 자아의식(自我意識)의 일체분별작용(一切分別作用)이 원활(圓滑)히 이루어지지 않는다. 왜냐하면, 6종식(六種識)에 비치는, 일체(一

切) 다양(多樣)한 색성향미촉법(色聲香味觸法)을 인지(認知)하여 분별(分別)하는 제7식(第七識) 자아의식(自我意識)의 일체분별작용(一切分別作用)은, 일체업력,정보인자,출입운행식(一切業力,情報因子,出入運行識)인 제8식(第八識) 능소출입식(能所出入識)의 자연반연작용(自然攀緣作用)으로, 지난 일체기억정보(一切記憶情報)에 의지(依支)해, 제7식(第七識) 자아의식(自我意識)의 작용(作用)인, 대상(對相)에 대한 일체분별작용(一切分別作用)이 이루어지기 때문이다. 그리고, 일체업력,정보인자,출입운행식(一切業力,情報因子,出入運行識)인, 제8식(第八識) 능소출입식(能所出入識)의 일체,기억정보,작용(一切,記憶情報,作用)은, 지난 일체기억정보(一切記憶情報)를 저장(貯藏)하고 있는, 심층무의식계(深層無意識界)의 함장식(含藏識)이 있기 때문이다.

그러므로, 제식전개,구성체계,섭리작용(諸識展開,構成體系,攝理作用)인 제식작용,순위체계(諸識作用,順位體系)의 어느 한 식(識)이라도 상실(喪失)되거나, 제거(除去)되면, 제식,전개작용,상속체계(諸識,展開作用,相續體系)가 끊어져 멸(滅)해, 제식연계,전개작용(諸識連繫,展開作用)이 원활(圓滑)히 이루어지지 않는다. 그러므로, 대승유식론체계(大乘唯識論體系)에서, 대승유식론사(大乘唯識論師)들의 실증지혜부족(實證智慧不足)으로, 제8식(第八識) 능소출입식(能所出入識)의 존재(存在)를 인지(認知)하지 못해, 대승유식론,제식체계(大乘唯識論,諸識體系)에서 능소출입식(能所出入識)을 빠뜨리고, 제8식(第八識)을 함장식(含藏識)으로 규정(規定)하고 정의(定義)한 것은, 제식전개,상속작용,순리체계(諸識展開,相續作用,順理體系)에 일체기억,정보출입,운행식(一切記憶,情報出入,運行識)인 능소출입식(能所出入識)이 빠지는 문제점(問題點)이 됨으로, 이를, 예사(例事)롭게 인식(認識)해서는 안 된다.

그리고, 제식전개순위(諸識展開順位)를 명확(明確)히 알려면, 일체제식(一切諸識)에 대한 실증지혜(實證智慧)가 있어야만 한다. 왜냐하면, 제식성품(諸識性品)에 대한 실증지혜(實證智慧)가 없으면, 제식성품(諸識性品)뿐만 아니라, 제식,전개섭리,구성체계(諸識,展開攝理,構成體系)를 명확(明確)히 알 수가 없기 때문이다. 그러므로, 제식전개순위(諸識展開順位)는, 실증지혜(實證智慧)가 없는 유추(類推)와 추정(推定)에 의한 분별(分別)로써, 알 수 있는 제식전개체계(諸識展開體系)가 아니다. 만약(萬若), 이에 대한 실증지혜(實證智慧)가 없으면, 제식,전개섭리,구성체계(諸識,展開攝理,構成體系)에 대해, 지견(知見)으로 유추(類推)하고 추정(推定)하여도, 제식,전개순위,체계(諸識,展開順位,體系)에 대해 실증지혜정안(實證智慧正眼)이 없어, 정의·정립·정론(正義·正立·正論)할 수가 없다.

그러므로, 제식,전개순위,체계(諸識,展開順位,體系)에 대한 실증지혜정안(實證智慧正眼)이 없이, 지식(知識)과 지견(知見)으로 유추(類推)하고 추정(推定)하는, 유추추정론(類推推定論)은, 지견(知見)의 오류(誤謬)를 범(犯)할 수가 있다. 그리고 또한, 실증지혜정안(實證智慧正眼)에 의한 정의정립정론(正義正立正論)이 아닌, 추정설정론(推定設定論)은, 그 제식전개성품(諸識展開性品) 또한, 그 성품(性品)이 무엇이든, 실증지혜(實證智慧)에 의한 실증성품(實證性品)이 아닌, 추정설정(推定設定)에 의한 유추설정(類推設定)의 가정성품(假定性品)이다. 그리고, 제식전개체계(諸識展開體系)에서, 제7식(第七識) 말나식(末那識)인 자아의식(自我意識)까지는, 여래정론(如來正論)인 경·근·식(境·根·識) 18경계체계(十八境界體系)에 의지(依支)해, 유식지혜, 론리사고(唯識智慧, 論理思考)로써 전개(展開)할 수가 있다.

그러나, 불지정론(佛智正論)의 제식체계(諸識體系)인 제8식(第八識) 능소출입식(能所出入識)과 제9식(第九識) 아뢰야식(阿賴耶識)인 함장식(含藏識)과 제10식(第十識) 본성(本性)은, 이에 대한 실증지혜(實證智慧)가 없으면, 그 성품세계(性品世界)와 특성(特性)을 명확(明確)히 언급(言及)할 수가 없다. 왜냐하면, 이 성품세계(性品世界)는, 일체초월(一切超越) 불지(佛智)가 아니면 알 수 없는 심층성품세계(深層性品世界)이기 때문이다. 제8식(第八識) 능소출입식(能所出入識)에 대해, 명확(明確)히 알려면, 제8식(第八識) 능소출입식(能所出入識)을 타파(打破)해 끊어져 멸(滅)한, 원융각명성품(圓融覺明性品)인 대원경지(大圓鏡智)가 열림으로, 제8식(第八識) 능소출입식(能所出入識)의 성품특성(性品特性)에 대해 알 수가 있다.

그리고, 제8식(第八識) 능소출입식(能所出入識)은, 제9식(第九識) 아뢰야식(阿賴耶識)인 무명함장식(無明含藏識)에서, 세세생생(世世生生) 기억정보, 훈습작용(記憶情報, 薰習作用)으로 출현(出現)하는, 무명함장식(無明含藏識)에서의 출행식(出行識)이므로, 이 과정(過程) 또한, 명확(明確)히 깨달아야, 12인연(十二因緣)의 무명(無明)에서 행(行)이 출현(出現)하는, 출행식(出行識)인 제8식(第八識) 능소출입식(能所出入識)에 대해, 명확(明確)한 개념정의정립(概念正義正立)을 할 수가 있다. 그리고 또한, 제9식(第九識) 아뢰야식(阿賴耶識)인 함장식(含藏識)은, 부동열반,무기성품(不動涅槃,無記性品)이므로, 그 어떤 분별(分別)과 식견(識見)으로도, 알 수가 없는 성품(性品)이며, 또한, 제9식(第九識) 아뢰야식(阿賴耶識)인 무명함장식(無明含藏識)을 타파(打破)해 끊어져 멸(滅)한, 심부동,대열반성지(心不動,大涅槃性智)에 증입(證入)한 불승(佛乘)이어도, 이 무명함장식(無明含藏識)에 대해, 명확(明確)히 정의정립(正義正立)할 수가 없다.

왜냐하면, 제9식(第九識) 무명함장식(無明含藏識)인 부동열반,무기성품(不動涅槃,無記性品)을 타파(打破)해, 부동열반,무기성품(不動涅槃,無記性品)이 끊어져 멸(滅)한, 심부동,대열반성지(心不動,大涅槃性智)인 부동열반,무위체성(不動涅槃,無爲體性)에 증입(證入)하였어도, 완전(完全)히 무위부동체성지(無爲不動體性智)까지 타파(打破)해 벗어나지 않았기 때문이다. 불승(佛乘)의 무위부동체성지(無爲不動體性智)까지 완전(完全)히 타파(打破)해 벗어나면, 일체초월,절대성(一切超越,絕對性) 불성(佛性)이 열리어, 일체초월(一切超越) 불지(佛智)에 증입(證入)하게 된다. 그리고, 제8식(第八識) 능소출입식(能所出入識)이 타파(打破)되어 끊어져 멸(滅)해, 원융각명,대원경지(圓融覺明,大圓鏡智)에 증입(證入)한 일불승(一佛乘)이나, 제9식(第九識) 아뢰야식(阿賴耶識)인 무명함장식(無明含藏識)이 타파(打破)되어 끊어져 멸(滅)한 불승

(佛乘)이, 아직, 일체초월,절대성(一切超越,絶對性) 불성(佛性)에 증입(證入)하지 않았으면서, 자기(自己)가 증득(證得)한, 일불승(一佛乘)의 원융각명,대원경지(圓融覺明,大圓鏡智)나, 불승(佛乘)의 심부동,대열반성지(心不動,大涅槃性智)를 불성불지(佛性佛智)로 착각(錯覺)하게 된다. 왜냐하면, 아직, 일체초월,절대성(一切超越,絶對性) 불성(佛性)이, 어떤 성품(性品)인지에 대한, 실증지혜(實證智慧)가 없기 때문이다.

그러므로, 일불승(一佛乘)이나, 불승(佛乘)이, 지혜각력상승(智慧覺力上昇)으로, 일체초월,절대성(一切超越,絶對性) 불성(佛性)에 증입(證入)하는 그 순간(瞬間) 찰나(刹那)에, 일체초월,절대성(一切超越,絶對性), 완전(完全)한 초월지혜(超越智慧) 절대성(絶對性)에 증입(證入)함으로, 일불승(一佛乘)의 원융각명,대원경지(圓融覺明,大圓鏡智)인, 온[全] 우주(宇宙) 무한,무변원융,지혜성품(無限,無邊圓融,智慧性品)과 불승(佛乘)의 심부동,대열반성지(心不動,大涅槃性智)인, 온[全] 우주(宇宙) 무한,무변부동,열반지혜성품(無限,無邊不動,涅槃智慧性品)이 타파(打破)되어 흔적(痕迹) 없이 소멸(消滅)함을 보며, 제식전변,일체차별차원,지혜성품세계(諸識轉變,一切差別次元,智慧性品世界)가, 일체초월성(一切超越性) 불성(佛性)에 증입(證入)함으로 곧, 지혜(智慧)의 환(幻)임을 깨닫게 된다.

그러므로, 제8식(第八識) 능소출입식(能所出入識)이 타파(打破)되어 끊어져 멸(滅)해, 원융각명,대원경지(圓融覺明,大圓鏡智)에 증입(證入)한 일불승(一佛乘)의 실증지혜(實證智慧)나, 제9식(第九識) 아뢰야식

(阿賴耶識)인 무명함장식(無明含藏識)이 타파(打破)되어 끊어져 멸(滅)해, 심부동, 대열반성지(心不動, 大涅槃性智)에 증입(證入)한 불승(佛乘)의 실증지혜(實證智慧)이어도, 제8식(第八識) 능소출입식(能所出入識)과 제9식(第九識) 아뢰야식(阿賴耶識)인 함장식(含藏識)에 대해, 그 실증지혜(實證智慧)로도, 명확(明確)히 정의정립(正義正立)할 수가 없다. 왜냐하면, 총체적(總體的) 제식성품세계(諸識性品世界)를 타파(打破)해 벗어나, 총체적(總體的) 제식성품세계(諸識性品世界)를 명확(明確)히 지혜점검(智慧點檢)할, 일체초월(一切超越) 불지(佛智)가 열리지 않았기 때문이다. 그러므로, 총체적(總體的) 일체, 유위무위, 유식성품, 세계(一切, 有爲無爲, 唯識性品, 世界)를 타파(打破)해 벗어난 일체초월(一切超越) 불지(佛智)이어야, 제8식(第八識) 능소출입식(能所出入識)과 제9식(第九識) 아뢰야식(阿賴耶識)인 함장식(含藏識)의 성품특성(性品特性)에 대해, 명확(明確)한 실증지혜정안(實證智慧正眼)으로, 정의·정립·정론(正義·正立·正論)할 수가 있다.

그러므로, 대승유식론(大乘唯識論)을 성립(成立)한, 대승유식론사(大乘唯識論師)인 무착보살(無着菩薩)이나, 세친보살(世親菩薩)이어도, 그 당시(當時), 일체초월(一切超越) 불지(佛智)에 증입(證入)하지 못했음으로, 총체적(總體的) 유식성품세계(唯識性品世界)인, 제식전개, 상속세계(諸識展開, 相續世界)와 유식지혜, 상승과정(唯識智慧, 上昇過程)인, 제식전변, 차별차원, 무위지혜, 상승과정, 성불체계(諸識轉變, 差別次元, 無爲智慧, 上昇過程, 成佛體系)에 대한, 총체적(總體的) 실증지혜(實證智慧)를 갖추지 못했다. 그러므로, 총체적(總體的) 일체, 유위무위, 유식성품, 차별차원, 지혜상승, 성불체계(一切,有爲無爲,唯識性品,差別次元,智慧上昇,成佛體系)를 지혜정안(智慧正眼)으로 정의정립(正義正立)할, 실증지혜정안(實證智慧正眼)을 갖추지 못했음으로, 대승유식론체계(大乘唯識論體系)의 제8식(第八識) 염분(染分)인 함장식(含藏識)과 정분(淨分)인 본성(本性)은, 실증정지, 정의정립, 정론체계(實證正智,正義正立,正論體系)가 아닌, 유추(類推)와 추정(推定)에 의한, 추정설정함장식(推定設定含藏識)이며, 그리고 또한, 추정설정본성(推定設定本性)이다. 그러므로, 대승유식론체계(大乘唯識論體系)의 제8식(第八識) 염분(染分)인 함장식(含藏識)과 정분(淨分)인 본성(本性)은, 추정설정, 정립성품, 유추체계(推定設定,定立性品,類推體系)이다.

불지정론(佛智正論)의 제식, 전개순위, 체계(諸識,展開順位,體系)는, 여래정론(如來正論)의 소연경·근·식·전개섭리, 입식체계(所緣境·根·識·展開攝理,入識體系)인 18경계체계(十八境界體系)와 그리고, 여래정론(如來正論)의 무명, 능연출식, 전개섭리체계(無明,能緣出識,展開攝理體系)인 12인연법(十二因緣法)과 그리고, 제식전변, 실증지혜, 불지증입, 과정체계(諸識轉變,實證智慧,佛智證入,過程體系)를 정지정론, 정의정립(正智正論,正義正立)하여, 불지정론, 제식총상, 10종식체계(佛智正論,諸識總相,十種識體系)를 정의정립(正義正立)하였다. 그러므로, 경·근·식(境·根·識) 18경계체계(十八境界體系)의, 소연경(所緣境) 색성향미촉법(色聲香味觸法)을 받아들이는 ①6종근(六種根)과 그 다음 순위식(順位識)은 ②6종식(六種識)이며, 그 다음 순위식(順位識)은 ③제7식(第七識) 자아의식(自我意識)인 말나식(末那識)이며, 그 다음 순위식(順位識)은 ④

제8식(第八識) 능소출입식(能所出入識)이며, 그 다음 순위식(順位識)은 ⑤제9식(第九識) 무명함장식(無明含藏識)이며, 그 다음 순위식(順位識)은 ⑥제10식(第十識) 본성(本性)인 불성(佛性)으로, 정의정립(正義正立)하였다. 이는, 제식성품작용(諸識性品作用)의 전개순위체계(展開順位體系)와 제식성품,차별차원(諸識性品,差別次元)에 따라, 제식종,차별순위(諸識種,差別順位)를 정립정의(正立正義)하였다.

대승유식론(大乘唯識論)에서는, 능소출입식(能所出入識)이 있음을 인지(認知)하지 못해, 능소출입식(能所出入識)을 빠뜨리고, 제8식(第八識)을 함장식(含藏識)이라고 정의(定義)하였어도, 실제(實際) 제식전개작용(諸識展開作用)에는 능소출입식(能所出入識)이 빠지지 않고 작용(作用)하고 있으므로, 대승유식론(大乘唯識論)에서는 능소출입식(能所出入識)의 존재(存在)에 대해 언급(言及)하지 않았어도, 대승유식론(大乘唯識論)의 제8식(第八識)에는, 사실(事實), 능소출입식(能所出入識)과 함장식(含藏識)의 두[二] 성품(性品)이, 함께 있다. 능소출입식(能所出入識)과 함장식(含藏識)은, 서로 성품(性品)의 성질(性質)과 작용(作用)과 차원(次元)이 다르고, 또한, 능소출입식(能所出入識)은 출입동식(出入動識)이며, 함장식(含藏識)은 부동무기성품(不動無記性品)이다. 그리고 또한, 제식종,차별특성,분류체계(諸識種,差別特性,分類體系)인 제식분류,유식체계,기본상식(諸識分類,唯識體系,基本常識)으로는, 서로 성질(性質)과 차원(次元)이 다른 두[二] 성품(性品)을, 한 식종(識種)으로, 함께 묶는 것은, 유식기본상식상(唯識基本常識上), 있을 수가 없는 일이다. 그러나, 대승유식론(大乘唯識論)에서는 제8식

(第八識)을 함장식(含藏識)이라고 식명(識名)을 규정(規定)하였어도, 제8식(第八識) 속에, 함장식(含藏識)을 제8식(第八識)의 염분(染分)으로 설정(設定)하고, 그리고 또한, 본성(本性)을 제8식(第八識)의 정분(淨分)으로 규정(規定)하여, 제8식(第八識) 속에 함장식(含藏識)과 본성(本性)을 함께, 한 식종(識種)으로 묶는 것은, 제식종,분류체계(諸識種,分類體系)의 기본상식개념(基本常識概念)에서는, 제식종분류체계(諸識種分類體系)의 기본상식(基本常識)과 기본개념(基本概念)을 무시(無視)한, 지혜미완(智慧未完)의 모순론(矛盾論)이다.

왜냐하면, 중생식종(衆生識種)인 6, 7, 8식(八識)은 식종(識種)을 분류(分類)하면서, 중생무명성품(衆生無明性品)인 함장식(含藏識)과 일체초월(一切超越) 청정본성(淸淨本性)인 불성(佛性)을, 중생식(衆生識)인 제8식(第八識) 함장식(含藏識)에 함께 묶는 것은, 유식체계(唯識體係)의 기본상식(基本常識)과 기본개념(基本概念)을 무시(無視)한, 제식분류체계(諸識分類體系)이기 때문이다. 그리고 또한, 제식종(差別性)의 차별특성(差別特性)에 따라 분류(分類)하는, 유식기본개념(唯識基本概念)의 상식(常識)을 가진 유식론사(唯識論師)로서는, 제식분류(諸識分類)의 기본개념상식(基本概念常識)을 무시(無視)하고 왜곡(歪曲)한, 격외(格外)의 미혹발상(迷惑發想)이기 때문이다. 그 결과(結果)로, 중국(中國) 유식종(唯識宗)의 유식학파(唯識學派)와 유식론사(唯識論師) 간(間)에도, 분분(紛紛)한 이견(異見)들이 발생(發生)하는, 문제점(問題點) 원인(原因)의 단초(端初)가 되었다.

능소출입식(能所出入識)은, 제7식(第七識) 자아의식(自我意識) 다음 식(識)이므로, 제7식(第七識) 자아의식(自我意識) 작용(作用)으로는 알 수가 없는 무의식(無意識)에 해당(該當)한다. 그러므로, 제7식(第七識) 자아의식(自我意識) 분별심(分別心)으로는, 능소출입식(能所出入識)의 존재(存在)를 알 수가 없다. 그러므로, 능소출입식(能所出入識)의 존재(存在)를 알려면, 능소출입식(能所出入識)에 대한 실증지혜(實證智慧)가 있어야 한다. 자아의식(自我意識)이, 무엇이든 지난 모든 것을 기억(記憶)해 내고, 또한, 이를 아는 것은, 함장식(含藏識)에 저장(貯藏)되어 있는, 지난 모든 기억정보(記憶情報)들을, 능소출입식(能所出入識)이, 제7식(第七識) 자아의식(自我意識) 작용(作用)에 자연반응,반연작용(自然反應,攀緣作用)으로, 지난 기억정보(記憶情報)들을 인출(引出)해, 반연작용(攀緣作用)으로 제7식(第七識)에 비추면, 제7식(第七識) 자아의식(自我意識)은, 이를 반연작용(攀緣作用)으로, 지난 기억정보(記憶情報)에 의해, 맞닥뜨린 당면(當面)한 현상황(現狀況)을 분별(分別)하여, 판단(判斷)하고, 뜻에 따라, 다음 행위(行爲)를 하게 된다.

왜냐하면, 제7식(第七識) 자아의식(自我意識)은 함장식(含藏識)이 아니므로, 제7식(第七識) 자아의식(自我意識)은, 맞닥뜨린 당면(當面)한 현상황(現狀況), 그 순간(瞬間) 찰나찰나(刹那刹那)를 분별(分別)하고 판단(判斷)하며, 다음 행위(行爲)를 결정(決定)할 뿐, 스스로, 지난 모든 정보(情報)들을 갖고 있지를 않기 때문이다. 그 확연(確然)한 증명(證明)은, 제7식(第七識) 자아의식(自我意識)이, 지난 모든 정보(情

報)를 갖고 있지를 않으므로, 자아의식작용(自我意識作用)에는, 기억 (記憶)으로 저장(貯藏)되어 있는, 지난 것을 기억(記憶)해내는 정신작 용과정(精神作用過程)인, 기억추정,분별작용과정(記憶推定,分別作用過程)이 있음이다. 만약(萬若), 제7식(第七識) 자아의식(自我意識)이 지 난 모든 정보(情報)를, 제7식(第七識) 자체(自體)가 지니고 있으면, 지 난 것을 기억(記憶)해 낼 필요(必要)가 없이, 책상(冊床) 서랍 안에 있 는 각종(各種) 여러 물품(物品)을 한목 쏟듯이, 지난 정보(情報)를 기 억(記憶)해내는 분별작용(分別作用) 없이, 바로 지난 정보(情報)를 즉 각사용(卽刻使用)하게 된다. 그러나, 지난 잊혀진 기억(記憶)들을 헤 아리며 이끌어내는 추정(推定)의 정신작용(精神作用)이 있음은, 제7 식(第七識)이, 지난 모든 기억(記憶)의 정보(情報)를 지니고 있지 않 고, 다른 곳에, 지난 기억(記憶)의 정보(情報)들이, 저장(貯藏)되어 있 다는 증거(證據)이다.

만약(萬若), 제7식(第七識) 자아의식(自我意識)이 함장식(含藏識)처 럼, 지난 모든 정보(情報)를 지니고 있다면, 세월(歲月)이 많이 흘러 버린 그 어떤 상황(狀況)이든, 지난 상황(狀況)의 정보(情報)를, 티끌 하나라도 상실(喪失) 없이 지니고 있으므로, 수많은 세월(歲月)이 지 나버린, 그 어떤 티끌 같은 일[事]이든, 기억(記憶)해내는 정신작용 (精神作用) 없이, 바로 지난 정보(情報)들을 사용(使用)하게 된다. 그 러므로 만약(萬若), 제7식(第七識) 자아의식(自我意識)이, 지난 모든 정보(情報)를 지니고 있다면, 지난 모든 일[事]들을 기억(記憶)해내 는, 정신작용(精神作用)의 과정(過程)이 필요(必要) 없다. 왜냐하면,

제7식(第七識) 자아의식(自我意識) 자체(自體)가, 곧, 지난 모든 정보(情報)를 저장(貯藏)해 있는 함장식(含藏識)이기 때문이다. 그러나, 우리[我等] 모두는, 세월(歲月)이 지나면, 무엇이든 과거(過去) 지난 상황(狀況)들을 잊어버리게 되고, 또한, 필요(必要)에 따라, 그 잊혀진 상황(狀況)을 기억(記憶)해내는 정신작용(精神作用)이 필요(必要)함은, 제7식(第七識) 자아의식(自我意識)이, 지난 모든 정보(情報)를 지니고 있지 않음의 증거(證據)이다. 만약(萬若), 제7식(第七識) 자아의식(自我意識)이, 함장식(含藏識)처럼 모든, 지난 정보(情報)를 지니고 있다면, 무엇이든 티끌 하나 잊혀짐이나, 티끌 하나라도 기억(記憶)하지 못하는 것은 있을 수가 없다. 그러나, 우리[我等]는, 세월(歲月)이 흐르면, 무엇이든 잊게 되는 것은, 제7식(第七識) 자아의식(自我意識)이, 지난 모든 정보(情報)를 지닌, 함장식(含藏識)이 아니기 때문이다.

제7식(第七識) 자아의식(自我意識)은, 맞닥뜨린 당면(當面)한 현상황(現狀況) 순간(瞬間) 찰나찰나(利那利那)의 변화(變化)를 분별(分別)하고 판단(判斷)하며, 다음 행위(行爲)를 결정(決定)하고, 행위(行爲)하는 식(識)이다. 그리고, 제7식(第七識) 자아의식(自我意識)은, 모든 행위(行爲)의 업(業)의 정보(情報)를 함장식(含藏識)에 저장(貯藏)하는 입(入)의 행(行)이나, 또는, 함장식(含藏識)에 저장(貯藏)된 업(業)의 정보(情報)를 인출(引出)하는, 출(出)의 행(行)을 하지 않는다. 그리고 또한, 제9식(第九識)인 함장식(含藏識)은, 부동대열반무기식(不動大涅槃無記識)이므로, 동식(動識)이 아니니, 함장식(含藏識)이 또한, 모든 행위(行爲)의 업(業)의 정보(情報)를 함장식(含藏識)에 저장(貯藏)하는 입(入)의 작용(作用)이나, 또는, 함장식(含藏識)에 저장(貯藏)된 업(業)의 정보(情報)를, 인출(引出)하는, 출(出)의 동식작용(動識作用)을 하지 않는다. 제9식(第九識)인 함장식(含藏識)은, 동(動)함 없는 부동대열반무기식(不動大涅槃無記識)이므로, 어떤 선(善)과 악(惡)의 업인(業因)의 씨앗[因子]이어도, 그 씨앗[因子]에 영향(影響)을 받지 않는 성품무기식(性品無記識)이므로, 심층,무의식계,3세정보,업력인자,저장식(深層,無意識界,三世情報,業力因子,貯藏識)으로, 각종(各種) 3세업(三世業)의 씨앗[因子]을 변(變)함 없이 지니고 있음이다. 그러므로, 저장(貯藏)된 지난 업(業)의 특성정보(特性情報)를 변형(變形) 없이, 그대로 기억(記憶)해 냄이다.

대승유식론(大乘唯識論)에서 제8식(第八識) 함장식(含藏識)을 이숙식(異熟識)이라고 하는 까닭[緣由]도, 함장식(含藏識)의 성품(性品)이 부동무기성품(不動無記性品)이기 때문이다. 이숙식(異熟識)에 대한 대승유식론사(大乘唯識論師)들의 여러 언급(言及)과 해설(解說)이 있어도, 함장식(含藏識)이 부동무기성품(不動無記性品)인 특성(特性)에 대해 명확(明確)히 알지 못하면, 이숙식(異熟識)의 개념(槪念)에 대해 언급(言及)하여도, 이숙식(異熟識)에 대한 개념정의(槪念正義)와 개념언급(槪念言及)이 잘 못될 수가 있다. 어떤 선인(善因), 또는, 악인(惡因), 또는, 어떤 특성(特性)의 업인(業因)이어도, 함장식(含藏識)에 저장(貯藏)이 되면, 함장식(含藏識)은 부동무기성품(不動無記性品)이므로, 그 모든 인성(因性) 개개(個個)의 차별특성(差別特性)이 있어도 발

(發)하지 못하고, 함장식(含藏識)의 부동무기성품(不動無記性品) 속에 저장(貯藏)이 됨으로, 그 개개(個個) 인성(因性)의 차별특성(差別特性)이 발(發)하지 못하고, 그대로 저장(貯藏)이 되는 특성(特性)이 있어, 함장식(含藏識)을 이숙식(異熟識)이라고 한다. 그러므로, 함장식(含藏識)은 부동무기성품(不動無記性品)이므로, 세세생생(世世生生)이 흘러도, 부동무기성품(不動無記性品)인 함장식(含藏識)에 저장(貯藏)된 그 개개(個個) 차별특성(差別特性)은 변(變)함이 없으므로, 정인정과(正因正果)의 인과법(因果法)의 섭리세계(攝理世界)가 존재(存在)함이다.

대승유식론(大乘唯識論)에서, 제8식(第八識) 함장식(含藏識)을 이숙식(異熟識)이라 하는 까닭[緣由]에 대해, 좀 더 이해(理解)를 돕고자 예(例)를 들면, 서로 각각(各各) 다른 여러 종류(種類)의 씨앗[種子]들을 어떤 그릇[器]에 담아놓으면, 그 그릇[器]은 부동무기성품(不動無記性品)이므로, 각각(各各) 그 씨앗[種子]들이, 그 차별특성(差別特性)을 그대로 지니고 있어도, 그 개별특성(個別特性)을 발(發)하지 못하므로, 그 그릇[器]에 담겨 있는 상태(狀態)에서는, 그 씨앗[種子]들의 개별특성(個別特性)인 차별성질(差別性質)과 특성의미(特性意味)가 발(發)하지 못하여, 각각(各各) 씨앗[種子]의 차별특성(差別特性)이 없는, 부동무기성(不動無記性) 상태(狀態) 속에 있음이다. 그러나, 각각(各各) 씨앗[種子]들이 부동무기성(不動無記性) 상태(狀態) 속에 있어도, 각각(各各) 씨앗[種子]들의 차별특성(差別特性)을 잃은 것은 아니다. 그러므로, 세월(歲月)이 흘러도, 각각(各各) 씨앗[種子]들이 그 개별특성(個別特性)을 발(發)할 인연상태(因緣狀態)가 되면, 그 씨앗[種

子]들의 개별특성(個別特性)이 그대로 변(變)함 없이, 각각(各各) 개별특성(個別特性)에 따라, 서로 다른 차별특성(差別特性)의 인연과(因緣果)가 드러나게 된다.

일체업력,정보인자,출입운행식(一切業力,情報因子,出入運行識)이 제8식(第八識) 능소출입식(能所出入識)이다. 능소출입식(能所出入識)은, 제7식(第七識) 자아의식(自我意識)의 일체행위(一切行爲)에 자연,반연반응,작용(自然,攀緣反應,作用)으로, 심층,무의식계,3세정보,업력인자,저장처(深層,無意識界,三世情報,業力因子,貯藏處)인 제9식(第九識) 함장식(含藏識)에, 일체업력정보(一切業力情報)를 저장(貯藏)하며, 또한, 제7식(第七識) 자아의식(自我意識)의 뜻[意]과 의지(意志), 그리고, 맞닥뜨린 당면(當面)한 현상황(現狀況)에 따라, 자연반응,반연작용(自然反應,攀緣作用)으로, 제9식(第九識) 함장식(含藏識)에 저장(貯藏)되어 있는 현재상응정보인자(現在相應情報因子)를, 제8식(第八識) 능소출입식(能所出入識)이 인출(引出)하여, 제7식(第七識) 자아의식(自我意識)에 반연작용(攀緣作用)으로 비추면, 자아의식(自我意識)은, 반연작용(攀緣作用)의 기억(記憶)으로, 맞닥뜨린 당면(當面)한 현상황(現狀況)을 분별(分別)하여 판단(判斷)하며, 다음 행위(行爲)를 결정(決定)하여 대응(對應)하고, 대처(對處)하게 된다. 제7식(第七識) 자아의식(自我意識)은, 6종식(六種識)에 비친 색성향미촉법(色聲香味觸法)을 인지(認知)하여 분별(分別)하고 판단(判斷)하여 행위(行爲)하며, 그리고, 제8식(第八識) 능소출입식(能所出入識)은, 제7식(第七識) 자아의식(自我意識)의 일체행(一切行)의 정보(情報)를, 무의식중(無意識中) 자연,반연반응,

섭리작용(自然, 攀緣反應, 攝理作用)으로, 제9식(第九識) 함장식(含藏識)에 저장(貯藏)하며, 그리고 또한, 제7식(第七識) 자아의식(自我意識)의 일체행(一切行)에, 무의식중(無意識中) 자연반응, 반연작용(自然反應, 攀緣作用)으로, 제9식(第九識) 함장식(含藏識)에 있는 지난 기억정보(記憶情報)를 인출(引出)하는, 일체업력, 정보인자, 출입작용식(一切業力, 情報因子, 出入作用識)이다.

만약(萬若), 제식(諸識)을 타파(打破)해, 제식전변, 차별차원, 지혜상승, 과정세계(諸識轉變, 差別次元, 智慧上昇, 過程世界)를 모두 실증(實證)하여, 일체초월(一切超越) 불지(佛智)에 증입(證入)하면, 제8식(第八識) 능소출입식(能所出入識)과 제9식(第九識) 무명함장식(無明含藏識)과 그 전변실증, 지혜세계(轉變實證, 智慧世界)까지, 명확(明確)히 지혜점검(智慧點檢)을 하게 된다. 그러면, 중생유식계(衆生唯識界)의 제식총상(諸識總相)을 8종식(八種識)으로만 봄이, 아직, 제식종(諸識種)에 대해 명확(明確)한 실증지혜(實證智慧)가 없었음을 깨닫게 된다. 만약(萬若), 제식성품(諸識性品)에 대해 명확(明確)히 알지 못함은, 이에 대한 총체적(總體的) 실증지혜(實證智慧)가 없었기 때문이다. 이를 밝게 알려면, 일체, 유위무위, 유식성품, 세계(一切, 有爲無爲, 唯識性品, 世界)를 타파(打破)해, 무명성품(無明性品)까지 벗어나, 일체초월(一切超越) 불지(佛智)에 증입(證入)하면, 제식성품(諸識性品)에 대한 실증지혜정안(實證智慧正眼)으로, 제식전개, 차별세계(諸識展開, 差別世界)뿐만 아니라, 제식, 전변지혜(諸識, 轉變智慧)인 일체무위, 차별차원, 지혜성품, 차별세계(一切無爲, 差別次元, 智慧性品, 差別世界)에까지 모두, 밝게 지혜점검(智慧點檢)을 하게 된다.

그리고 또한, 대승유식론(大乘唯識論) 제8식(第八識)의 2종성품(二種性品)인 염분(染分)과 정분(淨分) 중, 제8식(第八識)의 정분(淨分)을 본성(本性)으로 인지(認知)하고 있거나, 또는, 진여성(眞如性)으로 인지(認知)하고 있거나, 또는, 불성(佛性)으로 인식(認識)하고 있음은, 아직, 제8식(第八識) 정분(淨分)에 대한 실증지혜(實證智慧)가 없음을 깨닫게 된다. 왜냐하면, 불성(佛性)인 본성(本性)은, 일체대(一切對)가 끊어져 멸(滅)한, 일체초월성(一切超越性)이므로, 염(染)과 정(淨), 망(妄)과 진(眞)을 모두, 다 벗어났기 때문이다. 그러므로, 불성(佛性)은, 염(染)과 정(淨)을 둘[二] 다 벗어나, 염(染)도 정(淨)도 초월(超越)한, 일체초월성(一切超越性)이다. 그러므로, 본성(本性)은, 염(染)과 정(淨)의 대(對)의 성품(性品)이 아니므로, 염(染)과 정(淨)의 대(對)의 성품(性品)으로, 함께 묶을 수가 없다. 그러므로 본성(本性)은, 염(染)을 벗어난 정(淨)까지 벗어나, 염(染)과 정(淨)의 대(對)의 일체(一切)를 초월(超越)한 청정본연,무연중,절대성(淸淨本然,無然中,絕對性)이다. 염(染)과 정(淨)은 분별심(分別心)의 대(對)이므로 염(染)이 있으면 정(淨)이 있으며, 정(淨)이 있으면 염(染)이 있다. 이는 곧, 망(妄)과 진(眞)의 차별법(差別法)이다. 망(妄)과 진(眞)은 대(對)이므로, 망(妄)이 있으면 진(眞)이 있으며, 진(眞)이 있으면 망(妄)이 있음이다. 염(染)을 벗어나 정(淨)에 드는 것이 불성법(佛性法)이 아니며, 그리고 또한, 망(妄)을 벗어나 진(眞)에 드는 것이 불성법(佛性法)이 아니다. 그러므로, 일체초월(一切超越) 불성(佛性)은, 염(染)을 벗어난 정

(淨)까지 초월(超越)했고, 또한, 망(妄)을 벗어난 진(眞)까지 초월(超越)했다.

그러므로, 일체초월(一切超越) 성불(成佛)의 불성법(佛性法)은, 염(染)과 정(淨)을 둘[二] 다 초월(超越)해 벗어남이, 일체초월(一切超越) 성불(成佛)의 불성법(佛性法)이다. 그리고 또한, 망(妄)과 진(眞)을 둘[二] 다 초월(超越)해 벗어남이, 일체초월(一切超越) 성불(成佛)의 불성법(佛性法)이다. 왜냐하면, 일체초월,절대성(一切超越,絶對性) 불성(佛性)은, 일체염정(一切染淨)과 일체망진(一切妄眞)과 일체인과(一切因果)와 일체출입(一切出入)과 일체증과(一切證果)를 벗어난 일체초월성품(一切超越性品)이기 때문이다. 일체염정(一切染淨)과 일체망진(一切妄眞)과 일체인과(一切因果)와 일체출입(一切出入)과 일체증과(一切證果)는, 대(對)의 차별법(差別法)이며, 중생법(衆生法)이다. 일체초월(一切超越) 성불(成佛)의 불성법(佛性法)은 염(染)과 정(淨), 망(妄)과 진(眞)을 둘[二] 다 벗어난, 불이(不二)인 공(空)도 아니다. 불성(佛性)은 일체초월성(一切超越性)이므로, 유무(有無)의 상(相)뿐만 아니라, 일체(一切)를 벗어난 무위(無爲)도, 공(空)도, 초월(超越)해 벗어난 일체초월성(一切超越性)이며, 여래결정성(如來結定性)인 무생인(無生印)이다. 그러므로, 일체초월(一切超越) 불성(佛性)은, 공(空)뿐만 아니라, 불공(不空)까지도 벗어났다. 여기에서 불공(不空)이란, 공(空)까지 벗어난 것을 일컬으며, 또한, 공(空)의 지혜(智慧)까지 초월(超越)했음을 일컬음이다. 불공(不空)에는, 두[二] 가지의 뜻이 있다. 하나는, 공(空)이 멸공(滅空)이 아닌, 공(空)하지 않은 무량공덕(無量功德)이 있음의 불공공덕법(不空功德法)이다. 또, 하나는, 공(空)한 지혜(智慧)인 일체공상공견(一切空相空見)까지 초월(超越)한, 일체초월성(一切超越性) 불성불지(佛性佛智)이다.

만약(萬若), 염멸(染滅)로 정(淨)에 들면, 이는, 본연일체초월성(本然一切超越性) 무생정(無生淨)이 아니므로, 이는, 인과(因果)와 출입(出入)과 증과(證果)의 유생정(有生淨)이며, 또한, 무생결정성(無生結定性)의 불성(佛性)이 아닌, 상심상견(相心相見)을 벗어난 보살무위성품(菩薩無爲性品)이다. 또한, 망멸(妄滅)로 진(眞)에 들면, 이는, 본연일체초월성(本然一切超越性) 무생진(無生眞)이 아니므로, 이는, 인과(因果)와 출입(出入)과 증과(證果)의 유생진(有生眞)이며, 또는, 무생결정성(無生結定性)의 불성(佛性)이 아닌, 유상유심(有相有心)을 벗어난 보살무위성품(菩薩無爲性品)이다. 그러므로, 염(染)과 정(淨)은 둘[二] 다 망법(妄法)이며, 망(妄)과 진(眞) 또한, 둘[二] 다 망법(妄法)이다. 염(染)을 벗은 정(淨)까지 또한, 벗어나야 본래무생정(本來無生淨)이며, 망(妄)을 벗은 진(眞)까지 또한, 벗어나야 본래무생진(本來無生眞)이다. 만약(萬若), 염(染)을 벗어나, 인과(因果)와 출입(出入)과 증과(證果)에 의한 중생(衆生)의 정(淨)은 선(善)이며, 또한, 염(染)을 벗어나, 인과(因果)와 출입(出入)과 증과(證果)의 중생(衆生)의 정(淨)은 악(惡)이 없음이다.

그리고 또한, 염(染)을 벗어나, 인과(因果)와 출입(出入)과 증과(證果)에 의한 보살(菩薩)의 정(淨)은, 공(空)이며, 그리고 또한, 염(染)을 벗어나, 인과(因果)와 출입(出入)과 증과(證果)에 의한 보살(菩薩)의 정(淨)은, 상(相)이 없음이다. 그리고, 염(染)이 악(惡)이며 정(淨)이 선(善)이면 중생심(衆生心)이며, 그리고, 염(染)이 상(相)이며 정(淨)이 공(空)이면 보살심(菩薩心)이다. 그리고, 망(妄)이 악(惡)이며 진(眞)이 선(善)이면 유위상심상견(有爲相心相見)이며, 그리고, 망(妄)이 상(相)이며 진(眞)이 공(空)이면 무위공심공견(無爲空心空見)이다. 그리고, 일체초월(一切超越) 불성(佛性)은, 유위(有爲)도 무위(無爲)도 아니며, 상심(相心)도 공심(空心)도 아니며, 상견(相見)도 공견(空見)도 아니다.

그러므로, 유위(有爲)로도 무위(無爲)로도 일체초월(一切超越) 불성(佛性)을 보지 못하고, 상심(相心)으로도 공심(空心)으로도 일체초월(一切超越) 불성(佛性)을 보지 못하며, 상견(相見)으로도 공견(空見)으로도 일체초월(一切超越) 불성(佛性)을 보지 못하며, 중생(衆生)도 보살(菩薩)도 일체초월(一切超越) 불성(佛性)을 보지 못한다. 그 까닭[緣由]은, 일체초월(一切超越) 불성(佛性)은, 염(染)을 벗어난 정(淨)도 아니며, 망(妄)을 벗어난 진(眞)도 아니기 때문이다. 염(染)과 정(淨), 망(妄)과 진(眞)은 대(對)의 2견심(二見心)이다. 그러므로, 중생(衆生)의 2견심(二見心)은 상견유무심(相見有無心)이며, 보살(菩薩)의 2견심(二見心)은 공견정혜심(空見定慧心)이다. 그러므로, 상견유무심(相見有無心)과 공견정혜심(空見定慧心)까지 완전(完全)히 타파(打破)해 멸(滅)해 벗어나야, 일체초월성(一切超越性) 불성(佛性)을 깨닫게 된다. 왜냐하면, 염(染)과 정(淨), 망(妄)과 진(眞)까지 초월(超越)한 일체초월성(一切超越性)이, 무생결정성(無生結定性)이며, 여래결정성(如來結定性)이기 때문이다.

　만약(萬若), 일체초월(一切超越) 불성(佛性)에 증입(證入)하면, 염(染)과 정(淨), 망(妄)과 진(眞)까지도 초월(超越)한, 무생무연본성(無生無然本性)인 청정본연,무연중,절대성(淸淨本然,無然中,絕對性)이 무엇인지를 명확(明確)히 깨닫개 된다. 그러면, 염(染)과 정(淨), 망(妄)과 진(眞)이 또한, 망법,망견,망심(妄法,妄見,妄心)으로 정(定)해보는, 견(見)의 분별(分別)임을, 확연(確然)히 깨닫게 된다. 그 까닭[緣由]은, 염(染)과 정(淨), 망(妄)과 진(眞)의 일체(一切)를 초월(超越)한, 일체초월성품(一切超越性品)이 불성(佛性)이기 때문이다. 그러므로, 염(染)과 망(妄)을 벗어나지 못한 무명중생(無明衆生)도, 일체초월(一切超越) 불성(佛性)을 알지 못하며, 또한, 염(染)을 초월(超越)해 정(淨)에 들고, 망(妄)을 초월(超越)해 진(眞)에 증입(證入)한 무위보살(無爲菩薩)도, 일체초월(一切超越) 불성(佛性)을 알지 못한다. 왜냐하면, 일체초월(一切超越) 불성(佛性)에는, 염(染)과 망(妄)뿐만 아니라, 염(染)을 벗어난 정(淨)과 망(妄)을 벗어난 진(眞)까지 초월(超越)한, 일체초월,절대성(一切超越,絕對性)이기 때문이다.

　일심2문(一心二門)인 염(染)과 정(淨), 망(妄)과 진(眞)인, 심생멸문(心生滅門)과 심진여문(心眞如門)의 일심2문(一心二門)의 건립(建立)으로, 대승기신론(大乘起信論)을 체계화(體系化)하여, 심생멸(心生滅)을 벗어나 심진여(心眞如)에 들었어도, 이 심진여(心眞如)의 지혜(智慧)

를 또한, 벗어나지 못하면, 유위범부(有爲凡夫)를 벗어난, 무위범부(無爲凡夫)의 상(相)과 견(見)과 성(性)을 벗어나지 못한다. 심생멸(心生滅)과 심진여(心眞如)를 둘[二] 다 초월(超越)해 벗어나므로, 무명(無明)의 심생멸(心生滅)도, 지혜(智慧)의 심진여(心眞如)도, 둘[二] 다 완전(完全)히 초월(超越)해, 중생(衆生)의 심생멸(心生滅)도, 무위(無爲)의 심진여(心眞如)도 벗어난, 일체초월(一切超越) 무생본연일심(無生本然一心)을, 비로소 깨닫게 된다. 일체초월성(一切超越性) 무생본연일심(無生本然一心)이며, 무생불성일심(無生佛性一心)에는, 심생멸(心生滅)뿐만 아니라, 심진여(心眞如)까지도 끊어졌다.

만약(萬若), 일심중(一心中) 심생멸(心生滅)이 있거나, 또는, 심진여(心眞如)가 있다면, 이는 아직, 무생불성일심(無生佛性一心)이 아닌, 무명,중생일심(無明,衆生一心)이거나, 보살,무위공성일심(菩薩,無爲空性一心)이다. 만약(萬若), 심생멸(心生滅)을 벗어나, 심진여(心眞如)에 들었어도, 심생멸(心生滅)뿐만 아니라, 심진여(心眞如)까지 초월(超越)한, 무생불성일심(無生佛性一心)을 알 까닭[緣由]이 없다. 왜냐하면, 심생멸(心生滅)뿐만 아니라, 심생멸(心生滅)을 벗어난, 심진여(心眞如)까지 초월(超越)한, 일체초월,절대성(一切超越,絕對性)이 곧, 불성(佛性)이기 때문이다. 일체초월성품(一切超越性品) 불성(佛性)은, 일체대(一切對)가 끊어져, 일체초월성(一切超越性)이며, 절대성(絕對性)이라고 한다. 염(染)과 정(淨), 망(妄)과 진(眞)은, 대(對)의 2심2견상(二心二見相)이므로, 염(染)의 대(對)는 정(淨)이며, 정(淨)의 대(對)는 염(染)이므로, 염(染)을 벗어나 정(淨)에 증입(證入)하게 한다. 그리고 또한, 망(妄)의 대(對)는 진(眞)이며, 진(眞)의 대(對)는 망(妄)이므로, 망(妄)을 벗어나 진(眞)에 증입(證入)하게 한다.

그러나, 일체초월(一切超越) 불성(佛性)은, 일체초월(一切超越) 절대성(絶對性)이므로, 일체초월(一切超越) 불성(佛性)은 염(染)도 아니고 정(淨)도 아니며, 그리고, 망(妄)도 아니고 진(眞)도 아니다. 그러므로, 일체초월(一切超越) 불성(佛性)은 일체대(一切對)가 끊어져, 염(染)도 정(淨)도 아니며, 망(妄)도 진(眞)도 아니다. 그러므로, 일체초월(一切超越) 불성(佛性)은, 일체초월성(一切超越性)이며, 일체대(一切對)를 초월(超越)한 절대성(絶對性)이므로, 염(染)과 정(淨), 망(妄)과 진(眞)을 모두, 벗어나, 일체초월(一切超越) 절대성(絶對性)에 증입(證入)해야만, 염(染)과 정(淨)뿐만 아니라, 망(妄)과 진(眞)까지 모두가, 2견2심(二見二心)의 분별심(分別心)인, 미망견(迷妄見)임을 깨닫게 된다. 일체취사(一切取捨)는 염(染)과 정(淨)의 중생분별심(衆生分別心)이며, 그것이 무엇이든, 구(求)하고 여읨이 망(妄)과 진(眞)의 무명미혹심(無明迷惑心)이다. 분별(分別)하는 자(者)가 있으면, 염(染)과 정(淨), 망(妄)과 진(眞)의 2견심(二見心)이 멸(滅)하지 않는다. 일체초월(一切超越) 불성(佛性)은, 염(染)과 정(淨), 망(妄)과 진(眞)이 모두, 끊어져 일체초월성(一切超越性)이라고 하며, 또한, 일체대(一切對)가 끊어진 절대성(絶對性)이라고 한다. 그러므로, 염(染)이 곧, 아(我)이며, 정(淨)이 곧, 상(相)이며, 망(妄)이 곧, 생(生)이며, 진(眞)이 곧, 정(定)해 봄이니, 이는, 상(相)과 견(見)의 2견심(二見心)인, 중생분별심(衆生分別心)이다.

무생본연일심(無生本然一心)의 일(一)은, 심생멸(心生滅)도 심진여(心眞如)도 아니며, 또한, 무생본연일심(無生本然一心)의 심(心)은, 심생멸(心生滅)도 심진여(心眞如)도 아니다. 왜냐하면, 무생본연일심(無生本然一心)의 일(一)은, 심생멸(心生滅)도 심진여(心眞如)도 초월(超越)했기 때문이며, 또한, 무생본연일심(無生本然一心)의 심(心)도 또한, 심생멸(心生滅)도 심진여(心眞如)도 초월(超越)했기 때문이다. 무생본연일심(無生本然一心)의 일(一)은, 일체초월성(一切超越性) 불성(佛性)이며, 무생결정성(無生結定性)이며, 여래장(如來藏)이며, 무생본성(無生本性)이 곧, 무생본연일심(無生本然一心)의 일(一)이다. 그리고, 그 일(一)의 성품작용(性品作用)이 곧, 일(一)의 심(心)이며, 곧, 일심(一心)의 심(心)이다. 무생본연일심(無生本然一心)의 일(一)은, 염(染)을 벗어난 정(淨)도 아니며, 망(妄)을 벗어난 진(眞)도 아닌, 본래(本來), 일체초월(一切超越) 무생본성(無生本性)이다. 일심(一心)의 심(心)은, 염(染)을 벗어난 정심(淨心)도 아니며, 망(妄)을 벗어난 진심(眞心)도 아닌, 본래본연(本來本然)의 일체초월성(一切超越性), 그 성품작용(性品作用)이 일심(一心)의 심(心)이다. 그러므로, 일심(一心)의 심(心)은 곧, 여래장,무생불성,공능심(如來藏,無生佛性,功能心)이다.

일심(一心)의 일(一)은, 일체초월성(一切超越性)이며, 일심(一心)의 심(心)은, 일체초월심(一切超越心)이다. 일심(一心)의 일(一) 즉(卽), 무생무상보리(無生無上菩提)이며, 일심(一心)의 심(心) 즉(卽), 무생무상보리심(無生無上菩提心)이다. 일심(一心)의 일(一) 즉(卽), 무생청정자성(無生淸淨自性)이며, 일심(一心)의 심(心) 즉(卽), 무생청정자성심(無

生淸淨自性心)이다. 일심(一心)의 일(一) 즉(卽), 무생청정법신불(無生淸淨法身佛)이며, 일심(一心)의 심(心)은 일심만행(一心萬行)의 청정법신,일체응화신불(淸淨法身,一切應化身佛)이다. 그러므로, 일심(一心)의 일(一)은, 일체초월법신(一切超越法身)이며, 일심(一心)의 심(心)은, 청정법신작용(淸淨法身作用)인 일체초월응화신(一切超越應化身)이다. 염(染)과 정(淨), 망(妄)과 진(眞)도 초월(超越)한 일체초월성(一切超越性)이, 일심(一心)의 일(一)이며, 염(染)과 정(淨), 망(妄)과 진(眞)도 초월(超越)한 일체초월심(一切超越心)이 곧, 일심(一心)의 심(心)이다. 일심(一心)의 일(一)은 일체초월(一切超越)의 성(性)이며, 일심(一心)의 심(心)은 일체초월(一切超越)의 심(心)이다. 일심(一心)의 일(一)은 무생불성(無生佛性)이며, 일심(一心)의 심(心)은 무생불성심(無生佛性心)이다. 일심(一心)의 일(一)은 무생본성(無生本性)이며, 일심(一心)의 심(心)은 무생본성심(無生本性心)이다. 이를, 금강삼매경(金剛三昧經)에서는 무생심행(無生心行)인 일미진실(一味眞實), 무상무생(無相無生), 결정실제(結定實際), 본각리행(本覺利行)이라고 하였다.

제식계(諸識界)는, ①안이비설신의근(眼耳鼻舌身意根)인 6종근(六種根)과 ②안이비설신의식(眼耳鼻舌身意識)인 6종식(六種識)과 ③제7식(第七識) 말나식(末那識)인 자아의식(自我意識)과 ④제8식(第八識) 능소출입식(能所出入識)과 ⑤제9식(第九識) 아뢰야식(阿賴耶識)인 무명함장식(無明含藏識)과 ⑥제10식(第十識) 본성(本性)까지 유식총상(唯識總相) 10종식계(十種識界)이다. 성불(成佛)에 이르는 제식,전변지혜,차별차원,성품세계(諸識,轉變智慧,差別次元,性品世界)는 ①안이비설신의근(眼耳鼻舌身意根)인 6종근(六種根) 수(受)의 작용(作用)이, 지혜작용(智慧作用)으로 타파(打破)되어 끊어져 멸(滅)한 지혜(智慧)가, 색성향미촉법(色聲香味觸法)의 무아성지(無我性智)이다. 이는, 6종근(六種根)이 끊어져 멸(滅)한 전변지혜(轉變智慧)인 성소작지(成所作智)이다. ②무아성지(無我性智)인 성소작지(成所作智)의 지혜(智慧)가 깊어져, 안이비설신의식(眼耳鼻舌身意識)의 상(相)이 타파(打破)되어 끊어지면[滅], 색성향미촉법(色聲香味觸法)의 상(相)이 공(空)한 반야공성지(般若空性智)이다. 이는, 6종식(六種識)이 끊어져 멸(滅)한 전변지혜(轉變智慧)인 대승(大乘)의 이법계(理法界)이며, 이는, 묘관찰지(妙觀察智)이다. ③묘관찰지(妙觀察智)의 지혜(智慧)가 깊어져, 제7식(第七識) 말나식(末那識)인 자아의식(自我意識)이 타파(打破)되어 끊어지면[滅], 상(相)과 공(空)을 둘[二] 다 벗어난, 제7식(第七識) 자아의식(自我意識)이 끊어져 멸(滅)한 전변지혜(轉變智慧)인, 일승(一乘)의 이사무애법계(理事無礙法界)이다. 이는, 무염진여성지(無染眞如性智)인 평등성지(平等性智)이다. ④평등성지(平等性智)가 깊어져, 제8식(第八識) 능소출입식(能所出入識)이 타파(打破)되어 끊어지면[滅], 원융각명성지(圓融覺明性智)인 일불승(一佛乘)의 사사원융법계(事事圓融法界)이다. 이는, 대원경지(大圓鏡智)이다. ⑤대원경지(大圓鏡智)의 지혜(智慧)가 깊어져, 제9식(第九識) 아뢰야식(阿賴耶識)인 무명함장식(無明含藏識)이 타파(打破)되어 끊어지면[滅], 불승(佛乘)의 부동대열반법계(不動大涅槃法界)인 심부동,대열반성지(心不動,大涅槃性智)이다. ⑥심부동,대열반성지(心不動,大涅槃性智)의 지혜(智慧)가 깊어져, 심부동,대열반성지(心不動,大涅槃性智)까지 타파(打破)되어 끊어지면[滅], 본성(本

性)인 제불(諸佛)의 법계체성지(法界體性智)이며, 이는, 불성지(佛性智)이다.

　식(識)의 전변지혜(轉變智慧)에 드는 인연사(因緣事)에 있어서, 안근(眼根), 이근(耳根), 비근(鼻根), 설근(舌根), 신근(身根), 의근(意根)인 6종근(六種根)이, 각각(各各) 한 성품씩 하나하나 멸(滅)하지 않고, 6종근(六種根)이 한목 끊어짐은, 안근(眼根), 이근(耳根), 비근(鼻根), 설근(舌根), 신근(身根), 의근(意根)은, 서로 같은 차원(次元)의 성품(性品)이기 때문이다. 그러므로, 수행지혜(修行智慧)가 깊어져, 6종근(六種根) 중에, 한 성품(性品)이 완전(完全)히 끊어지게 되면, 같은 차원(次元)의 6종근(六種根)의 성품(性品)은 함께 멸(滅)한다. 그러나, 6종근(六種根)은 6종근수(六種根受)의 작용식(作用識)이며, 6종식(六種識)은, 6종근수(六種根受)에 의해 색성향미촉법(色聲香味觸法)을 그대로 거울[鏡]처럼 비치는 6종상식(六種相識)이므로, 6종근(六種根)과 6종식(六種識)은 성품차원(性品次元)이 달라, 6종근(六種根)이 타파(打破)되어 끊어져 멸(滅)해도, 6종식(六種識)은 타파(打破)되지 않아, 6종근(六種根)이 끊어져 멸(滅)할 때에, 6종식(六種識)은 멸(滅)하지 않는다.

　또한, 안식(眼識), 이식(耳識), 비식(鼻識), 설식(舌識), 신식(身識), 의식(意識)인 6종식(六種識)이, 각각(各各) 한 성품씩 하나하나 멸(滅)하지 않고, 6종식(六種識)이 한목 끊어짐은, 안식(眼識), 이식(耳識), 비식(鼻識), 설식(舌識), 신식(身識), 의식(意識)은, 서로 같은 차원(次

元)의 성품(性品)이기 때문이다. 그러므로, 수행지혜(修行智慧)가 깊어져, 6종식(六種識) 중에, 한 성품(性品)이 완전(完全)히 타파(打破)되어 끊어져 멸(滅)할 때에, 같은 차원(次元)의 식(識)의 성품(性品)은 함께 끊어져 멸(滅)한다. 그러나, 제7식(第七識), 제8식(第八識), 제9식(第九識)은, 6종식(六種識)의 성품(性品)과 다른 차별차원식(差別次元識)이므로, 6종식(六種識)이 끊어져 멸(滅)할 때에, 제7식(第七識), 제8식(第八識), 제9식(第九識)은 멸(滅)하지 않는다. 또한, 제7식(第七識)이 타파(打破)되어 끊어져 멸(滅)해도, 다른 차원식(次元識)인 제8식(第八識)은 멸(滅)하지 않으며, 또한, 제8식(第八識)이 타파(打破)되어 끊어져 멸(滅)해도, 제9식(第九識)은 다른 차원식(次元識)이므로 멸(滅)하지 않는다. 그 까닭[緣由]은, 어느 수행차원성품식(修行次元性品識)이 타파(打破)되어 끊어지면[滅], 그 수행차원성품(修行次元性品)이 타파(打破)된 전변,지혜성품(轉變,智慧性品)에 증입(證入)하기 때문이다.

그러므로, 성소작지(成所作智)는, 6종근(六種根)이 타파(打破)되어 끊어져 멸(滅)한 지혜성품(智慧性品)이므로, 6종식(六種識)의 작용(作用)은 멸(滅)하지 않고 있다. 왜냐하면, 6종근(六種根)의 수(受)의 작용(作用)이 타파(打破)되어 멸(滅)해도, 6종식(六種識)의 상(相)은 멸(滅)하지 않음은, 6종근(六種根)→6종식(六種識)→제7식(第七識)→제8식(第八識)→제9식(第九識)의 전개작용(展開作用)은, 소연경(所緣境)을 받아들이는 입(入)의 전개작용(展開作用)이지만, 무명식(無明識)으로부터의 출(出)의 작용(作用)은, 제9식(第九識) 무명함장식(無明含藏

識)→제8식(第八識) 능소출입식(能所出入識)→제7식(第七識) 자아의식(自我意識)→6종식(六種識)→6종근(六種根)으로 출(出)의 작용(作用)이 이루어지므로, 6종근(六種根)이 멸(滅)해도, 6종식(六種識)이 멸(滅)하지 않음은, 제식(諸識)의 근본(根本)인, 무명근(無明根)이 타파(打破)되지 않아, 멸(滅)하지 않고 있기 때문이다.

그러므로, 6종근(六種根)이 타파(打破)되어 끊어져 멸(滅)해, 색성향미촉법(色聲香味觸法)의 무아성(無我性)을 깨달아도, 6종식(六種識)이 타파(打破)되어 멸(滅)하지 않아, 색성향미촉법(色聲香味觸法)의 차별상(差別相)은 멸(滅)하지 않는다. 그러므로, 6종근(六種根)이 타파(打破)되어 멸(滅)해도, 6종식(六種識)이 멸(滅)하지 않아 색성향미촉법(色聲香味觸法)의 상(相)이 공(空)한 공성지(空性智)에는 증입(證入)하지 못하고 있다. 6종근(六種根)이 타파(打破)되어 끊어져 멸(滅)한 색성향미촉법(色聲香味觸法)의 무아성지(無我性智)와 그리고, 6종식(六種識)이 타파(打破)되어 끊어져 멸(滅)한 색성향미촉법(色聲香味觸法)의 공성지(空性智)의 차별성(差別性)은, 만약(萬若), 지혜작용(智慧作用)으로 6종근(六種根)이 타파(打破)되어 멸(滅)해, 색성향미촉법(色聲香味觸法)이 무아성(無我性)인 성소작지(成所作智)에 들면, 색성향미촉법(色聲香味觸法)이 무주성(無住性)으로 무아(無我)임을 깨달아, 6종근(六種根) 수(受)의 작용(作用)이 끊어져 멸(滅)해, 색성향미촉법(色聲香味觸法)이 각각(各各) 무아성(無我性)임을 깨달아도, 6종식(六種識)이 멸(滅)하지 않아, 색성향미촉법(色聲香味觸法)의 차별상(差別相)은 멸(滅)하지 않는다. 그러므로, 색성향미촉법(色聲香味觸法)의 상(相)

이 공(空)한, 차별(差別) 없는 일공성(一空性)에는 증입(證入)하지 못하고 있다.

그러므로, 6종근(六種根)이 타파(打破)되어 끊어져 멸(滅)한 색성향미촉법(色聲香味觸法)의 무아성지(無我性智)인 성소작지(成所作智) 속에 있어도, 색성향미촉법(色聲香味觸法)의 차별상(差別相)은 멸(滅)하지 않으므로, 색성향미촉법(色聲香味觸法)의 차별상(差別相)을 제거(除去)하지 못한다. 왜냐하면, 색성향미촉법(色聲香味觸法)의 상(相)이 공(空)한, 공성지(空性智)가 열리지 않았기 때문이다. 만약(萬若), 색성향미촉법(色聲香味觸法)의 상식(相識)인 6종식(六種識)이 타파(打破)되어 끊어지면[滅], 색성향미촉법(色聲香味觸法)의 6종상(六種相)이 타파(打破)되어 끊어져 멸(滅)해, 색성향미촉법(色聲香味觸法)의 상(相)이 끊어져 멸(滅)한 상공(相空)인, 공성지(空性智)에 증입(證入)하게 된다. 이것이, 6종식(六種識)이 끊어져 멸(滅)한 묘관찰지(妙觀察智)이다. 묘관찰지(妙觀察智)는 6종식(六種識)이 타파(打破)되어 끊어져 멸(滅)해, 색성향미촉법(色聲香味觸法)의 상(相)이 공(空)한 반야공성지혜(般若空性智慧)이다. 그러나, 이 공성지(空性智)는 색성향미촉법(色聲香味觸法)의 상공지(相空智)인 반야초입지(般若初入智)이므로, 깊은 반야지(般若智)는 아니다.

왜냐하면, ①6종식(六種識)이 타파(打破)되어 끊어져 멸(滅)한 반야지(般若智)의 성품(性品)과 ②제7식(第七識) 자아의식(自我意識)이 타파(打破)되어 끊어져 멸(滅)한 반야지(般若智)의 성품(性品)과 ③제8식

(第八識) 능소출입식(能所出入識)이 타파(打破)되어 끊어져 멸(滅)한 반야지(般若智)의 성품(性品)과 ④제9식(第九識) 무명함장식(無明含藏識)이 타파(打破)되어 끊어져 멸(滅)한 반야지(般若智)의 성품(性品)과 ⑤ 불성(佛性)에 든[入] 반야지(般若智)의 성품차원(性品次元)이 각각(各各) 다르기 때문이다. ①6종식(六種識)이 타파(打破)되어 끊어져 멸(滅)한 반야지(般若智)는 묘관찰지(妙觀察智)의 공성반야지(空性般若智)이다. ②제7식(第七識) 자아의식(自我意識)이 타파(打破)되어 끊어져 멸(滅)한 반야지(般若智)는 평등성지(平等性智)의 무염진여반야지(無染眞如般若智)이다. ③제8식(第八識) 능소출입식(能所出入識)이 타파(打破)되어 끊어져 멸(滅)한 반야지(般若智)는 대원경지(大圓鏡智)의 원융각명반야지(圓融覺明般若智)이다. ④제9식(第九識) 무명함장식(無明含藏識)이 타파(打破)되어 끊어져 멸(滅)한 반야지(般若智)는 심부동열반지(心不動涅槃智)인 부동대열반, 반야지(不動大涅槃, 般若智)이다. ⑤불성(佛性)에 든[入] 반야지(般若智)는 불지(佛智)의 일체초월(一切超越) 절대성(絕對性)인, 무생, 결정성, 반야지(無生, 結定性, 般若智)이며, 여래장, 무생공능, 반야지(如來藏, 無生功能, 般若智)이다. 이 과정(過程)은, 제식(諸識)이 점차(漸次) 타파(打破)되어 멸(滅)해, 제식(諸識)의 장애(障礙)를 점차(漸次) 벗어남으로, 본연본성(本然本性)이 점차(漸次) 열리는 차별지혜, 성품세계(差別智慧, 性品世界)이다.

①6종식(六種識)이 타파(打破)되어, 6종식(六種識)의 장애(障礙)가 끊어져 멸(滅)함으로, 대승(大乘) 공성(空性)이 열린다. ②제7식(第七識) 자아의식(自我意識)이 타파(打破)되어, 제7식(第七識) 자아의식(自

我意識)의 장애(障礙)가 끊어져 멸(滅)함으로, 일승(一乘)의 무염진여성품(無染眞如性品)이 열린다. ③제8식(第八識) 능소출입식(能所出入識)이 타파(打破)되어, 제8식(第八識) 능소출입식(能所出入識)의 장애(障礙)가 끊어져 멸(滅)함으로, 일불승(一佛乘)의 원융각명보리성품(圓融覺明菩提性品)이 열린다. ④제9식(第九識) 무명함장식(無明含藏識)이 타파(打破)되어, 제9식(第九識) 무명함장식(無明含藏識)의 장애(障礙)가 끊어져 멸(滅)함으로, 불승(佛乘)의 심부동대열반성품(心不動大涅槃性品)이 열린다. ⑤일체,제식전변,지혜세계(一切,諸識轉變,智慧世界)인 일체,무위지혜,성품세계(一切,無爲智慧,性品世界)가 타파(打破)되어, 일체,무위지혜,차별견(一切,無爲智慧,差別見)의 장애(障礙)가 끊어져 멸(滅)함으로, 일체초월,절대성(一切超越,絶對性) 불성(佛性)이 열리어, 일체초월(一切超越) 불지(佛智)에 증입(證入)하게 된다. 그러므로, 일체초월(一切超越) 불지(佛智)에 증입(證入)하기 전(前)에는, 수승(殊勝)한 보살지(菩薩智) 속에 있어도, 일체초월(一切超越) 불지(佛智)에 증입(證入)한 완전(完全)한 지혜(智慧)가 아니다.

그러므로, 반야지(般若智)에도, 제식(諸識)이 점차(漸次) 타파(打破)되어 끊어져 멸(滅)하는 지혜성품차원(智慧性品次元)에 따라, 실증지혜(實證智慧)인 반야지혜차원(般若智慧次元)의 깊이가 다르다. 일체,차별차원,반야지(一切,差別次元,般若智)를 완전(完全)히 벗어나, 일체초월성품(一切超越性品) 불성(佛性)에 증입(證入)해야만, 일체반야지(一切般若智)도 벗어난, 일체초월(一切超越) 불지(佛智)에 증입(證入)하게 된다. 반야지(般若智)는 무위공성지(無爲空性智)이므로, 일체초월성(一切超越性) 불성(佛性)은, 반야지(般若智)와 공성지(空性智)와 무위지(無爲智)와 무생법인지(無生法忍智)로도, 일체초월(一切超越) 불성(佛性)을 알 수가 없고, 일체초월(一切超越) 불성(佛性)에 증입(證入)할 수도 없다. 왜냐하면, 이 일체(一切)가 제법공성(諸法空性)에 든[入] 무위증득지(無爲證得智)이며, 무위보살지(無爲菩薩智)이기 때문이다. 그러므로, 이 일체지혜(一切智慧)까지 완전(完全)히 초월(超越)해 벗어나야, 일체초월성(一切超越性) 불성(佛性)을 깨달을 수 있으며, 또한, 일체초월(一切超越) 불지(佛智)에 증입(證入)할 수가 있다. 그러므로, 일체초월성(一切超越性) 불성(佛性)은, 반야지(般若智)로도 알 수가 없고, 공성지(空性智)로도 알 수가 없고, 무위지(無爲智)로도 알 수가 없고, 무생법인지(無生法忍智)로도 알 수가 없고, 일체보살지(一切菩薩智)로도 알 수가 없다. 그러므로, 일체초월성(一切超越性) 불성(佛性)은, 오직, 일체초월(一切超越) 불지(佛智)로만 알 수가 있다. 그러므로, 대반열반경(大般涅槃經)에, 일체바라밀행(一切波羅蜜行)이 구족(具足)한 10지보살(十地菩薩)이어도, 일체초월(一切超越) 불성(佛性)을 알 수가 없다고 했다.

6종식(六種識)이 타파(打破)되어 끊어져 멸(滅)해, 색성향미촉법(色聲香味觸法)의 상(相)이 공(空)한 공성지(空性智)인 묘관찰지(妙觀察智)에 들면, 6종근(六種根)이 타파(打破)되어 끊어져 멸(滅)한 무아성지(無我性智)와 어떻게 다른가를 깨닫게 된다. 6종근(六種根)이 타파(打破)되어 끊어져 멸(滅)한 무아성지(無我性智)인 성소작지(成所作智)에서는, 색성향미촉법(色聲香味觸法)이 무주성(無住性)임을 깨달아 무아성지(無我性智)에 들었어도, 6종식(六種識)이 타파(打破)되어 멸(滅)하지 않아, 색성향미촉법(色聲香味觸法)의 각각(各各)의 차별상(差別相)이 멸(滅)하지 않아, 색성향미촉법(色聲香味觸法)의 각각(各各) 차별상(差別相)을 벗어나지 못하고 있다. 그러나, 만약(萬若), 6종식(六種識)이 타파(打破)되어 끊어져 멸(滅)해, 색성향미촉법(色聲香味觸法)의 상(相)이 공(空)한 공성지(空性智)인 묘관찰지(妙觀察智)에 들면, 색성향미촉법(色聲香味觸法)의 상(相)이 공(空)한 공성(空性)에 듦[入]으로, 색성향미촉법(色聲香味觸法)이 각각(各各) 차별(差別) 없는, 일공성(一空性)에 증입(證入)하게 된다. 그러므로, 사(事)로는 인연(因緣) 따라 색성향미촉법(色聲香味觸法)이 차별상(差別相)이어도, 그 차별상(差別相)이 차별(差別) 없는, 한 성품 공성(空性)임이 여실(如實)한 지혜성품(智慧性品)에 들[入]게 된다. 이는, 색성향미촉법(色聲香味觸法)의 차별현상계(差別現象界)인 사법계(事法界)를 벗어나, 색성향미촉법(色聲香味觸法)이 차별(差別) 없는, 공(空)한 이법계(理法界)에 증입(證入)함이다. 이는, 색성향미촉법(色聲香味觸法)이 공(空)한, 대승공성지혜(大乘空性智慧)이다.

또한, 6종식(六種識)이 끊어져 멸(滅)한 대승공성지(大乘空性智) 속에 지혜작용(智慧作用)이 이루어져도, 아직, 제7식(第七識) 자아의식(自我意識)이 타파(打破)되어 멸(滅)하지 않은 공성지혜작용(空性智慧作用)이므로, 만약(萬若), 제7식(第七識) 자아의식(自我意識)이 타파(打破)되어 멸(滅)해, 제7식(第七識) 자아의식(自我意識)이 끊어져 멸(滅)한 평등성지(平等性智)에 들어도, 또한, 제8식(第八識) 능소출입식(能

所出入識)은 타파(打破)되어 멸(滅)하지 않는다. 평등성지(平等性智)는, 자아의식(自我意識)이 타파(打破)되어 끊어져 멸(滅)해, 일체상(一切相)에 물듦 없는 무염진여성지(無染眞如性智)이다. 이는, 일승지(一乘智)로, 자아의식(自我意識)이 끊어져 멸(滅)해, 상(相)의 사(事)와 공(空)의 이(理)를 둘[二] 다 벗어났으므로 이사(理事)가 둘[二] 다 끊어져 멸(滅)한, 이사무애법계성품(理事無礙法界性品)이다.

제7식(第七識)이 끊어져 멸(滅)한 이사무애법계성품(理事無礙法界性品)인 일승(一乘)의 무염진여성지(無染眞如性智)에 들면, 불성(佛性)의 3대성(三大性)인 진여(眞如), 보리(菩提), 열반(涅槃) 중에, 불성(佛性)의 진여성(眞如性)을 깨닫게 된다. 그러나, 제8식(第八識)과 제9식(第九識)이 타파(打破)된 지혜성품(智慧性品)에 증입(證入)하지 못했으므로, 불성(佛性)의 보리성(菩提性)과 열반성(涅槃性)을 아직, 실증(實證)하지 못하고 있다. 그러므로, 상(相)과 공(空)을 둘[二] 다 벗어난 무염진여(無染眞如)의 이사무애법계성품(理事無礙法界性品)에 증입(證入)한 일승지(一乘智)이어도, 불성(佛性)의 보리성(菩提性)과 열반성(涅槃性)의 실성(實性)은 알 수가 없다.

단지(但只), 제7식(第七識)인 자아의식(自我意識)이 타파(打破)되어 끊어져 멸(滅)한, 이사무애법계성품(理事無礙法界性品)인 일승지(一乘智)에 들면, 불성(佛性)의 3대성(三大性) 중, 무염진여(無染眞如)의 성품(性品)을 깨닫게 되므로, 무염진여성(無染眞如性)을 실증(實證)하게 된다. 만약(萬若), 제8식(第八識) 능소출입식(能所出入識)이 타파(打破)

되어 끊어지면[滅], 불성(佛性)의 3대성(三大性)인 진여성(眞如性), 보리성(菩提性), 열반성(涅槃性) 중에, 제8식(第八識)인 능소출입식(能所出入識)이 끊어져 멸(滅)한 일불승지(一佛乘智)는, 능소출입(能所出入)이 없는 원융각명, 대원경지(圓融覺明, 大圓鏡智) 속에, 불성(佛性)의 원융각명각성(圓融覺明覺性)인 보리성(菩提性)을 깨닫게 된다. 그러나, 제9식(第九識) 아뢰야식(阿賴耶識)인 무명함장식(無明含藏識)이 타파(打破)되지 않아, 불성(佛性)의 열반성(涅槃性)은 실증(實證)하지 못하고 있다.

그러나, 지혜각력상승(智慧覺力上昇)으로 제8식(第八識) 능소출입식(能所出入識)이 타파(打破)된 전변지혜(轉變智慧)인 원융각명, 대원경지(圓融覺明, 大圓鏡智)를 또한, 벗어나, 제9식(第九識) 무명함장식(無明含藏識)이 타파(打破)되어 끊어져, 불승지(佛乘智)인 심부동, 대열반성지(心不動, 大涅槃性智)에 증입(證入)하면, 불성(佛性)의 3대성(三大性)인 진여성(眞如性), 보리성(菩提性), 열반성(涅槃性) 중에, 불성(佛性)의 열반성(涅槃性)을 깨닫게 된다. 이 지혜과정(智慧過程)들은 제식전변, 지혜세계(諸識轉變, 智慧世界)인 유식지혜, 상승세계(唯識智慧, 上昇世界)로, 제식(諸識)의 장애(障礙)를 점차(漸次) 벗어남으로, 본래(本來) 본성(本性)이 점차(漸次) 드러나는 지혜상승세계(智慧上昇世界)이다. 이 과정(過程)이, 제식전변(諸識轉變)에 의한 무위지혜, 차별차원, 지혜상승, 전변과정, 성불체계(無爲智慧, 差別次元, 智慧上昇, 轉變過程, 成佛體系)이다.

그러나, 6종식(六種識)이 타파(打破)되어 끊어져 멸(滅)한 묘관찰지(妙觀察智)인 대승(大乘)의 공성(空性)과 제7식(第七識) 자아의식(自我意識)이 타파(打破)되어 끊어져 멸(滅)한 평등성지(平等性智)인 일승(一乘)의 진여성(眞如性)과 제8식(第八識) 능소출입식(能所出入識)이 타파(打破)되어 끊어져 멸(滅)한 대원경지(大圓鏡智)인 일불승(一佛乘)의 보리성(菩提性)과 제9식(第九識) 무명함장식(無明含藏識)이 타파(打破)되어 끊어져 멸(滅)한 부동열반성지(不動涅槃性)인 불승(佛乘)의 열반성(涅槃性)은, 각각(各各) 성품(性品)이 차별(差別)이 있어, 공성(空性)과 진여성(眞如性)과 보리성(菩提性)과 열반성(涅槃性)이 각각(各各) 차별차원(差別次元)의 별상(別相)이다. 그러므로, 공성(空性)과 진여성(眞如性)과 보리성(菩提性)과 열반성(涅槃性)이 한 성품(性品)으로 원융(圓融)하지 못하여, 각각(各各) 성품(性品)이 불성(佛性)의 일부분성(一部分性)일 뿐이다.

그러므로, ①깨달음 대승지혜(大乘智慧)인 청정공성(淸淨空性)이어도, 그 공성(空性)이 일체초월,절대성(一切超越,絕對性) 불성(佛性)이 아니며, ②또한, 깨달음 일승지혜(一乘智慧)인 무염진여성(無染眞如性)이어도, 그 진여성(眞如性)이 일체초월,절대성(一切超越,絕對性) 불성(佛性)이 아니며, ③또한, 깨달음 일불승지혜(一佛乘智慧)인 원융보리성(圓融菩提性)이어도, 그 보리성(菩提性)이 일체초월,절대성(一切超越,絕對性) 불성(佛性)이 아니며, ④또한, 깨달음 불승지혜(佛乘智慧)인 부동열반성(不動涅槃性)이어도, 그 열반성(涅槃性)이 일체초월,절대성(一切超越,絕對性) 불성(佛性)이 아니다. 그러므로, 일체보살지

(一切菩薩智)의 공성(空性)과 진여성(眞如性)과 보리성(菩提性)과 열반성(涅槃性)은, 일체초월,절대성(一切超越,絕對性) 불성(佛性)이 아닌, 무위지혜,차별차원,성품세계(無爲智慧,差別次元,性品世界)이다.

그러므로, 최종(最終), 일체초월성(一切超越性) 불지(佛智)에 증입(證入)하는 그 순간(瞬間) 찰나(刹那)에, 제식전변,무위지혜(諸識轉變, 無爲智慧)인 공성(空性)과 진여성(眞如性)과 보리성(菩提性)과 열반성(涅槃性)의 일체증득,무위지혜세계(一切證得,無爲智慧世界)가 타파(打破)되어, 흔적(痕迹) 없이 끊어져 멸(滅)한다. 그리고, 공성(空性), 진여성(眞如性), 보리성(菩提性), 열반성(涅槃性)도 흔적(痕迹) 없이 사라진, 일체초월,절대성(一切超越,絕對性) 무생결정성(無生結定性)이 곧, 불성(佛性)의 공성(空性)과 진여성(眞如性)과 보리성(菩提性)과 열반성(涅槃性)의 실상성품(實相性品)이다. 그러므로, ①불성(佛性)의 일체초월(一切超越) 절대성(絕對性)인 절대공성(絕對空性)은, 공성(空性)도 완전(完全)히 끊어졌다. 공성(空性)도 끊어진 그 절대성(絕對性) 성품(性品)이, 불성(佛性)의 일체초월(一切超越) 절대성(絕對性)인 공성실상(空性實相)이다. 그러므로, 불성(佛性)의 공성(空性)은, 공성(空性)도 끊어진 일체초월,절대성(一切超越,絕對性)이므로, 진여성(眞如性)과 보리성(菩提性)과 열반성(涅槃性)이 차별(差別) 없는, 무연무생일각(無然無生一覺)으로 융통(融通)한다. ②그리고 또, 불성(佛性)의 일체초월(一切超越) 절대성(絕對性)인 진여성(眞如性)은, 진여성(眞如性)도 완전(完全)히 끊어졌다. 진여성(眞如性)도 끊어진 그 절대성(絕對性) 성품(性品)이 곧, 불성(佛性)의 일체초월(一切超越) 절대성(絕對性)인 진여실상(眞如實相)이다. 그러므로, 불성(佛性)의 진여성(眞如性)은, 진여성(眞如性)도 끊어진 일체초월,절대성(一切超越,絕對性)이므로, 공성(空性)과 보리성(菩提性)과 열반성(涅槃性)이 차별(差別) 없는, 무연무생일각(無然無生一覺)으로 융통(融通)한다. ③그리고 또, 불성(佛性)의 일체초월(一切超越) 절대성(絕對性)인 보리성(菩提性)은, 보리성(菩提性)도 완전(完全)히 끊어졌다. 보리성(菩提性)도 끊어진 절대성(絕對性) 그 성품(性品)이 곧, 불성(佛性)의 일체초월(一切超越) 절대성(絕對性)인 보리실상(菩提實相)이다. 그러므로, 불성(佛性)의 일체초월(一切超越) 절대성(絕對性)인 보리성(菩提性)은, 보리성(菩提性)도 끊어진 일체초월,절대성(一切超越,絕對性)이므로, 공성(空性)과 진여성(眞如性)과 열반성(涅槃性)이 차별(差別) 없는, 무연무생일각(無然無生一覺)으로 융통(融通)한다. ④그리고 또, 불성(佛性)의 일체초월(一切超越) 절대성(絕對性) 열반성(涅槃性)은, 열반성(涅槃性)도 완전(完全)히 끊어졌다. 열반성(涅槃性)도 끊어진 일체초월(一切超越) 절대성(絕對性), 그것이 곧, 불성(佛性)의 열반실상(涅槃實相)이다. 그러므로, 불성(佛性)의 일체초월(一切超越) 절대성(絕對性)인 열반성(涅槃性)은, 열반성(涅槃性)도 끊어진 일체초월,절대성(一切超越,絕對性)이므로, 공성(空性)과 진여성(眞如性)과 보리성(菩提性)이 차별(差別) 없는, 무연무생일각(無然無生一覺)으로 융통(融通)한다.

그러므로, 일체초월(一切超越) 불지(佛智)에 증입(證入)하는 그 순간(瞬間) 찰나(刹那)에, 일체증득(一切證得) 유위무위,일체지혜,세계(有爲無爲,一切智慧,世界)가 타파(打破)되어 끊어져, 일체(一切) 깨달음과 일체,차별차원,증득지(一切,差別次元,證得智)와 제불,일체설,지혜세계(諸佛,一切說,智慧世界)가 흔적(痕迹) 없이 끊어져 멸(滅)한다. 그러므로, 일체초월(一切超越) 불지(佛智)에 증입(證入)하는 그 순간(瞬間), 일체(一切) 깨달음과 증득(證得)이, 무명(無明)의 환(幻)이며, 미망(迷妄)이었음을 홀연(忽然)히 깨닫게 된다. 공(空)도 망(妄)이며, 진여(眞如)도 망(妄)이며, 보리(菩提)도 망(妄)이며, 열반(涅槃)도 망(妄)이다. 그러므로, 공(空)도 차별성품,차별지혜(差別性品,差別智慧)이며, 진여(眞如)도 차별성품,차별지혜(差別性品,差別智慧)이며, 보리(菩提)도 차별성품,차별지혜(差別性品,差別智慧)이며, 열반(涅槃)도 차별성품,차별지혜(差別性品,差別智慧)이다. 그러므로, 공성(空性)도 끊어진 일체초월,절대성(一切超越,絕對性)이 불성공성(佛性空性)의 실상(實相)이며, 진여(眞如)도 끊어진 일체초월,절대성(一切超越,絕對性)이 불성진여(佛性眞如)의 실상(實相)이며, 보리(菩提)도 끊어진 일체초월,절대성(一切超越,絕對性)이 불성보리(佛性菩提)의 실상(實相)이며, 열반(涅槃)도 끊어진 일체초월,절대성(一切超越,絕對性)이 불성열반(佛性涅槃)의 실상(實相)이다. 그러므로, 일체초월,절대성(一切超越,絕對性), 그 실상(實相)에는 공성(空性)도 없고, 진여(眞如)도 없고, 보리(菩提)도 없고, 열반(涅槃)도 없다. 그러므로, 일체초월,절대성(一切超越,絕對性)이니, 일체초월,절대성(一切超越,絕對性)에는 공성(空性)도 없고, 진여(眞如)도 없고, 보리(菩提)도 없고, 열반(涅槃)도 없는, 일체초월, 절대성,불성(一切超越,絕對性,佛性)이다.

그러므로 만약(萬若), 공성(空性)이 있다면 일체초월,절대성(一切

超越,絶對性) 불성(佛性)이 아니며, 또한, 진여(眞如)가 있어도, 일체초월,절대성(一切超越,絶對性) 불성(佛性)이 아니며, 또한, 보리(菩提)가 있어도, 일체초월,절대성(一切超越,絶對性) 불성(佛性)이 아니며, 또한, 열반(涅槃)이 있어도, 일체초월,절대성(一切超越,絶對性) 불성(佛性)이 아니다. 그러므로 만약(萬若), 공성(空性)이 있다면 이는, 불성(佛性)이 아니므로, 아직, 일체초월,절대성(一切超越,絶對性)에 이르지 못했다. 또한, 진여(眞如)가 있으면 이는, 불성(佛性)이 아니므로, 아직, 일체초월,절대성(一切超越,絶對性)에 이르지 못했다. 또한, 보리(菩提)가 있어도 이는, 불성(佛性)이 아니므로, 아직, 일체초월,절대성(一切超越,絶對性)에 이르지 못했다. 또한, 열반(涅槃)이 있어도 이는, 불성(佛性)이 아니므로, 아직, 일체초월,절대성(一切超越,絶對性)에 이르지 못했다. 일체초월,절대성(一切超越,絶對性)이란, 공성(空性)도 초월(超越)해 공성(空性)도 끊어졌고, 진여(眞如)도 초월(超越)해 진여(眞如)도 끊어졌고, 보리(菩提)도 초월(超越)해 보리(菩提)도 끊어졌고, 열반(涅槃)도 초월(超越)해 열반(涅槃)도 끊어진, 일체초월,절대성(一切超越,絶對性)이다. 그러므로, 일체초월(一切超越) 불성(佛性)에는 그 어떤 차별성품(差別性品)도 존재(存在)하지 않는다. 왜냐하면, 일체초월성(一切超越性) 불성(佛性)은, 일체초월,절대성(一切超越,絶對性)인 무생결정성(無生結定性)이기 때문이다.

그러므로, 일체초월(一切超越) 불성(佛性)을 모르는 이 일체(一切)가 곧, 일체대(一切對)의 차별상(差別相)과 차별심(差別心)과 차별견(差別見)과 차별지혜(差別智慧) 속에 있음이다. 그러므로 만약(萬若), 일체초월(一切超越) 불지(佛智)에 증입(證入)하지 못했다면, 상(相)이든, 심(心)이든, 견(見)이든, 깨달음이든, 증득(證得)이든, 지혜(智慧)이든, 진여(眞如)이든, 열반(涅槃)이든, 보리(菩提)이든, 성품(性品)이든, 일체(一切)가 대(對) 속에 있다. 그러므로, 일체대(一切對)를 벗어나지 못하므로, 염(染)과 정(淨)이 있고, 망(妄)과 진(眞)이 있으며, 정(定)과 혜(慧)가 있고, 열반(涅槃)과 보리(菩提)가 있으며, 체성(體性)과 용성(用性)이 있고, 중생(衆生)과 불(佛)이 있으며, 상(相)과 공(空)이 있고, 시각(始覺)과 본각(本覺) 등(等)이 있다. 이 일체(一切)가, 대(對)의 차별세계(差別世界)인 무명2견,성품세계(無明二見,性品世界)를 벗어나지 못한, 대(對)의 차별성품세계(差別性品世界)이다.

일체대(一切對)의 성품(性品)인 정(定), 혜(慧), 진여(眞如), 열반(涅槃), 보리(菩提), 반야바라밀다(般若波羅密多), 구경열반(究竟涅槃), 아녹다라삼먁삼보리(阿耨多羅三邈三菩提) 등(等), 이 일체(一切)가 대(對)의 차별성품(差別性品)을 벗어나지 못한 차별성품세계(差別性品世界)이다. 만약, 이것 중, 차별성품(差別性品)을 벗어난 것이 있다고 인식(認識)하거나, 또한, 무명성품세계(無明性品世界)를 벗어난 것이라고 인식(認識)하는 것이 있다면, 그 자체(自體)가 곧, 대(對)의 차별세계(差別世界)의 분별심(分別心)이며, 벗어나야 할, 차별견(差別見)인 법상(法相)이며, 대(對)의 지견상(知見相)이며, 지견상(智見相)이다. 일체,유위무위,유식성품,세계(一切,有爲無爲,唯識性品,世界)를 타파(打破)해 벗어나, 일체초월(一切超越) 불지(佛智)에 증입(證入)하면, 일체대(一切對)가 끊어져 멸(滅)해, 제불보살(諸佛菩薩)의 일체지혜설(一切

智慧說)이, 흔적(痕迹) 없이 끊어져 멸(滅)한다. 그러므로, 일체대(一切對)를 벗어난 일체초월, 절대성(一切超越, 絕對性)에 증입(證入)하게 된다. 제불(諸佛)의 일체지혜설(一切智慧說)이 곧, 여래(如來)의 비밀장(秘密藏) 대비심(大悲心)인 선교방편문(善巧方便門)이다.

그러므로, 정(定)에 들면 정(定)이 없다. 그것이 정(定)의 실상(實相)이며, 그것이 곧, 정(定)의 성품이다. 만약(萬若), 정(定)이 있으면, 아직 일체초월, 절대성(一切超越, 絕對性) 정(定)이 아니다. 왜냐하면, 정(定)은 상(相)이 아니니, 있다 하는 그 분별(分別), 그리고 아(我), 그리고 그 견(見), 그것이 없으므로, 일러 정(定)이라 한다. 왜냐하면, 절대성(絕對性) 정(定)의 성품(性品)은, 생(生)이 없기 때문이다. 만약(萬若) 아직, 여기에 이르지 못했다면, 여래(如來)가 설(說)한 일체초월, 절대성(一切超越, 絕對性) 정(定)의 성품(性品), 일체초월(一切超越) 불성(佛性)을 아직, 깨닫지 못했음이다.

혜(慧)에 들면 혜(慧)가 없다. 그것이 혜(慧)의 실상(實相)이며, 그것이 곧, 혜(慧)의 성품(性品)이다. 만약(萬若), 혜(慧)가 있으면, 아직, 일체초월, 절대성(一切超越, 絕對性) 혜(慧)가 아니다. 왜냐하면, 혜(慧)는 상(相)이 아니니, 있다 하는 분별(分別), 그리고 아(我), 그리고 그 견(見), 그것이 없으므로, 일러 혜(慧)라고 한다. 왜냐하면, 혜(慧)의 성품(性品)은, 주(住)가 없기 때문이다. 만약(萬若) 아직, 여기에 이르지 못했다면, 여래(如來)가 설(說)한 일체초월, 절대성(一切超越, 絕對性) 혜(慧)의 성품(性品), 일체초월(一切超越) 불성(佛性)을 아직, 깨닫지 못했음이다.

진여(眞如)에 들면 진여(眞如)가 없다. 그것이 진여(眞如)의 실상(實相)이며, 그것이 곧, 진여(眞如)의 성품(性品)이다. 만약(萬若), 진여(眞如)가 있으면, 아직, 일체초월.절대성(一切超越.絶對性) 진여(眞如)가 아니다. 왜냐하면, 진여(眞如)는 상(相)이 아니니, 있다 하는 그 분별(分別), 그리고 아(我), 그리고 그 견(見), 그것이 없으므로, 일러 진여(眞如)라고 한다. 왜냐하면, 진여(眞如)의 성품(性品)은, 염(染)이 없기 때문이다. 만약(萬若) 아직, 여기에 이르지 못했다면, 여래(如來)가 설(說)한 일체초월.절대성(一切超越.絶對性) 진여(眞如)의 성품(性品), 일체초월(一切超越) 불성(佛性)을 아직, 깨닫지 못했음이다.

열반(涅槃)에 들면 열반(涅槃)이 없다. 그것이 열반(涅槃)의 실상(實相)이며, 그것이 곧, 열반(涅槃)의 성품(性品)이다. 만약(萬若), 열반(涅槃)이 있으면, 아직, 일체초월.절대성(一切超越.絶對性) 열반(涅槃)이 아니다. 왜냐하면, 열반(涅槃)은 상(相)이 아니니, 있다 하는 그 분별(分別), 그리고 아(我), 그리고 그 견(見), 그것이 없으므로, 일러 열반(涅槃)이라고 한다. 왜냐하면, 열반(涅槃)의 성품(性品)은, 동(動)이 없기 때문이다. 만약(萬若) 아직, 여기에 이르지 못했다면, 여래(如來)가 설(說)한 일체초월.절대성(一切超越.絶對性) 열반(涅槃)의 성품(性品), 불성(佛性)을 아직, 깨닫지 못했음이다.

보리(菩提)에 들면 보리(菩提)가 없다. 그것이 보리(菩提)의 실상(實

相)이며, 그것이 곧, 보리(菩提)의 성품(性品)이다. 만약(萬若), 보리(菩提)가 있으면, 아직, 일체초월,절대성(一切超越,絶對性) 보리(菩提)가 아니다. 왜냐하면, 보리(菩提)는 상(相)이 아니니, 있다 하는 그 분별(分別), 그리고 아(我), 그리고 그 견(見), 그것이 없으므로, 일러 보리(菩提)라고 한다. 왜냐하면, 보리(菩提)의 성품(性品)은, 장애(障礙) 없는 원융(圓融)이기 때문이다. 만약(萬若) 아직, 여기에 이르지 못했다면, 여래(如來)가 설(說)한 일체초월,절대성(一切超越,絶對性) 보리(菩提)의 성품(性品), 일체초월(一切超越) 불성(佛性)을 아직, 깨닫지 못했음이다.

반야바라밀다(般若波羅密多)에 들면 반야바라밀다(般若波羅密多)가 없다. 그것이 반야바라밀다(般若波羅密多)의 실상(實相)이며, 그것이 곧, 반야바라밀다(般若波羅密多)의 성품(性品)이다. 만약(萬若), 반야바라밀다(般若波羅密多)가 있으면, 아직, 일체초월,절대성(一切超越,絶對性) 반야바라밀다(般若波羅密多)가 아니다. 왜냐하면, 반야바라밀다(般若波羅密多)는 상(相)이 아니니, 있다 하는 그 분별(分別), 그리고 아(我), 그리고 그 견(見), 그것이 없으므로, 일러 반야바라밀다(般若波羅密多)라고 한다. 왜냐하면, 반야바라밀다(般若波羅密多)의 성품(性品)은, 상(相)이 없기 때문이다. 만약(萬若) 아직, 여기에 이르지 못했다면, 여래(如來)가 설(說)한 일체초월,절대성(一切超越,絶對性) 반야(般若)의 성품(性品), 일체초월(一切超越) 불성(佛性)을 아직, 깨닫지 못했음이다.

구경열반(究竟涅槃)에 들면 구경열반(究竟涅槃)이 없다. 그것이 구경열반(究竟涅槃)의 실상(實相)이며, 그것이 곧, 구경열반(究竟涅槃)의 성품(性品)이다. 만약(萬若), 구경열반(究竟涅槃)이 있으면, 아직, 일체초월,절대성(一切超越,絶對性) 구경열반(究竟涅槃)이 아니다. 왜냐하면, 구경열반(究竟涅槃)은 상(相)이 아니니, 있다 하는 그 분별(分別), 그리고 아(我), 그리고 그 견(見), 그것이 없으므로, 일러 구경열반(究竟涅槃)이라 한다. 왜냐하면, 구경열반(究竟涅槃)의 성품(性品)은, 아(我), 상(相), 견(見)이 없기 때문이다. 만약(萬若) 아직, 여기에 이르지 못했다면, 여래(如來)가 설(說)한 일체초월,절대성(一切超越,絶對性) 구경열반(究竟涅槃)의 성품(性品), 일체초월(一切超越) 불성(佛性)을 아직, 깨닫지 못했음이다.

아뇩다라삼먁삼보리(阿耨多羅三邈三菩提)에 들면 아뇩다라삼먁삼보리(阿耨多羅三邈三菩提)가 없다. 그것이 아뇩다라삼먁삼보리(阿耨多羅三邈三菩提)의 실상(實相)이며, 그것이 곧, 아뇩다라삼먁삼보리(阿耨多羅三邈三菩提)의 성품(性品)이다. 만약(萬若), 아뇩다라삼먁삼보리(阿耨多羅三邈三菩提)가 있으면, 아직, 일체초월,절대성(一切超越,絶對性) 아뇩다라삼먁삼보리(阿耨多羅三邈三菩提)가 아니다. 왜냐하면, 아뇩다라삼먁삼보리(阿耨多羅三邈三菩提)는 상(相)이 아니니, 있다 하는 그 분별(分別), 그리고 아(我), 그리고 그 견(見), 그것이 없으므로, 일러 아뇩다라삼먁삼보리(阿耨多羅三邈三菩提)라 한다. 왜냐하면, 아뇩다라삼먁삼보리(阿耨多羅三邈三菩提)의 성품(性品)은, 대(對)가 없기 때문이다. 만약(萬若) 아직, 여기에 이르지 못했다면,

여래(如來)가 설(說)한 일체초월, 절대성(一切超越, 絶對性) 아뇩다라삼
먁삼보리(阿耨多羅三邈三菩提)의 성품(性品), 일체초월(一切超越) 불성
(佛性)을 아직, 깨닫지 못했음이다.

그러므로, 무엇을 증득(證得)하려 하고, 증입(證入)할 곳이 있거
나, 또한, 무엇을 증득(證得)했고, 증입(證入)했으면, 아직, 대(對)의
차별상(差別相)인 분별견(分別見)을 벗어나지 못했음이다. 그러므로,
아직, 분별심(分別心)인 아(我)가 멸(滅)하지 않고 있어, 아직, 일체
대(一切對)의 차별견(差別見)을 벗어나지 못한, 차별심(差別心) 속에
있음이다. 그러므로 아직, 일체초월, 절대성(一切超越, 絶對性) 정(定)
도 아니며, 혜(慧)도 아니며, 진여(眞如)도 아니며, 열반(涅槃)도 아
니며, 보리(菩提)도 아니며, 반야바라밀다(般若波羅密多)도 아니며,
구경열반(究竟涅槃)도 아니며, 아뇩다라삼먁삼보리(阿耨多羅三邈三菩
提)도 아니다.

그러므로 만약(萬若), 공성(空性)을 증득(證得)하였어도 그것은, 일
체초월, 절대성(一切超越, 絶對性) 불성(佛性)이 아니며, 만약(萬若), 진
여(眞如)를 증득(證得)하였어도 그것은, 일체초월, 절대성(一切超越,
絶對性) 불성(佛性)이 아니며, 만약(萬若), 보리(菩提)를 증득(證得)하
였어도 그것은, 일체초월, 절대성(一切超越, 絶對性) 불성(佛性)이 아니
며, 또한, 열반(涅槃)을 증득(證得)하였어도 그것은, 일체초월, 절대
성(一切超越, 絶對性) 불성(佛性)이 아니다. 그러므로, 불성(佛性)은 일
체초월(一切超越) 절대성(絶對性) 무상평등성(無上平等性)이며, 일체

초월(一切超越) 절대성(絕對性) 무상평등각(無上平等覺)이다. 그러므로, 대승유식론(大乘唯識論)의 제8식(第八識) 성품(性品)의 염분(染分)과 정분(淨分)이 둘[二] 다 망(妄)이며, 또한, 대승기신론(大乘起信論)의 일심2문(一心二門)인 심생멸문(心生滅門)과 심진여문(心眞如門)이 둘[二] 다 망(妄)이다. 공성(空性)도, 진여(眞如)도, 보리(菩提)도, 열반(涅槃)도 끊어져 멸(滅)한 일체초월,절대성(一切超越,絕對性)에는, 성품(性品)의 염분(染分)도, 정분(淨分)도 끊어져 없고, 일심2문(一心二門)인 심생멸문(心生滅門)도 심진여문(心眞如門)도 끊어졌다. 이 염분(染分)과 정분(淨分), 또한, 심생멸문(心生滅門)과 심진여문(心眞如門)도 초월(超越)한 무생무연절대성(無生無然絕對性)이 곧, 일체초월,절대성(一切超越,絕對性) 불성(佛性)이다. 이는 곧, 여래장,무생공능,총지성(如來藏,無生功能,總持性)인 여래,무생초월,결정성(如來,無生超越,結定性)이며, 여래,무생초월,결정각(如來,無生超越,結定覺)이며, 본연,무생무연중,절대성(本然,無生無然中,絕對性)이다.

일체초월,절대성(一切超越,絕對性), 본래(本來) 본성(本性)에는, 성품(性品)의 염분(染分)도, 정분(淨分)도 없어, 본성(本性)이라고 하며, 본래(本來), 일체초월,절대성(一切超越,絕對性)에는, 일심2문(一心二門)인 심생멸문(心生滅門)도, 심진여문(心眞如門)도 끊어져 없어, 무명미혹(無明迷惑)의 일체중생(一切衆生)도 알 수가 없고, 무위지혜(無爲智慧) 일체보살(一切菩薩)도 알 수가 없어, 일체(一切)가 끊어져, 일체초월,절대성(一切超越,絕對性)이라 한다. 이는, 오직, 일체중생(一切衆生)의 견(見)과 지(智)도 끊어졌고, 또한, 일체보살(一切菩薩)

의 견(見)과 지(智)도 끊어졌으므로, 유위지견, 일체중생(有爲知見, 一切衆生)과 무위지견, 일체보살(無爲智見, 一切菩薩)도 볼 수도 없고, 알 수도 없다. 그러므로, 이는 오직, 일체초월(一切超越) 불지(佛智)에 증입(證入)한 여래(如來)만이 알고, 여래(如來)만이 볼 수가 있으므로, 이 일체초월, 절대성(一切超越, 絕對性)을 일컬어, 불(佛)의 성품(性品)인 불성(佛性)이라고 한다.

일체초월(一切超越) 불성(佛性)이란 곧, 본성(本性)이다. 그러므로, 일체초월(一切超越) 불성(佛性)에는, 중생(衆生)과 보살(菩薩)과 불(佛)이 차별(差別)이 없다. 그러나 불성(佛性)은, 일체초월성(一切超越性)이므로, 일체초월성(一切超越性)에 증입(證入)하지 못한 중생(衆生)은, 상견상심(相見相心)을 초월(超越)하지 못해, 일체초월성(一切超越性)을 보지도 못하고, 알지도 못한다. 그리고 또한, 보살(菩薩)은, 깨달음과 증득(證得)의 무위지혜견(無爲智慧見)를 초월(超越)하지 못해, 일체초월성(一切超越性)을 보지도 못하고, 알지도 못한다. 일체초월(一切超越) 불(佛)은, 일체상(一切相)을 초월(超越)했고, 일체지(一切智)도 초월(超越)했으므로, 일체초월성(一切超越性) 불성(佛性)을 여실(如實)히 보고, 여실(如實)히 앎으로, 일체초월(一切超越) 불성지혜(佛性智慧)이니, 일체초월(一切超越) 불지(佛智)라고 한다. 그러므로, 이 성품(性品)은, 중생(衆生)의 본성(本性)이며, 보살(菩薩)의 본성(本性)이어도, 중생성(衆生性)이라 하지도 않고, 보살성(菩薩性)이라고도 하지 않는다. 일체초월(一切超越) 불성(佛性)은, 중생상심(衆生相心)의 성품(性品)이 아니므로, 중생(衆生)이 보지도 못하고, 알지도 못하기에, 중생(衆生)은 이 성품(性品)이 있음을 모른다. 그리고 또한, 일체초월(一切超越) 불성(佛性)은, 보살무위심(菩薩無爲心)의 성품(性品)이 아니므로, 보살지혜(菩薩智慧)이어도 보지도 못하고, 알지도 못하기에, 보살(菩薩)도 이 성품(性品)의 실상(實相)을 명확(明確)히 모른다.

그러므로, 이 성품(性品)은, 오직, 일체초월(一切超越) 불(佛)만이 여실(如實)히 보고, 일체초월(一切超越) 불(佛)만이 여실(如實)히 앎으로, 일체초월(一切超越) 불성(佛性)이라고 한다. 이 성품(性品)은, 일체초월성(一切超越性)이므로, 유무(有無)의 취사심(取捨心)이 있는 중생(衆生)이나, 증득(證得)의 취사심(取捨心)이 있는 보살(菩薩)은 알 수가 없다. 그리고, 취사(取捨)의 법(法)인, 성품(性品)의 염(染)과 정(淨), 망(妄)과 진(眞), 그리고, 일심2문(一心二門)인 심생멸문(心生滅門)과 심진여문(心眞如門), 이 취사법(取捨法)은, 진여(眞如), 보리(菩提), 열반(涅槃)을 구(求)하는 미망법(迷妄法)이다. 이 일체(一切)를 초월(超越)하면, 구(求)하려한 진여(眞如), 보리(菩提), 열반(涅槃)이, 본래(本來) 자기(自己)의 성품(性品)이니, 자기(自己)가 자기(自己)를 구(求)하려 함이, 망(妄)임을 확연(確然)히 깊이 깨달으면, 일초직입여래지(一超直入如來地)의 뜻[義]을 명확(明確)히 바로 보는, 지혜정안(智慧正眼)이 열리게 된다.

일초직입여래지(一超直入如來地)의 일초(一超)의 일(一)은 곧, 일즉망(一卽妄)이니, 깨달기를 갈망(渴望)함이 곧, 일(一)인 망(妄)이며, 증득(證得)하려는 취사심(取捨心)이 곧, 일(一)인 망(妄)이다. 곧 이를 초월(超越)하면, 곧, 여래지(如來地)임을 일컬음이다. 그 까닭[緣由]은, 취사(取捨)와 심생(心生)이 곧, 여의어야 할 망(妄)이기 때문이다. 만약(萬若), 일(一)을 여의지 않으면, 여래지(如來地)가 무엇인지를 모른다. 왜냐하면, 일(一)을 여의지 않았기 때문이다. 이[是] 일(一) 없음이 여래지(如來地)이니, 여래지(如來地) 밖에서 일(一)을 인식(認識)하지 말고, 여래지(如來地)가 곧, 자성(自性)이며, 망(妄) 즉(卽) 일(一)이니, 성품(性品)에는, 일체망(一切妄)이 끊어졌기 때문이다.

대승유식론,제식체계(大乘唯識論,諸識體系)에서, 성품(性品)의 논리(論理)와 성품(性品)의 실제(實際)가 서로 다른, 모순(矛盾)의 부분(部分)이 있다. 제식체계(諸識體系)를 8종식(八種識)으로 분류(分類)하여, 제8식(第八識)을 아뢰야식(阿賴耶識)인 함장식(含藏識)으로 규정(規定)하며, 이 제8식(第八識), 함장식(含藏識)을 타파(打破)하면, 제8식(第八識) 함장식(含藏識)의 전변지혜(轉變智慧)가 대원경지(大圓鏡智)라고 한다. 그러나, 이 또한, 사실(事實)은 그렇지가 않다. 실제(實際), 제식(諸識)의 타파(打破)로, 제식,전변지혜,성품세계(諸識,轉變智慧,性品世界)에 증입(證入)하면, 이 제식체계(諸識體系)를 8종식(八種識)으로 분류(分類)한 유식성품체계(唯識性品體系)가, 제식성품실제(諸識性品實際)와 달라, 지견오류(知見誤謬)가 있어, 옳지 않음을 깨닫게 된다.

대승유식론(大乘唯識論)의 제8식(第八識) 함장식(含藏識)을 전변(轉變)하면, 대원경지(大圓鏡智)라고 한다. 그러나 이는, 이에 대한 실증지혜(實證智慧)가 없는 지견오류(知見誤謬)이므로, 실제(實際) 사실(事實)은 그렇지가 않다. 제8식(第八識)은, 제7식(第七識) 전개(展開)의 다음 식(識)이다. 대승유식론(大乘唯識論)에서는 능소출입식(能所出入識)이 있음을 인지(認知)하지 못해, 능소출입식(能所出入識)을 빠뜨리고, 제8식(第八識)을 함장식(含藏識)이라고 규정(規定)하였다. 그러므로, 대승유식론(大乘唯識論)의 제8식(第八識)에는, 대승유식론사(大乘唯識論師)들이 빠뜨린 능소출입식(能所出入識)과 함장식(含藏識)이 함께 있다. 왜냐하면, 대승유식론(大乘唯識論)에서, 제7식(第七識)의 전개순위(展開順位)의 다음 식(識)이 능소출입식(能所出入識)이어도, 대승유식론사(大乘唯識論師)들이 이를 알지 못해 빠뜨려, 제8식(第八識)을 함장식(含藏識)으로 규정(規定)하였어도, 실제(實際) 제식전개작용(諸識展開作用)에는 능소출입식(能所出入識)이 빠지거나 제거(除去)되지 않으므로, 제식전개작용(諸識展開作用)을 하기 때문이다.

그러므로, 대승유식론(大乘唯識論)에서 제8식(第八識)을 함장식(含藏識)으로 규정(規定)하였어도, 빠뜨린 능소출입식(能所出入識)이 그대로 제식전개섭리(諸識展開攝理)에 따라 작용(作用)함으로, 사실(事實) 대승유식론(大乘唯識論)의 제8식(第八識)에는, 빠뜨린 능소출입식(能所出入識)과 함장식(含藏識)이 함께 있는, 결과(結果)를 초래(招來)하게 되었다. 그리고, 대승유식론(大乘唯識論)에서 제8식(第八識) 함장식(含藏識)의 전변지혜(轉變智慧)를 대원경지(大圓鏡智)라고 하였어도, 이는, 이에 대한 실증지혜(實證智慧)가 없는 지혜미완(智慧未完)의 지견오류(知見誤謬)일 뿐, 사실(事實)이 아니다. 대승유식론(大乘

唯識論)의 제8식(第八識) 중에 함께 있는, 능소출입식(能所出入識)이 타파(打破)되면, 쌍차쌍조, 원융각명, 지혜성품(雙遮雙照, 圓融覺明, 智慧性品)인 대원경지(大圓鏡智)에 증입(證入)하게 된다. 왜냐하면, 능소(能所)가 끊어지므로, 능소(能所) 없는 쌍차쌍조행(雙遮雙照行)인, 원융각명지(圓融覺明智)가 열리기 때문이다.

그리고, 만약(萬若), 제8식(第八識) 중, 함장식(含藏識)이 타파(打破)되면, 대원경지(大圓鏡智)까지 타파(打破)해 벗어난 지혜성품(智慧性品)인, 심부동, 대열반성지(心不動, 大涅槃性智)에 증입(證入)하게 된다. 그리고, 능소출입식(能所出入識)이 끊어져 멸(滅)한 대원경지(大圓鏡智)에 들어도 일불승(一佛乘)일 뿐, 불지(佛智)가 아니며, 또한, 함장식(含藏識)이 끊어져 멸(滅)한 심부동, 대열반성지(心不動, 大涅槃性智)에 들어도, 불승(佛乘)일 뿐, 불지(佛智)가 아니다. 제식전변지혜(諸識轉變智慧)의 실증지혜(實證智慧)가 없으면, 능소출입식(能所出入識)이 끊어져 멸(滅)한 대원경지(大圓鏡智)나, 또는, 함장식(含藏識)이 끊어져 멸(滅)한 심부동, 대열반성지(心不動, 大涅槃性智)에 들면, 불지(佛智)라고 인식(認識)할 수가 있다. 제식, 전변지혜(諸識, 轉變智慧)를 모두 타파(打破)해 일체초월(一切超越) 불지(佛智)에 들면, 대원경지(大圓鏡智)도, 전변지혜(轉變智慧)인 보살, 무위지혜, 원융성품(菩薩, 無爲智慧, 圓融性品)의 대원경지(大圓鏡智)가 있으며, 제식, 전변지혜(諸識, 轉變智慧)가 아닌, 불성(佛性)의 일체초월(一切超越) 대원경지(大圓鏡智)가 있음을 깨닫게 된다. 제식, 전변지혜(諸識, 轉變智慧)인 일체증득지혜(一切證得智慧)로는, 일체초월(一切超越) 불지(佛智)가 아닌,

무위보살지혜성품(無爲菩薩智慧性品)에 들며, 그리고, 제식,전변지혜(諸識,轉變智慧)인 일체,증득지혜(一切,證得智慧)까지 모두 타파(打破)해 벗어나야, 비로소 일체초월(一切超越) 불지(佛智)에 증입(證入)하게 된다.

대승유식론(大乘唯識論)에서는, 능소출입식(能所出入識)을 빠뜨리고, 제8식(第八識)을 함장식(含藏識)이라고 하였어도, 이는, 제식체계(諸識體系)에 대한 실증지혜(實證智慧)가 없어, 지견오류(知見誤謬)를 범(犯)하여, 사실(事實), 대승유식론(大乘唯識論)의 제8식(第八識) 속에는, 빠뜨린 능소출입식(能所出入識)과 함장식(含藏識)이 함께 있는 중첩식(重疊識)이 되었다. 그리고, 대승유식론(大乘唯識論)의 제8식(第八識)을 규정(規定)함에, 제8식(第八識)의 염분(染分)을 함장식(含藏識)으로 규정(規定)하고, 또한, 제8식(第八識)의 정분(淨分)을 본성(本性)으로 규정(規定)함으로, 실제(實際) 제8식(第八識)에는, 대승유식론,제식체계(大乘唯識論,諸識體系)의 성립본의(成立本意)와 달리, 제8식(第八識)에는, 능소출입식(能所出入識)과 함장식(含藏識)과 본성(本性)이 함께 있는 결과(結果)의 중첩복합식(重疊複合識)이 되었다.

대승유식론(大乘唯識論)의 제8식(第八識) 중, 왜?, 능소출입식(能所出入識)이 타파(打破)되면, 대원경지(大圓鏡智)인 까닭[緣由]은, 능소출입식(能所出入識)이 타파(打破)됨으로, 능소(能所)가 끊어져 멸(滅)해, 능소(能所) 없는, 쌍차쌍조,원융각명,지혜성품(雙遮雙照,圓融覺明,智慧性品)에 증입(證入)하기 때문이다. 대원경지(大圓鏡智)란, 능소출입식(能所出入識)이 끊어져 멸(滅)함으로, 쌍차쌍조, 원융각명, 지혜작용(雙遮雙照,圓融覺明,智慧作用)인, 대원경지(大圓鏡智)에 증입(證入)하게 된다. 그러면, 대승유식론(大乘唯識論)의 제8식(第八識)에는, 능소출입식(能所出入識)과 함장식(含藏識)의 성품(性品)이 같이 있어도, 제8식(第八識)을 함장식(含藏識)으로 규정(規定)한 까닭[緣由]은, 제식체계(諸識體系)에 대한 실증지혜(實證智慧)가 없었기 때문에, 대승유식론사(大乘唯識論師)들은, 능소출입식(能所出入識)의 존재(存在)를 인지(認知)하지 못해, 능소출입식(能所出入識)을 빠뜨렸기 때문이다. 능소출입식(能所出入識)은, 제7식(第七識)보다 더 깊은, 심층식(深層識)이므로, 제7식(第七識) 자아의식(自我意識)으로는 알 수도 없는 무의식계(無意識界)이기에, 대승유식론사(大乘唯識論師)들은, 이에 대한 실증지혜(實證智慧)가 없어, 능소출입식(能所出入識)이 있음을 인지(認知)하지 못했으며, 또한, 제식체계(諸識體系)에 대한 실증지혜(實證智慧)가 없어, 제7식(第七識) 자아의식(自我意識) 다음, 제8식(第八識)이, 능소출입식(能所出入識)임을 인지(認知)하지 못했기 때문이다. 그러므로, 대승유식론(大乘唯識論)에는, 능소출입식(能所出入識)에 대해, 언급(言及)함이 없다.

그리고, 대승유식론(大乘唯識論)에서, 제8식(第八識)을 함장식(含藏識)이라고 규정(規定)하게 된 것에는, 아뢰야식(阿賴耶識)인 함장식(含藏識)은, 3세업(三世業)의 정보(情報)를 저장(貯藏)한 함장식(含藏識)이므로, 유식론리적(唯識論理的) 식견지혜(識見智慧)로도, 유식체계(唯識體系)에 3세정보(三世情報)를 저장(貯藏)한 아뢰야식(阿賴耶識)인 함장식(含藏識)이, 중생제식전개체계(衆生諸識展開體系)에 최종식(最終識)임을 능(能)히, 유추(類推)할 수가 있기 때문이다. 그러므로, 대승유식론(大乘唯識論)에서는 제식체계(諸識體系)에 대한 실증지혜(實證智慧)가 없어, 능소출입식(能所出入識)이 있음을 깨닫지 못해, 대승유식론,제식체계(大乘唯識論,諸識體系)에서는, 능소출입식(能所出入識)을 빠뜨린 것이다. 그러므로, 대승유식론(大乘唯識論)에는 제식종분류(諸識種分類)에 제8식(第八識)을, 유식체계,전개사유,론리체계상(唯識體係,展開思惟,論理體系上) 제8식(第八識)이 최종식(最終識)이므로, 제8식(第八識)을 함장식(含藏識)으로 규정(規定)하여, 대승유식론(大乘唯識論)의 제식체계(諸識體系)가, 8종식체계(八種識體系)가 되었다. 대승유식론(大乘唯識論)에는 제8식(第八識)이 최종식(最終識)이므로, 제8식(第八識)이 당연(當然)히, 3세업력(三世業力)을 저장(貯藏)해 있는 함장식(含藏識)이 제식체계섭리(諸識體系攝理)임을 인식(認識)해, 제8식(第八識)을 함장식(含藏識)으로 규정(規定)한 것이다.

대승유식론(大乘唯識論)에서는, 제7식(第七識) 자아의식(自我意識) 다음 식(識)인, 능소출입식(能所出入識)의 존재(存在)를 인지(認知)하지 못해, 능소출입식(能所出入識)을 빠뜨리고, 제8식(第八識)을 함장식(含藏識)으로 규정(規定)하였다. 그러므로, 대승유식론(大乘唯識論)의 제식체계(諸識體系)에는, 능소출입식(能所出入識)이 빠졌어도, 실제작용,제식전개체계(實際作用,諸識展開體系)에는, 어느 한 식(識)이라도 없어지거나, 제거(除去)되지 않는다. 그러므로, 대승유식론(大乘唯識論)의 제8식(第八識)을 함장식(含藏識)이라 규정(規定)하였어도,

실제(實際) 사실(事實)은, 능소출입식(能所出入識)이 제거(除去)되지 않고 작용(作用)함으로, 대승유식론(大乘唯識論)의 제8식(第八識)에는, 능소출입식(能所出入識)과 함장식(含藏識)이 함께 있는 상태(狀態)로, 유식체계(唯識體系)가 정립(定立)된 것이다. 그리고 또한, 대승유식론(大乘唯識論)에서는, 제8식(第八識)을 함장식(含藏識)이라 하며, 함장식(含藏識)의 전변지혜(轉變智慧)가 대원경지(大圓鏡智)라고 하였어도, 이는, 실제(實際), 함장식(含藏識)의 전변지혜(轉變智慧)가 아닌, 능소출입식(能所出入識)의 전변지혜(轉變智慧)이다. 대승유식론(大乘唯識論)의 제8식(第八識) 함장식(含藏識)의 전변지혜(轉變智慧)가 대원경지(大圓鏡智)라고 규정(規定)한 것은, 제식전변,지혜세계(諸識轉變,智慧世界)에 대한 실증지혜(實證智慧)가 없었기 때문이다.

그리고, 대승유식론(大乘唯識論)에는, 제8식(第八識)이 최종식(最終識)이므로, 함장식(含藏識)을 제8식(第八識)의 염분(染分)으로, 또한, 본성(本性)을 제8식(第八識)의 정분(淨分)으로 규정(規定)하여, 제8식(第八識)에는, 함장식(含藏識)과 본성(本性)의 두[二] 성품(性品)이 있는 것으로 설정규정(設定規定)함으로, 대승유식론(大乘唯識論)의 제8식(第八識)에는, 사실(事實), 능소출입식(能所出入識)이 함께 있어, 논리체계(論理體系)가 더욱 복잡(複雜)하고 혼란(混亂)한 중첩복합식(重疊複合識)이 되었다. 이러한 사실(事實)을 모르는, 대승유식론사(大乘唯識論師)들은, 제8식(第八識)을 함장식(含藏識)으로 규정(規定)하였어도, 대승유식론사(大乘唯識論師)들은, 아직, 이에 대한 오류(誤謬)를, 명확(明確)히 지혜점검(智慧點檢)할, 실증지혜(實證智慧)가 없었으므로, 본의(本意)아니게, 제8식(第八識)에 혼재(混在)되어 있는 여러 차별성품특성(差別性品特性)과 중첩복합성품개념(重疊複合性品概念)이 명확(明確)히 정립(正立)되지 않고 있다는 사실(事實)을, 대승유식론(大乘唯識論)에서는 명확(明確)히 깨닫지 못하고 있다. 그것은, 이에 대해 지혜점검(智慧點檢)할 실증지혜(實證智慧)가 없기 때문이다. 이를, 지혜점검(智慧點檢)하려면, 능소출입식(能所出入識)과 그리고, 함장식(含藏識)과 그리고, 능소출입식(能所出入識)의 전변지혜(轉變智慧)인 대원경지(大圓鏡智)와 함장식(含藏識)의 전변지혜(轉變智慧)인 심부동,대열반성지(心不動,大涅槃性智)와 그리고, 일체초월(一切超越) 본성(本性)의 성품특성(性品特性)에 대해, 명확(明確)히 지혜점검(智慧點檢)할 실증지혜(實證智慧)가 있어야 한다. 이는 곧, 일체초월(一切超越) 불지(佛智)에 증입(證入)하지 않으면, 이에 대한 지혜점검(智慧點檢)이 불가능(不可能)하다.

대승유식론(大乘唯識論)에서, 제식,전개순위,식종체계(諸識,展開順位,識種體系)를 성립(成立)함에 있어서, 제식전개,구성체계(諸識展開,構成體系)에, 아뢰야식(阿賴耶識)인 함장식(含藏識)이, 능소출입식(能所出入識)보다 자연스레 먼저 설정(設定)하게 된 것에는, 3세인과(三世因果)와 3세윤회,유식체계(三世輪廻,唯識體系)의 긍정적(肯定的) 유식체계사고(唯識體係思考)로는, 3세인과(三世因果)와 3세윤회,유식전개(三世輪廻,唯識展開)가 끊임없는 유식체계(唯識體係)가 되어야 함으로, 그러기 위해서는, 3세업(三世業)의 인과(因果)의 씨앗[因子]을 저장(貯藏)하는, 아뢰야식(阿賴耶識)인 함장식(含藏識)이 먼저, 전제(前

提)되어야 함은, 너무나 당연(當然)한, 유식기본사고(唯識基本思考)이기 때문이다.

　그러므로, 3세업(三世業)을 저장(貯藏)하는 함장식(含藏識)을, 대승유식론,제식체계(大乘唯識論,諸識體系)의 설정(設定)과 성립(成立)에 있어서, 당연(當然)히 무엇보다, 우선(于先)하여 설정(設定)하고, 건립(建立)하는 것은, 당연(當然)한 당위성(當爲性)이며, 또한, 유식론리적(唯識論理的) 기본체계성립(基本體系成立)의 상식적(常識的)인 기본사고(基本思考)이다. 그러므로, 3세인과(三世因果)와 3세윤회유식(三世輪廻唯識)의 체계성립(體系成立)에 있어서, 제식기본체계적(諸識基本體系的)인 사고(思考)로는, 능소출입식(能所出入識)은, 아예 인지(認知)하지 못했어도, 아뢰야식(阿賴耶識)인 함장식(含藏識)을 기본(基本)으로 한 유식체계(唯識體系)를 우선(于先) 설정건립(設定建立)하고, 규정(規定)하며, 성립(成立)하기 마련이다.

　그리고, 제8식(第八識) 함장식(含藏識)은, 중생(衆生)의 무명식(無明識)이므로, 3세윤회(三世輪廻)와 생사(生死)에 증입(證入)하게 하는 오염식(汚染識)이다. 대승유식체계(大乘唯識體系)에서는 제8식(第八識)이 최종식(最終識)이므로, 최종식(最終識)을 함장식(含藏識)으로 정의(定義)하고 규정(規定)하였다. 그러므로, 무명성품(無明性品)인 함장식(含藏識)이어도, 본성(本性)을 벗어나 따로, 존재(存在)하는 것이 아니므로, 제8식(第八識)을 최종식(最終識)인 함장식(含藏識)으로 규정(規定)하되, 함장식(含藏識)을 제8식(第八識)의 염분성품(染分性品)

으로 설정(設定)하고, 그리고 또한, 본성(本性)을 제8식(第八識) 정분성품(淨分性品)으로 설정(設定)하여, 제8식(第八識)인 최종식(最終識)에 함장식(含藏識)과 더불어, 본성(本性)이 함께 있는 것으로 설정규정(設定規定)함으로써, 대승유식론(大乘唯識論)의 제식체계(諸識體系)가, 총체적(總體的)으로 제식종(諸識種)이 빠짐이 없는, 제식성품(諸識性品)이 모두 다 갖추어진, 대승유식론(大乘唯識論)의 완전(完全)한 제식체계(諸識體系)임을 확정(確定)하는, 최종(最終) 결론(決論)이었을 수도 있다.

그러므로, 대승유식론(大乘唯識論)의 제8식(第八識)이 최종식(最終識)이므로, 대승유식론사(大乘唯識論師)들이, 제8식(第八識)을 함장식(含藏識)이라고 규정(規定)하되, 더불어, 청정본성(淸淨本性)이 정분(淨分)으로 함께 있는, 최종식(最終識)으로 유식체계(唯識體係)를 종결(終決)했을 수가 있다. 최종식(最終識) 제8식(第八識)에, 청정본성(淸淨本性)을 넣어, 함장식(含藏識)과 함께 하는 것은, 일체제식(一切諸識)이 본성(本性)을 벗어나 존재(存在)하는 것이 아니기 때문이다. 그러므로, 최종식(最終識)인 제8식(第八識)의 종결(終決)에, 윤회(輪廻)의 염식(染識)인 함장식(含藏識)을 염분(染分)으로, 그리고, 청정본성(淸淨本性)을 정분(淨分)으로 결정(決定)하여, 모든 식(識)이 빠짐없는 대승유식론(大乘唯識論)의 제식총상체계(諸識總相體系)를 성립(成立)해, 제8식(第八識)을 최종식(最終識)으로, 대승유식론,제식체계(大乘唯識論,諸識體係)를 완결(完決)했을 수가 있다.

그러므로, 대승유식론(大乘唯識論)의 유식체계(唯識體係)에서, 본성(本性)을 따로 분리(分離)하지 않았음은, 제식작용(諸識作用)이, 본성(本性)을 모르는 미망경계(迷妄境界)이어도, 제식(諸識)이 본성(本性)을 벗어나 따로 있지 않으므로, 본성(本性)을 유식체계(唯識體係)에서 식종(識種)을 분리(分離)하거나 따로 두지 않고, 유식체계(唯識體係)의 최종식(最終識)인 제8식(第八識)에다, 함장식(含藏識)을, 제8식(第八識) 성품(性品)의 염분(染分)으로, 그리고 더불어, 본성(本性)을, 제8식(第八識) 성품(性品)의 정분(淨分)으로 하여, 제8식(第八識)에 함장식(含藏識)과 본성(本性)이 함께 있는 유식체계(唯識體係)로, 완결(完決)하였을, 그 가능성(可能性)을 유추(類推)해 본다.

그러므로, 대승유식론체계(大乘唯識論體係)의 제8식(第八識)이, 최종식(最終識)인 함장식(含藏識)이어도, 그 성품(性品)이 근본(根本) 본성(本性)인 청정성품(淸淨性品)을 벗어나 존재(存在)하는 것이 아니다. 그러나 또한, 본성(本性)은, 일체초월,절대성(一切超越,絕對性) 본성(本性)인 불성(佛性)이므로, 무명제식전개체계(無明諸識展開體係)의 순위(順位)인 제8식(第八識) 함장식(含藏識)에 속한 성품(性品)이 아니므로, 중생무명,제식체계(衆生無明,諸識體係)의 최종식(最終識)이며, 함장식(含藏識)인 제8식(第八識)에, 함장식(含藏識)과 청정본성(淸淨本性)을 분리(分離)하지 않고, 제8식(第八識)의 식명(識名)이 함장식(含藏識)이며, 그 제8식(第八識) 속에, 함장식(含藏識)을 염분(染分)으로, 또한, 본성(本性)을 정분(淨分)으로 규정(規定)하여, 제식,차별식종,분류체계(諸識,差別識種,分類體系)에 함장식(含藏識)과 본성(本性)을 함께 묶는 것은, 제식종,분류체계상(諸識種,分類體系上) 비정상적(非正常的)이며, 그리고, 제식종분류,유식기본상식상(諸識種分類,唯識基本常識上) 비상식적(非常識的)이므로, 당연(當然)히 이것은, 모순(矛盾)된 문제점(問題點)이 있다.

그리고, 제8식(第八識)의 염분(染分)은 함장식(含藏識)이며, 그리고, 본성(本性)은 제8식(第八識)의 정분(淨分)으로 규정(規定)하고 정의(定義)하므로, 제8식(第八識)의 정분(淨分)을 여래(如來)의 성품(性品)인 무구식(無垢識)으로 이해(理解)하고, 그렇게 인식(認識)하며 규정(規定)한, 대승유식론사(大乘唯識論師)들의 인식사례(認識事例)가 있다. 이는, 진제삼장(眞諦三藏)스님과 원측(圓測)스님의 사례(事例)이다. 이 두[二] 스님은, 대승유식론(大乘唯識論)의 큰 업적(業績)을 남긴, 유식대가(唯識大家)인 대승유식론사(大乘唯識論師)이다.

대승유식론사(大乘唯識論師)인, 진제삼장(眞諦三藏)과 원측(圓測)스님의 유식론지(唯識論智)를 살펴보면, 진제삼장(眞諦三藏)스님은, 제8식(第八識)의 염분(染分)과 정분(淨分)은 식종(識種)이 다르므로, 염분(染分)과 정분(淨分)을 분리(分離)하여, 염분(染分)을 제8식(第八識)의 성품(性品), 염식(染識) 그대로 두고, 제8식(第八識)의 정분(淨分)은, 청정식(淸淨識)인 아마라식(阿摩羅識)이며, 물듦 없는 성품(性品)인 무구식(無垢識)이므로, 제8식(第八識)에서 분리(分離)하여, 제9식(第九識)으로 규정(規定)하여, 제8식(第八識)의 정분(淨分)의 식종(識種)을, 제9식(第九識)으로, 따로 분리(分離)하여 분류(分類)하였다.

그러나, 약, 100년(百年) 남짓 뒤에 출생(出生)한 대승유식론사(大乘唯識論師)인 원측(圓測)스님은, 저술(著述)하신, 해심밀경소(解深密經疏)에서, 아마라식(阿摩羅識)은 무구식(無垢識)이니, 무구식(無垢識)은 묘각위(妙覺位)의 대원경지(大圓鏡智)와 상응(相應)하는 심체(心體)로써, 제8식(第八識)이 전변(轉變)하면 곧, 무구식(無垢識)인 정분(淨分)이므로, 제8식(第八識)의 정분(淨分)을, 제8식(第八識)과 식종(識種)을 차별(差別)하여, 제9식(第九識)으로 식종(識種)을 달리하는 것은, 부당(否當)함을 논(論)하였다.

그리고, 원측(圓測)스님은, 이 정분(淨分)을 여래(如來)의 불성(佛性)인 무구식(無垢識)과 동일성품(同一性品)으로 보았다. 그 설명(說明)의 예(例)로써, 여래공덕장엄경(如來功德莊嚴經)의 구절(句節)로 예(例)를 들어, 설명(說明)하고 있다. 이 구절(句節)에는, "여래(如來)의 무구식(無垢識)은 청정(淸淨) 무루계(無漏界)이며, 일체장애(一切障礙)를 해탈(解脫)한 대원경지(大圓鏡智)와 상응(相應)한다."라고 되어 있다. 그러므로, 어찌 되었건 진제삼장(眞諦三藏)스님이든, 원측(圓測)스님이든, 제8식(第八識)의 정분(淨分)을 여래(如來)의 성품(性品)이며, 무구식(無垢識)인 불성(佛性)으로 보았다는 사실(事實)이다. 이는 곧, 제8식(第八識)의 정분(淨分)이, 본래(本來) 무엇에도 물듦 없는 청정본성(淸淨本性)으로 인식(認識)하고 이해(理解)하며, 그렇게 받아들인 실사례(實事例)이다. 그리고, 진제삼장(眞諦三藏)스님과 원측(圓測)스님의 논리체계(論理體系)를 보면, 제8식(第八識)의 염분(染分)과 정분(淨分)에 대한 실증지혜(實證智慧)가 없이, 지견(知見)에 의한 유추(類推)와 추정(推定)의 분별(分別)임을 알 수가 있다. 제8식(第八識)의 염분(染分)과 정분(淨分)의 성품특성(性品特性)에 대해 명확(明確)히 논(論)하려면, 일체초월(一切超越) 불지(佛智)에 증입(證入)해야 한다. 왜냐하면, 일체초월(一切超越) 불지(佛智)이어야만, 제8식(第八識)의 염분(染分)과 정분(淨分)을 타파(打破)해 벗어난, 명확(明確)한 실증지혜,불지정안(實證智慧,佛智正眼)을 갖추기 때문이다. 그러나, 여기에서 원측(圓測)스님께서, 제8식(第八識) 함장식(含藏識)의 전변지혜(轉變智慧)를 대원경지(大圓鏡智)로 보았으며, 또한, 전변지혜(轉變智慧)인 대원경지(大圓鏡智)의 성품(性品)을, 불성(佛性)으로 이해(理解)한 것은, 이에 대한 실증지혜(實證智慧)가 없었기 때문이다.

그리고, 마명보살(馬鳴菩薩) 또한, 대승유식론사(大乘唯識論師)들의 활동(活動)보다, 시대적(時代的)으로 앞선 차이(差異)는 있으나, 대승기신론(大乘起信論)의 체계(體系)가, 대승유식론(大乘唯識論)의 제8식(第八識) 염분(染分)과 정분(淨分)의 성품체계(性品體系)를 벗어나 있지 않다. 대승기신론(大乘起信論)의 주사상(主思想)의 논지주체(論智主體)로써, 심(心)의 염분(染分)을 심생멸문(心生滅門)으로, 정분(淨分)을 심진여문(心眞如門)으로, 일심2문(一心二門)으로써 대승기신론(大乘起信論)의 논리체계(論理體系)인 논지주체개념(論智主體概念)이 된다. 그러나, 제8식(第八識)의 염분(染分)과 정분(淨分)의 그 비밀(秘密)스러운 실상(實相)을 깨닫는 것은, 일체,유위무위,제식성품,세계(一切,有爲無爲,諸識性品,世界)를 타파(打破)해, 일체초월(一切超越) 불지(佛智)에 증입(證入)하는 그 순간(瞬間) 찰나(刹那)에, 제8식(第八識) 정분(淨

分)의 실상(實相)을 깨닫게 된다.

  대승유식론사(大乘唯識論師)들이, 대승유식론(大乘唯識論)의 최종
식(最終識)인 제8식(第八識)의 염분(染分)을 함장식(含藏識)으로, 정분
(淨分)을 본성(本性)으로 규정(規定)하고 정의(定義)하여, 대승유식론
체계(大乘唯識論體系)를 성립(成立)하였으나, 이는, 제식(諸識)에 대한
실증지혜(實證智慧)가 없어, 논(論)의 체계(體系)와 실제성품(實際性品)
이 다른, 지견오류(知見誤謬)임을, 대승유식론사(大乘唯識論師)들은
이 오류(誤謬)의 사실(事實)을 깨닫지 못한다. 왜냐하면, 대승유식론
사(大乘唯識論師)들은, 이 지견오류(知見誤謬)를 점검(點檢)할, 실증지
혜정안(實證智慧正眼)이 없었으며, 또한, 이에 대해 명확(明確)히 지
혜점검(智慧點檢)할, 총체적(總體的) 실증지혜(實證智慧)를 갖춘, 일체
초월(一切超越) 불지(佛智)가 아니었기 때문이다.

  대승유식론(大乘唯識論)의 제8식(第八識) 정분(淨分)의 성품(性品)
을, 진제삼장(眞諦三藏)스님은 청정무구식(淸淨無垢識)으로 제9식(第
九識)으로 식종(識種)을 분리(分離)하였으며, 원측(圓測)스님은, 여래
(如來)의 무구식(無垢識)이며, 불지(佛智)인 대원경지(大圓鏡智)를 여
래(如來)의 성품(性品)인 불성(佛性)으로 알고 있었다. 그리고, 마명
보살(馬鳴菩薩)은 청정본성(淸淨本性)이며 불성(佛性)인 무엇에도 오
염(汚染) 없는 심진여(心眞如)로 보았다. 그러나, 제8식(第八識)의 정
분(淨分)이 곧, 청정부동,대열반성품(淸淨不動,大涅槃性品)인 그 비밀
(秘密)은, 일체,유위무위,유식성품,세계(一切,有爲無爲,唯識性品,世界)

를 모두 타파(打破)해, 일체초월(一切超越) 불지(佛智)에 증입(證入)하는, 바로 그 순간(瞬間), 찰나(刹那)에 비로소, 그 성품(性品)의 비밀(秘密)을 명확(明確)히 꿰뚫게 된다.

대승유식론(大乘唯識論) 제8식(第八識)의 성품(性品) 중, 정분(淨分)의 성품(性品)은, 다름 아닌, 일체중생(一切衆生)이 3세윤회(三世輪廻) 속에서도 파괴(破壞)되지 않았던, 무명,부동함장,대열반,성품(無明, 不動含藏,大涅槃,性品)임을 깨닫게 된다. 이는, 일체초월(一切超越) 불지(佛智)에 증입(證入)하는 그 최종(最終), 홀연(忽然)한 한 순간(瞬間) 찰나(刹那)에, 꿰뚫어 파괴(破壞)해, 일체초월(一切超越) 불지(佛智)에 증입(證入)하는, 그 불가사의(不可思議) 최종,무상지혜,증입찰나,각성지혜(最終,無上智慧,證入刹那,覺性智慧)의 비밀(秘密)스러움이다. 이 성품(性品)은, 불지정론(佛智正論)의 유식총상(唯識總相) 10종식(十種識)에서, 제8식(第八識) 능소출입식(能所出入識)이 타파(打破)된 일불승(一佛乘)의 대원경지(大圓鏡智)에서는, 원융각명지혜(圓融覺明智慧)로 일체선악(一切善惡) 그 무엇에도 물듦 없는 청정본연성품(淸淨本然性品)인 적멸적적,청정부동,대열반성품(寂滅寂寂,淸淨不動,大涅槃性品)을 명확(明確)히 보게 된다. 이 성품(性品)은, 대원경지(大圓鏡智)나 심부동,대열반성지(心不動,大涅槃性智)에 들지 않으면, 알 수가 없는 성품(性品)이다. 그리고, 제8식(第八識) 능소출입식(能所出入識)이 끊어져 멸(滅)한 일불승(一佛乘) 대원경지(大圓鏡智)나, 제9식(第九識) 함장식(含藏識)이 끊어져 멸(滅)한 불승(佛乘)의 심부동,대열반성지(心不動,大涅槃性智)에서는, 이 성품(性品)이 곧, 청정본성(淸淨本性)이며, 청정불성(淸淨佛性)으로 인식(認識)하게 된다.

●함장식(含藏識)과 본성(本性)의 특성(特性)

대승유식론체계(大乘唯識論體系)에서는, 제8식(第八識)의 염분(染分)은 함장식(含藏識)이며, 정분(淨分)은 본성(本性)인데, 어찌하여, 염분(染分)이 아닌 정분(淨分)까지 함장식(含藏識)이라고 하느냐 하면, 대승유식론사(大乘唯識論師)들이, 이에 대한 실증지혜(實證智慧)가 없었으므로, 실증지혜정안(實證智慧正眼)으로 정립정의정론(正立正義正論)한 유식체계(唯識體係)가 아니므로, 논리체계(論理體系)가 지혜미완(智慧未完)의 지견오류(知見誤謬)로 사실(事實)과 다른 왜곡(歪曲)된 부분(部分)이 있기 때문이다. 대승유식론사(大乘唯識論師)들이, 대승유식론체계(大乘唯識論體系)에 제8식(第八識)의 염분(染分)을 함장식(含藏識)으로, 정분(淨分)을 본성(本性)으로, 유식체계(唯識體係)를 성립(成立)하여, 제8식(第八識)의 정분(淨分)을 본성(本性)으로 규정(規定)하였으나, 이 오류(誤謬)가 발생(發生)한 것은, 대승유식론사(大乘唯識論師)들이, 함장식(含藏識)과 본성(本性)에 대한 실증지혜(實證智慧)가 없었으며, 또한, 대승유식론사(大乘唯識論師)들이, 일체초월(一切超越) 불지(佛智)에 증입(證入)한, 일체초월(一切超越) 불지(佛智)가 아니므로, 제식체계(諸識體系)를 총체적(總體的)으로 명확(明確)한 실증지혜(實證智慧)로, 실제성품(實際性品)을 정립(正立)하고, 정의정론(正義正論)할 불지혜(佛智慧)가 아니었기 때문에, 제8식(第八識)에 대한 염분(染分)과 정분(淨分)의 체계(體系)는, 실증지혜(實證智慧)에 의한 실제성품(實際性品)이 아닌, 실증지혜(實證智慧) 없는 유식지견(唯識知見)의 유추(類推)와 추정(推定)에 의해 설정설립(設定設立)한, 실증지혜(實證智慧) 없는 가정유추,추정확립성품(假定類推,推定確立性品)과 가정유추,추정확립,유식체계(假定類推,推定確立,唯識體係)이기 때문이다.

　그러므로, 총체적(總體的) 실증지혜(實證智慧)로 유식체계(唯識體係)를 밝게 아는, 일체초월(一切超越) 불지(佛智)가 아니므로, 함장식(含藏識)과 본성(本性)에 대한 실증지혜정안(實證智慧正眼)이 없어, 함장식(含藏識)과 본성(本性)의 성품특성(性品特性)에 대해, 몰랐기 때문이다. 총체적(總體的) 유위무위,유식성품,세계(有爲無爲,唯識性品,世界)에 대한 실증지혜(實證智慧)를 갖춘 일체초월(一切超越) 불지(佛智)가 아니면, 총체적(總體的) 유식성품세계(唯識性品世界)에 대해 정의·정립·정론(正義·正立·正論)할 수가 없다. 그러므로, 대승유식론사(大乘唯識論師)들이 성립(成立)한 대승유식론(大乘唯識論)의 제식체계(諸識體係)가 지혜미완(智慧未完)으로, 사실(事實)과 다른 지견오류(知見誤謬)의 왜곡(歪曲)된 부분(部分)이 있다. 만약(萬若), 함장식(含藏識)과 본성(本性)의 성품특성(性品特性)을 알려면, 이를 실증(實證)한 일체초월(一切超越) 불지(佛智)이어야 한다. 그러므로, 일체초월(一切超越) 불지(佛智)가 아니면, 함장식(含藏識)과 본성(本性)의 성품특성(性品特性)에 대한 실증지혜(實證智慧)가 없어, 알 수가 없다. 그러므로, 대승유식론사(大乘唯識論師)들이 성립(成立)한 제8식(第八識) 염분(染分)

인 함장식(含藏識)과 정분(淨分)인 본성(本性)은, 실증지혜정안(實證智慧正眼)으로 실제성품(實際性品)을 정의정립(正義正立)한, 실증지혜정안(實證智慧正眼)의 실증성품,정립체계(實證性品,正立體系)가 아니다. 그러므로, 이는, 유식지견(唯識知見)의 추정(推定)과 설정(設定)에 의(依)해 건립(建立)한, 추정확립,유식체계(推定確立,唯識體系)일 수밖에 없다.

그러므로, 대승유식론,제식체계(大乘唯識論,諸識體系)의 제8식(第八識) 염분(染分)인 함장식(含藏識)과 정분(淨分)인 본성(本性)은, 일체초월(一切超越) 불지(佛智)의 실증지혜(實證智慧)에 의한 실증실제성품(實證實際性品)의 함장식(含藏識)과 실증실제성품(實證實際性品)의 본성(本性)이 아닌, 추정설정가립(推定設定假立)과 추정설정건립(推定設定建立)에 의한 추정유추확립(推定類推確立)의 건립함장식(建立含藏識)이며, 또한, 추정유추확립(推定類推確立)의 건립본성(建立本性)이다. 그러므로, 실증지혜,정의정립,정론체계(實證智慧,正義正立,正論體系)가 아니므로, 실제성품체계(實際性品體系)와 또한, 실제성품사실(實際性品事實)과는 다른, 지혜미완(智慧未完)에 의한 지견오류(知見誤謬)의 부분(部分)이 있는 유식체계(唯識體係)이다. 그러므로, 유추설정성립(類推設定成立)한 대승유식론체계(大乘唯識論體系)의 제8식(第八識) 염분(染分)인 함장식(含藏識)과 정분(淨分)인 본성(本性)은, 일체초월(一切超越) 불지(佛智)의 실증지혜(實證智慧)로 정지정립,정의정론(正智正立,正義正論)한 실증실제사실(實證實際事實)의 실증함장식(實證含藏識)과 실증실제사실(實證實際事實)의 실증본성(實證本性)이 아닌,

추정설정,건립함장식(推定設定,建立含藏識)이며, 또한, 추정설정,건립본성(推定設定,建立本性)이므로, 이는, 실증지혜정안(實證智慧正眼)으로 정의정립(正義正立)한, 실증실제정립성품(實證實際正立性品)이 아닌, 추정성립,가정성품(推定成立,假定性品)이다.

그러므로, 대승유식론,제식체계(大乘唯識論,諸識體系)의 제8식(第八識) 염분(染分)인 함장식(含藏識)과 정분(淨分)인 본성(本性)은, 실증지혜,사실정립(實證智慧,事實正立)이 아니므로, 실제사실(實際事實)과 어긋나는 지견오류(知見誤謬)의 문제점(問題點)이 있다. 이것은, 누구나 범(犯)할 수 있는 지견오류(知見誤謬)이다. 왜냐하면, 무명제식(無明諸識)을 지혜(智慧)로 타파(打破)해 벗어난 일체초월(一切超越) 불지(佛智)가 아닌, 지견(知見)과 지견(智見) 속에서 인식(認識)하거나, 유추(類推)하거나, 추정(推定)하는 그 본성(本性)과 불성(佛性)은, 유추추정본성(類推推定本性)이며, 유추추정불성(類推推定佛性)일 뿐, 실제본성(實際本性)과 실제불성(實際佛性)이 아니기 때문이다. 왜냐하면, 본성(本性)과 불성(佛性)을 유추(類推)하거나, 추정(推定)하는 그 의식차원(意識次元)이, 무명,무기성품,차원층(無明,無記性品,次元層)을 뚫어 벗어나지 못하기 때문이다.

그러므로, 일체초월(一切超越) 불지(佛智)에 증입(證入)하기 이전(以前)에, 본성(本性)과 불성(佛性)으로 인식(認識)하고, 유추(類推)하며, 추정(推定)하는 그 추정본성(推定本性)과 추정불성(推定佛性)은, 실제본성(實際本性)도 아니며, 실제불성(實際佛性)도 아닌, 일체선악(一切

善惡)과 일체유무상(一切有無相)과 일체제식심(一切諸識心)과 일체지견심(一切知見心), 그 무엇에도 이끌림이나 물듦 없는, 부동열반, 무기성품(不動涅槃, 無記性品)인 무명함장식(無明含藏識)이다. 제8식(第八識) 능소출입식(能所出入識)이 타파(打破)되어 끊어져 멸(滅)한 원융각명각성(圓融覺明覺性)이 열린 일불승(一佛乘)의 대원경지(大圓鏡智)에서, 적멸적적, 청정부동, 대열반성품(寂滅寂寂, 淸淨不動, 大涅槃性品)을 보면서도, 이 성품무기성(性品無記性)인 무명함장식(無明含藏識)을, 청정본성(淸淨本性)이며, 청정불성(淸淨佛性)으로 인식(認識)하게 된다.

그리고 또한, 제9식(第九識) 무명함장식(無明含藏識)이 타파(打破)되어 끊어져 멸(滅)한 불승(佛乘)의 심부동, 대열반성지(心不動, 大涅槃性智)에서도, 성품무기체성(性品無記體性)인 적멸적적, 청정부동, 대열반성품(寂滅寂寂, 淸淨不動, 大涅槃性品)을 청정본성(淸淨本性)이며, 청정불성(淸淨佛性)으로 인식(認識)하게 된다. 그러나, 일체초월(一切超越) 불지(佛智)에 증입(證入)하는 그 순간(瞬間) 찰나(刹那)에, 이 적멸적적, 청정부동, 대열반성품(寂滅寂寂, 淸淨不動, 大涅槃性品)인 부동성품무기성(不動性品無記性)과 그리고, 무명함장식(無明含藏識)의 열반체성(涅槃體性)까지 타파(打破)됨으로, 일체초월(一切超越) 불지(佛智)에 증입(證入)하게 된다. 그러므로, 일체초월(一切超越) 불지(佛智)에 증입(證入)하기 전(前)에는, 청정본성(淸淨本性)인 청정불성(淸淨佛性)과 부동성품무기성(不動性品無記性)인 무명함장식(無明含藏識)의 그 차별성(差別性)을, 명확(明確)히 분별(分別)하거나, 알 수가 없다.

그러므로, 일체초월(一切超越) 불지(佛智)에 증입(證入)하기 이전(以前)에, 그 어떤 지혜(智慧)로 본성(本性)과 불성(佛性)으로 인식(認識)하거나, 유추(類推)하거나, 추정(推定)하는 그 성품(性品)은, 청정본성(淸淨本性)도 아니며, 또한, 청정불성(淸淨佛性)도 아닌, 일체(一切) 상(相)과 견(見)과 식(識)의 작용(作用)에도 이끌리거나 물듦 없는 부동성품무기성(不動性品無記性)인 무명함장식(無明含藏識)이다. 그러므로, 일체초월(一切超越) 불지(佛智)에 증입(證入)하기 이전(以前)에는, 청정본성(淸淨本性)이나, 청정불성(淸淨佛性)을 알 수가 없을 뿐만 아니라, 부동성품무기성(不動性品無記性)이며 무명함장식(無明含藏識)인, 적멸적적,청정부동,대열반성품(寂滅寂寂,淸淨不動,大涅槃性品)을 알 수도 없다. 그러므로, 일체초월(一切超越) 불지(佛智)에 증입(證入)하지 않았으면, 부동성품무기성(不動性品無記性)인 무명함장식(無明含藏識)과 일체초월(一切超越) 본성(本性)의 성품특성(性品特性)과 그 차별성(差別性)을 명확(明確)히, 또는, 확연(確然)히 알 수가 없다. 그러므로, 대반열반경(大般涅槃經)에, 일체바라밀행(一切波羅蜜行)이 구족(具足)한 10지보살(十地菩薩)이어도, 불성(佛性)을 알 수가 없다고 했다.

그러므로 만약(萬若), 일체초월(一切超越) 불지(佛智)에 증입(證入)하지 않았으면, 그 성품(性品)이, 염(染)을 벗어난 정(淨)이며, 또한, 망(妄)을 벗어난 진(眞)인 청정본성(淸淨本性)이며, 청정불성(淸淨佛性)으로 생각[思惟]하고 대심대설(對心對說)로 논설(論說)하여도, 실제(實際) 그 성품(性品)은, 청정본성(淸淨本性)도 아니며, 또한, 청정불성(淸淨佛性)도 아닌, 일체선악(一切善惡)과 일체유무상(一切有無相)과 일체제식심(一切諸識心)과 일체지견심(一切知見心), 그 무엇에도 이끌림이 없는, 청정부동, 열반무기성(淸淨不動, 涅槃無記性)인 무명함장식(無明含藏識)이다. 여기에서 일컫는 부동성품무기성(不動性品無記性)인 청정부동, 열반무기성(淸淨不動, 涅槃無記性)은, 그 어떤 무엇에도 이끌림이 없는 특성(特性)을 가진 성품무기성(性品無記性)이므로, 이 부동성품무기성(不動性品無記性)은, 유심인과(有心因果)에 이끌린 중생유심(衆生有心)이나, 중생망심(衆生妄心)의 무기성(無記性)이 아니므로, 청정부동, 열반무기성(淸淨不動, 涅槃無記性)을 절대중도(絶對中道)의 청정성품(淸淨性品)으로 인식(認識)할 수도 있다.

이 부동성품무기성(不動性品無記性)은, 그 어떤 무엇에도 이끌림이 없는 무명함장식(無明含藏識)의 특수성(特殊性)이다. 제8식(第八識) 능소출입식(能所出入識)이 타파(打破)되어 끊어져 멸(滅)한 대원경지(大圓鏡智)에 들면, 부동성품무기성(不動性品無記性)의 특성(特性)을, 대원경지(大圓鏡智)의 원융각명, 지혜작용(圓融覺明, 智慧作用)으로 명확(明確)히 인지(認知)하게 된다. 그러나, 대원경지(大圓鏡智)의 원융각명지혜(圓融覺明智慧)로도, 이 부동성품무기성(不動性品無記性)인 적멸적적, 청정부동, 대열반성품(寂滅寂寂, 淸淨不動, 大涅槃性品)이 곧, 청정본성(淸淨本性)이며 청정불성(淸淨佛性)으로 인지(認知)하게 된다. 그러므로 만약(萬若), 대원경지(大圓鏡智)에 증입(證入)하지 않으면, 부동성품무기성(不動性品無記性)에 대해 이해(理解)하려 해도, 능소(能所)가 끊어져 멸(滅)하지 않은 분별(分別)과 사량식(思量識)으로는 알 수가 없다. 대원경지(大圓鏡智)의 원융각명, 지혜성품(圓融覺明, 智慧性品)에 증입(證入)하면, 온[全] 우주(宇宙)가, 적멸적적, 청정부동, 대열반성품(寂滅寂寂, 淸淨不動, 大涅槃性品) 속에 잠겨[潛] 있음을, 대원경지(大圓鏡智)의 원융각명, 지혜작용(圓融覺明, 智慧作用)으로, 명확(明確)히 확인(確認)하게 된다.

그러나, 대원경지(大圓鏡智)의 원융각명지혜(圓融覺明智慧)로는, 이 부동성품무기성(不動性品無記性)인 적멸적적, 청정부동, 대열반성품(寂滅寂寂, 淸淨不動, 大涅槃性品)이, 무명함장식(無明含藏識)임을 깨닫지 못하고, 영원(永遠)히 파괴(破壞)되지 않는, 우주(宇宙)의 무시무종성(無始無終性)인 근본본성(根本本性)이며, 청정본성(淸淨本性)인 청정불성(淸淨佛性)으로 인식(認識)하게 된다. 이 부동성품무기성(不動性品無記性)인 적멸적적, 청정부동, 대열반성품(寂滅寂寂, 淸淨不動, 大涅槃性品)은, 일체초월(一切超越) 불지(佛智)에 증입(證入)하지 전(前)에는 파괴(破壞)되지 않는다. 그러므로, 일체초월(一切超越) 불지(佛智)에 증입(證入)하기 전(前)에는, 청정본성(淸淨本性)인 청정불성(淸淨佛性)을 생각[類推]해도, 그 생각[類推]과 사유(思惟)가, 이 부동성품무기성(不動性品無記性)인 적멸적적, 청정부동, 대열반성품(寂滅寂寂, 淸淨不動, 大涅槃性品)의 성품차원(性品次元)을 뚫을 수가 없어, 청정본성(淸淨本性)인 청정불성(淸淨佛性)을 생각[類推]하고 사유(思惟)해도, 그것은, 염(染)과 정(淨), 망(妄)과 진(眞)의 대심대견(對心對見)을 벗어나지 못하므로, 염(染)과 정(淨), 망(妄)과 진(眞) 속에 생각[類推]하고 사유(思惟)하는 청정본성(淸淨本性)인 청정불성(淸淨佛性)은, 청정본성(淸淨

本性)도 청정불성(清淨佛性)도 아닌, 무엇에도 이끌림이 없고, 또한, 물듦[染]이 없는 부동성품무기성(不動性品無記性)인 무명함장,부동열반,무기성품(無明含藏,不動涅槃,無記性品)이다.

왜냐하면, 염(染)과 정(淨), 망(妄)과 진(眞) 속에서 생각[類推]하는 청정본성(清淨本性)인 청정불성(清淨佛性)은, 일체초월,절대성(一切超越,絕對性)이 아니므로, 그 성품(性品)은, 염(染)을 벗어난 정(淨)인, 무엇에도 물듦 없는 진여성(眞如性)이며, 또한, 망(妄)을 벗어난 진(眞)인, 무엇에도 이끌림이나 물듦 없는 청정진여성(清淨眞如性)이기 때문이다. 그러나, 일체초월,절대성(一切超越,絕對性)인 청정본성(清淨本性)인 청정불성(清淨佛性)은, 염(染)을 벗어난 정(淨)인, 진여성(眞如性)도 초월(超越)했으니, 염(染)을 벗어난 정(淨)인 진여성(眞如性)이 곧, 망(妄)이다. 그리고, 일체초월,절대성(一切超越,絕對性)인 청정본성(清淨本性)인 청정불성(清淨佛性)은 망(妄)을 벗어난 진(眞)인, 청정진여성(清淨眞如性)도 초월(超越)했으니, 망(妄)을 벗어난 진(眞)인 청정진여성(清淨眞如性)도 곧, 염(染)이다. 그러므로, 염(染)을 벗어난 정(淨)인 진여성(眞如性)도 또한, 끊어지고, 또한, 망(妄)을 벗어난 진(眞)인 청정진여성(清淨眞如性)도 또한, 끊어져 멸(滅)한, 일체초월(一切超越) 절대성(絕對性), 청정본성(清淨本性)인 청정불성(清淨佛性)에 증입(證入)하기 전(前)에는, 청정본성(清淨本性)인 청정불성(清淨佛性)을 알 수가 없다. 청정본성(清淨本性)인 청정불성(清淨佛性)을 깨달음이 곧, 일체초월,절대성(一切超越,絕對性) 지혜(智慧)인 일체초월(一切超越) 불지(佛智)이다.

그러므로, 일체초월(一切超越) 불지(佛智)에 증입(證入)하지 전(前)에는, 무엇을 생각[類推]하고, 무엇을 사유(思惟)해도, 그것은, 청정본성(淸淨本性)이 아니며, 또한, 청정불성(淸淨佛性)이 아니다. 왜냐하면, 염(染)과 정(淨), 망(妄)과 진(眞)의 대심대견(對心對見)을 벗어나지 못해, 일체초월,절대성(一切超越,絕對性) 불성(佛性)을 보는, 일체초월(一切超越) 불지(佛智)가 아니기 때문이다. 무명중생(無明衆生)이나, 무위지혜보살(無爲智慧菩薩)이어도, 청정본성(淸淨本性)인 청정불성(淸淨佛性)을 알 수가 없으므로, 오직, 일체초월(一切超越) 불(佛)만이, 일체초월,절대성(一切超越,絕對性) 청정본성(淸淨本性)인 청정불성(淸淨佛性)을 알 수가 있으므로, 불성(佛性)이라고 한다. 그러므로, 일체중생(一切衆生)과 일체보살(一切菩薩)의 본성(本性)이어도, 중생성(衆生性)이나 또는, 보살성(菩薩性)이라 하지 않고, 불성(佛性)이라 하는 까닭[緣由]은, 오직, 일체초월(一切超越) 불(佛)이어야만이 본성(本性)을 알 수가 있으므로, 일체중생(一切衆生)과 일체보살(一切菩薩)과 일체불(一切佛)의 본성(本性)이어도, 일체중생(一切衆生)과 일체보살(一切菩薩)은 알 수가 없으므로, 그 본성(本性)을, 중생성(衆生性)이나 또는, 보살성(菩薩性)이라 하지 않고, 불성(佛性)이라고 한다. 왜냐하면, 그 중생성(衆生性)과 보살성(菩薩性)은, 파괴(破壞)되는 성품(性品)이기 때문이다. 그러므로, 파괴(破壞)되지 않는 일체초월(一切超越) 절대성(絕對性) 본성(本性)을 깨달음으로, 일체초월(一切超越) 불(佛)이라고 하며, 또한, 파괴(破壞)되지 않는 일체초월(一切超越) 절대성(絕對性) 본성(本性)을 앎으로, 일체초월(一切超越) 불지(佛智)라고 한다. 그러므로, 파괴(破壞)되지 않는 일체초월(一切超越) 절대성

(絕對性) 본성(本性)의 지혜(智慧)를 일러, 일체초월(一切超越) 불지혜(佛智慧)라고 한다.

그러므로, 대승유식론(大乘唯識論)의 제8식(第八識) 염분(染分)의 함장식(含藏識)과 함께 묶은, 정분(淨分)의 본성(本性)은, 논리상(論理上)으로는 그렇게, 본성(本性)이라고 설정성립(設定成立)하였어도, 청정본성(淸淨本性)인 청정불성(淸淨佛性)은, 염(染)과 정(淨)의 두[二] 성품을 다 초월(超越)했음으로, 대승유식론(大乘唯識論)의 제8식(第八識)에 염분(染分)인 함장식(含藏識)을 벗어난, 정분(淨分)의 성품(性品)을 본성(本性)으로 설정(設定)하고, 건립(建立)하여, 염분(染分)의 함장식(含藏識)과 정분(淨分)의 본성(本性)으로 규정(規定)하고 정의(定義)하였어도, 이는, 추정가립성품(推定假立性品)일 뿐, 실제성품(實際性品)이 아니므로, 실제(實際), 사실(事實)은, 이 정분(淨分)의 본성(本性)은, 본성(本性)이 아닌, 무엇에도 이끌림 없는 청정부동,무기성품(淸淨不動,無記性品)이다. 이 논주(論主)는 아직, 일체초월(一切超越) 불지(佛智)가 아니므로, 정분(淨分)의 본성(本性)이, 일체선악(一切善惡)과 일체유무상(一切有無相)과 일체제식심(一切諸識心)과 일체지견심(一切知見心)인, 그 무엇에도 이끌림이 없는 부동열반무기성(不動涅槃無記性)인 적멸적적,청정부동,대열반성품(寂滅寂寂,淸淨不動,大涅槃性品)이며, 청정부동,무기성품(淸淨不動,無記性品)인 무명함장식(無明含藏識)임을 알지 못한다. 그러므로, 함장식(含藏識)과 청정본성(淸淨本性)의 차별특성(差別特性)을 모르기에, 염분(染分)의 함장식(含藏識)과 대(對)의 성품(性品)인 정분(淨分)의 본성(本性)을, 대승유식론(大乘唯識

論)의 제8식(第八識) 추정설정,론리체계(推定設定,論理體系) 속에, 염분(染分)인 함장식(含藏識)과 정분(淨分)인 본성(本性)을 대론(對論), 대립(對立)으로 설정건립(設定建立)하게 되었다. 이는, 마명보살(馬鳴菩薩)의 대승기신론(大乘起信論) 일심2문론(一心二門論)인 심생멸문(心生滅門)과 심진여문(心眞如門), 또한, 이와 다를 바가 없다.

그러므로, 일체초월(一切超越) 절대성(絕對性) 불지(佛智)에 들지 못한 일체보살지혜(一切菩薩智慧)로도, 부동성품무기성(不動性品無記性)인 함장식(含藏識)과 무엇에도 파괴(破壞)되지 않는 일체초월(一切超越) 절대성(絕對性) 본성(本性)의, 이 두[二] 성품(性品)의 차별성(差別性)을 알 수가 없다. 그러므로, 일체초월(一切超越) 절대성(絕對性)인, 일체초월(一切超越) 불지(佛智)에 증입(證入)해야만, 본성(本性)인 불성(佛性)을 알 수가 있고, 또한, 일체초월(一切超越) 불지(佛智)이어야만, 무명함장식(無明含藏識)의 부동성품무기성(不動性品無記性)을 명확(明確)히 알 수가 있다. 그러므로, 대반열반경(大般涅槃經)에, 일체바라밀행(一切波羅蜜行)이 구족(具足)한 10지보살(十地菩薩)이어도, 불성(佛性)을 알 수가 없다고 했다. 그리고, 제8식(第八識) 능소출입식(能所出入識)이 타파(打破)되어 끊어져, 대원경지(大圓鏡智)에 증입(證入)한 원융각명,각성지혜작용(圓融覺明,覺性智慧作用)으로도, 무명함장식(無明含藏識)이며, 부동성품무기성(不動性品無記性)인 적멸적적, 청정부동,대열반성품(寂滅寂寂,淸淨不動,大涅槃性品)을, 청정본성(淸淨本性)이며 청정불성(淸淨佛性)으로 인식(認識)하게 된다.

그러므로, 무명제식(無明諸識) 속에 인식(認識)하는 청정진여성(淸淨眞如性)인 본성(本性)과 불성(佛性)은 곧, 무엇에도 이끌림이 없는 청정,부동열반,무기성품(淸淨,不動涅槃,無記性品)으로, 일체선악(一切善惡)과 일체유무상(一切有無相)과 일체제식심(一切諸識心)과 일체지견심(一切知見心)의 그 무엇에도 이끌림이 없는, 부동성품무기성(不動性品無記性)인 무명함장식(無明含藏識)이다. 그러므로, 생각[類推]은 본성(本性)과 불성(佛性)을 생각[推定]해도, 그 의식차원(意識次元)과 정신차원(精神次元)이 무명제식(無明諸識)의 장애(障礙) 때문에, 무명의식차원층(無明意識次元層)을 파괴(破壞)하여 벗어나거나, 뚫어 타파(打破)하지 못하고, 무명의식층(無明意識層)에 예속(隸屬)되기 때문이다. 그러므로, 생각[念]과 뜻[意]은 본성(本性)과 불성(佛性)으로 생각[認識]하고 유추(類推)하며, 염(染)과 정(淨), 망(妄)과 진(眞)으로 대설(對說)해도, 그 추정(推定)하는 그 본성(本性)과 불성(佛性)은, 사실(事實)은 다름 아닌, 12인연법(十二因緣法)의 부동성품무기성(不動性品無記性)인 무명(無明)이며, 또한, 유식세계(唯識世界)의 부동성품무기성(不動性品無記性)인 아뢰야식(阿賴耶識)인 함장식(含藏識)이다. 이 사실(事實)을, 확인(確認)하려거나, 깨닫고자 하면, 무명제식(無明諸識)을 타파(打破)해, 일체초월(一切超越) 불지(佛智)에 증입(證入)하면, 실증지혜정안(實證智慧正眼)으로 명확(明確)히, 그리고, 확연(確然)히 불지혜정안(佛智慧正眼)으로 확인(確認)하게 된다.

그리고, 불지정론(佛智正論)의 제8식(第八識) 능소출입식(能所出入

識)이 타파(打破)되어 끊어져 멸(滅)한 대원경지(大圓鏡智)의 일불승(一佛乘)이, 무명함장식(無明含藏識)을 보는 것과 또한, 제9식(第九識) 무명함장식(無明含藏識)이 타파(打破)되어 끊어져 멸(滅)한 심부동, 대열반성지(心不動, 大涅槃性智)의 불승(佛乘)이 무명함장식(無明含藏識)을 보는 경계(境界)가 다르다. 일불승(一佛乘)의 대원경지(大圓鏡智)는 무위동각지(無爲動覺智)이므로, 각명용성지혜(覺明用性智慧)인 원융각명, 대원경지(圓融覺明, 大圓鏡智)로, 원융각명지혜(圓融覺明智慧)의 체성(體性)인 적멸적적, 청정부동, 대열반, 성품(寂滅寂寂, 淸淨不動, 大涅槃, 性品)을 보게 된다. 일불승(一佛乘)이 대원경지(大圓鏡智)인 무위동각지(無爲動覺智)이어도, 이 청정부동, 대열반성품(淸淨不動, 大涅槃性品)을 보는 까닭[緣由]은, 일불승(一佛乘)은, 제8식(第八識) 능소출입식(能所出入識)이 타파(打破)됨으로 능소(能所)가 끊어져 멸(滅)해, 능소(能所) 없는 쌍차쌍조(雙遮雙照)의 원융각명지혜(圓融覺明智慧)로, 지혜작용(智慧作用)의 체성(體性)인 적멸적적, 청정부동, 대열반, 성품(寂滅寂寂, 淸淨不動, 大涅槃, 性品)과 그 열반체성(涅槃體性)의 부사의(不思議) 용성작용(用性作用)인 원융대각명지혜작용(圓融大覺明智慧作用)을 둘[二] 다 함께, 보기 때문이다. 이것이, 능소(能所) 없는 대원경지(大圓鏡智)의 쌍차쌍조, 원융각명, 부사의지혜, 작용(雙遮雙照, 圓融覺明, 不思議智慧, 作用)의 특성(特性)이다.

제8식(第八識) 능소출입식(能所出入識)이 타파(打破)되어 끊어져 멸(滅)한, 일불승(一佛乘) 대원경지(大圓鏡智)의 지혜경계(智慧境界)가, 6조단경(六祖壇經)에 나오는, 정혜일체론(定慧一體論)의 지혜경계(智慧

境界)이다. 그러나, 일체초월(一切超越) 불지(佛智)에 들면, 정혜일체론(定慧一體論)의 지혜경계(智慧境界)가, 아직, 대(對)의 지혜(智慧)가 타파(打破)되지 않은, 대원경지(大圓鏡智)의 무위원융,각명지혜,성품경계(無爲圓融,覺明智慧,性品境界)임을 깨닫게 된다. 그러므로, 일체초월(一切超越) 불지(佛智)에 증입(證入)하면, 이 지혜(智慧)도 타파(打破)해 벗어나게 된다. 왜냐하면, 일체초월(一切超越) 불성(佛性)은, 일체증득지(一切證得智)까지 초월(超越)해 벗어난, 일체초월,절대성(一切超越,絕對性) 무생결정성(無生結定性)이기 때문이다.

함장식(含藏識)이 타파(打破)된 불승(佛乘)은, 무위동각지(無爲動覺智)까지 끊어져 멸(滅)해, 심부동,대열반성지(心不動,大涅槃性智)에 증입(證入)해 있으므로, 일불승(一佛乘)의 대원경지(大圓鏡智)처럼, 부동대열반성품(不動大涅槃性品)을 대(對)의 경계(境界)로 접(接)하지 않고, 함장식(含藏識)이 부동대열반,무기성품(不動大涅槃,無記性品)이므로, 부동대열반,무기성품(不動大涅槃,無記性品)을 타파(打破)해, 심부동, 대열반성지(心不動,大涅槃性智)에 증입(證入)해 있으므로, 대원경지(大圓鏡智)와는 달리, 청정부동대열반성지(淸淨不動大涅槃性智) 속에서, 일체동각지(一切動覺智)가 끊어진 청정부동,자성열반성(淸淨不動,自性涅槃性)을 인지(認知)하고 있음이다. 정혜일체지혜(定慧一體智慧)는 능소(能所) 없는 무위동각지(無爲動覺智)인, 대원경지(大圓鏡智)의 지혜성품세계(智慧性品世界)이며, 불승(佛乘)은, 일체무위동각지(一切無爲動覺智)까지 타파(打破)되어 끊어져 멸(滅)한, 무위부동지(無爲不動智)인 부동대열반성지(不動大涅槃性智)에 증입(證入)해 있음이다.

그리고, 일불승(一佛乘)의 원융대각명지(圓融大覺明智)나, 또는, 불승(佛乘)의 심부동, 대열반성지(心不動, 大涅槃性智)나, 지혜성품(智慧性品)에 대(大)가 들어감은, 그 대(大)는, 그 지혜성품(智慧性品)에 들면, 그 지혜성품(智慧性品)이, 온[全] 무한우주, 무한무변충만, 편재성(無限宇宙, 無限無邊充滿, 遍在性)이기 때문에, 성품(性品)에 대(大)가 들어간다. 대(大)는 곧, 마하(摩訶)이다. 그러나, 일불승(一佛乘)과 불승(佛乘)과 불성(佛性)의 대(大)는 성품차원(性品次元)이 다르다. 일불승(一佛乘)은, 원융대각명성(圓融大覺明性)의 무한무변성(無限無邊性)의 대(大)이며, 불승(佛乘)의 대(大)는 심부동, 대열반성(心不動, 大涅槃性)의 무한무변성(無限無邊性)의 대(大)이다. 그러므로, 일불승(一佛乘)과 불승(佛乘)의 무한무변성(無限無邊性)의 대(大)는 무위지혜성품(無爲智慧性品)의 대(大)이다. 그러나, 일체초월(一切超越) 불지(佛智)인, 일체초월성(一切超越性) 불성(佛性)의 무한무변성(無限無邊性)의 대(大)는, 무위성품(無爲性品)이 아닌, 일체초월성(一切超越性) 무생결정성(無生結定性)의 대(大)이다. 그러므로, 일체초월(一切超越) 불성(佛性)을 깨닫지 못한 보살지(菩薩智)로는, 일체초월성(一切超越性) 불성(佛性)의 대(大)는 알 수가 없다. 왜냐하면, 일체초월(一切超越) 불성(佛性)의 대(大), 그 자체(自體)가 곧, 공성(空性)도 끊어졌고, 진여(眞如)도 끊어졌고, 보리(菩提)도 끊어졌고, 열반(涅槃)도 끊어진, 무생여래장성품(無生如來藏性品)인 무생결정성(無生結定性)이기 때문이다.

그리고, 대승(大乘)의 공성(空性)의 대(大)와 일승(一乘)의 무염진여

(無染眞如) 대(大)를 왜? 안 일컫냐 하면, 승(乘)의 성품(性品)에, 불성(佛性)의 작용(作用)을 일컫는 불(佛)이 들어간 승(乘)의 이름[名]과 불(佛)이 들어가지 않은 승(乘)의 성품(性品)이, 너무 차이(差異)가 크기 때문이다. 그러므로, 대승(大乘)과 일승(一乘)은 자기지혜성품(自己智慧性品)인 공성(空性)과 무염진여(無染眞如)에 들었어도, 스스로, 자기지혜성품(自己智慧性品)을, 본성(本性)인 불성(佛性)으로 인식(認識)하지는 않는다. 그러나, 일불승(一佛乘)과 불승(佛乘)은 자기지혜성품(自己智慧性品)에 들면, 바로 본성(本性)이며, 또한, 불성(佛性)으로 인식(認識)하게 된다. 왜냐하면, 일불승(一佛乘)부터는 능소(能所)가 끊어져 멸(滅)해, 지혜(智慧)가 원융무애(圓融無礙)하기 때문이다. 제8식(第八識) 능소출입식(能所出入識)이 타파(打破)되어 끊어져 멸(滅)해, 대원경지(大圓鏡智)에 증입(證入)할 때에, 시방(十方)이 타파(打破)되어 사라져, 원융각명(圓融覺明)의 대원경지(大圓鏡智)가 열리게 된다.

허공(虛空)이 타파(打破)되어 멸(滅)하는 것과 시방(十方)이 멸(滅)하는 것은 다르다. 허공(虛空)이 타파(打破)되어 멸(滅)하는 것은, 색성향미촉법(色聲香味觸法)의 상(相)이 타파(打破)되어 6종식(六種識)이 끊어져 멸(滅)해, 대승(大乘)의 공성(空性)이 열릴 때에, 허공(虛空)이 타파(打破)되어 자성청정,무한무변공성(自性淸淨,無限無邊空性)이 열리게 된다. 그러나, 시방(十方)은 멸(滅)하지 않는다. 왜냐하면, 허공(虛空)은 눈[眼]의 대상(對相)인 색(色)이며, 시방(十方)은 눈[眼]의 대상(對相)인 색(色)이나 상(相)이 아닌, 내 마음 안[內]에서 일으키는 능연분별심(能緣分別心)의 경계(境界)이기 때문이다. 그러므로, 6종식(六種識)인 소연상(所緣相)이 끊어지면[滅], 허공(虛空)이 타파(打破)되며, 그리고, 제8식(第八識) 능소출입식(能所出入識)인 능소작용(能所作用)의 능연식(能緣識)이 타파(打破)되면, 시방(十方)이 타파(打破)되어 끊어져 멸(滅)해, 능소(能所) 없는 원융각명,보리성(圓融覺明,菩提性)에 증입(證入)하게 된다. 6종식(六種識)이 끊어져 멸(滅)해, 대승(大乘)의 공성(空性)이 열릴 때에, 허공(虛空)이 타파(打破)되어도, 제7식(第七識) 자아의식(自我意識)이 멸(滅)하지 않아, 무염진여성(無染眞如性)에는 들지 못한다.

그러나, 제7식(第七識) 자아의식(自我意識)이 끊어지면[滅], 물[染]들 자아의식(自我意識)이 없으니, 무염진여성지(無染眞如性智)가 열리어, 상(相)과 공(空)에도 걸림 없는 무애성(無礙性)인, 이사무애원지(理事無礙圓智)의 일승(一乘)에 증입(證入)하게 된다. 제7식(第七識)이 끊어져 멸(滅)한 이사무애성(理事無礙性)인 무염진여성(無染眞如性)은, 무자성실상지(無自性實相智)이므로, 자아(自我)도 없어, 일체(一切)가 무자성실상계(無自性實相界)이니, 맑은 거울[鏡] 속에 든[入] 것과도 같다. 이 세계(世界)는 무자성,환지세계(無自性,幻智世界)이다. 그러므로, 촉각(觸覺)하는 삼라만상,만물일체(森羅萬象,萬物一切)가 부사의(不思議) 생(生)만 있을 뿐, 일체상(一切相)이 생·주·이·멸(生·住·異·滅) 중, 주(住)와 이(異)와 멸(滅)이 끊어져 멸(滅)해 없다. 그러므로, 부사의(不思議) 무자성(無自性) 생(生)만 있을 뿐, 일체상(一切相)이 찰나(刹那)에도 머무름[住]이 없다.

그러므로, 제7식(第七識) 자아의식(自我意識)이 끊어지면[滅], 무자성, 환지세계(無自性,幻智世界)인 무염진여,성품세계(無染眞如,性品世界)에 증입(證入)하게 된다. 이는, 맑은 거울[鏡] 속에 든[入] 것과 같음은, 거울[鏡] 속에 든[入] 나[我]가 있음이 아니다. 자아(自我)가 끊어져 멸(滅)해 나[我] 없으니, 맑고 티없는 거울[鏡] 속에 든[入] 것과 같음이다. 무염진여성품(無染眞如性品)이 불성(佛性)의 일부분(一部分)이어도, 그러나, 승(乘)의 지혜성품(智慧性品) 이름[名]에, 불성작용(佛性作用)인 불(佛)이 들어 있지 않으므로, 지혜성품(智慧性品)이 원융(圓融)하지를 못하다. 왜냐하면, 아직, 제8식(第八識) 능소출입식(能所出入識)이 타파(打破)되지 않았기 때문이다. 무염진여성품(無染眞如性品)이 불성(佛性)의 일부분(一部分)이라고 함은, 불성(佛性)의 여러 특성(特性)이 있기 때문이다.

그러므로, 불성(佛性)을, 무염진여성품(無染眞如性品)이라고 함은, 불성(佛性)의 여러 특성(特性) 중, 일부분(一部分)만을 드러내었을 뿐이다. 그러므로, 제식전변지혜(諸識轉變智慧)로 제식(諸識)을 점차(漸次) 타파(打破)하며 지혜(智慧)가 상승(上昇)할수록, 제식(諸識)의 장애(障礙)가 점차(漸次) 사라져, 일체초월성(一切超越性) 불성(佛性)의 특성(特性)이 점점(漸漸) 열리게 된다. 완전(完全)한 불성지(佛性智)인 일체초월(一切超越) 불지(佛智)에 증입(證入)하기 전(前)에는, 각각(各各) 차별지(差別智) 속에서 점점(漸漸) 제식타파(諸識打破)의 지혜(智慧)가 열림에 따라, 점차(漸次) 증득(證得)하는 지혜성품세계(智慧性品世界)이므로, 지혜(智慧)가 열림의 점차(漸次)에 따라, 불성(佛性)의 특성

(特性)이 점차(漸次) 열리어도, 다음 지혜(智慧)가 열릴 때에는, 증득(證得)했던 불성(佛性)의 특성(特性)이 열린 지혜성품(智慧性品)이 타파(打破)되어 끊어져 멸(滅)해 벗어나며, 다음 지혜과정(智慧過程)의 불성(佛性)의 특성(特性)이 열리게 된다.

왜냐하면, 불성(佛性)의 각각(各各) 특성(特性)이, 제식타파(諸識打破)에 의한 증득지혜과정(證得智慧過程)에서는, 각각(各各) 불성(佛性)의 성품특성(性品特性)이, 성품차별차원(性品差別次元)으로 다르기 때문이다. 그러므로, 지혜과정(智慧過程) 중에, 다음 불성(佛性)의 특성(特性)이 열릴 때에는, 지금 증득(證得)한 불성(佛性)의 특성(特性)이 타파(打破)되어 끊어져 멸(滅)해 벗어나게 되며, 그 다음 지혜차원(智慧次元)의 불성(佛性)의 성품특성(性品特性)이 열리게 된다. 그러므로, 제식,전변상승,지혜과정(諸識,轉變上昇,智慧過程)에서는, 지금(只今), 자기(自己)가 머물러 있는 지혜세계(智慧世界)가 타파(打破)되어 끊어져 멸(滅)하지 않으면, 다음 차원지혜(次元智慧)가 열리지 않는다. 왜냐하면, 각각(各各) 지혜성품세계(智慧性品世界)가 서로, 지혜성품차원(智慧性品次元)이 다르기 때문이다.

그러므로, 완전(完全)한 일체초월(一切超越) 불성불지(佛性佛智)에 증입(證入)하기 전(前)에는, 자기(自己)가 제식타파,점차증득,차별차원,지혜세계(諸識打破,漸次證得,差別次元,智慧世界)에 증입(證入)해 있음으로, 자기(自己)가 증득(證得)한 지혜성품세계(智慧性品世界)를 다시, 지혜각력상승(智慧覺力上昇)으로 타파(打破)해 벗어나지 못하면,

그 지혜성품세계(智慧性品世界)에 머무르게 된다. 이는, 제식전변, 증득지혜(諸識轉變, 證得智慧)에는, 각각(各各) 지혜세계(智慧世界)가 성품차원(性品次元)이 다르기 때문이다. 그러므로, 성불지혜과정(成佛智慧過程)에는 제식타파, 전변상승, 차별차원, 점차증득, 지혜과정, 성불체계(諸識打破, 轉變上昇, 差別次元, 漸次證得, 智慧過程, 成佛體系)가 있다. 이 일체(一切)가, 유식지혜, 상승세계, 제식전변, 성불과정, 유식체계(唯識智慧, 上昇世界, 諸識轉變, 成佛過程, 唯識體係)이다. 그리고, 일체초월(一切超越) 불성불지(佛性佛智)에 증입(證入)함으로, 불성(佛性)의 일체차별특성(一切差別特性)을 불성, 무연일각, 초월공능력(佛性, 無然一覺, 超越功能力)으로 원융원만, 일각통력(圓融圓滿, 一覺通力)에 증입(證入)하게 된다.

이것이, 여래장, 무생공능, 총지성품, 각력(如來藏, 無生功能, 總持性品, 覺力)이다. 이것이 곧, 3신불, 일각원융, 원만행(三身佛, 一覺圓融, 圓滿行)인 법신불, 여일행(法身佛, 如一行)과 보신불, 여일행(報身佛, 如一行)과 응화신불, 여일행(應化身佛, 如一行)이다. 이를 통해, 여래5지(如來五智), 또는, 여래6지(如來六智)의 무생일각융통, 원융원만행(無生一覺融通, 圓融圓滿行)이 이루어진다. 그러므로 만약(萬若), ①색성향미촉법(色聲香味觸法)의 일체상(一切相)이 타파(打破)되어 끊어져 멸(滅)한 청정공성(淸淨空性)을 깨달아 증입(證入)하였어도, 그것은, 불성(佛性)의 차별특성(差別特性) 일부분(一部分)을 깨달은, 차별차원, 지혜성품, 상승과정, 차별경계(差別次元, 智慧性品, 上昇過程, 差別境界)에 증입(證入)하였을 뿐, 아직, 일체초월(一切超越) 불성(佛性)이 무엇인지를 깨닫지를 못했다. 또한, ②자아의식(自我意識)이 타파(打破)되어 끊어져 멸(滅)한 청정무염진여성(淸淨無染眞如性)을 깨달아 증입(證入)하였어도, 그것은, 불성(佛性)의 차별특성(差別特性) 일부분(一部分)을 깨달은, 차별차원,지혜성품,상승과정,차별경계(差別次元,智慧性品,上昇過程,差別境界)에 증입(證入)하였을 뿐, 아직, 일체초월(一切超越) 불성(佛性)이 무엇인지를 깨닫지를 못했다. 또한, ③능소(能所)가 타파(打破)되어 끊어져 멸(滅)한 청정원융,대원각명성(淸淨圓融,大圓覺明性)을 깨달아 증입(證入)하였어도, 그것은, 불성(佛性)의 차별특성(差別特性) 일부분(一部分)을 깨달은, 차별차원,지혜성품,상승과정,차별경계(差別次元,智慧性品,上昇過程,差別境界)에 증입(證入)하였을 뿐, 아직, 일체초월(一切超越) 불성(佛性)이 무엇인지를 깨닫지를 못했다. 또한, ④무명함장식(無明含藏識)이 타파(打破)되어 끊어져 멸(滅)한 심부동,대열반,적멸성(心不動,大涅槃,寂滅性)을 깨달아 증입(證入)하였어도, 그것은, 불성(佛性)의 차별특성(差別特性) 일부분(一部分)을 깨달은, 차별차원,지혜성품,상승과정,차별경계(差別次元,智慧性品,上昇過程,差別境界)에 증입(證入)하였을 뿐, 아직, 일체초월(一切超越) 불성(佛性)이 무엇인지를 깨닫지를 못했다. 만약(萬若), ⑤일체초월성(一切超越性)으로 일체증득지(一切證得智)가 타파(打破)되어, 청정공성(淸淨空性)도, 무염진여성(無染眞如性)도, 원융각명성(圓融覺明性)도, 부동대열반성(不動大涅槃性)도 끊어져 멸(滅)해 없고, 또한, 법신불성(法身佛性)도 끊어져 멸(滅)해 없고, 또한, 보신불성(報身佛性)도 끊어져 멸(滅)해 없고, 또한, 응화신불성(應化身佛性)도 끊어져 멸(滅)해 없어, 3세전중후(三世前中後)가 끊어져 멸(滅)해, 3세(三世) 없는 청정무연, 일연성품(淸淨無然, 一然性品)에는 3신불성(三身佛性)도 끊어져 멸(滅)해, 일체초연일각(一切超然一覺) 속에 홀연(忽然)히, 무연일신(無然一身) 중(中)에, 그대로 3신불행(三身佛行)이 초연(超然)히 시현(示顯)되면, 청정공성불성(淸淨空性佛性)도, 무염진여성불성(無染眞如性佛性)도, 원융각명성불성(圓融覺明性佛性)도, 부동대열반성불성(不動大涅槃性佛性)도 끊어져 멸(滅)한, 일체초월성(一切超越性)이며, 무생절대, 무연결정성(無生絕對, 無然結定性)인 일체초월(一切超越) 불성불지(佛性佛智)에 증입(證入)했음이다.

그러하면, 그 초연일각성(超然一覺性)이, 청정공성(淸淨空性)도, 무염진여성(無染眞如性)도, 원융각명성(圓融覺明性)도, 부동대열반성(不動大涅槃性)도 끊어져 멸(滅)한, 일체차별(一切差別)이 없는, 일체초월(一切超越) 청정공성(淸淨空性)이며, 일체초월(一切超越) 무염진여성(無染眞如性)이며, 일체초월(一切超越) 원융각명성(圓融覺明性)이며, 일체초월(一切超越) 부동대열반성(不動大涅槃性)이다.

그럼, 불성(佛性)의 각각(各各) 차별특성(差別特性)인, 청정공성(淸淨空性)과 무염진여성(無染眞如性)과 원융각명성(圓融覺明性)과 부동대열반성(不動大涅槃性)을 제식타파(諸識打破)로 점차(漸次) 증득(證得)하는, 차별차원, 지혜상승, 전변과정(差別次元, 智慧上昇, 轉變過程)은, ①6종식(六種識)이 타파(打破)되어 끊어지면[滅], 색성향미촉법(色聲香味觸法)의 일체상(一切相)이 끊어져 멸(滅)한 청정공성(淸淨空性)이 열리어, 대승, 공성지혜(大乘, 空性智慧)에 증입(證入)하게 된다. ②제7식(第

七識) 자아의식(自我意識)이 타파(打破)되어 끊어지면[滅], 일체분별, 자아의식(一切分別, 自我意識)이 끊어져 멸(滅)한 무염진여성(無染眞如性)이 열리어, 일승, 무염진여성지(一乘, 無染眞如性智)에 증입(證入)하게 된다. ③제8식(第八識) 능소출입식(能所出入識)이 타파(打破)되어 끊어지면[滅], 원융각명성(圓融覺明性)이 열리어, 일불승, 대원경지(一佛乘, 大圓鏡智)에 증입(證入)하게 된다. ④제9식(第九識) 무명함장식(無明含藏識)이 타파(打破)되어 끊어지면[滅], 부동대열반성(不動大涅槃性)이 열리어, 불승, 부동대열반성지(佛乘, 不動大涅槃性智)에 증입(證入)하게 된다. ⑤또한, 지혜각력상승, 초월공능력(智慧覺力上昇, 超越功能力)으로 이 일체증득, 무위지혜, 성품세계(一切證得, 無爲智慧, 性品世界)가 타파(打破)되어 끊어지면[滅], 일체초월(一切超越) 불성(佛性)을 깨달아, 일체초월(一切超越) 불지(佛智)에 증입(證入)하게 된다. 이 지혜과정(智慧過程)이, 유식지혜, 상승세계(唯識智慧, 上昇世界)인, 제식전변, 지혜상승, 차별차원, 성불과정, 유식체계(諸識轉變, 智慧上昇, 差別次元, 成佛過程, 唯識體係)이다.

능소출입식(能所出入識)이 타파(打破)되어 끊어져 멸(滅)해, 능소(能所) 없는 쌍차쌍조행(雙遮雙照行)이 이루어지는 대원경지(大圓鏡智)에 들면, 원융각명지혜(圓融覺明智慧)로, 온[全] 우주(宇宙)에 두루 충만(充滿)한 청정부동, 대열반성품(淸淨不動, 大涅槃性品)인, 불가사의(不可思議) 초월성품(超越性品), 적멸적적, 청정부동, 대열반, 성품(寂滅寂寂, 淸淨不動, 大涅槃, 性品)을 확연(確然)히 보게 된다. 이 초월성품(超越性品)은, 천지(天地)가 열리기 전(前), 천지(天地)의 근원(根源)이며 무시무종성(無始無終性)인, 온[全] 우주, 무한무변, 편재성(宇宙, 無限無邊, 遍在性)으로, 일불승(一佛乘)은 이 성품(性品)을, 시종(始終) 없이 존재(存在)하는, 영원(永遠)히 파괴(破壞)되지 않는 청정본성(淸淨本性)이며, 청정불성(淸淨佛性)으로 인지(認知)하게 된다. 능소(能所)가 끊어져 멸(滅)한 쌍차쌍조, 원융각명, 지혜(雙遮雙照, 圓融覺明, 智慧)로, 이 청정부동, 대열반, 적멸성품(淸淨不動, 大涅槃, 寂滅性品)인 적멸적적, 청정부동, 대열반, 성품(寂滅寂寂, 淸淨不動, 大涅槃, 性品)을 명확(明確)히 보게 된다. 이것은, 능소(能所) 없는 대원경지(大圓鏡智)의 쌍차쌍조, 지혜작용(雙遮雙照, 智慧作用)의 특성(特性)이다. 대원경지(大圓鏡智)의 지혜(智慧)로는, 이 성품(性品)이 청정본성(淸淨本性)이며, 청정불성체성(淸淨佛性體性)이며, 천지(天地)가 나뉘기 전(前), 시종(始終) 없는 근본(根本) 성품(性品)으로 인식(認識)하게 된다. 왜냐하면, 부동성품, 무기열반성(不動性品, 無記涅槃性)이며, 무명함장식(無明含藏識)인 무위부동, 대열반성품(無爲不動, 大涅槃性品)과 일체초월(一切超越) 불성(佛性)이 다름을 깨닫지 못했기 때문이다. 또한, 무위부동, 대열반성품(無爲不動, 大涅槃性品)을 벗어난, 무생결정성(無生結定性)인 일체초월(一切超越) 불성(佛性)이, 어떤 성품(性品)인지를 아직, 모르기 때문이다.

그리고 또한, 무명함장식(無明含藏識)인 부동, 대열반, 무기성품(不動, 大涅槃, 無記性品)을 타파(打破)해, 심부동, 대열반성지(心不動, 大涅槃性智)에 든[入] 불승(佛乘) 또한, 자기지혜성품(自己智慧性品)인 심부동, 대열반성(心不動, 大涅槃性)이 곧, 청정본성(淸淨本性)이며 청정불성(淸淨佛性)으로 알고 있으며, 영원(永遠)히 파괴(破壞)되지 않는 시종(始終) 없는 청정대열반불성(淸淨大涅槃佛性)으로 알고 있다. 그러나, 지혜각력상승(智慧覺力上昇)으로 무위최상,대열반성지(無爲最上, 大涅槃性智)를 또한, 타파(打破)해 벗어나면, 그 청정부동,대열반성품(淸淨不動,大涅槃性品)이 또한, 파괴(破壞)되는 무위부동,대열반,지혜성품(無爲不動,大涅槃,智慧性品)이었음을 깨닫게 된다. 그러므로, 그 지혜(智慧)가 어떠하든, 일체(一切) 깨달음과 무위증득지혜(無爲證得智慧)까지 벗어난, 일체초월(一切超越) 절대성(絕對性), 완전(完全)한 불지(佛智)가 아니면, 그 지혜세계(智慧世界)는, 식(識)의 장애(障礙) 속에 있으므로, 그 어떤 지혜(智慧)이든, 지혜미완(智慧未完)에 의한 지혜왜곡(智慧歪曲)과 지견오류(智見誤謬)가 있기 마련이다. 왜냐하면, 일체장애식(一切障礙識)를 타파(打破)해 벗어난, 일체초월(一切超越) 절대성(絕對性), 완전(完全)한 불성불지(佛性佛智)가 아니기 때문이다.

불법(佛法)을 논(論)하는 여러 곳에서, 대승유식론(大乘唯識論)의 영향력(影響力)으로, 제8식(第八識)을 아뢰야식(阿賴耶識)인 함장식(含藏識)으로 규정(規定)하고 있다. 또한, 제8식(第八識)을 전변(轉變)하면, 대원경지(大圓鏡智)라고 한다. 그러나, 실제(實際) 대원경지(大圓鏡智)는, 제8식(第八識)으로 규정(規定)한 아뢰야식(阿賴耶識)인 무명함장식(無明含藏識)의 전변지혜(轉變智慧)가 아니다. 그리고, 능소출입식(能所出入識)의 전변지혜(轉變智慧)가 곧, 대원경지(大圓鏡智)이다. 왜냐하면, 대원경지(大圓鏡智)의 지혜성품(智慧性品)은, 능소(能所)가 끊어져 멸(滅)한 쌍차쌍조, 원융각명성(雙遮雙照, 圓融覺明性)이기 때문이다. 또한, 대원경지(大圓鏡智)의 쌍차쌍조(雙遮雙照)가 이루어지는 원융각명성(圓融覺明性)은, 능소출입식(能所出入識)이 끊어져 멸(滅)한 지혜성품(智慧性品)으로, 능소(能所)가 없는 무위원융동각(無爲圓融動覺)의 지혜성품(智慧性品)이기 때문이다.

그리고, 무명함장식(無明含藏識)은 부동, 대열반, 무기성품(不動, 大涅槃, 無記性品)이므로, 함장식(含藏識)이 타파(打破)된 전변지혜(轉變智慧)는, 심부동, 대열반성지(心不動, 大涅槃性智)이다. 왜냐하면, 무명함장식(無明含藏識)이 타파(打破)되어 끊어지면[滅], 무기부동성품(無記不動性品)이 제거(除去)된 심부동, 대열반성(心不動, 大涅槃性)이 열리기 때문이다. 그리고, 능소출입식(能所出入識)이 끊어져 멸(滅)한, 쌍차쌍조, 지혜성품(雙遮雙照, 智慧性品)인 대원경지(大圓鏡智)의 무위동각, 원융각명, 지혜성품(無爲動覺, 圓融覺明, 智慧性品)으로는, 무명, 함장부동, 대열반, 성품(無明, 含藏不動, 大涅槃, 性品)을 타파(打破)해 증입(證入)할 수가 없다. 그 까닭[緣由]은, 대원경지(大圓鏡智)의 지혜성품(智慧性品)은, 함장식(含藏識)보다 성품차원(性品次元)이 깊지 못하기 때문이다. 그러므로, 대원경지(大圓鏡智)의 무위동각, 원융각명, 지혜성품(無爲動覺, 圓融覺明, 智慧性品)이 타파(打破)되어 끊어져야, 심부동, 대열반성지(心不動, 大涅槃性智)에 증입(證入)할 수가 있다.

함장식(含藏識)은, 12인연법(十二因緣法)의 부동성품(不動性品)인 무명(無明)이며, 능소출입식(能所出入識)은, 12인연법(十二因緣法)의 무명(無明) 다음 동식(動識)인 행(行)이다. 그러므로, 함장식(含藏識)은 능소출입식(能所出入識)보다 더 깊은 차원(次元)의 식(識)이다. 그러므로 만약(萬若), 함장식(含藏識)을 타파(打破)한 전변지혜(轉變智慧)가, 함장식(含藏識)보다 더 깊은 심부동,대열반성지(心不動,大涅槃性智)에 증입(證入)하지 않고, 함장식(含藏識)도 타파(打破)하지 못한 대원경지(大圓鏡智)에 들었다면, 이는, 함장식(含藏識)이 타파(打破)된 지혜상승(智慧上昇)이, 오히려, 함장식(含藏識)보다 더 지혜(智慧)가 퇴행(退行)한 결과(結果)이다.

왜냐하면, 능소출입식(能所出入識)보다, 더 깊은 함장식(含藏識)이 전변(轉變)하였어도, 오히려, 함장식(含藏識)보다 차원(次元)이 하차원(下次元)인, 능소출입식(能所出入識)이 전변(轉變)한 대원경지(大圓鏡智)에 들었다면, 이는, 전변지혜,섭리체계(轉變智慧,攝理體系)가 오히려, 역행(逆行)한 결과(結果)이기 때문이다. 왜냐하면, 지혜성품,섭리체계(智慧性品,攝理體系)로는, 능소출입식(能所出入識)보다 더 깊은 성품(性品)이, 함장식(含藏識)이므로, 능소출입식(能所出入識)이 끊어져 멸(滅)한 전변지혜(轉變智慧)는 대원경지(大圓鏡智)이며, 함장식(含藏識)이 끊어져 멸(滅)한 전변지혜(轉變智慧)는 심부동,대열반성지(心不動,大涅槃性智)이기 때문이다.

그러므로 만약(萬若), 전변지혜(轉變智慧)로 대원경지(大圓鏡智)에 증입(證入)한 것이 맞다면, 이 전변식(轉變識)은 함장식(含藏識)이 아니고, 능소출입식(能所出入識)이다. 그리고 또한, 함장식(含藏識)을 전변(轉變)한 것이 맞다면, 함장식(含藏識)의 전변지혜(轉變智慧)는 대원경지(大圓鏡智)가 아니고, 심부동, 대열반성지(心不動, 大涅槃性智)이다. 그러므로 만약(萬若), 함장식(含藏識)의 전변지혜(轉變智慧)가 대원경지(大圓鏡智)라고 하면, 이는, 이에 대한 실증지혜(實證智慧) 없는 지견오류(知見誤謬)에 의해, 전변지혜, 섭리체계(轉變智慧, 攝理體系)를 왜곡(歪曲)함이다. 제식(諸識)이 타파(打破)되어 끊어져 멸(滅)하는 전변지혜(轉變智慧)에 있어서, 동식(動識)을 전변(轉變)하면 무위동각, 지혜성품(無爲動覺, 智慧性品)에 들며, 그리고, 부동식(不動識)을 전변(轉變)하면 무위부동, 지혜성품(無爲不動, 智慧性品)에 증입(證入)하게 된다.

제8식(第八識) 능소출입식(能所出入識)은, 18경계(十八境界)와 제7식작용(第七識作用)의 일체업(一切業)의 정보(情報)를, 자연, 반연반응, 작용(自然, 攀緣反應, 作用)으로 함장식(含藏識)에 저장(貯藏)하는 입(入)의 작용(作用)과 또한, 함장식(含藏識)에 저장(貯藏)되어 있는 모든 기억정보(記憶情報)를, 제7식(第七識)의 작용(作用)에 따라 자연반응, 반연작용(自然反應, 攀緣作用)으로 인출(引出)하여, 제7식(第七識)에 반연작용(攀緣作用)으로 비추는, 업력정보, 출입작용(業力情報, 出入作用)을 한다. 이를 예(例)를 들면, 모른는 사람을 알게 되어, 그 사람의 이름[名]과 그 사람에 대해 여러 상황(狀況)을 알게 되면, 그 이후(以後)로 그 사람을 만나지 않아, 그 사람에 대해 잊고 있어도, 어느 날, 그 사람을 또, 만나면, 그 사람을 알아보며, 그 사람의 이름[名]을 부르게 되는 것은, 그 사람에 대한 모든 업(業)의 정보(情報)들이, 함장식(含藏識)에 자연,반연반응,작용(自然,攀緣反應,作用)으로 저장(貯藏)이 되었던 것이, 다시 그 사람을 만남으로 인해, 그 저장(貯藏)된 업(業)의 기억정보(記憶情報)를, 제8식(第八識) 능소출입식(能所出入識)이 자연반응,반연작용(自然反應,攀緣作用)으로 인출(引出)하여, 제7식작용(第七識作用)에 반연작용(攀緣作用)으로 비추면, 제7식(第七識) 자아의식(自我意識)은, 지난 기억정보(記憶情報)를 반연작용(攀緣作用)으로 비추는 기억작용(記憶作用)에 의해, 지금 맞닥뜨린 당면(當面)한 상황(狀況)을 분별(分別)하여 판단(判斷)하며, 자연스레 뜻[意]에 따라 행위(行爲)하게 된다.

또한, 자기(自己) 생활공간(生活空間)에서, 모든 생활소품(生活小品)들이 하나하나 어느 곳에 있는가를 인식(認識)하지 않아도, 어떤 특정(特定) 소품(小品)이 필요(必要)할 때가 되면, 제7식(第七識) 자아의식(自我意識)의 작용(作用)에, 제8식(第八識) 능소출입식(能所出入識)이 자연반응,반연작용(自然反應,攀緣作用)으로, 함장식(含藏識)에 저장(貯藏)되어 있는 기억정보(記憶情報)를 인출(引出)하여, 제7식(第七識)의 자아의식행(自我意識行)에 반연작용(攀緣作用)으로 비추면, 제7식(第七識) 자아의식(自我意識)은, 반연작용(攀緣作用)으로 비추는 기억작용(記憶作用)에 의해, 상황(狀況)과 뜻[意]에 따라 행위(行爲)를 하게 된다. 제8식(第八識) 능소출입식(能所出入識)의 작용(作用)은, 출입자재,원융무애(出入自在,圓融無礙)의 원활작용(圓滑作用)이, 무의식중(無意識中)에 이루어진다.

제8식(第八識) 능소출입식(能所出入識)의 작용(作用)이, 무의식중(無意識中)에 이루어지는 것은, 제8식(第八識) 능소출입식(能所出入識)은, 제7식(第七識) 자아의식(自我意識)보다 더 깊은 차원(次元)의 식(識)이므로, 제7식(第七識)으로는 인지(認知)할 수 없는 무의식(無意識)이기 때문이다. 그리고 또한, 제8식(第八識)은, 제7식(第七識) 자아의식(自我意識)의 작용(作用)보다 더욱 장애(障礙)가 없어 작용(作用)이 빠르고 섬세(纖細)하며, 미세(微細)한 차원(次元)의 식종(識種)이기 때문이다. 식(識)의 차원(次元)이 깊어질수록, 식종(識種)은 더욱 섬세(纖細)하고 미세(微細)하며, 그 식(識)의 작용(作用)이 더욱 장애(障礙)가 없어 빠르다. 그러므로, 식(識)이, 물질(物質)인 대경(對境)에 가깝고, 식(識)의 차원(次元)이 낮을수록, 식(識)은, 의지(意志)와 감정(感情)과 정념(情念)과 정식(情識)과 결탁(結託)하므로, 식(識)의 작용(作用)은 거칠어지고 둔(鈍)해진다.

전변지혜(轉變智慧)에 있어서, ①성소작지(成所作智)와 ②묘관찰지(妙觀察智)와 ③평등성지(平等性智)와 ④대원경지(大圓鏡智)와 ⑤법계체성지(法界體性智)가 여래5지(如來五智)인 불지(佛智)라고 하여도, 5지(五智)에도, 보살5지(菩薩五智)와 여래5지(如來五智)가 있다. 그러므로, 대원경지(大圓鏡智)를 불지(佛智)로 알아도, 그렇지가 않다. 대원경지(大圓鏡智)도 보살지혜(菩薩智慧)의 전변지혜(轉變智慧)인 무위성품,대원경지(無爲性品,大圓鏡智)가 있으며, 일체초월(一切超越) 불지(佛智)의 불지불성,대원경지(佛智佛性,大圓鏡智)가 있다. 대원경지(大圓鏡智)의 이름[名]이 같아도, 보살지혜(菩薩智慧)의 대원경지(大圓鏡

智)와 불지(佛智)의 대원경지(大圓鏡智)가 지혜성품차원(智慧性品次元)
이 다르다. 이 지혜경계(智慧境界)의 차별차원(差別次元)을 실증(實證)
하지 않으면, 이 사실(事實)을 알 수가 없다. 이를 증험(證驗)하지 않
으면, 단순(單純), 지식적(知識的) 이론(理論)으로, 대원경지(大圓鏡智)
가 불지(佛智)라고 이해(理解)하고 있어도, 제8식(第八識)을 타파(打
破)해 끊어져 멸(滅)한, 전변지혜(轉變智慧)인 대원경지(大圓鏡智)가
일체초월(一切超越) 불지(佛智)가 아님을 알지 못한다. 또한, 제8식
전변지혜(第八識轉變智慧)의 대원경지(大圓鏡智)와 일체초월(一切超越)
불지(佛智)의 대원경지(大圓鏡智)가, 동일지혜성품(同一智慧性品)이 아
님을 모른다.

이러한 오류(誤謬)는, 원측(圓測:613~696)스님이 주석(註釋)하신 해
심밀경소(解深密經疏)의 내용(內容) 중에, 논지(論智)의 지견(知見)을
보면, 제8식(第八識)을 전변(轉變)한 대원경지(大圓鏡智)의 성품(性品)
을 불성(佛性)으로 오인(誤認)하여 논설(論說)한 부분(部分)이 있다.
이에 대한 것은, 제식타파(諸識打破)의 전변,지혜성품,차별차원,지
혜세계(轉變,智慧性品,差別次元,智慧世界)를 실증(實證)하지 않으면, 알
수가 없다. 그러므로, 무엇이든 증험(證驗)하지 않고, 체험(體驗)하
지 않으면, 실증지혜(實證智慧)가 없는 지식(知識)과 사유(思惟)와 논
리적(論理的) 이해(理解)와 인지(認知)로는 알 수 없는 것 중, 특히,
유식성품세계(唯識性品世界)에는 지혜미완(智慧未完)의 오류(誤謬)와
앎의 모순(矛盾)이 발생(發生)할 수가 있다. 왜냐하면, 실증지혜(實證
智慧)가 없으면, 유식성품세계(唯識性品世界)를 유추(類推)한다고 알

수 있는 성품세계(性品世界)가 아니기 때문이다. 그리고 특히, 제식, 전변지혜, 성품세계(諸識, 轉變智慧, 性品世界)와 성불(成佛)을 향(向)한 무위, 지혜상승, 차별차원, 성품세계(無爲, 智慧上昇, 差別次元, 性品世界)는 실증지혜(實證智慧)가 없으면, 지식적(知識的) 이해(理解)로는 한계성(限界性)이 있어, 더욱, 알기가 어렵다. 그러므로, 무위보살지(無爲菩薩智)의 섬세(纖細)하고 밀밀(密密)한 심층지혜세계(深層智慧世界)를 또한, 타파(打破)해, 일체초월(一切超越) 무상불지(無上佛智)에 이르지 않았다면, 대승유식론체계(大乘唯識論體係) 중, 제8식(第八識) 속에 함께 있는 중첩, 차별차원, 성품(重疊, 差別次元, 性品)이 어떻게 구성(構成)이 되어있는지를 알 까닭[緣由]이 없다. 뿐만 아니라, 제8식(第八識)에 중첩(重疊)된 차별성품(差別性品)의 각각(各各) 그 전변지혜, 성품세계(轉變智慧, 性品世界)를 실증(實證)하지 않았으니, 또한, 알 까닭 [緣由]이 없다.

그러므로, 원측(圓測)스님은, 해심밀경소(解深密經疏)에서, 제8식(第八識)을 전변(轉變)한 대원경지(大圓鏡智)의 무구식(無垢識)과 여래(如來)의 무구식(無垢識)을 동일시(同一視)하는, 지혜오류(智慧誤謬)를 범(犯)한 논설(論說)이 있다. 불지정론(佛智正論), 유식총상(唯識總相) 10종식(十種識)의 분류(分類)에서, 제8식(第八識) 능소출입식(能所出入識)을 타파(打破)해, 일불승(一佛乘)의 대원경지(大圓鏡智)에 들고, 지혜각력상승(智慧覺力上昇)으로 또한, 제9식(第九識) 무명함장식(無明含藏識)을 타파(打破)해 불승(佛乘)의 심부동청정, 대열반성지(心不動淸淨, 大涅槃性智)에 들어도, 무위보살지(無爲菩薩智)의 최상지(最上智)일 뿐, 여래결정성(如來結定性)인, 일체초월(一切超越) 불지(佛智)가 아니다. 무위보살지(無爲菩薩智)의 최상지(最上智)이며, 불승(佛乘)의 지혜성품(智慧性品)인 심부동,대열반성지(心不動,大涅槃性智)를 또한, 타파(打破)해, 일체초월(一切超越) 절대성(絕對性)이며, 여래결정성(如來結定性)인 일체초월(一切超越) 불지(佛智)에 증입(證入)하면, 대원경지(大圓鏡智)가, 전변보살지(轉變菩薩智)의 대원경지(大圓鏡智)와 일체초월(一切超越) 불지(佛智)의 대원경지(大圓鏡智)가 있음을 깨닫게 된다. 또한, 무위보살지(無爲菩薩智)의 대원경지(大圓鏡智)와 일체초월불지(一切超越佛智)의 대원경지(大圓鏡智)가, 대원경지(大圓鏡智)란 이름[名]이 같아도, 지혜성품(智慧性品)이 다른, 차별차원성품(差別次元性品)인 까닭[緣由]을 비로소, 명확(明確)히 실증(實證)하게 된다.

보살지(菩薩智)의 대원경지(大圓鏡智)는, 제8식(第八識) 전변지(轉變智)이므로, 그 지혜성품(智慧性品)은 무위원융,대각명,보살지(無爲圓融,大覺明,菩薩智)이며, 여래(如來)의 대원경지(大圓鏡智)는, 법신여래(法身如來)인 불성원융,대원경지(佛性圓融,大圓鏡智)임을 깨닫게 된다. 보살지(菩薩智)의 대원경지(大圓鏡智)는, 중생식(衆生識)을 전변(轉變)한 증득지(證得智)인 일불승(一佛乘)의 무위원융,지혜성품(無爲圓融,智慧性品)이므로, 아직, 12인연(十二因緣)의 무명(無明)도 타파(打破)하지 못했음으로, 아직, 식(識)의 장애(障礙)를 모두 다 벗어나지 못해, 일체초월(一切超越) 불성(佛性)의 대원경지(大圓鏡智)가 아니므로, 일체초월성(一切超越性) 불지원융지(佛智圓融智)가 아니다. 그러므로, 전변보살지(轉變菩薩智)의 대원경지(大圓鏡智)는, 수행지혜(修行智慧)

가 의지(依支)하는바 원융각명, 무위성품행(圓融覺明, 無爲性品行)인, 능소(能所) 없는 쌍차쌍조(雙遮雙照)의 일불승행(一佛乘行)이 이루어진다. 그러나, 여래(如來)의 대원경지(大圓鏡智)는, 일체초월(一切超越) 본연불성(本然佛性)이므로, 무엇을 의지(依支)하는바 법(法)이 없어, 승(乘)이 끊어졌다.

그리고, 대원경지(大圓鏡智)인 일불승(一佛乘)은, 그 보다 더 깊은 지혜(智慧)인, 무명(無明)을 타파(打破)한 불승(佛乘)이 있으며, 일불승(一佛乘)의 지혜성품(智慧性品)은, 보살지(菩薩智)의 원융각명(圓融覺明)인 무위아뇩다라삼먁삼보리(無爲阿耨多羅三邈三菩提)이며, 불승(佛乘)의 지혜성품(智慧性品)은, 보살지(菩薩智)의 무위부동, 청정대반열반성지(無爲不動, 淸淨大般涅槃性智)이다. 일불승(一佛乘)이나, 불승(佛乘)이나, 그 전변, 무위지혜, 성품(轉變, 無爲智慧, 性品)의 증득지(證得智)에 들었어도, 자기지혜성품(自己智慧性品)이, 어떤 차원지혜(次元智慧)의 성품(性品)인지를 모른다. 그러므로, 스스로 그 심오(深奧)한 부사의, 지혜성품(不思議, 智慧性品)을 불성(佛性)으로 인지(認知)하며, 그 지혜성품(智慧性品)을 또한, 타파(打破)해 벗어나야 함을, 자기(自己)의 지혜(智慧)로는, 스스로 깨닫지를 못한다. 왜냐하면, 무상불지(無上佛智)에 이르는, 성불(成佛)의 총체적(總體的) 수행과정, 지혜상승, 실증세계(修行過程, 智慧上昇, 實證世界)을 아직 알지 못하며, 또한, 모르기 때문이다. 또한, 자기지혜성품(自己智慧性品)을 바르게 점검(點檢)할, 상지차원, 실증지혜(上智次元, 實證智慧)가 없기 때문이다. 그러므로, 자기지혜(自己智慧)의 그 부사의(不思議) 지혜성품

(智慧性品)과 지혜경계(智慧境界)를 점검(點檢)할 수가 없으므로, 스스로 자기지혜성품(自己智慧性品)을 불성(佛性)이나, 불지(佛智)로 인식(認識)하거나 착각(錯覺)해, 그 지혜경계(智慧境界)의 부사의(不思議) 무위,심층지혜,성품세계(無爲,深層智慧,性品世界)에 머무르게 된다. 그리고, 이 지혜경계(智慧境界)에서 어떻게 해야 할 바를 모른다. 왜냐하면, 더 이상(以上)의 실증,상차원지혜(實證,上次元智慧)에 대해, 알지 못하며, 또한, 성불(成佛)에 이르는 총체적(總體的) 실증지혜세계(實證智慧世界)에 대해, 알지 못하기 때문이다.

대반열반경(大般涅槃經), 제16권 범행품(梵行品) 구절(句節)의 말씀이다.

"아뇩다라삼먁삼보리(阿耨多羅三藐三菩提)와 대반열반(大般涅槃)을 만약(萬若), 깨닫고, 보며, 아는 자는, 세간(世間:衆生)이라 이름하지 아니하고, 마땅히, 보살(菩薩)이라 이름하느니라."
"阿耨多羅三藐三菩提 大般涅槃 若知見覺者 不名世間 當名菩薩"

아뇩다라삼먁삼보리(阿耨多羅三藐三菩提)와 대반열반(大般涅槃)을, 명확(明確)히 깨달아 밝게 보며, 밝게 아는 약지견각자(若知見覺者)를 일러, 불(佛)이라 하지 않고, 보살(菩薩)이라고 이름[名]하는 까닭을, 보살지혜(菩薩智慧)의 심층세계(深層世界), 제8식(第八識) 능소출입식(能所出入識) 전변지혜(八識轉變智慧)인 일불승(一佛乘)의 지혜성품(智慧性品), 원융각명성품(圓融覺明性品) 속에 있어도, 그 까닭을 알 수가 없고, 또한, 제9식(第九識) 무명함장식(無明含藏識)의 전변지혜(轉變智慧)인 불승(佛乘)의 지혜성품(智慧性品), 심부동청정,대열반성지(心不動清淨,大涅槃性智) 속에 있어도, 무상보리(無上菩提)와 대반열반(大般涅槃)을 명확(明確)히 깨달은 약지견각자(若知見覺者)인데, 이름[名]을 보살(菩薩)이라고 하는 그 까닭[緣由]을 알 수가 없다. 왜냐하면, 아뇩다라삼먁삼보리(阿耨多羅三藐三菩提)와 대반열반(大般涅槃)이, 무위지혜성품(無爲智慧性品)임을 알지 못하며, 증득지(證得智)의 최상지(最上智)이어도, 이를 타파(打破)해 벗어나야 함을, 깨닫지 못하고 있기 대문이다. 왜냐하면, 아직, 성불(成佛)의 총체적(總體的) 실증지혜과정(實證智慧過程)을 알지 못하기 때문이다. 그러므로, 대반열반경(大般涅槃經)의 이 구절(句節)을 명확(明確)히 깨닫고, 알려면, 아뇩다라삼먁삼보리(阿耨多羅三藐三菩提)와 대반열반(大般涅槃)을 증득(證得)하고, 또한, 지혜각력상승(智慧覺力上昇)으로, 아뇩다라삼먁삼보리(阿耨多羅三藐三菩提)와 대반열반(大般涅槃)을 타파(打破)해 초월(超越)하여, 일체초월(一切超越) 여래결정성(如來結定性)인 불성불지(佛性佛智)에 들면, 이 구절(句節)의 뜻을, 명확(明確)히 지혜점검(智慧點檢)할 수가 있다. 그러므로, 구(求)하고 증득(證得)한, 아뇩다라삼먁삼보리(阿耨多羅三藐三菩提)와 대반열반(大般涅槃)은, 무위최상지(無爲最上智)이어도, 완전(完全)한 일체초월(一切超越) 불지(佛智)가 아니므로, 그 지혜성품(智慧性品)과 지혜경계(智慧境界)를 또한, 타파(打破)해, 무위지혜성품(無爲智慧性品)을 완전(完全)히 벗어나야만, 일체초월(一切超越) 불지(佛智)에 들 수가 있다.

대반열반경(大般涅槃經), 제25권 사자후보살품(師子吼菩薩品) 구절(句節)의 말씀이다.

"선남자여! 그대가 묻기를, 10주(十住) 보살(菩薩)은 무슨 눈[眼]이길래, 불성(佛性)을 보더라도 분명(分明)치 못하고, 제불(諸佛) 세존(世尊)께서는 무슨 눈[眼]이길래 불성(佛性)을 보기를 밝고 분명(分明)한가 하였나니, 선남자여! 혜안(慧眼)으로 보는 까닭[緣由]으로 분명(分明)하지 못하고, 불안(佛眼)으로 보는 까닭[緣由]으로 분명(分明)하며, 보리행(菩提行)을 하는 까닭[緣由]으로 분명(分明)하지 못하고, 행(行)이 없는 까닭[緣由]으로 오직, 밝고 분명(分明)하며, 10주(十住)에 머무른 까닭[緣由]으로 보는데도 분명(分明)하지 못하고, 머물지도 않고 가지도 않으므로 밝고 분명(分明)하니라. 보살마하살(菩薩摩訶薩)의 지혜(智慧)는 인(因:證因:作)에 의한 까닭[緣由]으로, 분명(分明)하게 보지 못하고, 제불(諸佛) 세존(世尊)께서는, 인과(因果)가 끊어졌으므로, 분명(分明)하게 보느니라. 일체(一切) 깨달음은, 불성(佛性)을 이름함이니, 10주(十住) 보살(菩薩)은, 남김없이[一切] 깨달았다 이름할 수 없으므로, 비록 보더라도 분명(分明)하지 못하니라."

"善男子 如汝所問 十住菩薩以何眼故 雖見佛性,而不了了 諸佛世尊以何眼故 見於佛性 而得了了 善男子 慧眼見故 不得明了 佛眼見故 故得明了 爲菩提行故 則不了了 若無行故 則得了了 住十住故 雖見不了 不住不去 故得了了 菩薩摩訶薩智慧因故 見不了了 諸佛世尊斷因果故 見則了了 一切覺者 名爲佛性 十住菩薩不得名爲一切覺故

是故雖見 而不明了"

그리고, 보살종성,무위지혜,성품세계(菩薩種性,無爲智慧,性品世界)의 차별차원,지혜성품,구성체계(差別次元,智慧性品,構成體系)를 명확(明確)히 이해(理解)하려면, 먼저, 불지정론(佛智正論)의 유식총상(唯識總相), 10종식(十種識)의 분류(分類)에 대해, 각각(刻刻) 성품개념(性品槪念)의 명확(明確)한 이해(理解)와 인식(認識)이, 기본(基本) 바탕이 되어야 한다. 그로므로, 보살종성,차별차원,성품세계(菩薩種性,差別次元,性品世界)를 논(論)하기 전(前)에, 10종식(十種識)에 대해, 먼저 이해(理解)를 돕고자 한다.

① 6종식(六種識)

6종식(六種識)은, 5온(五蘊) 중, 상(想)에 해당(該當)하는, 안이비설신의(眼耳鼻舌身意)의 식(識)이다. 이는, 앞에서 논(論)하였으니, 간략(簡略)하게 설명(說明)하고자 한다. 6종식(六種識)은, 6종근(六種根)으로 받아들인 대상(對相)인 색성향미촉법(色聲香味觸法)이 그대로 거울[鏡]처럼 비치는, 안식(眼識), 이식(耳識), 비식(鼻識), 설식(舌識), 신식(身識), 의식(意識)이다. 이는, 소연경(所緣境)인 색성향미촉법(色聲香味觸法)에 인연(因緣)한 식(識)이므로, 소연식(所緣識)이며, 6종근

(六種根) 수(受)의 작용(作用)으로, 무의식중(無意識中) 자연,반연반응, 작용(自然,攀緣反應,作用)으로 색성향미촉법(色聲香味觸法)을 그대로 거울[鏡]처럼 비치는, 심상전환(心相轉換)의 현상식(現象識)이다. 그러므로, 6종식(六種識)은, 인위적(人爲的) 조작(造作)이나, 자유의지(自由意志)대로, 변형(變形)시킬 수가 없다.

그러므로, 색성향미촉법(色聲香味觸法)이 그대로 거울[鏡]처럼 비치어, 어떤 조작(造作) 없이, 그 형태(形態) 그대로 드러난다. 안[內]과 밖[外], 또는, 주관(主觀)과 객관(客觀), 또는, 주체(主體)와 객체(客體)를 구분(區分)하는 능(能)과 소(所)의 식종(識種)의 분류(分類)는, 마음 밖[外], 또는, 인지(認知)의 대상경계(對相境界)를 인연(因緣)하여 작용(作用)하는 식(識)을 소식(所識) 또는, 소연식(所緣識)이라고 하며, 마음 안[內], 또는, 주체(主體)에서 이루어지는 작용식(作用識)을 능식(能識) 또는, 능연식(能緣識)이라고 구분(區分)한다. 그러므로, 안이비설신의(眼耳鼻舌身意)의 6종식(六種識)은, 객체(客體)인 대상경계(對相境界)에 인연(因緣)한 식(識)이니, 소연식(所緣識)이다. 그리고, 제7식(第七識), 제8식(第八識), 제9식(第九識)은, 마음 속[內], 또는, 주체(主體)에 인연(因緣)한 식(識)이니, 능연식(能緣識)이다. 6종식(六種識)은 5온(五蘊) 중, 상(想)의 식(識)이다. 이는, 대상(對相)의 상(相)이 조작(造作) 없이, 마음 거울[鏡]에 색성향미촉법(色聲香味觸法)이 그대로 비치는 심상전환식(心相轉換識)이다. 6종식(六種識)이 타파(打破)되면, 색성향미촉법(色聲香味觸法)의 상(相)이 타파(打破)되어, 상공지혜(相空智慧)를 발(發)한다. 이는, 대승입,상공지혜(大乘入,相空智

慧)이다.

② 제7식(第七識)

제7식(第七識) 말나식(末那識)은 자아의식(自我意識)으로, 5온(五蘊) 중, 행(行)의 식(識)이다. 이는, 분별식(分別識)으로, 능소일체(能所一切)를 분별(分別)하는, 분별심(分別心)인 자아의식(自我意識)이다. 6종식(六種識)인 안식(眼識), 이식(耳識), 비식(鼻識), 설식(舌識), 신식(身識), 의식(意識)에 비친 색성향미촉법(色聲香味觸法)의 각각(各各), 상(相)을 인지(認知)하여 분별(分別)하고, 분석(分析)하여 판단(判斷)하며, 자기(自己)의 습관(習慣)과 업력(業力)과 의지(意志)에 따라, 다음 행위(行爲)를 결정(決定)하고, 행위(行爲)하는 식(識)이다. 마음의 자유의지적(自由意志的)인 일체행(一切行)이 곧, 자아의식(自我意識)인 제7식(第七識)의 작용(作用)이다.

● 세친보살(世親菩薩)의 제7식견(第七識見)

세친보살(世親菩薩)이, 유식30론송(唯識三十論頌)에, 제7식(第七識)인 말나식(末那識)을, 아치(我癡)와 아견(我見)과 아만(我慢)과 아애

(我愛)로 규정(規定)한 것은, 제7식(第七識)의 성품(性品)을, 자의적(自意的)으로 해석(解釋)한 독단(獨斷)이다. 제7식(第七識)을 이렇게 규정(規定)한 까닭[緣由]에는, 제6의식(第六意識)이 제7식(第七識)의 작용(作用)을 겸(兼)한, 자유의지행위식(自由意志行爲識)으로 인지(認知)하고 인식(認識)한, 지혜미완(智慧未完)에 의한 지견오류(知見誤謬)의 원인(原因)도 있다. 누구나, 청정(淸淨)한 수행심(修行心)을 일으켜, 불(佛)을 공경(禮敬)하며 예불(禮佛)하고, 경(經)을 받들어 행(行)하는 일체선근행(一切善根行)이 곧, 말나식(末那識)인 제7식(第七識)의 작용(作用)이다.

제7식(第七識)은, 마음 의지(意志)의 작용(作用)에 따라, 다양(多樣)한 선행(善行)과 자비(慈悲)의 공덕심(功德心)을 행(行)하며, 성불(成佛)의 선근(善根)과 증장심(增張心)을 더하여 성공덕행(聖功德行)에 증입(證入)하게 하므로, 제7식(第七識)인 말나식(末那識)을, 아치(我痴)와 아견(我見)과 아만(我慢)과 아애(我愛)만으로 보는 것은, 제7식(第七識)이, 무량선근(無量善根)을 일으키는 무량청정심(無量淸淨心)의 작용(作用)과 무량공덕행(無量功德行)의 지음[作用]을 벗어난, 추론적(推論的) 독단(獨斷)에 치우친 편견적(偏見的) 악견(惡見)이다. 그리고, 제7식(第七識)의 성품특성(性品特性)이 아치(我痴)와 아견(我見)과 아만(我慢)과 아애(我愛)뿐이면, 선근선행(善根善行)과 남[他]을 위하는 공덕심(功德心)과 그리고, 청정수행심(淸淨修行心)을 갖지 못한다.

그러나, 유식30론송(唯識三十論頌), 다음 구절(句節)에서는, 아라한

(阿羅漢)과 멸진정(滅盡定)의 출세도(出世道)에서는, 아치(我癡)와 아견(我見)과 아만(我慢)과 아애(我愛)의 제7식(第七識) 말나식(末那識)이 존재(存在)하지 않는다고 한다. 이 구절(句節)의 섭리(攝理)와 이치(理致), 그리고, 뜻[義]에는, 아치(我癡)와 아견(我見)과 아만(我慢)과 아애(我愛)를 끊어, 아라한(阿羅漢)과 멸진정(滅盡定)의 출세도(出世道)에 증입(證入)하게 한 것이 곧, 자아의식(自我意識)인 제7식(第七識)이란 뜻[意味]이다. 그러므로, 제7식(第七識)인 말나식(末那識)의 성품특성(性品特性)을 아치(我癡)와 아견(我見)과 아만(我慢)과 아애(我愛)로만 단정(斷定)한 것은, 극단적(極端的) 치우침이다. 왜냐하면, 제7식(第七識)의 다양(多樣)한 성품특성(性品特性)을 고려(考慮)하거나 배려(配慮)하지 않은, 제7식(第七識)에 대한 극단적(極端的) 치우친 왜곡견(歪曲見)이기 때문이다. 유식론(唯識論)의 무엇이든, 실증지혜(實證智慧)가 없거나, 명확(明確)히 성품특성(性品特性)을 관(觀)한 실관정지견(實觀正智見)이 아니거나, 또는, 지혜정안(智慧正眼)의 불지견(佛智見)이 아니면, 유식론(唯識論)의 무엇을 논(論)하든, 그 지견(知見)의 논지(論知)에는, 자기(自己)의 견해(見解)와 인식(認識)의 시각(視角)에 편중(偏重)하여 치우친 안목(眼目)일 수가 있으므로, 정지견(正智見)으로 실상(實相)을 알지 못하면, 무엇이든 자기편중시각(自己偏重視角)에 치우친 견해(見解)일 수도 있다.

특히, 유식론(唯識論)은, 각각(各各), 제식,차별차원,성품세계(諸識,差別次元,性品世界)에 대해, 실증지혜(實證智慧)가 없으면, 지식(知識)과 유추(類推)에 의지(依支)하게 되므로, 자기(自己)도 모르게, 왜곡(歪曲)된 지견오류(知見誤謬)를 범(犯)할 수가 있다. 왜냐하면, 유식성품세계(唯識性品世界)의 제식범위(諸識範圍)와 제식차원(諸識次元)은, 중생제식계(衆生諸識界)로부터 성불(成佛)에 이르는 일체,유위무위,차별차원,성품세계(一切,有爲無爲,差別次元,性品世界)이므로, 총체적(總體的) 일체유식,성품세계(一切唯識,性品世界)를 알려면, 일체초월(一切超越) 완전(完全)한 불지(佛智)이어야 한다. 왜냐하면, 일체,유위무위,차별차원,성품세계(一切,有爲無爲,差別次元,性品世界)를 모두 실증지혜(實證智慧)로 타파(打破)해, 완전(完全)히 벗어났음이 곧, 일체초월(一切超越) 불지(佛智)이기 때문이다.

그러므로, 완전(完全)한 일체초월(一切超越) 불지(佛智)에 이르지 못하면, 일체,유위무위,차별차원,성품세계(一切,有爲無爲,差別次元,性品世界)를 증험(證驗)한 실증지혜(實證智慧)가 없어, 일체제식,유위무위,차별차원,성품세계(一切諸識,有爲無爲,差別次元,性品世界)에 대해, 명확(明確)히 알 수가 없고, 또한, 이에 대한 실증지혜(實證智慧)가 없어, 이에 대해 명확(明確)히, 지혜점검(智慧點檢)을 할 수가 없다. 왜냐하면, 일체초월(一切超越) 불지(佛智)가 아니면, 일체,유위무위,차별차원,성품세계(一切,有爲無爲,差別次元,性品世界)에 대한 실증지혜(實證智慧)가 없어, 이를 유추(類推)하거나, 사유(思惟)하거나, 추론(推論)하거나, 분석(分析)하는 이 일체(一切)가 곧, 제7식(第七識) 자아의식(自我意識)의 지견(知見)과 분별심(分別心)이니, 이 분별심(分別心)으로는, 일체,유위무위,차별차원,성품세계(一切,有爲無爲,差別次元,性品世界)를, 알 수가 없기 때문이다. 일체유식,성품세계(一切唯識,性品

世界)는, 그 성품차원(性品次元)에 든[入] 실증지혜(實證智慧)로만 알 수 있을 뿐이다. 왜냐하면, 제식(諸識)과 전변지혜(轉變智慧)의 차별차원, 성품세계(差別次元, 性品世界)는, 유추(類推)하거나 분별(分別)로써 헤아려 알 수 있는, 성품세계(性品世界)가 아니기 때문이다.

일체유식, 성품세계(一切唯識, 性品世界)인 일체, 유위무위, 제식성품, 차별세계(一切, 有爲無爲, 諸識性品, 差別世界)를, 지혜각력상승(智慧覺力上昇)으로 모두 타파(打破)해 벗어나야, 총체적(總體的) 일체유식, 성품세계(一切唯識, 性品世界)를 알게 된다. 일체, 유위무위, 유식성품, 차별세계(一切, 有爲無爲, 唯識性品, 差別世界)를 모두 타파(打破)해 벗어남으로, 곧, 무상불지(無上佛智)에 증입(證入)하게 된다. 그러하기 이전(以前)에는, 일체, 유위무위, 차별차원, 유식성품, 차별세계(一切, 有爲無爲, 差別次元, 唯識性品, 差別世界)의 전체(全體)를, 총체적(總體的)으로 알 수가 없다. 그러므로, 완전(完全)한 일체초월(一切超越) 불지(佛智)에 들지 않았다면, 일체, 유위무위, 유식성품, 차별세계(一切, 有爲無爲, 唯識性品, 差別世界)에 대한 실증지혜(實證智慧)가 없어, 유식세계(唯識世界)를 논(論)하여도, 자기(自己)가 실증증험(實證證驗)하지 못한, 유식성품세계(唯識性品世界)에 대해, 유추(類推)하고, 추론(推論)하는 분별(分別)에 의지(依支)하게 된다. 그러므로, 실증지혜(實證智慧)가 없는 유식론지(唯識論智)에는, 실증지혜(實證智慧) 없는 지혜미완(智慧未完)의 한계성(限界性) 때문에, 유추(類推)와 추론(推論)의 자기지견(自己知見)이, 자연스레 개입(介入)을 하게 된다.

그러므로, 지혜각력상승(智慧覺力上昇)으로, 일체,유위무위,차별
차원,성품세계(一切,有爲無爲,差別次元,性品世界)를, 실증지혜(實證智
慧)로 모두 다 타파(打破)해, 일체초월(一切超越) 불지(佛智)에 이르지
않았다면, 설사(設使) 보살,심층지혜,성품세계(菩薩,深層智慧,性品世
界)에 증입(證入)해 있어도, 총체적(總體的) 일체유식,성품세계(一切
唯識,性品世界)에 대해, 명확(明確)히 언급(言及)하거나, 논(論)할 수가
없다. 왜냐하면, 일체유식,성품세계(一切唯識,性品世界)를, 실증지혜
(實證智慧)로 모두를 다 타파(打破)해 벗어난, 일체초월(一切超越) 불
지(佛智)가 아니기 때문이다. 이는, 유식(唯識)의 총체적(總體的) 일
체,유위무위,차별차원,성품세계(一切,有爲無爲,差別次元,性品世界)를
실증증험(實證證驗)하지 않아, 총체적(總體的) 유식성품세계(唯識性品
世界)에 대한 실증지혜정안(實證智慧正眼)이 없기 때문이다. 제7식(第
七識)이 자아의식(自我意識)이니, 만약(萬若), 제7식(第七識)이, 아치
(我痴)와 아견(我見)과 아만(我慢)과 아애(我愛)에만 편중(偏重)한 극단
적(極端的)인 식(識)이면, 선심선행(善心善行)과 불법(佛法)의 무량선
근(無量善根)을 수용(受容)할 수가 없다. 그리고, 자아의식(自我意識)
이, 선근발심(善根發心)으로 성불(成佛)의 인연식(因緣識)이어도, 그
렇게 제7식(第七識)의 성품(性品)을 극단적(極端的)으로 규정(規定)하
면, 성불(成佛)을 향(向)한, 각종(各種) 불법선근(佛法善根)과 자비(慈
悲)와 지혜행(智慧行)의 선근발심(善根發心)을 할 수가 없다.

만약(萬若), 제7식(第七識)이, 아치(我痴)와 아견(我見)과 아만(我慢)
과 아애(我愛)에 치우친 극단적(極端的) 식(識)이면, 자기(自己)를 되

돌아 보고 점검(點檢)하며, 선근수행심(善根修行心)을 발(發)할 수가 없어, 자아의식(自我意識)은, 해탈발원발심(解脫發願發心)으로 무상지혜(無上智慧)의 길로 나아갈 수가 없다. 그리고, 유식30론송(唯識三十論頌)에, 제7식(第七識)이 멸(滅)한 출세도(出世道)와 멸진정(滅盡定)에는, 제7식(第七識)이 없다 하니, 이 또한, 제7식(第七識) 자아의식(自我意識)이, 해탈발원발심(解脫發願發心)으로 무량선근(無量善根)을 일으켜, 아치(我癡)와 아견(我見)과 아만(我慢)과 아애(我愛)인 제7식(第七識)을 소멸(消滅)함으로, 출세도(出世道)와 멸진정(滅盡定)에 이르게 된 것이다. 그러므로, 수행선근심(修行善根心)이 지극(至極)하여, 걸림 없는 지혜(智慧)가 열리면, 세친보살(世親菩薩)의 지혜미완(智慧未完)에 의한 논지(論智)의 오류(誤謬)를, 밝게 지혜점검(智慧點檢)하게 될 것이다.

● 세친보살(世親菩薩)의 대승5온론(大乘五蘊論)

세친보살(世親菩薩)의 대승5온론(大乘五蘊論)은, 대승(大乘)의 5온개공지(五蘊皆空智)의 성품세계(性品世界)를 밝게 드러내지 못한 논(論)이다. 대승5온론(大乘五蘊論)이라면, 대승(大乘)의 공성지혜(空性智慧)가 열리어, 5온(五蘊)의 성품(性品)을 대승지(大乘智)에서, 5온,제법공성,대승수용,지혜심계(五蘊,諸法空性,大乘受容,智慧心界)를 밝혀야 한다. 그러나, 세친보살(世親菩薩)의 대승5온론(大乘五蘊論)은, 5온(五蘊)에 대한 중생심(衆生心)을 열거(列擧)했을 뿐, 대승지(大乘智)의

5온, 개공성품, 대승지혜, 수용심계(五蘊, 皆空性品, 大乘智慧, 受容心界)에 대해서는, 언급(言及)하지 않았으니, 대승5온론(大乘五蘊論)이라고도 할 수가 없다. 세친보살(世親菩薩)이 대승5온론(大乘五蘊論)에서, 5온(五蘊) 중, 식(識)의 성품세계(性品世界)를 밝게 드러내지 못한 부분(部分)은, 세친보살(世親菩薩)의 지혜(智慧)의 한계점(限界點)이다.

그리고, 세친보살(世親菩薩)이 대승5온론(大乘五蘊論)을 남겼어도, 5온(五蘊)의 색수상행식(色受想行識) 중, 식(識)의 성품세계(性品世界)를 밝게 드러낼 수가 없다. 왜냐하면, 5온(五蘊)의 식(識)의 성품(性品)은, 불지정론(佛智正論) 10종식(十種識) 중에, 제8식(第八識) 능소출입식(能所出入識)과 제9식(第九識) 무명함장식(無明含藏識)과 제10식(第十識) 본성(本性)이 함께, 중첩(重疊)되어 있기 때문이다. 그러므로, 그 식(識)에 대한 명확(明確)한 실증지혜(實證智慧)가 없으면, 그 식(識)의 성품세계(性品世界)를 알 수도 없고, 또한, 이해(理解)할 수도 없고, 또한, 유추(類推)하거나 추론(推論)하여도 알 수가 없다. 그러므로, 세친보살(世親菩薩)로서는, 대승5온론(大乘五蘊論)의 대승공성, 지혜세계(大乘空性, 智慧世界)를 완성(完成)할 수가 없다.

왜냐하면, 5온(五蘊)의 색·수·상·행·식(色·受·想·行·識) 중, 마지막 식(識)의 성품(性品)에 대해 명확(明確)히 알려면, 12인연법(十二因緣法)의 무명(無明)이 완전(完全)히 끊어져 멸(滅)한, 일체초월(一切超越) 불지(佛智)에 증입(證入)해야 한다. 그 까닭[緣由]은, 그 식(識)의 성품(性品)에는, 제8식(第八識) 능소출입식(能所出入識)과 12인연법(十二

因緣法)의 무명성품(無明性品)인 제9식(第九識) 무명함장식(無明含藏識)과 제8식(第八識) 능소출입식(能所出入識)의 전변지혜(轉變智慧)인 일불승(一佛乘) 대원경지(大圓鏡智)와 제9식(第九識) 무명함장식(無明含藏識)의 전변지혜(轉變智慧)인 불승(佛乘)의 심부동,대열반성지(心不動,大涅槃性智)와 청정본성(淸淨本性)인 불성(佛性)이 중첩(重疊)해 있어, 이를 밝게 요별(了別)하고, 그 각각(各各) 차별차원,성품세계(差別次元,性品世界)를 명확(明確)히 드러내어야 하기 때문이다.

모든, 바라밀행(波羅蜜行)이 구족(具足)한, 보살(菩薩)의 10지(十地)라도, 12인연법(十二因緣法)을 명확(明確)히 관(觀)할 수 없음은, 5온(五蘊)의 성품(性品) 중, 식(識)의 성품(性品)이, 명확(明確)히 해결(解決)되지 않았기 때문이다. 5온(五蘊)의 식(識)의 성품(性品)은, 12인연법(十二因緣法) 중에, 무명(無明) 성품(性品)인 함장식(含藏識)과 무명(無明) 성품(性品)인 함장식(含藏識)으로부터, 전생습기(前生習氣)로 무의식중(無意識中)에 전개(展開)하는, 무명(無明) 다음 행(行)이, 한 목, 중첩(重疊)해 있기 때문에, 5온(五蘊) 중, 식(識)의 성품(性品)을 밝게 가름하고, 명확(明確)히 정의정론(正義正論)하는 것은, 보살지(菩薩智)의 지혜(智慧)로는, 불가능(不可能)하다. 그러므로, 그 성품(性品)을 밝게 아는 것은, 일체초월(一切超越) 불지(佛智)에 증입(證入)하기 전(前)에는, 알 수가 없다.

5온(五蘊) 중, 식(識)의 성품(性品)에는, 무명심층성품(無明深層性品)인 제8식(第八識) 능소출입식(能所出入識)과 제9식(第九識) 무명함장부동성품(無明含藏不動性品)과 무위지혜심층성품(無爲智慧深層性品)인 일불승(一佛乘)의 대원경지성품(大圓鏡智性品)과 불승(佛乘)의 심부동,대열반지,성품(心不動,大涅槃智,性品)과 불(佛)의 불성(佛性)이, 각각(各各) 다른 차별차원성품(差別次元性品)으로 중첩(重疊)해 있다. 만약(萬若), 중첩(重疊)되어 있는, 이 각각(各各) 다른 차별차원성품(差別次元性品)의 특성(特性)을, 명확(明確)히 구분(區分)하여 요별(了別)할 수 없다면, 5온(五蘊)의 색수상행식(色受想行識) 중, 식(識)의 성품(性品)에 대한 실증지혜(實證智慧)가 없이, 그 성품(性品)을 밝게 정의정론(正義正論)하는 것은, 불가능(不可能)하다. 5온(五蘊) 중, 색수상행(色受想行)을 타파(打破)해 벗어나, 5온(五蘊)의 최종식(最終識)인, 식(識)의 성품(性品)을 또한, 타파(打破)한, 전변지혜성품(轉變智慧性品)의 무위심층보살지(無爲深層菩薩智)인, 최종지(最終智)에 들어 있는 지혜경계(智慧境界)의 점검(點檢) 말씀이 곧, 대반열반경(大般涅槃經) 제16권 범행품(梵行品)의 이 구절(句節)이다.

"아뇩다라삼먁삼보리(阿耨多羅三藐三菩提)와 대반열반(大般涅槃)을 만약(萬若), 명확(明確)히 깨닫고[覺], 보며, 아는 자(者)는, 세간(世間: 衆生)이라 이름[名]하지 아니하고, 마땅히, 보살(菩薩)이라 이름[名]하느니라."

"阿耨多羅三藐三菩提 大般涅槃 若知見覺者 不名世閒 當名菩薩"

만약(萬若), 아뇩다라삼먁삼보리(阿耨多羅三藐三菩提)와 대반열반(大般涅槃)을 깨달아, 명료(明了)히 밝게 알아도, 왜? 불(佛)이 아닌, 보살(菩薩)이라고 하는지? 위[上] 구절(句節)의 지혜경계(智慧境界)와 뜻[義]을, 실증지혜정안(實證智慧正眼)으로 명확(明確)히 깨달아 안다면, 곧, 일체초월(一切超越) 불지(佛智)에 증입(證入)했음이다. 왜냐하면, 불지(佛智)에 증입(證入)하지 않으면, 아뇩다라삼먁삼보리(阿耨多羅三藐三菩提)의 지혜경계(智慧境界)와 대반열반(大般涅槃)의 지혜경계(智慧境界)를 실증(實證)하지 않아, 그 지혜경계(智慧境界)를 명확(明確)히 알 수가 없으며, 또한, 아뇩다라삼먁삼보리(阿耨多羅三藐三菩提)와 대반열반(大般涅槃)을 깨달아 명료(明了)히 앎에도, 불(佛)이 아니고, 왜? 보살(菩薩)이라고 이름[名]하는지? 그 까닭[緣由]을 알 수가 없기 때문이다. 위의 구절(句節)은, 일체초월(一切超越) 불지(佛智)에 증입(證入)해야만, 그 까닭[緣由]을 명료(明了)한 실증지혜(實證智慧)로, 위[上]의 지혜(智慧)를 밝게 점검(點檢)할 수가 있다.

만약(萬若), 위의 지혜(智慧)를, 명료(明了)한 실증지혜정안(實證智慧正眼)으로 지혜점검(智慧點檢)할 수가 있다면, 5온(五蘊)의 색수상행식(色受想行識) 중, 식(識)의 성품(性品)에 대해, 밝게 명료(明瞭)히 논(論)하고, 해설(解說)할 수가 있다. 왜냐하면, 이 성품(性品)을 명확(明確)히 논(論)하고, 해설(解說)함은, 제7식(第七識) 자아의식(自我意識)과 제8식(第八識) 능소출입식(能所出入識)과 제9식(第九識) 무명함장식(無明含藏識)의 각각(各各) 성품특성(性品特性)과 각각(各各) 관계성(關係性)에 대해, 실증지혜(實證智慧)로 명확(明確)히 아는, 일체초월(一切超越) 불지(佛智)에 증입(證入)한 지혜(智慧)이기 때문이다. 만약(萬若) 일체초월(一切超越) 불지(佛智)이면, 12인연법(十二因緣法)

의 무명성품(無明性品)과 무명(無明)에 의한 행(行)의 식(識)에 대해, 그 성품특성(性品特性)의 그 실증경계(實證境界)와 그리고 또한, 그 성품(性品)을 타파(打破)해 증입(證入)한, 아뇩다라삼먁삼보리(阿耨多羅三藐三菩提)와 대반열반(大般涅槃)에 대해, 밝게 실증지혜(實證智慧)로 논(論)하고, 실증지혜정안(實證智慧正眼)으로 정의정론해설(正義正論解說)할 수가 있다. 왜냐하면, 제식전변,무위심층지혜,차별차원,성품세계(諸識轉變, 無爲深層智慧, 差別次元, 性品世界)에 대해, 모두 실증지혜(實證智慧)로 증험(證驗)하고, 또한, 그 성품세계(性品世界)를 타파(打破)해 벗어났기 때문이다. 이 말의 뜻은, 일체,유위무위,차별차원,지혜성품,유식세계(一切, 有爲無爲, 差別次元, 智慧性品, 唯識世界)를 모두 벗어나, 일체초월(一切超越) 무상불지(無上佛智)에 이르렀음을 일컬음이다.

그리고, 제6의식(第六意識)과 제7식(第七識) 자아의식(自我意識)의 성품(性品)이, 서로 차원(次元)이 달라, 성품작용특성(性品作用特性)과 성품작용영역(性品作用領域)이 같을 수가 없으나, 대승유식론(大乘唯識論)에는, 제6의식(第六意識)의 작용(作用)이, 제7자아의식(第七自我意識)의 작용(作用)을 겸(兼)하고 있다. 그러므로, 제6의식(第六意識)과 제7자아의식(第七自我意識)의 성품작용특성(性品作用特性)과 성품작용차별성(性品作用差別性)이 불분명(不分明)하여, 대승유식론(大乘唯識論)의 유식성품체계(唯識性品體係)가 혼란(混亂)하다. 그러므로, 제6의식(第六意識)과 제7자아의식(第七自我意識)의 성품작용(性品作用)이, 서로 혼재(混在)되어, 서로 성품작용영역(性品作用領域)이 겹치는 부분(部分)이 있다. 그러다 보니, 대승유식론(大乘唯識論)에서는 제6의식(第六意識)과 제7자아의식(第七自我意識)의 작용차별성(作用差別性)과 성품개념정의(性品槪念正義)가 명확(明確)히 차별(差別)이 없다.

그리고, 대승유식론(大乘唯識論)에서는, 제6의식(第六意識)이 제7식(第七識) 자아의식(自我意識)의 작용(作用)을 겸(兼)하고 있으므로, 대승유식론(大乘唯識論)에 치우친 관점(觀點)에서는, 제7식(第七識)의 존재역할(存在役割)이 무의미(無意味)하므로, 제7식(第七識)의 존재(存在)를 부정(否定)하는 경우(境遇)도 있다. 이것은, 제7자아의식(第七自我意識)의 작용(作用)을, 제6의식(第六意識)의 작용(作用)으로 이해(理解)하거나, 인지(認知)하기 때문이다. 이렇게 인식(認識)하게 된 원인(原因)은, 대승유식론(大乘唯識論)에서, 여래정론(如來正論)의 제식전개,기본섭리,구성체계(諸識展開,基本攝理,構成體系)인 경·근·식(境·根·識) 18경계체계(十八境界體系)를, 대승유식론(大乘唯識論)에는 제6의식(第六意識)이 주관(主管)하는, 전5식체계(前五識體系)로 변형(變形)한 것이, 주요인(主要因)이며, 주원인(主原因)이다.

● 선문정로(禪門正路) 제7식견(第七識見)

그러므로, 장경각(藏經閣) 출판(出版), 성철(性徹)스님 평석[2015년 10월 5일 발행], 선문정로(禪門正路)의 내용(內容) 중에는, 제7식(諸七識)의 존재(存在)를 부정(否定)하며, 제6식(第六識)과 제8식(第八識)

의 존재(存在)만을 인정(認定)하는 내용(內容)의 말씀이 있다. 그 까닭인즉슨, 유식경(唯識經)인 해심밀경(解深密經)에서, 제7식(第七識)을 설(說)하지 않았기 때문이라고 한다. 또한, 해심밀경(解深密經)에서 아뢰야식(阿賴耶識)에 의지(依支)해 6전식(六前識)이 생긴다고 했으며, 해심밀경(解深密經)에서는, 제7식(第七識)을 거쳐 6종식(六種識)이 전개(展開)된다는 이야기가 없기 때문이라고 한다. 그러나, 이렇게 생각[認識]한 것은, 대승유식론(大乘唯識論)에, 제6의식(第六意識)이 제7식(第七識)의 작용(作用)을 겸(兼)한 왜곡변형(歪曲變形)된 부분(部分)이 있어, 제6의식(第六意識)과 제7식(第六識) 자아의식(自我意識)의 성품작용(性品作用)에 대한 개념정의(槪念正義)가 명확(明確)하지 않으며, 불분명(不分明)하기 때문이다. 이 또한, 대승유식론(大乘唯識論)이 경·근·식(境·根·識) 18경계체계(十八境界體系)를, 제6의식(第六意識)이 주관(主管)하는, 전5식체계(前五識體系)로 왜곡변형(歪曲變形)한, 악영향(惡影響) 때문이다.

식(識)의 성품(性品)이 서로 같은 차원(次元)의 성품(性品)은 6종근(六種根)인, 안근(眼根), 이근(耳根), 비근(鼻根), 설근(舌根), 신근(身根), 의근(意根)이, 서로 같은 차원성품(次元性品)의 식(識)의 근(根)이다. 또한, 6종식(六種識)인, 안식(眼識), 이식(耳識), 비식(鼻識), 설식(舌識), 신식(身識), 의식(意識)도, 서로 같은 차원성품(次元性品)의 식(識)이다. 그리고, 서로 같은 차원(次元)의 식(識)인, 안이비설신의근(眼耳鼻舌身意根)인 6종근(六種根) 중, 지혜작용(智慧作用)으로, 한 근

(根)이 완전(完全)히 타파(打破)되어 끊어지면[滅], 6종근(六種根)이 한목 끊어져 멸(滅)한다. 그리고 또한, 안이비설신의식(眼耳鼻舌身意識)인 6종식(六種識)은, 서로 같은 차원(次元)의 식(識)이므로, 지혜작용(智慧作用)으로, 한 식(識)이 완전(完全)히 타파(打破)되어 끊어지면[滅], 6종식(六種識)이 한목 끊어져 멸(滅)한다. 그러나, 성품차원(性品次元)이 같지 않은 다른 차원(次元)의 성품(性品)은 멸(滅)하지 않으므로, 지혜각력상승(智慧覺力上昇)으로 다음 성품(性品)을 타파(打破)하여, 그 타파(打破)한 성품(性品)의 전변지혜(轉變智慧)에 증입(證入)하게 된다.

그러므로, 같은 차원성품(次元性品)의 6종근(六種根)과 또한, 같은 차원성품(次元性品)의 6종식(六種識)을 제외(除外)하고는, 제7식(第七識)과 제8식(第八識)과 제9식(第九識)은 서로, 성품차원(性品次元)이 다르므로, 식종차원(識種次元)이 서로 달라, 서로 작용영역(作用領域)이 섞이어 혼재(混在)하거나, 작용영역(作用領域)이 서로 겸(兼)하거나 겹칠 수가 없다. 왜냐하면, 제식전개,자연섭리,구성체계(諸識展開,自然攝理,構成體系)의 연계식종차원(連繫識種次元)에 따라, 서로 성품작용(性品作用)의 차원(次元)과 성품작용(性品作用)의 역할(役割)이 다르기 때문이다. 그러므로, 서로 성품작용영역(性品作用領域)이 혼재(混在)되지 않고, 또한, 성품작용역할(性品作用役割)이 혼재(混在)되지 않아, 서로, 성품역할(性品役割)과 성품차원(性品次元)이 중복(重複)되거나, 겹칠 수가 없다.

그러므로, 여러 제식종(諸識種)이 서로 차별차원(差別次元) 속에 연계중첩(連繫重疊)해 있어도, 서로 혼재(混在)되거나 겹치지가 않아, 한 마음 씀에, 6, 7, 8, 9, 10종식(十種識)의 성품(性品)이, 서로 연계(連繫)되어 작용(作用)을 해도, 서로 장애(障礙)됨이 없다. 그러므로, 한 마음 씀에, 제식종(諸識種)이 서로 함께 연계중첩(年戒重疊)된 인연관계(因緣關係) 속에 전개작용(展開作用)을 하여도, 조금이라도 불편(不便)한 것이 없다. 또한, 식종(識種)에 따라, 서로 성품차원(性品次元)이 다르므로, 어느 한 식(識)을 타파(打破)하여, 식(識)의 전변(轉變)이 이루어질 때에, 서로 다른 차별차원(差別次元)의 식(識)은 파괴(破壞)되지 않는다. 그러므로, 각각(各各), 차별차원(差別次元)의 식(識)을 점차(漸次) 타파(打破)해 전변(轉變)함이, 성불(成佛)에 이르는 무위보살지(無爲菩薩智)가 점차(漸次) 깊어지는, 전변지혜,상승과정,차별차원,지혜성품,차별세계(轉變智慧,上昇過程,差別次元,智慧性品,差別世界)이다.

유식세계(唯識世界)는, 경(經)이나 또는, 유식론(唯識論)이나 유식학(唯識學)에 있는 것이 아니다. 중생심(衆生心) 일체(一切)가 유식세계(唯識世界)이다. 그러므로, 지혜(智慧)로, 자기(自己)의 제식작용(諸識作用)을 관(觀)하면, 제7식(第七識)이 인지(認知)하지 못하는, 무의식세계(無意識世界)인, 제8식(第八識)과 제9식(第九識)과 본성(本性)인 제10식(第十識)은 알 수가 없어도, 모든 사람의 심식작용(心識作用)인 6종근(六種根)은, 색성향미촉법(色聲香味觸法)의 대상(對相)을 받아들이며, 또한, 6종식(六種識)은 색성향미촉법(色聲香味觸法)을 거울

[鏡]처럼 비치며, 제7식(第七識) 자아의식(自我意識)은, 6종식(六種識)에 비치는 색성향미촉법(色聲香味觸法)을 인지(認知)하여 분별(分別)하는, 이 전개과정(展開過程)을 명확(明確)히 인지(認知)할 수가 있다.

제9식(第九識) 함장식(含藏識)과 제8식(第八識) 능소출입식(能所出入識)과 제7식(第七識) 자아의식(自我意識)의 분별(分別)과 6종식(六種識)에 비치는 색성향미촉법(色聲香味觸法)의 심상전환식(心相轉換識)과 6종근(六種根)이 색성향미촉법(色聲香味觸法)의 대상(對相)을 받아들이는 수(受)의 작용(作用)이 전개(展開)되는 상황(狀況)을, 실례(實例)로, 비유(比喩)할 것 같으면, 각종(各種) 음식(飮食)이 눈[眼]에 비치는 것은, 6종근(六種根) 중, 안근(眼根)이 음식(飮食)의 모습과 형태(形態)를 받아들이니, 받아들인 그 모습과 형태(形態)가, 6종식(六種識) 중 안식(眼識)에 그대로 거울[鏡]처럼 비치므로, 제7식(第七識) 자아의식(自我意識)이, 안식(眼識)에 비치는 그 모습을 인지(認知)하게 된다. 그러므로, 제7식(第七識)의 작용(作用)에 자연반응,반연작용(自然反應,攀緣作用)으로, 제8식(第八識) 능소출입식(能所出入識)이, 제9식(第九識) 함장식(含藏識)에 저장(貯藏)되어 있는 지난 기억정보(記憶情報)들 중에, 그 음식(飮食)과 관계(關係)되는 정보(情報)들을 인출(引出)하여, 반연작용(攀緣作用)으로 제7식(第七識)에 비추면, 제7식(第七識) 자아의식(自我意識)은, 반연작용(攀緣作用)에 의한 기억정보작용(記憶情報作用)으로, 안식(眼識)에 비치는, 각종(各種) 음식(飮食)의 이름[名]과 그 맛[味]과 자기(自己)가 좋아하고 싫어하는 습관(習慣)과 취향(趣向)에 따라, 낱낱이 그 음식(飮食)들을 분별(分別)하여, 습관(習

慣)과 의지작용(意志作用)에 따라, 안근(眼根)으로 받아들여 안식(眼
識)에 비친 그 음식(飮食)을 먹고자, 자아의지적(自我意志的) 작용(作
用)으로 신근(身根)에 그 뜻이 전달(傳達)되어, 안근(眼根)과 안식(眼
識)과 신근(身根)과 신식(身識)과 제7식(第七識)과 제8식(第八識)과 제
9식(第九識)의 끊임없는 자연반연,인연전개(自然攀緣,因緣展開)의 연
계연속작용(連繫連續作用) 속에, 그 음식(飮食)을 도구(道具)로 집어서
입안에 넣으면, 설근(舌根)으로 받아들인 맛[味]의 형태(形態)를 설
식(舌識)이 그대로 비치어 현상화(現象化)하니, 제7식(第七識)은 설식
(舌識)에 그 맛[味]이 현상화(現象化)된 것을 인지(認知)하여, 또한, 분
별(分別)하고 분석(分析)하여, 자기(自己)의 습관(習慣)과 취향(趣向)과
의지작용(意志作用)에 따라, 그 음식(飮食)을 더 먹을 것인지, 아니
면 다른 음식(飮食)을 먹을 것인지를 결정(決定)하며, 그 판단(判斷)
과 결정(決定)한 작용(作用)의 행위(行爲)를 하게 된다. 이 일련(一連)
의 연계과정(連繫過程) 속에는, 서로 대화(對話)를 나누고, 각종(各種)
소리[聲]도 들으며, 각종(各種) 냄새[香]도 느끼므로, 각종(各種) 상황
(狀況)의 감정(感情)과 의식작용(意識作用) 등(等)의 복합적(複合的) 연
계상속작용(連繫相續作用)이 이루어진다.

이는, 6종근(六種根)과 6종식(六種識)과 제7식(第七識)과 제8식(第八
識)과 제9식(第九識)이 연계(連繫)되어, 끊임없이 반연반응연계(攀緣
反應連繫)되는 인연작용(因緣作用)에 따라, 제식출입,쌍차쌍조(諸識出
入,雙遮雙照)의 쉼 없는 전개상속,원융무애,제식작용(展開相續,圓融無
礙,諸識作用)이 이루어진다. 그러므로, 유식세계(唯識世界)의 실제(實

際)는, 경(經)이나, 유식학(唯識學)이나 유식론(唯識論)에 있는 것이 아니다. 자기(自己) 자신(自身)의 모든 심식작용(心識作用)과 그 몸[身] 의 모든 행위(行爲)가 곧, 제식,전개작용,세계(諸識,展開作用,世界)이 다. 그러므로, 자기(自己) 행위(行爲)의 모든 것을 잘 관(觀)하여 살 펴보면, 유식성품세계(唯識性品世界)의 제식전개,상속섭리,작용세계 (諸識展開,相續攝理,作用世界)를 알 수가 있다.

그리고, 대승유식론(大乘唯識論)에서는, 제6의식(第六意識)이 제7자 아의식(第七自我意識)의 행(行)을 겸(兼)하므로, 제7식(第七識)의 존재 (存在)를 부정(否定)하는 경우(境遇)도 있다. 장경각(藏經閣) 출판, 성 철(性徹)스님 평석[2015년 10월 5일 발행], 선문정로(禪門正路)에서 는 그 까닭을, 유식론경(唯識論經)인 해심밀경(解深密經)에 제7식(第 七識)의 용어(用語)가 없고, 또한, 제7식(第七識)에 대해 설(說)하지 않았다고 한다. 그러나, 해심밀경(解深密經)에, 제7식(第七識)의 작용 세계(作用世界)를 논(論)하지 않은 것은 아니다. 해심밀경소(解深密經 疏)의 심의식상품(心意識相品)에서 원측(圓測)스님께서도 ①심(心)은 제법(諸法)의 종자(種子)를 적집(積集)함으로 제8식(第八識)이며, ②의 (意)는 항상(恒常) 사량(思量)하고 아(我)라고 여기기 때문에 제7식(第 七識)이며, ③식(識)은 여섯 가지 6종식(六種識)이라고 하였다. 그리 고, 해심밀경(解深密經)의 일체법상품(一切法相品)에, 변계소집성(遍 計所執性)과 의타기성(依他起性)과 원성실성(圓成實性)에 대한 경설(經 說)이 있다. 이 3성(三性) 중에, 변계소집성(遍計所執性)이 곧, 자아의 식(自我意識)인, 제7식(第七識) 자아의식(自我意識)의 작용세계(作用世

界)이다. 그리고, 의타기성(依他起性) 또한, 제7식(第七識) 자아의식(自我意識)의 작용부분세계(作用部分世界)가 있다. 그러므로, 해심밀경(解深密經)에, 제7식설(第七識說)이 없는 것이 아니다. 제7식(第七識)의 존재(存在)를 부정(否定)하면, 자아의식(自我意識)의 존재(存在)와 자아의식(自我意識)의 작용(作用)을 부정(否定)하는, 결과(結果)가 된다.

심식작용(心識作用)인 능소일체분별(能所一切分別)이 곧, 제7식(第七識) 자아의식(自我意識)의 작용(作用)이다. 수면(睡眠) 중, 꿈[夢]을 꾸는 것도, 자아의식(自我意識)의 작용세계(作用世界)이다. 만약(萬若), 제7식(第七識) 자아의식(自我意識)이 없으면, 심식작용(心識作用)의 일체행(一切行)이 곧, 끊어져 멸(滅)한다. 왜냐하면, 색(色)과 심(心)의 일체(一切) 능소(能所)를 인지(認知)하고 분별(分別)하는, 분별의식(分別意識)이 없기 때문이다. 경(經)과 논(論)에 의지(依支)해, 유식(唯識)의 성품(性品)을 보려 하지 말고, 유식성품제식(唯識性品諸識)의 실제작용(實際作用)이 곧, 몸과 마음의 일체작용(一切作用)이니, 자기심신작용(自己心身作用) 속에, 유식작용,성품세계(唯識作用,性品世界)를 밝게 분별(分別)하고, 관(觀)해야 한다.

그리고, 유식성품세계(唯識性品世界)는, 일체제식(一切諸識)을 타파(打破)해 벗어난, 일체초월(一切超越) 불지(佛智)의 실증지혜정안(實證智慧正眼)의 실증지견(實證智見)과 실증정립론설(實證正立論說)이 아니면, 일체제식(一切諸識)과 제식전변,무위지혜,차별차원,성품세계(諸

識轉變,無爲智慧,差別次元,性品世界)에 이르기까지, 실증지혜,정지정안(實證智慧,正智正眼)이 없어, 명확(明確)히 밝게 정지정의정립(正智正義正立)할 수가 없다. 그러므로, 실증지혜(實證智慧)가 없이, 일체,유위무위,유식성품,차별차원,유식세계(一切,有爲無爲,唯識性品,差別次元,唯識世界)에 대해, 언급(言及)할 수가 없다. 만약(萬若), 설사(設使), 깊고 깊은 무위,심층지혜,성품(無爲,深層智慧,性品) 속에 있는, 어떤 보살(菩薩)이, 유식(唯識)을 논(論)한다 하여도, 그 보살(菩薩) 역시(亦是), 유식(唯識)의 성품세계(性品世界)를, 모두 다 타파(打破)해 벗어난 일체초월(一切超越) 불지(佛智)가 아니므로, 유식세계(唯識世界)의 총체적(總體的), 완전(完全)한 실증지혜정안(實證智慧正眼)을 완성(完成)하지 않아, 유식(唯識)의 일체,총상세계(一切,總相世界)에 대해, 언급(言及)할 수가 없다.

그 까닭[緣由]은, 완전(完全)한 일체초월(一切超越) 불지(佛智)에 이르지 않았다면, 유식(唯識)의 부사의(不思議) 일체,유위무위,유식성품,차별차원,유식세계(一切,有爲無爲,唯識性品,差別次元,唯識世界)를 총체적(總體的)으로, 모두 다 알 수가 없기 때문이다. 그러므로, 보살지혜(菩薩智慧)로써, 유식(唯識)을 논(論)하여도, 총체적(總體的) 일체유식,성품세계(一切唯識,性品世界)를 모두 다 알 수가 없다. 그러므로, 보살지혜(菩薩智慧)로써 유식(唯識)의 성품세계(性品世界)를 논(論)한다 하여도, 총체적(總體的) 유식성품세계(唯識性品世界)를 타파(打破)한 일체초월(一切超越) 불지(佛智)가 아니므로, 일체유식(一切唯識)의 완전(完全)한 총체성(總體性)을 드러내는 유식총체론(唯識總體論)

이 될 수가 없다. 그리고, 총체적(總體的) 완전(完全)한 유식성품세계(唯識性品世界)를 실증(實證)하여 타파(打破)해 벗어난 일체초월(一切超越) 불지(佛智)가 아니면, 유식성품세계(唯識性品世界)를 논(論)하여도, 지견(知見)의 오류(誤謬)가 발생(發生)할 수가 있다. 왜냐하면, 완전(完全)한 유식총상(唯識總相)의 실증지혜정안(實證智慧正眼)이 없기 때문이다. 그리고 또한, 유식(唯識)의 총체적(總體的) 일체유위, 차별특성, 전개성품, 차별세계(一切有爲, 差別特性, 展開性品, 差別世界)와 제식, 전변지혜, 차별차원, 무위성품, 차별세계(諸識, 轉變智慧, 差別次元, 無爲性品, 差別世界)를 밀밀(密密)히 명확(明確)히, 다 알 수가 없기 때문이다. 일체초월(一切超越) 불지(佛智)에 증입(證入)은 곧, 일체유식, 차별차원, 일체세계(一切唯識, 差別次元, 一切世界)를 타파(打破)해 벗어났기 때문이다. 그러므로, 일체초월(一切超越) 불지(佛智)에 증입(證入)한 지혜(智慧)가 아니면, 총체적(總體的) 일체유식, 차별차원, 성품세계(一切唯識, 差別次元, 性品世界)를 언급(言及)하거나, 명확(明確)히 정의정립(正義正立)이나, 밀밀(密密)한 유식성품, 차별차원, 세계(唯識性品, 差別次元, 世界)를 지혜점검(智慧點檢)할 수가 없다.

그러므로, 완전(完全)한 일체초월(一切超越) 불지(佛智)가 아니면, 총체적(總體的) 일체, 유식성품, 차별세계(一切, 唯識性品, 差別世界)의 실증지혜(實證智慧)가 없어, 유식성품세계(唯識性品世界)를 논(論)하여도, 지혜미완(智慧未完)의 한계성(限界性) 때문에, 유추(類推)와 추론적(推論的) 사량(思量)에 의지(依支)하게 되므로, 유식성품세계(唯識性品世界)를 논(論)하여도, 그 유식론(唯識論)은, 자기(自己)의 의도(意

圖)와는 달리, 뜻하지 않게 논지(論智)가, 지혜미완(智慧未完)의 오류(誤謬)로 왜곡(歪曲)될 수가 있다. 그리고 또한, 일체(一切) 유식성품, 차별차원, 유식세계(唯識性品, 差別次元, 唯識世界)를 총체적(總體的)으로 언급(言及)하거나, 모두 다 드러낼 수가 없다. 유식성품세계(唯識性品世界)는 중생제식(衆生諸識)으로부터 일체초월(一切超越) 불지(佛智)에 이르는 총체적(總體的) 지혜과정세계(智慧過程世界)이므로, 아직, 일체초월(一切超越) 불지(佛智)에 증입(證入)하지 않은 지혜(智慧)로, 중생제식성품세계(衆生諸識性品世界)와 성불(成佛)에 이르는 총체적(總體的) 지혜과정, 차별차원, 실증세계(智慧過程, 差別次元, 實證世界)를 드러낸다는 것은, 불가능(不可能)하다. 왜냐하면, 실증지혜(實證智慧) 없이, 총체적(總體的) 유위무위, 유식성품, 차별차원, 성품세계(有爲無爲, 唯識性品, 差別次元, 性品世界)를 일컫는다는 것은, 지혜론리(智慧論理)와 사리이치(事理理致)에도 맞지 않음은, 이에 대한 실증지혜정안(實證智慧正眼)이 없기 때문이다. 그리고, 자기(自己)가 증험(證驗)하지 않은 유식성품세계(唯識性品世界)는, 아무리 유추(類推)하고 추론(推論)하여도, 자기지혜(自己智慧) 시야(視野)의 한계성(限界性) 외(外)의 것이므로, 실증(實證) 없는 자기지혜(自己智慧)로 헤아려도 알 수 없는, 불가사의(不可思議) 유식성품세계(唯識性品世界)이다.

그러므로 만약(萬若), 실증지혜정안(實證智慧正眼)이 없이 유식성품세계(唯識性品世界)을 논(論)하여도, 그 유식론지론설(唯識論智論說)에는 자기(自己)의 뜻과 달리, 지혜미완(智慧未完)에 의해 지견오류(知見誤謬)를 범(犯)하거나, 또한, 유식성품섭리체계(唯識性品攝理體系)

나, 유식성품차별특성(唯識性品差別特性)에 대해, 왜곡(歪曲)할 수밖에 없다. 왜냐하면, 그 일체(一切)를 밝게 아는, 일체초월(一切超越) 실증지혜정안(實證智慧正眼)의 실증불지(實證佛智)가 아니기 때문이다. 그러므로, 무착보살(無着菩薩)과 세친보살(世親菩薩), 그리고 또한, 원측(圓測)스님도, 지혜미완(智慧未完)의 한계성(限界性)을 벗어나지 못했으므로, 유식론설(唯識論說) 중에는, 본의(本意) 아니게, 자기(自己)도 모르는 지혜미완(智慧未完)의 자기지견오류(自己知見誤謬)와 성품왜곡(性品歪曲)을 벗어나지 못했다.

그러므로, 총체적(總體的) 일체, 유위무위, 차별차원, 성품세계(一切, 有爲無爲, 差別次元, 性品世界)에 대한 실증지혜(實證智慧)가 없으면, 일체유식, 성품세계(一切唯識, 性品世界)는 유추(類推)의 사량(思量)과 추론(推論)으로 알 수 있는, 성품세계(性品世界)가 아니다. 왜냐하면, 총체적(總體的) 일체, 유위무위, 유식성품, 차별세계(一切, 有爲無爲, 唯識性品, 差別世界)는, 중생(衆生)의 일체, 무명제식, 차별세계(一切, 無明諸識, 差別世界)와 일체제식, 전변지혜, 차별차원, 무위지혜, 상승세계, 성불과정, 유식세계(一切諸識, 轉變智慧, 差別次元, 無爲智慧, 上昇世界, 成佛過程, 唯識世界)이므로, 만약(萬若), 이에 대한 실증지혜정안(實證智慧正眼)을 가진 일체초월(一切超越) 불지(佛智)가 아니면, 이에 대해 실증지혜정안(實證智慧正眼)으로 명확(明確)히 언급(言及)할 수가 없기 때문이다.

이는, 중생제식(衆生諸識)으로부터, 성불(成佛)에 이르는 제식전변,보살지혜,차별차원,상승세계,성불과정(諸識轉變,菩薩智慧,差別次元,上昇世界,成佛過程)이므로, 이에 대한 실증지혜(實證智慧)가 없으면, 총체적(總體的) 유식성품세계(唯識性品世界)에 대한 것은, 언급(言及)할 수가 없다. 그러므로, 중생제식,성품세계(衆生諸識,性品世界)로 부터, 성불(成佛)에 이르는 총체적(總體的) 지혜상승,차별차원,성불과정(智慧上昇,差別次元,成佛過程)에 이르기까지 명확(明確)히 알 수가 없으면, 총체적(總體的) 일체유식,성품세계(一切唯識,性品世界)를 아는 것이 아니다. 그러므로, 이에 대한 총체적(總體的) 일체유식,성품세계(一切唯識,性品世界)의 실증지혜정안(實證智慧正眼)이 없으면, 유식(唯識)을 논(論)하여도, 자기지견(自己知見)의 한계성(限界性) 속에, 부분적(部分的) 유식세계(唯識世界)일 뿐이다. 그리고, 자기지견(自己知見)의 허(虛)와 실(實), 그리고, 정(正)과 사(邪)를 지혜점검(智慧點檢)할, 총체적(總體的) 점검지혜정안(點檢智慧正眼)을 스스로 갖고 있지를 않다. 왜냐하면, 자기지견(自己知見)의 한계성(限界性)을 벗어날 수가 없기 때문이다.

유식성품세계(唯識性品世界)는 불지(佛智)가 아닌, 일체제식,차별차원,성품세계(一切諸識,差別次元,性品世界)이니, 이는, 중생제식,차별성품, 일체세계(衆生諸識,差別性品,一切世界)와 보살지혜,무위성품, 차별차원,일체세계(菩薩智慧,無爲性品,差別次元,一切世界)가 일체,유위무위,유식종성,차별차원,성품세계(一切,有爲無爲,唯識種性,差別次元,性品世界)이다. 그러므로, 일체초월성(一切超越性) 불성(佛性) 이외(以外)는, 일체(一切)가 유식종성,차별차원,성품세계(唯識種性,差別次元,性品

世界)이다. 중생세계(衆生世界)는 무명제식작용(無明諸識作用)에 얽매여, 3세,윤회고(三世,輪廻苦)를 벗어나지 못하고, 보살세계(菩薩世界)는 무위지혜,차별성품(無爲智慧,差別性品)에 얽매여, 무위지혜,차별견(無爲智慧,差別見)을 벗어나지 못한다. 그러므로, 중생(衆生)은 유무차별견(有無差別見)을 벗어나지 못해, 일체유무상(一切有無相)에 얽매이며, 보살(菩薩)은 무위차별견(無爲差別見)을 벗어나지 못해, 일체공견지혜상(一切空見智慧相)에 얽매인다.

그러므로, 중생제식(衆生諸識)은 상(相)에 얽매인 상심작용,차별세계(相心作用,差別世界)이며, 보살제식(菩薩諸識)은 공(空)에 얽매인 공심작용,차별세계(空心作用,差別世界)이다. 그러므로, 중생(衆生)은 상(相)의 자기(自己)만 알 뿐, 공성(空性)의 성품(性品)은 알지 못하고, 보살(菩薩)은 공성(空性)의 자기성품(自己性品)만 알 뿐, 불성(佛性)의 초월성품(超越性品)은 알지 못한다. 그러므로, 중생(衆生)은, 상(相)의 자기상견세계(自己相見世界) 속에 있으므로, 상심상계(相心相界)를 벗어나지 못하고, 보살(菩薩)은, 공성(空性)의 자기지혜세계(自己智慧世界) 속에 있으므로, 공성공심계(空性空心界)를 벗어나지 못한다. 그러므로, 중생(衆生)의 일체상심(一切相心)은 유위유식,성품세계(有爲唯識,性品世界)이며, 보살(菩薩)의 일체공심(一切空心)은 무위유식, 성품세계(無爲唯識,性品世界)이다.

중생(衆生)이 일체초월(一切超越) 불성(佛性)을 알지 못하는 까닭[緣由]은, 상(相)을 자기(自己)로 아는 상견상심(相見相心)의 상견장애(相

見障礙) 때문이며, 보살(菩薩)이 일체초월(一切超越) 불성(佛性)을 알지 못하는 까닭[緣由]은, 공(空)을 자기(自己)로 아는 공견공심(空見空心)의 공견장애(空見障礙) 때문이다. 중생(衆生)이 공성(空性)을 알 수 없는 까닭[緣由]은, 상견상심(相見相心)을 벗어나기 전(前)에는 공성(空性)을 알 수 없기 때문이며, 보살(菩薩)이 일체초월(一切超越) 불성(佛性)을 알 수 없는 까닭[緣由]은, 공견공심(空見空心)을 벗어나기 전(前)에는 일체초월성(一切超越性) 불성(佛性)을 알 수 없기 때문이다. 중생(衆生)을 중생(衆生)이라 함은, 아직, 상(相)에 얽매여, 일체초월(一切超越) 불성(佛性)을 알지 못하기 때문이며, 보살(菩薩)을 보살(菩薩)이라 함은, 아직, 공성(空性)에 얽매여, 일체초월(一切超越) 불성(佛性)을 알지 못하지 때문이다. 중생(衆生)이 일체초월(一切超越) 불성(佛性)을 꼭, 알아야 하는 까닭[緣由]은, 일체초월성(一切超越性) 불성(佛性)이 곧, 자기(自己)의 실체(實體)이기 때문이며, 보살(菩薩)이 일체초월성(一切超越性) 불성(佛性)을 꼭, 알아야 하는 까닭[緣由]은, 일체초월성(一切超越性) 불성(佛性)이 곧, 일체초월(一切超越) 지혜(智慧)의 완성(完成)이기 때문이다.

중생(衆生)이 일체초월(一切超越) 불성(佛性)을 깨닫기 전(前)에는, 자기(自己)의 실체(實體)를 알 수가 없고, 보살(菩薩)이 일체초월성(一切超越性) 불성(佛性)을 깨닫기 전(前)에는, 완전(完全)한 일체초월(一切超越) 완성(完成)의 지혜(智慧)를 알 수가 없다. 중생(衆生)이 일체초월(一切超越) 불성(佛性)을 깨닫지 못하면, 상(相)을 자기(自己)로 앎으로, 생사(生死)를 벗어나지 못하고, 보살(菩薩)이 일체초월성(一切

超越性) 불성(佛性)을 깨닫지 못하면, 공성(空性)을 자기(自己)로 앎으로, 무위(無爲)를 벗어나지 못한다. 중생(衆生)이 중생(衆生)의 상(相)을 벗어나는 까닭[緣由]은, 일체초월(一切超越) 불성(佛性)이 자기(自己)의 실체(實體)임을 깨달았기 때문이며, 보살(菩薩)이 보살(菩薩)의 지혜(智慧)를 벗어나는 까닭[緣由]은, 일체초월성(一切超越性) 불성(佛性)이 완전(完全)한 지혜(智慧)의 실체(實體)임을 깨달았기 때문이다. 중생(衆生)을 중생(衆生)이라 하지 않음은, 상(相)이 곧, 자기(自己)가 아님을 깨달아, 일체초월(一切超越) 불성(佛性)에 증입(證入)했기 때문이며, 보살(菩薩)을 보살(菩薩)이라 하지 않음은, 공성(空性)이 완전(完全)한 지혜(智慧)가 아님을 깨달아, 일체초월,절대성(一切超越, 絕對性) 불성(佛性)인, 여래결정성(如來結定性) 인(印)의 불지(佛智)에 증입(證入)했기 때문이다.

완전(完全)한 일체초월(一切超越) 불지(佛智)에 증입(佛智)하면, 불지(佛智)의 실증지혜(實證智慧)로, 총체적(總體的) 일체유식,유위무위, 차별차원,성품세계(一切唯識,有爲無爲,差別次元,性品世界)를, 일체초월(一切超越) 실증지혜정안(實證智慧正眼)으로 밀밀(密密)히, 그리고, 명료(明了)히, 총체적,유식성품,차별세계(總體的,唯識性品,差別世界)를 모두 다 밝게, 지혜분별(智慧分別)하게 된다. 유식(唯識)의 총체적(總體的) 성품범위(性品範圍)는, 무명(無明)으로부터 완전(完全)한 불지(佛智)에 이르는, 일체,유위무위,차별차원,성품세계(一切,有爲無爲,差別次元,性品世界)이다. 그러므로, 유식(唯識)의 세계(世界)는, 중생,무명심계(衆生,無明心界)뿐만 아니라, 일체초월(一切超越) 불지(佛智)에 증입(證入) 이전(以前)의 일체, 보살지혜, 차별세계(一切, 菩薩智慧, 差別世界)에까지 모두가, 유식성품세계(唯識性品世界)이다. 완전(完全)한 일체초월(一切超越) 불지(佛智)에 이르기 전(前)에는, 청정여래장(淸淨如來藏) 일체초월(一切超越) 불성행(佛性行)을 할 수가 없으므로, 본성(本性)을 벗어난 무명중생, 일체심식(無明衆生, 一切心識)과 무위보살, 일체지혜, 공성세계(無爲菩薩, 一切智慧, 空性世界)에, 머무르게 된다.

유식성품세계(唯識性品世界)는, 완전(完全)한 일체초월(一切超越) 불지(佛智)에 이르기까지의 일체생명, 무량무한, 차별차원, 성품세계(一切生命, 無量無限, 差別次元, 性品世界)이다. 그러므로 일체, 유식세계(一切, 唯識世界)를 명확(明確)히 알려면, 제식, 전변지혜, 차별세계(諸識, 轉變智慧, 差別世界)인 일체, 무위지혜, 차별차원, 성품세계(一切, 無爲智慧, 差別次元, 性品世界)를 모두, 증험(證驗)하고, 증득지혜(證得智慧)인 보살지혜, 차별차원, 성품세계(菩薩智慧, 差別次元, 性品世界)를 또한, 지혜각력상승(智慧覺力上昇)으로 모두, 타파(打破)해 벗어나, 완전(完全)한 일체초월(一切超越) 불지(佛智)에 증입(證入)해야만, 유식대해(唯識大海)의 일체, 유위무위, 일체유식, 차별차원, 성품세계(一切, 有爲無爲, 一切唯識, 差別次元, 性品世界)를 명확(明確)히 알 수가 있다. 일체유식, 차별차원, 성품세계(一切唯識, 差別次元, 性品世界)를 무상지혜각력(無上智慧覺力)으로 모두 다 타파(打破)해, 일체(一切) 유식성품세계(唯識性品世界)를 모두 완전(完全)히 벗어나, 일체초월(一切超越) 본래(本來) 본성(本性)인, 일체초월, 절대성(一切超越, 絶對性) 불성(佛性)에 증입(證入)이 곧, 완전(完全)한 불지(佛智)이다.

③ 제8식(第八識)

불지정론(佛智正論)의 유식총상(唯識總相) 10종식(十種識)에는, 제8식(第八識)은 능소출입식(能所出入識)이다. 제식구분(諸識區分)을 8종식(八種識)으로 분류(分類)한, 대승유식론(大乘唯識論)에서의 제8식(第八識)은, 함장식(含藏識)이다. 제8식(第八識)을 함장식(含藏識)으로 보면, 제7식(第七識) 자아의식(自我意識)과 제8식(第八識) 함장식(含藏識) 사이[間]에, 능소출입식(能所出入識)이 빠진 것이다. 능소출입식(能所出入識)이란, 제식체계(諸識體系)에서는 제7식(第七識)보다 성품차원(性品次元)이 깊은, 제7식(第七識)의 다음 전개순위식(展開順位識)이다. 제8식(第八識) 능소출입식(能所出入識)의 작용(作用)은 6종근(六種根), 6종식(六種識), 제7식(第七識)의 일체업(一切業)의 정보(情報)를, 자연,반연반응,작용(自然,攀緣反應,作用)으로 함장식(含藏識)에 저장(貯藏)하는 행입작용(行入作用)과 그리고 또한, 함장식(含藏識)에 저장(貯藏)되어 있는 모든 기억정보(記憶情報)들을, 제7식(第七識)과 6종식(六種識)과 6종근(六種根)의 인연작용(因緣作用)에 자연반응,반연작용(自然反應,攀緣作用)으로 인출(引出)하여, 제7식(第七識) 작용(作用)에 전달(傳達)하는 출행작용(出行作用)을 한다. 이 능소출입식(能所出入識)은, 제7식(第七識)보다 더 깊은 차원(次元)의 식(識)이므로, 제7식(第七識) 자아의식(自我意識)으로는 인지(認知)할 수 없는, 무의식중(無意識中) 자연,반연반응,작용(自然,攀緣反應,作用)을 하는, 기억정보,출입운행식(記憶情報,出入運行識)이다.

예(例)를 들면, 아는 사람을 만나면, 그 사람에 자연,반연반응,작용(自然,攀緣反應,作用)으로 그 사람의 이름[名]을 부르며, 또한, 먹는 과일[果實]의 보면, 그 과일[果實]에 자연,반연반응,작용(自然,攀緣反應,作用)으로 과일[果實]의 이름[名]을 생각[認識]하거나 말하며, 또한, 자기(自己)의 집[家]이나, 또는, 어떤 목적장소(目的場所)를 찾아가는 길에는, 눈[眼]에 보이는 도로(道路)와 주위(周圍)의 여러 상황(狀況)의 현상(現象)들을 보며, 자기(自己)의 목적장소(目的場所)를 찾아가는 행위(行爲)가, 모두가 처음이 아닌, 제9식(第九識) 함장식(含藏識)에 저장(貯藏)되어 있는, 지난 기억정보(記憶情報)들이, 눈[眼]으로 인지(認知)하여 맞닥뜨린 당면(當面)한 현상(現象)과 상황(狀況)에, 무의식중(無意識中) 자연반응,반연작용(自然反應,攀緣作用)으로, 제8식(第八識) 기억정보,출입운행식(記憶情報,出入運行識)인 능소출입식(能所出入識)이, 그 기억정보(記憶情報)들을 함장식(含藏識)에서 자연반응,반연작용(自然反應,攀緣作用)으로 인출(引出)하여, 제7식(第七識)의 작용(作用)에 반연작용(攀緣作用)으로 비추면, 제7식(第七識)은 기억반연작용(記憶攀緣作用)의 정보(情報)에 의해, 맞닥뜨린 당면(當面)한 찰나상황변화(刹那狀況變化)에 따라, 대응(對應)하고 대처(對處)하며, 뜻에 따라 목적(目的)한 장소(場所)에 이르게 된다.

유식론(唯識論)이 아닌, 일반인식(一般認識)으로는, 이 일체심식작용(一切心識作用)이 곧, 기억작용,운행세계(記憶作用,運行世界)이다. 기억작용(記憶作用)이란, 눈[眼]으로 인지(認知)하는 사물(事物), 귀[耳]로 인지(認知)하는 소리[聲], 코[鼻]로 인지(認知)하는 냄새와 향

(香), 혀[舌]로 인지(認知)하는 맛[味], 몸[身]으로 인지(認知)하는 촉각 (觸覺), 의식작용(意識作用)으로 인지(認知)한 대상(對相), 그리고, 제7 식(第七識) 자아의식(自我意識)의 분별작용(分別作用), 이 일체, 업력정 보(一切, 業力情報)를 곧, 무의식중(無意識中), 제8식(第八識) 기억정보, 출입운행식(記憶情報, 出入運行識)인 능소출입식(能所出入識)이, 자연, 반연반응, 작용(自然, 攀緣反應, 作用)으로, 심층무의식계(深層無意識界) 인 제9식(第九識) 함장식(含藏識)에, 저장(貯藏)을 한다.

또한, 함장식(含藏識)에 저장(貯藏)되어 있는 각종(各種), 기억정보 (記憶情報)들을, 제7식(第七識) 자아의식(自我意識)이 맞닥뜨린 당면 (當面)한 상황(狀況)과 또는, 의지작용(意志作用)에 따라, 제8식(第八 識) 기억정보, 출입운행식(記憶情報, 出入運行識)인 능소출입식(能所出入 識)이, 자연반응, 반연작용(自然反應, 攀緣作用)으로, 심층무의식계(深 層無意識界) 기억정보, 저장소(記憶情報, 貯藏所)인 제9식(第九識) 함장 식(含藏識)에 저장(貯藏)되어 있는 기억정보(記憶情報)를 자연반응, 반 연작용(自然反應, 攀緣作用)으로 인출(引出)하여, 제7식(第七識) 자아의 식(自我意識)에 반연작용(攀緣作用)으로 비추면, 제7식(第七識) 자아의 식(自我意識)은, 기억반연작용(記憶攀緣作用)에 의해, 맞닥뜨린 당면 (當面)한 상황(狀況)을 분별판단(分別判斷)하여, 의지(意志)와 뜻에 따 라, 적절(適切)한 행위(行爲)를 하게 된다.

제8식(第八識), 기억정보, 출입운행식(記憶情報, 出入運行識)인 능소 출입식(能所出入識)은, 제7식(第七識)보다 깊은 식(識)이므로, 제7식

(第七識) 자아의식(自我意識)으로는 그 작용(作用)을 인지(認知)할 수 없는, 무의식중(無意識中) 자연,반연반응,작용(自然,攀緣反應,作用)하는 출입동식(出入動識)이다. 이 식(識)은, 12인연법(十二因緣法) 중, 무명(無明) 다음인 행(行)이다. 12인연법(十二因緣法) ①무명(無明)은, 제9식(第九識) 아뢰야식(阿賴耶識)인 함장식(含藏識)이다. ①무명(無明) 다음 ②행(行)은, 제8식(第八識) 능소출입식(能所出入識)이다. ①무명(無明)→②행(行)→③식(識)인, 12인연법(十二因緣法)의 세[三] 번(番)째인 ③식(識)이, 제7식(第七識) 자아의식(自我意識)이다.

이 ③식(識)이, 몸[身]을 생성(生成)하는 부모(父母)의 염색체(染色體)인 색성(色性)과 결합(結合)하여, 현생(現生)의 6종근(六種根)의 몸[身]을 형성(形性)하는 12인연법(十二因緣法)의 네[四] 번(番)째인 ④명색(名色) 중, 명(名)이다. 제7식(第七識) 자아의식(自我意識)이, 12인연법(十二因緣法)의 ④명색(名色) 중, 명(名)이라고 함은, 부모(父母)의 염색체(染色體)인 색(色)과 결합(結合)하여, 모태(母胎) 속에 안착(安着)함으로 아직, 6종근(六種根)의 몸[身]을 완전(完全)히 갖추지 않았으니, 6근작용(六根作用)을 갖춘 자아의식(自我意識)이 아니므로, 어디에 속(屬)한 것이라고 이름[名]할 수가 없어, 그 자아식(自我識)을 일컬어 명(名)이라고 한다. 모태(母胎)로부터 출생(出生)하여 6근작용(六根作用)이 이루어지면, 이를, 6근작용(六根作用)을 주관(主管)하는 분별주체식(分別主體識)을 자아의식(自我意識)이라고 하며, 6근제식,전개작용,구성체계,순위(六根諸識,展開作用,構成體系,順位)에 따라, 소연경(所緣境)을 분별(分別)하는 아(我)의 식(識)이므로, 소연경·근·

식·전개섭리, 입식체계(所緣境·根·識·展開攝理, 入識體系)에서는 제7식(第七識) 자아의식(自我意識)이라고 한다.

무명, 능연출식, 전개섭리체계(無明, 能緣出識, 展開攝理體系)인 12인연법(十二因緣法)의 두[二] 번(番)째 순위(順位)인 ②행(行)이 곧, 소연경·근·식·전개섭리, 입식체계(所緣境·根·識·展開攝理, 入識體系)에서는 제8식(第八識) 능소출입식(能所出入識)이며, 무명, 능연출식, 전개섭리체계(無明, 能緣出識, 展開攝理體系)인 12인연법(十二因緣法), 세[三] 번(番)째 순위(順位)인 ③식(識)이 곧, 소연경·근·식·전개섭리, 입식체계(所緣境·根·識·展開攝理, 入識體系)에서는, 제7식(第七識) 자아의식(自我意識)이다. 그러므로, 제8식(第八識) 능소출입식(能所出入識)은, 소연경(所緣境)을 받아들이는 입(入)의 제식, 전개작용, 체계순위(諸識, 展開作用, 體系順位)인, 소연경·근·식·전개섭리, 입식체계(所緣境·根·識·展開攝理, 入識體系)에서는, 제7식(第七識) 자아의식(自我意識) 다음 이후식(以後識)인 제8식(第八識)이어도, 무명, 능연출식, 전개섭리체계(無明, 能緣出識, 展開攝理體系)인, 12인연법(十二因緣法)의 전개출식(展開出識)인 무명(無明)으로부터 전개순행(展開順行)에서는 두[二] 번(番)째이므로, 제7식(第七識) 자아의식(自我意識)의 이전식(以前識)이다.

이 제식, 전개순위, 과정(諸識, 展開順位, 過程)에는 입식전개체계(入識展開體系)와 출식전개체계(出識展開體系)의 2종체계(二種體系)가 있다. 이는, 소연입식, 전개체계(所緣入識, 展開體系)인 소연경·근·식·전개섭리, 입식체계(所緣境·根·識·展開攝理, 入識體系)와 능연출식, 전개체계(能

緣出識,展開體系)인 무명,능연출식,전개섭리체계(無明,能緣出識,展開攝理體系)이다. 이 2종제식,전개순위,체계(二種諸識,展開順位,體系)는 대경(對境)을 받아들이는 소연입식,전개체계(所緣入識,展開體系)와 그리고, 무명(無明)으로부터 전개(展開)되는 능연출식,전개체계(能緣出識,展開體系)이다. 소연입식,전개체계(所緣入識,展開體系)와 능연출식,전개체계(能緣出識,展開體系)에 따라, 제식전개과정순위(諸識展開過程順位)가 순(順)과 역(逆)으로 서로 다르다. 그러므로, 입식전개순위체계(入識展開順位體系)와 출식전개순위체계(出識展開順位體系)에 따라, 입식(入識)의 전개순위체계과정(展開順位體系過程)과 또한, 출식(出識)의 전개순위체계과정(展開順位體系過程)이, 입식(入識)으로부터, 또는, 출식(出識)으로부터, 순(順)과 역(逆)이 서로 차별(差別)이 있다.

6종경(六種境)인 색성향미촉법(色聲香味觸法)을 받아들이는 소연입식,전개체계(所緣入識,展開體系)는, 제식전개,입식순위,섭리체계(諸識展開,入識順位,攝理體系)인 소연경·근·식·전개섭리,입식체계(所緣境·根·識·展開攝理,入識體系)이며, 이는, 대경(對境)인 색성향미촉법(色聲香味觸法)을 받아들이는 소연근(所緣根)과 소연식(所緣識)으로, 그리고 또, 능연내심(能緣內心)으로 전개(展開)되는 입식전개순위(入識展開順位)이므로, 제8식(第八識) 능소출입식(能所出入識)은, 제7식(第七識) 자아의식(自我意識)의 다음[後], 전개작용식(展開作用識)이다. 그러나, 무명,능연출식,전개섭리체계(無明,能緣出識,展開攝理體系)인 12인연법(十二因緣法)에는, 제9식(第九識) 무명(無明)으로부터의 출식작용(出識作用)에서는, 제8식(第八識) 능소출입식(能所出入識)이 두[二] 번(番)

째 순위(順位)이다. 그러므로, 12인연법(十二因緣法)에서는 능소출입식(能所出入識)이, 제7식(第七識) 자아의식(自我意識)의 이전식(以前識)이어도, 능소출입식(能所出入識)을 무명(無明)으로부터의 출식(出識)인 제2식(第二識)이라 하지 않음은, 제식,전개순위,체계(諸識,展開順位,體系)는, 소연경(所緣境)인 색성향미촉법(色聲香味觸法)을 받아들이는, 소연경·근·식·전개섭리체계(所緣境·根·識·展開攝理體系)인 18경계(十八境界)의 소연입식,전개체계(所緣入識,展開體系)에 따라, 제식순위(諸識順位)를 결정(決定)하기 때문이다. 왜냐하면, 인지작용(認知作用)에는 무명(無明)을 근(根)으로 하지 않고, 소연6경(所緣六境)인 색성향미촉법(色聲香味觸法)을 받아들이는 소연경·근·식·전개(所緣境·根·識·展開)의 제식전개작용(諸識展開作用)으로, 일체분별(一切分別)의 제식전개작용(諸識展開作用)이 이루어지기 때문이다.

제8식(第八識) 능소출입식(能所出入識)은, 제7식(第七識) 자아의식(自我意識)보다, 식(識)의 차원(次元)이 깊고 순수성(純粹性)이어서, 식(識)의 작용(作用)이 제7식(第七識)보다 더 섬세(纖細)하고 빠르며, 출입무애,쌍차쌍조,원융작용(出入無礙,雙遮雙照,圓融作用)을 한다. 그리고, 제8식(第八識) 능소출입식(能所出入識)은, 6종근(六種根)과 6종식(六種識)과 제7식(第七識)의 작용(作用)에, 자연반응(自然反應) 기억정보,출입운행,작용식(記憶情報,出入運行,作用識)이므로, 제식(諸識)의 작용(作用)을 원활(圓滑)하게 도울 뿐이다. 그리고, 각종(各種) 식(識)이 서로 성품차원(性品次元)이 달라, 제8식(第八識)이, 6종근(六種根)과 6종식(六種識)과 제7식(第七識)의 작용(作用)을 장애(障礙)하지 않는다.

　유식총상(唯識總相) 제식종(諸識種)을 8종식(八種識)으로 분류(分類)한, 대승유식론(大乘唯識論)에서는, 제8식(第八識)을 함장식(含藏識)으로 규정(規定)하였을 뿐, 능소출입식(能所出入識)의 존재(存在)를 인지(認知)하지 못했다. 그렇다고, 제7식(第七識) 자아의식(自我意識)이 능소출입식(能所出入識)의 작용(作用)을 겸(兼)한 것도 아니고, 또한, 함장식(含藏識)이 능소출입식(能所出入識)의 작용(作用)을 겸(兼)한 것도 아니다. 제7식(第七識) 자아의식(自我意識)은, 오직, 대경인지(對境認知)의 순간순간(瞬間瞬間) 찰나상황변화(刹那狀況變化)의 인지분별(認知分別)과 사량(思量)과 분석(分析)과 결정(決定)과 결단(決斷)의 행위(行爲)를 할 뿐, 능소출입식(能所出入識)의 작용(作用)은 하지 않는다. 제7식(第七識)이 일체분별(一切分別)을 하는 것에는, 함장식(含藏識)에 저장(貯藏)되어 있는 각종(各種) 기억정보(記憶情報)를, 능소출입식(能所出入識)이 자연반응,반연작용(自然反應,攀緣作用)으로 인출(引出)하여, 제7식(第七識)에 반연작용(攀緣作用)으로 비추면, 제7식(第七識)은 반연작용,기억정보(攀緣作用,記憶情報)에 의해, 현재상황변화(現在狀況變化)의 일체(一切)를, 인지(認知)하여 분별(分別)하고, 분석(分析)하여, 이모저모 사량(思量)하여, 습관(習慣)과 인연(因緣)과 업력(業力)과 의지(意志)와 상황(狀況)에 따라 판단(判斷)하여, 다음 행(行)을 결정(決定)하여 행위(行爲)를 하게 된다. 그러므로, 제7식(第七識) 자아의식(自我意識)은 단지(但只), 분별·판단·행위식(分別·判斷·行爲識)일 뿐, 업정보출입,운행작용(業情報出入,運行作用)

은 하지 않는다. 이 기억정보,출입운행식(記憶情報,出入運行識)인 능소출입식(能所出入識)이, 불지정론(佛智正論)의 유식총상(唯識總相) 10종식(十種識) 분류(分類)에는, 제8식(第八識)이다. 유식성품(唯識性品)을 8종식(八種識)으로 분류(分類)한 대승유식론(大乘唯識論)의 제8식(第八識)은 함장식(含藏識)이다. 이 함장식(含藏識)은, 불지정론(佛智正論)의 10종식,분류체계(十種識,分類體系)에는, 함장식(含藏識)이 제9식(第九識)이다.

그러므로, 유식총상,제식체계(唯識總相,諸識體系) 중, 대승유식론(大乘唯識論)의 8종식(八種識)과 불지정론(佛智正論)의 10종식(十種識)의 차이(差異)는, 대승유식론(大乘唯識論)의 유식총상,8종식체계(唯識總相,八種識體系)에는, 제8식(第八識)을 함장식(含藏識)으로 규정(規定)하고 있다. 불지정론(佛智正論)의 유식총상,10종식체계(唯識總相,十種識體系)에서는, 대승유식론(大乘唯識論)의 제8식(第八識)에 함께 있는 능소출입식(能所出入識)과 함장식(含藏識)을, 제식,전개순위,섭리작용,특성(諸識,展開順位,攝理作用,特性)에 따라, 분리(分離)하여, 제7식(第七識) 자아의식(自我意識)의 다음 작용식(作用識)인 능소출입식(能所出入識)을 제8식(第八識)으로 하였으며, 그 다음 순위식(順位識)인 함장식(含藏識)을 제9식(第九識)으로 규정(規定)하였다. 또한, 대승유식론(大乘唯識論)의 제식,8종식,체계(諸識,八種識,體系)에서는 제8식(第八識)이 최종식(最終識)이어도, 불지정론(佛智正論)은, 제식총상(諸識總相)의 근본(根本) 성품(性品)인 본성(本性)을, 제10식(第十識)으로 규정(規定)하여 정의(正義)하였다.

그러므로, 대승유식,8종식체계(大乘唯識,八種識體系)를, 불지정론, 제식분류, 체계(佛智正論,諸識分類,體系)에서는 제식종,차별총상,10종식체계(諸識種,差別總相,十種識體系)로 식종체계(識種體系)를 분류(分類)하여 정의정립(正義正立)하였다. 왜냐하면, 대승유식,8종식체계(大乘唯識,八種識體系)에 최종식(最終識)인 제8식(第八識)에는, 성품특성(性品特性)과 성품차원(性品次元)이 서로 다른, 능소출입식(能所出入識)과 함장식(含藏識)과 본성(本性)은, 서로 다른 차원(次元)의 식종성품(識種性品)이기 때문에, 제8식(第八識)을 능소출입식(能所出入識)으로, 그리고, 제9식(第九識)을 함장식(含藏識)으로, 두[二] 식종(識種)으로 분류(分類)하였다. 그리고, 대승유식론(大乘唯識論)의 제8식(第八識) 중, 정분(淨分)인 본성(本性)은 또한, 제식총상,근본성품(諸識總相,根本性品)인 본성(本性)이며, 제식(諸識)을 벗어나지 않고, 또한, 중첩(重疊)하여 있으므로, 그 본성(本性)을 제식(諸識)과 분류(分類)하여, 제10식(第十識)으로 규정(規定)하고 정의(正義)하여, 불지정론(佛智正論)에서는 제식체계정립(諸識體系正立)을, 10종식(十種識)으로 정의정립(正義正立)하였다.

그리고, 본성(本性)을 제10식(第十識)으로 규정(規定)한 또, 다른 까닭[緣由]은, 제식전변,지혜상승,성불체계(諸識轉變,智慧上昇,成佛體系)에서는, 일체초월(一切超越) 본성(本性)은 또한, 일체초월성(一切超越性) 불성(佛性)이므로, 성불,지혜상승,과정체계(成佛,智慧上昇,過程體系)에서는, 본성(本性)은 일체초월성(一切超越性)이며, 성불지혜과정(成佛智慧過程) 불지증입(佛智證入)의 최종과정(最終過程)이므로, 본성

(本性)을 제10식(第十識)으로 따로, 규정(規定)하였다. 그리고 또한, 무명제식(無明諸識)과 본성(本性)은 성품차원(性品次元)이 다르며, 또한, 본성(本性)은 일체초월성(一切超越性)이므로, 무명제식(無明諸識)과 분류(分類)하여, 제10식(第十識)으로 정의정립(正義正立)하였다. 그리고, 일체초월(一切超越) 본성(本性)은 곧, 불성(佛性)이니, 최상무상성품(最上無上性品)이며, 본성(本性)은 제식중(諸識中), 최상무상공덕체(最上無上功德體)이므로, 본성(本性)을 제10식(第十識)으로 정의정립(正義正立)하였다.

그러므로, 제식분류(諸識分類)의 결과론적(結果論的)으로는, 대승유식,8종식체계(大乘唯識,八種識體系)의 최종식(最終識)인 제8식(第八識) 속에, 서로 성품성질(性品性質)과 성품작용(性品作用)과 성품차원(性品次元)이 다른, 차별식종성품(差別識種性品)이 중첩(重疊)되어 있는, 서로 다른 차별차원성품(差別次元性品)을, 그 성품(性品)의 전개순위,섭리체계,작용특성(展開順位,攝理體系,作用特性)에 따라, 식종(識種)을 세분화(細分化)하여, 능소출입식(能所出入識)과 부동함장식(不動含藏識)과 청정본성(淸淨本性)의 3종차별,식종체계(三種差別,識種體系)로 식종(識種)을 분류(分類)한 것이, 불지정론(佛智正論) 제식총상(諸識總相) 10종식체계(十種識體系)이다. 그러므로, 능소출입식(能所出入識)은 능소,출입작용,동식(能所,出入作用,動識)으로, 제8식(第八識)이다. 함장식(含藏識)은 동(動)함이 없는 부동열반,무기성품(不動涅槃,無記性品)으로, 제9식(第九識)이다. 그리고, 본성(本性)은, 일체초월(一切超越) 불지(佛智)에 증입(證入)해야만 알 수 있는, 무상제일(無上

第一) 깊은 일체초월성품(一切超越性品)이며, 일체총체본성(一切總體本性)으로, 제10식(第十識)으로 정의(正義)하고, 정립(正立)하였다.

그리고, 대승유식,8종식체계(大乘唯識,八種識體系)에 최종식(最終識)인 제8식(第八識)을, 3종,식종체계(三種,識種體系)로 분류(分類)할 수 밖에 없는 것은, 식(識)의 전변지혜,섭리체계(轉變智慧,攝理體系)에서, 제8식(第八識) 능소출입식(能所出入識)의 전변지혜성품(轉變智慧性品)은, 일불승(一佛乘)의 대원경지(大圓鏡智)이며, 그리고, 제9식(第九識) 부동함장식(不動含藏識)의 전변지혜성품(轉變智慧性品)은, 불승(佛乘)의 심부동,대열반성지(心不動,大涅槃性智)이며, 그리고, 제10식(第十識) 본성(本性)에 증입(證入)하면, 곧, 불성증입(佛性證入)이며, 일체초월(一切超越) 불지완성(佛智完成)이기 때문이다. 그러므로, 대승유식,8종식체계(大乘唯識,八種識體系)에 최종식(最終識)인 제8식(第八識)에 함께 묶여 있는, 서로 다른 차별식종분류(差別識種分類)에는, 제식,전개순위,차별특성(諸識,展開順位,差別特性)과 제식,차별차원,성품특성(諸識,差別次元,性品特性)과 제식,전변지혜,차별차원,상승과정,성불체계,특성(諸識,轉變智慧,差別次元,上昇過程,成佛體系,特性)에 따라 제식종(諸識種)을 차별화(差別化)하여 정의정립분류(正義正立分類)하였다. 제식타파,전변지혜,상승과정,성불체계(諸識打破,轉變智慧,上昇過程,成佛體系)로 제식종,차별특성(諸識種,差別特性)에 따라 명확(明確)히 분류(分類)함이 중요(重要)함은, 이 제식과정(諸識過程)의 전변지혜,상승체계(轉變智慧,上昇體系)가 곧, 성불(成佛)에 이르는 지혜상승,과정체계(智慧上昇,過程體系)이기 때문이며, 또한, 제식,전변지혜,차별차원, 지혜상승, 전변실증, 성불과정, 유식체계(諸識, 轉變智慧, 差別次元, 智慧上昇, 轉變實證, 成佛過程, 唯識體系)이기 때문이다.

　　대승유식, 8종식체계(大乘唯識, 八種識體系) 중, 최종식(最終識)인 제8식(第八識)을, 식종차별성(識種差別性)에 따라, 3종, 식종체계(三種, 識種體系)로 세분화(細分化)한 유식체계(唯識體系)가 중요(重要)한 까닭[緣由]은, 이 세분화(細分化)한 제식체계(諸識體系)를 점차타파(漸次打破)해 벗어남이, 일체초월(一切超越) 불지(佛智)에 증입(證入)하는, 불가사의(不可思議) 실증지혜, 차별차원, 전변상승, 성불과정, 증입체계(實證智慧, 差別次元, 轉變上昇, 成佛過程, 證入體系)이기 때문이다. 그러므로, 유위제식, 전개순위, 과정세계(有爲諸識, 展開順位, 過程世界)도 중요(重要)하겠으나, 이 3종식종차별(三種識種差別)이 중요(重要)한 까닭[緣由]은, 3종식종, 전변지혜, 성품세계(三種識種, 轉變智慧, 性品世界)는, 보살최상지(菩薩最上智)와 일체초월(一切超越) 불지(佛智) 증입(證入)의 실증심층, 과정세계(實證深層, 過程世界)이기 때문이다. 제8식(第八識) 능소출입식(能所出入識)의 전변지혜, 성품세계(轉變智慧, 性品世界)는 일불승지(一佛乘智)로, 쌍차쌍조, 원융각명지(雙遮雙照, 圓融覺明智)인 대원경지(大圓鏡智)이다. 이는, 보살, 무위각명, 보리성품, 원융세계(菩薩, 無爲覺明, 菩提性品, 圓融世界)이다.

　　대원경지(大圓鏡智)의 일불승(一佛乘)이, 지혜, 각력상승, 작용(智慧, 覺力上昇, 作用)으로, 이를 또한 타파(打破)해 벗어나므로, 승(乘)의 이름[名]에 일(一)이 제거(除去)된, 불승(佛乘)에 증입(證入)하게 된다.

승(乘)의 이름[名]에 일(一)이 들어간 승(乘)은, 일승(一乘)과 일불승(一佛乘)이다. 일(一)이란, 사(事)의 상(相)과 이(理)의 공성(空性)을 벗어난, 이사무애원지(理事無礙圓智)이다. 일승(一乘)과 일불승(一佛乘)의 차이(差異)는, 일승(一乘)은 제7식(第七識) 자아의식(自我意識)이 타파(打破)되어 끊어져 멸(滅)한 승(乘)이며, 일불승(一佛乘)은 제8식(第八識) 능소출입식(能所出入識)이 타파(打破)되어 끊어져 멸(滅)한 승(乘)이다.

일승(一乘)은, 6종식(六種識)이 끊어져 멸(滅)해 색성향미촉법(色聲香味觸法)의 상(相)이 공(空)한 대승지(大乘智)에서, 지혜각력상승(智慧覺力上昇)으로 제7식(第七識) 자아의식(自我意識)이 타파(打破)되어 끊어져 멸(滅)해, 사(事)의 상(相)과 이(理)의 공성(空性)을 둘[二] 다 벗어난, 이사무애법계성(理事無礙法界性)의 원지(圓智)로, 승(乘)의 이름[名]이 이사무애(理事無礙)의 원지(圓智) 일(一)인, 일승(一乘)에 듦[入]이다. 일(一)이란, 원지(圓智)를 일컬음이니, 일(一)은, 사(事)의 상(相)과 이(理)의 공성(空性)을 둘[二] 다 벗어난, 이사무애지(理事無礙智)이다. 일승(一乘)은, 제7식(第七識) 자아의식(自我意識)이 끊어져 멸(滅)한 무염진여성지(無染眞如性智)이며, 이(理)와 사(事)를 둘[二] 다 벗어나, 이사(理事)에 걸림 없는 평등성지(平等性智)이다.

일불승(一佛乘)은, 일승(一乘)에서 지혜각력상승(智慧覺力上昇)으로, 제8식(第八識) 능소출입식(能所出入識)이 타파(打破)되어 멸(滅)함으로, 불성작용(佛性作用) 중, 원융각명성품(圓融覺明性品)이 열림이니, 이는, 일승(一乘)에서, 승(乘)의 이름[名]에 불성원융작용(佛性圓融作用)을 뜻하는, 불(佛)이 첨가(添加)되어, 승(乘)의 이름[名]이 일불승(一佛乘)이다. 그러므로, 승(乘)의 이름[名]에 일(一)이 들어 있는 일승(一乘)과 일불승(一佛乘)은, 둘[二] 다, 사(事)의 상(相)과 이(理)의 공성(空性)을 벗어난 이사무애성(理事無礙性)임을 뜻한다. 그러나, 일불승(一佛乘)은, 능소출입식(能所出入識)이 타파(打破)되어 끊어져 멸(滅)함으로, 능소(能所)가 없는 원융각명성지(圓融覺明性智)에 들었으므로, 이사무애성지(理事無礙性智)가 아닌, 원융각명성지(圓融覺明性智)이다. 이를 또는, 사사원융각명성지(事事圓融覺明性智)라고 한다. 무애(無礙)는 이사무애성(理事無礙性)을 뜻하며, 원융(圓融)은 사사원융각명성지(事事圓融覺明性智)를 뜻한다. 사사원융각명성지(事事圓融覺明性智)는 곧, 대원경지(大圓鏡智)로, 능소(能所)가 끊어져 없는 쌍차쌍조, 원융각명, 지혜작용(雙遮雙照, 圓融覺明, 智慧作用)이 이루어진다. 이는 곧, 무위원융보리(無爲圓融菩提)의 성품지혜(性品智慧)이다.

제8식(第八識) 능소출입식(能所出入識)이 타파(打破)되어, 원융각명성품(圓融覺明性品)이 열리어, 대원경지(大圓鏡智)에 증입(證入)한 일불승(一佛乘)이, 제9식(第九識) 무명함장식(無明含藏識)이 타파(打破)되어, 심부동, 대열반성품(心不動, 大涅槃性品)이 열리어, 승(乘)의 이름[名]에 일(一)이 제거(除去)된 불승(佛乘)이 되는 까닭[緣由]은, 이사무애원지(理事無礙圓智)와 사사원융각명성지(事事圓融覺明性智)를 둘[二] 다 벗어나, 사(事)의 상(相)과 이(理)의 공성(空性)을 벗어난 이사무애성(理事無礙性)인 원지성품(圓智性品)의 일(一)을 벗어났기 때문이다. 원지(圓智)의 일(一)을 벗어남이란, 무위, 일체동각, 성품세계(無爲, 一切動覺, 性品世界)를 벗어남이다. 깨달음 무위증득(無爲證得)인 증각(證覺)에는, 2종성품특성(二種性品證覺)의 증각(證覺)이 있다. 그것은 무위동각지(無爲動覺智)와 무위부동각지(無爲不動覺智)이다. 무위동각지(無爲動覺智)는 각(覺)에 들었어도, 각(覺)의 지혜(智慧)가 부동지(不動智)가 아닌, 각(覺)의 무위용각, 지혜작용, 성품세계(無爲用覺, 智慧作用, 性品世界)에 속한 각(覺)이다. 무위동각지(無爲動覺智)는, 6종식(六種識)이 끊어져 멸(滅)한 대승(大乘)의 공성지(空性智)와 제7식(第七識) 자아의식(自我意識)이 끊어져 멸(滅)한 일승(一乘)의 이사무애, 무염진여성지(理事無礙, 無染眞如性智)와 제8식(第八識) 능소출입식(能所出入識)이 끊어져 멸(滅)한 일불승(一佛乘)의 원융각명, 대원경지(圓融覺明, 大圓鏡智)가, 무위동각, 지혜성품세계(無爲動覺, 智慧性品世界)이다. 그러므로, 무위동각지(無爲動覺智)는 무위지혜작용(無爲智慧作用)이 있는 동(動)의 용각(用覺)이다. 이는, 제식동식(諸識動識)이 타파(打破)되어 끊어져 멸(滅)한 지혜성품세계(智慧性品世界)이다.

무위부동각지(無爲不動覺智)는 각(覺)에 들었어도, 각(覺)의 지혜(智慧)가, 일체무위동각지(一切無爲動覺智)가 끊어져 멸(滅)한 무위체성(無爲體性)이며, 이는, 부동열반(不動涅槃)에 속한 부동지(不動智)인 부동열반각(不動涅槃覺)이다. 무위부동각지(無爲不動覺智)는, 일체, 무위동각, 지혜성품(一切, 無爲動覺, 智慧性品)이 끊어져 멸(滅)한 무위, 열반체성, 부동지혜, 성품세계(無爲, 涅槃體性, 不動智慧, 性品世界)이다. 일불승(一佛乘)이 승(乘)의 이름[名]에, 일(一)이 제거(除去)된 불승(佛乘)이 된 것은, 일불승(一佛乘)에서 지혜각력상승(智慧覺力上昇)으로 제9식(第九識) 함장식(含藏識)을 타파(打破)해, 심부동,대열반성지(心不動,大涅槃性智)에 듦[入]으로, 일체,무위동각,지혜성품(一切,無爲動覺,智慧性品)이 끊어져 멸(滅)해, 승(乘)의 이름[名]에, 일(一)이 제거(除去)된, 불승(佛乘)이 된 것이다. 그러므로, 불승(佛乘)은, 제9식(第九識) 함장식(含藏識)을 타파(打破)해 벗어난 전변지혜성품(轉變智慧性品)인, 심부동,대열반성지(心不動,大涅槃性智)이다.

승(乘)의 이름[名]에, 불성작용(佛性作用)을 뜻하는, 불(佛)이 들어간 승(乘)이, 일불승(一佛乘)과 불승(佛乘)이다. 일불승(一佛乘)과 불승(佛乘)에, 불성작용(佛性作用)을 뜻하는 불(佛)이 들어 있어도, 일불승(一佛乘)의 불(佛)의 성품(性品)과 불승(佛乘)의 불(佛)의 성품(性品)이 다르다. 일불승(一佛乘)의 불(佛)의 성품(性品)은, 제8식(第八識) 능소출입식(能所出入識)이 타파(打破)되어 끊어져 멸(滅)한, 무위원융,보리성품(無爲圓融,菩提性品)의 불성작용(佛性作用)인 원융각명,쌍차쌍조,성품작용(圓融覺明,雙遮雙照,性品作用)이다. 그리고, 불승(佛乘)의 불(佛)의 성품(性品)은, 제9식(第九識) 무명함장식(無明含藏識)인 부동,대열반,무기성품(不動,大涅槃,無記性品)이 타파(打破)되어 끊어져 멸(滅)한, 무위부동,열반성품(無爲不動,涅槃性品)의 불성열반성(佛性涅槃性)인 심부동,대열반성지(心不動,大涅槃性智)이다. 그러므로, 일불승(一佛乘)과 불승(佛乘)에, 불성작용(佛性作用)을 뜻하는 불(佛)의 성품(性品)이 들어 있어도, 일불승(一佛乘)의 불성작용(佛性作用)

은 무위, 원융각명, 동각지혜, 성품작용(無爲, 圓融覺明, 動覺智慧, 性品作用)이며, 불승(佛乘)의 불성작용(佛性作用)은 무위, 부동열반, 부동지혜, 성품작용(無爲, 不動涅槃, 不動智慧, 性品作用)이다.

제9식(第九識) 부동함장식(不動含藏識)의 전변지혜성품(轉變智慧性品)은 불승지(佛乘智)이며, 이 지혜성품세계(智慧性品世界)는 심부동, 대열반성지(心不動, 大涅槃性智)이다. 이 성품세계(性品世界)는 심부동, 대반열반, 성품세계(心不動, 大般涅槃, 性品世界)이며, 보살, 최상적멸지, 성품세계(菩薩, 最上寂滅智, 性品世界)이다. 이를 또한 타파(打破)해 벗어나므로, 일체초월(一切超越) 불지(佛智)에 증입(證入)하게 된다. 제10식(第十識) 본성(本性)에 증입(證入)은 곧, 일체초월, 절대성(一切超越, 絕對性) 불성(佛性)에 증입(證入)함이다. 일체초월(一切超越) 불성(佛性)에 증입(證入)이 곧, 일체초월(一切超越) 불지(佛智)에 증입(證入)이다. 불지(佛智)는, 곧, 일체초월(一切超越) 불성(佛性)의 지혜(智慧)가 열림이다. 이는, 일체유식, 성품세계(一切唯識, 性品世界)인 일체, 유위무위, 제식성품, 차별차원, 유식세계(一切, 有爲無爲, 諸識性品, 差別次元, 唯識世界)를 완전(完全)히 타파(打破)해 벗어남이다.

그러므로 만약(萬若), 일체, 유위제식, 성품세계(一切, 有爲諸識, 性品世界) 속에 있거나, 일체, 제식전변, 무위지혜, 차별차원, 성품세계(一切, 諸識轉變, 無爲智慧, 差別次元, 性品世界) 속에 있으면, 일체초월성(一切超越性) 불성(佛性)을 보지도, 알지도, 깨닫지도 못하는 까닭[緣由]이, 총체적(總體的) 일체, 유위무위, 유식성품, 세계(一切, 有爲無爲, 唯

識性品,世界)의 장애(障礙)를 아직, 완전(完全)히 벗어나지 못했기 때문이다. 왜냐하면, 일체초월성(一切超越性) 불성(佛性)은, 일체상(一切相)과 일체유위(一切有爲)와 일체무위(一切無爲)와 일체증득,공성무위,차별지혜(一切證得,空性無爲,差別智慧)까지 완전(完全)히 벗어난, 일체초월,절대성(一切超越,絕對性) 무생결정성(無生結定性)이기 때문이다. 그러므로, 일체중생(一切衆生)은 일체제식,유위유견,상심상견(一切諸識,有爲有見,相心相見)이므로, 일체초월성(一切超越性) 불성(佛性)을 보지도, 알지도, 깨닫지도 못하며, 일체보살(一切菩薩)은 일체제식,전변지혜,무위공견,차별차원,지혜성품,차별견(一切諸識,轉變智慧,無爲空見,差別次元,智慧性品,差別見)이므로, 일체초월성(一切超越性) 불성(佛性)을 보지도, 알지도, 깨닫지도 못한다. 보살(菩薩)이라 함은, 제식전변점차(諸識轉變漸次)에 의해 무위공성지혜(無爲空性智慧)에 증입(證入)하였어도, 아직, 무위지혜,차별성품(無爲智慧,差別性品)에 머물러 벗어나지 못함으로, 일체초월성(一切超越性) 불성(佛性)을 보지 못하기 때문에, 보살(菩薩)이라고 한다. 그러나 아직, 일체초월성(一切超越性) 불성(佛性)을 보지 못해도, 보살(菩薩)이라고 함은, 유위상견상심(有爲相見相心)을 타파(打破)해 벗어나, 상(相)이 공(空)함을 깨달은 공성(空性)인, 무위공성,지혜성품(無爲空性,智慧性品)에 증입(證入)했기 때문에, 보살(菩薩)이라고 한다.

불지정론(佛智正論)의 유식총상(唯識總相) 10종식(十種識)의 분류(分類)에는, 능소출입식(能所出入識)은 제7식(第七識) 다음 전개식(展開識)이니, 제8식(第八識)으로 규정(規定)하여 정의정립(正義正立)하며,

함장식(含藏識)은 제8식(第八識) 능소출입식(能所出入識) 다음 식(識)이며, 또한, 능소출입식(能所出入識)보다 성품차원(性品次元)이 더 깊은 식(識)이므로, 제9식(第九識)으로 규정(規定)하여 정의정립(正義正立)하였다. 그리고, 일체초월성(一切超越性) 본성(本性)은 무명식종(無明識種)을 벗어난 초월성품(超越性品)이어서, 성불(成佛)의 지혜과정(智慧過程)에는, 일체초월(一切超越) 무상처(無上處)에 이르는 무상최종성품(無上最終性品)이며, 청정본성(淸淨本性)인 일체초월(一切超越) 불성(佛性)에 증입(證入)해야 함으로, 청정본성(淸淨本性)인 불성(佛性)을, 제10식(第十識)으로 규정(規定)하여 정의정립(正義正立)하였다. 그러므로, 본성(本性)은, 총체적(總體的) 제식전변, 성불지혜, 상승과정(諸識轉變, 成佛智慧, 上乘過程)에는 일체초월(一切超越) 무상근본식(無上根本識)이며, 제식전변, 지혜상승, 무상초월식(諸識轉變, 智慧上昇, 無上超越識)이므로, 본성(本性)을 제10식(第十識)으로 정의(正義)하여 정립(正立)하였다.

그러므로, 불지정론(佛智正論)에서는, 제식전개, 유식총상, 식종체계(諸識展開, 唯識總相, 識種體系)를 제식, 차별차원, 식종전개, 순위(諸識, 差別次元, 識種展開, 順位)에 따라 10종식체계(十種識體系)로 규정(規定)하고 정의정립(正義正立)하여, 제식종, 성품체계(諸識種, 性品體系)를 10종식(十種識)으로 정의정립(正義正立)하였다. 이 식종(識種)의 분류체계(分類體系)를, 자의적(自意的)으로 해석(解釋)하여, 인위적(人爲的)으로 분류(分類)함이 아니다. 각각(各各) 식(識)의 성품전개, 순위체계, 자연섭리, 질서(性品展開, 順位體系, 自然攝理, 秩序)와 총체적(總體的)

제식, 전변섭리, 지혜상승, 차별차원, 성품세계(諸識, 轉變攝理, 智慧上昇, 差別次元, 性品世界)와 제식전변, 지혜실증, 차별차원, 성불과정, 상승체계(諸識轉變, 智慧實證, 差別次元, 成佛過程, 上昇體系)의 자연섭리질서(自然攝理秩序)에 따라, 제식전개, 분류체계(諸識展開, 分類體系)를 정의정립(正義正立) 하였다. 이는, 제식종, 전개순위, 차별차원, 섭리체계(諸識種, 展開順位, 差別次元, 攝理體系)에 따라, 면밀(綿密)히 식종(識種)을 구분(區分)하여, 제식전개, 자연섭리, 질서순리(諸識展開, 自然攝理, 秩序順理)를 따랐으며, 또한, 제식전변, 차별차원, 전변지혜, 상승과정(諸識轉變, 差別次元, 轉變智慧, 上昇過程)의 지혜전변, 성불과정, 실증체계(智慧轉變, 成佛過程, 實證體系)를 따라, 제식총상(諸識總相) 10종식(十種識)의 제식성품체계(諸識性品體係)로 분류(分類)하여 정의정립(正義正立)하였다.

제식, 전변지혜, 상승과정(諸識, 轉變智慧, 上昇過程)은, 지혜작용(智慧作用)으로, ①안이비설신의근(眼耳鼻舌身意根)인, 6종근(六種根)이 타파(打破)되어 끊어져 멸(滅)한 전변지혜(轉變智慧)는 성소작지(成所作智)이며, 이는, 색성향미촉법(色聲香味觸法)의 무아성지(無我性智)이다. ②안이비설신의식(眼耳鼻舌身意識)인 6종식(六種識)이 타파(打破)되어 끊어져 멸(滅)한 전변지혜(轉變智慧)는 이법계(理法界)인 묘관찰지(妙觀察智)이며, 이는, 대승(大乘)의 공성지(空性智)이다. ③제7식(第七識) 자아의식(自我意識)이 타파(打破)되어 끊어져 멸(滅)해, 자아(自我)가 없어, 사(事)의 상(相)과 이(理)의 공성(空性)에도 물듦 없는 이사무애법계(理事無礙法界)인 평등성지(平等性智)이며, 이는, 일승

(一乘)의 무염진여성지(無染眞如性智)이다. ④제8식(第八識) 능소출입식(能所出入識)이 타파(打破)되어 끊어져 멸(滅)한 전변지혜(轉變智慧)는 사사원융법계(事事圓融法界)인 대원경지(大圓鏡智)이며, 이는, 일불승(一佛乘)의 쌍차쌍조,원융각명지(雙遮雙照,圓融覺明智)이다. ⑤제9식(第九識) 함장식(含藏識)이 타파(打破)되어 끊어져 멸(滅)한 전변지혜(轉變智慧)는 부동대열반성지(不動大涅槃性智)이며, 이는, 불승(佛乘)의 심부동,대열반성지(心不動,大涅槃性智)이다. ⑥심부동,대열반성지(心不動,大涅槃性智)까지 타파(打破)해 끊어져 멸(滅)한 전변지혜(轉變智慧)는, 일체,유위무위,유식성품,차별세계(一切,有爲無爲,唯識性品,差別世界)를 모두 타파(打破)해 벗어나므로, 일체초월(一切超越) 불지(佛智)에 증입(證入)이다. 이, 성불(成佛)의 총체적(總體的) 지혜과정(智慧過程)인, 제식,전변지혜,상승과정(諸識,轉變智慧,上昇過程)은, 무위지혜,차별차원,지혜상승,섭리세계(無爲智慧,差別次元,智慧上昇,攝理世界)이며, 이 유식총상(唯識總相) 제식분류(諸識分類)를 10종식(十種識)으로 규정(規定)하여 정의정립(正義正立)하였다. 그러므로, 불지정론(佛智正論)의 유식총상(唯識總相)은, 성불과정,실증체계(成佛過程,實證體系)를 따라, 제식성품,10종식체계(諸識性品,十種識體系)로 정의정립(正義正立)하였다.

그러므로, 성불(成佛)의 총체적(總體的) 지혜실증과정(智慧實證過程)은, 10종식체계(十種識體系)로, 제식전변,지혜상승,차별차원,성불체계(諸識轉變,智慧上昇,差別次元,成佛體系)이다. 이 10종식체계(十種識體系)를 따라, 제식종(諸識種)의 장애(障礙)를 점차(漸次) 타파(打破)해 벗어나, 지혜,전변상승(智慧,轉變上昇)으로, 일체초월(一切超越) 불지(佛智)에 이르게 된다. 그러므로, 대승유식론(大乘唯識論)의 유식총상(唯識總相) 8종식체계(八種識體系)로는, 성불(成佛)에 이르는, 유식지혜,상승세계(唯識智慧,上昇世界)인 제식전변,지혜상승,성불과정,실증체계(諸識轉變,智慧上昇,成佛過程,實證體系)로는 합당(合當)하지 않다. 그러므로, 대승유식론,8종식체계(大乘唯識論,八種識體系)는, 성불수행,실증과정,지혜상승,섭리체계(成佛修行,實證過程,智慧上昇,攝理體系)와도 어긋남이 있다.

그리고 또한, 대승유식론(大乘唯識論)에서의 문제점(問題點)은, 제8식(第八識)을 함장식(含藏識)으로 규정(規定)하였으며, 이 함장식(含藏識)을 타파(打破)한 전변지혜(轉變智慧)를, 대원경지(大圓鏡智)로 규정(規定)하고 있다. 그러나, 실제(實際), 전변지혜상승(轉變智慧上昇)으로, 함장식(含藏識)을 타파(打破)하면, 대원경지(大圓鏡智)가 아니라, 대원경지(大圓鏡智)보다 더 깊은 불승(佛乘)의 심부동,대열반성지(心不動,大涅槃性智)이다. 만약(萬若), 제8식(第八識)을 타파(打破)한 전변지혜(轉變智慧)가, 바로 대원경지(大圓鏡智)가 맞으면, 이는, 함장식(含藏識)을 타파(打破)한 전변지혜(轉變智慧)가 아니라, 능소출입식(能所出入識)을 타파(打破)한, 전변지혜성품(轉變智慧性品)이다. 그러므로, 능소출입식(能所出入識)을 타파(打破)하면, 대원경지(大圓鏡智)에 증입(證入)하고, 또한, 함장식(含藏識)을 타파(打破)하면, 심부동,대열반성지(心不動,大涅槃性智)에 증입(證入)하게 된다. 이에 대해 증험(證驗)한 실증지혜(實證智慧)가 없으면, 이 부사의(不思議) 전변지혜,

섭리체계(轉變智慧,攝理體系)의 실제사실(實際事實)을 알 수가 없다.

그리고, 이, 능소출입식(能所出入識)의 전변지혜(轉變智慧)인 대원경지(大圓鏡智)와 부동함장식(不動含藏識)의 전변지혜(轉變智慧)인 심부동,대열반성지(心不動,大涅槃性智)의 2종성품,전변지혜,차별특성(二種性品,轉變智慧,差別特性)을 밝게 지혜점검(智慧點檢)하게 되는 것은, 이 두[二] 지혜성품(智慧性品)을 벗어나, 일체초월(一切超越) 불지(佛智)에 듦[入]으로, 명확(明確)히, 이 두[二] 지혜성품(智慧性品)의 차별특성(差別特性)을, 일체초월(一切超越) 불지혜(佛智慧)로 명확(明確)히, 밝게 지혜점검(智慧點檢)을 하게 된다. 이 두[二] 지혜성품(智慧性品) 속에 있을 때에는, 스스로 이 지혜성품(智慧性品) 자체(自體)를 지혜점검(智慧點檢)할 수가 없다. 왜냐하면, 이를 지혜점검(智慧點檢)할, 더 이상(以上)의 실증상지혜(實證上智慧)에 증입(證入)하지 못했기 때문이다. 그리고 또한, 일체초월(一切超越) 불지(佛智)가 아니므로, 총체적(總體的) 성불지혜과정(成佛智慧過程)인 제식,전변지혜,상승과정(諸識,轉變智慧,上昇過程)의 실증지혜세계(實證智慧世界)에 대해, 명확(明確)히 알지 못하기 때문이다.

그리고, 또 다른 원인(原因)은, 대승유식론(大乘唯識論)에서는 제식총상(諸識總相)을 8종식(八種識)으로 분류(分類)한, 제8식(第八識)이 대승유식론(大乘唯識論)의 최종식(最終識)이므로, 제8식(第八識) 속에는 능소출입식(能所出入識)과 함장식(含藏識)과 그리고, 본성(本性)이 연계중첩(連繫重疊)해 있으며, 또한, 능소출입식(能所出入識)의 전변지혜성품(轉變智慧性品)인 대원경지(大圓鏡智)와 함장식(含藏識)의 전변지혜성품(轉變智慧性品)인 심부동, 대열반성지(心不動, 大涅槃性智)와 일체초월성(一切超越性) 본성(本性)이, 더불어 함께 묶여 있음을 모르고, 제8식(第八識)을 최종식(最終識)으로 규정(規定)한 것이, 또 다른 하나의 원인(原因)이 될 수도 있다. 왜냐하면, 실증지혜(實證智慧)가 없어, 총체적(總體的) 제식종, 차별세계(諸識種, 差別世界)와 제식전변, 차별차원, 성품세계(諸識轉變, 差別次元, 性品世界)에 대해, 명확(明確)히 아는 바, 일체초월(一切超越) 불지증입(佛智證入)의 실증지혜(實證智慧)가 없기 때문이다. 그러나, 일체초월(一切超越) 불지(佛智)에 증입(證入)하면, 총체적(總體的) 일체, 유위무위, 차별차원, 유식성품, 세계(一切, 有爲無爲, 差別次元, 唯識性品, 世界)를 타파(打破)해 벗어난 일체초월(一切超越) 실증지혜(實證智慧)로, 총체적(總體的) 일체, 유위무위, 유식성품, 차별차원, 차별세계(一切, 有爲無爲, 唯識性品, 差別次元, 差別世界)를 밝게 지혜점검(智慧點檢)하고, 명확(明確)히 지혜성품분별(智慧性品分別)을 하게 된다.

만약(萬若), 대승유식론(大乘唯識論)의 유식총상(唯識總相) 8종식(八種識)에서, 제8식(第八識)을 타파(打破)한 전변지혜(轉變智慧)가 대원경지(大圓鏡智)이면, 제8식(第八識)은 함장식(含藏識)이 아니라, 능소출입식(能所出入識)이다. 그러므로, 함장식(含藏識)을 타파(打破)하여 대원경지(大圓鏡智)에 증입(證入)한 것이 아니라, 능소출입식(能所出入識)을 타파(打破)해 대원경지(大圓鏡智)에 든[入] 것이다. 그러므로, 대승유식론, 제식총상(大乘唯識論, 諸識總相) 8종식(八種識)에서의 제8

식(第八識)은, 불지정론(佛智正論)의 유식총상(唯識總相) 10종식(十種識)에서, 제8식(第八識) 능소출입식(能所出入識)과 제9식(第九識) 함장식(含藏識)이 명확(明確)히 분류(分類)되지 않고, 혼재(混在)되어 함께 있음이다. 그러므로, 대승유식론(大乘唯識論)의 제8식(第八識)에는, 서로 다른 차별차원성품(差別次元性品)인 능소출입식(能所出入識)과 부동함장식(不動含藏識)의 2종,차별식종성(二種,差別識種性)이, 하나로 잘못 규정(規定)한 성품(性品)이다. 그리고 또한, 제8식(第八識)이 최종식(最終識)으로 규정(規定)하여, 본성(本性)이 더불어 함께 있는 성품(性品)으로 설정규정(設定規定)하였으므로, 대승유식론(大乘唯識論)의 제8식(第八識)에는 능소출입식(能所出入識)과 함장식(含藏識)뿐만 아니라, 청정본성(淸淨本性)까지, 더불어 그 속에 혼재(混在)되어 있다.

대승유식,제식체계(大乘唯識,諸識體系)에서는 제8식(第八識)을 최종식(最終識)으로 규정(規定)함으로, 이에 따른 제8식(第八識)의 성품(性品)에 함장식(含藏識)인 염분(染分)과 본성(本性)인 정분(淨分)이, 함께 있는 식(識)으로 설정규정(設定規定)하고 있다. 그러나, 제8식(第八識)의 염분(染分)과 정분(淨分)에 대한 개념정의(槪念正義)가, 사실(事實)과 다른 식종(識種)의 성품(性品)이다. 이는, 유식체계구성(唯識體係構成)에 있어서, 제식성품(諸識性品)에 대해, 명확(明確)한 실증지혜정안(實證智慧正眼)으로 정의정립(正義正立)한, 실제실증성품(實際實證性品)의 실증정안,정립체계(實證正眼,正立體系)가 아닌, 제식성품(諸識性品)에 대한 명확(明確)한 실증지혜(實證智慧)가 없는 유추(類推)

와 추론(推論)에 의한 설정확립(設定確立)으로, 제식체계(諸識體系)를 성립(成立)하다 보니, 제8식(第八識) 속에 능소출입식(能所出入識)이 있음을 인식(認識)하지 못한 문제점(問題點)으로, 제8식(第八識)의 성품(性品)이, 실제(實際)와는 다른 지견오류(知見誤謬)와 사실왜곡(事實歪曲)이 발생(發生)하게 된 것이다.

이렇게 된 것에는, 제식전개체계(諸識展開體系)에서 능소출입식(能所出入識)의 유식개념정립(唯識概念正立)도 열리지 않은 채, 대승유식론(大乘唯識論)의 제8식(第八識)의 염분(染分)과 정분(淨分)에 대한 실증지혜(實證智慧)도 없어, 최종식(最終識)인 제8식(第八識)에 대한 추론적(推論的) 설정개념(設定概念)의 논리체계(論理體系)로, 추정성품(推定性品) 구성(構成)과 그리고, 유식체계적(唯識體系的) 논리구성사고(論理構成思考)로 대승유식론(大乘唯識論)의 제식체계(諸識體系)가 성립(成立)되었기 때문이다. 이를 알 수 있음은, 대승유식체계(大乘唯識體系)가, 실제(實體) 사실(事實)과 달라, 성품실제(性品實際)와 다른 지혜미완(智慧未完)에 의한 지견오류(知見誤謬)와 사실왜곡(事實歪曲)의 부분(部分)이 있기 때문이다. 이는, 이에 대한 실증지혜정안(實證智慧正眼)에 의한 정의정립체계(正義正立體系)가 아님을 알 수가 있다. 특히, 제식성품특성(諸識性品特性)과 제식전개,섭리체계(諸識展開,攝理體系)와 제식,전변지혜,과정체계(諸識,轉變智慧,過程體系)와 일체초월(一切超越) 본성(本性)의 성품특성(性品特性)에 대한 것은, 일체초월,절대성(一切超越,絶對性) 불지(佛智)에 증입(證入)한 실증지혜(實證智慧)가 없으면, 명확(明確)히 정의정립(正義正立)의 실증지혜정론(實證智慧正論)으로, 실증사실(實證事實)에 대해 지견오류(知見誤謬)나 성품왜곡(性品歪曲) 없이, 증명증론정지(證明證論正智)로 언급(言及)할 수가 없다. 이는, 실증지혜(實證智慧)가 없으면, 유식론리사고(唯識論理思考)로도 추측(推測)이 불가능(不可能)한 성품세계(性品世界)이다. 왜냐하면, 어떤 지식(知識)과 어떤 지견(知見)으로도 유추(類推)하여 알 수 없어, 오직, 실증지혜(實證智慧)로만 명확(明確)히 언급(言及)할 수 있는 성품세계(性品世界)이기 때문이다.

그리고 또한, 대승유식론(大乘唯識論)에서는, 제7식(第七識) 다음 식(識)인 제8식(第八識)이 능소출입식(能所出入識)임을 인지(認知)하지 못해, 그러므로, 제8식(第八識)을 최종식(最終識)으로 생각[認識]했으므로, 제8식(第八識)의 식명(識名)을, 아뢰야식(阿賴耶識)인 함장식(含藏識)이라 규정(規定)했음을 알 수가 있다. 제식세계(諸識世界)의 실증지혜(實證智慧)가 없어도, 무명제식체계(無明諸識體系)의 최종식(最終識)이 함장식(含藏識)임을, 제식,전개체계,사고(諸識,展開體系,思考)의 유추(類推)와 추론(推論)으로도 당연(當然)히 알 수가 있다. 이는, 세세생생(世世生生) 생(生)의 이음[相續]에는, 생사(生死)의 삶이 있어도, 3세(三世)가 끊임없이 이어지는, 삶의 이음[相續]인 3세상속,윤회유식체계(三世相續,輪廻唯識體系)에는, 3세업,정보인자(三世業,情報因子)를 저장(貯藏)하는 저장소(貯藏所)인, 아뢰야식(阿賴耶識)인 함장식(含藏識)이 있어야 함이 필수(必須)이기 때문이다.

이 함장식(含藏識)은, 각각(各各)의 생(生)의 삶이 생(生)과 사(死)로 끊어져도, 생(生)과 생(生)이 멸(滅)하지 않고 연속연결(連續連結)되는 세세생생(世世生生), 3세윤회, 인과유식체계(三世輪廻,因果唯識體係)에는, 아뢰야식(阿賴耶識)인 함장식(含藏識)이, 기본유식체계(基本唯識體係)의 설정성립(設定成立)에서는 기본식(基本識)이며, 3세인과(三世因果)의 근본(根本) 바탕이 되는 근원식(根源識)이기 때문이다. 그러므로, 중생제식체계(衆生諸識體係)의 최종식(最終識)은, 당연(當然)히 함장식(含藏識)이 자리[位置]하게 된다. 그러므로, 제식전개세계(諸識展開世界)에 대한 실증지혜(實證智慧)가 없었어도, 3세,제식체계,사고(三世,諸識體係,思考)에 의해, 제식체계성립(諸識體係成立)을 하였으나, 이에 대한 실증지혜정안(實證智慧正眼)이 없었으므로, 제7식(第七識) 자아의식(自我意識) 다음 식(識)인 제8식(第八識)이, 능소출입식(能所出入識)이 아닌, 아뢰야식(阿賴耶識)인 함장식(含藏識)으로 설정규정(設定規定)하게 된 것이다.

아뢰야식(阿賴耶識)인 함장식(含藏識)은, 무명,능연출식,전개섭리체계(無明,能緣出識,展開攝理體系)인 12인연법(十二因緣法) 중에, ①무명(無明)이다. ①무명(無明)이 불지정론(佛智正論) 제식체계(諸識體係)의 제9식(第九識) 함장식(含藏識)이다. ①무명(無明) 다음인 ②행(行)이, 불지정론(佛智正論) 제식체계(諸識體係)의 제8식(第八識) 능소출입식(能所出入識)이다. ③식(識)이, 불지정론(佛智正論) 제식체계(諸識體係)의 제7식(第七識) 자아의식(自我意識)이다. 이 자아의식(自我意識)이, 부모(父母)의 혈육(血肉)과 합일(合一)하여 6종근(六種根)을 갖추게 되는, 자아식(自我識)이다. 그러므로, 대승유식론사(大乘唯識論師)

들은, 이에 대한 실증지혜정안(實證智慧正眼)이 없었으므로, 12인연전개(十二因緣展開)에 ①무명(無明) 다음의 ②행(行)인, 능소출입식(能所出入識)을 빠뜨린 것이다. 12인연전개(十二因緣展開)에 있어서 ①무명(無明) 다음 능소출입식(能所出入識)인 ②행(行)이 없으면, 자아의식(自我意識)인 ③식(識)의 상속전개(相續展開)가 단절(斷絶)된다. 왜냐하면, 만약(萬若), 제식전개작용(諸識展開作用)의 연계상속식(連繫相續識)이 없으면, 제식,전개작용,연계상속식(諸識,展開作用,連繫相續識)이 단절(斷絶)되어, 제식전개작용(諸識展開作用)이 끊어지기 때문이다. 이는, 12인연법(十二因緣法)의 생(生)의 순관(順觀)과 멸(滅)의 역관(逆觀)으로도 알 수가 있다.

● **12인연법**(十二因緣法) **생멸관**(生滅觀)

12인연법(十二因緣法)**의 생**(生)**의 순관**(順觀)
①무명(無明)이 있음으로 행(行)이 생(生)한다.
②행(行)이 있음으로 식(識)이 생(生)한다.
③식(識)이 있음으로 명색(名色)이 생(生)한다.
④명색(名色)이 있음으로 6처(六處)가 생(生)한다.
⑤6처(六處)가 있음으로 촉(觸)이 생(生)한다.
⑥촉(觸)이 있음으로 수(受)가 생(生)한다.
⑦수(受)가 있음으로 애(愛)가 생(生)한다.
⑧애(愛)가 있음으로 취(取)가 생(生)한다.

⑨취(取)가 있음으로 유(有)가 생(生)한다.

⑩유(有)가 있음으로 생(生)이 생(生)한다.

⑪생(生)이 있음으로 노사(老死)가 생(生)한다.

⑫노사(老死)가 있음으로 윤회(輪廻)가 생(生)한다.

12인연법(十二因緣法)의 순(順)의 멸관(滅觀)

①무명(無明)이 없으면 행(行)이 없다.

②행(行)이 없으면 식(識)이 없다.

③식(識)이 없으면 명색(名色)이 없다.

④명색(名色)이 없으면 6처(六處)가 없다.

⑤6처(六處)가 없으면 촉(觸)이 없다.

⑥촉(觸)이 없으면 수(受)가 없다.

⑦수(受)가 없으면 애(愛)가 없다.

⑧애(愛)가 없으면 취(取)가 없다.

⑨취(取)가 없으면 유(有)가 없다.

⑩유(有)가 없으면 생(生)이 없다.

⑪생(生)이 없으면 노사(老死)가 없다.

⑫노사(老死)가 없으면 윤회(輪廻)가 없다.

12인연법(十二因緣法)의 멸(滅)의 역관(逆觀)

①윤회(輪廻)가 없음은 노사(老死)가 없기 때문이다.

②노사(老死)가 없음은 생(生)이 없기 때문이다.

③생(生)이 없음은 유(有)가 없기 때문이다.

④유(有)가 없음은 취(取)가 없기 때문이다.

⑤취(取)가 없음은 애(愛)가 없기 때문이다.

⑥애(愛)가 없음은 수(受)가 없기 때문이다.

⑦수(受)가 없음은 촉(觸)이 없기 때문이다.

⑧촉(觸)이 없음은 6처(六處)가 없기 때문이다.

⑨6처(六處)가 없음은 명색(名色)이 없기 때문이다.

⑩명색(名色)이 없음은 식(識)이 없기 때문이다.

⑪식(識)이 없음은 행(行)이 없기 때문이다.

⑫행(行)이 없음은 무명(無明)이 없기 때문이다.

●3세(三世) 12인연법(十二因緣法)과 제식(諸識)

①무명(無明): 제9식(第九識) 함장식(含藏識)이다. 이는, 3세업정보(三世業情報)를 저장(貯藏)한 식(識)이다.

②행(行): 제8식(第八識) 능소출입식(能所出入識)이다. 이는, 3세,업정보,출입운행식(三世,業情報,出入運行識)으로 무의식중(無意識中) 자연,반연반응,작용(自然,攀緣反應,作用)으로 훈습작용(薰習作用)이 일어남으로, 제7식(第七識)을 작용(作用)하게 하는, 원인(原因)이 된다.

③식(識): 제7식(第七識) 자아의식(自我意識)이다. 이는, 제8식(第八識)의 훈습작용(薰習作用)으로, 상(相)을 인식(認識)하고 분별(分別)하

며, 행위(行爲)하는 식(識)이다.

④명색(名色): 제7식(第七識) 자아의식(自我意識)과 6종근(六種根)을 갖출 부모혈육(父母血肉)과 결합(結合)함이다.

⑤6처(六處): 태중(胎中)에서, 안이비설신의(眼耳鼻舌身意)의 6종근(六種根)을 완전(完全)히 갖춤이다.

⑥촉(觸): 태중(胎中)에서와 또한, 출생(出生)하여, 6종근(六種根)이 색성향미촉법(色聲香味觸法)의 6종경(六種境)을 촉(觸)함이다.

⑦수(受): 6종경(六種境) 색성향미촉법(色聲香味觸法)을 6종근(六種根)과 6종식(六種識)이, 무의식중(無意識中) 자연,반연반응,작용(自然,攀緣反應,作用)으로 받아들임이다.

⑧애(愛): 제7식(第七識)이 색성향미촉법(色聲香味觸法)의 6종경(六種境)을 좋아함이다.

⑨취(取): 제7식(第七識)이 좋아하는 색성향미촉법(色聲香味觸法)의 6종경(六種境)을 취(取)함이다.

⑩유(有): 제7식(第七識)이 6종경(六種境)을 취(取)하고 좋아하며 집착(執着)하는 업력(業力)이 생성(生成)됨이다.

⑪생(生): 제7식(第七識)이 색성향미촉법(色聲香味觸法)의 상(相)을 좇는 업력(業力)을 좇아, 제7식(第七識)이 6종경(六種境)을 취(取)하는 생(生)의 삶을 삶이다.

⑫노사(老死): 제7식(第七識)이, 색성향미촉법(色聲香味觸法)의 상(相)을 좇아, 6종경(六種境)을 취(取)하는 업(業)의 삶이 있음으로, 노사(老死)와 윤회(輪廻)가 있음이다.

● 일생(一生) 12인연법(十二因緣法)과 제식행(諸識行)

①무명(無明): 제9식(第九識) 함장식(含藏識)이다. 이는, 3세(三世) 인연과정보(因緣果情報)를 저장(貯藏)한 성품,무기부동,함장식(性品, 無記不動,含藏識)이다.

②행(行): 제8식(第八識) 능소출입식(能所出入識)이다. 이는, 3세(三世) 기억정보,출입운행식(記憶情報,出入運行識)으로, 훈습작용(薰習作用)으로 무의식중(無意識中) 색성향미촉법(色聲香味觸法)의 상(相)에 자연반연(自然攀緣)하여 일어나는 능소작용출입식(能所作用出入識)이다. 그러므로, 제7식(第七識) 자아의식(自我意識)이, 안이비설신의(眼耳鼻舌身意)로 색성향미촉법(色聲香味觸法)을 촉(觸)하거나, 접(接)하는 대상(對相)에, 무의식중(無意識中) 자연반응(自然反應)하는 기억정보(記憶情報)와 습관(習慣)과 인연(因緣)과 의지(意志)와 훈습작용(薰習作用)으로, 자연,반연반응,작용(自然,攀緣反應,作用)으로 제7식(第七識) 자아의식행(自我意識行)에, 일일(一一)이 사사건건(事事件件)에 자연반응간섭(自然反應干涉)하고, 자연반응관여(自然反應關與)하며, 제7식(第七識) 자아의식행(自我意識行)의 작용(作用)을 이끌게 된다. 이 제8식(第八識) 능소출입식(能所出入識)의 행(行)이 없으면, 제7식(第七識) 자아의식(自我意識)의 일체행(一切行)이, 방향성(方向性)을 잃는다. 왜냐하면, 제7식(第七識) 자아의식(自我意識)의 모든 행(行)은, 지난 인·연·과(因·緣·果)의 정보(情報)인, 모든 기억정보(記憶情報)에 의존(依存)한, 기본지식(基本知識)과 훈습업력(薰習業力)의 바탕 속에, 일체행위(一切行爲)가 이루어지기 때문이다. 그러므로 만약(萬若),

제8식(第八識) 능소출입식(能所出入識)의 행(行)이 없으면, 모든 지난 정보(情報)인 일체기억정보(一切記憶情報)가 끊어지게 됨으로, 제7식(第七識) 자아의식(自我意識)의 일체행(一切行)이, 과거기억인연정보(過去記憶因緣情報)에 의존(依存)한 지금(只今)의 현재행위(現在行爲)와 내일(來日)을 향(向)한 미래(未來)의 삶이 연결(連結)되지 않는다. 그러므로, 제8식(第八識) 능소출입식(能所出入識)의 지난 기억인연정보, 일체반연작용행(記憶因緣情報, 一切攀緣作用行)이 없으면, 제7식(第七識) 자아의식(自我意識)의 일체행(一切行)이 의존(依存)하는, 지난 일체기억인연정보(一切記憶因緣情報)가 단절(斷絕)되어 끊어짐으로, 당장(當場), 제7식(第七識) 자아의식(自我意識) 그 일체행위(一切行爲)의 의미(意味)와 목적(目的)과 방향성(方向性)을 상실(喪失)하게 된다. 왜냐하면, 제7식(第七識) 자아의식(自我意識)의 일체행(一切行)은, 지난 일체기억인연정보(一切記憶因緣情報)에 의지(依支)한 분별(分別)과 판단(判斷)에 의한 결정(決定)의 행위작용(行爲作用)이기 때문이다. 그러므로, 제7식(第七識) 자아의식(自我意識)의 일체행(一切行)은, 제8식(第八識) 능소출입식(能所出入識)의 기억정보, 출입작용(記憶情報, 出入作用)을 반드시 자연반연수반(自然攀緣隨伴)하지 않으면, 제7식(第七識) 자아의식(自我意識)의 일체행(一切行)을 할 수가 없다. 왜냐하면, 제7식(第七識) 자아의식(自我意識)의 일체행(一切行)인 인지(認知)와 분별(分別)과 판단(判斷)과 목적(目的)과 결정(決定)과 의향(意向)등(等)의 일체행(一切行)이, 지난 일체기억, 인연정보작용(一切記憶, 因緣情報作用)의 제8식(第八識) 능소출입식(能所出入識)의 기억정보, 반연작용(記憶情報, 攀緣作用)에 의존(依存)하기 때문이다.

③식(識): 제7식(第七識) 자아의식(自我意識)이다. 이는, 제8식(第八識) 능소출입식(能所出入識)의 다양(多樣)한 각종기억,훈습작용행(各種記憶,薰習作用行)에 의존(依存)해 행위(行爲)하는, 자아의지식(自我意志識)이다.

④명색(名色): 명(名)은 제7식(第七識) 자아의식(自我意識)이며, 색(色)은 몸[身]이다. 명(名)은 자아의식(自我意識)이니, 능연식(能緣識)이며, 색(色)은 몸[身]이니, 외부(外部)의 것을 받아들이는 소연근(所緣根)이다. 그러므로, 명색(名色)의 작용(作用)에는 두[二] 가지의 특성(特性)이 있다. 명(名)의 작용(作用)은 마음[心] 내면(內面)의 일체작용(一切作用)인 능연식(能緣識)의 작용(作用)이며, 색(色)은, 외부(外部)의 것을 받아들이는 몸[身]인 소연근(所緣根)의 작용(作用)으로, 몸[身]의 일체작용(一切作用)이다. 그러므로, 명색(名色)은, 심신(心身)의 일체작용(一切作用)이다.

⑤6처(六處): 심신(心身)이 하나 된, 6종근(六種根)이다.

⑥촉(觸): 6종근(六種根)이 색성향미촉법(色聲香味觸法)의 6종경(六種境)에, 무의식중(無意識中) 자연,반연반응,작용(自然,攀緣反應,作用)으로 촉(觸)함이다.

⑦수(受): 6종근(六種根)과 6종식(六種識)이 색성향미촉법(色聲香味觸法)의 6종경(六種境)을, 무의식중(無意識中) 자연,반연반응,작용(自然,攀緣反應,作用)으로 받아들임이다.

⑧애(愛): 6종근(六種根)이 받아들인 색성향미촉법(色聲香味觸法)을, 무의식중(無意識中) 자연,반연반응,작용(自然,攀緣反應,作用)으로 그대로 거울[鏡]처럼 6종식(六種識)에 비치는 색성향미촉법(色聲香味觸法)

의 상(相)을, 제7식(第七識) 자아의식(自我意識)이 인지(認知)하여, 색성향미촉법(色聲香味觸法)의 6종경(六種境)을 좋아함이다.

⑨취(取): 제7식(第七識)이 지난 훈습작용(薰習作用)의 습관적(習慣的), 또는, 인연적(因緣的), 또는, 인위적(人爲的), 또는, 의지적(意志的) 작용(作用)에 의해 이끌리거나 좋아하거나 선택(選擇)한, 색성향미촉법(色聲香味觸法)의 6종경(六種境)을 취(取)함이다.

⑩유(有): 제7식(第七識)이 색성향미촉법(色聲香味觸法)의 6종경(六種境)을 좋아하여 취(取)하고, 집착(執着)하는 업력(業力)이 생성(生成)됨이다.

⑪생(生): 제7식(第七識)이 색성향미촉법(色聲香味觸法)의 6종경(六種境)을 좋아하며, 취(取)하고 집착(執着)하는, 생(生)의 삶을 삶이다.

⑫노사(老死): 제7식(第七識)이 색성향미촉법(色聲香味觸法)의 6종경(六種境)을 취(取)하는 삶 속에, 늙고 병(病)듦인, 노사(老死)가 있음이다.

● **무명견(無明見)의 12인연법(十二因緣法)**

무명(無明)에도, 성품(性品)의 무명(無明)과 지혜(智慧)의 무명(無明)이 있다. 성품(性品)의 무명(無明)은 무명제식종(無明諸識種)이다. 지혜(智慧)의 무명(無明)은, 무명제식종(無明諸識種)이 아닌, 무명견(無明見)이다. 지혜(智慧)의 무명(無明)인, 무명견(無明見) 12인연법(十二因緣法)은 다음과 같다.

①무명(無明): 무의식중(無意識中), 상(相)을 정(定)해 봄이다.

②행(行): 무의식중(無意識中), 상(相)에 반연심(攀緣心)이 동(動)함이다.

③식(識): 무의식중(無意識中), 상(相)에 머무르[住]는 식(識)이 생성(生成)됨이다.

④명색(名色): 마음[心]과 몸[身]이 있음이다.

⑤6처(六處): 안이비설신의(眼耳鼻舌身意)가 있음이다.

⑥촉(觸): 안이비설신의(眼耳鼻舌身意)의 촉(觸)이 있음이다.

⑦수(受): 안이비설신의(眼耳鼻舌身意)의 촉(觸)으로, 색성향미촉법(色聲香味觸法)을 받아들임[受]이 있음이다.

⑧애(愛): 촉(觸)으로 받아들[受]인 색성향미촉법(色聲香味觸法)을 좋아함이다.

⑨취(取): 좋아하는 색성향미촉법(色聲香味觸法)을 취(取)함이다.

⑩유(有): 색성향미촉법(色聲香味觸法)을 좋아하고, 취(取)하며, 머무르[住]는 업력(業力)이 생성(生成)됨이다.

⑪생(生): 좋아하는 색성향미촉법(色聲香味觸法)을 취(取)하는 업력(業力)의 삶을 삶이다.

⑫노사(老死): 좋아하는 색성향미촉법(色聲香味觸法)을 취(取)하는 업력(業力)의 삶[生] 속에, 늙음[老]과 병(病)듦과 죽음[死]을 인지(認知)함이다.

무명,능연출식,전개섭리체계(無明,能緣出識,展開攝理體系)인 12인연전개(十二因緣展開)를 통해, 제식작용,전개섭리,체계(諸識作用,展開攝

理,體系)에 능소출입식(能所出入識)이 없지 않음을 확인(確認), 확지(確知)할 수가 있다. 그러므로, 대승유식론(大乘唯識論)의 제식전개, 섭리체계(諸識展開,攝理體系)에, ①무명(無明)인 함장식(含藏識) 다음의 ②행(行)인, 능소출입식(能所出入識)이 없음은, 대승유식론사(大乘唯識論師)들이, 제식전개,섭리체계(諸識展開,攝理體系)에 능소출입식(能所出入識)이 있음을 인지(認知)할, 실증지혜(實證智慧)가 없었기 때문이다. 그러므로, 제식전개체계(諸識展開體係)에, 제7식(第七識) 자아의식(自我意識) 다음, 제8식(第八識)인 능소출입식(能所出入識)이 빠짐으로, 제식전개,섭리체계(諸識展開,攝理體係)에 당연(當然)히 함장식(含藏識)을, 제8식(第八識)으로 설정규정(設定規定)한 것임을 알 수가 있다. 그러므로, 대승유식론(大乘唯識論)의 제식전개,섭리체계(諸識展開,攝理體系)가 사실(事實)과 다른 지견오류(知見誤謬)가 있는 사실왜곡(事實歪曲)은, 이에 대한 명확(明確)한 실증지혜(實證智慧)가 없었기 때문이다. 그러므로, 대승유식론,제식체계(大乘唯識論,諸識體係) 오류(誤謬)의 그 원인(原因)을, 실증지혜정안(實證智慧正眼)으로 정의정립(正義正立)한 실증제식,정립체계(實證諸識,正立體系)가 아닌, 지혜미완(智慧未完)의 지견(知見)에 의한 분별(分別)과 유추(類推)와 추정(推定)에 의한 설정건립,유식체계(設定建立,唯識體係)임을 알 수가 있다.

그러므로, 대승유식론사(大乘唯識論師)들은, 제8식(第八識)이 최종식(最終識)이며, 이를, 함장식(含藏識)으로 규정(規定)하여, 최종식(最終識)인 제8식(第八識)에는, 함장식(含藏識)인 염분(染分)과 본래(本來)

무엇에도 물듦 없는 청정본성(淸淨本性)인 정분(淨分)의 두[二] 성품(性品)이 있음을, 유식체계,추정론리사고(唯識體係,推定論理思考)로 설정규정(設定規定)하여 성립(成立)한 것이다. 그리고, 제8식(第八識)이 함장식(含藏識)이므로, 제8식(第八識)의 전변지혜(轉變智慧)가 대원경지(大圓鏡智)라고 정의(定義)해, 사실(事實)과 다른, 지혜미완(智慧未完)의 지견오류(知見誤謬)가 있음은, 이에 대한 명확(明確)한 실증지혜정안(實證智慧正眼)이 없었기 때문이다. 그리고 또한, 총체적(總體的) 일체유식,성품세계(一切唯識,性品世界)를 명확(明確)히 정의정립정론(正義正立正論)할, 일체초월(一切超越) 불지(佛智)가 아니었기 때문이다.

그리고, 제식세계,실증지혜(諸識世界,實證智慧)가 없어도, 대승유식론(大乘唯識論)에서 제8식(第八識)이 최종식(最終識)으로 확정(確定)하여 결정(決定)해, 제식전개체계(諸識展開體係)를 마무리[終結]함으로, 제8식(第八識)에는 염분(染分)인 함장식(含藏識)과 정분(淨分)인 본성(本性)의 두[二] 성품(性品)이 있음을, 당연(當然)히 설정(設定)하고 건립(建立)한 것은, 유식론리체계(唯識論理體系)의 기본사고(基本思考)로써는 당연(當然)하다. 그 까닭[緣由]은, 대승유식,8종식체계(大乘唯識,八種識體系)에는, 본성(本性)을 한 식종(識種)으로 따로 분류(分類)하지 않았으므로, 무명제식(無明諸識)이어도 본성(本性)을 벗어나 있지 않으며, 또한, 본성(本性)을 더불어 제식전개체계(諸識展開體係)에 넣음으로써, 총체적(總體的) 제식종(諸識種)을 갖춘, 완전(完全)한 유식체계(唯識體係)가 되기 때문이다. 그러므로, 함장식(含藏

識)이, 대승유식론(大乘唯識論)의 최종식(最終識)이어도, 당연(當然)히 제8식(第八識)에는, 염분성품(染分性品)인 아뢰야식(阿賴耶識) 무명함장식(無明含藏識)과 정분성품(淨分性品)인 청정본성(淸淨本性)이 더불어 함께 있음을 설정(設定)함으로, 대승유식론(大乘唯識論)의 제식전개체계(諸識展開體系)가 완전(完全)한 총체적(總體的), 제식종,유식체계(諸識種,唯識體系)가 되도록 함이다.

왜냐하면, 대승유식,8종식체계(大乘唯識,八種識體系)에는 무명제식(無明諸識)만 있으므로, 그 무명제식(無明諸識)들도, 본성(本性)을 벗어나, 따로 있지 않기 때문이다. 그러므로, 최종식(最終識)인 제8식(第八識)에는, 무명함장식(無明含藏識)인 염분(染分)과 청정본성(淸淨本性)인 정분(淨分)이 있음을 설정규정(設定規定)함으로, 대승유식론(大乘唯識論)의 제식전개체계(諸識展開體系)가 총체적(總體的) 제식종(諸識種)을 모두 갖춘, 완전(完全)한 제식전개,섭리체계(諸識展開,攝理體系)가 되기 때문이다. 제식전개체계(諸識展開體系)에 본성(本性)까지 제식체계(諸識體系)를 갖추게 함은, 유식사고(唯識思考)의 논지(論智)로는 당연(當然)한 것이다. 그러나, 무명식(無明識)인 제8식(第八識)에다, 함장식(含藏識)과 청정본성(淸淨本性)을, 제8식(第八識)의 염분(染分)과 정분(淨分)으로 함께 묶어 제8식(第八識)의 성품(性品)으로 설정(設定)하고 규정(規定)함으로, 대승유식론(大乘唯識論)의 제식종,분류체계(諸識種,分類體系)가 후일(後日)에, 제8식(第八識)의 염분(染分)과 정분(淨分)에 대해, 서로 다른 이견(異見)을 가진 유식종(唯識宗)과 유식학파(唯識學派)가 파생(派生)하는 문제점(問題點)을 유발(誘

發)하는 원인(原因)이 되었다.

　제식성품세계(諸識性品世界)에 대한 실증지혜(實證智慧)가 없어도, 제8식(第八識)의 염분(染分)이 함장식(含藏識)이며, 또한, 제8식(第八識)의 정분(淨分)이 청정본성(清淨本性)임을, 그렇게 이해(理解)하고, 그렇게 인지(認知)하며, 그렇게 알고 있음은, 전례(前例)된 사례(事例)로 명확(明確)히, 확인(確認)할 수가 있다. 이에 대한 것은, 유식경(唯識經)인 해심밀경소(解深密經疏)를 저술(著述)하신 대승유식대론사(大乘唯識大論師)이시며, 그 시대(時代)에 최고(最高)의 유식대가(唯識大家)이신 원측(圓測)스님이 저술(著述)한, 해심밀경소(解深密經疏)의 심의식상품(心意識相品) 내용(內容)의 논지(論智) 중에, 원측(圓測)스님께서, 진제삼장(眞諦三藏)스님께서 제8식(第八識)의 정분(淨分)인 본성(本性)을, 염분(染分)인 함장식(含藏識)과 분류(分類)하여, 제9식(第九識)으로 식종(識種)을 달리한 것에 대해, 그 유식론지(唯識論智)가 옳지 않음을 논설(論說)한 부분(部分)을 살펴보면, 대승유식론(大乘唯識論)의 제8식(第八識) 염분(染分)을 함장식(含藏識)으로, 정분(淨分)을 본성(本性)으로 규정(規定)하고 설정(設定)한, 대승유식론(大乘唯識論)의 제식체계(諸識體系)임을, 살펴볼 수가 있다.

　진제삼장(眞諦三藏)스님께서, 제8식(第八識)의 염분(染分)과 정분(淨分) 중, 제8식(第八識) 정분(淨分)의 성품(性品)은, 청정식(清淨識)인 아마라식(阿摩羅識)이며, 무구식(無垢識)이므로, 제8식(第八識)의 정분(淨分)을, 제9식(第九識)으로 식종(識種)을 분리(分離)하여, 제9식

(第九識)으로 규정(規定)하였다. 그러나, 100년(百年) 남짓 후(後)에 태어나신 대승유식론사(大乘唯識論師)이신 원측(圓測)스님은, 제8식(第八識)의 정분(淨分)을, 제8식(第八識)에서 분리(分離)하여, 제9식(第九識)의 식종(識種)으로 규정(規定)한 것은, 부당(否當)하다고 하였다. 그 까닭[緣由]은, 제8식(第八識)의 염분(染分)이 전변(轉變)하면 대원경지(大圓鏡智)이므로, 대원경지(大圓鏡智)의 성품(性品)은 곧, 아마라식(阿摩羅識)인 여래(如來)의 성품(性品) 무구식(無垢識)이니, 곧, 제8식(第八識)의 정분(淨分)이기 때문이라고 했다. 제8식(第八識)의 정분(淨分)이, 아마라식(阿摩羅識)인 여래(如來)의 성품(性品)으로 무구식(無垢識)임을, 여래공덕장엄경(如來功德莊嚴經)의 대원경지(大圓鏡智)에 대한 구절(句節)로써, 이를 증명(證明)하고 있다.

그러나, 이 논리(論理) 일체(一切)가, 대승유식론(大乘唯識論)의 제8식(第八識)과 제8식(第八識) 전변지혜(轉變智慧)를 점검(點檢)할, 일체초월(一切超越) 불지(佛智)의 일체초월,여래성(一切超越,如來性) 실증지혜(實證智慧)가 없었기 때문이다. 그러므로, 제8식(第八識)의 정분(淨分)을 모르는, 성품왜곡(性品歪曲)이며, 제8식(第八識)의 정분(淨分)과 제8식(第八識)의 전변지혜(轉變智慧)인 대원경지(大圓鏡智)의 성품(性品)과 여래(如來)의 성품(性品), 무구식(無垢識)인 불성(佛性)을 동일시(同一視)한 것은, 이에 대한 실증지혜(實證智慧)가 없어, 세[三] 성품(性品)의 차별특성(差別特性)을 모르는, 지혜미완(智慧未完)에 의한 지견오류(知見誤謬)이다. 제8식(第八識)의 염분(染分)을 전변(轉變)하면 대원경지(大圓鏡智)이니, 함장식(含藏識)이라고 생각[認識]했던 제8식

(第八識)의 염분(染分)은, 사실(事實) 함장식(含藏識)이 아닌, 능소출입식(能所出入識)이며, 정분(淨分)을 본성(本性)으로 설정규정(設定規定)한 그 정분(淨分) 성품(性品)은, 사실(事實), 논리(論理) 의도(意圖)와 달리, 본성(本性)도 아니며, 또한, 여래(如來)의 무구식(無垢識)도 아닌, 일체선악(一切善惡)과 일체유무상(一切有無相)과 일체제식심(一切諸識心)과 일체지견심(一切知見心), 그 무엇에도 이끌림이 없고 물듦 없는, 부동성품무기성(不動性品無記性)으로 일체차별심(一切差別心)이 없는, 청정부동함장식(淸淨不動含藏識)인 부동, 대열반, 무기성품(不動, 大涅槃, 無記性品)이다.

이러한 사실(事實)은, 대승유식론(大乘唯識論)의 제식체계(諸識體系)가, 총체적(總體的) 유식성품세계(唯識性品世界)에 대한 실증지혜(實證智慧)로 정의정립(正義正立)한, 실증지혜, 실증성품, 정지정론(實證智慧, 實證性品, 正智正論)의 유식체계(唯識體系)가 아님을 깨닫게 한다. 이러한 유식체계오류(唯識體係誤謬)는, 일체유식, 성품세계(一切唯識, 性品世界)를 실증(實證)한, 일체초월(一切超越) 불지(佛智)가 아닌, 지혜미완(智慧未完)의 유추(類推)와 추정식견(推定識見)의 유식론지(唯識論智)에 의해 설정성립(設定成立)된, 추정건립(推定建立)의 유식체계(唯識體係)임을 알 수가 있다. 그러므로, 대승유식론(大乘唯識論)의 제식분류, 성품체계(諸識分類, 性品體係)에는, 실제성품(實際性品) 사실(事實)과 다른 지견오류(知見誤謬)의 부분(部分)이 있다. 그러므로 만약(萬若), 지혜(智慧)가 일체초월(一切超越) 불지(佛智)에 이르면, 총체적(總體的), 일체유식, 성품세계(一切唯識, 性品世界)에 대한 실증지혜정안(實證智慧正眼)으로, 대승유식론(大乘唯識論)의 제식체계, 유식론지(諸識體系, 唯識論智)가, 사실(事實)과 다른 지견오류(知見誤謬)와 사실왜곡(事實歪曲)의 부분(部分)을, 지혜점검(智慧點檢)할 수가 있다.

제8식(第八識)이 끊어져 전변(轉變)한 대원경지(大圓鏡智)는, 전변지혜(轉變智慧)에 의한 증득지(證得智)이니, 여래(如來)의 일체초월(一切超越) 대원경지(大圓鏡智)가 아니다. 여래(如來)의 대원경지(大圓鏡智)는 증득지(證得智)가 아닌, 일체초월(一切超越) 본연불성, 대원경지(本然佛性, 大圓鏡智)이며, 제8식(第八識)이 끊어져 전변(轉變)한 대원경지(大圓鏡智)는, 능소출입식(能所出入識)이 끊어져 멸(滅)해, 능소(能所) 없는 쌍차쌍조행(雙遮雙照行)이 이루어지는 원융각명, 무위지혜, 성품(圓融覺明, 無爲智慧, 性品)이다. 그러므로, 제8식(第八識) 능소출입식(能所出入識)이 끊어져 전변(轉變)한 대원경지(大圓鏡智)는 아직, 일체초월(一切超越) 불성(佛性)에 증입(證入)을 못했고, 또한, 자기(自己) 증득지(證得智)인, 보살대원경지(菩薩大圓鏡智)의 원융각명, 지혜성품(圓融覺明, 智慧性品)도 아직, 벗어나지 못했다. 그리고 또한, 무명함장식(無明含藏識)도 타파(打破)하지도 못해, 불승(佛乘)의 지혜(智慧)에도 증입(證入)하지 못한 일불승(一佛乘)인, 무위보살, 대원경지(無爲菩薩, 大圓鏡智)에 머물러 있음이다. 전변지혜(轉變智慧)인 대원경지(大圓鏡智)의 무구식(無垢識)은, 보살지(菩薩智)의 무위성품(無爲性品)이며, 여래(如來)의 무구식(無垢識)은, 일체보살지(一切菩薩智)의 무위성품(無爲性品)까지 초월(超越)한, 일체초월, 절대성(一切超越, 絕對性) 불성(佛性)이다. 보살(菩薩)의 대원경지(大圓鏡智)는 무위, 원융각명, 지혜성품(無爲,圓融覺明,智慧性品)이며, 여래(如來)의 대원경지(大圓鏡智)는, 일체,무위지혜,성품세계(一切,無爲智慧,性品世界)를 벗어난, 일체초월(一切超越) 본연불성,원융각명(本然佛性,圓融覺明)으로, 여래,무생결정성(如來,無生結定性)이다.

대승유식론,제식체계(大乘唯識論,諸識體系)를 살펴보면, 제8식(第八識)에 대한 인식(認識)과 정의(定義)는, 제8식(第八識)의 염분(染分)은 3세업식(三世業識)의 정보(情報)를 저장(貯藏)하고 있는 함장식(含藏識)이며, 정분(淨分)은 본성(本性)으로 설정규정(設定規定)하며, 또한, 제8식(第八識) 함장식(含藏識)의 전변지혜(轉變智慧)가 대원경지(大圓鏡智)임을 규정(規定)하고 있다. 그러나 이는, 실증지혜(實證智慧) 없는 지혜미완(智慧未完)으로, 실제(實際) 사실(事實)과 다르다. 대승유식론,제식체계(大乘唯識論,諸識體系)에서 제8식(第八識)을 최종식(最終識)으로 규정(規定)하다 보니, 제8식(第八識)에는 각각(各各) 성품성질(性品性質)과 성품차원(性品次元)이 서로 다른, 차별식종(差別識種)이 연계중첩(連繫重疊)되어 있다. 그러므로, 이에 대한 명확(明確)한 총체적(總體的) 실증지혜(實證智慧)인 일체초월(一切超越) 불지(佛智)가 아니면, 대승유식체계(大乘唯識體系)의 제8식(第八識)에 대해, 명확(明確)히 지혜점검(智慧點檢)하여 언급(言及)하거나, 규명(糾明)할 수가 없다. 그러므로, 제8식(第八識)의 성품(性品) 속에 있는, 연계중첩,차별차원,차별식종(連繫重疊,差別次元,差別識種)에 대해 실증지혜(實證智慧)의 부족(不足)으로, 제8식(第八識)의 성품세계(性品世界)를 명확(明確)히 분별(分別)하지 못한 지혜(智慧)의 한계점(限界點)인 지견오류(知見誤謬)가 있어, 대승유식체계(大乘唯識體系)에서는, 제8식(第八識)의 성품(性品)이 실제사실(實際事實)과 달라, 제8식(第八識)의 성품(性品)에 대해 규정(規定)하고 정의(定義)한 논리론설(論理論說)이, 실제(實際)와는 다른 지견오류(知見誤謬)와 사실왜곡(事實歪曲)이 있다.

대승유식체계(大乘唯識體系)에서는 제8식(第八識)이 최종식(最終識)이므로, 제8식(第八識)에는 염분(染分)인 함장식(含藏識)과 정분(淨分)인 청정본성(淸淨本性)이 함께 있는 것으로 설정정의(設定定義)하며, 그렇게 규정(規定)하고 있다. 이는, 일체초월(一切超越) 불지(佛智)가 아니므로, 제8식(第八識)에 대해 명확(明確)히 지혜점검(智慧點檢)할 실증지혜정안(實證智慧正眼)이 없어, 지혜미완(智慧未完)으로 잘못 유추(類推)하여 이해(理解)하고, 실증지혜(實證智慧) 없는 추정논리(推定論理)에 의해 사실(事實)과 다른 지견(知見)의 오류(誤謬)이니, 이는, 사실(事實)이 왜곡(歪曲)된 견(見)이다. 제8식(第八識)은, 대승유식체계(大乘唯識體系)에서 식명(識名)을 함장식(含藏識)이라 규정(規定)하고, 최종식(最終識)이라고 정의(定義)하였어도, 제8식(第八識)에는, 사실(事實), 대승유식론사(大乘唯識論師)들이, 제식전개,성품체계(諸識展開,性品體系)에 대한 실증지혜부족(實證智慧不足)으로, 지혜미완(智慧未完)으로 빠뜨린 능소출입식(能所出入識)과 무명함장식(無明含藏識)과 청정본성(淸淨本性)의 3종차별,식종성품(三種差別,識種性品)이 함께 있는, 중첩복합식(重疊複合識)이다. 그리고, 제8식(第八識)이 최종식(最終識)이다 보니, 제8식(第八識)의 염분(染分)을 함장식(含藏識)으로, 정분(淨分)을 본성(本性)으로 규정(規定)함으로, 아직, 본성(本性)에 이르지 못한 하차원(下次元) 지혜성품(智慧性品)이, 제8식(第八識) 속에 더불어 겸(兼)하여 있는 중첩복합식(重疊複合識)이다. 그러므로, 전변지혜성품(轉變智慧性品)까지 겸(兼)하면, 능소출입식(能所出入識)의 전변지혜(轉變智慧)인 대원경지(大圓鏡智)와 무명함장식(無明含藏識)의 전변지혜(轉變智慧)인 심부동,대열반성지(心不動,大涅槃性智)까지, 지혜성품(智慧性品)이 더불어 제8식(第八識)에 겸(兼)함이 된다.

그리고, 제8식(第八識)을 함장식(含藏識)이라 규정(規定)하며, 제8식(第八識) 함장식(含藏識)을 전변(轉變)하면 대원경지(大圓鏡智)라고 규정(規定)하고 있다. 그러나, 실제(實際) 사실(事實)은 그렇지가 않다. 왜냐하면, 함장식(含藏識)이 전변(轉變)하면, 대원경지(大圓鏡智)보다 더 깊은 지혜성품(智慧性品)인, 심부동,대열반성지(心不動,大涅槃性智)에 증입(證入)하게 된다. 대원경지(大圓鏡智)에 드는 전변식(轉變識)은 사실(事實), 능소출입식(能所出入識)이다. 능소출입식(能所出入識)이 끊어져 멸(滅)함으로, 능소(能所) 없는 원융지혜(圓融智慧)인, 쌍차쌍조,원융각명행(雙遮雙照,圓融覺明行)이 이루어지는 대원경지(大圓鏡智)에 증입(證入)하게 된다. 이는, 일불승(一佛乘)의 원융각명, 지혜성품,세계(圓融覺明,智慧性品,世界)이다.

그러면, 함장식(含藏識)이 끊어지면[滅], 대원경지(大圓鏡智)가 아닌, 그보다 더 깊은 지혜성품(智慧性品)인 심부동,대열반성지(心不

動,大涅槃性智)에 드는 까닭[緣由]은, 무명함장식(無明含藏識)은 12인
연(十二因緣)의 무명(無明)이다. 그러므로 이는, 동(動)함이 없는 부
동열반,무기성품(不動涅槃,無記性品)이므로, 이를 타파(打破)해 벗어
난 전변지혜성품(轉變智慧性品)은 곧, 심부동,대열반성지(心不動,大涅
槃性智)이다. 이는, 불승(佛乘)의 부동열반지혜성품(不動涅槃智慧性品)
이다. 함장식(含藏識)이 청정부동,대열반,무기성품(淸淨不動,大涅槃,
無記性品)이므로, 만약(萬若), 부동성품(不動性品)을 타파(打破)하여도,
다시, 대원경지(大圓鏡智)의 무위,동각지혜,성품(無爲,動覺智慧,性品)
인 대원경지(大圓鏡智)로 지혜퇴보(智慧退步)하는 것은, 제식,전변지
혜,섭리체계(諸識,轉變智慧,攝理體系)에는 있을 수 없는, 지혜미완(智
慧未完)에 의한 전변지혜,섭리체계(轉變智慧,攝理體系)의 지견오류(知
見誤謬)이며, 사실왜곡사견(事實歪曲邪見)이다. 함장식(含藏識)은, 대
원경지(大圓鏡智)의 지혜(智慧)로도 파괴(破壞)할 수 없는, 대원경지
(大圓鏡智)보다 성품차원(性品次元)이 더 깊은 성품(性品)이다. 왜냐하
면, 함장식(含藏識)은 12인연(十二因緣)의 ①무기부동식(無記不動識)인
무명(無明)이며, 대원경지(大圓鏡智)는, 12인연(十二因緣)의 ②출행식
(出行識)인 행(行)을 타파(打破)한, 지혜성품(智慧性品)이기 때문이다.

　　그리고 또한, 12인연(十二因緣)의 ①무명(無明)이 타파(打破)되어도
왜? 불(佛)이 아닌가 하면, ①무명(無明)이 끊어져 멸(滅)한 심부동,
대열반성(心不動,大涅槃性)을 수순(隨順)하는, 무위부동열반지(無爲不
動涅槃智)인 불승(佛乘)의 행(行)이 아직, 끊어져 멸(滅)하지 않았기
때문이다. 그리고, 능소출입식(能所出入識)은, 12인연법(十二因緣法)

중에, ①무명(無明) 다음의 ②행(行)이다. 그러므로, 함장식(含藏識)은 부동식(不動識)이며, 능소출입식(能所出入識)은 동식(動識)이다. 그러므로, 12인연법(十二因緣法)의 ①무명(無明)이 끊어지면[滅] 불승(佛乘)의 부동지(不動智)인 심부동, 대열반성지(心不動, 大涅槃性智)에 증입(證入)하게 된다. 12인연법(十二因緣法)의 ①무명(無明)은, 불지정론(佛智正論)의 제9식(第九識)이며, 무명함장식(無明含藏識)이다. 12인연법(十二因緣法)의 ①무명(無明)에 의한 전개과정(展開過程)인 ②행(行)이 끊어지면[滅], 일불승(一佛乘)의 지혜성품세계(智慧性品世界)이며, 이는 곧, 능소(能所)가 끊어져 없어, 능소(能所) 없는 쌍차쌍조행(雙遮雙照行)이 이루어지는, 원융각명, 대원경지(圓融覺明, 大圓鏡智)에 증입(證入)하게 된다. 12인연법(十二因緣法) 중에 ②행(行)은, 불지정론(佛智正論)의 제8식(第八識)이며, 능소출입식(能所出入識)이다.

또한, 만약(萬若), 12인연법(十二因緣法) 중에, ②행(行) 다음 전개과정(展開過程)인 ③식(識)이 끊어지면[滅], 일승(一乘)의 무염진여성지(無染眞如性智)인 평등성지(平等性智)에 증입(證入)하게 된다. 그 까닭[緣由]은, 12인연법(十二因緣法)의 ②행(行), 다음 ③식(識)이 곧, 제7식(第七識) 자아의식(自我意識)이기 때문이다. 제7식(第七識) 자아의식(自我意識)이 끊어지면[滅], 무염, 진여성품, 실체(無染, 眞如性品, 實體)인 상(相)과 공(空)에도 물듦 없는 이사무애법계성(理事無礙法界性)에 증입(證入)하게 된다. 12인연법(十二因緣法) 중에, ④명색(名色)은, 식(識)과 색신(色身)이 일신체(一身體)를 이룸이다. 12인연법(十二因緣法)의 ⑤6입(六入)은, 안이비설신의(眼耳鼻舌身意)의 6종근신(六種根

身)을 갖춤이다. 12인연법(十二因緣法)의 ⑥촉(觸)은, 소연6경(所緣六境)인 색성향미촉법(色聲香味觸法)에, 소연6종근(所緣六種根)인 안이비설신의근(眼耳鼻舌身意根)이 무의식중(無意識中) 자연,반연반응,작용(自然,攀緣反應,作用)으로 대상(對相)인 색성향미촉법(色聲香味觸法)에 접촉(接觸)함이다.

12인연법(十二因緣法)의 ⑦수(受)는, 2종수(二種受)가 있으니, 6종근수(六種根受)와 6종식수(六種識受)이다. 이는, 6종근수(六種根受)에 의해 6종식수(六種識受)의 작용(作用)이 이루어진다. 6종근수(六種根受)와 6종식수(六種識受)는, 6종근(六種根)과 6종식(六種識)이 전개(展開)되는 연계작용(連繫作用)이다. 6종근수(六種根受)는, 안이비설신의근(眼耳鼻舌身意根)인 6종근(六種根)이 색성향미촉법(色聲香味觸法)에 촉(觸)하여, 무의식중(無意識中) 자연,반연반응,작용(自然,攀緣反應,作用)으로, 색성향미촉법(色聲香味觸法)의 대상(對相)을 받아들임이다. 또한, 6종식수(六種識受)는, 6종근(六種根)이 받아들인 색성향미촉법(色聲香味觸法)을, 6종식(六種識)이 무의식중(無意識中) 자연,반연반응,작용(自然,攀緣反應,作用)으로 그대로 받아들여, 색성향미촉법(色聲香味觸法)을 그대로 거울[鏡]처럼 비추는 6종식(六種識)의 작용(作用)이다.

만약, 무명,능연출식,전개섭리체계(無明,能緣出識,展開攝理體系)인 12인연법(十二因緣法)의 전개작용(展開作用)인 ⑦수(受)에서, 6종근수(六種根受)인 색성향미촉법(色聲香味觸法)에, 무의식중(無意識中) 자연,

반연반응,작용(自然,攀緣反應,作用)으로 받아들이는 안근(眼根), 이근(耳根), 비근(鼻根), 설근(舌根), 신근(身根), 의근(意根)인 6종근(六種根)이, 지혜작용(智慧作用)으로 타파(打破)되어 끊어지면[滅], 6종근(六種根)이 끊어져 멸(滅)한 색성향미촉법(色聲香味觸法)의 무아지(無我智)를 깨달아, 성소작지(成所作智)에 증입(證入)하게 된다. 그리고 또한, 무명,능연출식,전개섭리체계(無明,能緣出識,展開攝理體系)인 12인연법(十二因緣法)의 전개작용(展開作用)인 ⑦수(受)에서, 6종식수(六種識受)인, 6종근(六種根)이 받아들인 색성향미촉법(色聲香味觸法)에 무의식중(無意識中) 자연,반연반응,작용(自然,攀緣反應,作用)으로, 색성향미촉법(色聲香味觸法)을 그대로 거울[鏡]처럼 비치는 6종식(六種識)인 안식(眼識), 이식(耳識), 비식(鼻識), 설식(舌識), 신식(身識), 의식(意識)인 6종식(六種識)이, 지혜작용(智慧作用)으로 타파(打破)되어 끊어지면[滅], 6종식(六種識)이 멸(滅)해, 색성향미촉법(色聲香味觸法)의 상(相)이 공(空)한 대승지(大乘智)인, 6종식(六種識)이 공(空)한 묘관찰지(妙觀察智)에 증입(證入)하게 된다.

대승유식론체계(大乘唯識論體系)에는, 제식종(諸識種)을 8종식(八種識) 체계(體系)로 분류(分類)함으로, 제8식(第八識)이 최종식(最終識)이며, 또한, 제8식(第八識)을 함장식(含藏識)으로 규정(規定)함으로, 대승유식론(大乘唯識論)에는 능소출입식(能所出入識)의 존재(存在)를 인지(認知)하지 못해, 대승유식론(大乘唯識論)의 제식체계(諸識體系)에는, 능소출입식(能所出入識)을 처음부터 빠뜨려, 아예[當初] 없다. 제8식(第八識)에 염분(染分)을 함장식(含藏識)으로, 정분(淨分)을 본성(本

性)으로 규정(規定)한 까닭[緣由]은, 함장식(含藏識)이 최종식(最終識)이어도, 그 함장식(含藏識)이, 청정본성(淸淨本性)을 벗어나 있지 않기 때문이다. 그러므로, 제8식(第八識)이 대승유식론(大乘唯識論)의 제식체계(諸識體系)에 최종식(最終識)이며, 식명(識名)을 함장식(含藏識)이라고 규정(規定)하였어도, 제8식(第八識)에는 염분(染分)인 함장식(含藏識)과 정분(淨分)인 본성(本性)이 함께 있는 것으로 설정(設定)하여 정의(定義)하였다.

그리고, 유식체계(唯識體係)에 함장식(含藏識)은, 특별(特別)한 역할(役割)을 한다. 이는, 윤회(輪廻)의 생(生)이 끊임없이 이어지는, 3세윤회,유식체계(三世輪廻,唯識體係)를 연결(連結)하는 바탕[根本] 식(識)이며, 생(生)과 생(生)을 이어주는 연결고리[連結體系]이기 때문이다. 그러므로, 3세유식(三世唯識)이 끊임없는 3세인과윤회(三世因果輪廻)와 연계(連繫)되어, 생(生)과 생(生)이 연(連)이어, 3세인과,윤회유식체계(三世因果,輪廻唯識體系)가 끊어져 멸(滅)하는 그 난맥(亂脈)을 해결(解決)하는, 궁극적(窮極的) 실마리[端緒]며 단초(端初)인 해결점(解決點)이, 바로, 3세,기억정보,저장소(三世,記憶情報,貯藏所)인 아뢰야식(阿賴耶識), 함장식(含藏識)이다. 이는 곧, 12인연법(十二因緣法)의 무명성품(無明性品)이다. 과거생(過去生)이나 현재생(現在生)이나 미래생(未來生)이나, 그 업(業)이 연계(連繫)된 연결구도(連結構圖)는 곧, 생(生)과 생(生)이 끊어져 멸(滅)해도, 3세(三世) 모든 업(業)의 씨앗[因子]인 그 정보(情報)를 저장(貯藏)하여 담고 있는, 아뢰야식(阿賴耶識)인 함장식(含藏識)이다. 이는 곧, 현재(現在)의 심식작용(心識作用)

이, 3세인과윤회(三世因果輪廻)와 연계(連繫)된 3세, 인과윤회, 유식세계(三世, 因果輪廻, 唯識世界)를 연결(連結)하는, 궁극적(窮極的) 실마리[端緒]며 단초(端初)의 해결점(解決點)이, 유식세계(唯識世界)에서는 곧, 아뢰야식(阿賴耶識)인 함장식(含藏識)이다.

그러므로, 대승유식체계(大乘唯識體系)에서, 제7식(第七識)까지는, 여래정론(如來正論)인 18경계체계(十八境界體系)를 기본(基本) 바탕[基盤]하여, 자아의식(自我意識)으로 가름하여 분별(分別)하고 분석(分析)하여, 체계화(體系化)할 수 있어, 제식체계(諸識體係)에 제7식(第七識)까지를 전개(展開)시겼음을, 추론(推論)할 수가 있다. 그러나, 능소출입식(能所出入識)은 제7식(第七識)보다 성품차원(性品次元)이 더 깊은 심층식(深層識)이며, 또한 무의식중(無意識中), 자연, 반연반응, 작용식(自然, 攀緣反應, 作用識)이므로, 제7식(第七識) 자아의식(自我意識)으로는 인지(認知)할 수 없는 무의식세계(無意識世界)이다. 그러므로, 제식관행력(諸識觀行力)이 부족(不足)하였거나, 능소출입식(能所出入識)에 대한 실증지혜(實證智慧)가 없었고, 또한, 총체적(總體的) 유식성품세계(唯識性品世界)에 대한 실증정지정안(實證正智正眼)이 없어, 유식론적(唯識論的) 관행지(觀行智)나 유추사고(類推思考)가, 능소출입식(能所出入識)의 인지(認知)에는 미치치 못하였음을 추정(推定)할 수가 있다.

그러므로, 대승유식론, 제식체계(大乘唯識論, 諸識體系)에 제7식(第七識) 다음 식(識)인 제8식(第八識)이 능소출입식(能所出入識)이어도, 능소출입식(能所出入識)의 존재(存在)를 인지(認知)하지 못해, 능소출입식(能所出入識)을 빠뜨려, 제8식(第八識)을 함장식(含藏識)으로 설정규정(設定規定)하여, 제8식(第八識)을 대승유식론,제식체계(大乘唯識論,諸識體系)의 최종식(最終識)으로 규정(規定)하였다. 그러다 보니, 함장식(含藏識)은 윤회(輪廻)의 종자식(種子識)이니, 오염식(汚染識)이어도, 함장식(含藏識)이 본래(本來) 본성(本性)을 벗어나 있지 않음으로, 최종식(最終識)인 제8식(第八識)을 함장식(含藏識)으로 설정규정(設定規定)하여, 제8식(第八識)에 함장식(含藏識)을 염분(染分)으로, 청정본성(淸淨本性)을 정분(淨分)으로 한, 대승유식론(大乘唯識論)의 제식체계(諸識體系)를 갖추었다. 그러므로, 현재제식(現在諸識)뿐만 아니라, 3세,인과윤회,유식체계(三世,因果輪廻,唯識體系)에 본성(本性)까지 완전(完全)히 갖춘, 대승유식론(大乘唯識論)의 총체적(總體的) 3세, 유식성품,제식체계(三世,唯識性品,諸識體系)에 대한 마무리[終結]를, 최종식(最終識)인 제8식(第八識)으로 마감하게 되었다. 그러므로, 대승유식체계(大乘唯識體系)의 제8식(第八識)의 성품(性品) 중, 염분(染分)은 함장식(含藏識)으로, 정분(淨分)은 청정본성(淸淨本性)이며 불성(佛性)으로, 대승유식체계(大乘唯識體係)를 설정확정(設定確定)하여, 결정(決定)하게 되었다.

그러나, 대승유식론(大乘唯識論)의 제8식(第八識) 속에, 함장식(含藏識)과 청정본성(淸淨本性)을, 염분(染分)과 정분(淨分)으로 설정(設定)하여, 제8식(第八識)에 함께 묶은 이 문제점(問題點)은, 후대(後代)에 이은 유식론사(唯識論師)들의 유식이견(唯識異見)으로 유식종(唯識

宗)과 유식학파(唯識學派)를 달리하는, 이견시비(異見是非)의 문제점(問題點)을 유발(誘發)하는 원인(原因)이 되었다. 이에 대한 일례(一例)는, 진제삼장(眞諦三藏)스님은, 제8식(第八識)의 염분(染分)과 정분(淨分)을 나누어, 제8식(第八識)의 염분(染分)을 제8식(第八識)으로 하고, 그리고, 제8식(第八識)의 정분(淨分)은, 청정식(淸淨識)인 아마라식(阿摩羅識)이며, 무구식(無垢識)이므로, 제8식(第八識)에서 제9식(第九識)으로 식종(識種)을 분리(分離)하였다.

그러나, 원측(圓測)스님은, 해심밀경소(解深密經疏) 심의식상품(三心意識相品)에서, 제8식(第八識)의 정분(淨分)을 아마라식(阿摩羅識)인 무구식(無垢識)이니, 무구식(無垢識)은 여래(如來)의 불성(佛性)인 무구식(無垢識)으로 설명(說明)하며, 진제삼장(眞諦三藏)스님께서 제8식(第八識)의 정분(淨分)을 제9식(第九識)으로 식종(識種)을 분리(分離)하는 것은 부당(否當)함을 논설(論說)하였다. 이 논설(論說)은, 염분(染分)을 전변(轉變)하면 곧, 대원경지(大圓鏡智)이며, 대원경지(大圓鏡智)의 성품(性品)이 곧, 여래(如來)의 무구식(無垢識) 성품(性品)임을 논설(論說)하며, 염분(染分)을 전변(轉變)하면 곧, 제8식(第八識)의 정분(淨分)이 됨으로, 제8식(第八識)의 정분(淨分)을, 제8식(第八識)에서 분리(分離)하여, 제9식(第九識)으로 따로 식종(識種)을 달리하여, 분리(分離)하는 것은 부당(否當)함을, 해심밀경소(解深密經疏)의 심의식상품(三心意識相品)에서 언급(言及)하였다.

그 까닭[緣由]은, 염분(染分)인 함장식(含藏識)을 전변(轉變)하면 곧,

대원경지(大圓鏡智)이며, 이 전변대원경지(轉變大圓鏡智)의 성품(性品) 무구식(無垢識)이 곧, 여래(如來)의 대원경지(大圓鏡智)의 성품(性品), 무구식(無垢識)이기 때문이라 함이니, 이는, 제8식(第八識) 정분(淨分)의 성품(性品)을 곧, 여래(如來)의 대원경지(大圓鏡智)의 성품(性品) 인 무구식(無垢識)으로 인지(認知)하였기 때문이다. 그러므로, 여래 공덕장엄경(如來功德莊嚴經)의 대원경지(大圓鏡智)의 구절(句節)로, 제8식(第八識)의 염분(染分)의 전변지혜(轉變智慧)인 대원경지(大圓鏡智)의 성품(性品)과 그리고, 제8식(第八識) 정분(淨分)의 성품(性品)인 무구식(無垢識)에 대해 예(例)를 들었다. 이는, 제8식(第八識) 정분(淨分)의 성품(性品)이 곧, 여래(如來)의 대원경지(大圓鏡智)의 성품(性品), 무구식(無垢識)인 청정(淸淨) 무루계(無漏界)이며, 제8식(第八識) 염분(染分)인 함장식(含藏識)을 전변(轉變)하면, 그 전변지혜(轉變智慧)인 대원경지(大圓鏡智)의 성품(性品)이 곧, 제8식(第八識)의 정분(淨分)이 기 때문이다. 또한, 제8식(第八識) 염분(染分)인 함장식(含藏識)의 전변지혜(轉變智慧)인 대원경지(大圓鏡智)의 성품(性品)이 곧, 여래(如來)의 대원경지(大圓鏡智)와 동일성품(同一性品)임을 논설(論說)하였다.

그러나, 제8식(第八識)의 염분(染分)과 정분(淨分)의 개념인식(槪念認識)과 개념정립(槪念正立)이, 실제(實際) 사실(事實)과 다른, 지혜미완(智慧未完)에 의한 지견오류(知見誤謬)의 문제점(問題點)이 있다. 왜냐하면, 제8식(第八識)에 대한 성품개념(性品槪念)이, 사실(事實)과 다르기 때문이다. 제8식(第八識)의 식명(識名)을 함장식(含藏識)이라 하며, 함장식(含藏識)을 타파(打破)한 전변지혜(轉變智慧)가 대원경지

(大圓鏡智)라고 하였기 때문이다. 만약(萬若), 함장식(含藏識)을 타파(打破)한 전변지혜(轉變智慧)가 대원경지(大圓鏡智)이면, 대원경지(大圓鏡智)에 든[入] 전변식(轉變識)은 함장식(含藏識)이 아닌, 능소출입식(能所出入識)이기 때문이다. 그러므로 만약(萬若), 전변지혜(轉變智慧)가 대원경지(大圓鏡智)가 확실(確實)하면, 대원경지(大圓鏡智)에 든[入] 전변식(轉變識)이, 능소출입식(能所出入識)이 아닌 함장식(含藏識)이라고 함은, 이는, 지혜미완(智慧未完)의 잘못된 지견오류(知見誤謬)로, 전변지혜,섭리체계(轉變智慧,攝理體系)를 잘못 안 것이다. 이는 또한, 대원경지(大圓鏡智)에 대한 실증지혜(實證智慧)가 없어, 어떤 식(識)이 전변(轉變)하여 대원경지(大圓鏡智)에 증입(證入)하는가에 대한, 전변지혜세계(轉變智慧世界)에 대한 실증지혜(實證智慧)가 없었음이다.

만약(萬若), 전변식(轉變識)이 함장식(含藏識)이 명확(明確)하면, 함장식(含藏識)을 타파(打破)한 전변지혜(轉變智慧)는 대원경지(大圓鏡智)가 아닌, 심부동,대열반성지(心不動,大涅槃性智)이다. 대승유식론(大乘唯識論)에서 제8식(第八識) 함장식(含藏識)이 전변(轉變)하면 대원경지(大圓鏡智)라 함은, 이는, 이에 대한 실증지혜(實證智慧)가 없는 지혜미완(智慧未完)으로, 전변지혜성품(轉變智慧性品)과 전변지혜,섭리체계(轉變智慧,攝理體系)에 대해 모르는, 지견오류(知見誤謬)의 미혹견(迷惑見)이다. 대승유식론(大乘唯識論)의 이 지견오류(知見誤謬)의 왜곡(歪曲)된 모순(矛盾)의 문제점(問題點)을 가름할 때, 대승유식론(大乘唯識論)에서, 제7식(第七識) 말나식(末那識)인 자아의식(自我意識) 다음, 제8식(第八識)이 능소출입식(能所出入識)이 아닌, 함장식(含藏識)으로 규정(規定)한 개념정립(槪念定立)이 곧, 제8식(第八識)에 대한 명확(明確)한 실증지혜(實證智慧)가 없었음을 능히 알 수가 있다. 대승유식론(大乘唯識論)에서 정의(定義)하듯 만약(萬若), 제8식(第八識)의 전변지혜(轉變智慧)가 대원경지(大圓鏡智)가 확실(確實)하면, 제8식(第八識)은 함장식(含藏識)이 아니라, 사실(事實), 능소출입식(能所出入識)이다.

그리고 또한, 제8식(第八識)의 전변지혜(轉變智慧)가 대원경지(大圓鏡智)가 확실(確實)하면, 제8식(第八識)의 염분(染分)은, 함장식(含藏識)이 아닌 능소출입식(能所出入識)이며, 정분(淨分)은 사실(事實), 청정부동, 대열반, 무기성품(淸淨不動, 大涅槃, 無記性品)인 함장식(含藏識)이다. 무명함장식(無明含藏識)이 왜? 정분(淨分)인가 하면? 무명함장식(無明含藏識)은 동(動)함이 없는 청정부동, 대열반, 무기성품(淸淨不動, 大涅槃, 無記性品)이며, 또한, 일체선악(一切善惡)과 일체유무상(一切有無相)과 일체제식심(一切諸識心)과 일체지견심(一切知見心), 그 무엇에도 이끌림이 없고 물듦 없는, 부동성품무기성(不動性品無記性)인 청정부동, 대열반, 무기성품(淸淨不動, 大涅槃, 無記性品)이기 때문이다. 그리고, 제8식(第八識)이 끊어져 멸(滅)한 일불승(一佛乘)의 대원경지(大圓鏡智)에서도, 제9식(第九識) 함장식(含藏識)인 적멸적적, 청정부동, 대열반성품(寂滅寂寂, 淸淨不動, 大涅槃性品)을 함장식(含藏識)이나, 또는, 부동무기성품(不動無記性品)이 아닌, 청정본성(淸淨本性)이며, 청정불성(淸淨佛性)으로 인식(認識)하게 된다. 왜냐하면, 대원경지(大圓鏡智)에서, 무명함장식(無明含藏識)인 청정부동,대열반체성(淸淨不動,大涅槃體性)의 작용(作用)으로, 쌍차쌍조,원융각명,지혜작용(雙遮雙照,圓融覺明,智慧作用)이 이루어지고 있음을 명확(明確)히 깨닫고 있기 때문이다. 그리고, 또한 만약(萬若), 대승유식론(大乘唯識論)의 제8식(第八識)이 함장식(含藏識)이 확실(確實)하다면, 대승유식론(大乘唯識論)의 제식전개,유식체계(諸識展開,唯識體係)에서는 능소출입식(能所出入識)이 빠졌으며, 또한, 제8식(第八識)의 전변지혜(轉變智慧)는 대원경지(大圓鏡智)가 아니라 심부동,대열반성지(心不動,大涅槃性智)이어야 한다.

어떻게 되었거나, 대승유식론,제식체계(大乘唯識論,諸識體系)가 실제사실(實際事實)과 달라, 제식체계(諸識體系)가 어긋남으로, 실증지혜정안(實證智慧正眼)으로 대승유식론(大乘唯識論)의 제식체계(諸識體系)를 지혜점검(智慧點檢)하면, 실제사실(實際事實)과 달라, 유식개념체계(唯識槪念體系)가 지견오류(知見誤謬)와 사실왜곡(事實歪曲)의 모순(矛盾)이 있어, 논지견해(論智見解) 그 자체(自體)가 실증지혜정안(實證智慧正眼)이 아니므로, 유식성품,개념정의(唯識性品,槪念定義)가 유식체계,섭리질서(唯識體係,攝理秩序)를 벗어나 왜곡(歪曲)되고 무질서(無秩序)하여, 혼란(混亂)스럽다.

대승유식론(大乘唯識論)의 제식전개체계(諸識展開體係)에서, 12인연(十二因緣)의 행(行)인, 능소출입식(能所出入識)이 빠져, 제8식(第八識)을 함장식(含藏識)으로 규정(規定)하므로, 제식전개,섭리체계(諸識展

開, 攝理體系)가 어긋난 모순점(矛盾點)과 또한, 함장식(含藏識)을 전변(轉變)하면, 능소출입식(能所出入識)이 전변(轉變)한 대원경지(大圓鏡智)라고 규정(規定)하고 정의(定義)한, 이 지견오류(知見誤謬)의 왜곡(歪曲)은, 어떻게 다시 수정정립(修正正立)하거나 교정정립(矯正正立)할 수가 없다. 왜냐하면, 대승유식론(大乘唯識論)의 제식전개체계(諸識展開體系)는, 실증지혜정안(實證智慧正眼)으로 정의정립(正義正立)한, 실증정지, 실제성품, 정립체계(實證正智, 實際性品, 正立體系)가 아니므로, 실제사실(實際事實)과 다른 오류(誤謬)와 왜곡(歪曲)이 있으므로, 대승유식론(大乘唯識論)의 기존(旣存) 제식전개, 8종식체계(諸識展開, 八種識體系)와 전변지혜, 론리체계(轉變智慧, 論理體系)를 무시(無視)하고, 다시, 제식전개, 기본체계(諸識展開, 基本體系)부터 새로 정립(正立)해야 하기 때문이다. 이는, 대승유식론, 제식체계(大乘唯識論, 諸識體系)는, 지혜미완(智慧未完)으로 사실(事實)과 다른, 왜곡(歪曲)된 지견오류(知見誤謬)에 의한 제식전개, 추정설정, 유식체계(諸識展開, 推定設定, 唯識體系)이기 때문이다.

대승유식론, 제식체계(大乘唯識論, 諸識體系)가 이렇게, 왜곡론(歪曲論)이 된 까닭[緣由]은, 역대(歷代) 대승유식론사(大乘唯識論師)들이, 총체적(總體的) 일체, 유위무위, 유식성품, 세계(一切, 有爲無爲, 唯識性品, 世界)를 지혜점검(智慧點檢)할, 실증지혜정안(實證智慧正眼)을 갖춘, 일체초월(一切超越) 불지(佛智)가 아니므로, 지혜미완(智慧未完)의 이 오류(誤謬)와 왜곡(歪曲)의 사실(事實)을 인지(認知)하지 못했기 때문이다. 이는, 대승유식론사(大乘唯識論師)인 무착보살(無着菩薩) 및 세친보살(世親菩薩), 그리고, 그 뒤를 이은 대승유식론사(大乘唯識論師)들이, 총체적(總體的) 제식전개, 성품세계(諸識展開, 性品世界)와 제식, 전변지혜, 차별차원, 무위상승, 성불과정, 실증세계(諸識, 轉變智慧, 差別次元, 無爲上昇, 成佛過程, 實證世界)에 대해 명확(明確)히, 정의정립정론(正義正立正論)할 실증지혜정안(實證智慧正眼)이 열린, 일체초월(一切超越) 불지(佛智)가 아니었기 때문이다.

그러므로, 이에 대해 실증지혜(實證智慧)가 없는 대승유식론사(大乘唯識論師)들의 지혜미완(智慧未完)과 지혜부족(智慧不足)의 안목(眼目)으로는, 이 왜곡(歪曲)된 유식체계오류(唯識體系誤謬)를 점검(點檢)할, 실증지혜, 불지정안(實證智慧, 佛智正眼)이 없어, 유식론지(唯識論智)의 지혜한계성(智慧限界性)이 드러남이다. 능소출입식(能所出入識)의 전변지혜(轉變智慧)인 대원경지(大圓鏡智)와 함장식(含藏識)의 전변지혜(轉變智慧)인 심부동, 대열반성지(心不動, 大涅槃性智)는, 보살, 무위심층, 지혜세계(菩薩, 無爲深層, 智慧世界)이므로, 일체초월(一切超越) 불지(佛智)에 증입(證入)해야만, 이 지혜성품세계(智慧性品世界)를 명확(明確)하고, 확연(確然)히 점검(點檢)할 수가 있다. 그러므로 오직, 불지(佛智)이어야만, 능소출입식(能所出入識)과 함장식(含藏識)의 전변지혜, 차별성품세계(轉變智慧, 差別性品世界)의 지혜점검(智慧點檢)이 가능(可能)하다.

그리고, 제식전개, 기본구성, 섭리체계(諸識展開, 基本構成, 攝理體系)에서 만약(萬若), 전개상속식(展開相續識)이 빠지면, 제식전개, 상속작용(諸識展開,相續作用)이 이루어지지 않는다. 만약(萬若), 제식전개, 상속체계(諸識展開,相續體係)에서 능소출입식(能所出入識)이 없으면, 어떤 무엇이든, 기억(記憶)으로 저장(貯藏)되지 않으며, 또한, 저장(貯藏)되어 있는 기억(記憶)이 있어도, 다시, 그 기억(記憶)을 불러올 수가 없다. 그러면, 자기(自己) 존재(存在)의 정체성(正體性)이 곧, 끊어져 멸(滅)한다. 왜냐하면, 모든 앎[認知]의 정보(情報)가 사라진 기억상실(記憶喪失)로, 자기(自己)의 존재(存在)에 대해, 이름[名] 등(等), 삶의 상황(狀況)과 인연관계(因緣關係) 등(等), 일체(一切)의 앎(知)이 상실(喪失)되어, 무엇이든 아는 바가 없기 때문이다. 삶은, 일체(一切)가, 저장(貯藏)되어 있는 기억정보(記憶情報)에 의존(依存)해 살아간다. 그러나 만약(萬若), 제식전개작용(諸識展開作用)에 능소출입식(能所出入識)이 없다면, 정상적(正常的)인 삶을 살아갈 수가 없다. 왜냐하면, 보고, 듣고, 감각(感覺)하는 일체(一切) 것, 일체(一切) 행(行)이, 앎[識]의 기억(記憶)으로 저장(貯藏)되지 않기 때문이다.

　정상적(正常的)인 삶은, 보고, 듣고, 감각(感覺)하는 일체(一切) 것, 일체(一切) 행(行)이, 앎[識]의 기억(記憶)으로 저장(貯藏)이 되어, 그 저장(貯藏)된 기억정보(記憶情報)에 의지(依支)해 살아감이, 정상적(正常的)인 삶이다. 이 명확(明確)한 사실(事實)은, 제식전개작용(諸識展開作用)에, 능소출입식(能所出入識)이 있기 때문이다. 그러면, 제식(諸識)이 끊어져 멸(滅)한, 일체초월(一切超越) 불지(佛智)에 들면, 제식(諸識)을 초월(超越)해 벗어남으로, 제식(諸識)이 끊어졌는데도 어떻게 이 작용(作用)이 이루어지는가 하면, 제식(諸識)의 세계(世界)

는, 제식(諸識)의 작용(作用)으로 이루어져도, 일체초월(一切超越) 불지(佛智)에 들면, 이 작용(作用)이 곧, 식(識)을 초월(超越)한 여래장총지,공덕장엄세계(如來藏總持,功德莊嚴世界)의 불가사의,총지작용(不可思議,總持作用)이며, 여래장,공덕총지,공능비밀장(如來藏,功德總持,功能秘密藏)의 심오(深奧)함이기 때문이다. 그리고, 일체초월(一切超越) 불지(佛智)에 들면, 식(識)은 단지(但只) 분별(分別)이며, 보고, 듣는 일체(一切)는, 무한무변제(無限無邊際)로 항상(恒常) 열려 있는, 각성각명,성품작용(覺性覺明,性品作用)이며, 여래장,무생공능,공덕작용(如來藏,無生功能,功德作用)임을 실증(實證)하게 된다.

제식전개,기본구성,체계(諸識展開,基本構成,體系)에서 만약(萬若), 전개상속식(展開相續識)이 어느 것 하나라도 빠지면, 유식작용전개(唯識作用展開)가 이루어지지 않음은, 눈[眼]이 없으면, 제7식(第七識), 제8식(第八識)이 있어도 사물(事物)을 볼 수가 없고, 눈[眼]이 있고, 제8식(第八識)이 있어도, 제7식(第七識)이 없으면, 자아의식(自我意識)인 분별식(分別識)이 없어, 사물(事物)을 인식(認識)하지 못한다. 그리고, 제7식(第七識) 자아의식(自我意識)은 사량분별식(思量分別識)이니, 기억정보,출입운행식(記憶情報,出入運行識)인 능소출입식(能所出入識)의 역할(役割)은 하지 않는다. 능소출입식(能所出入識)은, 6종근(六種根), 6종식(六種識), 제7식(第七識)의 작용(作用)에 자연,반연반응,작용(自然,攀緣反應,作用)으로, 6종근(六種根), 6종식(六種識), 제7식(第七識)의 정보인자(情報因子)들을, 심층,3세정보,저장소(深層,三世情報,貯藏所)인 제9식(第九識) 함장식(含藏識)에 자연,반연반응,작용

(自然,攀緣反應,作用)으로 빠짐없이 저장(貯藏)하며, 또한, 6종근(六種根), 6종식(六種識), 제7식(第七識)의 상황인연작용(狀況因緣作用)에 자연반응,반연작용(自然反應,攀緣作用)으로, 6종근(六種根), 6종식(六種識), 제7식(第七識)의 작용(作用)에 상응(相應)하여, 함장식(含藏識)에 저장(貯藏)되어 있는 지난 기억(記憶)의 정보인자(情報因子)를 인출(引出)하여, 제7식(第七識)에 반연작용(攀緣作用)으로 비추면, 제7식(第七識)은, 반연작용(攀緣作用)에 의한 지난 기억정보(記憶情報)들에 의해, 자기의지(自己意志)와 뜻에 따라, 일체상황현상(一切狀況現象)의 변화(變化)를 판단(判斷)하여, 대처(對處)하고, 자기(自己)의 뜻에 따라 행위(行爲)를 하게 된다. 제8식(第八識) 능소출입식(能所出入識)은, 일체능소,쌍차쌍조,원융작용(一切能所,雙遮雙照,圓融作用)으로 기억정보,출입운행작용(記憶情報,出入運行作用)을 한다.

대승유식론(大乘唯識論)은, 제8식(第八識)을 함장식(含藏識)으로 규정(規定)하며, 제8식(第八識)의 염분(染分)을 함장식(含藏識)으로, 정분(淨分)을 본성(本性)으로 설정정립(設定定立)하였다. 그러나 이것이, 문제점(問題點)이 있음은, 함장식(含藏識)과 본성(本性)은, 제식종,차별특성,분류체계(諸識種,差別特性,分類體系)에서, 함장식(含藏識)과 본성(本性)을, 한 식종성품(識種性品)으로 묶을 수 없는 성품(性品)이기 때문이다. 그 까닭[緣由]은, 무명식종(無明識種)인 제6식(第六識), 제7식(第七識), 제8식(第八識)도 식종(識種)이 서로 달라 분류(分類)하는데, 함장식(含藏識)과 본성(本性)은 성품차원(性品次元)도 다르고, 또한, 함장식(含藏識)은 무명성품(無明性品)이며, 본성(本性)은,

일체초월(一切超越) 절대성(絶對性) 본성(本性)이며, 또한, 불성(佛性)이므로, 중생(衆生)의 무명성품(無明性品)인 함장식(含藏識)과 일체초월(一切超越) 절대성(絶對性) 본성(本性)인 불성(佛性)을, 중생식종(衆生識種)인 제8식(第八識)의 한 식종(識種)에 함께 묶어, 함장식(含藏識)은 제8식(第八識)의 염분(染分)으로, 또한, 일체초월(一切超越) 청정본성(淸淨本性)은 제8식(第八識)의 정분(淨分)으로 분류(分類)하여, 중생식(衆生識)인 제8식(第八識) 속에 두[二] 성품(性品)을 제8식(第八識)의 성품(性品)으로 함께 묶는다는 것은, 제식분류개념(諸識分類槪念)과 제식종, 분류체계(諸識種, 分類體系)의 유식기본상식(唯識基本常識)을 무시(無視)하는 논리체계(論理體系)이며, 왜곡(歪曲)된 발상(發想)이기 때문이다.

그러므로, 제식분류, 기본개념(諸識分類, 基本概念)과 이에 대한 유식기본상식(唯識基本常識)을 가진 유식론사(唯識論師)로써는, 함장식(含藏識)과 본성(本性)을, 중생식(衆生識)인 무명성품(無明性品) 함장식(含藏識)으로 명명(命名)하고 규정(規定)하며, 정립(定立)한 제8식(第八識) 함장식(含藏識)에, 일체초월(一切超越) 본성(本性)을 함께 한 식종(識種)으로 묶는다는 것은 있을 수가 없는 일이다. 그리고, 함장식(含藏識)은 본성(本性)이 아니며, 또한, 일체초월, 절대성(一切超越, 絶對性) 불성(佛性)이 아니기 때문이다. 또한, 일체초월, 절대성(一切超越, 絶對性) 본성(本性)에는, 함장식(含藏識)이 없으며, 또한, 불성(佛性)에는 무명식(無明識)이 없기 때문이다. 그러므로, 제8식(第八識)의 식명(識名)을 함장식(含藏識)이라고 명명(命名)하여 규정(規定)하며, 또한, 제8식(第八識)의 염분(染分)을 함장식(含藏識)으로, 정분(淨分)을 본성(本性)으로 규정(規定)하여, 제8식(第八識)의 성품(性品)으로 함께 묶음은, 이는, 제식(諸識)의 차별식종개념(差別識種槪念)과 제식종, 차별특성, 분류체계(諸識種, 差別特性, 分類體系)의 기본이념(基本理念)인, 유식체계(唯識體系)에서는, 유식기본개념(唯識基本槪念)과 유식기본상식(唯識基本常識)을 벗어나, 유식성품체계(唯識性品體系)가 모순(矛盾)되고, 왜곡(歪曲)된 사고(思考)이다. 그러므로, 함장식(含藏識)과 일체초월(一切超越) 본성(本性)인 불성(佛性)에 대한 실증지혜(實證智慧)가 없는, 지혜미혹(智慧迷惑)에 의한 단순(單純), 논리(論理)에 치우친 사고(思考)로는 가능(可能)할 수 있겠으나, 제식차별, 식종분류체계, 유식론(諸識差別, 識種分類體系, 唯識論)에서는 실제(實際), 불가능(不可能)하다. 왜냐하면, 제식종분류체계(諸識種分類體系)의 유식체계상식론(唯識體系常識論)을 벗어난 착상(着想)이기 때문이다.

왜냐하면, 유식론체계(唯識論體系)는, 각각(各各) 식종(識種)의 전개순위차등(展開順位差等)과 제식종차별성질(諸識種差別性質)과 제식작용특성(諸識作用特性)과 제식성품차별차원(諸識性品差別次元)에 따라 식종(識種)을 분류(分類)하고, 또한, 그 식종분류(識種分類)에 따라 제식전개, 순위과정, 유식체계(諸識展開, 順位過程, 唯識體系)를 정립(正立)하여, 모든 식종(識種)의 차별특성(差別特性)을 명확(明確)히 분류구분(分類區分)함으로, 총체적(總體的) 제식전개질서(諸識展開秩序)를 정립(正立)하며, 이를 또한, 체계화(體系化)로 구체화(具體化)한, 제식전개, 차별특성, 식종분류, 구성체계(諸識展開, 差別特性, 識種分類, 構成體系)

가 곧, 유식론,제식전개,분류체계(唯識論,諸識展開,分類體系)이기 때문이다.

　　대승유식론(大乘唯識論)의 식종구분체계(識種區分體系) 중, 제8식(第八識)의 식명(識名)을 함장식(含藏識)으로 규정(規定)하고서, 또한, 함장식(含藏識)을 제8식(第八識)의 염분(染分)으로 설정규정(設定規定)하고, 또한, 일체초월(一切超越) 본성(本性)인 불성(佛性)을 제8식(第八識)의 정분(淨分)으로 설정규정(設定規定)하여, 제8식(第八識)에 2종 차별성품(二種差別性品)을 그렇게 함께 묶어, 제8식(第八識)으로 정립(定立)한 것은, 제식종분류체계(諸識種分類體系)에 있어서, 제식종,차별특성(諸識種,差別特性)에 따라, 그 제식종(諸識種)을 섬세(纖細)히 분류(分類)하는, 유식체계,기본개념,인식(唯識體係,基本槪念,認識)을 벗어난, 모순(矛盾)된 사고(思考)와 유식성품,분류체계(唯識性品,分類體系)의 왜곡행(歪曲行)이다. 그러므로, 제식차별성(諸識差別性)에 따라 섬세(纖細)히 분류(分類)하는 유식,기본개념,인식(唯識,基本槪念,認識)으로는, 중생(衆生)의 근본무명식(根本無明識)인 함장식(含藏識)과 일체초월,절대성(一切超越,絕對性)인 본성(本性)을, 식명(識名)이 무명중생식(無明衆生識)인 함장식(含藏識)이라고 이름[名]하는 제8식(第八識) 속에, 무명성품(無明性品)인 함장식(含藏識)과 일체초월(一切超越) 불성(佛性)인 본성(本性)을 함께 하나로 묶어, 제8식(第八識)의 한 식종(識種)으로 규정(規定)한 것은, 유식기본상식(唯識基本常識)과 유식기본개념(唯識基本槪念)을 벗어난 것이므로, 이는, 유식개념상식(唯識槪念常識)을 벗어난 비상식적(非常識的)이며, 지혜미완(智慧未完)의 왜곡(歪曲)된 발상(發想)이다.

　왜냐하면, 제8식(第八識) 이전식(以前識)인 제6식(第六識)과 제7식(第七識)은, 중생식(衆生識)이어도 서로 식(識)의 성질(性質)이 달라, 제6식(第六識)과 제7식(第七識)으로 분류(分類)하였기 때문이다. 그리고, 식명(識名)을 함장식(含藏識)이라고 명명(命名)한 제8식(第八識)에다, 함장식(含藏識)과 일체초월(一切超越) 불성(佛性)인 본성(本性)을 함께 묶어, 제8식(第八識)의 한 식종(識種)으로 규정(規定)한 것은, 제8식(第八識) 이전(以前)에, 제6식(第六識)과 제7식(第七識)의 식종(識種)까지 분류(分類)한, 그 개념정의특성(槪念正義特性)을 무시(無視)하고 파괴(破壞)하는 것이므로, 이는, 제식종,분류체계,관점(諸識種,分類體係,觀點)에서는 모순(矛盾)됨이며, 무지(無智)의 왜곡(歪曲)된 발상(發想)이다.

　그리고 또, 식명(識名)에, 제(第)를 붙이는 것은, 식(識)의 전개순위체계(展開順位體系)를 정의정립(正義正立)한 것이므로, 제8식(第八識)이 최종식(最終識)이어도, 제8식(第八識)에 함장식(含藏識)과 본성(本性)을 하나로 묶는 것은, 제식전개,작용순위,차별성(諸識展開,作用順位,差別性)을 분류(分類)하는 제식전개,식종분류,유식체계(諸識展開,識種分類,唯識體係)에서는, 범(犯)하지 말아야 할, 유식기본상식(唯識基本常識)이다. 그러므로, 제8식(第八識) 속에 함장식(含藏識)과 본성(本性)을 하나로 묶음으로, 대승유식론(大乘唯識論)의 제식종,분류체계(諸識種,分類體係)의 개념정의,섭리질서체계(槪念正義,攝理秩序體

系)가 없어, 혼란(混亂)스럽다. 그러므로 이는, 제식종,분류체계(諸識種,分類體系)의 유식기본상식(唯識基本常識)에서는 비상식적(非常識的)이며, 비정상적(非正常的)이다. 그러므로 이는, 유식체계질서(唯識體係秩序)를 혼란(混亂)하게 하는, 왜곡(歪曲)된 무지(無智)의 행위(行爲)인, 제식분류,왜곡발상(諸識分類,歪曲發想)이다. 그러므로, 이 모순(矛盾)된 문제점(問題點) 때문에, 후대(後代)에 유식론사(唯識論師)들이, 서로 이견(異見)으로 유식학파(唯識學派)를 달리하는, 단초(端初)가 되는 문제점(問題點)의 원인(原因)이 되었다.

유식성품(唯識性品)과 유식체계(唯識體係)와 유식론지(唯識論智)와 유식론(唯識論)은, 각종(各種) 식(識)의 성질(性質)과 작용(作用)과 특성(特性)과 차원(次元)에 따라, 제식종(諸識種)을 분류(分類)하고, 각종(各種) 식(識)의 전개섭리질서(展開攝理秩序)와 작용차별특성(作用差別特性)과 성품차별차원(性品差別次元) 등(等)을, 제식(諸識)의 섭리(攝理)를 따라, 분류(分類)하여 체계화(體系化)한 것이, 일체유식체계(一切唯識體系)의 유식론(唯識論)과 유식론지(唯識論智)의 유식기본체계정신(唯識基本體系精神)이며, 유식기본체계개념(唯識基本體系概念)이며, 유식기본체계정의(唯識基本體系正義)이며, 유식기본체계정립(唯識基本體系正立)이며, 유식기본체계정론(唯識基本體系正論)이며, 유식기본체계정안(唯識基本體系正眼)이며, 유식기본체계실증세계(唯識基本體系實證世界)이며, 유식기본상식(唯識基本常識)이다. 그러므로, 제8식(第八識) 무명성품(無明性品) 함장식(含藏識)과 일체초월성(一切超越性) 본성(本性)을 염분(染分)과 정분(淨分)으로 설정규정(設定規定)하여 하나로 묶어, 제8식(第八識)이라고 규정(規定)하고 정의(定義)한, 그 개념(槪念) 발상(發想) 자체(自體)가, 유식개념사고(唯識槪念思考)로는 비상식적(非常識的)이며, 비정상적(非正常的)인, 무지(無智)의 모순(矛盾)된 유식관념(唯識觀念)이다.

왜냐하면, 유식론(唯識論)은, 서로 식종(識種)이 다름을 분류(分類)하고, 구분(區分)하며, 차별화(差別化)하여, 그 특성(特性)을 제식분류체계화(諸識分類體系化)로 명확(明確)히 밝히는 것이, 유식기본정의정립(唯識基本正義正立)이기 때문이다. 그러므로, 대승유식론,제식분류체계(大乘唯識論,諸識分類體系)의 제8식(第八識) 함장식(含藏識)에, 일체초월성(一切超越性) 본성(本性)을 한 식종(識種)으로 묶은 것은, 유식개념특성(唯識槪念特性)을 무시(無視)한 것이다. 이는, 제식성품질서(諸識性品秩序)와 제식차별섭리(諸識差別攝理)와 제식전개체계(諸識展開體係)를 혼란(混亂)하게 하고, 제식개념,차별특성(諸識槪念,差別特性)을 무시(無視)하는, 무지(無智)의 유식체계,왜곡발상(唯識體係,歪曲發想)이다. 그 이유(理由)는, 제식종,분류체계(諸識種,分類體系)에서, 무명중생(無明衆生)과 불(佛)을, 같은 동일성품(同一性品) 무명식종(無明識種)에 묶음이기 때문이다. 이는, 제식종분류,유식체계(諸識種分類,唯識體係)에서 제식종분류체계(諸識種分類體系)의 제식분류개념(諸識分類槪念)과 제식분류정의(諸識分類正義)와 제식분류의미(諸識分類意味)를 상실(喪失)한 것이므로, 무명(無明)과 일체초월성(一切超越性) 불성(佛性)을, 하나의 식종(識種)으로 묶은 유식체계(唯識體係)는, 유식기본개념(唯識基本槪念)을 상실(喪失)한, 왜곡(歪曲)된 제식,

분류체계,왜곡론(諸識,分類體系,歪曲論)이다.

그리고, 본성(本性)인 불성(佛性)은, 일체초월성(一切超越性)이므로, 제8식(第八識) 함장식(含藏識)에 본성(本性)을 하나의 식종(識種)으로 묶은 이 논리(論理)는, 성품(性品)의 실제(實際)를 모르는, 지혜미완(智慧未完)의 모순(矛盾)에 의한 논리체계(論理體系)이다. 실제(實際) 불성(佛性)은, 무생인(無生印)으로 일체초월성(一切超越性)이므로, 대승유식론(大乘唯識論) 제식론리체계(諸識論理體系)의 제8식(第八識) 염분(染分)과 정분(淨分)의 두[二] 성품(性品)과 두[二] 성질(性質)과 두[二] 차원(次元)을 모두 벗어났다. 염정(染淨)을 논(論)한 것은, 대(對)의 분별2견(分別二見)인, 차별견(差別見)의 분별세계(分別世界)이다. 유위심(有爲心)의 염정(染淨)은 악(惡)과 선(善)이다. 식계(識界)의 염정(染淨)은 유위(有爲)와 무위(無爲)이다. 지혜(智慧)의 염정(染淨)은 공성(空性)과 불성(佛性)이다. 유위심(有爲心)의 정(淨)이 선(善)이어도, 식계(識界)의 염(染)에 속하며, 식계(識界)의 정(淨)인 무위(無爲)이어도, 지혜(智慧)의 염(染)인 공성(空性)에 속한다. 일체초월성(一切超越性) 불성(佛性)은 유위(有爲)도, 그리고, 무위(無爲)의 공성(空性)도 초월(超越)한 일체초월(一切超越) 절대성(絕對性)이므로, 일체(一切) 염(染)과 정(淨)을 모두 벗어난, 일체초월성(一切超越性)이다. 일체초월성(一切超越性) 불성(佛性)은, 아뇩다라삼먁삼보리(阿耨多羅三邈三菩提)도 벗어났고, 대반열반(大般涅槃)도 벗어났다. 그러므로, 일체대(一切對)도 벗어났고, 일체지혜(一切智慧)도 벗어났고, 일체론리(一切論理)도 벗어났고, 일체개념(一切槪念)도 벗어났다. 그러므로, 일체초월(一切超越) 청정본성(淸淨本性)은, 제8식(第八識) 함장식(含藏識)과 대(對)를 이루어 짝[配]할 수도 없고, 제8식(第八識)의 식명(識名)을 함장식(含藏識)이라고 명명(命名)한 제8식(第八識)과 한 성품(性品), 한 식종(識種)에 묶을 수 없는, 일체초월(一切超越) 절대성(絕對性)이다.

그리고, 대승유식론(大乘唯識論)은, 여래실증,정지정립,여래정론 (如來實證,正智正立,如來正論)이 아니므로, 중요(重要)한 사실(事實)은, 염(染) 속에서 생각[思惟]하고 유추(類推)하는 정(淨)은, 그 정(淨)이, 청정본성(淸淨本性)이며 청정불성(淸淨佛性)으로 생각[認識]해도, 사실(事實)은 그 정(淨)이, 청정본성(淸淨本性)과 청정불성(淸淨佛性)이 아니라는 사실(事實)이다. 왜냐하면, 염(染) 속에 생각[認識]하는 정(淨)이므로, 그 정(淨)은 염(染)의 차원(次元)에서 정(淨)일 뿐, 청정본성(淸淨本性)과 청정불성(淸淨佛性)은, 염(染) 속에서 생각[認識]하는, 염(染)을 벗어난 정(淨)도 아니다. 왜냐하면, 일체초월(一切超越)인 청정본성(淸淨本性)과 청정불성(淸淨佛性)은, 염(染)뿐만 아니라 정(淨)까지도 초월(超越)해, 염(染)을 벗어난 정(淨)도 끊어진, 일체초월(一切超越) 절대성(絕對性)이기 때문이다. 이는, 망(妄)과 진(眞) 또한, 마찬가지이다. 망(妄)을 벗어난 진(眞)이 곧, 일체초월성(一切超越性)인 청정본성(淸淨本性)이며 청정불성(淸淨佛性)이라고 생각[認識]해도, 이는, 망(妄)과 진(眞)의 대(對)의 2견심(二見心) 속의 분별(分別)일 뿐, 일체초월성(一切超越性)인 청정본성(淸淨本性)과 청정불성(淸淨佛性)은 일체초월(一切超越) 절대성(絕對性)이므로, 망(妄)뿐만 아니라, 망(妄)을 벗어난 진(眞)까지도 초월(超越)한 절대성(絕對性)이다.

　그러므로, 일체초월성(一切超越性)인 청정본성(淸淨本性)과 청정불성(淸淨佛性)은, 염(染)을 벗어난 정(淨)까지 벗어났고, 망(妄)을 벗어난 진(眞)까지 벗어났으므로, 염(染)과 정(淨), 망(妄)과 진(眞)의 일체(一切)를 모두, 초월(超越)했으므로, 일체초월성(一切超越性)이라고 하며, 또한, 절대성(絕對性)이라고 하며, 또한, 청정본성(淸淨本性)이라고 하며, 또한, 청정불성(淸淨佛性)이라고 한다. 그러므로, 여래실증,정지정립,여래정론(如來實證,正智正立,如來正論)이 아닌, 일체론(一切論)은, 불지증입(佛智證入)의 실증정지,정안정립,정의정론(實證正智,正眼正立,正義正論)이 아니면, 그 논(論)에서, 일체초월성(一切超越性)인 청정본성(淸淨本性)과 청정불성(淸淨佛性)을 논설(論說)해도, 만약(萬若), 그 지혜(智慧)가 일체초월(一切超越) 불지,증입지혜,정안(佛智,證入智慧,正眼)이 아니면, 그 청정본성(淸淨本性)과 청정불성(淸淨佛性)은, 실증정의,정립본성(實證正義,正立本性)이 아니며, 또한, 실증정의,정립불성(實證正義,正立佛性)이 아닌, 유추추정,가립본성(類推推定,假立本性)이며, 또한, 유추추정,가립불성(類推推定,假立佛性)이다. 그러므로, 대승유식론(大乘唯識論)의 제8식(第八識) 정분(淨分)인 본성(本性) 또한, 유추추정,가립본성(類推推定,假立本性)이다.

　그러므로, 대승유식론(大乘唯識論)의 제8식(第八識) 염분(染分)과 정분(淨分)은, 염분(染分)의 차원(次元)에서 정분(淨分)일 뿐, 정분(淨分)까지 초월(超越)한 일체초월(一切超越) 본연청정절대성(本然淸淨絕對

性)인 청정본성(淸淨本性)과 청정불성(淸淨佛性)의 성품(性品)이 아니다. 왜냐하면, 염·정(染·淨)의 성품(性品) 중, 정(淨)까지 초월(超越)한 성품(性品)이면, 제8식(第八識)의 염분(染分)과 대(對)를 이루어 함께 하는 성품(性品)이 아니기 때문이다. 그리고 또한, 제8식(第八識)이 능소출입식(能所出入識)이 아닌, 함장식(含藏識)이라고 잘못 규정(規定)하며, 또한, 제8식(第八識) 함장식(含藏識)이 타파(打破)된 전변지혜(轉變智慧)가, 대원경지(大圓鏡智)라고 논지론설(論智論說)한, 무지(無智)의 왜곡지견(歪曲知見)으로는, 일체초월성(一切超越性)인 청정본성(淸淨本性)과 청정불성(淸淨佛性)이, 함장식(含藏識)과 어떤 차별차원특성(差別次元特性)이 있는 성품(性品)임을 명확(明確)히 지혜점검분별(智慧點檢分別)할, 일체초월(一切超越) 불지(佛智)의 실증지혜정안(實證智慧正眼)을 갖추지 않았다. 그러므로, 제8식(第八識) 염분(染分)인 함장식(含藏識)과 정분(淨分)인 본성(本性)을 정의정립(正義正立)할, 실증지혜정안(實證智慧正眼)이 아직, 완성(完成)되지 못했으므로, 지혜미완(智慧未完)의 유추(類推)와 추정(推定)에 의(依)한 제식성품(諸識性品)의 추정설정론(推定設定論)이다. 그러므로, 논지론설(論智論說) 속에 지혜미완(智慧未完)의 지견오류(知見誤謬)가 있어도, 이에 대한 실증지혜,불지정안(實證智慧,佛智正眼)이 없어, 대승유식론(大乘唯識論)의 제식체계(諸識體系)를 성립(成立)한 유식론사(唯識論師)이어도, 대승유식론(大乘唯識論)의 제식체계(諸識體系)에 어떤 오류(誤謬)가 있는지, 이를 명확(明確)히 지혜점검확인(智慧點檢確認)할 수가 없다.

일체초월성(一切超越性) 불성(佛性)은, 일체초월(一切超越) 불지(佛

智)의 실증지혜정안(實證智慧正眼)으로 정의정립(正義正立)한 실증지혜정론(實證智慧正論)이어야 한다. 일체초월성(一切超越性) 불성(佛性)은, 상(相), 견(見), 식(識), 지혜(智慧) 등(等), 일체(一切) 대(對)의 유추(類推)와 추정(推定)의 논리(論理)에는 담을 수 없는 일체초월성(一切超越性)이다. 그러므로, 대승유식론(大乘唯識論)의 중생무명식(衆生無明識)인 제8식(第八識) 속에, 일체초월(一切超越) 청정본성(淸淨本性)과 청정불성(淸淨佛性)을 예속(隷屬)시키거나, 또는, 염(染)과 정(淨), 망(妄)과 진(眞)의 대(對)의 개념(槪念) 속에 청정본성(淸淨本性)과 청정불성(淸淨佛性)을 담을 수 없는, 일체초월(一切超越) 절대성(絕對性)이다. 일체초월,절대성(一切超越,絕對性)은, 일체(一切) 염(染)과 정(淨), 망(妄)과 진(眞)을 모두, 벗어났다. 그러므로, 일체초월(一切超越) 절대성(絕對性)이다. 일체초월(一切超越) 청정본성(淸淨本性)인 청정불성(淸淨佛性)은, 무엇에도 예속(隷屬)될 수 없는 일체초월성(一切超越性)이므로, 제8식(第八識) 중, 분(分)으로 나눌 수 있는 염분(染分)의 대(對)인 정분(淨分)도 아니며, 염분(染分)을 벗어난 정분(淨分)도 아니므로, 일체초월(一切超越) 본성(本性)인 불성(佛性)은, 대승유식론(大乘唯識論) 제8식(第八識) 염분(染分)과 정분(淨分)을, 둘[二] 다 초월(超越)한, 일체초월(一切超越) 절대성(絕對性)이다.

그러므로, 일체초월(一切超越) 본성(本性)인 불성(佛性)은, 일체초월(一切超越) 절대성(絕對性)에 증입(證入)하지 못한 중생(衆生)도, 이 성품(性品)를 유추(類推)할 수 없고, 또한, 일체초월(一切超越) 불지(佛智)에 증입(證入)하지 못한 보살(菩薩)도, 이 성품(性品)을 알 수가 없다. 그러므로 아직, 일체초월(一切超越) 절대성(絶對性) 청정본성(清淨本性)인 청정불성(清淨佛性)을 깨닫지 못해, 아직도 불지(佛智)가 아니므로, 그 이름[名]이 보살(菩薩)이다. 염(染)과 정(淨), 망(妄)과 진(眞) 등(等)의 일체2견심(一切二見心)를 벗어난, 일체초월(一切超越) 절대성(絶對性)을 일컬어, 불성(佛性)이라고 한다. 왜냐하면, 오직, 일체초월(一切超越) 불(佛)만이 알 수가 있기 때문이다. 그러므로, 중생(衆生)이 생각[認識]하거나 유추(類推)하는 본성(本性)과 불성(佛性), 그것은, 일체초월(一切超越) 청정본성(清淨本性)이 아니며, 또한, 일체초월(一切超越) 청정불성(清淨佛性)도 아니다. 그리고, 제식전변,무위지혜,보살(諸識轉變, 無爲智慧, 菩薩)이 생각[認識]하거나 유추(類推)하는 본성(本性)과 불성(佛性), 그것은, 일체초월(一切超越) 청정본성(清淨本性)이 아니며, 또한, 일체초월(一切超越) 청정불성(清淨佛性)도 아니다. 오직, 일체초월(一切超越) 불(佛)이 아니면, 일체초월(一切超越) 청정본성(清淨本性)도, 일체초월성(一切超越性) 청정불성(清淨佛性)도 알 수가 없다. 왜냐하면, 일체초월성(一切超越性) 청정본성(清淨本性)과 청정불성(清淨佛性)을 깨달았으므로, 일체초월(一切超越) 불(佛)이라 하기 때문이다. 그러므로, 불(佛)이라 함은, 일체초월(一切超越) 불성(佛性)에 완전(完全)히 증입(證入)했음으로 불(佛)이라고 한다. 일체초월(一切超越) 불(佛)의 지혜(智慧)를 불지(佛智)라 함은, 일체초월성(一切超越性) 불성(佛性)에 완전(完全)히 증입(證入)한 지혜(智慧)라는 뜻이다.

대승유식론(大乘唯識論)에서 제8식(第八識) 중, 정분(淨分)을 불성

(佛性)으로 정의(定義)하였어도, 이 불성(佛性)은, 제8식(第八識)에도 소속(所屬), 또는, 종속(從屬)하지 않으며, 또한, 제8식(第八識)을 분(分)으로 나누는, 염분(染分)과 대(對)의 짝[配]을 이루는 차원(次元)의 성품(性品)이 아니다. 그러므로, 제8식(第八識)의 정분(淨分)을 만약(萬若), 일체초월(一切超越) 본성(本性)인 불성(佛性)으로 정의(定義)하였어도, 일체초월성(一切超越性) 본성(本性)인 불성(佛性)은, 제8식(第八識)의 정분(淨分)까지 초월(超越)한 성품(性品)이다. 이 일체초월성(一切超越性) 불성(佛性)은, 중생(衆生)도, 그리고, 보살(菩薩)도 알 수 없는, 오직, 일체초월성(一切超越性) 불성(佛性)에 증입(證入)한, 일체초월(一切超越) 불(佛)이어야만 알 수 있는, 불(佛)의 일체초월(一切超越) 부사의(不思議), 비밀장성품(秘密藏性品)이다. 일체초월성(一切超越性) 불성(佛性)은, 불(佛)만이 알고, 불(佛)만이 보며, 불(佛)만이 설(說)할 수 있는, 성품(性品)이다. 왜냐하면, 중생(衆生)이거나 또는, 보살(菩薩)이어도, 불성(佛性)이 있음을 듣고서, 불성(佛性)이 있음을 알았을 뿐, 아직, 일체초월성(一切超越性)인 불성(佛性)이 무엇인지를 알지 못함으로, 그 성품(性品) 이름[名]이 중생성품(衆生性品)이며, 또한, 보살성품(菩薩性品)이다.

그러므로, 일체초월(一切超越) 불(佛)이 아니면, 불성(佛性)을 말[言]로 일컫고, 글[文]로 드러내며, 또한, 일체무위(一切無爲)를 깨달아 무생법인(無生法忍)의 보살지(菩薩智)를 증득(證得)해도, 일체초월(一切超越) 불성(佛性) 그 실체(實體)에 증입(證入)하기 전(前)에는, 일체초월성(一切超越性) 불성(佛性)을 알 수가 없다. 그러므로, 중생(衆生)

과 보살(菩薩)은 불성(佛性)을, 언어(言語)와 문자(文字)로는 알아, 불성(佛性)을 언어(言語)로 말하고, 문자(文字)로 표기(表記)해도, 일체초월(一切超越) 불성(佛性)의 그 실체(實體)를 알 수가 없다. 왜냐하면 아직, 일체초월(一切超越) 불성(佛性)을 모르며, 또한 아직, 일체초월(一切超越) 불성(佛性)을 깨닫지 못했으며, 또한 아직, 일체초월(一切超越) 불성(佛性)에 증입(證入)하지 못하였기에, 중생(衆生)이며, 또는, 보살(菩薩)이라고 하기 때문이다. 그러므로, 일체초월(一切超越) 불성(佛性)에 증입(證入)하기 전(前)에는, 일체초월(一切超越) 불성(佛性)을 알 수가 없다. 그러므로, 대반열반경(大般涅槃經)에는, 일체바라밀행(一切波羅蜜行)이 구족(具足)한 10지보살(十地菩薩)이어도, 불성(佛性)을 알지 못한다고 하였다.

일체초월성(一切超越性)인 불성(佛性)을 알지 못하는 2종성(二種性)이 있다. 한 종성(種性)은 보살종성(菩薩種性)이며, 또, 한 종성(種性)은 중생종성(衆生種性)이다. 보살(菩薩)이, 일체초월성(一切超越性) 불성(佛性)을 알지 못하는 까닭[緣由]은, 보살(菩薩)은 공성(空性)의 깨달음 속에 들어 있어도 아직, 무위지혜지견상(無爲智慧智見相)과 무위지혜성품세계(無爲智慧性品世界)를 벗어나지 못했기 때문이다. 중생(衆生)이 이 성품(性品)을 보지 못함은, 상심상견(相心相見)인 무명견(無明見)이 있기 때문이다. 무명(無明)이 곧, 중생(衆生)이며, 중생(衆生)이 곧, 무명(無明)이다. 무명(無明)이 무엇이냐 하면, 무명(無明)의 명(明)은 곧, 일체초월성(一切超越性)인 불성(佛性)이다. 무명(無明)의 무(無)는, 명(明)을 알지 못하고, 보지 못하며, 알 수도 없음이,

무명(無明)의 무(無)의 뜻이다. 그러므로, 무명(無明)은 곧, 일체초월(一切超越) 본성(本性)인 불성(佛性)을 모름을 뜻함이다. 왜? 중생(衆生)은, 일체초월성(一切超越性)인 불성(佛性)을 보지도 못하고, 알지도 못하고, 알 수도 없는가 하면, 중생(衆生)이기 때문이다. 중생(衆生)이란 곧, 무명(無明)을 일컬음이니, 중생(衆生)은 곧, 일체초월(一切超越) 불성(佛性)을 보지 못한다.

● 중생(衆生)이란?

그럼, 중생(衆生)이 무엇이냐 하면, 중생(衆生)의 생(生)은, 생(生)함이며, 일으킴[起]이다. 무엇을 생(生)하며, 무엇을 일으키기에, 일체초월성(一切超越性)인 불성(佛性)을 보지 못하는, 무명(無明) 중생(衆生)인가 하면, 중생(衆生)이 생(生)하고 일으키는 것이 곧, 중생(衆生)의 중(衆)이기에, 일체초월성(一切超越性)인 불성(佛性)을 보지 못하는, 무명(無明)의 중생(衆生)이 된 것이다. 그러면, 중생(衆生)의 생(生)인 중(衆)은 무엇인가 하면, 중생(衆生)이 생(生)하는 중(衆)이 곧, 일체생(一切生)이다. 일체생(一切生)이 곧, 중생(衆生)의 생(生)인 중(衆)이다. 중생(衆生)의 생(生)인 중(衆)은, 일체만물만상만심(一切萬物萬相萬心)의 차별상심상견(差別相心相見)이다. 이는, 일체식심(一切識心)이다. 그러므로, 중생(衆生)의 생(生)인 중(衆)은 곧, 일체유식계(一切唯識界)이다.

그러므로, 중생(衆生)이 생(生)한 중(衆)이 곧, 일체식심(一切識心)인 일체유식,성품세계(一切唯識,性品世界)이다. 이는 곧, 5온(五蘊), 18계(十八界), 12인연(十二因緣), 108번뇌(百八煩惱), 4상심(四相心) 등(等)의 일체생(一切生)이다. 중생(衆生)이 생(生)한 중(衆) 때문에, 일체초월성(一切超越性)인 불성(佛性)의 명(明)을 보지 못해, 무명(無明)이 있음이다. 중생(衆生)이 일체초월성(一切超越性)인 불성(佛性)을 보지 못하는 무명(無明)이 있음은, 중생(衆生)이 생(生)한 중(衆) 때문이다. 중생(衆生)의 중(衆)이 없음은, 일체초월성(一切超越性)인 불성(佛性)을 가리는 생(生)이 없음이며, 중생(衆生)의 생(生)이 없음은, 일체초월성(一切超越性)인 불성(佛性)을 가리는 중(衆)이 없음이다. 그러므로, 중생(衆生)이 생(生)하는 중(衆)이 없으면, 일체초월성(一切超越性)인 불성(佛性)의 명(明)을 가리는 중(衆)이 없다. 그러므로, 일체초월성(一切超越性)인 불성(佛性)의 명(明)을 실증(實證)함은, 이는, 일체초월성(一切超越性)인 불성(佛性)의 명(明)을 가리는 중(衆)의 생(生)이 끊어졌기 때문이다. 중생(衆生)이 생(生)이 없어 중(衆)이 없으면, 일체초월성(一切超越性)인 불성(佛性)의 명(明)을 가리는 중(衆)이 없으니, 무명(無明)의 무(無)가 없어, 일체초월성(一切超越性)인 불성(佛性)의 명(明)이 밝게 드러나니, 이는, 일체초월성(一切超越性)인 불성(佛性)의 명(明)을 가리는 중(衆)이 없기 때문이다.

일체수행법(一切修行法)은, 정혜2법(定慧二法)으로 귀일(歸一)하니, ①정(定)은, 중생(衆生)의 생(生)인 심생(心生)이 멸(滅)함이며, ②혜

(慧)는, 중생(衆生)의 중(衆)인 제상심(諸相心)이 멸(滅)함이다. ①정(定)은, 중생(衆生)의 생(生)인 심생(心生)인 동(動)이 멸(滅)함이며, ②혜(慧)는, 중생(衆生)의 중(衆)인 제상(諸相)에 머무름[住]이 멸(滅)함이다. ①정(定)은, 중생(衆生)의 생(生)인 심생(心生)에 의한 동(動)의 혼란(混亂)이 끊어져 멸(滅)함이며, ②혜(慧)는, 중생(衆生)의 중(衆)인 제상(諸相)에 주(住)한 상심(相心)의 혼란(混亂)이 끊어져 멸(滅)함이다. ①정(定)은, 중생(衆生)의 생(生)인 동(動)이 끊어져 멸(滅)한 부동(不動)의 열반법(涅槃法)이며, ②혜(慧)는, 중생(衆生)의 중(衆)인 상(相)이 끊어져 멸(滅)한 실상(實相)의 견성법(見性法)이다. ①정(定)은, 중생(衆生)의 생(生)이 동(動) 없는 무생열반(無生涅槃)에 증입(證入)하게 하고, ②혜(慧)는, 중생(衆生)의 중(衆)인 상(相) 없는 공성실상(空性實相)에 증입(證入)하게 한다. ①정(定)은, 중생(衆生)의 생(生) 없는 무생(無生)인, 부동성(不動性)의 열반(涅槃)이며, ②혜(慧)는, 중생(衆生)의 중(衆)인 상(相) 없는 공성(空性)인, 원융성(圓融性)의 보리(菩提)이다. ①정(定)으로, 중생(衆生)의 생(生)이 끊어져 멸(滅)해, 생(生)의 무명(無明)을 벗어나 명(明)에 증입(證入)하고, ②혜(慧)로, 중생(衆生)의 중(衆)인 제상(諸相)이 끊어져 멸(滅)해, 상(相)의 무명(無明)을 벗어나 명(明)에 증입(證入)한다. ①정(定)으로, 중생(衆生)의 생(生)이 끊어져 없어 무명(無明) 없는 명(明)이니, 중생(衆生)이 무명(無明)이 없어 중생(衆生)이 아니며, ②혜(慧)로, 중생(衆生)의 중(衆)인 상(相)이 끊어져 없어 무명(無明) 없는 명(明)이니, 중생(衆生)이 무명(無明)이 없어 중생(衆生)이 아니다.

정(定)과 혜(慧)의 2법(二法)으로, 중생(衆生)이 무명(無明) 없는, 각명(覺明)의 불성(佛性)에 증입(證入)하게 함이다. 중생(衆生)이 무명(無明) 없는 불성(佛性)에 드는 까닭[緣由]은, ①정(定)으로, 중생(衆生)의 생(生)이 끊어져 멸(滅)한 무생열반(無生涅槃)에 들어, 생(生)의 무명(無明)을 벗어나고, ②혜(慧)로, 중생(衆生)의 중(衆)인 제상(諸相)이 끊어져 멸(滅)한 공성(空性)에 들어, 상심(相心)의 무명(無明)을 벗어난다. ①정(定)은, 불성(佛性)의 무생열반성(無生涅槃性)을 수순(隨順)하여, 중생(衆生)의 생(生)이 끊어져 멸(滅)하며, ②혜(慧)는, 불성(佛性)의 공성보리성(空性菩提性)을 수순(隨順)하여, 중생(衆生)의 중(衆)인 제상(諸相)이 끊어져 멸(滅)한다. 또한, 불성수순행(佛性隨順行)인 정혜계(定慧戒)가 있으니, 이는, 정(定)과 혜(慧)의 2법(二法)을 수용(受容)하여 겸(兼)한, 일행계(一行戒)이다.

이는, 일행(一行)에, 중생(衆生)의 생(生)이 없는 정(定)을 수용(受容)한 무생심(無生心)인 열반일심(涅槃一心)과 중생(衆生)의 중(衆)인 상(相) 없는 혜(慧)를 수용(受容)한 무상심(無相心)인 공성일행(空性一行)이다. 이는 곧, 정(定)과 혜(慧)를 겸(兼)한 정혜수순일행계(定慧隨順一行戒)이다. 정수순일행(定隨順一行)은 불성이입행(佛性理入行)이며, 혜수순일행(慧隨順一行)은 불성행입행(佛性行入行)이다. 이 정혜일행계(定慧一行戒)는 곧, 불성수순(佛性隨順)의 이입(理入)과 행입(行入)의 불이일행계(不二一行戒)이다. 이것이, 불성수순정혜일행계(佛性隨順定慧一行戒)이다.

이는, 정(定)으로 무생불성(無生佛性)을 수순(隨順)하니, 이 이입행(理入行)이, 혜(慧)의 불성공성(佛性空性)을 수용(受容)하게 되며, 또한, 혜(慧)로 불성공성(佛性空性)을 수순(隨順)하니, 이 행입행(行入行)이, 정(定)의 무생불성(無生佛性)을 수용(受容)하게 된다. 그러므로, 정혜일행계(定慧一行戒)는, 정혜일행계(定慧一行戒) 속에 무생불성(無生佛性)인 열반성(涅槃性)과 불성공성(佛性空性)인 보리성(菩提性)을 둘[二] 다 수용일행수순(受容一行隨順)하는 정혜일행계(定慧一行戒)이다. 여기에서 계(戒)란, 무생불성(無生佛性)과 불성공성(佛性空性)을 수순(隨順)함을 일러, 계(戒)라고 한다. 계(戒)는 즉(卽), 불성수순정혜일행(佛性隨順定慧一行)이다. 이것이, 불성수순정혜불이일행(佛性隨順定慧不二一行)이다.

이는, 중생(衆生)의 생(生)이 없는 무생이입정행(無生理入定行)이며, 중생(衆生)의 중(衆)인 5온상(五蘊相)이 없는 공성행입혜행(空性行入慧行)이다. 이것이, 정혜일행계(定慧一行戒)이다. 정혜일행계(定慧一行戒)는, 성불(成佛)의 인행(因行)이다. 이 정혜일행계(定慧一行戒)는, 인위적(人爲的) 지음[作]의 수행법(修行法)이 아니다. 이는, 중생(衆生)의 무명(無明)이 끊어져 멸(滅)하는, 일체초월(一切超越) 본연성품수순행(本然性品隨順行)인 불성수순행(佛性隨順行)이다. 이 불성수순행(佛性隨順行)은, 원각경(圓覺經)의 제1품(第一品)에서, 경(經)의 서두(序頭)에서, 문수보살(文殊菩薩)이 불(佛)에게 청법(請法)한, 본기청정,인지법행(本起淸淨,因地法行)이다.

본기청정, 인지법행(本起淸淨, 因地法行)이란, 인위적(人爲的) 지음[作]의 수행(修行)이 아닌, 본성수순청정법행(本性隨順淸淨法行)이다. 본기(本起)는, 본성(本性)의 청정수순심(淸淨隨順心)을 일으킴[起]이 곧, 본기(本起)이다. 본기청정(本起淸淨)은, 본성(本性)의 청정수순심(淸淨隨順心)으로, 5온(五蘊)의 일체상(一切相)과 제식심(諸識心)의 일체심(一切心)에 물듦 없는 청정본성수순심행(淸淨本性隨順心行)을 일컬음이다. 이것이 곧, 본성수순이입행(本性隨順理入行)과 본성수순행입행(本性隨順行入行)이다. 이 또한, 일상삼매법(一相三昧法)과 일행삼매법(一行三昧法)이다. 본기청정, 인지법행(本起淸淨, 因地法行)에서 인지(因地)는 곧, 본성(本性)을 말함이다. 본성(本性)이 왜? 인지(因地)인가 하면, 본성(本性)의 청정성품(淸淨性品)을 수순(隨順)하여 일으킨 곳이니, 본성(本性)이 인지(因地)가 되며, 또한, 성불(成佛)의 인(因)을 일으킨 인(因)의 청정처(淸淨處)이니, 본성(本性)이 인지(因地)이다. 이는 또한, 법화경(法華經)의 4구게(四句偈)인, "제법종본래 상자적멸상 불자행도이 내세득작불(諸法從本來 常自寂滅相 佛子行道已 來世得作佛)" 모든 법(法)이 본래(本來)의 성품(性品)을 좇아, 항상(恒常) 자성(自性)이 적멸상(寂滅相)이니, 불자행(佛子行)이 이 도(道)이므로, 내세(來世)에 불(佛)이 되는, 상자적멸청정업(常自寂滅淸淨業)을 지음[作]이다.

성불(成佛)의 인지(因地)는 곧, 청정본성(淸淨本性)이니, 청정본성(淸淨本性)이 성불(成佛)의 인지(因地)이며, 또한, 과지(果地)이다. 왜냐하면, 본성(本性)의 청정성(淸淨性)을 수순(隨順)함으로, 중생(衆生)

의 무명(無明)을 제거(除去)하여, 완전(完全)한 청정본성(淸淨本性)의 성품(性品)으로 귀일(歸一)하기 때문이다. 인지법행(因地法行)은, 청정본성(淸淨本性)을 인지(因地)로 한, 청정법(淸淨法)의 청정행(淸淨行)이다. 이는, 5온(五蘊)의 일체상(一切相)과 제식심(諸識心)인 일체심(一切心)에 물듦 없는, 청정원각본성(淸淨圓覺本性)의 청정성품(淸淨性品)인, 청정법(淸淨法)의 청정행(淸淨行)을 함이다. 본기청정,인지법행(本起淸淨,因地法行)의 원각수행(圓覺修行)을, 원각경(圓覺經)에서는, 원각3종자성수순행(圓覺三種自性隨順行)으로, 열반청정수순행(涅槃淸淨隨順行)인 사마타(奢摩他)와 진여청정수순행(眞如淸淨隨順行)인 삼마발제(三摩鉢提)와 보리청정수순행(菩提淸淨隨順行)인 선나(禪那)의 원각청정자성(圓覺淸淨自性)에 들도록 한다.

원각경(圓覺經), 본기청정,인지법행(本起淸淨,因地法行)인 원각,3종자성,수순행(圓覺,三種自性,隨順行)으로, 열반청정수순행(涅槃淸淨隨順行)인 사마타(奢摩他)와 진여청정수순행(眞如淸淨隨順行)인 삼마발제(三摩鉢提)와 보리청정수순행(菩提淸淨隨順行)인 선나(禪那)로 원각자성(圓覺自性)에 들도록 한, 이 청정법행(淸淨法行)을, 정(定)과 혜(慧)의 2법(二法)으로 수용(受容)한 것이 곧, 불지정론(佛智正論)의 정혜일행계(定慧一行戒)이다. 정혜일행계(定慧一行戒)는, 불성수순,정혜불이일행(佛性隨順,定慧不二一行)으로, 무생불성(無生佛性)인 열반성(涅槃性)과 불성공성(佛性空性)인 보리성(菩提性)을 둘[二] 다 수용청정일행수순(受容淸淨一行隨順)하는 불성수순,정혜일행계(佛性隨順,定慧一行戒)이다. 이는, 청정불성수순(淸淨佛性隨順)의 이입(理入)과 행입(行

入)의 불성수순,정혜불이,청정일행(佛性隨順,定慧不二,淸淨一行)이다. 청정불성수순(淸淨佛性隨順)의 청정이입(淸淨理入)은 곧, 일상삼매법(一相三昧法)이며, 청정행입(淸淨行入)은 곧, 일행삼매법(一行三昧法)이다. 이는, 정(定)으로 무생불성(無生佛性)을 수순(隨順)하는 청정이입(淸淨理入)이 곧, 일상삼매법(一相三昧法)이며, 혜(慧)로 불성공성(佛性空性)을 수순(隨順)하는 청정행입(淸淨行入)이 곧, 일행삼매법(一行三昧法)이다.

그리고, 무생불성(無生佛性)인 열반성(涅槃性)과 불성공성(佛性空性)인 보리성(菩提性)을 둘[二] 다 수용일행수순(受容一行隨順)하는 정혜일행계(定慧一行戒)인, 불성수순(佛性隨順)의 이입(理入)과 행입(行入)의 불이일행계(不二一行戒)는, 금강삼매경(金剛三昧經)의 6행(六行)을 통섭(統攝)한, 여일행법(如一行法)이다. 6행(六行)이란, 10신행(十信行), 10주행(十住行), 10행행(十行行), 10회향행(十廻向行), 10지행(十地行), 등각행(等覺行)이다. 또한, 정혜일행계(定慧一行戒)는, 금강삼매경(金剛三昧經), 3대제(三大諦)의 수행(修行)인, 보리도(菩提道), 대각정지(大覺正智), 정혜행(定慧行)을 수용(受容)한, 불성수순,정혜불이,청정일행(佛性隨順,定慧不二,淸淨一行)이다.

그리고, 불성수순,정혜불이,청정일행(佛性隨順,定慧不二,淸淨一行)인 정혜일행계(定慧一行戒)는, 수릉엄경(首楞嚴經)의 내용(內容) 중, 관세음보살(觀世音菩薩)님의 이근원통관법(耳根圓通觀法)과 서로 상응(相應)하며, 또한, 이근원통관행(耳根圓通觀行) 속에, 제식(諸識)이 끊

어져 멸(滅)하는 과정(過程)이 있으니, 이를. 불성수순,정혜불이,청
정일행(佛性隨順,定慧不二,淸淨一行)인 정혜일행계(定慧一行戒)의 수행
(修行)을 살피고 적응(適應)함에, 도움이 되기를 바라며, 수릉엄경(首
楞嚴經), 관세음보살(觀世音菩薩)의 이근원통관법(耳根圓通觀法)의 수
행과정(修行過程)에 대해, 경(經)의 구절(句節)을 새기며, 해석(解釋)
함으로, 이에 이해(理解)를 돕고자 한다. 그리고, 이근원통관법(耳根
圓通觀法)이 자기(自己)의 수행성품(修行性品)에 잘 적응(適應)되는 수
행자(修行者)는, 이 이근원통관법(耳根圓通觀法)의 수행(修行)으로, 원
(願)하는 바 또한, 지혜(智慧)를 성취(成就)하면 된다.

●**수릉엄경**(首楞嚴經), **관세음보살**(觀世音菩薩)
　이근원통(耳根圓通)**의 구절**(句節)

①**初於聞中入流亡所**(초어문중입류망소)
처음에는 듣는 가운데 흘러드는 바가 멸(滅)하고,

所入旣寂(소입기적)
드는 바가 이미 멸(滅)해,

②**動靜二相了然不生**(동정이상료연불생)
동정(動靜), 2상(二相)이 불생(不生)임을 밝게 깨달아,

如是漸增(여시점증)

이와 같이 점차(漸次) 수행(修行)이 깊어지니,

聞所聞盡(문소문진)

듣는 바 들음이 다하였고,

③盡聞不住(진문불주)

들음이 다함에도 머무르지 않으니,

覺所覺空(각소각공)

깨닫는 바인, 깨닫는 것이 공(空)하고,

空覺極圓(공각극원)

깨닫는 것이 공(空)함이 극(極)에 이르러, 원융(圓融) 성품(性品)이 열리니,

空所空滅(공소공멸)

공(空)한 바도 공(空)하여 멸(滅)하므로,

生滅旣滅寂滅現前(생멸기멸적멸현전)

생멸(生滅)이 이미, 멸(滅)한, 적멸성(寂滅性)이 현전[現前:열리어 앞에 두루 펼쳐지니]하니,

④忽然超越世出世間(홀연초월세출세간)

홀연(忽然)히, 세간(世間)과 출세간(出世間)을 초월(超越)하여,

十方圓明獲二殊勝(십방원명획이수승)

시방(十方)이 원융(圓融)하여 두루 밝아, 2가지 수승(殊勝)함에 이르니,

一者上合十方諸佛本妙覺心(일자상합십방제불본묘각심)

첫[一]째는, 위로 시방제불(十方諸佛) 본래(本來) 묘각심(妙覺心)과 하나이므로,

與佛如來同一慈力(여불여래동일자력)

불(佛)과 더불어[與:다를바 없는] 여래(如來)와 같은 성품(性品)의 자력(慈力)이며,

二者下合十方一切六道衆生(이자하합시방일체육도중생)

둘[二]째는, 아래로, 시방(十方) 일체(一切) 6도(六道) 중생(衆生)과 하나이므로,

與諸衆生同一悲仰(여제중생동일비앙)

모든 중생(衆生)과 더불어[與:다를바 없는], 같은 성품 하나인, 지극(至極)한 비심(悲心)으로 간절(懇切)하옵니다.

●**수릉엄경**(首楞嚴經), **관세음보살**(觀世音菩薩) **이근원통**(耳根圓通) **구절**(句節), **해설**(解說)

①소리 상(相)이 끊어짐이다. 이는, 색상소멸(色相消滅)이며, 소리의 상속상(相續相)이 끊어짐이다.

初於聞中入流亡所(초어문중입류망소)

처음에는 듣는 가운데 흘러드는 바가 멸(滅)하고,

=>이근(耳根) 수(受)의 소멸(消滅)이다.

所入旣寂(소입기적)

드는 바가 이미 멸(滅)해[寂],

=>이근(耳根)으로 소리를 받아들임의 멸(滅)이 점점 깊어져 소리를 받아들임이 완전(完全)히 끊어짐

=>이근(耳根)이 끊어짐이다.

②소리의 동정멸진(動靜滅盡)이다. 이는, 색무아지(色無我智)이며, 이식소멸(耳識消滅)이다.

動靜二相了然不生(동정이상료연불생)

동정[動靜:소리의 유무(有無):소리 있음과 없음] 2상(二相)이 불생(不生)임을 밝게 깨달아,

=>소리의 유(有)인 있음도, 소리의 무(無)인 없음도, 둘[二] 다 끊어짐이다.

如是漸增(여시점증)

이와 같이 점차(漸次) 수행(修行)이 깊어지니,

=>동정[動靜:소리의 있음과 없음] 이상불생요연[二相不生了然:소리 있음과 없음의 두[二] 모습도 없는 깨달음이 점차 깊어짐]의 수행(修行)이 깊어짐이다.

聞所聞盡(문소문진)

듣는 바 들음이 다하였고,

=>소리가 끊어짐:6식공(六識空)에 듦

=>대경(對境)이 다 멸(滅)함이다.

③듣는 성품(性品)이 멸진(滅盡)함이다. 이는, 7식소멸(七識消滅)이며, 자아의식소멸(自我意識消滅)이다.

盡聞不住(진문불주)

들음이 다함에도 머무르지 않으니,

=>소리가 멸(滅)한 6종식(六種識)이 공(空)함에도 머무르지 않고, 수행정신(修行精神)과 수행경계(修行境界)가 점차 더 깊어지며 미세(微細)해 짐이다.

覺所覺空(각소각공)

깨닫는 바[제7식(第七識):소리를 듣는 성품:자아(自我)]인, 깨닫는 것[소리를 듣는 7식자아(七識自我)]이 공(空)하고,

=>7식자아(七識自我)가 공(空)하며 멸(滅)함이다.

空覺極圓(공각극원)

깨닫는 것[각(覺):소리를 듣는 성품(性品)인 7식자아(七識自我)]이 공(空)함이 극(極)에 이르러, 원융(圓融) 성품(性品)이 열리니,

=>7식자아(七識自我)가 멸(滅)한 경지(境地)가 깊어져 초월(超越)해 벗어남이다.

=>7식공(七識空)이 점차 깊어져 극(極)에 이르니, 7식공(七識空)을 벗어나며, 8식전변지혜(八識轉變智慧)인 원융성(圓融性)이 열림이다.

空所空滅(공소공멸)

공[空:7식자아(七識自我)가 공(空)]한 바도 공[空:제7식(第七識)의 공(空)도 또한, 공(空)]하여 멸(滅)하므로,

=>소리를 듣는 7식자아(七識自我)가 공(空)한 것도, 또, 공(空)하여, 7식공(七識空)을 또한, 벗어남

=>7식공(七識空)이 또, 공(空)하여, 8식공성(八識空性)인 원융성품(圓融性品)이 열림이다.

生滅既滅寂滅現前(생멸기멸적멸현전)

생멸(生滅)이 이미[既:본래(本來)], 멸[滅:적멸(寂滅)]한, 적멸성(寂滅性)이 현전[現前:열리어 앞에 두루 펼쳐지니]하니,

=>상(相)도 공(空)도 본래(本來) 멸(滅)한 적멸성(寂滅性)이 드러남이다.

=>부동적멸성(不動寂滅性):아직 본성(本性)이 아니다.

=>9식,무명함장,적멸부동성(九識,無明含藏,寂滅不動性)까지 멸(滅)한

심부동, 대열반성(心不動, 大涅槃性)이 드러남이다.

④본성, 공능충만, 대자대비심(本性, 功能充滿, 大慈大悲心)이 열림이다. 이는, 본성일체자비앙(本性一體慈悲仰)이 열림이다. 앙(仰)은, 지극(至極), 간절(懇切), 극명(極明)이다.

忽然超越世出世間(홀연초월세출세간)

홀연(忽然)히[깨달음 증득(證得)의 지혜세계(智慧世界)와 깨달음 자체(自體) 성품(性品)이, 찰나(刹那)에 흔적(痕迹) 없이 사라져 끊어짐이다. 이는, 깨달음 지혜세계(智慧世界)까지 초월(超越)해 벗어남이다.], 세간[世間:상(相)의 세계(世界)]과 출세간[出世間:공(空)의 세계(世界)와 공(空)도 멸(滅)한 적멸성(寂滅性)의 세계(世界)]을 초월(超越)하여,

=>상(相)도, 공(空)도, 공(空)도 공(空)한 부동적멸성(不動寂滅性)도 멸(滅)한, 본성(本性)이 열림이다.

十方圓明獲二殊勝(시방원명획이수승)

시방(十方)이 원융[圓融:시방(十方)이 멸(滅)해 원융원만편재성(圓融圓滿遍在性)이 열림]하여 두루 밝아[明:심명(心明)이 두루 충만(充滿)으로 밝음] 두[二] 가지 수승(殊勝)함에 이르니,

=>본성각(本性覺)이 열림이다.

一者上合十方諸佛本妙覺心(일자상합시방제불본묘각심)

첫[一]째는, 위로 시방제불(十方諸佛) 본래(本來) 묘각심[묘(妙):부사

의(不思議), 각심(覺心):본각심(本覺心)]과 하나[합(合):차별(差別) 없이]이므로,

與佛如來同一慈力(여불여래동일자력)

불(佛)과 더불어[與:다를바 없는] 여래(如來)와 같은 성품[일(一):본성(本性):한 성품]의 자력(慈力)이며,

=>여래장(如來藏) 성품(性品), 본성공능(本性功能)의 자비충만(慈心充滿)이다.

二者下合十方一切六道衆生(이자하합시방일체육도중생)

둘[二]째는, 아래로, 시방(十方) 일체(一切) 6도(六道) 중생(衆生)과 하나[합(合):차별(差別) 없이)]이므로,

與諸衆生同一悲仰(여제중생동일비앙)

모든 중생(衆生)과 더불어[與:다를바 없는], 같은 성품 하나[일(一):불이성(不二性):본성(本性)]인, 지극(至極)한 비심(悲心)으로 간절(懇切)하옵니다.

=>무상평등(無上平等) 동체대비(同體大悲) 여일심(如一心)이다. 앙(仰)은, 간절(懇切)함이며, 지극(至極)함이며, 극명(極明)이다.

대승유식론체계(大乘唯識論體系)에서, 제식성품세계(諸識性品世界)가 실제(實際) 사실(事實)과 차이(差異)가 있거나 또는, 다르거나, 또

한, 각각(各各) 성품(性品)에 있어서, 그 성품개념(性品概念)과 또는, 정의(定義)가 실제(實際)와 차이(差異)가 있는 오류(誤謬)의 부분(部分)은, 유식론(唯識論) 정립(正立)의 관점(觀點)에서 어떻게든, 면밀(綿密)히 살피어 재점검(再點檢)하여, 사실(事實)과 다른 오류(誤謬)와 왜곡(歪曲)의 부분(部分)은, 바르게 정립(正立)이 되어, 반드시 해결(解決)되어야 할 부분(部分)이다. 이것은, 어떤 의지(意志)와 뜻만으로 되는 것이 아니다. 유식론(唯識論)은, 다양(多樣)한 정의(正義)의 관점(觀點)과 뜻을 가진 사상적(思想的) 일반론(一般論)이 아닌, 실제사실(實際事實)을 그대로 밝히고 드러내는 사실론(事實論)이므로, 이는, 제식세계(諸識世界)의 실제(實際)이며, 바른 명확(明確)한 사실론(事實論)이므로, 유식론(唯識論)은, 실증지혜정안(實證智慧正眼)으로 명확(明確)한 실제(實際) 사실(事實)을 드러내어 정의정립(正義正立)한, 실증지혜,정립정론(實證智慧,正立正論)이어야 한다. 그러므로, 실제(實際) 사실(事實)을 드러내고 밝히는, 정명(正命)의 명확(明確)한 지혜점검(智慧點檢)이 중요(重要)할 뿐, 누구나 다양성(多樣性)을 인정(認定)하고, 정의(正義)하며, 다양(多樣)한 가치(價値)를 가지는, 일반인식론(一般認識論)이 아니다.

유식론(唯識論)은, 실증지혜(實證智慧) 없이, 인위적(人爲的)인 유추(類推)와 추론(推論)으로 설정(設定)이나 성립(成立)이나 가정(假定)이 가능(可能)한, 논(論)과 체계(體系)가 아니다. 유식론(唯識論)과 유식체계(唯識體系)는, 사실(事實) 그대로를, 명확(明確)한 실증지혜정안(實證智慧正眼)으로 정립정의정론(正立正義正論)한 실증론(實證論)이어야 한다. 이는, 제식성품특성(諸識性品特性)과 제식전개체계(諸識展開體系)와 제식전개성품(諸識展開性品)의 인연관계사실(因緣關係事實)과 제식전개(諸識展開)가 이루어지는 제식전개, 구성구조(諸識展開, 構成構造)의 섭리체계(攝理體系)와 제식, 차별차원, 세계(諸識, 差別次元, 世界)와 그리고 또한, 제식(諸識)을 벗어나 제식전변지혜(諸識轉變智慧)에 드는 지혜요인(智慧要因)인 인연사(因緣事)와 그에 의한 제식, 전변지혜, 상승과정(諸識, 轉變智慧, 上昇過程)과 그에 따른 제식, 전변지혜, 차별차원, 무위성품, 차별세계(諸識, 轉變智慧, 差別次元, 無爲性品, 差別世界)와 그리고 또, 일체, 유위무위, 제식타파(一切, 有爲無爲, 諸識打破)로, 일체초월(一切超越) 불지(佛智)의 증입(證入)에 이르는, 총체적(總體的) 무위지혜, 각력상승, 차별차원, 지혜실증, 상승과정, 불지증입, 지혜체계(無爲智慧, 覺力上昇, 差別次元, 智慧實證, 上昇過程, 佛智證入, 智慧體系)를 실증지혜정안(實證智慧正眼)으로 사실정립, 정의정론(事實正立, 正義正論)하여 밝히면 된다.

그러므로, 유식론(唯識論)과 유식체계(唯識體系)는, 사실(事實)이 명확(明確)히 그러하고, 실제(實際)로 사실(事實)이 그러함일 뿐, 어떤 인위적(人爲的), 또는, 자의적(自意的) 분별(分別)과 사고(思考)와 분석(分析)과 추론(推論)과 각종(各種) 논리적(論理的) 성립(成立)의 다양(多樣)한 특성(特性)과 정의(正義)의 일반론(一般論)이 아니다. 그러므로, 유식론(唯識論)과 유식체계(唯識體系)는, 제식현상(諸識現象)의 사실(事實)인 제식(諸識)의 전개(展開)와 제식(諸識)의 작용(作用)과 제식(諸識)의 관계(關係)와 제식(諸識)의 특성(特性)과 제식(諸識)의 차별차원세계(差別次元世界)의 실제(實際)를, 실증지혜정안(實證智慧正眼)으로 명확(明確)히 밝게 깨달아, 제식성품세계(諸識性品世界)를 사실(事實) 그대로 밝히는 실증정지,정의정립,사실정론(實證正智,正義正立,事實正論)이어야 한다. 유식론(唯識論)은, 유식성품,섭리작용,실제세계(唯識性品,攝理作用,實際世界)를 실증지혜정안(實證智慧正眼)으로 사실(事實) 그대로 드러낼 뿐, 실증지혜(實證智慧) 없이 유추(類推)하고 추정(推定)하며, 자의적(自意的) 결론(決論)과 확신(確信)으로, 유식성품세계(唯識性品世界)와 유식성품체계(唯識性品體系)를 논(論)을 할 수 있는, 설정(設定)과 가정가설(假定假設)의 추론적(推論的) 세계(世界)가 아니다. 만약(萬若), 논지(論知)의 분석(分析)이 명석(明釋)하여도, 실제(實際)가 그렇지 않고, 사실(事實)과 다르면, 그 논(論)은, 논(論)의 정의(正義)와 정명(正命)을 상실(喪失)한 왜곡(歪曲)이며, 지견오류(知見誤謬)의 사론(邪論)이다.

대승유식론체계(大乘唯識論體系)에서, 제8식(第八識)이라 이름[名]한 것은, 제7식(第七識), 바로 다음 전개순서(展開順序) 이후식(以後識)이기 때문이다. 제8식(第八識)을 아뢰야식(阿賴耶識)인 함장식(含藏識)이라 규정(規定)한 것은, 세세생생(世世生生) 생(生)과 생(生)이 끊어져 멸(滅)해도, 3세윤회(三世輪廻)가 끊임없는 3세업(三世業)을 담고 있는 식(識)의 심체(心體)가 있어야만, 3세,인과윤회,유식체계(三世,因果輪廻,唯識體系)가 갖추어지기 때문이다. 만약(萬若), 제식체계(諸識體系)의 명확(明確)한 실증지혜(實證智慧)를 증험(證驗)하면, 제7식(第七識) 말나식(末那識)인 자아의식(自我意識), 다음 식(識)이, 함장식(含藏識)이 아닌, 능소출입식(能所出入識)이므로, 제7식(第七識) 다음 제8식(第八識)을, 함장식(含藏識)이라 함은, 이에 대한 실증지혜정안(實證智慧正眼)이 없었음이다. 왜냐하면, 제7식(第七識) 자아의식(自我意識)과 함장식(含藏識) 사이[間]에는, 능소출입식(能所出入識)이 작용(作用)하기 때문이다. 이 증명(證明)은, 여래정론(如來正論) 무명,능연출식,전개섭리체계(無明,能緣出識,展開攝理體系)인 12인연법(十二因緣法)으로도 확인(確認)하고, 점검(點檢)할 수가 있다.

아함경,여래정론,제식체계(阿含經,如來正論,諸識體系)에는 2종제식체계(二種諸識體系)가 있다. 이는, 소연입식,전개체계(所緣入識,展開體系)와 능연출식,전개체계(能緣出識,展開體系)이다. 소연입식,전개체계(所緣入識,展開體系)는, 소연6종경(所緣六種境)인 색성향미촉법(色聲香味觸法)을 받아들이는 소연경·근·식·전개섭리,입식체계(所緣境·根·識·展開攝理,入識體系)인 경·근·식(境·根·識) 18경계,섭리체계(十八境界,攝理體系)이며, 그리고, 능연출식,전개체계(能緣出識,展開體系)는, 무명(無明)으로부터 제식(諸識)이 출식(出識)하는 무명,능연출식,전개섭리체계(無明,能緣出識,展開攝理體系)인 12인연법(十二因緣法)이다. 소연입식,전개체계(所緣入識,展開體系)인 경·근·식(境·根·識) 18경계,제식전개,체계(十八境界,諸識展開,體系)와 무명,능연출식,전개섭리체계(無明,能緣出識,展開攝理體系)인 12인연법(十二因緣法)을 살펴보면, 대승유식론(大乘唯識論) 제식체계(諸識體系)의 미완(未完)과 오류(誤謬)를 점검(點檢)할 수가 있다.

대승유식론,제식체계(大乘唯識論,諸識體系)에서 제7식(第七識) 다음, 순위식(順位識)인 제8식(第八識)이, 능소출입식(能所出入識)이 아닌, 함장식(含藏識)으로 규정(規定)하였다. 함장식(含藏識)은, 능소출입식(能所出入識) 다음 순위식(順位識)이다. 그러므로, 대승유식론체계(大乘唯識論體系)에서 제8식(第八識)을 함장식(含藏識)으로 규정(規定)함으로, 이에, 능소출입식(能所出入識)이 빠졌음을 알 수 있다. 이는, 무명,능연출식,전개섭리체계(無明,能緣出識,展開攝理體系)인 12인연법(十二因緣法)을 살펴보면 알 수가 있다. 12인연법(十二因緣法)에서 ①무명(無明)은, 제9식(第九識) 함장식(含藏識)이며, ②행(行)은, 제8식(第八識) 능소출입식(能所出入識)이며, ③식(識)은, 제7식(第七識) 자아의식(自我意識)이다. 그러므로 만약(萬若), ②행(行)인, 제8식(第八識) 능소출입식(能所出入識)이 없으면, ①무명(無明)인 제9식(第九識) 함장식(含藏識)과 ③식(識)인 제7식(第七識) 자아의식(自我意識)의 연결고리[連結構成]가 끊어진다. 왜냐하면, ①무명(無明)인 함장식(含藏識)에서, ②행(行)인 능소출입식(能所出入識)의 작용(作用)이 없으면, ③식(識)인 제7식(第七識) 자아의식(自我意識)의 출행(出行)이 생성(生成)될 수가 없기 때문이다. 그리고, ③식(識)인 제7식(第七識) 자아의식(自我意識)은, 상분별작용(相分別作用)만 할 뿐, 기억정보,출입운행식(記憶情報,出入運行識)인 능소출입작용(能所出入作用)은 하지 않으므로, 제7식(第七識) 자아의식(自我意識)이, ①무명(無明)인 함장식(含藏識)에, 일체업정보(一切業情報)를 기억저장(記憶貯藏)과 기억정보,인출작용(記憶情報,引出作用)을 할 수가 없다. 그리고 또한, ③식(識)인, 제7식(第七識) 자아의식(自我意識) 자체(自

體)가, 일체업(一切業)의 정보(情報)를 저장(貯藏)한 함장식(含藏識)이 아니므로, 제7식(第七識) 자아의식(自我意識)의 작용(作用)에 있어서, 제7식(第七識) 자아의식(自我意識) 자체(自體)가 일체업(一切業)의 기억정보(記憶情報)를 저장(貯藏)하고 있지 않다. 그러므로, 일체업(一切業)의 기억정보(記憶情報)는 다른 곳인 함장식(含藏識)에 저장(貯藏)이 되어 있으므로, 그것을 제8식(第八識) 능소출입식(能所出入識)이 인출(引出)하여 반연작용(諸識作用)으로 비추면, 제7식(第七識) 자아의식(自我意識)은 지난 기억정보, 반연작용(記憶情報, 攀緣作用)에 의지(依支)해, 사량분별작용(思量分別作用)을 하게 된다. 만약(萬若), 제7식(第七識) 자아의식(自我意識) 자체(自體)가, 일체업(一切業)의 정보(情報)를 저장(貯藏)해 있다면, 제7식(第七識) 자아의식(自我意識)이, 지난 것을 기억(記憶)해 내는 정신작용(精神作用)의 과정(過程)이 필요(必要)가 없다.

왜냐하면, 만약(萬若), 제7식(第七識) 자아의식(自我意識) 자체(自體)가, 일체업(一切業)의 기억정보(記憶情報)를 저장(貯藏)해 있다면, 이는, 서랍에 들어 있는 모든 물품(物品)들을 한목 쏟듯이, 지난 잊혀진 모든 것을 생각[思惟]하고, 기억(記憶)해 내는 정신작용(精神作用)이 필요(必要) 없기 때문이다. 만약(萬若), 제7식(第七識) 자아의식(自我意識) 자체(自體)가, 일체업(一切業)의 기억정보(記憶情報)를 저장(貯藏)해 있다면, 지난 일체(一切) 것을, 티끌 하나 상실(喪失)함이 없이 앎으로, 어떤 상황(狀況)이든, 모든 것을 기억(記憶)해 내는 정신작용(精神作用) 과정(過程)을 거치치 않고, 지난 모든 것을 분명(分明)히 앞으로, 그에 의해, 바로 모든 행위(行爲)를 하게 된다. 그러나, 제7식(第七識) 자아의식(自我意識) 자체(自體)가, 일체업(一切業)의 기억정보(記憶情報)를 저장(貯藏)해 있지 않으므로, 지난 기억정보(記憶情報)를 생각[思惟]하고, 제8식(第八識) 기억정보,출입운행식(記憶情報,出入運行識)인 능소출입식(能所出入識)이, 반연작용(攀緣作用)으로 인출(引出)하는, 기억작용과정(記憶作用過程)의 정신행위(精神行爲)를 하게 된다.

그러므로, 대승유식체계(大乘唯識體系)를 성립(成立)한 대승유식론사(大乘唯識論師)들이, 제식(諸識)의 실증지혜정안(實證智慧正眼)으로 정립정의(正立正義)한 유식체계(唯識體係)가 아니므로, 제식전개(諸識展開)와 제식체계(諸識體係)에 대한 사유(思惟)와 식견(識見)의 유추(類推)에 의한 사고(思考)로, 대승유식론,제식체계(大乘唯識論,諸識體係)가 갖추어졌음을 알 수가 있다. 만약(萬若), 제식성품세계(諸識性品世界)에 대한 실증지혜정안(實證智慧正眼)이 있었다면, 대승유식론(大乘唯識論) 제8식(第八識) 성품(性品) 속에, 서로 다른 차별차원식종(差別次元識種)이 연계중첩(連繫重疊)되어 있음을, 명확(明確)히 보지 못한 오류(誤謬)가, 있을 수가 없다. 그러므로, 제8식(第八識)의 성품(性品)에는, 서로 다른 차별차원(差別次元)의 연계식종(連繫識種)이 함께 있어, 이를 실증지혜정안(實證智慧正眼)으로 명확(明確)히 가름하려면, 제식(諸識)을 타파(打破)해 벗어난, 일체초월(一切超越) 불지(佛智)이어야 한다. 그렇지 않으면, 제식심층성품세계(諸識深層性品世界)인 대승유식체계(大乘唯識體系)에서, 제8식(第八識)의 능소출입식(能所出入識)과 함장식(含藏識)과 본성(本性)의 차별특성(差別特性)에 대해 명확(明確)히 가름할 수가 없다.

　제식,전개섭리,순위체계(諸識,展開攝理,順位體系)인 제7식(第七識) 말나식(末那識), 다음 식(識)이 함장식(含藏識)이라고 함은, 제식전개,상속체계(諸識展開,相續體系)의 제식작용(諸識作用)에, 제7식(第七識) 말나식(末那識)과 제8식(第八識)으로 규정(規定)한 함장식(含藏識) 사이[間]에 있는, 능소출입식(能所出入識)이 빠진 것이다. 이 말의 뜻은, 무명,능연출식,전개섭리체계(無明,能緣出識,展開攝理體系)인 12인연법(十二因緣法) 출식작용순위(出識作用順位)에서 ①무명(無明)→②행(行)→③식(識)에 있어서, ②행(行)이 빠져, 상실(喪失)되었다는 것이다. ①무명(無明)은, 유식세계(唯識世界)에는 식명(識名)이 아뢰야식(阿賴耶識)인 함장식(含藏識)이다. ②행(行)은, 유식세계(唯識世界)에 식명(識名)이 능소출입식(能所出入識)이다. ③식(識)은, 유식세계(唯識世界)에 식명(識名)이 말나식(末那識)인 분별식(分別識)이며, 자아의식(自我意識)이다.

　유식론(唯識論)에서, 제식전개,자연섭리,구성체계(諸識展開,自然攝理,構成體系)를, ①6종경(六種境) 색성향미촉법(色聲香味觸法)→②6종근(六種根) 안이비설신의근(眼耳鼻舌身意根)→③6종식(六種識) 안이비설신의식(眼耳鼻舌身意識)→④제7식(第七識) 말나식(末那識)인 자아의식(自我意識)→⑤제8식(第八識) 능소출입식(能所出入識)→⑥제9식(第九識) 아뢰야식(阿賴耶識)인 함장식(含藏識)으로, 식(識)의 전개체계

(展開體系)를 정립(正立)함은, 중생심(衆生心)의 제식작용(諸識作用)이, 소연경(所緣境)인 색성향미촉법(色聲香味觸法)을 받아들이는, 소연업식작용(所緣業識作用)으로 비롯하기 때문이다. 그리고, ①무명(無明)→②행(行)→③식(識)→④명색(名色)→⑤6입(六入)→⑥촉(觸)→⑦수(受)→⑧애(愛)→⑨취(取)→⑩유(有)→⑪생(生)→⑫노사(老死)의 전개(展開)는, 무명(無明)으로부터 전개(展開)되는 무명,능연출식,전개섭리체계(無明,能緣出識,展開攝理體系)이다.

만약(萬若), 12인연법(十二因緣法)에서, 식(識)의 전개(展開)인 ①무명(無明)→②행(行)→③식(識) 중에, ②행(行)의 작용(作用)이 이루어지지 않으면, 그 다음 ③식(識)이 연계작용생기(連繫作用生起)하지 않는다. 그러면, 12인연법(十二因緣法) 중, ①무명(無明)에서 발생(發生)하는 ②행(行)이, 무엇이냐 하면, 세세생생(世世生生) 훈습(薰習)된 습기(習氣)의 무의식작용(無意識作用)으로, 대경(對境)인 색성향미촉법(色聲香味觸法)에 자연,반연반응,작용(自然,攀緣反應,作用)으로 동(動)하는, 무의식심(無意識心)이다. 이는, 제8식(第八識) 능소출입식(能所出入識)이다. 이 무의식중(無意識中) 자연,반연반응,작용(自然,攀緣反應,作用)으로 이루어지는, ②행(行)의 능연출식작용(能緣出識作用)이 있기에, ③식(識)인 자아인식(自我認識)이 일상적(日常的) 삶에 색성향미촉법(色聲香味觸法)을 항상(恒常) 대(對)함에, 처음[初]이 아닌, 경험(經驗)이 친숙(親熟)한 습관(習慣)과 기억작용(記憶作用)을 바탕한 분별인식작용(分別認識作用)이 이루어진다.

소연경(所緣境)인 색성향미촉법(色聲香味觸法)을 받아들이는 12인연(十二因緣)의 역순(逆順)인, ⑦식(識:第七自我意識)→⑧행(行:第八能所出入識)→⑨무명(無明:第九含藏識)에 있어서의 ⑧행(行:第八識)인 능소출입식(能所出入識)의 작용(作用)은, ⑦식(識:第七識)의 일체,업력작용(一切,業力作用)을, 자연,반연반응,작용(自然,攀緣反應,作用)으로, ⑨무명(無明) 심층,무의식계,3세정보,저장소(深層,無意識界,三世情報,貯藏所)인 함장식(含藏識)에 저장(貯藏)을 한다. 그리고 또한, ⑨무명(無明)의 함장식(含藏識)에서→⑧행(行)인 능소출입식(能所出入識)으로→⑦식(識)인 자아의식(自我意識)의 작용(作)으로, 업정보,인출작용(業情報,引出作用)의 흐름이 있다. 그러므로, ⑦제7식(第七識) 자아의식(自我意識)이 맞닥뜨린 당면(當面)한, 찰나찰나(刹那刹那) 흐름의 현상황(現狀況)에 상응(相應)하여, ⑧행(行)인 능소출입식(能所出入識)이 자연반응,반연작용(自然反應,攀緣作用)으로 함장식(含藏識)에서 기억정보(記憶情報)를 인출(印出)하여 반연작용(攀緣作用)으로 제7식(第七識) 자아의식(自我意識)에 비추면, 제7식(第七識) 자아의식(自我意識)은, 반연작용,기억정보(攀緣作用,記憶情報)에 의지(依支)해, 자아의식(自我意識)이 맞닥뜨린 당면(當面)한 상황(狀況)의 분별(分別)과 판단(判斷)으로, 뜻에 따라 행위(行爲)를 하게 된다.

그러므로, 제7식(第七識)과 제8식(第八識)은 앞뒤[前後] 한몸[一身]으로 붙어 있어, 자아의식(自我意識)의 소연입식,일체분별행(所緣入識,一切分別行)은, 지난 기억정보,(記憶情報)의 반연작용(攀緣作用)으로 이루어짐으로, 제7식(第七識) 자아의식(自我意識)의 소연입식,일체분별행(所緣入識, 一切分別行)은, 자연(自然)히 무의식중(無意識中), 제8식(第八識) 능소출입식(能所出入識)의 기억출입,자연반연작용(記憶出入, 自然攀緣作用)에 의지(依支)하게 된다. 또한, 일체기억,훈습작용(一切記憶,薰習作用)인 능연출식작용(能緣出識作用)에는, 제7식(第七識) 자아의식(自我意識)이 이를, 습관적(習慣的)으로 이행(履行)한다. 이것이, 제7식(第七識)과 제8식(第八識)의 관계(關係)이며, 12인연법(十二因緣法) ②행(行)과 ③식(識)의 관계(關係)이다. 이는, 무의식중(無意識中) 자연,반연반응,작용(自然,攀緣反應,作用)으로 소연분별작용(所緣分別作用)과 능연훈습작용(能緣薰習作用)이 무의식중(無意識中), 원융작용행(圓融作用行)으로 이루어진다.

제8식(第八識)은, 제7식(第七識)보다 차원(次元)이 깊고, 각종(各種) 정식(情識)과 감정(感情)과 상(相)에 머무름[住]의 장애(障礙)가 없으므로, 제8식(第八識)이 제7식(第七識)보다, 차원적(次元的)으로 섬세(纖細)하고 세밀(細密)하며 물질(物質)인 빛보다 속도(速度)가 빨라, 제7식(第七識)은 인지(認知)할 수가 없다. 그러나, 제7식(第七識) 자아의식작용(自我意識作用)에 상응(相應)하여, 무의식중(無意識中) 자연반응,반연작용(自然反應,攀緣作用)으로, 제8식(第八識) 기억정보,출입운행식(記憶情報,出入運行識)인 능소출입식(能所出入識)이, 심층,무의식계,3세정보,저장소(深層,無意識界,三世情報,貯藏所)인 함장식(含藏識)에서, 제7식작용(第七識作用)에 상응정보인자(相應情報因子)를 인출(引出)하여, 제7식(第七識) 자아의식(自我意識)에 반연작용(攀緣作用)으로 비추게 된다. 그러면, 제7식(第七識) 자아의식(自我意識)은, 제8식

(第八識)이 비추는 반연작용, 기억정보(攀緣作用, 記憶情報)에 의해, 각종(各種) 상황(狀況)에 반연(攀緣)하여 분별(分別)하고 판단(判斷)하며, 뜻에 따라 행위(行爲)를 하게 된다.

　이 상황전개(狀況展開)를 예(例)를 들 것 같으면, 그 장소(場所)가 어디이든, 알고 있는 어떤 장소(場所)를 찾아 간다면, 전(前)에 그 장소(場所)에 대한 모든 기억정보(記憶情報)가 함장식(含藏識)에 저장(貯藏)이 되어 있어, 자기(自己)가 그 장소(場所)에 가는 상황(狀況)의 과정(過程)에 따라, 함장식(含藏識)에 저장(貯藏)되어 있는 그에 대한 다양(多樣)한 각종(各種) 기억정보(記憶情報)인, 도로(道路)의 형태(形態)와 건물(建物) 등(等)의 모양과 나무[木]와 바위[岩] 등(等), 산[山]과 강(江) 등(等)의 자연(自然)의 모습을 보며, 이전(以前)의 기억정보(記憶情報)에 의지(依支)해, 뜻[意]한 장소(場所)에 이르게 된다. 이 기억정보(記憶情報)들은, 제7식(第七識) 자아의식(自我意識)이 맞닥뜨린 당면(當面)한 찰나찰나(刹那刹那) 상황변화(狀況變化)에 따라, 무의식중(無意識中) 제8식(第八識) 능소출입식(能所出入識)이 자연반응, 반연작용(自然反應, 攀緣作用)으로 함장식(含藏識)에 저장(貯藏)되어 있는 지난 기억정보(記憶情報)들을 찰나찰나(刹那刹那)에 인출(引出)해, 제7식(第七識) 자아의식(自我意識)에게 반연작용(攀緣作用)으로 비추면, 제7식(第七識) 자아의식(自我意識)은, 반연작용, 기억정보(攀緣作用, 記憶情報)에 의지(依支)해, 상황변화(狀況變化)를 분별(分別)하여 행위(行爲)를 할 뿐, 제7식(第七識) 자아의식(自我意識) 자체(自體)가, 지난 정보(情報)들을 저장(貯藏)하고 있는 것은 아니다.

그 까닭[緣由]은, 만약(萬若), 제7식(第七識) 자아의식(自我意識)이, 지난 일체정보(一切情報)를 저장(貯藏)하고 있는 성품(性品)이면, 지난 일체정보(一切情報)를 기억(記憶)해 내는, 정신작용(精神作用)의 과정(過程)이 필요(必要)가 없다. 왜냐하면, 제7식(第七識) 자아의식(自我意識)이 곧, 지난 일체정보(一切情報)를 지니고 있는 성품(性品)이면, 기억(記憶)을 되살리는 정신작용(精神作用)의 과정(過程)이 필요(必要)가 없는 것은, 제7식(第七識) 자체(自體)가, 지난 모든 업(業)의 정보(情報)를 지니고 있음으로, 다른 곳에서 인출(引出)하는 정신작용과정(精神作用過程)인, 기억(記憶)해 내는 정신작용(精神作用)이 필요(必要) 없이, 상황(狀況)에 따라, 저장(貯藏)된 기억정보(記憶情報)를 그냥, 그대로 사용(使用)하면 된다. 그러나, 우리[我等]는, 모든 행위(行爲)에, 지난 기억정보(記憶情報)를 되살리는 정신작용과정(精神作用過程)이 필요(必要)함은, 제7식(第七識) 자아의식(自我意識) 자체(自體)가, 지난 일체정보(一切情報)를 저장(貯藏)하고 있지 않기 때문이다.

이 과정(過程)을 비유(比喩)하면, 눈[眼]이 보는 역할(役割)을 할 뿐, 소리[聲]를 듣는 능력(能力)이 없으므로, 누가, 보이지 않는 곳에서, 나를 부를 때에는, 소리[聲]를 듣는 능력(能力)을 가진 귀[耳]에 의지(依支)해, 소리[聲]가 나는 방향(方向)을 향(向)해, 눈[眼]에 의지(依支)해 찾아가는 것과도 같다. 그리고, 제7식(第七識) 자아의식(自我意識)은, 찰나찰나(刹那刹那) 맞닥뜨린 당면(當面)한, 상황변화(變化狀況)에, 순간순간(瞬間瞬間) 분별·판단·행위(分別·判斷·行爲)하는,

머무름[無住] 없는 분별동식(分別動識)이므로, 일체업정보(一切業情報)를 저장(貯藏)하는, 성품무기성(性品無記性)인 부동식(不動識)이 아니니, 제7식(第七識) 자아의식(自我意識) 자체(自體)가, 일체업정보(一切業情報)를 저장(貯藏)하고 있지 않다. 제7식(第七識) 자아의식(自我意識)은, 맞닥뜨린 당면(當面)한 찰나찰나(刹那刹那)의 상황변화(狀況變化)를 끊임없이 분별·판단·행위(分別·判斷·行爲)하며 머무름 없이 흐르는, 현행분별, 변행식(現行分別, 變行識)이다.

그리고, 지난 일체정보(一切情報)를 저장(貯藏)해 있는 함장식(含藏識)은, 지난 일체정보인자(一切情報因子)를 저장(貯藏)만 할 뿐, 동(動)함이 없는 부동열반, 무기성품(不動涅槃, 無記性品)이므로, 함장식(含藏識) 자체(自體)가 작용(作用)하여, 제7식(第七識) 자아의식(自我意識)에게 전달작용(傳達作用)을 하는 동식성품(動識性品)이 아니다. 만약(萬若), 지난 일체정보인자(一切情報因子)를 저장(貯藏)해 있는, 함장식(含藏識)이, 어떤 상황(狀況)이나, 또는, 다른 식(識)의 작용(作用)에 반응(反應)하는 동식(動識)이면, 함장식(含藏識)이 일체3세, 업정보인자(一切三世, 業情報因子)를 그대로 변형(變形) 없이 저장(貯藏)해 있을 수가 없다. 왜냐하면, 일체업, 정보인자(一切業, 情報因子)를 저장(貯藏)한 함장식(含藏識)이, 어떤 상황(狀況)에 따라 상응(相應)하여 동(動)하는 동식(動識)이면, 일체업정보(一切業情報)들이, 선(善)과 악(惡), 고(苦)와 낙(樂), 호(好)와 오(惡), 청(淸)과 탁(濁), 염(染)과 정(淨), 명(明)과 암(暗) 등(等)의 상황(狀況)에 따라 상응(相應)하여 동(動)하므로, 3세정보, 업력인자(三世情報, 業力因子)들이 그대로 있지 않고, 상응작용(相應作用)으로 변형(變形), 변질(變質), 변화(變化)되어, 무엇이든 그대로 고스란히, 일체업,정보인자(一切業,情報因子)들이 변형(變形) 없이, 저장(貯藏)되어 있을 까닭[緣由]이 없다. 함장식(含藏識)은, 일체제식(一切諸識)과 어떤 상황(狀況)이든 동(動)함이 없는, 성품무기성(性品無記性)인 부동열반,무기성품(不動涅槃,無記性品)이다.

제7식(第七識) 자아의식(自我意識)이, 지난 일체업,정보인자(一切業,情報因子)를 그대로 변형(變形) 없이, 저장(貯藏)해 있을 수 없음은, 제7식(第七識) 자아의식(自我意識)은, 찰나찰나(刹那刹那) 맞닥뜨린 당면(當面)한 상황변화(狀況變化)에 상응(相應)하는 상황분별식(狀況分別識)이니, 변화상황(變化狀況)에 따라 머무름 없이 변(變)하는 현행분별식(現行分別識)이므로, 선(善)과 악(惡), 고(苦)와 낙(樂), 호(好)와 오(惡), 청(淸)과 탁(濁), 염(染)과 정(淨), 명(明)과 암(暗) 등(等), 어느 것, 하나라도 변형(變形) 없이 그대로, 간직할 수가 없다. 왜냐하면, 제7식(第七識) 자아의식(自我意識)은, 찰나찰나(刹那刹那) 상황변화(狀況變化)에 따라, 분별·판단·행위(分別·判斷·行爲)하여 현상황(現狀況)에 적응(適應)하고, 대처(對處)하는, 머무름 없는 찰나,상황변화(刹那,狀況變化)의 현행상응,분별동식(現行相應,分別動識)이기 때문이다.

그러나, 함장식(含藏識)은, 어떤 상황(狀況)과 어떤 변화(變化)에도 동(動)함이 없어, 1년(一年), 10년(十年), 30년(三十年), 50년(五十年),

죽음[死]에 이르기까지, 그리고, 세세생생(世世生生)의 일체업정보인자(一切業情報因子)를, 그 어떤 상황(狀況) 흐름의 변화(變化)에도, 변형(變形)이 없이 그대로 지니고 있음이다. 그러므로, 많은 세월(歲月)이 흘러, 시대(時代)와 사회(社會)의 상황(狀況)이 변화(變化)하였어도, 어릴 때의 고향(故鄕)의 모습과 어릴 때의 친구(親舊)들의 모습과 그 어린 시절(時節)의 삶의 모습들을 그대로 기억(記憶)하고 간직하고 있는 것은, 어떤 상황(狀況)의 변화(變化)에도, 부동열반,무기성품(不動涅槃,無記性品)인 함장식(含藏識)에 저장(貯藏) 되어 있는, 일체업,정보인자(一切業,情報因子)들은, 변형(變形)이나 변화(變化)가 없기 때문이다. 그리고, 이 부동열반,무기성품(不動涅槃,無記性品)인 함장식(含藏識)은, 제식(諸識) 중, 제일(第一) 깊은 무의식처(無意識處), 일체(一切) 동(動)함이 없는 무의식계(無意識界), 3세,기억정보,저장소(三世,記憶情報,貯藏所)이니, 세세생생(世世生生) 생사(生死)를 거듭해, 다시 태어나도, 심층,무의식계,3세정보,업력인자(深層,無意識界,三世情報,業力因子)는 변형(變形)이 없이 그대로, 고스란히 지니고 태어나게 된다.

제7식(第七識) 자아의식(自我意識) 자체(自體)는, 맞닥뜨린 당면(當面)한 찰나찰나(刹那刹那) 현상황변화(現狀況變化)에 상응(相應)하여 동(動)함으로, 잠시(暫時)도 머무름[住] 없는 찰나변화,상응작용,분별동식(刹那變化,相應作用,分別動識)이므로, 각종차별(各種差別)의 일체업,정보인자(一切業,情報因子)를 그대로 변형(變形) 없이 지니고 있을, 부동열반,무기성품,공능력(不動涅槃,無記性品,功能力) 자체(自體)

를, 제7식(第七識) 자아의식(自我意識) 자체성품(自體性品)이, 스스로 가지고 있지 않으므로, 각종차별특성(各種差別特性)인 일체업,정보인자(一切業,情報因子)를 그대로 변형(變形) 없이, 고스란히 지니고 있을 수가 없다.

　그러므로, 제7식(第七識) 자아의식(自我意識)은, 잠시(暫時) 찰나(刹那)에도 머무름 없는 분별작용,행위성품(分別作用,行爲性品)이므로, 제7식(第七識) 자아의식(自我意識) 자체(自體)에는, 지난 일체업,정보인자(一切業,情報因子)를 저장(貯藏)하고 있지를 않다. 그 연유(緣由)는, 제7식(第七識) 자아의식(自我意識) 성품자체(性品自體)의 두(二) 가지의 특성(特性) 때문이다. ①하나는, 제7식(第七識) 자아의식(自我意識) 자체(自體)는, 잠시(暫時) 찰나(刹那)에도 머무름 없이 찰나상황변화(刹那狀況變化)에 적응(適應)하고 대처(對處)하며, 끊임없이 분별·판단·행위(分別·判斷·行爲)하는, 현행분별,행위동식(現行分別,行爲動識)이기 때문에, 각종차별(各種差別)의 일체업,정보인자(一切業,情報因子)를 그대로 변형(變形)이 없이 지니고 있을 수가 없다. ②또 하나는, 제7식(第七識) 자아의식(自我意識) 자체(自體)는, 각종(各種) 차별특성,성질(各種,差別特性,性質)인, 일체업,정보인자(一切業,情報因子)를 그대로 변형(變形) 없이 지니고 있을 수 있는, 부동열반,무기성품,공능력(不動涅槃,無記性品,功能力) 자체(自體)를, 제7식(第七識) 자아의식(自我意識) 성품자체(性品自體)가, 스스로 가지고 있지 않기 때문에, 각종차별(各種差別) 일체업,정보인자(一切業,情報因子)를 그대로 변형(變形) 없이 지니고 있을 수가 없다.

그러므로, 각종차별(各種差別)의 일체업,정보인자(一切業,情報因子)를 그대로 변형(變形) 없이 지니고 있을 수 있는, 동(動)함이 없는 부동열반,무기성품,공능력(不動涅槃,無記性品,功能力)을 가진 함장식(含藏識)에, 지난 세세생생(世世生生) 일체업,정보인자(一切業,情報因子)들이 변형(變形) 없이 저장(貯藏)되어 있다. 그러므로, 항상(恒常) 상황변화(狀況變化)에 따라 분별·판단·행위(分別·判斷·行爲)하는 자아의 식작용(自我意識作用)에, 일체업정보,출입운행식(一切業情報,出入運行識)인 제8식(第八識) 능소출입식(能所出入識)이, 제7식(第七識)의 분별·판단·행위(分別·判斷·行爲)의 일체작용(一切作用)에, 자연반응,반연작용(自然反應,攀緣作用)으로, 함장식(含藏識)에 있는 지난 기억정보인자(記憶情報因子)를 인출(引出)하여, 제7식(第七識) 자아의식(自我意識)에게 반연작용(攀緣作用)으로 비추면, 제7식(第七識) 자아의식(自我意識)은, 제8식(第八識)의 반연작용(攀緣作用)으로 비추는 지난 일체정보(一切情報)의 반연작용,기억정보(攀緣作用,記憶情報)에 따라, 상황변화(狀況變化)를 분별(分別)하고 판단(判斷)하며, 상황변화(狀況變化)에 따라 지각작용(知覺作用)인 판단행위(判斷行爲)를 하게 된다.

그리고 또한, 제8식(第八識) 능소출입식(能所出入識)은, 제7식(第七識) 자아의식(自我意識)의 상황작용변화(狀況作用變化)의 일체행위정보(一切行爲情報)를, 자연,반연반응,작용(自然,攀緣反應,作用)으로 심층,무의식계,3세정보,저장심처(深層,無意識界,三世情報,貯藏心處)인 함장식(含藏識)에, 일체업정보(一切業情報)를 저장(貯藏)한다. 그러므로, 제8식(第八識) 능소출입식(能所出入識)은, 업정보인자,출입작용(業情

報因子, 出入作用)을 한다. 그러므로, 제7식(第七識) 자아의식(自我意識)은, 일체업정보(一切業情報)를 함장식(含藏識)에 저장(貯藏)하거나, 또는, 함장식(含藏識)에 저장(貯藏)되어 있는 일체업정보(一切業情報)를 가져오는, 정보출입작용식(情報出入作用識)은 아니다. 그러므로, 제8식(第八識) 능소출입식(能所出入識)이, 제7식(第七識) 자아의식(自我意識)의 일체행위(一切行爲)에 자연, 반연반응, 작용(自然, 攀緣反應, 作用)으로, 함장식(含藏識)에 일체업정보(一切業情報)를 저장(貯藏)하기도 하며, 또한, 제7식(第七識) 자아의식(自我意識)의 작용(作用)에 자연반응, 반연작용(自然反應, 攀緣作用)으로, 함장식(含藏識)에 저장(貯藏)된 일체업, 상응정보(一切業, 相應情報)를 인출(引出)하여, 제7식(第七識)에 반연작용(攀緣作用)으로 비추기도 한다.

기억(記憶)의 상념(想念)들은 일체(一切)가, 제7식(第七識) 자아의식(自我意識)의 상황변화(狀況變化)에 의식적(意識的), 또는, 무의식중(無意識中) 제8식(第八識) 능소출입식(能所出入識)이 자연반응, 반연작용(自然反應, 攀緣作用)으로, 함장식(含藏識)에서 일체업, 상응정보(一切業, 相應情報)를 인출(引出)한, 기억반연작용(記憶攀緣作用)의 정보(情報)이다. 또한, 제7식(第七識) 자아의식(自我意識)이, 지난 기억(記憶)을 돌이켜, 기억(記憶)을 되살려 분별(分別)하는 것에는, 몇 단계(段階)의 자연반연, 인출과정(自然攀緣, 引出過程)을 거치게 된다. 그러므로, 그 과정(過程)에서, 육체적(肉體的), 정신적(精神的) 다양(多樣)한 조건(條件)에 의해, 이상(異常)이 발생(發生)할 시(時)에는, 제7식(第七識) 자아의식(自我意識)이 지난 정보(情報)를 전달(傳達) 받는 연계체계(連繫

體系)에 이상(異常)으로, 제7식(第七識) 자아의식(自我意識)이, 지난 기억반연작용(記憶攀緣作用)의 장애(障礙)로, 지난 기억정보(記憶情報)를 인지(認知)하지 못하는, 지난 기억,반연작용,장애상황(記憶,攀緣作用,障礙狀況)일 경우(境遇)도 있다.

그러나, 우연(偶然)한 상황(狀況)에, 생각[認識]지도 않았던 지난 기억(記憶)이 생각[認識]나거나, 되살아 나는 경우(境遇)가 있음은, 기억(記憶)해 내지 못한다 하여, 지난 기억(記憶)이 저장(貯藏)된 것이 잊혀짐이나 상실(喪失)한 것이 아니기 때문이다. 기억(記憶)해 내지 못하는 것은, 육체적(肉體的) 또는, 정신적(精神的) 다양(多樣)한 상황(狀況)의 조건상태(條件狀態)에 따른 장애(障礙)의 이상(異常)이 있기 때문이다. 그러므로, 똑 같은 여러 사람이, 어떤 상황(狀況)을 함께 겪었음에도, 세월(歲月)이 지나면, 그 상황(狀況)을 생생[鮮明]히 명확(明確)히 기억(記憶)하는 사람도 있으며, 어떤 사람은 생소(生疏)한 듯 전혀, 기억(記憶)하지 못하는 사람도 있다. 그러므로, 무슨 기억(記憶)이든, 기억(記憶)하지 못한다고, 그 기억(記憶)이 없어져, 상실(喪失)한 것은 아니다. 단지(但只), 어떤 상황(狀況)의 장애(障礙)에 의해, 기억(記憶)해 내지 못할 뿐이다. 수행(修行)을 하다 보면, 전생(前生)의 어떤 상황(狀況)의 기억(記憶)이 되살아나는 경우(境遇)도 있다. 그러므로, 기억(記憶)을 잊었다고, 기억(記憶)이 상실(喪失)된 것이 아니다. 단지(但只), 육체적(肉體的), 정신적(精神的) 다양(多樣)한 조건(條件)에 의해, 제7식(第七識) 자아의식(自我意識)이 인위적(人爲的) 작용(作用)으로, 지난 기억(記憶)이 되살아나지 않는 경우(境

遇)가 있을 뿐이다.

　제7식(第七識) 자아의식(自我意識)은, 일체행위정보(一切行爲情報)를 저장(貯藏)하거나 인출(印出)하는, 업정보, 출입작용식(業情報, 出入作用識)이 아니므로, 제8식(第八識) 능소출입식(能所出入識)이, 제7식(第七識) 자아의식(自我意識)이 맞닥뜨린 당면(當面)한 찰나찰나(刹那刹那) 상황변화(狀況變化)의 작용(作用)에, 자연반응, 반연작용(自然反應, 攀緣作用)으로 함장식(含藏識)에 있는 지난 기억정보(記憶情報)를 인출(引出)하여, 제7식(第七識) 자아의식(自我意識)에 반연작용(攀緣作用)으로 비추면, 제7식(第七識) 자아의식(自我意識)은, 그 기억반연작용(記憶攀緣作用)으로 그대로 일체대상(一切對相)을 분별·판단·행위(分別·判斷·行爲)할 뿐이다. 제8식(第八識) 업정보출입운행식(業情報出入運行識)은, 제7식(第七識) 자아의식(自我意識)의 일체작용(一切作用)에, 지난 일체업정보(一切業情報)를 자연반응, 반연작용(自然反應, 攀緣作用)으로 함장식(含藏識)에서의 업정보인출(業情報引出)과 그리고 또한, 7식(第七識) 자아의식(自我意識)의 찰나찰나(刹那刹那) 상황변화(狀況變化)의 일체행위정보(一切行爲情報)를, 자연, 반연반응, 작용(自然, 攀緣反應, 作用)으로 함장식(含藏識)에 저장(貯藏)하는 업정보입력식(業情報入力識)이다.

●업식(業識)과 정식(情識)

업식(業識)이란, 대경(對境)에 의한 일체심식작용(一切審識作用)과 상황변화(狀況變化)에 상응(相應)하는 마음의 일체상응작용(一切相應作用)과 그리고 또한, 스스로 행(行)하는 의식적(意識的), 무의식적(無意識的), 일체행위작용(一切行爲作用)이다. 업식(業識)은, 일체심식분별(一切心識分別)과 일체심식,행위작용(一切心識,行爲作用)이다. 정식(情識)은 일체업심,정적작용(一切業心,情的作用)이다. 정식(情識)은, 선(善)과 악(惡), 호(好)와 오(惡), 고(苦)와 락(樂), 길(吉)과 흉(凶), 취(取)와 사(捨) 등(等)에 의한 업심(業心)이다. 업식(業識)은 일체분별업식(一切分別業識)이며, 정식(情識)은 일체정적업심(一切情的業心)이다. 일체분별업식(一切分別業識)은 일체정적업심(一切情的業心)을 유발(誘發)하고, 일체정적업심(一切情的業心)은 일체분별업식(一切分別業識)을 유발(誘發)함으로, 업식(業識)과 정식(情識)은 서로 상응작용(相應作用)을 한다. 그러나, 업식(業識)과 정식(情識)은 그 작용성질(作用性質)의 특성(特性)이 달라, 인체상응(人體相應)의 반응장소(反應場所)가 다르다. 식(識)의 업(業)은 단지(但只), 분별(分別)이니, 정신작용(精神作用)으로 정(情)이 아니므로 가벼우며, 성질특성(性質特性)이 섬세(纖細)하고 치밀(緻密)하며, 정밀(精密)하여, 시방우주(十方宇宙)와 만물(萬物)에 상응(相應)하고, 두루 통(通)하여 원융(圓融)하다. 분별업식(分別業識)의 인체상응처(人體相應處)는 정신작용(精神作用)을 하는 두뇌(頭腦)이다.

정식(情識)은, 분별업식(分別業識)과 달리, 응집(凝集)하고 응결(凝結)하는 성질특성(性質特性)이 있어, 정(情)은, 식(識)보다 무거우며, 정식(情識)의 선(善)한 공덕(功德)과 업(業)의 성질특성(性質特性)에 따라, 그에 상응(相應)한 업력(業力)의 물질성(物質性)을 생성(生成)하므로, 그에 상응(相應)한 육체(肉體)의 형상(形相)과 작용(作用)과 변화(變化)와 특성(特性)을 가진, 요인적(要因的) 성질(性質)이다. 정식(情識)은, 그에 상응(相應)한 업력(業力)과 업식(業識)을 유발(誘發)하며, 업식(業識) 또한, 그에 상응(相應)한 업력(業力)과 정식(情識)을 유발(誘發)한다. 정식(情識)의 인체상응처(人體相應處)는 순수감성(純粹感性)과 순수진실(純粹眞實)이 상응(相應)하는 가슴(胸)이다.

정식(情識)과 업식(業識)은 서로 상응(相應)하는 업력(業力)으로, 심공덕(心功德)과 상공덕(相功德)의 상중하품(上中下品) 공덕계(功德界)인, 성(聖)과 범(凡)에 이르기까지, 9품종성공덕계(九品種性功德界)를 형성(形成)하게 된다. 그러므로, 성(聖)과 범(凡)에 이르기까지, 상중하(上中下)의 9품종성공덕계(九品種性功德界)에 상응(相應)한, 공덕차별상(功德差別相)을 생성(生成)하게 된다. 9품종성공덕계(九品種性功德界)는, 상품계(上品界), 중품계(中品界), 하품계(下品界)가 있다. 상품계(上品界) 속에 또한, 차별상(差別相)인 상상품(上上品), 상중품(上中品), 상하품(上下品)이 있다. 중품계(中品界) 속에도 또한, 차별상(差別相)인 중상품(中上品), 중중품(中中品), 중하품(中下品)이 있다. 하품계(下品界)에도 또한, 차별상(差別相)인 하상품(下上品), 하중품(下中品), 하하품(下下品)이 있다.

업식(業識)이, 지혜공덕행(智慧功德行)으로 정식(情識)까지 유발(誘發)하여, 지혜공덕력(智慧功德力)을 발(發)하면, 발(發)한 지혜,정식성품,업력(智慧,情識性品,業力)이 상응(相應)한 지혜업력(智慧業力)으로, 지혜성품기운(智慧性品氣運)이 생성(生成)되어, 육신공덕상(肉身功德相)에 지혜,정식성품,업력(智慧,情識性品,業力)이 생동생기(生動生氣)하여 이목구비(耳目口鼻), 골(骨), 근육(筋肉), 피부(皮膚), 형상(形相), 음성(音聲) 등(等)에 두루, 지혜,정식성품,업력공덕상(智慧,情識性品,業力功德相)을 갖추게 된다.

업식(業識)이, 복덕공덕행(福德功德行)으로 정식(情識)까지 유발(誘發)하여, 복덕공덕력(福德功德力)을 발(發)하면, 발(發)한 복덕,정식성품,업력(福德,情識性品,業力)이 상응(相應)한 복덕업력(福德業力)으로, 복덕성품기운(福德性品氣運)이 생성(生成)되어, 육신공덕상(肉身功德相)에 복덕,정식성품,업력(福德,情識性品,業力)이 생동생기(生動生氣)하여 이목구비(耳目口鼻), 골(骨), 근육(筋肉), 피부(皮膚), 형상(形相), 음성(音聲) 등(等)에 두루, 복덕,정식성품,업력공덕상(福德,情識性品,業力功德相)을 갖추게 된다.

업식(業識)이, 선심공덕행(善心功德行)으로 정식(情識)까지 유발(誘發)하여, 선심공덕력(善心功德力)을 발(發)하면, 발(發)한 선심,정식성품,업력(善心,情識性品,業力)이 상응(相應)한 선심업력(善心業力)으로, 선심성품기운(善心性品氣運)이 생성(生成)되어, 육신공덕상(肉身功德相)에 선심,정식성품,업력(善心,情識性品,業力)이 생동생기(生動生氣)

하여 이목구비(耳目口鼻), 골(骨), 근육(筋肉), 피부(皮膚), 형상(形相), 음성(音聲) 등(等)에 두루, 선심,정식성품,업력공덕상(善心,情識性品, 業力功德相)을 갖추게 된다.

업식(業識)이, 상품공덕행(上品功德行)으로 정식(情識)까지 유발(誘發)하여, 상품공덕력(上品功德力)을 발(發)하면, 발(發)한 상품,정식성품,업력(上品,情識性品,業力)이 상응(相應)한 상품업생(上品業生)으로, 상품성품기운(上品性品氣運)이 생성(生成)되어, 육신공덕상(肉身功德相)에 상품,정식성품,업력(上品,情識性品,業力)이 생동생기(生動生氣)하여 이목구비(耳目口鼻), 골(骨), 근육(筋肉), 피부(皮膚), 형상(形相), 음성(音聲) 등(等)에 두루, 상품,정식성품,업력공덕상(上品,情識性品, 業力功德相)을 갖추게 된다.

업식(業識)이, 중품공덕행(中品功德行)으로 정식(情識)까지 유발(誘發)하여, 중품공덕력(中品功德力)을 발(發)하면, 발(發)한 중품,정식성품,업력(中品,情識性品,業力)이 상응(相應)한 중품업생(中品業生)으로, 중품성품기운(中品性品氣運)이 생성(生成)되어, 육신공덕상(肉身功德相)에 중품,정식성품,업력(中品,情識性品,業力)이 생동생기(生動生氣)하여 이목구비(耳目口鼻), 골(骨), 근육(筋肉), 피부(皮膚), 형상(形相), 음성(音聲) 등(等)에 두루, 중품,정식성품,업력공덕상(中品,情識性品, 業功德力相)을 갖추게 된다.

업식(業識)이, 하품공덕행(下品功德行)으로 정식(情識)까지 유발(誘

發)하여, 하품공덕력(下品功德力)을 발(發)하면, 발(發)한 하품,정식성품,업력(下品,情識性品,業力)이 상응(相應)한 하품업생(下品業生)으로, 하품성품기운(下品性品氣運)이 생성(生成)되어, 육신공덕상(肉身功德相)에 하품,정식성품,업력(下品,情識性品,業力)이 생동생기(生動生氣)하여 이목구비(耳目口鼻), 골(骨), 근육(筋肉), 피부(皮膚), 형상(形相), 음성(音聲) 등(等)에 두루, 하품,정식성품,업력공덕상(下品,情識性品, 業力功德相)을 갖추게 된다.

업식(業識)이, 빈천공덕행(貧賤功德行)으로 정식(情識)까지 유발(誘發)하여, 빈천공덕력(貧賤功德力)을 발(發)하면, 발(發)한 빈천,정식성품,업력(貧賤,情識性品,業力)이 상응(相應)한 빈천업생(貧賤業生)으로, 빈천성품기운(貧賤性品氣運)이 생성(生成)되어, 육신공덕상(肉身功德相)에 빈천,정식성품,업력(貧賤,情識性品,業力)이 생동생기(生動生氣)하여 이목구비(耳目口鼻), 골(骨), 근육(筋肉), 피부(皮膚), 형상(形相), 음성(音聲) 등(等)에 두루, 빈천,정식성품,업력공덕상(貧賤,情識性品, 業力功德相)을 갖추게 된다.

업식(業識)이, 악심공덕행(惡心功德行)으로 정식(情識)까지 유발(誘發)하여, 악심공덕력(惡心功德力)을 발(發)하면, 발(發)한 악심,정식성품,업력(惡心,情識性品,業力)이 상응(相應)한 악심업생(惡心業生)으로, 악심성품기운(惡心性品氣運)이 생성(生成)되어, 육신공덕상(肉身功德相)에 악심,정식성품,업력(惡心,情識性品,業力)이 생동생기(生動生氣)하여 이목구비(耳目口鼻), 골(骨), 근육(筋肉), 피부(皮膚), 형상(形相),

음성(音聲) 등(等)에 두루, 악심,정식성품,업력공덕상(惡心,情識性品, 業力功德相)을 갖추게 된다.

정식(情識)은, 응집(凝集)하고 응결(凝結)하는 물질,생성성질,특성 (物質,生成性質,特性)으로, 정식(情識)의 업력특성(業力特性)에 따라, 육체(肉體)의 다양(多樣)한 공덕상(功德相)의 업력작용변화(業力作用變化)를 일으킨다. 그 인연업성(因緣業性)으로, 성상(聖相)과 지상(智相)과 덕상(德相)과 복상(福相)과 귀상(貴相)과 선상(善相)과 빈상(貧相)과 천상(賤相)과 악상(惡相) 등(等)의 다양(多樣)한 성품성질특성(性品性質特性)의 상중하(上中下) 업력,9품공덕,세계(業力,九品功德,世界)의 인연업력상(因緣業力相)을 두루 갖추게 된다. 정식(情識)은 응집(凝集)과 응결(凝結)의 성질특성(性質特性)으로, 그에 상응(相應)한 업력(業力)의 물질성(物質性)을 생성(生成)하므로, 정식(情識)에 의한 다양(多樣)한 인연상응,공덕조화(因緣相應,功德造化)의 육체(肉體)의 형상(形相)과 작용(作用)의 변화(變化)에, 요인적(要因的) 성질특성작용(性質特性作用)을 한다.

만약(萬若), 성심(聖心)과 성행(聖行)의 정식(情識)을 유발(誘發)하면, 그 성공능력(聖功能力)은, 성공덕력(聖功德力)의 성공능,섭리조화(聖功能,攝理造化)를 생기(生起)하므로, 성인성(聖因性)의 성공능,섭리조화(聖功能,攝理造化)를 따라, 육신,물질성품,업력작용(肉身,物質性品,業力作用)인 지·수·화·풍·공성(地·水·火·風·空性)의 성공능,생기조화(聖功能,生起造化)를 따라, 성공능,공덕섭리,조화(聖功能,功德攝理,造

化)의 이목구비(耳目口鼻)와 육신상(肉身相)을 두루 갖추게 된다.

만약(萬若), 선심(善心)과 선행(善行)의 정식(情識)을 유발(誘發)하면, 그 선공능력(善功能力)은, 선공덕력(善功德力)의 선공능, 섭리조화(善功能, 攝理造化)를 생기(生起)하므로, 선인성(善因性)의 선공능, 섭리조화(善功能, 攝理造化)를 따라, 육신, 물질성품, 업력작용(肉身, 物質性品, 業力作用)인 지·수·화·풍·공성(地·水·火·風·空性)의 선공능, 생기조화(善功能, 生起造化)를 따라, 선공능, 공덕섭리, 조화(善功能, 功德攝理, 造化)의 이목구비(耳目口鼻)와 육신상(肉身相)을 두루 갖게 된다.

만약(萬若), 악심(惡心)과 악행(惡行)의 정식(情識)을 유발(誘發)하면, 그 악공능력(惡功能力)은, 악공덕력(惡功德力)의 악공능, 섭리조화(惡功能, 攝理造化)를 생기(生起)하므로, 악인성(惡因性)의 악공능, 섭리조화(惡功能, 攝理造化)를 따라, 육신, 물질성품, 업력작용(肉身, 物質性品, 業力作用)인 지·수·화·풍·공성(地·水·火·風·空性)의 악공능, 생기조화(惡功能, 生起造化)를 따라, 악공능, 인연섭리, 조화(惡功能, 因緣攝理, 造化)의 이목구비(耳目口鼻)와 육신상(肉身相)을 두루 갖게 된다.

정식(情識)은, 응집(凝集)하고 응결(凝結)하는 성질특성(性質特性)으로, 정식(情識)의 업력특성조화(業力特性造化)에 따라, 그에 상응(相應)한 업력상응변화(業力相應變化)의 지·수·화·풍·공성(地·水·火·風·空性)의 인연, 상응작용, 물질성(因緣, 相應作用, 物質性)을 생성(生成)하므로, 그 정식, 업력특성, 작용(情識, 業力特性, 作用)에 상응(相應)한 육체공덕,

인연상응, 특성(肉體功德, 因緣相應, 特性)의 형상(形相)과 작용(作用)의 변화(變化)를 가져온다. 만약(萬若), 선(善)한 긍정적(肯定的) 마음이 깊어질수록, 온[全] 몸[身]에 선(善)한 공덕수기(功德水氣)가 생성(生成)되어, 온[全] 몸[身]을 온화(穩和)하고 부드럽게 한다. 만약(萬若), 악(惡)한 탐욕심(貪慾心)이 일어나 깊어질수록, 온[全] 몸[身]에 탐욕심(貪慾心)의 탐욕수기(貪慾水氣)가 생성(生成)되어, 온[全] 몸[身]에 탐욕성(貪慾性)이 감돌게 된다. 만약(萬若), 성냄인 진심(嗔心)이 깊어질수록, 악성(惡性) 화기(火氣)가 생성(生成)되어, 온[全] 몸[身]에 선(善)한 공덕수기(功德水氣)를 메마르게 하므로, 온[全] 몸[身]이 선(善)한 공덕수기(功德水氣)가 부족(不足)하여, 피부(皮膚)는 선공덕(善功德)이 메마르고 탁(濁)해지며, 모습[形相]은, 악성(惡性) 화기(火氣)로, 선(善)한 공덕(功德)을 상실(喪失)하게 된다.

만약(萬若), 무엇이든 수용(受容)하고 배려(配慮)하는 선(善)한 상생덕성(相生德性)이 깊어질수록, 선성공덕력(善性功德力)의 수기(水氣)와 선성공덕력(善性功德力)의 화기(火氣)가 생성(生成)되어, 온[全] 몸[身]의 악성(惡性)의 수기(水氣)와 악성(惡性)의 화기(火氣)가 사라져, 온[全] 몸[身]이 온화(溫和)한 덕성공덕상(德性功德相)을 두루 갖추게 된다. 만약(萬若), 부정적(否定的) 거부심(拒否心)이 깊어질수록, 온[全] 몸[身]에 악성(惡性) 지기(地氣)가 생성(生成)되어, 몸[身]의 순행기능(順行機能)을 정체(停滯)되게 하거나, 굳게 하므로, 몸[身]의 여러 기능(器能)들의 순류행(順流行)에 장애(障礙)를 일으킨다.

대승유식론(大乘唯識論)의 제식전개체계(諸識展開體系)에는, 제7식(第七識) 말나식(末那識)인 자아의식(自我意識), 다음 식(識)이 함장식(含藏識)이다. 그러나, 사실(事實)은, 말나식(末那識)과 함장식(含藏識) 사이[間]에는, 말나식(末那識)과 함장식(含藏識)의 상응연결작용(相應連結作用)을 하는 능소출입식(能所出入識)이 있다. 제식,전개작용,섭리체계(諸識,展開作用,攝理體系)에 만약(萬若), 자아의식(自我意識)인 말나식(末那識)과 일체업,정보인자(一切業,情報因子)를 저장(貯藏)한 함장식(含藏識) 사이[間]에, 능소출입식(能所出入識)인 기억정보,출입운행식(記憶情報,出入運行識)이 없으면, 말나식(末那識)인 자아의식(自我意識)은 현행일체분별식(現行一切分別識)이므로, 기억정보,출입운행식(記憶情報,出入運行識)인 능소출입식(能所出入識)이 아니므로, 함장식(含藏識)에 저장(貯藏)되어 있는 지난 일체업정보(一切業情報)를 가져 올 수가 없다. 또한, 함장식(含藏識)은 부동열반무기식(不動涅槃無記識)이므로, 저장(貯藏)해 있는 일체업정보(一切業情報)를, 자아의식(自我意識)에 전달(傳達)할 수가 없다.

자아의식(自我意識)과 함장식(含藏識) 사이[間]에, 일체업정보(一切業情報)를 출입(出入)하는 중간자(中間者)인 능소출입식(能所出入識)이 있으므로, 자아의식(自我意識)과 함장식(含藏識)이, 능소출입식(能所出入識)에 의해 서로 상응연계작용(相應連繫作用)을 하게 된다. 그러므로, 지금(只今)의 일체행위정보(一切行爲情報)를 능소출입식(能所出入識)이 자연,반연반응,작용(自然,攀緣反應,作用)으로 함장식(含藏識)에 저장(貯藏)하고, 그리고 또한, 함장식(含藏識)에 저장(貯藏)되어 있는, 지난 일체업정보(一切業情報)를 능소출입식(能所出入識)의 자연반응,반연작용(自然反應,攀緣作用)으로 인출(印出)하여, 제7식(第七識) 자아의식(自我意識)에 반연작용(攀緣作用)으로 비추면, 자아의식(自我意識)은, 지난 기억반연작용(記憶攀緣作用)에 의해, 일체찰나,상황변화(一切刹那,狀況變化)를 분별·판단·행위(分別·判斷·行爲)할 수가 있음이다.

만약(萬若), 자아의식(自我意識)과 함장식(含藏識) 사이[間]에, 중간자(中間者)인 능소출입식(能所出入識)이 없으면, 무명,능연출식,전개섭리체계(無明,能緣出識,展開攝理體系)인 12인연법(十二因緣法)에서, ① 무명(無明)→②행(行)→③식(識)의 과정(過程)에서, ②행(行)이 상실(喪失) 되어 없으므로, ①무명(無明)→②행(行)→③식(識)으로의 상응연계작용,전개섭리작용(相應連繫作用,展開攝理作用)이 끊어지게 된다. 왜냐하면, ①무명(無明)으로부터 생기(生起)하는 ②행(行)이 끊어졌기 때문에, ②행(行)의 무의식중(無意識中) 자연반연,인출작용(自然攀緣,引出作用)인, 각종(各種) 훈습업력작용(薰習業力作用)의 기억정보(記憶情報)에 의지(依支)한 분별식(分別識)인, ③식(識)의 작용(作用)이 이루어지지 않기 때문이다.

12인연법(十二因緣法)에서, ①무명(無明)이 제9식(第九識) 함장식(含藏識)이며, ②행(行)이 제8식(第八識) 능소출입식(能所出入識)이며, ③식(識)이 제7식(第七識) 말나식(末那識)인 자아의식(自我意識)이다. 만약(萬若), 12인연법(十二因緣法)의 ②행(行)인, 능소출입식(能所出入識)

이 없으면, 12인연법(十二因緣法)의 무명,능연출식,전개섭리체계(無明,能緣出識,展開攝理體系)인 12인연(十二因緣)의 출행(出行)과 소연경·근·식·전개섭리,입식체계(所緣境·根·識·展開攝理,入識體系)인 18경계전개(十八境界展開)의 입행(入行)인, 12인연(十二因緣)의 입행(入行)에 있어서, 제식전개,순역체계(諸識展開,順逆體系)에 능소출입식(能所出入識)이 연계(連繫)된, 제식전개작용(諸識展開作用)이 이루어지지 않는다. 왜냐하면, 제7식(第七識) 자아의식(自我意識)의 일체행(一切行)은, 곧, 제8식(第八識) 능소출입식(能所出入識)의 지난 일체업,기억정보(一切業,記憶情報)의 인출반연작용(引出攀緣作用)에 의지(依支)한, 일체분별작용(一切分別作用)이기 때문이다.

그러므로 만약(萬若), 제식(諸識)이 연계(連繫)된 제식전개작용(諸識展開作用)에 있어서, 능소출입식(能所出入識)인 12인연(十二因緣)의 ②행(行)이 없으면, ①무명(無明)인 함장식(含藏識)에서 자연,반연반응,작용(自然,攀緣反應,作用)의 ②행(行)인, 능소출입식(能所出入識)이 없어, 능소출입식(能所出入識)에 연계(連繫)되어 상속작용(相續作用)하는 ③식(識)인, 제7식(第七識) 자아의식(自我意識)의 전개작용(展開作用)이 끊어지게 된다. 논리(論理)는, 능소출입식(能所出入識)을 제거(除去)하거나 빠트려, 축약(縮約)할 수 있어도, 제식,전개작용,구성체계(諸識,展開作用,構成體系)의 자연반연반응,연계섭리작용(自然攀緣反應,連繫攝理作用)에 능소출입식(能所出入識)이 빠지게 되면, 일체(一切) 모든, 지난 삶의 기억정보(記憶情報)을 인식(認識)할 수가 없다. 그리고 또한, 지금(只今)의 일체행위(一切行爲)가 기억정보(記憶

情報)로 저장(貯藏)이 되지 않는다. 왜냐하면, 기억정보, 출입운행식(記憶情報, 出入運行識)인 능소출입식(能所出入識)이 없기 때문이다. 그러나, 사실(事實) 우리[我等]들의 삶은, 지난 것을 기억(記憶)하고, 또한, 지금(只今)의 일체행(一切行)을 기억(記憶)으로 저장(貯藏)이 되므로, 일상적(日常的)인 삶의 연속행(連續行)이 가능(可能)한 것이다. 만약(萬若), 자기(自己)의 앎(知)과 행위(行爲)가, 기억정보(記憶情報)로 저장(貯藏)이 되지 않으면, 단지(但只), 기억(記憶) 없는 촉각(觸覺)만 있을 뿐, 자기(自己)가 자기(自己)를 모르는, 지능(知能) 없는, 망각체(忘却體)의 삶을 살게 된다. 그러므로, 제7식(第七識) 자아의식(自我意識)의 일체분별행(一切分別行)은, 지난 일체기억정보(一切記憶情報)에 의존(依存)한 분별행(分別行)이다.

그러므로, 단순(單純), 유식론(唯識論)이라는 것보다, 그것이 사실(事實)을 정의(正義)하고 증명(證明)하는, 실증정지정론(實證正智正論)이냐가 무엇보다 중요(重要)하다. 왜냐하면, 유식성품세계(唯識性品世界)는 실증지혜정안(實證智慧正眼)이 없으면 알 수 없는, 무형, 차별차원, 제식작용(無形, 差別次元, 諸識作用)의 자연섭리세계(自然攝理世界)이기 때문이다. 그러므로, 이에 대한 실증지혜(實證智慧)가 없이는 알 수가 없는 제식전개, 차별성품, 섭리세계(諸識展開, 差別性品, 攝理世界)이므로, 이에 대한 실증지혜(實證智慧) 없이 유추(類推)하거나, 사량분별(思量分別)로써는 알 수가 없는 제식성품세계(諸識性品世界)이다. 그리고 또한, 유식지혜, 상승세계(唯識智慧, 上昇世界)인 제식전변, 무위지혜, 차별차원, 성품세계(諸識轉變, 無爲智慧, 差別次元, 性品世界)는,

이에 대한 실증지혜(實證智慧)가 없으면, 더더욱 유추(類推)와 추정(推定)이 불가능(不可能)하여, 알 수가 없는 무위지혜,차별차원,지혜상승,실증세계(無爲智慧,差別次元,智慧上昇,實證世界)이다. 만약(萬若), 실증지혜(實證智慧)가 없이 유식성품세계(唯識性品世界)를 논(論)하다 보면, 실증지혜(實證智慧)가 없는 지혜부족(智慧不足)의 한계성(限界性) 때문에, 총체적(總體的) 일체유식,성품세계(一切唯識,性品世界)에 대해 언급(言及)할 수가 없다. 그러므로, 이에 대한 실증지혜(實證智慧)가 없으면, 유식성품세계(唯識性品世界)를 논(論)하여도, 총체적(總體的) 유식성품세계(唯識性品世界)를 정의정립정론(正義正立正論)할 수가 없으며, 또한, 유식성품세계(唯識性品世界)를 논(論)하여도, 실증지혜(實證智慧)가 없는 지혜부족(智慧不足)의 지견(知見)과 논리적(論理的) 사고(思考)의 유추(類推)와 추정(推定)에 의지(依支)할 수밖에 없어, 사실(事實)이 왜곡(歪曲)되거나 지견오류(知見誤謬)를 범(犯)하는, 모순(矛盾)이 발생(發生)할 수밖에 없다.

제식전개,자연섭리,체계(諸識展開,自然攝理,體系)인 제식전개,기본구성,전개상속,섭리체계(諸識展開,基本構成,展開相續,攝理體系)에 만약(萬若), 한 전개성품(展開性品)이라도 빠지게 되면, 제식전개상속(諸識展開相續)의 다음 연계과정(連繫過程)인, 제식,자연전개,상속작용(諸識,自然展開,相續作用)이 끊어진다. 그리고, 제식성품(諸識性品)인 제식,전개섭리체계(諸識,展開攝理體系)뿐만 아니라, 성불(成佛)에 이르는 총체적(總體的) 제식전변,지혜상승,무위지혜,차별차원,실증과정(諸識轉變,智慧上昇,無爲智慧,差別次元,實證過程)인 성불지혜과정(成佛

智慧過程) 또한, 한 성품(性品)이 빠지면, 지혜상승, 실증과정, 섭리체계(智慧上昇,實證過程,攝理體系)가 완전(完全)할 수가 없다. 그러므로, 제식전개체계(諸識展開體系)에서 지혜미완(智慧未完)으로 한 성품(性品)이 상실(喪失)되거나 빠트리는 것을, 예사(例事)로이 생각[認識]해서는 안 된다. 왜냐하면, 제식전개,섭리체계(諸識展開,攝理體系)와 제식,전변지혜,상승과정,섭리체계(諸識,轉變智慧,上昇過程,攝理體系)가 완전(完全)하지 못하여, 왜곡(歪曲)이 되기 때문이다.

그러므로 만약(萬若), 총체적(總體的) 유식성품세계(唯識性品世界)인 제식,전개섭리체계(諸識,展開攝理體系)와 제식,전변지혜,섭리체계(諸識,轉變智慧,攝理體系) 등(等)은, 실증지혜정안(實證智慧正眼)에 의한 정의정립정론(正義正立正論)이 아닌, 추정(推定)이나, 유추(類推)하여 설정(設定) 건립(建立)하는 것은, 유식성품세계(唯識性品世界)를 왜곡(歪曲)하고, 지견오류(知見誤謬)를 범(範)하게 됨으로, 예사(例事)로 인식(認識)해서는 안 된다. 왜냐하면, 유식성품세계(唯識性品世界)는 명확(明確)한 실증지혜(實證智慧)가 없으면 알 수 없는 성품세계(性品世界)이기 때문이다. 또한, 제식전변,무위지혜,차별차원,지혜상승,실증세계(諸識轉變,無爲智慧,差別次元,智慧上昇,實證世界)는, 일체초월(一切超越) 불지(佛智)가 아니면 언급(言及)할 수도 없고, 또한, 일체초월(一切超越) 불지(佛智)가 아니면, 총체적(總體的) 유위무위,유식성품세계(有爲無爲,唯識性品世界)에 대한 정의정립정론(正義正立正論)과 지혜점검(智慧點檢) 또한, 불가능(不可能)하다.

그리고, 전변지혜,무위성품,차별차원,실증과정,지혜세계(轉變智慧,無爲性品,差別次元,實證過程,智慧世界)는 무위,보살지혜,차별차원,성품세계(無爲,菩薩智慧,差別次元,性品世界)이므로, 이는, 제식전변,무위실증,보살지혜(諸識轉變,無爲實證,菩薩智慧)로도 정의정립정론(正義正立正論)과 지혜점검(智慧點檢) 또한, 할 수가 없다. 왜냐하면, 무위증득,보살지혜(無爲證得,菩薩智慧)이어도, 일체유식,유위무위,전변지혜,성품세계(一切唯識,有爲無爲,轉變智慧,性品世界)를 아직, 완전(完全)히 타파(打破)해 벗어나지 못했기 때문이다. 그러므로 오직, 일체초월(一切超越) 불지(佛智)이어야만 총체적(總體的) 제식전개,성품세계(諸識展開,性品世界)와 제식전변,무위지혜,차별차원,실증과정,지혜세계(諸識轉變,無爲智慧,差別次元,實證過程,智慧世界)를 명확(明確)히, 실증지혜정안(實證智慧正眼)으로 정의정립정론(正義正立正論)과 지혜점검(智慧點檢)을 할 수가 있다. 그러므로, 명확(明確)한 실증지혜(實證智慧)가 없이, 제식성품식종(諸識性品識種)이나, 제식,전개섭리,체계(諸識,展開攝理,體系)나, 제식,전변지혜,차별차원,지혜세계(諸識,轉變智慧,差別次元,智慧世界)인 제식전변,무위지혜,차별차원,실증상승,성불과정,지혜체계(諸識轉變,無爲智慧,差別次元,實證上昇,成佛過程,智慧體係)에 대해, 유추(類推)하거나 추정(推定)한다고 알 수 있는, 유식성품세계(唯識性品世界)가 아니다. 유식론(唯識論)은, 사실정의,정안증명,정지정립,실증정론(事實正義,正眼證明,正智正立,實證正論)이므로, 실증지혜(實證智慧) 없는 지혜미완(智慧未完)의 유추(類推)나 추론(推論), 또는, 자의적지견(自意的知見)에 의한 설정건립(設定建立)과 언급(言及)으로, 실제(實際) 사실(事實)과 다른 논지오류(論智誤謬)를 범(犯)하거나, 왜곡(歪曲)되어서는 안 된다.

그리고, 대승유식론(大乘唯識論)의 대승유식체계(大乘唯識體系) 중에, 제식(諸識)의 전변지혜,섭리체계(轉變智慧,攝理體系)에서, 함장식(含藏識)을 타파(打破)한 전변지혜(轉變智慧)가 대원경지(大圓鏡智)라고 규정(規定)하고 정의(定義)한, 이 모순(矛盾)과 오류(誤謬)의 최초(最初) 단초(端初)가 되는 최초(最初)의 근거(根據)를, 많은 세월(歲月)이 흐른 지금(只今)에서야, 그 처음 시초(始初)의 오류(誤謬)나 왜곡(歪曲)의 원인(原因)인, 단서(端緒)를 찾기가 쉽지 않다. 또한, 그에 대한 명확(明確)한 근거(根據)의 자료(資料)를 보지 못해, 이를 근거(根據)하고 증빙(證憑)할, 그 어떤 무엇도 없다. 그러나, 대승유식체계(大乘唯識體系) 속에서, 제8식(第八識) 함장식(含藏識)의 전변지혜(轉變智慧)가 대원경지(大圓鏡智)라고 한 것에 대해, 그렇게 규정(規定)하고 정의(定義)한 그 과정(過程)과 그 까닭[緣由]을 추론(推論)해 보면, 그 속에는, 함장식(含藏識)의 전변지혜(轉變智慧)가 대원경지(大圓鏡智)라고 한, 몇 가지의 가능성(可能性)을 유추(類推)하고, 추론(推論)해 볼 수가 있다.

아뢰야식(阿賴耶識)인 함장식(含藏識)의 성품(性品)에 대한 것은, 사전적(辭典的) 뜻의 설명(說明)만 있을 뿐, 그 성품(性品)의 실증지혜(實證智慧)로 증입(證入)한, 실증지혜경계(實證智慧境界)에 대한 것은, 어디에도 찾아볼 수가 없다. 그리고, 대반열반경(大般涅槃經)에서는, 오직, 불(佛)만이 능히 이 무명성품(無明性品)을 명료(明瞭)히 알 뿐, 보살(菩薩)은 알 수 없다고 설(說)해져 있다. 대원경지(大圓鏡智)의 언어(言語)가 있는 경(經)은, 불설불지경(佛說佛地經)과 대승본생심지관경(大乘本生心地觀經)과 불설대방광선교방편경(佛說大方廣善巧方便經)과 대승유가금강성해만수실리천비천발대교왕경(大乘瑜伽金剛性海曼殊室利千臂千鉢大教王經)과 대불정여래밀인수증요의제보살만행수릉엄경(大佛頂如來密因修證了義諸菩薩萬行首楞嚴經) 등(等)에 있다.

그리고, 다른 경(經)에는, 대원경지(大圓鏡智)라는 언어(言語)는 사용(使用)하지 않았어도, 대원경지(大圓鏡智)의 성품(性品)을 드러내는 경(經)은 원각경(圓覺經), 금강삼매경(金剛三昧經) 등(等)이 있다. 대원경지(大圓鏡智)가, 여러 논(論)과 설(說)에 불지(佛智)라는 성품차원(性品次元)만 있을 뿐, 대원경지(大圓鏡智)에 증입(證入)한 실증성품경계(實證性品境界)인 그 지혜성품경계(智慧性品境界)를, 불설불지경(佛說佛地經)과 원각경(圓覺經) 선나(禪那)의 지혜성품(智慧性品)과 금강삼매경(金剛三昧經) 등(等)에 약간(若干) 언급(言及)함이 있으나, 대원경지(大圓鏡智)에 증입(證入)한 실증성품,지혜경계(實證性品,智慧境界)가 어떤 것인가를 명확(明確)히, 알기가 어렵다. 그리하여, 금강삼매경요해(金剛三昧經了解)를 2018년(年)에 출간(出刊)하면서, 금강삼매경(金剛三昧經), 불설(佛說)의 구절(句節)에 따라, 제8식(第八識) 능소출입식(能所出入識)이 타파(打破)된 대원경지(大圓鏡智)인, 일불승(一佛乘)의 실증지혜세계(實證智慧世界)와 함장식(含藏識)이 타파(打破)된 심부동,대열반성지(心不動,大涅槃性智)인, 불승(佛乘)의 실증지혜세계(實證智慧世界)와 일체,무위지혜,성품세계(一切,無爲智慧,性品世界)를 타파(打破)해 벗어나, 불지(佛智)에 증입(證入)한, 실증,지혜성품,세계(實證,智慧性品,世界)에 대해 두루, 언급(言及)하여 밝힌 부분(部分)이 있다.

　　대승유식론(大乘唯識論)에서, 제7식(第七識) 말나식(末那識), 그 다음 식(識)인 제8식(第八識)을 함장식(含藏識)으로 규정(規定)하며, 제8식(第八識)인 함장식(含藏識)을 타파(打破)하여, 함장식(含藏識)이 끊어져 멸(滅)한 전변지혜(轉變智慧)가 대원경지(大圓鏡智)임을 정의(定義)하게 된 까닭[緣由], 그 가능성(可能性)을 유추(類推)해 보면, 첫[一]째는, 대원경지(大圓鏡智)가 곧, 불지(佛智)라는 그 관념(觀念)과 인식(認識)에서이다. 이 일례(一例)는, 해심밀경소(解深密經疏)를 저술(著述)하신 원측(圓測:613~696)스님께서도, 해심밀경소(解深密經疏)에서 함장식(含藏識)의 전변지혜(轉變智慧)인 대원경지(大圓鏡智)가 곧, 불지(佛智)임을 논설(論說)하였다. 그러므로, 함장식(含藏識)의 전변지혜(轉變智慧)가 곧, 대원경지(大圓鏡智)임을 규정(規定)하게 된. 그 가능성(可能性)을 유추(類推)해 볼 수가 있다. 대승유식론체계(大乘唯識論體系)에서는, 제8식(第八識)을 중생(衆生)의 최종식(最終識)으로 정의(定義)하였으므로, 제8식(第八識)의 전변지혜(轉變智慧)는 당연(當然)히 불지(佛智)라고 인식(認識)하였을 것이다. 그러므로, 대원경지(大圓鏡智)가 불지(佛智)이므로, 제8식(第八識) 함장식(含藏識)의 전변지혜(轉變智慧)가 대원경지(大圓鏡智)라고 규정(規定)하게 된, 그 가능성(可能性)을, 유추(類推)하고 추정(推定)해 볼 수가 있다.

또 다른 원인(原因)인 둘[二]째는, 최종식(最終識)이 아뢰야식(阿賴耶識)인 함장식(含藏識)이므로, 최종식(最終識)인 함장식(含藏識)을 전변(轉變)하면 당연(當然)히, 불지(佛智)인 대원경지(大圓鏡智)라고 인식(認識)하였을 것이다. 함장식(含藏識)은, 중생(衆生)의 근원(根源)이며, 3세윤회(三世輪廻)의 원인(原因)인 무명성품(無明性品)이므로, 함장식(含藏識)을 타파(打破)한 전변지혜(轉變智慧)가, 당연(當然)히 불지(佛智)인 대원경지(大圓鏡智)라고 인식(認識)하였으므로, 함장식(含藏識)의 전변지혜(轉變智慧)가 불지(佛智)인 대원경지(大圓鏡智)라고 규정(規定)하게 된, 그 가능성(可能性)을 또한, 유추(類推)해 볼 수가 있다. 그러므로, 제8식(第八識) 함장식(含藏識)이 유식성품(唯識性品) 중 최종식(最終識)이며, 또한, 함장식(含藏識)이 곧, 무명성품(無明性品)이므로, 제8식(第八識) 함장식(含藏識)의 전변지혜(轉變智慧)는 당연(當然)히, 불지(佛智)라고 인식(認識)해, 제8식(第八識) 함장식(含藏識)의 전변지혜(轉變智慧)가 곧, 대원경지(大圓鏡智)라고 규정(規定)하게 된, 그 가능성(可能性)을 또한, 추론(推論)해 볼 수가 있다. 그러므로, 첫[一]째는, 대원경지(大圓鏡智)가 곧, 불지(佛智)라는 그 관념(觀念)과 인식(認識)이며, 둘[二]째는, 함장식(含藏識)이 최종식(最終識)이므로, 최종식(最終識) 함장식(含藏識)을 전변(轉變)하면, 당연(當然)히 불지(佛智)라고 생각[認識]했으므로, 함장식(含藏識)의 전변지혜(轉變智慧)는 곧, 대원경지(大圓鏡智)라고 생각[認識]했을 수가 있다.

만약(萬若), 추론(推論)한, 이 가능성(可能性)의 논리(論理)에 의(依)함이었어도, 이는, 논리(論理)일 뿐, 함장식(含藏識)의 전변지혜(轉變

智慧)는 실제(實際), 대원경지(大圓鏡智)가 아니다. 왜냐하면, 함장식(含藏識)의 전변지혜(轉變智慧)는, 심부동,대열반성지(心不動,大涅槃性智)이기 때문이다. 대승유식론사(大乘唯識論師)들이 함장식(含藏識)의 전변지혜(轉變智慧)가, 대원경지(大圓鏡智)라고 그렇게, 예측(豫測)하고 유추(類推)한 것은, 대승유식론사(大乘唯識論師)들의 유식론지(唯識論智)가 이에 대해 명확(明確)히, 실증지혜정안(實證智慧正眼)으로 정의정립정론(正義正立正論)할, 일체초월(一切超越) 불지(佛智)도 아니었고, 또한, 함장식(含藏識)과 대원경지(大圓鏡智)에 대한 실증지혜(實證智慧)도 없었으며, 또한, 함장식(含藏識)과 대원경지(大圓鏡智)에 대해 명확(明確)히 지혜점검(智慧點檢)할, 실증지혜,정지정안(實證智慧,正智正眼)인 불지혜(佛智慧)도 없었기 때문이다. 또한, 대승유식론사(大乘唯識論師)들이 이렇게 생각[認識]한 것에는, 함장식(含藏識)의 전변지혜(轉變智慧)인 대원경지(大圓鏡智)의 성품(性品)과 일체초월(一切超越) 불성(佛性)의 성품(性品)이, 성품차원(性品次元)이 다름을 확연(確然)히 알 수 있는, 일체유식(一切唯識) 실지실견정안(實智實見正眼)의 일체초월(一切超越) 불지(佛智)가 아니었기 때문이다.

함장식(含藏識)의 전변지혜(轉變智慧)가 대원경지(大圓鏡智)라고 규정(規定)하거나 정의(定義)한 것은, 전변지혜,성품체계(轉變智慧,性品體系)의 지견오류(知見誤謬)에 의한 왜곡견(歪曲見)이며, 왜곡론(歪曲論)이다. 대승유식론사(大乘唯識論師)들은, 일체초월(一切超越) 불지(佛智)가 아니었으므로, 능소출입식(能所出入識)의 전변지혜(轉變智慧)가 대원경지(大圓鏡智)이며, 그리고 또한, 함장식(含藏識)의 전변지혜

(轉變智慧)는 심부동, 대열반성지(心不動, 大涅槃性智)이며, 그리고, 능소출입식(能所出入識)의 전변지혜(轉變智慧)인 대원경지(大圓鏡智)와 함장식(含藏識)의 전변지혜(轉變智慧)인 심부동, 대열반성지(心不動, 大涅槃性智)가 무위지혜성품세계(無爲智慧性品世界)이므로, 일체초월, 절대성(一切超越, 絶對性) 본성(本性)이 아니므로, 또한, 일체초월성(一切超越性)인 불성(佛性)이 아님을, 대승유식론사(大乘唯識論師)들은 알 수가 없다. 그러므로, 대승유식론사(大乘唯識論師)들은 일체초월(一切超越) 불지(佛智)가 아니므로, 능소출입식(能所出入識)의 전변지혜(轉變智慧)인 대원경지(大圓鏡智)의 원융각명성품(圓融覺明性品)과 그리고, 함장식(含藏識)의 전변지혜(轉變智慧)인 심부동, 대열반성지(心不動, 大涅槃性智)의 부동열반성품(不動涅槃性品)과 그리고, 본성(本性)인 불성(佛性)의 일체초월성(一切超越性) 무생무연여래성(無生無然如來性)인, 이 3종성품(三種性品)이, 어떻게 다른가를, 대승유식론사(大乘唯識論師)들은 알 수도 없고, 또한, 이 3종차별특성(三種差別特性)에 대한 실증지혜(實證智慧)가 없어, 이에 대해 정의정립정론(正義正立正論)할 수가 없다. 왜냐하면, 대승유식론사(大乘唯識論師)들은, 능소출입식(能所出入識)의 전변지혜(轉變智慧)인 대원경지(大圓鏡智)와 함장식(含藏識)의 전변지혜(轉變智慧)인 심부동, 대열반성지(心不動, 大涅槃性智)와 여래성(如來性)인 불성(佛性)의 이 3종차별특성(三種差別特性)을, 정의정립정론(正義正立正論)할 실증지혜정안(實證智慧正眼)이 없기 때문이며, 또한, 이를 실증지혜(實證智慧)로 명확(明確)히 지혜점검(智慧點檢)할, 일체초월(一切超越) 불지(佛智)가 아니기 때문이다.

그러므로, 대승유식론사(大乘唯識論師)들은, 이 3종차별특성(三種差別特性)을 정의정립정론(正義正立正論)할 실증지혜정안(實證智慧正眼)이 없어, 이에 대해 알 수가 없으므로, 제식전변지혜체계(諸識轉變智慧體系)의 논지(論智) 또한, 함장식(含藏識)의 전변지혜(轉變智慧)를 대원경지(大圓鏡智)라고 정의(定義)한 것뿐만 아니라, 일체초월(一切超越) 불성(佛性)을, 지혜미완(智慧未完)의 상심상견(相心相見)이나, 지견(知見)으로 유추(類推)하여 분석(分析)한, 지혜미완(智慧未完)의 유식지견(唯識知見)으로 유추설정성립(類推設定成立)한 유식체계(唯識體系)이다. 그러므로, 능소출입식(能所出入識)을 빠뜨린 대승유식론(大乘唯識論)의 제식전개체계(諸識展開體系)나, 그리고 또한, 함장식(含藏識)의 전변지혜(轉變智慧)를 대원경지(大圓鏡智)라고 규정(規定)한 대승유식론(大乘唯識論)의 제식전변, 지혜성품, 체계(諸識轉變, 智慧性品, 體系) 등(等)이 실제(實際)와 달라, 이는, 이에 대한 실증지혜(實證智慧)가 없는 지혜미완(智慧未完)에 의한 지견오류(知見誤謬)의 논리(論理)이며, 사실(事實)과 다른 왜곡(歪曲)된, 왜곡론지(歪曲論智)이다.

그러므로, 대승유식론사(大乘唯識論師)들은, 함장식(含藏識)과 전변지혜(轉變智慧)인 대원경지(大圓鏡智)와 일체초월(一切超越) 불성(佛性)에 대한 실증지혜(實證智慧)가 없었다. 함장식(含藏識)의 전변지혜(轉變智慧)는 사실(事實), 대원경지(大圓鏡智)가 아닌, 심부동, 대열반성지(心不動, 大涅槃性智)이다. 그리고, 능소출입식(能所出入識)의 전변지혜(轉變智慧)가 대원경지(大圓鏡智)이다. 그러므로, 함장식(含藏識)의 전변지혜(轉變智慧)가 대원경지(大圓鏡智)라고 정의(定義)하였으나, 그 유추(類推)가 잘못된 사실왜곡(事實歪曲)임을, 대승유식론사(大乘唯識論師)들은 이에 대해 실증지혜(實證智慧)가 없어, 이 논지(論智)가 사실왜곡(事實歪曲)임을 인지(認知)하지 못하고, 지혜미완(智慧未完)의 지견오류(知見誤謬)를 범(犯)하게 된 것이다. 그리고, 함장식(含藏識)과 대원경지(大圓鏡智)가 어떤 차원성품(次元性品)이며, 또한, 어떤 관계(關係)이며, 또한, 어떤 차별특성(差別特性)이 있는지, 일체초월(一切超越) 불지(佛智)가 아니면, 이를 아예 점검(點檢)할 수가 없다.

이러한 지견오류(知見誤謬)의 사례(事例)는, 원측(圓測)스님께서도 해심밀경소(解深密經疏)에서, 제8식(第八識)의 전변지혜(轉變智慧)가 대원경지(大圓鏡智)이며, 이 전변지혜(轉變智慧)인 대원경지(大圓鏡智)의 성품(性品)이 곧, 여래(如來)의 무구식(無垢識)이라고 하였다. 이는, 일체,제식전변,지혜성품(一切,諸識轉變,智慧性品)은, 일체초월(一切超越) 불지(佛智)가 아닌, 증득지(證得智)이므로, 이는, 일체초월(一切超越) 불성(佛性)이 아닌, 무위지혜성품(無爲智慧性品)임을 알지 못했기 때문이다. 그러므로, 이에 대한 실증지혜(實證智慧)가 없어, 알지 못했음과 일체초월(一切超越) 불지(佛智)의 대원경지(大圓鏡智)는 전변지혜(轉變智慧)가 아니며, 또한, 증득지(證得智)도 아닌, 본래(本來) 본성지(本性智)임을, 이에 대한 실증지혜(實證智慧)가 없어, 알지 못했기 때문이다. 전변지혜(轉變智慧)인 대원경지(大圓鏡智)는, 보살증득지(菩薩證得智)인 무위지혜성품(無爲智慧性品)의 대원경지(大圓鏡智)임에도, 이에 대한 대승유식론사(大乘唯識論師)들이 아직, 일체초월(一切超越) 불지(佛智) 증입(證入)의 실증지혜(實證智慧)가 없었으므로, 이러한 사실(事實)을 몰랐기 때문이다.

일체초월(一切超越) 불지(佛智)에 증입(證入)하지 않으면, 전변지혜(轉變智慧)인 증득지(證得智)를 곧, 불성(佛性)으로 인식(認識)하게 된다. 그리고, 무위지혜(無爲智慧)와 일체초월(一切超越) 불지(佛智)가 어떤 차별성(差別性)이 있는지, 그 까닭[緣由]을 알 수가 없으며, 또한, 무위성품(無爲性品)과 일체초월성(一切超越性) 불성(佛性)이 어떤 차별성(差別性)이 있는지를 알 수가 없다. 무위성품(無爲性品)과 무위지혜(無爲智慧)는, 지혜증득(智慧證得)인 전변지혜, 성품세계(轉變智慧, 性品世界)이다. 이는, 무위, 보살지혜, 성품세계(無爲, 菩薩智慧, 性品世界)이다. 일체초월(一切超越) 불성(佛性)과 불지(佛智)는 무위성품세계(無爲性品世界)를 초월(超越)한, 일체초월, 절대성(一切超越, 絕對性) 여래결정성(如來結定性)이다.

그러므로, 총체적(總體的) 유식성품세계(唯識性品世界)를 정의정립정론(正義正立正論)하려면, 일체, 유위무위, 제식성품, 세계(一切, 有爲無爲, 諸識性品, 世界)를 타파(打破)해 벗어난, 일체초월(一切超越) 불지(佛智)이어야 한다. 제8식(第八識)을 타파(打破)해, 대원경지(大圓鏡智)에 들었어도, 이 무위성품(無爲性品)의 대원경지(大圓鏡智)를 또한 타파(打破)해, 일체, 무위지혜, 성품세계(一切, 無爲智慧, 性品世界)를 벗어나, 일체초월(一切超越) 불지(佛智)에 증입(證入)하게 된다. 이 과정(過程)의 실증지혜(實證智慧)가 없으면, 대원경지(大圓鏡智)가 불지(佛智)라고 하니, 제8식(第八識)의 전변지혜(轉變智慧)인 대원경지(大圓鏡智)를 곧, 일체초월(一切超越) 불지(佛智)로 인식(認識)하게 된다. 일체초월(一切超越) 불지(佛智)의 대원경지(大圓鏡智)는, 일체초월성(一切超越性) 불성불지(佛性佛智)의 대원경지(大圓鏡智)이며, 전변지혜(轉變智慧)의 대원경지(大圓鏡智)는 보살증득지(菩薩證得智)인, 무위성품(無爲性品)의 대원경지(大圓鏡智)이다. 그리고, 대승유식체계(大乘唯識體系)에서 제8식(第八識)의 전변지혜(轉變智慧)가 대원경지(大圓鏡智)라고 하나, 이는, 제7식(第七識) 다음 식(識)이므로 제8식(第八識)이라 이름[名]함이니, 제7식(第七識) 다음 순위식(順位識)인 제8식(第八識)은, 함장식(含藏識)이 아니다. 제7식(第七識) 다음, 제8식(第八識)은 능소출입식(能所出入識)이며, 그 다음 식(識)이, 함장식(含藏識)이다. 뿐만 아니라, 함장식(含藏識)의 전변지혜(轉變智慧)는 대원경지(大圓鏡智)가 아닌, 심부동,대열반성지(心不動,大涅槃性智)이며, 능소출입식(能所出入識)의 전변지혜(轉變智慧)가 바로, 대원경지(大圓鏡智)이다.

실제(實際), 함장식(含藏識)의 전변지혜(轉變智慧)는 대원경지(大圓鏡智)가 아닌, 심부동,대열반성지(心不動,大涅槃性智)이므로, 만약(萬若), 대승유식론(大乘唯識論)의 제8식(第八識)의 전변지혜(轉變智慧)가 대원경지(大圓鏡智)이면, 대원경지(大圓鏡智)에 든[入] 전변식(轉變識)인 제8식(第八識)은, 함장식(含藏識)이 아닌 바로, 능소출입식(能所出入識)이다. 함장식(含藏識)은, 능소출입식(能所出入識) 다음 식(識)인 제9식(第九識)이다. 왜냐하면, 제7식(第七識) 다음 식(識)이 능소출입식(能所出入識)이며, 능소출입식(能所出入識) 다음 식(識)이 함장식

(含藏識)이기 때문이다. 그리고, 능소출입식(能所出入識)이 타파(打破)
되어 끊어져 멸(滅)해, 능소(能所)가 없으므로, 능소(能所) 없는 원융
지(圓融智)인, 쌍차쌍조, 원융각명, 성품행(雙遮雙照, 圓融覺明, 性品行)이
열림이 곧, 대원경지(大圓鏡智)이다.

그러므로, 제7식(第七識) 다음 식(識)은, 함장식(含藏識)이 아니라
능소출입식(能所出入識)이므로, 제7식(第七識) 다음 식(識)을 함장식
(含藏識)이라 함은, 제식전개, 연계상속, 전개순위, 체계상(諸識展開, 連
繫相續, 展開順位, 體系上) 옳지 않다. 능소출입식(能所出入識) 다음 식
(識)이 함장식(含藏識)이므로, 제7식(第七識) 다음 식(識)인 제8식(第
八識)은 능소출입식(能所出入識)이며, 능소출입식(能所出入識) 다음 식
(識)이 함장식(含藏識)이다. 그러므로, 제식전개, 순위체계상(諸識展
開, 順位體系上), 함장식(含藏識)은 제9식(第九識)이다. 12인연법(十二因
緣法)에서, ①무명(無明)→②행(行)→③식(識) 중, ①무명(無明)은, 제
9식(第九識) 함장식(含藏識)이며, ②행(行)은, 제8식(第八識) 능소출입
식(能所出入識)이며, ③식(識)은, 제7식(第七識) 자아의식(自我意識)이
다. 그러므로, 대승유식론(大乘唯識論)에서, 제8식(第八識)의 전변지
혜(轉變智慧)가 대원경지(大圓鏡智)라 함은 맞으나, 함장식(含藏識)의
전변지혜(轉變智慧)가 대원경지(大圓鏡智)라 함은, 제식, 전변지혜, 섭
리체계(諸識, 轉變智慧, 攝理體系)를 왜곡(歪曲)함이다.

불설불지경(佛說佛地經)에는, 대원경지(大圓鏡智)에 대해 이렇게 설
(說)하였다. "원경(圓鏡)이 지극히 잘 닦이어 맑고[鑒] 깨끗하고[淨]

티끌[垢]이 없어서 광명(光明)이 두루 비추는 것처럼, 여래(如來)의 대원경지(大圓鏡智)도 이와 같아서, 불지(佛智) 속[上]에 일체(一切) 번뇌장(煩惱障:能緣識障礙)과 소지장(所知障:所緣識障礙)의 티끌을 영원히 벗어나 여의었느니라."

"如圓鏡極善摩瑩 鑑淨無垢光明遍照 如是如來大圓鏡智 於佛智上 一切煩惱所知障垢永出離"

그리고, 친광(親光) 논사(論師)가 저술(著述)하고, 현장(玄奘)스님이 한역(漢譯)한, 불설불지경론(佛說佛地經論)에는 "대원경지(大圓鏡智)란, 이른바 모든 아(我)와 아소(我所)에 대한 집착(執捉)과 모든 소취(所取)와 능취(能取)에 대한 분별(分別)을 벗어난 것이다."

"大圓鏡智者 謂離一切我我所執 一切所取能取分別"

제8식(第八識) 능소출입식(能所出入識)이 타파(打破)되어 끊어져 멸(滅)한 전변지혜(轉變智慧)가 대원경지(大圓鏡智)이며, 함장식(含藏識)은 능소출입식(能所出入識)의 다음 부동함장무기식(不動含藏無記識)이므로, 함장식(含藏識)은, 제식,전개상속,순위체계상(諸識,展開相續,順位體系上) 제9식(第九識)에 해당(該當)한다. 그리고, 제9식(第九識)인 함장식(含藏識)은 부동성품무기식(不動性品無記識)이므로, 함장식(含藏識)이 타파(打破)되어 끊어져 멸(滅)한 전변지혜(轉變智慧)는, 무위원융동각지(無爲圓融動覺智)인 대원경지(大圓鏡智)가 아닌, 무위부동,대열반지(無爲不動,大涅槃智)인 심부동,대열반성지(心不動,大涅槃性智)이다. 전변지혜섭리(轉變智慧攝理)에 있어서, 만약(萬若), 동식(動

識)이 타파(打破)되어 끊어지면[滅], 무위동각,지혜성품(無爲動覺,智慧性品)에 증입(證入)하며, 만약(萬若), 부동식(不動識)이 타파(打破)되어 끊어지면[滅], 무위부동각,지혜성품(無爲不動覺,智慧性品)에 증입(證入)하게 된다.

그러므로, 함장식(含藏識)은, 동(動)함이 없는 부동열반,무기성품(不動涅槃,無記性品)이므로 만약(萬若), 함장식(含藏識)이 타파(打破)된 전변지혜(轉變智慧)는, 무위동각,지혜성품(無爲動覺,智慧性品)인 대원경지(大圓鏡智)에 증입(證入)할 수가 없다. 그러므로, 대원경지(大圓鏡智)에 든[入] 전변식(轉變識)은, 부동식(不動識)인 함장식(含藏識)이 아니라, 동식(動識)인 능소출입식(能所出入識)이 타파(打破)되어, 능소(能所)가 끊어져 멸(滅)해, 능소(能所) 없는 원융각명,지혜성품(圓融覺明,智慧性品)인 대원경지(大圓鏡智)에 증입(證入)한 것이다. 그러므로, 부동식(不動識)인 함장식(含藏識)이 끊어져 전변(轉變)하면, 그 전변지혜(轉變智慧)는 대원경지(大圓鏡智)가 아닌, 대원경지(大圓鏡智)보다 지혜성품(智慧性品)이 더 깊은, 심부동,대열반성지(心不動,大涅槃性智)이다. 대원경지(大圓鏡智)는 능소출입식(能所出入識)이 끊어져 멸(滅)해, 능소(能所) 없는 무위,원융각명,동각지(無爲,圓融覺明,動覺智)인 쌍차쌍조행(雙遮雙照行)의 무위원융,지혜성품,대원경지(無爲圓融,智慧性品,大圓鏡智)이다. 아뢰야식(阿賴耶識)인 함장식(含藏識)은, 12인연법(十二因緣法)의 무명(無明)이며, 그 성품(性品)이 동(動)함이 없는 부동,대열반,무기성품(不動,大涅槃,無記性品)이므로, 이 성품(性品)을 타파(打破)해 끊어진 전변지혜(轉變智慧)는, 동(動)함 없는 무위부동지(無爲不動智)인, 심부동, 대열반성지(心不動, 大涅槃性智)이다.

그리고, 대승유식론(大乘唯識論) 제8식(第八識)의 식명(識名)을 함장식(含藏識)이라고 이름[名]하며, 제8식(第八識)에는 염분(染分)과 정분(淨分)의 두[二] 성품(性品)이 있음을 설정(設定)하여, 염분(染分)을 함장식(含藏識)이라 하고, 정분(淨分)을 본성(本性)으로 규정(規定)하여, 함장식(含藏識)과 본성(本性)을, 염·정(染·淨)의 대(對)의 성품(性品)으로 하나로 묶어, 함장식(含藏識)과 본성(本性)을 제8식(第八識)의 성품(性品)으로 정립(定立)한 이 지견오류(知見誤謬)와 그리고, 대승유식론체계(大乘唯識論體系)의 제8식(第八識)이, 능소출입식(能所出入識)이 아닌, 함장식(含藏識)이라 규정(規定)하며, 제8식(第八識)인 함장식(含藏識)을 전변(轉變)하면 대원경지(大圓鏡智)라는 이 왜곡(歪曲)된 지견오류(知見誤謬)는, 제식성품세계(諸識性品世界)와 제식, 전변지혜, 섭리체계(諸識, 轉變智慧, 攝理體系)에 대한 총체적(總體的) 실증지혜(實證智慧)가 없었기 때문이다. 이렇게 된 까닭[緣由]은, 유식성품세계(唯識性品世界)인 제식성품, 차별식종(諸識性品, 差別識種)과 제식, 전개상속, 체계(諸識, 展開相續, 體系)와 그리고, 유식지혜, 상승세계(唯識智慧, 上昇世界)인 제식, 전변지혜, 차별차원, 무위상승, 성불과정, 증입체계(諸識, 轉變智慧, 差別次元, 無爲上昇, 成佛過程, 證入體係)에 대한 총체적(總體的) 실증지혜정안(實證智慧正眼)이 없었기 때문이다.

그러므로, 대승유식론(大乘唯識論)은, 총체적(總體的) 유식성품세계(唯識性品世界)에 대한 실증지혜정안(實證智慧正眼)으로 정립정의(正立

正義)한 실증지혜,정지정론(實證智慧,正智正論)이 아닌, 유식지견(唯識知見)의 유추(類推)와 추정(推定)에 의해 설정건립(設定建立)된, 유식추정론(唯識推定論)이다. 왜냐하면, 여래정론(如來正論)인, 경·근·식(境·根·識) 18경계체계(十八境界體系)를 변형왜곡(變形歪曲)하여, 대승유식론(大乘唯識論)의 비정상적(非正常的)인 유식체계(唯識體係)인 전5식체계(前五識體系)로, 자의적(自意的) 지견유추(知見類推)의 당위성(當爲性)을 따라 변형왜곡(變形歪曲)한 것을 보면, 총체적(總體的) 제식체계(諸識體系)에 대한 실증지혜(實證智慧)가 없었음이, 분명(分明)하기 때문이다. 그리고, 제식,전개상속,섭리체계(諸識,展開相續,攝理體系)뿐만 아니라, 제식,전변지혜,섭리체계(諸識,轉變智慧,攝理體系)까지, 지혜미완(智慧未完)의 지견오류(知見誤謬)와 왜곡(歪曲)이 있음은, 총체적(總體的) 일체,유위무위,차별차원,유식성품,차별세계(一切,有爲無爲,差別次元,唯識性品,差別世界)에 대한, 총체적(總體的) 실증지혜정안(實證智慧正眼)이 없었기 때문이다.

그러므로, 대승유식론(大乘唯識論)을 성립(成立)한 대승유식론사(大乘唯識論師)들은, 총체적(總體的) 일체유식,성품세계(一切唯識,性品世界)에 대해 정의정립정론(正義正立正論)할, 일체초월(一切超越) 불지(佛智)의 실증지혜(實證智慧)가 없었다. 그러므로, 제식전개,성품세계(諸識展開,性品世界)에 대해, 실증지혜정안(實證智慧正眼)으로 명확(明確)히 정의정립정론(正義正立正論)하지 못했으며, 또한, 유식전개사고(唯識展開思考)에 의해, 최종식(最終識)이 함장식(含藏識)임을 앎은, 함장식(含藏識)은 3세인과,업정보(三世因果,業情報)를 저장(貯藏)

한 식(識)이며, 또한, 함장식(含藏識)이 있음으로, 생사(生死) 속에 생(生)과 생(生)이 단절(斷絶)되어도, 생(生)과 생(生)을 연계연속(連繫連續)하는 삶을 이어주는 윤회근본식(輪廻根本識)이기 때문에, 제식전개,유식체계(諸識展開,唯識體系)에서 함장식(含藏識)이 곧, 최종식(最終識)임을, 유식전개사고(唯識展開思考)로도 능히, 가름[認知]할 수가 있다.

　그러므로, 경·근·식(境·根·識) 18경계체계(十八境界體系)에 의해, 제6식(第六識)까지는 전개(展開)할 수가 있으며, 또한, 제7식(第七識)은 말나식(末那識)인 자아의식(自我意識)이니, 제7식(第七識)까지는 제식체계(諸識體系)를 전개(展開)할 수가 있다. 그러나, 제7식(第七識) 말나식(末那識)인 자아의식(自我意識) 다음 식(識)에 대해, 실증지혜(實證智慧)가 없어, 더 전개(展開)시킬 수가 없었으므로, 대승유식론(大乘唯識論)의 최종식(最終識)을 제8식(第八識)으로 규정(規定)하되, 유식체계,론리사고(唯識體係,論理思考)로 3세윤회,업정보식(三世輪廻,業情報識)이며, 아뢰야식(阿賴耶識)인 함장식(含藏識)을, 제8식(第八識)으로 정립(定立)하였다. 그리고, 제8식(第八識)인 함장식(含藏識)이 대승유식론(大乘唯識論)의 최종식(最終識)이어도, 본성(本性)을 벗어나 있지 않음으로, 대승유식론,제식체계(大乘唯識論,諸識體系)의 완전(完全)한 제식체계(諸識體系)를 도모(圖謀)하고자, 제8식(第八識)의 식명(識名)이 함장식(含藏識)이어도, 대승유식론,제식체계(大乘唯識論,諸識體系)에 제8식(第八識)이 최종식(最終識)이므로, 제8식(第八識) 함장식(含藏識)을 제8식(第八識)의 염분성품(染分性品)으로, 본성(本性)을 제

8식(第八識) 정분성품(淨分性品)으로 설정규정(設定規定)하여, 제8식(第八識)에 본성(本性)까지 정립(定立)하여, 대승유식론,제식체계(大乘唯識論,諸識體系)에 함장식(含藏識)과 더불어 본성(本性)까지 체계화(體系化)를 갖춤으로, 대승유식론,제식체계(大乘唯識論,諸識體系)에 모든 식종(識種)이 다 갖추어진, 완전(完全)한 유식체계(唯識體係)가 되도록 하였다.

그러나, 대승유식론,제식체계(大乘唯識論,諸識體系)를 성립(成立)한 대승유식론사(大乘唯識論師)들이, 총체적(總體的) 유식성품세계(唯識性品世界)에 대한 실증지혜정안(實證智慧正眼)이 없었으며, 또한, 일체초월(一切超越) 불지(佛智)가 아니므로, 유식,론리체계,성립사고(唯識,論理體系,成立思考)에 의해, 제8식(第八識)을 함장식(含藏識)으로 규정(規定)하여, 제식체계론리(諸識體系論理)를 설정정립(設定定立)하였어도, 사실(事實), 제8식(第八識) 속에 어떤 차별식종(差別識種)이 복합중첩연계(複合重疊連繫)해 있는가를 지혜점검(智慧點檢)할 실증지혜(實證智慧)가 없어, 대승유식론사(大乘唯識論師)들은, 제8식(第八識) 속에 어떤 차별식종(差別識種)이 더불어 복합중첩연계(複合重疊連繫)되어 있는지를 모른다.

만약(萬若), 대승유식론(大乘唯識論)의 제8식(第八識) 속에, 연계중첩(連繫重疊)되어 묶여 있는 차별식종(差別識種)에 대해 명확(明確)히 지혜점검(智慧點檢)하려면, 일체초월(一切超越) 불지(佛智)이어야 한다. 왜냐하면, 제8식(第八識)에는 일체초월성(一切超越性) 불성(佛性)

인 본성(本性)이 있음을 설정정립(設定定立)하였음으로, 제7식(第七識) 이상(以上)의 상차원식(上次元識)부터, 일체초월성(一切超越性) 불성(佛性)인 본성(本性)까지의 모든 식종(識種)이, 제8식(第八識) 속에 있는 결론(結論)인, 대승유식론(大乘唯識論)의 제식론리체계(諸識論理體系)이기 때문이다. 그러므로, 제8식(第八識) 속에는, 대승유식론사(大乘唯識論師)들이 빠뜨린, 제7식(第七識) 다음 식(識)인 능소출입식(能所出入識)과 함장식(含藏識)과 본성(本性)과 그리고, 능소출입식(能所出入識)의 전변지혜(轉變智慧)인 대원경지(大圓鏡智)와 그리고, 함장식(含藏識)의 전변지혜(轉變智慧)인 심부동, 대열반성지(心不動, 大涅槃性智)가 함께 있는, 중첩복합식(重疊複合識)인 제8식(第八識) 실제상황(實際狀況)의 결론(結論)이다.

그리고 또한, 대승유식론, 제식체계(大乘唯識論, 諸識體系)를 성립(成立)한 대승유식론사(大乘唯識論師)들은, 유식지혜, 상승세계(唯識智慧, 上昇世界)인 제식, 전변지혜, 상승세계, 차별차원, 지혜전변, 성불과정, 실증체계(諸識, 轉變智慧, 上昇世界, 差別次元, 智慧轉變, 成佛過程, 實證體系)에 대해, 총체적(總體的) 실증지혜(實證智慧)가 없었음으로, 제식전변, 무위지혜, 차별차원, 지혜상승, 성불과정, 지혜체계(諸識轉變, 無爲智慧, 差別次元, 智慧上昇, 成佛過程, 智慧體系)에 대해, 실증지혜정안(實證智慧正眼)으로 정의정립(正義正立)하지 못하였다. 그리고, 함장식(含藏識)의 전변지혜(轉變智慧)는 심부동대열반성지(心不動大涅槃性智)이며, 이것이, 유식지혜, 상승세계(唯識智慧, 上昇世界)이어도, 대승유식론사(大乘唯識論師)들은, 이에 대한 실증지혜(實證智慧)가 없으므로,

능소출입식(能所出入識)의 전변지혜(轉變智慧)인 대원경지(大圓鏡智)로 규정(規定)하고 정의(定義)함으로, 사실(事實)을 왜곡(歪曲)하는 지견오류(知見誤謬)를 범(犯)하였다.

제식체계(諸識體系)에 대한 실증지혜(實證智慧)가 없었으므로, 대승유식론(大乘唯識論)의 제식체계(諸識體系)에는, 대원경지(大圓鏡智)에 드는 전변식(轉變識)인 능소출입식(能所出入識)이, 대승유식체계(大乘唯識體系)에서는 지혜미완(智慧未完)으로 상실(喪失)되어 **빠졌다**. 그리고, 함장식(含藏識)이 제식체계(諸識體係)의 최종식(最終識)이며, 대원경지(大圓鏡智)가 불지(佛智)임을 인식(認識)했었기에, 함장식(含藏識)이 끊어지면[滅], 당연(當然)히 불지(佛智)임을 인식(認識)하여, 함장식(含藏識)의 전변지혜(轉變智慧)가 곧, 대원경지(大圓鏡智)로 인식(認識)하여 정의(定義)하였으니, 이는, 전변지혜,성품세계(轉變智慧, 性品世界)에 대한 실증지혜(實證智慧)가 없었기 때문이다. 그러므로, 대승유식론,제식체계(大乘唯識論, 諸識體系)는, 총체적(總體的) 유식성품세계(唯識性品世界)에 대한 실증지혜(實證智慧)가 없는, 추정(推定)에 의한 설정론리체계(設定論理體系)이므로, 지혜미완(智慧未完)으로 잘못 판단(判斷)한 지견오류(知見誤謬)에 의한 제식전개,성품세계(諸識展開, 性品世界)와 제식,전변지혜,성품체계(諸識, 轉變智慧, 性品體係)를 지혜미완(智慧未完)으로 왜곡(歪曲)한, 지견오류(知見誤謬)의 부분(部分)이 있는, 대승유식론,제식체계(大乘唯識論, 諸識體系)이다.

그리고, 경(經)이나, 논(論)의 특성(特性)에 따라 차별성(差別性)이 있겠으나, 불지(佛智)를 4지(四智)로 드러낼 때도 있고, 법계체성지(法界體性智)를 더하여, 5지(五智)로 드러낼 때도 있다. 그러나, 5지(五智)를 다 드러내어야, 완전(完全)한 일체초월성(一切超越性) 불지(佛智)가 된다. 왜냐하면, 법계체성지(法界體性智)가 곧, 불성지(佛性智)이며, 또한, 법신불(法身佛)인 체성지(體性智)이기 때문이다. 그리고, 법계체성지(法界體性智) 외(外)의 4지(四智)는, 불성(佛性)의 작용(作用)인, 불성공능지혜(佛性功能智慧)이기 때문이다. 여래5지(如來五智)는, ①법계체성지(法界體性智), ②대원경지(大圓鏡智), ③평등성지(平等性智), ④묘관찰지(妙觀察智), ⑤성소작지(成所作智)이다. ①법계체성지(法界體性智)는, 불성체성(佛性體性)으로 본연무생부동열반성(本然無生不動涅槃性)이다. ②대원경지(大圓鏡智)는, 불성원융성(佛性圓融性)으로 사사원융법계성(事事圓融法界性)이다. 이는, 불성원융보리성(佛性圓融菩提性)이다. ③평등성지(平等性智)는, 불성무염진여성(佛性無染眞如性)이다. 이는, 불성진여성(佛性眞如性)이다. ④묘관찰지(妙觀察智)는, 불성지혜(佛性智慧)로, 제법제상,무주공성지(諸法諸相,無住空性智)이다. 이는, 불성반야지(佛性般若智)이다. ⑤성소작지(成所作智)는, 제법제상,무아불성지(諸法諸相,無我佛性智)이다. 이는, 제법제상(諸法諸相)이 법성무아성(法性無我性)임을 밝게 아는, 불성지(佛性智)이다.

그리고, 5지(五智)가, 불지(佛智)만이 아니다. 불지5지(佛智五智)와는 지혜성품차원(智慧性品次元)이 다른, 보살5지(菩薩五智)가 있다. 불지5지(佛智五智)는 여래장,불성공능(如來藏,佛性功能)인 본성5지(本

性五智)이다. 그러나, 보살5지(菩薩五智)는 제식,전변지혜,무위증득, 차별성품지(諸識,轉變智慧,無爲證得,差別性品智)이다. 불지5지(佛智五智)는 여래,불성지혜,성품(如來,佛性智慧,性品)이며, 보살5지(菩薩五智)는 제식전변,무위지혜,성품(諸識轉變,無爲智慧,性品)이다. 여래5지(如來五智)는 무연일각,불성원융,5지(無然一覺,佛性圓融,五智)이므로, ①법계체성지(法界體性智), ②대원경지(大圓鏡智), ③평등성지(平等性智), ④묘관찰지(妙觀察智), ⑤성소작지(成所作智)의 5지(五智)를, 일성불지(一性佛智)로 드러내어도, 5지(五智)의 성품(性品)이 각각(各各) 차별(差別) 없는, 원융일지(圓融一智)이다. 그러므로, ⑤성소작지(成所作智)가 곧, ①법계체성지(法界體性智)이며, ②대원경지(大圓鏡智)이며, ③평등성지(平等性智)이며, ④묘관찰지(妙觀察智)이다. 이는, 다른 지혜성품(智慧性品) 또한, 마찬가지이다. 왜냐하면, 일체초월(一切超越) 본연일불성(本然一佛性) 속에 이루어지는 불성,원융원만, 지혜작용(佛性,圓融圓滿,智慧作用)이기 때문이다.

그러나, 보살5지(菩薩五智)는, 5지(五智)의 일각원융(一覺圓融)이 되지 않는다. 왜냐하면, 보살5지(菩薩五智)는, 제식(諸識)을 점차(漸次) 타파(打破)해 벗어남으로, 각각(各各) 5지(五智)를 하나하나 증득(證得)하는, 제식전변,무위지혜,차별차원,성품세계(諸識轉變,無爲智慧,差別次元,性品世界)이기 때문이다. 그러나, 여래5지(如來五智)는, 제식전변,증득지(諸識轉變,證得智)가 아닌, 불성,무생본연,원융5지(佛性,無生本然,圓融五智)이다. 그러나, 보살5지(菩薩五智)는, 제식전변,차별증득지(諸識轉變,差別證得智)이므로, 각각(各各) 5지(五智)가, 서로 승

(乘)의 성품세계(性品世界)가 다른, 차별차원,증득5지(差別次元,證得五智)이다. 이는, 무위지혜,차별차원,성품세계(無爲智慧,差別次元,性品世界)인 무위증득,보살지(無爲證得,菩薩智)이다.

그러므로, 5지(五智)가 불지(佛智)라고 함은, 제식전변,증득5지(諸識轉變,證得五智)가 아니다. 그러므로, 5지(五智)가 이름[名]이 같아도, 제식전변,증득5지(諸識轉變,證得五智)는 무위증득,보살지(無爲證得,菩薩智)이며, 불성본연,무생5지(佛性本然,無生五智)는 여래5지(如來五智)이다. 그러므로, 대승유식론(大乘唯識論)의 제8식(第八識) 전변지혜(轉變智慧)가 대원경지(大圓鏡智)라 하여도, 이는, 불지(佛智)가 아닌, 무위증득,보살지(無爲證得,菩薩智)이다. 그러므로, 제8식(第八識) 전변지혜(轉變智慧)인 대원경지(大圓鏡智)는, 무위보살,대원경지(無爲菩薩,大圓鏡智)이므로, 이를, 불지(佛智)의 대원경지(大圓鏡智)로 인식(認識)하거나, 그렇게 이해(理解)하거나, 또는, 그렇게 규정(規定)하고 정의(定義)함은, 아직, 일체초월(一切超越) 불지(佛智)가 아니므로, 총체적(總體的) 제식,전변지혜,차별차원,성품세계(諸識,轉變智慧,差別次元,性品世界)에 대한 실증지혜(實證智慧)가 없어, 잘못 추정(推定)한 지견오류(知見誤謬)이다.

그리고, 대원경지(大圓鏡智)에 든[入] 전변식(轉變識)이 능소출입식(能所出入識)이니, 대원경지(大圓鏡智)에 들었어도, 아직, 무명함장식(無明含藏識)이 타파(打破)되지 않았으므로, 역시(亦是) 아직, 일체초월(一切超越) 불지(佛智)가 아니다. 그리고 또한, 무명함장식(無明含藏

識)을 타파(打破)하여도, 보살지(菩薩智)의 무위법계체성지(無爲法界體性智)인 심부동, 대열반성지(心不動, 大涅槃性智)일 뿐, 일체유식성품(一切唯識性品)을 벗어난 일체초월(一切超越) 불지(佛智)가 아니다. 그 까닭[緣由]은, 이는, 전변지혜(轉變智慧)이므로, 증득지(證得智)이기 때문이며, 또한 아직, 무위지혜, 성품세계(無爲智慧, 性品世界)를 벗어나지 못한 무위열반, 지혜성품, 수순행(無爲涅槃, 智慧性品, 隨順行)이 이루어지고 있기 때문이다. 이는 아직, 불승지(佛乘智)의 무위열반성품(無爲涅槃性品)을 수순(隨順)하는 승(乘)의 행(行)이, 이루어지고 있음이다. 그러므로, 함장식(含藏識)이 타파(打破)되었어도, 함장식(含藏識)이 타파(打破)된 열반지혜성품(涅槃智慧性品)의 수순행지(隨順行智)에 머물러 있으므로 아직, 무위보살, 지혜세계(無爲菩薩, 智慧世界)이다. 그러므로 이는, 보살증득지(菩薩證得智)에 머물러 있는, 보살증득, 지혜상(菩薩證得, 智慧相)과 보살증득, 지혜성품(菩薩證得, 智慧性品)을 아직, 벗어나지 못했다.

총체적(總體的) 일체제식, 전변지혜, 차별차원, 무위실증, 차별지혜, 일체세계(一切諸識, 轉變智慧, 差別次元, 無爲實證, 差別智慧, 一切世界)를 벗어남이, 일체무위, 보살증득, 지혜세계(一切無爲, 菩薩證得, 智慧世界)를 타파(打破)해 벗어남이며, 일체증득, 무위지혜, 차별차원, 성품세계(一切證得, 無爲智慧, 差別次元, 性品世界)를 초월(超越)해 벗어남이며, 일체, 유위무위, 유식성품, 차별세계(一切, 有爲無爲, 唯識性品, 差別世界)를, 일체초월(一切超越) 불지(佛智)로 벗어남이다. 그러므로, 대승유식론(大乘唯識論)에서, 제8식(第八識) 전변지혜(轉變智慧)의 대원경지(大圓鏡

智)를, 불지(佛智)로 인식(認識)한 원측(圓測)스님께서도, 전변지혜, 성품세계(轉變智慧,性品世界)에 대한 실증지혜(實證智慧)가 없어, 잘못 인지(認知)하고 유추(類推)한 지견오류(知見誤謬)이다. 또한, 대원경지(大圓鏡智)로 전변(轉變)한 전변식(轉變識)이 능소출입식(能所出入識)이 아닌, 함장식(含藏識)으로 규정(規定)한, 대승유식론(大乘唯識論)과 대승유식론사(大乘唯識論師)들도 또한, 제식,전변지혜,차별차원,성품세계(諸識,轉變智慧,差別次元,性品世界)에 대한 총체적(總體的) 실증지혜(實證智慧)가 없어, 지견오류(知見誤謬)에 의한 왜곡견(歪曲見)이며, 왜곡론(歪曲論)이다. 그리고, 여래5지(如來五智)와 이름[名]이 같다고, 불지(佛智)에 아직, 증입(證入)하지 못한 제식,전변지혜(諸識,轉變智慧)를 여래5지(如來五智)로 앎이, 또한, 아직, 일체초월(一切超越) 불지(佛智)에 증입(證入)하지 못한 지혜미완(智慧未完)의 지견오류(知見誤謬)이며, 또한, 제식,전변지혜,차별차원,무위상승,보살지혜,차별세계(諸識,轉變智慧,差別次元,無爲上昇,菩薩智慧,差別世界)를 아직, 증험(證驗)하지 못해, 이에 대한 실증지혜(實證智慧)가 없어, 이를, 잘못 유추(類推)하여 왜곡(歪曲)한, 유식지혜(唯識智慧)와 유식체계(唯識體系)의 지견오류(知見誤謬)이다.

그리고, 대승유식론체계(大乘唯識論體系)에서, 제7식(第七識) 다음 제8식(第八識)은, 능소출입식(能所出入識)이며, 능소출입식(能所出入識)의 전변지혜(轉變智慧)가 대원경지(大圓鏡智)이어도, 이 중요(重要)한 역할(役割)을 하는 식(識)이, 대승유식론(大乘唯識論)에서 이에 대한 실증지혜(實證智慧)가 없어, 능소출입식(能所出入識)의 존재(存在)

를 인지(認知)하지 못해, 대승유식론체계(大乘唯識論體系)에서 능소출입식(能所出入識)을 빠뜨려, 제8식(第八識)을 함장식(含藏識)으로 정립(定立)한, 대승유식론(大乘唯識論)의 제식,전개섭리,상속체계(諸識,展開攝理,相續體系)에는 아예[當初] 능소출입식(能所出入識)이 없다. 그러므로 이는, 지견오류(知見誤謬)의 문제점(問題點)이 있는 제식체계(諸識體系)이다.

그리고, 유식지혜,상승세계(唯識智慧,上昇世界)가 곧, 제식전변,지혜상승,실증세계(諸識轉變,智慧上昇,實證世界)이다. 그러나, 대승유식론(大乘唯識論)을 성립(成立)한 대승유식론사(大乘唯識論師)들은, 유식지혜,상승세계(唯識智慧,上昇世界)인 제식전변,지혜상승,실증세계(諸識轉變,智慧上昇,實證世界)에 대한 총체적(總體的) 실증지혜(實證智慧)가 없으므로, 제식전변,지혜상승,실증세계(諸識轉變,智慧上昇,實證世界)에 대한 명확(明確)한 실증지혜(實證智慧)가 없어, 지견오류(知見誤謬)의 왜곡(歪曲)을 범(犯)하게 되었다. 이는, 함장식(含藏識)의 전변지혜(轉變智慧)가 심부동,대열반성지(心不動,大涅槃性智)이어도, 실제사실(實際事實)과 다른, 함장식(含藏識)의 전변지혜(轉變智慧)를, 능소출입식(能所出入識)의 전변지혜(轉變智慧)인 대원경지(大圓鏡智)로 규정(規定)함은, 제식전변,유식체계(諸識轉變,唯識體係)에 대한 지혜미완(智慧未完)으로, 제식,전변지혜,섭리체계(諸識,轉變智慧,攝理體系)를 왜곡(歪曲)한 것이다. 그러므로, 이는, 이에 대한 실증지혜(實證智慧)가 없는, 지혜미완(智慧未完)의 유추(類推)와 추정(推定)에 의한 오류(誤謬)의 왜곡론(歪曲論)으로, 제식전변,유식체계(諸識轉變,唯識體係)

가 사실(事實)과 다르다.

　대승유식론(大乘唯識論)의 제식전개체계(諸識展開體系)와 제식전변, 지혜세계(諸識轉變, 智慧世界)에 있어서, 제7식(第七識) 다음 식(識)이 능소출입식(能所出入識)이 아닌, 함장식(含藏識)이라 함과 함장식(含藏識)의 전변지혜(轉變智慧)를 대원경지(大圓鏡智)라 함과 대원경지(大圓鏡智)에 든[入] 실제(實際) 전변식(轉變識)이 능소출입식(能所出入識)임을 정립(正立)하지 못한, 대승유식론(大乘唯識論)의 왜곡(歪曲)된 오류(誤謬)가, 후학(後學)들의 불법정견(佛法正見)의 지혜정안(智慧正眼)과 정지견(正智見)을 왜곡(歪曲)하는 이러한 문제점(問題點)은, 어떻게 되었든 하루빨리 교정(矯正)이 되어, 바르게 정립(正立)이 되어야 한다. 이에 대한 오류(誤謬)를, 일체초월(一切超越) 실증정지정안(實證正智正眼)으로 명확(明確)히, 그 허(虛)와 실(實)을 지혜점검(智慧點檢)할 뿐, 이에 대해, 옛 유식론사(唯識論師)들을 탓하는 것이 아니다. 왜냐하면, 옛 유식론사(唯識論師)들이 심혈(心血)을 기울였어도, 다 완성(完成)하지 못한 부족(不足)한 미완(未完)의 부분(部分)을, 후인(後人)들이 보완(補完)하고, 완성(完成)하려는, 불지정법, 정립정신(佛智正法, 正立精神)의 원력(願力)이 필요(必要)하기 때문이다.

　대승유식론체계(大乘唯識論體系)에, 제8식(第八識)은 중생식(衆生識)의 최종식(最終識)이다. 제8식(第八識)은 최종식(最終識)이므로, 다른 식(識)과는 달리, 제8식(第八識)에는 윤회(輪廻)의 속성(屬性)을 가진 염분(染分)인 함장식(含藏識)과 윤회(輪廻)의 속성(屬性)을 초월(超越)

한 청정본성(淸淨本性)인 정분(淨分)이 함께 있음을 설정(設定)하고, 규정(規定)하였다. 염분(染分)은, 3세윤회(三世輪廻)의 업(業)의 씨앗 정보(情報)를 저장(貯藏)한 아뢰야식(阿賴耶識)인 함장식(含藏識)이기에, 성품(性品)이 염분(染分)이며, 정분(淨分)은, 윤회(輪廻) 없는 일체초월(一切超越) 청정본성(淸淨本性)인 불성(佛性)으로 규정(規定)함으로, 그 성품(性品)이 정분(淨分)이다. 최종식(最終識)인 제8식(第八識)에는 다른 식(識)과 달리, 염분(染分)과 정분(淨分)의 두[二] 성품(性品)이 있음을 설정(設定)하고, 규정(規定)하며, 정의(定義)함은, 제8식(第八識)이 최종식(最終識)이며, 함장식(含藏識)이기 때문이다.

대승유식론체계(大乘唯識論體系)에는 함장식(含藏識)이 최종식(最終識)이어도, 이 또한, 본성(本性)을 벗어나 있지 않음으로, 제8식(第八識) 최종식(最終識)에 함장식(含藏識)과 본성(本性)이 함께 있음을 설정(設定) 성립(成立)하였다. 그러므로, 제8식(第八識)에 함장식(含藏識)을 제8식(第八識)의 염분(染分)으로, 본성(本性)을 제8식(第八識)의 정분(淨分)으로, 제8식(第八識) 속에 함장식(含藏識)과 더불어 본성(本性)이 함께 있는 복합식(複合識)으로 설정(設定)하고, 규정(規定)하며, 정의(定義)하였다. 왜냐하면, 제식체계(諸識體系)에 본성(本性)까지 넣으므로, 제식종체계(諸識種體系)를 빠짐없이 완전(完全)히 갖춘, 대승유식론(大乘唯識論)의 완전(完全)한 유식제식체계론(唯識諸識體系論)이 되기 때문이다.

그러므로, 대승유식론(大乘唯識論)의 완전(完全)한 제식종체계(諸識

種體系)를 확립(確立)하고 성립(成立)시키고자, 최종식(最終識)인 제8식(第八識)에다, 윤회(輪廻)의 염식(染識)인 함장식(含藏識)과 윤회(輪廻)에 물듦 없는 청정본성(淸淨本性)인 정식(淨識)이 함께 하는 복합식(複合識)으로 정립(定立)하고 규정(規定)하여, 대승유식,제식총상,8종식체계(大乘唯識,諸識總相,八種識體系)로 완성(完成), 종결(終決)하였다. 그러므로, 염식(染識)의 함장식(含藏識)과 청정본성(淸淨本性)인 정식(淨識)이, 제8식(第八識) 속에 함께 있는, 대승유식론(大乘唯識論) 제식전개체계(諸識展開體系)가 된 것이다. 그러므로, 제8식(第八識)에는, 염식(染識)은 무명성품(無明性品)이며, 정식(淨識)은 본성(本性)인 불성(佛性)으로, 서로 성품차원(性品次元)과 성품성질(性品性質)이 완전(完全)히, 극(極)과 극(極)으로 다른 두[二] 성품(性品)이 함께 있는 복합식(複合識)이 된 것이다. 그러므로, 염식(染識)인 함장식(含藏識)의 성품(性品)은 제8식(第八識) 중, 염분(染分)이며, 청정본성(淸淨本性)인 정식(淨識)은, 제8식(第八識) 중, 정분(淨分)이다.

대승유식론체계(大乘唯識論體系)인 8종식체계(八種識體系)에서, 제8식(第八識)에 함께 묶어, 염분(染分)과 정분(淨分)으로 분류(分類)한 함장식(含藏識)과 본성(本性)의 두[二] 성품(性品)은, 함장식(含藏識)은 중생(衆生) 윤회(輪廻)의 무명성품(無明性品)이며, 본성(本性)은 일체초월(一切超越) 절대성(絕對性) 불성(佛性)이므로, 제식종,차별성(諸識種,差別性)을 분류(分類)하는 제식종,분류체계(諸識種,分類體系)의 제8식(第八識)을 함장식(含藏識)으로 식명(識名)을 결정(決定)하고서, 제8식(第八識)의 함장식(含藏識)에다 본성(本性)까지 넣어, 함장식(含藏識)을 제8식(第八識)의 염분(染分)으로, 그리고, 본성(本性)을 제8식(第八識)의 정분(淨分)으로 함께 묶음은, 제식종,분류체계(諸識種,分類體系)로는 당연(當然)히, 문제점(問題點)이 있다. 왜냐하면, 본성(本性)은, 제8식(第八識)도 아니며, 또한, 함장식(含藏識) 속에 함께, 묶을 수 없는, 중생무명식(衆生無明識)을 벗어난 일체초월(一切超越) 절대성(絶對性)이며, 또한, 일체초월(一切超越) 불성(佛性)이기 때문이다.

그리고, 제8식(第八識) 함장식(含藏識)에 본성(本性)까지 함께 묶어, 제8식(第八識)의 성품(性品)으로 규정(規定)함이 부당(否當)함은, 제8식(第八識)이라 함은, 중생제식,전개순서(衆生諸識,展開順序)의 여덟[八] 번(番)째임을 지칭(指稱)하기 때문에, 일체초월(一切超越) 본성(本性)이며 불성(佛性)을, 제8식(第八識) 함장식(含藏識)과 함께 묶는 것은, 당연(當然)히 모순(矛盾)됨이 있다. 그리고, 제식종,분류체계(諸識種,分類體系)의 앞에는, 중생식(衆生識)인 제6식(第六識)과 제7식(第七識)도 식종(識種)의 성질(性質)이 서로 달라, 따로, 식종(識種)을 분류(分類)하는데, 서로 성품성질(性品性質)과 성품차원(性品次元)이 완전(完全)히 다른, 무명함장식(無明含藏識)과 일체초월(一切超越) 본성(本性)인 불성(佛性)을, 제8식(第八識) 식명(識名)을 함장식(含藏識)이라고 명명(命名)한 식종(識種) 속에 함께 묶음은, 제식종,분류체계(諸識種,分類體系)의 유식개념(唯識槪念)과 기본상식(基本常識)의 원칙(原則)을 무시(無視)하고 파괴(破壞)하는, 모순(矛盾)됨이 있다. 그리고, 제8식(第八識)의 식명(識名)을 함장식(含藏識)이라고 규정(規定)하고 정립(定立)하고서, 제8식(第八識) 속에 또한, 함장식(含藏識)과 청정본성(淸淨本性)을 제8식(第八識)의 성품으로 묶음은, 이는, 제식종,분류체계(諸識種,分類體系)인 제8식(第八識) 식종(識種)의 명분상(名分上), 있을 수 없는, 제식종분류(諸識種分類)의 개념(概念)도, 원칙(原則)도 없는 무질서(無秩序)한 제식종,분류체계(諸識種,分類體系)이다.

그러므로, 이 논리체계자체(論理體系自體)가 식종분류체계(識種分類體系)의 기본개념(基本槪念)과 기본상식(基本常識)의 섭리(攝理)와 질서(秩序)를 상실(喪失)하여 혼란(混亂)스럽다. 그리고, 함장식(含藏識)과 본성(本性)은, 식종(識種)의 성품차원(性品次元)이 서로 완전(完全)히 다른 성품(性品)이므로, 제8식(第八識) 함장식(含藏識)에, 본성(本性)을 제8식(第八識)의 정분(淨分)으로 묶는, 그 유식체계,발상자체(唯識體系,發想自體)가, 제식분류,기본개념,체계(諸識分類,基本槪念,體系)를 벗어난 문제점(問題點)인, 모순(矛盾)됨이 있다. 왜냐하면, 최종식(最終識)이 제8식(第八識)이어도, 청정본성(淸淨本性)을, 함장식(含藏識)인 제8식(第八識) 염분(染分)에, 정분(淨分)으로 함께 묶는 것은, 제식종(諸識種)의 차별성(差別性)을 따라 분류(分類)하는 유식,기본개념,론리체계(唯識,基本槪念,論理體系)와 유식,기본개념,상식상(唯識,基本槪念,常識上) 이는, 있을 수 없는 비정상적(非正常的)인 유식론리체계(唯識論理體系)이며, 또한, 비상식적(非常識的)인 유식론리구성(唯識論理構成)이기 때문이다. 대승유식론(大乘唯識論)에서는 8종식체계(八種識體系)로, 제식체계(諸識體系)를 설정(設定)하고, 성립(成立)하여 규정(規定)하고, 정의(定義)하였으나, 총체적(總體的) 유식성품세계(唯識性品世界)에 대한 실증지혜(實證智慧)가 없어, 성립본의(成立

本意)의 뜻과는 달리, 유식론리체계(唯識論理體系)가 제식체계(諸識體系)의 실제사실(實際事實)과 다른, 모순점(矛盾點)이 있다. 그러므로, 이 유식체계(唯識體係)와 이 유식개념(唯識概念)과 이 유식접근법(唯識接近法)과 이 유식전개론리(唯識展開論理)로는, 총체적(總體的) 유식성품세계(唯識性品世界)가 해결(解決)되지 않는다. 왜냐하면, 유식성품세계(唯識性品世界)는, 중생제식계(衆生諸識界)인 제식,전개상속,섭리체계(諸識,展開相續,攝理體系)와 유식지혜,상승세계(唯識智慧,上昇世界)인 제식,전변지혜,차별차원,성품세계(諸識,轉變智慧,差別次元,性品世界)와 이 일체,유위무위,차별차원,성품세계(一切,有爲無爲,差別次元,性品世界)를 모두, 벗어나 불지(佛智)에 증입(證入)하는, 성불과정,지혜상승,차별차원,불지증입,지혜체계(成佛過程,智慧上昇,差別次元,佛智證入,智慧體係) 등(等)을 총체적(總體的)으로 실증지혜정안(實證智慧正眼)으로 정의정립정론(正義正立正論)하여 모두 밝히는 것이, 총체적(總體的) 유식성품세계(唯識性品世界)이기 때문이다.

그러므로, 총체적(總體的) 일체유식세계(一切唯識世界)인 일체,유위무위,유식성품(一切,有爲無爲,唯識性品)과 일체,유위무위,유식체계(一切,有爲無爲,唯識體系)는, 이에 대한 총체적(總體的) 실증지혜정안(實證智慧正眼)을 갖춘, 일체초월(一切超越) 불지(佛智)가 아닌, 식견(識見)에 의한 논리적(論理的) 사고(思考)의 유추(類推)와 추론(推論)으로 설정(設定)하여 건립(建立)하거나, 또한, 무엇을 단정(斷定)하여 규정(規定)하거나, 또한, 분별(分別)하여 조작(造作)할 수 있는 성품세계(性品世界)가 아니다. 그 까닭[緣由]은, 유식세계(唯識世界)인 일체유식성품(一切唯識性品)과 일체유식체계(一切唯識體系)는, 명확(明確)한 깨달음의 실증지혜정안(實證智慧正眼)으로 정의정립,정지정론(正義正立,正智正論)하여, 실제사실(實際事實)의 그대로를 증명(證明)하여 밝히며, 실제(實際) 사실(事實)과 다른, 지견오류(知見誤謬)나 성품왜곡(性品歪曲)이 없어야 하기 때문이다.

이는, 유식성품세계(唯識性品世界)는 자연섭리,제식전개,섭리체계,순리(自然攝理,諸識展開,攝理體系,順理)이므로, 유추(類推)와 추정(推定)이 아닌, 깨달음의 실증지혜(實證智慧)로 유식성품세계(唯識性品世界)와 유식전개체계(唯識展開體系)가 그러한 것임을 실증지혜(實證智慧)로 깨달음일 뿐, 유식세계(唯識世界)에 대해, 무엇을 인위적(人爲的)으로 건립(建立)하고 규정(規定)하거나, 또는, 유추(類推)하여 추론(推論)하며 설정(設定)하거나, 또는, 자의적정의(自意的正義)와 뜻에 따라, 무엇을 어떻게 할 수 있는, 인위적(人爲的) 논리세계(論理世界)가 아니다. 또한, 인위적(人爲的)인 뜻에 따라, 제식성품(諸識性品)과 제식체계(諸識體系) 등(等), 무엇을 변형(變形)하고 조작(造作)할 수 있는, 성품세계(性品世界)가 아니다. 그러므로, 유식론(唯識論)은, 실제(實際) 사실(事實) 그대로를 깨닫고, 그 실증지혜정안(實證智慧正眼)으로 정의정립(正義正立)한 실증실제사실론(實證實際事實論)이어야 한다. 그러므로, 유식론(唯識論)의 정의정립정론(正義正立正論)은, 인위적(人爲的)인 설정(設定)과 건립(建立)과 성립(成立)이 가능(可能)한, 다양(多樣)한 정의(正義)의 일반론리세계(一般論理世界)가 아니다.

그러므로, 총체적(總體的) 일체유식세계(一切唯識世界)는, 그에 대한 실증지혜(實證智慧)가 없으면, 제식성품(諸識性品)과 제식전개체계(諸識展開體系)와 그리고, 전변지혜,차별차원,섭리체계(轉變智慧,差別次元,攝理體系)에 대해 알 수가 없으므로, 이에 대해 명확(明確)히 언급(言及)할 수가 없다. 그러므로, 유식성품세계(唯識性品世界)는 일체,유위무위,차별차원,성품세계(一切,有爲無爲,差別次元,性品世界)이므로, 그 어떤 유추(類推)와 추론(推論)의 분별(分別)로 알 수 있는 성품세계(性品世界)가 아니다. 왜냐하면, 실증지혜(實證智慧)가 없는 유추(類推)와 추정(推定)은, 자기지견(自己知見)의 한계성(限界性)과 유식지견(唯識智見)이 제식(諸識)의 장애(障礙) 속에 있으므로, 자기(自己) 식견(識見)의 한계성(限界性)을 벗어난 성품세계(性品世界)는 알 수가 없기 때문이다.

그러므로, 총체적(總體的) 일체,유위무위,유식성품,세계(一切,有爲無爲,唯識性品,世界)를 타파(打破)해 벗어난 일체초월(一切超越) 불지(佛智)이어야만, 총체적(總體的) 일체유식,성품세계(一切唯識,性品世界)를 실견실증,지혜정안(實見實證,智慧正眼)으로 명확(明確)히, 정의정립(正義正立)하여, 실제사실(實際事實)을 정론(正論)할 수가 있다. 일체유식,성품세계(一切唯識,性品世界)는, 일체,제식전개,상속과정,차별차원,성품세계(一切,諸識展開,相續過程,差別次元,性品世界)로부터, 일체,제식전변,무위지혜,차별차원,성불과정,불지증입(一切,諸識轉變,無爲智慧,差別次元,成佛過程,佛智證入)에 이르기까지이다.

그러므로, 이 총체적(總體的) 유식성품세계(唯識性品世界)는, 중생제식계(衆生諸識界)로부터 성불(成佛)에 이르는, 총체적,실증지혜,차별차원,성품세계(總體的,實證智慧,差別次元,性品世界)이다. 이는, 일체,유위무위,차별차원,유식성품,상승법계,유식체계(一切,有爲無爲,差別次元,唯識性品,上昇法界,唯識體系)이다. 그러므로, 일체유식,성품세계(一切唯識,性品世界)는, 실증지혜정안(實證智慧正眼)이 없으면 정의정립(正義正立)할 수가 없고, 또한, 실증정안(實證正眼)이 없으면, 바르게 언급(言及)할 수 없는, 실증실견,실제사실,정론세계(實證實見,實際事實,正論世界)이다. 그러므로, 유식성품세계(唯識性品世界)는 실증지혜(實證智慧)로만 알 수가 있으므로, 유식론사(唯識論師)의 자의적(自意的) 견해(見解)나, 지견(知見)의 유추(類推)에 의한 추정론(推定論)이나, 또는, 설정건립(設定建立)할 수 있는, 가정론리(假定論理)의 세계(世界)가 아니다.

그러므로, 유식론(唯識論)의 제식성품(諸識性品)과 제식전개체계(諸識展開體系)와 제식,전변지혜,섭리(諸識,轉變智慧,攝理)가 사실(事實)과 다른 오류(誤謬)나 왜곡(歪曲)이 있다면, 이는, 그에 대한 실증지혜(實證智慧)가 없어, 자기(自己)의 식견(識見)에 의한 유추(類推)와 추론(推論)에 의지(依支)한 분석(分析)과 추정가정론(推定假定論)이다. 그러나, 무엇이 어떻게 왜곡(歪曲)되고, 오류(誤謬)가 있든, 자기지혜(自己智慧)가 밝으면, 자기(自己) 실증지혜(實證智慧)의 의심(疑心) 없는 밝은 실증실견정안(實證實見正眼)으로, 그 명확(明確)한 실증사실(實證事實)에 근거(根據)해, 일체(一切)에 옳고 그름을 바르게 점검(點檢)

하며, 또한, 실증지혜정안(實證智慧正眼)으로 실제(實際) 사실(事實)을 밝혀, 정의증명정론(正義證明正論)할 뿐, 옳지 않은 왜곡(歪曲)된, 남[他]의 말[言]과 글[文]에 의지(依支)할 까닭[緣由]이 없다.

무엇이든, 옳고 그름을 명확(明確)히 지혜점검(智慧點檢)하지 못하는 까닭[緣由]은, 아직, 그에 대한 실증지혜(實證智慧)의 정지정안(正智正眼)이 열리지 않았기 때문이다. 지혜(智慧)는, 분별(分別)인 사량(思量)에 말미암지 않고, 실제사실(實際事實)을 실증(實證), 또는, 바로 봄이다. 분별(分別)이 필요(必要) 없음은, 무엇이든 실제(實際)를 바로[正] 보기[卽見] 때문이다. 눈[眼]과 귀[耳]는 분별(分別) 없이 보고 들어도, 보고 듣는 그것을 헤아림[思量]은, 아직, 해결(解決)하지 못한 것이 있기 때문이다. 남[他]의 것에 의지(依支)함이 있거나, 남[他]의 것이 아직, 필요(必要)한 것은, 자기(自己)가 아직, 실증(實證), 또는, 봄[見]이 완전(完全)하지 못하기 때문이다. 그러므로 아직, 남[他]의 것에 의지(依支)함은, 아직, 부족(不足)함이 완전(完全)히 해결(解決)되지 않았기 때문이다.

대승유식론,제식체계(大乘唯識論,諸識體系)에서, 제식전개상속(諸識展開相續)의 순리체계(順理體系)와 제식,전변지혜,섭리체계(諸識,轉變智慧,攝理體系)가 실증지혜정안(實證智慧正眼)으로, 정지정론(正智正論) 정의정립(正義正立)되지 않아, 실제사실(實際事實)과 다른 오류(誤謬)와 왜곡(歪曲)의 부분(部分)이 있다. 그러므로, 이에 대한 실증지혜정안(實證智慧正眼)이 없으면, 대승유식론(大乘唯識論)의 지혜미완

(智慧未完)에 의한 오류(誤謬)와 왜곡(歪曲)의 부분(部分)을 인지(認知)하지 못해, 실제사실(實際事實)과 다른 지견오류(知見誤謬)와 사실왜곡(事實歪曲)의 부분(部分)을 지혜점검(智慧點檢)할 수가 없다. 그러므로, 잘못된 오류(誤謬)와 왜곡(歪曲)의 부분(部分)까지, 유식정법정지(唯識正法正智)로 왜곡수용(歪曲受容)하게 된다. 실증지혜(實證智慧)로 대승유식론,제식체계(大乘唯識論,諸識體系)를 점검(點檢)해 보면, 실증지혜정안(實證智慧正眼)으로 정의정립(正義正立)한 실증정안,유식체계(實證正眼,唯識體系)가 아니므로, 지혜미완(智慧未完)에 의해 유식성품체계(唯識性品體系)의 지견오류(知見誤謬)와 사실왜곡(事實歪曲)의 부분(部分)이 있다.

대승유식론(大乘唯識論)의 제식체계(諸識體系)가 실증지혜정안(實證智慧正眼)으로 정의정립(正義正立)되지 않아, 지견오류(知見誤謬)와 사실왜곡(事實歪曲)의 부분(部分)은, 대승유식론,제식체계(大乘唯識論,諸識體系)에 제8식(第八識)이 능소출입식(能所出入識)이어도, 이에 대한 실증지혜(實證智慧)가 없어, 능소출입식(能所出入識)을 빠뜨리고, 능소출입식(能所出入識)의 다음 식(識)인 함장식(含藏識)을, 제8식(第八識)으로 규정(規定)한 점(點)이다. 그리고, 소연입식,전개체계(所緣入識,展開體系)인 경·근·식(境·根·識) 18경계체계(十八境界體系)에서의 법(法)과 의근(意根)과 의식(意識)에 대한 개념정의(概念正義)를 명확(明確)히 바르게 이해(理解)하지 못해, 대승유식론(大乘唯識論)에서 18경계체계(十八境界體系)의 법(法)과 의근(意根)과 의식(意識)을 왜곡변형(歪曲變形)하여, 본래(本來)의 법(法)과 의근(意根)과 의식(意識)의 역할

(役割)이 상실(喪失)되었다. 그리고, 제8식(第八識) 함장식(含藏識)의 전변지혜(轉變智慧)를 대원경지(大圓鏡智)로 규정(規定)하였으니, 이는, 제식전변성품세계(諸識轉變性品世界)에 대한 실증지혜(實證智慧)가 없는, 유추(類推)에 의한 지견오류(知見誤謬)이다.

왜냐하면, 함장식(含藏識)의 전변지혜(轉變智慧)는 대원경지(大圓鏡智)가 아닌, 심부동,대열반성지(心不動,大涅槃性智)이기 때문이다. 대원경지(大圓鏡智)는, 능소출입식(能所出入識)의 전변지혜(轉變智慧)이다. 대승유식론(大乘唯識論)에는 제식체계(諸識體系)에 대한 실증지혜(實證智慧)가 없었으므로, 제식전개체계(諸識展開體系)에 처음부터 능소출입식(能所出入識)의 존재(存在)를 인지(認知)하지 못해, 제7식(第七識) 다음인 제8식(第八識)이 능소출입식(能所出入識)임에도, 능소출입식(能所出入識)을 빠뜨리고, 유식론리사고(唯識論理思考)로는 사유(思惟)가 가능(可能)한 3세업,저장식(三世業,貯藏識)인 함장식(含藏識)을, 제8식(第八識)으로 규정(規定)하였다. 그리고, 제8식(第八識) 함장식(含藏識)의 전변지혜(轉變智慧)를 대원경지(大圓鏡智)라고 규정(規定)한 것은, 제식,전변지혜,섭리체계(諸識,轉變智慧,攝理體系)의 사실(事實)과 다른, 지혜미완(智慧未完)의 지견오류(知見誤謬)에 의한 왜곡견(歪曲見)이며, 실증지혜(實證智慧)가 없는 왜곡론(歪曲論)이다.

대승유식론(大乘唯識論)의 제식체계(諸識體系)를 성립(成立)한 대승유식론사(大乘唯識論師)들은, 총체적(總體的) 유식성품세계(唯識性品世界)에 대한 실증지혜(實證智慧)가 없었으므로, 제식체계(諸識體系)와 제식전변,섭리체계(諸識轉變,攝理體系)에 대해, 유추(類推)와 추정(推

定)에 의지(依支)하다보니, 사실(事實)과 달리 지견오류(知見誤謬)를 범(犯)한 것이다. 그리고, 대승유식론(大乘唯識論)의 제식체계(諸識體系)에 지견오류(知見誤謬)가 있음은, 실증지혜정안(實證智慧正眼)으로 정의정립(正義正立)한 정지정론(正智正論)이 아니기 때문이다. 그러므로, 이 오류(誤謬)를 지혜점검(智慧點檢)할, 불지(佛智)의 총체적(總體的) 실증지혜정안(實證智慧正眼)이 없었기 때문에, 대승유식론(大乘唯識論)의 제식체계(諸識體系)를 성립(成立)하였으나, 이에 대한 실증지혜(實證智慧)가 없어, 대승유식론(大乘唯識論)의 제식체계(諸識體系)에 어떤 오류(誤謬)가 있는지를, 대승유식론사(大乘唯識論師)들은 점검(點檢)할 수가 없었다.

아함경(阿含經) 불지혜,실견실증,정지정립,여래정론(佛智慧,實見實證,正智正立,如來正論)인 소연경·근·식·전개섭리,입식체계(所緣境·根·識·展開攝理,入識體系)인 18경계체계(十八境界體系)에 의(依)해, 제6식(第六識)까지 성립(成立)할 수가 있으며, 또한, 유식전개사고(唯識展開思考)가 있으면, 제7식(第七識)은 말나식(末那識)인 자아의식(自我意識)이므로, 제7식(第七識)까지는 무난(無難)히 전개성립(展開成立)시킬 수가 있다. 그러나, 7식(第七識) 말나식(末那識)인 자아의식(自我意識) 다음 식(識)부터는, 이에 대한 실증지혜(實證智慧)가 없으면, 전개성립(展開成立)시킬 수가 없다. 왜냐하면, 제7식(第七識)부터는 자아의식(自我意識)이 인지(認知)할 수 없는 무의식세계(無意識世界)이기 때문이다. 그러므로, 대승유식론사(大乘唯識論師)들은 이에 대한 실증지혜(實證智慧)가 없어, 제7식(第七識) 다음 식(識)인 제8식(第八識) 능소출입식(能所出入識)이 있음을 인지(認知)하지 못해, 제8식(第八識)인 능소출입식(能所出入識)을 빠뜨리고, 유식전개사고(唯識展開思考)로 유추(類推)가 가능(可能)한 최종식(最終識)인, 3세정보,저장식(三世情報,貯藏識)인 함장식(含藏識)을, 대승유식론(大乘唯識論)의 제식체계(諸識體系)에, 제8식(第八識) 최종식(最終識)으로 확정(確定) 성립(成立)한 것이다.

그러므로, 대승유식론사(大乘唯識論師)들은, 처음[當初]부터 제식체계(諸識體系)에 능소출입식(能所出入識)의 존재(存在)를 인지(認知)하지를 못했다. 그러므로, 제식체계(諸識體系)에 능소출입식(能所出入識)이 있음을 몰라, 대승유식론(大乘唯識論)의 제식체계성립(諸識體系成立)에 능소출입식(能所出入識)이 빠지게 된 것이다. 대승유식론사(大乘唯識論師)들이 대승유식론(大乘唯識論)의 제식체계성립(諸識體系成立)에, 능소출입식(能所出入識)의 존재(存在)를 몰라, 제식체계(諸識體系)에서 빠뜨린 것은, 실수(失手)가 아닌, 이에 대한 총체적(總體的) 유식성품세계(唯識性品世界)에 대한 실증지혜(實證智慧)가 없는, 지혜미완(智慧未完)에 의한 실증지혜부족(實證智慧不足)함 때문이다.

대승유식론(大乘唯識論)의 제식론리체계(諸識論理體系)에서는 능소출입식(能所出入識)이 빠졌어도, 그러나, 실제,제식전개,섭리작용,순리체계(實際,諸識展開,攝理作用,順理體系)에는, 능소출입식(能所出入識)이 대승유식론리체계(大乘唯識論理體系)를 따라 제거(除去)되거나 빠짐이 없으므로, 대승유식론사(大乘唯識論師)들은 제8식(第八識)을 함장식(含藏識)이라고 규정(規定)하였어도, 실제(實際) 제8식(第八識) 속에는, 대승유식론사(大乘唯識論師)들이 인지(認知)하지 못한 능소출입식(能所出入識)도, 사실(事實)은 제거(除去)되거나 상실(喪失)되지 않고, 함장식(含藏識)이라고 규정(規定)한 제8식(第八識) 속에, 대승유식론(大乘唯識論)의 논리체계, 성립의도(論理體系, 成立意圖)와는 달리, 능소출입식(能所出入識)도 함께 있는, 복합식(複合識)이 된 것이다.

그리고, 함장식(含藏識)의 전변지혜(轉變智慧)가 대원경지(大圓鏡智)라는 이 논리(論理)의 단초(端初)인, 시초(始初) 원인(原因)의 근거(根據)를, 많은 세월(歲月)이 흐른 지금(只今)에야 그 자료(資料)를 찾을 수가 없고, 또한, 알 수가 없으나, 그 시초(始初) 근원(根源)인 근거(根據)가 경(經)이든, 논(論)이든, 사실(事實)은 지견오류(知見誤謬)임이 명확(明確)하고, 또한, 확실(確實)함을 실증지혜, 정의정립(實證智慧, 正義正立)으로 명료(明了)히 논단(論斷)할 수 있음은, 이에 대한 실증지혜정안(實證智慧正眼)이 명확(明確)히 열려 있기 때문이다. 그리고, 대원경지(大圓鏡智)에 증입(證入)한 전변식(轉變識)이 능소출입식(能所出入識)이며, 또한, 대원경지(大圓鏡智)의 지혜성품(智慧性品)이 능소(能所) 없는 원융각명, 쌍차쌍조행(圓融覺明, 雙遮雙照行)의 성품(性品)임을 실증지혜(實證智慧)로 명확(明確)히 알고 있기 때문이다. 그리고, 이 뿐만 아니라, 함장식(含藏識)의 전변지혜(轉變智慧) 또한, 대원경지(大圓鏡智)가 아닌, 심부동, 대열반성지(心不動, 大涅槃性智)임을, 실증지혜(實證智慧)로 명확(明確)히 깨닫고, 또한, 알고 있기 때문이다.

그러므로, 대원경지(大圓鏡智)가 어떤 지혜성품, 실증경계(智慧性品, 實證境界)임을 명확(明確)히 요별(了別)할 뿐만 아니라, 능소출입식(能所出入識)의 전변지혜(轉變智慧)와 함장식(含藏識)의 전변지혜(轉變智慧)가, 어떤 차별차원, 특성성품(差別次元, 特性性品)인지 그 실증경계(實證境界)를 명확(明確)히 알고 있다. 그러므로, 능소출입식(能所出入識)의 전변지혜(轉變智慧)인 대원경지(大圓鏡智)와 함장식(含藏識)의 전변지혜(轉變智慧)인 심부동, 대열반성지(心不動, 大涅槃性智)의 지혜성품, 차별특성(智慧性品, 差別特性)을 명확(明確)한 실증지혜정안(實證智慧正眼)으로 알고 있음으로, 대승유식론(大乘唯識論) 제식체계(諸識體系)의 지견오류(知見誤謬)에 의해, 사실(事實)과 다른 왜곡(歪曲)의 부분(部分)을 명확(明確)히 지혜점검(智慧點檢)하게 된다.

대승유식론, 제식체계(大乘唯識論, 諸識體系)에서는 제8식(第八識)을 함장식(含藏識)으로 정의(定義)하였으나, 실제(實際) 제8식(第八識)은 능소출입식(能所出入識)이므로, 제식전개, 순위체계(諸識展開, 順位體系)가 사실(事實)과 달라 오류(誤謬)가 있다. 대승유식론(大乘唯識論)에서는, 함장식(含藏識)의 전변지혜(轉變智慧)를, 심부동, 대열반성지(心不動, 大涅槃性智)가 아닌, 함장식(含藏識)보다, 성품차원(性品次元)이 낮은, 능소출입식(能所出入識)의 전변지혜(轉變智慧)인 대원경지(大圓鏡智)라고 했다. 이는, 이에 대한 실증지혜(實證智慧)가 없었으며, 또한, 일체초월(一切超越) 불지(佛智)가 아니었으므로, 지혜미완

(智慧未完)에 의해, 제식,전변지혜,섭리체계(諸識,轉變智慧,攝理體系)를 왜곡(歪曲)한, 지견오류(知見誤謬)이며, 또한, 사실왜곡(事實歪曲)이다.

그리고 또, 제8식(第八識) 함장식(含藏識)에 본성(本性)을 하나로 묶어, 함장식(含藏識)과 본성(本性)을 제8식(第八識) 염분(染分)과 정분(淨分)으로 규정(規定)하고 정의(定義)한 것은, 함장식(含藏識)과 본성(本性)에 대한 실증지혜(實證智慧)가 없어, 함장식(含藏識)과 본성(本性)의 성품특성(性品特性)을 명료(明了)히 깨닫지 못했기 때문이다. 중생무명성품(衆生無明性品)인 제8식(第八識) 함장식(含藏識)에, 일체초월,절대성(一切超越,絶對性)이며, 불성(佛性)인 본성(本性)을, 제8식(第八識) 정분(淨分)의 성품(性品)으로 제8식(第八識)에 함께 묶음은, 유식기본개념(唯識基本概念)과 유식기본상식(唯識基本常識)을 벗어난 비정상적(非正常的)인 논리(論理)로는 가능(可能)하나, 실증지혜정안(實證智慧正眼)의 정의정립,정론체계(正義正立,正論體系)로는 사실(事實), 있을 수 없는, 지혜미완(智慧未完)에 의한 지견오류(知見誤謬)의 논리체계(論理體系)이다.

왜냐하면, 함장식(含藏識)과 본성(本性)은, 함장식(含藏識)은 12인연(十二因緣)의 무명(無明)이며, 본성(本性)은, 무명성품(無明性品)인 함장식(含藏識)도 초월(超越)한 일체초월,절대성(一切超越,絶對性) 불성(佛性)이므로, 제8식(第八識)의 식명(識名)을 함장식(含藏識)이라고 규정(規定)하고도, 함장식(含藏識)인 제8식(第八識) 속에 본성(本性)을 제8식(第八識)의 성품(性品)으로 함께 묶는 것은, 성품개념정의(性品概念正義)와 원칙(原則)이 정립(正立)되어 있는 정상적(正常的)인 유식정론체계(唯識正論體系)에서는 있을 수 없는 논리체계(論理體系)이다. 왜냐하면, 제식종,분류체계,기본개념,상식(諸識種, 分類體系, 基本概念, 常識)을 파괴(破壞)하고 무시(無視)하는, 지견오류(知見誤謬)의 왜곡론(歪曲論)이기 때문이다.

제식분류체계(諸識分類體系) 중, 명칭(名稱)을 함장식(含藏識)이라고 일컫는 제8식(第八識)에, 일체초월성(一切超越性) 본성(本性)을 정분(淨分)이라는 명분(名分)으로 하나로 묶은 것은, 자의적(自意的) 명분(名分)에 의한 논리(論理)에만 치우쳤을 뿐, 이는, 함장식(含藏識)과 본성(本性)의 차별차원특성(差別次元特性)에 대한 실증지혜(實證智慧)가 없었기 때문이다. 이는, 총체적(總體的) 유식성품세계(唯識性品世界)에 대한 실증지혜정안(實證智慧正眼)을 갖춘, 일체초월(一切超越) 불지(佛智)가 아니었기 때문이다. 이는, 제식성품(諸識性品)에 대한 총체적(總體的) 실증지혜(實證智慧)가 없었음이 원인(原因)이다.

그리고, 대승유식론(大乘唯識論)을 선도(先導)했던 대승유식론사(大乘唯識論)인 무착보살(無着菩薩)이, 각각(各各) 제식성품(諸識性品)이 차원(次元)이 다름을 인식(認識)하지 못한 것을 알 수 있음은, 불지혜,실견실증,정지정립,여래정론(佛智慧,實見實證,正智正立,如來正論)인 경·근·식(境·根·識) 18경계,제식전개,섭리체계(十八境界,諸識展開,攝理體系)에서, 제6의식(第六意識)의 전식(前識)인 의근(意根)을, 다른 차원(次元)의 식(識)으로 변경(變更) 또는, 이동(移動)할 수 없음에도, 제6의식(第六意識)의 후식(後識)인, 제7식(第七識)으로 왜곡변경(歪曲變更)한 것을 보면, 제식전개성품(諸識展開性品)이 각각(各各) 차원(次元)이 서로 다름을 인식(認識)하지 못했기 때문이다.

그리고, 실제(實際), 대승유식론(大乘唯識論)의 제8식(第八識) 염분(染分)은 능소출입식(能所出入識)이며, 정분(淨分)은 함장식(含藏識)이다. 만약(萬若), 능소출입식(能所出入識)과 함장식(含藏識), 그리고, 능소출입식(能所出入識)의 전변지혜(轉變智慧)인 대원경지(大圓鏡智)의 원융각명성품(圓融覺明性品)과 함장식(含藏識)의 전변지혜(轉變智慧)인 심부동,대열반성지(心不動,大涅槃性智)의 심청정,대열반성품(心淸淨,大涅槃性品)과 그리고, 일체제식(一切諸識)과 일체,무위지혜,성품세계(一切,無爲智慧,性品世界)를 벗어난 일체초월,절대성(一切超越,絶對性) 본성(本性)의 성품세계(性品世界)를 실증(實證)하지 않으면, 이 불가사의(不可思議) 사실(事實)을 알 수가 없다. 대승유식론(大乘唯識論)에서 단순(單純), 논리적(論理的) 사고(思考)로, 제8식(第八識)의 정분(淨分)이 청정정식(淸淨淨識)인 청정본성(淸淨本性)이며, 청정불성(淸淨佛性)으로 인지(認知)하고 있어도, 사실(事實)은, 제8식(第八識)에 염분(染分)과 함께 하는 정분(淨分)은 본성(本性)이 아닌, 함장식(含藏識)이며, 이 성품(性品)이 무엇에도 이끌림이나 물듦[染] 없는 성품무기성(性品無記性)으로, 일체선악(一切善惡)과 일체유무상(一切有無相)과 일체제식심(一切諸識心)과 일체지견심(一切知見心), 그 무엇에도 이끌림이 없는, 무명부동,대열반,무기성품(無明不動,大涅槃,無記性

品)임을 깨닫지 못했다.

   왜냐하면, 염(染) 속에서 생각[認識]하는 염(染)과 그리고, 염(染)
속에서 염(染)을 벗어난 정(淨)을 생각[認識]하는, 그 염(染)과 정(淨)
의 둘[二]을 벗어나지 않으면, 염(染)과 정(淨)을 둘[二] 다 벗어난,
일체초월, 절대성(一切超越, 絕對性)인 일체초월본성(一切超越本性)이
며, 일체초월불성(一切超越佛性)인 청정본연, 무연중, 절대성(清淨本然,
無然中, 絕對性)을 알 수가 없다. 염(染) 속에서 생각[認識]하는 정(淨)
은, 염(染)의 정(淨)이므로, 염(染)과 정(淨)을 둘[二] 다 벗어나, 완
전(完全)한 일체초월(一切超越) 성품(性品)이 아니다. 염(染)과 정(淨)
을 논(論)함은, 이는, 염(染)을 벗어난 대(對)의 성품(性品)인 정(淨)이
다. 대승유식론사(大乘唯識論師)들이 제8식(第八識)에 염(染)과 정(淨)
을 함께 묶은 것은, 이는, 전변, 무위지혜, 보살성품(轉變, 無爲智慧, 菩
薩性品)인 무위청정성품(無爲清淨性品)과 일체초월, 절대성(一切超越,
絕對性) 불성청정성품(佛性清淨性品)이 다름을 깨닫지 못했기 때문이
다. 무위청정성품(無爲清淨性品)과 불성청정성품(佛性清淨性品)이 다
름을 알려면, 일체초월(一切超越) 불지(佛智)에 증입(證入)해야 한다.
왜냐하면, 이 두[二] 성품(性品)이 다름을 깨달은 실증지혜(實證智慧)
가 있어야 하기 때문이다. 무위청정성품(無爲清淨性品)은, 일체유위
상견(一切有爲相見)이 타파(打破)된 보살, 무위지혜, 차별성품(菩薩, 無爲
智慧, 差別性品)인 대승, 공성(大乘, 空性)과 일승, 무염진여(一乘, 無染眞如)
와 일불승, 원융각명보리(一佛乘, 圓融覺明菩提)와 불승, 부동열반(佛乘,
不動涅槃)의 지혜성품세계(智慧性品世界)이다. 그리고, 불성청정성품

(佛性淸淨性品)은 일체무위,차별성품(一切無爲,差別性品)까지 초월(超越)한, 일체초월(一切超越) 제불지혜불성(諸佛智慧佛性)이다.

실증지혜(實證智慧)의 일례(一例)를 들 것 같으면, 능소출입식(能所出入識)을 타파(打破)해 벗어나, 능소(能所) 없는 쌍차쌍조(雙遮雙照)의 원융각명,지혜성품(圓融覺明,智慧性品)인 대원경지(大圓鏡智)에 들면, 능소(能所) 없는 무위원융,각명성품,불성작용(無爲圓融,覺明性品,佛性作用)인, 원융보리,무위각명성(圓融菩提,無爲覺明性)을 깨닫게 된다. 그러므로, 상(相)과 공(空)을 둘[二] 다 벗어난 이사무애지(理事無礙智)의 일승(一乘)에서, 일승지(一乘智)를 벗어나, 불성작용(佛性作用)인 원융각명성(圓融覺明性)에 듦[入]으로, 승(乘)의 이름[名]에 불(佛)이 들어간 일불승(一佛乘)이 된 것이다. 승(乘)이란, 수행지혜(修行智慧)가 의지(依支)한 지혜작용,성품세계(智慧作用,性品世界)이다. 그러므로, 각각(各各) 승(乘)의 이름[名]이 다름은, 각각(各各) 수행지혜,성품작용(修行智慧,性品作用)이 이루어지는 차별차원,성품세계(差別次元,性品世界)에 따라, 그 의지(依支)한 수행,지혜성품,작용세계(修行,智慧性品,作用世界)가 다르기 때문이다.

일불승(一佛乘)이어도 불(佛)이 아님은, 아직, 함장식(含藏識)인 무명성품(無明性品)이 타파(打破)되지 않았기 때문이다. 만약(萬若), 무명함장식(無明含藏識)이 타파(打破)되면, 일불승(一佛乘)의 대원경지(大圓鏡智)까지 벗어나, 불승(佛乘)의 심부동,대열반성지(心不動,大涅槃性智)에 증입(證入)하게 된다. 일불승(一佛乘)이 지혜각력상승(智慧

覺力上昇)으로, 또한, 무명함장식(無明含藏識)이 타파(打破)되어, 일불승(一佛乘)의 지혜성품(智慧性品)인, 일(一)까지 벗어나 불승(佛乘)이 된 까닭[緣由]은, 지혜성품(智慧性品)을 이름[名]하는 일(一)은, 상(相)과 공(空)을 둘[二] 다 벗어난, 이사무애성품(理事無礙性品)으로, 상(相)과 공(空)에 둘[二] 다 걸림 없는, 이사무애원지(理事無礙圓智)의 지혜성품(智慧性品)을 일(一)이라고 하기 때문이다. 이는, 제7식(第七識) 자아의식(自我意識)이 끊어져 멸(滅)한 일승(一乘)의 무염진여성품(無染眞如性品)이다.

일승(一乘)과 일불승(一佛乘)의 이름[名]에 일(一)이 있음은, 상(相)과 공(空)을 둘[二] 다 초월(超越)해 벗어나, 상(相)과 공(空)에 걸림 없는 이사무애, 원지성품(理事無礙, 圓智性品)이기 때문이다. 그러므로, 일승(一乘)과 일불승(一佛乘)의 이름[名]에 이사무애(理事無礙)의 원지동각성품(圓智動覺性品)을 뜻하는, 일(一)이 들어 있음이다. 일승(一乘)은, 제7식(第七識) 자아의식(自我意識)이 타파(打破)되어 끊어져 멸(滅)해, 상(相)과 공(空)을 둘[二] 다 벗어난 이사, 무애법계, 성품(理事, 無礙法界, 性品)이다. 그러나, 일불승(一佛乘)은, 제8식(第八識) 능소출입식(能所出入識)이 타파(打破)되어 끊어져 멸(滅)해, 능소(能所) 없는 불성원융작용(佛性圓融作用)인 쌍차쌍조, 원융각명, 보리성품(雙遮雙照, 圓融覺明, 菩提性品)이다. 그러므로, 일불승(一佛乘)의 지혜성품(智慧性品)이 능소(能所) 없는 사사, 원융법계, 성품(事事, 圓融法界, 性品)이므로, 일승(一乘)의 무염진여성품(無染眞如性品)인 이사, 무애법계, 성품(理事, 無礙法界, 性品)보다 더 깊은, 원융각명, 쌍차쌍조, 성품세계

(圓融覺明,雙遮雙照,性品世界)이다. 일불승(一佛乘)은, 일승(一乘)의 이름[名]에 불성작용(佛性作用)을 뜻하는 불(佛)이 하나 더 첨가(添加)된 승(乘)이다. 일승(一乘)은, 제7식(第七識) 자아의식(自我意識)이 타파(打破)되어 끊어진 이사,무애법계,무염진여성품(理事,無礙法界,無染眞如性品)이며, 일불승(一佛乘)은, 제8식(第八識) 능소출입식(能所出入識)이 타파(打破)되어 끊어진 사사,원융법계,원융보리성품(事事,圓融法界,圓融菩提性品)이다. 무애성(無礙性)은 자아의식(自我意識)이 끊어져 멸(滅)한 이사,무애원지,무염진여,성품세계(理事,無礙圓智,無染眞如,性品世界)이며, 원융성(圓融性)은 능소(能所)까지 끊어져 멸(滅)한 사사, 원융법계,원융각명,보리성품,세계(事事,圓融法界,圓融覺明,菩提性品,世界)이다.

　그러나, 이사무애(理事無礙)의 원지(圓智), 일(一)까지 초월(超越)해 벗어나, 승(乘)의 이름[名]에 일(一)까지 제거(除去)된 불승(佛乘)이 있다. 불승(佛乘)은, 지혜각력상승(智慧覺力上昇)으로 무명함장식(無明含藏識)이 타파(打破)되어 끊어져 멸(滅)한, 심부동,대열반성지(心不動,大涅槃性智)에 증입(證入)한 승(乘)이다. 승(乘)의 이름[名]이, 일(一)을 벗어난 지혜성품(智慧性品)은, 일체(一切) 깨달음의 무위지혜(無爲智慧) 중에, 일체,무위동각,지혜작용,성품세계(一切,無爲動覺,智慧作用,性品世界)를 벗어났으므로, 이사무애(理事無礙)의 무위동각작용(無爲動覺作用)인 원지(圓智)의 일(一)까지 끊어져 멸(滅)해, 승(乘)의 이름[名]이 일(一)까지 끊어진 불승(佛乘)이다. 무명함장식(無明含藏識)이 타파(打破)되어, 불승(佛乘)에 증입(證入)하기 전(前)까지의 일체무위지혜(一切無爲智慧)는, 무위동각,지혜작용(無爲動覺,智慧作用)의 성품세계(性品世界)이다. 왜냐하면, 동식(動識)을 전변(轉變)한 지혜성품(智慧性品)이므로, 그 전변지혜성품(轉變智慧性品) 또한, 동(動)의 무위지혜작용성품(無爲智慧作用性品)인 무위동각지(無爲動覺智)이다.

무위동각지(無爲動覺智)는, 6종식(六種識)이 끊어져 멸(滅)한 대승, 공성지(大乘,空性智)와 제7식(第七識) 자아의식(自我意識)이 끊어져 멸(滅)한 일승,무염진여지(一乘,無染眞如智)와 제8식(第八識) 능소출입식(能所出入識)이 끊어져 멸(滅)한 일불승,원융각명지(一佛乘,圓融覺明智)가 모두, 무위동각,지혜성품(無爲動覺,智慧性品)이다. 그러므로, 이사무애(理事無礙)의 원지(圓智) 또한, 동각지혜성품(動覺智慧性品)이므로, 무명함장식(無明含藏識)을 타파(打破)해 심부동,대열반성지(心不動,大涅槃性智)에 들면, 일체무위,동각지혜,성품(一切無爲,動覺智慧,性品)까지 초월(超越)해 벗어남으로, 승(乘)의 이름[名]에, 상(相)과 공(空)을 둘[二] 다 벗어난 이사무애(理事無礙)의 무위동각원지(無爲動覺圓智)인 일(一)까지 끊어져 멸(滅)해, 일불승(一佛乘)에서, 일(一)이 제거(除去)된 승(乘)의 이름[名]이, 불승(佛乘)이다.

그러므로, 무위동각지(無爲動覺智)인 대원경지(大圓鏡智)이어도, 무명함장식(無明含藏識)이 타파(打破)되지 않는다. 왜냐하면, 무명함장식(無明含藏識)은 일체동(一切動)이 끊어진, 부동,대열반,무기성품(不動,大涅槃,無記性品)이기 때문이다. 동각(動覺)으로는 무명함장식(無明含藏識)인 부동,대열반,무기성품(不動,大涅槃,無記性品)을 타파(打破)

할 수가 없다. 동각지혜성품(動覺智慧性品)에서 지혜각력상승(智慧覺力上昇)으로 무위동각,원융지혜,성품(無爲動覺,圓融智慧,性品)을 벗어나 무명함장식(無明含藏識)이 타파(打破)되어, 심부동,대열반성지(心不動,大涅槃性智)에 듦[入]으로, 비로소 부동,대열반,무기성품(不動,大涅槃,無記性品)이 타파(打破)되어 멸(滅)해, 이사무애(理事無礙)의 원지(圓智) 일(一)과 사사원융각명지(事事圓融覺明智)인 원융각명동각지(圓融覺明動覺智)까지 완전(婉轉)히 벗어나므로, 승(乘)의 이름[名]이, 무위무애원융지(無爲無礙圓融智)인 일(一)까지 끊어져 멸(滅)한 불승(佛乘)이다.

그러므로, 6종식(六種識)이 끊어져 멸(滅)한 대승(大乘)의 공성지혜세계(空性智慧世界)와 제7식(第七識)이 끊어져 멸(滅)한 일승(一乘)의 무염진여,성품세계(無染眞如,性品世界)와 제8식(第八識) 능소출입식(能所出入識)이 끊어져 멸(滅)한 일불승(一佛乘)의 원융각명,대원경지(圓融覺明,大圓鏡智)까지가, 무위동각지(無爲動覺智)인 무위동각,지혜작용,성품세계(無爲動覺,智慧作用,性品世界)이다. 제9식(第九識) 무명함장식(無明含藏識)은, 성품(性品)이 동(動)함 없는 부동대열반성품(不動大涅槃性品)이되, 무기부동,대열반성품(無記不動,大涅槃性品)이다. 대승유식론(大乘唯識論)에서는 함장식(含藏識)을 타파(打破)한 전변지혜(轉變智慧)가 대원경지(大圓鏡智)라고 하니, 이는, 부동열반무기성품(不動涅槃無記性品)을 타파(打破)한 전변지혜(轉變智慧)가, 오히려, 지혜퇴보(智慧退步)한 무위동각성품(無爲動覺性品)인 대원경지(大圓鏡智)가 됨이다.

그러므로 이는, 전변지혜,성품세계(轉變智慧,性品世界)에 대한 실증지혜(實證智慧)가 없어, 지혜미완(智慧未完)의 지견오류(知見誤謬)에 의한 왜곡견(歪曲見)이며, 왜곡론(歪曲論)이다. 이는, 이에 대한 실증지혜정안(實證智慧正眼)으로 정의정립(正義正立)한 실증실견,정지정론(實證實見,正智正論)이 아니므로, 유식지견(唯識知見)의 논리적(論理的) 유추(類推)와 추정(推定)에 의한 추정성립,론리체계(推定成立,論理體系)이다. 그러므로 이는, 전변지혜,실제사실(轉變智慧,實際事實)과 맞지 않은 지견오류(知見誤謬)이므로, 이는, 제식전변, 지혜섭리, 체계(諸識轉變,智慧攝理,體系)를 실증지혜정안(實證智慧正眼)으로 정립정의(正立正義)한 정지정론(正智正論)이 아닌, 지혜미완(智慧未完)의 사유(思惟)와 유추(類推)에 의해 추정설정건립(推定設定建立)된, 지견오류(知見誤謬)의 왜곡론리체계(歪曲論理體系)이다.

만약(萬若), 제8식(第八識) 능소출입식(能所出入識)을 타파(打破)해 대원경지(大圓鏡智)에 들면, 능소(能所)가 끊어져 멸(滅)한 대원경지(大圓鏡智)의 지혜(智慧)로, 온[全] 우주(宇宙) 만물(萬物)이 적멸적적, 청정부동,대열반성품(寂滅寂寂,淸淨不動,大涅槃性品) 속에 잠겨[潛]있음을 직접(直接) 보게 된다. 이것이 곧, 무명함장식(無明含藏識)임에도, 대원경지(大圓鏡智)에 든[入] 원융각명지혜(圓融覺明智慧)이어도, 이 청정부동,대열반성품(淸淨不動,大涅槃性品)을 청정본성(淸淨本性)이며, 청정불성(淸淨佛性)으로 인식(認識)하게 된다. 이 성품(性品)이, 바로 무명함장식(無明含藏識)임을 깨닫는 것은, 일체초월(一切超越) 불지(佛智)에 증입(證入)하는 그 순간(瞬間), 찰나(刹那)에 깨닫게 된다. 그러므로, 일체초월(一切超越) 불지(佛智)에 증입(證入)하기 이전(以前)에는, 이 적멸부동, 청정성품(寂滅不動, 淸淨性品)이 무명함장식(無明含藏識)임을 알 수가 없다. 왜냐하면, 일체초월(一切超越) 불지(佛智)에 증입(證入)하지 않으면, 온[全] 우주(宇宙) 만물(萬物)이 적멸적적, 청정부동, 대열반성품(寂滅寂寂, 淸淨不動, 大涅槃性品) 속에 잠겨[潛]있는, 이 불가사의(不可思議)한 청정부동, 대열반성품(淸淨不動, 大涅槃性品)이 파괴(破壞)되지 않기 때문이다. 또한, 이 성품(性品)이, 천지(天地)가 열리기 전(前)부터, 파괴(破壞)됨이 없는 무시무종성(無始無終性)으로 항상(恒常)하는 성품(性品)임을 깨닫고 있기 때문이다. 그러므로, 일불승(一佛乘)의 대원경지(大圓鏡智)와 불승(佛乘)의 심부동, 대열반성지(心不動, 大涅槃性智)에서는, 이 성품(性品)이 곧, 천지(天地)가 파괴(破壞)되어도, 파괴(破壞)되지 않는, 청정본성(淸淨本性)이며, 청정불성(淸淨佛性)으로 깨닫고 있다. 그러므로, 일체초월(一切超越) 불지(佛智)에 증입(證入)하기 이전(以前)에는 파괴(破壞)되지 않으며, 또한, 일체초월, 절대성(一切超越, 絕對性) 불지(佛智)에 증입(證入)하기 이전(以前)에는, 이 성품(性品)이 무명함장식(無明含藏識)임을 깨닫지 못한다.

그러면, 불승(佛乘)은, 무명함장식(無明含藏識)을 타파(打破)해 심부동, 대열반성지(心不動, 大涅槃性智)에 증입(證入)하였는데, 일체초월(一切超越) 불지(佛智)에 증입(證入)해야만 무명함장식(無明含藏識)이 타파(打破)된다는 것과 또한, 그러면, 불승(佛乘)이 타파(打破)한 무명함장식(無明含藏識)은 무엇이며, 또한, 불승(佛乘)이 타파(打破)

해 증입(證入)한, 심부동,대열반성지(心不動,大涅槃性智)의 성품(性品)은 무엇인지, 이에 실증지혜(實證智慧)가 없으면, 이를 가름할 수가 없다. 일불승(一佛乘)이 제8식(第八識) 능소출입식(能所出入識)을 타파(打破)해 대원경지(大圓鏡智)에 들고, 불승(佛乘)이 무명함장식(無明含藏識)을 타파(打破)해 심부동,대열반성지(心不動,大涅槃性智)에 든[入] 것을, 일불승(一佛乘)과 불승(佛乘)인 자기(自己)는, 무엇을 타파(打破)해, 어디에, 어떻게, 증입(證入)했는지를 모른다.

왜냐하면, 처음 겪는 상황(狀況)이며, 또한, 어떤 성품(性品)이 파괴(破壞)되면, 어떤 지혜성품(智慧性品)에 증입(證入)함을, 총체적(總體的)으로 모르기 때문이다. 또한, 이에 대한 지식(知識)이 있다 하여도, 지식(知識)은 유추(類推)하는 분별심(分別心)이니, 실증지혜성품(實證智慧性品)과 차별(差別)이 있으며, 또한, 지혜성품(智慧性品)은, 앎의 일체지식(一切知識)을 초월(超越)했기 때문에, 지식(知識)으로 가름한다고 이 실증지혜성품(實證智慧性品)을 알 수 있는 것이 아니다. 그러므로, 지식(知識)으로 알고 있는 것은, 상념(想念)의 차별세계(差別世界)이므로, 지혜성품(智慧性品)에 증입(證入)하면, 일체(一切) 앎의 지식(知識)과 식견(識見)의 세계(世界)가 파괴(破壞)되어 벗어나기 때문이다. 그러므로, 일체지식(一切知識)을 벗어난 것이 곧, 지혜성품(智慧性品)인 일체초월세계(一切超越世界)이다.

그러므로, 일체초월(一切超越) 불지(佛智)에 증입(證入)하기 이전(以前)에는, 어떤 제식(諸識)이 점차(漸次) 타파(打破)되어 멸(滅)해, 어떤 지혜성품(智慧性品)에 증입(證入)했는지를, 이에 대한 총체적(總體的) 실증지혜(實證智慧)가 없어, 스스로 점검(點檢)이 되지 않는다. 그러므로, 6종식(六種識)이 타파(打破)되어 멸(滅)해, 대승(大乘)의 공성지혜성품(空性智慧性品)인 이법계(理法界)에 증입(證入)하며, 또한, 제7식(第七識) 자아의식(自我意識)이 타파(打破)되어 멸(滅)해, 일승(一乘)의 무염진여성품(無染眞如性品)인 이사무애법계(理事無礙法界)에 증입(證入)하며, 또한, 제8식(第八識) 능소출입식(能所出入識)이 타파(打破)되어 멸(滅)해, 일불승(一佛乘)의 원융각명대원경지(圓融覺明大圓鏡智)인 사사원융법계(事事圓融法界)에 증입(證入)하며, 또한, 제9식(第九識) 무명함장식(無明含藏識)이 타파(打破)되어 멸(滅)해, 불승(佛乘)의 심부동,대열반성지(心不動,大涅槃性智)인 부동열반법계(不動涅槃法界)에 증입(證入)하며, 또한, 전변제식(轉變諸識)이 타파(打破)되어 멸(滅)한, 일체,무위지혜,성품세계(一切,無爲智慧,性品世界)를 또한, 벗어나, 일체초월(一切超越) 불성(佛性)에 증입(證入)하게 된다.

이 일체(一切) 총체적(總體的) 지혜점검(智慧點檢)은, 일체초월(一切超越) 불지(佛智)에 증입(證入)하기 이전(以前)에는 알 수가 없다. 왜냐하면, 성불(成佛)에 이르는 총체적(總體的) 지혜상승세계(智慧上昇世界)를 증험(證驗)하지 않았으며, 또한, 자기(自己) 증입(證入)의 지혜성품세계(智慧性品世界)를 처음 경험(經驗)하며, 또한, 자기(自己) 지혜성품세계(智慧性品世界)를 점검(點檢)할, 실증상지혜(實證上智慧)를 증득(證得)하지 않았기 때문이다. 그리고, 일체초월성(一切超越性) 불지(佛智)에 증입(證入)하지 않으면, 자기(自己)가 증입(證入)한 그 지혜성품경계(智慧性品境界)만 인지(認知)할 뿐, 스스로 자기(自己) 지혜성품(智慧性品)을 점검(點檢)할, 일체초월(一切超越) 불지혜(佛智慧)가 아니기 때문이다. 그러므로, 일체초월성(一切超越性) 불지(佛智)에 증입(證入)하기 이전(以前)에는, 자기(自己)가 증입(證入)한 지혜성품(智慧性品)을 감당(堪當)하며, 그에 맞닥뜨린 당면(當面)한 지혜상황경계(智慧狀況境界)를 인지(認知)하고 관찰(觀察)하며, 수용(受容)할 뿐이다.

그러나, 일체초월(一切超越) 불지(佛智)에 증입(證入)하면, 불지(佛智)의 증입(證入)에 이르기까지 실증지혜(實證智慧)로, 성불(成佛)에 이르는 제식성품, 전개체계(諸識性品, 展開體系)와 제식전변, 지혜상승, 섭리체계(諸識轉變, 智慧上昇, 攝理體系)와 일체, 유위무위, 차별차원, 성품특성(一切, 有爲無爲, 差別次元, 性品特性)에 대해, 총체적(總體的) 실증지혜정안(實證智慧正眼)으로 두루 밝게 명확(明確)히, 그리고, 확연(確然)히 지혜점검(智慧點檢)을 하게 된다. 그러므로, 제식전변지혜(諸識轉變智慧)로 지혜상승과정(智慧上昇過程)에서 타파(打破)해 벗어나는 제식관계(諸識關係)와 제식전변지혜(諸識轉變智慧)로 증입(證入)하는 무위지혜, 차별차원, 성품세계(無爲智慧, 差別次元, 性品世界)와 각각(各各) 차별승(差別乘)의 증득지혜, 실증성품세계(證得智慧, 實證性品世界)와 이 일체(一切) 총체적(總體的) 차별차원, 지혜세계(差別次元, 智慧世界)를 확연(確然)히, 지혜점검(智慧點檢)하고, 세밀(細密)히 정의정립, 정론점검(正義正立, 正論點檢)하게 되는 것은, 일체초월(一切超越) 불지(佛智)에 증입(證入)의 지혜상승, 실증과정(智慧上昇, 實證過程)에서, 제식타파,지혜상승(諸識打破,智慧上昇)하는 승(乘)의 무위지혜,차별차원,실증세계(無爲智慧,差別次元,實證世界)와 제식전변,지혜상승,성불과정,차별차원,각력상승,증입지혜,실증과정(諸識轉變,智慧上昇,成佛過程,差別次元,覺力上昇,證入智慧,實證過程)의 일체초월과정(一切超越過程)에서, 총체적(總體的) 지혜정안,실증안목(智慧正眼,實證眼目)을 두루 갖추기 때문이다.

그러므로, 어떤 깨달음으로, 누구나 자기증득지혜(自己證得智慧)를 드러내어도, 아직, 완전(完全)한 일체초월(一切超越) 불성(佛性)에 증입(證入)하지 못했으면, 중생무명성품(衆生無明性品)으로부터 성불과정,지혜증득체계(成佛過程,智慧證得體系)인 일체,유위무위,제식전변,지혜상승,성불체계(一切,有爲無爲,諸識轉變,智慧上昇,成佛體系)에 대해 실증지혜,과정세계(實證智慧,過程世界)를 언급(言及)하거나, 명확(明確)히 그 총체적(總體的) 실증지혜,과정경계(實證智慧,過程境界)을 드러낼 수가 없다. 그러므로, 여래(如來) 이후(以後)로, 자기(自己) 깨달음을 드러내는 지혜자(智慧者)는 많았어도, 아직, 어느 누구 하나, 명확(明確)히 성불과정체계(成佛過程體系)인 일체,유위무위,제식전변,지혜상승,성불과정,지혜체계(一切,有爲無爲,諸識轉變,智慧上昇,成佛過程,智慧體系)에 대해, 그 총체적(總體的) 실증지혜,상승과정,실증경계,지혜체계(實證智慧,上昇過程,實證境界,智慧體系)를 명확(明確)히 드러내거나 언급(言及)하는 바가 없어, 시대(時代)의 흐름 속에 깨달음의 지혜자(智慧者)는 많았어도, 명확(明確)한 지혜상승,무위지혜,차별차원,성불과정,지혜체계(智慧上昇,無爲智慧,差別次元,成佛過程,智慧

體系)인, 중생무명(衆生無明)을 벗어나는 일체,유위무위,제식전변,지혜상승,성불체계(一切,有爲無爲,諸識轉變,智慧上昇,成佛體系)의 명확(明確)한 지혜정로(智慧正路), 그 실증지혜,과정세계(實證智慧,過程世界)에 대한 것은, 찾아볼 수가 없다. 만약(萬若), 일체초월(一切超越) 불지(佛智)에 완전(完全)히 증입(證入)하지 않았으면, 깨달음으로 드러내는 그 지혜성품(智慧性品)은, 아직, 일체초월(一切超越) 완전(完全)한 불성(佛性)이 아니라는 사실(事實)이다. 그러므로, 깨달음의 자성(自性)이라고 드러내는 그 깨달음이, 완전(完全)한 일체초월(一切超越) 불성증입(佛性證入) 깨달음이 아니면, 깨달음 지혜(智慧)로 드러내는 그 자성(自性)은, 아직, 일체초월(一切超越) 불성(佛性)이 아니다. 그리고, 그 깨달음이, 시각(始覺)과 본각(本覺) 일체(一切)가 끊어져, 법신불성(法身佛性)과 보신불성(報身佛性)과 화신불성(化身佛性)까지 끊어져, 3신불성(三身佛性)이 끊어진 가운데, 무연일신(無然一身) 중에 홀연(忽然)히 3신불행(三身佛行)이 시현(示顯)되지 않으면, 아직, 그 깨달음은, 일체초월(一切超越) 불성증입(佛性證入)이 아니므로, 그 깨달음으로 드러내는 자성(自性) 또한, 일체초월(一切超越) 여래(如來)의 불성(佛性)이 아니다.

그리고, 불승(佛乘)이, 무명함장식(無明含藏識)인 부동대열반,무기성품(不動大涅槃,無記性品)을 타파(打破)해, 심부동,대열반성지(心不動,大涅槃性智)에 증입(證入)하였어도, 홀연(忽然)히 청정부동,대열반성품(淸淨不動,大涅槃性品)에 들었을 뿐, 자기(自己) 스스로는, 무명함장식(無明含藏識)을 타파(打破)했는지, 부동대열반,무기성품(不動大涅槃,

無記性品)을 타파(打破)했는지, 또한, 무명성품(無明性品)을 타파(打破)했는지, 또한, 제9식(第九識) 함장식(含藏識)을 타파(打破)했는지, 또한, 일체무위,동각지혜,성품(一切無爲,動覺智慧,性品)을 벗어났는지, 이를 가름하지 못한다. 다만, 홀연(忽然)히 증입(證入)한, 불가사의(不可思議)한 심청정부동,대열반성품(心淸淨不動,大涅槃性品)이 곧, 영원(永遠)히 파괴(破壞)되지 않는 청정본성(淸淨本性)이며, 청정불성(淸淨佛性)으로, 인지(認知)할 뿐이다.

또한, 처음 겪는 심청정부동,대열반성품(心淸淨不動,大涅槃性品)을 수용(受容)하고 감당(堪當)하며, 그 심부동,지혜경계(心不動,智慧境界)를 인지(認知)하고, 자세(仔細)히 관찰(觀察)하고 사유(思惟)하며, 그 부사의심,부동성품경계(不思議心,不動性品境界)의 수용수순행(受容隨順行)을 할 뿐이다. 불승(佛乘)이 타파(打破)한 것은, 제9식(第九識) 무명함장식(無明含藏識)인 부동대열반,무기성품(不動大涅槃,無記性品)이다. 이를 타파(打破)해 증입(證入)한, 심부동,대열반성지(心不動,大涅槃性智)는, 부동대열반,무기성품(不動大涅槃,無記性品)인 무명함장식(無明含藏識)을 타파(打破)한, 심부동대열반,무위체성지(心不動大涅槃,無爲體性智)로, 성품무기성(性品無記性)이 타파(打破)되어 끊어져 멸(滅)한, 심부동지(心不動智)인 심청정부동,대열반성지(心淸淨不動,大涅槃性智)이다.

그리고, 제8식(第八識) 능소출입식(能所出入識)을 타파(打破)해 멸(滅)해, 능소(能所) 없는 원융각명,대원경지(圓融覺明,大圓鏡智)가 열리어, 쌍차쌍조, 원융각명작용(雙遮雙照, 圓融覺明作用)에 증입(證入)한 일불승(一佛乘)은, 대원경지(大圓鏡智)의 원융각명, 지혜작용(圓融覺明, 智慧作用)으로, 온[全] 우주만물(宇宙萬物)이 적멸적적, 청정부동, 대열반성품(寂滅寂寂, 淸淨不動, 大涅槃性品) 속에 잠겨[潛] 있음을 보게 된다. 대원경지(大圓鏡智)에서는 이 청정부동, 대열반성품(淸淨不動, 大涅槃性品)이, 영원(永遠)히 파괴(破壞)되지 않는 무시무종성(無始無終性)으로, 우주(宇宙)의 태초성품(太初性品)인 청정본성(淸淨本性)이며, 청정불성(淸淨佛性)으로 인지(認知)할 뿐, 무명함장식(無明含藏識)임을 깨닫지 못한다. 왜냐하면, 부사의(不思議)한 능소(能所) 없는 원융각명, 지혜성품, 작용세계(圓融覺明, 智慧性品, 作用世界)를 처음 겪게 되며, 또한, 적멸적적, 청정부동, 대열반성품(寂滅寂寂, 淸淨不動, 大涅槃性品)이 곧, 쌍차쌍조행(雙遮雙照行)이 이루어지는, 원융각명, 지혜작용(圓融覺明, 智慧作用)의 청정부동, 대열반체성(淸淨不動, 大涅槃體性)임을, 원융각명지혜(圓融覺明智慧)로 명확(明確)히 깨닫고 있기 때문이다.

그러므로, 일불승(一佛乘) 대원경지(大圓鏡智)의 지혜(智慧)로는, 적멸적적, 청정부동, 대열반성품(寂滅寂寂, 淸淨不動, 大涅槃性品)이 곧, 청정불성(淸淨佛性)으로 인지(認知)함으로, 원융각명, 대원경지(圓融覺明, 大圓鏡智)의 성품(性品)을 또한, 벗어나, 적멸적적, 청정부동, 대열반성품(寂滅寂寂, 淸淨不動, 大涅槃性品)까지 타파(打破)해, 벗어나야 함을 인식(認識)하지도 못한다. 왜냐하면, 대원경지(大圓鏡智)의 지혜성품작용(智慧性品作用)인, 원융각명, 쌍차쌍조, 지혜성품, 작용(圓融覺明, 雙遮雙照, 智慧性品, 作用) 속에서, 적멸적적, 청정부동, 대열반성품(寂

滅寂寂, 淸淨不動, 大涅槃性品)이 곧, 불성(佛性)이며, 또한, 원융각명작용(圓融覺明作用)이 곧, 불지(佛智)임을 인식(認識)할 뿐, 이를 또한, 타파(打破)해 벗어나야할 바를 모르기 때문이다. 그리고 또한, 이 원융각명, 대원경지(圓融覺明, 大圓鏡智)를 벗어나야 하는 지혜성품(智慧性品)임을 모르며, 또한, 이 지혜성품세계(智慧性品世界)를 어떻게 벗어나야 할지를 알지도 못한다.

그러므로, 대원경지(大圓鏡智)에서는, 무명함장식(無明含藏識)인 적멸적적, 청정부동, 대열반성품(寂滅寂寂, 淸淨不動, 大涅槃性品)이 곧, 청정본성(淸淨本性)이며, 청정불성(淸淨佛性)으로 인식(認識)할 뿐, 무명함장식(無明含藏識)임을 알지 못한다. 그리고, 대원경지(大圓鏡智)의 지혜성품(智慧性品)은 무위동각, 지혜성품(無爲動覺, 智慧性品)이므로, 이 쌍차쌍조, 원융각명, 동각지혜, 성품(雙遮雙照, 圓融覺明, 動覺智慧, 性品)이 타파(打破)되어 끊어져 멸(滅)하기 전(前)에는, 무명함장식(無明含藏識)을 타파(打破)할 수가 없다. 왜냐하면, 무명함장식(無明含藏識)은 동각지혜성품(動覺智慧性品)으로는 타파(打破)할 수 없는, 부동, 대열반, 무기성품(不動, 大涅槃, 無記性品)이기 때문이다. 무명함장식(無明含藏識)을 타파(打破)해, 일체초월(一切超越) 불지(佛智) 증입(證入)의 그 순간(瞬間) 찰나(刹那)에, 비로소 이 성품(性品)이 곧, 무명함장, 부동대열반, 성품(無明含藏, 不動大涅槃, 性品)이었음을 깨닫게 된다.

대원경지(大圓鏡智)의 지혜성품(智慧性品) 속에 있을 때에는, 온[全] 우주(宇宙)에 충만(充滿)한, 시초(始初) 없고 생멸(生滅) 없는 적멸적적,청정부동,대열반성품(寂滅寂寂,淸淨不動,大涅槃性品)이 곧, 본성체성(本性體性)이며 열반불성(涅槃佛性)으로 인식(認識)하며, 그 청정부동,대열반성품(淸淨不動,大涅槃性品)이, 대원경지(大圓鏡智)의 지혜작용(智慧作用)의 체성(體性)임을 명확(明確)히 깨닫고 있으므로, 대원경지(大圓鏡智)의 각명지혜(覺明智慧)로도, 그 성품(性品)이, 12인연법(十二因緣法)의 무명성품(無明性品)임을 알 수가 없다. 그 성품(性品)이 중생(衆生)의 근본(根本)인 무명함장식(無明含藏識)이었음을 깨닫는 것은, 일체초월(一切超越) 불지(佛智)에 증입(證入)하는 그 순간(瞬間), 찰나(刹那)이다.

대원경지(大圓鏡智)에서는, 온[全] 우주(宇宙)에 무한무변(無限無邊) 두루 충만(充滿)한 적멸적적,청정부동,대열반성품(寂滅寂寂,淸淨不動,大涅槃性品)이, 본래(本來) 시종(始終) 없고 생멸(生滅) 없이, 하늘[天]과 땅[地]이 열리기 그 이전(以前)부터 항상(恒常)했던, 우주(宇宙)의 근본성품(根本性品)이므로, 영원(永遠)히 파괴(破壞)되지 않는 성품(性品)임을 깨닫고 있다. 그러나, 홀연(忽然)히 지혜각력상승(智慧覺力上昇)하면, 온[全] 우주(宇宙)에 무한,무변충만,불가사의성품(無限,無邊充滿,不可思議性品)인 적멸적적,청정부동,대열반성품(寂滅寂寂,淸淨不動,大涅槃性品)을 또한, 타파(打破)해, 이를 벗어나, 지혜각력상승(智慧覺力上昇)을 하게 된다.

지혜각력상승(智慧覺力上昇)으로 대원경지(大圓鏡智)의 원융각명동각(圓融覺明動覺)을 벗어나며, 청정부동,대열반성품(淸淨不動,大涅槃性

品)인 무명함장식(無明含藏識)이 타파(打破)되어, 심부동,대열반성지(心不動,大涅槃性智)인 불승지(佛乘智)에 들면, 그 지혜성품(智慧性品)이 무위동각,지혜작용(無爲動覺,智慧作用)까지 끊어져 멸(滅)한 심청정,대열반성지(心淸淨,大涅槃性智)이므로, 무엇이라 말할 수 없는 불가사의(不可思議) 심청정부동,대반열반성(心淸淨不動,大般涅槃性)이다. 이는, 일체,무위동각,지혜성품(一切,無爲動覺,智慧性品)까지 끊어져 멸(滅)한 불가사의(不可思議) 불승지혜(佛乘智慧)이어서, 그 성품(性品)이 파괴(破壞)되거나 깨어지지 않는 성품(性品)임을 또한, 깨닫고 있으므로, 그 성품(性品)이 곧, 일체초월(一切超越) 청정본성(淸淨本性)이며, 청정불성(淸淨佛性)으로 인식(認識)할 뿐, 그 성품(性品)을 또한, 벗어나야 할, 심무위부동,열반체성지(心無爲不動,涅槃體性智)임을 알지 못한다.

이 불승지혜,실증경계(佛乘智慧,實證境界)를, 금강삼매경(金剛三昧經)의 진성공품(眞性空品)에서, 여래(如來)에 이르는 마지막 전(前) 과정(過程)인, 행위(行位)로써, 모든 수행지[修行地:動覺地]를 벗어나, 마음에 취사[取捨:覺行]가 멸(滅)해, 지극(至極)한 청정근(淸淨根)의 성품(性品)인 대반열반(大般涅槃)으로, 오직 성품(性品)이 공(空)한 무한(無限)에 이른 것이라고 하였다. 그러나, 이 성품(性品)이 곧, 타파(打破)해 벗어나야 할 무위열반체성(無爲涅槃體性)임을 깨닫는 것은, 그 성품(性品)을 타파(打破)해, 일체초월(一切超越) 불지(佛智)에 증입(證入)함으로, 그 성품(性品)이 타파(打破)되는, 심무위부동,열반체성지(心無爲不動,涅槃體性智)임을 깨닫게 된다.

지금(只今), 왜? 제8식(第八識) 능소출입식(能所出入識)이 끊어져 멸(滅)한 일불승(一佛乘)의 대원경지(大圓鏡智)와 제9식(第九識) 함장식(含藏識)이 끊어져 멸(滅)한 불승(佛乘)의 심부동,대열반성지(心不動,大涅槃性智)에 대해 논(論)하는가 하면, 능소(能所)가 끊어져 멸(滅)해, 능소(能所)를 벗어나지 못하면, 능소(能所) 없는 지혜성품(智慧性品)을 알 수가 없고, 또한, 제8식(第八識) 능소출입식(能所出入識)이 끊어져 멸(滅)한 일불승(一佛乘) 대원경지(大圓鏡智)와 제9식(第九識) 함장식(含藏識)이 끊어져 멸(滅)한 불승(佛乘)의 심부동,대열반성지(心不動,大涅槃性智)는, 불가사의(不可思議)한 전변지혜,성품세계(轉變智慧,性品世界)이므로, 일체초월(一切超越) 불지(佛智)가 아니면, 이 성품세계(性品世界)와 이 성품,차별차원(性品,差別次元)을 알 수가 없기 때문이다.

6조단경(六祖壇經)의 지혜(智慧)인 정혜일체론(定慧一體論) 등(等)이, 제8식(第八識) 능소출입식(能所出入識)이 끊어져 멸(滅)한 일불승(一佛乘) 대원경지(大圓鏡智)의 지혜성품경계(智慧性品境界)이다. 제9식(第九識) 무명함장식(無明含藏識)이 끊어져 멸(滅)한 불승(佛乘)의 심부동,대열반성지(心不動,大涅槃性智)에 들면, 정(定)은 혜(慧)의 체(體)이며, 혜(慧)는 정(定)의 용(用)인, 정혜일체(定慧一體)도 끊어져 멸(滅)한다. 그리고, 정혜일체(定慧一體)가 타파(打破)되어 끊어져 멸(滅)한 부동지(不動智)인, 심부동,대열반성지(心不動,大涅槃性智)도 끊어져 멸(滅)한 성품(性品)이, 시각(始覺)과 본각(本覺)이 둘[二] 다 끊어져 멸(滅)해 벗어난, 일체초월(一切超越) 무생결정성(無生結定性)인 곧,

불성(佛性)이다.

6종근(六種根)이 끊어져 멸(滅)한 무아성지(無我性智)이어도, 능소(能所)를 벗어나지 못했으며, 6종식(六種識)이 끊어져 멸(滅)해 대승공성지(大乘空性智)에 들었어도 능소(能所)를 벗어나지 못했으며, 제7식(第七識)이 끊어져 멸(滅)한 이사무애법계(理事無礙法界)에 든, 일승(一乘)의 무염진여성지(無染眞如性智)이어도 능소(能所)를 벗어나지 못했다. 왜냐하면, 아직, 제8식(第八識) 능소출입식(能所出入識)이 끊어져 멸(滅)하지 않았기 때문이다. 그러므로, 대승(大乘)도 상(相)을 벗어난 공성(空性)을 벗어나지 못하고, 일승(一乘)도 이사무애(理事無礙)의 무염진여성(無染眞如性)에는 들었으나, 지혜(智慧)가 일체상(一切相)과 일체공(一切空)에도 걸리거나 물듦[染]이 없어, 그 지혜(智慧)가 무엇에도 물듦 없는 무염청정진여성(無染淸淨眞如性)이어도, 능소(能所)를 벗어나지 못해, 지혜(智慧)가 원융(圓融)하지를 못하다.

능소(能所) 속에서, 그 어떤 생각[思考]과 논리(論理)와 유추(類推)와 추론(推論)을 하여도, 그 일체(一切)가 대(對)의 능소(能所)를 벗어나지는 못한다. 또한, 말[言]과 논리(論理)와 그 어떤 진리(眞理)를 생각[類推]해도, 그 말[言]과 논리(論理)와 그 진리(眞理) 또한, 대(對)의 능소(能所)를 벗어나지 못한다. 그 까닭[緣由]은, 능소(能所)를 벗어나 대(對)가 끊어져 멸(滅)한 것이 어떤 상태(狀態)이며, 어떤 성품(性品)이며, 어떤 지혜(智慧)이며, 어떤 성품법계(性品法界)인가를 알 수도 없고, 또한, 모르기 때문이다. 그리고, 무엇을 논(論)하여도, 대

(對)의 능소(能所)를 벗어난 그 자체(自體)의 성품(性品)과 지혜(智慧)가 아니므로, 그 논(論)과 지혜성품작용(智慧性品作用)에는, 대(對)인 능(能)과 소(所), 상(相)과 공(空), 염(染)과 정(淨), 망(妄)과 진(眞), 체(體)와 용(用), 시각(始覺)와 본각(本覺), 정(定)과 혜(慧), 열반(涅槃)과 보리(菩提) 등(等)의 대(對)의 관계(關係) 속에서 이루어지는, 대(對)의 차별성품경계(差別性品境界)이다.

왜냐하면, 능소(能所)를 벗어나지 못하면, 대(對)의 능소(能所) 속에서의 사고(思考)와 지식(知識)과 지혜(智慧)와 지견(知見)에 의지(依支)하고 바탕한, 능소분별(能所分別)을 벗어나지 못한, 능소(能所) 속 유추(類推)의 가정(假定)과 추론(推論)의 분별심(分別心)이기 때문이다. 능소(能所)는 곧, 대(對)이니, 일체대(一切對)를 벗어나지 못했으면, 능소(能所) 속의 소견(所見)이며, 지견(知見)이며, 지견(智見)이다. 대(對)에는 상(相)의 대(對)가 있으며, 견(見)의 대(對)가 있으며, 지혜(智慧)의 대(對)가 있으며, 성품(性品)의 대(對)가 있다. 이 일체(一切)를 벗어나야, 일체초월(一切超越) 본성(本性)과 불성(佛性)을 깨닫게 된다. 왜냐하면, 일체초월성(一切超越性) 본성(本性)과 불성(佛性)에는, 일체상(一切相)의 대(對)와 일체견(一切見)의 대(對)와 일체지혜(一切智慧)의 대(對)와 일체성품(一切性品)의 대(對)를 초월(超越)했기 때문이다.

불이(不二)도 무위불이(無爲不二)와 본성불이(本性不二)가 있다. 무위불이(無爲不二)는 깨달음 증득(證得)에 의한 유무상공불이(有無相空

不二)이니, 이는 곧, 무위공성지혜(無爲空性智慧)이다. 그러므로 무위불이(無爲不二)인 무위공성(無爲空性)은, 깨달음 증득견(證得見)이므로, 깨달음인 증득상(證得相)과 지견상(智見相)과 지혜상(智慧相)과 깨달음 시각(始覺)과 체(體)의 본각(本覺)이 있으며, 또한, 깨달음의 지혜작용(智慧作用)인 각식(覺識)과 각아(覺我)의 지혜각조작용(智慧覺照作用)이 있다. 그러나, 본성불이(本性不二)는 일체초월(一切超越) 무생절대성(無生絶對性)인 무연무생,결정성(無然無生,結定性)이므로, 일체대(一切對)가 끊어져 멸(滅)해, 깨달음도, 증득(證得)도, 시각(始覺)과 본각(本覺)도, 각식(覺識)과 각아(覺我)도, 일체,지혜작용,각조(一切,智慧作用,覺照)도 끊어졌다. 왜냐하면, 일체대(一切對)가 끊어져 멸(滅)한 무생결정성(無生結定性)이기 때문이다. 이 성품(性品)이 곧, 불성(佛性)이다. 이 불성여래장(佛性如來藏)은 곧, 무생여래장(無生如來藏)으로 곧, 제불본성(諸佛本性)이다. 이 무생결정성(無生結定性)인 여래장불성(如來藏佛性)의 무생공능세계(無生功能世界)는, 불가사의(不可思議) 일체초월,절대성(一切超越,絶對性)이다.

상(相)의 대(對)는 유무분별(有無分別)의 일체(一切)이며, 견(見)의 대(對)는 유위(有爲)와 무위(無爲)의 일체견(一切見)이며, 지혜(智慧)의 대(對)는 정(定)과 혜(慧), 열반(涅槃)과 보리(菩提)의 일체지혜(一切智慧)이며, 성품(性品)의 대(對)는 체(體)와 용(用), 시각(始覺)과 본각(本覺), 동(動)과 부동(不動), 염(染)과 정(淨), 망(妄)과 진(眞)의 일체성품(一切性品)이다. 이 일체대(一切對)를 벗어난 일체초월성품(一切超越性品)이 곧, 본성(本性)이며 불성(佛性)이다.

대반열반경(大般涅槃經) 제8권 문자품(文字品)에, "무량한 보살(菩薩)들이, 모든 바라밀(波羅蜜)과 내지 10주(十住:十地)를 구족(具足)하게 행(行)하더라도, 가히, 불성(佛性)이 있음을 능히, 보지 못하느니라." 하였다.

"無量菩薩雖具足行諸波羅蜜 乃至十住 猶未能見所有佛性"

제8식(第八識) 능소출입식(能所出入識)이 끊어져 멸(滅)한 일불승(一佛乘)의 대원경지(大圓鏡智)나, 제9식(第九識) 무명함장식(無明含藏識)이 끊어져 멸(滅)한 불승(佛乘)의 심부동,대열반성지(心不動,大涅槃性智)는, 보살(菩薩)의 무위심층,지혜세계(無爲深層,智慧世界)이다. 제8식(第八識) 능소출입식(能所出入識)이 끊어져 멸(滅)한 일불승(一佛乘)의 대원경지(大圓鏡智)와 제9식(第九識) 무명함장식(無明含藏識)이 끊어져 멸(滅)한 불승(佛乘)의 심부동,대열반성지(心不動,大涅槃性智) 속에 있어도, 일체초월성(一切超越性) 불성(佛性)을 보지도, 알지도 못한다. 그리고, 대반열반경(大般涅槃經)의 부처님 말씀처럼, 깊은 보살지(菩薩智)이어도 아직, 일체초월성(一切超越性) 불성(佛性)을 보지도, 알지도 못한다. 일체초월성(一切超越性) 불성(佛性)을 보지도, 알지도 못하기에, 깨달음을 얻고, 깊은 무위지혜(無爲智慧) 속에 있어도, 그를 보살(菩薩)이라고 하며, 그 지혜(智慧)를 보살지(菩薩智)라고 한다. 왜? 보살(菩薩)이라고 하는가 하면, 제식전변(諸識轉變)의 깨달음으로 무생법인(無生法忍)인 무위성품지혜(無爲性品智慧)에 증입(證入)하였어도 아직, 지혜(智慧)가, 일체초월성(一切超越性) 불성(佛性)에 증입(證入)하지 못했기 때문이다. 불성(佛性)에 증입(證入)한 완전(完全)한 지혜(智慧)를, 일체초월(一切超越) 불지(佛智)라고 하며, 일체초월성(一切超越性) 불성(佛性)의 지혜(智慧)를 일러 불지혜(佛智慧)라고 한다.

대승유식론사(大乘唯識論師)들이, 제식종(諸識種)을 8종식(八種識)으로 규정(規定)하고 정의(定義)하여, 대승유식론체계(大乘唯識論體系)의 최종식(最終識)인 제8식(第八識)의 성품(性品)을 함장식(含藏識)으로 정의(定義)하였다. 그리고, 제8식(第八識)에는 염분(染分)과 정분(淨分)의 두[二] 식종(識種)이 있음을 설정(設定)하여, 함장식(含藏識)을 염분(染分)으로, 본성(本性)을 정분(淨分)으로 규정(規定)하고 정의(定義)하였다. 그러므로, 제8식(第八識) 함장식(含藏識)에, 본성(本性)을 정분(淨分)으로 함께 묶어, 제8식(第八識)에 대한 개념정의(槪念定義)를 설정(設定)하여, 제8식(第八識) 함장식(含藏識)의 전변지혜(轉變智慧)가 대원경지(大圓鏡智)라고 정의(定義)한 대승유식론(大乘唯識論)의 유식론지(唯識論智)는 실제사실(實際事實)과 달라, 지혜미완(智慧未完)으로 왜곡(歪曲)된 지견오류(知見誤謬)이다.

그러므로, 대승유식론(大乘唯識論)에서 함장식(含藏識)의 전변지혜(轉變智慧)를 대원경지(大圓鏡智)라고 정의(定義)한 것은, 사실(事實)과 다른 지견오류(知見誤謬)이니, 이는, 불지정론(佛智正論)의 10종식체계(十種識體系) 중, 제8식(第八識) 능소출입식(能所出入識)이 타파(打破)되어 끊어져 멸(滅)한 대원경지(大圓鏡智)의 일불승(一佛乘)도 아니며, 그리고, 제9식(第九識) 무명함장식(無明含藏識)이 타파(打破)되어 끊어져 멸(滅)한 심부동, 대열반성지(心不動, 大涅槃性智)의 불승(佛乘)도 아니며, 그리고 또한, 불성(佛性)을 깨달아, 일체초월(一切超越) 불성(佛性)에 증입(證入)한, 불지(佛智)도 아니다. 그러므로, 대승유식론(大乘唯識論)의 유식체계(唯識體係)는, 실증지혜정안(實證智慧正眼)으로 정의정립(正義正立)한 실증정지, 정론체계(實證正智, 正論體系)가 아니므로, 이에 대한 실증지혜(實證智慧)가 없는, 지혜미완(智慧未完)의 지견(知見)에 의지(依支)한 유추(類推)와 추정(推定)에 의한 추정설정, 론지론설(推定設定, 論知論說)이므로, 실제사실(實際事實)과 달라, 지견오류(知見誤謬)의 왜곡(歪曲)된 부분(部分)이 있는, 논지론설(論智論說)이다.

대승유식론(大乘唯識論)의 맥(脈)을 이은 유식론사(唯識論師)인 진제삼장(眞諦三藏)스님은, 제8식(第八識)의 염분(染分)과 정분(淨分) 중, 정분(淨分)은 아마라식(阿摩羅識)인 무구식(無垢識)이므로, 제8식(第八識) 염분(染分)과 분리(分離)하여, 정분(淨分)을 제9식(第九識)으로 식종(識種)을 분류(分類)하였다. 그러나, 약, 100년[百年] 후(後)의 유식론사(唯識論師)인 원측(圓測)스님께서는, 제8식(第八識) 함장식(含藏識)인 염분(染分)을 전변(轉變)하면 대원경지(大圓鏡智)이며, 또, 대원경지(大圓鏡智)는 여래(如來)의 무구식(無垢識)이므로, 염분(染分)이 곧, 정분(淨分)이 됨으로, 제8식(第八識)의 정분(淨分)을, 염분(染分)과 분류(分類)하여, 정분(淨分)을 제9식(第九識)으로 식종(識種)을 분리(分離)하여 규정(規定)하는 것은 부당(否當)함을, 해심밀경소(解深密經疏)에서 밝혔다.

진제삼장(眞諦三藏)스님께서는, 제8식(第八識)의 정분(淨分)이 아마라식(阿摩羅識)인 무구식(無垢識)이라는 단순(單純), 분류(分類)보다, 실증지혜(實證智慧)로 제8식(第八識) 정분(淨分)에 대해, 명확(明確)한 실증지혜(實證智慧)에 의한, 그 성품(性品)의 특성(特性)과 그리고, 여래(如來)의 아마라식(阿摩羅識)인 무구식(無垢識)의 성품실증경계(性品實證境界)에 대해 명확(明確)히 규명(糾明)하여, 제8식(第八識)의 정분(淨分)과 여래(如來)의 아마라식(阿摩羅識)인 무구식(無垢識)의 성품(性品)이 어떻게, 같고 다름에 대한, 두[二] 성품실증경계(性品實證境界)를 명확(明確)히 정의정론(正義正論)하여 밝히지는 못했다. 이것을 명확(明確)히 실증지혜정안(實證智慧正眼)으로 정의정립정론(正義正立正論)하려면, 총체적(總體的) 유식성품세계(唯識性品世界)를 벗어난, 일체초월(一切超越) 불지(佛智)이어야 한다.

　원측(圓測)스님께서는, 제식,전변지혜,성품세계(諸識,轉變智慧,性品世界)에 대해 실증지혜(實證智慧)가 없어, 함장식(含藏識)이 전변(轉變)한 증득지(證得智)인 대원경지(大圓鏡智)가, 무위보살지혜(無爲菩薩智慧)이며, 일체초월(一切超越) 불지(佛智)의 대원경지(大圓鏡智)가 아님을 몰랐다. 그러므로, 여래공덕장엄경(如來功德莊嚴經)에 대원경지(大圓鏡智)가 여래(如來)의 무구식(無垢識)임을 설(說)한 구절(句節)에 의지(依支)해, 진제삼장(眞諦三藏)스님의 견해(見解)가 옳지 않음을, 해심밀경소(解深密經疏)에서 설명(說明)하고 있다. 그러나, 이는, 자기견해(自己見解)를 정당화(正當化)하는, 실증지혜(實證智慧) 없는 지혜미완(智慧未完)의 지견오류(知見誤謬)에 의한 합리화(合理化)일 뿐, 이 논리(論理)와 견해(見解)에는, 실증지혜(實證智慧)가 없는 성품왜곡(性品歪曲)과 논지오류(論智誤謬)의 모순점(矛盾點)이 있음을, 원측(圓測)스님 자기(自己)는 모른다.

왜냐하면, 이에 대한 총체적(總體的) 실증지혜(實證智慧)가 없어, 전변지혜(轉變智慧)인 증득무위, 대원경지(證得無爲, 大圓鏡智)의 지혜성품(智慧性品)과 일체초월(一切超越) 불지(佛智)인 본연, 무생불성, 대원경지(本然, 無生佛性, 大圓鏡智)의 지혜성품(智慧性品) 차원(次元)이 다름을 실증(實證)하지 못하였기 때문이다. 전변지혜(轉變智慧)인 대원경지(大圓鏡智)의 지혜성품(智慧性品)은, 무위지혜, 원융각명, 성품(無爲智慧, 圓融覺明, 性品)인 보살지(菩薩智)이며, 일체초월(一切超越) 불지(佛智)인 대원경지(大圓鏡智)의 지혜성품(智慧性品)은 무생, 결정성, 여래장, 무생공능성품(無生, 結定性, 如來藏, 無生功能性品)인 일체초월, 절대성(一切超越, 絕對性) 불지불성(佛智佛性)이다. 만약(萬若), 원측(圓測)스님께서 실증지혜(實證智慧)가 있었다면, 여래공덕장엄경(如來功德莊嚴經)의 구절(句節)에 의지(依支)하지 않고, 자기(自己) 실증지혜, 정안정지(實證智慧, 正眼正智)의 실증성품경계(實證性品境界)로, 명확(明確)히 그 사실(事實)을 규명(糾明)하면 된다. 그러나, 이에 대한 실증지혜(實證智慧)가 없었으므로, 제8식(第八識) 함장식(含藏識)의 성품(性品)에 대해 명확(明確)히 꿰뚫어 타파(打破)하지 못했음과 그리고, 함장식(含藏識)의 전변지혜(轉變智慧)에 대한 자기지견(自己知見)의 오류(誤謬)만 드러내었다. 그리고 또한, 함장식(含藏識)의 전변지혜(轉變智慧)가 대원경지(大圓鏡智)가 아닌, 심부동, 대열반성지(心不動, 大涅槃

性智)임도 몰랐다.

그리고, 원측(圓測)스님께서, 전변지혜(轉變智慧)의 대원경지(大圓鏡智)와 일체초월(一切超越) 불지(佛智)의 대원경지(大圓鏡智)가 같은 동일성품(同一性品)임을 증명(證明)하고자, 경(經)의 구절(句節)을 끌어다, 자기(自己) 견해(見解)를 합리화(合理化)한 것도, 지견오류(知見誤謬)이니, 이는, 이에 대한 실증지혜(實證智慧)가 없었기 때문이다. 왜냐하면, 여래(如來)의 무구식(無垢識)과 여래(如來)의 대원경지(大圓鏡智)의 성품(性品)은, 일체초월(一切超越) 불성본지(佛性本智)이며, 전변지혜(轉變智慧)나 증득지(證得智)는 불성본지(佛性本智)가 아닌, 무위지혜성품(無爲智慧性品)임을 몰랐기 때문이다. 만약(萬若), 일체초월(一切超越) 불지(佛智)에 증입(證入)하지 않으면, 무위성품(無爲性品)과 일체초월(一切超越) 무생불성(無生佛性)의 차별차원(差別次元)과 차별성품(差別性品)이 어떻게 다른가를 명확(明確)히 알 수가 없다.

그러므로, 제식전변지혜(諸識轉變智慧)로 무위성품지혜(無爲性品智慧)에 증입(證入)한 무위보살지(無爲菩薩智)이어도, 무위성품(無爲性品)을 초월(超越)한 일체초월성(一切超越性)인 불성(佛性)을 알 수가 없다. 그러므로, 아직, 무위지혜(無爲智慧)에도 증입(證入)하지 않았거나, 또는, 무위지혜(無爲智慧)에 증입(證入)하였어도, 본성(本性)이나, 불성(佛性)을 무위성품(無爲性品)으로 인식(認識)하는 경우(境遇)가 있다. 이는, 무위성품(無爲性品)과 무생불성(無生佛性)의 차별성(差別性)을 가름할 일체초월지혜(一切超越智慧)가 없기 때문이다. 이 차별성(差別性)을 정의정립정론(正義正立正論)하거나, 명확(明確)히 지혜점검(智慧點檢)하려면, 일체초월(一切超越) 불지(佛智)에 증입(證入)해야 한다. 일체초월(一切超越) 불지(佛智)가 아니면, 무위성품(無爲性品)과 무생불성(無生佛性)의 차별성(差別性)을 요별(了別)할 수가 없다.

그러므로, 무위성품(無爲性品)을 일체초월,절대성(一切超越,絕對性) 중도(中道)로 알거나, 또는, 일체초월성(一切超越性) 불성(佛性)으로 인식(認識)하거나, 무위견(無爲見)을, 불지혜(佛智慧) 불법정견(佛法正見)으로 인식(認識)하거나, 공가중(空假中)의 무위공성지혜(無爲空性智慧)를 불법중도(佛法中道)로 인식(認識)하거나 한다. 이 무위(無爲)와 무위공성(無爲空性)은, 일체초월,절대성(一切超越,絕對性) 불법중도(佛法中道)가 아니다. 왜냐하면, 무위(無爲)는, 일체초월성(一切超越性) 불성(佛性)이 아니며, 또한, 일체초월(一切超越) 불지(佛智)가 아니기 때문이다. 무생무연무상각(無生無然無上覺)인 일체초월(一切超越) 불성불지(佛性佛智)에 증입(證入)해야, 비로소, 일체초월성(一切超越性) 불성(佛性)을 깨닫게 되며, 또한, 불지혜(佛智慧) 10여시(十如是)의 실상(實相)과 무생무연여래실상(無生無然如來實相)인, 일체초월(一切超越) 불지혜(佛智慧) 3법인(三法印)의 실상(實相)을 확연(確然)히 깨닫게 된다.

무위(無爲)는, 일체유위상(一切有爲相)과 일체유위견(一切有爲見)이 타파(打破)되어 끊어져 멸(滅)한, 깨달음과 증득(證得)에 의한 무위공성지혜세계(無爲空性智慧世界)이다. 이는, 일체초월(一切超越) 절대무생(絶對無生)이 아닌, 무위무생(無爲無生)을 깨달은 무생법인지(無生法忍智)로, 그 깨달음과 증득(證得)의 지혜성품(智慧性品) 깊이에 따라, 무위공성지혜세계(無爲空性智慧世界)의 차별차원(差別次元)이 있다. 이 공성지혜세계(空性智慧世界)의 차별차원(差別次元)에 따라, 무위보살지(無爲菩薩智)의 차별차원(差別次元)이 다르다. 이것이 곧, 제식전변, 지혜성품, 차별차원(諸識轉變, 智慧性品, 差別次元)인, 대승(大乘), 일승(一乘), 일불승(一佛乘), 불승(佛乘)의 승(乘)의 차별지혜세계(差別智慧世界)이며, 또한, 보살, 차별지혜, 세계(菩薩, 差別智慧, 世界)이다.

일체초월성(一切超越性) 불성(佛性)은, 일체, 무위성품, 차별차원, 세계(一切, 無爲性品, 差別次元, 世界)와 일체, 무위지혜, 차별차원, 지혜(一切, 無爲智慧, 差別次元, 智慧)를 모두 벗어난, 일체초월, 절대성(一切超越, 絶對性)인 무생여래결정성(無生如來結定性)이다. 그러므로, 무위(無爲)는, 지혜과정지혜(智慧過程智慧)일 뿐, 불법(佛法)도 아니며, 불지혜(佛智慧)도 아니며, 불성(佛性)도 아니며, 불법중도(佛法中道)도 아니며, 불법실상(佛法實相)도 아니며, 불성견성(佛性見性)도 아니며, 무생열반(無生涅槃)도 아니며, 무상지혜(無上智慧)도 아니다. 왜냐하면, 무위(無爲)는, 상견상심(相見相心)을 벗어난 무생법인지(無生法忍智)로, 무위보살지(無爲菩薩智)이기 때문이다. 무위(無爲)를 깨달아, 무생법인지(無生法忍智)에 증입(證入)한 보살(菩薩)을, 보살(菩薩)이라고 하는 까닭[緣由]은, 상견상심(相見相心)을 타파(打破)해 벗어나 무위(無爲)를 깨달아, 무위무생법인지(無爲無生法忍智)인 무위지혜(無爲智慧)에 증입(證入)하였으나, 아직, 일체초월,절대성(一切超越,絕對性) 불성(佛性)을 깨닫지 못해, 그 지혜(智慧)를 일러, 보살(菩薩)이라고 한다.

불지정론(佛智正論)의 제8식(第八識) 능소출입식(能所出入識)이 타파(打破)되어 끊어져 멸(滅)해 대원경지(大圓鏡智)에 들고, 또한, 이 대원경지(大圓鏡智)를 타파(打破)해 벗어나, 일체초월(一切超越) 불지(佛智)에 증입(證入)하지 않으면, 전변지혜(轉變智慧)인 증득지(證得智)의 대원경지(大圓鏡智)와 일체초월성(一切超越性) 불성불지(佛性佛智)의 대원경지(大圓鏡智)가 다름을 알 까닭[緣由]이 없다. 왜냐하면, 이에 대한 실증지혜(實證智慧)가 없기 때문이며, 또한, 총체적(總體的) 실증지혜정안(實證智慧正眼)이 열린, 일체초월(一切超越) 불지(佛智)가 아니기 때문이다. 그러므로, 대승유식론(大乘唯識論)의 제8식(第八識) 함장식(含藏識)인 염분(染分)이 전변(轉變)하여 든[入] 정분(淨分)이 곧, 본성(本性)이 아니라는 사실(事實)을, 원측(圓測)스님은 몰랐다. 왜냐하면, 함장식(含藏識)을 타파(打破)한 전변지혜(轉變智慧)인 대원경지(大圓鏡智)가 곧, 여래청정성품(如來淸淨性品)이라고, 해심밀경소(解深密經疏)에 언급(言及)하여 논설(論說)하였으나, 이 논지론설(論智論說)이 곧, 이에 대한 실증지혜정안(實證智慧正眼)이 없는, 지견오류(知見誤謬)의 논설(論說)이기 때문이다.

그 까닭[緣由]은, 함장식(含藏識)의 전변지혜(轉變智慧)가 대원경지

(大圓鏡智)가 아닌, 심부동,대열반성지(心不動,大涅槃性智)임을 몰랐으며, 또한, 전변증득지혜(轉變證得智慧)의 무위대원경지(無爲大圓鏡智)와 일체초월(一切超越) 절대성(絕對性), 불성불지(佛性佛智)의 대원경지(大圓鏡智)가 성품차원(性品次元)이 다름을 인지(認知)하지 못했기 때문이다. 이는, 이에 대한 실증지혜(實證智慧)가 없었기 때문이며, 또한, 이를 명확(明確)히 지혜점검(智慧點檢)할, 일체초월(一切超越) 불지(佛智)가 아니었기 때문이다. 실제(實際), 전변지혜(轉變智慧)로 대원경지(大圓鏡智)에 증입(證入)하여도, 전변지혜(轉變智慧)의 대원경지(大圓鏡智)와 일체초월성(一切超越性) 불성불지(佛性佛智)의 대원경지(大圓鏡智)가, 서로 다른 지혜성품(智慧性品)임을 알 수가 없다. 그러므로, 일체초월(一切超越) 불성불지(佛性佛智)에 증입(證入)함으로, 그제야, 전변지혜(轉變智慧)의 대원경지(大圓鏡智)는 무위원융,대원경지,성품(無爲圓融,大圓鏡智,性品)이며, 불성불지(佛性佛智)의 대원경지(大圓鏡智)는 무생본성,불성불지,대원경지(無生本性,佛性佛智,大圓鏡智)임을 확연(確然)히 깨닫게 된다. 그러므로, 일체초월(一切超越) 불지(佛智)에 증입(證入)하면, 전변지혜(轉變智慧)인 무위보살,대원경지(無爲菩薩,大圓鏡智)와 불성불지,대원경지(佛性佛智,大圓鏡智)가 지혜성품(智慧性品)이 다름을 확연(確然)히 깨닫게 된다. 그리고 또한, 함장식(含藏識)을 전변(轉變)하면, 사실(事實) 대원경지(大圓鏡智)가 아닌, 심부동,대열반성지(心不動,大涅槃性智)이다.

그러므로, 함장식(含藏識)의 전변지혜(轉變智慧)를 대원경지(大圓鏡智)라고 함은, 이에 대한 실증지혜(實證智慧)가 없는 지견오류(知見

誤謬)이며, 이는, 전변지혜,섭리체계(轉變智慧,攝理體系)를 왜곡(歪曲)함이다. 그러므로 만약(萬若), 함장식(含藏識)을 전변(轉變)하여 대원경지(大圓鏡智)에 들었다면, 대원경지(大圓鏡智)에 든[入] 전변식(轉變識)은 함장식(含藏識)이 아닌, 능소출입식(能所出入識)이 타파(打破)되어, 능소(能所)가 끊어져 멸(滅)한 것이다. 또한 만약(萬若), 능소출입식(能所出入識)이 아닌, 함장식(含藏識)을 전변(轉變)한 전변지혜(轉變智慧)가 맞다면, 그 전변지혜(轉變智慧)는 대원경지(大圓鏡智)가 아닌, 심부동,대열반성지(心不動,大涅槃性智)이다. 논리(論理)가 아무리 완전(完全)한 것 같아도, 그에 대한 실증지혜(實證智慧)가 없으면, 그 논리(論理)의 왜곡(歪曲)인 오류(誤謬)의 모순점(矛盾點)을 알 수가 없다.

또한 만약(萬若), 그 논리(論理)가 실제(實際) 사실(事實)과 어긋나는 왜곡(歪曲)된 모순(矛盾)이 있다면, 그 논리(論理)는, 논리(論理)로서의 정당(正當)한 가치(價値)와 그 논리(論理)의 실의(實義)인 정명(正命)이 당연(當然)히 존재(存在)해야 할, 정의(正義)를 상실(喪失)한, 왜곡론(歪曲論)이다. 그리고, 사실(事實)과 다른 왜곡(歪曲)된 유식론리(唯識論理)는, 유식론리(唯識論理)의 명제(命題)와 정의(正義)와 논의(論義)의 정명(正命)의 가치(價値)를 상실(喪失)한 것이다. 유식론리(唯識論理)는 제식성품(諸識性品)과 제식체계(諸識體系)와 전변지혜,성품세계(轉變智慧,性品世界)의 실제사실(實際事實)을 실증정의,정립정론(實證正義,正立正論)하여 밝히는 실증지혜,정안세계(實證智慧,正眼世界)이므로, 사실(事實)을 논증(論證)하고, 규명(糾明)하며, 정의(正義)하는 실증정립, 정지정론(實證正立, 正智正論)이어야 한다.

그러므로, 유식론(唯識論)은, 사실(事實)을 실증지혜정안(實證智慧正眼)으로 정의정립(正義正立)하여 증명(證明)하고, 실제(實際)를 규명(糾明)하는 실증정지, 증명정론(實證正智, 證明正論)이므로, 만약(萬若), 논리체계(論理體系)가 사실(事實)과 달라, 사실(事實)을 왜곡(歪曲)하고, 성품(性品)과 섭리(攝理)가, 실제(實際) 사실(事實)과 다른 지견오류(知見誤謬)의 모순(矛盾)이 있다면, 그 논리(論理)는, 논리(論理)의 정명(正命)을 잃어, 사실(事實)을 왜곡(歪曲)한 왜곡론(歪曲論)이다. 그러므로, 실증사실론(實證事實論)이며, 실증규명론(實證糾明論)이어야 할 유식론(唯識論)이, 이에 대한 명확(明確)한 실증지혜(實證智慧)가 없어, 지혜미완(智慧未完)의 유추(類推)와 추론(推論)에 의지(依支)해, 추정(推定)하고 설정(設定)한, 지견오류(知見誤謬)의 유식체계(唯識體係)이면, 이는, 유식정론(唯識正論)이 아닌 유식왜곡론(唯識歪曲論)이다. 무엇이든, 실증지혜정안(實證智慧正眼)으로 실체사실(實體事實)을 명확(明確)히 보는 것과 지식(知識)과 식견(識見)에 의지(依支)해 이해(理解)하는 것은, 서로 다른 괴리감(乖離感)이 있다.

이는, 눈[眼]으로 코끼리[象]를 보는 것과 맹인(盲人)이 손[手]으로 코끼리[象]의 일부분(一部分)만 만져보고 아는 것과 눈[眼]으로 보지도 않았고, 손[手]으로 코끼리[象]를 만져보지도 않은 것을, 코끼리[象]에 대한 이야기로만 듣고, 마음 속으로 상상(想像)하는 코끼리[象]는, 실제(實際)와 다른 차이점(差異點)이 있음과 같다. 그러다, 만약(萬若), 눈[眼]으로 코끼리[象]를 보게 되면, 자기(自己)가 상상(想像)했던 코끼리[象]와 다른 차이점(差異點)이 무엇인지를 명확(明確)히 알 수가 있다.

만약(萬若), 제8식(第八識)의 염분(染分)과 정분(淨分)을, 실증지혜(實證智慧)로 증험(證驗)하지 않으면, 성품(性品) 밖에서, 제8식(第八識)의 정분(淨分)이 본성(本性)임을 설정(設定)하고 규정(規定)한 그 성품(性品)이, 대승유식론(大乘唯識論)의 제식체계(諸識體系)를 성립(成立)한 본의(本意)와 달리, 곧, 일체선악(一切善惡)과 일체유무상(一切有無相)과 일체제식심(一切諸識心)과 일체지견심(一切知見心), 그 무엇에도 이끌림이 없고, 물듦 없는 성품청정무기성(性品淸淨無記性)인 무명함장식(無明含藏識)이며, 청정부동, 대열반, 무기성품(淸淨不動, 大涅槃, 無記性品)임을 알지 못한다. 왜냐하면, 본성(本性)은 일체초월성(一切超越性)으로, 제8식(第八識) 염분(染分)인 함장식(含藏識)과 추정설정(推定設定)의 정분(淨分)인 본성(本性)의 두[二] 성품(性品)을, 모두 벗어났기 때문이다.

그리고 또한, 제8식(第八識) 염분(染分)인 함장식(含藏識)이 함장식(含藏識)이 아니라, 대원경지(大圓鏡智)에 드는 전변식(轉變識)인 능소출입식(能所出入識)임을 깨닫게 된다. 함장식(含藏識)은 12인연법(十二因緣法) 중, 동(動)함 없는 부동무기성(不動無記性)인 무명(無明)이며, 능소출입식(能所出入識)은 무명(無明) 다음 행(行)의 성품(性品)이다. 그러므로, 실증지혜(實證智慧)가 없으면, 원측(圓測)스님처럼,

제8식(第八識)의 정분(淨分)을, 곧, 여래(如來)의 청정무구식(淸淨無垢識)이며, 아마라식(阿摩羅識)인 본성(本性)으로 인식(認識)하거나, 사량(思量)하거나, 유추(類推)하거나, 추론(推論)하게 된다.

그리고, 사실(事實)은, 염분(染分)과 정분(淨分)이 함께하는 제8식(第八識)의 정분(淨分)인 본성(本性)은, 실증지혜정안(實證智慧正眼)의 정지정립본성(正智正立本性)이 아닌, 실증지혜(實證智慧)가 없는 논리설정(論理設定)에 의한 추정건립,론리본성(推定建立,論理本性)이므로, 이는, 실증지혜,정립본성(實證智慧,正立本性)이 아닌, 추정건립,가정본성(推定建立,假定本性)이다. 그러므로, 제8식(第八識)의 정분(淨分)인 본성(本性)을 깨닫고 보면, 논리성립(論理成立)의 본의(本意)와 달리, 본성(本性)이 아닌, 청정부동,성품무기성(淸淨不動,性品無記性)인 무명부동함장식(無明不動含藏識)이다. 실증지혜(實證智慧) 없는 추정설정성품(推定設定性品)과 실제성품(實際性品)이 다름은, 그 성품(性品)의 실증지혜(實證智慧)에 증입(證入)해야만, 그 허(虛)와 실(實)을 명확(明確)히 점검(點檢)할 수가 있다.

왜냐하면, 일체초월성(一切超越性) 불성(佛性)은, 염분(染分)과 염분(染分)을 벗어난 정분(淨分)의 두[二] 성품(性品), 모두를 초월(超越)했기 때문이다. 또한, 본성(本性)은, 보리(菩提)와 열반(涅槃)의 두[二] 성품(性品)까지 초월(超越)하여, 일체견(一切見)과 일체지혜(一切智慧)와 일체성품(一切性品)의 차별성(差別性)을 모두, 초월(超越)한, 일체초월,절대성(一切超越,絶對性)이다. 만약(萬若), 총체적(總體的) 유식성품세계(唯識性品世界)인 일체,유위무위,유식성품,세계(一切,有爲無爲, 唯識性品,世界)를 증험(證驗)하지 않으면, 유식(唯識)의 심층성품세계 (深層性品世界)를 모두 다 알지 못하며, 또한, 전변지혜,성품세계(轉 變智慧,性品世界)에 대해 알 수가 없으므로, 제8식(第八識)의 성품(性 品)에 대해, 왜곡(歪曲)된 유추(類推)와 사량(思量)과 추론(推論)으로, 뜻[意]과 달리, 지견오류(知見誤謬)를 범(犯)하게 된다.

그렇게 되는 까닭[緣由]은, 유식성품세계(唯識性品世界)는 유추(類 推)와 추론(推論)의 분별(分別)로 알 수 있는 성품세계(性品世界)가 아 니기 때문이다. 그리고 또한, 깨달음을 얻은 무위보살지(無爲菩薩 智) 속에 있어도, 아직, 유식성품세계(唯識性品世界)를 모두 다 벗어 난, 일체초월(一切超越) 불지(佛智)가 아니므로, 총체적(總體的) 유식 성품세계(唯識性品世界)를 모두 다 알 수는 없다. 그리고, 제식종(諸 識種)을 8종식(八種識)으로 분류(分類)한, 대승유식론체계(大乘唯識論 體系)의 제8식(第八識)에는, 정분(淨分)을 본성(本性)으로 설정(設定)하 고 규정(規定)하였음으로, 제7식(第七識) 다음 식(識)부터 본성(本性) 에 이르기까지, 서로 다른 차별차원(差別次元) 성품(性品)이 함께 연 계중첩(連繫重疊)해 있는 논리체계(論理體系)이다. 만약(萬若), 일체초 월(一切超越) 불지(佛智)에 증입(證入)한 실증지혜(實證智慧)가 없으면, 이 사실(事實)을 명확(明確)히 알 수가 없다.

대승유식론체계(大乘唯識論體系)의 제8식(第八識)에는 제7식(第七 識) 이후식(以後識)부터 본성(本性)까지 제식종(諸識種)이 있는 중첩복합식(重疊複合識)이다. 제8식(第八識) 속에는, 능소출입식(能所出入識)과 함장식(含藏識)과 그리고, 능소출입식(能所出入識)의 전변지혜(轉變智慧)인 대원경지(大圓鏡智)와 함장식(含藏識)의 전변지혜(轉變智慧)인 심부동, 대열반성지(心不動, 大涅槃性智)와 그리고, 일체초월, 절대성(一切超越, 絶對性) 본성(本性)인, 불성(佛性)까지 있는 중첩복합식(重疊複合識)이다. 이 모든 식종성품(識種性品)을 정지정론(正智正論)하려면, 일체초월(一切超越) 불지(佛智)에 증입(證入)해야 한다. 왜냐하면, 무명제식(無明諸識)과 제식전변지혜(諸識轉變智慧)까지 완전(完全)히 타파(打破)해 벗어난, 일체초월(一切超越) 불지(佛智)이어야만, 이 연계중첩성품(連繫重疊性品)의 특성(特性)에 대해, 명확(明確)히 밝게 실증정지, 정의정론(實證正智, 正義正論)할 수가 있기 때문이다. 만약(萬若), 일체초월(一切超越) 불지(佛智)에 증입(證入)하지 않으면, 각각(各各) 제식(諸識)과 제식전변, 무위지혜, 차별차원, 성품세계(諸識轉變, 無爲智慧, 差別次元, 性品世界)를 총체적(總體的)으로 총괄(總括)하여 밝게 알며, 지혜점검(智慧點檢)할, 지혜정안(智慧正眼)을 갖추지 못한다. 이를 밝게 앎이 여래(如來)의 도종지(道種智) 중에 하나이다.

●마명보살(馬鳴菩薩)의 대승기신론(大乘起信論)

대승유식론(大乘唯識論)보다, 시대적(時代的) 앞선 차이(差異)는 있겠으나, 이 심(心)의, 심염분(心染分)과 심정분(心淨分)의 일심2문(一心二門) 체계(體系)의 논리적(論理的) 구성(構成)이, 마명보살(馬鳴菩薩)

이 지은 대승기신론(大乘起信論)이다. 대승기신론(大乘起信論)은 일심(一心)의 세계(世界)를, 생사윤회(生死輪廻)에 물든 염분(染分)인 심생멸문(心生滅門)과 생사윤회(生死輪廻)에 물듦 없는 정분(淨分)인 심진여문(心眞如門)을 건립(建立)한 논지론설(論智論說)이 곧, 대승기신론(大乘起信論)이다. 만약(萬若), 염분(染分)인 심생멸문(心生滅門)과 정분(淨分)인 심진여문(心眞如門)이 함께한다면, 이 논(論)의 진여(眞如)는, 청정본성(淸淨本性)인 청정불성(淸淨佛性)이 아니다.

왜냐하면, 청정본성(淸淨本性)인 청정불성(淸淨佛性)은, 염(染)과 정(淨), 망(妄)과 진(眞)의 두[二] 대(對)의 성품(性品)을 다 벗어난, 무생결정성(無生結定性)이기 때문이다. 진여(眞如)의 실상(實相)에는, 생사생멸(生死生滅)에 물듦 없는 진여(眞如), 그 자체(自體)도 없다. 무생결정성(無生結定性)에, 그 어떤 무엇을 건립(建立)할, 일법(一法)이나, 일성(一性)이라도 있으면, 곧, 망(妄)이다. 마명보살(馬鳴菩薩)이 일심2문(一心二門)을 건립(建立)하여, 심생멸문(心生滅門)과 심진여문(心眞如門)으로 논(論)한, 심진여문(心眞如門)은 청정본성(淸淨本性)이며, 청정불성(淸淨佛性)으로 논설(論說)하고 있으나, 그 논리(論理)는 심생멸문(心生滅門)과 심진여문(心眞如門)인 일심2문(一心二門)을 건립(建立)하여도, 본성(本性)인 불성(佛性)은, 일체대(一切對)가 끊어져 심진여(心眞如)도 없어, 일심2문(一心二門)이 끊어졌다. 만약(萬若), 심생멸(心生滅)을 벗어난 심진여(心眞如)가 곧, 미망(迷妄)임을 깨달으면, 심생멸(心生滅)을 벗어난 심진여(心眞如) 또한, 곧, 벗어나야 할, 대(對)의 성품(性品)임을 깨닫게 된다.

염(染)을 벗어나 정(淨)에 들고, 망(妄)을 벗어나 진(眞)에 드는 이 것은, 무명(無明)의 환(幻) 속, 환심(幻心)이며, 상견(相見) 속의 취사심(取捨心)이며, 증득(證得)의 2견심(二見心) 분별(分別)인 상심상견(相心相見)이다. 이것이 상심(相心)의 무명(無明)이며, 상견(相見)의 중생심(衆生心)이다. 본래(本來) 불성(佛性)에는, 벗어나야 할 염(染)도 없고, 증득(證得)해야 할 정(淨)도 없다. 본래(本來) 일체초월(一切超越) 청정무생(淸淨無生)이니, 여읠 것이 본래(本來) 없고, 증(證)하고 들[入] 곳이 본래(本來) 끊어졌다. 이것을 깨달음이, 무명(無明)의 환(幻)을 벗어남이다. 만약(萬若), 얻으려[得] 하거나, 증(證)하려 하면, 아직, 상견상심(相心相見)을 벗어나지 못했다. 만약(萬若), 얻었거나, 증(證)한 것이 있다면, 이 또한, 상심상견(相心相見)이다. 더 깨달아, 본래(本來) 얻을 것도, 증(證)할 것도 없는 일체초월성(一切超越性)을 깨달아야, 얻었음과 증(證)한 환각(幻覺)까지 벗어나게 된다. 못 깨달은 자(者)는 못 깨달았음이 상(相)이고, 깨달은 자(者)는 깨달았음이 상(相)이다. 못 깨달은 자(者)와 깨달은 자(者)의 상(相)의 경계(境界)는 같을 수가 없으나, 아직, 못 깨달았음과 이미, 깨달았음의 그 아(我)가 있음은, 다를 바가 없다. 무상불지(無上佛智)에는, 못 깨달은 자(者)도 없고, 깨달은 자(者)도 없다. 왜냐하면, 본래(本來) 청정성품(淸淨性品)에는, 그러한 티끌[妄塵]의 미망견(迷妄見)이 없기 때문이다.

아직, 차별(差別) 속에 있으면, 그것이 무명(無明)이며, 중생(衆生)이다. 깨닫고, 깨닫지 못함이 지혜(智慧)가 아니다. 지혜(智慧)란 곧,

불성(佛性)이니, 불성(佛性)이 아니면, 아직, 차별(差別) 속에 있음의 식계(識界)이다. 무상도(無上道)에는, 차별(差別) 속에 있음을 지혜(智慧)라고 하지 않는다. 일체차별(一切差別)을 벗어난 성품(性品)을 일러 지혜(智慧)라고 한다. 차별(差別) 속에 있는 지혜(智慧)는, 그것이 정(定)이어도 망(妄)이며, 혜(慧)이어도 망(妄)이며, 염(染)을 벗어난 정(淨)이어도 망(妄)이며, 망(妄)을 벗어난 진(眞)이어도, 혹(惑)이다. 진여(眞如)가 곧, 나[自]이니, 벗어날 것이 본래(本來) 없고, 보리(菩提)가 곧, 나[自]이니, 깨달을 것이 본래(本來) 없고, 열반(涅槃)이 곧, 나[自]이니, 멸(滅)할 것이 본래(本來) 없다. 내가 곧, 일체초월(一切超越) 진여(眞如), 보리(菩提), 열반(涅槃)임을 모르면, 염(染)을 벗어나 진여(眞如)에 들려 하고, 미혹(迷惑)을 벗어나 보리(菩提)를 증득(證得)하려 하며, 생멸(生滅)을 벗어나 열반(涅槃)에 들려고 한다. 이 일체(一切)가, 나[自] 곧, 일체초월(一切超越) 본래(本來) 그대로 진여(眞如), 보리(菩提), 열반(涅槃)임을 모르는 분별심(分別心)이다. 나[自] 그 자체(自體)가 본래(本來) 진여(眞如), 보리(菩提), 열반(涅槃)이니, 무엇을 얻을 것도 본래(本來) 없다. 왜냐하면, 내가 일체초월(一切超越) 진여(眞如)를 벗어난 곳에 있는 것도 아니며, 또한, 내가 일체초월(一切超越) 진여(眞如)를 잃은 어디에 있는 것도 아니기 때문이다. 그리고, 일체초월(一切超越) 열반(涅槃)이 곧, 나[自]이니, 내가 일체초월(一切超越) 열반(涅槃)을 벗어난 곳에 있는 것도 아니며, 또한, 내가 일체초월(一切超越) 열반(涅槃)을 잃은 어디에 있는 것도 아니기 때문이다. 그리고, 일체초월(一切超越) 보리(菩提)가 곧, 나[自]이니, 내가 일체초월(一切超越) 보리(菩提)를 벗어난 곳에 있는 것도 아니며, 또한, 내가 일체초월(一切超越) 보리(菩提)를 잃은 어디에 있는 것도 아니기 때문이다.

그러나, 진여(眞如)를 구하려 하고, 열반(涅槃)에 들려 하며, 보리(菩提)를 증득(證得)하려 함이 곧, 나[自] 아닌 분별(分別)이며, 식(識)이다. 일체초월(一切超越) 진여(眞如), 열반(涅槃), 보리(菩提)가 곧, 본래(本來) 나[自]이니, 내[我]가 나[自]를 얻을 수 없고, 증득(證得)할 수 없으며, 깨달을 수가 없다. 왜냐하면, 진여(眞如)가 진여(眞如)를 깨닫거나, 얻거나, 증득(證得)할 수가 없기 때문이다. 그러므로, 깨달았거나, 얻었거나, 증득(證得)한 것은 일체초월(一切超越) 진여(眞如)가 아닌, 차별(差別) 속에 있는 증득(證得)의 분별심(分別心)이다. 또한, 열반(涅槃)은, 열반(涅槃)을 구(求)하거나 증득(證得)할 수가 없으며, 또한, 보리(菩提)는, 보리(菩提)를 구(求)하거나 증득(證得)할 수가 없다. 왜냐하면, 자(自)가 그대로 본래(本來) 곧, 일체초월(一切超越) 보리(菩提)이며 열반(涅槃)이기 때문이다. 그러므로, 진여(眞如), 열반(涅槃), 보리(菩提)가 곧, 일체초월(一切超越) 불성(佛性)이니, 자(自)가 일체초월(一切超越) 불성(佛性)이므로, 구(求)하거나 증득(證得)할 수가 없다. 단지(但只), 나[自]의 성품(性品)이, 본래(本來) 일체초월(一切超越) 무염진여(無染眞如)이며, 본래(本來) 일체초월(一切超越) 무생열반(無生涅槃)이며, 본래(本來) 일체초월(一切超越) 원융보리(圓融菩提)임을 명확(明確)히 깨달으면, 본래(本來) 나[自], 그대로 곧, 일체초월,절대성(一切超越,絕對性) 청정불성(淸淨佛性)임을 깨닫게 된다.

그러므로 만약(萬若), 진여(眞如)를 구(求)하려 하거나, 증득(證得)하려 하거나, 또는 구(求)했다고 생각[認識]하거나, 증득(證得)했다고 생각[認識]하는 그 생각[認識]은 곧, 망(妄)이며 미혹(迷惑)이다. 왜냐하면, 그렇게 생각[認識]하는 그 생각[認識] 자체(自體)가, 본래(本來) 나[自], 일체초월(一切超越) 진여(眞如), 보리(菩提), 열반(涅槃)이 아닌, 곧, 미혹상념(迷惑想念)의 상견(相見)이니, 그것이 곧, 중생심(衆生心)인 미망(迷妄)이기 때문이다. 그리고 또한, 보리(菩提)와 열반(涅槃)을 구(求)하려 하거나, 증득(證得)하려 하거나, 또는 구(求)했다고 생각[認識]하거나, 증득(證得)했다고 생각[認識]하는 그 생각[認識]은 곧, 망(妄)이며 미혹(迷惑)이다. 왜냐하면, 그것이 본래(本來) 나[自], 일체초월성(一切超越性)이 아닌, 환(幻)의 미혹상견(迷惑相見)이며, 아직, 중생심(衆生心)을 벗어나지 못한 무명망견(無明妄見)이기 때문이다.

무엇을 지니고 있어, 여의려 하며, 무엇을 잃어 구(求)하거나 증득(證得)하려 함이 곧, 본래(本來) 나[自], 일체초월(一切超越) 진여(眞如), 보리(菩提), 열반(涅槃)임을 모르는 미혹(迷惑)이다. 그러므로, 염(染)을 벗어나 정(淨)에 들고, 망(妄)을 벗어나 진(眞)에 듦[入]이, 미혹(迷惑)의 망심(妄心)이다. 나[自] 본래(本來) 일체초월(一切超越) 무염진여(無染眞如), 각명보리(覺明菩提), 무생열반(無生涅槃), 청정불성(淸淨佛性)이니, 염(染)을 벗어나 진여(眞如)에 들[入] 자(者)가 본래(本來) 없고, 미혹(迷惑)을 벗어나 보리(菩提)에 들[入] 자(者)가 본래(本來) 없고, 생멸(生滅)을 벗어나 열반(涅槃)에 들[入] 자(者)가 본래(本

來) 없다. 깨닫고 증득(證得)하는 이 일체(一切)가 곧, 무명(無明)의 환(幻)이다. 만약(萬若), 일체초월(一切超越) 진여(眞如), 보리(菩提), 열반(涅槃)이 곧, 나[自] 아니면, 곧, 나[自] 아닌, 무명상심상견(無明相心相見) 속에 있음이니, 곧, 미혹(迷惑)을 나[自]라고 생각[認識]하고 있으며, 무명(無明)을 나[自]라고 생각[認識]하고 있으며, 중생(衆生)을 나[自]라고 생각[認識]하는 미망(迷妄)의 환(幻) 속에 있음이다.

그러므로, 본래(本來) 본성(本性)인, 일체초월(一切超越) 불성(佛性)에 증입(證入)할 때에는, 일체(一切) 깨달음과 깨달음의 지혜(智慧)와 깨달음으로 얻은 일체(一切) 증득(證得)이, 찰나(刹那)에 흔적(痕迹) 없이 끊어져 멸(滅)한다. 왜냐하면, 깨닫고, 증득(證得)한 일체(一切)가 곧, 무명(無明)이며, 환(幻)이기 때문이다. 깨달았음과 증득(證得)했음을 아직, 지니고 있으면, 그 자체(自體)가 곧, 미혹(迷惑)을 벗어나지 못한 무명(無明)이며, 환(幻)이다. 이는 곧, 자기(自己) 자성(自性)이 곧, 일체초월(一切超越) 진여(眞如)이며, 보리(菩提)이며, 열반(涅槃)임을 깨닫지 못했음이다. 그러므로, 나[自] 본래(本來) 일체초월,절대성(一切超越,絕對性)임을 깨달으면, 깨달음의 일체(一切)가 곧, 무명(無明)이며, 환(幻)임을 깨닫게 된다. 왜냐하면, 내[我]가, 일체초월,절대성(一切超越,絕對性)이 나[自]임을 알지 못함을 일러, 무명(無明)이라 하며, 미혹(迷惑)이라 하며, 상심상견중생(相心相見衆生)이라 할 뿐, 구(求)하지 못했고, 증득(證得)하지 못했으며, 완성(完成)하지 않았으므로, 중생(衆生)이며, 무명(無明)이라 하지 않는다. 왜냐하면, 구(求)하려 하고, 증득(證得)하려 하며, 완성(完成)하려 함이 곧, 나[自]의 본래(本來) 성품(性品)이기 때문이다. 그러므로, 보고 듣는 이 성품(性品)이 곧, 나의 본래(本來) 일체초월(一切超越) 진여(眞如), 보리(菩提), 열반(涅槃)인 청정불성(淸淨佛性)이므로, 본래(本來), 구(求)할 것 없고, 증득(證得)할 것 없으며, 완성(完成)할 것 없는, 나의 본연(本然), 일체초월(一切超越) 성품(性品)이기 때문이다.

유식성품(唯識性品) 중에는, 지식(知識)과 인식(認識)과 유추(類推)와 사유(思惟)와 불법적(佛法的) 식견(識見)으로도 이해(理解)되지 않고, 이해(理解)할 수 없는, 괴리감(乖離感)이 있는 사실(事實)이 있다. 그 것은, 이에 대한 실증지혜(實證智慧)가 없으면, 전혀 알 수도 없고, 또한, 그 사실(事實)에 대한 실증지혜(實證智慧)의 말[言]을 듣고도, 직접(直接) 증험(證驗)해 보지 않는 사실(事實)이라, 도저(到底)히 그 사실(事實)이 이해(理解)가 되지 않아, 믿을 수가 없는 성품(性品)이 있다. 제8식(第八識) 능소출입식(能所出入識)의 전변지혜(轉變智慧)인, 대원경지(大圓鏡智)의 원융각명지혜(圓融覺明智慧)로 그 성품(性品)을 보아도, 그 성품(性品)의 실체(實體)를 알지 못하며, 또한, 무명함장식(無明含藏識)을 타파(打破)한 불승(佛乘)이어도, 그 성품(性品)의 실체(實體)를 알지 못하는 불가사의(不可思議)한 성품(性品)이 있다. 오직, 일체초월(一切超越) 불지(佛智)에 증입(證入)하는 그 순간(瞬間), 찰나(刹那)에만 명확(明確)히, 그 실체(實體)를 깨닫게 되는 부사의(不思議)의 성품(性品)이다.

그 성품(性品)은 곧, 아뢰야식(阿賴耶識)인 무명(無明)이며, 함장식(含藏識)이다. 이 성품(性品)은, 12인연법(十二因緣法) 중, 무명(無明)이며, 유식성품(唯識性品)에는 아뢰야식(阿賴耶識)인 함장식(含藏識)이며, 대승유식론(大乘唯識論)에는 제8식(第八識) 중, 염분(染分)인 함장식(含藏識)이기도 하며, 또한, 진제삼장(眞諦三藏)스님과 원측(圓測)스님이, 본성(本性)이며 불성(佛性)이므로, 아마라식(阿摩羅識)이라고 한, 바로 제8식(第八識)의 정분(淨分)이기도 하다. 이 아뢰야식(阿賴耶識)인 함장식(含藏識)이며, 이 무명(無明) 성품(性品)이 곧, 청정부동, 대열반성품(淸淨不動, 大涅槃性品)이라는 사실(事實)이다. 중생(衆生)의 근본(根本)인 무명(無明) 성품(性品)이, 중생식(衆生識)을 벗어나 해탈(解脫)에 들기 위해 증입(證入)하고자 하는, 청정부동, 대열반성품(淸淨不動, 大涅槃性品)이라고 함이, 누구나, 상식적(常識的)으로 이해(理解)가 되지 않고, 이해(理解)할 수 없음이다. 왜냐하면, 무명(無明)이 곧, 벗어나야 할, 미혹(迷惑)의 근원(根源)인데, 청정부동, 대열반성품(淸淨不動, 大涅槃性品)이라고 하기 때문이다. 이는, 어떤 이유(理由)로든 쉽게, 이 사실(事實)이, 납득(納得)할 수 없는 부분(部分)이다.

무명(無明)이 곧, 일체선악(一切善惡)에 물듦 없고, 물들 수 없는 청정부동, 대열반성품(淸淨不動, 大涅槃性品)임은, 무명(無明)은, 동(動)함이 없는 성품(性品)이므로, 그 어떤 선악(善惡)과 염정(染淨)의 그 무엇에도 물듦 없고, 물들지 않는, 동(動)함이 없는 청정부동, 대열반성품(淸淨不動, 大涅槃性品)이다. 그리고, 이 무명(無明) 성품(性品)

은, 제식전변지혜(諸識轉變智慧)인 공성(空性)의 지혜(智慧)로도 알 수도 없고, 무염진여(無染眞如)의 지혜(智慧)로도 알 수도 없고, 대원경지(大圓鏡智)의 지혜(智慧)로도 알 수가 없고, 심부동,대열반성지(心不動,大涅槃性智)의 지혜(智慧)로도 알 수도 없다. 오직, 일체초월성(一切超越性) 불성(佛性)을 깨달아, 일체초월(一切超越) 불지(佛智)에 증입(證入)하는 그 순간(瞬間), 찰나(刹那)에만, 이 청정부동,대열반성품(淸淨不動,大涅槃性品)이 무명(無明)의 실체(實體)임을 깨닫게 된다. 그러하기 이전(以前)에는, 아뢰야식(阿賴耶識)이며, 함장식(含藏識)인 이 무명(無明) 성품(性品)의 실체(實體)를 알 수가 없다. 이 성품(性品)을 타파(打破)해 벗어나므로, 곧, 일체초월(一切超越) 불성(佛性)에 증입(證入)해, 일체초월성(一切超越性) 불지(佛智)에 이르게 된다.

무명함장식(無明含藏識)을 타파(打破)해, 심부동,대열반성지(心不動,大涅槃性智)에 든[入] 불승(佛乘)이어도, 이 무명부동,대열반성(無明不動,大涅槃性)을 모름은, 불승(佛乘)은 무명부동,대열반성(無明不動,大涅槃性)을 타파(打破)해 심부동,대열반성지(心不動,大涅槃性智)에 증입(證入)했어도, 자기(自己)가 무명함장식(無明含藏識)을 타파(打破)해 심부동,대열반성지(心不動,大涅槃性智)에 들었음을 알지 못한다. 왜냐하면, 아직, 제식(諸識)의 성품특성(性品特性)에 대해, 총체적(總體的) 실증지혜(實證智慧)로 점검(點檢)할, 불지정안(佛智正眼)이 열리지 않았기 때문이다. 그러므로, 자기(自己)가 든[入] 심부동,대열반성지(心不動,大涅槃性智)가 청정불성(淸淨佛性)임을 인식(認識)하게 된다. 불승(佛乘)이 무명함장식(無明含藏識)인 부동대열반성품(不動大

涅槃性品)을 타파(打破)해 심부동, 대열반성지(心不動, 大涅槃性智)에 증입(證入)했음을 점검(點檢)하는 것은, 일체초월(一切超越) 불지(佛智)에 증입(證入)한 연후(然後)이다. 일체초월(一切超越) 불지(佛智)에 증입(證入)하지 않으면, 일체승(一切乘)의 지혜성품세계(智慧性品世界)를 지혜점검(智慧點檢)할 수가 없다. 왜냐하면, 아직, 일체무위, 차별차원, 지혜성품, 세계(一切無爲, 差別次元, 智慧性品, 世界)를 타파(打破)해 벗어나지 못했기 때문이다. 그러므로, 전변지혜, 성품세계(轉變智慧, 性品世界)를 완전(完全)히 벗어나지 못하면, 총체적(總體的) 제식전변, 무위지혜, 차별차원, 성품세계(諸識轉變, 無爲智慧, 差別次元, 性品世界)를 지혜점검(智慧點檢)할, 불지혜정안(佛智慧正眼)을 갖추지 못한다.

그리고, 불승(佛乘)이 타파(打破)한 무명함장식(無明含藏識)인 부동대열반성품(不動大涅槃性品)과 무명부동, 대열반성품(無明不動, 大涅槃性品)을 타파(打破)해 증입(證入)한, 불승지(佛乘智)인 심부동, 대열반성지(心不動, 大涅槃性智)와의 차이점(差異點)은, 무명함장식(無明含藏識)인 무명부동, 대열반성(無明不動, 大涅槃性)은, 부동, 대열반, 무기성품(不動, 大涅槃, 無記性品)이며, 불승(佛乘)이 무명함장식(無明含藏識)을 타파(打破)해 든[入], 심부동, 대열반성지(心不動, 大涅槃性智)는, 무명부동, 대열반, 무기성품(無明不動, 大涅槃, 無記性品)이 타파(打破)된, 심청정부동, 대열반지혜성품(心淸淨不動, 大涅槃智慧性品)이다. 그러나, 무명함장식(無明含藏識)을 부동, 대열반, 무기성품(不動, 大涅槃, 無記性品)이라고 표현(表現)하지 않음은, 일불승(一佛乘)이나, 불승(佛乘)의 증입지혜경계(證入智慧境界)로 보아도, 온[全] 우주(宇宙) 무한무변,

적멸열반, 충만성품(無限無邊, 寂滅涅槃, 充滿性品)인 적멸적적, 청정부동, 대열반성품(寂滅寂寂, 淸淨不動, 大涅槃性品)이며, 또한, 일불승(一佛乘)이나, 불승(佛乘)이 이 적멸열반성품(寂滅涅槃性品)을 청정본성(淸淨本性)이며 청정불성(淸淨佛性)으로 인지(認知)할 뿐, 이 성품(性品)이, 12인연법(十二因緣法)의 무명성품(無明性品)이며, 유식성품체계(唯識性品體係)의 함장식(含藏識)임을 알지 못하기 때문이다. 그리고 또한, 이 성품(性品) 특성(特性)이, 청정부동, 대열반, 무기성품(淸淨不動, 大涅槃, 無記性品)임을 깨닫지 못한다. 그것도 그럴 수 있는 것은, 유심무기성(有心無記性)과 성품무기성(性品無記性)이 다르기 때문이다.

●무명함장무기성(無明含藏無記性)

유심무기성(有心無記性)은 중생유심, 무기성(衆生有心, 無記性)으로 상심상견, 무기성(相心相見, 無記性)이니, 이는, 유심무기(有心無記)에 속한 식심무기성(識心無記性)이다. 이는, 혼침무기성(昏沈無記性)과 무심무기성(無心無記性)과 수면무기성(睡眠無記性)과 망심무기성(妄心無記性)과 허공무기성(虛空無記性)과 단멸무기성(斷滅無記性)과 단심무기성(斷心無記性)과 공심무기성(空心無記性) 등(等), 다양(多樣)한 유심무기성(有心無記性)이 있다. 그러나, 유심무기성(有心無記性)이 아닌, 무명함장식(無明含藏識)은 부동성품무기성(不動性品無記性)이다. 이 성품(性品)은, 어떤 그 무엇에도 이끌림이나 물듦[染]이나, 치우침 없는 특성(特性)을 가진 무기성품(無記性品)이다. 이는, 절대중(絶對中)인 중도실상(中道實相)의 본성(本性)과 차이점(差異點)은, 무명(無明)에 치우쳐 있으므로, 지혜성품(智慧性品)이 아닌 부동무기성품(不動無記性品)이다. 그러므로, 부동열반,성품무기성(不動涅槃,性品無記性)인 무명성품(無明性品)과 본성(本性)인 불성(佛性)의 차별성(差別性)을 명확(明確)히 분별(分別)하려면, 일체초월(一切超越) 불지(佛智)이어야 한다. 일체초월,절대성(一切超越,絶對性)에 증입(證入)한 불지(佛智)가 아니면, 부동성품무기성(不動性品無記性)과 일체초월,절대성(一切超越,絶對性) 본성(本性)을 명확(明確)히 지혜점검(智慧點檢) 할 수가 없다.

그러므로, 간혹(間或) 수행자(修行者)나 지혜자(智慧者)가 불지(佛智)가 아니므로, 어떤 무엇에도 치우침 없고 물듦 없는 절대성(絶對性) 또는, 절대중도(絶對中道)를, 성품무기성(性品無記性)으로 인식(認識)하여, 청정무기성(淸淨無記性)을 도(道)의 성품(性品)이나 불성(佛性)으로 착각(錯覺)하는 경우(境遇)도 있다. 성품무기성(性品無記性)은 단지(但只), 무엇에도 물듦 없고 치우침이 없는 부동성품무기성(不動性品無記性)일 뿐, 지혜(智慧)가 아니다. 성품무기성(性品無記性)은, 무엇에도 물듦 없고 치우침이 없음으로, 무엇에도 동(動)함이 없어 청정부동,적멸열반,무기성품(淸淨不動,寂滅涅槃,無記性品)이다. 무엇에도 물듦 없고, 치우침이 없음이 도(道)가 아니며, 또한, 본성(本性)과 불성(佛性)도 아니다. 일체(一切)에 머묾 없는 무생지혜(無生智慧)가 곧, 법성수순,본성지혜(法性隨順,本性智慧)이다. 동(動)함이 없음이 지혜(智慧)가 아니며, 머묾[住] 없음이 지혜(智慧)가 아니다. 지혜(智慧)는 본래(本來) 상(相) 없는 청정심작용(淸淨心作用)이다. 이는, 여래장,무생공능심(如來藏,無生功能心)이다. 상(相)은, 아(我), 견(見), 주(住), 정(定), 생(生), 멸(滅), 유(有), 무(無), 유위(有爲), 무위(無爲) 등(等) 일체(一切)가 상(相)이다.

무명함장식(無明含藏識)은 성품(性品)의 부동무기성(不動無記性)이므로, 어떤 선(善)과 악(惡) 등(等)의 일체업(一切業)의 특성(特性)과 성질(性質)을 가진 업성(業性)의 인자(因子)를 함장식(含藏識)에 저장(貯藏)하여도, 함장식(含藏識)이 부동성품무기성(不動性品無記性)이므로, 그 어떤 무엇에도 이끌림이나 물듦[染]이 없이, 그대로 저장(貯藏)해 있음이다. 그러므로, 무명함장식(無明含藏識)은, 일체선악(一切善惡)과 일체유무상(一切有無相)과 일체제식심(一切諸識心)과 일체지견심(一切知見心), 그 무엇에도 이끌림이나 치우침이 없는, 성품(性品)의 부동무기성(不動無記性)이다. 그러나, 무엇에도 치우침이 없는 일체초월(一切超越) 절대성(絕對性), 본성(本性)이 아님은, 무명무기성품(無明無記性品)이기 때문이다. 그러므로, 무명함장식(無明含藏識)은 무엇에 치우침인 동(動)함이나, 이끌림의 생(生)이 없는, 성품(性品)의 무기성(無記性)이므로, 무명함장식(無明含藏識)인 이 성품(性品)이, 청정부동,대열반성품(淸淨不動,大涅槃性品)이다.

그러므로, 무명함장식(無明含藏識)은 성품(性品)의 무기성(無記性)이므로, 동(動)함이 없어, 동(動)의 성품(性品)인 심식작용(心識作用)으로는, 무명함장식(無明含藏識)을 인지(認知)할 수가 없다. 그러나, 분별심식(分別心識)인 제7식(第七識) 자아의식(自我意識)도 끊어지고, 능소작용동식(能所作用動識)인 제8식(第八識) 능소출입식(能所出入識)까지 타파(打破)되어 끊어져, 능소(能所) 없는 원융각명, 쌍차쌍조, 지혜작용(圓融覺明, 雙遮雙照, 智慧作用)인 대원경지(大圓鏡智)에 증입(證入)하면, 온[全] 우주만물(宇宙萬物)이, 불가사의(不可思議) 적멸성품(寂滅性品)인 적멸적적, 청정부동, 대열반성품(寂滅寂寂, 淸淨不動, 大涅槃性品) 속에 잠겨[潛] 있음을, 원융각명, 지혜작용(圓融覺明, 智慧作用)으로 여실(如實)히 보게 된다. 그러나, 대원경지(大圓鏡智)의 지혜(智慧)로는, 이 청정부동, 대열반성품(淸淨不動, 大涅槃性品)이 청정본성(淸淨本性)이며, 청정불성(淸淨佛性)인 열반체성(涅槃體性)으로 인지(認知)할 뿐, 무명함장식(無明含藏識)임을 알 수가 없다. 왜냐하면, 능소(能所) 없는 원융각명, 쌍차쌍조, 지혜작용(圓融覺明, 雙遮雙照, 智慧作用)이 곧, 적멸적적, 청정부동, 대열반체성(寂滅寂寂, 淸淨不動, 大涅槃體性)에 의한 용성작용(用性作用)임을 명확(明確)히 깨닫고 있기 때문이다. 이것이 또한, 6조단경(六祖壇經)의 정혜일체품(定慧一體品)이며, 능소(能所)가 끊어진 내외명철(內外明徹)이다.

대원경지(大圓鏡智)에서는, 이 청정부동, 대열반성품(淸淨不動, 大涅槃性品)이 곧, 하늘[天]과 땅[地]이 열리기 그 전(前)부터 항상(恒常)한 우주(宇宙)의 근본(根本)인 무시무종성(無始無終性)이며, 천지(天地)의 근본성품(根本性品)으로, 하늘[天]과 땅[地]과 우주(宇宙)가 파괴(破壞)되어도 파괴(破壞)되지 않는, 영원(永遠)한 성품(性品)으로 인식(認識)

하게 된다. 그러므로, 대원경지(大圓鏡智)에서는, 적멸적적, 청정부동, 대열반성품(寂滅寂寂, 淸淨不動, 大涅槃性品)이 대원경지(大圓鏡智)의 원융각명, 지혜작용(圓融覺明, 智慧作用)의 열반체성(涅槃體性)이며, 이 열반체성(涅槃體性)의 작용(作用)으로 대원경지(大圓鏡智)의 지혜작용(智慧作用)이 이루어지고 있음을, 원융각명, 지혜작용(圓融覺明, 智慧作用)으로 여실(如實)히 깨닫게 된다. 그러므로, 대원경지(大圓鏡智)의 원융각명, 지혜작용(圓融覺明, 智慧作用)으로는, 열반체성(涅槃體性)의 용성지혜작용(用性智慧作用)이 대원경지(大圓鏡智)의 원융각명, 지혜작용(圓融覺明, 智慧作用)이며, 또한, 대원경지(大圓鏡智)의 원융각명, 지혜작용(圓融覺明, 智慧作用)의 체성(體性)이 곧, 청정본성(淸淨本性)이며, 청정불성(淸淨佛性)으로 인지(認知)하는 적멸적적, 청정부동, 대열반체성(寂滅寂寂, 淸淨不動, 大涅槃體性)임을 여실(如實)히 인지(認知)하게 된다. 이 지혜경계(智慧境界)가 곧, 정(定)은 혜(慧)의 체(體)이며, 혜(慧)는 정(定)의 용(用)임을 설(說)한, 6조단경(六祖壇經) 중, 정혜일체품(定慧一體品)의 지혜경계(智慧境界)이다.

그러므로, 대원경지(大圓鏡智)의 원융각명, 지혜작용(圓融覺明, 智慧作用)이 청정부동, 대열반체성(淸淨不動, 大涅槃體性)과 둘[二]이 아니므로, 정혜일체(定慧一體)이며, 체(體)와 용(用)이 둘[二]이 아니므로, 정혜불이일체(定慧不二一體)이니, 대원경지(大圓鏡智)의 원융각명지혜(圓融覺明智慧)로서는, 대원경지(大圓鏡智)의 원융각명, 지혜작용(圓融覺明, 智慧作用)을 타파(打破)해 벗어나야 한다는 것을, 인식(認識)하지 못한다. 그리고 또한, 대원경지(大圓鏡智) 원융각명, 지혜작용(圓

融覺明, 智慧作用)의 체성(體性)인, 적멸적적, 청정부동, 대열반성품(寂滅寂寂, 淸淨不動, 大涅槃性品)까지 타파(打破)해 벗어나야 한다는 것은, 생각[認識]하지도, 사유(思惟)하지도, 상상(想像)하지도, 인지(認知)하지도, 자각(自覺)하지도 못한다. 왜냐하면, 대원경지(大圓鏡智)에서는, 청정부동, 대열반체성(淸淨不動, 大涅槃體性)이 곧, 청정본성(淸淨本性)이며, 청정불성(淸淨佛性)으로 인식(認識)하기 때문이다. 그러므로, 온[全] 우주만물(宇宙萬物)이, 불가사의(不可思議) 적멸성품(寂滅性品) 속에 잠겨[潛] 있는 적멸적적, 청정부동, 대열반성품(寂滅寂寂, 淸淨不動, 大涅槃性品)이 파괴(破壞)되거나, 파괴(破壞)한다는 것은, 아예[當初], 상상(想像)도 할 수 없고, 또한, 상상(想像)도 하지 않는다.

왜냐하면, 천지(天地)의 근원성품(根源性品)이며, 시종(始終) 없는 무시무종성(無始無終性)인 적멸적적, 청정부동, 대열반성품(寂滅寂寂, 淸淨不動, 大涅槃性品)이 곧, 청정본성(淸淨本性)이며 청정불성(淸淨佛性)으로 인식(認識)되고 있기 때문이다. 그리고, 대원경지(大圓鏡智)인 원융각명, 지혜작용(圓融覺明, 智慧作用)에 들면, 이 청정열반체성(淸淨涅槃體性)은 파괴(破壞)되거나, 잠간(暫間) 있다가 사라지거나 하는 성품(性品)이 아닌, 무한(無限) 우주만물(宇宙萬物)이 항상(恒常) 이 성품(性品) 속에 잠겨(潛) 있음이 항상(恒常)하며, 또한, 무한무변편제성(無限無邊遍在性)으로 우주(宇宙)에 두루 충만(充滿)한, 근본(根本) 바탕 성품(性品)이기 때문이다. 대원경지(大圓鏡智)에서는, 무한우주(無限宇宙) 적멸적적, 청정부동, 대열반성품(寂滅寂寂, 淸淨不動, 大涅槃性品)과 쌍차쌍조, 원융각명, 지혜작용(雙遮雙照, 圓融覺明, 智慧作用)을 잠시(暫時)라도 벗어나지 않는 지혜정혜불이(智慧定慧不二)인, 대원경지(大圓鏡智)의 기본성품(基本性品)이다.

6조단경(六祖壇經), 정혜일체품(定慧一體品)에 6조(六祖)께서, "나의 이 법문(法門)은, 정혜(定慧)로써 근본(根本)을 삼느니라."한 이것이, 아직, 일체초월(一切超越) 불성(佛性)을 보지 못해, 불지(佛智)가 아닌, 지혜미완(智慧未完)의 미혹(迷惑)임을 아는 자(者)는 흔치 않다. 그러나, 일체초월(一切超越) 불지(佛智)에 들면, 정혜(定慧)를 근본(根本)으로 삼는다는 이 구절(句節)이, 벗어야 할 미혹(迷惑)의 허물[過失], 오점(汚點)임을 깨닫게 된다.

대원경지(大圓鏡智)에서는, 제8식(第八識) 능소출입식(能所出入識)이 타파(打破)되어, 능소(能所) 없는 원융각명,지혜작용(圓融覺明,智慧作用)이 열린 일불승(一佛乘)이, 처음 겪는 지혜성품,실증경계(智慧性品,實證境界)이므로, 이 지혜성품,실증경계(智慧性品,實證境界)가 대원경지(大圓鏡智)임을 인지(認知)하지 못한다. 그리고 또한, 아직, 일체초월(一切超越) 불지(佛智)에 증입(證入)하지 않았음으로, 대원경지(大圓鏡智)의 성품(性品)과 일체초월성(一切超越性) 불지(佛智)의 불성(佛性)이 어떤 차이(差異)가 있음을 알 수도 없다. 그리고 또한, 일체초월(一切超越) 불지(佛智)가 아니니, 총체적(總體的) 성불지혜과정(成佛智慧過程)을 알지도 못하므로, 원융대각명,지혜작용(圓融大覺明,智慧作用)에서 또한, 어떻게 해야 할 바를 스스로는 인지(認知)하지 못한다. 불성작용(佛性作用)의 지혜성품(智慧性品)에 든[入] 승(乘)이, 제

8식(第八識) 능소출입식(能所出入識)이 타파(打破)된 일불승(一佛乘)과 제9식(第九識) 무명함장식(無明含藏識)이 타파(打破)된 불승(佛乘)이다. 대원경지(大圓鏡智)의 원융각명,지혜작용(圓融覺明,智慧作用)에서 만약(萬若), 지혜상승각력(智慧上昇覺力)으로, 대원경지(大圓鏡智)를 타파(打破)해 벗어나며, 증입(證入)하는 지혜성품세계(智慧性品世界)는, 2종,지혜성품,세계(二種,智慧性品,世界)가 있으니, 곧, 불승(佛乘)과 일체초월(一切超越) 불지(佛智)이다.

대원경지(大圓鏡智)의 일불승(一佛乘)이, 지혜상승각력,공능력차원(智慧上昇覺力,功能力次元)에 따라, 제9식(第九識) 무명함장식(無明含藏識)이 타파(打破)된 불승(佛乘)의 지혜성품세계(智慧性品世界)인 심부동,대열반성지(心不動,大涅槃性智)에 증입(證入)하거나, 또는, 바로 일체초월성(一切超越性) 불지(佛智)에, 바로 증입(證入)하게 된다. 이 불가사의(不可思議)한 지혜인연사(智慧因緣事)는, 일불승(一佛乘)이 대원경지(大圓鏡智)를 타파(打破)해 벗어나는 그 순간(瞬間), 찰나(刹那)의, 각력,상승지혜,공능력(覺力,上昇智慧,功能力)이 맞닿는 불가사의(不可思議) 기연사(機緣事)에 따라 결정(決定)되는, 우연(偶然)이 아닌, 당연(當然)한 지혜전변공능력(智慧轉變功能力)의 인연사(因緣事)이다.

지식(知識)이나 관념상(觀念上)으로, 오직, 벗어나야 할 무명(無明)이 곧, 청정부동,대열반성품(淸淨不動,大涅槃性品)이라는 사실(事實)이 놀랍고, 이것이, 지식(知識)으로는 쉽게 이해(理解)되지 않을 수가 있다. 열반(涅槃)의 언어(言語)는 같아도, 지혜(智慧)의 깊이에 따라, 열반(涅槃)을 이해(理解)하거나 수용(受容)하는 차별차원지혜(差別次元智慧)에 따라, 열반(涅槃)의 차별성(差別性)이 있다. 이는, 다양(多樣)한 열반(涅槃)이 있어, 열반(涅槃)이 다름을 말하는 것이 아니다. 단지(但只), 지혜(智慧)의 깊이가 달라, 열반(涅槃)을 이해(理解)하고 인식(認識)하는 깊이가 다를 뿐이다. 간략(簡略)히 열반(涅槃)의 깊이를 논(論)하면, ①상심열반(相心涅槃)인 범부열반(凡夫涅槃)과 ②무위열반(無爲涅槃)인 보살열반(菩薩涅槃)과 ③본성열반(本性涅槃)인 제불열반(諸佛涅槃)이 있다.

①상심열반(相心涅槃)인 범부열반(凡夫涅槃)은, 생멸심(生滅心)인 상심(相心)이 정(定)에 든[入], 유심부동열반(有心不動涅槃)이다. 이 유심부동열반(有心不動涅槃)도, 상심(相心)이 정(定)에 든[入] 깊이에 따라, 차별(差別)이 있다. ②무위열반(無爲涅槃)인 보살열반(菩薩涅槃)은, 유무상견(有無相見)이 끊어져 멸(滅)한 무위공심열반(無爲空心涅槃)이다. 무위공심열반(無爲空心涅槃)도 공심(空心)의 지혜(智慧)의 깊이에 따라, 차별(差別)이 있다. ③본성열반(本性涅槃)인 제불열반(諸佛涅槃)은, 무생본성열반(無生本性涅槃)으로, 일체초월제불심(一切超越諸佛心) 불성(佛性)의 성품(性品), 그 자체(自體)이다. ①상심열반(相心涅槃)인 범부열반(凡夫涅槃)은 현재심(現在心)이 정(定)에 든[入], 상심열반(相心涅槃)이다. ②무위열반(無爲涅槃)인 보살열반(菩薩涅槃)은, 공성(空性)을 깨달은 무위공성열반(無爲空性涅槃)이다. ③본성열반(本性涅槃)인 제불열반(諸佛涅槃)은, 무생절대성(無生絕對性)인 무생불성

열반(無生佛性涅槃)이다.

　그러나, 무명함장식(無明含藏識)의 청정부동, 대열반성품(淸淨不動, 大涅槃性品)은 식(識)의 성품(性品)이 동(動)함이 없는 열반(涅槃)으로, 청정부동, 무기성품(淸淨不動, 無記性品)인 청정부동, 대열반, 무기성품(淸淨不動, 大涅槃, 無記性品)이다. 그러나, 일체초월(一切超越) 불지(佛智)에 증입(證入)하기 전(前)에는, 이 성품(性品)이 무엇에도 치우침이 없는 성품무기성(性品無記性)인 청정부동, 대열반, 무기성품(淸淨不動, 大涅槃, 無記性品)임을 깨닫지 못한다. 그 어떤 열반(涅槃)이든, 무생불성열반(無生佛性涅槃)에 들기 전(前)에는, 일체열반(一切涅槃)이 차별열반(差別涅槃)이므로, 지혜(智慧)가 상승(上昇)하면 파괴(破壞)된다. 범부열반(凡夫涅槃)은 단지(但只), 적멸유심(寂滅有心)일 뿐, 상심(相心)이므로 공성지혜(空性智慧)가 열리면, 파괴(破壞)된다. 보살열반(菩薩涅槃)은 깨달음인 무위증득(無爲證得)에 의한 무위공성심(無爲空性心)이므로, 일체초월, 절대성(一切超越, 絕對性) 무생불성(無生佛性)에 증입(證入)하면, 파괴(破壞)된다. 왜냐하면, 범부(凡夫)의 적멸유심(寂滅有心)과 보살(菩薩)의 무위열반(無爲涅槃)은, 무생본성(無生本性)의 일체초월성(一切超越性)인, 무엇에도 파괴(破壞)됨이 없는 절대성(絕對性), 본연본성, 무생열반성(本然本性, 無生涅槃性)이 아니기 때문이다. 그러므로, 일체초월(一切超越) 불성(佛性)에 증입(證入)한 불지(佛智)가 아니면, 일체(一切)가 차별심(差別心)과 차별성(差別性)을 벗어나지 못했으므로, 그 어떤 지혜(智慧)이든, 그 어떤 열반묘심(涅槃妙心)이든, 불성(佛性)에 증입(證入)하는 그 순간(瞬間), 찰나(刹那)에 파괴(破壞)되어, 흔적(痕迹) 없이 끊어진다.

또한, 부동,대열반성(不動,大涅槃性)에는, 2종열반성(二種涅槃性)이 있다. 그 2종열반성(二種涅槃性)은 무기부동,열반성(無記不動,涅槃性)과 지혜부동,열반성(智慧不動,涅槃性)이다. 무기부동,열반성(無記不動,涅槃性)은 부동열반,무기성(不動涅槃,無記性)으로 어떠한 무엇에도 반응(反應)이 없고, 자극(刺戟)이 없으며, 동(動)함이 없는 성품부동, 열반성(性品不動,涅槃性)이다. 이 부동열반,무기성(不動涅槃,無記性)이 곧, 무명(無明)이며, 아뢰야식(阿賴耶識)인 함장식(含藏識)이다. 함장식(含藏識)이 부동열반,무기성(不動涅槃,無記性)이므로, 어떤 선(善)과 악(惡)에도 동(動)함이 없으므로, 각종(各種) 차별특성(差別特性)인 3세업종인자(三世業種因子)를 지니고 있어도, 각종(各種) 그 차별특성(差別特性)의 인성(因性)이, 부동성품무기성(不動性品無記性)인 함장식(含藏識) 속에서는, 동(動)하거나 변(變)함이 없으며, 또한, 부동열반,무기성품(不動涅槃,無記性品)이니 항상(恒常) 그대로이다. 그러므로, 함장식(含藏識)에 저장(貯藏)되어 있는 3세업정보(三世業情報)의 각종(各種) 차별특성(差別特性)의 씨앗[因子]들이, 변함이 없이 그대로, 함장식(含藏識)에 저장(貯藏)이 되어 있다.

그리고, 무기부동,열반성(無記不動,涅槃性)이 아닌, 지혜부동,열반성(智慧不動,涅槃性)은, 심부동,대열반성(心不動,大涅槃性)이다. 이는 곧, 부동지(不動智)이다. 이는, 일체동식(一切動識)이 타파(打破)되어 끊어져 멸(滅)한, 부동지(不動智)인 심부동,대열반성지(心不動,大涅槃

性智)이다. 그리고, 무명함장식(無明含藏識)을 부동, 대열반성(不動, 大涅槃性), 또는, 부동, 대열반, 무기성(不動, 大涅槃, 無記性)이라 이름[名]하며, 성품(性品)에 큰 대(大)를 넣음은, 이 성품(性品)은, 이 우주(宇宙) 무한(無限) 허공일체(虛空一切)를 초월(超越)하여, 시방(十方) 무한무변(無限無邊) 두루 가득, 부동열반, 편재충만성(不動涅槃, 遍在充滿性)이기 때문이다. 또한, 부동열반, 무기성(不動涅槃, 無記性)인 무명함장식(無明含藏識)을, 지혜각력상승(智慧覺力上昇)으로 타파(打破)해, 심부동, 대열반성지(心不動, 大涅槃性智)에 든[入] 불승(佛乘)의 지혜성품(智慧性品)을, 부동대열반성지(不動大涅槃性智), 또는, 심부동, 대열반성지(心不動, 大涅槃性智)라고 이름하며, 이름[名]에 성품(性品)이 무한무변성(無限無邊性)인 대(大)를 넣음은, 무명함장식(無明含藏識)인 부동열반, 무기성(不動涅槃, 無記性)을 타파(打破)해 불승지(佛乘智)에 들면, 이 우주(宇宙), 무한(無限) 허공일체(虛空一切)를 초월(超越)하여, 시방(十方) 무한무변(無限無邊) 두루 가득, 심편재, 무변청정부동, 충만성(心遍在, 無邊淸淨不動, 充滿性)으로 심청정, 부동, 대열반성(心淸淨, 不動, 大涅槃性)이기 때문이다.

이, 부사의성품(不思議性品) 무명함장식(無明含藏識)인, 적멸적적, 청정부동, 대열반성품(寂滅寂寂, 淸淨不動, 大涅槃性品)을 지혜(智慧)로 보려면, 제8식(第八識) 능소출입식(能所出入識)을 타파(打破)해, 능소(能所)가 끊어져 멸(滅)한 일불승(一佛乘)의 대원경지(大圓鏡智)에 들면, 능소(能所) 없는 대원경지(大圓鏡智)의 지혜성품작용(智慧性品作用)인 쌍차쌍조, 원융각명, 지혜작용(雙遮雙照, 圓融覺明, 智慧作用)으로,

자연(自然)히 적멸적적, 청정부동, 대열반성품(寂滅寂寂, 淸淨不動, 大涅槃性品)을 여실(如實)히 보게 된다. 그러나, 대원경지(大圓鏡智)의 지혜(智慧)로는, 이 부동, 대열반성(不動, 大涅槃性)의 성품(性品)이 곧, 본성(本性)이며, 불성(佛性)으로 인식(認識)함으로, 부동열반, 무기성(不動涅槃, 無記性)임을 모른다. 그리고 또한, 이 성품(性品)이 무명함장식(無明含藏識)임을 모른다. 왜냐하면, 이 부동, 대열반성(不動, 大涅槃性)이 곧, 대원경지(大圓鏡智)의 원융각명, 쌍차쌍조, 지혜작용(圓融覺明, 雙遮雙照, 智慧作用)의 열반체성(涅槃體性)임을 명확(明確)히, 깨닫고 있기 때문이다. 이 지혜경계(智慧境界)가, 6조단경(六祖壇經)의 정혜일체품(定慧一體品)에, 정(定)은 혜(慧)의 체(體)이며, 혜(慧)는 정(定)의 용(用)이므로, 정(定)과 혜(慧)는 불이(不二)이니, 혜(慧)에 즉(卽)할 때에 정(定)이 혜(慧)에 있고, 정(定)에 즉(卽)할 때에 혜(慧)가 정(定)에 있다. 라는, 6조단경(六祖壇經)의 정혜일체론(定慧一體論)의 실증지혜경계(實證智慧境界)이다.

대원경지(大圓鏡智)는, 제8식(第八識) 능소출입식(能所出入識)이 끊어져 멸(滅)해, 능소(能所) 없는 지혜성품행(智慧性品行)인 원융각명, 지혜성품(圓融覺明, 智慧性品)의 쌍차쌍조행(雙遮雙照行)이 이루어진다. 이는, 능소(能所)가 끊어져 없어 원융각명, 지혜성품(圓融覺明, 智慧性品)에 증입(證入)해 있음이다. 그러므로, 능소(能所)가 끊어져 멸(滅)해, 지혜(智慧)의 체성(體性)인 청정부동, 대열반성(淸淨不動, 大涅槃性)과 지혜(智慧)의 용성(用性)인 원융각명, 쌍차쌍조행(圓融覺明, 雙遮雙照行)의 두[二] 성품(性品)을, 능소(能所) 없는 대원경지(大圓鏡

智)의 원융각명, 지혜작용(圓融覺明, 智慧作用)으로, 지혜작용(智慧作用)의 열반체성(涅槃體性)과 각명용성(覺明用性)을 함께 보게 된다. 대원경지(大圓鏡智)는, 능소출입식(能所出入識)이 끊어져 멸(滅)해, 능소(能所) 없는 쌍차쌍조행(雙遮雙照行)인, 원융각명성품작용(圓融覺明性品作用)이 이루어지는 대원경지(大圓鏡智)이다.

그러나, 대원경지(大圓鏡智)는, 식(識)의 대(對)인 능소(能所)가 끊어졌을 뿐, 지혜(智慧)의 대(對)인, 각명보리(覺明菩提)와 부동열반(不動涅槃)인 지혜(智慧)의 대(對)는 아직, 멸(滅)하지 않았다. 그리고, 체(體)와 용(用), 동(動)과 정(靜)의 성품(性品)의 대(對)도 아직, 멸(滅)하지 않았다. 만약(萬若), 지혜(智慧)의 대(對)가 끊어지면[滅], 보리(菩提)와 열반(涅槃), 시각(始覺)과 본각(本覺)이 둘[二] 다 끊어져 멸(滅)해 벗어난다. 이는, 성품(性品)의 대(對)인, 체(體)와 용(用), 동(動)과 정(靜)인 대(對)의 성품(性品)이 끊어져 멸(滅)하기 때문이다. 만약(萬若), 지혜(智慧)의 대(對)와 성품(性品)의 대(對)가 끊어져 멸(滅)해, 일체초월(一切超越) 불지(佛智)에 증입(證入)하면, 대원경지(大圓鏡智)에서 본[見], 적멸적적, 청정부동, 대열반성품(寂滅寂寂, 淸淨不動, 大涅槃性品)이 곧, 무명함장성품(無明含藏性品)임을 깨닫게 된다. 그러므로, 대원경지(大圓鏡智)에서, 적멸적적, 청정부동, 대열반성품(寂滅寂寂, 淸淨不動, 大涅槃性品)이 곧, 원융각명, 지혜작용(圓融覺明, 智慧作用)의 열반체성(涅槃體性)이며, 원융각명, 지혜작용(圓融覺明, 智慧作用)이 곧, 청정부동, 대열반체성(淸淨不動, 大涅槃體性)의 용(用)의 지혜(智慧)임을 깨닫고 있는 그 자체(自體)가 곧, 지혜(智慧)의 대

(對)인, 각(覺)의 무위지혜상(無爲智慧相)임을 깨닫게 된다. 그러므로, 정(定)은 혜(慧)의 체(體)이며, 혜(慧)는 정(定)의 용(用)인, 정혜불이(定慧不二)의 정혜일체론(定慧一體論)은 아직, 불지(佛智)에 증입(證入)하지 못한, 미망각(迷妄覺)임을 깨닫게 된다.

지혜(智慧)의 대(對)와 성품(性品)의 대(對)를 벗어나지 못하면, 일체초월(一切超越) 불지(佛智)에 들 수가 없다. 왜냐하면, 본성(本性)의 절대성(絶對性)을 벗어나, 대(對)에 치우친 차별지혜(差別智慧)가 아직, 멸(滅)하지 않았기 때문이다. 그러므로, 일체초월(一切超越) 불지(佛智)에 증입(證入)하는 것은, 보리(菩提)와 열반(涅槃)의 두[二] 차별성품(差別性品)도 끊어지고, 시각(始覺)과 본각(本覺)의 두[二] 차별성품(差別性品)도 끊어지고, 지혜(智慧)의 체성(體性)과 용성(用性)의 두[二] 차별성품(差別性品)도 끊어져 멸(滅)함으로, 일체(一切) 지혜(智慧)의 대(對)와 성품(性品)의 대(對)가 끊어져 멸(滅)해, 일체초월성(一切超越性) 불지(佛智)에 증입(證入)하게 된다.

상(相)과 식(識)과 지혜(智慧)와 성품(性品)의 일체대(一切對)가 끊어져 멸(滅)해, 일체초월(一切超越) 무생부동, 대열반성(無生不動, 大涅槃性)인 법신불성(法身佛性)과 각명대보리성(覺明大菩提性)인 보신불성(報身佛性)과 응화일체행(應化一切行)인 화신불성(化身佛性)이 차별(差別) 없는 무생일각원융(無生一覺圓融) 속에, 일신(一身)을 불신(佛身)으로 변형(變形)하지 않고, 바로 일신(一身) 중에, 3신불성(三身佛性)이 차별(差別) 없는, 법신응화일체(法身應化一切) 3신불행(三身佛行)이 홀연(忽然)히 그대로 시현(示顯)이 된다. 그러므로, 법신불성(法身佛性)과 보신불성(報身佛性)과 화신불성(化身佛性)의 3신불성(三身佛性)이 차별(差別) 없는 무생일각원융(無生一覺圓融) 속에, 만약(萬若), 일신(一身) 중에, 3신불행(三身佛行)이 시현(示顯)되지 않으면, 아직, 일체초월(一切超越) 불지(佛智)가 아니다.

　일체초월(一切超越) 불지(佛智)에 들면, 무엇이든, 앎과 얻음과 깨달음과 증득(證得)의 일체(一切) 불가사의지혜(不可思議智慧)가 곧, 미망(迷妄)임을, 깨닫게 된다. 이 사실(事實)은, 일체(一切) 앎과 견(見)과 깨달음과 증득(證得)과 일체지혜(一切智慧)를 벗어나, 여래결정성(如來結定性)인 일체초월(一切超越) 불지(佛智)에 증입(證入)함으로, 비로소 깨닫게 된다. 보살(菩薩)의 심층지혜(深層智慧) 속에 있어도, 이러한 사실(事實)을 알거나, 깨닫지 못함은, 보살지혜(菩薩智慧)는 그 성품(性品)이 깨달음에 의한 무위증득,차별지혜,성품세계(無爲證得,差別智慧,性品世界)이기 때문이다. 만약(萬若), 여래결정성(如來結定性)인 일체초월(一切超越) 불지(佛智)에 증입(證入)하지 않으면, 일체(一切) 깨달음과 증득(證得)의 일체,무위지혜상(一切,無爲智慧相)을 벗어난, 일체초월,청정성(一切超越,淸淨性)인 불성(佛性)을 알 수가 없다. 일체초월(一切超越) 불성(佛性) 청정(淸淨)은, 생사생멸(生死生滅)도 벗어났고, 무염진여(無染眞如)도 벗어났다. 무염진여(無染眞如)의 성품(性品)이 깨어짐을 깨닫는 것은, 제7식(第七識)이 끊어져 멸(滅)한 이사무애,원지(理事無礙,圓智)를 벗어나 대원경지(大圓鏡智)에 들면, 이사무애,법계성(理事無礙,法界性)인 무염진여성(無染眞

如性)이 타파(打破)됨을 깨닫게 된다.

이 지혜과정(智慧過程)은, 6종식(六種識)이 끊어져 멸(滅)해, 색성향미촉법(色聲香味觸法)의 일체상(一切相)이 공(空)한, 대승공성지혜(大乘空性智慧)를 벗어나, 제7식전변(第七識轉變)에 의해, 자아의식(自我意識)이 타파(打破)되어 멸(滅)한, 이사무애, 법계성(理事無礙, 法界性)인 무염, 청정진여성(無染, 清淨眞如性)에 증입(證入)하게 된다. 이는, 자아의식(自我意識)이 타파(打破)되어 끊어져 멸(滅)해, 상(相)과 공(空), 그 무엇에도 물듦 없는 청정무애(清淨無礙)인, 일승, 지혜성품(一乘, 智慧性品)이다. 이 지혜성품(智慧性品)이 곧, 자아의식(自我意識)이 끊어져 없는 무자성, 청정무애, 법계(無自性, 清淨無礙, 法界)인 무염청정, 환지보살세계(無染清淨, 幻智菩薩世界)이다. 이는, 무염진여(無染眞如)의 무애법계, 성품세계(無礙法界, 性品世界)로, 이 무염청정진여성(無染清淨眞如性)이 곧, 묘법연화경(妙法蓮華經)의 지혜성품세계(智慧性品世界)이다.

그러나, 무염진여(無染眞如)의 성품(性品)을 또한, 벗어나, 제8식(第八識) 능소출입식(能所出入識)이 타파(打破)되어, 일체능소(一切能所)가 끊어져 멸(滅)한, 원융각명, 대원경지(圓融覺明, 大圓鏡智)에 증입(證入)하면, 묘법연화경(妙法蓮華經)의 지혜성품세계(智慧性品世界)인, 상(相)과 공(空)에도 물듦 없는 일승원지(一乘圓智)의 이사무애, 무염진여, 청정법계(理事無礙, 無染眞如, 清淨法界)도 사라져, 그 흔적(痕迹)을 찾을 수가 없다. 이 지혜성품(智慧性品)은, 제8식(第八識) 능소출입식(能所出入識)이 끊어져 멸(滅)한, 일불승(一佛乘)의 대원경지(大圓鏡智)인 사사원융법계(事事圓融法界)이며, 사사원융, 각명지(事事圓融, 覺明智)이다. 이 성품(性品)은, 대방광불화엄경(大方廣佛華嚴經)의 사사원융, 법계성품(事事圓融, 法界性品)이다. 그리고 또한, 이것도 타파(打破)해 벗어나, 제9식(第九識) 무명함장식(無明含藏識)을 타파(打破)해, 불승(佛乘)의 심청정부동, 대열반성지(心淸淨不動, 大涅槃性智)에 들고, 이를 또한, 지혜각력상승(智慧覺力上昇)으로 타파(打破)해, 여래결정성(如來結定性)인 일체초월(一切超越) 무상불지(無上佛智)에 이르게 된다.

이 일체초월(一切超越) 여래결정성(如來結定性)인 무상불지(無上佛智)에 이르기 전(前)에는, 그 성품(性品)의 실체(實體)를 알 수 없는 성품(性品)이 곧, 무명함장식(無明含藏識)이다. 무명함장식(無明含藏識)이 청정부동, 대열반성품(淸淨不動, 大涅槃性品)이므로, 일불승(一佛乘)의 대원경지(大圓鏡智)나, 불승(佛乘)의 심부동, 대열반성지(心不動, 大涅槃性智)에서도, 청정본성(淸淨本性)이며 청정불성(淸淨佛性)으로 인식(認識)하며, 그렇게 인지(認知)하게 된다. 왜냐하면, 일체초월, 절대성(一切超越, 絕對性) 불지(佛智)에 증입(證入)하지 않으면, 부동대열반, 무명성품(不動大涅槃, 無明性品)과 무명(無明)을 타파(打破)한 불승지혜(佛乘智慧)인 심부동, 대열반성품(心不動, 大涅槃性品)과 일체초월(一切超越) 청정본성(淸淨本性)이며 불성(佛性)인, 일체초월(一切超越) 무생부동, 열반성품(無生不動, 涅槃性品)의 각각(各各) 부사의(不思議) 차별성(差別性)을 알 수가 없기 때문이다. 그러므로, 일불승(一

佛乘)의 대원경지(大圓鏡智)나, 불승(佛乘)의 심부동, 대열반성지(心不動, 大涅槃性智)에 들어도, 온[全] 시방우주(十方宇宙)에 무한무변(無限無邊) 두루, 청정부동, 편재충만(淸淨不動, 遍在充滿)의 무명성품(無明性品)인 적멸적적, 청정부동, 대열반성품(寂滅寂寂, 淸淨不動, 大涅槃性品)을 청정본성(淸淨本性)이며, 청정불성(淸淨佛性)으로 인식(認識)하게 된다. 그러므로, 일체초월(一切超越) 불지(佛智)에 증입(證入)해야만, 적멸적적, 청정부동, 대열반성품(寂滅寂寂, 淸淨不動, 大涅槃性品)이 곧, 함장식(含藏識)인 무명성품(無明性品)임을 깨닫게 된다.

● 금강삼매경(金剛三昧經)의 성불체계(成佛體系)

금강삼매경(金剛三昧經)에는 일천제(一闡提)로부터 여래(如來)의 실상(實相)에 이르는, 5등급(五等級)의 수행과정(修行過程)이 설(說)해져 있다. 이는, ①신위(信位), ②사위(思位), ③수위(修位), ④행위(行爲), ⑤사위(捨位)이다. 금강삼매경(金剛三昧經)처럼, 성불과정(成佛過程)의 체계(體系)가, 간단명료(簡單明了)하며, 그 지혜상승, 과정경계(智慧上昇, 過程境界)를 명확(明確)히 드러낸 경(經)은 없다. 왜냐하면, 다른 경(經) 등(等)에서는, 악(惡)을 소멸(消滅)하며 선(善)을 행(行)하고, 선근(善根)과 신심(心信)과 원력(願力)으로 무명업(無明業)과 중생견(衆生見)을 벗어나는 공(空)과 반야(般若)와 삼매(三昧)와 열반(涅槃)과 보리행(菩提行)과 일체바라밀수행(一切波羅蜜修行)을 하며, 깨달음의 무상정각(無上正覺)으로 성불(成佛)하는 다양(多樣)한 지혜수행(智

慧修行)들에 의해, 불과(佛果)를 증득(證得)하는 과정(過程)들이다. 그러한 일체수행과정(一切修行過程)들은 곧, 중생무명업력(衆生無明業力)과 중생무명제식(衆生無明諸識)을 소멸(消滅)하는 과정(過程)들이기에, 다양(多樣)한 방편(方便)으로 선근(善根)을 쌓고, 무명업식(無明業識)을 무르녹이는 수많은 과정(過程)과 다양(多樣)한 지혜(智慧)의 수행(修行)으로 이루어져 있다.

그러나, 금강삼매경(金剛三昧經)에서는, 불과(佛果)의 증득(證得)을 위해, 중생업력(衆生業力)을 무르녹이고, 무량선근(無量善根)을 쌓으며, 무량세월(無量歲月)의 인위인행(人爲因行)의 과정(過程)으로, 성불(成佛)하는 수행과정(修行過程)의 단계(段階)가 아니다. 금강삼매경(金剛三昧經)에서는, 본래(本來) 청정불성(淸淨佛性)인 암마라식(菴摩羅識) 속에 있으므로, 제식(諸識)이 끊어지면[滅], 그대로 본래성품(本來性品)이며, 본래성불(本來成佛)인 그대로이다. 그러므로, 중생(衆生)이, 무량선근수행(無量善根修行)으로 중생업력세계(衆生業力世界)를 벗어나, 성불(成佛)하는 것이 아니라, 본래성불(本來成佛)이므로, 제식(諸識)이 멸(滅)하는 제식전변,지혜세계(諸識轉變,智慧世界)인 전변지혜, 차별차원,과정세계(轉變智慧,差別次元,過程世界)이므로, 다른 경(經)에서 성불과(成佛果)를 위해, 중생업력소멸(衆生業力消滅)과 선근공덕충만(善根功德充滿)의 인위인행설(人爲因行說)과는 다르다.

왜냐하면, 금강삼매경(金剛三昧經)에서 설(說)한 성불과정(成佛過程)은, 제식(諸識)이 끊어져 멸(滅)하는 제식전변,지혜과정(諸識轉變,

智慧過程)이므로, 성불체계(成佛體系)가 간단명료(簡單明瞭)하다. 그 까닭[緣由]은, 중생무명업력(衆生無明業力)을 무르녹이는 것은, 얼음[氷]을 녹이는 것과 같이, 얼음[氷]이 녹는 과정(過程)인 점차(漸次)가 있으나, 식(識)이 끊어져 멸(滅)하는 것은, 얼음(氷)이 녹듯이 점차(漸次)가 없고, 잠[睡眠]에서 바로 깨면, 전후(前後)의 일체환몽세계(一切幻夢世界)가, 한 찰나(刹那)에 흔적(痕迹) 없이 사라지듯, 제식전변, 지혜상승, 각력(諸識轉變, 智慧上昇, 覺力)으로, 전후(前後) 없는 한 찰나(刹那)에 식(識)이 끊어져 멸(滅)해, 점차(漸次) 지혜상승(智慧上昇)으로 초월(超越)하기 때문이다.

그러므로, 금강삼매경(金剛三昧經)에는, 성불과정(成佛過程)이, 본래(本來) 일체초월(一切超越) 불성(佛性)인 암마라식(菴摩羅識) 속에 있어, 본래성불(本來成佛)이므로, 무명중생(無明衆生)이 불(佛)이 되기 위해 수행(修行)하는, 무명중심, 수행과정(無明中心, 修行過程)이 아닌, 본래성불(本來成佛)인 불성중심, 수행과정(佛性中心, 修行過程)이므로, 성불과정(成佛過程)이 단지(但只), 제식(諸識)이 끊어져 멸(滅)하는 제식전변, 지혜과정(諸識轉變, 智慧過程)이다. 그러므로, 금강삼매경(金剛三昧經)의 성불과정(成佛過程)은, 중생(衆生)이 불(佛)이 되기 위해, 무량, 선근발심, 수행(無量, 善根發心, 修行)과 무량, 업장소멸, 수행(無量, 業障消滅, 修行)으로 성불(成佛)하는 업장소멸, 지혜발심, 수행(業障消滅, 智慧發心, 修行)의 인위인행, 성불체계(人爲因行, 成佛體系)가 아닌, 일체초월(一切超越) 본성(本性)이 본래성불(本來成佛)이니, 제식, 전변지혜(諸識, 轉變智慧)로 중생식(衆生識)이 끊어지는 제식, 전변지혜, 체계(諸識,

轉變智慧,體系)이므로, 불지수행법(佛智修行法)이 간단명료(簡單明了)하다. 그러므로, 금강삼매경(金剛三昧經)에는, 불지(佛智)에 증입(證入)하는 무생결정성(無生結定性)의 불성수순행법(佛性隨順行法)인, 이입(理入)과 행입(行入)으로, 여래실상(如來實相)인 불지(佛智)에 증입(證入)하는, 제식전변,성불체계(諸識轉變,成佛體係)는, 일체경(一切經)중에, 금강삼매경(金剛三昧經)이 유일(唯一)하다. 그러므로, 금강삼매경(金剛三昧經)은, 일체초월(一切超越) 불성수순(佛性隨順)의 이입(理入)과 행입(行入)의 여일행(如一行)에 의한, 제식전변,성불체계(諸識轉變,成佛體系)이다.

그러므로, 금강삼매경(金剛三昧經)은, 여래결정성(如來結定性)인 일체초월(一切超越) 불성(佛性)의 인(印)을 드러내는 일각요의(一覺了義)의 설(說)이다. 이는, 경(經) 전체(全體)가 곧, 일체초월(一切超越) 불성(佛性)인 일각요의(一覺了義)의 일미진실(一味眞實), 무상무생(無相無生), 결정실제(結定實際), 본각리행(本覺利行)이다. 그러므로, 여래결정성(如來結定性)인 불성(佛性)의 인(印)을 요달(了達)함이 곧, 일각요의(一覺了義)이며, 일각요의(一覺了義)가 곧, 일미진실(一味眞實)이며, 일미진실(一味眞實)이 곧, 무상무생(無相無生)이며, 무상무생(無相無生)이 곧, 결정실제(結定實際)이며, 결정실제(結定實際)가 곧, 일체초월(一切超越) 무생본각,공능총지(無生本覺,功能總持)인 본각리행(本覺利行)이다. 그러므로, 본각리행(本覺利行)이 곧, 일체초월(一切超越) 성품(性品) 결정실제(結定實際)이며, 결정실제(結定實際)가 곧, 일체초월성(一切超越性) 무상무생(無相無生)이며, 무상무생(無相無生)이 곧,

일체초월(一切超越) 본성(本性)의 일미진실(一味眞實)이다.

일각요의(一覺了義)란, 일체(一切)가 무생일각(無生一覺)인, 일체초월(一切超越) 불성(佛性)을 요달(了達)한 성품실체(性品實體)를 뜻한다. 일미진실(一味眞實)은, 일체(一切)가 차별(差別) 없고 둘[二] 없는 오로지, 일체초월(一切超越) 일성실상실체(一性實相實體)임을 뜻하다. 무상무생(無相無生)은, 상(相)도 없고, 생(生)도 없는 성품(性品)으로, 일체초월(一切超越) 절대성(絕對性), 무생결정성(無生結定性)임을 뜻한다. 결정실제(結定實際)는, 일체상(一切相)이나, 일체생(一切生)이나, 일체동(一切動)에 치우침이 없어, 파괴(破壞)됨이 없는, 일체초월(一切超越) 절대성(絕對性) 실제성(實際性)임을 뜻한다. 본각리행(本覺利行)은, 본성(本性)이며, 불성(佛性)인, 일체초월(一切超越) 본래성품(本來性品) 각성(覺性)의 실제공능행(實際功能行)을 뜻한다. 본각리행(本覺利行)에서 이(利)란, 본각(本覺)이 본래(本來)가진 성품(性品)의 특성(特性)인, 여래장,무생총지,공능성품(如來藏,無生總持,功能性品)을 일컬음이다.

그러므로, 이행(利行)이란, 일체초월(一切超越) 본성행(本性行)으로, 본각성품,공능실제행(本覺性品,功能實際行)이다. 이 행(行)이 곧, 일체초월(一切超越) 일각요의(一覺了義)의 행(行)이며, 일미진실(一味眞實)의 행(行)이며, 무상무생(無相無生)의 행(行)이며, 결정실제(結定實際)의 행(行)이며, 본각리행(本覺利行)의 행(行)이다. 이는, 일체초월(一切超越) 청정본성(淸淨本性)이며, 청정불성(淸淨佛性)을 요달(了達)해,

그 성품(性品)의 실체(實體)인 청정본연,무연중,절대성(淸淨本然, 無然中, 絕對性)에 듦[入]이 일각요의(一覺了義)이며, 그 성품(性品)은 일체차별(一切差別)의 승(乘)과 지혜(智慧)와 법(法)과 심(心)을 초월(超越)하였으므로 오직, 일체초월(一切超越) 일미진실(一味眞實)이며, 이는, 일체초월(一切超越) 절대성(絕對性) 청정본성(淸淨本性)이므로 무상무생(無相無生)이며, 그 어떤 무엇에도 파괴됨이 없음으로 결정실제(結定實際)이며, 이 행(行)이 곧, 청정본성(淸淨本性)과 청정불성(淸淨佛性)의 청정성품행(淸淨性品行)이므로, 일체초월(一切超越) 본각공능행(本覺功能行)인 본각리행(本覺利行)이라고 한다. 금강삼매경(金剛三昧經)의 전체설(全體說)이 곧, 여래결정성(如來結定性)인, 일체초월(一切超越) 청정불성(淸淨佛性) 일각요의(一覺了義)의 일미진실(一味眞實), 무상무생(無相無生), 결정실제(結定實際), 본각리행(本覺利行)의 설(說)이다.

금강삼매경(金剛三昧經)에서 설(說)한 성불법(成佛法)은, 타경(他經)과 같이, 성불(成佛)을 위해 중생무명업식(衆生無明業識)을 무르녹이며, 다양(多樣)한 지혜(智慧)의 바라밀행(波羅蜜行)을 하는 성불법(成佛法)이 아니다. 금강삼매경(金剛三昧經)에서 설(說)한, 일천제(一闡提)로부터 여래(如來)의 실상(實相)에 이르는 다섯[五] 단계(段階)의 성불법(成佛法)은, 불성수순행(佛性隨順行)인 이입(理入)과 행입(行入)의 여일행(如一行)으로, 불성수순,중심행(佛性隨順, 中心行)인 제식타파,지혜과정(諸識打破, 智慧過程)이므로, 성불체계(成佛體系)가 제식체계(諸識體系)를 따라, 간단명료(簡單明瞭)하다.

그러므로, 금강삼매경(金剛三昧經)만이 유일(唯一)하게 타경(他經)과 달리, 성불법(成佛法)이, 제식(諸識)이 끊어지는 다섯[五] 단계(段階)로 요약(要約)하여, 명확(明確)히 그 제식,전변지혜,차별과정(諸識,轉變智慧,差別過程)을 밝혔다. 그러므로, 금강삼매경(金剛三昧經)은, 제식전변지혜(諸識轉變智慧)의 성불체계(成佛體係)인 유일경(唯一經)으로, 제식타파,전변지혜(諸識打破,轉變智慧)에 의한 성불과정,유식체계(成佛過程,唯識體系)이다. 그 까닭[緣由]은, 본래(本來) 본성(本性)이 일체초월(一切超越) 불성(佛性)이며, 불(佛)이므로, 중생식(衆生識)인 제식(諸識)을 타파(打破)하는 전변지혜,성불과정,지혜상승,유식체계(轉變智慧,成佛過程,智慧上昇,唯識體系)이기 때문이다.

금강삼매경설(金剛三昧經說)과 다른 경설(經說)의 차이점(差異點)은, 금강삼매경설(金剛三昧經說)은 처음[始]부터 끝[終]까지 일체초월(一切超越) 불성중심(佛性中心)인 불성위주(佛性爲主)의 일관설(一貫說)이다. 그러나, 타경설(他經說)은 무명중심(無明中心)인 중생위주(衆生爲主)의 차별설(差別說)이다. 그리고, 금강삼매경(金剛三昧經)과 다른 경(經)과의 수행견해차이점(修行見解差異點)은, 다른 경(經)들은, 중생심(衆生心)을 근본(根本) 바탕[基礎]하여 설(說)하므로, 중생업력소멸(衆生業力消滅)과 무량선근,바라밀행(無量善根,波羅蜜行)과 지혜증득수행(智慧證得修行)으로 불과(佛果)를 완성(完成)하기에, 무명중생업력(無明衆生業力)을 무르녹이고, 무량선근공덕행(無量善根空德行)과 지혜증득과정(智慧證得過程)의 점차(漸次)로, 무상불지(無上佛智)를 성취(成就)하는, 증득(證得)과 성취(成就)와 완성(完成)의 인행인과, 증득법(因行因果,證得法)이다. 그러나, 금강삼매경(金剛三昧經)은 상지상설,불지행(上智上說,佛智行)이기에, 처음[始]부터 끝[終]까지, 일체초월(一切超越) 무생결정,본성(無生結定,本性)인 청정,암마라식(淸淨,菴摩羅識) 불성수순(佛性隨順)의 이입(理入)과 행입(行入)의 여일행(如一行)으로, 일미진실(一味眞實) 무상무생(無相無生) 결정실제(結定實際)의 본각리행(本覺利行)을 바탕[基盤]으로, 일체초월(一切超越) 불성,여일행(佛性,如一行)인 불지불성수순행(佛智佛性隨順行)의 이입(理入)과 행입(行入)의 불성수순,여일행,체계(佛性隨順,如一行,體系)이다.

그러므로, 제8식(第八識) 능소출입식(能所出入識)이 끊어져 멸(滅)한 대원경지(大圓鏡智)의 원융각명,지혜성품(圓融覺明,智慧性品)인 일불승지(一佛乘智)이어도, 금강삼매경(金剛三昧經)의 지혜설(智慧說)을 이해(理解)하기가 쉽지 않다. 그리고 또한, 제9식(第九識) 무명함장식(無明含藏識)이 끊어져 멸(滅)한 심부동,대열반성지(心不動,大涅槃性智)의 불승지(佛乘智)이어도, 금강삼매경(金剛三昧經)의 지혜설(智慧說)을 이해(理解)하기가 쉽지 않다. 왜냐하면, 그 까닭[緣由]은, 금강삼매경(金剛三昧經)은, 제불지혜(諸佛智慧)의 일체초월(一切超越) 결정성(結定性)에 든[入] 일각요의설(一覺了義說)이므로, 처음[始]부터 끝[終]까지, 불지불성(佛智佛性)이며, 여래결정성(如來結定性)인 청정,암마라식(淸淨,菴摩羅識)의 무생성품(無生性品) 속에서 일관(一貫)된 설법(說法)이 이루어지기 때문이다.

그러므로, 경(經)의 서두(序頭)에, 이 대승경(大乘經)의 이름[名]이 일미진실(一味眞實), 무상무생(無相無生), 결정실제(結定實際), 본각리행(本覺利行)이라 하였으며, 이 경(經)은, 무상(無相) 성품(性品)의 실제(實際)인 일각요의(一覺了義)이므로, 이 경(經)을 이해(理解)하기도 어렵고, 증입(證入)하기도 어려운 까닭[緣由]은, 이 경(經)은, 불(佛)과 보살(菩薩)만이 능히 알 수 있기 때문이라고 하였다. 다른 경(經)에는, 성불(成佛)의 과정(過程)이 중생무명업력(衆生無明業力)을 무르녹이는 무량선근공덕행(無量善根功德行)과 중생무명상견(衆生無明相見)을 멸(滅)하는 공성반야지혜행(空性般若智慧行)과 중생심(衆生心)을 벗어나는 다양(多樣)한 수행점차(修行漸次)의 과정(過程)들로 이루어져 있다.

그러므로 이는, 얼음[氷]이 무르녹아 용해(溶解)되듯 무명업력(無明業力)을 벗어나는 수행과정(修行過程)으로, 무상불지증득(無上佛智證得)과 무상공덕, 지혜완성(無上功德, 智慧完成)의 과정(過程)이지만, 금강삼매경(金剛三昧經)은, 일체중생(一切衆生)이 본래(本來) 일체초월(一切超越) 불성(佛性)인 청정, 암마라식(淸淨, 菴摩羅識) 속에 있으므로, 무명중생업력(無明衆生業力)을 벗어나, 무상불지(無上佛智)를 증득(證得)하려거나, 무량선근, 바라밀공덕행(無量善根, 波羅蜜功德行)으로 무상지혜(無上智慧)를 완성(完成)하려는, 그러한 취사심(取捨心)을 벗어났다. 그러므로 단지(但只), 여래결정성(如來結定性)인 일체초월(一切超越) 여(如)의 성품(性品), 불성수순(佛性隨順)의 이입(理入)과 행입(行入)의 불성, 여일행(佛性, 如一行)으로, 무명제식(無明諸識)이 끊어져 멸(滅)해, 불성(佛性) 청정, 암마라식(淸淨, 菴摩羅識)인 본래성품

(本來性品)에 듦[入]이 없는 듦[入]이다. 그러므로, 금강삼매경(金剛三昧經)의 제식타파, 전변지혜, 성불체계(諸識打破, 轉變智慧, 成佛體系)는, 청정본성, 수순행(淸淨本性, 隨順行)인 일체초월(一切超越) 일미진실(一味眞實), 무상무생(無相無生), 결정실제(結定實際), 본각리행(本覺利行)이므로, 성불법(成佛法)이 다른 경(經)과 달리, 제식(諸識)이 점차(漸次) 끊어져 멸(滅)하는 제식, 전변지혜, 체계(諸識, 轉變智慧, 體系)인 다섯[五] 지혜과정(智慧過程)으로, 성불체계(成佛體系)가 간단명료(簡單明瞭)하다.

그 제식전변, 지혜상승순위(諸識轉變, 智慧上昇順位)는, ①신위(信位)는, 6종식(六種識)이 타파(打破)되어 끊어져 멸(滅)한 대승, 공성지혜성품(大乘, 空性智慧性品)이다. ②사위(思位)는, 제7식(第七識)이 타파(打破)되어 끊어져 멸(滅)한 일승, 무염진여지혜성품(一乘, 無染眞如智慧性品)이다. ③수위(修位)는, 제8식(第八識) 능소출입식(能所出入識)이 타파(打破)되어 끊어져 멸(滅)한 일불승, 원융각명지혜성품(一佛乘, 圓融覺明智慧性品)이다. ④행위(行爲)는, 제9식(第九識) 무명함장식(無明含藏識)이 타파(打破)되어 끊어져 멸(滅)한 불승, 대열반지혜성품(佛乘, 大涅槃智慧性品)이다. ⑤사위(捨位)는, 일체초월(一切超越) 불지(佛智)인 여래결정성(如來結定性)이다. ①신위(信位)는, 대승(大乘)으로, 지혜성품(智慧性品) 중, 공성(空性)이 열림이며, 법계성품(法界性品)은 공성이법계(空性理法界)이다. ②사위(思位)는, 일승(一乘)으로, 지혜성품(智慧性品) 중, 무염진여성(無染眞如性)이 열림이며, 법계성품(法界性品)은 이사무애법계(理事無礙法界)이다. ③수위(修位)는, 일불승(一佛乘)으로, 지혜성품(智慧性品) 중, 원융각명,대원경지(圓融覺明,大圓鏡智)가 열림이며, 법계성품(法界性品)은 사사원융법계(事事圓融法界)이다. ④행위(行爲)는, 불승(佛乘)으로, 지혜성품(智慧性品) 중, 심부동,대열반성지(心不動,大涅槃性智)가 열림이며, 법계성품(法界性品)은 부동열반법계(不動涅槃法界)이다. ⑤사위(捨位)는, 아뇩다라삼먁삼보리(阿耨多羅三邈三菩提)의 증득(證得)도 끊어진, 무한초월(無限超越)에 이르러 일체견(一切見)이 멸(滅)한, 여래결정성(如來結定性)이며, 법계성품(法界性品)은 일체초월,절대성(一切超越,絶對性) 청정본성법계(淸淨本性法界)인 청정불성법계(淸淨佛性法界)이다.

네[四] 번(番)째, 행위(行爲)가, 부동무명함장식(不動無明含藏識)이 끊어져 멸(滅)한, 불승(佛乘)의 지혜성품,실증경계(智慧性品,實證境界)이다.

금강삼매경(金剛三昧經)의 구절(句節)을 그대로 옮기면,

"넷[四]째는 행위(行位)이니라. 행자(行者)는, 모든 수행지[修行地:動覺地]를 벗어난 것이니, 마음에 취사[取捨:覺行]가 멸(滅)해, 지극한 청정근(淸淨根)의 성품 실제[利:實際]이며, 부동심(不動心), 여(如)의 성품 결정실성(決定實性)인 대반열반(大般涅槃)으로, 오직 성품(性品)이 공(空)한, 무한(無限)에 이르느니라."
"四者 行位 行者離諸行地 心無取捨 極淨根利 不動心如 決定實性 大般涅槃 唯性空大"

제식종체계(諸識種體系)를 8종식(八種識)으로 분류(分類)한, 대승유
식론(大乘唯識論)의 유식체계(唯識體系) 중, 최종식(最終識)인 제8식(第
八識)에는, 서로 다른 차별차원(差別次元)의 성품(性品)이 연계중첩(連
繫重疊)되어 있으나, 능소출입식(能所出入識)과 함장식(含藏識)과 청
정본성(清淨本性)의 차별특성(差別特性)을 구분(區分)하지 않아, 제식
타파(諸識打破)로 성불(成佛)에 이르는 실제(實際), 제식,전변섭리,체
계(諸識,轉變攝理,體係)와는 어긋나므로, 대승유식론,8종식체계(大乘
唯識論,八種識體系)와 제식전변,실제사실(諸識轉變,實際事實)이 다른,
괴리(乖離)의 어긋남이 있다. 이는, 제7식(第七識) 말나식(末那識), 다
음 제8식(第八識)이 능소출입식(能所出入識)이어도, 제8식(第八識)을
함장식(含藏識)이라고 정의(定義)하므로, 능소출입식(能所出入識)의
다음 식(識)인 제9식(第九識) 함장식(含藏識)을, 제8식(第八識)으로 규
정(規定)하였기 때문이다. 그리고, 제8식(第八識) 함장식(含藏識)이
전변(轉變)한 대원경지(大圓鏡智)를 불지(佛智)로 정의(定義)하여, 제
식(諸識)의 전변체계(轉變體系)를 마감[終了]하였다.

능소출입식(能所出入識)의 전변지혜(轉變智慧)가 대원경지(大圓鏡智)
이어도, 함장식(含藏識)의 전변지혜(轉變智慧)를 대원경지(大圓鏡智)로
정의(定義)하므로, 이는, 실제(實際) 사실(事實)과 다르다. 그리고 또
한, 함장식(含藏識)의 전변지혜(轉變智慧)인 대원경지(大圓鏡智)를 불
지(佛智)로 정의(定義)하므로, 아직, 실제(實際) 함장식(含藏識)의 전
변지혜(轉變智慧)인 심부동,대열반성지(心不動,大涅槃性智)는, 대승유

식론체계(大乘唯識論體系)에는 본래(本來), 애초[始初]부터 언급(言及)함이 없어, 상실(喪失)되어 없다. 그리고, 제식전변,지혜상승,성불체계(諸識轉變,智慧上昇,成佛體系)에는, 제8식(第八識) 능소출입식(能所出入識)의 전변지혜(轉變智慧)인 대원경지(大圓鏡智)와 제9식(第九識) 함장식(含藏識)의 전변지혜(轉變智慧)인 심부동,대열반성지(心不動,大涅槃性智)를 또한 타파(打破)해 벗어나야, 일체초월성(一切超越性) 불지(佛智)이다. 그러므로, 일체전변지혜(一切轉變智慧)와 일체증득지(一切證得智)와 깨달음으로 든[入] 일체지(一切智)는 무위지혜(無爲智慧)일 뿐, 일체초월(一切超越) 불지(佛智)가 아니다.

그러므로, 일체초월(一切超越) 불지(佛智)에 증입(證入)하는 그 순간(瞬間) 찰나(刹那)에, 일체증득지(一切證得智)와 깨달음의 일체세계(一切世界)가 파괴(破壞)되어 흔적(痕迹) 없이 끊어져 멸(滅)한다. 일체전변지혜(一切轉變智慧)와 일체증득지(一切證得智)와 깨달음으로 증득(證得)한 일체지(一切智)는, 무위성품지혜(無爲性品智慧)이다. 왜냐하면, 지혜전변(智慧轉變)에 의한 증득지(證得智)이기 때문이다. 그러나, 일체초월성(一切超越性) 본성(本性)인 불성(佛性)은, 일체초월(一切超越) 본래성품(本來性品)이며, 본연성품(本然性品)이므로, 전변(轉變)하여 들거나, 증득(證得)으로 들거나, 깨달아 증입(證入)하는, 그러한 취사(取捨)의 성품(性品)이 아니다. 그러므로, 일체초월(一切超越) 불지(佛智) 증입(證入)의 그 순간(瞬間) 찰나(刹那)에, 일체증득지(一切證得智)와 깨달음의 일체세계(一切世界)가 타파(打破)되어, 일체초월성(一切超越性) 불지(佛智)에 증입(證入)하게 된다.

그러므로, 불성(佛性)은, 일체초월(一切超越) 본래본성(本來本性)이므로, 전변(轉變)하여 들[入] 것도 아니며, 증득(證得)하여 들[入] 것도 아니며, 깨달아서 들[入] 것도 아니다. 왜냐하면, 본래본성(本來本性)이므로, 일체(一切) 보고 듣는 그 성품(性品)의 실체(實體)이니, 무엇을 전변(轉變)하여 보고 듣는 것도 아니며, 무엇을 증득(證得)하여 보고 듣는 것도 아니며, 무엇을 깨달아서 보고 듣는 것도 아니다. 그리고 또, 6종식(六種識)이 타파(打破)되어 끊어져 멸(滅)해, 대승(大乘)의 공성지혜(空性智慧)가 열리어 보고 듣는 것도 아니며, 또한, 제7식(第七識) 말나식(末那識)인 자아의식(自我意識)이 타파(打破)되어 끊어져 멸(滅)해, 일승(一乘)의 무염청정진여성품(無染淸淨眞如性品)이 열리어 보고 듣는 것도 아니며, 또한, 제8식(第八識) 능소출입식(能所出入識)이 타파(打破)되어 끊어져 멸(滅)해, 일불승(一佛乘)의 원융각명,지혜성품(圓融覺明,智慧性品)이 열리어 보고 듣는 것도 아니며, 또한, 제9식(第九識) 무명함장식(無明含藏識)이 타파(打破)되어 끊어져 멸(滅)해, 불승(佛乘)의 심부동,대열반성지(心不動,大涅槃性智)가 열리어 보고 듣는 것도 아니며, 또한, 일체무위보살지(一切無爲菩薩智)까지 타파(打破)되어 끊어져 멸(滅)해, 일체초월성(一切超越性) 불성(佛性)이 열리어, 일체초월(一切超越) 불지(佛智)에 증입(證入)한, 무상증득(無上證得) 불(佛)이 되어 보고 듣는 것도 아니다.

그러므로, 보고 듣는 이 성품(性品)은, 전변(轉變)으로, 또는 증득(證得)으로, 또는 깨달음으로 얻거나, 얻을 성질(性質)의 성품(性品)이 아니다. 왜냐하면, 본래(本來) 일체초월(一切超越) 자기자성(自己

自性)이기 때문이며, 본래본성(本來本性)이기 때문이며, 본래,본연성품(本來,本然性品)이기 때문이며, 본래(本來) 무생,본연성품(無生,本然性品)이기 때문이며, 본래(本來) 일체초월성(一切超越性)이므로, 취사(取捨)할 수가 없으며, 또한, 증득(證得)할 수가 없기 때문이다. 그러므로, 보고 듣는 이 성품(性品)은, 전변(轉變)하여 들고[入], 증득(證得)하여 얻으며[得], 깨달음으로 완성(完成)하거나, 수행(修行)으로 성취(成就)하는 성품(性品)이 아니다. 이는, 일체초월성(一切超越性) 본래본성(本來本性)이므로, 본래(本來) 청정자기자성(淸淨自己自性)이다. 그러므로, 자기성품(自己性品)이 자기성품(自己性品)을 얻을 수 없고, 자기성품(自己性品)이 자기성품(自己性品)을 증득(證得)할 수가 없다. 또한, 자기성품(自己性品)이 자기성품(自己性品)을 전변(轉變)할 수 없고, 또한, 제식전변(諸識轉變)하여 든[入] 일체초월(一切超越) 본래본성(本來本性)이, 보고 듣는 그 성품(性品) 외(外)에 따로 있는 것이 아니다. 그리고 또한, 전변(轉變)하였다고, 보고 듣는 그 성품(性品)이 달라지는 것은 아니다.

또한, 자기(自己)가 자기성품(自己性品)을 증득(證得)할 수 없고, 또한, 제식타파(諸識打破)로 증득(證得)하여 든[入] 본래본성(本來本性)이 곧, 보고 듣는 일체초월(一切超越) 무한무변(無限無邊)으로 열린 그 성품(性品) 외(外)에, 따로 있는 것이 아니다. 또한, 일체초월(一切超越) 본래본성(本來本性)을 깨달아 증득(證得)하였다고, 보고 듣는 그 성품(性品)이 달라지는 것이 아니다. 다만, 자기(自己)의 일체초월(一切超越) 본래본성(本來本性)을 깨닫지 못해, 일체(一切)를 분별

(分別)하는 제식심(諸識心)인 분별심(分別心)을, 자기(自己)로 인식(認識)하였을 뿐이다. 일체초월(一切超越) 무한무변(無限無邊)으로 열린 본래본성(本來本性)이 곧, 자기(自己)이니, 본성(本性)은 일체대(一切對)가 끊어진 일체초월성(一切超越性)이므로, 자기(自己)가 자기(自己)를 깨닫거나 증득(證得)할 수 없고, 또한, 깨달음으로 든[入] 일체초월(一切超越) 본래본성(本來本性)이, 보고 듣는 그 성품(性品) 외(外)에 따로 있는 것이 아니다. 또한, 일체초월성(一切超越性)을 깨달았다고, 보고 듣는 그 성품(性品)이 달라지는 것은 아니다. 그러므로, 전변(轉變)과 증득(證得)과 깨달음의 일체(一切)가, 일체초월(一切超越) 본래본성(本來本性)을 벗어난 미망각(迷妄覺)이다. 그러므로, 일체초월(一切超越) 불지(佛智) 증입(證入)의 그 순간(瞬間) 찰나(刹那)에, 일체(一切) 전변지혜(轉變智慧)와 증득지혜세계(證得智慧世界)와 깨달음의 일체(一切)가, 흔적(痕迹) 없이 끊어져 멸(滅)한다.

그러므로 만약(萬若), 어떤 전변지혜(轉變智慧) 속에 있거나, 어떤 증득지혜(證得智慧) 속에 있거나, 어떤 깨달음 속에 있다면, 아직, 완전(完全)한 일체초월(一切超越) 지혜(智慧)가 아니다. 그리고, 일체증득지(一切證得智)는 무위지혜(無爲智慧)이므로, 일체초월(一切超越) 불지(佛智)가 아니다. 그러므로, 일체(一切) 전변(轉變)과 증득(證得)과 깨달음의 일체(一切)가, 무명식견(無明識見)의 환(幻)이며, 미망각(迷妄覺)임을 아직, 깨닫지 못했다면, 일체초월(一切超越) 불지(佛智)가 아니다. 그리고, 일체(一切) 전변(轉變)과 증득(證得)과 깨달음의 일체(一切)가, 무명(無明)의 환(幻)이며, 미망각(迷妄覺)임을 깨달은, 그 실증지혜(實證智慧)가 없으면, 아직, 일체초월(一切超越) 불지(佛智)가 아니다. 또한, 청정법신불(淸淨法身佛)과 원만보신불(圓滿報身佛)과 천백억응화신불(千百億應化身佛)이 무연일각원융(無然一覺圓融)으로 일신(一身) 중에, 홀연(忽然)히 3신불행(三身佛行)이 시현(示顯)이 되지 않으면, 아직, 일체초월성(一切超越性) 불지(佛智)도 아니며, 일체초월(一切超越) 절대성(絕對性)인, 일체초월(一切超越) 본래본성(本來本性)도 아니다. 일체(一切) 깨달음과 증득(證得)이, 식계(識界)의 환(幻)이다. 왜냐하면, 일체초월(一切超越) 불성(佛性)에는, 일체(一切) 깨달음도, 증득(證得)도 끊어졌기 때문이다.

대승유식론(大乘唯識論)에서는, 전변지혜(轉變智慧)인 대원경지(大圓鏡智)를 불지(佛智)로 알며, 이는, 제식(諸識)이 완전(完全)히 끊어져 멸(滅)한, 최종지(最終智)로 정의(定義)하였으나, 이는, 실제(實際) 사실(事實)과 다르다. 성불(成佛)을 향(向)한 수행자(修行者)가, 전변지혜(轉變智慧)로 대원경지(大圓鏡智)에 들었어도, 아직, 일체초월(一切超越) 불지(佛智)가 아니다. 그러므로, 대원경지(大圓鏡智)의 부사의(不思議) 지혜성품작용(智慧性品作用)인 쌍차쌍조행(雙遮雙照行)의 원융각명,지혜작용(圓融覺明,智慧作用) 속에 있어도, 성불(成佛)의 총체적(總體的) 지혜과정(智慧過程)을 몰라, 쌍차쌍조행(雙遮雙照行)이 이루어지는 원융각명,대원경지(圓融覺明,大圓鏡智)를 또한, 타파(打破)해 벗어나야 함을 모른다. 그리고, 대원경지(大圓鏡智)의 지혜성품(智慧性品)에 증입(證入)한 수행자(修行者)가, 이 불가사의(不可思議) 원융각명지혜(圓融覺明智慧)에서, 더 어떻게 해야 할 줄을 모르며, 또한, 이 다음 지혜경지(智慧境智)가 어떤 것이 있는가를 알 수도 없다.

왜냐하면, 전변지혜(轉變智慧)인 대원경지(大圓鏡智)는 일체초월(一切超越) 불지(佛智)가 아니므로, 성불(成佛)의 총체적(總體的) 지혜과정(智慧過程)을 증험(證驗)한 것도 아니며, 또한, 지혜(智慧)가 대원경지(大圓鏡智) 속에 있으므로, 이 쌍차쌍조행(雙遮雙照行)이 이루어지는 원융각명성품(圓融覺明性品)의 대원경지(大圓鏡智)가, 자기수행(自己修行)의 지혜증득최상지(智慧證得最上智)이므로, 그 다음 차원(次元)의 지혜(智慧)를 알 수도 없다. 왜냐하면, 대원경지(大圓鏡智), 그 다음 차원(次元)의 지혜성품,실증경계(智慧性品,實證境界)를, 어디에서 듣지도, 보지도, 알지도, 경험(經驗)하지도 않았기 때문이다. 그리고 또한, 이 원융각명,지혜작용(圓融覺明,智慧作用)인 대원경지(大圓鏡智)의 성품(性品)에서, 어떻게 해야 함을 알지 못하기 때문이다. 그러므로, 이 대원경지(大圓鏡智)에 들면, 능소출입식(能所出入識)이 타파(打破)되어 끊어져, 능소(能所)가 없으므로, 쌍차쌍조행(雙遮雙照行)인 원융각명,지혜성품(圓融覺明,智慧性品) 속에, 그 부사의(不思議) 지혜작용(智慧作用)을 감당(堪當)하고 증험(證驗)하며, 그 지혜실증경계(智慧實證境界)를 사유(思惟)하고, 자세(仔細)히 점검(點檢)하며, 살피고 관찰(觀察)할 뿐, 이 지혜(智慧)에서 어떻게 더 나아가야 할지를 모른다.

그리고, 천지(天地)의 근원(根源)이며, 무시무종성(無始無終性)인 부사의성품(不思議性品) 적멸적적, 청정부동, 대열반성품(寂滅寂寂, 淸淨不動, 大涅槃性品)이 곧, 원융각명, 대원경지(圓融覺明, 大圓鏡智)의 체성(體性)임을 깨달으며, 부사의(不思議) 원융각명, 지혜성품(圓融覺明, 智慧性品) 속에 있으므로, 불가사의(不可思議) 이 원융각명지혜(圓融覺明智慧)를, 일체초월(一切超越) 불지(佛智)로 오인(誤認)하거나, 착각(錯覺)하게 된다. 그러나, 스스로의 지혜(智慧)를 점검(點檢)해보면, 쌍차쌍조(雙遮雙照)의 원융각명지혜(圓融覺明智慧) 속에 있어도, 그 원인(原因)을 명확(明確)히 알 수 없어도, 지혜(智慧)가 무언가 완전(完全)하지 못하여, 부족(不足)함이 있음을 스스로 느끼게 된다. 이는, 능소출입식(能所出入識)을 타파(打破)해 증득(證得)한 지혜성품(智慧性品)이니, 이를 또한, 지혜상승각력(智慧上昇覺力)으로 타파(打破)해 초월(超越)해야 한다.

그러하다면, 경전(經典)이나 논(論)에, 대원경지(大圓鏡智)를 일러, 불지(佛智)라 한 곳도 있다. 이 차이(差異)는 무엇인가 하면, 대원경지(大圓鏡智)도, 불(佛)의 일체초월(一切超越) 본성불지(本性佛智)의 대원경지(大圓鏡智)와 보살지(菩薩智)의 전변지혜(轉變智慧)인 대원경지(大圓鏡智)가 있기 때문이다. 대원경지(大圓鏡智)가 이름[名]은 같아도, 불(佛)의 대원경지(大圓鏡智)와 보살지(菩薩智)의 대원경지(大圓鏡智)는, 지혜성품차원(智慧性品次元)이 서로 다르다. 불(佛)의 대원경지(大圓鏡智)는, 성소작지(成所作智), 묘관찰지(妙觀察智), 평등성지(平等性智), 대원경지(大圓鏡智), 법계체성지(法界體性智)의 성품(性品)이, 일체초월(一切超越) 총상불이불성(總相不二佛性)인 5지원융지(五智圓

融智)로, 일체초월(一切超越) 청정본성불지(淸淨本性佛智)이다. 그러나, 보살지(菩薩智)의 대원경지(大圓鏡智)는, 제8식(第八識) 능소출입식(能所出入識)을 타파(打破)해 끊어져 증입(證入)한, 일불승지(一佛乘智)의 지혜성품(智慧性品)이므로, 아직, 함장식(含藏識)도 타파(打破)되지 않았고, 또한, 완전(完全)한 일체초월(一切超越) 본성(本性)을 회복(回復)하지 못했으므로, 타파(打破)하지 못한 식(識)의 장애(障礙)가 아직, 남아 있어, 일체초월(一切超越) 불지(佛智)처럼 5지원융지(五智圓融智)가 아니다.

그러므로, 보살지(菩薩智)의 대원경지(大圓鏡智)는, 전변지혜(轉變智慧)인 증득지(證得智)이므로, 무위,원융지혜,성품(無爲,圓融智慧,性品)인 무위성품,대원경지(無爲性品,大圓鏡智)이다. 그러나, 불(佛)의 대원경지(大圓鏡智)는, 일체,무위지혜,성품(一切,無爲智慧,性品)까지 초월(超越)한, 일체초월(一切超越) 청정본성,법신지(淸淨本性,法身智)의 대원경지(大圓鏡智)이므로, 이는, 일체초월(一切超越) 불성(佛性)의 불지(佛智)이다. 그러므로 만약(萬若), 경(經)에 대원경지(大圓鏡智)를 일러 불지(佛智)라 하면, 이는, 일체초월(一切超越) 불성불지(佛性佛智)의 대원경지(大圓鏡智)이다. 또한, 여러 경(經)에는, 증득지(證得智)인 아뇩다라삼먁삼보리(阿耨多羅三邈三菩提)를 증득(證得)함이 곧, 무상정각(無上正覺)임을 일컬음이 있어도, 이는, 무상불지(無上佛智)를 일컫는, 중생(衆生)을 위한 여래(如來)의 무량대비심(無量大悲心)인 선교방편설(善巧方便說)이다. 그러므로, 실제(實際), 일체초월(一切超越) 불지(佛智)에 이르면, 증득지(證得智)인 아뇩다라삼먁삼보리(阿耨

多羅三邈三菩提)까지도 벗어나게 된다. 왜냐하면, 일체초월(一切超越) 무상불지(無上佛智)에는, 깨달음의 일체증득지(一切證得智)와 수행(修行)의 일체성취지(一切成就智)까지, 모두 초월(超越)해 벗어나기 때문이다.

왜냐하면, 일체초월(一切超越) 본연불성(本然佛性)은 곧, 증득(證得)할 것도 없고, 얻을 것도 없으며, 성취(成就)할 것도 없는, 온[全] 우주(宇宙)에 두루 무한무변충만성(無限無邊充滿性)인, 본래(本來), 자기(自己)의 일체초월(一切超越) 청정본성(淸淨本性)이기 때문이다. 그러므로, 제8식,전변지혜,성품(第八識,轉變智慧,性品)인 대원경지(大圓鏡智)는, 일체초월(一切超越) 불지(佛智)가 아닌, 무위증득,보살지(無爲證得,菩薩智)이다. 이는, 무위각명,원융지혜성품(無爲覺明,圓融智慧性品)인 보살지(菩薩智)일 뿐, 일체초월(一切超越) 무상정각(無上正覺)인, 여래불성불지(如來佛性佛智)가 아니다. 그러므로, 금강삼매경(金剛三昧經)에서, 여래실상(如來實相)에 이르는 다섯[五] 단계(段階) 지혜과정(智慧過程) 중에, 여래실상(如來實相)의 불지(佛智)인, ⑤사위(捨位)의 불(佛)에 증입(證入)하면, 아뇩다라삼먁삼보리(阿耨多羅三邈三菩提)도 증득(證得)하지 않으며, 무한(無限) 초월성품(超越性品)에 이르러, 일체견(一切見)이 끊어져 멸(滅)한, 청정불성(淸淨佛性)인, 여래결정성(如來結定性)이다.

그러므로, 깨달음 지혜증득(智慧證得)의 일체법(一切法)과 일체지(一切智)까지, 완전(完全)히 끊어져 초월(超越)하여, 일체(一切) 얻음

과 증득(證得)과 성취(成就)와 완성(完成)이 없는, 본래(本來) 일체초
월,절대성(一切超越,絶對性) 완전(完全)한 본연무상불지(本然無上佛智)
에 이르면, 본래(本來) 불가사의(不可思議), 일체초월,평등성품(一切
超越,平等性品)인 일체,원만구족,무상평등,본연불성(一切,圓滿具足,無
上平等,本然佛性)이다. 그러면, 일체,유위무위,유식성품,차별세계(一
切,有爲無爲,唯識性品,差別世界)의 불가사의(不可思議) 차별성품(差別性
品)과 차별차원,지혜세계(差別次元,智慧世界)를 모두, 명료(明了)히 그
차별차원(差別次元) 특성(特性)을, 일체초월(一切超越) 실증지혜,불지
정안(實證智慧,佛智正眼)으로 밝게 깨닫고, 지혜점검(智慧點檢)을 하
게 된다.

　일체(一切) 전변지혜(轉變智慧)와 일체(一切) 증득지(證得智)는, 무위
성품지혜(無爲性品智慧)이며, 이는, 식(識)을 타파(打破)해 전변(轉變)
한, 증득지(證得智)이다. 그러므로, 이 무위지혜(無爲智慧)는, 곧, 무
생법인지(無生法忍智)이며, 이 지혜(智慧)를 증득(證得)한 지혜자(智慧
者)를 이름[名]하여, 보살승(菩薩乘)이라 한다. 그러므로, 일체보살
(一切菩薩)은, 제식전변지혜(諸識轉變智慧)의 무위차별,성품세계(無爲
差別,性品世界)로, 무생법인(無生法忍)을 증득(證得)한, 무위지혜,차별
성품(無爲智慧,差別性品) 속에 있는, 무위지혜보살(無爲智慧菩薩)이다.

④ 제9식(第九識)

    불지정론(佛智正論)의 제식총상,분류체계(諸識總相,分類體系)인 10종식(十種識)에서, 제9식(第九識)은 함장식(含藏識)이다. 이는, 대승유식론(大乘唯識論)에는 함장식(含藏識)을 제8식(第八識)으로 분류(分類)하였다. 그러나, 불지정론(佛智正論)에서는 대승유식론(大乘唯識論)에서 인지(認知)하지 못해 빠뜨린 능소출입식(能所出入識)이, 제8식(第八識)이다. 불지정론(佛智正論)에는 제8식(第八識)이 능소출입식(能所出入識)이므로, 능소출입식(能所出入識) 다음 식(識)인 함장식(含藏識)이, 불지정론(佛智正論)의 유식총상,분류체계(唯識總相,分類體系)인 10종식(十種識) 중에, 제9식(第九識)이다. 이 함장식(含藏識)은 12인연(十二因緣)의 최초(最初) 무명식(無明識)이다. 이 무명식(無明識)은, 세세생생(世世生生)의 일체업(一切業)의 정보인자(情報因子)를 저장(貯藏)하고 있는 심층,무의식계,3세정보,업력인자,저장처(深層,無意識界,三世情報,業力因子,貯藏處)인 함장식(含藏識)이다. 이 식(識)은 단지(但只), 3세(三世) 모든 업(業)의 정보인자(情報因子)를 함장(含藏)할 뿐, 성품(性品)이, 무엇에도 이끌림이 없는 부동식(不動識)으로, 동(動)함 없는 부동,대열반,무기성품(不動,大涅槃,無記性品)이다. 그러므로, 이 식(識)이, 동식(動識)이 아닌 성품무기성(性品無記性)이므로, 무엇에도 물듦 없는, 부동열반성품(不動涅槃性品)이다. 이 식(識)을 깨닫는 것은, 10종식(十種識) 중, 제8식(第八識) 능소출입식(能所出入識)이 지혜각력상승(智慧覺力上昇)으로 타파(打破)되어 끊어져 멸

(滅)해, 대원경지(大圓鏡智)에 들면, 이 무명함장식(無明含藏識)인 청정부동, 대열반성품(淸淨不動, 大涅槃性品)을, 대원경지(大圓鏡智)의 원융지혜각력(圓融智慧覺力)으로 보게 된다.

대원경지(大圓鏡智)에서, 청정부동, 대열반성품(淸淨不動, 大涅槃性品)인 이 무명함장식(無明含藏識)을, 원융지혜각력(圓融智慧覺力)으로 여실(如實)히 보고, 깨닫게 되는 것은, 능소출입식(能所出入識)이 끊어져 멸(滅)함으로, 능소(能所)가 타파(打破)되어 끊어져, 능소(能所) 없는 쌍차쌍조, 원융각명, 지혜작용(雙遮雙照, 圓融覺明, 智慧作用)으로, 지혜(智慧)의 체(體)와 용(用)을 함께 같이 보게 된다. 대원경지(大圓鏡智)에서는, 이 적멸적적, 청정부동, 대열반성품(寂滅寂寂, 淸淨不動, 大涅槃性品)이, 능소(能所)가 끊어져 멸(滅)해 원융(圓融)한, 심원융각명(心圓融覺明作用)의 체성(體性)임을 깨닫게 된다. 대원경지(大圓鏡智)에서 본, 청정부동, 대열반성품(淸淨不動, 大涅槃性品)은, 온[全] 우주(宇宙) 만물자체(萬物自體)가, 그 성품(性品) 속에 잠겨[潛] 있는, 적멸적적, 청정부동, 대열반성품(寂滅寂寂, 淸淨不動, 大涅槃性品)으로, 무한무변(無限無邊) 무시무종성(無始無終性)이며, 청정적멸부동성(淸淨寂滅不動性)이다. 대원경지(大圓鏡智)의 지혜성품(智慧性品) 속에 있을 때에는, 이 청정부동, 대열반성품(淸淨不動, 大涅槃性品)이, 무명함장식(無明含藏識)이 아닌, 청정본성(淸淨本性)이며 청정불성(淸淨佛性)으로, 인식(認識)하게 된다.

왜냐하면, 적멸적적, 청정부동, 대열반성품(寂滅寂寂, 淸淨不動, 大涅

槃性品)은, 깨어지거나, 파괴(破壞)될 수가 없는 성품(性品)이며, 천지(天地)가 열리기 전(前)부터, 시종(始終) 없이 항상(恒常)하는 천지(天地)의 근본성품(根本性品)으로, 생멸(生滅) 없는 부동대열반성(不動大涅槃性)임을 깨닫고 있기 때문이다. 제9식(第九識) 함장식(含藏識)을 적멸적적, 청정부동, 대열반성품(寂滅寂寂, 淸淨不動, 大涅槃性品)이라고 함은, 제8식(第八識) 능소출입식(能所出入識)이 타파(打破)되어 끊어져 대원경지(大圓鏡智)에 증입(證入)하면, 원융각명, 지혜성품(圓融覺明, 智慧性品)이 열리어, 원융각명지혜(圓融覺明智慧)로 바로 여실(如實)히 보게 되는 성품(性品)이 곧, 신비(神秘)한 청정무한무변성(淸淨無限無邊性)이며, 생(生)과 멸(滅)이 없는 천지(天地)의 근본성품(根本性品)인 무시무종성(無始無終性)으로, 불가사의(不可思議)한 적멸적적, 청정부동, 대열반성품(寂滅寂寂, 淸淨不動, 大涅槃性品)을, 대원각명, 지혜작용(大圓覺明, 智慧作用)으로 여실(如實)히 보기 때문이다.

제9식(第九識) 무명함장식(無明含藏識)의 성품(性品)이, 적멸적적, 청정부동, 대열반성품(寂滅寂寂, 淸淨不動, 大涅槃性品)임은, 무명함장식(無明含藏識)은 성품(性品)이 무엇에도 이끌림이나 물듦[染]이 없는, 부동대열반, 무기성품(不動大涅槃, 無記性品)이기 때문이다. 이 부동성품무기성(不動性品無記性)은 중생식심(衆生識心)의 다양(多樣)한 허공심(虛空心), 단멸심(斷滅心), 망념무심(妄念無心) 등(等)의 유심미혹(有心迷惑)의 무기성(無記性)이 아니다. 성품(性品)이 무엇에도 이끌림이 없는 부동대열반, 무기성품(不動大涅槃, 無記性品)이므로, 일체선악(一切善惡)과 일체유무상(一切有無相)과 일체정식(一切情識)과 일체제식심(一切諸識心)과 일체지견심(一切知見心), 그 무엇에도 이끌림이나 물듦[染]이 없는, 성품(性品)의 부동대열반,무기성품(不動大涅槃,無記性品)이다. 그러므로, 무명함장식(無明含藏識)의 무기성(無記性)은 불가사의(不可思議) 성품(性品)으로, 무명제식심(無明諸識心) 속에 있으면, 이 부동열반무기성(不動涅槃無記性)을 아무리 헤아리며 추측(推測)하여도, 유심무기성(有心無記性)과 달라, 상상(想像)으로도 유추(類推)하거나 추정(推定)할 수가 없다. 그러므로, 제8식(第八識) 능소출입식(能所出入識)이 타파(打破)되어 끊어져 멸(滅)한 대원경지(大圓鏡智)나, 제9식(第九識) 함장식(含藏識)이 타파(打破)되어 끊어져 멸(滅)한 심부동,대열반성지(心不動,大涅槃性智)에서도, 이 성품(性品)이 무엇에도 이끌림이 없는 부동대열반,무기성품(不動大涅槃,無記性品)이 곧, 청정본성(淸淨本性)이며, 청정불성(淸淨佛性)으로 인식(認識)하게 된다. 왜냐하면, 무엇에도 이끌림이나 물듦 없는 청정부동,대열반성품(淸淨不動,大涅槃性品)이며, 또한, 천지(天地)의 근원(根源)인 무시무종성(無始無終性)이기 때문이다.

　성품(性品)이 무엇에도 이끌림이 없는 성품무기성(性品無記性)을, 중생심(衆生心)의 다양(多樣)한 미혹심(迷惑心)인, 허공심(虛空心), 단멸심(斷滅心), 유심무심(有心無心), 망심무심(妄心無心) 등(等)의 유심무기성(有心無記性)으로 인식(認識)하거나 이해(理解)하면 안 된다. 성품(性品)의 부동무기성(不動無記性)은, 일체(一切) 무엇에도 이끌림이 없고, 물듦이 없는 성품(性品)으로, 일체선악(一切善惡)과 일체유무상(一切有無相)과 일체정식(一切情識)과 일체제식심(一切諸識心)과 일체지견심(一切知見心) 등(等), 그 무엇에도 이끌림이 없는, 부동대열반성품(不動大涅槃性品)이다. 이 성품(性品)의 무기성(無記性)은, 이는, 무엇에도 이끌림이 없는 성품(性品) 그 자체(自體)의 특성(特性)을 일컬음이다. 경계심(境界心)의 3성(三性)인 호·오·평등(好·惡·平等) 중, 평등심(平等心)은, 상견상심(相見相心)의 유심(有心)이며, 또한, 고·락·사(苦·樂·捨) 중, 사(捨) 또한, 상견상심(相見相心)의 유심(有心)이므로, 성품(性品)의 부동열반무기성(不動涅槃無記性)이 아니다. 무명함장식(無明含藏識)의 무기성(無記性)은, 성품(性品)이 일체선악(一切善惡)과 일체유무상(一切有無相)과 일체정식(一切情識)과 일체제식심(一切諸識心)과 일체지견심(一切知見心), 그 무엇에도 이끌림이나 물듦[染] 없는, 성품(性品)의 특성(特性)을 일컬음이다. 그러므로, 성품(性品)의 무기성(無記性)은, 유심무기(有心無記)나 망심무기(妄心無記)나 미혹무기(迷惑無記)와는 다른, 청정부동,대열반,무기성품(淸淨不動,大涅槃,無記性品)임을 일컬음이다.

성품(性品)이 무엇에도 이끌림이 없는 청정성품(淸淨性品)에는 2종성(二種性)이 있다. 하나는, 성품무기성(性品無記性)인 무명함장식(無明含藏識)이다. 또, 하나는, 일체초월,절대성(一切超越,絕對性) 청정본성(淸淨本性)이다. 무명함장식(無明含藏識)이 유심무기성(有心無記性)이나 무심무기성(無心無記性)이 아닌, 무엇에도 이끌림이 없는 성품무기성(性品無記性)이므로, 일체선악(一切善惡)과 일체유무상(一切有無相)과 일체정식(一切情識)과 일체제식심(一切諸識心)과 일체지견심(一切知見心)의 일체차별상(一切差別相)과 일체차별심(一切差別心)과 일체인과심(一切因果心) 등(等), 그 무엇에도 이끌림이 없는, 성품(性品)의 무기성(無記性)이므로, 3세, 일체선악, 업력(三世, 一切善惡, 業力)의 정보인자(情報因子)에 이끌림이 없이, 그대로 저장(貯藏)하고 있음이다. 그리고, 일체초월, 절대성(一切超越, 絕對性) 청정본성(淸淨本性) 또한, 일체선악(一切善惡)과 일체유무상(一切有無相)과 일체정식(一切情識)과 일체제식심(一切諸識心)과 일체지견심(一切知見心)의 일체차별상(一切差別相)과 일체차별심(一切差別心)과 일체인과심(一切因果心) 등(等), 그 무엇에도 이끌림이 없는, 일체초월성(一切超越性)이므로, 일체대(一切對)를 벗어난 절대성(絕對性)이라고 하며, 또한, 그 어떤 무엇에도 이끌림이 없으므로, 절대중도(絕對中道)라고 한다.

무엇에도 이끌림이 없는 2종, 청정성품(二種, 淸淨性品)인 무명함장식(無明含藏識)과 청정본성(淸淨本性)의 차별특성(差別特性)은, 두[二] 성품(性品)이 청정성품(淸淨性品)이어도, 무명함장식(無明含藏識)은 성품무기성(性品無記性)으로, 단지(但只), 무엇에도 이끌림이나 물듦[染]이 없는 부동열반, 무기성품(不動涅槃, 無記性品)일 뿐, 무명(無明)에 치우쳐 있으므로, 일체대(一切對)를 벗어난 절대성(絕對性), 일체초월(一切超越) 불성(佛性)인 지혜성품(智慧性品)이 아니다. 그리고 또한, 무명함장식(無明含藏識)은 무명(無明)에 치우쳐 있으므로, 일체초월, 절대성(一切超越, 絕對性) 절대중도(絕對中道)의 법성(法性)이나 불성(佛性)이 아니다. 그러므로, 절대중도성(絕對中道性)은 성품무기성(性品無記性)이 아닌, 일체초월(一切超越) 청정본성(淸淨本性)이며 청정불성(淸淨佛性)인 법성실상성품(法性實相性品)이다.

무기(無記), 또는, 무기성(無記性)의 언어(言語)를, 심식작용심(心識作用心) 속에서도 사용(使用)하다 보니, 무기(無記), 또는, 무기성(無記性)을 유심무기(有心無記)나 망심무기(妄心無記)나 미혹무기(迷惑無記)를 생각[認識]하므로, 무기(無記), 또는, 무기성(無記性)을, 무엇에도 이끌림이나 동(動)함이 없는, 성품무기성(性品無記性)인 부동열반무기성품(不動涅槃無記性品)으로 인식(認識)하지 못한다. 그러므로, 무기(無記), 또는, 무기성(無記性)은, 어떤 선·악(善·惡)과 호·오(好·惡)를 생기(生起)할 인성(因性)이 되지 않으므로, 누구나, 무기(無記), 또는, 무기성(無記性)에 대해, 특별(特別)한 관심(關心)이 없다. 그러나, 무엇에도 치우침이나 물듦[染]이 없는 절대성(絕對性), 또는 중도(中道), 또는 진여(眞如), 또는 본성(本性), 또는 불성(佛性)을, 무엇에도 이끌림이나 물듦 없어 동(動)함이 없는 부동열반무기성품(不動涅槃無記性品)으로 인식(認識)하거나 이해(理解)하는 경우가 있다.

또한, 수행자(修行者)나 지혜자(智慧者) 중에도, 일체(一切)에 치우침이나 동(動)함이 없는 절대성(絕對性) 관념(觀念)을, 부동열반무기성품(不動涅槃無記性品)으로, 절대성(絕對性)의 도(道)나 지혜(智慧)로 인식(認識)하는 경우(境遇)도 있다. 그러므로, 절대성(絕對性), 일체초월(一切超越) 본성(本性)의 지혜성품(智慧性品)과 청정부동, 대열반, 무기성품(清淨不動, 大涅槃, 無記性品)을 명료(明了)히 분별(分別)하는 것은, 이에 대한 실증지혜(實證智慧)가 있어야 한다. 그것을 모르면, 무심(無心)이 도(道)라 하여도 그 무심(無心)이 곧, 망(妄)이며, 또한, 평등심(平等心)이 도(道)라 하여도 그 평등심(平等心)이 곧, 망(妄)

이며, 또한, 청정심(淸淨心)이 도(道)라 하여도 그 청정심(淸淨心)이 곧, 망(妄)이며, 또한, 초월심(超越心)이 도(道)라 하여도 그 초월심(超越心)이 곧, 망(妄)이다. 그러므로, 일체초월(一切超越) 불지(佛智)에 증입(證入)하지 못한 일체(一切)가 무상도(無上道)일 수 없음은, 아직, 일체초월(一切超越) 불성(佛性)을 깨닫지 못해, 절대중도(絶對中道)인 무상평등절대성(無上平等絶對性) 불성(佛性)을 깨닫지 못했기 대문이다.

일체초월(一切超越) 불성(佛性)의 도(道)를 무상도(無上道)라고 하며, 이 일체초월(一切超越) 무상도(無上道)의 지혜(智慧)를 불지(佛智)라고 한다. 일체초월(一切超越) 불지행(佛智行)을 중도행(中道行)이라고 하며, 일체초월(一切超越) 중도행(中道行)을 법성실상행(法性實相行)이라고 한다. 일체초월(一切超越) 법성실상행(法性實相行)을 3법인행(三法印行)이라고 한다. 이 행(行)을 금강삼매경(金剛三昧經)에서는 일체초월성(一切超越性) 일각요의(一覺了義)의 일미진실(一味眞實), 무상무생(無相無生), 결정실제(結定實際), 본각리행(本覺利行)이라고 하였다. 이는 곧, 일체초월성(一切超越性) 여래장,무생공능행(如來藏,無生功能行)이다. 이 중도행(中道行)이 곧, 일체초월(一切超越) 법신불성(法身佛性)과 보신불성(報身佛性)과 응화신불성(應化身佛性)이 일각요의(一覺了義) 속에, 일성원융(一性圓融)으로 3신일각일행(三身一覺一行)이 이루어지는, 일체초월(一切超越) 제불행(諸佛行)이다.

일체인과심(一切因果心)에 치우친 유심무기성(有心無記性)이나 무심무기성(無心無記性)이 아닌, 성품무기성(性品無記性)인 무명함장식(無明含藏識)은, 미혹무기심(迷惑無記心)과는 다르다. 그러므로, 무명중생심(無明衆生心) 속에 있으면, 무엇에도 이끌림이 없는 성품무기성(性品無記性)과 일체초월,절대성(一切超越,絶對性)의 차별특성(差別特性)을 가름할 수가 없다. 그러므로, 상심상견(相心相見)인 능소분별심(能所分別心) 대(對)의 2견심(二見心)을 벗어나지 않았으면, 일체초월(一切超越) 청정본성(淸淨本性)이며 청정불성(淸淨佛性)을 생각[認識]하고 유추(類推)해도, 그 식견(識見)과 유추(類推)가, 무엇에도 이끌림이 없는 성품무기성(性品無記性)의 한계성(限界性)을 벗어날 수가 없다. 왜냐하면, 대(對)의 차별심(差別心) 속에 있으므로, 무엇에도 이끌림이 없는 성품무기성(性品無記性)과 일체초월,절대성(一切超越,絶對性)의 차별특성(差別特性)을 가름할 수가 없기 때문이다. 그러므로, 능소차별심(能所差別心)을 벗어나지 못한 지견(知見)으로, 염(染)과 정(淨), 망(妄)과 진(眞)을 건립(建立)하여 논(論)하는 대법(對法) 속의 본성(本性)과 불성(佛性)은, 대(對) 속에서 이루어지는 염(染)과 정(淨), 망(妄)과 진(眞)의 차별건립법(差別建立法)이므로, 일체초월(一切超越) 본성(本性)인 불성(佛性)은 염(染)을 벗어난 정(淨)도 아니며, 또한, 망(妄)을 벗어난 진(眞)도 아니므로, 일체초월(一切超越) 본성(本性)인 불성(佛性)은, 염(染)을 벗어난 정(淨)도 초월(超越)했고, 또한, 망(妄)을 벗어난 진(眞)도 초월(超越)한 성품(性品)이므로, 일체초월,절대성(一切超越,絶對性) 본성(本性)인 불성(佛性)은, 염(染)과 정(淨), 망(妄)과 진(眞)을 모두 벗어났다.

일체대(一切對)를 벗어난 절대성(絕對性) 청정본성(清淨本性)은, 그 어떤 무엇에도 이끌림이 없는 청정성품(清淨性品)으로, 성품무기성(性品無記性)인 무명함장식(無明含藏識)과는 달리, 일체초월성(一切超越性)이므로, 성품무기성(性品無記性)과 차별화(差別化)하여, 절대성(絕對性), 또는, 일체초월성(一切超越性), 또는, 중도성(中道性), 또는, 무생결정성(無生結定性), 또는, 인성(印性), 또는, 인(印), 또는, 아마라식(阿摩羅識), 암마라식(菴摩羅識), 또는, 무루성(無漏性), 또는, 본성(本性), 또는, 본각(本覺), 또는, 불성(佛性) 등(等)의 언어(言語)로 지칭(指稱)함은, 청정본성(清淨本性)이, 그 어떤 무엇에도 이끌림이 없는 일체초월,절대성(一切超越,絕對性)의 특성(特性)을 드러냄이다.

그러므로, 청정본성(清淨本性)은, 무엇에도 이끌림이 없는 성품무기성(性品無記性)까지 초월(超越)했으므로, 일체대(一切對)를 벗어난 일체초월성(一切超越性), 또는, 절대성(絕對性) 등(等)으로 표현(表現)한다. 청정본성(清淨本性)을 지칭(指稱)하는 모든 언어(言語)가 곧, 일체초월성(一切超越性)의 특성(特性)을 드러내는 언어(言語)이다. 그러나, 지혜(智慧)가 대(對)의 능소차별심(能所差別心) 속에 있으면, 무엇에도 이끌림이 없는 성품무기성(性品無記性)과 일체초월,절대성(一切超越,絕對性)의 차별특성(差別特性)을 명확(明確)히 가름할 실증지혜, 불지정안(實證智慧,佛智正眼)이 없어, 두[二] 성품(性品)의 차별성(差別性)을 가름[認知]할 수가 없다. 그러므로, 수행과정(修行過程) 중에는, 무엇에도 이끌림이 없는 성품무기성(性品無記性)을 절대중(絕對

中)으로 인식(認識)할 수도 있다.

성불(成佛)의 지혜과정(智慧過程)은, 청정본성(淸淨本性)의 일체초월,절대성(一切超越,絶對性) 절대중(絶對中)을 벗어나 치우친, 상(相)과 견(見)의 미혹(迷惑)을 벗어나는 지혜(智慧)이다. 그러므로, 일체초월,절대성(一切超越,絶對性) 본연청정절대중(本然淸淨絶對中)의 지혜(智慧)를, 불지(佛智)라고 한다. 그러므로, 일체초월(一切超越) 절대중(絶對中)의 지혜(智慧)가 아니면, 일체초월(一切超越) 절대중(絶對中)을 벗어난 것이므로, 불지(佛智)라고 하지 않는다. 불지(佛智)는 곧, 일체초월(一切超越) 불성(佛性)의 지혜(智慧)이니, 이는, 일체초월(一切超越) 절대중(絶對中)인 본연청정성품(本然淸淨性品)의 지혜(智慧)이다. 그러므로, 일체초월(一切超越) 불지(佛智)를 중도(中道)의 지혜(智慧)라고 한다. 일체초월(一切超越) 중도(中道)의 지혜(智慧)는 곧, 염(染)과 정(淨), 망(妄)과 진(眞), 능(能)과 소(所), 상(相)과 공(空), 유(有)와 무(無), 유위(有爲)와 무위(無爲), 정(定)과 혜(慧), 체(體)와 용(用), 동(動)과 정(靜), 시각(始覺)과 본각(本覺), 열반(涅槃)과 보리(菩提)의 일체대(一切對)를 벗어난 일체초월,절대성(一切超越,絶對性) 절대중(絶對中)의 성품(性品)이다.

그러므로, 성불(成佛)을 향(向)한 지혜각력상승(智慧覺力上昇)은, 일체초월(一切超越) 절대성(絶對性) 절대중(絶對中)을 벗어나 치우친, 미혹(迷惑)의 상심(相心)과 상견(相見)과 깨달음과 증득(證得)과 증지혜(證智慧)와 증지견(證智見)에 머묾[住]을 벗어나는, 일체초월(一切超

越) 절대성(絕對性) 절대중(絕對中)을 향(向)한, 지혜상승,수행과정(智慧上昇,修行過程)이다. 왜냐하면, 일체초월(一切超越) 청정본성(淸淨本性)이며, 청정불성(淸淨佛性)은, 일체(一切) 상(相), 견(見), 심(心), 지혜(智慧), 증득(證得)의 그 무엇에도 치우침이나 걸림 없는, 일체초월(一切超越) 절대중(絕對中)의 성품(性品)이기 때문이다. 여기에 이르기까지는, 그 견(見)과 지혜(智慧)가 무엇이든, 일체초월(一切超越) 절대성(絕對性)을 벗어나, 견(見)과 지혜(智慧)와 증득(證得)에 치우친 대(對)에 의한 차별견(差別見)이며, 차별지혜(差別智慧)이다.

그러므로, 성불(成佛)을 향(向)한 지혜과정(智慧過程)은, 일체초월(一切超越) 청정본성(淸淨本性)이며, 청정불성(淸淨佛性)인 절대성(絕對性)을 벗어난, 일체(一切) 상(相), 견(見), 심(心), 지혜(智慧), 증득(證得)까지 타파(打破)해 벗어나는, 청정본연,무연중,절대성(淸淨本然, 無然中,絕對性)을 향(向)한 지혜상승수행(智慧上昇修行)이다. 청정본연, 무연중,절대성(淸淨本然,無然中,絕對性)은, 일체(一切) 상(相), 식(識), 견(見), 득(得), 증(證), 지혜(智慧) 등(等), 그 무엇에도 물듦[染]이 없는 무생본연,청정성품(無生本然,淸淨性品)이다. 그러므로, 일체초월본성(一切超越本性)은 성취(成就)하거나, 이룩하거나, 조작(造作)하거나, 수행(修行)으로 완성(完成)하는 성품(性品)이 아닌, 본래청정본연성(本來淸淨本然性)이므로, 본연(本然)이라고 한다. 그리고, 어떤 인(因)과 연(緣)과 과(果)에 의(依)하거나, 수행(修行)에 의해 완성(完成)이나 결정(決定)되는 것이 아닌, 어떤 인과(因果)와 조건성(條件性)도 끊어졌으므로, 무연(無然)이라고 하며, 또한, 일체(一切) 상(相), 식

(識), 견(見), 득(得), 증(證), 지혜(智慧) 등(等)에 치우침이 없으므로 중(中)이라고 하며, 또한, 일체대(一切對)를 벗어난 초월성(超越性)이 므로, 절대성(絕對性)이라고 한다. 그러므로, 청정본연,무연중,절대성(淸淨本然,無然中,絕對性)이란, 곧, 일체초월(一切超越) 청정본성(淸淨本性)이며, 청정불성(淸淨佛性)을 일컬음이다. 이는 곧, 무생결정성(無生結定性)으로, 여래결정성(如來結定性)이며, 여래장총지성(如來藏總持性)이다.

일체초월(一切超越) 절대성(絕對性)을 벗어난, 일체(一切) 상(相), 식(識), 견(見), 득(得), 증(證), 지혜(智慧)를 벗어나기 위한 지혜과정(智慧過程) 자체(自體)가 곧, 성불(成佛)을 향(向)해 제식(諸識)을 타파(打破)해 벗어나는 제식전변,지혜상승,과정(諸識轉變,智慧上昇,過程)이다. 이 제식전변,지혜상승,과정(諸識轉變,智慧上昇,過程)이 곧, 승(乘)의 무위지혜,차별차원,성품세계(無爲智慧,差別次元,性品世界)이다. 이 승(乘)의 차별지혜과정(差別智慧過程)은, ①안이비설신의식(眼耳鼻舌身意識)인 제6식(第六識)이, 지혜작용(智慧作用)으로 타파(打破)되어 끊어져 멸(滅)해, 색성향미촉법(色聲香味觸法)의 상(相)이 공(空)한, 공성지혜(空性智慧)가 열리어, 대승(大乘)의 공성지혜성품(空性智慧性品)에 증입(證入)하게 된다. ②제7식(第七識) 자아의식(自我意識)이, 지혜작용(智慧作用)으로 타파(打破)되어 끊어져 멸(滅)해, 상(相)과 공(空)을 둘[二] 다 벗어난 무염진여성품(無染眞如性品)이 열리어, 자아의식(自我意識)이 없음으로, 상(相)과 공(空)에 걸림 없는 일승(一乘)의 이사무애지(理事無礙智)에 증입(證入)하게 된다. ③제8식(第八識)

능소출입식(能所出入識)이, 지혜작용(智慧作用)으로 타파(打破)되어 끊어져 멸(滅)해, 능소(能所) 없는 원융각명, 대원경지(圓融覺明, 大圓鏡智)가 열리어, 일불승(一佛乘)의 쌍차쌍조, 원융각명, 지혜성품(雙遮雙照, 圓融覺明, 智慧性品)에 증입(證入)하게 된다. ④제9식(第九識) 무명함장식(無明含藏識)이 지혜작용(智慧作用)으로 타파(打破)되어 끊어져 멸(滅)해, 심부동, 대열반성지(心不動, 大涅槃性智)가 열리어, 일체무위(一切無爲)를 깨달은 제상공성(諸相空性)과 무염진여성(無染眞如性)과 원융각명성(圓融覺明性)의 일체, 무위동각, 지혜작용(一切, 無爲動覺, 智慧作用)을 벗어난 불승(佛乘)의 심부동, 대열반성지(心不動, 大涅槃性智)에 증입(證入)하게 된다. ⑤또한, 이 일체, 무위지혜, 성품세계(一切, 無爲智慧, 性品世界)를 타파(打破)해 벗어나, 일체초월, 절대성(一切超越, 絕對性) 불지(佛智)에 증입(證入)하게 된다.

제식전변지혜(諸識轉變智慧)로 점차(漸次) 지혜(智慧)가 상승(上昇)하는 까닭[緣由]은, 일체초월(一切超越) 절대성(絕對性), 청정본성(淸淨本性)을 벗어나 치우친, 일체(一切) 상(相), 식(識), 견(見), 득(得), 증(證), 지혜(智慧) 등(等)을 점차(漸次) 타파(打破)해 벗어나므로, 일체(一切)에 치우침 없는 일체초월(一切超越) 청정본연, 무연중, 절대성(淸淨本然, 無然中, 絕對性) 본성(本性)이, 제식(諸識)이 끊어져 멸(滅)하는 점차(漸次)에 따라, 청정공성(淸淨空性)과 무염진여성(無染眞如性)과 원융각명성(圓融覺明性)과 부동열반성(不動涅槃性)과 일체초월성(一切超越性)이 점차(漸次) 열리기 때문이다. 이 전변지혜과정(轉變智慧過程)은, 유식지혜, 상승세계(唯識智慧, 上昇世界)로, 일체초월, 절대성(一

切超越,絶對性)을 벗어나 치우친, 일체(一切) 상(相), 식(識), 견(見), 득(得), 증(證), 지혜(智慧) 등(等)에 치우친 미혹(迷惑)을 벗어나는, 본연본성(本然本性)인 일체초월,절대성(一切超越,絶對性)을 향(向)한 지혜작용(智慧作用)이다. 일체초월,절대성(一切超越,絶對性)은, 일체(一切) 상(相), 식(識), 견(見), 득(得), 증(證), 지혜(智慧) 등(等)을 벗어났으므로 일체초월,절대성(一切超越,絶對性)이라고 하며, 또한, 일체(一切) 상(相), 식(識), 견(見), 득(得), 증(證), 지혜(智慧) 등(等)에 치우침이 없으므로, 절대중도(絶對中道)라고도 한다.

불승(佛乘)의 지혜성품(智慧性品)은, 무명함장식(無明含藏識)인 청정부동,대열반,무기성품(清淨不動,大涅槃,無記性品)을 타파(打破)해 증입(證入)한 심부동,대열반성지(心不動,大涅槃性智)이다. 불지정론(佛智正論) 내용(內容) 중에는, 무명함장식(無明含藏識)이 청정부동,대열반,무기성품(清淨不動,大涅槃,無記性品)을 무기성품(無記性品)으로 표기(表記)하지 않고, 불승(佛乘)의 성품(性品)과 다를바 없는, 무기성품(無記性品)이 아닌, 청정부동,대열반성품(清淨不動,大涅槃性品)으로 표기(表記)하는 까닭[緣由]은, 일불승(一佛乘)의 대원경지(大圓鏡智)나, 불승(佛乘)의 심부동,대열반성지(心不動,大涅槃性智)에서는, 무명함장식(無明含藏識)이, 본성(本性)이며 불성(佛性)인, 청정부동,대열반,성품(清淨不動,大涅槃,性品)으로 인지(認知)할 뿐, 무기성품(無記性品)임을 알 수도 없고, 또한, 인지(認知)하지 못하기 때문이다.

그리고, 여기에서 무기성품(無記性品)이라고 함은, 무엇에도 이끌림이 없는 성품(性品)의 무기성(無記性)을 일컬을 뿐이다. 그러므로, 무기성품(無記性品)이라고 하면, 유심무기성(有心無記性)으로 인식(認識)할 수도 있으므로, 무명함장식(無明含藏識)의 무기성(無記性)을 곧, 청정부동,대열반성품(清淨不動,大涅槃性品)이라고 한다. 왜냐하면, 동(動)함이 없는 성품무기성(性品無記性)이므로, 무엇에도 이끌림이나 물듦 없는 부동무기성(不動無記性) 자체(自體)가 곧, 청정부동,대열반성품(清淨不動,大涅槃性品)이기 때문이다. 그러므로, 부동성품무기성(不動性品無記性)은, 자아의식작용(自我意識作用)인 유심무기심(有心無記心)이나, 단멸무기심(斷滅無記心)이나, 미혹무기심(迷惑無記心)이나, 망심무기심(妄心無記心)이나, 혼침무기심(昏沈無記心) 등(等)이 아니다. 그러므로, 무엇에도 이끌림이 없는 성품(性品)의 무기성품(無記性品)을 바르게 이해(理解)하려면, 일체초월(一切超越) 지혜(智慧)가 필요(必要)하다. 왜냐하면, 일반적(一般的)으로 무기성품(無記性品)이라고 하면, 일반심(一般心)인 호·오·평등(好·惡·平等)의 평등심(平等心)이나, 고·락·사(苦·樂·捨)의 사(捨)나, 또는, 무반응심(無反應心)이나, 무인식심(無認識心)이나, 허공심(虛空心)이나, 무관심(無關心)이나, 단멸심(斷滅心)이나, 식심무기성(識心無記性)으로 인식(認識)하거나, 이해(理解)하기 때문이다.

그리고, 청정부동,대열반,무기성품(清淨不動,大涅槃,無記性品)을 타파(打破)해 심부동,대열반성지(心不動,大涅槃性智)에 든[入] 불승(佛乘)도, 자기(自己)가 청정부동,대열반,무기성품(清淨不動,大涅槃,無記性品)을 타파(打破)해 불승(佛乘)에 증입(證入)하였음을 모른다. 이 총체적(總體的) 무위지혜, 성품세계(無爲智慧, 性品世界)의 부사의(不思議) 차별차원, 성품세계(差別次元, 性品世界)를 실증지혜(實證智慧)로 명확(明確)히 깨닫고, 밝게 분별(分別)하는 것은, 일체, 유위무위, 제식성품, 세계(一切, 有爲無爲, 諸識性品, 世界)를 완전(完全)히 타파(打破)해, 일체초월(一切超越) 불지(佛智)에 증입(證入)함으로, 제식전변, 실증지혜, 무상정안, 불지혜(諸識轉變, 實證智慧, 無上正眼, 佛智慧)로, 이 일체(一切)를 두루 밝게 지혜점검(智慧點檢)하게 된다. 그리고, 무명함장식(無明含藏識)과 무명함장식(無明含藏識)을 타파(打破)해 든[入] 불승(佛乘)의 성품(性品)을 표기(表記)함에 있어서 차별(差別)하지 않고, 똑 같이 부동대열반성품(不動大涅槃性品) 또는, 청정부동, 대열반, 성품(淸淨不動, 大涅槃, 性品)이라 하여도, 무명함장식(無明含藏識)은 성품무기성(性品無記性)인 부동, 대열반, 무기성품(不動, 大涅槃, 無記性品)이며, 불승(佛乘)이, 무명함장식(無明含藏識)을 타파(打破)해 증입(證入)한 지혜성품(智慧性品)은 무기성품(無記性品)이 아닌, 심부동, 대열반, 성품(心不動, 大涅槃, 性品)임을 알아야 한다.

그리고, 무명함장식(無明含藏識)이 부동, 대열반, 무기성품(不動, 大涅槃, 無記性品)이어도, 무기성품(無記性品)으로만 표기(表記)할 수 없음은, 동(動)함이 없는 성품무기성(性品無記性) 자체(自體)가 곧, 청정부동, 대열반성품(淸淨不動, 大涅槃性品)이기 때문이며, 그리고 또한, 6종식(六種識)이 끊어져 멸(滅)한 대승공성지혜(大乘空性智慧)이어도, 무명함장식(無明含藏識)이 어떤 성품(性品)인지를 볼 수도, 알 수가 없으며, 또한, 제7식(第七識) 자아의식(自我意識)이 끊어져 멸(滅)한 일승,무염진여성지(一乘, 無染眞如性智)이어도, 무명함장식(無明含藏識)이 어떤 성품(性品)인지를 볼 수도, 알 수가 없으며, 또한, 제8식(第八識) 능소출입식(能所出入識)이 끊어져 멸(滅)한 대원경지(大圓鏡智)에서 무명함장식(無明含藏識)인 청정부동, 대열반, 무기성품(淸淨不動, 大涅槃, 無記性品)을 보아도, 적멸적적, 청정부동, 대열반성품(寂滅寂寂, 淸淨不動, 大涅槃性品)이므로, 이 부동열반성품(不動涅槃性品)을 청정본성(淸淨本性)이며 청정불성(淸淨佛性)으로 인식(認識)하며, 또한, 제9식(第九識)인 무명함장식(無明含藏識)을 타파(打破)해 멸(滅)해, 심부동, 대열반성지(心不動, 大涅槃性智)에 증입(證入)하였어도, 심부동, 대열반, 체성지(心不動, 大涅槃, 體性智)가 청정부동, 대열반, 무기성품(淸淨不動, 大涅槃, 無記性品)의 체성(體性)이어도, 청정본성(淸淨本性)이며 청정불성(淸淨佛性)으로 인식(認識)하기 때문이다. 왜냐하면, 이 청정부동, 대열반, 무기성품(淸淨不動, 大涅槃, 無記性品)을 명확(明確)히 지혜점검(智慧點檢)할, 일체초월(一切超越) 불지정안(佛智正眼)이 아니기 때문이다. 그러므로, 무명함장식(無明含藏識)이 성품무기성(性品無記性)임을 바르게 지혜점검(智慧點檢)하는 것은, 일체초월(一切超越) 불지(佛智)이기 때문이다.

일불승(一佛乘)에서는 무명함장식(無明含藏識)인 청정부동, 대열반, 무기성품(淸淨不動, 大涅槃, 無記性品)이, 대원경지(大圓鏡智)인 원융각명, 지혜작용(圓融覺明, 智慧作用)의 무위체성(無爲體性)이므로, 유위상심(有爲相心)이나 유위상견(有爲相見)에서 인식(認識)하는, 단순(單純) 무기성품(無記性品)이 아니다. 그러므로, 청정부동, 대열반, 무기성품(淸淨不動, 大涅槃, 無記性品)은, 유심무기(有心無記)도 아니며, 단멸무기(斷滅無記)도 아닌, 일체선악(一切善惡)과 일체유무상(一切有無相)과 일체정식(一切情識)과 일체제식심(一切諸識心)과 일체지견심(一切知見心)의 그 무엇에도 이끌림이 없고 물듦 없는, 성품(性品)의 무기성(無記性)이다. 그러므로, 적멸적적, 청정부동, 대열반성품(寂滅寂寂, 淸淨不動, 大涅槃性品)이 일불승(一佛乘) 지혜작용(智慧作用)의 무위체성(無爲體性)이다.

그러므로, 무명함장식(無明含藏識)인 청정부동, 대열반, 무기성품(淸淨不動, 大涅槃, 無記性品)은 유심무기성(有心無記性)도 아니며, 단멸무기성(斷滅無記性)도 아닌, 부동성품무기성(不動性品無記性)으로, 성품(性品)이 무엇에도 동(動)함이 없을 뿐, 상심(相心)에서 인식(認識)하거나 이해(理解)하는 유심무기(有心無記)나, 단멸무기(斷滅無記)로 인식(認識)하면 안 된다. 왜냐하면, 유심무기(有心無記)나, 단멸무기(斷滅無記) 등(等)은, 인과유심(因果有心)의 미혹심(迷惑心) 그 자체(自體)일 뿐, 적멸적적, 청정부동, 대열반성품(寂滅寂寂, 淸淨不動, 大涅槃性品)이 아니기 때문이다. 그리고, 상심(相心)인 유심무기(有心無記)나 단멸무기(斷滅無記) 등(等)은 곧, 망심무기심(妄心無記心)이니, 일불승(一佛乘) 원융각명, 지혜작용(圓融覺明, 智慧作用)의 체성(體性)이 될 수가 없다.

그러므로, 무명함장식(無明含藏識)인 청정부동, 대열반, 무기성품(淸淨不動, 大涅槃, 無記性品)은, 6종식(六種識)이 끊어져 멸(滅)해, 색성향미촉법(色聲香味觸法)의 상(相)이 타파(打破)된 대승공성지혜(大乘空性智慧)와 제7식(第七識) 자아의식(自我意識)이 끊어져 멸(滅)한 이사무애법계성(理事無礙法界性)인 무염진여성(無染眞如性)에 증입(證入)한 일승(一乘)의 지혜(智慧)로도, 적멸적적, 청정부동, 대열반무기성품(寂滅寂寂, 淸淨不動, 大涅槃無記性品)을 볼 수도, 알 수도 없다. 그리고, 제8식(第八識) 능소출입식(能所出入識)이 타파(打破)되어 끊어져 멸(滅)한, 일불승(一佛乘)의 원융각명, 대원경지(圓融覺明, 大圓鏡智)에 증입(證入)하여, 원융각명, 지혜작용(圓融覺明, 智慧作用)의 열반체성(涅槃體性)인 청정부동, 대열반, 무기성품(淸淨不動, 大涅槃, 無記性品)을 보아도, 적멸적적, 청정부동, 대열반성품(寂滅寂寂, 淸淨不動, 大涅槃性品)일 뿐, 부동성품무기성(不動性品無記性)임을 깨닫지 못한다. 일불승(一佛乘)의 지혜(智慧)로는, 무명함장식(無明含藏識)인 적멸적적, 청정부동, 대열반성품(寂滅寂寂, 淸淨不動, 大涅槃性品)이 무기성품(無記性品)임을 깨닫지 못하는 까닭[緣由]은, 일불승(一佛乘)의 원융각명, 지혜작용(圓融覺明, 智慧作用)이 이루어지는 청정부동, 대열반, 체성(淸淨不動, 大涅槃, 體性)이기 때문이다. 그러므로, 무명함장식(無明含藏識)의 무기성품(無記性品)은, 단순(單純) 미혹무기성품(迷惑無記性品)이 아닌, 성품(性品)이 무엇에도 이끌림이 없는 적멸적적, 청정부동, 대열반성품(寂滅寂寂, 淸淨不動, 大涅槃性品)이다.

　그러므로, 무명함장식(無明含藏識)인 청정부동, 대열반, 무기성품(淸淨不動, 大涅槃, 無記性品)은, 무위부동, 대열반, 무기성품(無爲不動, 大涅槃, 無記性品)이므로, 제8식(第八識) 능소출입식(能所出入識)보다 더 깊은 성품(性品)이다. 그러므로, 제8식(第八識) 능소출입식(能所出入識)이 타파(打破)되어 끊어져 멸(滅)해도, 무명함장식(無明含藏識)인 청정부동, 대열반, 무기성품(淸淨不動, 大涅槃, 無記性品)이 타파(打破)되거나 멸(滅)하지 않으며, 또한, 제8식(第八識) 능소출입식(能所出入識)이 타파(打破)되어 끊어져 멸(滅)한, 원융각명, 무위동각, 대원경지(圓融覺明, 無爲動覺, 大圓鏡智)로도 파괴(破壞)할 수가 없다. 그러므로, 원융각명, 무위동각, 대원경지(圓融覺明, 無爲動覺, 大圓鏡智)를 벗어난, 불승(佛乘)의 심부동, 대열반성지(心不動, 大涅槃性智)이어야만, 무명함장식(無明含藏識)인 청정부동, 대열반, 무기성품(淸淨不動, 大涅槃, 無記性品)을 타파(打破)할 수가 있다. 그러므로, 불승(佛乘)은, 무명함장식(無明含藏識)인 청정부동, 대열반, 무기성품(淸淨不動, 大涅槃, 無記性品)을 타파(打破)한 부사의심(不思議心)인 심부동, 대열반성지(心不動, 大涅槃性智)에 증입(證入)해 있음이다. 그러므로, 무명함장식(無明含藏識)인 청정부동, 대열반, 무기성품(淸淨不動, 大涅槃, 無記性品)이 타파(打破)되어 끊어져 멸(滅)한, 부사의심(不思議心) 심부동, 대열반성지(心不動, 大涅槃性智)의 지혜작용(智慧作用)이 있으므로, 이 지혜경계(智慧境界)가 부사의심(不思議心)이며, 불가사의열반심(不可思議涅槃心)이라, 이 지혜성품(智慧性品)에 들면, 불성(佛性)으로 인식(認識)하게 된다.

그러므로, 적멸적적, 청정부동, 대열반, 무기성품(寂滅寂寂, 淸淨不動, 大涅槃, 無記性品)은 상심(相心)의 유심무기(有心無記)도 아니며, 단멸무심무기(斷滅無心無記)도 아닌, 일체선악(一切善惡)과 일체유무상(一

切有無相)과 일체정식(一切情識)과 일체제식심(一切諸識心)과 일체지견심(一切知見心), 그 무엇에도 이끌림이나 물듦[染]이 없는, 부동성품(不動性品)의 무기성(無記性)이다. 무명함장식(無明含藏識)인 청정부동, 대열반, 무기성품(淸淨不動, 大涅槃, 無記性品)은, 청정, 무위부동, 대열반, 무기성품(淸淨, 無爲不動, 大涅槃, 無記性品)이므로, 일불승(一佛乘) 지혜작용(智慧作用)의 체성(體性)이니, 일불승(一佛乘)에 증입(證入)하기 전(前)에는, 이 성품(性品)의 특성(特性)에 대한 말[言語]만을 들을 뿐, 제7식(第七識) 자아의식(自我意識)의 분별심(分別心)으로 아무리 유추(類推)하고 헤아려도, 알 수가 없다. 단지(但只), 제8식(第八識) 능소출입식(能所出入識)이 타파(打破)되어 끊어져 멸(滅)해 대원경지(大圓鏡智)에 들면, 온[全] 우주(宇宙)에 두루 무한무변(無限無邊) 충만(充滿)한 불가사의(不可思議) 적멸적적, 청정부동, 대열반성품(寂滅寂寂, 淸淨不動, 大涅槃性品)을, 능소(能所)가 끊어져 멸(滅)한 원융각명, 지혜작용(圓融覺, 明智慧作用)으로 보게 된다.

그리고 또한, 무명함장식(無明含藏識)은 무기부동성품(無記不動性品)이며, 불승(佛乘)은 심부동, 대열반성품(心不動, 大涅槃性品)이므로, 똑같은 부동대열반성품(不動大涅槃性品)으로 표기(表記)하여도, 두[二] 성품(性品)의 차별성(差別性)을 분별(分別)하지 못하거나, 또는, 성품분별(性品分別)에 혼란(混亂)할 것이 없다. 왜냐하면, 불승(佛乘)은 무기성품(無記性品)이 아닌, 심부동, 대열반성지(心不動, 大涅槃性智)의 심부동, 대열반지혜성품(心不動, 大涅槃智慧性品)이기 때문이다. 그리고, 일체초월(一切超越) 불지(佛智)에 증입(證入)하기 전(前)에는,

무명함장식(無明含藏識)이 부동대열반, 무기성품(不動大涅槃, 無記性品) 임을 알지 못한다. 왜냐하면, 무위성품, 지혜작용(無爲性品, 智慧作用) 을 벗어나, 일체초월(一切超越) 불지(佛智)에 증입(證入)함으로, 제식 성품세계(諸識性品世界)와 제식, 전변지혜, 성품세계(諸識, 轉變智慧, 性 品世界)를 명확(明確)히, 밝게 지혜점검(智慧點檢)할 수가 있기 때문 이다.

함장무명식(含藏無明識)인 청정부동, 대열반, 성품(淸淨不動, 大涅槃, 性品)은, 대원경지(大圓鏡智)에서는, 원융각명, 쌍차쌍조, 지혜작용(圓 融覺明, 雙遮雙照, 智慧作用)의 체성(體性)인, 청정부동, 대열반, 성품(淸淨 不動, 大涅槃, 性品)이며, 불승(佛乘)은 일체무위동각지(一切無爲動覺智) 가 끊어져 멸(滅)한 지혜성품(智慧性品)이므로, 심부동, 대열반, 청정 성지(心不動, 大涅槃, 淸淨性智)인 지혜부동, 대열반, 청정성품(智慧不動, 大涅槃, 淸淨性品)이다. 함장식(含藏識)의 청정부동, 대열반, 성품(淸淨 不動, 大涅槃, 性品)과 일불승(一佛乘) 대원경지(大圓鏡智)의 체성(體性)인 청정부동, 대열반, 성품(淸淨不動大涅槃性品)과 불승(佛乘)의 지혜성품 (智慧性品)인 청정부동, 대열반, 성품(淸淨不動大涅槃性品)의 차이(差異) 는, 함장식(含藏識)은 청정부동, 대열반, 무기성품(淸淨不動, 大涅槃, 無 記性品)이며, 대원경지(大圓鏡智)의 지혜작용체성(智慧作用體性)인 청 정부동, 대열반성품(淸淨不動, 大涅槃, 性品)은 원융각명, 쌍차쌍조, 지혜 작용(圓融覺明, 雙遮雙照, 智慧作用)의 체성(體性)이며, 함장식(含藏識)을 타파(打破)한 불승(佛乘)의 청정부동, 대열반, 성품(淸淨不動, 大涅槃, 性 品)은 청정부동지(淸淨不動智)인 심부동, 대열반, 성품(心不動, 大涅槃, 性

品)이다.

　무명함장성품(無明含藏性品)은, 쌍차쌍조행(雙遮雙照行)인 원융각명동각(圓融覺明動覺)의 체성(體性)으로, 능소출입식(能所出入識)이 끊어져 멸(滅)함으로, 능소(能所)가 없어, 지혜작용(智慧作用)의 체(體)와 용(用)을 함께 보게 된다. 이는, 쌍차쌍조행(雙遮雙照行)의 지혜성품(智慧性品)에서, 대원경지(大圓鏡智)의 체성(體性)을 봄이니, 이 열반체성(涅槃體性)은 적멸적적, 청정부동, 대열반성품(寂滅寂寂, 淸淨不動, 大涅槃性品)이되, 이 성품(性品)의 특성(特性)은 청정부동, 대열반, 무기성품(淸淨不動, 大涅槃, 無記性品)이다. 그러나, 대원경지(大圓鏡智)의 지혜(智慧)로서는 이 성품(性品)이, 무기열반성(無記涅槃性)임을 깨닫지 못한다. 왜냐하면, 원융각명, 쌍차쌍조, 지혜작용(圓融覺明, 雙遮雙照, 智慧作用)이 이루어짐은, 적멸적적, 청정부동, 대열반성품(寂滅寂寂, 淸淨不動, 大涅槃性品)의 체성(體性)에 의한 부사의용(不思議用)의 지혜작용(智慧作用)이 곧, 대원경지(大圓鏡智)의 원융각명지혜(圓融覺明智慧)임을, 명확(明確)히 깨닫고 있기 때문이다.

　능소출입식(能所出入識)이 끊어져 타파(打破)되어, 능소(能所) 없는 원융각명성(圓融覺明性)이 열리면, 대원경지(大圓鏡智)에 증입(證入)한 일불승(一佛乘)이, 부동성품무기성(不動性品無記性)인 적멸적적, 청정부동, 대열반성품(寂滅寂寂, 淸淨不動, 大涅槃性品)을 원융각명, 지혜작용(圓融覺明, 智慧作用)으로 여실(如實)히 보게 되는 까닭[緣由]은, 능소출입식(能所出入識)이 타파(打破)되어 끊어져 멸(滅)한 일불승(一佛乘) 역시(亦是), 능소(能所)가 없어 이끌림 없는 지혜무기성(智慧無記性)인 원융동각,지혜성품(圓融動覺,智慧性品)에 증입(證入)이므로, 무엇에도 이끌림 없는, 부동열반무기성품(不動涅槃無記性品)인 적멸적적,청정부동, 대열반성품(寂滅寂寂,淸淨不動,大涅槃性品)을 여실(如實)히 보게 됨이다. 이것은, 능소(能所)가 끊어졌어도 아직, 지혜(智慧)의 대(對)인 열반(涅槃)과 보리(菩提), 성품(性品)의 대(對)인 체(體)와 용(用)을 벗어나지 못한, 동정일체(動靜一體)의 능소(能所) 없는 지혜무기성(智慧無記性)인 동정불이일체성(動靜不二一體性)이다. 그러므로, 능소(能所)가 끊어진, 이끌림 없는 지혜무기성(智慧無記性)인 대원경지(大圓鏡智)에서, 무엇에도 이끌림 없는 부동성품무기성(不動性品無記性)인 적멸적적,청정부동,대열반성품(寂滅寂寂,淸淨不動,大涅槃性品)이, 능소(能所) 없는 대원경지(大圓鏡智) 지혜무기동각작용(智慧無記動覺作用)의 부사의체성(不思議體性)임을 깨닫게 됨이다. 이는, 능소(能所)가 끊어져, 능소(能所)에 이끌림 없는 쌍차쌍조대원경지(雙遮雙照大圓鏡智)는, 능소(能所)에 이끌림 없는 동각지혜무기성(動覺智慧無記性)이므로, 무엇에도 이끌림 없는 부동열반무기성품(不動涅槃無記性品)인 적멸적적,청정부동,대열반성품(寂滅寂寂,淸淨不動,大涅槃性品)이 곧, 능소(能所) 없는 원융동각지혜작용(圓融動覺智慧作用)의 부사의, 열반체성(不思議,涅槃體性)이 됨이다. 그러므로, 능소(能所) 없는 대원경지(大圓鏡智)에 들면, 능소(能所)에 이끌림 없는 동각지혜무기성(動覺智慧無記性)이므로, 능소(能所) 없는 대원경지(大圓鏡智)의 원융각명지혜작용(圓融覺明智慧作用)이, 부사의,부동열반체성(不思議,不動涅槃體性)인 적멸적적,청정부동,대열반성품(寂滅寂寂,淸淨不動,大涅槃

性品)에 의한, 부사의용(不思議用)의 작용(作用)임을 깨달음이다. 이 것이, 6조단경(六祖壇經)의 지혜(智慧), 능소(能所)가 끊어진 원융각 명지혜(圓融覺明智慧)에 의한 내외명철(內外明徹)의 정혜불이, 일체지 혜(定慧不二, 一體智慧)이다.

제식전변과정(諸識轉變過程)에서, 무엇에도 이끌림 없는 지혜무기 성(智慧無記性)에 대한 실증지혜(實證智慧)가 없으면, 이끌림 없는 청 정지혜, 무기동각작용, 성품세계(淸淨智慧, 無記動覺作用, 性品世界)에 대 해, 분별2견심(分別二見心)으로는 지혜무기성(智慧無記性)을 이해(理 解)하기가 쉽지 않다. 왜냐하면, 지혜무기성(智慧無記性)은, 분별2견 심(分別二見心)의 성품세계(性品世界)를 벗어났기 때문이다. 지혜무기 성(智慧無記性)도 제식전변, 지혜점차, 과정(諸識轉變, 智慧漸次, 過程) 속 에 제식장애(諸識障礙)를 점차(漸次) 벗어남으로, 지혜무기성(智慧無 記性)의 성품차원(性品次元)도 더욱, 불가사의(不可思議)로 미세(微細) 하게 깊어진다. 지혜무기성(智慧無記性)은, 생멸(生滅) 없는 성품(性 品)이다. 그러나, 지혜무기성(智慧無記性)은 아직, 성품(性品)과 지혜 (智慧)의 대(對)를 벗어나지 못한 무위무기성품(無爲無記性品)이므로, 완전(完全)한 일체초월, 불지혜(一切超越, 佛智慧)가 아니다. 그러므로, 일체초월(一切超越) 불성(佛性)에 증입(證入)하는 그 순간(瞬間), 찰나 (刹那)에, 일체, 차별성품, 지혜세계(一切, 差別性品, 智慧世界)가 타파(打 破)되어 끊어진다.

능소출입식(能所出入識)이 타파(打破)되어 능소(能所)가 끊어져 멸

(滅)한 일불승(一佛乘)의 지혜성품(智慧性品)은, 일체능소(一切能所)에 이끌림이 없는 능소무기, 원융성품, 지혜작용(能所無記, 圓融性品, 智慧作用)이며, 부동성품무기성(不動性品無記性)인 적멸적적, 청정부동, 대열반성품(寂滅寂寂, 淸淨不動, 大涅槃性品)은, 일체식(一切識)에 동(動)함 없는 부동성품무기성(不動性品無記性)으로, 부동성품, 적멸열반, 무기성품(不動性品, 寂滅涅槃, 無記性品)이다. 그러므로, 일불승(一佛乘)이 능(能)과 소(所)가 둘[二] 다 끊어져 멸(滅)해, 능소(能所) 없는 원융성품(圓融性品)이 열린 지혜작용, 성품세계(智慧作用, 性品世界)에 증입(證入)함으로, 일체식(一切識)에 동(動)함이 없는 부동성품무기성(不動性品無記性)인, 적멸적적, 청정부동, 대열반성품(寂滅寂寂, 淸淨不動, 大涅槃性品)을, 원융성품, 지혜작용(圓融性品, 智慧作用)으로, 부사의(不思議) 부동성품, 열반무기성(不動性品, 涅槃無記性)을 여실(如實)히 보게 됨이다.

그러므로, 일불승(一佛乘)의 능소(能所) 없는 원융각명대원경지(圓融覺明大圓鏡智)의 지혜작용(智慧作用)은, 능소(能所)가 타파(打破)되어 끊어져, 능소(能所)에 이끌림이 없는 성품지혜작용(性品智慧作用)이며, 부동성품무기성(不動性品無記性)인 적멸적적, 청정부동, 대열반성품(寂滅寂寂, 淸淨不動, 大涅槃性品)은, 일체식(一切識)에 이끌림이 없는 부동성품, 열반무기성(不動性品, 涅槃無記性)이다. 그러므로, 능소(能所)가 끊어져 멸(滅)해, 능소(能所)에 이끌림이 없는 성품지혜작용(性品智慧作用)인 원융각명, 지혜성품, 작용(圓融覺明, 智慧性品, 作用)은 능소무기, 지혜성품작용(能所無記, 智慧性品作用)이므로, 일체식(一切識)

에 이끌림이 없는 부동성품무기성(不動性品無記性)인 적멸적적, 청정부동, 대열반성품(寂滅寂寂, 淸淨不動, 大涅槃性品)을, 원융각명, 지혜작용(圓融覺明, 智慧作用)의 열반체성(涅槃體性)임을 명확(明確)히, 그리고 여실(如實)히 깨닫게 된다. 이는, 능소(能所)에 이끌림이 없는 성품지혜(性品智慧)에 증입(證入)함으로, 일체식(一切識)에 이끌림이 없는 성품무기성(性品無記性)인 적멸적적, 청정부동, 대열반성품(寂滅寂寂, 淸淨不動, 大涅槃性品)을, 능소(能所) 없는 성품지혜작용(性品智慧作用)으로, 일체식(一切識)에 이끌림이 없는 성품무기성(性品無記性)인 무명함장, 부동열반, 무기성품(無明含藏, 不動涅槃, 無記性品)을 여실(如實)히 보게 됨이다.

그러나, 능소(能所)가 끊어져 멸(滅)한 일불승(一佛乘)의 대원경지(大圓鏡智)에서는, 무명함장, 부동열반, 무기성품(無明含藏, 不動涅槃, 無記性品)을 원융각명, 지혜작용(圓融覺明, 智慧作用)의 체성(體性)인 적멸적적, 청정부동, 대열반체성(寂滅寂寂, 淸淨不動, 大涅槃體性)으로 인식(認識)함으로, 이 열반체성(涅槃體性)이 곧, 청정본성(淸淨本性)이며 청정열반불성(淸淨涅槃佛性)으로 인식(認識)하게 된다. 그러나, 이 성품(性品)의 특성(特性)은, 일체선악(一切善惡)과 일체유무상(一切有無相)과 일체정식(一切情識)과 일체제식심(一切諸識心)과 일체지견심(一切知見心), 그 무엇에도 이끌림이 없는, 성품(性品)의 무기성(無記性)인 청정부동, 대열반, 무기성품(淸淨不動, 大涅槃, 無記性品)이다. 그러므로, 일체식(一切識)에 동(動)함이 없고, 중생식심작용(衆生識心作用)의 동식(動識)으로는 알 수가 없어, 함장(含藏) 되어 있는, 함장무명식(含

藏無明識)이다.

그러나, 부동성품무기성(不動性品無記性)인 무명함장식(無明含藏識)을 타파(打破)한 불승(佛乘)의 지혜성품(智慧性品)인 청정부동,대열반,성품(淸淨不動,大涅槃,性品)은, 대원경지(大圓鏡智)에서 본, 적멸적적,청정부동,대열반성품(寂滅寂寂,淸淨不動,大涅槃性品)이 아닌, 심청정,지혜대열반,부동성품(心淸淨,智慧大涅槃,不動性品)으로, 불승부동지(佛乘不動智)의 지혜성품(智慧性品)이다. 그러나, 말[言]과 글[文]로는, 이렇게 성품차별성(性品差別性)을 표현(表現)을 해도, 이 지혜(智慧)에 증입(證入)하지 않으면, 이 불가사의(不可思議)한 지혜성품(智慧性品)의 차별특성(差別特性)을, 말[言]과 글[文]에 의지(依支)해 유추(類推)하거나 헤아려도, 이 성품(性品)의 차별성(差別性)을 명확(明確)히 가름[認知]하거나 이해(理解)할 수가 없다. 왜냐하면, 식심분별(識心分別)에 의한 일체(一切) 헤아림[思量]인 모든 이해(理解)에는, 그 성품(性品)에 상응(相應)한 열반성품지혜(涅槃性品智慧)가 아니라, 상심상견(相心相見) 분별심(分別心)에 의한 유추(類推)의 상념의식작용(想念意識作用)이기 때문이다.

불승(佛乘)의 지혜성품(智慧性品)이, 무위보살(無爲菩薩)의 최상지(最上智)이어도, 여래결정성(如來結定性)인 불지(佛智)에 들지 못하고 있음은, 정(定)에 치우친, 심청정,대열반,부동성품,세계(心淸淨,大涅槃,不動性品,世界)를 아직, 벗어나지 못하고 있기 때문이다. 그러므로, 일체상(一切相)의 대(對)의 성품(性品)인 생(生)과 멸(滅), 유(有)

와 무(無), 능(能)과 소(所), 그리고, 일체지혜(一切智慧)의 대(對)인 체(體)와 용(用), 정(定)과 혜(慧), 시각(始覺)과 본각(本覺), 열반(涅槃)과 보리(菩提) 등(等)의 대(對)의 일체차별성품(一切差別性品)이 끊어져 멸(滅)한, 완전(完全)한 일체초월(一切超越) 절대중(絕對中)이며, 또한, 완전(完全)한 절대불이성(絕對不二性)이며, 또한, 완전(完全)한 절대중도성(絕對中道性)이며, 또한, 청정본연, 무연중, 절대성(淸淨本然, 無然中, 絕對性)인 불성(佛性)에 아직, 증입(證入)하지 못하였기 때문에, 일체초월(一切超越) 불지(佛智)에 들지 못하고 있다.

그러나, 무상불지(無上佛智)인, 여래결정성(如來結定性)에 이르게 되는 것은, 지혜(智慧)의 체(體)와 용(用)인, 청정대열반, 부동성품(淸淨大涅槃, 不動性品)과 쌍차쌍조, 원융각명(雙遮雙照, 圓融覺明)의 대원경지(大圓鏡智)를 모두, 타파(打破)해 벗어나므로, 일체상(一切相)의 대(對)인 생(生)과 멸(滅), 유(有)와 무(無), 능(能)과 소(所), 그리고, 일체지혜(一切智慧)의 대(對)인 체(體)와 용(用), 정(定)과 혜(慧), 시각(始覺)과 본각(本覺), 열반(涅槃)과 보리(菩提) 등(等)이 모두 타파(打破)되어 멸(滅)한, 완전(完全)한 절대불이성(絕對不二性)이며, 청정본연, 무연중, 절대성(淸淨本然, 無然中, 絕對性)인, 완전(完全)한 절대중도(絕對中道)의 성품(性品)에 듦[入]으로, 일체법(一切法)과 일체심(一切心)과 일체견(一切見)과 일체증득(一切證得)과 일체지혜(一切智慧)를 완전(完全)히 타파(打破)해 벗어난, 일체초월성(一切超越性) 무상불지(無上佛智)에 이르게 된다. 또한, 무상불지(無上佛智)에 증입(證入)하는 그 순간(瞬間), 찰나(刹那)에, 온[全] 우주(宇宙) 무변무한계(無邊無限界)가, 적멸적적,청정부동,대열반성품(寂滅寂寂,淸淨不動,大涅槃性品) 속에 있었던 그 신비(神秘)한 불가사의(不可思議) 열반성(涅槃性)이 곧, 중생(衆生)의 근본(根本) 무명성품(無明性品)인 곧, 12인연(十二因緣)의 무명성품(無明性品)이었음을, 비로소, 깨닫게 된다. 그리고, 불승(佛乘)이 무명함장식(無明含藏識)을 타파(打破)해 증입(證入)한 심부동,대열반성지(心不動,大涅槃性智)가 곧, 청정부동,대열반,무기성품(淸淨不動,大涅槃,無記性品)의 부동체성지(不動體性智)임을 깨닫게 된다.

적멸적적,청정부동,대열반성품(寂滅寂寂,淸淨不動,大涅槃性品)이 천지(天地)의 근원(根源)이며, 또한, 청정본성(淸淨本性)이며, 청정불성(淸淨佛性)으로 인식(認識)하며, 영원(永遠)히 파괴(破壞)되지 않는 무시무종성(無始無終性)으로 인식(認識)하고 있었던, 적멸적적,청정부동,대열반성품(寂滅寂寂,淸淨不動,大涅槃性品)과 심부동,대열반성,지혜(心不動,大涅槃性,智慧)가 타파(打破)되어 파괴(破壞)되는, 이 신비(神秘)하고 기이(奇異)한, 그 놀라움을, 무상불지(無上佛智)에 증입(證入)하는 그 순간(瞬間), 찰나(刹那)에야 비로소, 깨닫게 된다. 참으로 희유(稀有)하고 희유(稀有)하며, 일체유식,성품세계(一切唯識,性品世界)를 완전(完全)히 타파(打破)해 벗어나는, 최종(最終) 불가사의(不可思議) 깨달음, 무상불지(無上佛智) 증입(證入)의 진실지혜(眞實智慧)인, 불성증입(佛性證入) 지혜비밀장(智慧秘密藏)이다. 그러므로, 일체초월(一切超越) 불지(佛智)에 증입(證入)하기 전(前)에는, 천지(天地)가 열리기 전(前)부터, 시종(始終) 없이 항상(恒常)하며, 파괴(破壞)됨이 없는 무시무종성(無始無終性)인, 이 청정부동,대열반,성품(淸淨不動,大

涅槃,性品), 온[全] 우주(宇宙) 불가사의(不可思議), 무한무변무변제(無限無邊際)의 적멸적적,청정부동,대열반성품(寂滅寂寂,淸淨不動,大涅槃性品)이 곧, 무명성품(無明性品)임을 깨닫지 못한다.

그리고, 일체초월(一切超越) 불지(佛智)에 증입(證入)하는, 그 순간(瞬間), 찰나(刹那)에, 영원(永遠)히 파괴(破壞)되지 않는 천지(天地)의 근본성품(根本性品)이며, 우주(宇宙)의 근본(根本) 무시무종성(無始無終性)인 청정본성(淸淨本性)이며, 청정불성(淸淨佛性)으로 인식(認識)하고 있었던, 적멸적적,청정부동,대열반성품(寂滅寂寂,淸淨不動,大涅槃性品)이 찰나(刹那)에 흔적(痕跡) 없이 파괴(破壞)됨을 증험(證驗)하게 된다. 이 무상실증(無上實證) 그 놀라운 희유(稀有)한, 일체초월(一切超越) 무상청정불지(無上淸淨佛智) 증입(證入)의 그 순간(瞬間), 찰나(刹那)에 곧, 우주(宇宙)의 근본성품(根本性品)인 청정본성(淸淨本性)이며, 청정불성(淸淨佛性)으로 인식(認識)했던 적멸적적,청정부동,대열반성품(寂滅寂寂,淸淨不動,大涅槃性品)이 곧, 12인연(十二因緣)의 무명함장식(無明含藏識)임을 깨닫는다. 그리고, 그 순간(瞬間), 찰나(刹那)에 곧, 일체3세(一切三世)와 전·중·후(前·中·後)가 끊어져 멸(滅)한, 일체초월(一切超越) 절대성(絕對性), 청정불성증입(淸淨佛性證入)의 실증(實證) 그 순간(瞬間)에, 깊고 깊은 제식전변,무위증득,차별지혜(諸識轉變,無爲證得,差別智慧)의 지나온 일체,지혜과정,점검행(一切,智慧過程,點檢行)에 바로 증입(證入)하게 된다. 이는, 불성증입,지혜정안(佛性證入,智慧正眼)으로, 지난 제식전변,일체무위지혜,상승과정,차별차원,일체실증,지혜세계(諸識轉變,一切無爲智慧,上昇過程,差別次元,

一切實證, 智慧世界)를 두루 살피고, 지혜점검(智慧點檢)함이다. 왜냐하면, 일체초월(一切超越) 불지(佛智)에 증입(證入)하는 그 순간(瞬間), 찰나(刹那)에, 일체(一切) 깨달음과 일체무위, 증득지혜세계(一切無爲, 證得智慧世界)가 환(幻)과 같이, 흔적(痕迹) 없이 사라져, 일체, 차별차원, 무위지혜, 상승과정(一切, 差別次元, 無爲智慧, 上昇過程)이 곧, 무명(無明)의 환(幻)이었음을 깨닫기 때문이다.

부동성품무기성(不動性品無記性)인 적멸적적, 청정부동, 대열반성품(寂滅寂寂, 清淨不動, 大涅槃性品)은, 일불승(一佛乘)의 대원경지(大圓鏡智)로도 파괴(破壞)할 수 없고, 파괴(破壞)될 수 없는 본성체성(本性體性)으로 알며, 이 성품(性品)은, 시종(始終) 없는 무시무종성(無始無終性)인 본연본성(本然本性)이며, 청정불성(清淨佛性)으로 알고 있는 이 성품(性品)이 곧, 타파(打破)되어 파괴(破壞)되는, 무명성품(無明性品)이었으며, 또한, 무명성품(無明性品)이 청정부동, 대열반, 성품(清淨不動, 大涅槃, 性品)이라는 이 사실(事實), 이 실증경계(實證境界)를, 누구에게 말을 해도, 앎의 모든 지식(知識)과 배움[學]에 의한 식견(識見)으로는, 무명(無明)이 곧, 청정부동, 대열반, 성품(清淨不動, 大涅槃, 性品)이라는 이 사실(事實)을, 도저(到底)히 이해(理解)할 수 없고, 이해(理解)되지 않는 부분(部分)이다. 이는, 무위증득보살지(無爲證得菩薩智)의 최종지혜(最終智慧)가 타파(打破)되어 끊어져 멸(滅)해, 무상불지(無上佛智)에 증입(證入)하는 그 순간(瞬間), 찰나(刹那)에 깨닫게 되는, 일체초월(一切超越) 불지(佛智) 증입(證入)의 지혜비밀장(智慧秘密藏)이다.

일체초월성(一切超越性) 불성(佛性)에 증입(證入)한, 일체초월(一切超越) 불지(佛智)로, 일체유식, 제식성품, 세계(一切唯識, 諸識性品, 世界)의 실증지혜(實證智慧)에서, 대승유식론(大乘唯識論)의 제식성품, 8종식체계(諸識性品, 八種識體系)를 보면, 이는, 실증지혜(實證智慧)가 없는, 지혜미완(智慧未完)의 유추(類推)와 추정(推定)으로 건립(建立)한 유식체계(唯識體系)임을 알게 된다. 또한, 부동열반, 함장식(不動涅槃, 含藏識)의 전변지혜(轉變智慧)가 대원경지(大圓鏡智)라 함은, 이는, 제식, 전변지혜, 섭리체계(諸識, 轉變智慧, 攝理體系)와 어긋나는 지견오류(知見誤謬)로, 제식, 전변지혜, 섭리체계(諸識, 轉變智慧, 攝理體系)에 대한 실증지혜(實證智慧)가 없어, 실제사실(實際事實)과 다른 왜곡(歪曲)된 모순론리(矛盾論理)임을 또한, 깨닫게 된다. 왜냐하면, 무명함장식(無明含藏識)인 청정부동, 대열반, 무기성품(清淨不動, 大涅槃, 無記性品)을 전변(轉變)하여, 심청정부동, 대열반성지(心清淨不動, 大涅槃性智)에 증입(證入)으로 지혜(智慧)가 상승(上乘)하지 못하고, 오히려, 무명함장식(無明含藏識)인 청정부동, 대열반, 무기성품(清淨不動, 大涅槃, 無記性品)보다 성품차원(性品次元)이 낮은, 무위동각지(無爲動覺智)인 대원경지(大圓鏡智)로 지혜하락(智慧下落)하는 것은, 제식전변, 섭리체계(諸識轉變, 攝理體系)의 오류(誤謬)이며, 왜곡(歪曲)이기 때문이다. 이는, 제식, 전변지혜(諸識, 轉變智慧)의 실제(實際) 사실(事實)과 다르므로, 이는, 대승유식론(大乘唯識論)이 실증지혜(實證智慧)가 없는 지혜미완(智慧未完) 지견오류(知見誤謬)의 왜곡(歪曲)된 모순론리(矛盾論理)임을 점검(點檢)하게 된다.

식(識)의 전변지혜(轉變智慧)인, 대원경지(大圓鏡智)에 든[入] 실제, 전변식(實際,轉變識)은, 제7식(第七識) 자아의식(自我意識) 다음 식(識)인, 능소출입식(能所出入識)이다. 능소출입식(能所出入識)이 타파(打破)되어, 능소(能所)가 끊어져 멸(滅)해, 능소(能所) 없는 원융각명,지혜작용(圓融覺明,智慧作用)인, 쌍차쌍조행(雙遮雙照行)이 이루어지는 원융각명,지혜성품(圓融覺明,智慧性品)이 곧, 대원경지(大圓鏡智)이다. 전변지혜섭리(轉變智慧攝理)는, 동식(動識)을 타파(打破)해 전변(轉變)하면, 그 전변지혜(轉變智慧)는 무위동각지(無爲動覺智)에 증입(證入)하며, 부동식(不動識)을 타파(打破)해 전변(轉變)하면, 그 전변지혜(轉變智慧)는 무위부동각지(無爲不動覺智)에 증입(證入)하게 된다. 대원경지(大圓鏡智)는 보리성품(菩提性品)이므로 동각성품(動覺性品)이다. 그러므로, 능소출입식(能所出入識)은 동식(動識)이므로, 능소출입식(能所出入識)을 타파(打破)하면, 무위동각성품(無爲動覺性品)인 대원경지(大圓鏡智)에 증입(證入)하며, 그리고, 함장식(含藏識)은 부동식(不動識)이므로, 함장식(含藏識)을 타파(打破)하면, 부동지(不動智)인 심부동,대열반성지(心不動,大涅槃性智)에 증입(證入)하게 된다.

그러므로, 함장식(含藏識)인 청정부동,대열반,무기성품(淸淨不動,大涅槃,無記性品)을 타파(打破)해 불승지(佛乘智)에 들면, 일체,무위동각지(一切,無爲動覺智)가 끊어져 멸(滅)한 지혜성품(智慧性品)인, 심부동,대열반성지(心不動,大涅槃性智)이다. 그리고, 대승유식론체계(大乘唯識論體系)에서, 제8식(第八識)을 함장식(含藏識)으로 규정(規定)함도, 능소출입식(能所出入識)을 빠뜨린 오류(誤謬)인데, 또한, 함장식

(含藏識)의 전변지혜(轉變智慧)가 심부동, 대열반성지(心不動, 大涅槃性智)가 아닌, 능소출입식(能所出入識)의 전변지혜(轉變智慧)인 대원경지(大圓鏡智)라고 함은, 이에 대한 실증지혜(實證智慧)가 없어, 전변지혜, 섭리체계(轉變智慧, 攝理體系)를 왜곡(歪曲)한, 지견오류(知見誤謬)이다. 그리고, 대승유식론체계(大乘唯識論體系)의 최종식(最終識)인 제8식(第八識)에, 염분(染分)과 정분(淨分)의 두[二] 성품(性品)이 있음을 설정규정(設定規定)하였다. 이는, 제8식(第八識) 염분(染分)을 함장식(含藏識)으로, 정분(淨分)을 본성(本性)으로 정의(定義)한 것은, 유식체계섭리(唯識體系攝理)의 제식, 차별식종, 분류체계(諸識, 差別識種, 分類體系)에 있어서, 제식종분류(諸識種分類)의 기본상식개념(基本常識概念)을 무시(無視)하고 상실(喪失)한, 잘못된 식종분류, 유식체계(識種分類, 唯識體系)이다.

왜냐하면, 제식종, 유식성품, 차별특성, 분류체계(諸識種, 唯識性品, 差別特性, 分類體係)는, 각각(各各) 제식(諸識)의 각이(各異)한 차별특성(差別特性)에 따라, 식종(識種)의 차별성질(差別性質)과 전개순위(展開順位)와 작용특성(作用特性)과 성품차원(性品次元)이 다름을 분별(分別)하고, 그 성품특성(性品特性)에 따라 구분(區分)하여, 제식, 전개섭리, 순위체계(諸識, 展開攝理, 順位體系)를 따라, 체계화(體系化)한 것이, 제식, 차별식종, 분류체계, 유식론(諸識, 差別識種, 分類體系, 唯識論)이다. 대승유식론(大乘唯識論)은 제8식(第八識)인 능소출입식(能所出入識)을 빠뜨리고, 제8식(第八識)을 함장식(含藏識)으로 규정(規定)하였으므로, 대승유식론(大乘唯識論)은 제8식(第八識)이 제식전개체계(諸識展開體

系)의 최종식(最終識)이므로, 제8식(第八識)인 함장식(含藏識)에, 서로 성품성질(性品性質)이 완전(完全)히 다른 차별차원(差別次元)의 성품(性品)인, 본성(本性)을 함께 제8식(第八識)의 식종(識種)에 묶어, 제8식(第八識)의 염분(染分)을 함장식(含藏識)으로 설정규정(設定規定)하며, 제8식(第八識)의 정분(淨分)을 본성(本性)으로 설정규정(設定規定)하여, 함장식(含藏識)과 본성(本性)을 제8식(第八識)의 염분(染分)과 정분(淨分)으로 규정(規定)함으로, 함장식(含藏識)과 본성(本性)을 제8식(第八識)의 성품(性品)으로 하나로 묶었다.

함장식(含藏識)과 본성(本性)은, 서로 성품차원(性品次元)과 성품특성(性品特性)이 다르며, 또한, 중생식(衆生識)인 제6식(第六識)과 제7식(第七識)도 식종(識種)이 달라 분리(分離)하면서, 함장식(含藏識)은 중생무명식(衆生無明識)이며, 본성(本性)은 일체초월성(一切超越性) 불성(佛性)임에도, 제8식(第八識)의 식명(識名)이 중생식(衆生識)인 함장식(含藏識)이라고 지칭(指稱)하고 명명(命名)하며 정의(定義)하면서, 제8식(第八識)의 식종(識種)에 본성(本性)을 함장식(含藏識)과 함께 묶은 것은, 제식성품, 차별식종, 분류체계, 기본상식(諸識性品, 差別識種, 分類體系, 基本常識)과 제식체계, 성품특성, 제식분류, 기본개념(諸識體系, 性品特性, 諸識分類, 基本概念)을 무시(無視)한, 비정상적(非正常的)인 분류체계(分類體系)이며, 제식분류체계(諸識分類體系)에 모순(矛盾)됨이다.

여래5지(如來五智)에서, 각각(各各) 제식(諸識)의 차별지혜, 성품특성(差別智慧,性品特性)에 따라, 5지(五智) 중, 본성(本性)인 법계체성지(法界體性智)를, 성소작지(成所作智)와 묘관찰지(妙觀察智)와 평등성지(平等性智)와 대원경지(大圓鏡智) 외(外)에 따로 분리(分離)하였듯, 서로 다른 차별차원성품(差別次元性品)인 중생(衆生)의 무명함장식(無明含藏識)과 제불(諸佛)의 일체초월성(一切超越性) 불성(佛性)을, 제8식(第八識)의 염분(染分)과 정분(淨分)으로 한 식종(識種)으로 묶은 것은, 제식종,분류체계,유식개념(諸識種,分類體系,唯識概念)의 기본상식(基本常識)을 벗어난 것이다. 제식(諸識)의 식종차별특성(識種差別特性)인 전개순위차별(展開順位差別)과 작용차별성질(作用差別性質)과 성품차별차원(性品差別次元) 등(等), 식종성질(識種性質)에 따라 차별화(差別化)하고, 차등화(差等化)하는, 유식체계,식종분류,기본상식(唯識體系,識種分類,基本常識)과 유식체계,식종분류,기본개념,특성(唯識體系,識種分類,基本概念,特性)을 무시(無視)한 비정상적(非正常的)이며, 비상식적(非常識的)인, 지혜미완(智慧未完)의 제식,분류체계,발상(諸識,分類體系,發想)이다. 이는, 제식차별,식종분류,유식체계(諸識差別,識種分類,唯識體系)에 있어서는, 유식세계,식종분류,질서체계(唯識世界,識種分類,秩序體系)를 파괴(破壞)하는 것이다. 그러므로, 서로 성품성질(性品性質)과 성품차원(性品次元)이 완전(完全)히 다른 성품(性品)을, 그것도 식명(識名)을 함장식(含藏識)이라고 정립(定立)한 제8식(第八識)에, 함장식(含藏識)을 제8식(第八識)의 염분(染分)으로, 본성(本性)을 제8식(第八識)의 정분(淨分)으로, 제8식(第八識)의 한 식종(識種)으로 함께 묶는 것은, 제식분류,유식체계(諸識分類,唯識體系)의 기본상식(基本常識)을 벗어난 무지(無智)이다.

그러므로, 대승유식론(大乘唯識論)에는, 제7식(第七識) 말나식(末那識)의 다음 제8식(第八識)이 능소출입식(能所出入識)임에도, 이에 대한 실증지혜(實證智慧)가 없어, 능소출입식(能所出入識)의 존재(存在)를 인식(認識)하지 못해, 능소출입식(能所出入識)을 빠뜨리고, 제8식(第八識)을 함장식(含藏識)이라 규정(規定)하였다. 그리고 또한, 제8식(第八識)을 함장식(含藏識)이라 명명(命名)하고 정의(定義)하면서, 제8식(第八識)에 염분(染分)과 정분(淨分)을 건립(建立)하여, 염분(染分)을 함장식(含藏識)으로 설정규정(設定規定)하고, 정분(淨分)을 본성(本性)으로 설정규정(設定規定)하여, 함장식(含藏識)과 본성(本性)을 제8식(第八識)에 함께 묶었다. 또한, 제8식(第八識)에는 함장식(含藏識)과 본성(本性)의 두[二] 성품(性品)이 있음에도, 제8식(第八識)을 함장식(含藏識)으로만 규정(規定)하여, 제8식(第八識)을 전변(轉變)하면 대원경지(大圓鏡智)라고 정의(定義)하며, 식(識)의 전변지혜,섭리체계(轉變智慧,攝理體系)를 왜곡(歪曲)하고 있다. 그리고, 이 왜곡(歪曲)된 대원경지(大圓鏡智)의 지견오류(知見誤謬)는, 능소출입식(能所出入識)이 타파(打破)되어, 능소(能所)가 끊어져 멸(滅)한 전변지혜(轉變智慧)이며, 능소(能所) 없는 지혜작용(智慧作用)인 쌍차쌍조,원융각명,지혜작용(雙遮雙照,圓融覺明,智慧作用)이 곧, 대원경지(大圓鏡智)이어도, 함장식(含藏識)의 전변지혜(轉變智慧)가 대원경지(大圓鏡智)라고 규정(規定)하며, 정의(定義)하고 있다. 함장식(含藏識)의 전변지혜(轉變智慧)는 대원경지(大圓鏡智)가 아닌, 대원경지(大圓鏡智)보다 더 깊은, 심부동,대열반성지(心不動,大涅槃性智)이다. 그러므로, 함장식(含藏識)의 전변지혜(轉變智慧)를 심부동,대열반성지(心不動,大涅槃性智)가 아닌, 곧, 대원경지(大圓鏡智)라고 정의(定義)함은, 이는, 전변지혜, 섭리체계(轉變智慧,攝理體系)를 왜곡(歪曲)한, 지혜미완(智慧未完)에 의한 지견오류(知見誤謬)이다.

일체초월(一切超越) 불지(佛智)에 이르는 지혜상승과정(智慧上昇過程)에서, 유식지혜,상승세계(唯識智慧,上昇世界)인 제식전변지혜(諸識轉變智慧)로 제식(諸識)을 점차(漸次) 타파(打破)해, 일체,유위무위,차별차원,성품세계(一切,有爲無爲,差別次元,性品世界)를 실증(實證)하게 된다. 이 제식타파,전변지혜,실증과정(諸識打破,轉變智慧,實證過程)에서 일체상(一切相)의 대(對)인 유(有)와 무(無), 생(生)과 멸(滅), 자(自)와 타(他), 생(生)과 사(死), 그리고, 일체견(一切見)의 대(對)인 선(善)과 악(惡), 정(正)과 사(邪), 긍정(肯定)과 부정(否定), 정의(正義)와 불의(不義), 시(是)와 비(非), 염(染)과 정(淨), 망(妄)과 진(眞), 그리고, 일체지혜(一切智慧)의 대(對)인 상(相)과 공(空), 유위(有爲)와 무위(無爲), 정(定)과 혜(慧), 무명(無明)과 각명(覺明), 열반(涅槃)과 보리(菩提), 시각(始覺)과 본각(本覺), 중생(衆生)과 불(佛), 그리고, 일체성품(一切性品)의 대(對)인 체(體)와 용(用), 동(動)과 부동(不動) 등(等)을 타파(打破)해 벗어나, 일체초월성(一切超越性) 불지(佛智)에 증입(證入)하게 된다.

육조단경(六祖壇經)에, 정혜(定慧)는 일체(一體)이며 둘이 아니니, 정(定)은 혜(慧)의 체(體)이며, 혜(慧)는 정(定)의 작용(作用)임을 드러내는 말씀이 있다. 일체초월(一切超越) 불지(佛智)에 증입(證入)하면,

이는 아직, 정(定)과 혜(慧)가 둘[二] 다 타파(打破)해 멸(滅)하지 않은, 지혜성품(智慧性品)임을 알게 되며, 또한, 이 지혜성품(智慧性品)은 아직, 불지혜(佛智慧)가 아님을, 명확(明確)히 깨닫게 된다. 그러므로, 육조단경(六朝壇經)의 지혜(智慧)가, 정혜2문(定慧二門)을 벗어나지 않은 지혜(智慧)임을, 알 수가 있다. 일체초월성(一切超越性) 불성(佛性)은, 정(定)과 혜(慧)도 끊어졌고, 지혜(智慧)의 체(體)와 용(用)도 끊어졌고, 시각(始覺)과 본각(本覺)도 완전(完全)히 끊어져 멸(滅)한, 일체초월(一切超越) 절대성(絶對性)이다. 그러므로, 일체초월성(一切超越性) 불성(佛性)은, 일체상(一切相)과 일체견(一切見)과 일체증득지혜(一切證得智慧)와 일체차별성품(一切差別性品)을 초월(超越)한, 일체초월성(一切超越性)이다. 그러므로, 일체초월성(一切超越性) 불성(佛性)은, 일체대(一切對)의 일체차별상(一切差別相)과 일체차별견(一切差別見)과 일체차별지혜(一切差別智慧)와 일체차별성품(一切差別性品)을 초월(超越)해 벗어났다.

그러므로, 일체대(一切對)의 일체차별상(一切差別相)과 일체차별견(一切差別見)과 일체차별지혜(一切差別智慧)와 일체차별성품(一切差別性品)을 완전(完全)히 벗어나면 곧, 일체초월(一切超越) 불지(佛智)이다. 일체차별상(一切差別相)과 일체차별견(一切差別見)과 일체차별지혜(一切差別智慧)와 일체차별성품(一切差別性品) 속에 있음이, 일체, 유위무위, 차별차원, 제식성품, 유식세계(一切, 有爲無爲, 差別次元, 諸識性品, 唯識世界)이다. 만약(萬若), 차별(差別) 속에 있으면, 차별(差別)이 끊어져 멸(滅)한 일체초월성(一切超越性) 불성(佛性)이 어떤 성품

(性品)인가를 알 수가 없다. 왜냐하면, 차별(差別) 속에서 생각[認識]하고 유추(類推)하는 차별(差別) 없는 것은, 차별(差別) 속에서 생각[認識]하는 것이므로, 일체차별(一切差別)이 끊어져 멸(滅)한 일체초월성품(一切超越性品)은, 차별(差別) 있는 염(染)과 망(妄)도, 차별(差別) 없는 정(淨)과 진(眞)도 초월(超越)하여, 일체(一切)가 끊어진[滅] 일체초월성품(一切超越性品)이다. 그러므로, 차별(差別) 속에서는, 일체차별(一切差別)을 초월(超越)한 성품(性品)을 알 수가 없다. 만약(萬若), 상(相)이 있거나, 만약(萬若), 견(見)이 있거나, 만약(萬若), 염(染)이 있거나, 만약(萬若), 정(淨)이 있거나, 만약(萬若), 망(妄)이 있거나, 만약(萬若), 진(眞)이 있거나, 만약(萬若), 깨달음이 있거나, 만약(萬若), 증득(證得)이 있거나, 만약(萬若), 공(空)이 있거나, 만약(萬若), 진여(眞如)가 있거나, 만약(萬若), 보리(菩提)가 있거나, 만약(萬若), 열반(涅槃)이 있거나, 만약(萬若), 무주(無住)가 있거나, 만약(萬若), 머묾[住]이 있거나, 만약(萬若), 나[我]가 있거나, 만약(萬若), 타(他)가 있거나, 만약(萬若), 유위(有爲)가 있거나, 만약(萬若), 무위(無爲)가 있거나, 만약(萬若), 무엇에 상응(相應)함이 있는, 이 일체(一切)가 곧, 대(對)의 차별세계(差別世界)이다.

그러므로, 일체초월성(一切超越性) 불성(佛性)은, 지혜(智慧)가 깊은, 보살지혜(菩薩智慧)로도 알 수 없는, 불가사의(不可思議) 일체초월성품(一切超越性品)이다. 왜냐하면, 일체(一切) 깨달음과 증득(證得)과 제식전변지혜(諸識轉變智慧)와 진여(眞如)와 보리(菩提)와 열반(涅槃)과 일체대(一切對)의 성품세계(性品世界)를 벗어난 일체초월(一切

超越) 절대성(絕對性)이기 때문이다. 그러므로, 대반열반경(大般涅槃經), 제16권 범행품(梵行品)에, 정(定)의 최상지(最上智)인 대반열반(大般涅槃)과 혜(慧)의 최상지(最上智)인 아뇩다라삼먁삼보리(阿耨多羅三邈三菩提)를 증득(證得)한 약지견각자(若知見覺者)는, 중생(衆生)이 아니므로, 당명보살(當名菩薩)이라는 구절(句節)이 있다. 또한, 대반열반경(大般涅槃經)의 곳곳에, 10지보살(十地菩薩)이어도 불성(佛性)을 명확(明確)히 보지 못함을, 설(說)하고 있다.

그러므로, 정(定)의 최상지(最上智)인 대반열반(大般涅槃)과 혜(慧)의 최상지(最上智)인 아뇩다라삼먁삼보리(阿耨多羅三邈三菩提)를 증득(證得)하였어도, 아직, 일체초월성(一切超越性) 불성(佛性)을 명료(明了)히 보지 못하므로, 그 지혜(智慧)에 이르렀어도, 보살(菩薩)이라 이름[名]함이다. 보살(菩薩)이라 이름[名]함은 아직, 일체초월성(一切超越性) 불성(佛性)에 증입(證入)한 불지(佛智)가 아닌, 무위지혜성품(無爲智慧性品) 속에 있음을 일컬음이다. 열반(涅槃)의 최상지(最上智)인 대반열반(大般涅槃)과 보리(菩提)의 최상지(最上智)인 아뇩다라삼먁삼보리(阿耨多羅三邈三菩提)를 증득(證得)한 10지보살(十地菩薩)이어도, 일체초월성(一切超越性) 불성(佛性)을 봄이 명확(明確)하고 명료(明了)하지 않음이다. 10지보살(十地菩薩)이 불성(佛性)을 보는 지혜(智慧)는, 불성(佛性)의 10중(十中) 1분(一分)을 보는 지혜(智慧)가 열려 있으므로, 대반열반경(大般涅槃經)에서는, 10지보살(十地菩薩)도 불성(佛性)을 보지 못한다고 했다. 그러므로, 일체초월(一切超越) 불지혜(佛智慧)처럼, 명료(明了)하고 확연(確然)히, 일체초월성(一切超越

性) 불성(佛性)의 완전(完全)한 전체(全體)를 명확(明確)히 보지 못하므로, 열반(涅槃)의 최상지(最上智)인 대반열반(大般涅槃)과 보리(菩提)의 최상지(最上智)인 아뇩다라삼먁삼보리(阿耨多羅三邈三菩提)를 증득(證得)한 지혜(智慧)이어도, 그 지혜(智慧)의 성품(性品)이, 무위지혜성품(無爲智慧性品)인 보살지(菩薩智)라고 함이다.

⑤ 제10식(第十識)

불지정론(佛智正論)의 제식총상, 분류체계(諸識總相, 分類體系)인 제10식(第十識)은, 일체초월(一切超越) 본성(本性)이다. 이 성품(性品)은, 청정본연, 무연중, 절대성(淸淨本然, 無然中, 絶對性)이며, 일체초월(一切超越) 법계체성지(法界體性智)인 불성(佛性)이다. 이는, 일체상(一切相)과 일체심(一切心)과 일체견(一切見)과 일체식(一切識)과 일체지(一切智)가 끊어져 멸(滅)한, 일체초월(一切超越) 여래결정성(如來結定性)이다. 이 성품(性品)을, 제10식(第十識)으로 정의정립(正義正立)함은, 제식(諸識) 중에 식종(識種)의 최상(最上)이며, 일체초월(一切超越) 무상식(無上識)이므로, 제10식(第十識)으로 정의정립(正義正立)한다. 그리고 또한, 일체식(一切識)의 근본식(根本識)이므로, 제10식(第十識)으로 정의정립(正義正立)한다. 그리고, 제식전변, 상승지혜(諸識轉變, 上昇智慧) 중, 일체초월(一切超越) 무상최상지(無上最上智)인 불지성품

(佛智性品)이므로, 제10식(第十識)으로 정의정립(正義正立)한다.

무위일체지(無爲一切智)를 벗어나, 여래결정성(如來結定性)인 일체초월(一切超越) 불지(佛智)에 증입(證入)하면, 이 성품(性品)이, 본래(本來)부터 항상(恒常)하는 불가사의(不可思議) 심(心)이며, 불가사의(不可思議) 성(性)임을 깨닫게 된다. 제식(諸識) 중(中)에 있을 때에는, 최상식(最上識)으로 제10식(第十識)이지만, 일체식(一切識)이 끊어지면[滅], 이 제10식(第十識)이 곧, 근본자성(根本自性)인 일체초월, 절대성(一切超越, 絕對性)이며, 무한초월, 공능충만, 총지성(無限超越, 功能充滿, 總持性)이다. 이 성품(性品)은, 일체초월(一切超越) 무한초월광명심(無限超越光明心)이며, 일체초월(一切超越) 무한무변제(無限無邊際)의 일체초월성(一切超越性)이므로, 정(定)과 혜(慧), 열반(涅槃)과 보리(菩提), 시각(始覺)과 본각(本覺), 체(體)와 용(用), 시(始)와 종(終), 무명(無明)과 각명(覺明), 중생(衆生)과 불(佛), 일체(一切)가 끊어져 멸(滅)한 초연성(超然性)으로, 일체초월(一切超越) 청정본연, 무연중, 절대성(淸淨本然, 無然中, 絕對性)이다.

제10식(第十識)은, 중생(衆生)이, 자기(自己)의 본성(本性)이어도 알 수 없음은, 상심상견(相心相見)과 자아(自我)가 있어, 능소(能所)를 분별(分別)하는, 유위제식성품(有爲諸識性品)의 장애성(障礙性) 때문이다. 상심상견(相心相見)을 분별(分別)하는 자아(自我)가 끊어지고, 또한, 능소(能所)가 멸(滅)한, 아뇩다라삼먁삼보리(阿耨多羅三邈三菩提)의 보리각명대보살(菩提覺明大菩薩)도, 일체초월(一切超越) 제10식(第

十識)을 알지 못함은, 아뇩다라삼먁삼보리(阿耨多羅三邈三菩提)를 깨달은, 원융각명성(圓融覺明性)에 치우쳐, 일체초월, 절대성(一切超越, 絕對性)을 벗어난, 무위각명, 지혜성품(無爲覺明, 智慧性品)의 지혜견, 장애성(智慧見, 障礙性) 때문이다. 또한, 심청정부동, 대열반성(心淸淨不動, 大涅槃性)에 든, 심청정열반, 대보살(心淸淨涅槃, 大菩薩)도, 일체초월(一切超越) 제10식(第十識)을 알지 못함은, 심청정부동, 대열반성(心淸淨不動, 大涅槃性)에 든, 심청정부동, 대열반성(心淸淨不動, 大涅槃性)에 치우쳐, 일체초월, 절대성(一切超越, 絕對性)을 벗어난, 무위부동, 대열반, 지혜성품(無爲不動, 大涅槃, 智慧性品)의 지혜견, 장애성(智慧見, 障礙性) 때문이다.

무상불지(無上佛智)의 불(佛)은, 일체초월(一切超越) 제10식(第十識) 본성(本性)인 불성(佛性)을 명료(明了)하게 실견(實見)함은, 일체상(一切相)의 대(對)와 일체식(一切識)의 대(對)와 일체지혜(一切智慧)의 대(對)와 일체성품(一切性品)의 대(對)가 끊어져 멸(滅)한, 일체초월, 절대성(一切超越, 絕對性)에 들었으므로, 일체상(一切相)의 대(對)가 끊어졌고, 일체식(一切識)의 대(對)가 끊어졌고, 일체지혜(一切智慧)의 대(對)도 끊어졌고, 일체성품(一切性品)의 대(對)도 끊어져 멸(滅)해, 자아(自我)도 없고, 능소(能所)도 없고, 아뇩다라삼먁삼보리(阿耨多羅三邈三菩提)도 없고, 청정부동, 대열반성(淸淨不動, 大涅槃性)도 없기 때문이다.

대반열반경(大般涅槃經), 제25권 사자후보살품(師子吼菩薩品) 구절

(句節)의 말씀이다.

"선남자여! 그대가 묻기를, 10주(十住) 보살(菩薩)은 무슨 눈[眼]이길래, 불성(佛性)을 보더라도 분명(分明)치 못하고, 제불(諸佛) 세존(世尊)께서는 무슨 눈[眼]이길래 불성(佛性)을 보기를 밝고 분명(分明)한가 하였나니, 선남자여! 혜안(慧眼)으로 보는 까닭[緣由]으로 분명(分明)하지 못하고, 불안(佛眼)으로 보는 까닭[緣由]으로 분명(分明)하며, 보리행(菩提行)을 하는 까닭[緣由]으로 분명(分明)하지 못하고, 행(行)이 없는 까닭[緣由]으로 오직, 밝고 분명(分明)하며, 10주(十住)에 머무른 까닭[緣由]으로 보는데도 분명(分明)하지 못하고, 머물지도 않고 가지도 않으므로 밝고 분명(分明)하니라. 보살마하살(菩薩摩訶薩)의 지혜(智慧)는 인(因:證因果行:作)에 의한 까닭[緣由]으로, 분명(分明)하게 보지 못하고, 제불(諸佛) 세존(世尊)께서는, 인과(因果)가 끊어졌으므로, 분명(分明)하게 보느니라. 일체(一切) 깨달음은, 불성(佛性)을 이름함이니, 10주(十住) 보살(菩薩)은, 남김없이 [一切] 깨달았다 이름할 수 없으므로, 비록 보더라도 분명(分明)하지 못하니라."

"善男子 如汝所問 十住菩薩以何眼故 雖見佛性,而不了了 諸佛世尊以何眼故 見於佛性 而得了了 善男子 慧眼見故 不得明了 佛眼見故 故得明了 爲菩提行故 則不了了 若無行故 則得了了 住十住故 雖見不了 不住不去 故得了了 菩薩摩訶薩智慧因故 見不了了 諸佛世尊斷因果故 見則了了 一切覺者 名爲佛性 十住菩薩不得名爲一切覺故 是故雖見 而不明了"

만약(萬若), 일체초월성(一切超越性) 불성(佛性), 이외(以外)의 분별(分別)과 지혜(智慧)와 증득(證得)과 성품(性品)의 그 무엇이 있다면, 그것은, 일체초월(一切超越) 불성(佛性)이 아니다. 일체초월(一切超越) 불성(佛性)은 오직, 일체상(一切相)의 대(對)와 일체식(一切識)의 대(對)와 일체지혜(一切智慧)의 대(對)와 일체성품(一切性品)의 대(對)가 끊어져 멸(滅)한 일체초월성(一切超越性) 불성(佛性)뿐이므로, 완전(完全)한 불성(佛性)을 봄이다. 그러므로, 명확(明確)히 일체초월(一切超越) 불성(佛性)을 실견(實見)함은, 일체상(一切相), 일체식(一切識), 일체견(一切見), 일체지혜(一切智慧), 일체분별(一切分別), 일체증득(一切證得), 일체성품(一切性品)의 대(對)가 끊어져 멸(滅)한, 일체초월성(一切超越性)에 증입(證入)했기 때문이다.

일체초월(一切超越) 불성(佛性)은, 일체초월,절대성(一切超越,絶對性)이므로, 만약(萬若), 일체상(一切相)의 대(對)와 일체식(一切識)의 대(對)와 일체지혜(一切智慧)의 대(對)와 일체성품(一切性品)의 대(對)의 세계(世界)를 초월(超越)해 벗어나지 못하면, 일체초월,절대성(一切超越,絶對性)인, 일체대(一切對)가 끊어져 멸(滅)한 일체초월성(一切超越性) 불성(佛性)을 알 수가 없다. 이 일체초월성(一切超越性)을 일러, 불성(佛性)이라고 함은, 일체초월(一切超越) 불(佛)이어야만 알 수 있는 성품(性品)이므로, 불성(佛性)이라고 하며, 또한, 일체초월(一切超越) 불(佛)의 성품(性品)이므로, 불성(佛性)이라고 하며, 또, 일체초월(一切超越) 불(佛)이어야만, 이 일체초월성(一切超越性)을 벗어나지 않음으로, 불성(佛性)이라고 하며, 또한, 일체초월(一切超越)

불(佛)의 일체행(一切行)이, 이 일체초월성(一切超越性)의 행(行)이므로, 불성(佛性)이라고 하며, 또한, 불(佛)의 일체초월(一切超越) 일체지(一切智), 일체초월(一切超越) 일체설(一切說)이 곧, 일체초월성품세계(一切超越性品世界)이므로, 불성(佛性)이라고 한다.

이 일체초월(一切超越) 불성(佛性)을 이름[名]하여, 여래장(如來藏)이라고 한다. 여래장(如來藏)이란, 일체초월(一切超越) 여래공덕장(如來功德藏)이다. 여래장(如來藏)은, 일체초월(一切超越) 여래(如來)의 일체지(一切智)와 일체공덕행(一切功德行)이 이루어지는 총지성품(總持性品)이기 때문이다. 그러므로, 밀법(密法)에서는 여래장(如來藏)은, 여래(如來)의 일체공덕(一切功德)을 출생(出生)하므로, 여래태장성(如來胎藏性)이라고도 하며, 이 성품세계(性品世界)를, 여래(如來)의 태장계(胎藏界)라고 한다. 일체초월(一切超越) 여래(如來)의 일체행(一切行)이, 일체초월(一切超越) 불성(佛性)의 여래장공능총지(如來藏功能總持) 속에서 이루어지니 이것이, 일체초월(一切超越) 여래(如來)의 3밀(三密)이다. 일체초월(一切超越) 여래(如來)의 3밀(三密)은 신밀(身密), 구밀(口密), 의밀(意密)이다. 여기에서 밀(密)이란, 신비(神秘)하거나 비밀(秘密)스러움을 뜻함이 아니다.

이 밀(密)은, 곧, 일체초월(一切超越) 부사의(不思議)이며, 일체초월(一切超越) 불가사의(不可思議)이니, 이는, 무엇으로든 헤아려 알 수 없음을 뜻함이다. 왜냐하면, 일체초월성(一切超越性)이 무생결정성(無生結定性)이며, 여래결정성(如來結定性)이며, 여래장,총지성(如來

藏,總持性)이기 때문이다. 그러므로, 밀(密)은 곧, 일체초월(一切超越) 여래(如來)의 부사의(不思議) 비밀장(秘密藏)이다. 이는, 일체(一切)를 초월(超越)한, 여래결정성(如來結定性)인, 일체초월(一切超越) 결인(結印)에 증입(證入)해야 알 수 있는 여래비밀장(如來秘密藏)이다. 이는, 일체초월(一切超越) 불성(佛性)인 여래장(如來藏)의 성품(性品)은, 중생(衆生)이, 아무리 유추(類推)하고 분별(分別)하며, 헤아려도 알 수가 없으므로, 부사의(不思議) 불가사의(不可思議), 일체초월(一切超越) 성품세계(性品世界)이므로, 일체초월(一切超越) 불가사의(不可思議)의 뜻으로, 밀(密)이라고 한다. 신밀(身密)은, 일체초월(一切超越) 여래(如來)의 일체행(一切行)이다. 여래(如來)의 일체행(一切行)은, 일체초월(一切超越) 불성(佛性) 여래장,무생공능,총지행(如來藏,無生功能,總持行)이므로, 중생(衆生)이 헤아려 알 수가 없으므로, 여래(如來)의 일체행(一切行)을 일러, 신밀(身密)이라고 한다. 구밀(口密)은, 일체초월(一切超越) 여래(如來)의 일체설(一切說)이다. 일체초월(一切超越) 여래(如來)의 일체설(一切說)은, 일체초월(一切超越) 여래(如來)의 성품(性品)인 불성(佛性), 일체초월(一切超越) 여래장,무생공능,총지성(如來藏,無生功能,總持性)의 비밀장(秘密藏) 속에서 이루어지니, 일체초월(一切超越) 여래(如來)의 일체설(一切說)을 일러, 구밀(口密)이라고 한다. 의밀(意密)은, 일체초월(一切超越) 여래(如來)의 심(心)이다. 여래(如來)의 심(心)은, 일체초월(一切超越) 여래(如來)의 성품(性品)인 불성(佛性), 일체초월(一切超越) 여래장,무생공능,총지성(如來藏,無生功能,總持性)의 부사의심(不思議心)이며, 불가사의심(不可思議心)이니, 중생(衆生)은, 이를 헤아려 알 수가 없으므로, 일체초월(一切超越) 여래

(如來)의 심(心)을 일러, 의밀(意密)이라고 한다. 일체초월(一切超越) 여래3밀법(如來三密法)은, 곧, 일체초월(一切超越) 여래장,무생공능, 총지성(如來藏,無生功能,總持性)의 부사의심(不思議心), 부사의설(不思議說), 부사의행(不思議行)이다.

여래장(如來藏)은, 곧, 일체초월(一切超越) 여래공덕장(如來功德藏) 이다. 그러므로, 여래장(如來藏)은, 일체초월(一切超越) 여래공덕,총 지장(如來功德,總持藏)을 축약(縮約)한 언어(言語)이다. 여래장(如來藏) 은, 일체초월(一切超越) 여래(如來)의 일체공덕(一切功德)을 유출(流出) 하는, 일체초월(一切超越) 여래(如來)의 일체공덕성품(一切功德性品)이 므로, 여래장(如來藏)이라 한다. 이 여래장(如來藏)의 뜻은, 일체초월 (一切超越) 여래장(如來藏) 성품(性品)을 여실(如實)히 보는 불지혜(佛智 慧)와 여래장(如來藏)을 인식(認識)하는 차별견(差別見)에 따라, 여래 장(如來藏)의 이해(理解)와 해석(解釋)함이 차별차원(差別次元)이 있다. 장(藏)의 뜻은, 무엇을 지니고 있음의 뜻과 무엇을 품고 있음의 뜻 과 무엇을 저장(貯藏)해 있음의 뜻과 무엇이 감추어져 알 수 없음의 뜻, 등(等)이 있다. 여래장(如來藏)은 곧, 일체초월(一切超越) 본성(本 性)을 일컬으며, 일체초월(一切超越) 본성(本性)은, 만물만상(萬物萬 象)을 유출(流出)하고 운행(運行)하는, 일체공덕성(一切功德性)을 지니 고 있으므로, 일체초월(一切超越) 본성(本性)을 일러, 본성공덕장(本 性功德藏)이라 한다. 또, 일체초월(一切超越) 본성(本性)을 여래장(如 來藏)이라고 함은, 일체초월(一切超越) 본성(本性)이, 바로, 여래(如來) 의 일체공덕총지(一切功德總持)를 유출(流出)하므로, 여래장(如來藏)이라고 한다.

　그러나, 중생(衆生)들은, 일체제식(一切諸識)의 장애(障礙)로, 일체
초월(一切超越) 본성(本性)인 불성(佛性)을 알 수도 없고, 볼 수도 없
어, 여래(如來)의 일체공덕(一切功德)을 지니고 있는 일체초월(一切超
越) 여래장(如來藏)인, 여래무생장(如來無生藏)의 뜻을 알 수가 없다.
그러므로, 중생무명장(衆生無明藏)으로는 여래장(如來藏)인 장(藏)의
뜻이, 감추어져 드러나지 않는 성품(性品)의 뜻으로 이해(理解)하며,
그렇게 인식(認識)하게 된다. 이는, 중생(衆生)의 무명장(無明藏)이
다. 그러나, 일체초월(一切超越) 여래장(如來藏)은 곧, 일체중생(一切
衆生)의 본성(本性)이므로, 이 일체초월(一切超越) 본성(本性)의 공덕
총지장(功德總持藏) 속에서, 여래(如來)와 중생(衆生)의 일체행(一切行)
이 이루어지고 있음이다. 중생(衆生)은 단지(但只), 일체행(一切行)을
유출(流出)하는, 그 공덕(功德)의 본성장(本性藏)을, 알지 못할 뿐이
다. 그러므로, 일체초월(一切超越) 여래장(如來藏)은, 일체중생(一切衆
生)의 근본성품(根本性品)이며, 그 여래장(如來藏) 실상성품(實相性品)
이 곧, 일체초월(一切超越) 본성(本性)이다.

　그러므로, 일체중생(一切衆生)이, 일체초월(一切超越) 제10식(第十
識)의 성품(性品)인 불성(佛性)을 깨닫지 못해도, 제10식(第十識)의 일
체초월(一切超越) 불성(佛性)을 벗어난 적이 없으며, 또한, 중생(衆生)
의 일체(一切) 삶이, 이 여래장(如來藏) 속에서 이루어지고 있다. 또
한, 일체보살(一切菩薩)이 아직, 일체초월(一切超越) 불성(佛性)을 요

달(了達)하지 못했어도, 일체보살(一切菩薩)의 일체수행(一切修行)이, 여래장(如來藏) 청정불성(淸淨佛性) 속에서 이루어지고 있음이다. 제10식(第十識)이, 일체초월(一切超越) 최상식(最上識)인 무상왕(無上王)이라, 제10식(第十識)이라 일컬어도, 이는, 식(識)의 근본(根本)이며, 본성(本性)이니, 일체초월(一切超越) 무상각(無上覺) 제10식(第十識)에 증입(證入)하면, 제10식(第十識)이 곧, 무한청정,무변공성(無限淸淨, 無邊空性)의 일체(一切)가 끊어져 멸(滅)한 무연본성(無然本性)인, 일체초월,공덕충만,총지성(一切超越,功德充滿,總持性)임을 깨닫게 된다. 이는 곧, 자기(自己)의 생명실상(生命實相)이며, 보고, 듣고, 말하는, 그 청정성품(淸淨性品)임을 깨닫게 된다. 만약(萬若), 이 사실(事實)을 깨닫지 못하면, 세세생생(世世生生) 목숨[命]이 다하도록, 자기(自己)의 본성(本性)을 깨닫는, 일체초월(一切超越) 무상정각(無上正覺)을 향(向)해, 일념수행(一念修行)을 해야 한다. 왜냐하면, 자기(自己)의 성품(性品)을 모름이, 무명(無明)이며, 중생(衆生)이니, 자기(自己)의 성품(性品)을 모르는 삶이 곧, 일체초월(一切超越) 본성(本性)을 모르는 무명환인(無明幻人)의 삶이기 때문이다. 아직, 일체초월(一切超越) 불성(佛性)이 곧, 자기(自己)의 실체(實體)임을 모름이, 상(相)과 식(識)을 자기(自己)로 알고 살아가는, 환몽(幻夢)의 삶이다.

불지정론(佛智正論) 유식품(唯識品) 1

초판인쇄 2022년 10월 8일
초판발행 2022년 10월 15일

저   자 세웅스님
펴 낸 이 소광호
펴 낸 곳 관음출판사

주   소 08730 서울시 관악구 봉천동 1000번지 관악현대상가 지하1층 20호
전   화 02) 921-8434, 929-3470
팩   스 02) 929-3470
홈페이지 www.gubook.co.kr
E - mail gubooks@naver.com

등   록 1993. 4.8 제1-1504호

정가 85,000원